CURSO DE
DIREITO
PROCESSUAL
PENAL

O GEN | Grupo Editorial Nacional – maior plataforma editorial brasileira no segmento científico, técnico e profissional – publica conteúdos nas áreas de concursos, ciências jurídicas, humanas, exatas, da saúde e sociais aplicadas, além de prover serviços direcionados à educação continuada.

As editoras que integram o GEN, das mais respeitadas no mercado editorial, construíram catálogos inigualáveis, com obras decisivas para a formação acadêmica e o aperfeiçoamento de várias gerações de profissionais e estudantes, tendo se tornado sinônimo de qualidade e seriedade.

A missão do GEN e dos núcleos de conteúdo que o compõem é prover a melhor informação científica e distribuí-la de maneira flexível e conveniente, a preços justos, gerando benefícios e servindo a autores, docentes, livreiros, funcionários, colaboradores e acionistas.

Nosso comportamento ético incondicional e nossa responsabilidade social e ambiental são reforçados pela natureza educacional de nossa atividade e dão sustentabilidade ao crescimento contínuo e à rentabilidade do grupo.

GUILHERME DE SOUZA **NUCCI**

CURSO DE
DIREITO
PROCESSUAL
PENAL

22ª edição revista e atualizada

■ **Atendimento ao cliente: (11) 5080-0751 | faleconosco@grupogen.com.br**

■ Direitos exclusivos para a língua portuguesa
Copyright © 2025 by
Editora Forense Ltda.
Uma editora integrante do GEN | Grupo Editorial Nacional
Travessa do Ouvidor, 11 – Térreo e 6º andar
Rio de Janeiro – RJ – 20040-040
www.grupogen.com.br

■ Capa: Fabricio Vale

CIP-BRASIL. CATALOGAÇÃO NA PUBLICAÇÃO
SINDICATO NACIONAL DOS EDITORES DE LIVROS, RJ

N876c
22. ed.

    Nucci, Guilherme de Souza
      Curso de direito processual penal / Guilherme de Souza Nucci. - 21. ed., rev., atual. e reform. - Rio de Janeiro : Forense, 2025.
      1.016 p. ; 24 cm.

    Apêndice
    Inclui bibliografia
    ISBN 978-85-3099-663-5

    1. Direito processual penal - Brasil. 2. Processo penal - Brasil. I. Título.

25-96281   CDU: 343.21(81)

Meri Gleice Rodrigues de Souza - Bibliotecária - CRB-7/6439

Respeite o direito autoral

Sobre o Autor

Livre-docente em Direito Penal, Doutor e Mestre em Direito Processual Penal pela PUC-SP. Professor Associado da PUC-SP, atuando nos cursos de Graduação e Pós-graduação (Mestrado e Doutorado). Desembargador na Seção Criminal do Tribunal de Justiça de São Paulo.

www.guilhermenucci.com.br

Sumário

CAPÍTULO I

Direito Processual Penal

1. CONSTITUIÇÃO, DEMOCRACIA E PRINCÍPIOS CONSTITUCIONAIS

1.1 Constituição

Constituição, etimologicamente, é o modo de se constituir de um ser humano, de uma coisa, de um agrupamento de pessoas ou mesmo de uma organização, passando pelo ato de constituir e pelo conjunto de normas que regulam uma instituição qualquer, até atingir o significado político, ou seja, a Lei Maior de um Estado.

É natural que o interesse maior, suscitado pelo termo, seja o seu significado político, vale dizer, o *modo de ser* de uma sociedade politicamente organizada, concernindo, pois, às normas que estruturam e organizam os poderes públicos, fixando-lhes a competência e traçando seus limites, bem como disciplinando os direitos e deveres dos cidadãos, além dos direitos fundamentais do homem e das garantias que os sustentam.

Sob tal prisma, juntamente com o conceito, é fundamental analisar o processo pelo qual chegou o direito constitucional atual a elaborar várias definições de Constituição, ora no sentido material, ora no formal. Pode-se ter a impressão, num primeiro momento, de que somente as sociedades modernas possuem uma Constituição, o que não corresponde à realidade. Todas as sociedades politicamente organizadas, pouco importando quais fossem as suas estruturas sociais, sempre tiveram formas de ordenação passíveis de ser designadas por *Constituição*. Daí por que, desde a história constitucional romana até a atualidade, pode-se afirmar que todos os países sempre possuíram, em todos os momentos de sua história, uma autêntica e efetiva Constituição. E, segundo KARL LOEWENSTEIN, os hebreus foram o primeiro povo que praticou o constitucionalismo, através do seu regime teocrático, pois o governante não possuía um poder absoluto, já que limitado pelas Leis do Senhor. Era uma forma de Constituição material. Os gregos também vivenciaram pelo menos dois séculos de regime político absolutamente constitucional. Em Roma, durante a República, houve o exemplo clássico de uma sociedade estatal fundamentalmente constitucional.[1]

Lembra DEL VECCHIO que "nem sempre a constituição resulta de documentos escritos (as chamadas Cartas constitucionais ou Estatutos); mesmo em épocas primitivas, e por vezes também em Estados bastante avançados, ela forma-se e elabora-se por via consuetudinária; e o costume conserva certo valor, mesmo quando os princípios constitutivos da organização política foram formulados e sancionados com atos legislativos. Por consequência, se, no sentido ora indicado, não pode haver Estado sem constituição (porque um Estado 'não constituído' seria uma contradição nos termos), num sentido mais restrito dá-se o nome de Estados constitucionais àqueles em que a ordenação do poder público contém certas garantias dos direitos individuais, até perante eventuais abusos dos órgãos do mesmo poder".[2] Ensina JELLINEK que todo Estado precisa de uma Constituição; aquele que não a tivesse seria uma anarquia.[3]

Apesar disso, a Constituição escrita (normas constitucionais corporificadas num texto escrito) é criação moderna, surgida somente após as revoluções americana e francesa do século XVIII, embora alguns autores apontem como primeiras tentativas de elaborá-la, ainda na Inglaterra, o *Agreement of the People*, de 1647, ou o *Instrument of Government*, de 1653. O fato é que, antes mesmo de se falar em Constituição escrita, aponta-se como marco inicial da história constitucional a imposição ao Rei João Sem Terra, pelos barões do Reino da Inglaterra, em 1215, da *Magna Charta Libertatum*.[4] Vencido na guerra que havia travado no continente, especialmente na batalha de Bouvines, quando foi derrotado por Filipe Augusto, Rei da França, perdendo várias de suas possessões, tratado como inimigo pela Santa Sé e quase sem recursos financeiros, o rei teve de aceitar o documento que lhe foi encaminhado, prometendo respeitar os privilégios ou as liberdades da Igreja, dos municípios, dos mercadores, dos súditos e, especialmente, da nobreza. A limitação do poder real pela maior amplitude dos poderes das autoridades locais (barões e bispos) trouxe o embrião do que atualmente denominamos Constituição.[5]

Embora AGESTA minimize a importância da *Magna Carta* como documento fundamental na história do constitucionalismo inglês, pois considera que se trata do primeiro de uma série de documentos importantes, além de ter sido um pacto nitidamente feudal, ou seja, o rei respeitava os direitos dos barões que, por sua vez, respeitavam os direitos dos seus vassalos, o seu mérito é justamente esse: a mesma garantia que cobriu os nobres diante do soberano fez com que o povo fosse coberto em face dos seus senhores.[6] A Magna Carta

---

[1]   *Teoría de la Constitución*, p. 154-157.

[2]   *Teoria do Estado*, p. 54.

[3]   *Teoría general del Estado*, p. 413.

[4]   Como bem anota MICHELE TARUFFO, "em Londres, pouco depois de 15 de junho, o rei João foi forçado por seus barões a conceder a *Magna Charta Libertatum*, considerada a primeira grande constituição da história europeia. O rei provavelmente não percebeu que estava dando início a uma série de outras constituições, e, sobretudo, a uma longa história do direito constitucional inglês (...) Em novembro de 1215, ocorreu em Roma outro evento importante: o papa Inocêncio III, protetor e inimigo de João da Inglaterra, impôs no IV Concílio Laterano a proibição dos ordálios como meio para estabelecer se uma parte merecia vencer ou perder uma controvérsia judiciária" (Uma simples verdade..., p. 18).

[5]   MARCELO CAETANO, *Direito constitucional*, v. 1, p. 68.

[6]   *Curso de derecho constitucional comparado*, p. 91-93.

de 1215, explica BASILEU GARCIA, "além de fonte da liberdade na Inglaterra, é, na história da civilização, o marco inicial das conquistas liberais".[7]

A luta pelas liberdades contra o absolutismo real não findou nessa época, apesar dos sucessores de João Sem Terra terem confirmado a *Magna Charta*, que, escrita em latim, somente veio a ser traduzida em inglês no século XVI. A partir daí, muitos outros avanços do absolutismo exigiram uma lenta, mas progressiva, evolução constitucional na Inglaterra, dando origem a outros documentos que, juntamente com o marco de 1215, formam as bases da Constituição inglesa: a *Petition of Rights* (Petição de Direitos), de 1628, uma reafirmação dos princípios da *Magna Carta*, que o rei Carlos I recusava-se a cumprir; o *Agreement of the People* (Acordo do Povo), de 1647, que não foi um ato legislativo formal, mas um documento elaborado e aprovado pelo Conselho de funcionários do Exército-Parlamento, constituindo o primeiro projeto de Constituição totalmente articulada, chamada de *Constituição Republicana*; o *Instrument of Government* (Instrumento de Governo), de 1653, regulando a ditadura militar do *Lord-Protector*, assistido por um Conselho de Guerreiros e por um Parlamento; o *Habeas Corpus Act* (Ato de *Habeas Corpus*), de 1679; a *Bill of Rights* (Declaração de Direitos), de 1689, a qual enumerou uma série de atos que o rei não podia cometer por serem considerados *ilegais*, demonstrando que o soberano estava submetido ao *common law* (direito costumeiro), sancionado pelos tribunais e aplicado a todos indistintamente, além de assegurar o direito de petição, a inviolabilidade e a liberdade dos membros do Parlamento no exercício das funções, condenar o tribunal de exceção e não permitir que o rei lançasse tributos ou mantivesse um exército sem o consentimento do Parlamento; o *Act of Settlement* (Ato de Estabelecimento), de 1701, que estabeleceu as bases da monarquia constitucional; o *Parliament Act* (Ato do Parlamento), de 1911, que restringiu os poderes da Câmara dos Lordes e fixou em cinco anos o mandato da dos Comuns; o *Statute of Westminster* (Estatuto de Westminster), de 1931, que regulou as relações do Reino Unido com seus domínios; o *Ministers of the Crown Act* (Ato dos Ministros da Coroa), de 1937, com alterações em 1946 e 1957, que estabeleceu os vencimentos dos ministros e regulou suas funções; os *Regency Acts* (Atos de Regência), de 1937 e 1953, que fixaram as regras para a regência quando menor ou impedido o soberano; o *Parliament Act* (Ato do Parlamento), de 1949, que restringiu a função legislativa dos lordes; o *Life Peerages Act* (Ato de Pariato Vitalício), de 1958, permitindo a nomeação de lordes a título vitalício; o *Peerage Act* (Ato de Pariato), de 1963, conferindo aos pares da Escócia o direito de estar na Câmara dos Lordes.

O conjunto desses documentos importantes para a história da Inglaterra pode ser considerado a sua Constituição, reputada parcialmente costumeira – porque não totalmente fundada na prática reiterada de um costume pelo povo – e não escrita (*unwritten Constitution*), simplesmente porque não formalizada num único documento claro, certo e com precisão de conteúdo, consignando o estatuto dos governantes e o âmbito dos direitos dos governados, como definiu BURDEAU.[8]

Esse período da história inglesa sedimentou as bases do constitucionalismo moderno, o qual ganhou vulto no século XVIII, tornando-se parte fundamental do conceito atual de Constituição. Torna-se, assim, impossível a fixação do conceito sem analisar as raízes das instituições inglesas, que tiveram uma lenta evolução histórica, embora sempre progressiva e espontânea, não se encontrando nenhum outro ordenamento com análogo processo. Nas

---

[7] *Comentários ao Código de Processo Penal*, III, p. 8.
[8] PAULO BONAVIDES, *Curso de direito constitucional*, p. 69.

palavras de SANTI ROMANO, elas "constituem um edifício que não surgiu subitamente, mas que resultou de uma série de ampliações, adaptações, modificações de um primeiro edifício de proporções menores, que, todavia, não mudou de estilo e que tem conservado, constantemente, seus traços essenciais".[9]

É justamente essa multiplicidade de documentos escritos que torna o direito constitucional inglês tão estável e atrativo para estudos. Como regra, a Constituição escrita tem maiores probabilidades de ser reformada, porque não arraigada, como os costumes, no coração do povo, havendo sempre alguém disposto a escrever um texto melhor. Nesse sentido, alerta SAMPAIO DÓRIA, enunciando que "nada há, no direito constitucional inglês, que não tenha primeiro estado na consciência do povo, e não tenha sido por ele imposto, como imprescindível ao equilíbrio entre as liberdades individuais, e a autoridade pública".[10]

A partir dos ensinamentos transmitidos por esse sistema constitucional, especialmente da ideia de que o Estado deve ter um "governo de leis, não de homens" e advindo a Revolução Americana, fincaram-se as bases para a primeira e mais antiga Constituição escrita em vigor no mundo, a Constituição Federal dos Estados Unidos, de 17 de setembro de 1787, que entrou em vigor em 1790, com sete artigos.

Depois, nos anos vindouros, outras 27 emendas foram acrescentadas, datando a última do ano de 1992. As dez primeiras, obras de Jefferson e Madison, constituem verdadeira *Declaração de Direitos* (*Bill of Rights*) e estabelecem a proteção aos direitos individuais, as regras do processo jurídico, a igualdade de direitos e a sua proteção legal. Na 4.ª Emenda está prevista a proteção contra as buscas e apreensões ilegais; na 5.ª, encontram-se o direito ao júri, a proteção contra a dupla punição pelo mesmo fato, o privilégio contra a autoacusação e a cláusula do devido processo legal, que, para os americanos não tem o sentido puramente processual, ou seja, não visa somente à proteção do processo penal, mas também possui um conteúdo de direito material, como a garantia do princípio da legalidade, o direito à intimidade, entre outros; na 6.ª, estão os direitos a um julgamento célere e público, a um júri imparcial, ao contraditório, à inquirição de testemunhas (*cross examination*) e à assistência jurídica; na 7.ª, situa-se o direito ao júri nos casos civis; na 8.ª, o direito à fiança e a proibição às penas cruéis e desumanas. Além disso, na 14.ª, seção 1.ª, está a igualdade de todos perante a lei (*equal protection of the Law*).

A Constituição americana preparou terreno para a *Declaração dos Direitos do Homem e do Cidadão*, de 26 de agosto de 1789, por ocasião da Revolução Francesa, e para a Constituição francesa, de 1791. Entretanto, como adverte JORGE MIRANDA, "a grande diferença entre o sistema constitucional francês e os sistemas britânico e americano reside, antes de mais, na sua origem revolucionária e, depois, na vocação universalista de difusão de ideias que lhe está associada", fazendo com que nascesse, em pleno "século das luzes", o sistema de 1789, que destruiu todas as instituições e estruturas antigas, sendo formalizado na França e espalhando-se para o resto da Europa.[11]

Iniciava-se a fase da preferência pelas Constituições escritas, cujos méritos eram os de melhor estabelecer as limitações aos poderes dos monarcas e governantes de um modo geral, bem como de fixar as condições políticas e a estrutura do Estado, tornando mais difícil qualquer retrocesso.

---

[9]   *Princípios de direito constitucional geral*, p. 43.
[10] *Direito constitucional*, t. I, p. 253.
[11] *Manual de direito constitucional*, p. 146-147.

Aliás, quando uma nação se torna independente, afastando o domínio de outra, uma das primeiras providências que toma é elaborar uma Constituição escrita.

O conceito de Constituição deve levar em conta, portanto, a Constituição escrita, justamente a forma adotada pelo Brasil, jamais se olvidando que esse texto precisa ser elaborado a bem da nação, vale dizer, a fim de garantir ao povo todas as condições para o seu desenvolvimento, tranquilidade, bem-estar, liberdade e, sobretudo, felicidade. Não é demais relembrar um trecho da declaração unânime dos trezes Estados americanos na reunião do Congresso de 4 de julho de 1776: "cremos axiomáticas as seguintes verdades: que todos os homens foram criados iguais; o que lhes conferiu o Criador certos direitos inalienáveis, entre os quais o de vida, de liberdade e o de procurarem a própria felicidade; que, para assegurar esse direito, se constituíram entre os homens, governos cujos poderes emanam do consentimento dos governados; que sempre que qualquer forma de governo tenda a destruir esses fins, assiste ao povo o direito de mudá-la ou aboli-la, instituindo um novo governo cujos princípios básicos e organização de poderes obedeçam às normas que lhe parecerem mais próprias a promover a segurança e felicidade gerais".[12]

De outra parte, é preciso ressaltar que há dois sentidos básicos para Constituição: o material e o formal. Conforme foi visto no processo constitucional inglês, e depois no americano e no francês, a Constituição sempre teve por finalidade maior regular os poderes do Estado, não permitindo que os direitos individuais fossem esmagados pelo governante, nem tampouco que, por falta de tutela do governo, não houvesse real proteção para os direitos fundamentais dos cidadãos. Eis por que FERDINAND LASSALE afirma que a essência de uma Constituição é regular os "fatores reais de poder", forças que regem a sociedade e mandam no país.[13]

Não é qualquer matéria, portanto, que serve para constar numa Lei Fundamental, mas somente aquelas que tratem das relações de poder, o que, para a visão constitucional do século XIX, era o estabelecimento dos direitos do homem e do cidadão e os princípios que estruturassem o Estado, dentro da tradicional separação dos poderes. O mais não era considerado assunto verdadeiramente constitucional. Dispõe a *Declaração dos Direitos do Homem e do Cidadão* que o Estado que não garanta os direitos individuais, nem separe os poderes, não tem Constituição.

Sob tal enfoque, *materialmente* a Constituição escrita deve ser o documento que contém a diferenciação das diversas tarefas do Estado e sua atribuição a diferentes órgãos, fornecendo um mecanismo planejado que estabeleça a cooperação dos diversos detentores do poder, limitando-os no seu exercício, para evitar uma inadequada sobreposição de um e outro. Deve, outrossim, estabelecer os mecanismos de alteração do seu próprio texto, a fim de acompanhar as mudanças sociais e políticas, afastando-se, com isso, o recurso à ilegalidade, à força ou à revolução. Finalmente, necessita estabelecer os direitos fundamentais do homem e do cidadão, reconhecendo as esferas de autodeterminação individual, tornando expressos os direitos e as garantias que os amparam, tudo para buscar a felicidade do povo.

Ocorre que nem todo texto fundamental é elaborado levando em conta exclusivamente os parâmetros supramencionados, de modo que acabam sendo construídas Constituições que contêm matéria não *essencialmente*, mas apenas *formalmente* constitucional. Por conveniência da época, por fatores dos mais diversos, tais como a legítima pressão de grupos e interesses

---

[12]   ARTUR MACHADO PAUPÉRIO, *Teoria geral do Estado*, p. 101-102.

[13]   *O que é uma Constituição?*, p. 117, apud CELSO RIBEIRO BASTOS, *Curso de direito constitucional*, p. 43. No mesmo prisma, KARL LOEWENSTEIN, *Teoría de la Constitución*, p. 149.

de vários pontos da sociedade, sejam eles econômicos ou não, por temor de que, elaborado o texto básico que irá reger a vida do povo, não mais seja fácil ou possível alterá-lo, por acreditar que determinados assuntos mereçam um lugar de maior destaque no ordenamento jurídico, enfim, por diversas razões, acaba sendo engrossado o conteúdo da Lei Fundamental.

Constituição, em *sentido formal*, é o corpo de normas fundamentais, de eficácia máxima dentro do ordenamento jurídico, que estabelece a estrutura do Estado, fixando direitos e deveres. Além disso, nas palavras de KELSEN, deve conter normas que regulem a produção de normas gerais e normas que se refiram a outros assuntos politicamente importantes, bem como preceitos que não permitam que as normas constantes nesse documento sejam alteradas da mesma forma que as leis simples, mas somente através de processo especial, submetido a requisitos mais severos.[14]

Os dois conceitos – formal e material – servem a justas causas. É preciso conhecer a *essência* de uma Constituição, vale dizer, o que deve necessariamente constar em um texto fundamental, por ser matéria substancialmente constitucional; portanto, nesse enfoque, é importante o conceito material. Um Estado que elabore sua Lei Básica sem estabelecer as regras de regulação dos poderes ou os direitos fundamentais do homem fatalmente construirá um simples Código, mas não uma verdadeira Constituição. Por outro lado, o conceito formal tem a função de demonstrar que matéria constitucional é exatamente aquela idealizada como tal por fontes constitucionais legítimas. O poder constituinte, criador do texto fundamental, não deve ficar atrelado a qualquer tipo de concepção do que seja *matéria constitucional*, podendo eleger os assuntos que desejar, para fazê-los constar na Constituição. Não se deve olvidar, no entanto, aquelas matérias que, por excelência, precisam fazer parte da Lei das leis, ou seja, a estrutura do Estado (organização do poder político e divisão de poderes), além do rol dos direitos e garantias fundamentais.

Assim, prevendo a Constituição o mínimo que lhe fixa o seu sentido material, o mais que dela constar faz parte do seu corpo formal. Porém, justamente por isso, possui igual importância.

É bem verdade que a Constituição formada por vários preceitos que, histórica e essencialmente, não são *matéria constitucional típica* – tal como colocar que o "casamento é indissolúvel" ou a "responsabilidade penal começa aos dezoito anos" – tem a tendência de ser reformada mais vezes e tornar-se um corpo de leis menos duradouro e eficaz. Mas, ainda que assim seja, "todas as normas contidas no texto constitucional, por ato de constituinte, são formalmente constitucionais, pouco importando sua matéria ou conteúdo".[15]

Importa-nos, substancialmente, o conceito formal de Constituição, uma vez que dele se extrairá a feição do Estado e sua organização e estrutura, além das outras matérias que o constituinte desejou incluir para reger a vida em sociedade e comandar os passos do legislador infraconstitucional.

1.2 Democracia

Quando o poder constituinte originário (poder que reside no povo e não pode ser alterado ou extinto, permanecendo *fora da* e *sobre a* Constituição) cria uma nova Constituição, no uso de seus poderes ilimitados, através da Assembleia Nacional Constituinte, formada por

---

[14] *Teoria pura do direito*, p. 310-311.

[15] MARIA HELENA DINIZ, *Norma constitucional e seus efeitos*, p. 12.

representantes eleitos pelo povo, deve ter uma preocupação especial com as normas que estão formando a nova face do Estado.

Aliás, justamente porque o povo não comanda diretamente – nem pode – os caminhos de uma Assembleia Constituinte é que MIGUEL REALE, por ocasião dos trabalhos para a elaboração da Constituição brasileira de 1988, alertou: "Em virtude da competência conferida a uma Assembleia Constituinte, cujos poderes muitos consideram erroneamente ilimitados, é que devemos nos prevenir contra o arbítrio, reconhecendo a existência de valores éticos que balizam as decisões do legislador ordinário, subordinando-o aos imperativos da liberdade e da democracia, em razão dos quais o povo lhe outorgou a faculdade de instaurar o estatuto político destinado a reger e garantir sua existência tanto como indivíduo quanto como partícipe e protagonista do convívio social".[16]

Não se pode, pois, deixar de tratar da democracia como um dos baluartes do Estado de Direito e da própria feição equilibrada da elaboração e aplicação de uma Constituição, até mesmo porque o constituinte brasileiro inseriu no art. 1.º que "a República Federativa do Brasil, formada pela união indissolúvel dos Estados e Municípios e do Distrito Federal, constitui-se em *Estado Democrático de Direito*..." (grifamos). Nesse sentido, sem a necessidade de invocar o direito natural como limitação para o poder constituinte originário, é indispensável ressaltar que os homens têm valores fundamentais que não podem ser afastados pela mera edição de uma norma escrita. Daí por que, na elaboração de uma Constituição, os representantes do povo não devem pretender o impossível, transformando o "preto em branco e o branco em preto".

Mais uma vez, torna-se importante relembrar o contido na Declaração dos Direitos do Homem e do Cidadão, de 1789, que afirma não ser possível ter uma Constituição a Nação que não fizer constar, dentre as normas constitucionais, os direitos fundamentais. Logo, não há Constituição sem direitos fundamentais, nem democracia sem Constituição, o que nos permite afirmar que a previsão dos direitos fundamentais do homem é da essência da democracia.

É imperioso, pois, fazer constar na Constituição a forma democrática de governo, estabelecendo a separação e a divisão dos poderes e a garantia dos direitos individuais. Tomando-se a palavra *democracia* na acepção estritamente jurídico-política, pode-se dizer que seja a "forma de governo em que os governados são considerados titulares do Poder político e o exercem diretamente ou mediante representantes temporários periodicamente eleitos".[17] Um sistema constituído nessas bases é conhecido pela designação de *Estado Democrático de Direito*. E assim sendo, não deixará o povo de preservar os direitos e as garantias individuais, justamente para se proteger contra os desmandos de governantes inescrupulosos e da eventual prepotência de órgãos públicos.

O Brasil optou por uma Constituição construída em bases democráticas, privilegiando, pois, o Estado de Direito, não deixando de prever as matérias indispensáveis na Lei Maior de 1988, tais como a separação dos poderes (Título IV e, especialmente, art. 60, § 4.º, III), o sufrágio universal (arts. 14 e 60, § 4.º, II) e a estrutura do Estado (arts. 18 e ss., e art. 60, § 4.º, I), bem como os direitos e garantias individuais (arts. 5.º e 60, § 4.º, IV). Além disso, privilegiou o Estado Democrático de Direito, no art. 1.º de seu texto, tendo por fundamentos a soberania, a cidadania, a dignidade da pessoa humana, os valores sociais do trabalho e da livre iniciativa e o pluralismo político.

---

[16] *Liberdade e democracia*, p. 15.
[17] MARCELO CAETANO, *Direito constitucional*, v. 1, p. 384.

Há, no entanto, na Constituição, um excesso de normas consideradas não *substancialmente constitucionais*, embora possuam a mesma força e o mesmo valor. E essa vocação por Constituições extensas e repletas de assuntos menos importantes para a estrutura do Estado parece ser uma tendência brasileira, visto que Pontes de Miranda já tecia críticas a esse respeito por ocasião da nossa primeira Lei Fundamental republicana: "Errado foi o critério com que se alargou o conteúdo da Constituição. Erro na técnica do conteúdo e não na técnica da Constituição em relação às outras leis. Ocorre o erro quando nela incluíram matérias de direito administrativo, penal, intertemporal e civil. Imobiliza-se, desaconselhadamente, o que é de si móvel e mutável. Dá-se primeiro plano a regras secundárias. Constitucionaliza-se assunto de leis ordinárias e, talvez, de pura administração. Ou, com isto, se expõe o Estado a permanências jurídicas contrárias aos interesses públicos; ou a própria Constituição a revisões frequentes".[18]

Em que pese sua extensão, apresenta a atual Constituição um conteúdo e um modo de elaboração democráticos, pois o povo escolheu seus representantes, elegendo-os para compor a Assembleia Nacional Constituinte, embora no caso brasileiro não tivesse havido uma Assembleia específica. O mesmo Congresso eleito em 1986 para um mandato de quatro anos (deputados) e oito anos (senadores) agiu, durante os anos de 1987 e 1988, como órgão constituinte. De qualquer modo, havia o clima de democracia inspirando os passos dos legisladores constituintes, o que é suficiente para trazer legitimidade à Constituição Federal de 1988.

Legítima, sem dúvida. Mais de três décadas depois, visualiza-se a ignorância de boa parcela do povo em relação às suas normas; denota-se o franco descumprimento de muitos de seus preceitos pelos Poderes de Estado; observa-se o desprezo pela legalidade, como princípio constitucional básico, adotando-se atos administrativos como norte a seguir em muitas áreas governamentais. Em suma, a Constituição Federal de 1988 é legítima, mas insatisfatoriamente cumprida.

1.3   Princípios constitucionais

Etimologicamente, princípio tem vários significados, entre os quais o de momento em que algo tem origem; causa primária, elemento predominante na constituição de um corpo orgânico; preceito, regra ou lei; fonte ou causa de uma ação (verbete *princípio* do *Novo Dicionário Aurélio da Língua Portuguesa*).

No sentido utilizado em Direito não se poderia fugir de tais noções, de modo que o conceito de princípio jurídico indica uma ordenação que se irradia e imanta os sistemas de normas[19] servindo de base para a interpretação, integração, conhecimento e aplicação do direito positivo. Todos os seus ramos possuem princípios próprios, que informam todo o sistema, podendo estar expressamente previstos em lei ou ser implícitos, vale dizer, resultar da conjugação de vários dispositivos legais, conforme a cultura jurídica formada pelo passar dos anos de estudo de determinada matéria.

Não são incomuns os princípios implícitos, regendo importantes assuntos do direito e, nesse prisma, pode-se mencionar, *e.g.*, em direito penal, o princípio da culpabilidade (*nullum crimen sine culpa* ou não há crime sem dolo e sem culpa), que fornece uma base sólida para

---

[18]   *Fundamentos atuais do direito constitucional*, p. 108, *apud* Maria Helena Diniz, *Norma constitucional e seus efeitos*, p. 87.

[19]   José Afonso da Silva, *Curso de direito constitucional positivo*, p. 85.

a aplicação das leis penais, fazendo com que o intérprete, em caso de dúvida no processo de concretização da norma, aplicando-a à situação fática surgida, opte por seguir esse princípio informativo da ciência penal. Ilustrando, antes da Reforma Penal de 1984 (Lei 7.209/1984), discutia a doutrina a possibilidade de, nos crimes qualificados pelo resultado mais grave, tais como o estupro seguido de morte ou o latrocínio (roubo seguido de morte), entre outros, ser possível aplicar a responsabilidade penal objetiva, vale dizer, responderia pelo evento mais grave o agente que o tivesse causado, independentemente de dolo ou culpa. Uma vez que a lei penal era omissa a esse respeito, alguns autores sustentavam ser possível responsabilizar o agente pelo resultado mais grave de sua conduta pela singela existência do nexo causal. Caso as lesões decorrentes de um estupro levassem a vítima à morte, seria o agente responsabilizado pelo evento mais grave, nos termos do art. 213, § 2.º, do Código Penal, mesmo que não tivesse o autor do delito sexual agido com dolo ou culpa em relação ao resultado qualificador. Ainda que tais opiniões, interpretando literalmente a lei penal, existissem, outras não faltavam exigindo que houvesse ao menos culpa do agente no resultado mais grave, pois, baseado no princípio de que *não há crime sem dolo e sem culpa*, seria inaceitável acatar a responsabilidade penal objetiva. Assim, baseado num princípio, buscava o intérprete aplicar a lei penal ao caso concreto visando à realização da justiça e não simplesmente tendo por fim a aplicação mecânica do texto normativo.

O exemplo supracitado, envolvendo o direito penal, não é único; outros existem que são solucionados pela aplicação de princípios jurídicos implícitos em lugar da letra fria da lei. Ninguém desconhece, no processo penal, os princípios da verdade real, da indisponibilidade do processo, da indivisibilidade da ação penal privada, da publicidade, do contraditório, da identidade física do juiz (agora expresso no art. 399, § 2.º do CPP), da presunção de inocência, do direito ao silêncio e do devido processo legal. Alguns deles estão expressos na Constituição ou na lei, outros, implícitos; muitos são igualmente princípios constitucionais e outros não. Entretanto, o mais importante é que eles sejam observados à risca. Situações dignas de menção envolvem os princípios da presunção de inocência, do devido processo legal e do direito ao silêncio, atualmente erigidos, expressamente, à categoria de princípios constitucionais, insertos no art. 5.º, LVII, LIV e LXIII, em 1988. Ocorre que, mesmo antes da constitucionalização desses princípios, os processualistas já os consideravam existentes e atuantes no processo penal brasileiro, trazendo várias consequências que informavam a aplicação da norma ao caso concreto.

Outros exemplos podem ser apontados nos demais ramos do direito: direito civil (princípios de que ninguém pode transferir mais direitos do que possui, de que ninguém pode invocar a própria malícia, de que contratos devem ser respeitados); direito administrativo (princípios da legalidade, da moralidade, da finalidade, da publicidade, da eficiência); processo civil (princípios da isonomia, do juiz natural, do direito de ação, do contraditório, do duplo grau de jurisdição, da motivação das decisões judiciais, da publicidade dos atos processuais, do devido processo legal, muitos dos quais se repetem no processo penal); direito tributário (princípios da legalidade da tributação, da anualidade para a cobrança, da proibição de tributos interestaduais ou intermunicipais, da capacidade contributiva, da imunidade impositiva, da não cumulatividade); direito do trabalho (princípios da liberdade do trabalho, da norma favorável, da igualdade entre trabalhadores urbanos e rurais).

Como se disse, há princípios jurídicos que estão previstos expressamente na Constituição ou na lei – e com maior razão devem ser seguidos – enquanto outros estão implícitos no sistema normativo, mas nem por isso são menos importantes. Existem, ainda, aqueles que estão enumerados na Constituição e chamam-se *princípios constitucionais*. Para conceituá-los, visto serem o objeto principal deste capítulo, podemos utilizar a lição de CANOTILHO: "Consideram-se princípios jurídicos fundamentais os princípios historicamente objetivados e progressivamente introduzidos na consciência jurídica e que encontram uma recepção expressa ou implícita no texto constitucional".[20] Esses princípios expõem as valorações políticas essenciais que inspiraram o legislador constituinte a elaborar a Constituição, servem de orientação para a produção legislativa ordinária, podem atuar como *garantia* direta e imediata aos cidadãos e funcionam como critérios de interpretação e integração do Texto Constitucional e da legislação infraconstitucional.

Os princípios gerais de direito, de um modo geral, estão presentes em todo o sistema jurídico-normativo como elementos fundamentais da cultura jurídica humana, enquanto os princípios constitucionais são os princípios eleitos para figurar na Lei Fundamental de um povo, de forma que possam servir de norte para toda a legislação infraconstitucional, além de informarem a própria aplicação das normas constitucionais.

Se, em qualquer ramo infraconstitucional, o intérprete deve levar em conta os princípios gerais e específicos do direito, com muito mais razão devem ser respeitados os princípios constitucionais, que orientam todo o sistema jurídico, na aplicação das normas. Podem eles ser classificados em princípios *político-constitucionais*, também chamados de *fundamentais*, os quais definem a forma do Estado, o regime e o sistema de governo, e os princípios *jurídico-constitucionais*, que estabelecem direitos, resguardando situações jurídicas individuais, podendo derivar dos *fundamentais*. São eles, *v.g.*, os seguintes: princípios relativos à existência, forma e estrutura do Estado (federação, soberania, democracia); princípios relativos à forma de governo e à separação dos poderes; princípios concernentes à organização da sociedade e relativos ao regime político (cidadania, sufrágio universal, partidos políticos); princípios relativos aos deveres do Estado, para garantir o desenvolvimento nacional e a justiça social; princípios concernentes à comunidade em geral (respeito aos direitos fundamentais da pessoa humana, autodeterminação dos povos, igualdade dos Estados, entre outros); princípios-garantia (devido processo legal, juiz natural, direito ao silêncio, ampla defesa, contraditório, proibição de existência de crime sem lei anterior que o defina, irretroatividade da lei penal, entre outros).[21]

Em síntese, portanto, o papel essencial e prático dos princípios constitucionais, citando LUÍS ROBERTO BARROSO, é "embasar as decisões políticas fundamentais tomadas pelo constituinte e expressar os valores superiores que inspiram a criação ou reorganização de um dado Estado", estabelecendo os alicerces, traçando as linhas mestras das instituições e "dando-lhes o impulso vital inicial". A eles é reservada a função de ser o "fio condutor dos diferentes segmentos do Texto Constitucional, dando unidade ao sistema normativo".[22]

De tudo o que foi dito, extrai-se a importante missão que os princípios constitucionais possuem: dar uniformidade ao sistema jurídico, cuja norma máxima é a Constituição, permitindo que a interpretação e a integração dos preceitos jurídicos sejam feitas de modo a dar coerência ao sistema normativo. Não se poderia, portanto, conceber que uma lei infraconstitucional ofendesse diretamente o princípio constitucional do devido processo legal,

---

[20]   *Direito constitucional*, p. 171.

[21]   JOSÉ AFONSO DA SILVA, *Curso de direito constitucional positivo*, p. 85-87; LUÍS ROBERTO BARROSO, *Interpretação e aplicação da Constituição*, p. 142-145.

[22]   Ob. cit., p. 146.

prevendo, *v.g.*, que as pessoas podem ser privadas de seus bens em processo inquisitivo, sem possibilidade de defesa.

Identificando os princípios inseridos na Constituição, pode o intérprete evitar contradições na aplicação das próprias normas constitucionais. Se aparentemente há um conflito, por intermédio dos princípios que norteiam o sistema, certamente se pode solucioná-lo sem a necessidade de negar vigência a qualquer preceito constitucional.

Para encerrar, mencionemos que, na construção do Estado Democrático de Direito (art. 1.º, parágrafo único, da Constituição da República Federativa do Brasil), não se pode desistir de aplicar todos os princípios constitucionais inseridos pelo poder constituinte, sob pena de se questionar a supremacia do Texto Fundamental, colocando em risco a própria noção de soberania do povo. Os direitos e garantias fundamentais fazem parte desses princípios (são os princípios-garantia) e necessitam ser eficazmente respeitados, porque foram as normas eleitas pelo constituinte para reger os rumos da sociedade brasileira.

Somente para registro, os antigos comentários de juristas ao processo penal não incluíam os princípios constitucionais penais como tópico fundamental. Aliás, nem existia esse *capítulo* nas obras jurídicas. Trata-se de outra visão. Hoje, não há como comentar processo penal sem se avaliar os princípios constitucionais processuais penais.

2. DIREITOS E GARANTIAS HUMANAS FUNDAMENTAIS

2.1 Conceito, importância e diferenças

Inicialmente, os direitos fundamentais eram entendidos, como dizia CARL SCHMITT, como "os direitos do homem livre e isolado, direitos que possui em face do Estado", constituindo os direitos da liberdade da pessoa particular diante do Estado burguês. Essa concepção, no entanto, correspondia aos chamados direitos fundamentais de 1.ª geração, com seus três princípios cardeais: liberdade, igualdade e fraternidade. Em seguida, de acordo com as lições de PAULO BONAVIDES, surgiram os direitos de 2.ª geração, que eram os direitos sociais, culturais e econômicos, como os direitos coletivos; depois, os de 3.ª geração, relativos aos direitos ao desenvolvimento, à paz, ao meio ambiente, ao patrimônio da humanidade e à comunicação. Como direitos fundamentais de 4.ª geração aponta o mesmo autor os direitos à democracia, à informação e ao pluralismo.[23] Daí por que os direitos fundamentais abrangem os direitos individuais, os sociais, os coletivos e aqueles que interessam à humanidade de um modo geral.

São fundamentais ao desenvolvimento pleno e à felicidade da pessoa humana vista não somente do prisma individual, como alguém autônomo, deslocado da comunidade onde vive, mas, ao contrário, inserida num universo maior, onde estão também presentes e merecem ser protegidos os direitos da coletividade.

O Estado deve respeitar os direitos do indivíduo, mas precisa também limitá-los, em nome da democracia, pois, para manter o equilíbrio entre o direito isolado de um cidadão e o direito à segurança da sociedade (entendida esta como segurança pública, prevista no art. 144, *caput*, da CF; a segurança jurídica é direito individual, previsto no art. 5.º, *caput*, da CF), é preciso um sistema de garantias e limitações. Aliás, esse já era o alerta feito por KARL LOEWENSTEIN ao mencionar que o Estado democrático constitucional, muitas vezes, entra num

---

[23]   *Curso de direito constitucional*, p. 517-525.

dilema, quando resolve usar *fogo contra fogo*, ou seja, para evitar que agitadores totalitários utilizem as liberdades democráticas para destruir a própria democracia, acaba atentando contra os princípios de liberdade e igualdade que tanto defende. Mas essa aparente contradição é passível de solução, desde que o Estado saiba dosar o quanto invade a esfera de liberdade individual em nome da segurança social e o quanto precisa limitar o direito individual para não ferir o coletivo.[24] Para assegurar o exercício de direitos tão importantes como os inerentes à natureza humana é preciso contrabalançar *autoridade* e *liberdade*, pois uma complementa a outra. Disse Madison, durante a Assembleia Constituinte de Filadélfia: "Se homens fossem anjos, nenhum governo seria necessário. Se anjos governassem homens, nem controles externos, nem internos sobre o governo seriam necessários. Na estruturação de um governo que deve ser administrado por homens sobre homens, a grande dificuldade consiste no seguinte: deve-se em primeiro lugar tornar o governo apto a controlar os governados; num segundo momento, obrigá-lo a se controlar".[25]

Fundamental é o básico, necessário, essencial. E por tal razão são fundamentais os direitos e garantias individuais. A sua origem foi justamente para combater os abusos do Estado, reconhecendo-se que o homem possui valores que estão acima e fora do alcance estatal. Os mandamentos cristãos em muito auxiliaram o cultivo cada vez maior desses direitos, mas nem por isso a Igreja, quando se tornou totalitária na Idade Média, deixou de sofrer o refluxo causado pelos protestantes que, em última análise, clamavam por direitos e valores que vinham sendo deixados de lado pela Inquisição. Desde então, evoluíram o constitucionalismo e as liberdades individuais lado a lado, formando as bases do Estado Democrático de Direito.

A Antiguidade não conheceu os direitos individuais, visto que somente a partir do desenvolvimento do direito constitucional inglês, com a edição da *Magna Carta*, é que o mundo passou a gozar paulatinamente de maiores liberdades, especialmente diante do Estado, antes absoluto e onipotente. Mesmo o que se titulava democracia na Grécia antiga, com a participação direta e efetiva dos cidadãos no governo, era relativo, pois a maioria da população era constituída de escravos e não tinha direito a voto.[26]

Fixadas as bases para ser consagrado o entendimento de que os direitos fundamentais englobam os direitos individuais, é preciso verificar se há direitos fundamentais em sentido material e em sentido formal, tal como se dá na conceituação de Constituição. Para tanto, pode-se invocar o ensinamento de Jorge Miranda, ao concluir que "por direitos fundamentais entendemos os direitos ou as posições jurídicas subjetivas das pessoas enquanto tais, individual ou institucionalmente consideradas, assentes na Constituição, seja na Constituição formal, seja na Constituição material – donde, *direitos fundamentais em sentido formal e direitos fundamentais em sentido material*".[27] Formalmente, pois, são direitos fundamentais os que estiverem previstos como tais na Constituição Federal, vale dizer, "toda a posição jurídica subjetiva das pessoas enquanto consagrada na *Lei Fundamental*".[28] Mas há direitos inerentes à pessoa humana, não constantes no Texto Magno, por questões políticas e sazonais, que são efetivamente *fundamentais, essenciais*. Como exemplo pode-se mencionar o *direito à vida*.

---

[24] *Teoría de la Constitución*, p. 404-405.

[25] Christopher Collier e James L. Collier, *Decision in Philadelphia*, p. 244, traduzi.

[26] Darcy Azambuja, *Teoria geral do Estado*, p. 142 e 217; Sampaio Dória, *Direito constitucional*, p. 177.

[27] *Manual de direito constitucional*, t. IV, p. 7.

[28] Ob. cit., p. 8.

Houvesse uma Constituição que não o consagrasse e ainda assim jamais deixaria de ser um direito fundamental, *materialmente* falando.

O importante é ressaltar que todos os direitos fundamentais devem ser rigorosamente observados pelo Estado que se pretenda *democrático* e *de direito*.

Mas não é inútil, no entanto, essa diferença (direitos fundamentais em sentido material e em sentido formal), pois, conhecendo a essência desses direitos, é possível detectar quando uma Constituição deixou de fazer previsões indispensáveis à ordem realmente democrática. E mais: o fato de algum direito fundamental não ter constado na Lei das leis não exclui a possibilidade de a ordem jurídica reconhecê-lo. Nesse sentido, note-se o constante no art. 5.º, § 2.º, da Constituição brasileira: "Os direitos e garantias expressos nesta Constituição não excluem outros decorrentes do regime e dos princípios por ela adotados, ou dos tratados internacionais em que a República Federativa do Brasil seja parte".

Se por um lado os direitos fundamentais, em sentido material, são aqueles indispensáveis ao desenvolvimento da pessoa humana – direito à vida; igualdade jurídica; liberdades física, de pensamento, de crença e de se manifestar; inviolabilidade de domicílio; sigilo de correspondência; liberdade de reunião e de associação; liberdade laborativa; direito de propriedade etc. –, por outro, os direitos fundamentais, em sentido formal, vale dizer, aqueles que apenas estão previstos na Constituição, podem não ser, de fato, direitos inerentes ao fluxo indispensável da vida do indivíduo.

PONTES DE MIRANDA chama os direitos verdadeiramente fundamentais de *supraestatais*, aqueles procedentes do direito das gentes, o direito humano no mais alto grau. Por isso, algumas Constituições podem transformar em *fundamental* o que não é supraestatal. Importante mencionar expressamente suas palavras: "Quando o Estado, sem ser obrigado a editar alguma regra jurídica, ou a reconhecê-la como implícita, porque a ordem jurídica supraestatal não o contém, consagra regras em que se traduz a equação *the man versus the State*, portanto, por sugestão sua, própria ou do seu povo, – o direito é fundamental, porém não supraestatal. Assim, nem todos os direitos que aparecem nas Declarações de Direitos são supraestatais: são fundamentais, ou, apenas, constitucionais (direitos e garantias). Os direitos supraestatais, pelo menos sistematicamente, são concebidos como *anteriores* ao Estado; os direitos fundamentais, nem sempre: se a Constituição os considera tais, é porque o legislador constituinte costuma traduzir *em tempo* ('pré-estatal') o que se lhe revela em intensidade (*the man versus State*)".[29]

Sob tal prisma, poder-se-ia dizer que os direitos fundamentais em sentido material são os direitos supraestatais, reconhecidos como inerentes à dignidade da pessoa humana pela maioria das nações e que formam, na atualidade, o cerne das Declarações Universais dos Direitos do Homem, seja a de 1789 (França) ou a de 1948 (ONU), mas também todos os que figuram nos inúmeros tratados celebrados e assinados pela comunidade internacional.

Uma Constituição pode transformar um direito qualquer em fundamental, levando em conta os interesses de determinado povo, titular do poder constituinte originário, que tudo pode, mas nem por isso esse direito fundamental torna-se, automaticamente, supraestatal, ou seja, reconhecido internacionalmente como tal. De outro lado, quando a Lei Básica de um povo deixa de lado algum direito materialmente fundamental é preciso compreender que, nem por isso, ele deve deixar de ser reconhecido como tal pelo sistema jurídico.

---

[29] *Comentários à Constituição de 1946*, p. 243.

O direito à liberdade de locomoção e à liberdade de consciência, por exemplo, são direitos fundamentais supraestatais (em sentido material, portanto) e não devem deixar de constar no rol dos direitos fundamentais da Constituição de um Estado verdadeiramente democrático.

Trilhando para um conceito mais definido, pode-se sustentar que direitos do homem e direitos fundamentais são normalmente expressões utilizadas como sinônimas, embora a diferença feita por CANOTILHO apresente interesse: "Segundo a sua origem e significado poderíamos distingui-las da seguinte maneira: *direitos do homem* são direitos válidos para todos os povos e em todos os tempos (dimensão jusnaturalista-universalista); *direitos fundamentais* são os direitos do homem, jurídico-institucionalmente garantidos e limitados espaciotemporalmente. Os direitos do homem arrancariam da própria natureza humana e daí o seu caráter inviolável, intemporal e universal; os direitos fundamentais seriam os direitos objetivamente vigentes numa ordem jurídica concreta".[30]

Inexistem grandes reparos a fazer por conta disso. É possível sustentar que os direitos do homem (ou direitos humanos) são os direitos fundamentais em sentido material ou os direitos supraestatais, enquanto os direitos fundamentais, nessa definição jurídico-institucional de CANOTILHO, seriam os obtidos no sentido formal, não necessariamente supraestatais.

O fato é que a expressão *direitos fundamentais*, seja em sentido material, seja em sentido formal, vem sendo a preferida dos textos constitucionais nas últimas décadas, remontando principalmente da Constituição de Weimar (século XX), conforme preleciona JORGE MIRANDA.[31] O mesmo autor, aliás, ressalta que, no plano internacional, usa-se mais a expressão *direitos do homem*, possivelmente para expressar a sua inerência aos indivíduos e não aos Estados.

Portanto, a referida expressão *direitos fundamentais*, embora abranja também os direitos do homem ou os direitos humanos, fica reservada aos direitos consagrados na Lei Fundamental de um povo e são também conhecidos como *liberdades públicas*. Engloba, como se disse, os direitos individuais.

A par do conceito traçado para os direitos fundamentais, torna-se necessário distingui-los das garantias fundamentais. É certo que parte da doutrina menciona ser difícil a missão de conceituar uns e outros, mas não é menos correto afirmar que a maioria dos constitucionalistas vê dessemelhança entre eles. Realmente não se pode dar o mesmo significado a direitos e garantias.

Esclarece JORGE MIRANDA: "os direitos representam só por si certos bens, as garantias destinam-se a assegurar a fruição desses bens; os direitos são principais, as garantias são acessórias e, muitas delas, adjetivas (ainda que possam ser objeto de um regime constitucional substantivo); os direitos permitem a realização das pessoas e inserem-se direta e imediatamente, por isso, nas respectivas esferas jurídicas, as garantias só nelas se projetam pelo nexo que possuem com os direitos; na acepção jusracionalista inicial, os direitos *declaram-se*, as garantias *estabelecem-se*." Poder-se-ia dizer então que os direitos assentam na pessoa, independentemente do Estado; são formas de a pessoa agir e valem por aquilo que vale a pessoa; enquanto as garantias reportam-se ao Estado em atividade com relação à pessoa; são modos de organização ou atuação do Estado e têm valor instrumental e derivado.[32]

---

[30] *Direito constitucional*, p. 517; JORGE MIRANDA, *Manual de direito constitucional*, t. IV, p. 51.

[31] Ob. cit., t. IV, p. 48.

[32] *Manual de direito constitucional*, t. IV, p. 89.

Em que pese tal diferença ser correta, não é menos verdadeiro que muitos direitos fundamentais são, na prática, garantias fundamentais de outros direitos fundamentais e assim por diante. É bem difícil distinguir um direito e uma garantia, como aponta VICENTE GRECO FILHO,[33] embora seja também possível haver uma superposição desses preceitos.

O direito à liberdade física é fundamental. Para amparar tal direito, surge a garantia de que ninguém será levado ao cárcere sem o devido processo legal. Para dar-se um regular processo constitucional, surge a garantia da ampla defesa, que, por sua vez, é garantida pelo contraditório. A ampla defesa também é garantida pelo direito à prova e pela não admissão, no processo, das provas ilícitas. Nos debates ocorridos na Assembleia Nacional Constituinte de 1946, disse o representante paulista ALVES PALMA: "É preciso garantir a ampla defesa e só o princípio contraditório pode fazê-lo".[34]

Visualizado sob outro prisma, o ser humano tem direito a produzir, no processo criminal, quando acusado pelo Estado, uma ampla defesa e, para assegurar tal direito, surge a garantia instrumental do *habeas corpus*, como remédio contra o abuso estatal, sendo apto a vedar o acesso do Estado à produção de provas ilícitas.

Havendo a possibilidade de confusão entre direitos e garantias, CELSO BASTOS enumera as garantias supracitadas (devido processo legal, ampla defesa e contraditório) como direitos individuais. Para garanti-los, elenca as ações constitucionais, tais como o *habeas corpus*, o mandado de segurança, o mandado de injunção, a ação popular, o *habeas data* e a ação civil pública.[35] E CANOTILHO afirma: "rigorosamente, as clássicas garantias são também direitos, embora muitas vezes se salientasse nelas o *caráter instrumental* de proteção dos direitos. As garantias traduziam-se quer no direito dos cidadãos a exigir dos poderes públicos a proteção dos seus direitos, quer no reconhecimento de meios processuais adequados a essa finalidade (ex.: direito de acesso aos tribunais para defesa dos direitos, princípios do *nullum crimen sine lege* e *nulla poena sine crimen*, direito de *habeas corpus*, princípio *non bis in idem*)".[36]

Muitas poderiam ser as soluções, embora seja essencial extrair um método de análise para o quadro dos direitos e garantias individuais. Retornando, pois, às diferenças sugeridas por JORGE MIRANDA, que, aliás, encontram respaldo nas lições de RUI BARBOSA (direitos individuais são aspectos ou manifestações da personalidade humana em sua existência subjetiva ou em relação à sociedade, enquanto garantias são as solenidades que tutelam alguns desses direitos contra os abusos do poder, conforme menção feita por ARAUJO CASTRO[37]), tem-se que, numa visão individualizada de determinado preceito constitucional (por exemplo, o do devido processo legal), como direito de todo homem, suas garantias são o contraditório e a ampla defesa, embora, num prisma sistêmico, o verdadeiro direito fundamental protegido pelo devido processo legal, pela ampla defesa e pelo contraditório é a liberdade do indivíduo. Aliás, pode-se ir além, pois o devido processo legal congrega elementos penais e processuais penais, lembrando que a sua raiz consistiu justamente no princípio da legalidade, nos idos da Magna Carta de 1215. Ninguém será preso ou privado de seus bens senão pela lei da terra (*by the law of the land*, ou seja, os costumes), posteriormente transformada a parte final em devido processo legal (*due process of law*). Diante

---

[33]   *Tutela constitucional das liberdades*, p. 40.

[34]   José DUARTE, *A Constituição brasileira de 1946*, v. 3, p. 71.

[35]   *Curso de direito constitucional*, p. 177 e ss.

[36]   *Direito constitucional*, p. 520.

[37]   *A nova Constituição brasileira*, p. 356.

disso, consideramos o referido princípio como regente dos demais e, portanto, uma autêntica garantia, somente respeitada, com efetividade, quando todos os demais princípios penais e processuais penais também o são no caso concreto.

Desse modo, são direitos individuais – porque inerentes à pessoa humana – o direito à liberdade de locomoção, garantido, como mencionado, pelo devido processo legal e seus corolários; o direito à liberdade de consciência e de crença, garantido pelo livre exercício de cultos religiosos, protegidos os locais onde se realizam tais cultos e suas liturgias; o direito à livre manifestação do pensamento e o direito à honra, garantidos pelo direito de resposta; os direitos à vida e à integridade física, garantidos pela proibição da pena de morte e da tortura, e assim sucessivamente.

Sem a pretensão de esgotar o assunto, mas adotando a diferença existente entre direito e garantia, num enfoque sistemático, tem-se que os direitos fundamentais são meramente declaratórios (direito à liberdade, p. ex.) e as garantias fundamentais são assecuratórias (ampla defesa, *e.g.*).

Logicamente, a garantia não deixa de ser um direito. No exemplo já mencionado, o devido processo legal é uma garantia do direito à liberdade, mas também é um direito, garantido pela ampla defesa e pelo contraditório. Até mesmo o *habeas corpus*, que é uma garantia instrumental, pode ser visto como um direito: o direito de utilizar um instrumento constitucional. Entretanto, ainda assim, a diferença entre *direito* e *garantia* é sensível. Há direitos que não são garantias, como é o caso do direito à vida, embora todas as garantias sejam também direitos. Eis por que José Afonso da Silva chama as garantias fundamentais de *direitos instrumentais*, já que destinados a tutelar um *direito principal*.[38]

Os direitos fundamentais, pois, constituem-se de direitos individuais, coletivos, sociais e políticos, exaltados na Constituição, e são os indispensáveis ao pleno desenvolvimento do homem e do cidadão, especialmente frente ao Estado, que tem por obrigação não somente respeitá-los, mas também assegurá-los e protegê-los. As garantias fundamentais são os instrumentos constitucionais colocados à disposição dos indivíduos e das instituições para fazer valer os direitos fundamentais. "Em última análise, é a Constituição a *garantia* tanto dos direitos *stricto sensu* como dos direitos-garantia"[39] e "o reconhecimento e a proteção dos direitos e das liberdades fundamentais são o núcleo essencial do sistema político da democracia constitucional".[40]

2.2   A supremacia da Constituição sobre a legislação em geral

A hegemonia da Constituição sobre todo o sistema normativo é uma realidade inerente ao próprio processo de criação da Lei Fundamental, alicerçado sobre a vontade do povo, detentor do poder constituinte originário.

É certo que atualmente se fala na existência de *três Poderes* de Estado (Executivo – administra, aplicando as leis; Legislativo – produz as normas a serem seguidas pela sociedade e pelo Estado; Judiciário – faz atuar o direito objetivo, resolvendo os conflitos porventura existentes entre normas e interesses violados), mas o certo também é que o *poder* do Estado

---

[38]   *Curso de direito constitucional positivo*, p. 365.

[39]   JORGE MIRANDA, *Manual de direito constitucional*, t. IV, p. 91.

[40]   KARL LOEWENSTEIN, *Teoría de la Constitución*, p. 392.

é uno, decorrente da sua soberania, de forma que, em verdade, ele apenas atua em diferentes *funções*.[41] Ensina João Mendes Júnior: "a força vital da sociedade civil se manifesta nos poderes: *Legislativo*, cujo fim é definir o direito e desenvolver o interesse social; *Executivo*, cujo fim é manter o direito e promover o interesse social; e *Judiciário*, cujo fim é aplicar o direito às relações individuais".[42]

Assim sendo, cabe ao Estado – por meio de seus *poderes* – cumprir e fazer cumprir a Constituição, concretizada pela vontade do povo, autêntico titular do poder constituinte. Sob tal prisma, nenhuma norma infraconstitucional pode conflitar com a Constituição sem ter de ceder o seu espaço para a *supremacia* da Lei Fundamental. Tanto assim que o governante não está obrigado a cumprir leis inconstitucionais, nem o Legislativo deve criá-las e cabe ao Judiciário zelar pelo controle de constitucionalidade das normas em geral.

A par da discussão existente a respeito da *supremacia* do Judiciário sobre os demais poderes, porque ele, em última análise, declarando o que é constitucional e o que não é, poderia acabar invadindo a esfera de competência do Legislativo, não menos certo é afirmar a imperiosa necessidade de se garantir um equilíbrio razoável entre a atividade legiferante e a atividade julgadora. Buscando evitar justamente a superposição de um Poder sobre outro, com cautela deve agir o Judiciário ao considerar inconstitucionais certas normas, porque cabe aos representantes do povo criá-las. Isso não significa, no entanto, que deva renunciar à sua principal tarefa: garantir, pela aplicação do direito ao caso concreto, a hegemonia da Constituição, visando a dar unidade a todo o sistema jurídico.

Essa é uma concepção herdada do direito americano, no qual cabe ao Judiciário o papel de interpretar a Constituição e fazer com que as normas editadas pelo Legislativo sejam conformes ao Texto Básico.

A supremacia da Lei Fundamental é mais claramente compreendida quando se trata da legislação ordinária; mais difícil e complexa é a situação quando possa existir eventual antinomia entre normas constitucionais. Essa ocorrência não é comum, mesmo porque o constituinte elabora a Constituição de uma só vez, num único processo e, como regra, o seu texto é fruto da vontade una do povo em determinado momento histórico.

O último processo constituinte vivenciado pelo Brasil ocorreu nos anos de 1987 e 1988, após a eleição dos membros da Assembleia Nacional Constituinte em 1986, até culminar com a promulgação da atual Constituição em 5 de outubro de 1988. Durante quase dois anos, o Congresso Nacional, atuando como Assembleia Nacional Constituinte, deliberou sobre o novo Estado brasileiro em vias de criação. Por meio de várias votações e revisões, bem como através das comissões de sistematização e redação, o Texto Magno concluiu-se, de forma geral, harmonicamente.

Entretanto, como é fruto do ser humano, nada mais natural do que conter contradições e erros. Quando tais confrontos parecem ocorrer entre normas e princípios constitucionais, vale aplicar a regra propugnada pelas lições de Luís Roberto Barroso: "a grande premissa sobre a qual se alicerça o raciocínio desenvolvido é a de que inexiste hierarquia normativa entre as normas constitucionais, sem qualquer distinção entre normas materiais ou formais ou entre normas-princípio e normas-regra. Isso porque, em direito, hierarquia traduz a ideia de que uma norma colhe o seu fundamento de validade

---

41   Karl Loewenstein, ob. cit., p. 55.

42   *Noções ontológicas de Estado, soberania, autonomia, federação, fundação*, p. 26-27.

em outra, que lhe é superior. (...) Não obstante isso, é inegável o destaque de algumas normas, quer por expressa eleição do constituinte, quer pela lógica do sistema. No direito constitucional positivo brasileiro, foram expressamente prestigiadas as normas que cuidam das matérias integrantes do núcleo imodificável da Constituição, que reúne as chamadas *cláusulas pétreas*. Consoante o elenco do § 4.º, do art. 60, não podem ser afetadas por emendas que tendam a abolir os valores que abrigam, as normas que cuidam: a) da forma federativa do Estado; b) do voto direto, secreto, universal e periódico; c) da separação dos Poderes; d) dos direitos e garantias individuais. Estes últimos fazem parte do princípio democrático. Porque assim é, deve-se reconhecer a existência, no Texto Constitucional, de uma hierarquia *axiológica*, resultado da ordenação dos valores constitucionais, a ser utilizada sempre que se constatarem tensões que envolvam duas regras entre si, uma regra e um princípio ou dois princípios".[43]

Assim, diante de eventual antinomia entre normas constitucionais, é preciso que o intérprete da Constituição busque conciliá-las, sem apontar a prevalência de uma sobre a outra, pois todas provêm da mesma fonte, ou seja, da vontade soberana do poder constituinte.[44] Mas, em caso de não ser possível tal compatibilização, é mais indicado que as normas-princípio, eleitas como *cláusulas imodificáveis* pelo criador da Lei Fundamental, prevaleçam. Não teria o constituinte erigido determinados princípios à categoria de *pétreos* se não fossem de crucial importância para todo o sistema normativo e para a própria harmonia das normas constitucionais.

Se eventualmente uma norma-regra, constante na Constituição, chocar-se com outra norma, sendo esta última um direito fundamental (norma-princípio), por exemplo, deve prevalecer este último, homenageando-se o valor a ele atribuído pelo poder constituinte originário.

Vê-se, pois, que os direitos e garantias individuais são considerados axiologicamente superiores a outras normas constitucionais não detentoras de igual valor, embora, sempre que possível, deva o intérprete conciliar casuais contradições, sem haver a prevalência de uma norma sobre outra. Essa superioridade decorre, como já mencionado, da necessidade imposta pelo Estado Democrático de Direito, afinal, democracia não significa somente o exercício do poder pela maioria, mas também – e fundamentalmente – o respeito dos direitos da minoria. Diz COMPARATO que "nos países politicamente desenvolvidos, democracia significa lei da maioria, *mais* o respeito aos direitos fundamentais do homem. No Brasil, a autêntica democracia realizar-se-á com a atribuição do poder soberano à maioria, *por meio* do respeito aos direitos essenciais da pessoa humana".[45]

Pode-se argumentar que, existindo direitos e garantias fundamentais em sentido material e em sentido formal, somente os primeiros mereceriam triunfar nessa supremacia de uma norma-princípio em conflito com uma norma-regra. Não é o correto, pois, uma vez eleita determinada norma como *direito* ou *garantia* individual pelo constituinte, mesmo que apenas formalmente, o direito ou garantia fundamental deve ser respeitado como tal. Inexiste, pois, esse contraste entre o formal e o material: todos os direitos e garantias individuais são valorativamente superiores.

Em conclusão: a Constituição é suprema no sistema normativo; dentre suas normas, são axiologicamente hegemônicas as que tiverem sido eleitas pelo poder constituinte origi-

---

43   *Interpretação e aplicação da Constituição*, p. 187.

44   CANOTILHO, *Direito constitucional*, p. 601.

45   *Por que não a soberania dos pobres?*, p. 106.

nário como *pétreas*, pois evidenciam o cuidado especial do povo ao tratar dos assuntos por elas regidos. É o caso dos direitos e garantias individuais. Se normas ordinárias entrarem em confronto com tais normas constitucionais, devem estas últimas prevalecer; se normas constitucionais não constantes do rol do art. 60, § 4.º, da Constituição, conflitarem com os direitos e garantias individuais, mais uma vez devem estes preponderar.

Finalmente, se dentre os direitos e garantias individuais aparentemente houver uma antinomia, deve o intérprete, necessariamente, buscar a conciliação, conforme o caso concreto, pois não há qualquer prevalência de um sobre outro. Se algo for permitido por um princípio e vedado por outro, um dos princípios deve recuar, o que não significa ter sido considerado nulo ou revogado.[46]

Partilhamos da visão da inexistência de antinomia real entre normas constitucionais. Há sempre uma solução para compor o conflito aparente de normas, podendo-se utilizar os critérios da sucessividade, especialidade, subsidiariedade e consunção, como se faz, com sucesso, no âmbito penal.

3. O PROCESSO PENAL DEMOCRÁTICO

Não se concebe o estudo do processo penal brasileiro dissociado de uma visão abertamente constitucional, inserindo-o, como merece, no contexto dos direitos e garantias humanos-fundamentais, autênticos freios aos excessos do Estado contra o indivíduo, parte verdadeiramente mais fraca nesse embate.

Por isso, compreender e captar o significado da Constituição Federal na estrutura do ordenamento jurídico, bem como conhecê-la e analisá-la à luz da democracia tem como consequência ideal e natural a construção e o fortalecimento do Estado Democrático de Direito.

Logo, não se deve visualizar a relação do processo penal e do direito constitucional, como se fossem ciências correlatas ou um corpo de normas de igual valor. Deve-se partir da visão constitucional de direito e democracia, diferençando direitos e garantias fundamentais, para atingir, a partir disso, uma correta e ampla visão do processo penal.

O Código de Processo Penal (Decreto-lei 3.689, de 3 de outubro de 1941) nasceu sob o Estado Novo, em plena ditadura da era Vargas, não podendo servir de base à construção de um corpo de normas jurídicas aplicável de per si, ignorando-se as constantes e sucessivas mutações da ordem constitucional brasileira, até culminar com a Constituição de 1988, nitidamente uma das mais democráticas que já tivemos.

É preciso colocar um limite no estudo do processo penal à luz de outras ciências, como o processo civil ou como mero apêndice do direito penal, bem como equiparando-o, como já se disse indevidamente, ao direito constitucional.

O processo penal lida com liberdades públicas, direitos indisponíveis, tutelando a dignidade da pessoa humana e outros interesses dos quais não se pode abrir mão, como a vida, a liberdade, a integridade física e moral, o patrimônio etc. Ensina EUGÊNIO PACELLI DE OLIVEIRA que "depois de longa e sofrida vigência de uma codificação caduca em seus pontos estruturais – o CPP de 1941 – a Constituição de 1988 não poderia ser mais bem-vinda. E, por todas as suas virtudes, na instituição de garantias individuais e no estabelecimento de

---

[46] PAULO BONAVIDES, *Curso de direito constitucional*, p. 251.

uma ordem jurídica fundada na afirmação e proteção dos direitos fundamentais, há de se manter bem viva".[47]

Considerando-se que, no direito constitucional brasileiro, prevalece a meta de cumprir e fazer cumprir os postulados do Estado Democrático de Direito, necessita-se captar as principais características dos direitos e garantias humanas fundamentais, aplicando-se cada uma das que se ligam à matéria processual penal ao direito infraconstitucional, previsto no Código de Processo Penal, que, à luz da Constituição de 1988, deve necessariamente adaptar-se.

Por outro lado, torna-se essencial o estudo dos princípios constitucionais do processo penal, alguns explícitos, outros implícitos, mas todos conferindo a forma sobre a qual se deve buscar construir o caminho indispensável à constituição da culpa do réu.

Vale mencionar o alerta de AFRÂNIO SILVA JARDIM neste cenário: "engana-se quem estiver pensando que a elaboração de um novo processo penal pautado em princípios constitucionais claramente democráticos poderá, por si só, resolver ou mesmo deter de um lado a violência dos aparelhos repressivos do Estado e do outro a crescente criminalidade de nossos dias. (...) Sem uma atuação séria e profunda no campo social atacando as causas que primeiro atingem a própria dignidade do homem, não se vão alcançar ponderáveis avanços no aperfeiçoamento da estrutura política e jurídica de nosso país".[48]

Acrescente-se, ainda, a indispensável mudança de mentalidade de parte dos operadores do Direito, que somente veem, no direito penal e no processo penal, meios puramente coercitivos de fazer valer a força estatal, quando, em verdade, representam fronteiras para o referido poder, que não é ilimitado, mas jungido aos mandamentos constitucionais básicos da dignidade da pessoa humana. O processo penal democrático é um conjunto de instrumentos, que se desenvolve em direções variadas, tendo por fundo o cenário de respeito aos direitos e garantias humanas fundamentais.

Em suma, "não há verdadeira democracia, nem liberdade, onde o processo penal não seja devidamente respeitado".[49] Assim se pronunciou o magistrado WILLIAM DOUGLAS, no caso *Joint Anti-Fascist Refugee Committee v. McGrath*, 341 U.S. 123, 179, em 1951: "Não é por acaso que a maioria dos preceitos da Declaração de Direitos (*Bill of Rights*) são processuais. É o processo que espelha a grande diferença entre a regra ditada pelo Direito e a regra ditada pelo capricho ou pelo impulso. A firme observância ao estrito processo salvaguarda com a maior confiança que haverá justiça igualitária diante da lei".[50]

4.   CONCEITO DE DIREITO PROCESSUAL PENAL

Cometida a infração penal, nasce para o Estado o poder-dever de punir (pretensão punitiva), consubstanciado na legislação material, com alicerce no seguinte direito fundamental (princípio da legalidade): *não há crime sem prévia lei que o defina, nem pena sem prévia lei que a comine.*[51]

---

[47]   *Processo e hermenêutica na tutela penal dos direitos fundamentais*, p. 23.
[48]   *Temas atuais de direito*, p. 25-26.
[49]   *Shaughnessy v. United States ex rel. Mezei*, 345 U.S. 206, 224, 1953, traduzi.
[50]   ANDREWS, *Human rights in criminal procedure*, p. 261, traduzi.
[51]   No mesmo prisma, FREDERICO MARQUES (*Tratado de direito processual penal*, v. 1, p. 4).

O direito penal, formador do corpo de leis voltado à fixação dos limites do poder punitivo estatal, somente se realiza, no Estado Democrático de Direito, por meio de regras previamente estabelecidas, com o fim de cercear os eventuais abusos cometidos pelo Estado. Vale ressaltar constituir a principal meta do direito penal tutelar a liberdade, impondo regras precisas e detalhadas, para que se possa cerceá-la. Logo, não se trata de um ramo jurídico encarregado unicamente da punição, como pensam alguns. Ao contrário, seus instrumentos jurídicos constituem o molde ideal do Estado Democrático de Direito para *punir com equilíbrio*, visando ao bem-estar da sociedade e, também, daquele que sofreu a sanção.

O direito processual penal é o corpo de normas jurídicas com a finalidade de regular o modo, os meios e os órgãos encarregados de punir do Estado, realizando-se por intermédio do Poder Judiciário, constitucionalmente incumbido de aplicar a lei ao caso concreto. É o ramo das ciências criminais cuja meta é permitir a aplicação de vários dos princípios constitucionais, consagradores de garantias humanas fundamentais, servindo de anteparo entre a pretensão punitiva estatal, advinda do direito penal, e a liberdade do acusado, direito individual.[52]

Na visão de ROGÉRIO LAURIA TUCCI, correspondendo "à instrumentalização da jurisdição, ou seja, da *ação judiciária*, em que se insere *ação das partes*, presenta-se o *processo penal* como um conjunto de atos que se realizam sucessivamente, preordenados à solução de um conflito de interesses de alta relevância social. A regulamentação desses atos, integrantes do procedimento em que ele se materializa, encontra-se estabelecida nas leis processuais penais, aliás, com muita propriedade".[53]

É relevante deixar claro que o processo penal tem autonomia científica. Nos termos descritos por FREDERICO MARQUES, "o direito processual penal é ciência dogmático-jurídica, filiada ao direito público, pelo que tem por fulcro o *ius positum*, isto é, os preceitos e normas regularmente em vigor para se imporem à obediência de todos".[54]

HÉLIO TORNAGHI ressalta a *razão de ser do processo penal*: "a lei processual penal é o resultado de um compromisso entre a Segurança e a Justiça. Sem a primeira, a Ordem social não pode subsistir e a própria sociedade sofre, tornando-se difícil a coexistência dos homens. Sem a outra, eles podem conviver, mas sendo esse convívio mantido pela força e não havendo a proporcional e legítima distribuição dos bens da vida e o respeito do que a cada um deve tocar, não haverá harmonia, estabelecer-se-á o desequilíbrio, o que acabará por comprometer a própria segurança e com ela a concórdia e a convivência pacífica. O ideal seria: a maior Segurança com a mais perfeita Justiça. Infelizmente, nem sempre é possível manter uma delas sem sacrifício da outra. Para conseguir a Ordem, sem a qual a sociedade se corrompe e dissolve, é preciso, por vezes, restringir o gozo de bens que, em rigor de Justiça, não poderiam

---

52 Segundo FREDERICO MARQUES, "o direito processual penal é o ramo da ciência jurídica que tem por conteúdo os princípios, institutos e normas concernentes à administração da justiça em matéria penal" (*Tratado de direito penal*, v. 1, p. 23). Conferir, ainda: ROMEU PIRES DE CAMPOS BARROS (*Direito processual penal*, v. 1, p. 30); ERNST BELING (*Derecho procesal penal*, p. 10); GIOVANNI LEONE (*Elementi di diritto e procedura penale*, p. 188).

53 *Direitos e garantias individuais no processo penal brasileiro*, p. 32-33.

54 *Tratado de direito processual penal*, v. 1, p. 28. Ensina o autor que a palavra *processo* "é de uso relativamente recente. Apesar de suas origens latinas (de *pro*, adiante, e *cedere*, ir) não a empregavam os romanos com o sentido que hoje possui, preferindo sempre o vocábulo *judicium* para exprimir aquilo que hoje se cristaliza na expressão tão usada de 'processo'." (*Estudos de direito processual penal*, p. 15).

ser tolhidos. É o que acontece, por exemplo, nos casos de providências cautelares, como o sequestro de bens litigiosos e a prisão preventiva".[55]

Nos atuais tempos, vê-se a sociedade envolta justamente na dicotomia *segurança e justiça*, como expõe Tornaghi, embora em ambiente muito mais amplo, envolvendo aspectos de segurança pública inexistentes no passado, como, por exemplo, a intensa atividade de organizações criminosas nos vários ramos da sociedade, inclusive no governamental. A pulsão trazida pela descoberta de inúmeros casos de corrupção, a ponto de atingir todos os estágios e lances dos Poderes da República, terminou por gerar uma sensação de insegurança generalizada, até mesmo porque parte dessa insegurança decorre, de fato, do aumento da criminalidade, bem como um sentimento de injustiça.

Renunciar aos direitos conquistados, arduamente, até o momento não é a solução ideal. Propusemos expor, à parte,[56] a perfeita viabilidade de um convívio harmonioso e sereno entre o cultivo dos direitos humanos fundamentais e a busca pela segurança pública. Parcela do caminho que nos conduzirá a tal patamar passa por um direito penal democrático, que fuja ao excesso punitivo desnecessário, mas igualmente pelo cenário do processo penal democrático – a ciência que deve saber trabalhar concomitantemente pela segurança da sociedade e a tutela do indivíduo como destinatário básico da dignidade humana.

4.1 Autonomia do processo penal

O primeiro passo para compreender a autonomia científica do direito processual penal é deixar de denominá-lo, irregularmente, como *direito adjetivo* ou *direito secundário*, dentre outros nomes, buscando apontar como o *direito substantivo* ou *direito principal* o corpo de normas, que dele necessita para fazer valer a lei: o direito penal, no tocante ao processo penal; o direito civil, no tocante ao processo civil.

Não há nenhum direito *adjetivo*, termo de nítido conteúdo voltado a inferiorizá-lo. O processo penal é tão *substantivo* quanto o direito penal, porém atua sob outros princípios e busca diversos objetivos.

Como bem explica Frederico Marques, "por ser autônomo, o direito processual penal não pode ser encarado como segmento ou parte do direito penal, a cujos princípios estaria subordinado. Atualmente, nem mesmo aqueles que o consideram como direito formal (enquanto que o direito penal seria aquele 'des lois de fond') negam o seu particularismo e autonomia".[57] E segue o autor: "nem o direito processual, nem a norma processual têm caráter instrumental, uma vez, no processo, a função do juiz, como órgão da jurisdição, é a de compor ou resolver litígios – o que mostra haver conteúdo próprio, com estruturação bem específica, tanto no processo, como na atividade jurisdicional, das normas a que estão subordinadas".[58]

Na mesma trilha, Romeu Pires de Camargo Barros explica que "a ciência do direito processual penal é a que estuda o conteúdo das normas que o compõe. Assim, ela se identifica com a dogmática jurídica processual penal, constituindo uma ciência normativa, e não causal explicativa. Tem correlação com a teoria do direito, com o estudo do direito processual penal comparado, com a história e a filosofia do direito processual penal. Da primeira recebe a ela-

---

[55] *Instituições de processo penal*, v. I, p. 9.

[56] Consultar o nosso livro *Direitos humanos vs. segurança pública*.

[57] *Tratado de direito processual penal*, v. 1, p. 29.

[58] Ob. cit., p. 48

boração de conceitos gerais, comuns aos diversos ramos da disciplina jurídica, que se adaptam ao seu campo particular; do direito comparado recolhe e oferece válido auxílio hermenêutico e dogmático na justaposição de institutos similares e análogos. Além disso, úteis também são ao seu estudo científico diversas outras ciências auxiliares do direito tais como: a medicina legal, a psicologia judiciária, a criminalística e outras".[59]

5. TEORIA GERAL DO PROCESSO: VISÃO CRÍTICA

FREDERICO MARQUES defende a ideia de uma teoria geral do processo. "O processo, como instrumento compositivo de litígios, é um só, quer quando tenha por objeto uma lide penal, quer quando trate de uma lide não penal".[60]

Por seu turno, FLÁVIO YARSHELL preconiza não significar que "inexistam diferenças entre processo civil e penal; apenas quer dizer que o diálogo entre os dois ramos – que, afinal de contas, gravitam em torno do exercício do poder – é imprescindível. E o método científico para que isso se dê está na teoria geral do processo; em cujo contexto, de volta ao início, o tema da prova ocupa papel de destaque. Nesse terreno específico, o dogma da oposição entre a busca da verdade formal e da verdade real, preservada eventual convicção ainda em contrário, está superado; a começar da equivocada qualificação que se pretendeu fazer da verdade. Em qualquer caso, o juiz decide com base na verdade 'processual', que é essencialmente formal – sem que esse qualificativo a deprecie. O mais se resolve substancialmente pela disciplina dos ônus da alegação e de prova; e, portanto, não mais do que em juízos de probabilidades feitos pelo legislador ou pelo juiz no exame do caso concreto. Aliás, a ideia de que, no processo penal, o juiz deveria buscar a 'verdade real' sempre encerrou um paradoxo: se ao determinar a prova o juiz não sabe a quem favorecerá o respectivo resultado (argumento empregado por quem preconiza ampla intervenção, inclusive em matéria civil), como aceitar que a iniciativa do juiz em matéria probatória poderia eventualmente redundar em prejuízo da defesa? Na busca da 'verdade real' o juiz poderia, então, suprir omissões do acusador? O que ocorre aí é que não há como dar resposta adequada a uma indagação que parte de premissa equivocada, consistente, repita-se, na indevida qualificação da verdade como formal ou real".[61]

Para FREDIE DIDIER JR., "a Teoria Geral do Processo, Teoria do Processo, Teoria Geral do Direito Processual ou Teoria do Direito Processual é uma disciplina jurídica dedicada à elaboração, à organização e à articulação dos conceitos jurídicos fundamentais (lógico-jurídicos) processuais. São conceitos *lógico-jurídicos* processuais todos aqueles indispensáveis à compreensão jurídica do fenômeno processual, onde quer que ele ocorra, tais como: competência, decisão, cognição, admissibilidade, norma processual, processo, demanda, legitimidade, pretensão processual, capacidade de ser parte, capacidade processual, capacidade postulatória, prova, presunção e tutela jurisdicional. (...) uma Teoria do Processo Penal Brasileiro, por exemplo, ajudaria na sistematização das espécies de prisão determinada antes do trânsito em julgado da sentença penal (provisória, temporária, cautelar etc.)".[62]

---

[59] *Direito processual penal*, p. 40.

[60] *Tratado de direito penal*, v. 1, p. 36.

[61] "Investigação e autonomia do direito à prova", in: ZUFELATO E YARSHELL (org.), *40 anos da teoria geral do processo no Brasil*, p. 328.

[62] "Teoria geral do processo", in: ZUFELATO E YARSHELL (org.), *40 anos da teoria geral do processo no Brasil*, p. 343 e 348.

GUSTAVO RECENA COSTA alerta que "o estabelecimento de diversos *standards* de prova tem por função *minimizar os custos* decorrentes de erros esperados na tomada de decisões sobre os fatos (seja para evitar um tipo de erro particularmente gravoso, seja para reduzir, de uma maneira geral, igualmente custosos). A afirmação pode ser aclarada quando se pensa no processo penal. Parece-nos hoje intuitivo e de senso comum que será preferível absolver muitos culpados a condenar um inocente. O correlato princípio da presunção de inocência, a que se vincula a noção de prova *além da dúvida razoável* (*proof beyond reasonable doubt*), é, assim, uma 'escolha fundamental de caráter ético'. O processo penal revela-se, nessa medida, *assimétrico* quanto ao valor atribuído ao conteúdo da verdade de suas decisões: não se preocupa em minimizar a quantidade de erros fáticos em geral, mas em evitar, com grande energia, um tipo de erro específico: a condenação injusta (um 'falso positivo'). Essa assimetria não pode ser transplantada, no entanto, para o processo civil – sobretudo quando o objeto litigioso diz respeito a pretensões de cunho eminentemente patrimonial, envolvendo partes substancialmente iguais. Nesse caso, como se procurará demonstrar a preferência por uma mera *probabilidade prevalente* (*preponderance of evidence*) é a única alternativa racional para o julgador. Isso porque a avaliação dos interesses em jogo é neutra (um falso positivo não é pior que um falso negativo) e o objetivo perseguido deve ser o de minimizar erros *tout court*".[63]

No processo civil, na maioria dos casos, basta uma petição inicial, acompanhada da procuração *ad judicia* e do pagamento de custas para o ingresso em juízo, conseguindo-se o despacho judicial para a citação da parte contrária. GUSTAVO BADARÓ evidencia os critérios para o ingresso em juízo penal: "5.1 A denúncia ou queixa deverá ser liminarmente rejeitada se faltar uma das condições para a ação penal (CPP, art. 395, II, segunda parte) ou se esta for destituída de justa causa (CPP, art. 395, III). 5.2 Procurando definir esses conceitos, a denúncia ou queixa deverá ser rejeitada se: (1) não descrever um fato *aparentemente típico*, (2) ou se já estiver *extinta a punibilidade*, (3) ou se quem a ofertar *não tiver legitimidade* para tanto, ou (4) não houver *prova da existência do crime* imputado e *indícios suficientes de autoria* da prática delitiva. 5.3 A inocorrência de crime, por tipicidade, quando constatada de plano, deve levar à rejeição da denúncia, nos termos do inciso II, parte final, do art. 295 do CPP, por impossibilidade jurídica do pedido. 5.4 Se a denúncia narrar um fato atípico, ainda que tal hipótese costume ser considerada como falta de condição da ação penal, haverá julgamento de mérito, mesmo que *prima facie*, e a decisão fará coisa julgada material, ante a declaração judicial de inexistência do crime. 5.5 Após o oferecimento da resposta escrita pela defesa, se houver prova plena de que o fato imputado é atípico, o acusado deve ser absolvido sumariamente, nos termos do art. 397 do CPP. Trata-se de julgamento antecipado do mérito, que fará coisa julgada material, impedindo a repropositura da ação".[64]

ANDRÉ NICOLITT também enaltece a teoria geral, afirmando que "o processo tem natureza jurídica de direito fundamental. Isto se deve ao fato de estar contemplado no art. 5.º, LIV, da CF/1988, consagrado da seguinte forma: ninguém será privado da liberdade ou de seus bens sem o devido processo legal. É impossível não reconhecer princípios e origens comuns ao processo civil e ao processo penal, pois tanto a tutela da liberdade (direito fundamental) como a da propriedade (embora de menor relevância em relação à liberdade, mas de igual

---

[63] "Livre convencimento e *standards* de prova", in: ZUFELATO E YARSHELL (org.), *40 anos da teoria geral do processo no Brasil*, p. 367-368.

[64] "As condições da ação penal", in: ZUFELATO E YARSHELL (org.), *40 anos da teoria geral do processo no Brasil*, p. 425.

maneira direito fundamental), estão asseguradas de uma só vez pelo devido processo legal na Constituição da República".[65]

Embora respeitáveis sejam as linhas de defesa a respeito da *teoria geral do processo*, ousamos discordar dessa possibilidade. O processo penal deve irmanar-se, em teoria geral, se preciso, ao direito penal, mas não ao processo civil, cujas bases de utilidade se destinam a outros setores do direito.

O processo civil lida com inúmeros conflitos sociais, ao passo que o processo penal zela por um único conflito, relacionado à prática do crime e sua efetiva viabilidade de punição. Enquanto a maioria dos interesses, na órbita civil, é disponível, passível de acordo, negociação e até mesmo sujeita a juízo arbitral, *fora do âmbito estritamente jurisdicional*, o interesse penal--punitivo é único e depende da oficialidade. Somente por aqui pode-se contestar a afirmação de FREDERICO MARQUES de que o processo, como instrumento compositivo de litígios, é um só. Pode ter sido, mas não é mais. Um árbitro pode resolver um importante conflito civil e nunca o fará no cenário penal.

Vários processualistas civis, contando com o apoio de certos processualistas penais, insistem em visualizar a diferença entre *verdade formal* e *verdade real* como "superada". Se assim fosse, não mais existiria o tradicional princípio da busca da verdade real. FLÁVIO YAR-SHELL chega a propor uma indagação, no sentido de que poderia o juiz buscar provas e, não sabendo o que vai encontrar, achá-las contra os interesses do réu? Podemos responder sem chance de erro que sim. A busca da verdade real, que parece incompreensível para alguns, não é a procura da verdade *do* réu. O juiz não banca o advogado do acusado, nem tampouco tem o compromisso de ser órgão acusador. Ele precisa satisfazer o seu convencimento para bem decidir a causa. Se determinar a inquirição de uma testemunha referida no depoimento de outra, fazendo-o de ofício, essa testemunha pode trazer declarações favoráveis à acusação ou à defesa. Mas é a procura da verdade mais próxima possível da realidade.

Alguns processualistas insistem em proclamar o óbvio: toda verdade é relativa; o juiz deve decidir com as provas existentes nos autos, logo, é a verdade formal. Sem dúvida. A verdade é somente a noção ideológica da realidade. O que alguém *pensa* ser verdade pode ser irreal. Verdade não é realidade. O juiz trabalha, nos autos, com a verdade disponível. Entretanto, o princípio da busca da verdade real espelha a atuação judicial em nome de seu convencimento, podendo movimentar o quadro das provas de ofício.

GUSTAVO COSTA aponta a assimetria existente entre a busca de provas no processo civil e no processo penal, o que torna uma teoria geral inoperante. O princípio da presunção de inocência ou da prevalência do interesse do réu aponta para a indispensável absolvição em caso de dúvida. Solte-se o culpado, mas jamais se condene o inocente. Os instrumentos probatórios no universo civil são diversos e as partes são iguais, possuindo cada qual o seu advogado para representar seus interesses, muitos dos quais passam longe do Ministério Público.

DIDIER JR. aponta para uma teoria geral do processo penal que facilite a sistematização das prisões provisórias existentes no ordenamento brasileiro. Não há a menor necessidade de uma teoria geral do processo (abrangendo os aspectos civil e penal), nem mesmo uma teoria geral do processo penal para *organizar* as prisões, pois não se vê qualquer vantagem nisso.

---

[65] *Manual de processo penal*, p. 49.

BADARÓ demonstra como deve ser a petição inicial no universo processual penal e a resposta do réu. Há profundas diferenças com o lado processual civil. Em primeiro lugar, a denúncia ou queixa precisa ser concisa e em linguagem acessível ao réu, pois ele será ouvido, no exercício da ampla defesa (autodefesa). É inconcebível uma peça longa, com citações de doutrina e jurisprudência e, pior, com palavras, frases ou colocações em língua estrangeira. Trata-se de peça inepta. No cível, pode o autor, por seu advogado, escrever um *tratado* na peça inicial, com citações de tudo o que bem entender, pouco importando se o réu vai compreender, pois este será assistido por um advogado – o tradutor de tudo. A resposta do acusado, no processo penal, após a citação, é *obrigatória*; no processo civil, como regra, facultativa.

Não bastasse, a denúncia ou queixa precisa ser sustentada por provas pré-constituídas, apontando para a existência do crime e indícios de quem seja o seu autor. Por ora, o processo penal aponta a oficialidade como critério norteador para a captação da prova na fase da investigação, ou seja, somente quem pode produzir prova é órgão estatal, indicado em lei. Nada disso é exigido em processo civil.[66]

O juiz, na órbita penal, zela pela defesa do réu, podendo considerá-lo *indefeso*, por falta de condições técnicas de quem o patrocina, nomeando-lhe outro advogado, o que inexiste na esfera civil. Ademais, tem-se admitido, inclusive, mormente no Tribunal do Júri, o controle das alegações da acusação, podendo o juiz considerar a sociedade indefesa diante da fragilidade do órgão acusatório.

NICOLITT se apega ao devido processo legal para afirmar que ambos (civil e penal) devem respeitá-lo, pois lidam com direitos fundamentais. A fundamentação é muito singela, pois o direito à propriedade é disponível, enquanto a liberdade não é. Somente tal diferença anula a ideia do devido processo legal, tutelando ambos os ramos de maneira idêntica.

Na essência, criou-se a *teoria geral do processo*, há mais de 40 anos, em São Paulo, na Faculdade de Direito da USP, não mais se colocando na berlinda essa unicidade. Qual foi a utilidade para o aluno de direito? Na prática, foi levado a estudar *muito mais* processo civil que processo penal, transformando esta última disciplina em secundária. Por isso, muitos operadores do direito não conseguem manipular bem os seus institutos e os seus princípios para fazer valer a justiça *penal*, seja ela qual for.

O processo civil – e isto nos parece inquestionável – permite-se operar com o instituto da revelia. Se o réu não contestar o pedido, *presume-se* verdadeiros os argumentos fáticos da inicial. Se o juiz quiser, julga antecipadamente a lide. Há verdade mais *formal* que essa? Acreditar na *história* narrada na inicial porque não houve impugnação. Jamais se fará isso na esfera criminal.

Aliás, legitimado a propor a ação penal é, primordialmente, o Ministério Público. Em poucas exceções a vítima do crime. Na órbita civil, admite tantos quantos demonstrarem interesse material, calcado em leis civis. Um número indeterminado de pessoas, incluindo até mesmo órgãos oficiais, como o Ministério Público e a Defensoria Pública.

A confissão, no cível, implica o reconhecimento do pedido e pode determinar o fim da demanda com ganho de causa para o autor. No processo penal, o art. 197 do CPP, que cuida da confissão, menciona ser relativa a admissão de culpa, merecendo confronto com as demais provas dos autos.

---

[66] Algumas vozes apontam a ação civil pública e o inquérito civil público para buscar igualar as ciências e defender a teoria geral do processo. Cuida-se de uma agulha no palheiro apontar a ação civil pública como critério para uma teoria geral do processo.

O depoimento pessoal da parte, no cível, não pode valer-se do direito ao silêncio. Quem o fizer pode produzir prova contra si mesmo e *perder a demanda*. O silêncio do acusado não pode lhe causar nenhum prejuízo.

Os prazos processuais penais confundem-se com prazos penais e estes são fatais, não havendo interrupção em hipótese alguma, diferenças peculiares e diferentes do quadro estampado no cível.

Um imenso desvio é provocado pela teoria geral do processo ao se cuidar do ônus da prova, bastando fazer uma leitura simplista do art. 156 do CPP. *In verbis*: "A prova da alegação incumbirá a quem a fizer, sendo, porém, facultado ao juiz de ofício: I – ordenar, mesmo antes de iniciada a ação penal, a produção antecipada de provas consideradas urgentes e relevantes, observando a necessidade, adequação e proporcionalidade da medida; II – determinar, no curso da instrução, ou antes de proferir sentença, a realização de diligências para dirimir dúvida sobre ponto relevante". Em primeiro lugar, quando o texto legal menciona que a *prova da alegação incumbirá a quem a fizer* fornece a falsa impressão de que as partes estão em pé de igualdade, o que não ocorre. Cabe ao órgão acusatório *provar* que o réu cometeu um *crime* (fato típico, antijurídico e culpável) – e não somente o fato típico (como muitos acham). Não concerne à defesa provar ao juiz que o acusado agiu de forma lícita e não culpável. Esse papel é da acusação, vale dizer, que o fato típico é *efetivamente* ilícito e culpável. Na sequência, pode-se observar o imenso poder atribuído ao juiz (a reforma data de 2008) para produzir, de ofício, provas que entender cabíveis. Não se quer, com isso, defender a medida, acreditando ser adequada a providência em 100% dos casos. Pretende-se demonstrar o intuito legislativo de aquinhoar o juiz penal com mais poderes instrutórios que o magistrado na esfera civil. No CPC, observa-se, nos arts. 381 e 382, ser viável a produção antecipada de provas, desde que alguém requeira em juízo.

Aliás, no processo civil, admite-se até mesmo a *inversão do ônus da prova*. Confira-se, no art. 6.º, da Lei 8.078/1990: "são direitos básicos do consumidor: (...) VIII – a facilitação da defesa de seus direitos, *inclusive com a inversão do ônus da prova*, a seu favor, no processo civil, quando, a critério do juiz, for verossímil a alegação ou quando for ele hipossuficiente, segundo as regras ordinárias de experiências" (grifamos).

O *foro privilegiado*, tão debatido nos tempos atuais, inexiste no campo civil, pois se considera o setor penal, que tutela a liberdade, muito mais relevante do que contendas de ordem pessoal ou patrimonial, sem envolver a liberdade. Outros processualistas penais, embora com argumentos diversos, são também contrários à teoria geral do processo.[67]

Em suma, por variados ângulos, consideramos inadequada a *teoria geral do processo*, que somente toma tempo do aluno da graduação para estudar mais processo penal do que processo civil; ou, ao menos, em igualdade de condições.

Expusemos, em nossa obra *Princípios constitucionais penais e processuais penais* as zonas de interligação principiológica entre o direito penal e o processo penal. Regidas ambas as disciplinas pelos princípios da dignidade da pessoa humana e do devido processo legal, em vários pontos interligam-se.

O princípio da legalidade do direito penal (não há crime ou pena sem lei anterior que o defina ou preveja) comunga seus parâmetros com o princípio da legalidade estrita da prisão cautelar, pois a Constituição Federal foi pródiga em prever, em vários incisos do art. 5.º, várias

---

[67] Eugênio Pacelli, *Curso de processo penal*, p. 104.

normas cujo objetivo é conferir estrutura formal à prisão cautelar. Deve esta ser decretada e cumprida dentro dos mais precisos dispositivos legais. Decorrente da legalidade, ainda, encontra-se o juiz natural e imparcial, constando como princípio na Constituição, mas bem especificado, por força de lei, no CPP.

A presunção de inocência, reputando-se inocente o réu até que ocorra o trânsito em julgado da decisão condenatória, alimenta-se do princípio da humanidade, que prevê a ausência de penas cruéis. No entanto, o que pode ser mais cruel do que antecipar a culpa de uma pessoa inocente?

O importante princípio penal da culpabilidade (não há crime sem dolo ou culpa) tem por alvo, no processo penal, o princípio da intranscendência (somente se pode ajuizar a demanda contra o autor do crime, logo, quem agiu com dolo ou culpa). Vincula-se, ainda, a culpabilidade ao princípio da responsabilidade penal (a pena não passará da pessoa do delinquente), motivo pelo qual não se pode ajuizar ação penal contra herdeiros, sucessores ou representantes do réu.

O princípio da economia processual rege a área cível e, também, a penal, especialmente quando, nesta, encontram-se as prisões cautelares e sua duração. Porém, diversamente, no cível, quanto mais célere seguir o feito, melhor. Na esfera criminal, nada pode atrapalhar a defesa do acusado, muito menos a rapidez processual, pois disso pode depender a prova da sua inocência.

Dois princípios – um penal e outro processual penal – são *irmãos*: a dupla punição pelo mesmo fato e o duplo processo pelo mesmo fato. No direito penal, é intolerável que alguém seja punido duas ou mais vezes pelo mesmo fato, o que pode ocorrer na fase de aplicação da pena se o julgador não prestar atenção. No processo penal, nem mesmo processado duas ou mais vezes ele pode ser. Se foi o réu absolvido, jamais se tornará a propor ação penal contra ele.

A individualização da pena é um princípio penal (não deve haver pena padronizada a diferentes réus), que se casa muito bem com a regra processual de que toda decisão judicial deve ser motivada. Não se aceita um processo de dosimetria da pena desvinculado de motivação.

A oficialidade é a marca registrada de ambos os ramos: penal e processual penal, restando muito pouco para o particular fazer. Sob outro prisma, majoritariamente, a ação penal é da atribuição do Ministério Público, regido pelo princípio da obrigatoriedade, o que, realmente, não ocorre na esfera civil.

Outro lado do princípio da humanidade, que se alia ao princípio da duração razoável do processo, é o tempo de duração da prisão cautelar. É desumano manter preso um sujeito considerado inocente por meses, anos a fio, sem solução de seu processo-crime.

Há vários outros fatores que ligam penal a processo penal, redundando numa visão unificada de ambas as disciplinas, desligando-se, de vez, o processo penal do processo civil. Deve-se eliminar a teoria geral do processo e somente se utilizar do processo civil, no contexto do processo penal, quando para fins de suprimento de lacunas, conforme dispõe o art. 3.º do Código de Processo Penal. Nada mais.

6. INTERDISCIPLINARIDADE ENTRE PENAL E PROCESSO PENAL

Há profundo vínculo entre o direito penal e o processo penal, como buscamos demonstrar em nossa obra *Princípios constitucionais penais e processuais penais*, desmistificando a ideia de uma *teoria geral do processo*, que somente serve a colocar o processo penal desvalorizado, em face de um processo civil avançado e moderno.

Em primeiro lugar, os princípios regentes de ambas as disciplinas (penal e processo penal) são os mesmos: dignidade da pessoa humana e devido processo legal. Embora se possa dizer que a dignidade da pessoa humana rege *todas* as disciplinas jurídicas, o que não deixa de ser verdadeiro, o devido processo legal teve a sua origem na Magna Carta de 1215 e significava, à época, princípio da legalidade. Ninguém seria preso ou privado de seus bens sem a aplicação da *lei da terra* ("by the law of the land"). Posteriormente, registrou-se a abrangência do devido processo legal tanto no campo penal quanto no processo penal.

Além disso, caminham lado a lado o princípio da legalidade com o princípio da estrita legalidade da prisão cautelar, da obrigatoriedade da ação penal e da oficialidade. Não há crime ou pena sem prévia lei que o defina ou o comine. Igualmente, não há prisão cautelar sem a estrita observância das normas constitucionais. A ação penal pública incondicionada é de propositura obrigatória, pois assim demanda a lei. Finalmente, prevalece, no processo penal, a oficialidade, cabendo somente a agentes do Estado a punição efetiva do condenado.

O princípio da responsabilidade pessoal ou da personalidade (a pena não passará da pessoa do delinquente) liga-se diretamente ao princípio processual da intranscendência (a ação somente deve ser movida contra quem realmente praticou o crime). Ora, se a pena não pode atingir um inocente, também não deve a ação penal fazer o mesmo.

O princípio da individualização da pena assegura que a pena não deve ser padronizada: a cada autor de crime a sua justa medida. No mesmo prisma, no campo processual deve-se promover a individualização das medidas cautelares provisórias, como demonstra, com nitidez, o art. 282 do CPP.

O princípio da intervenção mínima (fragmentariedade, subsidiariedade ou ofensividade) indica que o direito penal não deve ocupar-se de *bobagens*, aquelas mínimas lesões a um bem jurídico tutelado (mesmo que sejam protegidos pelo direito penal, como, por exemplo, a colocação de brincos não pode ser considerada uma lesão corporal). Ora, assim considerada a situação, o processo penal há de reagir: a) o juiz pode rejeitar a denúncia; b) o magistrado pode absolver sumariamente, após a defesa do réu.

O princípio da taxatividade obriga que os tipos penais incriminadores sejam bem redigidos, de modo que sejam bem compreendidos. A inexatidão na construção dos tipos incriminadores pode levar o juiz a rejeitar a denúncia ou queixa, para que não se instaure uma ação penal *sem justa causa*.

O princípio da vedação da dupla punição pelo mesmo fato, de matiz penal, vincula-se ao princípio da vedação do duplo processo pelo mesmo fato, de fundo processual penal. Em suma, não se pode nem mesmo processar duas vezes o mesmo sujeito, com base nos mesmos fatos; muito menos, puni-lo duas vezes por isso.

O princípio da proporcionalidade (penal) prevê que ao crime grave deve-se aplicar uma pena grave; ao delito de menor potencial ofensivo, igualmente, uma pena branda. Diante disso, quem foi condenado a uma pena proporcionalmente superior à lesão causada tem direito de recorrer, revendo o julgado. Tem, ainda, direito de ingressar com revisão criminal, pois é um flagrante erro judiciário.

O princípio da culpabilidade garante que ninguém será criminalmente processado e condenado se não tiver agido com dolo ou culpa. No cenário processual penal, as denúncias genéricas, sem apontar exatamente quem fez o que, podem atingir em cheio o princípio da culpabilidade. Logo, denúncias genéricas podem ser rejeitadas com base na ausência de provas mínimas de ter o réu agido com dolo ou culpa.

Ao cuidar do princípio da presunção de inocência, de fundo processual penal, não se pode olvidar a sua ligação com o direito penal, pois obriga o Estado a produzir prova contra o réu, que se incumbe de negar. Por mais grave que tenha sido o delito, não se fará "justiça" à força, elegendo qualquer um para pagar pelo dano provocado. Eis que surge a mera presunção relativa de que, preenchido o tipo penal, pode-se considerar ilícito e culpável o fato. No entanto, é preciso *prova cabal* de inexistência de excludentes de ilicitude e de culpabilidade. Interagem os sistemas penal e processual penal.

A ampla defesa e o contraditório são capazes de desfazer a inicial credibilidade gerada pelo tipo penal preenchido, que foi suficiente para a apresentação e o recebimento da denúncia.

Quando se cuida do tema do *juiz natural e imparcial*, não havendo respeito a tal princípio, qualquer sentença condenatória será absolutamente ilegítima, quiçá nula. Deve-se projetar esses direitos processuais penais para a esfera da execução penal, onde já se está *cumprindo* a pena. Logo, a punição (matiz penal) se transforma, conforme o preso apresente bom comportamento e, valendo-se dos seus básicos direitos processuais penais (ampla defesa, contraditório, juiz natural e imparcial) possa provocar o encurtamento da sua pena.

Em síntese, todos os princípios constitucionais penais relacionam-se aos princípios constitucionais processuais penais. Isso se pode dizer dos princípios penais em relação aos processuais penais.

Portanto, não vemos nenhuma relevância na *teoria geral do processo*. Se for uma forma *didática* de ensinar *processo* ao aluno, somos levados a argumentar com dois pontos: a) há outras formas, hoje, muito mais eficientes em matéria de pedagogia; b) ensinar alunos, baseado numa junção facilitada do processo civil e penal, não torna essa facilitação uma ciência.

7. RELACIONAMENTO DO DIREITO PROCESSUAL PENAL COM OUTROS RAMOS JURÍDICOS

7.1 Direito processual penal e constitucional

Trata-se de um vínculo estreito estabelecido entre o direito constitucional, de onde provêm os princípios e as regras mais importantes, e o direito processual penal.

Os princípios regentes das ciências criminais encontram-se explicitamente previstos na Constituição Federal: dignidade da pessoa humana (art. 1.º, III) e devido processo legal (art. 5.º, LIV). Serão detalhados no próximo capítulo.

Além dos regentes, há também os princípios da presunção de inocência (art. 5.º, LVII), ampla defesa (art. 5.º, LV), contraditório (art. 5.º, LV), plenitude de defesa (art. 5.º, XXXVIII, *a*), juiz natural e imparcial (art. 5.º, LIII e XXXVII), publicidade (arts. 5.º, LX, e 93, IX), vedação às provas ilícitas (art. 5.º, LVI), economia processual (art. 5.º, LXXVIII), exclusivos do Tribunal do Júri (soberania dos veredictos, sigilo das votações, competência para os crimes dolosos contra a vida; art. 5.º, XXXVIII, *b*, *c* e *d*), duplo grau de jurisdição (Convenção Americana dos Direitos Humanos); promotor natural e imparcial (decorrente das garantias do cargo), vedação ao duplo processo pelo mesmo fato (Convenção Americana dos Direitos Humanos), legalidade estrita da prisão cautelar (art. 5.º, LXI a LXVI e LXVIII), além de regras constitucionais de cunho processual penal, como, por exemplo, a vedação à identificação criminal, no caso de quem já é civilmente identificado, na forma da lei (art. 5.º, LVIII), dentre outras.

7.2 Direito processual penal e civil

O direito civil apresenta algumas peculiaridades, dispostas a afetar o processo penal. Este ramo do direito não pode discutir e decidir a respeito do *estado das pessoas* (nacionalidade, estado civil, filiação etc.), conforme dispõe o art. 155, parágrafo único, do CPP.

Ilustrando, se o réu é processado por bigamia (art. 235 do CP), pode alegar, em sua defesa, não ter sido o primeiro casamento válido (questão prejudicial heterogênea do art. 92 do CPP). Não podendo decidir a respeito do estado civil do acusado, o juiz penal precisa aguardar a decisão na esfera cível para, depois, dar o encaminhamento ao âmbito penal. Nesse ínterim, a prescrição penal está suspensa.

7.3 Direito processual penal e administrativo

O relacionamento do processo penal com o direito administrativo já principia quando se instaura o inquérito policial, que é um procedimento administrativo, conduzido pela Polícia Judiciária, para coletar provas pré-constituídas que, no futuro, sirvam de base à denúncia. Lembra, ainda, FREDERICO MARQUES que "a organização judiciária e dos órgãos não judiciários da Justiça Penal tem natureza preponderantemente administrativa".[68] Sem dúvida, os integrantes da polícia judiciária nem mesmo pertencem ao quadro do Poder Judiciário. No tocante ao cumprimento da pena ou às prisões provisórias, abrigam os presos os institutos administrados pelo Poder Executivo. Há uma carga forte de entrelaçamento entre o processo penal e o administrativo.

Por outro lado, o direito administrativo, nas palavras de HELY LOPES MEIRELLES, é o "conjunto harmônico de princípios jurídicos que regem os órgãos, os agentes e as atividades públicas tendentes a realizar concreta, direta e imediatamente os fins desejados pelo Estado".[69] Muitas infrações às normas administrativas são punidas no âmbito do próprio direito administrativo; para tanto, o processo administrativo não pode fugir aos princípios e regras de defesa, muitas das quais advêm do processo penal constitucional (ex.: ampla defesa e contraditório).

Na fase da execução da pena, esse vínculo torna-se ainda mais intenso, pois os sentenciados são inseridos em estabelecimentos penais, administrados pelo Executivo. As normas internas têm origem no direito administrativo e no direito penitenciário. Os funcionários do presídio, dependendo do caso concreto, são funcionários públicos.

7.4 Direito processual penal e tributário

O ilícito tributário, que não representa necessariamente um crime, comporta a autuação do infrator e a inauguração de um processo administrativo, onde o devedor pode defender-se, valendo-se dos princípios processuais penais da ampla defesa e do contraditório.

Em algumas situações, o ajuizamento da ação penal por sonegação tributária, por exemplo, depende do término da instância administrativa, com inscrição da dívida, tornando-se, desse modo, uma condição objetiva de punibilidade e, também, de procedibilidade.

---

[68] *Tratado de direito processual penal*, v. 1, p. 44.

[69] *Direito administrativo brasileiro*, p. 40.

Há casos, ainda, em que leis tributárias, concedendo anistia ou refinanciamento da dívida impedem o andamento do processo-crime, seja extinguindo-o (extinção da punibilidade pelo pagamento do tributo) sejam suspendendo-o (em caso de refinanciamento).

7.5   Direito processual penal e empresarial

Um dos ramos mais próximos ao processo penal é direito falimentar, pois há crimes e, consequentemente, apurações sob o rito estabelecido pelo direito processual penal. Até mesmo a inteligência de certos institutos de direito empresarial poderá favorecer a colheita da prova, no processo-crime. Podem existir várias questões a ser decididas em procedimentos incidentais, nos termos do art. 93 do CPP.

7.6   Direito processual penal e execução penal

Estreitas relações existem entre o processo penal e a execução penal. Em primeiro lugar, embora se possa sustentar a validade de um direito de execução penal, autônomo e independente do direito penal e do processo penal, é preciso salientar que a execução penal cultua e depende dos princípios das ciências criminais: legalidade, retroatividade benéfica, humanidade, responsabilidade pessoal, individualização da pena, proporcionalidade, vedação à dupla punição e ao duplo processo pelo mesmo fato, presunção de inocência (para o preso que comete falta grave), ampla defesa e contraditório (no processo que verifica essa falta), juiz natural e imparcial (condutor da execução penal), publicidade, vedação às provas ilícitas, economia processual, duplo grau de jurisdição, além de outras regras constitucionais específicas.

São regras constitucionais, que abrangem a execução penal, representando liame com o processo penal: direito do preso de ter assistência jurídica gratuita, quando não possa custear um defensor (art. 5.º, LXXIV); direito das presidiárias de permanecer com seus filhos durante o período de amamentação (art. 5.º, L); direito dos presos à integridade física e moral (art. 5.º, XLIX), cumprimento de pena em estabelecimentos distintos, de acordo com a natureza do delito, a idade e o sexo do apenado (art. 5.º, XLVIII). Essas normas constitucionais, ao menos a segunda, terceira e quarta, embora enfoquem precipuamente a execução penal, é preciso lembrar que, desrespeitados os direitos, resta ao condenado o uso do agravo, cujo rito é o do recurso em sentido estrito (processo penal), além de se valer do *habeas corpus*, cujo processamento também é matéria condizente ao processo penal.

7.7   Direito processual penal e penitenciário

O direito processual penal, em nossa visão, é confundido, várias vezes, com o direito penitenciário. Este, na realidade, abrange o conjunto de normas que regulam o funcionamento dos estabelecimentos penais. Volta-se à esfera administrativa da execução penal e não ao seu lado jurisdicional. Tanto assim que a Constituição Federal autoriza os Estados a legislarem sobre o tema (art. 24, I).

Afinal, assuntos tipicamente penais ou processuais penais são da alçada exclusiva da União (art. 22, I, da CF). A utilização de atos administrativos, como resoluções ou portarias, pode ser feita na exata medida em que não invada matéria penal ou processual penal. Ilustrando, não concordamos com a visão de ser viável ao Executivo, por meio de resolução, estabelecer quais são as faltas médias ou leves do preso. Deveria ser uma fixação elaborada por lei estadual. Afinal, conforme o número de faltas desse nível, pode-se afetar diretamente direitos do sentenciado, como saída temporária, progressão de regime, recebimento de indulto etc. Aceitando-se o estabelecimento de faltas médias ou leves por resolução administrativa, afasta-se a execução penal do princípio da legalidade, um de seus horizontes permanentes.

7.8   Direito processual penal e infância e juventude

O direito da infância e da juventude cuida dos assuntos relacionados aos menores de 18 anos, seja no campo da carência de recursos, seja no âmbito dos atos infracionais. Em particular neste caso, o procedimento estabelecido pela Lei 8.069/1990 tem similitude com o processo penal, de onde saiu a inspiração a essas regras.

É preciso lembrar, também, que todos os princípios constitucionais do processo penal, quando favoráveis ao menor infrator, a ele devem ser aplicados. Como exemplo, pode-se citar a ampla defesa e o contraditório. Além disso, em caso de necessidade, vale-se a defesa do *habeas corpus*, demonstrando o vínculo entre esses dois ramos do direito.

7.9   Direito processual penal e militar

A integração entre o processo penal comum e o processo penal militar pode ser sentida pela simples leitura dos dois Códigos: Código de Processo Penal e Código de Processo Penal Militar. São similares na maioria dos artigos, embora a jurisdição comum respeite a especial, que é a militar.

No entanto, por vezes, desloca-se a competência da militar para a comum, ou desta para aquela, quando se nota prevalecer mais o aspecto comum do que especial ou vice-versa.

Há época, inclusive, que, por política criminal, o legislador intervém, modifica um artigo do CPPM e desloca para a Justiça comum (júri) os casos de policiais militares que praticarem crime doloso contra a vida.

A maior parte dos princípios constitucionais de processo penal é aplicável tanto ao processamento do crime comum quanto ao processamento do delito militar.

7.10   Direito processual penal e eleitoral

Os crimes eleitorais também são apurados pela Justiça Eleitoral, considerada especial em relação à comum. Há normas especiais regulando o processo penal nessas situações, como se pode constatar pela leitura dos arts. 355 a 364 da Lei 4.737/65. Porém, há de se conceder especial destaque ao art. 364: "no processo e julgamento dos crimes eleitorais e dos comuns que lhes forem conexos, assim como nos recursos e na execução, que lhes digam respeito, aplicar-se-á, como lei subsidiária ou supletiva, o Código de Processo Penal".

A consideração do CPP como legislação subsidiária ou supletiva é o nítido indicativo do relacionamento entre o processo penal e a esfera eleitoral.

8.   RELACIONAMENTO DO DIREITO PROCESSUAL PENAL COM OUTRAS CIÊNCIAS

8.1   Direito processual penal e psicologia

Conhecimentos básicos de psicologia muito auxiliariam os operadores do Direito, em particular os juízes para avaliar, por exemplo, os depoimentos testemunhais (se há mentira, quem falta com a verdade, quem é sincero etc.).

Não só por esse lado, mas há um aspecto muito particular na colheita da prova, quando a vítima é criança ou adolescente, sofrendo abuso sexual ou maus-tratos. Torna-se muito difícil extrair em sala formal de audiência, com a clareza e certeza necessárias, o que realmente aconteceu entre a vítima e o réu (ou ré). Diante disso, tem-se defendido a ideia do chamado *depoimento sem dano*, que seria prestado diretamente pela criança a um profissional da psicologia, podendo o juiz e as partes assistir ao que se passa, sem que o infante veja.

No mais, durante a execução penal, a participação do psicólogo, para avaliar o mérito do preso e para elaborar o exame de classificação, é fundamental.

8.2 Direito processual penal e psiquiatria

A questão da imputabilidade penal, a fim de se detectar enfermidade mental ou desenvolvimento mental incompleto ou retardado é tema atinente à psiquiatria. Deve o juiz, ao longo da instrução, nomear um perito para essa avaliação. Conforme o resultado do laudo, o acusado pode ser condenado, recebendo pena; pode ser absolvido, recebendo medida de segurança.

Por vezes, instaurado o incidente de insanidade mental, o perito conclui que o acusado não é doente mental, mas possui uma personalidade antissocial, de modo que será normalmente julgado, podendo até mesmo receber uma pena mais elevada.

Durante a execução penal, o psiquiatra pode ser indicado para realizar o exame criminológico, a fim de atestar a periculosidade do condenado, que pretende obter um benefício, como a passagem do regime fechado ao semiaberto.

O psiquiatra também integra a Comissão Técnica de Classificação, que tem o dever de analisar o preso tão logo ingressa no sistema penitenciário.

8.3 Direito processual penal e antropologia

Embora raro, ao processar criminalmente um silvícola, o juiz pode ter dúvida no tocante à sua integração à sociedade. Assim sendo, determina a realização do laudo antropológico para a necessária verificação.

Se o índio está integrado, não será entregue aos cuidados da FUNAI, mas julgado e condenado normalmente, conforme a legislação penal vigente.

8.4 Direito processual penal e medicina legal

Há um estreito relacionamento no campo das provas, pois as infrações que deixam vestígios materiais exigem laudo pericial, realizado, naturalmente, em muitas situações, pelo médico forense.

O exame necroscópico, por exemplo, é típico para a formação da materialidade do crime de homicídio. Não são poucas as vezes que o operador do Direito questiona as conclusões médicas e, atualmente, pode a parte interessada (acusação ou defesa) ingressar nos autos com assistentes técnicos.

Portanto, durante a produção e avaliação das provas, o debate pode voltar-se à área da medicina legal, conforme o caso concreto determinar.

9. SISTEMAS PROCESSUAIS PENAIS

Para se realizar uma investigação, seguindo-se o consequente processo-crime, resultando em uma condenação, pode-se utilizar variados sistemas.

Historicamente, há, como regra, três sistemas regentes do processo penal: a) *inquisitivo*; b) *acusatório*; c) *misto*. Entretanto, convém, desde logo, mencionar que, na atualidade, eles jamais conseguiram ser adotados, integral e individualmente, por um único ordenamento jurídico. Há vantagens de um que, associadas aos aspectos positivos de outro, constroem o mais apurado método de persecução penal.

Na lição de João Mendes Júnior, eis as diferenças entre os sistemas inquisitivo e acusatório: "1.º. O sistema acusatório admite, em geral, uma acusação formulada no ingresso da instrução, instrução contraditória, defesa livre e debate público entre o acusador e o acusado, ao passo que o sistema inquisitorial procede a pesquisas antes de qualquer acusação, substitui à defesa o interrogatório do indigitado, ao debate oral e público as confrontações secretas das testemunhas e, em geral, a instrução escrita e secreta às informações verbais; 2.º. O sistema acusatório, subordinando-se ao método sintético, afirma o fato e, enquanto não o prova, o acusado é presumido inocente; o sistema inquisitório, subordinando-se ao método analítico, não afirma o fato, supõe a sua possibilidade e probabilidade, presume um culpado, busca e colige os indícios e as provas; 3.º. O sistema acusatório propõe-se a fazer entrar no espírito do juiz a convicção da criminalidade do acusado; o sistema inquisitório propõe-se a fornecer ao juiz indícios suficientes para que a presunção possa ser transformada em realidade; 4.º. Enfim, um preocupa-se principalmente do interesse individual lesado pelo processo, outro preocupa-se principalmente do interesse público lesado pelo delito."[70]

O mesmo autor destaca as vantagens do sistema inquisitório, que representou, nos séculos XIII e XVIII, uma "garantia de justiça e liberdade. Quando o homem de condição humilde estava exposto às arbitrariedades dos fortes, ricos e poderosos, não lhe era fácil comparecer ante as justiças senhoriais para acusar sem rebuço, sem constrangimento e sem o temor e a quase certa vingança; o direito canônico, opondo ao procedimento acusatório o procedimento inquisitório, foi o protetor da fraqueza perseguida e o adversário da força tirânica; se os abusos desnaturaram a instituição, causando mais tarde males superiores aos benefícios, isso não exige a abolição do sistema e sim a criação de cautelas para o seu aproveitamento. Foi por isso que, desde o século XVIII, as nações, em sua maioria, trataram de adoptar o sistema misto, em que os direitos individuais se harmonizassem com as exigências de defesa social, em que nenhum desses sistemas, quer o inquisitório quer o acusatório, ficasse entregue às suas próprias tendências. O sistema acusatório, despido da instrução prévia, carecedor de provas elucidadas por sérias investigações, reduzia frequentemente o juiz à impotência de julgar; o sistema inquisitório, substituindo a fria análise dos autos e o segredo das diligências à publicidade das discussões, as confissões extorquidas pela tortura à livre defesa, não raramente abafava a verdade com presunções homicidas".[71]

No embate entre o sistema inquisitivo e o acusatório, surgiu o misto, extraindo o melhor de cada um dos anteriores.[72] Isso, no entanto, não o tornou imune a críticas.

9.1 Sistema inquisitivo

É caracterizado pela concentração de poder nas mãos do julgador, que exerce, também, a função de acusador; a confissão do réu é considerada a rainha das provas; não há debates orais,

---

[70] *Processo criminal brasileiro*, v. 1, p. 250.

[71] Ob. cit., p. 250-251.

[72] Giovanni Leone afirma dever o Estado extrair as boas partes de ambos os sistemas – inquisitivo e acusatório – gerando um sistema misto (*Elementi di diritto e procedura penale*, p. 190).

predominando procedimentos exclusivamente escritos; os julgadores não estão sujeitos à recusa; o procedimento é sigiloso; há ausência de contraditório e a defesa é meramente decorativa. Como bem lembra FREDERICO MARQUES, "no sistema inquisitivo não existe processo penal, mas tão só procedimento de autotutela penal do Estado".[73]

Esse sistema foi utilizado com sucesso em parte da Idade Média para combater os abusos cometidos pelos senhores feudais e pela aristocracia em detrimento de vassalos e pessoas pobres. Diante disso, os reis podiam enviar os juízes inquisidores, em seu nome, com poder suficiente para se voltar contra os ricos, autores de delitos graves, que não podiam ser tratados com absoluta igualdade. Aliás, aplicava-se a ideia da isonomia – tratar desigualmente os desiguais.

Atuando contra ricos e poderosos, o *processo penal* jamais poderia lastrear-se, à época, em plena igualdade. Eis o motivo pelo qual o juiz inquisidor consegue amealhar provas, sem que as testemunhas se furtassem aos depoimentos, com temor de represálias, fazendo-o de maneira sigilosa, até que ficasse pronta a instrução. Assim, vítimas pobres poderiam ver a justiça ser realizada mesmo quando seus algozes fossem nobres ou afortunados.

Por óbvio, o sistema inquisitivo, mesmo servindo a um lado positivo, apresentou várias falhas e deu ensejo a abusos. Um dos principais custos do referido sistema deu-se, justamente, no âmbito da inquisição promovida pela Igreja, à cata de hereges. Em lugar de combater a injustiça social, terminou por promover uma autêntica *caça às bruxas* (literalmente), sem a menor chance de defesa.

O advento da Revolução Francesa, com as ideias iluministas, torna o sistema inquisitivo incompatível com a *nova realidade*. Isso jamais significou que seus postulados fossem completamente despropositados e inválidos para garantir a eficiência de uma investigação criminal. Tanto é verdade que, no mundo atual, vê-se o sistema inquisitivo permear a persecução penal em vários momentos. No caso do Brasil, é o sistema eleito para a investigação do delito, antes que a peça acusatória seja apresentada em juízo.

9.2 Sistema acusatório

Em linhas gerais, possui nítida separação entre o órgão acusador e o julgador; há liberdade de acusação, reconhecido o direito ao ofendido e a qualquer cidadão; predomina a liberdade de defesa e a isonomia entre as partes no processo; vigora a publicidade do procedimento; o contraditório está presente; existe a possibilidade de recusa do julgador; há livre sistema de produção de provas; predomina maior participação popular na justiça penal e a liberdade do réu é a regra. No dizer de FREDERICO MARQUES, "no sistema acusatório é que o processo penal encontra sua expressão autêntica e verdadeira, uma vez que ali há o *actus trium personarum* que caracteriza a relação processual e o juízo penal: há acusação (pública ou privada), a defesa (exercida pelo réu) e o julgamento, com o juiz penal atuando jurisdicionalmente".[74]

Pode-se apontar a prevalência do sistema acusatório na época romana antiga, ao mesmo tempo em que se pode encontrá-lo na legislação atual de vários países. Não é uma criação inédita do Iluminismo, tampouco um sistema infalível. Mesmo os ordenamentos jurídicos mais modernos, que adotam a prática acusatória como regra, terminam por acolher alguns aspectos do inquisitivo, no mínimo para a primeira fase da colheita da prova, pois mais eficiente e célere.

---

[73]   *Tratado de direito processual penal*, v. 1, p. 81.

[74]   *Tratado de direito processual penal*, v. 1, p. 83.

Há parcela da doutrina atual, reportando-se aos termos da Constituição Federal apenas, defendendo que o Brasil adota o sistema acusatório. Por todos, GUILHERME MADEIRA DEZEM: "de nossa parte, acompanhamos o posicionamento do STF e de autores como Ada Pellegrini Grinover, Antonio Magalhães Gomes Filho, Antonio Scarance Fernandes, Fauzi Hassan Choukr, Geraldo Prado e entendemos que o sistema processual efetivado por meio da Constituição Federal e dos tratados internacionais que o Brasil se obrigou a respeitar é o sistema acusatório".[75] Mais esclarecedora é a visão de MARCOS ZILLI: "o modelo acusatório da relação processual é aquele que melhor traduz os ideais democráticos, justamente por supor uma divisão equilibrada de forças entre os vários sujeitos. (...) Mas a superação de um padrão inquisitório não implica abandono dos poderes instrutórios. Como mencionado, o processo penal é a via eleita pelo Estado para concretização do poder-dever punitivo, de modo que se torna imprescindível uma adequada construção do fato posto a julgamento. Esta construção, em uma concepção moderna, deve ser feita, primordialmente, pelas partes. Isso porque são elas que estão em posição de confronto e, destarte, são elas as interessadas no desfecho do processo. O julgador não tem interesse processual, mas sim um dever de desempenhar a função que o Estado lhe outorga e, para tanto, deve ser munido de poder para esclarecer eventuais pontos relacionados com a prova produzida. A preocupação com eventuais desvios não é descabida, sobretudo em sistemas que, historicamente, foram marcados pelas influências da cartilha inquisitória. Nesse aspecto, a complementariedade é condição essencial. Ou seja, o juiz não pode se antecipar às partes. Deve aguardar o esgotamento da atividade instrutória que àquelas compete. Somente assim poderá avaliar se há ou não pontos a esclarecer e se estes são ou não relevantes".[76]

É muito relevante destacar que inexiste um *único* sistema acusatório, com regras específicas e consensualmente aceitas; ao contrário, há linhas gerais desse sistema, as quais, na prática e nas diversas legislações, tomam feições particulares, de modo a até mesmo tornar frágil a existência de um autêntico *sistema*. Conforme o corpo de leis de determinado país, encontra-se um *modelo* acusatório, que procura assimilar, à sua maneira, o apregoado sistema acusatório.

9.3 Sistema misto

Surgido após a Revolução Francesa, uniu as virtudes dos dois anteriores, caracterizando-se pela divisão do processo em duas grandes fases: a instrução preliminar, com os elementos do sistema inquisitivo, e a fase de julgamento, com a predominância do sistema acusatório. Num primeiro estágio, há procedimento secreto, escrito e sem contraditório, enquanto, no segundo, presentes se fazem a oralidade, a publicidade, o contraditório, a concentração dos atos processuais, a intervenção de juízes populares e a livre apreciação das provas.[77]

Conforme bem atesta GILBERTO LOZZI, na realidade, não existe um processo acusatório puro ou um processo inquisitório puro, mas somente um processo misto, de onde se possa

---

[75] *Curso de processo penal*, p. 88.

[76] "O poder instrutório do juiz no processo penal", in: LUIZ RASCOVISKI, *Temas relevantes de direito penal e processual penal*, p. 168.

[77] "Na realidade todos os sistemas imaginados e em que se fundamentou o direito positivo são imperfeitos, sendo mesmo necessário adotar de cada um deles os princípios que apresentam menores defeitos da elaboração técnica do processo" (ROMEU PIRES DE CAMPOS BARROS, *Sistemas do processo penal brasileiro*, p. 16).

perceber a predominância do sistema acusatório ou do inquisitivo.[78] Essa é, sem dúvida, a realidade da maioria dos ordenamentos jurídicos do mundo atual.

Destaca FREDERICO MARQUES que o "sistema chamado de misto é, em *ultima ratio*, o próprio sistema acusatório, visto que a fase com que ele se encerra, à do denominado *juízo penal*, em tudo obedece às regras e princípios do processo penal, como relação jurídica e *actus trium personarum*. A instrução preliminar integra o exercício da tutela penal, não para o julgamento da lide penal, e sim como fase destinada a preparar a instauração do juízo ou processo penal. (...) Aliás, pode dizer-se que, de um modo geral, é misto o sistema de tutela penal de quase todos os ordenamentos jurídicos em que Justiça Penal foi processualizada, uma vez que o exercício da tutela penal tem início com procedimentos persecutórios e informativos, destinados a preparar a ação penal. Onde não há o juizado de instrução, ou naquelas legislações em que a instrução preliminar está entregue a órgãos não judiciais, também existe o sistema misto, uma vez que a fase preparatória da tutela penal se caracteriza como inquisitiva".[79]

Em outra obra, FREDERICO MARQUES, confrontando os demais sistemas existentes, aponta que "o sistema brasileiro ainda é dos mais liberais que o mundo conhece. Temos a investigação inquisitória, visto que a acusação não pode ser eficiente sem essa base inquisitiva; mas, em compensação, toda a fase judicial é inteiramente contraditória, desde o seu início. Basta que se encare tudo o que se realiza na polícia como tendo somente caráter *investigatório*, para que a liberdade do réu inocente esteja mais que assegurada. *Se juízes há que assim não procedem, o mal é da incompreensão desses magistrados quanto aos fins da atividade policial, nunca, porém, do sistema*. Procurar, por isso, abrir uma brecha no inquisitorialismo da investigação policial seria provocar um enfraquecimento irreparável da acusação, com a consequente impunidade em maior escalada de criminosos e malfeitores, sem aplicação da terapêutica adequada".[80]

É relevante registrar a lição de GALDINO SIQUEIRA, ocorrida na década de 1930 – antes da edição do atual CPP –, afirmando que "desde o século XVIII foi-se adotando entre a maioria das nações um sistema misto, em que os direitos individuais se harmonizassem com as exigências da defesa social. Em geral, são estes os característicos que o distinguem: 1) a acusação é confiada a funcionários especiais, que exercem assim um ministério público, e dos quais as partes privadas não devem ser, em princípio, senão auxiliares; 2) o processo se desdobra em duas fases: a instrução preparatória, escrita e secreta; a instrução definitiva, oral, pública, contraditória; 3) ao julgamento concorrem magistrados permanentes e experimentados e juízes populares; 4) ao sistema das provas legais, substitui-se o do critério moral nos limites das provas obtidas. Tal o sistema que vigora na maioria das nações cultas com tendência para abolir completamente o segredo dos interrogatórios e dos depoimentos das testemunhas, limitar os casos de prisão preventiva e abreviar o tempo da formação da culpa, no sentido das conquistas democráticas".[81]

9.4 Opção do sistema processual brasileiro

O sistema adotado no Brasil é o misto; hoje, mesmo com a reforma realizada pela Lei 13.964/2019, cuida-se de um *acusatório mitigado*. Na Constituição Federal de 1988,

---

[78]   *Lezioni di procedura penale*, p. 5.

[79]   *Tratado de direito processual penal*, v. 1, p. 86.

[80]   *Estudos e pareceres*, p. 79 (grifamos).

[81]   *Curso de processo criminal*, p. 9. Se o autor estivesse comentando a nossa atual legislação processual penal, estaria proferindo ideias absolutamente compatíveis com a sistemática presente.

foram delineados vários princípios processuais penais, que apontam para um sistema acusatório; entretanto, como mencionado, *indicam* um sistema acusatório, mas não o impõem, pois quem cria, realmente, as regras processuais penais a seguir é o Código de Processo Penal.[82]

De outra parte, encontram-se na Constituição as normas prevendo a existência da polícia judiciária, encarregada da investigação criminal. Para essa fase, por óbvio, os postulados acusatórios não se aplicam.

A adoção de princípios acusatórios não significa, em hipótese alguma, a eleição de um sistema de persecução penal exclusivamente calcado nesse molde. É preciso que a legislação ordinária acompanhe esses princípios, estabelecendo ritos, procedimentos, regras, meios de prova, recursos etc. Ou que os Tribunais sigam muito mais a CF do que o Código de Processo Penal, o que não ocorre.

Por tal motivo, já tivemos a oportunidade de dizer que, se fôssemos seguir exclusivamente o disposto na Constituição Federal, em particular, elegendo determinados incisos do art. 5.º, poder-se-ia dizer que o sistema de persecução penal brasileiro seria o acusatório puro, algo ainda distante da realidade.

Assumindo-se que a construção de um sistema persecutório exige o alicerce dos postulados constitucionais associados às leis processuais penais, hoje, o sistema brasileiro ganhou maior efetividade no campo acusatório. A criação do juiz das garantias para fiscalizar e controlar a legalidade da fase inquisitiva, bem como a clara vedação ao juiz para a iniciativa da busca de provas, também no estágio inquisitivo, aclarou o sistema. Proibiu-se o magistrado de decretar medidas restritivas da liberdade e de outros direitos de ofício; depende ele de requerimento das partes interessadas. No entanto, após o julgamento de ações diretas de inconstitucionalidade,[83] o Supremo Tribunal Federal considerou inconstitucionais várias normas introduzidas pela Lei 13.964/2019, bem como atribuiu interpretação conforme a diversos outros dispositivos da mesma lei, constituindo um sistema acusatório diferenciado e apropriado ao Brasil. Assim sendo, para ilustrar, permanece o inquérito policial (ou outro procedimento investigatório) ao alcance do juiz da instrução e julgamento, além de que cabe a este – e não ao juiz das garantias – receber a peça acusatória. Portanto, o sistema misto ainda permanece.

Ressalte-se o relevante conteúdo do art. 3.º-A do CPP: "o processo penal terá estrutura acusatória, vedadas a iniciativa do juiz na fase de investigação e a substituição da atuação probatória do órgão de acusação". Na sequência, o art. 3.º-B, *caput*, do mesmo Código estabelece: "o juiz das garantias é responsável pelo controle da legalidade da investigação criminal e pela salvaguarda dos direitos individuais cuja franquia tenha sido reservada à autorização prévia do Poder Judiciário (...)".

Em síntese, a reforma da Lei 13.964/2019 revigorou o sistema acusatório, embora de forma mitigada, inclusive – e especialmente – pela decisão tomada pelo STF nesse contexto.

---

[82] "Temos a investigação inquisitória, visto que a acusação não pode ser eficiente sem essa base inquisitiva; mas, em compensação, toda a fase judicial é inteiramente contraditória, desde o seu início. Basta que se encare tudo que se realiza na polícia como tendo somente caráter *investigatório*, para que a liberdade do réu inocente esteja mais que assegurada" (Frederico Marques, *Estudos de direito processual penal*, p. 79).

[83] ADI 6298, 6299, 6300, 6305-DF, Plenário, rel. Luiz Fux, 24.08.2023.

10. JUSTIÇA RETRIBUTIVA E JUSTIÇA RESTAURATIVA

O direito penal sempre se pautou pelo critério da retribuição ao mal concreto do crime com o mal concreto da pena, segundo as palavras de Hungria. A evolução das ideias e o engajamento da ciência penal em outras trilhas, mais ligadas aos direitos e garantias fundamentais, vêm permitindo a construção de um sistema de normas penais e processuais penais preocupado não somente com a punição, mas, sobretudo, com a proteção do indivíduo em face de eventuais abusos do Estado. O cenário das punições tem, na essência, a finalidade de pacificação social, muito embora pareça, em princípio, uma contradição latente falar-se ao mesmo tempo em *punir* e *pacificar*. Mas é exatamente assim que ainda funciona o mecanismo humano de equilíbrio entre o bem e o mal. Se, por um lado, o crime jamais deixará de existir no atual estágio da Humanidade, em países ricos ou pobres, por outro, há formas humanizadas de garantir a eficiência do Estado para punir o infrator, corrigindo-o, sem humilhação, com a perspectiva de pacificação social.

O Estado chamou a si o monopólio punitivo – medida representativa, a bem da verdade, de civilidade. A partir disso, não se pode permitir que alguns firam interesses de outros sem a devida reparação. E, mais, no cenário penal, é inviável que se tolere determinadas condutas lesivas, ainda que a vítima permita (ex.: tentativa de homicídio). Há valores indisponíveis, cuja preservação interessa a todos e não somente a um ou outro indivíduo (ex.: meio ambiente). Portanto, se "A" destruir uma floresta nativa, existente na propriedade de "B", não cabe ao Estado perguntar a este último se deve ou não punir o agente infrator. O interesse é difuso e coletivo.

A punição estatal, logo oficial, realizada por meio do devido processo legal, proporciona o necessário contexto de Estado Democrático de Direito, evitando-se a insatisfatória e cruel *vingança privada*.

A Justiça Retributiva sempre foi o horizonte do direito penal e do processo penal. Desprezava-se, quase por completo, a avaliação da vítima do delito. Obrigava-se, quase sempre, a promoção da ação penal por órgãos estatais, buscando a punição do infrator. Levava-se às últimas consequências a consideração de bens indisponíveis, a ponto de quase tudo significar ofensa a interesse coletivo. Eliminava-se, na órbita penal, a conciliação, a transação e, portanto, a mediação. Em suma, voltava-se a meta do direito penal a uma formal punição do criminoso como se outros valores inexistissem.

A denominada Justiça Restaurativa, aos poucos, instala-se no sistema jurídico-penal brasileiro, buscando a mudança do enfoque supramencionado. Começa-se a relativizar os interesses, transformando-os de *coletivos* em *individuais* típicos, logo, disponíveis. A partir disso, ouve-se mais a vítima. Transforma-se o embate entre agressor e agredido num processo de conciliação, possivelmente, até, de perdão recíproco. Não se tem a punição do infrator como único objetivo do Estado. A ação penal passa a ser, igualmente, flexibilizada, vale dizer, nem sempre obrigatoriamente proposta. Restaura-se o estado de paz entre pessoas que convivem, embora tenha havido agressão de uma contra outra, sem necessidade do instrumento penal coercitivo e unilateralmente adotado pelo Poder Público.

Não é preciso ressaltar ter sido a Lei 9.099/1995 (Juizados Especiais Criminais) um passo na concretização de um modelo de Justiça Restaurativa. Pode não ter sido, ainda, o ideal, mas foi o possível, embora muitas críticas sejam feitas em torno da barganha ofertada pelo órgão acusatório por não significar uma autêntica conciliação. Outras leis advieram (ex.: Lei 9.714/1998, que alterou e introduziu penas alternativas) proporcionando o surgimento de mais normas sinalizadoras da denominada Justiça Restaurativa. Dentre várias atitudes do Estado para afastar-se da Justiça Retributiva, aproximando-se da Restaurativa, ainda há muito por fazer e reparar, pois, lamentavelmente, surgem, nesse processo, as medidas demagógicas, ineptas e insossas, servindo muito mais para desacreditar a Justiça Penal do que para fortalecer a restauração da paz social. Lembremos que alguns pressupostos da Justiça Restaurativa possuem base no Abolicionismo Penal, logo, um alicerce frágil, a inspirar cautela.

Parece-nos que o estudioso do direito penal e processual penal precisa debruçar-se sobre os caminhos a seguir nesse dicotômico ambiente de *retribuição* e *restauração*. No entanto, deve fazê-lo de maneira objetiva, aberta, comunicando-se com a sociedade e, acima de tudo, propondo meios e instrumentos eficientes para se atingir resultados concretos positivos. Por vezes, notamos a atuação legislativa vacilante e ilógica, atormentada pela mídia e pela opinião pública, sem qualquer critério científico ou, no mínimo, razoável.

A Justiça Restaurativa pode ser um ideal válido para a Política Criminal brasileira nos campos penal e processual penal, mas abstendo-se o jurista (bem como o legislador que o segue) de importar mecanismos usados em países com realidades completamente diferentes da existente no Brasil, criando-se um sistema próprio.

Há crimes que merecem punição, com foco voltado mais à retribuição do que à restauração (ex.: homicídio doloso, extorsão mediante sequestro, tráfico ilícito de drogas de grande monta). Outros, sem dúvida, já admitem a possibilidade de se pensar, primordialmente, em restauração (ex.: crimes contra a propriedade, conforme o caso; crimes contra a honra; crimes contra a liberdade individual etc.).

Nenhuma solução em favor desta ou daquela Justiça (retributiva ou restaurativa) pode ser absoluta. Se a retribuição, como pilar exclusivo do direito penal e do processo penal, não se manteve, não será a migração completa para a restauração que proporcionará a tão almejada situação de equilíbrio.

A ideia da conciliação (ou reconciliação) está presente na doutrina moderna, como a forma mais célere e eficaz de compor conflitos. Por certo, na órbita civil, o estímulo à solução consensual é muito mais forte, pois há interesses puramente materiais. No âmbito criminal, há que se alterar a cultura punitivista da sociedade, por meio do esclarecimento acerca da importância do processo restaurativo, além de se promover a devida alteração na lei, pois vigora o princípio da obrigatoriedade da ação penal pública, na maioria dos casos.

Nesse sentido, preceitua o art. 3.º, § 3.º, do CPC/2015: "a conciliação, a mediação e outros métodos de solução consensual de conflitos deverão ser estimulados por juízes, advogados, defensores públicos e membros do Ministério Público, inclusive no curso do processo judicial".

10.1 Justiça restaurativa e Conselho Nacional de Justiça

A Resolução 225/2016 do Conselho Nacional de Justiça, levando em consideração as recomendações da ONU, no tocante à Justiça Restaurativa, os preceitos constitucionais relativos ao ideal de acesso à justiça e à composição dos litígios, bem como o disposto pelas Leis 9.099/1995 e 12.594/2012, aponta que a "Justiça Restaurativa constitui-se como um conjunto ordenado e sistêmico de princípios, métodos, técnicas e atividades próprias, que visa à conscientização sobre os fatores relacionais, institucionais e sociais motivadores de conflitos e violência, e por meio do qual os conflitos que geram dano, concreto ou abstrato, são solucionados de modo estruturado por variadas formas", dentre elas a participação do ofensor e da vítima, quando houver, além das famílias e outros envolvidos no fato danoso e representantes da comunidade, com a intermediação de facilitadores restaurativos em técnicas de autocomposição e consensuais de resolução de conflitos.

O objetivo é autorizar o procedimento restaurativo em formato alternativo ou concorrente com o processo penal tradicional. Para tanto, é fundamental que as partes envolvidas, como agressor e vítima, concordem com a prática restaurativa, dando seu consentimento livre e prévio. Finalmente, deve haver um acordo decorrente de procedimento restaurativo a partir da vontade de todos os participantes.

Afirma-se a atribuição para o Conselho Nacional de Justiça deliberar acerca da matéria, autorizando o procedimento mesmo sem a expressa previsão legal. São estipuladas várias regras para o referido procedimento restaurativo, sem qualquer limitação para a espécie de crime. Em aberto, a decisão final pode ser a absolvição ou mesmo a extinção da punibilidade.

Na sequência, a Resolução 288/2019 do Conselho Nacional de Justiça, levando em consideração o *estado de coisas inconstitucional*, declarado pelo Supremo Tribunal Federal, quanto ao sistema carcerário nacional e buscando amenizar a superlotação dos presídios, além de fomentar o disposto em tratados internacionais de direitos humanos, adota a promoção da aplicação de alternativas penais, com enfoque restaurativo, substituindo a pena privativa de liberdade. Entretanto, indica como alternativas a aplicação de penas restritivas de direitos, transação penal, suspensão condicional do processo, *sursis*, conciliação, mediação e técnica de justiça restaurativa, medidas cautelares diversas da prisão e medidas protetivas de urgência. Na realidade, as alternativas apontadas têm um lado de justiça restaurativa e outros fazem parte da justiça retributiva, incluindo as medidas benéficas de natureza penal e processual penal.

Por mais benéficas que possam ser as previsões formuladas pelo Conselho Nacional de Justiça, em nossa visão, é indispensável a edição de lei federal para a adoção de medidas efetivamente despenalizadoras, na prática, em relação aos autores de crimes. Não poderia ser matéria recomendada pelo CNJ, mas deveria ser disciplinada em lei para todo o Brasil.

10.2 Avaliação da Justiça Restaurativa e outros modelos para a Justiça Retributiva

Na avaliação de uma decisão judicial relacionada à justiça restaurativa, encontra-se a sentença proferida pela juíza Danielle Nogueira Mota Comar da 9ª Vara Criminal do Foro Central de Curitiba, julgando improcedente a ação penal para absolver o autor de um roubo (art. 157, § 2º, II, do Código Penal), com fundamento no art. 386, III (não constituir o fato infração penal) e VI (existirem circunstâncias que excluam o crime ou isentem o réu de pena ou se houver fundada dúvida sobre a sua existência), indicando a *superveniente perda de justa causa, por ter sido atingida a pacificação entre os envolvidos e ser desnecessária a sanção penal.*

Constata-se, na denúncia, que, no dia 21 de abril de 2016, na cidade de Curitiba, os denunciados M.G.N. e C.V.S., de comum acordo, mediante grave ameaça, exercida com o emprego de simulacro de pistola, subtraíram dois aparelhos celulares, posteriormente recuperados pelas vítimas All.O.S. e A.O.S., além de a ameaça atingir a pessoa de R.O.H.S. O Ministério Público, ao final da instrução, pediu a submissão do caso ao Núcleo de Prática e Incentivo à Autocomposição (NUPIA), com a possibilidade de procedimento restaurativo. R.O.H.S. saía de casa com suas filhas quando foram abordadas pelos réus, que passavam de moto. Após a ameaça, os celulares foram entregues. Pouco depois, a polícia militar os prendeu. Informou que o acusado C.V.S. a procurou, posteriormente, para pedir desculpa, narrando ter mudado de vida e sofrido bastante. Esse pedido de perdão foi formulado um mês antes da audiência. Questionada pelo juízo se aceitava o referido perdão, disse: "quem sou eu para não perdoar?", além de afirmar que o acusado parecia sincero. Na audiência, voltou-se ao réu e lhe desejou sorte na vida. A vítima A.O.S. contou o que houve, assim como a ofendida All.O.S. afirmou que o acusado foi à casa delas para pedir desculpa. Interrogado em juízo, C.V.S. relatou ter quatro filhos, com baixa renda, morando em casa alugada. Nunca foi preso e processado anteriormente. Confessou a prática do delito e disse não conseguir emprego registrado, além de ser visto como *vagabundo* e nesses termos, abordado pela polícia. Afirmou ter se convertido e, *sentindo Deus no coração*, resolveu pedir perdão às vítimas.

Em sua sentença, a magistrada afirmou que não havia tido experiência com a justiça restaurativa antes, mas o Ministério Público, por meio de seu Núcleo de Prática e Incentivo à Autocomposição levou a efeito tratativas nesse sentido. Houve acordo e o acusado C.V.S. se comprometeu, durante três meses, a levar pessoalmente às vítimas duas pizzas grandes, duas vezes por mês, sem nada cobrar. Os sabores serão de escolha das ofendidas, assim como as datas. O réu deverá doar, mensalmente, durante seis meses, uma cesta básica (valor mínimo de R$ 100,00) a determinada igreja.

Destacou-se ser a justiça restaurativa desconhecida de muitos operadores jurídicos, por falta de previsão legal, embora estimulada pelo Conselho Nacional de Justiça. Envolve uma cultura de pacificação, por meio do diálogo e do encontro entre o infrator e a vítima, bem como com outros membros da comunidade, buscando um modelo mais humanizado de distribuição de justiça. Avaliou-se positivamente a responsabilização do causador do dano e as necessidades e direitos das partes ofendidas. A justiça restaurativa pode ser um instrumento de transformação social, alterando os valores inseridos no conflito penal, mais distante do punitivismo. Afirmou-se não se estar diante do abolicionismo penal, mas frente a uma alternativa ao sistema criminal, para quem estiver disposto ao diálogo, reparando um conflito de forma diversa do comum.

Em suma, seria um modelo diferente para uma realidade complexa. Independentemente de eventuais considerações críticas ao caso supra apresentado, pode-se argumentar que a situação jurídica caminhou para a absolvição porque o Ministério *Público adotou o sistema restaurativo*, requereu a remessa ao núcleo especializado para tanto e *homologou* o acordo de entrega de pizzas e cestas básicas. Assim sendo, não houve recurso em relação à decisão judicial absolutória, consolidando-se o *status* processual. No entanto, há diversos casos similares ao referido roubo, com restituição da coisa subtraída e pedido de desculpa à vítima, mas não contam com idêntica solução, até porque inexiste previsão legal para tanto, lesando-se o princípio da igualdade de todos perante a lei. Parece-nos ser indispensável a inserção, em lei, de preceitos restaurativos para que tenha alcance nacional e não isole, em *ilhas jurídicas*, alguns pontos flexíveis quanto à forma de punição.

Tivemos a oportunidade de apreciar, em grau recursal, a situação de um roubo, cometido com o emprego de simulacro de arma de fogo, em cidade do interior paulista, quando o agente, desesperado pela miserabilidade, ingressou em uma loja e subtraiu, mediante grave ameaça, R$ 200,00 e um *short*. Arrependeu-se, entregou-se à polícia, devolveu tudo e confessou em juízo. Não houve nenhum procedimento restaurativo e ele terminou condenado à pena mínima de reclusão de quatro anos (e multa), em regime aberto. Note-se a semelhança entre os dois casos supra narrados. Enquanto um terminou condenado a uma pena privativa de liberdade e multa, o outro se desculpou, entregará pizzas e cestas básicas por um breve período. Sem lei disciplinando a justiça restaurativa, várias outras situações similares ocorrerão e isto não é democraticamente viável.

Sob outro aspecto, enquanto essa inserção não se concretize, o que pode demorar, pois depende do Parlamento, como regra, conservador em matéria criminal, seria uma alternativa razoável a adoção de critérios benéficos a agentes que confessem, arrependam-se e devolvam à vítima o que for possível. O arrependimento posterior (art. 16, CP), por exemplo, não deve ficar circunscrito a delitos patrimoniais *não violentos*, pois o roubador pode se arrepender, restituir tudo à vítima e ainda pedir perdão, merecendo uma redução considerável da sua pena. Mas não é só. Outros delitos, mesmo violentos contra a pessoa, deveriam comportar, em lei, uma causa de diminuição de pena – como a tentativa – quando o agente se arrepender e colaborar com o Estado para o deslinde do processo-crime, confessando espontaneamente. A confissão consta como atenuante, circunstância legal (art. 65, III, d, CP) que não admite o rompimento do piso legal (Súmula 231, STJ), de forma que é de pouca valia quando envolver pessoa primária, sem antecedentes, cuja pena mínima já seria a imposta. Por certo, mereceria previsão legal até mesmo a extinção da punibilidade para determinados crimes, quando o autor se arrependa e busque reparar o que causou.

Não se trata, apenas, de acordos de não persecução penal ou de suspensão condicional do processo ou da pena, mas de um ponto além disso, quando já houver processo-crime e houver o registro de efetivo arrependimento pelo autor, com a assimilação disso pela vítima. Essa proposta não significa a adoção integral da justiça restaurativa, mas de benefícios penais dentro do universo dogmático penal existente. Em conclusão, a justiça restaurativa pode ser um modelo positivo, mas necessita de lei disciplinando a sua utilização e as suas regras, válidas em caráter nacional. Não ocorrendo, alterações legislativas podem ser realizadas, de forma a garantir a individualização da pena, privilegiando os que se arrependem e buscam reparar o que fizeram, redundando em efetivas reduções da pena ou mesmo chegando à extinção da punibilidade.

RESUMO DO CAPÍTULO

▸ **Constituição:** é o corpo de normas fundamentais, de superioridade máxima dentro do ordenamento jurídico, que estabelece a estrutura do Estado, fixando direitos em geral e deveres, além dos imprescindíveis direitos humanos fundamentais e das garantias que os sustentam.

▸ **Democracia:** é o modelo de governo, que estabelece a separação e a divisão dos poderes, bem como os direitos e garantias humanas fundamentais, considerando--se os governados como autênticos titulares do Poder político, exercendo-o direta ou indiretamente.

▸ **Princípios constitucionais:** são os valores eleitos pelo constituinte, inseridos na Constituição Federal, de forma a configurar os alicerces e as linhas mestras das instituições, dando unidade ao sistema normativo e permitindo que a interpretação e a integração dos preceitos jurídicos se façam de modo coerente.

▸ **Direitos fundamentais:** são os direitos consagrados na Constituição Federal, abrangendo os direitos individuais, os sociais, os coletivos e todos aqueles que interessam à humanidade de um modo geral, como, por exemplo, o meio ambiente ecologicamente equilibrado.

▸ **Direitos humanos:** são os direitos válidos para todos os povos em todos os tempos, decorrentes da própria natureza humana e, portanto, invioláveis e universais, considerados supraestatais.

▶ **Direitos individuais:** são aspectos ou manifestações da personalidade humana em sua existência subjetiva ou em relação à sociedade, como o direito à liberdade.

▶ **Garantias individuais:** são os mecanismos instituídos pelo Estado para a tutela dos direitos individuais em face do poder estatal e de eventuais abusos dos órgãos do Estado, como a ampla defesa e o contraditório para quem é criminalmente acusado, antes que se possa limitar o direito à liberdade.

▶ **Direito processual penal:** é o corpo de normas jurídicas cuja finalidade é regular a persecução penal do Estado, através de seus órgãos constituídos, para que se possa aplicar a norma penal, realizando-se a pretensão punitiva no caso concreto.

▶ **Processo penal democrático:** cuida-se da visualização do processo penal a partir dos postulados estabelecidos pela Constituição Federal, no contexto dos direitos e garantias humanas fundamentais, adaptando o Código de Processo Penal a essa realidade, ainda que, se preciso for, deixe-se de aplicar legislação infraconstitucional defasada e, por vezes, nitidamente inconstitucional.

▶ **Sistema inquisitivo:** ausência de contraditório e ampla defesa; sigilo no procedimento; ausência ou limitação de recursos; inviabilidade de recusa do órgão investigador ou julgador; confusão no mesmo órgão das funções acusatória e julgadora; predomínio da linguagem escrita.

▶ **Sistema acusatório:** enaltecimento do contraditório e da ampla defesa; publicidade dos atos; duplo grau de jurisdição assegurado; possibilidade de recusa do julgador; impossibilidade de confusão no mesmo órgão de acusador e juiz.

▶ **Sistema misto:** início da investigação contando com os princípios regentes do sistema inquisitivo; processo-crime instruído pelos princípios condutores do sistema acusatório; predomínio da linguagem oral.

▶ **Justiça retributiva:** ignoram-se a expectativa e a avaliação da vítima no tocante ao delito por ela sofrido, quase sempre obrigando o Ministério Público a propor ação penal contra o autor do crime. O objetivo é alcançar a punição do infrator. Em determinados delitos, mesmo que a vítima já tenha refeito os laços com o agressor, torna-se irrelevante para o efeito de retribuir o mal do crime com o mal da pena. Elimina-se da órbita penal comum a transação ou a conciliação, sustentando-se constituir o delito uma afronta à sociedade.

▶ **Justiça restaurativa:** busca a mudança do enfoque esposado pela Justiça Retributiva, no sentido de que a sociedade é a maior prejudicada pelo crime praticado, ignorando-se a avaliação da vítima. Relativizam-se os interesses punitivos do Estado, transformando muitos deles em individuais, logo, disponíveis. Ouve-se mais a vítima, promovendo-se a tentativa de conciliação com o agressor, com o fito de atingir um perdão recíproco. O objetivo do Estado diante da infração penal não é necessariamente a punição, mas a pacificação do conflito. Incentiva-se a transação, mesmo para crimes de maior potencial ofensivo.

CAPÍTULO II

Princípios do Processo Penal

1. INTRODUÇÃO

Princípio, etimologicamente, significa causa primária, momento em que algo tem origem, elemento predominante na constituição de um corpo orgânico, preceito, regra, fonte de uma ação. Em Direito, princípio jurídico quer dizer uma ordenação que se irradia e imanta os sistemas de normas, conforme ensina José Afonso da Silva,[1] servindo de base para a interpretação, integração, conhecimento e aplicação do direito positivo.

Cada ramo do Direito possui princípios próprios, que informam todo o sistema, podendo estar expressamente previstos em lei ou ser implícitos, isto é, resultar da conjugação de vários dispositivos legais, de acordo com a cultura jurídica formada com o passar dos anos de estudo de determinada matéria. O processo penal não foge à regra, sendo regido, primordialmente, por princípios, que, por vezes, suplantam a própria literalidade da lei.

Na Constituição Federal encontramos a maioria dos princípios que tutelam o processo penal brasileiro. Pretendemos classificá-los, para melhor estudo, em constitucionais processuais e meramente processuais, bem como em explícitos e implícitos. Entretanto, de início, convém registrar a existência de dois princípios regentes, governadores de todos os demais, seja no campo processual penal, seja no âmbito penal. O conjunto dos princípios constitucionais forma um sistema próprio, com lógica e autorregulação. Por isso, torna-se imperioso destacar dois aspectos: a) há integração entre os princípios constitucionais penais e os processuais penais; b) coordenam o sistema de princípios os mais relevantes para a garantia dos direitos humanos fundamentais: dignidade da pessoa humana e devido processo legal.

---

[1] *Curso de direito constitucional positivo*, p. 85.

2. PRINCÍPIOS REGENTES: DIGNIDADE DA PESSOA HUMANA E DEVIDO PROCESSO LEGAL

2.1 Dignidade da pessoa humana

Trata-se, sem dúvida, de um princípio regente,[2] cuja missão é a preservação integral do ser humano, desde o nascimento até a morte, conferindo-lhe autoestima e garantindo-lhe o mínimo existencial.[3]

A referência à *dignidade da pessoa humana*, feita no art. 1.º, III, da Constituição Federal, "parece conglobar em si todos aqueles direitos fundamentais, quer sejam os individuais clássicos, quer sejam os de fundo econômico e social".[4] É um princípio de valor pré-constituinte e de hierarquia supraconstitucional.[5]

Segundo nos parece, o princípio constitucional da dignidade da pessoa humana possui dois prismas: objetivo e subjetivo. Objetivamente, envolve a garantia de um *mínimo existencial* ao ser humano, atendendo as suas necessidades vitais básicas, como reconhecido pelo art. 7.º, IV, da Constituição, ao cuidar do salário mínimo (moradia, alimentação, educação, saúde, lazer, vestuário, higiene, transporte, previdência social). Inexiste dignidade se a pessoa humana não dispuser de condições básicas de vivência.[6] Subjetivamente, cuida-se do sentimento de respeitabilidade e autoestima, inerentes ao ser humano, desde o nascimento, quando passa a desenvolver sua personalidade, entrelaçando-se em comunidade e merecendo consideração, mormente do Estado.

---

[2]   Em singelas palavras, NELSON NERY JR. e ROSA MARIA DE ANDRADE NERY a ele referem-se como "o princípio fundamental do direito. É o primeiro. O mais importante" (*Constituição Federal comentada*, p. 118).

[3]   "Seja qual for o ângulo pelo qual analisemos o homem, veremos que ele é dotado de um valor de dignidade, que consiste na autonomia, ou seja, na aptidão para formular as próprias regras da vida. O homem possui dignidade pelo simples fato de existir como ser humano, dignidade esta que lhe é inerente e inalienável" (ELOISA DE SOUZA ARRUDA, O papel do Ministério Público na efetivação dos tratados internacionais de direitos humanos, p. 368). "Entenda-se como dignidade da pessoa humana o conjunto de atributos pessoais de natureza moral, intelectual, física, material que dão a cada homem a consciência de suas necessidades, de suas aspirações, de seu valor, e o tornam merecedor de respeito e acatamento perante o corpo social" (ANTONIO CLÁUDIO MARIZ DE OLIVEIRA, O direito penal e a dignidade humana – a questão criminal: discurso tradicional, p. 816). "A dignidade da pessoa humana é, em si, qualidade intrínseca e indissociável de todo e qualquer ser humano. Constitui elemento que o qualifica como tal e dele não pode ser separado. Não é algo concedido à pessoa humana, porque já lhe pertence de forma inata. Por isso, é irrenunciável e inalienável, porquanto se trata de um atributo de todo ser humano" (CAROLINA ALVES DE SOUZA LIMA e OSWALDO HENRIQUE DUEK MARQUES, O princípio da humanidade das penas, p. 443).

[4]   CELSO BASTOS e IVES GANDRA, *Comentários à Constituição do Brasil*, v. 1, p. 425. Em igual prisma, ALEXANDRE DE MORAES, *Direito constitucional*, p. 21; JOSÉ AFONSO DA SILVA, *Comentário contextual à Constituição*, p. 38.

[5]   INOCÊNCIO MÁRTIRES COELHO, *Curso de direito constitucional*, p. 172.

[6]   Nesse sentido, escreve VANDER FERREIRA DE ANDRADE: "entendemos assim que a dignidade humana não se define pelo que é, mas sim pelo seu oposto, ou seja, pelo que não é. Desta forma, tranquilo afirmarmos que não é digna a vida humana desprovida de saúde elementar, de alimentação mínima, de saúde básica ou de educação fundamental (...)" (*A dignidade da pessoa humana*, p. 69).

Para que o ser humano tenha a sua dignidade preservada torna-se essencial o fiel respeito aos direitos e garantias individuais.[7] Por isso, esse princípio é a base e a meta do Estado Democrático de Direito, não podendo ser contrariado, nem alijado de qualquer cenário, em particular, do contexto penal e processual penal.[8]

Sem dúvida, a existência de tipos penais incriminadores, voltados à punição de quem violar os bens jurídicos por eles tutelados, consagra a ideia de que o delito, quando concretizado, ofende, de algum modo, a dignidade da pessoa humana. Desse modo, várias infrações penais envolvem direitos e garantias fundamentais, tais como a vida, a integridade física, a honra, a intimidade, o patrimônio, a liberdade, dentre outras. Entretanto, há particularidades, no âmbito penal, envolvendo determinados crimes, onde se consegue destacar, com maior nitidez e profundidade, o alcance da dignidade da pessoa humana.

Sob o mesmo prisma, o processo penal é constituído para servir de base ao justo procedimento de apuração da existência da infração penal e de quem seja seu autor, legitimando, ao final, garantida a ampla defesa, o contraditório e outros relevantes princípios, a devida punição. Porém, alguns aspectos sobressaem, no cenário processual penal, de modo a dar relevo especial à dignidade da pessoa humana, durante o desenvolvimento do devido processo legal.

2.1.1 Aspectos do crime e a dignidade da pessoa humana

Fugindo da obviedade de que o homicídio é dos mais graves – senão o mais ponderoso – tipos penais incriminadores, pois lesa o bem maior do ser humano, a vida, é preciso considerar outros aspectos sobressalentes da dignidade da pessoa humana, transcendendo os naturais e cristalinos direitos fundamentais. Nesse caminho, a tipificação do delito de tortura certamente busca a proteção à vida, à liberdade e à integridade física, mas não somente isso. Tem por finalidade precípua exigir respeito ao ser humano como tal, escudando sua integridade moral, sua autoestima e seu direito de livre pensamento, além de lhe garantir a livre disposição do seu conhecimento e de suas metas individuais. Constitui elemento ético essencial incutir na sociedade o culto à sensibilidade, à humanidade e à bondade, em oposição à dureza, à insensibilidade e à maldade, inerentes ao crime de tortura.

Note-se que o constrangimento ilegal[9] é previsto como delito, porém caracterizado como infração de menor potencial ofensivo, enquanto a tortura[10] não passa de um constrangimento específico, embora ligado, estreitamente, ao desrespeito à dignidade da pessoa humana. Por

---

[7] "A consciência da dignidade do homem, a evolução da humanidade que se verifica com a aceitação da necessidade de respeito do homem como pessoa, leva ao entendimento de que a dignidade depende do respeito aos direitos fundamentais por parte de cada indivíduo da sociedade e também por parte do Estado" (CÉLIA ROSENTHAL ZISMAN, *O princípio da dignidade da pessoa humana*, p. 39).

[8] "Certamente um dos papéis centrais do Direito e da Filosofia do Direito é o de assegurar, por intermédio de uma adequada construção e compreensão da noção de dignidade da pessoa humana, a superação de qualquer visão unilateral e reducionista e a promoção e proteção da dignidade de todas as pessoas em todos os lugares" (INGO WOLFGANG SARLET, *Dicionário de filosofia*, p. 224).

[9] Art. 146, CP: "constranger alguém, mediante violência ou grave ameaça, ou depois de lhe haver reduzido, por qualquer outro meio, a capacidade de resistência, a não fazer o que a lei permite, ou a fazer o que ela não manda. Pena – detenção, de 3 (três) meses a 1 (um) ano, ou multa".

[10] Art. 1.º, I, *a*, Lei 9.455/1997: "constitui crime de tortura: I - constranger alguém com emprego de violência ou grave ameaça, causando-lhe sofrimento físico ou mental: *a*) com o fim de obter informação, declaração ou confissão da vítima ou de terceira pessoa. (...) Pena – reclusão, de 2 (dois) a 8 (oito) anos".

isso, é infração grave, constitucionalmente intolerável (art. 5.º, XLIII, CF), com particulares sanções. Vários indivíduos – senão todos – são capazes de cometer algum crime violento contra a pessoa, especialmente em momento de desatino ou cólera, desde uma simples lesão corporal até um homicídio. Entretanto, quantos seriam capazes de torturar outrem até que se obtenha uma confissão, por exemplo? Quantos teriam condições emocionais e psicológicas para enfrentar o sofrimento inconteste de um ser humano, que, aos gritos, pede clemência? A afronta à dignidade da pessoa humana pode ser muito mais aberta e visível no delito de tortura do que seria capaz de emergir, à vista geral, do homicídio.

A previsão de punição à prática do racismo – outra preocupação específica da Constituição Federal (art. 5.º, XLII) – constitui parcela inequivocamente vinculada ao respeito demandado pela dignidade da pessoa humana. A ideia de discriminação de grupos sociais, com seu afastamento do convívio, cultivando-se a pretensa e falsa concepção de superioridade, fomenta ódio, segregação, lesão direta à autoestima e insensibilidade. Consagram-se a vaidade e o egoísmo na atuação do racista, invalidando metas de fraternidade e solidariedade. Em princípio, podem parecer matéria estranha ao Direito as referências a elementos distanciados da fria linguagem das normas jurídicas, como fraternidade, solidariedade, bondade, ética, sensibilidade etc., e seus adversos sentimentos, como egoísmo, vaidade, maldade, antiética, insensibilidade etc. A sensação é, apenas, aparente, tendo em vista o propósito maior do Direito, que é a busca da justiça e da convivência harmônica entre os seres humanos.

O *justo* exige comportamentos elevados do ser humano, sob qualquer prisma, e não somente o respeito às normas jurídicas postas. Afinal, até mesmo para seguir fielmente o disposto pelo Direito deve-se agir com honestidade e retidão de caráter, a fim de não provocar mecanismos de tergiversação, contornando-se, com astúcia, o preceito normativo. Registre-se, no campo dos crimes contra a honra, a busca fundamental pelo *animus injuriandi vel difamandi*, com o objetivo de verificar se, realmente, configura-se o delito. Não basta agir com dolo e proferir uma injúria capaz de ofender a dignidade ou decoro; torna-se crucial assim se portar, carregando no íntimo o especial desejo de denegrir, humilhar, maltratar a honra alheia. O elemento subjetivo específico implícito, no contexto dos delitos contra a honra, demonstra o trato do Direito com fatores do espírito humano, mormente quando se trata de bens jurídicos invisíveis e apenas sensíveis a cada indivíduo.

Cresce, com entusiasmo, o interesse da sociedade, captado pelo legislador e transformado em leis penais, em relação à proteção particular destinada às vítimas potencialmente expostas a atitudes indignas e intoleráveis. Outra não foi a razão de edição da Lei 11.340/2006 (denominada Lei Maria da Penha, cuja vítima foi exposta a cruel ação criminosa no cenário doméstico), buscando enaltecer os direitos e garantias fundamentais da mulher. Embora tautológicos, os arts. 2.º e 3.º da referida Lei repetem a meta atual de enaltecimento dos mínimos direitos da pessoa humana, no caso do sexo feminino: "toda mulher, independentemente de classe, raça, etnia, orientação sexual, renda, cultura, nível educacional, idade e religião, goza dos direitos fundamentais inerentes à pessoa humana, sendo-lhe asseguradas as oportunidades e facilidades para viver sem violência, preservar sua saúde física e mental e seu aperfeiçoamento moral, intelectual e social" (art. 2.º); "serão asseguradas às mulheres as condições para o exercício efetivo dos direitos à vida, à segurança, à saúde, à alimentação, à educação, à cultura, à moradia, ao acesso à justiça, ao esporte, ao lazer, ao trabalho, à cidadania, à liberdade, à dignidade, ao respeito e à convivência familiar e comunitária" (art. 3.º, *caput*).

Ora, sem dúvida alguma, todos os direitos supramencionados são aplicáveis a qualquer ser humano e não somente à mulher. A sua explícita repetição na abertura da Lei 11.340/2006 obedece a um critério didático do legislador, buscando a criação de um *fato novo*, de modo a despertar a atenção de todos à obviedade – não tão clara para alguns – dos direitos humanos fundamentais. Assim, editada a novel lei, divulgada amplamente pelos órgãos de comunicação, insiste-se na reiteração de preceitos básicos de respeito à dignidade da pessoa humana. Com particular cuidado no tocante à mulher, parte fragilizada no cenário doméstico, sujeita ao domínio machista, muitas vezes sem recursos próprios e expurgada do mercado de trabalho, denota-se o objetivo de concentrar os esforços das autoridades para o reequilíbrio de forças, conferindo proteção distinta às mulheres.

O *fato novo*, permitido pela edição de lei específica, dá ensejo a estudos inéditos e modernos, acerca de assunto tradicional e antigo, bem como fomenta a realização de congressos, encontros, seminários, simpósios, enfim, novos enfoques pela doutrina e pela jurisprudência no tocante ao tema. Busca-se corrigir distorções geradas com o passar do tempo, embora ilegalidades que poderiam ser regularizadas com maior cuidado por parte do operador do Direito. Esse foi o enfoque do art. 17, ao vedar a aplicação, nos casos de violência doméstica e familiar contra a mulher, de "penas de cesta básica". Esta pena nunca existiu no ordenamento jurídico penal, mas, na prática, foi *criada* por magistrados, em especial nos Juizados Especiais Criminais, para promover rápida transação, desafogando a pauta e conferindo caráter pasteurizado à justiça criminal. A pena de prestação pecuniária, prevista no art. 45, § 1.º, do Código Penal,[11] foi deturpada pela equivocada leitura do § 2.º do mesmo artigo,[12] proporcionando o surgimento da denominada *pena de cesta básica*. Afinal, a prestação de outra natureza, prevista no referido § 2.º, somente poderia surgir na medida em que fosse ineficaz a prestação em pecúnia, estabelecida pelo § 1.º, além de exigir concordância da vítima. Somente fixando-se a primeira (prestação pecuniária), quando impossível de ser exigida, poder-se-ia passar à segunda (prestação de outra natureza). Ademais, a *diversa natureza* liga-se a serviços prestados e não a outro pagamento em pecúnia, sob a veste de cesta básica.

A sequencial fixação da entrega de cesta básica a instituições de caridade provocou o descrédito da Justiça Criminal, favorecendo a impunidade dos agressores de mulheres, que já poderiam *contabilizar* em cestas básicas as surras desferidas nas suas esposas e companheiras. A situação consistiu em nítida ofensa à dignidade da pessoa humana, pois as penas inicialmente previstas pelo legislador para contornar a pena privativa de liberdade, substituindo-a por restritiva de direitos, terminou por cultuar a ilegal pena de cesta básica, deixando ao léu a proteção à mulher.

Pode-se perceber a íntima ligação entre a aplicação prática do direito penal e os elementos salientes do princípio da dignidade da pessoa humana. Tanto quanto o agente do crime, merecedor de respeito à sua existência e dignidade como pessoa, também se deve voltar os olhos à vítima. Assim como se editou a Lei 11.340/2006, tratando com particular zelo a figura da mulher, em especial no âmbito doméstico e familiar, outros dispositivos penais demandam interpretação renovada, moderna e de acordo com os anseios atuais da sociedade.

A lesão corporal (art. 129, CP) tem sido interpretada sob diversos outros prismas, desligados da tradicional concepção de que toda ofensa à integridade corporal, produzida

---

[11] "A prestação pecuniária consiste no pagamento em dinheiro à vítima, a seus dependentes, ou a entidade pública ou privada com destinação social, de importância fixada pelo juiz, não inferior a 1 (um) salário mínimo nem superior a 360 (trezentos e sessenta) salários mínimos. O valor pago será deduzido do montante de eventual condenação em ação de reparação civil, se coincidentes os beneficiários".

[12] "No caso do parágrafo anterior, se houver aceitação do beneficiário, a prestação pecuniária pode consistir em prestação de outra natureza".

intencionalmente, deve ser considerada criminosa. A liberdade de pensamento e expressão fez nascer costumes novos, como o culto à tatuagem e ao *piercing*, formas de agressão à integridade física, porém concebidos como embelezamento, modelagem física ou expressão de ideias e lemas. Independentemente de qualquer alteração legislativa, atenta à liberdade constitucional de expressão, a doutrina sinalizou para a atipicidade material do fato. Em outros termos, formalmente, a realização de uma tatuagem pode consistir uma lesão corporal, embora, na essência, não passe de um contentamento obtido pela *vítima*, que busca, por si mesma, a introdução na epiderme de elementos colorantes.

Surge da modernidade, calcada na dignidade da pessoa humana, a possibilidade cada vez maior de mudança de sexo, por cirurgias invasoras e corretivas, antes consideradas nítidas lesões corporais de natureza grave; hoje, no entanto, concebidas como operações de cura e adaptação do ser humano ao seu íntimo e ao seu psicológico. Busca-se assegurar a boa harmonia entre o sexo idealizado e sentido pela pessoa com a realidade física oposta. A medicina, mais adiantada que o Direito, passou a visualizar essa cirurgia como corretiva, tal como se faz com a vítima de queimaduras graves, quando se recompõe o corpo ao estado ideal. A afirmação de gênero (atual denominação da mudança de sexo) já está prevista como viável por Resolução do Conselho Federal de Medicina (Resolução 2.265/2019), terminando por gerar efeitos na interpretação do art. 129 do Código Penal diante da nova realidade. Preferimos considerar, quando indispensável, conforme critério médico, a referida cirurgia como fato atípico, nos mesmos moldes da tatuagem ou do *piercing*. Formalmente, poder-se-ia falar em lesão corporal, mas, materialmente, não passa de uma recomposição ideal do corpo humano, respeitada a dignidade da pessoa humana, em particular no seu aspecto subjetivo, que é a autoestima.

Se os exemplos anteriores se vinculam ao agente, permitindo a consideração de atipicidade do fato, deve-se focar, também, aspectos relevantes da lesão corporal, quanto à vítima, de modo a aplicar a pena com maior severidade. O art. 129, § 2.º, IV, do Código Penal, considera lesão corporal gravíssima, passível de reclusão, de dois a oito anos, a agressão que provoca no ofendido *deformidade permanente*. A análise da deformidade é controversa. Parcela da doutrina entende deva haver dano estético visível, para que se possa aplicar a qualificadora. Ora, a interpretação restritiva é lesiva à dignidade da pessoa humana, pois a deformidade diz respeito a qualquer parte do corpo humano, desde que seja permanente. A consideração de que se trata de dano estético visível foge ao âmbito de respeito à sensibilidade do sujeito agredido. Se o agente lhe causa uma deformidade nas costas ou nas nádegas, ilustrando, partes do corpo raramente expostas, deve responder por lesão gravíssima. A integridade física, perturbada definitivamente, pode gerar danos psicológicos e traumas a qualquer um, independentemente do local onde se dá. Desapegar-se disso significa desprender-se da autoestima de cada pessoa, concepção inadequada em nosso entendimento.

Na análise dos princípios penais, tornaremos a destacar a importância da dignidade da pessoa humana, com o princípio geral, informador e norteador do Direito. Porém, desde logo, vale ressaltar a preocupação que se deve cultuar para a preservação de bases mínimas de sobrevivência digna do ser humano, ainda que réu e condenado por delito grave, no cárcere. A sociedade não pode vituperar seus próprios membros, autores de erros inequívocos, mas que merecem castigo adequado e proporcionalmente aplicado em relação à infração penal cometida. O menoscabo à pessoa, permitindo que se recolham acusados e condenados em celas imundas, fétidas e insalubres, como se tal medida fosse razoável à punição de qualquer delito, por mais cruel que tenha sido, foge do âmbito de respeito à ética e à sensibilidade, elementos inerentes à natureza humana.

O cultivo do prazer vingativo, muito embora possa constituir fator ligado à personalidade de vários indivíduos, não deve converter-se em objetivo do Estado, ente perfeito e abstrato, fomentador do Direito e da Justiça, sempre imparcialmente cultuados e aplicados. Se época houver em que os agentes do Estado passarem a agir desgovernadamente, com ânimo de vingança e prazer sádico de ferir e lesar aquele que, porventura, fez o mesmo a seu semelhante, não mais se poderá falar em Estado Democrático de Direito e muito menos em respeito à dignidade da pessoa humana.

O Estado-juiz é, idealmente, imparcial, justo, honesto, ético e adequado às necessidades sociais. Hoje, aquele que erra e lesiona interesse alheio merece punição proporcional e firme, sem qualquer invasão corporal, implicando castigos físicos ou mentais. Isto porque, amanhã, pode ele tornar-se vítima da ação criminosa de outrem e não poderá exigir tratamento desumano a quem lhe fez mal. Alternam-se, no seio social, agentes agressores e vítimas. O ser humano não é perfeito e, consideradas as inúmeras e exageradas previsões típicas incriminadoras, restariam pouquíssimos indivíduos a dizer que, jamais, em tempo algum, cometeram qualquer espécie de infração penal. Abra-se o leque de delitos contidos em diversos textos legais e pode-se encontrar uma simples contravenção de perturbação do sossego (art. 42, Lei de Contravenções Penais) até o cometimento de um latrocínio (art. 157, § 3.º, II, CP). Da singela lesão a uma planta de ornamentação (art. 49, Lei 9.605/1998) até a extorsão mediante sequestro (art. 159, CP). De uma prestação de declaração falsa de rendimentos à Receita Federal (art. 1.º, I, Lei 8.137/1990) até o tráfico ilícito de entorpecentes (art. 33, Lei 11.343/2006). Enfim, crime por crime, todos são igualmente infrações penais passíveis de sanção. Aos mais graves, aplicam-se penalidades proporcionalmente mais severas; aos considerados mais brandos, aplicam-se as penalidades proporcionalmente mais leves. Em nenhum cenário, admitem-se o abuso, o exagero e a desumanidade.

Cuidou a Constituição Federal de proibir, claramente, a instituição e concretização de penas cruéis (art. 5.º, XLVII, *e*). Essa é a meta do direito penal brasileiro, no Estado Democrático de Direito, privilegiando a dignidade da pessoa humana. Portanto, torna-se essencial *retirar do papel* o princípio da humanidade, transformando-o em realidade. É preciso apor um *basta* na atividade estatal desmedida de encarceramento insalubre com o consentimento de vários segmentos sociais, sob a bandeira de que *lugar de bandido é na cadeia*. Puro sofisma, visto que, em sociedade, ninguém está isento da prática de infração penal e o adjetivo *bandido* (malfeitor, indivíduo de maus sentimentos) não espelha a realidade. A visão maniqueísta buscando dividir a sociedade entre bons e maus é contraproducente e incompatível com quem pretenda assumir posição de defesa dos direitos humanos fundamentais.

Desvende-se, de vez, a celeuma em torno da pejorativa afirmação de que, no Brasil, os defensores dos direitos humanos são aqueles que somente enxergam os agentes criminosos, mas não se voltam às vítimas dos delitos. Ainda que alguns possam estar inseridos nessa ótica, igualmente deturpada, a maioria sustenta o princípio maior, regente do Estado Democrático de Direito, que é a dignidade da pessoa humana. Esta, por sua vez, não admite partição, divisão ou manipulação. Constitui direito de todos, agressores e agredidos, bastando a natureza humana.

2.1.2   *Aspectos do processo e a dignidade da pessoa humana*

A prática do crime faz nascer a pretensão punitiva do Estado, que se materializa após o transcurso do devido processo legal, preservadas as garantias de defesa, constitucionalmente asseguradas.

Por isso, ser *réu*, no processo penal, é apenas uma contingência da civilização e da sociedade democrática, que não pune sem a prévia comprovação da culpa. Há necessidade de alguém ocupar o lugar de acusado para que outro figure como vítima, não constituindo, por óbvio, rótulo de algoz para o primeiro, nem de mártir para o segundo. Ilustrando, quando se apura uma tentativa de homicídio, durante a instrução, pode-se constatar ter havido legítima defesa, garantindo-se a absolvição do réu. Assim ocorrendo, na realidade, o agressor foi a vítima (assim considerada no processo), enquanto o autenticamente agredido foi o acusado (posição formal no processo).

Ser réu, no processo penal, não significa ser criminoso, pois se depende da decisão condenatória, com trânsito em julgado. Ser vítima, no processo penal, não confere a ninguém atestado de idoneidade, tendo em vista que, no mundo do crime, também há agressores e agredidos, todos em situação de ilegalidade.

O princípio da presunção de inocência não passa de um desdobramento lógico e adequado ao respeito pela dignidade da pessoa humana, não se devendo considerar culpado alguém ainda não definitivamente julgado. Tal justa medida não tem o condão de impedir coerções à liberdade, quando indispensáveis para a situação concreta, visando à escorreita apuração dos fatos. A harmonização dos princípios constitucionais é desejável e não pode sofrer de radicalismos: tornar-se réu não significa encarceramento imediato; ser presumidamente inocente não confere imunidade para fugir à aplicação justa da lei penal.

No processo penal, portanto, busca-se enaltecer o ser humano, resguardando a segurança pública na exata proporção da necessidade. A prisão cautelar, nesse contexto, exsurge como firme disposição estatal para preservar a instrução criminal idônea. No entanto, quando decretada, considerando-se o estado de inocência do réu, jamais pode transformar-se em aplicação antecipada da pena, nem tampouco ferir a razoabilidade de se materializar o processo célere.

Se o Estado não dispuser de meios eficientes para assegurar a instrução rápida, levando-se em conta a prisão cautelar do acusado, nem tampouco tiver condições reais de inserir o preso em lugar adequado à sua condição de inocente, até prova em contrário, falece-lhe legitimidade para o encarceramento sem culpa formada.

Por certo, deve-se preservar a segurança da vítima, quando, por exemplo, ameaçada pelo acusado, mas tal situação não elimina a obrigação do Estado de cuidar de todos, igualmente, retirando o réu de circulação, porém garantindo-lhe a devida prisão.

Outros prismas são fundamentais no processo penal democrático, tais como o fiel respeito aos direitos inerentes à defesa. Não se trata, em absoluto, de cultuar um processo protetor do agente criminoso ou do crime. Durante a instrução, tem-se o Estado-juiz imparcial e a contraposição natural entre acusação e defesa, naturalmente considerando-se a força dos órgãos acusatórios frente ao indivíduo. A infração penal é apurada pela polícia, com acompanhamento do Ministério Público e do magistrado. Nessa fase, pode-se averiguar incontáveis aspectos da vida do indiciado, vasculhando-se, quando preciso, sua intimidade e vida privada, com a quebra de sigilos (bancário, fiscal, telefônico, domiciliar etc.) e com a possibilidade de prisão cautelar ou indisponibilidade de bens. Apresentada a denúncia, o Ministério Público continua legitimado a promover várias diligências para buscar elementos da culpa do acusado, ora atuando por si mesmo, ora dependendo de decisão judicial. Além disso, o órgão acusatório público é composto por operadores do Direito de alto nível, concursados e preparados a conhecer profundamente as leis penais e processuais penais.

Como contraponto, encontra-se o indiciado/réu e seu advogado, com suas prerrogativas profissionais e sua vontade de fazer valer seu lema constitucional de ente indispensável à administração da justiça (art. 133, CF). Porém, cuida-se de ente isolado e dependente do Poder Judiciário para fazer valer suas buscas e a colheita de provas em prol do defendido. Muitas vezes, assume o posto quando a investigação criminal está, praticamente, concluída, contendo todos os indícios coletados contra os interesses do indiciado, lembrando-se que a polícia judiciária e o Ministério Público não possuem o *dever* de atuar de forma *autenticamente* imparcial. Embora, em tese, todos aguardem o desempenho profissional equilibrado desses órgãos estatais, a lei processual não impõe que o delegado colha provas nos dois sentidos, leia-se, contra os interesses do indiciado e, também, em seu favor. Do mesmo modo, inexiste obrigação para o Ministério Público agir nessa ótica. Ilustrando, seu rol de testemunhas, contido na denúncia, pode perfeitamente apresentar *todos* os nomes de pessoas que irão depor contra os interesses do acusado.

Tal situação espelha a pura realidade, associada ao fato de que, no Brasil, poucos ainda são os indiciados ou réus que conseguem contratar bons advogados, bancando a mais ampla defesa do começo ao fim do longo processo criminal. As disputas e os recursos tendem a se eternizar e o alcance das mais altas Cortes significa o desembolso de elevadas somas. A justiça, sob tal prisma, é cara e elitista. Portanto, inúmeros defensores dativos são convocados a atuar na relevante missão de sustentar, a qualquer custo, a inocência ou a mais branda sanção penal para o acusado. Esses defensores possuem seus próprios clientes e não têm condições de exercitar, na prática, a almejada ampla defesa, com os recursos a ela inerentes. Alguns o fazem, com ímpar galhardia e firme valentia. Outros, entretanto, sucumbem à realidade da massificação dos processos criminais e promovem uma defesa formal, porém ineficiente na essência.

Estrutura-se, aos poucos, a Defensoria Pública, composta por valorosos operadores do Direito, também concursados e preparados para o conhecimento profundo do ordenamento jurídico penal e processual penal. Sua atuação, entretanto, ainda é ínfima, comparada com a demanda exigida pelos réus pobres, bem como quando realizado o contraste com a organização nacional do Ministério Público. Quer-se demonstrar que a *ampla defesa*, tomando-a como exemplo, padece, na prática, de efetividade, constituindo lesão à dignidade da pessoa humana, pois a formalidade sobreleva a realidade.

Finalize-se com o texto de Antonio Scarance Fernandes: "Do fato de o país ser um Estado Democrático de Direito assentado no valor da dignidade humana, extrai-se pelo menos algumas regras básicas sobre como o processo penal deve ser construído e atuado: a) no processo deve-se proporcionar efetiva e contraditória participação das partes, a fim de que possam, de forma democrática, contribuir para o seu julgamento; b) na investigação, no processo condenatório, no processo de execução deve-se levar em conta a dignidade da pessoa submetida à persecução ou ao cumprimento da pena, sendo vedados atos atentatórios aos seus valores essenciais; c) em qualquer tipo de processo deve-se assegurar ao investigado, ao acusado ou ao condenado mecanismos para se defender contra atos violadores de sua dignidade humana, assegurando-lhe, por exemplo, meios para proteger a sua liberdade".[13]

2.2   Devido processo legal

O outro princípio regente concentra-se no devido processo legal, cuja raiz remonta à Magna Carta de 1215 ("Nenhum homem pode ser preso ou privado de sua propriedade a

---

[13]   *Vinte anos de Constituição e o processo penal*, p. 86.

não ser pelo julgamento de seus pares ou pela lei da terra"). A célebre expressão "by the lay of the land" (lei da terra), que inicialmente constou da redação desse documento histórico, transmudou-se para "due process of law" (devido processo legal).[14] A modificação vernacular não teve o condão de apartar o significado histórico do princípio. Buscou-se uma garantia e uma proteção contra os desmandos do rei, encarnando a época autoritária absoluta na Inglaterra. Não mais seria possível admitir-se a prisão ou a perda de bens de qualquer pessoa em virtude de simples capricho do governante. A tolerância havia atingido seu limite, tornando-se essencial o surgimento do princípio da legalidade ou reserva legal, determinando o império da lei sobre a vontade do rei.

A lei da terra envolvia os costumes, donde surge o direito consuetudinário, até hoje prevalente no Reino Unido. Portanto, haveria de prevalecer a vontade da sociedade, espelhada pelos tradicionais costumes, em detrimento da vontade do soberano. Hoje, consubstancia-se no moderno princípio da legalidade penal, demonstrativo de não existir crime e pena sem prévia previsão legal.

O devido processo legal, portanto, possui dois importantes aspectos: o lado substantivo (material), de direito penal, e o lado procedimental (processual), de processo penal. No primeiro, como já demonstrado, encaixa-se o princípio da legalidade, basicamente, além dos demais princípios penais.[15] Quanto ao prisma processual, cria-se um espectro de garantias fundamentais para que o Estado apure e constate a culpa de alguém, em relação à prática de crime, passível de aplicação de sanção. Eis por que o devido processo legal coroa os princípios processuais, chamando a si todos os elementos estruturais do processo penal democrático, valendo dizer, a ampla defesa, o contraditório, o juiz natural e imparcial, a publicidade, dentre outros, como forma de assegurar a justa aplicação da força estatal na repressão aos delitos existentes.

Há quem atribua ao devido processo legal um alcance genérico, valendo para todo o processo, demonstrando a existência de postulados comuns para estruturar qualquer procedimento concebido sob critérios garantistas. Nessa ótica, prefere ROGÉRIO LAURIA TUCCI reservar ao âmbito processual penal a expressão *devido processo penal*, agora, sim, abrangendo todos os princípios protetores do justo processo penal.[16] Muito embora o devido processo legal sirva, realmente, a todo cenário processual, invadindo as searas civil e administrativa, é fato que, quando se está inserto no contexto processual penal, trata-se do devido processo legal em matéria processual penal. Logo, não há razão para alterar a forte e tradicional expressão, constante da Constituição Federal (art. 5.º, LIV), para outra, similar, como o devido processo penal.

Há, ainda, posição que consideramos equivocada, narrando ser o *devido processo legal* a garantia de que as leis sejam razoáveis.[17] O princípio da razoabilidade tem amplo alcance

---

[14]   No mesmo sentido, SCARANCE FERNANDES, *Processo penal constitucional*, 5. ed., p. 47.

[15]   Em diversa visão, LUIZ FLÁVIO GOMES atribui ao significado substantivo do devido processo legal a regência dos atos públicos conforme a razoabilidade e a proporcionalidade, incluindo-se nessa exigência, principalmente, a lei, que não deve cercear, sem justa motivação, direitos individuais (*Comentários à Convenção Americana sobre Direitos Humanos*, p. 76). Preferimos manter o nosso posicionamento, calcado nas raízes do devido processo legal, que se deu em virtude do princípio da legalidade, nos termos da Magna Carta. Seu substrato, portanto, é a observância fiel dos princípios penais.

[16]   *Direitos e garantias individuais no processo penal brasileiro*, p. 57-64. Assim também a posição de PAULO RANGEL (*Direito processual penal*, p. 5).

[17]   BADARÓ, *Processo penal*, p. 85-86.

em várias áreas do direito e pode, ainda, ser transportado para a atividade legislativa, embora não tenha nenhuma relação direta com o devido processo legal.

Por outro lado, há os que simplesmente nada definem: "portanto, o réu só pode ser privado de sua liberdade ou de seus bens com garantia de um processo legal, ou seja, da forma prescrita em lei".[18]

A ação e o processo penal somente respeitam o devido processo legal, caso todos os princípios norteadores do direito penal e do processo penal sejam, fielmente, respeitados durante a persecução penal, garantidos e afirmados os direitos do acusado para produzir sua defesa, bem como fazendo atuar um Judiciário imparcial e independente. A comunhão entre os princípios penais (legalidade, anterioridade, retroatividade benéfica, proporcionalidade etc.) e os processuais penais (contraditório, ampla defesa, juiz natural e imparcial, publicidade etc.) torna efetivo e concreto o devido processo legal.

"O direito a um devido processo é plenamente aplicável em relação a presumidos terroristas no marco da 'guerra contra o terror'. Constitui um direito humano fundamental consagrado em vários regimes que criam um âmbito de proteção às garantias judiciais básicas. Nunca pode ser derrogado e deve ser respeitado tanto em tempos de paz, como em tempos de conflito armado".[19]

2.2.1 Aspectos ligados ao crime

O devido processo legal, no âmbito do direito penal, delineia-se pela aplicação efetiva dos princípios penais, mormente os de alçada constitucional, interligando-se a aspectos fundamentais do conceito de crime. Em primeiro plano, deve-se destacar a importância da legalidade e seus corolários indispensáveis da anterioridade e da taxatividade. Para a construção de tipos penais incriminadores, que possam dar ensejo à aplicação da pena ao criminoso, torna-se essencial o respeito à anterior previsão em detalhada lei acerca da conduta proibida penalmente.

Inexistiria o devido processo legal, caso se aceitasse a condenação de alguém, com base em tipo penal excessivamente aberto, desrespeitoso ao princípio da taxatividade. Do mesmo modo, formando paralelo com a intervenção mínima e seus consequenciais princípios da subsidiariedade, fragmentariedade e ofensividade, não há que se aceitar a tipificação de conduta considerada penalmente insignificante, visto ser o direito penal a *ultima ratio* do Estado Democrático de Direito. Por isso, considerando-se atípico o fato, por configurar bagatela, afasta-se a necessidade do processo criminal, mas se consagra o devido processo legal na sua forma substantiva.

O confisco de bens e instrumentos do crime (art. 91, II, CP), avançando, se preciso for, em patrimônio de terceiro, ressalvado o de boa-fé, impõe o cumprimento do devido processo legal, respeitando-se a responsabilidade pessoal, determinativa de que a pena não passará da pessoa do delinquente.

Para que se afigure justa e de acordo com o devido processo legal, deve a pena ser aplicada conforme os preceitos ditados pelo princípio da individualização da pena, evitando-se qualquer método tendente à padronização da sanção penal. Do mesmo modo, penas

---

[18] Marcellus Polastri Lima (*Curso de processo penal*, p. 22). Não há absolutamente *nada* antes da definição que citamos no texto.

[19] Kai Ambos, *Ensaios de Direito penal e processual penal*, p. 173.

desproporcionais à gravidade do delito cometido ferem a proporcionalidade e, por via de consequência, a efetividade do devido processo legal substancial.

O acolhimento desmesurável da responsabilidade penal objetiva, lançada em normas penais ou em interpretações jurisprudenciais, coloca em risco a fidelidade ao princípio da culpabilidade, não se podendo atingir o cumprimento ao devido processo legal.

A dupla punição pelo mesmo fato fere a legalidade, pois inexiste previsão para a incidência reiterada da lei penal, motivo pelo qual deixa de seguir o princípio regente do devido processo legal.

2.2.2   Aspectos ligados ao processo

No campo processual, o devido processo legal desenha-se em vários setores como supedâneo dos inúmeros direitos e garantias fundamentais para amparar o indivíduo, quando suspeito ou acusado pelo Estado. Logo, seus mais visíveis princípios consequenciais são a ampla defesa e o contraditório. Porém, todos os demais princípios constitucionais processuais penais integram a sua órbita de ascendência.[20]

Por vezes, observa-se que alguns princípios constitucionais, embora relevantes, podem servir de empecilhos ao devido processo legal, em sua plena forma de desenvolvimento, tal como se dá com o princípio da economia processual. A celeridade na busca pela aplicação do direito ao caso concreto não pode atropelar garantias essenciais. A colheita de provas, em fase de instrução, pode ser o melhor palco para amealhar elementos suficientes para a formação do convencimento do julgador. Diante disso, é preciso cautela ao se utilizar do *habeas corpus* para rever decisões tomadas, durante o trâmite processual, ainda pendente de solução de mérito. A rapidez da ação de impugnação, tendente a eliminar qualquer produção de prova, não é compatível com a segurança demandada para certas decisões. Ilustrando, salvo casos teratológicos, não se pode deferir a progressão de regime em sede de *habeas corpus*, pois tal avaliação depende da análise de inúmeros requisitos, conseguidos na instrução feita no juízo da execução penal. Diga-se o mesmo do delicado e complexo processo de fixação da pena, cuja revisão deve ficar a cargo de recurso apropriado, como a apelação.

Observa-se, ainda, a interligação natural e salutar da legalidade, no processo penal, associada ao devido processo legal. Destaque-se a postura jurisprudencial de inadmissibilidade do uso da videoconferência, para a colheita de provas e do interrogatório do réu, antes do advento da Lei 11.900/2009, alegando-se a ilegalidade de postura do Judiciário, que a acolhia, em face da lacuna legal.

O processo penal é, sem dúvida, formal. Entretanto, suas formalidades constituem garantias para o equilíbrio das partes e para a escorreita instrução, não se podendo considerá-las fins em si mesmas. Por isso, atualmente, a visão que se tem das nulidades é utilitarista e não meramente formalista. A consequência demanda a decretação da nulidade do processo, apenas e tão somente, quando houver demonstração de prejuízo para a parte que a invoca. Em ritmo de exceção, há falhas processuais geradoras de nulidades absolutas, independentes da prova do prejuízo. O devido processo legal, buscando amparar tanto a duração razoável do processo quanto as garantias de manifestação das partes, precisa encontrar a mais adequada saída na avaliação das nulidades, evitando-se o refazimento inútil de atos processuais já consumados.

---

[20]   Em sentido estrito, veja-se o conceito de Renato Marcão, mostrando apenas o cumprimento de regras processuais (*Curso de processo penal*, p. 61).

2.2.3   A devida investigação penal

Investigar um crime – existência e autoria – é dever inconteste do Estado. Por meio de vários órgãos, assim que acontece uma infração penal, cabe-lhe atuar com firmeza e rigor. O principal desses organismos, inclusive por força constitucional, é a polícia judiciária. Cumpre ao delegado (civil ou federal) instaurar o inquérito policial e providenciar a apuração do fato, até encontrar elementos suficientes, que apontem à tipicidade e, na sequência, ao seu autor.

O princípio regente do devido processo legal, como já mencionado, abrange a coletânea de princípios penais e processuais penais, devendo ser integralmente seguido, para que se possa obter uma punição justa.

Aponta-se, em grande parte, a sua incidência sobre o processo-crime, mas olvida-se a sua relevância para a fase da investigação policial. Há que se ponderar a medida do acerto e do equívoco dessa visão.

O acerto cinge-se à inexigência de seguimento direto a certos princípios, como a ampla defesa, o contraditório, a publicidade, a presunção de inocência, dentre outros, que são aplicáveis ao processo.

O equívoco é imaginar que *todos* os princípios penais e processuais penais somente se aplicam ao processo criminal, pois a persecução estatal pode oprimir o indivíduo desde o início, que ocorre na fase do inquérito. Diante disso, mantêm-se ativos durante a *devida investigação penal* os princípios da legalidade, da retroatividade benéfica, da culpabilidade, da imunidade à autoacusação, da vedação das provas ilícitas, dentre outros, perfeitamente compatíveis com a atividade do Estado na busca do crime e de seu autor.

Analisando-se o quadro dos princípios penais e processuais penais em face da investigação criminal, há vários pontos a analisar.

O princípio da legalidade é absoluto, em qualquer plano, deve ser fielmente respeitado. Se *não há crime sem prévia lei anterior*, por certo, desde a fase investigatória deve-se ter em vista a busca da tipicidade; fatos atípicos correm ao largo do interesse punitivo estatal, razão pela qual a legalidade se aplica tanto ao inquérito quanto ao processo.

Diga-se o mesmo da anterioridade, pois é preciso haver tipo penal incriminador *antes* da prática da conduta, o que precisa ser observado tanto pelo delegado quanto pelo juiz.

A retroatividade benéfica é capaz de eliminar a investigação criminal ou o processo, nos casos em que houver *abolitio criminis*; pode, ainda, produzir efeitos diversos, quando modificar a lei penal, trazendo benefícios ao acusado (exemplo disso foi a edição da Lei 9.099/1995, trazendo a definição de infração de menor potencial ofensivo, o que alterou o curso de investigações em andamento e mesmo de processos).

O princípio da humanidade, vedando penas cruéis, é primordialmente dirigido ao legislador, para que não constitua sanções imoderadas quando da criação de novas figuras típicas incriminadoras.

A responsabilidade pessoal, determinando que a pena não passará da pessoa do delinquente, estabelece, por via reflexa, o princípio processual da intranscendência, ou seja, a ação penal deve ser movida apenas contra o autor do crime. Ora, a partir disso, pode-se sustentar, com perfeita validade, não deva a investigação criminal voltar-se contra quem, por evidente, não é o autor da infração penal. Torna-se, assim, cabível o controle jurisdicional do indiciamento, caso seja conduzido de forma abusiva pela autoridade policial.

A individualização da pena, como regra, repercute no processo, mas a parte concernente à individualização legislativa fixa suas raízes também no contexto da investigação criminal, pois, conforme a pena estabelecida em abstrato, lavra-se mero termo circunstanciado (infração de menor potencial ofensivo) ou instaura-se inquérito policial.

A intervenção mínima é princípio dirigido, basicamente, ao legislador para que não criminalize, sem justo motivo, condutas socialmente inofensivas. De outra parte, reflete no Judiciário, durante o processo-crime, no contexto do crime de bagatela, que produz a atipicidade do fato. Porém, não se pode perder de vista a possibilidade de ser o princípio da insignificância considerado pela autoridade policial no momento de lavrar (ou não) um auto de prisão em flagrante e até mesmo de instaurar um inquérito. Ilustrando, não se pode nem mesmo dar início à persecução penal diante de algo nitidamente irrisório, como a subtração de um alfinete.

Quanto à taxatividade, que demanda a detalhada definição do tipo penal incriminador, mais se dirige ao juiz que à autoridade policial, visto deter uma aprofundada análise de mérito. Porém, quando um tipo penal é malformado, pode levar à inviabilidade de apuração na fase policial, motivo pelo qual apresenta reflexo indireto nesse estágio.

A proporcionalidade destina-se, basicamente, ao legislador, para que construa tipos penais adequados aos fatos criminosos a punir, em particular no que se refere à sanção cominada. Entretanto, há o lado processual do princípio, dizendo respeito à decretação de medidas restritivas aos direitos individuais, tais como liberdade, intimidade, privacidade etc. Nesse sentido, cabe à autoridade policial atentar para a real necessidade de representar ao juízo pela decretação de alguma medida cerceadora, buscando avaliar a proporcionalidade entre o crime objeto de apuração e a violação a ser concretizada.

No campo da vedação à dupla punição pelo mesmo fato, por óbvio, se alguém já foi punido por determinada conduta, não cabe nem ao juiz receber denúncia ou queixa, nem ao delegado instaurar inquérito a respeito.

O princípio da culpabilidade é relevante para qualquer atividade persecutória estatal, abrangendo inquérito e processo. Aliás, a primeira autoridade a lidar com a avaliação de ter o agente agido com dolo ou culpa é a policial. Indiciar por homicídio doloso ou culposo? Eis uma questão primordial, no momento de um flagrante (especialmente, hoje, com os casos de crimes de trânsito), a ser solvida pelo delegado, no estrito cumprimento da devida investigação policial. Ademais, se, durante o inquérito, ficar evidente não ter o agente atuado com dolo ou culpa, deve-se conduzir o feito para o arquivamento (ao menos é o que constará do relatório ao juiz).

O princípio processual da presunção de inocência é muito mais forte em relação ao processo criminal, pois, quando do julgamento, em caso de dúvida, deve-se decidir em favor do réu (*in dubio pro reo*). Por outro lado, estabelece-se que o ônus da prova pertence à acusação. Durante a investigação policial, o princípio perde intensidade, pois se deve averiguar todos os suspeitos do crime, independentemente do seu estado de inocência. A sua atuação, na fase do inquérito, volta-se à imunidade à autoacusação, garantindo o direito ao silêncio a qualquer investigado. Ninguém é obrigado a produzir prova contra si mesmo, seja em juízo, seja durante investigação criminal.

A ampla defesa também é mitigada na fase policial, pois se cuida de procedimento inquisitivo, voltado à captação de provas para a formação do convencimento do órgão acusatório – e não do juiz. Algumas provas pré-constituídas, como as periciais, são colhidas, mas, nesse caso, podem ser refeitas em juízo, com o apoio de assistentes técnicos. Quando se tratar de particular prova pericial, impossível de refazimento na fase judicial, cremos ser elementar a garantia ao indiciado de acompanhá-la, inclusive com assistente de sua confiança. Como desdobramento da ampla defesa, embora atenuada, pode o advogado do indiciado acompanhar o inquérito, jamais se podendo decretar o sigilo quanto à sua figura. Não se pode, portanto, afirmar que a defesa somente tem início em juízo; em verdade, ela tem início tão logo alguém seja formalmente apontado pelo Estado como autor do delito (indiciamento). Mas a ampla defesa atinge seu grau máximo em juízo, não significando inexistência durante a investigação.

A plenitude de defesa é princípio atrelado ao Tribunal do Júri, razão pela qual não produz efeitos diretos na investigação policial.

O contraditório, como regra, não está presente na fase investigatória; o defensor pode acompanhar os atos, mas não lhe é permitido intervir, contrariando a prova produzida. De certa forma, no entanto, pode-se *impugnar* certos atos investigatórios, quando abusivos, mesmo que se faça pela ação própria de *habeas corpus* ou mandado de segurança. Não deixa de ser um modo de exercitar o contraditório.

O juiz natural e imparcial deve ser cultivado sempre, em qualquer fase da persecução penal. Na fase investigatória, o magistrado acompanha o seu andamento, autoriza a prorrogação de prazo para a conclusão do inquérito e pode determinar medidas restritivas da liberdade, quando necessário. Para essa atividade, por certo, demanda-se um juiz *imparcial*, próprio do Estado Democrático de Direito; inconcebível seria uma atuação parcial para avaliar medidas tão graves, tais como a prisão preventiva, a quebra de sigilo fiscal ou bancário, a invasão de domicílio etc. Por isso, defendemos deva haver um juiz *natural*, previamente designado por lei para acompanhar o inquérito; magistrados nomeados ao acaso, sem apego a regras prefixadas, constituem grave lesão a princípio constitucional. Na fase judicial, é natural deva atuar o juiz natural e imparcial.

A publicidade é restrita no âmbito do inquérito policial, pela sua própria natureza inquisitiva. Não é dado ao público conhecer, passo a passo, a investigação criminal; afinal, trata-se de procedimento administrativo para formar a convicção do órgão acusatório, onde não se avalia o mérito da imputação estatal. Entretanto, é inexato dizer que o inquérito é absolutamente sigiloso. Na realidade, ele cede aos reclamos do advogado, cuja prerrogativa legal lhe permite acesso aos autos. Mesmo quando decretado o sigilo pelo juiz, o defensor constituído pelo indiciado pode consultar e acompanhar o inquérito. No cenário do processo, a publicidade torna-se a regra, pois é desejável serem os atos processuais de conhecimento geral da sociedade.

A vedação à produção de provas ilícitas é princípio aplicável a qualquer fase persecutória. Durante a investigação, não se pode produzir nenhum tipo de prova ilícita, sob pena de ser desconsiderada pelo juiz, quando do momento de avaliar se recebe ou não a peça acusatória. Aliás, conforme o caso, dependendo da gravidade (ex.: tortura para extrair confissão), o magistrado deve determinar o seu imediato desentranhamento e providências de ordem criminal contra os autores.

A economia processual diz respeito ao processo, basicamente. Porém, não se deve olvidar que, na esfera criminal, constituindo o inquérito, como regra, o alicerce para o oferecimento da denúncia ou queixa, é fundamental que a investigação não se estenda em demasia. Se assim ocorrer, de nada adiantará um processo célere, pois as provas se perdem, a prescrição pode concretizar-se e tanto a sociedade sofre com a impunidade de eventual culpado quanto o indiciado padece aguardando a decisão final.

Os princípios relativos ao Tribunal do Júri são particulares ao processo. Algum reflexo pode ter a fixação da competência para o julgamento dos crimes dolosos contra a vida, quando, em determinado local, existir órgão policial específico para atender tais casos. Nessa situação, a autoridade policial deve ater-se à peculiaridade de um inquérito voltado à colheita de provas para o júri, visto que, em grande parte, alguns elementos são relevantes, como, por exemplo, a reconstituição do crime, algo que impressiona os jurados.

O duplo grau de jurisdição concerne ao processo, exceto se projetarmos a impetração de *habeas corpus* ou mandado de segurança, durante a investigação, com possibilidade de atingir outros graus de jurisdição.

O promotor natural e imparcial, segundo nos parece, é princípio a ser aproveitado, também, pela fase investigatória, pois a acusação zelosa e independente é o objetivo do Estado Democrático de Direito.

Finalmente, a vedação ao duplo processo pelo mesmo fato reflete na proibição de dupla investigação com base na mesma situação.

Nota-se, portanto, diante do exposto, como desdobramento natural da fiel observância dos princípios penais e processuais penais, ser indispensável cuidar da *devida investigação penal*, a consagrar o devido processo legal.

3.   PRINCÍPIOS CONSTITUCIONAIS EXPLÍCITOS DO PROCESSO PENAL

3.1   Concernentes ao indivíduo

3.1.1   Princípio da presunção de inocência

Conhecido, também, como princípio do estado de inocência ou da não culpabilidade, significa que todo acusado é presumido inocente, até que seja declarado culpado por sentença condenatória, com trânsito em julgado. Encontra-se previsto no art. 5.º, LVII, da Constituição. O princípio tem por objetivo garantir que o ônus da prova cabe à acusação e não à defesa. As pessoas nascem inocentes, sendo esse o seu estado natural, razão pela qual, para quebrar tal regra, torna-se indispensável que o Estado-acusação evidencie, com provas suficientes, ao Estado-juiz a culpa do réu. Por outro lado, confirma a excepcionalidade e a necessariedade das medidas cautelares de prisão, já que indivíduos inocentes somente podem ser levados ao cárcere quando isso realmente for útil à instrução e à ordem pública. Reforça, ainda, o princípio da intervenção mínima do Estado na vida do cidadão, uma vez que a reprovação penal somente deveria alcançar aquele que fosse efetivamente culpado. Por isso, somente se poderia prender, fora do cenário cautelar, quando a pena aplicada transitasse em julgado.

Analisando a presunção de inocência, BENTHAM defende a tese de que todo juiz precisa respeitar fielmente esse princípio, adotando a máxima "é melhor deixar escapar um culpado que condenar um inocente, ou, em outras palavras, deve cuidar-se muito mais da injustiça que condena do que da injustiça que absolve".[21] Sob um ângulo ético, caminhando em seguro solo constitucional, envolto pela dignidade da pessoa humana, absolver um ladrão (culpado, mas sem provas firmes da autoria) pode resultar na prática de outros furtos; condenar um inocente (por sopesar a prova de maneira parcial) é uma desgraça para a pessoa e para toda a sua família, envolvendo parentes e amigos, todos que, conhecedores da sua inocência, desacreditam da Justiça. O mundo está repleto de infratores à lei penal, que estão soltos, porque a máquina estatal não dá conta de encontrá-los e prendê-los. Ao menos, não se pode partir da

---

[21]   *Tratado de las pruebas judiciales*, p. 19, tradução livre.

mesma premissa no tocante ao inocente, vale dizer, estarem os cárceres repletos de pessoas que nada fizeram de errado em matéria penal. A primeira solução (absolver um culpado) é muito menos grave do que a segunda (condenar um inocente), desde que se trabalhe no universo da ética e da honestidade pública.

Em setembro de 2016, o STF, julgando embargos de declaração no HC 126.292-SP, decidiu, no Plenário, por maioria de votos, ser cabível o cumprimento da pena, após decisão do tribunal em 2.ª instância, pois essa medida não comprometeria o princípio da presunção de inocência. Na sequência, também em Plenário, nas ADCs 43 e 44, por maioria de votos, reiterou a posição anterior. Por critérios de política criminal, o Pretório Excelso, em apertada maioria, houve por bem *combater* a chamada impunidade, visto que muitos defensores se valem (ou valiam-se) dos recursos especial e extraordinário somente para postergar o trânsito em julgado, buscando atingir a prescrição da pena aplicada em concreto. Em nosso entendimento, o princípio da presunção de inocência, da forma como redigido na Carta Magna, foi violado. Não importa o que ocorre em outros países, pois essas legislações não possuem igual dispositivo em sua Constituição. Quando a Constituição Federal foi promulgada, houve uma disposição política do legislador-constituinte, optando, com clareza, pelo princípio de ser considerado o réu inocente até o trânsito em julgado da condenação. Outra não pode ser a interpretação de *trânsito em julgado*, sob pena de se subverter uma série de conceitos doutrinários, reinantes há muito tempo.[22] Assim, em 2019, o Supremo Tribunal Federal, nas ADCs 43, 44 e 54 (Pleno, rel. Min. Marco Aurélio, 07.11.2019, m. v.), retornou ao entendimento de 2009, ou seja, somente se prende o acusado, para cumprir pena, após o trânsito em julgado da decisão condenatória. Essa última postura não impede, no entanto, a decretação de prisão cautelar quando preencher os requisitos legais, como, por exemplo, a prisão preventiva (art. 312, CPP).

Em nosso entendimento, a questão relativa ao cumprimento da pena, após o julgamento proferido em segundo grau, depende de alteração constitucional, ao menos para incluir na Carta Magna o que se entende por trânsito em julgado. Em tese, o Parlamento pode estabelecer, na Constituição, que o julgamento definitivo ocorre em segundo grau e, a partir daí, somente caberia uma espécie de revisão criminal, por meio de instrumentos adequados interpostos junto ao Superior Tribunal de Justiça ou ao Supremo Tribunal Federal.

3.1.1.1 Princípios consequenciais da prevalência do interesse do réu (*in dubio pro reo, favor rei, favor inocentiae, favor libertatis*) e da imunidade à autoacusação

São princípios consequenciais da presunção de inocência: prevalência do interesse do réu (*in dubio pro reo, favor rei, favor inocentiae, favor libertatis*) e imunidade à autoacusação: o primeiro significa que, em caso de conflito entre a inocência do réu – e sua liberdade – e o poder-dever do Estado de punir, havendo dúvida razoável, deve o juiz decidir em favor do acusado. Aliás, pode-se dizer que, se todos os seres humanos nascem em *estado de inocência*, a exceção a essa regra é a culpa, razão pela qual o ônus da prova é do Estado-acusação. Por isso, quando houver dúvida no espírito do julgador, é imperativo prevalecer o interesse do indivíduo, em detrimento da sociedade ou do Estado. Exemplo: absolve-se quando não existir prova suficiente para a condenação (art. 386, VII, CPP).

---

[22] No mesmo sentido, EUGÊNIO PACELLI (*Curso de processo penal*, p. 48-49).

Há, ainda, a imunidade à autoacusação, sob o *princípio de que ninguém está obrigado a produzir prova contra si mesmo* (*nemo tenetur se detegere*): trata-se de decorrência natural da conjugação dos princípios constitucionais da presunção de inocência (art. 5.º, LVII) e ampla defesa (art. 5.º, LV) com o direito humano fundamental que permite ao réu manter-se calado (art. 5.º, LXIII). Se o indivíduo é inocente, até que seja provada sua culpa, possuindo o direito de produzir amplamente prova em seu favor, bem como se pode permanecer em silêncio sem qualquer tipo de prejuízo à sua situação processual, é mais do que óbvio não estar obrigado, em hipótese alguma, a produzir prova contra si mesmo. O Estado é a parte mais forte na persecução penal, possuindo agentes e instrumentos aptos a buscar e descobrir provas contra o agente da infração penal, prescindindo, pois, de sua colaboração. Seria a admissão de falência de seu aparato e fraqueza de suas autoridades se dependesse do suspeito para colher elementos suficientes a sustentar a ação penal. Parece-nos constituir direito de o acusado permanecer calado não somente nos atos de interrogatório policial ou judicial, mas desde o momento em que é preso.[23]

Nas palavras de Maria Elizabeth Queijo, "o *nemo tenetur se detegere* foi acolhido, expressamente, no direito brasileiro, com a incorporação ao direito interno do Pacto Internacional dos Direitos Civis e Políticos e da Convenção Americana sobre Direitos Humanos. Por força de tal incorporação, em consonância com o disposto no art. 5.º, § 2.º, da Constituição Federal, como direito fundamental, o *nemo tenetur se detegere* possui hierarquia constitucional, portanto, não poderá ser suprimido nem mesmo por emenda constitucional. Tal entendimento não foi modificado pelo art. 5.º, § 3.º, do texto constitucional, incluído pela Emenda Constitucional 45/2004, mas por ele corroborado".[24]

---

[23]   Assim já reconheceu o STF: Do voto vencedor do relator Ministro Gilmar Mendes: "O direito ao silêncio, que assegura a não produção de prova contra si mesmo, constitui pedra angular do sistema de proteção dos direitos individuais e materializa uma das expressões do princípio da dignidade da pessoa humana. Como se sabe, na sua acepção originária conferida por nossa prática institucional, este princípio proíbe a utilização ou a transformação do homem em objeto dos processos e ações estatais. O Estado está vinculado ao dever de respeito e proteção do indivíduo contra exposição a ofensas ou humilhações. (...) Dito isto, é evidente a obrigação do Estado, por meio da Polícia, de informar ao preso seu direito ao silêncio não apenas no interrogatório formal, mas logo no momento de sua prisão efetuada por policial militar, o que não aconteceu no presente caso e de cujo ato emanou a condenação. (...) Observe-se que, na tal entrevista, o reclamante daqueles autos após sua assinatura no termo lavrado pela Polícia Federal, enquanto, nestes autos, sequer formalizaram o interrogatório, a evidenciar ilegalidade ainda mais acentuada, de modo a caracterizar verdadeira confissão informal. Frise-se, ainda, que, para que uma confissão judicial seja legítima, é necessário que haja lavratura de ata, com aposição da assinatura do réu e de seu defensor. Da forma como foi implementada a condenação do paciente, basta que um magistrado qualquer afirme que o réu lhe confessou o crime informalmente, sendo totalmente desnecessário o registro de tal confissão em ata, já que o magistrado é agente do Estado e, por isso, suas declarações gozam de presunção de veracidade. Penso que qualquer suposta confissão firmada pelo réu, no momento da abordagem, sem observação ao direito ao silêncio, é inteiramente imprestável para fins de condenação e, ainda, invalida demais provas obtidas através de tal interrogatório" (Ag. Reg. em ROHC 170.843-SP, 2.ª T., rel. Gilmar Mendes, 04.05.2021, m. v.).

[24]   *O direito de não produzir prova contra si mesmo*, p. 480.

3.1.2 Princípio da ampla defesa

Acesse e assista ao vídeo sobre Ampla defesa.

> http://uqr.to/1z8of

Significa que ao réu é concedido o direito de se valer de amplos e extensos métodos para se defender da imputação feita pela acusação. Encontra fundamento constitucional no art. 5.º, LV. Considerado, no processo, parte hipossuficiente por natureza, uma vez que o Estado é sempre mais forte, agindo por órgãos constituídos e preparados, valendo-se de informações e dados de todas as fontes às quais tem acesso, merece o réu um tratamento diferenciado e justo, razão pela qual a *ampla* possibilidade de defesa se lhe afigura a compensação devida pela força estatal. A sua importância cada vez mais é consagrada pela Constituição Federal, como demonstra a nova redação do art. 93, II, *d* (redação dada pela Emenda 45/2004), cuidando da rejeição de juiz para promoção no critério da antiguidade: "Na apuração de antiguidade, o tribunal somente poderá recusar o juiz mais antigo pelo voto fundamentado de dois terços de seus membros, conforme procedimento próprio, e assegurada *ampla defesa*, repetindo-se a votação até fixar-se a indicação" (grifamos).

Lembremos que há, no contexto do júri, o princípio da plenitude de defesa, a ser tratado em seguida, que apresenta diferença com o princípio em comento. A ampla defesa gera inúmeros direitos exclusivos do réu, como é o caso de ajuizamento de revisão criminal – o que é vedado à acusação –, bem como a oportunidade de ser verificada a eficiência da defesa pelo magistrado, que pode desconstituir o advogado escolhido pelo réu, fazendo-o eleger outro ou nomeando-lhe um dativo, entre outros. Outro ponto fundamental da ampla defesa é a possibilidade de autodefesa, ou seja, pode o réu, em narrativa direta ao juiz, no interrogatório, levantar as teses de defesa que entender cabíveis. Estas, por sua vez, por ocasião da sentença, devem ser levadas em conta pelo julgador.

3.1.3 Princípio da plenitude de defesa

Significa que, no Tribunal do Júri, busca-se garantir ao réu não somente uma defesa *ampla*, mas plena, completa, o mais próxima possível do perfeito (art. 5.º, XXXVIII, *a*, CF). Vale ressaltar que o texto constitucional mencionou, além da plenitude de defesa, o princípio da ampla defesa, voltado aos acusados em geral (art. 5.º, LV, CF), razão pela qual é preciso evidenciar a natural diversidade existente entre ambos. A lei, de um modo geral, não contém palavras inúteis, muito menos a Constituição Federal. Portanto, inexiste superfetação na dupla previsão dos referidos princípios, destinando-se cada qual a uma finalidade específica. Enquanto aos réus em processos criminais comuns assegura-se a *ampla defesa*, aos acusados e julgados pelo Tribunal do Júri garante-se a *plenitude de defesa*. Os vocábulos são diversos e, também, o seu sentido. *Amplo* quer dizer vasto, largo, muito grande, rico, abundante, copioso; *pleno* significa repleto, completo, absoluto, cabal, perfeito. O segundo é, evidentemente, mais forte que o primeiro.

Assim, no processo criminal, perante o juiz togado, tem o acusado assegurada a ampla defesa, isto é, vasta possibilidade de se defender, propondo provas, questionando dados, contestando alegações, enfim, oferecendo os dados técnicos suficientes para que o magistrado possa considerar equilibrada a demanda, estando de um lado o órgão acusador e de outro uma defesa eficiente. Por outro lado, no Tribunal do Júri, onde as decisões são tomadas pela íntima convicção dos jurados, sem qualquer fundamentação, onde prevalece a oralidade dos atos e a concentração da produção de provas, bem como a identidade física do juiz, torna-se indispensável que a defesa atue de modo completo e perfeito – logicamente dentro das limitações impostas pela natureza humana. A intenção do constituinte foi aplicar ao Tribunal Popular um método que privilegie a defesa, em caso de confronto inafastável com a acusação, homenageando a sua plenitude. São vários os efeitos extraídos dessa diferença.

Em idêntica ótica, ANTONIO SCARANCE FERNANDES explica: "garante-se a plenitude de defesa. Todavia, no mesmo art. 5.º, já assegura a todos os litigantes e aos acusados em geral a ampla defesa (inciso LV). Foi o legislador redundante? Mostra GUILHERME DE SOUZA NUCCI, ao analisar os vários preceitos do júri, que não. São dois os princípios, ainda que correlatos. Quis o legislador constituinte, além da ampla defesa geral de todos os acusados, assegurar ao acusado do júri mais, ou seja, a defesa plena, levando em conta principalmente o fato de que, diferentemente das decisões judiciais nos processos em geral, a decisão dos jurados não é motivada. Pode o juiz, no seu julgamento, de ofício, admitir em favor do acusado tese não apresentada pela defesa, mas os jurados não podem. Assim, há que se exigir mais do advogado no júri, e, daí, a necessidade de que se garanta ao acusado a plenitude de defesa, ou seja, uma defesa completa. Trata-se de garantia especial e que se aplica à fase do plenário".[25]

Há autores, como ANDRÉ NICOLITT, que reconhecem a diferença entre ampla defesa e plenitude de defesa, até salientando que esta ganha *novo colorido* no Tribunal de Júri, mas não entram em detalhes, a ponto de orientar o operador do direito.[26]

3.2   Concernentes à relação processual

3.2.1   Princípio do contraditório

Significa dizer que a toda alegação fática ou apresentação de prova, feita no processo por uma das partes, tem a outra, adversária, o direito de se manifestar, havendo um perfeito equilíbrio na relação estabelecida pela pretensão punitiva do Estado em confronto com o direito à liberdade e à manutenção do estado de inocência do acusado (art. 5.º, LV, CF). Excepcionalmente, o contraditório deve ser exercitado quando houver alegação de direito. Nesse caso, deve-se verificar se a questão invocada pode colocar fim à demanda. Exemplo disso é a alegação de ter havido *abolitio criminis*, que deve provocar a oitiva da parte contrária, pois o processo pode findar em função da extinção da punibilidade. No mais, se uma parte invoca uma questão de direito, não há necessidade de ouvir a parte contrária, bastando que o juiz aplique a lei ao caso concreto. Aliás, é o que ocorre nas alegações finais: primeiro manifesta-se a acusação, depois, fala a defesa, não sendo necessário ouvir novamente o órgão acusatório, embora possam ter sido invocadas questões de direito, analisando a prova produzida.

Preferindo denominá-lo de *garantia do contraditório*, o que sem dúvida também é, ANTONIO SCARANCE FERNANDES aponta os seus principais elementos: "no processo penal é necessário que a informação e a possibilidade de reação permitam um contraditório pleno e efetivo. Pleno porque se exige a observância do contraditório durante todo o desenrolar da

---

[25]   *Processo penal constitucional*, 5. ed., p. 187-188.

[26]   ANDRÉ NICOLITT, *Manual de processo penal*, p. 130.

causa, até seu encerramento. Efetivo porque não é suficiente dar à parte a possibilidade formal de se pronunciar sobre os atos da parte contrária, sendo imprescindível proporcionar-lhe os meios para que tenha condições reais de contrariá-los. Liga-se, aqui, o contraditório ao princípio da paridade de armas, sendo mister, para um contraditório efetivo, estarem as partes munidas de forças similares".[27]

Sobre o contraditório, o CPC disciplina o seguinte: "Art. 9.º Não se proferirá decisão contra uma das partes sem que ela seja previamente ouvida. (...) Art. 10. O juiz não pode decidir, em grau algum de jurisdição, com base em fundamento a respeito do qual não se tenha dado às partes oportunidade de se manifestar, ainda que se trate de matéria sobre a qual deva decidir de ofício".

3.2.2   Princípio da isonomia das partes

É preciso considerar, na relação processual, a igualdade das partes, afinal, *todos são iguais perante a lei* (art. 5.º, *caput*, CF). No entanto, mais apropriada é a referência ao princípio da isonomia (tratar desigualmente os desiguais), que é uma fórmula mais justa para se atingir a igualdade de todos perante a lei.

Sabe-se ser humanamente impossível igualar todas as pessoas, com os mesmos direitos, diante de idêntica legislação, pois há diversos outros fatores complicadores, como as diversidades econômicas, sociais, culturais etc. Então, cresce, em importância, o outro lado da moeda da igualdade de todos perante a lei. Essa igualdade, na essência, representa uma isonomia calcada nas condições pessoais de cada grupo de seres humanos. Se alguém precisa de um suporte financeiro do Estado para se defender num processo-crime, é válido que assim se faça, pois o rico contrata advogado, o pobre não teria condições.

Scarance Fernandes desenvolve a íntima ligação entre o princípio da proporcionalidade e o princípio da isonomia, pois, "embora tenham objetos e fins próprios, tangenciam-se principalmente no fato de que, para haver igualdade, devem ser superadas as desigualdades dos indivíduos e especificados os critérios para determinar em que medida as distinções entre eles podem ser admitidas. Para tal propósito, são úteis os estudos desenvolvidos em torno do princípio da proporcionalidade".[28]

3.3   Concernentes à atuação do Estado

3.3.1   Princípio do juiz natural e imparcial e princípio consequencial da iniciativa das partes e da motivação das decisões

Estabelece o direito do réu de ser julgado por um juiz previamente determinado por lei e pelas normas constitucionais, acarretando, por consequência, um julgamento imparcial.[29]

---

[27]   *Processo penal constitucional*, 5. ed., p. 63.

[28]   *Processo penal constitucional*, 5. ed., p. 55-56.

[29]   "O chamado princípio do *juiz natural* surgiu formulado com esse nome, pela primeira vez, ao que parece na Carta Constitucional francesa de 1814, *in verbis*: *nul ne pourra être distrait de ses juges naturels*. Na *Charte* de 1830, o mesmo princípio se alojou no art. 53, com idênticos dizeres, completado, no entanto, pelo que preceituava o art. 54, nos termos seguintes: 'Il ne pourra, en conséquence, être crée des commisions et des tribunaux extraordinaires à quelquer titre et sous quelquer dénomination que ce puisse être'" (trata-se da vedação expressa do tribunal de exceção, ou seja, o tribunal criado, após o

Encontra previsão no art. 5.º, LIII, da Constituição. Seu contraponto é a vedação ao juízo ou tribunal de exceção (art. 5.º, XXXVII, CF), ou seja, a nomeação de um juiz ou a constituição de um tribunal, após a prática do delito, especialmente para julgar o seu autor. Logicamente, havendo um juízo de exceção, não se pode considerá-lo *natural*, vale dizer, previamente constituído e previsto em lei para julgar toda e qualquer infração, seja quem for o seu autor. Esse juízo de exceção tem enorme possibilidade de não ser imparcial, justamente porque foi criado para analisar um caso concreto já ocorrido. Assim, pelas regras constitucionais, todos têm direito a um julgador desapaixonado e justo, previamente existente.

Quando houver alteração na organização judiciária, criando-se uma Vara especializada em determinada matéria, os feitos pertinentes a tal assunto, objeto de processos criminais distribuídos e em andamento em outras Varas, serão redistribuídos e encaminhados à novel Vara específica. Nenhum atentado existe ao princípio do juiz natural, uma vez que este princípio busca, em meta maior, o juiz imparcial. Ora, a mera criação de Vara especializada não faz nascer nenhuma espécie de parcialidade, até pelo fato de ser medida genérica e válida para todos os casos relativos à mesma matéria. Em suma, não se está idealizando e construindo um juízo de exceção, voltado especialmente a um réu.

Assegurando-se o juiz natural, em último grau, estabelece-se a regra do juiz imparcial. Entretanto, por mais cautela que se tenha na elaboração de leis, é possível que um determinado caso chegue às mãos de magistrado parcial. Essa falta de isenção pode decorrer de fatores variados: corrupção, amizade íntima ou inimizade capital com alguma das partes, ligação com o objeto do processo, conhecimento pessoal sobre o fato a ser julgado etc. Nota-se, portanto, que não basta ao processo penal o juiz natural. Demanda-se igualmente o juiz imparcial, motivo pelo qual o Código de Processo Penal coloca à disposição do interessado as exceções de suspeição e de impedimento, para buscar o afastamento do magistrado não isento. Esse princípio é constitucionalmente assegurado, embora de maneira implícita. Ingressa no sistema pela porta do art. 5.º, § 2.º, da Constituição ("Os direitos e garantias expressos nesta Constituição não excluem outros decorrentes do regime e dos princípios por ela adotados, ou dos tratados internacionais em que a República Federativa do Brasil seja parte").

Ora, não somente o princípio do juiz imparcial decorre do juiz natural – afinal, este sem aquele não tem finalidade útil –, como também é fruto do Pacto de San José da Costa Rica (Convenção Americana sobre Direitos Humanos), firmado pelo Brasil e em vigor desde 1992. Verifica-se no art. 8.º, item 1, o seguinte: "Toda pessoa terá o direito de ser ouvida, com as devidas garantias e dentro de um prazo razoável, por um juiz ou tribunal competente, independente e *imparcial*, estabelecido anteriormente por lei, na apuração de qualquer acusação penal formulada contra ela, ou na determinação de seus direitos ou obrigações de caráter civil, trabalhista, fiscal ou de qualquer outra natureza" (destaque nosso). Questão interessante sobre o juiz natural e imparcial surge com a edição da Lei 12.694/2012, que permite a instalação de colegiados de juízes, em primeira instância, deliberando acerca de importantes matérias no cenário de crimes cometidos por organizações criminosas. Em princípio, a referida lei não fere o princípio constitucional do juiz natural e imparcial, pois há expressa previsão em lei sobre seu funcionamento e quando é viável a sua convocação. Observe-se o disposto no art. 2.º do CPC: "o processo começa por iniciativa da parte e se desenvolve por impulso oficial, salvo as exceções previstas em lei".

---

crime ter sido praticado, somente para julgar *aquele* determinado réu, eliminando qualquer chance de imparcialidade) (Frederico Marques, *Elementos de direito processual penal*, p. 187).

Em processo penal, tais regras são absolutas: o juiz não atua de ofício para inaugurar a ação penal e a conduz sob impulso oficial, mesmo diante do desdém de qualquer das partes. Cabe ao titular da ação penal, que é o Ministério Público (art. 129, I, CF), como regra, essa providência. Não propondo a ação penal, no prazo legal, pode o particular ofendido tomar a iniciativa (art. 5.º, LIX, CF). E mais: deve o magistrado julgar o pedido nos estritos limites em que foi feito, não podendo ampliar a acusação, piorando a situação do réu, sem aditamento à denúncia, promovido por quem de direito.

Registre-se exceção ao princípio, mencionando que a execução penal pode ter início por atuação *de ofício* do magistrado: "O procedimento judicial iniciar-se-á de ofício, a requerimento do Ministério Público, do interessado, de quem o represente, de seu cônjuge, parente ou descendente, mediante proposta do Conselho Penitenciário, ou, ainda, da autoridade administrativa" (art. 195, Lei 7.210/84). Porém, nenhuma lesão provoca na imparcialidade do juiz, por duas razões: a) as Varas de Execução Penal, como regra, são especializadas, onde atuam magistrados diferentes daqueles que condenaram os réus; b) a execução penal é consequência do poder-dever do Estado em punir o culpado. Logo, afirmada a culpa na sentença condenatória, com trânsito em julgado, deve-se executar a pena, razão pela qual o início do processo de execução é obrigatório.

No tocante à garantia da *motivação das decisões judiciais*, SCARANCE FERNANDES ensina que "os destinatários da motivação não são mais somente as partes e os juízes de segundo grau, mas também a comunidade que, com a motivação, tem condições de verificar se o juiz, e por consequência a própria Justiça, decide com imparcialidade e com conhecimento de causa. É por meio da motivação que se avalia o exercício da atividade jurisdicional. Ainda, às partes interessa verificar na motivação se as suas razões foram objeto de exame pelo juiz. A este também importa a motivação, pois, mediante ela, evidencia a sua atuação imparcial e justa".[30]

3.3.1.1 O julgamento colegiado em primeiro grau de jurisdição de crimes praticados por organizações criminosas e o juiz natural e imparcial

A Lei 12.694/2012 instituiu a possibilidade de se formar um colegiado em primeira instância para decidir questões controversas no tocante a delitos cometidos por organizações criminosas. Os focos das decisões são os seguintes: a) decretação de prisão ou de medidas assecuratórias; b) concessão de liberdade provisória ou revogação de prisão; c) sentença; d) progressão ou regressão de regime de cumprimento de pena; e) concessão de liberdade condicional; f) transferência de preso para estabelecimento prisional de segurança máxima; g) inclusão do preso no regime disciplinar diferenciado.

O juiz responsável pela investigação ou processo pode instaurar o colegiado, quando reputar conveniente para a sua segurança, declinando os motivos e as circunstâncias de risco, em decisão fundamentada, dando conhecimento ao órgão correcional.

O colegiado será formado pelo juiz do feito e por dois outros magistrados escolhidos por sorteio eletrônico dentre os que tiverem competência criminal em primeira instância. A competência desse colegiado limitar-se-á ao ato para o qual foi convocado. As suas reuniões podem ser sigilosas, mas as decisões, devidamente fundamentadas, serão publicadas, sem referência aos votos de seus integrantes (toma-se a decisão por maioria).

Para os efeitos dessa lei, considera-se organização criminosa a associação de três ou mais pessoas, estruturalmente ordenada e caracterizada pela divisão de tarefas, mesmo in-

---

[30] *Processo penal constitucional*, 5. ed., p. 139.

formalmente, com a meta de obter, direta ou indiretamente, vantagem de qualquer natureza, mediante o cometimento de crimes cuja pena máxima seja igual ou superior a quatro anos ou tenham caráter transnacional. Porém, com o advento da Lei 12.850/2013, alterou-se o conceito de organização criminosa, repercutindo na Lei 12.694/2012. Afinal, não pode haver dois conceitos diversos sobre o mesmo tema: organização criminosa. Diante disso, prevalece o disposto pela lei mais recente, que fixa o número mínimo de quatro pessoas para a formação de organização criminosa. Essa é a única alteração.

Esse colegiado fere o princípio do juiz natural? E do juiz imparcial?

Levando-se em consideração que um dos pilares do princípio do juiz natural é a sua prévia designação abstrata em lei, para que não surpreenda o investigado ou réu, nem se constitua em juízo de exceção, pode-se considerar válido o colegiado. Afinal, há expressa disposição em lei acerca de sua formação, bem como as regras específicas para que tal medida seja tomada.

Algumas cautelas, no entanto, precisam ser seguidas, dentre elas a fiel observância do princípio da identidade física do juiz (art. 399, § 2.º, do CPP). Desse modo, segundo cremos, o colegiado não pode ser formado às vésperas da sentença, mas deve acompanhar a colheita da prova, quando se tratar de delito imputado a organização criminosa.

Por outro lado, a instauração do colegiado não pode ser sigilosa, algo que a lei não deixa claro. Para que o investigado ou réu possa apresentar exceção de suspeição contra algum dos componentes desse grupo de magistrados, torna-se essencial o conhecimento de quem são eles. Portanto, *antes* de proferir qualquer decisão, os nomes dos juízes devem ser conhecidos, possibilitando-se o ingresso de eventual exceção de suspeição (ou impedimento).

Em linhas gerais, o colegiado respeita o princípio do juiz natural. Deve submeter-se, ainda, ao princípio do juiz imparcial, seguindo-se a regra da transparência e da publicidade no tocante aos nomes dos integrantes do colegiado, antes e depois das decisões.

A Lei 13.964/2019 introduziu o art. 1º-A na Lei 12.694/2012, nos seguintes termos: "Os Tribunais de Justiça e os Tribunais Regionais Federais poderão instalar, nas comarcas sedes de Circunscrição ou Seção Judiciária, mediante resolução, Varas Criminais Colegiadas com competência para o processo e julgamento: I – de crimes de pertinência a organizações criminosas armadas ou que tenham armas à disposição; II – do crime do art. 288-A do Decreto-Lei nº 2.848, de 7 de dezembro de 1940 (Código Penal); e III – das infrações penais conexas aos crimes a que se referem os incisos I e II do *caput* deste artigo. (...)".

3.3.2 Princípio da publicidade

Encontra previsão constitucional nos arts. 5.º, XXXIII, LX, e 93, IX, da Constituição Federal. Quer dizer que os atos processuais devem ser realizados publicamente, à vista de quem queira acompanhá-los, sem segredos e sem sigilo. É justamente o que permite o controle social dos atos e decisões do Poder Judiciário. "Trata-se de garantia relevante e que assegura a transparência da atividade jurisdicional, permitindo ser fiscalizada pelas partes e pela própria comunidade. Com ela são evitados excessos ou arbitrariedades no desenrolar da causa, surgindo, por isso, a garantia como reação aos processos secretos, proporcionando aos cidadãos a oportunidade de fiscalizar a distribuição da justiça".[31]

Ocorre que, em algumas situações excepcionais, a própria Constituição ressalva a possibilidade de se restringir a publicidade. Quando houver interesse público ou a intimidade

---

[31] ANTONIO SCARANCE FERNANDES, *Processo penal constitucional*, 5. ed., p. 74.

o exigir, o juiz pode limitar o acesso à prática dos atos processuais, ou mesmo aos autos do processo, apenas às partes envolvidas. Conforme o caso, até mesmo o réu pode ser afastado da sala, permanecendo o seu advogado. Note-se, no entanto, que jamais haverá sigilo total, fazendo com que o magistrado conduza o processo sem o acesso dos órgãos de acusação e defesa, bem como jamais realizará um ato processual válido sem a presença do promotor e do defensor.

A partir da Emenda 45/2004 (Reforma do Judiciário), modificou-se a redação do art. 93, IX, mencionando-se ser a publicidade a regra e o sigilo a exceção, neste caso quando houver interesse relacionado à intimidade de alguém, sem que haja prejuízo ao *interesse público à informação*. Aparentando contradição, a referida norma assegura a publicidade, garante o sigilo para preservar a intimidade, mas faz a ressalva de que, acima de tudo, estaria o direito à informação. Por outro lado, o art. 5.º, LX, enaltece a publicidade, mas fixa como exceções a preservação da intimidade e a exigência do interesse social. Para argumentar, afastando-se o aspecto da preservação da intimidade, pode o juiz decretar sigilo por conta exclusiva do interesse social? Afinal, isso poderia ocorrer na apuração de crime de enorme repercussão ou envolvendo o crime organizado. Cremos que sim. O conflito entre o disposto no art. 5.º, LX, e o art. 93, IX, é apenas aparente. Em primeiro lugar, continua em vigor a garantia fundamental da publicidade, com as exceções do art. 5.º, LX, que são a preservação da intimidade e o interesse da sociedade. Em segundo lugar, o art. 93, IX, passa a referir-se expressamente à preservação da intimidade (que antes não havia), ressalvado o interesse público à informação, entendendo-se apenas que não deve o juiz exagerar na dose de interpretação do que vem a ser *intimidade* para não prejudicar o direito da sociedade de acompanhar o que se passa no processo.

3.3.3 Princípio da vedação das provas ilícitas

Dispõe o art. 5.º, LVI, da Constituição Federal que "são inadmissíveis, no processo, as provas obtidas por meios ilícitos". No Código de Processo Penal, encontra-se o art. 155, parágrafo único, preceituando que "somente quanto ao estado das pessoas serão observadas as restrições à prova estabelecidas na lei civil". Por outro lado, no Código de Processo Civil, no art. 369, encontramos que "*as partes têm o direito de empregar* todos os meios *legais*, bem como os *moralmente legítimos*, ainda que não especificados neste Código, para provar a verdade dos fatos em que se funda *o pedido* ou a defesa *e influir eficazmente na convicção do juiz*".

Aparentemente, o disposto na lei processual civil é mais rigoroso do que o estabelecido pela processual penal, embora todas as normas devam ser interpretadas em consonância com o texto constitucional, além do que é admissível a interpretação analógica e a aplicação dos princípios gerais de direito em processo penal (art. 3.º, CPP).

Em síntese, portanto, pode-se concluir que o processo penal deve formar-se em torno da produção de provas legais e legítimas, inadmitindo-se qualquer prova obtida por meio ilícito. Cumpre destacar quais são as provas permitidas e as vedadas pelo ordenamento jurídico.

O conceito de ilícito advém do latim (*illicitus = il + licitus),* possuindo dois sentidos: a) sob o significado restrito, quer dizer o proibido por lei; b) sob o prisma amplo, tem, também, o sentido de ser contrário à moral, aos bons costumes e aos princípios gerais de direito. Constitucionalmente, preferimos o entendimento amplo do termo *ilícito*.

Nesse contexto, abrem-se duas óticas, envolvendo o que é materialmente ilícito (a forma de obtenção da prova é proibida por lei) e o que é formalmente ilícito (a forma de introdução da prova no processo é vedada por lei). Este último enfoque (formalmente ilícito), como defendemos, é o ilegítimo.[32]

Em outro sentido, baseado nas lições de Nuvolone, citado por ADA PELLEGRINI GRINOVER, ANTONIO MAGALHÃES GOMES FILHO e ANTONIO SCARANCE FERNANDES[33] está o magistério de ALEXANDRE DE MORAES, para quem "as provas ilícitas não se confundem com as provas ilegais e as ilegítimas. Enquanto, conforme já analisado, as *provas ilícitas* são aquelas obtidas com infringência ao direito material, as *provas ilegítimas* são as obtidas com desrespeito ao direito processual. Por sua vez, as *provas ilegais* seriam o gênero do qual as espécies são as provas ilícitas e as ilegítimas, pois configuram-se pela obtenção com violação de natureza material ou processual ao ordenamento jurídico".[34]

Permitimo-nos discordar, invertendo o conceito apresentado, porque, segundo cremos, equivocado. O *gênero* é a ilicitude – assim em direito penal, quanto nas demais disciplinas, inclusive porque foi o termo utilizado na Constituição Federal – significando o que é *contrário ao ordenamento jurídico*, contrário ao Direito de um modo geral, que envolve tanto o ilegal, quanto o ilegítimo, isto é, tanto a infringência às normas legalmente produzidas, de direito material e processual, quanto aos princípios gerais de direito, aos bons costumes e à moral.

Observamos a tendência de considerar gênero o termo *ilicitude* no próprio acórdão citado por MORAES linhas após, relatado pelo Ministro Celso de Mello: "A prova ilícita é prova inidônea. Mais do que isso, prova ilícita é prova imprestável. Não se reveste, por essa explícita razão, de qualquer aptidão jurídico-material. Prova ilícita, sendo providência instrutória eivada de inconstitucionalidade, apresenta-se destituída de qualquer grau, *por mínimo que seja*, de eficácia jurídica". Ao final, menciona o ilustre Ministro que o banimento processual de prova ilicitamente colhida se destina a proteger os réus contra a *ilegítima produção* ou a *ilegal colheita* de prova incriminadora[35] dando a entender que o ilícito abarca o ilegal e o ilegítimo.

Em conclusão, o ilícito envolve o ilegalmente colhido (captação da prova ofendendo o direito material, *v.g.*, a escuta telefônica não autorizada) e o ilegitimamente produzido (fornecimento indevido de prova no processo, *v.g.*, a prova da morte da vítima através de simples confissão do réu). Se houver a inversão dos conceitos, aceitando-se que ilicitude é espécie de ilegalidade, então a Constituição estaria vedando somente a prova produzida com infringência à norma de natureza material e liberando, por força da natural exclusão, as provas ilegítimas, proibidas por normas processuais, o que se nos afigura incompatível com o espírito desenvolvido em todo o capítulo dos direitos e garantias individuais.

A reforma introduzida pela Lei 11.690/2008 optou pela ampliação do conceito de ilícito: "são inadmissíveis, devendo ser desentranhadas do processo, as provas ilícitas, assim entendidas as obtidas em violação a normas constitucionais ou legais" (art. 157, *caput*, CPP). Vê-se, pois, que ilícito é gênero. Violações de normas constitucionais ou de legislação ordinária fazem nascer suas espécies. Em suma, são ilícitas as provas obtidas em afronta a normas penais ou processuais penais.

Consagrou-se, ainda, no Brasil, a teoria da *prova ilícita por derivação* ("frutos da árvore envenenada" ou "efeito à distância", que advém do preceito bíblico de que a "árvore envenenada

---

[32]   LUIZ ALBERTO DAVID ARAÚJO e VIDAL NUNES SERRANO JÚNIOR, *Curso de direito constitucional*, p. 123.
[33]   *As nulidades no processo penal*, p. 113; *Processo penal constitucional*, p. 78, somente do último autor.
[34]   *Direito constitucional*, p. 117.
[35]   Ob. cit., p. 118.

não pode dar bons frutos"). Assim, quando uma prova for produzida por mecanismos ilícitos, tal como a escuta ilegalmente realizada, não se pode aceitar as provas que daí advenham. Exemplo: graças à escuta ilegal efetivada, a polícia consegue obter dados para a localização da coisa furtada. A partir disso, obtém um mandado judicial, invade o lugar e apreende o material. Note-se que a apreensão está eivada do *veneno* gerado pela prova primária, isto é, a escuta indevidamente operada. Se for aceita como lícita a segunda prova, somente porque houve a expedição de mandado de busca por juiz de direito, em última análise, estar-se-ia compactuando com o ilícito, pois se termina por validar a conduta ilegal da autoridade policial.

De nada adianta, pois, a Constituição proibir a prova obtida por meios ilícitos, uma vez que a prova secundária serviu para condenar o réu, ignorando-se que ela teve origem em prova imprestável. Comentando a teoria da prova ilícita por derivação, majoritariamente aceita nos Estados Unidos, MANUEL DA COSTA ANDRADE explica que a maneira encontrada pela justiça americana para dar fim aos abusos cometidos por policiais foi tornando ineficaz e inútil a prova produzida por mecanismos ilícitos, sejam elas primárias ou secundárias.[36]

Quanto à possibilidade de se acolher a prova ilicitamente produzida, parcela da doutrina costuma trabalhar com a *teoria da proporcionalidade* ("teoria da razoabilidade" ou "teoria do interesse predominante"), cuja finalidade é equilibrar os direitos individuais e os interesses da sociedade, não se admitindo, pois, a rejeição contumaz das provas obtidas por meios ilícitos.

Sustentam os defensores dessa posição ser preciso ponderar os interesses em jogo, quando se viola uma garantia qualquer. Assim, para a descoberta de um sequestro, libertando-se a vítima do cativeiro, prendendo-se e processando-se criminosos perigosos, por exemplo, seria admissível a violação do sigilo das comunicações, como a escuta clandestina. Entretanto, para apurar um furto simples, não se admitiria a mesma violação da intimidade, porque esta é mais relevante que o patrimônio. Essa teoria vem ganhando muitos adeptos atualmente, sendo originária da Alemanha.

Sob nosso ponto de vista, não seria momento para o sistema processual penal brasileiro, imaturo ainda em assegurar, efetivamente, os direitos e garantias individuais, adotar a teoria da proporcionalidade. Necessita-se manter o critério da proibição plena da prova ilícita, *salvo* nos casos em que o preceito constitucional se choca com outro de igual relevância. Sabemos que "nenhum direito reconhecido na Constituição pode revestir-se de um caráter absoluto"[37] razão pela qual se o texto constitucional rejeita o erro judiciário, é natural não ser possível sustentar a proibição da prova ilícita quando essa vedação for contra os interesses do réu inocente.

Dessa forma, se uma prova for obtida por mecanismo ilícito, destinando-se a absolver o acusado, é de ser admitida, tendo em vista que o erro judiciário precisa ser a todo custo evitado, conforme preceitua a Constituição Federal (art. 5.º, LXXV). ADA PELLEGRINI GRINOVER, ANTONIO MAGALHÃES GOMES FILHO e ANTONIO SCARANCE FERNANDES sustentam que, quando o próprio réu colhe a prova ilícita para sua absolvição está, na realidade, agindo em legítima defesa, mas não deixam de destacar que essa aceitação é fruto da proporcionalidade.[38]

Tal posição é, de fato, justa, fazendo-nos crer que é caso até de inexigibilidade de conduta diversa por parte de quem está sendo injustamente acusado, quando não for possível reconhecer a legítima defesa. No exemplo supracitado do sequestro, é até possível argumentar-se com outra

---

[36] *Sobre as proibições de prova em processo penal*, p. 144.

[37] CELSO BASTOS, *Curso de direito constitucional*, p. 228.

[38] *As nulidades no processo penal*, p. 116.

excludente, que é o estado de necessidade, para absolver quem faz uma escuta clandestina, destinada a localizar o cativeiro da vítima, proporcionando a sua libertação, embora não se possa utilizar tal prova para incriminar os autores do crime.

Logo, são situações diversas e o próprio direito penal, em nossa visão, fornece instrumentos para resolvê-las, sendo desnecessário agir contrariamente à lei. E mais: basta que o direito processual penal crie mecanismos mais flexíveis de investigação policial, sempre sob a tutela de um magistrado, controlando a legalidade do que vem sendo produzido, para que o Estado se torne mais atuante e protetor, sem renunciar aos direitos e garantias fundamentais.

Não conseguimos admitir uma liberdade maior para a atuação policial, desgarrada das proteções constitucionais, em nome da segurança pública, pois ainda não se está diante de um Estado-investigação devidamente preparado e equilibrado. Não se pode conceder *carta branca* a quem não se educou sob a era da democrática Constituição de 1988, razão pela qual somos favoráveis à manutenção do critério da proibição da prova ilícita por derivação em sua máxima aplicação (exceto para garantir a absolvição do acusado).

Sobre a proporcionalidade, Grinover e Gomes Filho afirmam que "as críticas à adoção de tal critério são muito fortes e justificadas, pois a admissão de violação de direitos fundamentais para a obtenção de provas, visando a punição de crimes mais graves, significaria legitimar a realização da justiça penal a todo custo e preço, no sentido contrário dos motivos que inspiraram, nos sistemas jurídicos de *civil law*, o reconhecimento das regras de exclusão (...). Na verdade, aceitar essa possibilidade levaria a admitir uma banalização dos referidos direitos, cuja eficácia, na matéria examinada, ficaria limitada aos agentes de delitos menos graves, enquanto nas situações de criminalidade mais grave haveria sempre uma frustração da tutela dos direitos fundamentais envolvidos. A esse argumento deve-se acrescentar que essa disparidade de tratamento conduziria a uma sistemática violação da presunção de inocência dos acusados de infrações mais graves, pois à simples suspeita da prática criminosa já se seguiriam efeitos negativos no âmbito do processo, especialmente quanto aos direitos constitucionais protegidos pelas proibições de prova mencionadas. Ademais, a qualificação dos fatos, como mais ou menos graves, no início das investigações, acabaria fatalmente por abrir um espaço incontrolável ao arbítrio dos agentes policiais na obtenção de provas incriminadoras".[39]

Essa foi a opção legislativa adotada pela Lei 11.690/2008: "são também inadmissíveis as provas derivadas das ilícitas..." (art. 157, § 1.º, CPP). Excepciona-se a prova derivada advinda de fonte independente, como será analisado no capítulo próprio (Cap. XII).

Encerra-se, no entanto, argumentando que pouco se discute a prova ilícita no direito brasileiro, visto que são raros os casos apurados, apontando, efetivamente, o abuso policial. Preferem os operadores do direito, muitas vezes, ignorar as alegações de violações dos direitos individuais, em lugar de perder uma boa prova, que possa produzir a condenação de alguém, considerado perigoso à sociedade. Pouco se apura, por exemplo, a tortura na investigação policial, quando se sabe que ela é uma realidade inexorável e constante. Se o réu alega ter sido violentado e agredido na fase policial, termina-se produzindo uma investigação superficial, muito tempo depois, que realmente nada apura de concreto – seja porque a prova desfez-se pelo passar do tempo, seja porque o Estado não tem interesse efetivo em detectar suas falhas – razão pela qual a prova termina sendo aceita e o acusado, condenado, na prática, com base em prova obtida por meio ilícito.

---

[39] "Novas tendências em tema de provas ilícitas", in: *Direito processual constitucional*, p. 16-17.

3.3.3.1 A ilegitimidade da utilização da psicografia como prova no processo penal

A República Federativa do Brasil é um Estado Democrático de Direito, porém laico (art. 1.º, *caput*, CF). Dentre os direitos humanos fundamentais, prevê-se a inviolabilidade da liberdade de consciência e de crença, assegurando-se o livre exercício dos cultos religiosos e garantida, ainda, conforme disposição legal, a proteção aos locais de culto e suas liturgias (art. 5.º, VI). Em primeiro plano, pois, pode-se afirmar que religião não se confunde com os negócios de Estado, nem com a Administração Pública e seus interesses. Cada brasileiro pode ter qualquer crença e seguir os ditames de inúmeras formas de manifestação de cultos e liturgias. Pode, ainda, não ter crença alguma.

Todos são iguais perante a lei e o Direito assim deve tratá-los. No contexto das provas, dividimos as que são lícitas, com plena possibilidade de utilização no processo, das ilícitas, inadmissíveis como meio de prova. Temos sustentado que o conceito de ilícito, proveniente do latim (*illicitus = il + licitus*) tem dois sentidos: a) em sentido estrito, significa o que é proibido por lei; b) em sentido amplo, quer dizer o que é vedado moralmente, pelos bons costumes e pelos princípios gerais de direito. Consideramos que a prova *ilícita* é, pois, o gênero das seguintes espécies: a) *ilegal*, a que é produzida com infração às normas penais, constituindo, por vezes, autênticos crimes (ex.: tortura-se alguém para obter a confissão); b) *ilegítima*, a que ofende preceitos gerais de processo (ex.: busca-se produzir a materialidade de um crime exclusivamente calcado na confissão do indiciado).

A Constituição Federal veda a admissão, no processo, das provas obtidas por meios ilícitos (art. 5.º, LVI). Entendemos, em consequência, não ser possível o ingresso no processo das provas ilegalmente produzidas, nem tampouco das ilegitimamente colhidas. A partir de tais pressupostos, levando-se em conta que as provas produzidas, no processo em geral, devem basear-se na moral, nos bons costumes e nos princípios gerais de direito, o mais precisa ser considerado ilegítimo. Logo, inadmissível no processo, por vedação constitucional. A psicografia é um fenômeno particular da religião espírita kardecista, significando a transmissão de mensagens escritas, ditadas por espíritos, aos seres humanos, denominados médiuns. Cuida-se, por evidente, de um desdobramento natural da fé e da crença daqueles que exercem as funções de médiuns, como também dos que acolhem tais mensagens como verdadeiras e se sentem em plena comunicação com o mundo dos desencarnados.

Não temos dúvida em afirmar tratar-se de direito humano fundamental o respeito a essa crença e a tal atividade, consequência de uma das formas em que o espiritismo é exercitado. Aliás, como outras religiões também possuem variados modos de se expressar, postulados e dogmas transmitidos a seus seguidores e todos os fiéis, igualmente, merecem o respeito e a tutela do Estado. Entretanto, ingressamos no campo do Direito, que possui regras próprias e técnicas, buscando viabilizar o correto funcionamento do Estado Democrático de Direito *laico*. O juiz católico pode julgar o réu espírita, defendido pelo adepto do judaísmo, acusado pelo promotor budista, com testemunhas evangélicas e escrivão protestante. Em outras palavras, o que cada operador do Direito professa no seu íntimo, assim como as pessoas chamadas a colaborar com o processo penal, é irrelevante. Veda-se, contudo, que se valham de suas convicções íntimas para produzir prova.

Registremos, desde logo, o disposto no art. 213 do Código de Processo Penal: "O juiz não permitirá que a testemunha manifeste suas apreciações pessoais, salvo quando inseparáveis da narrativa do fato". Imaginando-se a psicografia como meio de prova, devemos indagar: que tipo de prova? Seria uma prova documental, fundando-se no escrito extraído das mãos do médium? Ou poderia ser uma prova testemunhal, levando-se em conta a pessoa do médium, que a produziu? Não é demais repetir que o *devido processo legal* (art. 5.º, LIV, CF) se forma validamente com o absoluto respeito ao contraditório e à ampla defesa (art. 5.º, LV, CF). Se a psicografia for considerada um documento (art. 232, *caput*, CPP), deve submeter-se à verificação de sua autenticidade (art. 235, CPP), havendo, inclusive, incidente processual próprio a tanto (art. 145 e ss., CPP). Imaginemos que o defensor junta aos autos uma carta psicografada pelo médium X, com mensagem da vítima de homicídio Y, narrando a inocência do réu Z. Como se pode submeter tal documento à prova da autenticidade? O que fará o promotor de justiça para exercer, validamente, o contraditório? Seria viável o perito judicial examiná-lo? Com quais critérios? Invadiremos o âmago das convicções religiosas das partes do processo penal para analisar a força probatória de um documento, o que é, no mínimo, contrário aos princípios gerais de direito. Contradição evidente apresenta esta situação ao Estado Democrático de Direito, que respeita todas as crenças e cultos, mas não impõe nenhuma delas, nem demanda nenhum tipo de liturgia.

Portanto, os operadores do Direito devem dar o exemplo, abstendo-se de misturar crença com profissão; culto com direito; liturgia com processo. Poder-se-ia até mesmo dizer que a psicografia seria um documento anônimo e, como tal, seria juntado aos autos, servindo apenas para auxiliar o magistrado na formação do seu convencimento. Porém, assim não é. Cuida-se de autêntica carta emitida pela vítima e endereçada ao réu ou ao juiz, por meio do médium, para relatar um fato processualmente relevante. Sabe-se, inclusive dentro dos parâmetros da religião espírita, que existem falsos médiuns, como também é de conhecimento público e notório que há, para quem acredite, médiuns conscientes (enquanto a mensagem é transmitida, podem acompanhar o seu teor) e os inconscientes (não têm conhecimento do que está sendo passado). Ora, o consciente pode influenciar na redação da mensagem e alterá-la, para absolver o réu – ou prejudicá-lo. Seria o médium, então, uma testemunha? Sabe de fatos e deve depor sobre eles em juízo, sob o compromisso de dizer a verdade, respondendo por falso testemunho, conforme o caso. Outra situação ilógica para os padrões processuais, pois o médium nada viu diretamente e não pode ser questionado sobre pretensa mensagem (equivalente a *ouvir dizer*), proveniente de um morto. Há vida após a morte? Com qual grau de comunicação com os vivos? Depende-se de fé para essa resposta e o Estado deve abster-se de invadir a seara da individualidade humana a respeito de acreditar ou não na espiritualidade e em todos os dogmas postos pelas variadas religiões.

O perigo na utilização da psicografia no processo penal é imenso. Fere-se preceito constitucional de proteção à crença de cada brasileiro; lesa-se o princípio do contraditório; coloca-se em risco a credibilidade das provas produzidas; invade-se a seara da ilicitude das provas; pode-se, inclusive, romper o princípio da ampla defesa. Ilustremos situação contrária: o promotor de justiça junta aos autos uma psicografia da vítima morta, transmitida por um determinado médium, pedindo justiça e a condenação do réu Z, pois foi ele mesmo o autor do homicídio. Até então nenhuma prova da autoria existia. Aceita-se a prova? E a ampla defesa? Como será exercida? Conseguiria o defensor uma outra psicografia desautorizando a primeira? Enfim, religiões existem para dar conforto espiritual aos seres humanos, mas jamais para transpor os julgamentos dos tribunais de justiça para os centros espíritas. Entretanto, convém ressaltar que uma carta psicografada já ajudou a inocentar uma ré por homicídio no Rio Grande do Sul. Segundo LÉO GERCHMANN (Agência Folha, Porto Alegre, 30.05.2006), "duas cartas psicografadas foram usadas como argumento de defesa no julgamento em que I. M. B. foi inocentada, por 5 votos a 2, da acusação de mandante do homicídio. Os textos são atribuídos à vítima do crime, ocorrido em Viamão (região metropolitana de Porto Alegre)".

3.3.4 Princípio da economia processual e princípios correlatos e consequenciais da duração razoável do processo e da duração razoável da prisão cautelar

O primeiro significa que o Estado deve procurar desenvolver todos os atos processuais no menor tempo possível, dando resposta imediata à ação criminosa e poupando tempo e recursos das partes. A edição da EC 45/2004 (Reforma do Judiciário) tornou o princípio explícito, dentre as garantias individuais, passando a figurar no art. 5.º, LXXVIII: "A todos, no âmbito judicial e administrativo, são assegurados a razoável duração do processo e os meios que garantam a celeridade de sua tramitação". Nessa esteira, inseriram-se, no art. 93 da Constituição Federal, os seguintes incisos: "XII – a atividade jurisdicional será ininterrupta, sendo vedado férias coletivas nos juízos e tribunais de segundo grau, funcionando, nos dias em que não houver expediente forense normal, juízes em plantão permanente"; "XIII – o número de juízes na unidade jurisdicional será proporcional à efetiva demanda judicial e à respectiva população"; "XIV – os servidores receberão delegação para a prática de atos de administração e atos de mero expediente sem caráter decisório"; "XV – a distribuição de processos será imediata, em todos os graus de jurisdição". É nítida a preocupação do legislador com a celeridade da Justiça, tudo para fazer valer o direito individual, supramencionado, assegurando a "razoável duração do processo" e com "os meios que garantam a celeridade de sua tramitação".

Aliás, até mesmo na avaliação da duração da prisão cautelar os tribunais têm alterado o seu entendimento e exigido dos magistrados de primeiro grau maior preocupação com o trâmite rápido dos feitos, pois, se assim não ocorrer, torna-se preferível determinar a libertação do acusado. Já dizia Borges da Rosa, há muito: "O primeiro requisito é a *celeridade* ou *brevidade*, que consiste em obter que a aplicação da sanção legal seja a mais próxima possível da violação da lei. Tal requisito é necessário para evitar as demandas de longa duração por contrárias à concórdia e ao sossego sociais, de vez que toda demanda é uma fonte de incômodos, incertezas, preocupações, enervamentos, surpresas, animosidades, inimizades, desperdício de tempo e de esforços etc.".[40]

Por outro lado, o princípio da economia processual é previsto, *expressamente*, na Lei 9.099/1995 (art. 62), lembrando-se, no entanto, que ele sempre foi, igualmente, uma meta utilizada no processo penal comum. Não pode implicar, no entanto, em nenhuma hipótese, a restrição ao direito da parte de produzir prova e buscar a verdade real. Exemplos de utilização da economia processual: a) possibilita-se o uso da precatória itinerante (art. 355, § 1.º, CPP), isto é, quando o juízo deprecado constata que o réu se encontra em outra Comarca, em vez de devolver a precatória ao juízo deprecante, envia ao juízo competente para cumpri-la, diretamente; b) quando houver nulidade, por incompetência do juízo, somente os atos decisórios serão refeitos, mantendo-se os instrutórios (art. 567, CPP); c) o cabimento da suspensão do processo, quando houver questão prejudicial, somente deve ser deferido em caso de difícil solução, a fim de não procrastinar inutilmente o término da instrução (art. 93, CPP).

Em decorrência de avançadas posições doutrinárias e jurisprudenciais, emerge outro princípio constitucional, embora implícito, dentre as garantias fundamentais: o *princípio da duração razoável da prisão cautelar*. Observa-se, como fruto natural dos princípios

---

[40] *Nulidades do processo*, p. 37.

constitucionais explícitos da presunção de inocência, da economia processual e da estrita legalidade da prisão cautelar, ser época de se consagrar, com *status* constitucional, a meta de que ninguém poderá ficar preso, provisoriamente, por prazo mais extenso do que for absolutamente imprescindível para o escorreito desfecho do processo. Essa tem sido a tendência dos tribunais pátrios, em especial do Supremo Tribunal Federal. De fato, não se torna crível que, buscando-se respeitar o estado de inocência, conjugado com o direito ao processo célere, associando-se a todas as especificações para se realizar, legitimamente, uma prisão cautelar, possa o indiciado ou réu permanecer semanas, meses, quiçá anos, em regime de restrição de liberdade, *sem culpa formada*.

O Código de Processo Penal, de 1941, já não apresenta solução concreta para o binômio, hoje realidade intrínseca do sistema judiciário brasileiro, *prisão cautelar necessária x lentidão do trâmite processual*. Não é possível, igualmente, quedar inerte a doutrina; muito menos, nada fazer a jurisprudência. Por isso, extraindo-se uma interpretação lógico-sistemática de preceitos existentes na Constituição Federal, é medida transitável afirmar a indispensabilidade da *duração razoável* não somente do processo-crime, mas, sobretudo, da prisão cautelar. É realidade que não se poder fixar em dias o número exato de duração de uma prisão preventiva, por exemplo. Porém, ingressam, nesse cenário, os critérios da razoabilidade e da proporcionalidade, devendo o magistrado avaliar, no caso concreto, o que ultrapassa a medida do bom senso. Somente para ilustrar, quem estiver sujeito a uma pena variável de 4 a 10 anos (roubo, art. 157, CP), não possuindo outras condenações, não poderia ficar detido, sem culpa formada, por mais de um ano. Fere a proporcionalidade, uma vez que, ainda argumentando, se condenado, em primeiro grau, a seis anos de reclusão, em regime inicial fechado, já poderia conseguir, pela via da execução provisória da pena, a progressão para o regime semiaberto.

Em suma, não somente o processo deve ter uma duração razoável, como também a prisão preventiva deve perdurar pelo menor tempo possível.

3.3.5 Princípios regentes do Tribunal do Júri

3.3.5.1 Sigilo das votações

Encontra-se previsto no art. 5.º, XXXVIII, *b*, da Constituição Federal, significando que os jurados devem proferir o veredicto em votação situada em sala especial, assegurando-lhes tranquilidade e possibilidade para reflexão, com eventual consulta ao processo e perguntas ao magistrado, contando apenas com a presença das partes (embora, no caso do réu, representado por seu defensor) e de funcionários da Justiça, sob a presidência do Juiz de Direito (ver a nota 4 ao Capítulo II, Título I, Livro II – "Do procedimento relativo aos processos da competência do Tribunal do Júri").

O sigilo opõe-se, naturalmente, à publicidade. Entretanto, sabe-se ser esta a regra no trâmite processual, mas não se desconhece ser aquela a exceção. Ambas de nível constitucional e igualmente previstas expressamente em lei, além de consideravelmente úteis.

A publicidade dos atos processuais e das sessões de julgamento deve-se, primordialmente, à garantia de visibilidade da imparcialidade do magistrado, assegurando-se o controle e a fiscalização do sistema judiciário por qualquer do povo. Porém, há casos em que o sigilo merece prevalência, como ocorre para a preservação da intimidade de alguém ou para abonar o interesse social ou público (arts. 5.º, LX, e 93, IX, CF).

No caso do Tribunal do Júri, busca-se resguardar a serenidade dos jurados, leigos que são, no momento de proferir o veredicto, em sala especial, longe das vistas do público. Não se trata de ato secreto, mas apenas de publicidade restrita, envolvendo o juiz togado, o órgão acusatório, o defensor, os funcionários da justiça e, por óbvio, os sete jurados componentes do Conselho de Sentença.

O resguardo da votação permite maior desenvoltura do jurado para solicitar esclarecimentos ao magistrado togado, consultar os autos e acompanhar o desenvolvimento das decisões, na solução de cada quesito, com tranquilidade, sem a pressão do público presente, nem tampouco do réu. Segundo Daniza Maria Haye Biazevie, "o vetusto sistema da íntima convicção do júri apresenta-se como verdadeira afronta ao princípio constitucional da motivação das decisões judiciais. No sistema da íntima convicção, o julgador não precisa fundamentar sua decisão e muito menos obedecer a critérios de avaliação das provas, e a intuição da verdade adquire grande prestígio, fazendo desmoronar a segurança jurídica que se espera das decisões judiciais".[41] Em que pese a preocupação esboçada, no sentido da exigência de motivação da decisão judicial, não há cabimento em se demandar tal postura do tribunal *popular*, leigo em matéria jurídica. Quem não conhece, não fundamenta, apenas decide.

Além desse apartado momento de decisão, a Lei 11.689/2008[42] trouxe importante modificação no desenrolar da votação, tornando desnecessária a divulgação da contagem, o que mais garantia confere ao *sigilo* das votações. As perguntas formuladas pelo magistrado devem ser respondidas pelos jurados com cédulas contendo o "sim" e o "não". São sete jurados e a maioria (4 votos) é suficiente para decidir a questão. Portanto, basta que se atinja o quarto voto pelo sim ou pelo não e deve-se encerrar a votação, sem qualquer necessidade de perdurar na apuração, para, ao final, divulgar o total: 7 x 0; 6 x 1; 5 x 2 ou 4 x 3. Afinal, a narrativa em voz alta do resultado pode deflagrar o voto de cada jurado, mormente ao se atingir a unanimidade; sabe-se, por natural, que todos votaram pelo sim ou pelo não. No entanto, divulgando-se que foi atingido o quarto voto, sem se saber o conteúdo dos outros três, decide-se a questão, sem necessidade de conhecimento do *conteúdo* da votação.

Ademais, inexiste qualquer razão de ordem prática para a divulgação do resultado total, fixando-o no termo. Se o Conselho de Sentença decidiu por 7 a 0 ou por 4 a 3 é, completamente, indiferente. O colegiado decide por maioria, não havendo qualquer recurso para contrapor o resultado com base em escore. A tentativa de *adivinhação* de quem votou *sim* e quem votou *não*, além de se procurar *interpretar* o desejo de cada jurado, é pura fantasia e desrespeito à soberania do Conselho de Sentença. Jurados podem mudar de ideia durante a votação, não constituindo motivo para supor ter havido erro, somente porque a contagem passou de majoritária para unânime (ou vice-versa).

3.3.5.2 Soberania dos veredictos

Conforme disposto no art. 5.º, XXXVIII, *c*, da Constituição Federal, proferida a decisão final pelo Tribunal do Júri, não há possibilidade de ser alterada pelo tribunal togado, quanto ao

---

[41] A inconstitucionalidade do Tribunal do Júri, p. 165.

[42] "A resposta negativa, de *mais de 3 (três) jurados*, a qualquer dos quesitos referidos nos incisos I e II do *caput* deste artigo encerra a votação e implica a absolvição do acusado" (art. 483, § 1.º, CPP, grifamos). "Respondidos afirmativamente por *mais de 3 (três) jurados* os quesitos relativos aos incisos I e II do *caput* deste artigo será formulado quesito com a seguinte redação (...)" (art. 483, § 2.º, CPP, grifamos).

mérito. No máximo, compatibilizando-se os princípios regentes do processo penal, admite-se o duplo grau de jurisdição. Ainda assim, havendo apelação, se provida, o tribunal determina novo julgamento, porém, quem o fará, quanto ao mérito da imputação, será, novamente, o Tribunal Popular.

A *soberania* dos veredictos é a alma do Tribunal Popular, assegurando-lhe efetivo poder jurisdicional e não somente a prolação de um parecer, passível de rejeição por qualquer magistrado togado. Ser soberano significa atingir a supremacia, o mais alto grau de uma escala, o poder absoluto, acima do qual inexiste outro. Traduzindo-se esse valor para o contexto do veredicto popular, quer-se assegurar seja esta a última voz a decidir o caso, quando apresentado a julgamento no Tribunal do Júri.

Nada impede a harmonização de princípios, como, por exemplo, a válida utilização do duplo grau de jurisdição, afinal, jurados podem equivocar-se, como qualquer outro juiz, merecendo reavaliar o caso, em determinadas situações. Por isso, corretamente, estabelece-se a possibilidade de apelação, quanto ao mérito da decisão do Conselho de Sentença, desde que *manifestamente* contrária à prova dos autos (art. 593, III, *d*, CPP). Porém, ao Tribunal togado cabe, dando provimento ao apelo, determinar novo julgamento pela mesma instituição popular, não se substituindo à vontade do povo na prolação do veredicto (art. 593, § 3.º, CPP).

Erro grave, em nosso entendimento, concentra-se na revisão criminal, ação de impugnação, voltada a decisões condenatórias com trânsito em julgado, quando se permite a invasão do mérito do veredicto, invertendo-o ou modificando-o. Em qualquer caso, mesmo havendo possibilidade de erro judiciário ou surgindo prova nova, caberia ao próprio Tribunal Popular conhecer e decidir o *mérito* da revisão criminal. Por isso, quando proposta, restaria ao Tribunal togado dar-lhe provimento, quando for o caso, para determinar novo julgamento pelo júri, em sede de revisão. Inexiste qualquer parâmetro legal ou constitucional para que o Tribunal togado invada competência alheia e decida o mérito, absolvendo quem fora, anteriormente, condenado, soberanamente, pelo Tribunal do Júri.

Alegações de que o erro judiciário e a liberdade do inocente constituem mais que justificativa para a absolvição decretada pelo Judiciário togado não são convincentes pela singela razão de se estar desdenhando da capacidade de revisão do Tribunal Popular. Ora, se surgir prova inédita, ainda não conhecida pelo júri, convém realizar-se outro julgamento, porém, pelo povo. Se houver alegação de erro judiciário, cabe ao povo, igualmente, analisar e decidir a sorte do condenado. Isso, e somente isso, justifica o princípio da soberania dos veredictos.

Insista-se: não se está defendendo um princípio pelo próprio princípio. A soberania não é um fim em si mesmo. Cuida-se de uma decisão política do constituinte, outorgando poder supremo ao Tribunal Popular para julgar crimes dolosos contra a vida. Logo, *qualquer* alegação de inocência ou erro judiciário *precisa*, sem dúvida, ser conhecida e revista, mas pelo tribunal competente, que, certamente, não é o togado.

Avaliar que, submetida a revisão criminal ao júri, significa proporcionar a perpetuação do *erro judiciário*, porque os jurados podem rejeitá-la, é exatamente o mesmo que dizer que o Tribunal Popular não sabe julgar com o mesmo acerto que o togado. Afinal, quem tem o poder constitucional de proclamar a culpa ou a inocência de alguém, acusado da prática de crime doloso contra a vida? O Tribunal do Júri. Portanto, o que interessa se o mérito é decidido no julgamento ordinário ou em sede de revisão criminal? Não pode haver diferença alguma, sob a veste de um ou outro manto processual diferenciado, com o fito de retirar do júri o poder final de decisão.

Sob outro prisma, quando interposta apelação, quanto ao mérito da decisão popular, deve o Tribunal togado agir com a máxima cautela, a fim de não dar provimento a todo e qualquer apelo, somente porque *entende* ser mais adequada outra avaliação. Ou porque o veredicto popular contraria a *jurisprudência* da Corte. Nada disso interessa ao jurado, que é leigo. Respeitar a soberania dos veredictos significa abdicar da parcela de poder jurisdicional, concernente ao magistrado togado, para, simplesmente, *fiscalizar* e buscar corrigir *excessos* e *abusos*, mas sem invadir o âmago da decisão, crendo-a *justa* ou *injusta*.

O parâmetro correto para a reavaliação do Tribunal togado em relação à decisão do júri é o conjunto probatório: se há duas versões válidas, dependentes apenas de interpretação, para levar à condenação ou à absolvição, escolhida uma das linhas pelo Conselho de Sentença, há de se respeitar sua soberania. Nenhuma modificação pode existir.

Entretanto, analisando-se a prova existente nos autos, somente um caminho poderia ser tomado, legitimamente, pelo júri (condenar ou absolver); optando pela decisão *oposta* ao conjunto probatório, dá-se provimento ao apelo para que se reveja o caso. Ainda assim, deve-se acatar, com serenidade, o segundo veredicto proferido, caso insista em manter o primeiro.

A decisão política de inserir o Tribunal do Júri como instituição da Justiça brasileira, conferindo-lhe *soberania* para seus veredictos, é inquestionável por qualquer Tribunal togado. Resta o acatamento à decisão popular, quanto ao mérito dos julgamentos de crimes dolosos contra a vida.

3.3.5.3　Competência para o julgamento dos crimes dolosos contra a vida

A previsão encontra-se no art. 5.º, XXXVIII, *d*, da Constituição Federal, assegurando a competência *mínima* para o Tribunal do Júri. Nada impede que o legislador ordinário promova a inserção, em normas processuais, de outros casos a serem julgados pelo Tribunal Popular. Aliás, lembremos que, atualmente, o Júri já julga outras infrações penais, desde que conexas com os delitos dolosos contra a vida.

A fixação da competência do Tribunal do Júri, efetivada em norma constitucional, tem a finalidade de preservar a instituição das investidas contrárias à sua existência, passíveis de constar em leis ordinárias. Noutros termos, caso inexistisse o disposto no art. 5.º, XXXVIII, *d*, da Constituição Federal, nada poderia garantir que o legislador, por meio de alteração do Código de Processo Penal (art. 74, § 1.º), retirasse do júri a competência para os delitos dolosos contra a vida e instituísse, em seu lugar, qualquer outro grupo de infrações de pouquíssima ocorrência, esvaziando a atuação do Tribunal Popular.

A meta da reserva de competência adquire o contorno de enaltecimento da instituição popular, conferindo-lhe importância no cenário do Judiciário, visto tratar de julgamentos de delitos, cuja tutela concentra-se na vida humana, o mais relevante dos bens jurídicos.

Não se trata de opção calcada em elementos técnicos, vale dizer, o Tribunal Popular seria o natural juízo para crimes dolosos contra a vida, por qualquer razão. Cuida-se de eleição política, cuja escolha concentrou-se em infrações penais graves e presentes no cenário nacional, permitindo a visibilidade da instituição em todas as Comarcas brasileiras.

Ademais, a competência eleita é *mínima* e não taxativa ou exclusiva. O júri será organizado nos termos da lei ordinária, *assegurada* (tornando seguro) a competência para os delitos dolosos contra a vida. Outros crimes podem ser envolvidos pelo Tribunal Popular, desde que haja alteração legislativa, incluindo novas figuras típicas na sua alçada.

Ponto relevante a demonstrar a competência *mínima*, mas não exclusiva, concentra-se na perfeita viabilidade para o júri conhecer e julgar os crimes conexos, conforme disposição legal (art. 78, I, CPP). São inúmeros os exemplos de infrações penais diversas do contexto de proteção à vida humana julgados, diariamente, pelos Tribunais do Júri no Brasil. Trata-se de perfeito cumprimento do dispositivo constitucional de reserva de competência; resguardados os crimes dolosos contra a vida, qualquer outro pode ser atraído para o Tribunal Popular, bastando existir lei autorizadora.

A avaliação da expressão *crimes dolosos contra a vida* emite um juízo técnico, apontando para o Código Penal e sua divisão classificatória, levando em consideração o bem jurídico *predominante*. Portanto, os únicos delitos, cuja meta do agente é, com nitidez, a ofensa à vida humana, concentram-se nos arts. 121, 122, 123, 124, 125, 126 e 127 do Código Penal. Outros delitos podem envolver lesão à vida, como ocorre, dentre outros, com o latrocínio (art. 157, § 3.º, II, CP), mas o objetivo primordial do autor focaliza delito patrimonial.

3.3.6   Princípio da legalidade estrita da prisão cautelar

Refletindo-se, detalhadamente, sobre o sistema processual, constitucionalmente esta-belecido, deve-se acrescentar e ressaltar que, no Brasil, a prisão de qualquer pessoa necessita cumprir requisitos formais estritos. Já ensinava GALDINO SIQUEIRA que "tratando-se assim de restrições ao princípio constitucional da inviolabilidade da liberdade pessoal, e só justi-ficáveis por indeclinável necessidade, buscou-se determinar as cautelas e formalidades que contenham aquelas medidas nos limites dessa necessidade".[43]

Por isso, estabelece-se o seguinte: a) "ninguém será preso senão em flagrante delito ou por ordem escrita e fundamentada de autoridade judiciária competente, salvo nos casos de transgressão militar ou crime propriamente militar, definidos em lei" (art. 5.º, LXI, CF); b) "a prisão de qualquer pessoa e o local onde se encontre serão comunicados imediatamente ao juiz competente e à família do preso ou à pessoa por ele indicada" (art. 5.º, LXII, CF); c) "o preso será informado de seus direitos, entre os quais o de permanecer calado, sendo-lhe assegurada a assistência da família e de advogado" (art. 5.º, LXIII, CF); d) "o preso tem direito à identificação dos responsáveis por sua prisão ou por seu interrogatório policial" (art. 5.º, LXIV, CF); e) "a prisão ilegal será imediatamente relaxada pela autoridade judi-ciária" (art. 5.º, LXV, CF); f) "ninguém será levado à prisão ou nela mantido, quando a lei admitir a liberdade provisória, com ou sem fiança" (art. 5.º, LXVI, CF); g) "o civilmente identificado não será submetido a identificação criminal, salvo nas hipóteses previstas em lei" (art. 5.º, LVIII, CF). Conecta-se ao princípio da legalidade ou da reserva legal, previsto em direito penal.

4.   PRINCÍPIOS CONSTITUCIONAIS IMPLÍCITOS DO PROCESSO PENAL

4.1   Concernentes à relação processual

4.1.1   Princípio do duplo grau de jurisdição

Significa ter a parte o direito de buscar o reexame da causa por órgão jurisdicional superior. O princípio é consagrado na própria Constituição quando se tem em mira a estru-

---

[43]   *Curso de processo criminal*, p. 125.

tura do Poder Judiciário em instâncias, bem como a expressa menção, *v.g.*, feita no art. 102, II, referente ao Supremo Tribunal Federal, cabendo-lhe julgar, em *recurso ordinário*: "*a)* o *habeas corpus*, o mandado de segurança, o *habeas data* e o mandado de injunção decididos em única instância pelos Tribunais Superiores, se denegatória a decisão; *b)* o crime político". Ora, se uma pessoa, condenada na Justiça Federal de primeiro grau por delito político, tem o direito constitucional de recorrer *ordinariamente* ao STF, por que outros réus não teriam o mesmo direito? Assim, a garantia do duplo grau de jurisdição é, sem dúvida, princípio básico no processo penal. Por outro lado, há expressa disposição no Pacto de São José da Costa Rica (art. 8.º, item 2, *h*) a respeito do direito de recurso contra sentença a juiz ou tribunal superior.

Os tratados internacionais, versando sobre direitos humanos, ingressam no ordenamento jurídico brasileiro com *status* de norma constitucional, como autoriza do art. 5.º, § 2.º, da Constituição Federal. Sobre o tema, posicionando-se igualmente pela aplicação do duplo grau de jurisdição no processo penal, inclusive porque é corolário natural da ampla defesa, consultar CAROLINA ALVES DE SOUZA LIMA.[44] Admitindo, também, a garantia do duplo grau de jurisdição está a lição de JAQUES DE CAMARGO PENTEADO: "A Constituição da República, no capítulo dos direitos individuais, reconhece uma série de garantias da pessoa humana que, pela plenitude de sua abrangência e de sua imprescindibilidade à consecução do bem comum, abarcaria o duplo grau de jurisdição, até mesmo como forma adequada à efetividade dos direitos do homem. Todavia, mantendo a vocação de reconhecimento integral desses valores, dispõe que a previsão não exclui aqueles decorrentes do seu regime e principiologia, bem como dos tratados internacionais firmados (art. 5.º, § 2.º)".[45]

Entretanto, o mencionado autor faz uma crítica ao julgamento realizado pelas turmas recursais dos Juizados Especiais Criminais: "A Constituição da República, ao criar os juizados, permite o 'julgamento de recursos por turmas de juízes de primeiro grau' (art. 98, I), o que não atende ao princípio do duplo grau de jurisdição, principalmente se enfocarmos o texto constitucional integrado pelos diplomas protetivos dos direitos humanos que preveem o reexame por juízo superior".[46]

Nesse ponto, permitimo-nos discordar. Muito embora o duplo grau de jurisdição seja uma garantia constitucional, em nossa visão, não vemos afronta ao princípio em relação às turmas recursais dos Juizados Especiais Criminais. O acusado, especialmente o condenado, deve ter direito a uma reavaliação do seu caso, como regra. A referência a "juiz ou tribunal superior" depende da organização judiciária de cada país. Imagine-se que o réu pudesse recorrer de sentença condenatória, mas seu apelo fosse avaliado por um único desembargador (e não por um colegiado). Estaria atendido o duplo grau de jurisdição, porém, segundo nos parece, de maneira menos adequada do que se faz em um órgão colegiado, quando opiniões diversas sobre a mesma matéria podem chocar-se, provocando o saudável conflito de ideias.

Na estrutura do Juizado Especial Criminal, a turma recursal é composta por, pelo menos, três magistrados, o que lhe confere, na estrutura do Judiciário, um caráter de "corte superior". Há quem sugira que os julgamentos criminais de autoridades, com foro privilegiado, em competência originária, sem possibilidade de recurso, significariam uma lesão ao *duplo grau de jurisdição*. Não concordamos com a assertiva, pois o foro por prerrogativa de função já é um enorme (e injusto) benefício a determinadas autoridades. Logo, ilustrando, quando

---

[44]   *O princípio constitucional do duplo grau de jurisdição*, p. 91-95.

[45]   *Duplo grau de jurisdição no processo penal*, p. 123-124.

[46]   Ob. cit., p. 135.

um Senador é julgado diretamente pelo STF, por um crime qualquer, não tem para quem recorrer, vez que seu processo foi avaliado pelo Pretório Excelso (último grau de jurisdição). Os princípios constitucionais não são absolutos, mas relativos, devendo acomodar-se, uns com os outros, de maneira harmônica. Dito isso, o foro privilegiado constitui uma exceção, estabelecida pela própria CF, em geral, deslocando o julgamento para Tribunais superiores ao primeiro grau. Diante dessa *vantagem*, não se pode aplicar o *duplo grau*.

4.2   Concernentes à atuação do Estado

4.2.1   *Princípio do promotor natural e imparcial*

Significa que o indivíduo deve ser acusado por órgão imparcial do Estado, previamente designado por lei, vedada a indicação de acusador para atuar em casos específicos. Não está esse princípio expressamente previsto na Constituição, embora se possam encontrar suas raízes na conjugação de normas constitucionais e infraconstitucionais. A inamovibilidade do promotor está prevista no art. 128, § 5.º, I, *b*, da Constituição, o que sustenta um acusador imparcial, visto não poder ser possível alterar o órgão acusatório, conforme interesses particulares.

Ademais, a Lei Orgânica do Ministério Público (Lei 8.625/1993) prevê a admissibilidade de designação de promotores de justiça para casos expressamente previstos e não para satisfazer qualquer vontade específica do Procurador-Geral de Justiça (art. 10, IX: cabe ao chefe da instituição designar membros do Ministério Público para: "a) exercer as atribuições de dirigente dos Centros de Apoio Operacional; b) ocupar cargo de confiança junto aos órgãos da Administração Superior; c) integrar organismos estatais afetos a sua área de atuação; d) oferecer denúncia ou propor ação civil pública nas hipóteses de não confirmação de arquivamento de inquérito policial ou civil, bem como de quaisquer peças de informação; e) acompanhar inquérito policial ou diligência investigatória, devendo recair a escolha sobre o membro do Ministério Público com atribuição para, em tese, oficiar no feito, segundo as regras ordinárias de distribuição de serviços; f) assegurar a continuidade dos serviços, em caso de vacância, afastamento temporário, ausência, impedimento ou suspeição de titular de cargo, ou com consentimento deste; g) por ato excepcional e fundamentado, exercer as funções processuais afetas a outro membro da instituição, submetendo sua decisão previamente ao Conselho Superior do Ministério Público; h) oficiar perante a Justiça Eleitoral de primeira instância, ou junto ao Procurador-Regional Eleitoral, quando por este solicitado"). Fora disso, respeita-se a lei e o cargo para o qual o promotor foi nomeado.

Para SCARANCE FERNANDES, "o princípio tem a vantagem de se evitar a possibilidade de o Procurador-Geral, movido por influências estranhas, retirar do promotor natural a atribuição para atuar em determinado inquérito ou processo, traz também o risco de fazer com que o Ministério Público, instituição que pela sua natureza deve ter como característica fundamental a agilidade, o dinamismo, mormente ante as exigências contemporâneas de maior atuação na fase de investigação e de maior eficiência no combate aos crimes graves e à criminalidade organizada, torne-se um órgão inerte, burocrático. Melhor, por isso, nesse estágio atual que, para determinados crimes, caminhe-se para um sistema de *equipes naturais*, com regras internas de atribuição, mais fáceis de serem alteradas por acordo entre os membros da promotoria, os quais ficam, entretanto, garantidos contra a interferência indevida da Chefia da Instituição, ou, na forma de estruturação do Ministério Público

Federal, que se dê a órgãos superiores da Instituição, de natureza colegiada, poderes para 'resolver sobre a distribuição especial de feitos que, por sua contínua reiteração, devam receber tratamento uniforme', ou para 'resolver sobre a distribuição especial de inquéritos, feitos e procedimentos, quando a matéria, por sua natureza ou relevância, assim o exigir' (art. 62, V e VI)".[47]

4.2.2 Princípio da obrigatoriedade da ação penal pública e princípio consequencial da indisponibilidade da ação penal

Significa não ter o órgão acusatório, nem tampouco o encarregado da investigação, a faculdade de investigar e buscar a punição do autor da infração penal, mas o dever de fazê-lo. Assim, ocorrida a infração penal, ensejadora de ação pública incondicionada, deve a autoridade policial investigá-la e, em seguida, havendo elementos, é obrigatório que o promotor apresente denúncia.

Na acertada visão de ESPÍNOLA FILHO, "é, indiscutivelmente, o órgão do Ministério Público, a que se distribui um inquérito, uma representação, uma peça de informação, a pessoa em ordem a fazer a apreciação do caso, verificando se há, de fato, infração punível, e ainda susceptível de o ser, se permite ela a instauração de ação penal por denúncia, se o autor está individuado em forma a poder ser caracterizado, ao menos, por sinais que lhes facultem a identificação no futuro; e, somente se opinar favoravelmente, é que se *impõe a obrigação de, sob a responsabilidade do seu cargo, oferecer a denúncia*. Em caso contrário requererá o arquivamento".[48]

Não há, como regra, no Brasil, o *princípio da oportunidade* no processo penal, que condicionaria o ajuizamento da ação penal ao critério discricionário do órgão acusatório – exceção seja feita à ação privada e à pública condicionada. Ressalte-se que, neste último caso, se trata da incidência de ambos os princípios, ou seja, oportunidade para o oferecimento da representação, obrigatoriedade quando o Ministério Público a obtém.

Como decorrência desse princípio temos o da *indisponibilidade da ação penal*, significando que, uma vez ajuizada, não pode dela desistir o promotor de justiça.

Logicamente, hoje, já existem exceções, abrandando o princípio da obrigatoriedade, tal como demonstra a suspensão condicional do processo, instituto criado pela Lei 9.099/1995, bem como a possibilidade de transação penal, autorizada pela própria Constituição (art. 98, I). Conectam-se ao princípio da legalidade ou da reserva legal, no âmbito penal.

4.2.2.1 Mitigação da obrigatoriedade da ação penal

SCARANCE FERNANDES já buscou demonstrar esse aspecto no contexto da Lei 9.099/1995. Diz em relação ao tema que "na prática, em grandes centros é praticamente impossível que de todo crime seja iniciado processo, o que, se ocorresse, representaria o caos em uma Justiça já atravancada; é comum, em casos de lesão de pequena intensidade ao bem jurídico, ser pedido arquivamento de inquérito com o beneplácito do Poder Judiciário, invocando-se muitas vezes razões até de política criminal ou fundamentando-se o requerimento justamente na pouca relevância do fato. Outro caminho consistiu em dar maior elasticidade ao conceito de justa causa para a ação penal, fundando-a na viabilidade da acusação; assim, se os indícios vindos

---

[47] *Processo penal constitucional*, 5. ed., p. 269.
[48] *Código de Processo Penal brasileiro anotado*, v. 1, p. 360.

da investigação não permitiam antever possibilidade de sucesso de ação penal, ela não era intentada. Mais ainda, formou-se corrente que admite o arquivamento do inquérito quando, pelas circunstâncias do caso, a sentença condenatória seria ineficaz porque inevitável a prescrição pela pena em concreto; fala-se então em falta de interesse de agir ante a inviabilidade de se obter sentença eficaz".[49]

4.2.2.2   Delação premiada

Além de outras, a principal delas, a Lei 12.850/2013, demonstrou a viabilidade de a acusação *negociar* com a defesa de algum (ou mais de um) delator para que ele receba um benefício, que foge à normalidade, ou seja, pode até receber perdão judicial, em lugar de ação penal, em face da colaboração prestada para apurar outros crimes e outros réus.

Observa-se que, no presente, várias situações correlatas estão ocorrendo, Brasil afora, permitindo que se negocie a graduação da punição, inclusive se esta existirá ou não.

Não resta dúvida de que a colaboração premiada é um dos caminhos a levar à mitigação da obrigatoriedade da ação penal.

4.2.3   Princípio da oficialidade

Significa ser a persecução penal uma função primordial e obrigatória do Estado. As tarefas de investigar, processar e punir o agente do crime cabem aos órgãos constituídos do Estado, através da polícia judiciária, do Ministério Público e do Poder Judiciário. Igualmente, relaciona-se à legalidade, no âmbito penal.

Na lição de ESPÍNOLA FILHO, sendo iniciada por denúncia ou queixa, "não só não deixa a ação penal de ser um instituto de direito público, como conserva, em toda a sua extensão, caráter perfeitamente público, sob a direção e sujeita à decisão do juiz, órgão da justiça pública".[50]

4.2.4   Princípio da intranscendência

Significa não dever a ação penal transcender da pessoa a quem foi imputada a conduta criminosa. Para assegurar o princípio, existe, à disposição da parte, o incidente de ilegitimidade de parte (art. 110, vide notas 58 a 61 do nosso *Código de Processo Penal Comentado*). Vincula-se aos princípios da responsabilidade pessoal e da culpabilidade em direito penal.

4.2.5   Princípio da vedação do duplo processo pelo mesmo fato

Demonstrando que não se pode processar alguém duas vezes com base no mesmo fato, impingindo-lhe dupla punição (*ne bis in idem*). E mesmo que ocorra absolvição, preceitua o art. 8.º, item 4, da Convenção Americana sobre Direitos Humanos: "O acusado absolvido por sentença transitada em julgado não poderá ser submetido a novo processo pelos mesmos fatos". Conecta-se ao princípio da vedação à dupla punição pelo mesmo fato, oriundo do direito penal.

---

[49] *Processo penal constitucional*, 5. ed., p. 213-214.
[50] *Código de Processo Penal brasileiro anotado*, v. 1, p. 324.

5. PRINCÍPIOS MERAMENTE PROCESSUAIS PENAIS

5.1 Concernentes à relação processual

5.1.1 *Princípio da busca da verdade real*

A análise desse princípio inicia-se pelo conceito de verdade, sempre de caráter relativo, até findar com a conclusão de que há impossibilidade real de se extrair, nos autos, o fiel retrato da realidade do crime. Ensina MALATESTA que a verdade é a "conformidade da noção ideológica com a realidade" e que a certeza é a crença nessa conformidade, gerando um estado subjetivo do espírito ligado a um fato, sendo possível que essa crença não corresponda à verdade objetiva. Portanto, pode-se afirmar que "certeza e verdade nem sempre coincidem; por vezes, duvida-se do que objetivamente é verdadeiro; e a mesma verdade que parece certa a um, a outros parece por vezes duvidosa quiçá até mesmo falsa a outros ainda".[51]

Diante disso, jamais, no processo, pode assegurar o juiz ter alcançado a *verdade objetiva*, aquela que corresponde perfeitamente com o acontecido no plano real. Tem, isto sim, o magistrado uma crença segura na verdade, que transparece através das provas colhidas e, por tal motivo, condena ou absolve. Logo, tratando do mesmo tema, já tivemos a oportunidade de escrever o seguinte: material ou real é a verdade que mais se aproxima da realidade. Aparentemente, trata-se de um paradoxo dizer que pode haver uma verdade mais próxima da realidade e outra menos. Entretanto, como vimos, o próprio conceito de verdade é relativo, de forma que é impossível falar em verdade absoluta ou ontológica, mormente no processo, julgado e conduzido por homens, perfeitamente falíveis em suas análises e cujos instrumentos de busca do que realmente aconteceu podem ser insuficientes. Ainda assim, falar em verdade real implica provocar no espírito do juiz um sentimento de busca, de inconformidade com o que lhe é apresentado pelas partes, enfim, um impulso contrário à passividade. Afinal, estando em jogo direitos fundamentais do homem, tais como liberdade, vida, integridade física e psicológica e até mesmo honra, que podem ser afetados seriamente por uma condenação criminal, deve o juiz sair em busca da verdade material, aquela que mais se aproxima do que realmente aconteceu.[52]

Pode-se completar com a lição de ROGÉRIO LAURIA TUCCI acerca de verdade material: "trata-se, com efeito, de atividade concernente ao poder instrutório do magistrado, imprescindível à formação de sua convicção, de que, inequivocamente, se faz instrumento; e à qual se agrega, em múltiplas e variadas circunstâncias, aquela resultante do poder acautelatório, por ele desempenhado para garantir o desfecho do processo criminal".[53] Nas palavras de RENATO MARCÃO, "ao contrário do que ocorre no direito processual civil, em que vige o princípio da *verdade formal* e a revelia autoriza presumir verdadeiros os fatos alegados pelo autor, no processo penal prevalece o interesse público, e a prestação jurisdicional busca reconstruir a

---

[51] *A lógica das provas em matéria criminal*, v. 1, p. 22.

[52] DEMERCIAN e MALULY explicam que "na Justiça Penal, ao reverso, o juiz não é mero espectador das provas produzidas pelas partes. Tem o dever de investigar a fundo a realidade do fato. Tão largo é o alcance desse princípio que até mesmo a confissão, no processo penal, tem valor relativo (art. 197) e deve ser valorada de acordo com as demais provas coligidas, enquanto, no processo civil, esse mesmo ato, quando não se cuidar de direitos indisponíveis, tem importância definitiva e absoluta (art. 351, CPC), autorizando, desde logo, o julgamento da lide" (*Curso de processo penal*, 9. ed., p. 2).

[53] *Do corpo de delito no direito processual penal brasileiro*, p. 88.

verdade real, empírica, e assim esclarecer, com a maior precisão possível, a maneira como os fatos imputados verdadeiramente se deram".[54]

O princípio da verdade real significa, pois, que o magistrado deve buscar provas, tanto quanto as partes, não se contentando com o que lhe é apresentado, simplesmente. Note-se o disposto nos arts. 209 ("o juiz, quando julgar necessário, poderá ouvir outras testemunhas, além das indicadas pelas partes", grifamos), 234 ("se o juiz tiver notícia da existência de documento relativo a ponto relevante da acusação ou da defesa, providenciará, independentemente de requerimento de qualquer das partes, para sua juntada aos autos, se possível", grifo nosso), 147 ("o juiz poderá, de ofício, proceder à verificação da falsidade", grifamos), 156 ("a prova da alegação incumbirá a quem a fizer, sendo, porém, facultado ao juiz de ofício: (...) II – determinar, no curso da instrução, ou antes de proferir sentença, a realização de diligências para dirimir dúvida sobre ponto relevante", grifamos), 566 ("não será declarada a nulidade de ato processual que não houver influído na apuração da verdade substancial ou na decisão da causa", destaque nosso) do Código de Processo Penal, ilustrativos dessa colheita de ofício e da expressa referência à busca da verdade real.

Contrariamente à verdade formal, inspiradora do processo civil, pela qual o juiz não está obrigado a buscar provas, mormente em ações de conteúdo exclusivamente patrimonial, que constitui interesse disponível, contentando-se com a trazida pelas partes e extraindo sua conclusão com o que se descortina nos autos, a verdade real vai além: quer que o magistrado seja coautor na produção de provas. Esse princípio muitas vezes inspira o afastamento da aplicação literal de preceitos legais. Exemplo disso é o que ocorre quando a parte deseja ouvir mais testemunhas do que lhe permite a lei. Invocando a busca da verdade real, pode obter do magistrado a possibilidade de fazê-lo.

Sabe-se, no entanto, que a doutrina vem tornando relativo o princípio da busca da verdade formal no processo civil. Expõe MARCO ANTONIO DE BARROS, cuidando do processo civil, que "todas essas regras processuais" – fazendo menção aos arts. 130, 342, 355 e 440 do Código de Processo Civil de 1973 – "constituem providências que melhor se encaixam à estrutura do princípio da verdade material, sobretudo pela previsão de diligências investigativas que podem ser ordenadas pelo juiz *ex officio*, isto é, independentemente da iniciativa ou vontade das partes. A lei confere ao julgador a faculdade de aplicá-las em qualquer processo. Isto revela, mais uma vez, a tendência publicista do direito processual moderno, que se destina a produzir a efetivação da justiça, em cujo contexto inclui-se a providencial intervenção do juiz durante a instrução do processo, realizada com o propósito de garantir a paz social".[55] Contrariando, igualmente, a distinção entre verdade material e verdade formal, GUSTAVO BADARÓ afirma que ambas não são verdades absolutas, logo essas expressões serviriam apenas para distinguir graus de aproximação daquela "verdade absoluta e intangível". Ainda assim, o conceito de verdade seria uno e não comportaria adjetivações.[56] Vide arts. 370, 396 e 481 do CPC/2015.

Porém, esclarecem ADA PELLEGRINI GRINOVER, ANTONIO CARLOS DE ARAÚJO CINTRA e CÂNDIDO RANGEL DINAMARCO o seguinte: "no processo penal sempre predominou o sistema da livre investigação de provas. Mesmo quando, no processo civil, se confiava exclusivamente no interesse das partes para o descobrimento da verdade, tal critério não poderia ser seguido nos casos em que o interesse público limitasse ou ex-

---

[54] *Curso de processo penal*, p. 72.

[55] *A busca da verdade no processo penal*, p. 33.

[56] *Ônus da prova no processo penal*, p. 31-36.

cluísse a autonomia privada. Isso porque, enquanto no processo civil em princípio o juiz pode satisfazer-se com a *verdade formal* (ou seja, aquilo que resulta ser verdadeiro em face das provas carreadas aos autos), no processo penal o juiz deve atender à averiguação e ao descobrimento da *verdade real* (ou verdade material), como fundamento da sentença".[57]

Não questionamos ser a verdade una e sempre relativa, consistindo busca inviável, no processo, encontrar a *realidade* dos fatos tal como ocorreram. A verdade é apenas uma noção ideológica da realidade, motivo pelo qual o que é verdadeiro para uns, não o é para outros. O que a distinção almeja atingir é a demonstração de finalidades diversas existentes nos âmbitos civil e penal do processo. Enquanto na esfera cível o magistrado é mais um espectador da produção da prova, no contexto criminal, deve atuar como autêntico copartícipe na busca dos elementos probatórios. Nem se diga que o juiz introduz no feito *meios* de prova, enquanto as partes buscam as *fontes* de prova, porque tal distinção (entre *meios* e *fontes*), em nosso entender, cuida-se de mero eufemismo. Nessa esteira, BENEDITO ROBERTO GARCIA POZZER explica que "no processo penal, diferentemente, dada a indisponibilidade dos direitos em confronto, deve-se buscar a verdade dos fatos o mais próximo da realidade acontecida. O julgador não pode contentar-se com a verdade apresentada pelas partes. Ao contrário, busca, incansavelmente, os verdadeiros fatos, encontrando limites, somente, na moral e legalidade das provas".[58]

Além disso, a realidade nos demonstra que o juiz, exercendo suas atividades em Vara Cível, tem nitidamente menor preocupação em produzir provas de ofício, especialmente quando cuida de interesses patrimoniais, aguardando a atitude positiva das partes nesse sentido. Por outro lado, na esfera criminal, ainda que o réu admita o teor da acusação, o juiz determinará a produção de provas, havendo um cuidado maior para não levar ao cárcere um inocente, visto que estão em jogo, sempre, interesses indisponíveis.

A mostra realística de que o processo civil preza a verdade formal, em detrimento da verdade real, é o disposto no art. 344 do CPC: "se o réu não contestar a ação, será considerado revel e presumir-se-ão verdadeiras as alegações de fato formuladas pelo autor". Ameniza-se a busca da verdade formal, por meio do art. 348 do CPC: "se o réu não contestar a ação, o juiz, verificando a inocorrência do efeito da revelia previsto no art. 344, ordenará que o autor especifique as provas que pretenda produzir, se ainda não as tiver indicado".

Tal situação jamais ocorre no processo penal, no qual prevalece a verdade real, que é a situada o mais próximo possível da realidade. Não se deve contentar o juiz com as provas trazidas pelas partes, mormente se detectar outras fontes possíveis de buscá-las.

Na ótica de EDILSON MOUGENOT BONFIM, "no âmbito cível, a maioria das causas versa sobre interesses patrimoniais disponíveis, que em tese têm menor grau de relevância para a sociedade. Já no âmbito penal, tendo em vista a possibilidade concreta de aplicação de penas que restrinjam o direito fundamental da liberdade, bem como pelo elevado grau de interesse social com relação às condutas tuteladas no direito penal material, é muito mais relevante que a elucidação dos fatos que fundamentam as decisões seja feita da forma mais acurada possível".[59]

Finalmente, deve-se destacar que a busca da verdade material não quer dizer a ilimitada possibilidade de produção de provas, pois há vedações legais que necessitam ser respeitadas, como a vedação das provas obtidas por meios ilícitos.

---

[57] *Teoria geral do processo*, p. 71.
[58] *Correlação entre acusação e sentença no processo penal brasileiro*, p. 40.
[59] *Curso de processo penal*, p. 88.

5.1.2 Princípio da oralidade e princípios consequenciais da concentração, da imediatidade e da identidade física do juiz

A palavra oral deve prevalecer, em algumas fases do processo, sobre a palavra escrita, buscando enaltecer os princípios da concentração, da imediatidade e da identidade física do juiz. Explica PEDRO HENRIQUE DEMERCIAN que a adoção desse princípio, como regra no processo penal, seria a "grande solução para a agilização dos procedimentos criminais e, até mesmo, a maneira mais viável para a apuração da verdade real – na qual há fulcrar-se todo o processo penal – e a forma de se prestar com maior equidade e justeza a tutela jurisdicional".[60]

Os princípios só se consolidavam no julgamento em plenário do Tribunal do Júri, quando se dava o predomínio da palavra oral sobre a escrita e todos os atos eram realizados de forma concentrada, julgando os jurados logo após terem acompanhado a colheita da prova.

Atualmente, com a edição das Leis 11.689/2008 e 11.719/2008, consolidam-se os princípios da oralidade, da concentração, da imediatidade e da identidade física do juiz (arts. 399, § 2.º, 400, § 1.º, 411, § 2.º, CPP). Com a reforma trazida pela Lei 13.964/2019, igualmente, privilegiou-se a oralidade, ao exigir a realização de audiência de custódia para decidir acerca da prisão em flagrante do investigado (art. 310, *caput*, CPP).

Os princípios que decorrem da oralidade são os seguintes: *concentração* (toda a colheita da prova e o julgamento devem dar-se em uma única audiência ou no menor número delas); *imediatidade* (o magistrado deve ter contato direto com a prova produzida, formando mais facilmente sua convicção); *identidade física do juiz* (o magistrado que preside a instrução, colhendo as provas, deve ser o que julgará o feito, vinculando-se à causa). RENÉ ARIEL DOTTI ressalta que "o princípio da identidade física, portanto, assenta numa das magnas exigências do processo penal, situando-se em plano superior às condições da ação e muitos outros pressupostos de validade da relação processual".[61]

5.1.3 Princípio da indivisibilidade da ação penal privada

Significa que não pode o ofendido, ao valer-se da queixa-crime, eleger contra qual dos seus agressores – se houver mais de um – ingressará com ação penal. Esta é *indivisível*. Se o Estado lhe permitiu o exercício do direito de ação – lembrando-se sempre que o direito de *punir* é monopólio estatal e não é transmitido ao particular nesse caso – torna-se natural a exigência de que não *escolha* quem será acusado, evitando-se barganhas indevidas e vinganças mesquinhas contra um ou outro.

Por isso, o art. 48 do Código de Processo Penal preceitua que a queixa contra um dos autores do crime obrigará ao processo de todos, zelando o Ministério Público para que o princípio da *indivisibilidade* seja respeitado. Esse princípio somente ocorre com destaque na ação penal privada, regida que é pelo critério da *oportunidade*.

Não há o menor sentido em se sustentar a prevalência da indivisibilidade também na ação penal pública, pois esta é norteada pela obrigatoriedade. Assim, quando o promotor toma conhecimento de quais são os autores do crime, *deve* ingressar com ação penal contra todos, não porque a ação penal pública é indivisível, mas porque é obrigatória. Nessa ótica, confira-se a lição de AFRÂNIO SILVA JARDIM: "A indivisibilidade da ação penal pública é uma

---

[60]   A oralidade no processo penal brasileiro, p. 50.
[61]   Bases e alternativas para o sistema de penas, p. 418.

consequência lógica e necessária do princípio da obrigatoriedade, podendo-se dizer que este abrange aquele outro princípio".[62]

5.1.4 Princípio da comunhão da prova

Significa que a prova, ainda que produzida por iniciativa de uma das partes, pertence ao processo e pode ser utilizada por todos os participantes da relação processual, destinando-se a apurar a verdade dos fatos alegados e contribuindo para o correto deslinde da causa pelo juiz.

Realmente, não há *titular* de uma prova, mas mero proponente. As testemunhas de acusação, por exemplo, não são arroladas pelo promotor unicamente para prejudicar o réu; do mesmo modo, as testemunhas de defesa não estão obrigadas a prestar declarações integralmente favoráveis ao acusado. Inserida no processo, a prova tem a finalidade de evidenciar a verdade real, não mais servindo ao interesse de uma ou de outra parte.

5.2 Concernentes à atuação do Estado

5.2.1 Princípio do impulso oficial

Uma vez iniciada a ação penal, por iniciativa do Ministério Público ou do ofendido, deve o juiz movimentá-la até o final, conforme o procedimento previsto em lei, proferindo decisão.

Liga-se, basicamente, aos *princípios da obrigatoriedade e da indeclinabilidade* da ação penal, que prevê o exercício da função jurisdicional, até sentença final, sem que o magistrado possa furtar-se a decidir, bem como vedando-se a desistência da ação penal pelo Ministério Público.

Impede-se, com isso, a paralisação indevida e gratuita da ação penal, incompatível com o Estado Democrático de Direito, pois o processo fica em aberto, caso as partes não provoquem o seu andamento, havendo prejuízo para a sociedade, que deseja ver apurada a infração penal com seu autor, bem como ao réu, contra quem existe processo criminal em andamento, configurando constrangimento natural. Registre-se o disposto no art. 251 do Código de Processo Penal: "Ao juiz incumbirá prover à *regularidade do processo* e manter a ordem no curso dos respectivos atos, podendo, para tal fim, requisitar a força pública" (grifamos).

Notemos que, também no caso de ação penal privada, regida pelo princípio da oportunidade, prevalece o impulso oficial, não se admitindo a paralisação do feito, sob pena de perempção, julgando-se extinta a punibilidade do acusado (art. 60, CPP). Justifica-se tal postura pelo fato de que a ação penal, embora de natureza privada e de livre propositura pelo ofendido, quando ajuizada, não pode perpetuar-se, sob pena de servir de constrangimento indefinido ao querelado.

5.2.2 Princípio da persuasão racional

Acesse e assista ao vídeo sobre Persuasão racional na prova.

> http://uqr.to/1z8og

---

[62] *Ação penal pública*, p. 136.

Significa que o juiz forma o seu convencimento de maneira livre, embora deva apresentá-lo de modo fundamentado ao tomar decisões no processo. Trata-se da conjunção do disposto no art. 93, IX, da Constituição ("todos os julgamentos dos órgãos do Poder Judiciário serão públicos, e *fundamentadas todas as decisões*, sob pena de nulidade...", grifamos) com os arts. 155, *caput* ("o juiz formará sua convicção pela livre apreciação da prova...") e 381, III ("a sentença conterá: (...) III – a indicação dos motivos de fato e de direito em que se fundar a decisão") do Código de Processo Penal.

Exceções à regra certamente existem. A primeira delas encontra-se no Tribunal do Júri, onde os jurados decidem a causa livremente, sem apresentar suas razões, pois a votação é sigilosa e eles permanecem incomunicáveis até o fim da sessão. A outra diz respeito a determinadas normas processuais, que impõem um específico modo de provar algo, não permitindo ao juiz que forme livremente sua convicção. Exemplos: a) a inimputabilidade do agente depende, necessariamente, de exame pericial, pois somente o médico pode atestar a existência de doença mental; b) os crimes que deixam vestígios materiais demandam a realização de exame pericial; c) prova-se a morte do agente, para fim de extinção da punibilidade, com a apresentação da certidão de óbito.

5.2.3   Princípio da colegialidade

Cuida-se de decorrência lógica do princípio constitucional implícito do *duplo grau de jurisdição*, significando que a parte tem o direito de, recorrendo a uma instância superior ao primeiro grau de jurisdição, obter um julgamento proferido por órgão colegiado. A ideia é promover a reavaliação por um grupo de magistrados, não mais se entregando a causa a um juiz único. Esta já foi a tarefa do magistrado de primeira instância, que, como regra, recebe a peça acusatória, instrui o feito, profere as decisões necessárias para a colheita da prova e determina as medidas cautelares de urgência. Após, prolatando sua sentença – condenatória ou absolutória – em função de sua persuasão racional, não teria sentido haver um recurso para que outro juiz, isoladamente, sem debater a causa, reavaliasse a decisão de seu colega.

Não importaria, simplesmente, alegar que o recurso seguiria a um magistrado mais antigo e, em tese, mais experiente e erudito, pois o relevante consiste em proporcionar a discussão de teses, a contraposição de ideias, enfim, o nobre exercício do convencimento e da evolução da aplicação do Direito. Somente em um colegiado há debate. O juiz, em sua atividade individual, reflete e chega a um veredicto, porém, inexiste a troca de ideias e experiências. O foco do processo é um só, pois há somente um magistrado avaliando. Por mais que leia e se informe, captará a realidade processual por um ângulo exclusivo.

A meta consistente em se manter as principais e derradeiras decisões em órgãos jurisdicionais colegiados é salutar e positiva, constituindo um princípio processual dos mais proeminentes. É o que se pode verificar em julgamentos coletivos quando um componente de determinada turma, câmara ou plenário altera seu voto ao ouvir a exposição de outro magistrado. Nada mais ilustrativo; nada mais criativo; nada mais do que a demonstração de respeito aos interesses colocados em litígio. Em especial, no contexto criminal, onde direitos fundamentais, como a liberdade, estão quase sempre em jogo.

Nesse sentido, conferir o conceito de acórdão no Código de Processo Civil: "Art. 204. Acórdão é o julgamento *colegiado* proferido pelos tribunais" (grifamos).

Confira-se decisão do Supremo Tribunal Federal: "Por vislumbrar ofensa ao princípio da colegialidade, a Turma deferiu, parcialmente, *habeas corpus* para cassar decisão monocrática proferida por Ministro do STJ que denegara idêntica medida impetrada em favor de condenado pela suposta prática dos crimes de estupro e de atentado violento ao pudor contra suas filhas, bem como de tortura contra seu filho. Considerou-se incabível o julgamento monocrático, porquanto o relator concluíra pela inexistência do alegado constrangimento ilegal a partir do exame do mérito da causa, quando analisara questões referentes à extinção da punibilidade pela decadência do direito de ação e à dosimetria da pena. Asseverou-se que o regimento interno daquela Corte (art. 34, XVIII) apenas autoriza esse julgamento quando o recurso for manifestamente intempestivo, incabível, improcedente, quando contrário à súmula do Tribunal, ou, ainda, quando for evidente a incompetência deste. Determinou-se, por fim, o retorno dos autos ao STJ para que o julgamento seja submetido ao colegiado. Precedente citado: HC 87.163/MG (*DJU* de 13.10.2006)" (HC 90.427-GO, 2.ª T., rel. Joaquim Barbosa, 19.06.2007, v.u., *Informativo* 472, embora antigo, é mantido pela sua relevância ao tema).

RESUMO DO CAPÍTULO

▸ **Princípio jurídico:** é um postulado que se irradia por todo o sistema de normas, fornecendo um padrão de interpretação, integração, conhecimento e aplicação do direito positivo, estabelecendo uma meta maior a seguir.

▸ **Dignidade da pessoa humana:** é um princípio regente, base e meta do Estado Democrático de Direito, regulador do mínimo existencial para a sobrevivência apropriada, a ser garantido a todo ser humano, bem como o elemento propulsor da respeitabilidade e da autoestima do indivíduo nas relações sociais.

▸ **Devido processo legal:** cuida-se de princípio regente, com raízes no princípio da legalidade, assegurando ao ser humano a justa punição, quando cometer um crime, precedida do processo penal adequado, o qual deve respeitar todos os princípios penais e processuais penais.

▸ **Presunção de inocência:** significa que todo indivíduo é considerado inocente, como seu estado natural, até que ocorra o advento de sentença condenatória com trânsito em julgado.

▸ **Prevalência do interesse do réu (*in dubio pro reo*):** em caso de razoável dúvida, no processo penal, deve sempre prevalecer o interesse do acusado, pois é a parte que goza da presunção de inocência.

▸ **Imunidade à autoacusação:** significa que ninguém é obrigado a produzir prova contra si mesmo (*nemo tenetur se detegere*), já que o estado natural do ser humano é de inocência, até prova em contrário, produzida pelo Estado-acusação, advindo sentença penal irrecorrível. Daí decorre, por óbvio, o direito de permanecer em silêncio, seja na polícia ou em juízo.

▸ **Ampla defesa:** o réu deve ter a mais extensa e vasta possibilidade de provar e ratificar o seu estado de inocência, em juízo, valendo-se de todos os recursos lícitos para tanto.

▸ **Plenitude de defesa:** cuida-se de um reforço à ampla defesa, que se dá no contexto do Tribunal do Júri, para assegurar ao réu a mais perfeita defesa possível, garantindo-se rígido controle da qualidade do aspecto defensivo, visto estar o acusado diante de jurados leigos, que decidem, sigilosamente, sem motivar seu veredicto.

▸ **Contraditório:** a parte, no processo, tem o direito de tomar conhecimento e rebater as alegações fáticas introduzidas pelo adversário, além de ter a possibilidade de contrariar as provas juntadas, manifestando-se de acordo com seus próprios interesses.

▶ **Juiz natural e imparcial:** toda pessoa tem o direito inafastável de ser julgada, criminalmente, por um juízo imparcial, previamente constituído por lei, de modo a eliminar a possibilidade de haver tribunal de exceção.

▶ **Iniciativa das partes:** assegurando-se a imparcialidade do juiz, cabe ao Ministério Público e, excepcionalmente, ao ofendido, a iniciativa da ação penal.

▶ **Publicidade:** significa que os julgamentos e demais atos processuais devem ser realizados e produzidos, como regra, publicamente, possibilitando-se o acompanhamento de qualquer pessoa, a fim de garantir a legitimidade e a eficiência do Poder Judiciário.

▶ **Vedação das provas ilícitas:** consagrando-se a busca pelo processo escorreito e ético, proíbe-se a produção de provas ilícitas, constituídas ao arrepio da lei, com o fim de produzir efeito de convencimento do juiz, no processo penal.

▶ **Economia processual:** é direito individual a obtenção da razoável duração do processo, combatendo-se a lentidão do Poder Judiciário, visto que a celeridade é uma das metas da consecução de justiça.

▶ **Duração razoável da prisão cautelar:** a liberdade é a regra, no Estado Democrático de Direito, constituindo a prisão, exceção. Por isso, quando se concretiza a prisão cautelar, torna-se fundamental garantir a máxima celeridade, pois se está encarcerando pessoa considerada inocente, até prova definitiva em contrário.

▶ **Sigilo das votações:** cuida-se de tutela específica do Tribunal do Júri, buscando-se assegurar a livre manifestação do jurado, na sala secreta, quando vota pela condenação ou absolvição do réu, fazendo-o por intermédio de voto indevassável.

▶ **Soberania dos veredictos:** considerando-se que o Tribunal Popular não é órgão consultivo, torna-se essencial assegurar a sua plenitude, quanto à decisão de mérito. Nenhum órgão do Poder Judiciário togado pode sobrepor-se à vontade do povo, em matéria criminal, pertinente ao júri.

▶ **Competência para os crimes dolosos contra a vida:** garantindo-se a competência mínima, sob mando constitucional, ao Tribunal do Júri, dele não se pode subtrair o julgamento dos delitos dolosos contra a vida, que são basicamente os seguintes: homicídio, participação em suicídio ou em automutilação, infanticídio e aborto.

▶ **Legalidade estrita da prisão cautelar:** significa que a prisão processual ou provisória constitui uma exceção, pois é destinada a encarcerar pessoa ainda não definitivamente julgada e condenada; demanda, então, estrita observância de todas as regras constitucional e legalmente impostas para a sua concretização e manutenção.

▶ **Duplo grau de jurisdição:** no processo penal, todo acusado tem o direito de recorrer a instância superior, obtendo, ao menos, uma segunda possibilidade de julgamento, confirmando ou reformando a decisão tomada em primeiro grau. Cuida-se de autêntica *segunda chance* para alcançar a mantença do estado de inocência.

▶ **Promotor natural e imparcial:** não somente o órgão estatal julgador deve ser imparcial, pois o Estado-acusação cumpre papel de destaque na apuração e punição dos crimes, razão pela qual se espera uma atuação justa e desvinculada de interesses escusos e partidários.

▶ **Obrigatoriedade da ação penal:** trata-se de princípio ligado à ação penal pública, em que a titularidade cabe ao Ministério Público, instituição fundamental à realização de justiça. Consagrando-se a atuação imparcial do Estado-acusação, é obrigatório o ajuizamento de ação penal, quando há provas suficientes para tanto.

▸ **Indisponibilidade da ação penal:** é o corolário natural da obrigatoriedade da ação penal pública, pois, uma vez ajuizada, não mais se pode dela desistir, devendo o Estado-acusação levar até o fim a pretensão punitiva, obtendo-se uma decisão de mérito definitiva.

▸ **Oficialidade:** significa que o monopólio punitivo é exclusivo do Estado, motivo pelo qual os atos processuais são oficiais e não há qualquer possibilidade de justiça privada na seara criminal.

▸ **Intranscendência:** quer dizer que nenhuma acusação pode ser feita a pessoa que não seja autora de infração penal; conecta-se com os princípios penais da responsabilidade pessoal e da culpabilidade.

▸ **Vedação do duplo processo pelo mesmo fato (*bis in idem*):** é a garantia de que ninguém pode ser processado duas ou mais vezes com base em idêntica imputação, o que implicaria em claro abuso estatal e ofensa à dignidade humana.

▸ **Busca da verdade real:** no processo penal, impera a procura pela verdade (noção ideológica da realidade) mais próxima possível do que, de fato, aconteceu, gerando o dever das partes e do juiz de buscar a prova, sem posição inerte ou impassível.

▸ **Oralidade:** significa que a palavra oral deve prevalecer sobre a escrita, produzindo celeridade na realização dos atos processuais e diminuindo a burocracia para o registro das ocorrências ao longo da instrução.

▸ **Concentração:** almeja-se que a instrução processual seja centralizada numa única audiência ou no menor número delas, a ponto de gerar curta duração para o processo.

▸ **Imediatidade:** significa que o juiz deve ter contato direto com a prova colhida, em particular, com as testemunhas, de modo a formar o seu convencimento mais facilmente.

▸ **Identidade física do juiz:** interligando-se com a busca da verdade real, demanda-se que o magistrado encarregado de colher a prova seja o mesmo a julgar a ação, pois teve contato direto com as partes e as testemunhas.

▸ **Indivisibilidade da ação penal privada:** constituindo a ação punitiva um monopólio do Estado, quando se transfere ao ofendido a possibilidade de ajuizar a ação penal privada, deve fazê-lo contra todos os coautores, não podendo eleger uns em detrimento de outros.

▸ **Comunhão da prova:** significa que a prova produzida, nos autos, pela acusação e pela defesa, é comum ao resultado da demanda, fornecendo todos os elementos necessários à formação do convencimento do julgador.

▸ **Impulso oficial:** cabe ao juiz a condução do processo criminal, jamais permitindo a indevida e injustificada paralisação do curso da instrução.

▸ **Persuasão racional:** é o sistema de avaliação das provas escolhido pela legislação processual penal, em que o juiz forma o seu convencimento pela livre apreciação das provas coletadas, desde que o faça de maneira motivada.

▸ **Colegialidade:** significa que os órgãos judiciais superiores, que servem para concretizar o duplo grau de jurisdição, devem ser formados por colegiados, não mais permitindo que uma decisão de mérito seja tomada por um magistrado único.

Princípios do Processo Penal

I) Princípios regentes
- 1. Devido processo legal – art. 5.º, LIV, CF
- 2. Dignidade da pessoa humana – art. 1.º, III, CF

II) Constitucionais processuais (explícitos)

1. Concernentes ao indivíduo
- 1.1 Presunção de inocência – art. 5.º, LVII, CF (conectado à prevalência do interesse do réu e à imunidade à autoacusação)
- 1.2 Ampla defesa – art. 5.º, LV, CF
- 1.3 Plenitude de defesa – art. 5.º, XXXVIII, *a*, CF

2. Concernente à relação processual
- 2.1 Contraditório – art. 5.º, LV, CF

3. Concernentes à atuação do Estado
- 3.1 Juiz natural e imparcial – art. 5.º, LIII e XXXVII, CF (vedação ao juízo ou tribunal de exceção) (conectado à iniciativa das partes)
- 3.2 Publicidade – art. 5.º, XXXIII, LX e 93, IX, CF
- 3.3 Vedação das provas ilícitas – art. 5.º, LVI, CF
- 3.4 Economia processual – art. 5.º, LXXVIII, CF (conectado à duração razoável do processo e à duração razoável da prisão cautelar)
- 3.5 Regentes do Tribunal do Júri
  - 3.5.1 Sigilo das votações – art. 5.º, XXXVIII, *b*
  - 3.5.2 Soberania dos Veredictos – art. 5.º, XXXVIII, *c*
  - 3.5.3 Competência para julgamento dos crimes dolosos contra vida – art. 5.º, XXXVIII, *d*
- 3.6 Legalidade estrita da prisão cautelar – art. 5.º, LXI, LXII, LXIII, LXIV, LXV, LXVI, todos da CF

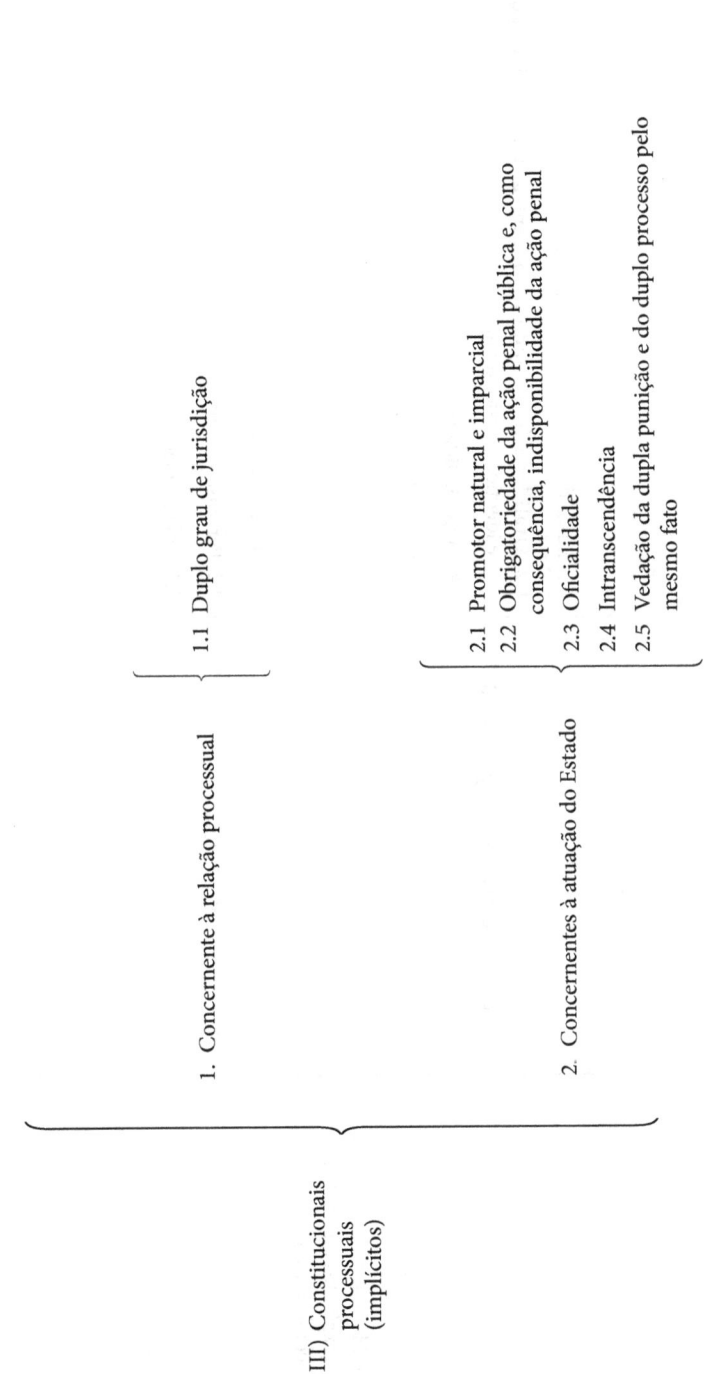

III) Constitucionais processuais (implícitos)

1. Concernente à relação processual

1.1 Duplo grau de jurisdição

2. Concernentes à atuação do Estado

2.1 Promotor natural e imparcial
2.2 Obrigatoriedade da ação penal pública e, como consequência, indisponibilidade da ação penal
2.3 Oficialidade
2.4 Intranscendência
2.5 Vedação da dupla punição e do duplo processo pelo mesmo fato

IV) Meramente processuais (explícitos ou implícitos, conforme o caso)

1. Concernentes à relação processual
- 1.1 Busca da verdade real ou material
- 1.2 Oralidade (conectado à concentração, imediatidade e identidade física do juiz)
- 1.3 Indivisibilidade da ação penal privada
- 1.4 Comunhão da prova

2. Concernentes à atuação do Estado
- 2.1 Impulso oficial
- 2.2 Persuasão racional
- 2.3 Colegialidade

CAPÍTULO III

Evolução Histórica do Processo Penal

1. INTRODUÇÃO

Observa-se, atualmente, a carência de traços históricos do processo penal nos manuais e nos comentários ao Código de Processo Penal. Parece-nos compreensível que, em obras mais objetivas, o contexto histórico passe ao largo, situação que precisa ser revista nos cursos e tratados mais extensos.

É o que se pretende resgatar neste trabalho, salientando, desde logo, que um dos mais profundos estudos da história do processo penal foi, sem dúvida, de João Mendes Júnior, a ponto de Romeu Pires de Campos Barros mencionar o seguinte: "no direito pátrio ninguém melhor que o saudoso mestre João Mendes Júnior desenvolveu estudo analítico e proveitoso das instituições judiciárias do passado, iniciando por anotar que nada aproveitaria a tal estudo a observação das formas da Justiça patriarcal, dos tempos de Noé e Cham, dos tempos místicos de Melchisedech ou fabulosos de Deucalião e Orpheu. Devido a isso, o retrospecto histórico no entender desse ínclito processualista deveria partir das sociedades politicamente organizadas, a principiar pelo Egito, Hebreus e Gregos".[1]

Na precisa visão de João Mendes Júnior, "o poder judiciário é o mais antigo e o mais elevado dos poderes políticos; é o órgão impassível da lei. O poder judiciário assegura, por suas decisões, a soberania da justiça, isto é, *a realização dos direitos individuais nas relações sociais*, quer nas relações entre indivíduo e indivíduo, quer mesmo nas relações entre o indivíduo e a sociedade".[2] Por isso, conhecer um pouco da sua história, bem como das normas jurídicas adotadas permite maior sensibilidade para a interpretação do direito atual.

---

[1] *Lineamentos do direito processual penal brasileiro*, v. I, p. 46.

[2] *O processo criminal brasileiro*, v. 1, p. 6, grifo no original.

Sob outro aspecto, conhecer a história do direito, neste caso, processual penal, buscando alguns liames com o direito antigo, geralmente simples em suas regras e procedimentos, não nos traz, para o dia de hoje, grandes luzes e sabedoria. Como bem diz BENTHAM, "é verdade que a simplicidade no procedimento primitivo não representava um mérito fundado em razão. Não há sentido em louvar essa simplicidade, nem por ser antiga, nem por ser sábia, pois se tratava de uma sabedoria negativa, de um resultado alcançado por ignorância".[3]

Buscar uma visão histórica deve ter um propósito, que não será, por óbvio, imitar algo ultrapassado e superado pelo próprio tempo e, também, pelos erros concretizados. O importante nesse retrospecto é, justamente, delimitar os vários equívocos cometidos pelas sociedades, identificar os acertos para seguir-lhes os passos, buscando ver no que se transformaram e, finalmente, para adquirir *novas* ideias, *diversas* de institutos do pretérito. Precisamos avançar e não retroceder. Qual a vantagem de se conhecer a época dos tormentos (extração de depoimentos sob tortura)? É atestar o seu caráter nefasto e adverso aos princípios humanizantes da atualidade, motivo pelo qual o operador do direito precisa acostumar-se a prezar as lições erráticas da humanidade no passado para jamais permitir que voltem ao presente. Como é possível que um delegado, juiz ou promotor aquiesça à prática da tortura para a obtenção de prova em uma investigação criminal ou processo? Se estudou, por exemplo, a época da Inquisição e seus incontáveis erros, levando sofrimento a milhares de famílias, há de ter uma forte convicção, hoje, repudiando essa maneira de captar prova, que, ademais, é ilícita. Os lances históricos devem servir de lastro para o progresso, jamais para o retrocesso.[4]

2.   ÍNDIA E EGITO

Na Índia, qualquer pessoa do povo podia exercitar a acusação. "Formulada esta, mandava-a redigir o juiz, bem como a defesa do acusado que se alternava com a acusação, seguindo-se uma instrução e um público debate contraditórios entre o acusador e o acusado. As falsas acusações eram passíveis de uma pena, como se evidencia da conjugação das estâncias que reproduzimos abaixo, do livro VIII das leis de Manu. 'Est. 13. É necessário ou não comparecer perante o tribunal ou, comparecendo, dizer a verdade. O homem que se cala, ou faz declarações falsas, é igualmente culpado. (...) Est. 58. Se o autor não provar a sua ação, deve, segundo a lei, sofrer castigo corporal, ou multa, segundo as circunstâncias, e se o réu não responder dentro da dilatação de três quinzenas, deve ser condenado em conformidade com a lei'".[5]

"O poder judiciário, no Egito, estava concentrado na classe sacerdotal. Memphis, Thebas e Heliopolis eram as três cidades que forneciam juízes para o tribunal supremo, incumbido de julgar os crimes graves. Esses juízes eram escolhidos dentre os homens mais distintos e mais prudentes (...). Nas províncias havia um juiz, espécie de prefeito, a quem era delegado o processo e julgamento dos crimes leves, o qual, por sua vez, tinha delegados incumbidos, como funcionários policiais, de reprimir a chicotadas e bastonadas as infrações de menores consequências".[6]

---

[3]   *Tratado de las pruebas judiciales*, p. 16.

[4]   Inclusive e especialmente pelo fato de ser o Direito o instrumento de resolução dos conflitos mais antigos entre os seres humanos (TORRES AGUILAR, coord., *Manual de historia del derecho*, p. 20).

[5]   JORGE ALBERTO ROMEIRO (*Da ação penal*, p. 37).

[6]   JOÃO MENDES JÚNIOR, ob. cit., p. 11-12.

No processo egípcio, havia os seguintes princípios: "1) a acusação como um dever cívico das testemunhas do fato criminoso; 2) a polícia era repressiva e auxiliar da instrução, a cargo das testemunhas; 3) instrução pública e escrita; 4) julgamento secreto e decisão simbólica".[7] No mais, havia três espécies de ação penal: pública, privada e popular. Conforme esclarece JORGE ALBERTO ROMEIRO, há quem visualize ali o Ministério Público, em forma embrionária. "Um corpo de funcionários (*magiaí*) era obrigatoriamente incumbido de denunciar aos magistrados os delitos cuja prática chegava ao seu conhecimento".[8]

"O rito processual das causas, perante os tribunais ordinários, era solene e curioso: ninguém falava, todos os atos eram escritos, inclusive, no julgamento, a acusação e a defesa, alternadas, duas vezes, com a réplica e a tréplica. Proferida a sentença, dentre trinta juízes sacerdotes, assentados aos pés das imagens dos deuses, de olhos baixos, estadeando, nessa atitude, a pureza de trinta togas brancas, levantava-se o presidente, ancião venerável, e mudo, como Saté, a deusa da verdade, que, esculpida em pedras preciosas, lhe pendia sobre o colo, de uma cadeia de ouro, tocava com ela a cabeça do vendedor. Proclamava-se, por essa forma tácita e solene, a inocência ou a culpabilidade".[9]

Se hoje prevalece o entendimento de que a pena não passará da pessoa do delinquente (art. 5.º, XLV, CF) e que a morte tudo resolve (art. 107, I, CP), naquela época, havia o julgamento dos mortos. Já mumificado, o "réu" era apresentado ao tribunal dos sacerdotes; quebrava-se o silêncio, exortando-se o povo a dizer, em altos gritos, quais as iniquidades cometidas pelo morto. Fosse provada a má conduta, os sacerdotes negavam sepultura ao acusado, determinando o apagamento do seu nome das inscrições públicas e privadas.[10]

3. PALESTINA

"Havia na Palestina três espécies de tribunais, constituindo três graus de jurisdição: os tribunais dos Três, o tribunal dos Vinte e Três e o Sinédrio (70 juízes). (...) As penas eram, além das pecuniárias, a de *morte* (lapidação, fogo, decapitação, estrangulação), a flagelação e a excomunhão. A prisão não aparece como pena na legislação hebraica".[11] Nem mesmo existia a prisão preventiva, como completa CAMPOS BARROS; se não houvesse prisão em flagrante, o acusado hebreu não era preso, senão depois de ter sido julgado pelo tribunal, podendo defender-se.[12]

Um princípio fundamental – em nosso entendimento, uma autêntica garantia processual – era a proteçao contra o falso testemunho, de modo que uma só testemunha jamais valeria para a condenação de alguém. O recurso era direito individual e sagrado; havia, pois, o duplo grau de jurisdição, justamente para buscar uma jurisdição superior, noutra localidade, evitando as influências havidas na comunidade do primeiro julgamento.[13]

---

7   JOÃO MENDES JÚNIOR, ob. cit., p. 13. No mesmo sentido, ROMEU PIRES DE CAMPOS BARROS, *Lineamentos do direito processual penal brasileiro*, v. 1, p. 46-47.

8   *Da ação penal*, p. 37-38.

9   JORGE ALBERTO ROMEIRO (ob. cit., p. 39-40).

10   JORGE ALBERTO ROMEIRO (ob. cit., p. 41).

11   JOÃO MENDES JÚNIOR (ob. cit., p. 13).

12   Ob. cit., p. 47.

13   JOÃO MENDES JÚNIOR (ob. cit., p. 13-16); Campos Barros (ob. cit., p. 47).

Além disso, não havia interrogatórios ocultos e os rabinos proibiam a condenação baseada somente na confissão. A instrução do processo era pública, embora o momento de julgar fosse secreto. O sistema hebraico somente foi alterado em virtude da dominação romana.[14]

Predominava a ação penal popular. Havia o contraditório, a publicidade e a oralidade. Como explica JORGE ALBERTO ROMEIRO, "cada cidadão, animado por um zelo excepcional da lei, traço característico do hebreu, não se furtava a secundar e a facilitar, na medida de suas forças, a ação salutar da justiça repressiva. (...) As falsas acusações eram previstas e severamente punidas por meio da pena de talião e da flagelação, aplicando-se esta somente quando era materialmente impossível a primeira. (...) A acusação e a produção de provas, fazia-as o cidadão denunciador do crime, oral e publicamente, e o acusado defendia-se em pessoa. Os juízes hebreus acreditavam enxergar a verdade nos olhos, nas palavras e nos gestos daqueles que lhes vinham implorar justiça".[15]

4. GRÉCIA

A base do sistema grego calca-se no sistema de Atenas. Havia quatro jurisdições: Assembleia do Povo, o Areópago, os Ephetas e os Heliastas. Na lição de JOÃO MENDES JÚNIOR, "a Assembleia do Povo reunia a todos os outros poderes o poder judiciário, mas exercia-o raramente, por isso que não intervinha senão nas acusações de crimes políticos mais graves (...)".[16] E ROMEU PIRES DE CAMPOS BARROS completa: "a Assembleia do Povo, como regra, não intervinha senão no julgamento de crimes políticos mais graves, e podia determinar, por um decreto, que o Tribunal dos Heliastas tomasse conhecimento e procedesse sobre o crime denunciado à Assembleia, o que era mais comum".[17]

Prossegue JOÃO MENDES JÚNIOR, quanto ao Areópago, "o mais antigo e mais célebre dos tribunais de Atenas, composto de um certo número de juízes, que parece ter variado em diversas épocas mas que não consta ter excedido de 51; tinha, antes da instituição dos juízes heliastas, a competência para conhecer de todos os crimes sendo que, depois, esta competência ficou restrita aos homicídios premeditados, aos envenenamentos, aos incêndios e a alguns outros crimes puníveis com a pena de morte".[18] TOURINHO FILHO complementa afirmando que era impressionante o julgamento, pois o Tribunal se reunia ao cair do sol, as partes não podiam se afastar da matéria de fato, e a votação era secreta.[19] Para ROMEIRO, "a noite presidia assim o curso dos debates, destruindo o encantamento das influências pessoais e mascarando a emoção no rosto dos juízes".[20]

"O Tribunal dos Ephetas, composto de cinquenta e um juízes, escolhidos dentre os senadores pela sorte, tinha apenas as atribuições de conhecer dos homicídios não premeditados".[21] O Tribunal dos Heliastas exercia a jurisdição comum. No dizer de TOURINHO FILHO, "algumas

---

[14] JOÃO MENDES JÚNIOR (ob. cit., p. 17); Campos Barros (ob. cit., p. 47).

[15] Ob. cit., p. 42-43.

[16] Ob. cit., p. 18.

[17] *Sistema do processo penal brasileiro*, p. 49.

[18] Ob. cit., p.18.

[19] *Processo penal*, v. 1, p. 102.

[20] *Da ação penal*, p. 47.

[21] Campos Barros, ob. cit., p. 48.

vezes funcionavam, no mesmo julgamento, 100, 500, 1.000 e até 6.000 juízes. Era a crença de que tantas cabeças asseguravam melhor justiça, ou talvez a explicação esteja na cupidez dos três óbolos que o Estado destinava a cada um dos Juízes, por crime que julgavam".[22]

Segundo João Mendes Júnior, a acusação cabia a magistrados denominados *thesmotetas* – uma espécie de Ministério Público –, cuja função era vigiar e denunciar perante o Senado ou a Assembleia do Povo.[23] Se fosse aceita a denúncia, a Assembleia dedicava um cidadão para sustentar a acusação e o número de juízes para conhecer do fato. Nos delitos privados, abrangendo crimes menos graves, quando a lesão atingia um interesse privado, o direito de acusação era do ofendido, seus pais, seu tutor ou seu senhor. Nessas hipóteses, admitia-se a desistência e a transação".[24]

Em síntese, os traços característicos do processo grego eram: a) havia o direito popular de acusação e julgamento; b) os processos eram públicos, inclusive o julgamento; c) havia prisão preventiva; c) a liberdade provisória só se concretizava mediante caução, salvo em delitos graves, como conspiração contra a pátria e a ordem política; d) havia um procedimento oficial, nos crimes políticos, bem como a restrição do direito popular de acusação em certos crimes que mais lesavam o interesse do indivíduo do que da sociedade".[25]

Havia crimes de ação pública e de ação privada. "Aos crimes públicos, aqueles cuja repressão interessava imediatamente à ordem e à segurança pública, cada cidadão tinha o direito de acusar; ao invés, era esse direito exclusivo dos ofendidos, seus parentes, tutores ou senhores, quando se tratasse dos chamados *crimes privados*, menos graves que os primeiros e cuja lesão inexcedia a de um interesse particular".[26]

Embora o sistema judiciário ateniense fosse muito mais rico, em Esparta havia o *Eforato*, "instituição composta de cinco membros, eleitos anualmente, e destinada a acusar aos magistrados, não excluídos os reis, que faltassem com os deveres do seu ofício. (...) Os 'ambiciosos éforas', com o correr do tempo, usurparam ainda as funções de julgar, inaugurando assim, na Grécia, o processo inquisitório".[27]

5. ROMA

Basicamente, "a jurisdição criminal, como todas as outras manifestações do poder público, pertencia ao Rei, que ora julgava só, ora assistido por um conselho, ou de senadores ou de comissários *duumviros* ou *quaestores*. (...) Expulsos os Reis, a jurisdição criminal passou sem contestação, para o Senado e para o Povo, os quais, às vezes, a delegavam aos cônsules, que ficaram, entretanto, com as atribuições permanentes de polícia, tais como a de tomar medidas preventivas, ordenar prisões e executar sentenças (...) A Lei Valeria proclamou o direito de recurso de qualquer decisão dos magistrados para o povo. Esta lei foi confirmada

---

[22] *Processo penal*, v. 1, p. 102 (citando Faustin Hélie). Igualmente, Romeiro (ob. cit., p. 48).

[23] Segundo Jorge Alberto Romeiro, o *tesmóteta* agia em crimes que atentavam contra a pátria (*Da ação penal*, p. 46).

[24] Ob. cit., p. 19.

[25] João Mendes Júnior, ob. cit., p. 22. Ver, também, Campos Barros (*Lineamentos do direito processual penal brasileiro*, v. 1, p. 48-50).

[26] Jorge Alberto Romeiro (ob. cit., p. 46).

[27] Romeiro (ob. cit., p. 49).

pela das Doze Tábuas e por outras duas posteriores leis, que a desenvolveram, tornando-a eficaz por conta de sanções penais contra os magistrados que dificultassem os recursos".[28]

Nos últimos tempos da República, surgiu uma forma de procedimento, denominada *accusatio*. "Qualquer cidadão tinha o direito de acusar, exceto os magistrados, as mulheres, os menores e as pessoas que não oferecessem garantias de honorabilidade".[29] Na lição de ROMEU PIRES CAMPOS BARROS, esse procedimento aparenta "uma introdução no processo penal público das mencionadas formas do processo penal privado. Não obstante, examinada na sua essência, nada mais representa senão a adaptação do antigo processo penal a novas exigências sociais. Tanto na *cognitio* quanto na *accusatio* é sempre o Estado quem intervém no processo para declarar o crime e pronunciar a sentença. Ocorre que, na última, o Estado é representado por um só órgão (juiz), consistindo o poder no mero exercício da função jurisdicional em sentido estrito, somente delibera e pronuncia a sentença; a iniciativa para determinar a persecução do delinquente, para realizar a pretensão punitiva pública, para exercitar, em suma, a ação penal, não compete a um órgão do Estado, mas a um representante voluntário da coletividade não magistrado (*acusatore*). Assim, supriu-se a incúria dos magistrados, oferecendo um meio de satisfação vindicativa a todos que, direta ou indiretamente, eram lesados pelo crime, surgindo para os cidadãos ambiciosos um novo campo de preparação e exibição, no qual se aperfeiçoavam na arte de declamar em público, aprender a praticar o direito e mostrar aos eleitores a sua capacidade para os cargos públicos. O processo acusatório era regulado por uma série de leis especiais, tendo em vista os vários magistrados populares instituídos para as diversas categorias de crimes, leis estas que tinham por princípio informativo aquele, segundo o qual, a reparação do injusto, contra a coletividade, deveria ser promovida por um seu representante voluntário".[30]

Em Roma, os crimes podiam provocar a ação de qualquer cidadão, pois havia várias leis autorizando essa legitimidade ativa (adultério, parricídio, peculato etc.). Outros delitos, considerados menos graves, eram passíveis de ação privada, cabendo transação entre as partes.[31]

JOÃO MENDES JÚNIOR explica que o Senado (assembleia dos mais velhos) conhecia das acusações de crimes não sujeitos à pena de morte. Tanto o Senado como o Povo podiam delegar o seu poder jurisdicional a um cônsul ou pretor. Pouco a pouco essas delegações foram se multiplicando. Havia dificuldade de processar causas complicadas perante as grandes Assembleias (vide o caso Mensalão no STF do Brasil, em história recente). A delegação era feita a tribunais ou juízes em comissão que passaram a se chamar *quaestiones*. Em princípio, eram temporárias. Após, tornaram-se definitivas, passando a denominar-se *quaestiones perpetuae*. Composição: havia o pretor, que tomava o nome de *quaesitor* e os *judices jurati*. Funcionava como se fosse um júri. O pretor analisava as acusações, se era da sua competência ou não, a seguir indicava os juízes e formava o tribunal; presidia os debates e, colhidos os votos, pronunciava o julgamento. A Lei Pompeia exigiu que os *judice jurati* tivessem determinadas condições de renda

---

[28] JOÃO MENDES JÚNIOR, ob. cit., p. 22-24. No mesmo sentido, JORGE ALBERTO ROMEIRO (ob. cit., p. 50). Houve intensa influência da Grécia no ordenamento jurídico romano, inclusive sobre a organização da justiça (ARENAL FENOCHIO, *El derecho en occidente*, p. 21).

[29] TOURINHO FILHO, ob. cit., p. 103.

[30] *Lineamentos do direito processual penal brasileiro*, v. 1, p. 52.

[31] *Processo criminal brasileiro*, v. 1, p. 25. CARRARA dizia que os romanos foram gigantes em direito civil, mas pigmeus em direito penal, no que é contrariado por FERRI e outros autores, conforme bem demonstra JORGE ALBERTO ROMEIRO (ob. cit., p. 52).

e determinou a elaboração de uma lista geral, anual e pública, redigida pelo pretor da cidade, da qual eram tirados os *judices* para as *quaestiones*. O tribunal funcionava publicamente no fórum, onde todos os atos processuais ocorriam. O julgamento se dava em modo similar ao Tribunal do Júri, com debates e ao final com votação por meio de cédulas. Antes, a votação era de viva voz até que terminou prevalecendo somente o escrutínio secreto.[32]

Em síntese, o processo romano republicano previa as seguintes diretrizes: 1) o direito popular de acusação; 2) a obrigação de prosseguir no feito até o final da sentença; 3) o encargo das diligências da instrução comissionado ao próprio acusador popular; 4) a restrição da prisão preventiva; 5) a ampliação da liberdade provisória sob caução fidejussória; 6) a completa publicidade de todos os atos do processo; 7) o direito popular de julgamento.[33]

Segundo Tourinho Filho, na época do império romano, a *accusatio*, pouco a pouco, cedeu espaço a outro procedimento: a *cognitio extra ordinem*. Aumentaram os poderes dos magistrados, invadindo atribuições do acusador privado, até o ponto de se reunir no mesmo órgão o acusador e o magistrado (aliás, o que se dá em países como a Itália). A isto, Romeu Pires Campos de Barros denominou de *processo penal extraordinário*, que era o poder de agir de ofício, quando a vítima não se manifestava.[34]

Não se deve olvidar a importância de Justiniano e seu *Corpus Iuris*, cuja importância era equivalente à bíblia e aos textos dos filósofos gregos, como Platão e Aristóteles. No seu conjunto, pode-se visualizar o que se denomina de *cultura ocidental*.[35]

Continuaram de ação pública, com direito de acusação feito por qualquer pessoa, vários delitos, como lesa-majestade, adultério, peculato, violência privada, violência pública, concussão, cabala, parricídio, captação de testamentos, falsidades etc. Deocleciano, no entanto, acabou com as *quaestionae perpetuae*, suprimiu as listas de *judices jurati* e fez cessar a participação de cidadãos nos julgamentos criminais em Roma e nas províncias. Criaram-se duas jurisdições permanentes: a do *proefectus urbi* (conselho de assessores) e a do *proefectus vigilum* (chefe de polícia), além do Conselho do Príncipe ou *Sacrum Consistorium*.[36]

"O sistema inquisitório substituiu, assim, ao acusatório e a ação penal foi cometida, durante o império, ao *praefectus urbis* e ao *praefectus praetorii*, em Roma, e aos *praesides* e aos *proconsules*, nas províncias, os quais eram auxiliados por agentes subalternos denominados *irenarchae, curiosi, legati, stationarii* e *nunciatores*, incumbidos de investigar os crimes e denunciá-los àqueles".[37]

6. A INFLUÊNCIA DA IGREJA

Durante vários anos, o direito canônico mostrou-se como o único conjunto de leis escritas organizadas, eis um dos motivos pelos quais nasceu o poder político da igreja. Exercia uma função estabilizadora e unificadora.[38]

---

[32] Ob. cit., p. 26-32.

[33] João Mendes Júnior, ob. cit., p. 33.

[34] Ob. cit., p. 52-53.

[35] Arenal Fenochio (*El derecho en occidente*, p. 41 e ss.).

[36] João Mendes Júnior, ob. cit., p. 34-38.

[37] Jorge Alberto Romeiro (*Da ação penal*, p. 55).

[38] Consultar Wauters e Llopis-Llombart (*Historia del derecho en Europa*, p. 56-58).

Os imperadores Honório e Justino delegaram aos bispos o direito de inspecionar as prisões e os processos, verificar as detenções e proferir advertências aos magistrados, denunciando suas negligências, incúrias e prevaricações. Firmou-se o princípio de que o réu não deve ser julgado na sua ausência. O recurso de apelação passou a ser admitido para todas as causas criminais. Criaram-se privilégios em favor de determinadas classes de pessoas: senadores e eclesiásticos. O espírito do cristianismo ameniza o direito penal, proclamando a igualdade dos acusados perante a justiça, restringindo-se os tormentos, proibindo o prolongamento de prisão preventiva etc.[39]

7. VISIGODOS

No dizer de Campos Barros, "com a recepção do direito germânico, a partir do século V, nota-se um novo espírito profundamente supersticioso a influir no processo penal. O acusado teria direito de purificar-se por meio do juramento, sendo que os conjuradores lhe prestavam apoio, decidindo os juízos de Deus e o duelo, sobre os fundamentos da acusação. As provas se tornaram meramente formais, tendo importância a flagrância do delito para sua escolha".[40]

O povo era cristão e, embora feroz na guerra, mantinha o sentimento da justiça e o respeito aos sacerdotes. Cultivavam, ainda, o direito consuetudinário; o direito vale por ser tradicional, de forma a resolver sempre de maneira semelhante os casos parecidos. Por isso, transmitiam o direito pela forma oral, confrontando os hábitos romanos de possuir leis escritas. Os princípios da oralidade e da publicidade faziam sucesso entre o povo.[41]

"Os visigodos, de todos os povos bárbaros que invadiram o território, tinham sido aqueles que mantiveram um maior contato com os romanos, aos quais se aliaram em 376, para, juntos, enfrentarem os hunos. Em grande maioria eram cristãos e o próprio Leovigildo[42] era católico e tentara impor o arianismo aos súditos".[43]

São princípios do processo, segundo João Mendes Júnior: "1) ninguém poderia ser condenado sem ser acusado pelo ofendido e ouvido, salvo em caso de flagrante delito e clamor geral; 2) a falta de testemunhas do fato e outras provas contra o acusado provocava o chamamento de membros da sua comunidade para darem testemunhos pró ou contra (*conjuratores*). Se os testemunhos fossem contrários ao réu, empregavam-se as ordálias ou juízos de Deus". As ordálias consistiam em ficar um tempo embaixo d'água, sem se asfixiar; ou colocar o braço em água fervendo ou tocar a mão em ferro quente. Se não se machucasse, era inocente.[44] Os visigodos cultivavam a *vingança de sangue*, vale dizer, o dever de vingar um homicídio e outras ofensas graves contra os membros do clã.

Segundo Taruffo, "os ordálios têm uma história antiga e obscura: provavelmente chegaram da Índia à Europa central, onde foram adotados pelos povos germânicos. De qualquer forma, quando esses povos invadiram o resto da Europa e criaram seus reinos, o sistema

---

[39] João Mendes Júnior, ob. cit., p. 45-48.

[40] *Lineamentos do direito processual penal brasileiro*, v. 1, p. 54.

[41] Wauters e Llopis-Llombart (*Historia del derecho en Europa*, p. 49-50). Conferir, também, em Torres Aguilar, coord., *Manual de historia del derecho*, p. 76-77.

[42] Rei dos Visigodos.

[43] José Henrique Pierangelli (*Processo penal. Evolução história e fontes legislativas*, p. 28).

[44] Ob. cit., p. 53.

germânico dos ordálios difundiu-se por todo o continente; tornou-se o mais comum *sistema probatório*, tanto para controvérsias penais como para as civis (...)".[45]

Romeiro menciona que "entre os germanos a acusação foi abandonada ao ofendido e somente quando se tratava de delito considerado como perturbador da paz social, em que o ofendido ou parente seu não tomava a iniciativa da ação penal, podia ser confiada a qualquer membro da tribo".[46] Retomou-se a ação penal popular, assim como o sistema processual acusatório, perdurando durante os séculos XI e XII.

A mescla do direito dos visigodos com o direito romano arcaico trouxe novas luzes para as matérias criminais, tanto assim que, no ano de 506, o rei Alarico II promulga a *Lex romana visigothroum* (lei romana dos visigodos).[47]

8. JURISDIÇÃO ECLESIÁSTICA

Essa fase passou por várias vicissitudes. "Entre idas e vindas, ora se empregavam os juízos de Deus (ferro quente, água fervente etc.), ora o Papa proibia o uso dessas provas. Havia também a prova por *conjuratores* se houvesse a negativa do crime por parte do réu. Conforme o número de testemunhas de que ele era inocente, assim era declarado. (...) Exigia-se, para o juiz proferir sentença, ouvir-se o réu, buscando a confissão ou, pelo menos, a afirmação de suas testemunhas a seu respeito".[48]

No século XIII, o papa Inocêncio III declarou que "além da acusação, eram meios de iniciar o procedimento criminal o *inquérito* e a *denúncia* (...) A *denúncia* foi o refúgio dos fracos contra a prepotência dos senhores feudais. Estava assim aberto o meio de evitar a formalidade da inscrição da acusação e estancada uma fonte de vingança e opressões; mas, o mesmo Inocêncio III, para reformar os costumes do clero, indicou outro meio: a *inquisitio* antes de qualquer procedimento. (...) O Cânone papal (Inocêncio III) determinava a necessidade do processo escrito. Depois, Bonifácio VIII, em 1298, estabeleceu o processo secreto e sumário".[49]

A partir do Século XV, foi definitivamente afastado o sistema acusatório, prevalecendo o sistema inquisitivo, que dominou as legislações até o Século XIX.[50] Como preleciona Frederico Marques, "até a Revolução Francesa, ele domina, sem contraste, a legislação processual penal, tendo sido um dos instrumentos de formação e consolidação do absolutismo dinástico que imperou nas monarquias da Europa, a partir do século XVI".[51]

Embora já se tenha mencionado o fator positivo do sistema inquisitivo, protetor das pessoas pobres, quando vítimas dos ricos e poderosos, houve excessos inaceitáveis.

O processo passou a ser escrito e secreto. Não se permitia nem mesmo o controle da distribuição aos juízes.

---

[45] *Uma simples verdade...*, p. 19. O próprio autor lembra que as ordálias não eram o primeiro meio de prova, mas o último. Em casos de incerteza, eram buscadas para a descoberta da verdade (p. 22).

[46] Ob. cit., p. 61.

[47] Wauters e Llopis-Llombart, ob. cit., p. 53.

[48] João Mendes Júnior, ob. cit., p. 75-76.

[49] João Mendes Júnior, ob. cit., p. 76-81.

[50] No mesmo prisma, Romeiro (ob. cit., p. 61).

[51] *Elementos de direito processual penal*, v. I, p. 93.

Os desvios da inquisição, quando o procedimento inquisitivo se mesclou com a busca da igreja pelos hereges, foram muitos.

Segundo João Mendes Júnior, "a *inquisitio*, conforme era indicada por Inocêncio III, não teria a extensão e não produziria os abusos depois ocorridos, se os Papas posteriores e os Reis, na luta contra os Mouros, Judeus e outros hereges, se contivessem nos limites dos cânones daquele grande pontífice. Bonifácio VIII, que, no fim do século XIII, deu maior desenvolvimento aos juízos e tribunais eclesiásticos, também deu maior desenvolvimento ao processo inquisitório; pois, a princípio os bispos serviam-se do meio da *inquisitio* nas pesquisas dirigidas contra os clérigos, nos casos que pediam o segredo da instrução, porém publicando depois os nomes e os ditos das testemunhas; só mais tarde, por acharem este processo mais cômodo e mais rápido, estenderam-lhe a aplicação e ampliaram o segredo até a ocultação dos nomes. As formas antigas da acusação, a publicidade dos debates, ficaram desde então definitivamente abolidas nas jurisdições eclesiásticas".[52]

O Concílio de Trento (século XVI) criou o tribunal da inquisição, onde se empregaram tortura e penas de sangue. O processo penal sucumbe às trevas. É interessante observar que, justamente nessa época, ampliaram-se consideravelmente os casos de *foros privilegiados*. Como mostrou João Mendes Júnior, os privilegiados estavam a cargo dos corregedores e dos ouvidores; os eclesiásticos a cargo das oficialidades eclesiásticas.[53]

9.   PORTUGAL

D. Afonso IV (sucessor de D. Diniz) começou a mandar *juízes de fora* para residirem no lugar durante certo tempo (seriam juízes permanentes e não ambulantes como os corregedores). A ideia era desvincular o juiz dos parentescos, amizades, rivalidades do local, já que ele viria de fora. Exigia-se que fossem pessoas literatas e entendidas, pois assim eram conhecidos os juristas.[54] Como bem lembra Frederico Marques, foi um certeiro golpe desfechado em "ouvidores dos condes, abades e senhores de terras, ao instituir juízes permanentes e eleitos em todo o reino".[55] Mas, além disso, os juízes de fora precisaram ser nomeados por conta da peste negra que vitimou muita gente, como os juízes das terras.[56]

"Pode-se dizer que D. Afonso IV foi o rei que deu as primeiras leis gerais para o processo criminal. (...) Na sequência, sucedeu-o D. Pedro I, que legislou sobre os tormentos, restringido a sua aplicação e isentando deles os fidalgos. (...) Nessa época, havia o *inquérito propriamente dito* e a *devassa*. O primeiro era uma inquirição que exigia a presença do acusado; a devassa era a inquirição feita de ofício, sem o concurso do acusado. Após críticas contra as devassas, D. Pedro I, atendendo a reclamação, reduziu o seu alcance, salvo nos casos de morte ou crimes muito graves. Sucessor de D. Pedro I, D. Fernando I criou os *quadrilheiros*, voltados à prisão em flagrante e perseguição de vagabundos e ladrões de estrada. Restringiu os poderes jurisdicionais dos Senhores das terras. (...) Após, D. João I (1385) restringiu as prisões preventivas, deu nova forma ao processo criminal e nomeou ouvidores e corregedo-

---

[52]   Ob. cit., p. 83.
[53]   Ob. cit., p. 93.
[54]   João Mendes Júnior, ob. cit., p. 103.
[55]   *Elementos de direito processual penal*, v. 1, p. 94.
[56]   José Henrique Pierangelli (*Processo penal. Evolução histórica*, p. 51).

res para várias comarcas. Eis algumas regras estabelecidas: a) que os tabeliães, nas querelas, registrassem exatamente o que as partes disseram; b) restringe as prisões preventivas a crimes de sangue, como regra; c) recomenda a prisão aos hereges, assaltantes, homicidas, dentre outros; d) recomenda-se a prisão se houver furto, ou roubo, ou adultério ou agressão com arma, havendo testemunhas do fato; e) se os juízes perceberem que a demanda é maliciosa, devem apelar e mandar prender o querelante até que o recurso seja julgado; dentre outras".[57]

10. ORDENAÇÕES

"Seguiu-se D. Afonso V, que editou as suas Ordenações (1446). As Ordenações Afonsinas apresentavam, no Livro V, as leis penais e o processo criminal. Não havia a preocupação com a finalidade da pena e sua proporção com o delito; pretendia-se conter os homens por meio do terror e do sangue. Para coibir abusos judiciais, considerou-se instrumento subsidiário o direito romano e, também, o direito canônico.[58] (...) O processo ordinário possuía três formas para ser iniciado: a acusação, a denúncia e a inquirição. A acusação inscrevia-se pelo *auto de querela*; a denúncia não se inscrevia, pois era a delação secreta e de súplica dos fracos; a inquirição iniciava-se de ofício. Iniciado o processo, citava-se o acusado, que era, então, interrogado. Poderia admitir ou negar o crime e exigir que as testemunhas da devassa fossem ouvidas em juízo. Findas as inquirições, o réu tinha a oportunidade de se manifestar".[59]

Após, segue o reinado de D. João II, que desenvolveu a autoridade dos glosadores e aumentou o número de corregedores nas comarcas. Sucedeu-o D. Manoel, em cujo reinado descobriu-se o Brasil. Em 1521, ele promulga as suas Ordenações Manoelinas. D. Manoel multiplicou o número de *juízes de fora*, de modo que, em Portugal, já não era comum a existência dos juízes ordinários, originários nas próprias comarcas. No livro I já aparece o Promotor de Justiça, com as funções de Ministério Público, no cível e no crime, devendo haver promotor em todas as comarcas. As formas romanas iam se introduzindo cada vez mais, ao lado das canônicas.[60] "O livro V das Ordenações Manoelinas, célebre pelo seu rigor e pela sua lúgubre frase-estribilho 'morra por ello', cuidava do direito e do processo penal".[61]

A D. Manoel sucedeu D. João III, que mudou o procedimento dos processos criminais, por meio da Lei de 5 de julho de 1526. Primeiramente, lia-se o libelo na audiência, após o que será recebido. Se ao julgador parecer necessária alguma declaração, determinará que seja feita. Se já não estiver constando o tempo e o lugar do crime, o julgador mandará que conste de ofício. Seguem-se os artigos da contrariedade, defesa, réplica, tréplica. Após, os autos seguem à conclusão. Depois de D. João III sucedeu D. Sebastião. Seguiu-se o Cardeal D. Henrique e, finalmente, Filipe II, quando se promulgou o texto das Ordenações Filipinas, em 1603.[62]

As devassas eram inquirições para informação dos crimes. Havia as gerais e as especiais. As primeiras, sobre delitos incertos, davam-se anualmente, quando os juízes começavam a

---

[57] João Mendes Júnior, ob. cit., p. 107-112.

[58] No mesmo prisma, aponta Frederico Marques: "no Livro V desse corpo de leis, vinha regulado o direito e o processo penal, notando-se neste a decisiva influência do direito canônico e de seu procedimento inquisitorial" (*Elementos de direito processual penal*, v. I, p. 94).

[59] João Mendes Júnior (ob. cit., p. 119-120).

[60] João Mendes Júnior (ob. cit., p. 132-133).

[61] Romeiro (ob. cit., p. 72).

[62] João Mendes Júnior (ob. cit., p. 134-136).

servir os seus cargos. As especiais pressupõem a existência do crime, sendo incerto o autor. As devassas gerais deveriam encerrar-se em trinta dias; as especiais deviam começar dentro de oito dias do ocorrido. Para as gerais, eram competentes os juízes de fora e ordinários e dos corregedores nas correições; para as especiais, os juízes do território onde se deu o evento.[63] As devassas só podiam ser tiradas nos casos expressamente previstos em lei, em autêntico seguimento ao princípio da legalidade.

Complementa FREDERICO MARQUES que as devassas gerais se voltavam a delitos incertos, principiando no início do ano, motivo pelo qual foram denominadas de *Janeirinhas*.[64]

Genericamente, nos crimes particulares, a acusação era precedida da querela,[65] da inquirição sumária, do corpo de delito e da pronúncia; nos crimes públicos, da querela ou da denúncia, da caução das custas, emenda e satisfação, do corpo de delito e da pronúncia; nos casos de devassas, eram estas o instrumento do procedimento oficial do juiz, seguindo-se a inquirição judicial, isto é, a repergunta e a confrontação das testemunhas, e depois a pronúncia. Antes da pronúncia, sempre que o réu estivesse preso, deveria ser interrogado. Formada a culpa, procedia-se ao processo da acusação e do julgamento, que podia ser: a) ordinário (citação, libelo, exceções, contestação, contrariedade, réplica, tréplica, provas, publicações, alegações de defesa e sentença, com embargos, apelação, agravo e execução); b) sumário (serviam tanto para crimes de menor monta, como injúrias verbais, até os graves, passíveis de pena de morte; nestes, nem mesmo se fazia a citação, nem se ouvia testemunha, admitindo-se apenas a defesa em termo breve, havia recursos como embargos, apelação e agravo; o recurso extraordinário era a revisão por graça.[66]

No cenário das devassas, "os tormentos eram admitidos como meio de prova, observadas as regras seguintes: a) não se podia dar tormento a fidalgo, cavaleiro, doutor em cânones, leis, ou medicina, e vereadores, senão nos casos de falsidade, moeda falsa, testemunho falso, sodomia, alcoviteria e furto (...);[67] b) era permitido apelar do tormento 'mandando dar o juiz a alguém' (...); c) o tormento podia dar-se por pequenos indícios em crime de lesa-majestade (...); d) podia ser repetido o tormento, para o acusado, em três casos: 'o primeiro, se houve tão indubitáveis indícios, que ainda que ele no tormento negue, não deixa o julgador de crer que ele o fez; o segundo, se depois sobrevieram outros novos indícios; o terceiro, se confessa no tormento e depois se desdiz' (...); e) dava-se tormento de até quarenta açoites ao escravo fugitivo, para que diga quem é o seu senhor, sem apelação nem agravo (...); f) tormento se dava ao culpado por casar duas vezes, se ele negasse o segundo matrimônio; e se no tormento não confessasse, seria degredado para a África pelo engano que fez (...); g) tormento poderá logo dar o Corregedor da Corte ao malfeitor, de que houve evidentes indícios com acordo do regedor e desembargadores (...); h) tormento se dá por uma só testemunha, ou confissão

---

[63] JOÃO MENDES JÚNIOR (ob. cit., p. 143). Citando a definição de PEREIRA E SOUSA: "devassa era a 'informação do delito, tomada por autoridade do juiz, para castigo dos delinquentes e conservação do sossego público.'" (ROMEIRO, ob. cit., p. 76).

[64] FREDERICO MARQUES, *Elementos de direito processual penal*, v. I, p. 95.

[65] "A querela era a delação que alguém fazia, em juízo competente, de algum fato criminoso, por interesse particular e de interesse público" (ROMEIRO, ob. cit., p. 78).

[66] JOÃO MENDES JÚNIOR (ob. cit., p. 146-147).

[67] Observe-se que, há muitos séculos, o direito penal é seletivo, reservando os piores tratamentos às pessoas sem títulos acadêmicos ou menos afortunadas.

extrajudicial, fama pública ou fuga (...); i) quando se der tormento, não estará presente mais que o julgador, o escrivão e o ministro".[68]

Somente após o advento da Revolução Francesa e a proclamação dos Direitos do Homem, inicia-se uma fase de normas humanitárias, revogando-se o direito penal e processual do terror.

11. BRASIL

Começou a ser colonizado em meados do século XVI, durante o reinado de D. João III.

"Em 1534, o Brasil foi dividido em doze capitanias hereditárias, concedendo-se privilégios aos donatários, inclusive jurisdição cível e criminal. (...) Em 1549, D. João resolveu centralizar e criou um governo geral para o Brasil, com um governador geral, chefe do governo e centro administrativo; um provedor-geral, dirigindo a fazenda; um capitão-mor da costa, encarregado da defesa do litoral, e mais tarde: um alcaide-mor, com o comando das armas; um ouvidor-geral, presidindo a justiça. (...) Posteriormente, em 1573, o Brasil foi dividido em dois governos gerais, um para o Norte, cuja capital era Salvador na Bahia; outro para o Sul, cuja capital era o Rio de Janeiro".[69]

"D. João VI (1808) no Brasil: a justiça estava assim organizada: duas Relações, a da Bahia e a do Rio de Janeiro; corregedores de comarca, ouvidores-gerais, ouvidores de comarca, chancereis de comarca, provedores, contadores de comarca, juízes ordinários e de órfãos eleitos, juízes de fora, vereadores, almotacés, juízes de vintena; tendo como auxiliares os tabeliães, escrivães, inquiridores, meirinhos e outros oficiais de justiça, os alcaides pequenos e os quadrilheiros, como oficiais de polícia. Chegando ao Brasil, D. João criou o Supremo Conselho Militar e de Justiça, o Tribunal da Mesa do Desembargo do Paço e da Consciência e Ordens".[70]

Em abril de 1821, D. João VI foi para Portugal. Deixou D. PEDRO DE ALCÂNTARA como Regente que, continuando o movimento separatista, resolveu expedir o seguinte decreto naquele mesmo ano, em síntese: 1) ninguém deve ser preso sem ordem por escrito do juiz, exceto em flagrante delito, em que qualquer do povo deve prender o delinquente; 2) nenhum juiz pode expedir ordem de prisão sem precedente culpa formada; 3) processos de réus presos devem ser resolvidos da maneira célere, devendo ser adotada a publicidade dos atos; 4) não haverá prisão secreta ou masmorra infecta, escura e estreita; a prisão serve apenas para guardar os presos; fica abolido o uso de correntes, algemas, grilhões e outras formas criadas para martirizar homens ainda não julgados; 5) a contravenção legalmente provada das disposições deste Decreto acarretará o perdimento do emprego e a inabilitação permanente para outro.[71]

12. CONSTITUIÇÃO DO IMPÉRIO DO BRASIL

Promulgada em 25 de março de 1824, trazia importantes direitos e garantias individuais, a saber:

---

[68] FREDERICO MARQUES, *Elementos de direito processual penal*, v. I, p. 96-97. Como esclarece PIERANGELLI, *tormento* era a denominação da pergunta judicial feita ao acusado de um crime grave com o fim de obrigá-lo a dizer a verdade por meio da tortura (ob. cit., p. 64).

[69] JOÃO MENDES JÚNIOR (ob. cit, p. 151-154).

[70] JOÃO MENDES JÚNIOR (ob. cit., p. 156).

[71] JOÃO MENDES JÚNIOR (ob. cit., p. 161-162). No mesmo sentido, FREDERICO MARQUES (*Elementos de direito processual penal*, v. I, p. 99).

Júri: Art. 151. "O Poder Judicial é independente e será composto de juízes e jurados, os quais terão lugar assim no cível como no crime, nos casos e pelo modo que os Códigos determinarem".

Art. 152. "Os jurados pronunciam sobre o fato e os juízes aplicam a lei".

Art. 153. "Os juízes de direito serão perpétuos, o que, todavia, se não entende que não possam ser mudados de uns para outros lugares pelo tempo e maneira que a lei determinar".

Nos arts. 154, 155, 156 e 157, prevê a possibilidade de os juízes serem punidos pelo Imperador, além do que só perderão o cargo por sentença; os magistrados são responsáveis pelos abusos de poder e prevaricação, cabendo contra eles ação popular em casos de suborno, peita, peculato e concussão.

Sobre as garantias dos direitos individuais:

Art. 179. "A inviolabilidade dos direitos civis e políticos dos cidadãos brasileiros, que tem por base a liberdade, a segurança individual e a propriedade, é garantida pela Constituição do Império, pela maneira seguinte:

1.º Nenhum cidadão pode ser obrigado a fazer ou deixar de fazer alguma coisa senão em virtude de lei;

2.º Nenhuma lei será estabelecida sem utilidade pública;

3.º A sua disposição não terá efeito retroativo. (...)"

Na continuidade dos itens 4.º a 35 são expostos vários outros direitos individuais, previstos até hoje, inclusive pela atual Constituição de 1988, tais como: a casa é asilo inviolável; ninguém será preso sem culpa formada, como regra; ninguém será preso quando for admitida fiança; a prisão somente pode ser decretada por ordem escrita de autoridade legítima, à exceção do flagrante; ninguém será sentenciado senão pela autoridade competente; mantém-se a independência do Poder Judiciário; a lei será igual para todos, quer proteja, quer castigue, e recompensará em proporção dos merecimentos de cada um; ficam abolidos os açoites, a tortura, a marca de ferro quente e demais penas cruéis; nenhuma pena passará da pessoa do delinquente; não haverá confisco de bens; as cadeias serão seguras, limpas e bem arejadas; inviolabilidade de correspondência, dentre outros.[72]

13. LEIS ESPECIAIS

Antes do advento do Código de Processo Criminal, várias leis surgiram disciplinando determinados temas. Exemplos: a) Lei de 15 de outubro de 1827 criou os juízes de paz, dando-lhes atribuições civis e atribuições policiais e criminais, como fazer o auto de corpo de delito nos casos e pelo modo marcados em lei; quando indiciado o delinquente, deve ser conduzido para interrogatório à vista de testemunhas etc.; b) Decreto de 20 de setembro de 1829 vedou a concessão de fiança pelo juiz de paz, por não ser juiz criminal, assim como a atribuição de promover o auto de corpo de delito não é privativa do juiz de paz; c) Lei de 30 de agosto de 1828: só poderão ser presos por crime sem culpa formada: *a*) os que forem achados em flagrante delito; *b*) os que forem indiciados em crimes em que a lei impuser pena de morte, prisão perpétua ou galés. Fora do caso do flagrante, é preciso ordem

---

[72] Basta o exemplo dado pela Constituição do Império, para notarmos o aperfeiçoamento dos direitos e garantias individuais a partir daí.

escrita do juiz competente; dar-se-á ciência ao preso dos motivos de sua prisão, nome do seu acusador e das testemunhas; d) Lei de 23 de setembro de 1828: em nenhum processo criminal se proferirá sentença definitiva sem acusação por escrito, com contestação do réu e produção de provas.[73]

14. CÓDIGO DE PROCESSO CRIMINAL

Era preciso um Código de Processo. Em 29 de novembro de 1832, surgiu o Código de Processo Criminal. Havia nova divisão para as Comarcas; inseriu-se o júri em todas as causas criminais; além de várias normas de transição de competência. "Os juízes municipais e os promotores públicos eram nomeados pelo Governo, na Corte, pelos Presidentes nas províncias, sob proposta das Câmaras Municipais, trienalmente feitas, em listas de três candidatos, devendo ser preferidos os graduados em direito ou instruídos nas leis (...). Os jurados eram alistados anualmente por uma Junta composta do Juiz de Paz, do pároco e do presidente da Câmara Municipal, o qual podia ser substituído por algum dos vereadores ou por um homem bom nomeado pelos membros da Junta".[74]

"Posteriormente, a Lei de 3 de dezembro de 1841, regulada pelo Decreto n. 120, de 31 de janeiro de 1842, trouxe algumas alterações:[75] criou a figura do chefe da polícia, com delegados e subdelegados, nomeados pelo Imperador, como regra; escolhia-se o chefe de polícia entre juízes e desembargadores, bem como entre os delegados e subdelegados. Gozavam de inamovibilidade e eram obrigados a aceitar a designação. (...) Foram conferidas às autoridades policiais funções não só policiais como judiciais. Aboliu-se o júri de acusação".[76]

Finalizando, "na última fase do Império, a administração da Justiça estava distribuída assim: o Supremo Tribunal de Justiça, onze distritos de Relações, mais de quatrocentas comarcas com o juiz de direito e promotor público, mais de quinhentos termos com juízes municipais e conselho de jurados, inumeráveis distritos de juízes de paz. Quanto à polícia, havia um Chefe de Polícia no município neutro e em cada província, delegados nos termos, subdelegados nos distritos e inspetores nos quarteirões".[77]

Afirma FREDERICO MARQUES ter sido combatida "durante quase trinta anos a lei de 3 de dezembro e inúmeras foram as vozes que se levantaram no Parlamento imperial, pleiteando-lhe a reforma. (...) Coube ao ministério de Rio Branco ir ao encontro dessa velha aspiração, promulgando a Lei n. 2.033, de 20 de setembro de 1871, regulamentada, ao depois, pelo decreto n. 4.824, de 22 de novembro do mesmo ano".[78]

A Lei 2.033/1871 e o Decreto 4.824/1871 implementaram a separação da justiça e da polícia, criando-se o instituto do *inquérito policial* (arts. 42 e ss.). Após a Proclamação da

---

[73] JOÃO MENDES JÚNIOR (ob. cit., p. 175-178).

[74] JOÃO MENDES JÚNIOR (ob. cit., p. 186-189).

[75] Segundo FREDERICO MARQUES, o Código Criminal do Império era pouco eficiente para restaurar a ordem e a tranquilidade, abaladas pelas agitações políticas e movimentos revolucionários entre 1830 a 1840. Eis o motivo da edição da Lei de 3 de dezembro de 1841 e seu regulamento 120, de 31 de janeiro de 1842. Havia, então, instrumentos e meios para o Governo imperial lidar com a desordem, impondo a sua autoridade (*Elementos de direito processual penal*, v. I, p. 101).

[76] JOÃO MENDES JÚNIOR (ob. cit., p. 208).

[77] JOÃO MENDES JÚNIOR (ob. cit., p. 230).

[78] Ob. cit., p. 103.

República, emerge o Código Penal de 1890. A Constituição republicana surge em 24 de fevereiro de 1891.

No campo processual, o Decreto-lei 167, de 5 de janeiro de 1938, trouxe várias modificações no Tribunal do Júri. Foi justamente a legislação que conferiu ao Tribunal togado substituir a decisão de mérito do Tribunal Popular por decisão técnico-jurídica: "Se, apreciando livremente as provas produzidas, quer no sumário de culpa, quer no plenário de julgamento, o Tribunal de Apelação se convencer de que a decisão do Júri nenhum apoio encontra nos autos, dará provimento à apelação, para aplicar a pena justa ou absolver o réu, conforme o caso" (art. 96). Nunca é demais relembrar que um dos maiores erros judiciários da história brasileira – o caso dos irmãos Naves – ocorreu, justamente, sob a égide do Decreto-lei 167/1938. Afinal, os irmãos Naves foram duas vezes absolvidos pelo Tribunal do Júri, mas terminaram condenados pelo Tribunal de Justiça de Minas Gerais. Não havia a soberania dos veredictos, que passou a constar, como garantia constitucional, a partir da Constituição de 1946. Igualmente, no Código de Processo Penal de 1941 (nosso atual Código).

O CPP já nasceu sob críticas, afirmando FREDERICO MARQUES que, "infelizmente, a comissão que elaborou o projeto que se transformou no atual Código de Processo Penal, não soube dotar o país de um estatuto moderno, à altura das reais necessidades de nossa Justiça Criminal".[79]

RESUMO DO CAPÍTULO

▸ **Processo penal na Antiguidade I (Índia e Egito):** qualquer pessoa do povo poderia ajuizar ação penal, punindo-se as falsas acusações. O processo penal ainda era dominado por uma mescla com o poder religioso. Utilizavam-se a instrução pública e o método escrito. O julgamento, geralmente, era secreto. Particularmente, no Egito, julgavam-se os mortos; mumificado ele era apresentado aos tribunais; condenado, era-lhe negada sepultura, apagando-se o seu nome de inscrições públicas e privadas.

▸ **Processo penal na Antiguidade II (Palestina e Grécia):** a prisão não era pena, mas um modo de se aguardar a prolação da sentença, que impunha penas duras, como a morte. No sistema, buscava-se punir o falso testemunho, de modo que uma só testemunha não era suficiente para a condenação. A instrução era pública, mas era secreto o momento do julgamento. Havia a ação penal popular. Na Grécia, particularmente, as regras processuais eram as seguintes: a) havia o direito popular de acusação e julgamento; b) os processos eram públicos, inclusive o julgamento; c) havia prisão preventiva; c) a liberdade provisória só se concretizava mediante caução, salvo em delitos graves, como conspiração contra a pátria e a ordem política; d) havia um procedimento oficial, nos crimes políticos, bem como a restrição do direito popular de acusação em certos crimes que mais lesavam o interesse do indivíduo do que da sociedade.

▸ **Processo penal romano:** havia diferença entre o processo da época da República e o da época do Império. Na República, havia a *accusatio*, por meio da qual qualquer cidadão tinha o direito de acusar outrem, exceto magistrados, mulheres, menores e pessoas que não ofertassem garantias de honorabilidade. Houve apenas uma introdução ao processo penal público. Em síntese, o processo romano republicano

---

[79] *Elementos de direito processual penal*, v. I, p. 108.

previa as seguintes diretrizes: 1) o direito popular de acusação; 2) a obrigação de prosseguir no feito até o final da sentença; 3) o encargo das diligências da instrução comissionado ao próprio acusador popular; 4) a restrição da prisão preventiva; 5) a ampliação da liberdade provisória sob caução fidejussória; 6) a completa publicidade de todos os atos do processo; 7) o direito popular de julgamento. No Império, o sistema inquisitório predominou.

▸ **Processo penal dos visigodos:** os seus princípios elementares são: a) ninguém poderia ser condenado sem ser acusado pelo ofendido e ouvido, salvo em caso de flagrante delito e clamor geral; b) a falta de testemunhas do fato e outras provas contra o acusado provocava o chamamento de membros da sua comunidade para darem testemunhos pró ou contra (*conjuratores*). Se os testemunhos fossem contrários ao réu, empregavam-se as ordálias ou juízos de Deus. As ordálias consistiam em ficar um tempo embaixo d'água, sem se asfixiar; ou colocar o braço em água fervendo ou tocar a mão em ferro quente. Se não se machucasse, era inocente. Os visigodos cultivavam a *vingança de sangue*, vale dizer, o dever de vingar um homicídio e outras ofensas graves contra os membros do clã. A mescla do direito dos visigodos com o direito romano arcaico trouxe novas luzes para as matérias criminais, tanto assim que, no ano de 506, o rei ALARICO II promulga a *Lex romana visigothroum* (lei romana dos visigodos).

▸ **Processo penal eclesiástico:** houve o predomínio do processo inquisitivo, que trouxe bons frutos, pois permitia o enquadramento de criminosos de elevado poder aquisitivo e títulos de nobreza, uma vez que contra o inquisidor do rei nada podiam fazer. Esta fase passou por altos e baixos, ora admitindo os chamados juízos de Deus (uso de ferro quente e água fervente para obter a confissão), ora proibindo-se o emprego desses meios. Infelizmente, houve a criação do Tribunal da Inquisição, onde imperaram a tortura e as penas de sangue.

▸ **Processo penal português:** em primeira análise, verifica-se que o processo penal regia-se da seguinte forma: a) os tabeliães, nas querelas, deveriam registrar exatamente o que as partes disseram; b) restringem-se as prisões preventivas a crimes de sangue, como regra; c) recomenda-se a prisão aos hereges, assaltantes, homicidas, dentre outros; d) recomenda-se a prisão se houver furto, ou roubo, ou adultério ou agressão com arma, havendo testemunhas do fato; e) se os juízes perceberem que a demanda é maliciosa, devem apelar e mandar prender o querelante até que o recurso seja julgado; dentre outras. Após, houve o predomínio das *devassas*, que eram inquirições para informação dos crimes. Havia as gerais e as especiais. As primeiras, sobre delitos incertos, davam-se anualmente, quando os juízes começavam a servir os seus cargos. As especiais pressupõem a existência do crime, sendo incerto o autor. As devassas gerais deveriam encerrar-se em trinta dias; as especiais deviam começar dentro de oito dias do ocorrido. Para as gerais, eram competentes os juízes de fora e ordinários e dos corregedores nas correições; para as especiais, os juízes do território onde se deu o evento. As devassas só podiam ser tiradas nos casos expressamente previstos em lei, em autêntico seguimento ao princípio da legalidade. No cenário das devassas, "os tormentos eram admitidos como meio de prova, observadas as regras seguintes: a) não se podia dar tormento a fidalgo, cavaleiro, doutor em cânones, leis, ou medicina, e vereadores, senão nos casos de falsidade, moeda falsa, testemunho falso, sodomia, alcovitaria e furto (...); b) era permitido apelar do tormento 'mandando dar o juiz a alguém' (...); c) o tormento podia dar-se por pequenos indícios em crime de lesa-majestade (...); d) podia ser repetido o tormento, para o acusado, em três casos: 'o primeiro, se houve tão indubitáveis indícios, que ainda que ele no tormento negue, não deixa o julgador de crer que ele o fez; o segundo, se depois sobrevieram outros novos indícios; o terceiro, se confessa no tormento e depois se desdiz' (...); e) dava-se tormento de até quarenta açoites ao escravo fugitivo, para que diga quem é o seu senhor, sem apelação nem agravo (...); f) tormento se dava ao culpado por casar duas vezes, se ele negasse o segundo matrimônio; e se no tormento não confessasse, seria degredado para a África pelo engano que fez (...); g) tormento poderá logo dar o Corregedor da Corte ao malfeitor, de que houve evidentes indícios com acordo do regedor e desembargadores (...); h) tormento se dá por uma só testemunha, ou confissão extrajudicial, fama pública ou fuga (...); i) quando se der tormento, não estará presente mais que o julgador, o escrivão e o ministro".

▸ **Processo penal brasileiro:** em abril de 1821, D. João VI foi para Portugal. Deixou D. Pedro de Alcântara como Regente que, continuando o movimento separatista, resolveu expedir o seguinte decreto naquele mesmo ano, em síntese: 1) ninguém deve ser preso sem ordem por escrito do juiz, exceto em flagrante delito, em que qualquer do povo deve prender o delinquente; 2) nenhum juiz pode expedir ordem de prisão sem precedente culpa formada; 3) processos de réus presos devem ser resolvidos da maneira célere, devendo ser adotada a publicidade dos atos; 4) não haverá prisão secreta ou masmorra infecta, escura e estreita; a prisão serve apenas para guardar os presos; fica abolido o uso de correntes, algemas, grilhões e outras formas criadas para martirizar homens ainda não julgados; 5) a contravenção legalmente provada das disposições deste Decreto acarretará o perdimento do emprego e a inabilitação permanente para outro. A partir daí, cada Constituição Federal previu esses e outros direitos individuais.

CAPÍTULO IV

Fontes do Processo Penal e Interpretação da Lei Processual Penal

1. CONCEITO DE FONTE

Fonte é o lugar de onde algo se origina. Em Direito, analisamos dois enfoques: fontes criadoras e fontes de expressão da norma. As primeiras são chamadas de fontes materiais; as segundas, fontes formais.

2. FONTES MATERIAIS

O direito processual penal possui âmbito nacional, cabendo à União legislar e criar normas de processo (art. 22, CF: "Compete privativamente à União legislar sobre: I – direito civil, comercial, penal, *processual*, eleitoral, agrário, marítimo, aeronáutico, espacial e do trabalho", grifamos). Por isso, está em vigor o Decreto-lei 3.689, de 3 de outubro de 1941 (Código de Processo Penal) para aplicação em todos os Estados brasileiros.

Como exceção, prevê o parágrafo único do referido art. 22 a possibilidade de haver lei complementar, editada pela União, autorizando os Estados a legislar sobre questões específicas das matérias relacionadas nesse artigo, entre elas, direito processual penal. Não se tem notícia de que isso tenha sido feito recentemente no Brasil.

Ressaltemos, ainda, a competência da União (Presidente da República referendado pelo Congresso Nacional) para celebrar tratados e convenções internacionais, fontes criadoras de normas processuais penais (aliás, o que vem ressaltado no art. 1.º, I, do CPP). A Convenção Americana dos Direitos Humanos (Decreto 678/1992) criou pelo menos três regras (verdadeiras garantias humanas fundamentais) de processo penal: o direito ao julgamento por um juiz ou tribunal imparcial (Art. 8, n. 1), o direito ao duplo grau de jurisdição (Art. 8, n. 2, *h*) e a vedação ao duplo processo pelo mesmo fato (Art. 8, n. 4).[1]

Por outro lado, deve-se destacar o disposto no art. 24 da Constituição: "Compete à União, aos Estados e ao Distrito Federal legislar *concorrentemente* sobre: I – direito tributário, financeiro, *penitenciário*, econômico e urbanístico; (...) IV – custas dos *serviços forenses*; (...) X – criação, funcionamento *e processo* do juizado de pequenas causas; XI – *procedimentos em matéria processual*" (grifamos). Percebe-se, pois, que, por via reflexa, os Estados e o Distrito Federal têm competência concorrente com a União, isto é, nas lacunas da legislação federal, cabe-lhes editar leis que envolvam, de certo modo, direito processual penal, apontadas as seguintes matérias: *direito penitenciário* (organização e funcionamento de presídios, o que não significa execução penal, matéria pertinente tanto a penal quanto a processo penal); *custas dos serviços forenses* (envolvendo o gasto da parte para estar em juízo); *processo do juizado especial criminal*; *procedimentos* em matéria processual.

Neste último caso, encontramos aplicação importante da competência concorrente no contexto da correição parcial. Este recurso, criado por lei federal (Lei 1.533/1951 e Lei 5.010/1966), padecia da falta de procedimento para o seu processamento, o que foi conseguido pela edição do Código Judiciário do Estado de São Paulo (Lei de Organização Judiciária), indicando o mesmo rito do agravo de instrumento para tanto (atualmente, utiliza-se o rito do recurso em sentido estrito). Outros Estados podem ter atuado da mesma forma. Revogada a Lei 1.533/1951, substituída pela Lei 12.016/2009, perde a correição parcial o amparo legal dessa fonte normativa. Porém, a tradição em sua utilização, além dos vários Regimentos de Tribunais, que a consagram, permitem a continuidade de sua existência processual.

Vale ressaltar, ainda, que a Constituição Federal autorizou os Estados a editar lei de organização judiciária própria (art. 125: "Os Estados organizarão sua Justiça, observados os princípios estabelecidos nesta Constituição. § 1.º A competência dos tribunais será definida na Constituição do Estado, sendo a lei de organização judiciária de iniciativa do Tribunal de Justiça"), o que termina por influir nas normas gerais acerca de competência. Exemplo: o Estado de São Paulo editou a Lei 3.947/1983, atribuindo ao juízo cível, onde foi decretada a falência, a competência para julgar crimes falimentares, o que já foi considerado constitucional pelo Supremo Tribunal Federal. Logo, embora o art. 512 do Código de Processo Penal (atualmente revogado pela Lei. 11.101/2005), juntamente com o art. 109, § 2.º, do Decreto-lei 7.661/1945 (também revogado pela Lei 11.101/2005), preceituassem que, recebida a denúncia ou queixa, o processo deveria prosseguir em Vara Criminal pelo rito comum, não se observa essa regra na esfera da Justiça Paulista. Nem mesmo a edição da Lei 11.101/2005, que reiterou a competência do juízo criminal (art. 183), alterou esse entendimento. Sustenta-se ser a lei de organização judiciária do Estado-membro especial em relação à lei federal. Logo, continuam os crimes falimentares a ser julgados pelas Varas Cíveis (no Estado de São Paulo), embora existam algumas Varas específicas para Falências e Recuperações Judiciais.

A Lei de Organização Judiciária do Estado ou da Região (no caso de Justiça Federal) pode criar Varas Especializadas em determinada matéria, o que reflete, sem dúvida, na competência

---

[1]   O Supremo Tribunal Federal considera as normas de Convenção de Direitos Humanos como *supralegais*, ou seja, acima das leis ordinárias brasileiras e abaixo da Constituição Federal. Somente poderiam ser consideradas em igual *status* da CF, caso tivessem sido aprovadas pelo Congresso Nacional, nos termos do art. 5.º, § 3.º, da Carta Magna.

do juízo, matéria típica de processo penal. Exemplos disso: Vara especializada em Execução de Penas Restritivas de Direitos; Vara especializada em Crimes de Lavagem de Dinheiro.

Outro aspecto importante é destacar a força dos Regimentos Internos dos Tribunais para cuidar de rito e processamento de recursos, por vezes com possibilidade de criar determinados tipos de recurso e trâmite interno, como ocorre com o denominado *agravo regimental*. Exemplo de alteração do disposto em lei pelo Regimento Interno do STF: no procedimento de homologação de sentença estrangeira (atualmente, após a Emenda 45/2004 à CF, de competência do STJ), o CPP (art. 789, § 2.º) fixa o prazo de dez dias para o interessado, citado, manifestar-se. Entretanto, o Regimento Interno concedeu o prazo de quinze dias para isso. Nenhum prejuízo adveio, ao contrário, ampliou-se a oportunidade de defesa, motivo pelo qual foi aceita a modificação.

Em suma, normas processuais penais – diversamente das normas penais, cujo âmbito de criação é limitado à União e excepcionalmente ao Estado, se autorizado por lei complementar – têm mais opções no campo das fontes materiais.

E, após a Emenda Constitucional 45/2004, autorizou-se o STF a editar súmulas vinculantes, que passam a ter *força* de lei. Logo, temos novas fontes material e formal. O Pretório Excelso, como fonte material; a súmula vinculante, como fonte formal.

Confira-se no art. 103-A da Constituição Federal: "O Supremo Tribunal Federal poderá, de ofício ou por provocação, mediante decisão de dois terços dos seus membros, após reiteradas decisões sobre matéria constitucional, aprovar súmula que, a partir de sua publicação na imprensa oficial, terá efeito vinculante em relação aos demais órgãos do Poder Judiciário e à administração pública direta e indireta, nas esferas federal, estadual e municipal, bem como proceder à sua revisão ou cancelamento, na forma estabelecida em lei. § 1.º A súmula terá por objetivo a validade, a interpretação e a eficácia de normas determinadas, acerca das quais haja controvérsia atual entre órgãos judiciários ou entre esses e a administração pública que acarrete grave insegurança jurídica e relevante multiplicação de processos sobre questão idêntica. § 2.º Sem prejuízo do que vier a ser estabelecido em lei, a aprovação, revisão ou cancelamento de súmula poderá ser provocada por aqueles que podem propor a ação direta de inconstitucionalidade. § 3.º Do ato administrativo ou decisão judicial que contrariar a súmula aplicável ou que indevidamente a aplicar, caberá reclamação ao Supremo Tribunal Federal que, julgando-a procedente, anulará o ato administrativo ou cassará a decisão judicial reclamada, e determinará que outra seja proferida com ou sem a aplicação da súmula, conforme o caso". Atualmente, editou-se a Lei 11.417/2006, regulamentando o disposto no referido art. 103-A da CF.

3. FONTES FORMAIS

O direito processual penal se expressa, como regra, por lei ordinária, editada pela União. Excepcionalmente, podemos encontrar regras de processo penal em leis complementares e, em tese, até em emendas à Constituição. Afinal, essas fontes normativas, embora não sejam o palco ideal para cuidar de processo, estão hierarquicamente acima da lei ordinária e provêm do Congresso Nacional. Por isso, nada impediria que criassem alguma norma processual penal. Lembremos que a Constituição Federal contém vários dispositivos tratando de matéria concernente a essa área, como a norma do art. 5.º, LVIII, cuidando da identificação criminal ("o civilmente identificado não será submetido a identificação criminal, salvo nas hipóteses previstas em lei") ou ainda tratando do direito ao silêncio (art. 5.º, LXIII), da liberdade provisória (art. 5.º, LXVI), dentre outros.

Além das leis em geral, há os tratados e convenções, aprovados por decreto legislativo e promulgados por decreto, servindo de fonte de expressão do direito processual penal.

Não estando a norma processual penal vinculada estreitamente ao princípio da legalidade penal (não há crime sem lei que o defina, nem pena sem lei que a comine), é viável admitir que outras fontes de expressão sejam incluídas nesse contexto, denominadas *fontes indiretas*.

Os *costumes* (regras habitualmente praticadas, que se incorporam ao ordenamento jurídico, tornando-se obrigatórias, embora não previstas em lei) podem servir de base para expressar normas processuais penais. Lembre-se o uso tradicional das vestes talares, tradicionalmente utilizadas por magistrados em sessões de julgamento e por todos os operadores do direito (juiz, promotor e advogado) no plenário do Júri e nas Câmaras, Turmas ou Plenários de instâncias judiciais variadas. A quebra do costume pode inviabilizar um julgamento ou cercear o exercício de um direito (ex.: um advogado não seria admitido a fazer sustentação oral no tribunal vestindo-se informalmente, como se estivesse em atividade esportiva).[2]

Outro exemplo pode ser encontrado no art. 793 do Código de Processo Penal, disciplinando o modo de agir das partes e dos presentes em audiências ou sessões do tribunal. Não há mais sentido em se obrigar que cada pessoa da sala de audiências somente se dirija ao juiz se estiver em pé, nem mesmo se levante a cada momento em que o magistrado se levantar. Novos tempos e outros hábitos, mais abertos e flexíveis, permeiam o comportamento em audiência.

Os *princípios gerais de direito* (postulados éticos que inspiram a formação de normas e a aplicação da legislação ao caso concreto, sem expressa previsão legal) também podem contribuir para o cenário do processo penal. Exemplo: ninguém pode beneficiar-se da própria torpeza ou má-fé. Esse princípio geral de direito pode dar margem ao juiz para resolver situações de conflito geradas pela defesa que, interessada na prescrição, arrola pessoas em outros Estados da Federação, sem justificar a medida, somente para prorrogar indefinidamente a instrução, expedindo-se sistematicamente precatórias para ouvi-las, sem êxito imediato. Se o magistrado fixar prazo para o cumprimento das precatórias, não admitindo prorrogação, fundado nesse, atuará em homenagem à ética que deve reger os atos processuais.

A *jurisprudência* constitui, também, fonte indireta de processo penal, pois acrescenta e/ou elimina determinados significados à letra da lei vigente, que levam à alteração (por vezes completa) da prática forense. Um exemplo disso é a permissão para executar a pena, após a decisão condenatória proferida em segunda instância. O STF autorizava, interpretando normas processuais penais em confronto com as constitucionais; em 2009, vedou, afirmando que o sentido interpretativo estava equivocado, de modo que a pena somente poderia ser cumprida após o trânsito em julgado (cessação de todos os recursos); em 2016, novamente, o STF passou à primeira posição, tornando a dar interpretação diversa às normas de processo penal em relação à CF.

Nesse cenário, Espínola Filho menciona que a jurisprudência não assume o caráter de fonte do direito, "pois tais práticas só terão a força de costume, quando se transformem em costumes jurídicos, isto é, quando reúnam dois requisitos (...): a) o elemento material, consistente na continuidade, generalidade, uniformidade, durante um longo espaço de tempo,

---

[2]   Esclarece Frederico Marques que "os costumes não têm o condão de fonte normativa primária da norma processual penal, mas tão só o de fonte secundária, pois dependem da forma pela qual são consagrados" (*Tratado de direito processual penal*, v. 1, p. 53).

que, não estando fixado em disposição legal, não é possível estabelecer-se, e, por isso, fica a formação do costume dependendo da apreciação do intérprete, que atenderá à natureza do fato, à sua continuidade, num exercício uniforme mais ou menos longo; b) o elemento psicológico ou espiritual, que é a consciência da sua obrigatoriedade, como consequência da opinião da sua necessidade jurídica (*opinio necessitatis*), com a convicção de aplicar-se uma regra jurídica (*ratio juris*)".[3]

4. CONCEITO DE ANALOGIA

A analogia é um processo de integração da norma, por um método de semelhança, voltado ao suprimento de lacunas. Assim, inexistindo lei específica para regular determinada situação, podemos usar outra, análoga, para solucionar o impasse. Admite-se, ainda, constituir a analogia, não somente fonte de expressão do direito processual penal, mas elemento de suprimento de lacunas, logo, de interpretação. TORNAGHI afirma que "pode acontecer que, após a interpretação, se verifique não conter a norma atributos que a tornem extensiva a certos casos, da mesma forma que da análise da ideia de homem se conclui que tal ideia não convém ao macaco. Mas homem e macaco têm alguns atributos em comum: o ser (a existência) e a animalidade. Por isso, tudo aquilo que se diz do homem enquanto ser ou enquanto animal pode aplicar-se ao macaco, porque naquilo eles são análogos, isto é, essencialmente iguais, embora possam diferir nos acidentes. Aplica-se por analogia ao macaco o que se diz do homem enquanto animal. A analogia não é processo de interpretação e sim de aplicação, e diz respeito à extensão da ideia. A analogia é que é extensiva, não a interpretação. As duas operações são diversas e sucessivas. Primeiro, há que apurar se o macaco está compreendido na ideia de homem. Para isso basta a interpretação, a análise da ideia. Se não está, então cumpre verificar se ele é análogo ao compreendido, vale dizer, igual na essência, desigual nos acidentes".[4]

Quanto à analogia, ensina CARLOS MAXIMILIANO que "no sentido primitivo, tradicional, oriundo da Matemática, é uma semelhança de relações. (...) Passar, por inferência, de um assunto a outro de espécie diversa é raciocinar por analogia. Esta se baseia na presunção de que duas coisas que têm entre si um certo número de pontos de semelhança, possam consequentemente assemelhar-se quanto a um outro mais. Se entre a hipótese conhecida e a nova a semelhança se encontra em circunstância que se deve reconhecer como *essencial*, isto é, como aquela da qual dependem todas as consequências merecedoras de apreço na questão discutida; ou, por outra, se a circunstância comum aos dois casos, com as consequências que da mesma decorrem, é a causa *principal* de todos os efeitos; o argumento adquire a força de uma indução rigorosa".[5]

Como exemplos, temos os seguintes: a) o art. 265 do Código de Processo Civil de 2015 prevê a possibilidade de se transmitir por telefone uma carta de ordem ou precatória, dependendo somente da confirmação do emissor. Não havendo dispositivo semelhante no Código de Processo Penal, tem-se usado tal preceito para a transmissão de ordens de *habeas corpus*, para a soltura do paciente, justamente porque mais eficaz; b) não há um número especificado no Código de Processo Penal para ouvir testemunhas no caso de exceção de suspeição

---

[3] *Código de Processo Penal brasileiro anotado*, v. 1, p. 240.
[4] *Instituições de processo penal*, v. I, p. 141.
[5] *Hermenêutica e aplicação do direito*, p. 253.

apresentada contra o juiz, razão pela qual se deve usar o disposto no art. 357, § 6.º, do CPC, ou seja, três para cada fato.

Preferimos expor o tema das lacunas ocasionais e das propositais, no item da analogia, pois elas podem chamar o uso da analogia (integração da norma), como podem apontar para uma simples interpretação.

É preciso lembrar, então, que nem sempre a *lacuna* existente é ocasional (por mais prudente que seja, esquece-se o legislador de algo); ela pode ser *desejada*, justamente para que a doutrina e a jurisprudência trabalhem determinado termo, contido na norma. Quando o Código Penal (art. 327) esclarece o que se deve entender por funcionário público, limita-se a atividade interpretativa. Se esse artigo for revogado, permitirá, ante a lacuna existente a partir daí, que a doutrina e a jurisprudência ocupem o seu lugar.

Aliás, muito disso se dá no campo dos elementos normativos do tipo, que dependem de valoração por parte do operador do direito, a fim de que aufiram o seu real conteúdo. Não se pode dizer, necessariamente, tratar-se de um erro do legislador, a menos que o termo for excessivamente vago, porque, nesta hipótese, fere o princípio da taxatividade. Exemplos: o termo *arma*, contido no art. 158, § 1.º, do Código Penal (extorsão com a causa de aumento: cometido com emprego de arma) é normativo, pois depende de interpretação para se saber *o que se pode* e o que não se pode considerar *arma*. Trata-se de uma interpretação de cunho razoável, ou seja, válida. Porém, o termo *obsceno*, contido no art. 233 do Código Penal (praticar ato obsceno) é, em nosso entendimento, excessivamente aberto e coloca em risco a segurança jurídica, logo, o princípio da taxatividade.

5.   CONCEITO DE INTERPRETAÇÃO

Interpretar a lei é atividade inerente a todo operador do direito, especialmente pelo fato de que o legislador nem sempre é feliz ao editar normas, valendo-se de termos dúbios, contraditórios, obscuros e incompletos. Não se trata de processo de criação de norma, nem de singelo suprimento de lacuna, mas de dar o real significado a uma lei.[6] Na precisa ótica de CAMPOS BARROS, "interpretar é *inter pretare*, que deriva de *interpres*, isto é, mediador, corretor, intermediário entre o texto e a realidade; a interpretação consiste em extrair o sentido, desenterrar o conteúdo, que o texto encerra com relação à realidade. Mas, interpretar a lei não é interpretar o Direito. O Direito é o todo do objeto interpretado; a lei é, apenas, uma parte. A lei é interpretada, extraindo-se dela um significado mais ou menos oculto; a extração desse significado, entretanto, pressupõe a consideração de todo o direito, a lei sempre é Direito, mas nem todo Direito é lei."[7]

Como bem coloca HÉLIO TORNAGHI, toda interpretação é *declarativa*, "uma vez que tem por fim apenas tornar claro o sentido da norma jurídica. Não lhe cabe restringi-la nem ampliá-la".[8] Aliás, quando se usa a interpretação restritiva ou a extensiva, entende-se que o

---

[6]   "Deve o intérprete trabalhar com a norma a ser aplicada, atendendo ao *logos del razonable*, como o ensina RECASENS SICHES. Não há sistemas rígidos de interpretação. O entendimento da lei deve subordinar-se a método dúctil e flexível que permita ao juiz, sem afastar-se da regra do *jus scriptum*, adotar, entre as várias interpretações possíveis, aquela que lhe pareça mais razoável" (FREDERICO MARQUES, *Tratado de direito processual penal*, v. 1, p. 66).

[7]   *Lineamentos do direito processual penal brasileiro*, v. 1, p. 86.

[8]   *Instituições de processo penal*, v. 1, p. 125.

intérprete concede àquela norma o seu real significado, sem aumentar ou diminuir o conteúdo exposto pelo legislador.

Em processo penal, qualquer forma de interpretação é válida, sem haver a mesma discórdia que existe no cenário de direito penal.

O art. 3.º do Código de Processo Penal é claro ao autorizar a interpretação extensiva (logo, as demais formas, menos expansivas, estão naturalmente franqueadas), bem como a analogia (processo de integração da norma, suprindo lacunas).

6. ESPÉCIES DE INTERPRETAÇÃO

6.1 Interpretação literal ou gramatical

A interpretação literal caracteriza-se por extrair o conteúdo da norma por meio da análise de cada um dos termos constantes da norma, sem ampliar ou restringir o seu alcance. Seria uma leitura gramatical exata. No entanto, HASSEMER alerta que nenhuma lei é inequívoca e completa, como demonstra a própria jurisprudência, afinal a "linguagem jurídica compartilha das ambiguidades da linguagem coloquial: a dependência do significado das palavras às situações da fala, construções frasais e campos de palavras, permite que se faça a diferenciação dos conceitos ambíguos na linguagem jurídica conforme a vagueza, a porosidade, a necessidade de preenchimento valorativo e a relação com uma disposição".[9]

De fato, na atualidade, tem-se percebido que as normais processuais penais raramente comportam uma interpretação literal,[10] até porque os tribunais, em seus julgados, cuidam de dar a determinado termo ou expressão, que antes parecia simples, uma visão completamente diversa da literalidade. Com isso, havemos de nos habituar, pois a expressão linguística do universo do direito comporta descobertas variadas, conforme o intérprete,[11] acerca de cada escrito vigente no ordenamento jurídico.

Isto não acarreta um *alvará sem regras* ao intérprete para fazer da lei o que bem entende. Uma das regras básicas da interpretação, que se deve aplicar, em primeiro plano, na interpretação literal, é que "lei clara não carece de interpretação – em sendo claro o texto, não se admite pesquisa de vontade" (*in claris cessat interpretatio*).[12]

Exemplo de interpretação literal: CPP: "Art. 8.º Havendo prisão em flagrante, será observado o disposto no Capítulo II do Título IX deste Livro". Uma singela remissão do capítulo do inquérito policial para o título que cuida da prisão. Nada a questionar, bastando o operador do direito seguir para as normas previstas nos arts. 301 e seguintes do mesmo Código.

---

[9] *Direito penal libertário*, p. 10. No mesmo sentido, RUBENS LIMONGI FRANÇA, *Hermenêutica jurídica*, p. 9.

[10] "Não é suficiente fixar o sentido literal das palavras, porque quase sempre esse sentido não coincide com o sentido profundo" (ALÍPIO SILVEIRA, *Hermenêutica no direito brasileiro*, p. 10).

[11] "O intérprete é o renovador inteligente e cauto, o sociólogo do Direito. O seu trabalho rejuvenesce e fecunda a fórmula prematuramente decrépita, e atua como elemento integrador e complementar da própria lei escrita. Esta é a estática, e a função interpretativa, a dinâmica do Direito" (CARLOS MAXIMILIANO, *Hermenêutica e aplicação do direito*, p. 26).

[12] CARLOS MAXIMILIANO, *Hermenêutica e aplicação do direito*, p. 51. Em posição contrária ao brocardo jurídico, CELSO BASTOS diz que "tal entendimento é revelador, por si mesmo, de uma determinada posição ideológica (...)" (*Hermenêutica e interpretação constitucional*, p. 29).

6.2   Interpretação restritiva (ou limitativa)

Utiliza-se a interpretação restritiva quando for necessário *reduzir* o alcance de certo termo, constante na norma, para que esta adquira a sua real efetividade, sem *entrar em contradição* com outra(s). Como ensina TORNAGHI, "ocorre nos casos em que a admissão do sentido literal da norma a poria em contradição com outra ou consigo mesmo".[13]

Por vezes, a responsabilidade da *falha* contida na norma é do legislador; noutras vezes, advém da maneira como a jurisprudência passou a aplicar o seu conteúdo, vale dizer, deu-lhe, na prática, menor amplitude que adviria pela simples interpretação literal.

Ilustrando, na leitura conjugada do art. 564, I, com o art. 572, do CPP, observa-se que a *incompetência, suspeição ou suborno* do juiz seriam causas geradoras de nulidade *absoluta*, ou seja, insanável. Porém, após a intervenção da doutrina e o acolhimento da jurisprudência, passou-se a *reduzir* o alcance do termo *incompetência* para abranger apenas a material (em relação à matéria) e a funcional (em razão da prerrogativa de função), deixando-se de lado a *territorial*, que passou a ser tratada como *relativa* (apta a ser sanada).

6.3   Interpretação extensiva (ou compreensiva)

Atuando de forma diametralmente oposta à restritiva, a interpretação extensiva é realizada para ampliar o sentido de um ou mais termos legais a fim de conferir eficiência à norma.

Somente para exemplificar, utilizando-se a interpretação extensiva podemos corrigir um aspecto da lei, que disse menos do que deveria ter previsto: quando se cuida das causas de suspeição do juiz (art. 254), deve-se incluir também o *jurado*, que não deixa de ser um magistrado, embora leigo.

Outra ilustração: onde se menciona no Código de Processo Penal a palavra *réu*, para o fim de obter liberdade provisória, é natural incluir-se *indiciado*. Amplia-se o conteúdo do termo para alcançar o autêntico sentido da norma. Exemplo: CPP: "Art. 328. O réu afiançado não poderá, sob pena de quebramento da fiança, mudar de residência, sem prévia permissão da autoridade processante, ou ausentar-se por mais de 8 (oito) dias de sua residência, sem comunicar àquela autoridade o lugar onde será encontrado".

Há, ainda, um exemplo muito relevante, advindo da Constituição Federal. O art. 5.º, LXIII, preceitua: "o preso será informado de seus direitos, entre os quais o de permanecer calado...". Por óbvio, onde se lê "preso", deve-se ler igualmente réu ou acusado, preso ou solto.

Na lição de HÉLIO TORNAGHI, "se se trata de norma permissiva, a autorização para o mais é autorização para o menos. Se uma lei concede permissão para importar um automóvel, evidentemente permite trazer qualquer peça de automóvel. Se a norma é proibitiva, a vedação do menos acarreta a do mais. Se uma lei proíbe arrancar flores de um jardim público, veda que se arranquem as árvores onde elas estão".[14]

6.4   Interpretação analógica

A interpretação analógica – que não confunde com *analogia* – vale-se de um processo de semelhança, apontando outros termos que podem ser tomados por base para a avaliação do juiz no tocante à aplicabilidade da norma como um todo.

---

[13]   *Instituições de processo penal*, v. 1, p. 126.

[14]   *Instituições de processo penal*, v. 1, p. 126.

Como exemplo de interpretação analógica, vê-se o caso do art. 254, II, do Código de Processo Penal, cuidando das razões de suspeição do juiz, ao usar na própria lei a expressão "estiver respondendo a processo por fato análogo".

Utiliza-se, inclusive, em direito penal. A alternância implícita faz o intérprete deduzir a necessidade de uso da extração do conteúdo real da norma por meio da analogia. "Se o homicídio é cometido: (...) I – mediante paga ou promessa de recompensa, ou *por outro motivo torpe*; (...) III – com emprego de veneno, fogo, explosivo, asfixia, tortura *ou outro meio insidioso ou cruel, ou de que possa resultar perigo comum*; IV – à traição, de emboscada, ou mediante dissimulação *ou outro recurso que dificulte ou torne impossível a defesa do ofendido*" (art. 121, § 2.º, I, III e IV, CP, grifamos).

6.5 Interpretação sistemática

A interpretação sistemática consiste no exercício do método de comparação com outras normas vigentes no mesmo sistema para extrair o conteúdo da norma interpretada. Cuidando-se de lei processual penal, deve-se contrastá-la com outras normas jurídico-penais, preferencialmente a cuidar do mesmo assunto ou de tema correlato. Como diz MAXIMILIANO, "por umas normas se conhece o espírito das outras".[15]

A legislação é um sistema lógico – pelo menos, deveria ser –, razão pela qual a busca pela harmonia das normas é o objetivo maior, evitando-se contradições, que possam levar às chamadas *antinomias* insolúveis.

A interpretação sistemática, por vezes, leva ao uso de outras formas de interpretação. Citamos, linhas acima, que o preso em flagrante deve ter reconhecidos vários direitos, entre os quais o direito a permanecer calado, sem produzir, contra si mesmo, autoacusação. Ora, sistematicamente, é mais que natural deva o mesmo direito ser assegurado ao réu, diante do juiz, seja o acusado preso ou solto. Em visão global, o direito ao silêncio é de uso de qualquer suspeito, indiciado, acusado ou réu.

6.6 Interpretação lógica

Esta hipótese retrata a descoberta do exato sentido da lei, verificando seus termos e suas expressões, visando à sua aplicação de modo coerente e sensato. Vale-se o intérprete de critérios de lógica, utilizando-se, geralmente, do raciocínio dedutivo. Uma das principais razões de enaltecimento da interpretação lógica é que se deve escapar do absurdo, do irreal, da contradição e da pura tolice.

Nas palavras de LIMONGI FRANÇA, trata-se da interpretação "que se leva a efeito, mediante a perquirição do sentido das diversas locuções e orações do texto legal, bem assim através do estabelecimento da conexão entre os mesmos. Supõe quase sempre a posse dos meios fornecidos pela interpretação gramatical".[16]

Interpretar exige inteligência, sensatez e bom senso, além de cultura e disposição para fazê-lo. Mesmo o intérprete parcial, que busca a interpretação favorável à sua causa, não dispensa os demais atributos. O julgador, por seu turno, deve agir com imparcialidade, sem envolver seus preconceitos discriminatórios e abusivos.

---

[15]   *Hermenêutica e aplicação do direito*, p. 161.

[16]   *Hermenêutica jurídica*, p. 9.

ALÍPIO SILVEIRA, valendo-se da *lógica do razoável* de RECASENS SICHES, afirma, com razão, que "a técnica hermenêutica do 'razoável', ou do 'logos do humano', é a que realmente se ajusta à natureza da interpretação e da adaptação da norma ao caso. A dimensão da vida humana, dentro da qual se contém o Direito, assim o reclama. O fetichismo da norma abstrata aniquila a realidade da vida. A lógica tradicional, de tipo matemático ou silogístico, não serve ao jurista, nem para compreender e interpretar de modo justo os dispositivos legais, nem para adaptá-los às circunstâncias dos casos concretos. O juiz realiza, na grande maioria dos casos, um trabalho de adaptação da lei ao caso concreto, segundo critérios valorativos alheios aos moldes silogísticos".[17]

A teoria da razoabilidade é indispensável em qualquer ramo do direito; com perfeita adaptabilidade, precisa ser usada neste e nos demais métodos de interpretação.

Geralmente, esta modalidade de interpretação acomoda-se junto a outras, como a sistemática, a histórica, a extensiva ou a restritiva.

6.7   Interpretação histórica

Pode ser eficiente o uso de normas já revogadas, porém importantes para determinados cenários históricos do Brasil, com o objetivo de extrair o conteúdo da lei interpretada, embora não seja a espécie de interpretação mais confiável. Seria o mesmo que dizer: "tendo em vista que determinado delito nunca foi previsto pela legislação brasileira, o tipo penal em questão não tinha por fim punir certa situação".

No caso processual penal, a análise pode ser feita com os Códigos Processuais Penais anteriores e com leis especiais já revogadas. Por vezes, a norma que sucede outra, por alguma razão histórica, pode servir de apoio para a interpretação, vale dizer, o intérprete indica exatamente o motivo pelo qual foi alterada a norma, logo, a melhor exegese será apontada nesse prisma.[18]

Por óbvio, há limites para a interpretação histórica, ao menos na operacionalização do direito aos casos concretos. Não há sentido algum em voltar ao tempo das Ordenações do Reino de Portugal para extrair o conteúdo de uma norma editada nos tempos atuais.

Exemplo desta interpretação é utilizado pelos adeptos de que o compromisso para dizer a verdade, estampado no art. 203 do CPP, não é indispensável para a caracterização do crime de falso testemunho, porque, no passado (história), o crime de falso colocava o compromisso no tipo; hoje, não mais insere. Por isso, não mais exige o compromisso para configurar o referido delito do art. 342 do Código Penal.

Embora não concordemos com essa tese, serve de ilustração para demonstrar como se utiliza uma lei, já revogada, para a interpretação de uma norma em vigor.

6.8   Interpretação teleológica

Busca-se, na interpretação da norma, quais foram os fins, os objetivos, as metas a serem alcançadas em face da sua criação. Tendo em vista que o método teleológico teve em IHERING o seu principal precursor, citando-o, CHRISTIANO ANDRADE escreve ser o fim da norma a

---

[17] *Hermenêutica no direito brasileiro*, p. 86.

[18] "Mais importante do que a história geral do Direito é, para o hermeneuta, a especial de um instituto e, em proporção maior, a do dispositivo ou norma submetida a exegese" (CARLOS MAXIMILIANO, *Hermenêutica e aplicação do direito*, p. 172).

criação do direito; toda norma jurídica deve a sua origem a um fim; o direito não é um fim em si mesmo, mas um meio a serviço de um fim, que é a existência da sociedade.[19]

O critério teleológico é muito importante, tendo em vista a busca da finalidade do legislador para editar certa norma, especialmente quando incriminadora. Se ocorre dúvida quanto aos seus termos ou expressões, nada mais razoável do que verificar o motivo pelo qual ela foi criada.[20]

Exemplo disso é o direito de permanecer calado (previsto no art. 5.º, LXIII, CF), que, por uma questão teleológica, garante, também, o direito de não produzir qualquer prova contra si (ex.: ninguém é obrigado a participar de reconstituição do crime; o suspeito não é obrigado a doar sangue para produzir prova contra si mesmo).

6.9 Interpretação histórico-evolutiva (*occasio legis*)

Não se trata de uma avaliação exclusivamente histórica do instituto, tampouco uma análise das suas finalidades, mas o conjunto de ambas. A *occasio legis*, no dizer de MAXIMILIANO, representa "o complexo de circunstâncias específicas atinentes ao objeto da norma, que constituíram o impulso exterior à emanação do texto; causas mediatas e imediatas, razão política e jurídica, fundamento dos dispositivos, necessidades que levaram a promulgá-los; fatos contemporâneos da elaboração; momento histórico, ambiente social, condições culturais e psicológicas sob as quais a lei surgiu e que diretamente contribuíram para a promulgação; conjunto de motivos ocasionais que serviram de justificação ou pretexto para regular a hipótese; enfim o mal que se pretendeu corrigir e o modo pelo qual projetou remediá-lo, ou, melhor, as relações de fato que o legislador quis organizar juridicamente".[21]

A interpretação histórica já era utilizada pelos romanos, sendo certo que os glosadores e pós-glosadores adaptam os textos romanos aos elementos históricos de seu tempo. Consideram-se nessa modalidade de interpretação as condições específicas do período no qual a norma incide, além das condições geradoras de sua edição. Em suma, o levantamento das condições históricas dos precedentes normativos e os trabalhos preparatórios, como auxiliares do sentido da norma, permitem a formação da *occasio legis*, vale dizer, as circunstâncias sociais presentes na gênese da lei.[22]

Uma das leis que comportou, em alguns de seus dispositivos, a interpretação histórico-teleológica foi a Lei 11.340/2006 (Lei Maria da Penha), que chegou a gerar, inclusive, a discussão em torno de sua inconstitucionalidade por ferir o princípio da igualdade. Noutros termos, ela superprotege a mulher e não faz o mesmo com o homem. Uma agressão física à mulher, pelo homem, traz consequências práticas superiores àquelas produzidas quando há uma agressão ao homem (mesmo cometida por uma mulher).

Havia de ser analisada, historicamente, a razão pela qual as mulheres precisavam de maior tutela estatal que os homens. A sua subjugação no lar, por variados fatores, inclusive por leis civis hoje revogadas; a sua diminuição no ambiente do trabalho, com salários menores para o exercício da mesma função que o homem; a sua obrigação de cuidar da prole, sem contar

---

[19] *Hermenêutica jurídica no Brasil*, p. 18.

[20] Entretanto, jamais se deve considerar prevalente a *vontade do legislador* (em tese) sobre a *vontade da lei* (em concreto).

[21] *Hermenêutica e aplicação do direito*, p. 184-185.

[22] CHRISTIANO JOSÉ DE ANDRADE, *Hermenêutica jurídica no Brasil*, p. 25.

com a ajuda do marido ou companheiro; a sua natural menor força física diante do homem; enfim, havia um mundo de fatos a comprovar que a mulher sofria violência física e moral, por parte do homem, geralmente seu marido, companheiro ou namorado, sem que o Estado interviesse com eficiência.

Era preciso mudar esse *status*. Logo, olhando-se para o futuro, percebeu-se à época inexistir ranço de inconstitucionalidade, pois, acima da igualdade, encontra-se o princípio da isonomia – tratar diferentemente os desiguais. A finalidade da Lei Maria da Penha era, e continua sendo, a tutela da parte fraca da relação homem-mulher.

Sob o ponto de vista evolutivo, diz-se do método de interpretação que, diante de certo termo de significado extremamente subjetivo e atrelado a uma determinada época do tempo, pode ser avaliado de maneira diversa conforme os anos passam. Desse modo, a lei permanece a mesma, mas determinado termo que lhe é ínsito ganha novos parâmetros, ou seja, evolui.

Cada vez mais, os doutrinadores têm apontado a inadequação do foro privilegiado, para processar certas autoridades em tribunais superiores. Por isso, caminha-se para uma interpretação evolutiva, demonstrando a desigualdade existente nos termos da competência penal para apurar delitos. Ainda é cedo para extrair conclusões concretas, mas, em breve, isto ocorrerá, diminuindo-se o foro privilegiado, senão extinguindo-o.

7.   OUTRAS FORMAS DE INTERPRETAÇÃO E FONTES INDIRETAS

7.1   Quanto ao órgão ou pessoa qualificada da qual emana

7.1.1   Autêntica

Denomina-se *autêntica* a interpretação proveniente do próprio órgão elaborador da norma. É possível que o Poder Legislativo edite uma lei e, após, pelas controvérsias geradas, resolva constituir uma lei interpretativa, sanando as dúvidas e conferindo clareza à norma.

Os regulamentos de leis não são considerados formas de interpretação *autêntica*, pois representam um complemento necessário para esclarecer vários pontos da norma editada antes. Muitos desses regulamentos já estão previstos no texto da própria nova lei, ou seja, que será complementada por decreto regulamentador.

7.1.2   Doutrinal ou judicial

É a forma mais usual e conhecida de interpretação de leis, pois é realizada pelo Judiciário ou pela doutrina propriamente dita, provindo do intelecto humano.

7.1.2.1   Doutrinal propriamente dita

A doutrina é formada pela opinião jurídica dos operadores do direito dedicados ao estudo pormenorizado do sistema jurídico vigente. Em nível ideal, qualifica-se um doutrinador pelos seus títulos acadêmicos, pelo seu magistério e pela qualidade de seus ensinamentos. Portanto, não basta graduar-se em Direito para se transformar em doutrinador (ou, em linguagem própria, jurista). É preciso vasto conhecimento na área de sua atuação, que, hoje, é cada vez mais especializada.[23] Nas palavras de CELSO BASTOS, "os repertórios de doutrina

---

[23]   Como lembra CARLOS MAXIMILIANO, "não há intérprete seguro sem uma cultura completa [do sistema jurídico]" (*Hermenêutica e aplicação do direito*, p. 240).

tornam-se fonte útil ao operador do Direito. A tarefa do jurista é a de sistematizar o direito vigente e elaborar conceitos jurídicos, para o que recorre frequentemente à interpretação das normas jurídicas em geral".[24]

Desse modo, há doutrina civil, trabalhista, processual civil, tributária etc. Em nosso caso, lida-se com a doutrina penal e processual penal, ou seja, as ciências criminais.

A visão dos doutos não constitui fonte do direito penal, mas importante elemento para a formação de uma fonte real e efetiva. Conforme o desenvolvimento doutrinário, em relação a certa matéria, pode o legislador captar essa visão, transformar em projeto de lei e, após o regular trâmite, editar uma nova lei penal.

O mesmo caminho percorre a doutrina na influência exercida sobre os tribunais, produtores dos julgados, consagrando a jurisprudência dominante que, conforme a instância, chega a ser fonte indireta de direito penal.

Nesse cenário, surge o que se costuma chamar de *argumento de autoridade*. Quando a parte pretende convencer o juiz de que a justiça lhe cabe, pode invocar a opinião abalizada de um jurista ou doutrinador. Desse modo, pode exercer influência sobre o julgador, na medida em que este, inspirado pela imparcialidade, não deseja errar; qualquer magistrado, valendo-se do seu bom senso, pretende realizar justiça. Assim, o argumento de autoridade pode revelar influência na decisão, seja do monocrático juízo, seja no âmbito dos colegiados.

Aliás, o argumento de autoridade é muito utilizado nos trabalhos acadêmicos, tanto para ratificar o que já é conhecido como para provocar a fixação de um alicerce para aumentar o conhecimento com novos postulados e teorias. Exemplo de argumento de autoridade, que sempre foi e sempre será, é a citação de RUI BARBOSA, um dos mais importantes juristas da história brasileira.

7.1.2.2 Jurisprudencial

A jurisprudência é o conjunto dos julgados dos tribunais, cuja principal característica é orientar os demais operadores do direito a respeito da forma como determinado tema é tratado e decidido de forma majoritária e seus fundamentos.

LIMONGI FRANÇA, corretamente, adverte para o uso indiscriminado da jurisprudência como fonte do direito, pois seria "excessivamente arriscada e perigosa para a própria ordem reinante no país". E continua: "não obstante, excepcionalmente, temos para nós que, *preenchidos uns tantos requisitos*, a jurisprudência (não os julgados, mas a repetição constante, racional e pacífica destes) pode adquirir verdadeiro caráter de preceito geral".[25]

Por vezes, verifica-se a atuação jurisprudencial gerando normas penais ou processuais penais, embora em benefício do réu. Exemplo disso foi a admissão, há alguns anos, da tese de exclusão da culpabilidade consistente na inexigibilidade de conduta diversa. Por vezes, no campo processual penal, aponta-se julgado contra os interesses do acusado, como a decisão do STF permitindo prender o réu após o julgamento em 2.º grau, mesmo sem o trânsito em julgado.

Por isso, não vemos como negar o caráter de fonte do direito processual penal à jurisprudência.[26] O correto, entretanto, é a produção de normas favoráveis ao réu, em home-

---

[24] *Hermenêutica e interpretação constitucional*, p. 74.

[25] *Hermenêutica jurídica*, p. 157.

[26] Assim também o pensamento de CARLOS MAXIMILIANO (*Hermenêutica e aplicação do direito*, p. 219-220), embora recomende que o julgador de primeiro grau não se vincule, excessivamente, à jurisprudência.

nagem ao princípio da prevalência do interesse do acusado. No entanto, nada impede que os tribunais, particularmente o STF, produzam alguma interpretação rigorosa e prejudicial ao réu, buscando sanar uma dúvida de avaliação do sistema normativo.

Na realidade, a jurisprudência, conforme certas interpretações, termina por *criar* normas de maior extensão do que o conteúdo existente em lei (avaliado literalmente). Por isso, a tarefa indispensável do operador do direito – intérprete por obrigação profissional – deve insistir em apresentar argumentos com o fito de *mudar* aquele entendimento, considerado equívoco. Valendo-se de ensinamentos doutrinários, contando com a capacidade de Ministros de promover uma autocrítica e, também, esperando a alteração da composição da Corte, os advogados e membros do Ministério Público podem investir na alteração da jurisprudência dominante e, com isso, garantir o nascimento de outra fonte do direito.

Como exemplo, aponta-se a Lei dos Crimes Hediondos. Editada em 1990, essa lei proibiu a progressão de regime aos condenados por delitos hediondos. Em 1992, submetida ao exame do STF, por maioria de votos, o Plenário declarou a sua constitucionalidade, por meio de uma interpretação literal. No ano de 2006, alterada a composição do Pretório Excelso, a mesma questão voltou ao debate e foi considerada, por maioria de votos, inconstitucional, em interpretação teleológica e sistemática, pois estaria a ferir o princípio constitucional da individualização da pena. É o que hoje prevalece, inclusive por força de edição de nova lei a respeito.

Em suma, não se pode negar à jurisprudência o seu caráter, embora subsidiário, de fonte do direito penal e processual penal.

7.2   Quanto à forma

7.2.1   Costume

O costume é uma norma fática a respeito de determinado assunto; pode transformar-se em regra jurídica conforme o caso concreto.[27] O atendimento de pessoas, em qualquer serviço público ou privado, como regra (costume), dá-se pela ordem de chegada, constituindo-se a *fila*. O desrespeito a esse costume é um ilícito, provocando inúmeras consequências, chegando até mesmo à prisão do revoltoso, que, pretendendo "furar a fila", agride alguém e termina detido. Note-se que o agredido, estando na fila regularmente, pode defender o seu lugar em exercício regular de direito. Se a agressão for física e intensa, pode-se alegar, inclusive, legítima defesa, pois o *estar na fila* é um direito justo.

Há países, como o Reino Unido e os Estados Unidos, que baseiam o seu sistema legislativo penal e processual penal, principalmente, no direito consuetudinário, representado pelos costumes.[28] Não nos cabe descer a detalhes de como esse sistema funciona, pois é natural que também se valha de leis escritas, mas sempre foi muito importante o costume.

Deve manuseá-la com cuidado, espírito crítico e à luz da doutrina. E também Celso Bastos: "íntima é a relação entre a atividade legislativa e a interpretativa operada pelos Tribunais" (*Hermenêutica e interpretação constitucional*, p. 39).

[27]   Para Tornaghi, o costume "consiste no conjunto de normas de comportamento a que pessoas obedecem de maneira constante e uniforme pela convicção de sua obrigatoriedade. Veja-se bem: não se exige propriamente a antiguidade do costume, devendo entender-se imprópria a expressão *inveterata consuetudo*. O costume pode ser inveterado, mas não precisa sê-lo" (*Instituições de processo penal*, v. 1, p. 82).

[28]   "O costume jurídico ou direito consuetudinário consiste em práticas uniformes que constituem o modo geral de regular, efetivamente, uma dada relação, e impostas, em caso de controvérsia, pela autoridade do Estado" (Alípio Silveira, *Hermenêutica no direito brasileiro*, p. 306).

No Brasil, país de direito codificado (estampado em leis), o costume não se presta para criar ou revogar lei penal, a despeito de servir para o processo de interpretação. Assim, em que pese a evolução social da atualidade, com a constante liberação dos comportamentos, não se pode considerar "revogado" o art. 215 do Código Penal (violação sexual mediante fraude), a pretexto de que os costumes estariam a indicar, praticamente, não haver mais possibilidade de alguém ser ludibriado por outrem, a fim de consentir numa relação sexual.

Na verdade, muitos tipos penais incriminadores, ou normas processuais penais antiquadas, por força do costume, embora não sejam considerados revogados, caem em completo desuso, como ocorre com o curandeirismo, em matéria de crime, ou com o campo das nulidades, em que a lei faz menos do que a jurisprudência.

Repisando, o costume é uma prática generalizada e constante da sociedade, servindo para expressar uma época ou um modismo. Em vários ambientes, instaura-se o costume, gerando a tradição (costume reiterado e consolidado), com força suficiente para se impor como se lei fosse.[29]

Não serve o costume para permitir o nascimento de lei penal, mas pode produzir normas de caráter processual penal, conforme o caso. Assim, da mesma forma, não tem o condão de provocar a revogação de norma penal, mas possibilita o afastamento ou a inaplicabilidade de norma processual penal.

De toda forma, o costume é importante ferramenta de trabalho no cenário da interpretação, permitindo clarificar termos imprecisos ou gerar lógicas razoáveis para o sistema legal.

Parece-nos essencial focar o costume como fonte criadora ou revogadora de normas penais e processuais penais, voltando-se à sensibilidade do legislador, para captar tais anseios, transformando-os em leis. Não há que se considerar afastada do universo penal uma determinada infração, simplesmente pelo fato de não mais contar com o rigor repressivo estatal. Erro há em não punir o que é, em tese, previsto como crime; porém, erro maior é manter em lei algo que já não gera interesse algum pela sociedade.

No cenário processual penal, a vestimenta das advogadas era objeto de foco há não muito tempo. Para ingresso e permanência em salas de audiência e julgamento deveriam estar trajadas com vestido ou saia. A *irregularidade* no vestuário permitiria ao magistrado recusar-se a atendê-las, podendo gerar ausência de despacho, com prejuízo à parte. Além disso, para realizar audiência, a mesma formalidade era exigível. Fruto do costume, até mesmo em concursos públicos, certas candidatas já foram impedidas de participar da prova porque não se trajavam de *acordo com a tradição forense*. Correto ou incorreto, tal modo de visão era costumeiro e respeitado por operadores do direito. A modernidade trouxe à tona novos valores e o costume forense alterou-se, relegando a segundo plano esse rígido controle do vestuário, particularmente do feminino.

O costume jamais deixará de ocupar lugar relevante no contexto da interpretação e da geração de normas secundárias de atuação e comportamento. Em matéria penal, contudo,

---

[29] LIMONGI FRANÇA afirma que "o costume surge e deve ser respeitado, não porque é antigo, e além disso porque as pessoas acham que isso é certo, mas porque, no âmago da natureza das instituições, há modos de proceder que, independentemente de lei, não podem ficar ao sabor dos particulares, sob pena de comprometimento dos fins da própria existência das mesmas instituições; por isso, com o decorrer do tempo, esses modos de agir, por sua oportunidade, por sua constância, por sua utilidade, por sua coerência, vão se constituindo em *preceito rígido*, a ponto de adquirirem força de verdadeira lei" (*Hermenêutica jurídica*, p. 140).

jamais ocupará o lugar dos tipos incriminadores, nem terá o condão de revogá-los, afinal, prevalecerá, sempre, a legalidade penal estrita.

7.2.2 Princípios gerais de direito

São as regras gerais que preenchem o conjunto do ordenamento jurídico, valendo para qualquer de seus ramos. Constituem postulados merecedores de respeito independentemente da matéria, visto espelharem as bases da justiça em tom maior.[30] Conforme a lição de CELSO BASTOS, "a doutrina em geral aponta como causa geradora de tais princípios a convicção social, o viver da comunidade, sua ideia de vida, e, em definitivo, a consciência social da época".[31]

Os princípios gerais de direito auxiliam na interpretação dos casos concretos e podem servir para suprir lacunas. Neste último caso, não se aplica ao direito penal, mormente quando se cuidar de incriminação de um fato.

Exemplo de um princípio geral de direito: ninguém pode beneficiar-se da própria torpeza. Cuida-se de princípio muito utilizado no âmbito processual penal e civil, mas também se aplica a outros ramos do direito.

7.2.3 Equidade

Atuar com equidade significa agir com moderação, equilíbrio, imparcialidade e bom senso. Por óbvio, conforme já ficou expresso linhas atrás, a equidade é essencial para a interpretação da norma. No entanto, ela não é fonte do direito penal, mormente no seu aspecto incriminador.[32]

Pode-se – e deve-se – interpretar o tipo penal de maneira equilibrada e sensata; no entanto, a extração do significado, do conteúdo efetivo da norma, não representa *criação* de lei. Portanto, inexiste motivo para se apontar a equidade como fonte de direito penal.

Mesmo servindo apenas para a interpretação do direito penal, vale ressaltar uma de suas relevantes regras: "a construção da regra da equidade não deve ser sentimental ou arbitrária, mas o fruto de uma elaboração científica, em harmonia com o espírito que rege o sistema e especialmente com os princípios que informam o instituto objeto da decisão".[33]

Em outros ramos do direito, por certo, a equidade pode servir para suprir lacunas;[34] porém, no direito penal, nem mesmo a analogia, forma mais segura de resolver lacunas, é admitida para prejudicar o acusado. Com maior razão, está afastada a equidade para esse fim.

---

[30] "São aquelas verdades que informam um sistema jurídico. Em si mesmas são eternas e imutáveis, mas a relação entre elas e as circunstâncias de cada povo é variável. (...) Exemplos de princípios gerais do nosso direito processual: 1. Contrariedade; 2. Obrigatoriedade da acusação e defesa; 3. Livre apreciação da prova" (ROMEU PIRES DE CAMPOS BARROS, *Lineamentos do direito processual penal brasileiro*, p. 83).

[31] *Hermenêutica e interpretação constitucional*, p. 144.

[32] "A equidade prende-se especialmente ao elemento justiça. Ela é tradicionalmente equiparada à justiça, não à justiça legal, mas à justiça como ideia, noção ou princípio" (ALÍPIO SILVEIRA, *Hermenêutica no direito brasileiro*, p. 370).

[33] LIMONGI FRANÇA, *Hermenêutica jurídica*, p. 57.

[34] Funciona como fonte supletiva do direito, se esgotados outros mecanismos integrativos do direito – como a analogia. Consultar CHRISTIANO JOSÉ DE ANDRADE, *Hermenêutica jurídica no Brasil*, p. 42.

7.2.4   Tratados e convenções

Os acordos internacionais são muito relevantes para a constituição do direito interno, no Brasil, assim como servem de fontes de interpretação.

Tratando-se de norma internacional acerca de direitos humanos, logo, em favor do indivíduo – e não do Estado –, pode integrar o sistema normativo nacional (art. 5.º, §§ 2.º e 3.º, CF). O STF, como já mencionamos, considera essas normas como *supralegais*, ou seja, acima da lei ordinária e abaixo da norma constitucional.

No entanto, pode funcionar como elemento para a interpretação de normas penais de conteúdo duvidoso, visando a aclarar o objetivo da referida lei penal.

7.2.5   Brocardos jurídicos

O brocardo é um axioma jurídico, vale dizer, uma verdade que não necessita ser provada. Embora a sua definição pareça algo deveras absoluto, na realidade, o brocardo facilita ao operador do direito a transmissão de uma ideia ou posição consagrada no universo jurídico.

A sua origem é narrada com precisão por CARLOS MAXIMILIANO: "na alvorada do século XI, Burcardo, bispo de Worms, organizou uma coleção de cânones, que adquiriram grande autoridade e foram impressos em Colônia em 1548, em Paris, em 1550. Granjeou fama aquele repositório, sob o título de *Decretum Burchardi*. Eram os cânones dispostos em títulos e reduzidos a regras e máximas; na prática lhes chamavam *burcardos*, a princípio; dali resultou a corruptela *brocardos*, que se estendeu, em todo o campo do direito civil, aos preceitos gerais, e aos aforismos extraídos da jurisprudência e dos escritos dos intérpretes".[35]

Embora não tenham valor científico, terminam compondo peças jurídicas e facilitando a inteligência de certos institutos. São sínteses de pensamentos consagrados, como *o direito não socorre aos que dormem*. Podem até auxiliar na interpretação, porém sem força obrigatória. Alguns até se alteram com o passar do tempo, pela mudança havida na lei ou na jurisprudência, como foi o caso do *testis unus, testis nullus* (se possui apenas uma testemunha, para provar determinado fato, significa que não tem nada). Hoje, muitas condenações ocorrem baseadas apenas no depoimento de uma testemunha ou somente na palavra da vítima (roubo, estupro etc.). Tudo depende da credibilidade gerada no espírito do julgador.

Outro brocado muito usado, e até hoje funciona como autêntico princípio de direito processual penal, é o *in dubio pro reo* (na dúvida, decide-se em favor do réu).

RESUMO DO CAPÍTULO

▶ **Fontes materiais:** constituem a base criadora do processo penal, isto é, a União, principalmente, mas também os Estados, se autorizados a fazê-lo por lei complementar editada pela União, além de outros campos especificamente destinados pela Constituição, como a edição de leis de organização judiciária e legislação concorrente de direito penitenciário, procedimentos e processo de juizados especiais criminais.

▶ **Fontes formais:** são as maneiras de expressão do processo penal, que se concentram basicamente na lei, mas admitem outras formas, como os costumes, os princípios gerais de direito, a analogia e os tratados e convenções.

---

[35]   *Hermenêutica e aplicação do direito*, p. 291.

▶ **Interpretação:** é a extração do real conteúdo da norma, buscando dar sentido lógico à sua aplicação.

▶ **Analogia:** é um processo de suprimento de lacuna, valendo-se o intérprete de situação similar, em que há previsão legal; desse modo, utiliza-se a lei vigente para o caso semelhante no julgamento de situação lacunosa análoga.

▶ **Interpretação literal ou gramatical:** consiste em extrair o conteúdo da norma pela análise de cada um dos termos constantes do tipo penal (ou da norma penal), sem ampliar ou restringir o seu alcance.

▶ **Interpretação restritiva:** cuida-se de um método de interpretação que, para chegar ao significado efetivo da norma, é preciso *restringir* o alcance de determinados termos ou expressões. Na realidade, o legislador teria dito mais do que pretendia expressar.

▶ **Interpretação extensiva:** trata-se do processo de extração do autêntico significado da norma, ampliando-se o alcance das palavras legais, a fim de se atender à real finalidade do texto.

▶ **Interpretação analógica:** é o processo de averiguação do sentido da norma jurídica, valendo-se de elementos fornecidos pela própria lei, pelo método de semelhança.

▶ **Interpretação sistemática:** consiste no exercício do método de comparação com outras normas vigentes no mesmo sistema para extrair o conteúdo de determinada norma.

▶ **Interpretação lógica:** a descoberta do exato sentido da lei interpretada se dá pela verificação de seus termos e expressões, com a finalidade de aplicá-la de modo coerente e sensato.

▶ **Interpretação histórica:** consiste na utilização de normas já revogadas, porém importantes para certos cenários históricos do Brasil, com o objetivo de justificar determinada aplicação da lei interpretada, embora não seja a espécie de interpretação mais confiável.

▶ **Interpretação teleológica:** busca-se, na interpretação da norma, quais foram os fins, os objetivos, as metas a serem alcançadas em face da sua criação. Com isso, consegue--se desvendar eventuais termos de duplo sentido ou expressões malredigidas.

▶ **Interpretação histórico-evolutiva (*occasio legis*):** não se trata de uma avaliação exclusivamente histórica do instituto, tampouco uma análise quanto às suas finalidades, mas o conjunto de ambas. Vislumbra-se qual a finalidade da norma, dentro do momento histórico vivido pela sociedade. Sob o aspecto evolutivo, trata-se do método de interpretação que, diante de certo termo de significado extremamente subjetivo e atrelado a uma determinada época do tempo, pode ser analisado de maneira diversa conforme os anos passam. Desse modo, a lei permanece a mesma, mas determinado termo que lhe é ínsito ganha novos parâmetros, ou seja, evolui.

▶ **Interpretação autêntica:** é a interpretação proveniente do próprio órgão elaborador da norma. É possível que o Poder Legislativo edite uma lei e, após, pelas controvérsias geradas, resolva constituir uma lei interpretativa, sanando as dúvidas e conferindo clareza à norma.

▶ **Interpretação doutrinal ou judicial:** é a interpretação advinda de órgãos especializados ou pessoas qualificadas. Pode originar-se dos tribunais ou da doutrina.

▶ **Costume:** é uma norma fática a respeito de determinado assunto; pode transformar--se em regra jurídica conforme o caso concreto. Em matéria processual penal, contribui para a interpretação de leis e para a criação da norma.

▶ **Princípios gerais de direito:** são as regras gerais, que preenchem o conjunto do ordenamento jurídico, valendo para qualquer de seus ramos. Constituem postulados merecedores de respeito independentemente da matéria, visto espelharem as bases da justiça em tom maior. No direito processual penal, servem também para compor normas.

▶ **Equidade:** significa agir com moderação, equilíbrio, imparcialidade e bom senso. Por óbvio, conforme já ficou expresso linhas atrás, a equidade é essencial para a interpretação da norma. No entanto, ela não é fonte do direito penal, mormente no seu aspecto incriminador.

▶ **Tratados e convenções:** são os acordos internacionais, que podem constituir fonte do direito penal ou processual penal, desde que favoráveis ao réu, representando direito ou garantia humana fundamental (art. 5.º, §§ 2.º e 3.º, CF). No mais, auxiliam na interpretação de normas penais, quando contrárias aos interesses do acusado.

▶ **Brocardos jurídicos:** são axiomas jurídicos, vale dizer, verdades que não necessitam ser provadas. Os brocardos facilitam ao operador do direito a transmissão de uma ideia ou posição consagrada no universo jurídico. Exemplo: *in dubio pro reo* (na dúvida, decide-se em favor do acusado).

CAPÍTULO V

Aplicação da Lei Processual Penal no Espaço

1. PRINCÍPIO DA TERRITORIALIDADE

Significa a aplicação da lei processual penal brasileira a todo delito ocorrido em território nacional (art. 1.º, CPP), da mesma forma que se utiliza em direito penal (art. 5.º, CP). É regra que assegura a soberania nacional, tendo em vista não haver sentido aplicar normas procedimentais estrangeiras para apurar e punir um delito ocorrido dentro do território brasileiro. O direito alienígena é composto pela vontade de outro povo, razão pela qual os magistrados, em nosso país, não cumprem e não devem, de fato, seguir legislação que não seja fruto do exclusivo desejo da nação brasileira.

Um dos fatores de afastamento da aplicação da lei processual penal é a ressalva feita aos tratados, convenções e regras de direito internacional (art. 1.º, I, CPP). Além disso, prevê o art. 5.º, § 4.º, da Constituição Federal (Emenda Constitucional 45/2004) que "o Brasil se submete à jurisdição de Tribunal Penal Internacional a cuja criação tenha manifestado adesão". Significa, pois, que, apesar de um delito ser cometido no país, havendo interesse do Tribunal Penal, podemos entregar o agente à jurisdição estrangeira (exceto quando se tratar de brasileiro, pois o próprio art. 5.º, LI, a veda, constituindo norma específica em relação ao § 4.º).

2. CONCEITO DE TRATADO E CONVENÇÃO

Expõe a convenção sobre direito dos tratados, finalizada em Viena, em 1969, como ensina CELSO D. DE ALBUQUERQUE MELLO, que "tratado significa um acordo internacional concluído entre Estados em forma escrita e regulado pelo Direito Internacional, consubstanciado em um único instrumento ou em dois ou mais instrumentos conexos qualquer que seja a sua designação específica".[1] Para Francisco Rezek, trata-se de "todo acordo formal concluído entre sujeitos de direito internacional público, e destinado a produzir efeitos jurídicos".[2]

Debate-se, outrossim, se tratado e convenção são termos correlatos ou diferenciados, até porque os textos legais, no Brasil, utilizam ambos, como é o caso do inciso I do art. 1.º do Código de Processo Penal. Para Rezek são termos correlatos, indevidamente utilizados no mesmo contexto – como ocorre na lei processual penal – dando a ideia de que cuidam de coisas diversas.[3]

Para Albuquerque Mello, no entanto, pode-se fazer a seguinte diferença entre ambos: "tratado é utilizado para os acordos solenes, por exemplo, tratados de paz; convenção é o tratado que cria normas gerais, por exemplo, convenção sobre mar territorial".[4] A tradição dos textos legislativos brasileiros tem, realmente, utilizado os dois termos, como se vê, também, no art. 5.º do Código Penal, razão pela qual nada impede que possamos nos valer do sentido exposto por Albuquerque Mello, embora cientes de que tratado é a essência do conceito.

3. REGRAS DE DIREITO INTERNACIONAL

Regem, ainda, o direito internacional e, consequentemente, podem ser consideradas para a aplicação excepcional em território brasileiro, como prevê o referido inciso I do art. 1.º do CPP, as demais regras de direito internacional, não abrangidas pelos tratados, como os costumes – vigentes em muitos aspectos referentes ao domínio do mar, relativos à guerra e a outros conflitos –, os princípios gerais de direito internacional, aceitos pela grande maioria das nações, na aplicação do seu direito interno, além de se poder incluir, ainda, as decisões tomadas pelas organizações internacionais.[5]

4. EXCEÇÃO À REGRA DA TERRITORIALIDADE

Caso o Brasil firme um tratado, uma convenção ou participe de uma organização mundial qualquer, cujas regras internacionais a norteiem, deve a lei processual penal pátria ser afastada para que outra, proveniente dessas fontes, em seu lugar, seja aplicada.[6]

É o que ocorre com os diplomatas, que possuem imunidade em território nacional, quando estiverem a serviço de seu país de origem. Assinou o Brasil a Convenção de Viena, em 1961, referendada pelo Decreto 56.435/65, concedendo imunidade de jurisdição aos diplomatas, razão pela qual se qualquer deles cometer um crime em solo nacional, aqui não será punido, o que representa a inaplicabilidade do disposto no Código de Processo Penal.

O mesmo se dá com o cônsul, também imune da jurisdição brasileira, desde que cometa infração pertinente ao exercício das suas funções e no território do seu consulado. É o disposto na Convenção de Viena, assinada em 1963, ratificada pelo Decreto 61.078/67.

---

[1]   *Curso de direito internacional público*, v. 1, p. 133.

[2]   *Direito internacional público*, p. 14.

[3]   Ob. cit., p. 15.

[4]   Ob. cit., p. 133.

[5]   Francisco Rezek, *Direito internacional público*, p. 122-146.

[6]   Sobre o direito processual penal internacional, consultar Antonio Scarance Fernandes e Marcos Alexandre Coelho Zilli, *Direito processual penal internacional*.

Mencione-se, ainda, que, além de determinadas situações estarem previstas expressamente na Constituição Federal, estão disciplinadas também por tratados e convenções internacionais, fazendo com que um delito ocorrido fora do território nacional possa contar com a aplicação da lei brasileira, o que foge à regra da territorialidade. É o que se dá no tocante ao cumprimento de cartas rogatórias – embora dependentes do *exequatur* do Superior Tribunal de Justiça – provenientes de Justiça estrangeira, à homologação de sentença estrangeira, que pode implicar o cumprimento, no Brasil, de decisão de magistrado alienígena, e ao processo de extradição, que se instaura no Pretório Excelso a pedido de Estado estrangeiro, para que o Brasil promova a entrega de pessoa acusada ou condenada por determinado delito, cometido no exterior, a fim de ser processada ou para que cumpra pena. São hipóteses em que as normas processuais penais brasileiras deixam de ser aplicadas para que tratados ou convenções – e mesmo o disposto na Constituição Federal e nos Regimentos Internos do Supremo Tribunal Federal e do Superior Tribunal de Justiça – sejam sobrepostos.

5. CONFLITO ENTRE TRATADO E DIREITO INTERNO

A doutrina especializada em direito internacional expõe a dicotomia existente entre as teorias dualista e monista acerca das relações entre o direito internacional e o direito interno dos países.

Pela teoria dualista, menos aplicada atualmente, há duas ordens jurídicas diversas: a internacional e a interna. Por isso, para que um tratado possa ser admitido, como lei interna, em determinado país, é preciso que ele seja "transformado" em direito interno.

Pela teoria monista, não há duas ordens jurídicas, mas apenas uma. Os adeptos desta teoria, hoje majoritária, divergem quanto à primazia do direito internacional sobre o direito interno. Sustentam alguns que o tratado jamais pode contrariar a lei interna do país, especialmente a Constituição, em homenagem à soberania nacional. Outros, no entanto, concedem primazia absoluta à ordem jurídica internacional, inclusive, se for preciso, sobrepondo-se à própria Constituição. Explica Albuquerque Mello que há inúmeras teorias "conciliadoras", buscando, ora a primazia do direito internacional, ora a sobreposição do direito interno.

O Brasil, embora adote a teoria monista, deixou clara a sua preferência pelo direito interno sobre o direito internacional, especialmente pela posição do Supremo Tribunal Federal, adotada em *leading case* de 1978, quando afirmou que lei federal posterior afasta a aplicação de tratado anterior. E, atualmente, é o que continua prevalecendo na jurisprudência dos tribunais. Em nosso país, o tratado jamais atenta contra a Constituição Federal e pode ser afastado por lei federal mais recente. Caso seja o tratado o mais novo, no entanto, afeta a aplicação de lei federal. Note-se, inclusive, que a Constituição prevê competência ao Supremo Tribunal Federal para julgar, em recurso extraordinário, as causas decididas em única ou última instância, quando a decisão "declarar a inconstitucionalidade de tratado ou lei federal" (art. 102, III, *b*), o que demonstra a equiparação de um e outro, ambos submetidos ao texto constitucional.

Apoia essa tese, Francisco Rezek, afirmando não haver, em direito internacional positivo, norma alguma assegurando a primazia do tratado sobre o direito interno, logo, somente leis anteriores podem ser afastadas pelo tratado mais recente (*Direito internacional público*, p. 103-104). Acompanham esse posicionamento Luiz Alberto David Araújo,

Clèmerson Merlin Clève, Manoel Gonçalves Ferreira Filho[7] e Luís Roberto Barroso.[8] Mas, não faltam críticas a essa postura. Albuquerque Mello, defensor da primazia do tratado sobre a ordem jurídica interna, indaga: "Qual o valor de um tratado se um dos contratantes por meio de lei interna pode deixar de aplicá-lo?". E sobre a decisão do STF, de 1978, sustenta que "sendo o Estado sujeito de Direito Interno e de Direito Internacional, é uma mesma pessoa, não se podendo conceber que ele esteja submetido a duas ordens jurídicas que se chocam. É o Direito na sua essência um só. A ordem internacional acarreta a responsabilidade do Estado quando ele viola um de seus preceitos e o Estado aceita essa responsabilidade, como não poderia deixar de ser. Da constatação deste simples fato podemos observar que o Estado sujeito de direito das duas ordens jurídicas dá primazia ao Direito Internacional".[9]

O magistério de Gerson de Britto Mello Bóson não é diferente: "A validade da ordem jurídica estatal, no tempo, cai sob as normas internacionais que dispõem sobre o aparecimento do Estado, e que asseguram a continuidade deste quando acontecimentos revolucionários alteram a sua ordem constitucional, enquanto que, no espaço, o Direito interno é delimitado pelo Direito internacional, no sentido de que as suas normas só são aplicáveis no território do respectivo Estado, salvo as exceções previstas pelo Direito internacional".[10] Finaliza, assegurando que "o monismo, com a supremacia do Direito internacional é a única doutrina que seria viável e necessária às condições atuais do mundo moderno".[11]

Vale citar, ainda, a importante lição de Sylvia Helena de Figueiredo Steiner: "cumpre assinalar nossa adesão ao entendimento segundo o qual o direito brasileiro adota o sistema monista, ou seja, o tratado ingressa no ordenamento jurídico interno sem necessidade de lei no sentido formal. Em verdade, pelo nosso sistema, é de competência exclusiva do Executivo a celebração de tratados (art. 84, VIII, CF). Ao Congresso é enviada cópia do texto, a qual, se aprovada, gera a publicação de um decreto legislativo, cuja função é apenas a de dar ciência da aprovação do texto apreciado, das reservas eventualmente impostas, das cláusulas facultativas aceitas etc. Somente após a aprovação do texto é que o Executivo ratifica o tratado e, por via da promulgação, assinala o início de sua vigência e eficácia no País. Nem o decreto legislativo nem o decreto do Executivo de promulgação podem ser considerados 'lei' no sentido de norma de direito interno editada segundo a forma e procedimento previstos na Constituição".[12]

Em conclusão, conforme entendimento adotado pelo STF, o tratado somente é aplicado com primazia sobre leis federais, no Brasil, se for mais recente, jamais podendo entrar em conflito com a Constituição Federal (checar a exceção no próximo item). Quando se tratar de convenção ou tratado de direitos humanos, aprovado pelo Brasil, adquirem *status supralegal* (acima das leis federais e abaixo da Constituição Federal).

---

[7]   Citações feitas por Sylvia Steiner (*A Convenção Americana sobre Direitos Humanos e sua integração ao processo penal brasileiro*, p. 74).

[8]   *Interpretação e aplicação da Constituição*, p. 31-32.

[9]   *Curso de direito internacional público*, v. 1, p. 75.

[10] *Direito internacional público*, p. 144-145.

[11] Ob. cit., p. 149.

[12] *A Convenção Americana sobre Direitos Humanos e sua integração ao processo penal brasileiro*, p. 69-70.

6. NORMAS INTERNACIONAIS RELATIVAS AOS DIREITOS HUMANOS FUNDAMENTAIS

Quando normas de proteção aos direitos humanos constam de tratado assinado pelo Brasil devem ingressar, no direito interno, com *status* de norma constitucional, em face do disposto no art. 5.º, § 2.º, da CF. Nessa ótica, diz Sylvia Steiner que "no direito brasileiro, também não vemos espaço para controvérsias. O § 2.º do art. 5.º da CF nos parece claro na determinação da inserção no rol de direitos e garantias previstos no seu próprio corpo, das normas internacionais de proteção aos direitos fundamentais. A incorporação pelo texto constitucional dessas normas internacionais é inequívoca".[13] E conclui: "Exatamente em razão do fato de as normas de proteção e garantia de direitos fundamentais terem *status* constitucional, devem a doutrina e, principalmente, a jurisprudência, cuidar de resolver eventuais conflitos ou antinomias que possam surgir entre normas decorrentes da incorporação dos tratados e dispositivos elencados no texto constitucional. Assim, relevando-se a fonte, deve a solução atender aos princípios da equidade, interpretando-se as normas em conflito de forma a prevalecer no caso concreto a que for mais favorável ao indivíduo, a que decorra de princípios, ou a que amplie os direitos, tudo para se preservar o próprio sistema de proteção aos seres humanos".[14]

Igualmente, ensina PEDRO DALLARI que "parece lógico, portanto, nos marcos de uma hermenêutica clássica, o entendimento de que, se a Constituição distinguiu os tratados de Direitos Humanos, o fez para assegurar-lhes uma condição mais relevante no quadro da hierarquia das normas jurídicas vigentes no Brasil do que aquela reconhecida para o restante das normas convencionais internacionais, sendo plenamente defensável, portanto, a tese da equiparação constitucional dos primeiros".[15]

A introdução do § 3.º ao art. 5.º da Constituição Federal ("Os tratados e convenções internacionais sobre direitos humanos que forem aprovados, em cada Casa do Congresso Nacional, em dois turnos, por três quintos dos votos dos respectivos membros, serão equivalentes às emendas constitucionais") promoveu um prejuízo em lugar de um ganho. Sustenta, em caráter majoritário, a doutrina que os tratados e convenções de direitos humanos ganham *status* constitucional, quando aprovados pelo Brasil. Ocorre que o disposto pelo referido § 3.º somente confere esse nível hierárquico – *status* constitucional – quando o Congresso Nacional, por *quorum* qualificado, aprova o texto.

Diante disso, o STF optou por considerar com *status supralegal* os tratados e convenções de direitos humanos aprovados pelo Brasil. Na prática, as normas estariam acima da legislação ordinária, mas abaixo da Constituição Federal.

7. JURISDIÇÃO POLÍTICA

Trata-se de outra exceção ao princípio, segundo o qual, aos crimes cometidos no território nacional, devem ser aplicadas as normas processuais penais brasileiras. A jurisdição, como regra, é o poder de aplicar a lei ao caso concreto conferida às autoridades judiciárias, embora exista, na própria Constituição Federal, exceção, consistente na jurisdição política.

---

[13] *A Convenção Americana sobre Direitos Humanos e sua integração ao processo penal brasileiro*, p. 86.

[14] Ob. cit., p. 91.

[15] *Constituição e tratados internacionais*, p. 61.

Assim, para julgar determinados crimes de responsabilidade, não se invoca o Poder Judiciário, mas sim órgãos do Poder Legislativo. É o que ocorre quando se atribui ao Senado Federal a competência para julgar o Presidente e o Vice-Presidente da República, bem como os Ministros de Estados e os Comandantes da Marinha, do Exército e da Aeronáutica nos delitos da mesma natureza conexos àqueles (art. 52, I, CF), os Ministros do Supremo Tribunal Federal, os membros dos Conselhos Nacionais da Justiça e do MP, o Procurador-Geral da República e o Advogado-Geral da União, também nos crimes de responsabilidade (art. 52, II, CF). Outras exceções podem ser detectadas na legislação brasileira.

8. JUSTIÇA ESPECIAL

A Justiça Militar integra o rol das jurisdições consideradas especiais, que cuidam de matéria específica, razão pela qual possui regras próprias, tanto no tocante ao direito material, quanto no que se refere ao direito processual. O Código Penal Militar define os crimes militares (Dec.-lei 1.001/69) e o Código de Processo Penal Militar (Dec.-lei 1.002/69) os procedimentos de um modo geral para apurá-los, punindo seus autores.

Note-se que nem sempre uma Justiça Especial vale-se inteiramente de regras processuais próprias. A Justiça Eleitoral, na esfera criminal, atuará segundo o disposto no Código Eleitoral (Lei 4.737/65 – arts. 355 a 364), embora com a seguinte ressalva a respeito da aplicação subsidiária do Código de Processo Penal: "Art. 364. No processo e julgamento dos crimes eleitorais e dos comuns que lhes forem conexos, assim como nos recursos e na execução, que lhes digam respeito, aplicar-se-á, como lei subsidiária ou supletiva, o Código de Processo Penal".

9. TRIBUNAL DE SEGURANÇA NACIONAL

Mencionado no art. 1.º, IV, do Código de Processo Penal, não mais existe em nosso ordenamento jurídico. Era previsto no art. 122, n. 17, da Constituição de 1937: "Os crimes que atentarem contra a existência, a segurança e a integridade do Estado, a guarda e o emprego da economia popular serão submetidos a processo e julgamento perante tribunal especial, na forma que a lei instituir".

Atualmente, os crimes contra o Estado Democrático de Direito (arts. 359-I a 359-T do Código Penal) são, como regra, julgados pela Justiça Federal Comum (art. 109, IV, CF), pois considerados delitos políticos. Eventualmente, no entanto, o civil que cometa crime contra a segurança do Estado, voltado às instituições militares, poderá responder junto à Justiça Militar Federal. É o que dispõe o art. 82, § 1.º, do Código de Processo Penal Militar (Dec.-lei 1.002/69). A competência, portanto, não pode ser firmada unicamente com base no art. 109, IV, da Constituição Federal, que remete o julgamento dos crimes políticos para a Justiça Federal, pois há determinados delitos dessa natureza que ofendem igualmente as instituições militares, deslocando-se para a justiça especial, prevalente sobre a comum, que é a Federal.

10. LEGISLAÇÃO ESPECIAL

Quando lei especial regular um procedimento diverso do previsto no Código de Processo Penal, pelo princípio da especialidade, aplica-se aquela e somente em caráter subsidiário este último. Ilustrando: Lei de Drogas (Lei 11.343/2006), Lei de Abuso de Autoridade (Lei 13.869/2019) etc.

RESUMO DO CAPÍTULO

▸ **Princípio da territorialidade:** é a aplicação da lei processual penal a todo crime ocorrido em território nacional.

▸ **Exceção à regra da territorialidade:** os tratados e convenções subscritos pelo Brasil podem excepcionar a aplicação da lei brasileira a crime cometido no território nacional, como ocorre com a Convenção de Viena em relação às imunidades diplomáticas. Diplomatas estrangeiros, que praticam infrações penais no Brasil, estão imunes à jurisdição nacional.

▸ **Conflito entre tratado e direito interno:** segundo jurisprudência atual do Supremo Tribunal Federal, o tratado situa-se acima das leis e abaixo da Constituição Federal, razão pela qual, no conflito entre ambos, deve prevalecer o tratado sobre as leis e a Constituição sobre o tratado. No tocante aos tratados de direitos humanos, adquirem o *status* de normas *supralegais*, que estão acima do ordenamento jurídico brasileiro, mas abaixo da Constituição Federal.

CAPÍTULO VI

Aplicação da Lei Processual Penal no Tempo

1. REGRA GERAL

Aplica-se a lei processual penal tão logo entra em vigor e, usualmente, quando é editada, não possui *vacatio legis* (período próprio para o conhecimento do conteúdo de uma norma pela sociedade em geral, antes de entrar em vigor) por se tratar de norma que não implica a criminalização de condutas. *In verbis*: "Art. 2.º A lei processual penal aplicar-se-á desde logo, sem prejuízo da validade dos atos realizados sob a vigência da lei anterior".

Passa, assim, a valer imediatamente, colhendo processos em pleno desenvolvimento, embora não afete atos já realizados sob a vigência de lei anterior. Exemplificando: se uma lei processual recém-criada fixa novas regras para a citação do réu ou para a intimação de seu defensor, o chamamento já realizado sob a égide da antiga norma é válido e não precisa ser refeito. As intimações futuras passam imediatamente a ser regidas pela lei mais recente.

Eis o estabelecido pelo CPC, no art. 14: "a norma processual não retroagirá e será aplicável imediatamente aos processos em curso, respeitados os atos processuais praticados e as situações jurídicas consolidadas sob a vigência da norma revogada".

Exceção existe quanto ao transcurso de prazo já iniciado, que corre, como regra, pela lei anterior. É o conteúdo do art. 3.º da Lei de Introdução ao Código de Processo Penal (Decreto-lei 3.931, de 11 de dezembro de 1941): "O prazo já iniciado, inclusive o estabelecido para a interposição de recurso, será regulado pela lei anterior, se esta não prescrever prazo menor do que o fixado no Código de Processo Penal". Embora se possa argumentar que tal disposição tinha por objetivo promover a transição da legislação anterior para o previsto no atual CPP, é certo que a regra é legítima para qualquer caso de alteração de prazo. Ilustrando: o réu, intimado da sentença condenatória, tem cinco dias para oferecer recurso. Se nova lei entrar em vigor, alterando esse prazo para dois dias, é óbvio que seu direito não será prejudicado. Continua ele com os cinco dias da lei anterior para apelar.

2.   NORMAS PROCESSUAIS PENAIS MATERIAIS

São aquelas que, apesar de estarem no contexto do processo penal, regendo atos praticados pelas partes durante a investigação policial ou durante o trâmite processual, têm forte conteúdo de direito penal. E referido conteúdo é extraído da sua inter-relação com as normas de direito material, isto é, são normalmente institutos mistos, previstos no Código de Processo Penal, mas também no Código Penal, tal como ocorre com a perempção, o perdão, a renúncia, a decadência, entre outros. Isto porque havendo perempção, perdão, renúncia ou decadência, nos exemplos dados, ato contínuo, o juiz julga extinta a punibilidade do investigado ou acusado.

Uma vez que as regras sejam modificadas, quanto a um deles, podem existir reflexos incontestes no campo do direito penal. Imagine-se que uma lei crie nova causa de perempção. Apesar de dizer respeito a situações futuras, é possível que, em determinado caso concreto, o querelado seja beneficiado pela norma processual penal recém-criada. Deve ela ser retroativa para o fim de extinguir a punibilidade do acusado, pois é nítido o seu efeito no direito material (art. 107, IV, CP).

Além dos institutos com dupla previsão (penal e processual penal), existem aqueles vinculados à prisão do réu, devendo ser considerados normas processuais penais materiais, uma vez que se referem à liberdade do indivíduo. A finalidade precípua do processo penal é garantir a correta aplicação da lei penal, permitindo que a culpa seja apurada com amplas garantias para o acusado, não tendo cabimento cuidar-se da *prisão cautelar* totalmente dissociada do contexto de direito material. A prisão cautelar somente tem razão de existir, a despeito do princípio da presunção de inocência, porque há pessoas, acusadas da prática de um crime, cuja liberdade poderá colocar em risco a sociedade, visando-se, com isso, a dar sustentação a uma eventual futura condenação. É o verificado pelo próprio sistema ao autorizar a decretação de prisões cautelares, cujo sentido se dá na medida em que pode o acusado ser à frente apenado com pena privativa de liberdade.

Não teria o menor sentido decretar a prisão preventiva de um réu por contravenção penal ou por delito cuja pena cominada é de multa, por exemplo. Assim, lidando-se com o tema da prisão, é indispensável a consideração das normas processuais de conteúdo material. Havendo qualquer mudança legal, benéfica ao réu, podem elas retroagir para abranger situações ocorridas antes da sua existência, desde que isso contribua para garantir a liberdade do réu.

O art. 2.º da Lei de Introdução ao Código de Processo Penal determina a aplicação dos dispositivos mais favoráveis ao réu, no concernente à prisão preventiva e à fiança, quando houver a edição de lei nova que colha situação processual em desenvolvimento. Concordamos com a lição de MIRABETE ao comentar essa norma: "Tal dispositivo, segundo entendemos, continua em vigor, aplicando-se a todas as modificações introduzidas no Código de Processo Penal de 1941, relativamente a tais matérias. Embora o citado Decreto-lei visasse especialmente a transição da lei anterior para o Código de Processo Penal, não foi ele revogado, sendo aplicável às modificações desse estatuto. Essa sempre foi a orientação seguida pelo STF quanto à aplicação do art. 13 da LICPP".[1] Em entendimento diverso, está a posição de TOURINHO FILHO: "Se a lei nova instituir ou excluir fiança, instituir ou excluir prisão preventiva etc., tal

---

[1]   *Código de Processo Penal interpretado*, p. 32.

norma terá incidência imediata, a menos que o legislador, expressamente, determine tenha a lei mais benigna ultra-atividade ou retroatividade".[2]

A modificação nas normas processuais pode afetar, por exemplo, o instituto da prisão preventiva, estabelecendo nova hipótese para sua decretação. Ilustrando: o réu responde ao processo em liberdade, porque não existia razão para detê-lo cautelarmente; diante da nova hipótese – como ocorreu com a introdução, no art. 312, da *garantia da ordem econômica* –, em que pese ter ele *causado* (no passado, portanto, antes da nova lei) abalo à ordem econômica, não deve o juiz decretar a sua prisão preventiva sem que surja fato novo. Se o fizer, a pretexto da lei processual ter vigência imediata, estará, em verdade, tornando-a retroativa, para abranger situação ocorrida no passado. Entretanto, se, a partir da sua edição, o réu tornar a provocar algum abalo à ordem econômica, a prisão cautelar passa a ter sentido, podendo ser decretada.

Diga-se o mesmo do réu que já se encontra preso por prisão preventiva em virtude de garantia da ordem pública. Havendo alteração da lei processual que extirpe tal causa, é preciso aplicar a norma retroativamente, a fim de colher o fato gerador da prisão por motivo não mais existente, concedendo-se ao acusado imediata liberdade. Registre-se que a aplicação imediata da norma processual penal, ainda que mais rigorosa, é a regra, desde que não envolva questão de direito material ou o *status libertatis* do indivíduo. E mais: quando se verifica a retroatividade da lei processual penal material benigna ou a sua ultratividade, deve-se levar em conta os atos processuais ou relativos ao desenvolvimento do processo e não simplesmente a data do fato criminoso. Assim, o fato gerador da prisão preventiva muitas vezes ocorre depois do crime já ter ocorrido. É sobre esse fato gerador que devemos analisar a retroatividade ou ultratividade da lei processual benéfica. Pode-se dizer o mesmo do fato gerador da perempção, que não diz respeito à data do delito, pois é bem posterior a isso. A retroatividade de lei processual penal material, que beneficie o acusado, leva em conta a ocorrência da perempção, segundo as novas regras instituídas, com imediata vigência. Desse modo procedendo, fornece-se ao processo penal o seu nítido e indispensável caráter garantista das liberdades individuais.

A Lei 13.964/2019 inseriu o § 5.º ao art. 171 do Código Penal, introduzindo uma condição de procedibilidade – a representação da vítima para os crimes de estelionato – com algumas exceções (se a vítima for a Administração Pública, criança ou adolescente, pessoa com deficiência mental ou maior de 70 anos ou incapaz). Sem essa representação, ocorre a decadência, gerando extinção da punibilidade. Logo, é a condição de procedibilidade instituída uma norma processual penal de natureza mista. Em nosso entendimento, como já ocorreu com outras normas antecedentes (transação, *sursis* processual etc.), embora de natureza processual (no caso do estelionato, uma condição de procedibilidade), há de se ressaltar que constitui norma de caráter híbrido, envolvendo direito penal, visto que a falta de representação gera a extinção da punibilidade do agente, como mencionado. Como toda norma processual penal material, há necessidade de retroagir para beneficiar, quando for o caso, os agentes de estelionato, cujos processos estiverem em curso (art. 2.º, CP). Esse *retorno no tempo* deve respeitar qual limite? Em primeiro lugar, a representação não precisa ser formal, ou seja, em termo específico preenchido e assinado pela vítima. Ouvindo-se o ofendido, na fase policial, é perfeitamente possível captar-se o seu intento de ver o agente processado pelo estelionato cometido. Cuida-se de uma representação informal. Porém, se não ficar claro esse intento ou se o ofendido nem mesmo for ouvido, cremos ser indispensável colher o seu consentimento *até que ocorra o trânsito em julgado da decisão*. Deve-se, durante o trâmite do processo, em

---

[2]   *Código de Processo Penal comentado*, v. 1, p. 22.

qualquer fase, intimar a vítima para se manifestar em 30 dias acerca de representar ou não contra o agente do estelionato. A criação de uma condição de procedibilidade, com aptidão para produzir efeito penal, cuida-se de norma processual penal material, logo, deve retroagir sempre. Inexiste, em nosso entendimento, *ato jurídico perfeito* com o mero recebimento da denúncia, pois isto ocorreu quando não havia a norma nova em questão.

Tem-se observado na jurisprudência atual a contrariedade ao alcance das normas processuais penais materiais, praticamente negando a sua retroatividade. Acompanha-se, infelizmente, o afastamento da concepção da norma processual penal material, colocando-se nesta o efeito de uma norma processual comum – ou quase isso. Em consequência, muitos julgados têm permitido a aplicação da novel condição de procedibilidade (representação da vítima nos delitos de estelionato) apenas *antes* do recebimento da denúncia; recebida esta, estaria consumado ato jurídico perfeito, sem necessidade de aplicação do novo § 5.º do art. 171 do CP. Para servir de ilustração: STJ: "2. A retroatividade da norma que condicionou a ação penal relativa ao crime de estelionato à representação da vítima, por sua natureza híbrida – processual e material –, não deve atingir o processo, haja vista a existência de ato jurídico perfeito e acabado (oferecimento da denúncia). Precedente. 3. Embargos de declaração rejeitados" (EDcl no AgRg no AREsp 1.593.458/SP, 6.ª T., rel. Rogério Schietti, 04.08.2020). Reconhecer tratar-se de norma mista e, ao mesmo tempo, vedar a sua aplicação em época anterior à denúncia é o mesmo que negar essa essência.

Dar às normas processuais materiais basicamente o mesmo tratamento das normas processuais comuns é um retrocesso na interpretação concedida às normas híbridas. Se a norma processual tem natureza híbrida deve retroceder *como se lei penal* benéfica fosse.

3.   AB-ROGAÇÃO E DERROGAÇÃO

Denomina-se *ab-rogação* da lei quando a norma é totalmente afastada.

Chama-se *derrogação* quando uma parte dela é revogada e substituída por outra ou simplesmente revogada, mas há uma parte remanescente que continua em vigor.

4.   *VACATIO LEGIS*

O período de vacância da lei destina-se a permitir que os destinatários da norma (a sociedade), em casos de legislação mais complexa, tenham tempo suficiente para tomar conhecimento das novas disposições e possam preparar-se para enfrentar as eventuais inéditas exigências.

Geralmente, os Códigos, quando alterados por inteiro, instituem uma *vacatio legis* de um ano. Leis mais simples podem optar por entrar em vigência de imediato.

Se a lei não especificar o tempo de vacância, nem disser que entra em vigor de imediato, segue-se a regra do art. 1.º do Decreto-lei n. 4.657/42, ou seja, 45 dias a contar da sua publicação.

RESUMO DO CAPÍTULO

▸ **Aplicação da nova lei processual penal:** faz-se de imediato, como regra.

▸ **Exceções:** respeita-se o transcurso de prazo já iniciado sob a égide da lei anterior; aplica-se a lei processual penal material retroativamente, se necessário for, para beneficiar o acusado.

- ▸ **Lei processual penal material:** cuida-se de norma de processo penal, porém com reflexo no âmbito do direito penal, devendo respeitar as regras atinentes à norma de direito material, retroagindo para beneficiar o acusado.
- ▸ **Ab-rogação:** significa a revogação integral de uma lei.
- ▸ **Derrogação:** quer dizer a revogação parcial de uma lei.
- ▸ *Vacatio legis*: significa o período em que uma lei, já aprovada, aguarda para entrar em vigor, de modo a permitir o conhecimento de seus termos pela sociedade.

CAPÍTULO VII

Inquérito Policial e Outras Formas de Investigação

1. INTRODUÇÃO

Dedica-se este capítulo ao estudo das variadas formas de investigação destinadas a possibilitar a formação de um quadro probatório prévio, justificador da ação penal, em nome da segurança mínima exigida para a atividade estatal persecutória contra alguém no campo criminal. Vimos, no capítulo referente aos princípios gerais do processo penal – muitos deles de alçada constitucional – que, em nome da dignidade da pessoa humana, busca-se um Estado Democrático de Direito em todas as áreas, mormente em direito penal e processual penal, motivo pelo qual não se pode investir contra o indivíduo, investigando sua vida privada, garantida naturalmente pelo direito constitucional à intimidade, bem como agindo em juízo contra alguém sem um *mínimo razoável de provas*, de modo a instruir e sustentar tanto a materialidade (prova da existência da infração penal) como os indícios suficientes de autoria (prova razoável de que o sujeito é autor do crime ou da contravenção penal).[1] Além disso, ingressa a nova figura do juiz das garantias, introduzida pela reforma da Lei 13.964/2019.

---

[1] Como bem ressalta FREDERICO MARQUES, "o crime é definido como *fato típico, antijurídico e culpável*. Desde que uma conduta se enquadre em descrição contida em norma penal incriminadora, ela se torna fato típico; e quanto este é contra o direito (fato ilícito) e culpável, existe um fato delituoso" (*Tratado de direito processual penal*, v. 1, p. 171). Apesar de o autor ter deixado bem claro que, na visão analítica, crime é fato típico, antijurídico e culpável, em todos os seus escritos, maus intérpretes ainda afirmam que FREDERICO MARQUES aderiu àquela incipiente corrente de que delito é somente um fato típico e ilícito.

O Estado pode e deve punir o autor da infração penal, garantindo com isso a estabilidade e a segurança coletiva, tal como idealizado no próprio texto constitucional (art. 5.º, *caput*, CF), embora seja natural e lógico exigir-se uma atividade controlada pela mais absoluta legalidade e transparência. Nesse contexto, variadas normas permitem que órgãos estatais investiguem e procurem encontrar ilícitos penais ou extrapenais. O principal instrumento investigatório no campo penal, cuja finalidade precípua é estruturar, fundamentar e dar justa causa à ação penal, é o inquérito policial. Aliás, constitucionalmente, está prevista a atividade investigatória da polícia judiciária – federal e estadual (art. 144, § 1.º, IV, e § 4.º, CF). Por isso, o Código de Processo Penal dedica um capítulo específico a essa forma de investigação, ainda que não seja a única possível a dar alicerce à ação penal, como se verá a seguir.

1.1   Juiz das garantias e estrutura do processo penal

O relator da Medida Cautelar nas Ações Diretas de Inconstitucionalidade 6.298, 6.299, 6.300, 6.305-DF, Ministro Luiz Fux, houve por bem, em 22/01/2020, suspender a vigência dos arts. 3.º-A a 3.º-F, todos relacionados à nova figura do juiz das garantias. Assim sendo, embora a Lei 13.964/2019 tenha entrado em vigor em 23.01.2020, os referidos artigos ficaram suspensos, por prazo indeterminado, até que o Plenário do Supremo Tribunal Federal avaliou o mérito da causa, em 24.08.2023. Esse julgamento gerou a *inconstitucionalidade* de alguns dispositivos e a *interpretação conforme* (modo de o STF adaptar o conteúdo de uma norma à sua visão constitucional) de outros. É o que passaremos a analisar.

Acesse e escute o **podcast sobre Juiz das garantias e STF.**

> *http://uqr.to/1z8oh*

A edição da Lei 13.964/2019 inseriu a figura do juiz das garantias, que será o responsável por fiscalizar a investigação criminal, controlar a sua legalidade e salvaguardar os direitos individuais do investigado (art. 3.º-B, *caput*, CPP). É relevante mencionar o conteúdo do art. 3.º-A do CPP: "o processo penal terá estrutura acusatória, vedadas a iniciativa do juiz na fase de investigação e a substituição da atuação probatória do órgão de acusação". Quanto a esse dispositivo, o STF decidiu que o magistrado pode determinar a realização de diligências suplementares, para o fim de dirimir dúvida sobre questão relevante para o julgamento do mérito, desde que o faça de maneira pontual e nos limites legalmente autorizados. Isto significa que o juiz tem autonomia para buscar provas com o objetivo de formar o seu convencimento, mesmo sem requerimento das partes, respeitando-se exatamente a previsão formulada no *caput* do mencionado art. 3.º-A. Note-se que o magistrado não terá a *iniciativa* de investigar, nem deverá *substituir* o órgão acusatório na produção de provas em juízo, mas não é obrigado a ficar totalmente inerte. Cremos compatível com o processo acusatório a atividade suplementar do juiz, que conduz a instrução, pois é seu dever agir com imparcialidade, formando a sua convicção de modo livre, mas sempre fundamentado.

O STF fixou o prazo de 12 meses, a contar da publicação da ata do julgamento (31.08.2023) para que sejam adotadas as medidas necessárias (legislativas e administrativas), visando à implantação do juiz das garantias em todas as esferas de primeira instância do Poder

Judiciário (estadual e federal). O Conselho Nacional de Justiça acompanhará esse processo e, conforme as razões expostas por algum tribunal, que encontre maior dificuldade, é viável a prorrogação do prazo uma única vez, por no máximo 12 meses.

1.1.1 Atribuições do juiz das garantias

São as seguintes:

a) *receber a comunicação imediata da prisão*, nos termos do inciso LXII do *caput* do art. 5.º da Constituição Federal (art. 3.º-B, I, CPP). A comunicação da prisão consta do inciso LXII do art. 5.º da Constituição Federal: "a prisão de qualquer pessoa e o local onde se encontre serão comunicados imediatamente ao juiz competente e à família do preso ou à pessoa por ele indicada". Entende-se, pelo termo *imediatamente*, o prazo máximo de 24 horas. Trata-se da garantia de que ninguém será (ou ficará) ilegalmente detido. Para tanto, dentro da normalidade, refere-se essa comunicação à lavratura do auto de prisão em flagrante pelo delegado. Afinal, quando alguém é encontrado em plena prática do delito, pode ser preso por qualquer pessoa, mas, como regra, é preso pela polícia e levado à presença da autoridade policial, que, encontrando presentes os requisitos legais, determina a lavratura do auto de prisão em flagrante. Esse auto será comunicado ao juiz das garantias. Portanto, essa comunicação imediata da prisão se confunde com o disposto na alínea *b* seguinte, pois implica o recebimento do auto de prisão em flagrante, pelo juiz, para a sua análise;

b) *receber o auto da prisão em flagrante para o controle da legalidade da prisão*, observado o disposto no art. 310 deste Código (art. 3.º-B, II, CPP). Recebendo cópia do auto de prisão em flagrante, o juiz das garantias deve verificar se os requisitos da referida prisão em flagrante encontram-se presentes. Os elementos intrínsecos à prisão em flagrante estão previstos no art. 302 deste Código ("considera-se em flagrante delito quem: I – está cometendo a infração penal; II – acaba de cometê-la; III – é perseguido, logo após, pela autoridade, pelo ofendido ou por qualquer pessoa, em situação que faça presumir ser autor da infração; IV – é encontrado, logo depois, com instrumentos, armas, objetos ou papéis que façam presumir ser ele autor da infração"). Porém, deve analisar, também, os requisitos extrínsecos ao flagrante, previstos no art. 304 deste Código ("apresentado o preso à autoridade competente, ouvirá esta o condutor e colherá, desde logo, sua assinatura, entregando a este uma cópia do termo e recibo de entrega do preso. Em seguida, procederá à oitiva das testemunhas que o acompanharem e ao interrogatório do acusado sobre a imputação que lhe é feita, colhendo, após cada oitiva suas respectivas assinaturas, lavrando, a autoridade, afinal, o auto"). Se tudo estiver regular, o juiz não relaxará o flagrante (o relaxamento implica a soltura do investigado). Seguirá duas outras opções, expostas pelo art. 310 deste Código: a) pode converter a prisão em flagrante em preventiva, se presentes os elementos do art. 312 do CPP e se não forem suficientes as medidas cautelares do art. 319; b) pode conceder liberdade provisória, com ou sem fiança. Porém, essas providências deverão ser tomadas em audiência de custódia, nos termos do art. 310, *caput*, do CPP. Essa audiência será designada no prazo máximo de 24 horas após a realização da prisão (leia-se: a contar da lavratura do auto de prisão em flagrante, pois mais consentâneo com o sistema previsto na legislação processual penal, visto ser o delegado o primeiro a formalizar – ou não – a prisão do suspeito). Nessa audiência, deverão estar presentes o acusado, com seu advogado constituído ou membro da Defensoria Pública e o membro do Ministério Público. As partes se manifestam e, conforme os requerimentos formulados, o magistrado das garantias poderá optar entre converter o flagrante em preventiva (se o MP assim requerer), nos termos do art. 312 do CPP, ou fixar medidas cautelares alternativas, dentre as previstas no art. 319 do CPP (se o MP ou a defesa assim pleitearem; note-se que, caso o MP tenha pedido a mais severa medida cautelar – a prisão preventiva – por óbvio pode o juiz acolher a imposição de medida alternativa, que é menos rigorosa. Pode, ainda, conceder a liberdade provisória, com ou sem fiança, lembrando que a fiança é uma medida cautelar alternativa. Finalmente, não havendo advogado constituído ou membro da Defensoria, o juiz deve nomear um defensor *ad hoc* para acompanhar a audiência ou mesmo um defensor dativo, que possa continuar a representar o réu posteriormente;

c) *zelar pela observância dos direitos do preso*, podendo determinar que este seja conduzido à sua presença, a qualquer tempo (art. 3.º-B, III, CPP). Eis alguns desses direitos, constitucionalmente previstos no art. 5.º da CF: "LVIII – o civilmente identificado não será submetido a identificação criminal, salvo nas hipóteses previstas em lei; LXII – a prisão de qualquer pessoa e o local onde se encontre serão comunicados imediatamente ao juiz competente e à família do preso ou à pessoa por ele indicada; LXIII – o preso será informado de seus direitos, entre os quais o de permanecer calado, sendo-lhe assegurada a assistência da família e de advogado; LXIV – o preso tem direito à identificação dos responsáveis por sua prisão ou por seu interrogatório policial". Deve o juiz das garantias verificar se todos os direitos do preso foram respeitados; por outro lado, a parte final deste inciso (determinar a condução do preso à sua presença a qualquer tempo) deve ser avaliada para casos excepcionais, ocorridos após a audiência de custódia (onde o preso estará na presença do magistrado). Se, porventura, houver necessidade (eclosão de motim ou rebelião, notícia de tortura de presos etc.), pode ser importante que o juiz entreviste pessoalmente algum preso;

d) *ser informado sobre a instauração de qualquer investigação criminal* (art. 3.º-B, IV, CPP). Em nossa visão, esta é uma das principais atribuições do juiz das garantias, refletindo em *direito do investigado*, vale dizer, não deve existir *investigação sigilosa*, de modo a impedir que o suspeito possa acompanhá-la por meio de seu defensor. O inquérito policial já tem as suas formalidades: registra-se e deve ser acompanhado pelo juiz e pelo promotor. Porém, as investigações criminais realizadas pelo Ministério Público, não regulamentadas em lei, não podem mais transcorrer sem a informação de sua existência ao juiz das garantias. Se a comunicação não for feita, tudo o que foi colhido pode ser considerado *prova ilícita*, de modo a ser rechaçado pelo juiz no momento da análise da denúncia, podendo rejeitá-la. Essa foi exatamente a posição adotada pelo STF, que deu interpretação conforme ao inciso IV do art. 3.º-B, para indicar que todas as investigações instauradas pelo Ministério Público devem ser remetidas ao juízo das garantias em, no máximo, 90 dias, contados da publicação da ata do julgamento, para controle judicial, sob pena de nulidade, independentemente de já ter sido implantado na Comarca o magistrado das garantias, pois haverá quem lhe faça as vezes. Anote-se, desde logo, ter o STF atrelado este inciso IV aos incisos VIII e IX, apontando para o controle do prazo de investigação do MP, quando envolver averiguado preso (inciso VIII) e, também, para a competência do juiz das garantias para trancar a investigação conduzida pelo Ministério Público (inciso IX);

e) *decidir sobre o requerimento de prisão provisória ou outra medida cautelar*, observado o disposto no § 1.º deste artigo (art. 3.º-B, V, CPP). A primeira parte deste inciso remete ao que sempre foi praticado, ou seja, qualquer prisão provisória (temporária ou preventiva) e outras medidas cautelares (art. 319, CPP) somente são decretadas pelo Poder Judiciário. Ressalta-se, ainda, que a decretação de prisão ou outra medida cautelar depende de requerimento da parte legitimada a fazê-lo. Entretanto, a segunda parte deste inciso, ao se referir ao § 1.º deste artigo, tinha ficado incompleta, pois o referido § 1.º fora vetado pelo Presidente da República. O Congresso Nacional derrubou o veto. Permanece vigente o mencionado § 1.º: "o preso em flagrante ou por força de mandado de prisão provisória será encaminhado à presença do juiz de garantias no prazo de 24 (vinte e quatro) horas, momento em que se realizará audiência com a presença do Ministério Público e da Defensoria Pública ou de advogado constituído, vedado o emprego de videoconferência". O veto se deu com base nos seguintes motivos: "a propositura legislativa, ao suprimir a possibilidade da realização da audiência por videoconferência, gera insegurança jurídica ao ser incongruente com outros dispositivos do mesmo Código, a exemplo dos arts. 185 e 222 do Código de Processo Penal, os quais permitem a adoção do sistema de video-conferência em atos processuais de procedimentos e ações penais, além de dificultar a celeridade dos atos processuais e do regular funcionamento da justiça, em ofensa à garantia da razoável duração do processo, nos termos da jurisprudência do Superior Tribunal de Justiça (RHC 77.580/RN, Quinta Turma, Rel. Min. Reynaldo Soares da Fonseca, *DJe* de 10/02/2017). Ademais, o dispositivo pode acarretar aumento de despesa, notadamente nos casos de juiz em vara única, com apenas um magistrado, seja pela necessidade de pagamento de diárias e passagens a outros magistrados para a realização de uma única audiência, seja pela necessidade premente de realização de concurso para a contratação de novos magistrados, violando as regras do art. 113 do ADCT, bem como dos arts. 16 e 17 LRF e ainda do art. 114 da Lei de Diretrizes Orçamentárias para 2019 (Lei n.º 13.707, de 2018)". A audiência de custódia passou a constar expressamente em lei como um procedimento indispensável para quem é preso em flagrante ou por força de mandado de prisão provisória (arts. 287 e 310, *caput*, CPP). Houve mais de uma razão para a introdução da audiência de custódia: a) controle direto da legalidade da prisão, pelo juiz, visualizando e ouvindo o acusado pessoalmente, com o fim de checar se houve alguma agressão ou coerção para a realização do ato de constrição; b) consagração dos princípios da oralidade e da imediatidade, permitindo que o juiz ouça as razões do órgão acusatório e da defesa, a fim de decidir se concede ao preso o direito de aguardar solto o seu julgamento, mesmo se tiver que impor alguma medida alternativa, nos termos do art. 319 do CPP. O principal objetivo do veto não foi impedir a audiência de custódia, mas evitar a proibição constante da parte final do § 1.º: "vedado o emprego de videoconferência". A realização da audiência de custódia, por meio de videoconferência, poderia abrandar o sentido da primeira razão mencionada, que seria o contato direto entre o preso e o juiz, com o fito de avaliar se ele sofreu alguma coação física ou psicológica. Por isso, há julgados de Tribunais Superiores nos dois sentidos: permitindo e vedando a audiência de custódia por videoconferência, independentemente do preceituado pelo § 1.º. Parece-nos que o ideal seria uma regra, contendo exceções, vale dizer, a audiência de custódia – como várias outras audiências de interrogatório do réu e de colheita de testemunhos – deve ser, preferencialmente, realizada em contato direto. É a mais adequada forma de captar qualquer espécie de declaração, quando dirigida ao magistrado. No entanto, as exceções tornam-se necessárias, pois não somente há o avanço tecnológico, permitindo a realização de atos processuais a distância, como, também, a complexidade dos atos e procedimentos de um processo se tornam cada vez mais difíceis de ser efetivados. Registre-se o advento da pandemia gerada pelo novo coronavírus, impedindo o contato das pessoas e proibindo aglomerações, tornando até mesmo os julgamentos de vários órgãos do Poder Judiciário, inclusive do STF, efetivados por videoconferência. Pensamos que, em situações extremadas, mais adequado que não realizar a audiência de custódia – como chegou a autorizar o Conselho Nacional de Justiça, durante a epidemia – é mais favorável efetivá-la, por meio da videoconferência. Outras situações de caráter excepcional, como houve durante a referida pandemia, podem surgir e, por tal motivo, cremos relevante haver a viabilidade, ainda que por exceção, de ser realizada a audiência de custódia por mecanismo tecnológico avançado, sem o contato pessoal. Essa foi a posição adotada pelo STF, quanto ao § 1.º do art. 3.º-B, assegurando que o prazo de 24 horas pode ser excepcionalmente prorrogado, assim como, em caráter de exceção, pode-se utilizar da videoconferência;

f) *prorrogar a prisão provisória ou outra medida cautelar*, bem como substituí-las ou revogá-las, assegurado, no primeiro caso, o exercício do contraditório em audiência pública e oral, na forma do disposto neste Código ou em legislação especial pertinente (art. 3.º-B, VI, CPP). Esse dispositivo pode gerar alguns obstáculos, pois, ao menos no tocante à prisão provisória, como regra, exige-se uma decisão urgente e incompatível com o contraditório. Mas nada impede que isto se dê, designando o magistrado uma audiência, em que devem comparecer os interessados – órgão acusatório, investigado e seu defensor – para expor os argumentos do caso. Com essa medida, sana-se a dúvida do juiz para decidir quanto à prorrogação da medida constritiva. Decretada a prisão preventiva, até que seja revogada, está em vigor, pois não possui um período determinado. Porém, a prisão temporária (5 dias ou 30 dias) pode ser prorrogada (por mais 5 dias ou por mais 30 dias). Cabe ao juiz decidir pela prorrogação ou não. Porém, feito o pedido pelo órgão acusatório ou realizada a representação pela autoridade policial, o magistrado deve decidir a respeito. E, geralmente, rápido. Torna-se difícil a designação de audiência para a prorrogação de uma prisão temporária. Sobre este tema, o STF previu que o exercício do contraditório deve ser feito *preferencialmente* em audiência pública e oral, mas pode ser afastada essa ocasião se houver impossibilidade para a sua realização;

g) *decidir sobre o requerimento de produção antecipada de provas* consideradas urgentes e não repetíveis, assegurados o contraditório e a ampla defesa em audiência pública e oral (art. 3.º-B, VII, CPP). Este dispositivo derroga, por incompatibilidade e por ser norma mais recente, o disposto pelo art. 156, I, deste Código, no tocante à iniciativa, que não mais cabe ao juiz da instrução criminal, passando esta atuação ao juiz das garantias. Segue-se a mesma proposta descrita no art. 156, I, quanto a haver necessidade, adequação e proporcionalidade da medida. Além disso, só cabe a produção antecipada de provas quando requerida pela parte interessada (órgão acusatório, autoridade policial ou investigado). O juiz das garantias defere a produção de provas a ser realizada em audiência, sob o crivo do contraditório e da ampla defesa. Destina-se a produzir prova para posterior utilização em juízo, antes que haja o perecimento; exemplo disso seria a testemunha idosa, muito enferma, mas crucial para apurar os fatos. O juiz das garantias pode realizar a audiência, com a participação dos interessados, ao menos o órgão acusatório e membro da Defensoria Pública; já havendo investigado, ele comparece com seu advogado. Impõe a lei que essa audiência seja pública e oral, mas o STF considerou que é possível a não realização da mencionada audiência (ou o seu adiamento) – ouvindo-se a testemunha do mesmo modo – se houver risco para o processo;

h) *prorrogar o prazo de duração do inquérito*, estando o investigado preso, em vista das razões apresentadas pela autoridade policial e observado o disposto no § 2.º deste artigo (art. 3.º-B, VIII, CPP). A previsão é feita apenas quanto ao prolongamento de investigação cuidando de investigado preso (abrange, também, qualquer investigação conduzida pelo Ministério Público). Se este estiver solto, pode-se prorrogar sem maiores formalidades. No entanto, caso haja prolongamento de investigação de pessoa presa, admite-se a referida prorrogação por no máximo 15 dias, em prazo fatal, nos termos do § 2.º deste artigo. Porém, alguns pontos polêmicos surgem a partir disso. Em primeiro lugar, havendo prisão em flagrante, na audiência de custódia, o juiz converte o flagrante em preventiva; conforme prevê o art. 10 do CPP, o inquérito deve terminar em dez dias, sob pena de gerar constrangimento ilegal; a nova norma, introduzida pela Lei 13.964/2019, permite que o juiz das garantias prorrogue a finalização da investigação de pessoa presa, por uma só vez, por *até* 15 dias (e não necessariamente 15 dias). Assim sendo, em casos comuns, o inquérito pode durar até 25 dias; a partir daí, a prisão deve ser imediatamente relaxada. As regras contidas em leis especiais, segundo entendemos, permanecem válidas, como é o caso da prisão temporária voltada a crimes hediondos e equiparados, cujo prazo de prisão é de 30 dias, prorrogáveis por outros 30. Temos sustentado que, finalizado tal prazo, é fundamental ter findado o inquérito, sendo incompreensível ingressar com a prisão preventiva (outra modalidade de prisão cautelar, mas que estaria sustentando o mesmo inquérito), concedendo, então, mais dez dias e, agora, pior ainda, outros 15 dias. O investigado ficaria preso, sem denúncia formalizada, por 85 dias; completar-se-ia a situação inadequada se o órgão acusatório requeresse o arquivamento, por falta de provas suficientes ou outra causa (o que não é alternativa impossível de ocorrer). Conforme será analisado no item 1.1.2 infra, o STF autorizou ainda mais prazo;

i) *determinar o trancamento do inquérito policial quando não houver fundamento razoável para sua instauração ou prosseguimento* (art. 3.º-B, IX, CPP). Se uma investigação criminal é instaurada contra alguém, sem justa causa, cabe ao investigado impetrar *habeas corpus*, que será julgado pelo juiz das garantias, encarregado de zelar pelo controle da legalidade da investigação. Porém, ficou registrado caber ao magistrado das garantias apreciar o pedido (ou agir de ofício) para *trancar* (determinar o arquivamento) o inquérito policial sem mais apuração. Não houve previsão para o trancamento de investigação criminal instaurada pelo Ministério Público, porém, o STF, ao determinar que os procedimentos investigatórios do MP sejam imediatamente encaminhados ao juízo das garantias, inserindo, nesse contexto, os incisos IV, VIII e IX, possibilita deduzir que pode o magistrado fiscalizador trancar essa investigação do *Parquet* também. Entretanto, não há ainda a publicação do acórdão, com toda a fundamentação, mas tão somente a ata do julgamento, que impõe a síntese da decisão tomada;

j)   *requisitar documentos, laudos e informações ao delegado de polícia sobre o andamento da investigação* (art. 3.º-B, X, CPP). *Requisitar* significa exigir legalmente alguma coisa. Não é uma ordem emanada de um ente superior ao inferior. Cuida-se de ordem com fundamento legal. Portanto, como sempre ocorreu, cabe ao juiz fiscalizador do inquérito requisitar o que for preciso para instruir os autos, como a juntada da folha de antecedentes do investigado, a cobrança de um laudo relevante para formação da materialidade ou qualquer outro informe indispensável para o bom andamento do inquérito;

k)   *decidir sobre os requerimentos* de informações sob sigilo (art. 3.º-B, XI, CPP). Cabe, exclusivamente, ao Judiciário, em fase de investigação, decidir acerca de interceptações telefônicas e de outras formas de comunicação (por meio da Internet, como regra), quebra dos sigilos fiscal, bancário, de dados e telefônico, busca e apreensão domiciliar, acesso e qualquer outro informe sigiloso:

k.1)   interceptação telefônica, do fluxo de comunicações em sistemas de informática e telemática ou de outras formas de comunicação;

k.2)   afastamento dos sigilos fiscal, bancário, de dados e telefônico;

k.3)   busca e apreensão domiciliar;

k.4)   acesso a informações sigilosas;

k.5)   outros meios de obtenção da prova que restrinjam direitos fundamentais do investigado;

l)   *julgar o habeas corpus impetrado antes do oferecimento da denúncia.* Poderiam ter sido previstos num único inciso o disposto no inciso IX (trancamento da investigação) e o disposto neste (julgar *habeas corpus* antes da denúncia), pois a via é a mesma. O investigado pode impetrar HC para trancar o inquérito policial ou utilizar o remédio heroico para qualquer outro fim, desde que se tenha como autoridade coatora a figura do delegado. Quanto ao HC impetrado contra membro do MP, por conta de algum ato considerado abusivo, durante investigação por essa instituição conduzida, em princípio, deveria ser impetrado em 2.º grau, pois promotores têm foro privilegiado e se lida com eventual abuso de autoridade. No entanto, se o STF permitir que o juiz das garantias tranque a investigação produzida pelo membro do Ministério Público, por considerá-la inconsistente, nada impede a alteração desse entendimento para que o juízo de primeiro grau avalie, também, o *habeas corpus* impetrado contra órgão do MP;

m)   *determinar a instauração de incidente de insanidade mental.* O que era da atribuição do delegado (art. 6.º, VII, CPP), passou à competência do juiz das garantias. Havendo suspeita de insanidade do investigado, o magistrado determina a instauração de incidente e, considerando-se a hipótese de um laudo afirmativo, comprovando a insanidade, pode caber a medida cautelar descrita no art. 319, VII: "internação provisória do acusado nas hipóteses de crimes praticados com violência ou grave ameaça, quando os peritos concluírem ser inimputável ou semi-imputável (art. 26 do Código Penal) e houver risco de reiteração". De qualquer forma, deve haver um requerimento específico da parte (como regra, o órgão acusatório) pleiteando a internação provisória, pois o juiz não pode aplicá-la de ofício;

n) *decidir sobre o recebimento da denúncia ou queixa*, nos termos do art. 399 do CPP. Segundo dispõe esse art. 399, prevê-se: "recebida a denúncia ou queixa, o juiz designará dia e hora para a audiência, ordenando a intimação do acusado, de seu defensor, do Ministério Público e, se for o caso, do querelante e do assistente". Entretanto, o correto seria a menção ao art. 396 do CPP, pois a reforma processual de 2008 cometeu um equívoco ao mencionar o recebimento da denúncia ou queixa duas vezes (arts. 396 e 399). Pacificou-se na jurisprudência que a norma correta é a do art. 396 – e não do art. 399. Por isso, o legislador, elaborando a Lei 13.964/2019, ao redigir este inciso XIV, deveria saber disso. Este inciso foi declarado inconstitucional pelo STF, de forma a permanecer o procedimento tal como ocorre atualmente, ou seja, o juiz da instrução é competente para o recebimento da denúncia ou queixa, deixando claro que a competência do juiz das garantias cessa com o oferecimento da peça acusatória. Essa decisão guarda relação direta com a declaração de inconstitucionalidade, com redução de texto, dos §§ 3.º e 4.º do art. 3.º-C, para que os autos do procedimento investigatório sejam encaminhados, na integralidade, ao juiz da instrução; logo, cabe a este analisar a peça acusatória, para o seu recebimento ou rejeição, de acordo com as provas colhidas na fase investigatória. Essa tendência do Pretório Excelso bem demonstra o que vimos sustentando há muito tempo, no sentido de que o sistema processual brasileiro possui princípios acusatórios, mas ainda tem conformação de natureza mista. Não se privou o juiz do conhecimento, que vai julgar o caso, do acesso às provas produzidas sob o prisma inquisitivo, simbolizando a efetividade do conteúdo do art. 155 do CPP: "O juiz formará sua convicção pela livre apreciação da prova produzida em contraditório judicial, não podendo fundamentar sua decisão *exclusivamente nos elementos informativos colhidos na investigação*, ressalvadas as provas cautelares, não repetíveis e antecipadas". Em singela análise, o juízo de avaliação do mérito da causa pode levar em conta os elementos constantes da investigação para formar o seu convencimento e condenar o acusado, desde que não o faça de maneira exclusiva, isto é, sem qualquer respaldo em outras provas produzidas em juízo, sob o crivo do contraditório e da ampla defesa;

o) *assegurar prontamente, quando se fizer necessário, o direito outorgado ao investigado e ao seu defensor de acesso a todos os elementos informativos e provas* produzidos no âmbito da investigação criminal, salvo no que concerne, estritamente, às diligências em andamento. Como regra, o inquérito policial – e outras investigações – costuma ser uma colheita de provas de maneira sigilosa; afinal, não existe contraditório e ampla defesa nessa fase. Entretanto, segundo este dispositivo, assegura-se ao investigado acesso às provas colhidas durante a investigação criminal, exceto, por óbvio, às diligências em andamento. Não seria crível que uma escuta telefônica, judicialmente autorizada, tivesse ampla publicidade, pois redundaria em total fracasso. Portanto, o investigado, por seu defensor, poderá acessar as provas já produzidas, mas não as que estão em andamento;

p) *deferir pedido de admissão de assistente técnico* para acompanhar a produção da perícia. Na reforma processual penal, em 2008, admitiu-se, finalmente, a presença de assistentes técnicos da defesa – como sempre existiu no cível – durante a produção de provas periciais criminais. Afinal, muitas provas são irrepetíveis. Dispõe o art. 159: "§ 3.º Serão facultadas ao Ministério Público, ao assistente de acusação, ao ofendido, ao querelante e ao acusado a formulação de quesitos e indicação de assistente técnico. § 4.º O assistente técnico atuará a partir de sua admissão pelo juiz e após a conclusão dos exames e elaboração do laudo pelos peritos oficiais, sendo as partes intimadas desta decisão". Ocorre que não havia previsão para o delegado admitir assistentes técnicos. Isso gerou muitas dúvidas até se chegar à presente reforma, deixando a admissão do assistente técnico do interessado (acusação ou defesa) a cargo do juiz das garantias. Nesse contexto, mesmo que as provas irrepetíveis sejam levadas aos autos do processo criminal, teria havido a viabilidade de participação dos interessados, ainda durante a investigação, para acompanhar a produção da perícia. Trata-se de um avanço para evitar a realização de uma prova sem a ciência e a intervenção do órgão acusatório ou do investigado;

q) *decidir sobre a homologação de acordo de não persecução penal ou os de colaboração premiada*, quando formalizados durante a investigação. O dispositivo está correto e em sintonia com o propósito do juiz das garantias. O novo instituto de processual penal – acordo de não persecução penal – precisa ser decidido antes do advento de uma denúncia. Logo, cabe ao juiz das garantias. Por outro lado, a colaboração premiada também ocorre, majoritariamente, na fase da investigação criminal. Portanto, precisa ser conferida e aceita (ou não) pelo juiz das garantias. De fato, o juiz instrutor do feito não tem que se imiscuir nos acordos pré-instrução e nem mesmo no que se refere à delação premiada;

r) *outras matérias inerentes às atribuições definidas no* caput *deste artigo*. Por cautela, deixou-se uma norma aberta, o que é razoável, para prever que cabe ao juiz das garantias qualquer outra decisão inerente a matéria jurisdicional. Exemplos disso são as avaliações judiciais a respeito da ação controlada e da infiltração de agentes (arts. 8.º e 10 da Lei 12.850/2013).

1.1.2 Prorrogação do inquérito

Havendo prisão em flagrante ou decretada a prisão preventiva, o inquérito deve estar concluído em 10 dias, sob pena de gerar constrangimento ilegal, provocando a soltura do investigado. A prisão temporária não ingressa nesse contexto, porque ela sempre tem prazo certo.

Porém, o art. 3.º-B, § 2.º, do CPP abriu a possibilidade de prorrogação da prisão por *até* 15 dias, pelo juiz das garantias, mediante representação da autoridade policial, ouvido o Ministério Público. Essa prorrogação necessita ser indispensável para a investigação e deveria, nos termos constantes desse parágrafo, ocorrer uma única vez. Passada a prorrogação, caso o inquérito não tivesse sido concluído, emergiria o constrangimento ilegal e a prisão deveria ser imediatamente relaxada. No entanto, o STF atribuiu *interpretação conforme* a esse § 2.º para assentar que o magistrado, de forma fundamentada, pode autorizar novas prorrogações (registre-se: mais de uma) do inquérito (ou outro procedimento investigatório), havendo elementos concretos e complexidade da investigação. Se o prazo não for respeitado, não gera automática revogação da prisão, devendo-se instar o juiz a avaliar os motivos que a ensejaram. Essa abertura não deixa de ser preocupante, visto não haver, ainda, processo instaurado contra o preso, mas uma mera investigação, de modo que deveria existir um teto fixo para, ao menos, essa fase; afinal, a prorrogação indeterminada de prisão cautelar, na investigação, pode redundar em arquivamento do inquérito ou até rejeição da peça acusatória por falta de provas.

1.1.3 Encaminhamento da investigação

O juiz das garantias tem competência para fiscalizar as investigações que cuidem de todas as infrações penais, exceto as que figuram como de menor potencial ofensivo, pois, nesta hipótese, o termo circunstanciado segue ao Juizado Especial Criminal, nos moldes estabelecidos pela Lei 9.099/1995 (art. 3.º-C, do CPP). O STF atribuiu *interpretação conforme* à primeira parte do *caput* do art. 3.º-C, para esclarecer que não se aplica o magistrado das garantias, também, nos processos de competência originária (autoridades que possuem foro privilegiado), processos da competência do júri e casos que envolvem violência doméstica e familiar.

Quanto à segunda parte do *caput* do art. 3.º-C, declarou-se a inconstitucionalidade da expressão "recebimento da denúncia ou queixa na forma do art. 399 deste Código", interpretando que a competência do juiz das garantias cessa com o oferecimento da denúncia ou queixa. Portanto, igualmente, no § 1.º desse mesmo artigo, interpreta-se que, *oferecida* a denúncia ou queixa, as questões serão resolvidas pelo juízo da instrução. Continua o mesmo procedimento já existente na lei processual penal.

Como consequência lógica da cessação de competência do juiz das garantias, as suas decisões, tomadas na fase investigatória, não vinculam o juiz do processo, que poderá rever qualquer delas, em particular as medidas cautelares em curso. A lei concede ao juiz da instrução o prazo máximo de 10 dias para analisar se mantém ou revoga as cautelares, naturalmente, justificando e fundamentando.

Umas das mudanças mais importantes da reforma implantada pela Lei 13.964/2019 seria a determinação de acautelamento dos autos da investigação extrajudicial no cartório, à disposição *apenas* das partes, mas não do juiz da instrução (art. 3.º-C, § 3.º, do CPP). No entanto, o STF proclamou a inconstitucionalidade dos §§ 3.º e 4.º do art. 3.º-C, reduzindo o texto para estipular que os autos da investigação serão remetidos ao juízo da instrução e julgamento.

1.1.4 Designação do juiz das garantias

A Lei 13.964/2019 criou a função de juiz das garantias, mas não o cargo. Portanto, cuida-se de uma atividade do Tribunal ao qual pertença o juiz de primeira instância a ser *designado* como juiz das garantias. Essa designação não confere ao magistrado a garantia de inamovibilidade, pois pode ser revogada a qualquer tempo pela Presidência da Corte. Por isso, o STF deu *interpretação conforme* ao art. 3.º-E para assentar que o juiz das garantias será *investido* na função.

A alteração terminológica introduzida tem relevo, pois a mera designação se faria por ato discricionário da cúpula do Tribunal e, pelo mesmo ato, poderia haver a cessação da atividade de um juiz, com a designação de outro para ocupar a mesma função. Essa possibilidade existe para determinados postos de judicatura criados como meros departamentos na estrutura administrativa do tribunal; desse modo, inexiste cargo específico a ser provido, por investidura (promoção ou remoção), que poderia ficar protegido pela inamovibilidade, a não ser nos termos constitucionais e legais vigentes.

É preciso superar a indesejável situação de um controle hierárquico em relação ao magistrado, que, fiscalizando investigações e proferindo decisões jurisdicionais importantes, pode desagradar interesses e não pode ficar exposto a injunções de terceiros, que poderiam levar à sua substituição pela edição de um simples ato da Presidência da Corte.

Em suma, até que o critério da investidura seja efetivamente implantado, por lei de organização judiciária, criando-se um cargo de juiz das garantias, parece-nos essencial que cada tribunal, por seu órgão de cúpula, estabeleça resolução ou provimento para a *designação estável* de um magistrado das garantias nas Comarcas sob sua coordenação administrativa.

Quanto à noção de *critérios objetivos* a serem divulgados pelo tribunal, parece-nos mais pertinente quando se cuida de mera designação, a fim de se compreender por que certo magistrado foi apontado para a função, vale dizer, diminuindo a discricionariedade da Presidência da Corte. Cuidando-se de cargo criado para tanto (Vara das Garantias, por exemplo), o preenchimento se dará da mesma maneira que se realiza com todas as Varas da estrutura judiciária estadual ou federal e não há nenhuma necessidade de expor, periodicamente, os tais critérios objetivos, vez que o juiz investido no cargo conta com inamovibilidade.

No art. 3.º-D, *caput*, do CPP, previu-se que o juiz, ao tomar qualquer iniciativa investigatória, por exemplo, requisitar a instauração de um inquérito, ficaria impedido de atuar no processo, assim como, no parágrafo único, estabeleceu-se um sistema de rodízio de magistrados, onde houver Comarcas com somente um juiz. O STF proclamou a inconstitucionalidade tanto do *caput* quanto do parágrafo único do art. 3.º-D do CPP.

1.1.5   Tutela da imagem dos presos

Há muitos anos possibilita-se que a imprensa filme e divulgue a imagem das pessoas presas. Mesmo quando a lei de abuso de autoridade anterior estava vigente, isso se fazia. Confira-se a Lei 4.898/1965: "art. 4.º (...) b) submeter pessoa sob sua guarda ou custódia a vexame ou a constrangimento não autorizado em lei". Nunca houve interesse efetivo em instaurar processo-crime de abuso de autoridade, de que se tenha notícia, para apurar isso.

Atualmente, depois que a nova Lei de Abuso de Autoridade tornou-se *menos rigorosa* com esse episódio, pois somente pune a autoridade que agir com violência ou grave ameaça ao preso, para que este seja exibido à curiosidade pública (art. 13, I e II, Lei 13.869/2019[2]). Com o advento da Lei 13.964/2019, surge o art. 3.º-F do CPP coibindo o exibicionismo de presos ao público em geral ("o juiz das garantias deverá assegurar o cumprimento das regras para o tratamento dos presos, impedindo o acordo ou ajuste de qualquer autoridade com órgãos da imprensa para explorar a imagem da pessoa submetida à prisão, sob pena de responsabilidade civil, administrativa e penal").

Nesse contexto, o STF atribuiu *interpretação conforme* ao parágrafo único do art. 3.º-F para assentar que a divulgação de informações sobre a realização da prisão e a identidade do preso deve ser regulamentada e respeitada pelas autoridades policiais, pelos membros do Ministério Público e pelos magistrados. O ideal é que o Conselho Nacional de Justiça e o

---

[2]   "Constranger o preso ou o detento, mediante violência, grave ameaça ou redução de sua capacidade de resistência, a: I – exibir-se ou ter seu corpo ou parte dele exibido à curiosidade pública; II – submeter-se a situação vexatória ou a constrangimento não autorizado em lei; III – produzir prova contra si mesmo ou contra terceiro: Pena – detenção, de 1 (um) a 4 (quatro) anos, e multa, sem prejuízo da pena cominada à violência".

Conselho Nacional do Ministério Público possam coordenar essa regulamentação, de modo padronizado, transmitindo-se à imprensa para conhecimento. Com isso, o objetivo é garantir o direito à informação, a dignidade da pessoa humana e a efetividade da persecução penal.

2. CONCEITO DE INQUÉRITO POLICIAL

Acesse e assista ao vídeo sobre Natureza jurídica do inquérito policial.

> http://uqr.to/1z8oi

O inquérito policial é um procedimento preparatório da ação penal, de caráter administrativo, conduzido pela polícia[3] judiciária e voltado à colheita preliminar de provas para apurar a prática de uma infração penal e sua autoria.[4] Nessa ótica, confira-se o disposto pelo art. 2.º, § 1.º, da Lei 12.830/2013, cuidando da finalidade do inquérito: "a apuração das circunstâncias, da materialidade e da autoria das infrações penais". Como ensina TORNAGHI, "o vocábulo *polícia*, do grego *polis*, cidade, significava antigamente o ordenamento político do Estado".[5]

Seu objetivo precípuo é servir de lastro à formação da convicção do representante do Ministério Público (*opinio delicti*), mas também colher provas urgentes, que podem desaparecer, após o cometimento do crime. Não se pode olvidar, ainda, servir o inquérito à composição das indispensáveis provas pré-constituídas que servem de base à vítima, em determinados casos, para a propositura da ação penal privada. TORNAGHI fornece conceito ampliativo do inquérito policial, dizendo que "o processo, como procedimento, inclui também o inquérito. Não há erro, como por vezes se afirma, em chamar processo ao inquérito. Deve subtender-se que a palavra não está usada para significar relação processual, a qual, em regra, se inicia pela acusação".[6]

A denominação *inquérito policial*, no Brasil, surgiu com a edição da Lei 2.033, de 20 de setembro de 1871, regulamentada pelo Decreto-lei 4.824, de 28 de novembro de 1871, encontrando-se no art. 42 do Decreto-lei 4.824/1871 a seguinte definição: "O inquérito policial consiste em todas as diligências necessárias para o descobrimento factos criminosos, de suas circumstancias e dos seus autores e complices; e deve ser reduzido a instrumento escripto,

---

[3] "O vocábulo 'polícia' tem sua origem remota na palavra grega 'politeia', que significava *governo da cidade*. Reservada a expressão – 'política' – para designar a arte de governar, o termo *polícia*, do latim *politia*, adquiriu um sentido particular, passando a representar a ação do governo, enquanto exerce sua missão de tutela da ordem jurídica assegurando a tranquilidade pública e a proteção da sociedade contra as violações e malefícios" (CÂMARA LEAL, *Comentários ao Código de Processo Penal brasileiro*, v. I, p. 80). No mesmo sentido, ROMEU PIRES DE CAMPOS BARROS (*Direito processual penal*, v. 1, p. 289).

[4] Nas letras de PAULO RANGEL, "é um conjunto de atos praticados pela função executiva do Estado com o escopo de apurar a autoria e materialidade (nos crimes que deixam vestígios – *delicta facti permanentis*) de uma infração penal, dando ao Ministério Público elementos necessários que viabilizem o exercício da ação penal" (*Direito processual penal*, p. 73).

[5] *Instituições de processo penal*, v. II, p. 92.

[6] *Compêndio de processo penal*, t. I, p. 39.

observando-se nelle o seguinte". Passou a ser função da polícia judiciária a sua elaboração. Apesar de seu nome ter sido mencionado pela primeira vez na referida Lei 2.033/1871, suas funções, que são da natureza do processo criminal, existem de longa data e tornaram-se especializadas com a aplicação efetiva do princípio da separação da polícia e da judicatura. Portanto, já havia no Código de Processo de 1832 alguns dispositivos sobre o procedimento informativo, mas não havia o *nomen juris* de inquérito policial.[7]

É importante repetir que sua finalidade precípua é a investigação do crime e a descoberta do seu autor, com o fito de fornecer elementos para o titular da ação penal promovê-la em juízo, seja ele o Ministério Público, seja o particular, conforme o caso. Nota-se, pois, que esse objetivo de investigar e apontar o autor do delito sempre teve por base a segurança da ação da Justiça e do próprio acusado, pois, fazendo-se uma instrução prévia, por meio do inquérito, reúne a polícia judiciária todas as provas preliminares suficientes para apontar, com relativa segurança, a ocorrência de um delito e o seu autor. O simples ajuizamento da ação penal contra alguém provoca um fardo à pessoa de bem, não podendo, pois, ser ato leviano, desprovido de provas e sem um exame pré-constituído de legalidade. Esse mecanismo auxilia a Justiça Criminal a preservar inocentes de acusações injustas e temerárias, garantindo um juízo inaugural de delibação, inclusive para verificar se se trata de fato definido como crime.[8] No mesmo sentido, consultar ANTONIO SCARANCE FERNANDES;[9] RENATO MARCÃO.[10]

O inquérito é um meio de afastar dúvidas e corrigir o prumo da investigação, evitando-se o indesejável erro judiciário. Se, desde o início, o Estado possuir elementos confiáveis para agir contra alguém na esfera criminal, torna-se mais raro haver equívocos na eleição do autor da infração penal. Por outro lado, além da segurança, fornece a oportunidade de colher provas que não podem esperar muito tempo, sob pena de perecimento ou deturpação irreversível (ex.: exame do cadáver ou do local do crime).

Assim sendo, em nível ideal, somente se deveria admitir o uso das provas colhidas no inquérito policial para instruir a peça inicial acusatória, já que a razão de sua existência e a sua finalidade não condizem com outra conclusão. Não se poderia pensar em coletar provas sem a participação do investigado ou de seu defensor para depois utilizá-las livremente durante a instrução do processo criminal. Seria nítido contraste com o princípio constitucional da ampla defesa, infringindo ainda o contraditório. Pois bem. Por outro lado, se o inquérito colhe as provas perecíveis – como as periciais – não é possível que estas sejam desprezadas pelo juiz. Esse é o seu caráter conflituoso: pretende ser um instrumento de garantia contra acusações levianas, mas acaba funcionando contra o próprio investigado/réu, que não pôde contrariar a prova colhida pela polícia.

---

[7]   TOURINHO FILHO, *Processo penal*, v. 3, p. 175-176; CANUTO MENDES DE ALMEIDA, *Princípios fundamentais do processo penal*, p. 62; JOÃO MENDES JÚNIOR, *O processo criminal brasileiro*, v. 2, p. 75.

[8]   "A finalidade do procedimento preliminar não deve ser vislumbrada sob a ótica exclusiva da preparação do processo penal, mas principalmente à luz de uma barreira contra acusações infundadas e temerárias, além de um mecanismo de salvaguarda da sociedade, assegurando a paz e a tranquilidade sociais" (HENRIQUE HOFFMAN MONTEIRO DE CASTRO, *Investigação criminal pela polícia judiciária*, p. 3). No mesmo prisma, RUCHESTER MARREIROS BARBOSA, *Investigação criminal pela polícia judiciária*, p. 9.

[9]   *Teoria geral do procedimento e o procedimento no processo penal*, p. 306 (item 9) e 307 (item 13, primeira parte).

[10]   *Curso de processo penal*, p. 127.

Deve o juiz ter discernimento para tomar as seguintes medidas, assegurando todos os enfoques necessários (segurança pública e garantia individual de ampla defesa) ao devido processo legal: a) desprezar toda e qualquer prova que possa ser renovada em juízo sob o crivo do contraditório (ex.: não levar em conta os depoimentos das testemunhas colhidos pela polícia, uma vez que pode colhê-los diretamente); b) permitir à defesa que contrarie, em juízo, os laudos e outras provas realizadas durante o inquérito, produzindo contraprova; c) tratar como mero indício e jamais como prova direta eventual confissão do indiciado; d) exercer real fiscalização sobre a atividade da polícia judiciária, aliás, é para isso que há sempre um magistrado acompanhando o desenrolar do inquérito; e) ler o inquérito antes de receber a denúncia ou queixa para checar se realmente há justa causa para a ação penal; f) aceitar aquela prova colhida na fase policial, desde que seja incontroversa, ou seja, não impugnada pelas partes, em momento algum.

Lembre-se de que a Lei 11.690/2008 trouxe subsídios para o juiz buscar maior equilíbrio entre os envolvidos durante a investigação criminal. O art. 155, *caput*, do CPP recomenda que o magistrado concentre a formação da sua livre convicção em provas produzidas em contra-ditório judicial. O art. 156, I, do CPP permite ao magistrado determinar, antes de iniciada a ação penal, a produção antecipada de provas consideradas urgentes e relevantes. Nesse campo, portanto, as partes porventura participantes do inquérito (indiciado e Ministério Público) devem ser intimadas a acompanhar referida produção antecipada de provas. Além disso, passa-se a permitir, em exames periciais oficiais, a formulação de quesitos pelos interessados e a indicação de assistentes técnicos (art. 159, § 3.º, CPP). Por isso, torna-se imprescindível considerar o inquérito um período pré-processual relevante, de natureza inquisitiva, mas já revestido de alguns contornos garantistas.

3. POLÍCIA JUDICIÁRIA

Preceitua o art. 144 da Constituição Federal ser a segurança pública um dever do Estado, valendo-se este da polícia para a preservação da ordem pública, da incolumidade das pessoas e do patrimônio. Os órgãos policiais são constituídos da polícia federal, da polícia rodoviária federal, da polícia ferroviária federal, das polícias civis, das polícias militares, dos corpos de bombeiros militares, das polícias penais federal, estaduais e distrital. Além disso, cabe à polícia federal, órgão mantido pela União, "apurar infrações penais contra a ordem política e social ou em detrimento de bens, serviços e interesses da União ou de suas entidades autárquicas e empresas públicas, assim como outras infrações cuja prática tenha repercussão interestadual ou internacional e exija repressão uniforme, segundo se dispuser em lei" (art. 144, § 1.º, I, CF) e "exercer, com exclusividade, as funções de polícia judiciária da União" (art. 144, § 1.º, IV, CF).

Quanto à polícia civil, menciona a Carta Magna o seguinte: "às polícias civis, dirigidas por delegados de polícia de carreira, incumbem, ressalvada a competência da União, as funções de polícia judiciária e a apuração de infrações penais, exceto as militares" (art. 144, § 4.º, CF).

Portanto, cabe aos órgãos constituídos das polícias federal e civil conduzir as investigações necessárias, colhendo provas pré-constituídas para formar o inquérito, que servirá de base de sustentação a uma futura ação penal. O nome *polícia judiciária* tem sentido na medida em que não se cuida de uma atividade policial ostensiva (típica da Polícia Militar para a ga-rantia da segurança nas ruas), mas investigatória, cuja função se volta a colher provas para o órgão acusatório e, na essência, para o Judiciário avaliar no futuro.[11] Na lição de MAGALHÃES NORONHA, a "polícia judiciária atua após a prática do crime, colhendo os elementos que o elucidam e evitando que desapareçam para que mais tarde possa haver lugar a ação penal".[12] Segundo ESPÍNOLA FILHO, "no *sistema jurídico*, a polícia tem por fim não só prevenir os delitos, não só evitar que os delinquentes fujam à ação da justiça, mas também auxiliar a ação judiciária na investigação dos indícios e provas do crime; exercendo as funções da segunda espécie, a polícia é judiciária, ora agindo por si, como no caso de prisão em flagrante, ora sob determinação judicial, como no caso da prisão preventiva".[13]

A presidência do inquérito cabe à autoridade policial, embora as diligências realizadas possam ser acompanhadas pelo representante do Ministério Público, que detém o controle *externo* da polícia.

Preceitua o art. 2.º da Lei 12.830/2013 o seguinte: "as funções de polícia judiciária e a apuração de infrações penais exercidas pelo delegado de polícia são de natureza jurídica, essenciais e exclusivas de Estado. § 1º Ao delegado de polícia, na qualidade de autoridade policial, cabe a condução da investigação criminal por meio de inquérito policial ou outro procedimento previsto em lei, que tem como objetivo a apuração das circunstâncias, da materialidade e da autoria das infrações penais. § 2º Durante a investigação criminal, cabe ao delegado de polícia a requisição de perícia, informações, documentos e dados que interessem à apuração dos fatos".

Conforme lição de FREDERICO MARQUES, "a polícia judiciária não tem mais que função investigatória. Ela impede que desapareçam as provas do crime e colhe os primeiros elementos informativos da persecução penal, com o objetivo de preparar a ação penal. Estamos, pois, em face de atividade puramente administrativa, que o Estado exerce, no interesse da repressão ao crime, como preâmbulo da persecução penal. A autoridade policial não é juiz: ela não atua *inter partes*, e sim, como órgão inquisitivo. Cabe-lhe a tarefa de coligir o que se fizer necessário para a restauração da ordem jurídica violada pelo crime, em função do interesse punitivo do Estado".[14]

4.   OUTRAS INVESTIGAÇÕES CRIMINAIS

Podem ser presididas, conforme dispuser a lei, por outras autoridades. É o que se dá, por exemplo, quando um juiz é investigado. Segundo dispõe o art. 33, parágrafo único, da Lei Complementar 35/79, "quando, no curso de investigação, houver indício da prática de crime por parte do magistrado, a autoridade policial, civil ou militar, remeterá os respectivos autos ao Tribunal ou Órgão Especial competente para o julgamento, a fim de que prossiga na investigação". Os Regimentos Internos dos tribunais especificam como se realiza a investigação. Lembremos que as normas referentes ao juiz das garantias não se aplicam aos órgãos colegiados do Judiciário. Isso porque, se existe um relator que pode colher provas, jamais o caso será julgado apenas por ele. Por isso, havendo vários magistrados, respeita-se o princípio

---

[11]   FREDERICO MARQUES coloca que "a polícia é função essencial do Estado. Dela se serve a Administração para limitar coercitivamente o exercício de atividades individuais, a fim de garantir o bem geral e o interesse público" (*Elementos de direito processual penal*, v. 1, p. 144).

[12]   *Curso de direito processual penal*, v. 1, p. 17.

[13]   *Código de Processo Penal brasileiro anotado*, v. 1, p. 250-251.

[14]   *Tratado de direito processual penal*, v. 1, p. 187.

da imparcialidade. Por enquanto, o juiz das garantias não será criado, por força da liminar do STF. Ver item 1.1 *supra*.

Outras investigações legalmente previstas existem, como as realizadas por Comissões Parlamentares de Inquérito (CPI), pelas autoridades florestais, por agentes da Administração (sindicâncias e processos administrativos), pelo promotor de justiça, presidindo o inquérito civil, entre outras. Não é possível admitir-se a produção de provas por quem não está autorizado legalmente a colher elementos para dar fundamento à ação penal, como, por exemplo, colher "declarações de pessoas" em cartórios extrajudiciais, conduzidos por tabeliães e notários, que não têm atribuição legal para isso.

4.1 Ministério Público e investigação criminal

O tema é, sem dúvida, controverso, comportando várias visões a respeito, mas críamos ser inviável que o promotor de justiça, titular da ação penal, assumisse, *sozinho*, a postura de órgão investigatório, *sem qualquer fiscalização*, substituindo a polícia judiciária e produzindo inquéritos visando à apuração de infrações penais e de sua autoria. Esses procedimentos de investigação criminal (PIC), como regra, eram conduzidos em absoluto sigilo, sem nenhuma previsão legal acerca do procedimento.[15]

A partir da reforma introduzida pela Lei 13.964/2019, ficou estabelecido que qualquer investigação criminal deve ser formalmente comunicada ao juiz das garantias, que passará a fiscalizá-la, controlando a sua legalidade (art. 3.º-B, IV, CPP). Por ora, o juiz das garantias não será implementado, por força da liminar do STF. Entretanto, espera-se que as investigações criminais do MP sejam do conhecimento do juiz que atua fiscalizando os inquéritos policiais.

Eis por que nos parece que grande parte do problema foi sanado. Não deve mais existir investigação *sem* fiscalização.

Como regra, ao Ministério Público cabe, tomando ciência da prática de um delito, requisitar a instauração da investigação pela polícia judiciária, controlar todo o desenvolvimento da persecução investigatória, requisitar diligências e, ao final, formar a sua opinião, optando por denunciar ou não eventual pessoa apontada como autora.

O Supremo Tribunal Federal possuía decisões em variados sentidos, ora avalizando a investigação isolada do Ministério Público, ora vedando-a. Prevalece, hoje, o meio-termo, depois que a questão chegou à decisão do Plenário.

Validando a investigação realizada pelo Ministério Público, mas em casos *excepcionais*, confira-se a preocupação do STF: "Em síntese, reafirmo que é legítimo o exercício do poder de investigar por parte do Ministério Público, porém, essa atuação *não pode ser exercida de forma ampla e irrestrita, sem qualquer controle, sob pena de agredir, inevitavelmente, direitos fundamentais*. A atividade de investigação, seja ela exercida pela Polícia ou pelo Ministério Público, merece, por sua própria natureza, *vigilância e controle*. A atuação do *Parquet* deve ser, necessariamente, *subsidiária*, ocorrendo, apenas, quando não for possível, ou recomendável, se efetivem pela própria polícia, em *hipóteses específicas*, quando, por exemplo, se verificarem situações de *lesão ao patrimônio público*, *de excessos cometidos pelos próprios agentes e organismos policiais* (*v.g.* tortura, abuso de poder, violências arbitrárias, concussão, corrupção), de *intencional omissão da Polícia* na apuração de determinados delitos ou se configurar o

---

[15]   Sobre o tema, consultar Aury Lopes Jr. e Alexandre Morais da Rosa (*Processo penal no limite*, p. 29-32).

deliberado *intuito da própria corporação policial de frustrar*, em função da qualidade da vítima *ou* da condição do suspeito" (RHC 97.926/GO, 2.ª T., rel. Gilmar Mendes, 02.09.2014, v.u.).

Recentemente, em relevante decisão, o Supremo Tribunal Federal, na ausência de lei que regule o poder investigatório autônomo do Ministério Público, chegou a importantes conclusões, que equipararam, na prática, essa investigação à realizada pela polícia judiciária, o que se nos afigura correto. Conferir: STF: "1. O Ministério Público dispõe de atribuição concorrente para promover, por autoridade própria, e por prazo razoável, investigações de natureza penal, desde que respeitados os direitos e garantias que assistem a qualquer indiciado ou a qualquer pessoa sob investigação do Estado. Devem ser observadas sempre, por seus agentes, as hipóteses de reserva constitucional de jurisdição e, também, as prerrogativas profissionais da advocacia, sem prejuízo da possibilidade do permanente controle jurisdicional dos atos, necessariamente documentados (Súmula Vinculante 14), praticados pelos membros dessa Instituição (tema 184). 2. A realização de investigações criminais pelo Ministério Público tem por exigência: (i) comunicação imediata ao juiz competente sobre a instauração e o encerramento de procedimento investigatório, com o devido registro e distribuição; (ii) observância dos mesmos prazos e regramentos previstos para conclusão de inquéritos policiais; (iii) se for necessário maior prazo para concluir a investigação, o Ministério Público somente poderá prosseguir com autorização do juiz, esteja o investigado preso ou em liberdade; (iv) distribuição por dependência ao Juízo que primeiro conhecer de PIC (Procedimento Investigatório Criminal) ou inquérito policial a fim de buscar evitar, tanto quanto possível, a duplicidade de investigações; (v) aplicação do artigo 18 do Código de Processo Penal ao PIC instaurado pelo Ministério Público. 2.1. Deve ser assegurado o cumprimento da determinação contida nos itens 18 e 189 da Sentença no Caso Honorato e Outros versus Brasil, de 27 de novembro de 2023, da Corte Interamericana de Direitos Humanos – CIDH, no sentido de reconhecer que o Estado deve garantir ao Ministério Público, para o fim de exercer a função de controle externo da polícia, recursos econômicos e humanos necessários para investigar as mortes de civis cometidas por policiais civis ou militares. 2..2. A instauração de procedimento investigatório pelo Ministério Público deverá ser motivada sempre que houver suspeita de envolvimento de agentes dos órgãos de segurança pública na prática de infrações penais ou sempre que mortes ou ferimentos graves ocorram em virtude da utilização de armas de fogo por esses mesmos agentes. Havendo representação ao Ministério Público, a não instauração do procedimento investigatório deverá ser sempre motivada. 3. Nas investigações de natureza penal, o Ministério Público pode requisitar a realização de perícias técnicas, cujos peritos deverão gozar de plena autonomia funcional, técnica e científica na realização dos laudos" (ADIs 2943, 3309 e 3318, rel. Edson Fachin/Gilmar Mendes [voto conjunto], 02.05.2024, v. u.).

Após a edição da Lei 13.964/2019, criando a figura do juiz das garantias, que deve acompanhar e fiscalizar, controlando a legalidade, toda e qualquer investigação criminal, parece-nos que a atividade investigatória do Ministério Público, autorizada pelo STF, passa a ter um sistema de freios e contrapesos mais eficiente, logo, com respeito aos direitos e garantias individuais.

4.2   A possibilidade de a defesa promover investigação criminal

Por que a defesa não poderia produzir prova na fase investigatória? Enquanto esse pensamento norteava o Judiciário, ele era igualmente aplicado ao Ministério Público. As provas pré-constituídas deveriam advir unicamente do inquérito policial, produzidas por entes policiais. Acabou-se essa linha, afinal, se o STF reconheceu o direito de o MP produzir provas, a par das que forem concretizadas pela polícia judiciária, baseado no princípio da isonomia das partes e, também, no princípio da ampla defesa, *nada mais* poderia impedir que a defesa produza, igualmente, prova pré-constituída. Enquanto o MP organiza seus polos investigatórios, a defesa (pública e privada) deve fazer o mesmo.

Preleciona SCARANCE FERNANDES que a reforma introduzida na Itália possibilitou a investigação conduzida pela defesa. E diz: "essas leis autorizam a defesa a contratar investigador particular para proceder à investigação e preveem a forma como se realizam as entrevistas às testemunhas. Em primeiro lugar, pode haver uma conversa não documentada; depois, se necessário, a entrevista é reduzida a escrito, para então ser introduzida nos autos. Outra inovação das leis citadas é a possibilidade de a parte desenvolver a investigação sem o auxílio de um defensor".[16]

É mais que hora para autorizar a defesa a produzir prova extra-autos de inquérito. Afinal, o procedimento investigatório criminal (PIC) não advém de lei, mas de uma complexa interpretação de que o MP pode investigar, casando-se normas constitucionais e outras infraconstitucionais.

Há o princípio da isonomia das partes, tão apregoado ora pelo MP, ora pela defesa, para que se coloquem em mesmo nível. Por isso, se o MP pode realizar investigações (leia-se: não controladas pelo Judiciário, não públicas, não previstas expressamente em lei), é mais que natural possa a defesa (princípio da ampla defesa, previsto na CF) produzir provas pré-constituídas para contrapor-se às do inquérito. Nem há necessidade de ir a cartórios extrajudiciais. No escritório do advogado, a testemunha presta o seu depoimento e isso é transformado num termo, com assinatura reconhecida.

Não devem existir "dois pesos e duas medidas". O MP pode investigar. A defesa também pode.

Na realidade, no futuro, o que se avizinha é a função cada vez menor da polícia judiciária. Porém, o engrandecimento do Ministério Público deve compactuar com o igual crescimento da defesa. Se existe apoio constitucional ao MP para investigar, com absoluta certeza, somente no campo da *ampla defesa*, pode-se observar o mesmo em relação ao defensor, seja público ou privado.

Lembro-me de um caso concreto, dos idos dos anos 1990, em que a polícia judiciária produziu uma série de provas, terminando por indicar a não autoria do indiciado; porém, o MP, com seus órgãos, produziu prova no sentido contrário. Proclamou o Tribunal, à época, não poder o MP produzir prova fora do inquérito e tudo foi arquivado. Hoje, tal medida não se daria. O MP, com seus elementos de prova, poderia até ingressar com ação penal. Porém, há de ser garantido o mesmo patamar à defesa técnica.

Nem se debata, neste item, a função da polícia judiciária, porque a ela continuará competindo *descobrir* o crime e a sua autoria, produzindo as provas necessárias a tanto.

Porém, a polícia judiciária não interferirá nas provas coletadas pela acusação e pela defesa.

Haverá, em verdade, três níveis de provas pré-processo: a) investigação policial; b) investigação ministerial; c) investigação defensiva.

É preciso, desde logo, evitar preconceitos. As provas policiais, as ministeriais e as defensivas terão igual validade e legitimidade até prova em contrário. Para legitimar uma condenação, no entanto, torna-se fundamental a produção de provas em juízo, sob o crivo do contraditório e da ampla defesa.

---

[16]   *Processo penal constitucional*, 5. ed., p. 277.

Nas corretas palavras de LUIZ RASCOVSKI, "grande parte da doutrina ainda sustenta que o inquérito seria uma 'mera peça informativa', quando na realidade forense a quase totalidade das ações penais em curso baseiam-se nos inquéritos policiais e milhares de condenações, mesmo nos Tribunais Superiores, vêm calcadas em elementos coletados na fase investigativa. Esse modelo investigatório somado à limitação de instrumentos defensivo prejudica sobremaneira a demonstração da inocência do acusado. A dialética deve ser exercida em sua plenitude, já na fase da investigação criminal, sob pena de afronta irreversível à garantia clausulada do devido processo legal. E é somente com a efetiva participação da defesa, não apenas requerendo, mas promovendo a investigação privada, paralelamente à pública (quando necessária e respeitados os limites constitucionais e legais de obtenção da prova) que se atingirá um modelo mais justo e paritário".[17]

A proposta é justa e equilibrada. Não se transforma o inquérito em litigioso, o que aconteceria se acusação e defesa fizessem seus requerimentos para o delegado decidir, com recurso ao juiz; seria uma turbação indevida no modelo inquisitivo ali reinante. Porém, estar-se-ia conferindo modernidade e espaço à defesa do réu – particular ou pública – para atuar na produção de provas pré-constituídas, que seriam, nos moldes das provas colhidas no inquérito, repetidas sob o crivo do contraditório. Outro ponto importante, nesse contexto, acolhida a ideia de a defesa produzir provas pré-processuais, diz respeito à ação penal privada, que *dispensaria* o inquérito policial. O advogado, com seus contatos e investigação particular, produziria a prova pré-constituída, que instruiria a queixa. Qualquer deslize na produção levaria à consequência da rejeição da queixa ou mesmo a um processo-crime por falsificação, denunciação caluniosa, injúria etc. Se os delegados não dão conta dos inquéritos de crimes graves de ação pública incondicionada, torna-se mais um motivo para sair de sua alçada a prova para instruir queixa-crime.

Se o Ministério Público se move, hoje, com a complacência do Judiciário, de modo cada vez mais solto, é muito justo assegurar à defesa a mesma movimentação. Se o argumento do MP é ser ele o titular da ação penal, logo, pode formar o seu convencimento sozinho, na fase pré-processual, a defesa tem ao seu lado o relevante princípio da *ampla defesa*, que permite a dedução ora extraída de paridade de armas. O titular da ação penal *versus* o titular da ampla defesa. Ademais, a vítima, por seu advogado, é a titular exclusiva da ação penal privada.

Somos partidários da regulamentação da investigação do Ministério Público feita por lei, assim como a investigação defensiva. Mas se o MP já se move sem a necessária lei, o mesmo caminho cabe à defesa.

4.3   Investigação particular

Nem sempre é a vítima a produzir prova pré-constituída a respeito de um crime. Diz FREDERICO MARQUES que "uma pessoa que tenha documentos em mãos, que demonstrem a prática de infração penal por determinado indivíduo, pode remetê-los ao Ministério Público e dar causa, assim a que este ingresse com a ação penal (CPP, art. 27). Trata-se de *notitia criminis* informativa, que se assemelha a verdadeira investigação realizada por órgãos não estatais. É o que sucede, por exemplo, com o estabelecimento bancário que consiga averiguar, mediante exame contábil, o desfalque praticado por um de seus empregados. Podem os elementos

---

[17]   "A investigação criminal defensiva e o papel da defensoria pública na ampla defesa do investigado", in: RASCOVSKI (coord.), *Temas relevantes de direito penal e processual penal*, p. 112.

dessa investigação particular ser enviados ao Ministério Público, diretamente, e só com isso provocar a acusação contra o indigitado autor daquele delito".[18]

5. A CLASSIFICAÇÃO DAS INFRAÇÕES PENAIS PELA AUTORIDADE POLICIAL

O ideal é a autoridade policial, justamente porque lhe compete a apuração da materialidade das infrações penais e da sua autoria, proceder à classificação dos crimes e contravenções que lhe chegarem ao conhecimento. Quando indiciar o suspeito (ver o tópico relativo ao indiciamento abaixo), o delegado deve indicar o tipo penal no qual considera incurso o investigado (ex.: na hipótese de homicídio qualificado, deve apontar o art. 121, § 2.º, incisos II e IV, do Código Penal).

Ensina ROBERTO LYRA FILHO que a lei processual penal utiliza, indiferentemente, os termos *classificação das infrações penais* e *definição jurídica do fato*, quando se refere à tipificação de um fato, embora teoricamente haja diferença. Dar a definição jurídica do fato é adequar a conduta concreta ao modelo legal incriminador (tipo penal), enquanto a classificação é o resultado dessa análise. O fato sem classificação é o chamado *fato bruto*, enquanto o fato classificado é considerado o *fato-infração penal*. Assim, a autoridade policial, ao receber a *notitia criminis* ou a *delatio criminis*, constata a existência de um fato bruto. Investigando, deve, se for o caso, dar a sua definição jurídica, classificando-o.[19]

Naturalmente, a classificação feita pela autoridade policial não vincula o Ministério Público, nem tampouco o juiz, porém a imputação indiciária favorece o conhecimento dos procedimentos adotados pelo condutor do inquérito. Possui, ainda, reflexos na concessão ou não de fiança, no valor estabelecido para esta, no estabelecimento inicial da competência (se foro central ou regional, por exemplo) e até mesmo para a determinação de realização de exame complementar, em caso de lesão corporal grave.

Em certas situações, a classificação feita pela autoridade policial é extremamente relevante, como se pode constatar, após a edição da Lei 11.343/2006. Afinal, o usuário de drogas, conforme disposto no art. 28 da referida Lei, não é submetido, ainda que condenado, à pena privativa de liberdade.[20] As sanções a ele destinadas são muito mais brandas que as do traficante (art. 33), variando entre uma mera advertência, passando pela prestação de serviços à comunidade e frequência a cursos, até atingir a multa.

Como se observa pela leitura do art. 48, § 2.º, da Lei 11.343/2006, o usuário não pode ser preso em flagrante, nem fica detido em hipótese alguma, submetendo-se seu processo ao Juizado Especial Criminal, nos termos da Lei 9.099/1995. Por outro lado, o traficante de drogas pode ter a sua prisão preventiva decretada, conforme a gravidade do fato e de sua conduta, ao longo da instrução do processo, recebendo, ao final, penas muito superiores e rigorosas. Ilustrando com a conduta *trazer consigo drogas*, prevista tanto no art. 28, que cuida do usuário, como no art. 33, tratando do traficante. Fulano, encontrado trazendo consigo determinada quantidade de substância entorpecente, é levado à presença da autoridade policial. Comprovada a materialidade do delito, dependendo da *imputação indiciária*, pode ser

---

[18] *Tratado de direito penal*, v. 1, p. 183.

[19] *A classificação das infrações penais pela autoridade policial*, p. 277-278.

[20] O STF proferiu decisão descriminalizando o porte de maconha para consumo pessoal, não podendo o usuário ser preso em flagrante, nem mesmo lavrado termo circunstanciado, porque se trata de um ilícito extrapenal.

imediatamente colocado em liberdade pelo delegado, como pode ser preso em flagrante, por vezes sem direito à liberdade provisória, conforme o caso concreto. A diferença é relevante e não pode ser ignorada.

Aliás, preceitua o art. 52, I, da Lei 11.343/2006, dever a autoridade policial relatar sumariamente as circunstâncias do fato, ao término do inquérito, *justificando as razões que a levaram à classificação do delito*. Em suma, há situações em que a mencionada classificação, feita ainda na fase policial, é fundamental, envolvendo diretamente o *status libertatis* do indiciado.

6.   INÍCIO DO INQUÉRITO POLICIAL

Há, basicamente, cinco modos de dar início ao inquérito:

a) *de ofício*, quando a autoridade policial, tomando conhecimento da prática de uma infração penal de ação pública incondicionada (as ações públicas condicionadas e as ações privadas dependem de provocação do ofendido), instaura a investigação para verificar a existência do crime ou da contravenção penal e sua autoria;

b) *por provocação do ofendido*, quando a pessoa que teve o bem jurídico lesado reclama a atuação da autoridade;

c) *por delação de terceiro*, quando qualquer pessoa do povo leva ao conhecimento da autoridade policial a ocorrência de uma infração penal de iniciativa do Ministério Público;

d) *por requisição da autoridade competente*, quando o juiz ou o promotor de justiça (ou procurador da República) exigir, legalmente, que a investigação policial se realize, porque há provas suficientes a tanto;

e) *pela lavratura do auto de prisão em flagrante*, nos casos em que o agente é encontrado em qualquer das situações descritas no art. 302 do Código de Processo Penal ("está cometendo a infração penal"; "acaba de cometê-la"; "é perseguido, logo após, pela autoridade, pelo ofendido ou por qualquer pessoa, em situação que faça presumir ser autor da infração"; "é encontrado, logo depois, com instrumentos, armas, objetos ou papéis que façam presumir ser ele autor da infração").

7.   IDENTIFICAÇÃO DA ESPÉCIE DE AÇÃO PENAL PARA EFEITO DE INVESTIGAÇÃO

A regra no processo penal é a seguinte: se a ação é pública incondicionada (o Ministério Público pode agir sem qualquer tipo de autorização e sempre que houver prova suficiente da ocorrência de uma infração penal), o tipo penal incriminador, previsto no Código Penal, nada menciona a respeito. Do contrário, se a ação é pública condicionada, estará expresso: "somente se procede mediante representação" ou "mediante requisição". Caso seja privada, estará mencionado: "somente se procede mediante queixa". Tornaremos a esse ponto no capítulo referente à ação penal.

É importante destacar que, em se tratando de ação pública condicionada e de ação privada, o inquérito somente pode iniciar-se igualmente se houver provocação do ofendido (representação para a ação pública condicionada; requerimento para a ação privada) ou do Ministro da Justiça (requisição).

8. NOTITIA CRIMINIS

É a ciência da autoridade policial da ocorrência de um fato criminoso, podendo ser:

a) *direta*, quando o próprio delegado, investigando, por qualquer meio, descobre o acontecimento;

b) *indireta*, quando a vítima provoca a sua atuação, comunicando-lhe a ocorrência, bem como quando o promotor ou o juiz requisitar a sua atuação. Nesta última hipótese (indireta), cremos estar inserida a prisão em flagrante. Embora parte da doutrina denomine essa forma de *notitia criminis* de coercitiva, não deixa ela de ser uma maneira indireta da autoridade policial tomar conhecimento da prática de uma infração penal.[21]

Nas palavras de FREDERICO MARQUES, "a *notitia criminis* provocada é o ato jurídico com que alguém dá conhecimento a um dos órgãos da *persecutio criminis*, ou à autoridade com funções investigatórias, da prática de um fato delituoso".[22] Na realidade, a *notitia criminis* chega à autoridade policial *sem assinatura*. Não importa quem a levou. Quando há um nome, torna-se *delatio criminis* (vide tópico a seguir). MAGALHÃES NORONHA ensina que a *notitia criminis* é "o conhecimento que a autoridade policial tem de um fato aparentemente criminoso: encontro de corpo de delito, flagrante, comunicação de funcionário, publicação da imprensa, informação de qualquer do povo etc. Pode também aquela *notitia* ser levada ao conhecimento da autoridade pelo próprio ofendido ou seu representante, denominando-se agora *delatio criminis*, que é a simples ou postulatória".[23]

9. DELATIO CRIMINIS

É a denominação dada à comunicação feita por qualquer pessoa do povo à autoridade policial (ou a membro do Ministério Público ou juiz) acerca da ocorrência de infração penal em que caiba ação penal pública incondicionada (art. 5.º, § 3.º, CPP).[24]

Pode ser feita oralmente ou por escrito. Caso a autoridade policial verifique a procedência da informação, mandará instaurar inquérito para apurar oficialmente o acontecimento.

Conforme demonstra EDMOND LOCARD, "a queixa proveniente da vítima é o modo mais usual de descoberta das infrações graves (crimes e delitos). Essa queixa pode ser dirigida à polícia (aos comissários) ou à justiça (ao procurador da República ou ao juiz de instrução mais antigo). A queixa não obriga o tribunal a proceder; deve sempre ser verificada, pois pode ser mentirosa ou não se referir a um ato qualificado pela lei como infração. Muitas vezes,

---

[21] Conferir: TOURINHO FILHO, *Processo penal*, v. 1, p. 253.

[22] *Tratado de direito processual penal*, v. 1, p. 173.

[23] *Curso de direito processual penal*, p. 18.

[24] Para FREDERICO MARQUES, a *delatio criminis* é a voz da vítima, levando à autoridade policial o conhecimento da infração penal. Pode ser *simples* (a comunicação) ou *postulatória* (pedindo providências), como a instauração de inquérito (*Tratado de direito processual penal*, v. 1, p. 176). Não vemos discordância intrínseca entre os termos. A vítima pode levar à autoridade o conhecimento do crime (simplesmente), como pode pedir providências (postular a abertura de inquérito). Seja na forma de *notitia criminis* ou de *delatio criminis*, o efeito é o mesmo.

a notícia é trazida por testemunhas e não pela vítima. É, naturalmente, o que acontece nos casos de homicídio (...)".[25]

10. INVESTIGAÇÕES CRIMINAIS CONTRA AUTORIDADES COM PRERROGATIVA DE FORO

Determinadas autoridades (conforme será estudado no capítulo relativo à competência) detêm foro privilegiado, isto é, somente podem ser investigadas e processadas em determinados tribunais. Dessa forma, não pode a autoridade policial instaurar inquérito e colher provas diretamente; caso, durante uma investigação qualquer, encontre indícios de participação de pessoa com prerrogativa de foro, deverá remeter os autos do inquérito ao juízo competente. Exemplos: deputados e senadores são processados no Supremo Tribunal Federal. O delegado não pode instaurar inquérito contra essas autoridades sem a fiscalização e autorização do Pretório Excelso, com acompanhamento da Procuradoria-Geral da República. Assim, exemplificando, ao tomar conhecimento da prática de crime de autoria de um deputado federal, o delegado deve enviar os autos ao STF. A partir daí, um dos Ministros dessa Corte, encarregado de acompanhar o caso, determina que a Polícia Federal realize diligências investigatórias, mas sob sua fiscalização direta, bem como do Ministério Público Federal.

Há o aspecto referente aos denominados *mandatos cruzados*, que emerge quando um parlamentar, findando seu mandato em certa Casa Legislativa, é eleito para outro cargo, embora em Parlamento diferente, onde também existe foro por prerrogativa de função. Parece-nos uma decorrência lógica, embora não fosse o ideal, do foro especial que este seja mantido quando o parlamentar migra de um mandato a outro, desde que ambos tenham a mesma prerrogativa. Ilustrando, se o deputado estadual (foro competente é o Tribunal de Justiça de seu Estado) comete um delito, no exercício da função e, após, é eleito para a Câmara dos Deputados, não pode ser processado na justiça de primeiro grau. Deve prevalecer o foro estadual privilegiado.

Noutros termos, o parlamentar saiu do âmbito estadual e seguiu para o federal; em ambos, há foro por prerrogativa de função. Como o crime foi cometido na época da legislatura estadual, deve ser processado no Tribunal de Justiça.

11. REQUISIÇÃO, REQUERIMENTO E REPRESENTAÇÃO

Requisição é a exigência para a realização de algo, fundamentada em lei. Assim, não se deve confundir *requisição* com *ordem*, pois nem o representante do Ministério Público, nem tampouco o juiz, são superiores hierárquicos do delegado, motivo pelo qual não lhe podem dar ordens. Requisitar a instauração do inquérito significa um requerimento lastreado em lei, fazendo com que a autoridade policial cumpra a norma e não a vontade particular do promotor ou do magistrado. Aliás, dá-se o mesmo quando o tribunal requisita do juiz de primeiro grau informações em caso de *habeas corpus*. Não está emitindo ordem, mas exigindo que a lei seja cumprida, ou seja, que o magistrado informe à Corte o que realizou, dando margem à interposição da impugnação.

Requerimento é uma solicitação, passível de indeferimento, razão pela qual não tem a mesma força de uma requisição. É lógico que muitos requerimentos, quando não acolhidos,

---

[25]   *A investigação criminal*, p. 7.

podem acarretar o direito de interposição de recurso, embora quem o rejeite possa fazê-lo dentro de uma avaliação discricionária. A parte faz um requerimento ao juiz, pleiteando a produção de uma prova, por exemplo. O magistrado pode acolher ou indeferir, livremente, ainda que o faça fundamentando. Nesse caso, no momento propício, pode o interessado reclamar ao tribunal a realização da prova, mas nada obriga o juiz a produzi-la.

Representação é a exposição de um fato ou ocorrência, sugerindo ou solicitando providências, conforme o caso. Trata-se do ato da autoridade policial, como regra, explicando ao juiz a necessidade de ser decretada uma prisão preventiva ou mesmo de ser realizada uma busca e apreensão. Pode não ser atendida. Por outro lado, pode cuidar-se do ato do ofendido que, expondo à autoridade competente o crime do qual foi vítima, pede providências. Nesse caso, recebe a denominação de *delatio criminis* postulatória. A representação não precisa ser formal, vale dizer, concretizada por termo escrito e expresso nos autos do inquérito ou do flagrante. A jurisprudência tem aceitado, com razão, a representação informal, que é a manifestação da vontade do ofendido de ver investigado e processado o seu agressor sem que tenha manifestado por termo o seu intento. Destarte, em um depoimento, por exemplo, pode ficar clara a vontade da vítima de *representar*, razão pela qual pode a autoridade policial agir sem mais delongas.

Difere a representação do requerimento pelo fato de que este é apresentado pela parte interessada, enquanto aquela é oferecida por autoridade ou pessoa desinteressada no deslinde da causa (investigação ou processo). Registre-se: ainda que realizada pelo ofendido, não tem esse, no caso de ação pública, interesse direto no deslinde da causa, uma vez que não é parte (autor da ação penal será o Ministério Público).

12. NEGATIVA DE CUMPRIMENTO À REQUISIÇÃO

É possível que a autoridade policial refute a instauração de inquérito requisitado por membro do Ministério Público ou por Juiz de Direito, desde que se trate de exigência manifestamente ilegal. A requisição deve lastrear-se na lei; não tendo, pois, supedâneo legal, não deve o delegado agir, pois, se o fizesse, estaria cumprindo um desejo pessoal de outra autoridade, não se coadunando com a sistemática processual penal.

A Constituição, ao prever a possibilidade de requisição de inquérito, pelo promotor, preceitua que ele indicará os fundamentos jurídicos de sua manifestação (art. 129, VIII). Diga-se o mesmo das decisões tomadas pelo magistrado, que necessitam ser fundamentadas (art. 93, IX, CF). Logo, quando for incabível o cumprimento, por manifesta ilegalidade, não é caso de ser *indeferida* a requisição, mas simplesmente o delegado oficia, em retorno, comunicando as razões que impossibilitam o seu cumprimento.

13. CONTEÚDO DA REQUISIÇÃO, DO REQUERIMENTO E DA REPRESENTAÇÃO

As requisições dirigidas à autoridade policial, exigindo a instauração de inquérito contra determinada pessoa, ainda que aponte o crime, em tese, necessitam conter dados suficientes que possibilitem ao delegado tomar providências e ter um rumo a seguir. Não é cabível um ofício genérico, requisitando a instauração de inquérito contra Fulano, apenas apontando a prática de um delito em tese.

A requisição deve sustentar-se em fatos, ainda que possa ser desprovida de documentos comprobatórios. Caso o delegado, de posse de um ofício de requisição, contendo a descrição pormenorizada (ou instruído com peças suficientes para a constatação do ocorrido) de um fato criminoso, recuse-se a instaurar inquérito, responderá funcional e, conforme o caso, criminalmente pelo desatendimento. Entretanto, instaurando, conforme legalmente exigido, não poderá ser considerado autoridade coatora, em caso de revolta do indiciado. Este necessita voltar-se contra a autoridade que encaminhou a requisição.

Caso, no entanto, a autoridade policial instaure uma investigação totalmente descabida (ex.: inquérito para apurar o não pagamento de dívida civil), embora cumprindo requisição, poderá responder, juntamente com a autoridade que assim exigiu, por abuso de autoridade. Note-se que eventual *habeas corpus* para trancar o inquérito, indevidamente instaurado, por requisição de juiz ou promotor, deve ser ajuizado no tribunal, mas a responsabilidade pelo ato manifestamente ilegal será tanto de quem requisitou quanto de quem indevidamente cumpriu. Justifica-se essa postura pelo fato de o delegado não ser um leigo, mas um bacharel concursado, com conhecimento específico na área, não devendo seguir exigências ilegais, salvo se com elas compactuar, o que o torna coautor do abuso.

Dá-se o mesmo com o requerimento e com a representação. Aliás, no tocante ao requerimento, preceitua o Código de Processo Penal que ele conterá, sempre que possível, "a narração do fato, com todas as circunstâncias", "a individualização do indiciado ou seus sinais característicos e as razões de convicção ou de presunção de ser ele o autor da infração, ou os motivos de impossibilidade de o fazer" e "a nomeação das testemunhas, com indicação de sua profissão e residência" (art. 5.º, § 1.º).

Não fosse assim e inquéritos seriam instaurados levianamente, o que não se coaduna com os princípios garantistas da Constituição Federal, vedando abusos do Estado contra o indivíduo.

14. RECUSA DA AUTORIDADE POLICIAL À INSTAURAÇÃO DO INQUÉRITO QUANDO OFERECIDO REQUERIMENTO DO OFENDIDO E A QUESTÃO DA DENÚNCIA ANÔNIMA

Diz a lei caber recurso ao chefe da Polícia, que, atualmente, considera-se o Delegado-Geral de Polícia, superior máximo *exclusivo* da Polícia Judiciária. Há quem sustente, no entanto, cuidar-se do Secretário da Segurança Pública. Entretanto, de uma forma ou de outra, quando a vítima tiver seu requerimento indeferido, o melhor percurso a seguir é enviar seu inconformismo ao Ministério Público ou mesmo ao Juiz de Direito da Comarca, que poderão requisitar a instauração do inquérito, o que, dificilmente, deixará de ser cumprido pela autoridade policial.

Destaquemos, ainda, ser o anonimato uma forma inadmissível e insuficiente para a instauração de inquérito, ao menos na modalidade da *delatio criminis*. Ao encaminhar a comunicação por escrito, deve a pessoa identificar-se. Se a forma escolhida for oral, a autoridade policial colherá, no ato, os dados identificadores do indivíduo. Lembra, com precisão, Tourinho Filho que a comunicação falsa de delito pode dar ensejo à configuração de um crime, motivo pelo qual não se deve aceitar a *delatio* anônima.[26] Assim, também, manifesta-se Paulo

---

[26] *Código de Processo Penal comentado*, v. 1, p. 35.

Rangel: "é inadmissível a instauração de qualquer investigação criminal ou cível, bem como processo judicial, com base, única e exclusivamente, em *delatio criminis* apócrifa, por violar, expressamente, o princípio constitucional da vedação do anonimato, acarretando, por via de consequência, prova ilícita, inadmissível no ordenamento jurídico brasileiro".[27]

Entretanto, somos levados a acreditar que as denúncias anônimas podem e devem produzir efeito. Não nos esqueçamos que a autoridade policial pode investigar algo de ofício e, para tanto, caso receba uma comunicação não identificada, relatando a ocorrência de um delito de ação pública incondicionada, pode dar início à investigação e, com mínimos – mas suficientes – elementos em mãos, instaurar o inquérito. Embora não se tenha configurado uma autêntica *delatio criminis*, do mesmo modo o fato pode ser averiguado.

Em verdade, há diferença entre *investigar* e *instaurar investigação criminal*. A primeira modalidade é informal; a segunda, formal. Por isso, os serviços denominados *disque-denúncia* têm prestado relevantes feitos à sociedade, pois incentivam pessoas a indicar à polícia autores de crimes e a própria ocorrência de infrações penais. Tais *delatores* ficam anônimos para sua própria proteção. Porém, não são tais informes os elementos suficientes para *instaurar* inquérito e, pior, indiciar alguém. A polícia pode utilizar as informações prestadas anonimamente para buscar, com legitimidade, a prova adequada para sustentar a abertura oficial do inquérito e eventual indiciamento do suspeito.

15. PROCEDIMENTO DA AUTORIDADE POLICIAL

Quando a *notitia criminis* lhe chega ao conhecimento, deve o delegado:

a) "dirigir-se ao local, providenciando para que não se alterem o estado e conservação das coisas, até a chegada dos peritos criminais";

b) "apreender os objetos que tiverem relação com o fato, após liberados pelos peritos criminais";

c) "colher todas as provas que servirem para o esclarecimento do fato e suas circunstâncias";

d) "ouvir o ofendido";

e) "ouvir o indiciado", com observância, no que for aplicável, do disposto no Capítulo III do Título VII do Livro I do CPP, devendo o respectivo termo ser assinado por duas testemunhas que lhe tenham ouvido a leitura;

f) "proceder a reconhecimento de pessoas e coisas e a acareações";

g) "determinar, se for caso, que se proceda a exame de corpo de delito e a quaisquer outras perícias";

h) "ordenar a identificação do indiciado pelo processo datiloscópico, se possível, e fazer juntar aos autos sua folha de antecedentes";

i) "averiguar a vida pregressa do indiciado, sob o ponto de vista individual, familiar e social, sua condição econômica, sua atitude e estado de ânimo antes e depois do

---

27 "A linguagem pelo avesso: a denúncia anônima como causa (i)legitimadora da instauração de investigação criminal: inconstitucionalidade e irracionalidade". In: PRADO, Geraldo (coord.), *Processo penal e democracia*, p. 493-494).

crime e durante ele, e quaisquer outros elementos que contribuírem para a apreciação do seu temperamento e caráter";

j)   "colher informações sobre a existência de filhos, respectivas idades e se possuem alguma deficiência e o nome e o contato de eventual responsável pelos cuidados dos filhos, indicado pela pessoa presa" (art. 6.º, CPP).

O inciso X do art. 6.º foi introduzido pela Lei 13.257/2016, com a finalidade de preservar os laços de afetividade entre o pai ou mãe, indiciado ou preso, e seus filhos menores de 18 anos (ou deficientes). Diante de uma prisão em flagrante, por ilustração, a autoridade policial deve colher dados a respeito de filhos, com o objetivo de alertar o outro cônjuge ou companheiro (que esteja em liberdade) ou um parente próximo (se os pais foram presos ou somente a mãe, mas o pai está desaparecido) para que seja assumida a guarda das referidas crianças ou adolescentes. Em síntese, visando ao bem-estar infantojuvenil, eventual afastamento abrupto do pai e/ou da mãe, há que se buscar, de pronto, um responsável legal para cuidar dos filhos. Não havendo ninguém, pode-se acionar o Conselho Tutelar ou o Juízo da Infância e Juventude para o necessário acolhimento institucional da criança e/ou adolescente.

Durante o trâmite do inquérito, a autoridade policial deve, ainda, nos termos do art. 13 do CPP: "I – fornecer às autoridades judiciárias as informações necessárias à instrução e julgamento dos processos; II – realizar as diligências requisitadas pelo juiz ou pelo Ministério Público; III – cumprir os mandados de prisão expedidos pelas autoridades judiciárias; IV – representar acerca da prisão preventiva".

A prática prevista no inciso I diz respeito não somente à colheita de provas pré-constituídas, que servem a instruir a denúncia do Ministério Público (ou da vítima), mas a outros esclarecimentos que se fizerem necessários, diretamente, ao Judiciário, por vezes valendo-se de *autos complementares* (um apenso ao inquérito policial, este já remetido a juízo, para formar alguma prova dependente da sua atuação).

A requisição de diligências pelo Ministério Público é comum, pois esse é o órgão acusatório; não mais se deve acolher a interferência direta do juiz na coleta de provas pertinentes à fase investigatória, justamente para não quebrar a sua imparcialidade. Afinal, as provas do inquérito não irão sustentar, basicamente, a sua futura decisão em juízo, servem para dar lastro à denúncia ou queixa. Quando o magistrado interferir demasiadamente na fase de investigação, a sua suspeição poderá ser, no futuro, levantada pelo acusado (ou pelo MP, conforme o caso).

O mandado de prisão, hoje, pode ser cumprido não somente pela Polícia Judiciária, mas igualmente pela Polícia Militar. O oficial de justiça também tem aptidão para isso, embora o comum é que a polícia o faça.

A autoridade policial pode *representar* pela prisão preventiva. Utilizou o legislador o verbo correto: *representar* (demonstrar um fato e pedir providência); se inserisse o termo *requerer* (solicitar por interesse próprio) estaria equivocado, pois a autoridade policial não é *parte* na relação persecutória (nem no polo ativo nem no passivo).

A Lei 13.344/2016, cuidando do crime de tráfico de pessoas, incluiu mais dois artigos ao CPP envolvendo a atuação policial. *In verbis*: "Art. 13-A. Nos crimes previstos nos arts. 148, 149 e 149-A, no § 3.º do art. 158 e no art. 159 do Decreto-lei 2.848, de 7 de dezembro de 1940 (Código Penal), e no art. 239 da Lei 8.069, de 13 de julho de 1990 (Estatuto da Criança e do Adolescente), o membro do Ministério Público ou o delegado de polícia poderá requisitar, de quaisquer órgãos do poder público ou de empresas da iniciativa privada, dados e informações cadastrais da vítima ou de suspeitos. Parágrafo único. A requisição, que será atendida no prazo de 24 (vinte e quatro) horas, conterá: I – o nome da autoridade requisitante; II – o número do inquérito policial; e III – a identificação da unidade de polícia judiciária responsável pela investigação. Art. 13-B. Se necessário à prevenção e à repressão dos crimes relacionados ao tráfico de pessoas, o membro do Ministério Público ou o delegado de polícia poderão requisitar, mediante autorização judicial, às empresas prestadoras de serviço de telecomunicações e/ou telemática que disponibilizem imediatamente os meios técnicos adequados – como sinais, informações e outros – que permitam a localização da vítima ou dos suspeitos do delito em curso. § 1.º Para os efeitos deste artigo, sinal significa posicionamento da estação de cobertura, setorização e intensidade de radiofrequência. § 2.º Na hipótese de que trata o *caput*, o sinal: I – não permitirá acesso ao conteúdo da comunicação de qualquer natureza, que dependerá de autorização judicial, conforme disposto em lei; II – deverá ser fornecido pela prestadora de telefonia móvel celular por período não superior a 30 (trinta) dias, renovável por uma única vez, por igual período; III – para períodos superiores àquele de que trata o inciso II, será necessária a apresentação de ordem judicial. § 3.º Na hipótese prevista neste artigo, o inquérito policial deverá ser instaurado no prazo máximo de 72 (setenta e duas) horas, contado do registro da respectiva ocorrência policial. § 4.º Não havendo manifestação judicial no prazo de 12 (doze) horas, a autoridade competente requisitará às empresas prestadoras de serviço de telecomunicações e/ou telemática que disponibilizem imediatamente os meios técnicos adequados – como sinais, informações e outros – que permitam a localização da vítima ou dos suspeitos do delito em curso, com imediata comunicação ao juiz."

A primeira hipótese já vinha prevista na Lei 12.850/2013 (Lei da Organização Criminosa), no seu art. 15, embora, neste último caso, tratando somente da qualificação pessoal, a filiação e o endereço. Quanto ao art. 13-A, nas hipóteses de sequestro, extorsão, tráfico de pessoas de qualquer idade e redução a condição análoga à de escravo, sempre envolvendo privação da liberdade de algum modo, a autoridade policial e o Ministério Público podem requisitar dados cadastrais, sem depender da intermediação do juiz. Os dados e informes devem guardar harmonia com a publicidade compatível, vale dizer, a qualificação, a filiação, o endereço, o número do(s) telefone(s) e similares. Não envolve nenhuma lesão à intimidade ou à privacidade de alguém.

A pretensão relativa ao art. 13-B, conforme mencionado, depende da interferência do juiz, pois haverá intromissão à intimidade e à privacidade. Quer-se localizar o paradeiro de alguém, por meio de sinais, em sentido amplo, contando com a colaboração de empresas; em primeiro lugar, as que proporcionam serviços de telefonia móvel (celular), mas também outras, como gerenciadoras de GPS, envolvendo as seguradoras de veículos, bem como as que possuem condições de localizar computadores pessoais fixos ou móveis. Geralmente, volta-se a busca à pessoa da vítima, mas nada impede que se proceda, no mesmo sentido, no tocante a algum suspeito.

Há de se ressaltar o equívoco do § 4.º do art. 13-B, mencionando a falta de ação do juiz por 12 horas, motivo pelo qual a autoridade requisitante pode *romper o sigilo* e conseguir os dados. Duas situações esdrúxulas: a) o magistrado *deve* responder imediatamente, pois os delitos são graves e a procura da vítima é de máxima urgência, sob pena de responsabilidade pessoal; b) mesmo que o juiz não cumpra sua obrigação, inexiste qualquer lastro legal para *liberar* o delegado ou promotor a vasculhar a intimidade alheia. Não pode a lei ordinária ampliar limites impostos pela Constituição Federal.

"Uma das providências mais importantes que competem à polícia judiciária é o exame de corpo de delito. Esse exame consiste na inspeção ocular e verificação, a que procedem peritos nomeados pela autoridade policial, para indicarem, em auto circunstanciado, os sinais físicos ou materiais produzidos pelo delito, descrevendo-os e, por suas respostas aos quesitos formulados, fornecerem à justiça elementos de convicção sobre o crime em sua materialidade e caracterização".[28]

Lembra, com razão, ESPÍNOLA FILHO que "a finalidade do inquérito é apurar a existência de uma infração punível e descobrir os responsáveis por ela; não visa a determinar a condenação do ou dos indivíduos, que são apontados como os culpados; esses indivíduos têm o direito de promover, desde logo, os elementos capazes de ilidir a acusação, contra eles dirigida; é-lhes, portanto, perfeitamente lícito requerer qualquer diligência, que considerem útil aos interesses da sua defesa. Fica ao critério da autoridade, que preside ao inquérito, deferir tal pedido, ou não atender, o que, naturalmente, só fará se entender que a diligência desejada não é realizável praticamente, ou é inócua ou prejudicial à apuração exata dos fatos".[29]

15.1 O princípio da insignificância

A doutrina e a jurisprudência têm apontado o princípio da insignificância (crime de bagatela) como excludente de tipicidade, embora supralegal (não prevista expressa, mas implicitamente em lei).

Assim sendo, nada impede que o delegado, ao receber um caso concreto, à sua frente, para lavrar (ou não) o auto de prisão em flagrante (ou instaurar inquérito), detecte um delito insignificante e, com isso, *não lavre* o auto ou *não instaure* o inquérito.

Nas palavras de HENRIQUE HOFFMANN, "mais do que um poder do delegado de polícia, a aplicação do princípio da insignificância é um dever no desempenho da sua missão de garantir direitos fundamentais, devendo ser repelidas eventuais interferências escusas em detrimento do interesse público. Entendimento diverso reduziria a autoridade policial a mero instrumento repressivo focado em ninharias, reforçando o viés seletivo do Direito Penal".[30]

16. INDICIAMENTO E CONSTRANGIMENTO ILEGAL

Indiciado é a pessoa eleita pelo Estado-investigação, dentro da sua convicção, como autora da infração penal. Ser indiciado, isto é, apontado como autor do crime pelos indícios colhidos no inquérito policial, implica um constrangimento natural, pois a folha de antecedentes receberá a informação, tornando-se permanente, ainda que o inquérito seja, posteriormente, arquivado. Assim, o indiciamento não é um ato discricionário da autoridade policial, devendo basear-se em provas suficientes para isso.

Ensina SÉRGIO MARCOS DE MORAES PITOMBO, sobre o indiciamento: "não há de surgir qual ato arbitrário da autoridade, mas legítimo. Não se funda, também, no uso de poder discricionário, visto que *inexiste a possibilidade legal de escolher entre indiciar ou não. A questão situa-se na legalidade do ato*. O suspeito, sobre o qual se reuniu prova da autoria da infração, tem que ser indiciado. Já aquele que, contra si, possui frágeis indícios, ou outro meio de prova

[28] CÂMARA LEGAL, *Comentários ao Código de Processo Penal brasileiro*, v. I, p. 99.
[29] *Código de Processo Penal brasileiro anotado*, v. 1, p. 304.
[30] *Investigação criminal pela polícia judiciária*, p. 53.

esgarçado, não pode ser indiciado. Mantém ele como é: suspeito. Em outras palavras, a *pessoa suspeita* da prática de infração penal *passa a figurar como indiciada*, a contar do instante em que, no inquérito policial instaurado, se lhe verificou a *probabilidade de ser o agente*".[31]

É cabível o *habeas corpus*, dirigido ao juiz de direito da Comarca, caso alguém se sinta injustamente convocado à delegacia para ser indiciado. Nessa hipótese, o magistrado pode fazer cessar a coação, se ilegal, impedindo o indiciamento ou mesmo determinando o trancamento da investigação. É conduta excepcional, pois o Estado tem o dever de investigar toda e qualquer infração penal, razão pela qual somente em último caso obriga-se à cessação precoce do inquérito.

Sustentamos que a autoridade policial deve ser clara ao convocar alguém a ir à delegacia para ser ouvido e indiciado, quando já sabe, de antemão, que tal conduta será adotada. Excepcionalmente, ouvindo várias pessoas no mesmo dia, pode a autoridade policial formar sua convicção no ato e resolver indiciar um dos sujeitos inquiridos. Nessa hipótese, resta ao indiciado recorrer ao juiz, através do *habeas corpus* para fazer cessar os efeitos do indiciamento ou mesmo para trancar a investigação, se for o caso.

17. REQUISIÇÃO DE INDICIAMENTO

Cuida-se, em nosso entendimento, de procedimento equivocado, pois indiciamento é ato exclusivo da autoridade policial, que forma o seu convencimento sobre a autoria do crime, elegendo, formalmente, o suspeito de sua prática. Assim, não cabe ao promotor ou ao juiz exigir, através de requisição, que alguém seja indiciado pela autoridade policial, porque seria o mesmo que demandar à força que o presidente do inquérito conclua ser aquele o autor do delito.

Ora, querendo, pode o promotor denunciar qualquer suspeito envolvido na investigação criminal, cabendo-lhe, apenas, requisitar do delegado a "qualificação formal, a identificação criminal e o relatório sobre sua vida pregressa".

No sentido que defendemos, estabelece o art. 2.º, § 6.º, da Lei 12.830/2013 o seguinte: "o indiciamento, privativo do delegado de polícia, dar-se-á por ato fundamentado, mediante análise técnico-jurídica do fato, que deverá indicar a autoria, materialidade e suas circunstâncias".

18. MOTIVAÇÃO DO INDICIAMENTO

A Lei 12.830/2013 (art. 2.º, § 6.º) passa a exigir que a autoridade policial, providenciando o indiciamento do suspeito, esclareça, nos autos do inquérito, as razões que a levaram àquela eleição. Afinal, como o indiciamento é ato constrangedor, deve tratar-se de ato motivado, permitindo à parte prejudicada (indiciado) questioná-lo, impetrando *habeas corpus*.

Nesse sentido, confira-se o posicionamento de MÁRIO SÉRGIO SOBRINHO: "A legislação brasileira deveria evoluir, adotando a regra da explicitação das razões para a classificação do fato em determinado tipo penal, principalmente nos casos que possam resultar na desclassificação de delitos punidos com penas mais elevadas para aqueles que cominem sanções mais

---

[31] *Inquérito policial: novas tendências*, citado em acórdão do TJSP, *RT* 702/363, grifamos. No mesmo prisma, segue MARIA ELIZABETH QUEIJO, afirmando: "para que o indiciamento não seja arbitrário, deverá estar fundado em elementos probatórios que indiquem ser determinada pessoa o provável autor da infração penal" (*Estudos em processo penal*, p. 8).

brandas, tais como homicídio doloso tentado e lesão corporal de natureza grave, ao mesmo tempo em que a lei deveria fixar a obrigatoriedade da motivação do ato de indiciamento. É inegável que o ato de indiciamento exige juízo de valor, o qual, nos meandros do inquérito policial, é exercido pela autoridade policial que preside a investigação. Por isso, dever-se-ia exigir desta a explicitação de suas razões, ao determinar o indiciamento, as quais deveriam ser apresentadas no inquérito policial para que fossem conhecidas pelo indiciado e seu defensor, pelo órgão do Ministério Público e, quando necessário, pelos juízes e tribunais".[32]

19. O INDICIADO COMO OBJETO DA INVESTIGAÇÃO

Era a posição natural ocupada pelo indiciado durante o desenvolvimento do inquérito policial. Após a edição da Lei 13.964/2019, com a criação do juiz das garantias, cuja competência envolve a fiscalização de toda investigação criminal, vedada qualquer atividade de produção de provas da sua parte, estabelece-se a estrutura acusatória ao sistema processual penal. Dito isso, o juiz das garantias deve salvaguardar os direitos individuais do investigado, zelando, inclusive, pela sua imagem, vedada a divulgação, quando for preso.

Parece-nos uma vertiginosa alteração no campo investigatório, passando o investigado mais a ser um sujeito de direitos do que um mero objeto da investigação. Mesmo que ele não tenha, nessa fase, ampla defesa e contraditório, vale-se do direito de constituir defensor e acompanhar de maneira mais ativa o que se apura contra ele.

Por ora, o juiz das garantias não será implementado, por força da liminar do STF. Aguarda-se o julgamento do Plenário. Consultar o item 1.1 *supra*.

20. REGRAS DO INTERROGATÓRIO

Vale-se o delegado dos mesmos critérios do juiz de direito, conforme previsão feita nos arts. 185 a 196 do Código de Processo Penal, com as adaptações naturais, uma vez que o indiciado não é ainda réu em ação penal. Lembremos, no entanto, que se deve respeitar e aplicar o direito ao silêncio, constitucionalmente assegurado ao investigado (art. 5.º, LXIII, CF).

Com a edição da Lei 10.792/2003, os arts. 185 a 196 sofreram alterações, embora muitas dessas modificações sejam aplicáveis somente ao processo e não à fase do inquérito. Exemplos: não é obrigatória a presença de defensor no interrogatório feito na polícia (art. 185, CPP), nem tampouco há o direito de interferência, a fim de obter esclarecimentos (art. 188, CPP), pois tais disposições dizem respeito ao direito à ampla defesa, que não vigora na fase inquisitiva do inquérito.

Conjugando-se o princípio de que ninguém é obrigado a produzir prova contra si mesmo, associado à presunção de inocência, bem como ao direito constitucional ao silêncio, tem-se que o interrogatório do indiciado, na fase policial, longe do contraditório e despido da ampla defesa, pois não há necessidade da presença do advogado, deve revestir-se de toda lisura e ser realizado pela autoridade policial somente se o investigado desejar colaborar. Por outro lado, não devemos olvidar que há dois preceitos constitucionais que consagram esses princípios: o preso tem o direito de ter assistência de advogado, quando detido (art. 5.º, LXIII, CF), bem como o de ter identificado o responsável por sua prisão ou interrogatório policial (art. 5.º,

---

[32] *A identificação criminal*, p. 100.

LXIV, CF). As cautelas impostas devem-se ao controle de legalidade da prisão e à apuração da responsabilidade criminal e funcional do agente do Estado que não se comportar como determina a lei.

21. IDENTIFICAÇÃO CRIMINAL: DACTILOSCÓPICA E FOTOGRÁFICA

A identificação criminal é a individualização física do indiciado, para que não se confunda com outra pessoa, por meio da colheita das impressões digitais, da fotografia e da captação de material biológico para exame de DNA.

A Constituição Federal, no art. 5.º, LVIII, preceituou que "o civilmente identificado não será submetido a identificação criminal, salvo nas hipóteses previstas em lei".

Trata-se de norma de indevida inserção na Carta Magna, que, à época da sua elaboração, teve por finalidade corrigir a publicidade que se costumava dar ao fato de determinada pessoa – especialmente as conhecidas do grande público – ser criminalmente identificada, como se isso fosse inconveniente e humilhante. A norma tem contorno de direito individual, unicamente porque o constituinte assim desejou (formalmente constitucional), mas não é matéria para constar em uma Constituição Federal. É certo que muitos policiais exorbitaram seus poderes e, ao invés de garantir ao indiciado uma colheita corriqueira do material datiloscópico, transformaram delegacias em lugares de acesso da imprensa, com direito à filmagem e fotos daquele que seria publicamente indiciado, surpreendido na famosa situação de "tocar piano".

Por conta da má utilização do processo de identificação criminal, terminou-se inserindo na Constituição uma cláusula pétrea que somente problemas trouxe, especialmente ao deixar de dar garantia ao processo penal de que se está acusando a pessoa certa. Bastaria, se esse era o desejo, que uma lei fosse editada, punindo severamente aqueles que abusassem do poder de indiciamento, especialmente dando publicidade indevida ao ato, para a resolução do problema. Ao contrário disso, preferiu-se o método mais fácil, porém inconveniente: quem já possuísse identificação civil não mais seria identificado criminalmente, gerando muitos erros judiciários, hoje amplamente divulgados e comprovados, pois a subtração de documentos civis (RG) alheios tornou-se comum e criminosos passaram a apresentar aos delegados falsificações perfeitas, colocando, em seus lugares, pessoas inocentes.

Enfim, embora a Constituição tenha aberto a oportunidade de se prever a amplitude da identificação criminal, mencionando que isso se daria "nas hipóteses previstas em lei", houve um lapso de doze anos para que, finalmente, a primeira lei fosse editada no ano de 2000.

Atualmente, diante do texto da Lei 12.037, de 1.º de outubro de 2009, modificada pela Lei 12.654/2012, vê-se que não seria necessário constar do texto constitucional tal dispositivo, bastando previsão do assunto em legislação infraconstitucional. Dispõe a referida lei que "o civilmente identificado não será submetido a identificação criminal, salvo nos casos previstos nesta lei" (art. 1.º). Poderá ocorrer a identificação criminal, ainda que exibido documento civil, quando: "I – o documento apresentar rasura ou tiver indício de falsificação; II – o documento apresentado for insuficiente para identificar cabalmente o indiciado; III – o indiciado portar documentos de identidade distintos, com informações conflitantes entre si; IV – a identificação criminal for essencial às investigações policiais, segundo despacho da autoridade judiciária competente, que decidirá de ofício ou mediante representação da autoridade policial, do Ministério Público ou da defesa; V – constar de registros policiais o uso de outros nomes ou diferentes qualificações; VI – o estado de conservação ou a distância temporal ou da localidade da expedição do documento apresentado impossibilite a completa identificação dos caracteres essenciais" (art. 3.º). Não há mais um rol de crimes, impondo a obrigatoriedade da identificação criminal. Esta passa a ser regida pelo critério da conveniência da investigação policial, independentemente do delito cometido.

A identificação criminal envolve o processo dactiloscópico e o fotográfico (art. 5.º). Prevê-se, igualmente, a possibilidade de coleta de material biológico para a obtenção de perfil genético (art. 5.º, parágrafo único).

21.1 A coleta de material biológico para DNA e a presunção de inocência

A identificação civil da pessoa humana é situação comum e desejável, pois a carteira de identidade, com o número do Registro Geral (RG), é fundamental para a vida em sociedade e para os negócios em geral. Nesse processo, colhem-se impressões digitais e a fotografia do identificado.

A identificação criminal nada mais é do que a mesma garantia, sob o aspecto penal. Não se quer processar um inocente no lugar do culpado por conta de infeliz e lacunosa identificação. Diante disso, quando a identificação civil é suficiente, pode-se indiciar o suspeito sem mais delongas. Do contrário, devem ser colhidas as suas impressões digitais e a fotografia (o mesmo que se faz para tirar o RG).

A partir da edição da Lei 12.654/2012, permite-se, igualmente, a colheita de material biológico, a ser regulamentada, para obter o perfil genético, muito mais preciso e moderno do que a datiloscopia e mais avançado que a simples foto (Lei 7.210/1984: "Art. 9.º-A. O condenado por crime doloso praticado com violência grave contra a pessoa, bem como por crime contra a vida, contra a liberdade sexual ou por crime sexual contra vulnerável, será submetido, obrigatoriamente, à identificação do perfil genético, mediante extração de DNA (ácido desoxirribonucleico), por técnica adequada e indolor, por ocasião do ingresso no estabelecimento prisional").[33]

---

[33] A Resolução RIBPG/MJSP nº 16/2022 aponta os delitos que proporcionam a coleta de perfil genético: "I – homicídio simples (art. 121, *caput*); II – homicídio qualificado (art. 121, § 2º, incisos I, II, III, IV, V e VII); III – feminicídio (art. 121, § 2º, inciso VI); IV – homicídio culposo (art. 121, § 3º); V – induzimento, instigação ou auxílio a suicídio ou a automutilação (art. 122, *caput*, §§ 1º, 2º, 3º, 4º e 5º); VI – lesão corporal (art. 129, §§ 1º, 2º, 3º e 9º); VII – roubo (art. 157, *caput*, §§ 1º, 2º, 2º-A, 2º-B e 3º); VIII – extorsão (art. 158, *caput*, §§ 1º, 2º e 3º); IX – extorsão mediante sequestro (art. 159, *caput*, §§ 1º, 2º e 3º); X – estupro (art. 213, *caput*, §§ 1º e 2º); XI – atentado violento ao pudor (art. 213, *caput*, §§ 1º e 2º e art. 214); XII – violência sexual mediante fraude (art. 215); XIII – importunação sexual (art. 215-A) XIV – assédio sexual (art. 216-A); XV – estupro de vulnerável (art. 217-A, *caput*, §§ 1º, 2º, 3º e 4º); XVI – corrupção de menores (art. 218); XVII – satisfação de lascívia mediante presença de criança ou adolescente (art. 218-A); XVIII – favorecimento da prostituição, ou de outra forma de exploração sexual de criança ou de vulnerável (art. 218-B, *caput*, §§ 1º e 2º); XIX – divulgação de cena de estupro ou de cena de estupro de vulnerável, de cena de sexo ou de pornografia (art. 218-C, *caput*, § 1º); XX – vender ou expor à venda fotografia, vídeo ou outro registro que contenha cena de sexo explícito ou pornográfica envolvendo criança ou adolescente (art. 241 da Lei nº 8.069, de 13 de julho de 1990); XXI – oferecer, trocar, disponibilizar, transmitir, distribuir, publicar ou divulgar por qualquer meio, inclusive por meio de sistema de informática ou telemático, fotografia, vídeo ou outro registro que contenha cena de sexo explícito ou pornográfica envolvendo criança ou adolescente (art. 241-A, *caput*, §§ 1º e 2º, da Lei nº 8.069, de 13 de julho de 1990); XXII – adquirir, possuir ou armazenar, por qualquer meio, fotografia, vídeo ou outra forma de registro que contenha cena de sexo explícito ou pornográfica envolvendo criança ou adolescente (art. 241- B da Lei nº 8.069, de 13 de julho de 1990); XXIII – simular a participação de criança ou adolescente em cena de sexo explícito ou pornográfica por meio de adulteração, montagem ou modificação de fotografia, vídeo ou qualquer outra forma de

Não se vislumbra, pois, qualquer ofensa ao princípio constitucional da presunção de inocência, nem ao princípio de que ninguém é obrigado a produzir prova contra si mesmo. Afinal, a identificação criminal, por esse novo método, será produzida quando indispensável para a investigação policial, com autorização judicial (art. 3.º, IV, Lei 12.037/2009), enfocando-se a *individualização do investigado*, desde que haja dúvida quanto à sua real identidade.

Por óbvio, não se pode generalizar a colheita de material biológico, mormente para comparar com dados já obtidos na cena do crime, de modo a incriminar o suspeito. Seria exigir do mesmo a produção de prova contra seus interesses. Porém, o contrário é válido. Se tiver sido geneticamente identificado, em ato posterior, caso a polícia consiga algum dado na cena do delito, nada impede a comparação. Aliás, faz-se o mesmo quando se encontra a impressão digital de alguém no lugar onde a infração penal foi cometida.

Em suma, o ideal para o futuro será a identificação precisa, por todos os meios viáveis, inclusive por dados genéticos, de todas as pessoas, para fins civis e penais. Tal medida não pode significar a produção de prova contra si mesmo, pois feita *antes* da prática de qualquer crime.

22. RECONSTITUIÇÃO DO CRIME

Em casos específicos, pode tornar-se importante fonte de prova, até mesmo para aclarar ao juiz (e aos jurados, no Tribunal do Júri) como se deu a prática da infração penal (art. 7.º, CPP). A simulação é feita utilizando o réu, a vítima e outras pessoas convidadas a participar, apresentando-se, em fotos e esquemas, a versão oferecida pelo acusado e a ofertada pelo ofendido ou outras testemunhas. Assim, visualizando o sítio dos acontecimentos, a autoridade judiciária, o representante do Ministério Público e o defensor poderão formar, com maior eficácia, suas convicções.

Segundo Espínola Filho, "muito valiosa e muito séria é a contribuição desse expediente, para uma representação exata dos fatos, sendo, particularmente, útil constatar as reações, que suscita a repetição de atos, de que foram os agentes ou os assistentes, nos acusados, nos ofendidos e nas testemunhas, como elemento de controle e de aferição do crédito, que merecem as descrições feitas por uns e outros, nos seus depoimentos. Para tanto, está-se a sentir quão necessário é que o auto de reconstituição do crime não seja um simples registro, indiferente, mecânico e frio das ocorrências, mas deve ser lavrado com inteligência, em forma a poder transmitir a impressão que o presidente de tal diligência colheu; isso, não há dúvida, é muito difícil, porque, doutra parte, urge evitar que a autoridade, tomando partido, seja tendenciosa no consignar o modo por que se registrar os fatos".[34]

Ressalte-se, no entanto, não estar o réu obrigado a participar da reconstituição do crime, pois ninguém é obrigado a produzir prova contra si. Somente o fará se houver interesse da defesa. Essa situação é viável, quando, por exemplo, o acusado tiver interesse em demonstrar como teria atuado em legítima defesa.

---

representação visual (art. 241-C da Lei nº 8.069, de 13 de julho de 1990); XXIV – aliciar, assediar, instigar ou constranger, por qualquer meio de comunicação, criança, com o fim de com ela praticar ato libidinoso (art. 241-D da Lei nº 8.069, de 13 de julho de 1990); XXV – causar epidemia com resultado morte (art. 267, § 1º); XXVI – genocídio (art. 1º, 2º e 3º da Lei nº 2.889, de 1º de outubro de 1956); XXVII – tortura (art. 1º, incisos I e II, da Lei nº 9.455, de 07 de abril de 1997); e XXVIII – terrorismo (art. 2º, § º1, incisos IV e V, da Lei nº 13.260, de 16 de março de 2016)".

[34] *Código de Processo Penal brasileiro anotado*, v. 1, p. 289-290.

Veda-se a reconstituição do crime que ofenda a moralidade (regras éticas de conduta, espelhando o pudor social) e a ordem pública (segurança e paz sociais). Não se fará reconstituição de um crime sexual violento, usando vítima e réu, por exemplo, o que contraria a moralidade, nem tampouco a reconstituição de uma chacina, num lugar onde a população ainda está profundamente revoltada com o crime, podendo até buscar o linchamento do réu.

Aliás, mesmo que não estivesse expresso no art. 7.º, em virtude do princípio constitucional da dignidade da pessoa humana, inexistiria cabimento para promover uma reconstituição de delito, afetando aspectos morais, éticos e íntimos dos envolvidos.

23. PRAZO PARA A CONCLUSÃO DO INQUÉRITO

Como regra, há o prazo de 30 dias para a conclusão do inquérito policial, na esfera estadual. Entretanto, em face do acúmulo de serviço, torna-se inviável o cumprimento do referido prazo, motivo pelo qual a autoridade policial costuma solicitar a dilação ao juiz, ouvindo-se o representante do Ministério Público. Em suma, quando o indiciado está solto, termina não existindo prazo certo para o término da investigação, embora sempre haja o controle judicial do que está sendo realizado pela polícia.

Quando o indiciado está preso em flagrante ou preventivamente, deve ser cumprido à risca o prazo de dez dias (art. 10, CPP), pois há restrição ao direito fundamental à liberdade. Note-se que o decêndio é o mesmo tanto no caso de prisão em flagrante quanto quando, durante a fase de investigação, representar a autoridade policial pela preventiva, sendo esta deferida pelo magistrado. É importante destacar que diligências complementares, eventualmente necessárias para a acusação, não são suficientes para interromper esse prazo de dez dias – ou outro qualquer estipulado em lei especial – devendo o juiz, se deferir a sua realização, determinar a remessa dos autos de volta à polícia, relaxar a prisão e colocar o suspeito em liberdade. Uma alternativa, contornando o relaxamento, é o oferecimento de denúncia pelo órgão acusatório, desde que haja elementos suficientes, com formação de autos suplementares do inquérito, retornando estes à delegacia para mais algumas diligências complementares.

Lembremos que o juiz das garantias pode prorrogar o prazo de término do inquérito de indiciados presos por até 15 dias, havendo representação da autoridade policial, ouvido o Ministério Público (art. 3.º-B, § 2.º, CPP). Por ora, o juiz das garantias não será implementado, por força da liminar do STF. Aguarda-se o julgamento do Plenário. Consultar o item 1.1 *supra*.

A jurisprudência tem admitido, no entanto, a compensação de prazo, quando evidenciado não ter havido prejuízo ao indivíduo preso. Portanto, se o delegado tem dez dias para concluir o inquérito e o promotor, cinco dias para oferecer a denúncia, há um percurso necessário de quinze dias para a ação penal ter início. Logo, caso a autoridade policial remeta o inquérito no 11.º dia ao fórum, mas, em compensação o promotor denunciar no 12.º dia, encontra-se um ganho de três dias, não se justificando, pois, a materialização de constrangimento ilegal. Parece-nos sensato o raciocínio, uma vez que o Estado-investigação e o Estado-acusação, juntos, possuem 15 dias para manter o réu preso, caso o juiz não o libere antes (através de liberdade provisória), até que a ação penal comece.

Há outros prazos para a conclusão do inquérito. Na hipótese de réu preso, tem a autoridade policial federal o prazo de 15 dias para concluir o inquérito (Lei 5.010/66, que organiza a Justiça Federal de primeira instância), sujeito à prorrogação por outros 15 dias, se necessário (art. 66: "O prazo para conclusão do inquérito policial será de 15 (quinze) dias, quando o indiciado estiver preso, podendo ser prorrogado por mais quinze dias, a pedido, devidamente fundamentado, da autoridade policial e deferido pelo Juiz a que competir o conhecimento do processo. Parágrafo único. Ao requerer a prorrogação do prazo para conclusão do inquérito, a autoridade policial deverá apresentar o preso ao Juiz").

Outro prazo é o previsto na Lei de Drogas (Lei 11.343/2006), que é de 30 dias, em caso de indiciado preso, bem como de 90 dias, quando solto (art. 51, *caput*). Esses prazos podem ser duplicados pelo juiz, ouvindo-se, previamente, o Ministério Público, mediante pedido justificado da autoridade policial (art. 51, parágrafo único). Está-se, basicamente, no cenário do tráfico ilícito de drogas, não se aplicando tais previsões ao usuário de substância entorpecente, que não mais pode ser preso (art. 28 c/c art. 48, Lei 11.343/2006).

Preceitua a Lei 1.521/51 (Crimes contra a Economia Popular) que o prazo de conclusão do inquérito é sempre de 10 dias (art. 10, § 1.º), esteja o sujeito preso ou solto, possuindo o promotor apenas dois dias para oferecer denúncia (art. 10, § 2.º).

O inquérito militar tem, segundo o Código de Processo Penal Militar, o prazo de 20 dias para ser concluído, se o réu estiver preso, ou 40 dias (art. 20, *caput*), prorrogáveis por outros 20, se estiver solto (art. 20, § 1.º).

Quando se tratar de crimes de competência originária dos tribunais (foro especial por prerrogativa de função), cujo procedimento está previsto na Lei 8.038/1990, estando o réu preso, o Ministério Público tem o prazo de 5 dias para oferecer denúncia (art. 1.º, § 2.º, *a*); caso esteja solto, o prazo é de 15 dias (art. 1.º, *caput*). Lembremos, ainda, que a Lei 8.658/1993 prevê (art. 1.º) a aplicação dos arts. 1.º a 12 da Lei 8.038/1990 às ações penais de competência originária dos Tribunais de Justiça dos Estados e do Distrito Federal, e dos Tribunais Regionais Federais.

24. CONTAGEM DOS PRAZOS

Os dispositivos que disciplinam o prazo de duração do inquérito policial, diante da prisão do suspeito (ou indiciado), consistem em normas processuais penais materiais, que lidam com o direito à liberdade, logo, não deixam de ter cristalino fundo de direito material.

Por isso, entendemos deva ser contado como se faz com qualquer prazo penal, nos termos do art. 10 do Código Penal, incluindo-se o primeiro dia (data da prisão) e excluindo o dia final. Assim, se alguém, por exemplo, for preso em flagrante no dia 10, tem a polícia judiciária até o dia 19, no final do expediente, para remeter o inquérito a juízo. Outra solução implicaria a dilação do prazo, como se fosse um simples prazo processual, situação inadmissível para quem se encontra cautelarmente detido.

Não se usa, por óbvio, a contagem processual, que prorroga o prazo a vencer em final de semana ou feriado para o dia útil subsequente, devendo a autoridade policial cuidar de antecipar a entrega dos autos à Vara competente, antes de adentrar data prevendo o fechamento do fórum, sob pena de configuração do constrangimento ilegal. Não se utiliza, tampouco, a prorrogação do início da contagem de um sábado, quando o sujeito foi preso em flagrante, para a segunda-feira, quando há expediente forense. O prazo, nesta hipótese, começa a contar no próprio sábado. Aliás, como bem ressalta TOURINHO FILHO, outro entendimento colocaria em choque a prisão em flagrante e a prisão preventiva, pois esta última prevê, claramente, que o prazo começa a ser contado a partir do dia em que se executar a prisão.[35]

---

[35] *Código de Processo Penal comentado*, v. 1, p. 52.

Há posição em contrário, tanto na doutrina, quanto na jurisprudência. Os argumentos são, em síntese, os seguintes: "Esse entendimento não convence também porque: a uma, todos os prazos procedimentais, quando o réu está preso, também incidem obliquamente sobre sua liberdade e nem por isso são contados pelo direito penal; a duas, pode levá-lo à redução de dois dias, restando, portanto, somente oito, repetimos, oito dias para elaboração do inquérito policial, como aconteceria quando: a) a captura fosse efetuada nas últimas horas do dia, pelo que a lavratura do respectivo auto somente se iniciaria no dia imediato; b) a cidade onde o inquérito policial fosse elaborado distasse razoavelmente da sede da comarca".[36]

Sobre tais colocações, pode-se contrapor o seguinte: quanto ao fato de serem os prazos processuais contados a teor do disposto no art. 798, § 1.º, do CPP, inclusive para o réu preso, nada mais correto, até porque cuida de prazo para que as partes se manifestem e que o juiz possa instruir o feito, logo, privilegia o contraditório e a ampla defesa, o que não ocorre com o prazo para o delegado, autoridade administrativa, terminar rapidamente investigação contra pessoa presa, sem que tenha havido ajuizamento de ação penal.

A prisão decorrente de flagrante obriga o término da investigação em dez dias, contado o dia em que ela se deu, uma vez que não se cuida de prazo *processual*, este sim possuidor de regra específica. Assim, a prisão deve ser restritivamente interpretada e não ampliada ao máximo sem que haja formal acusação. Quanto ao segundo fator – se a prisão for feita nas últimas horas do dia ou se a Comarca é distante – trata-se de questão alheia ao interesse do preso, cuja liberdade foi privada pelo Estado. Este que encontre mecanismos ágeis e eficientes para dar conta de findar a investigação no prazo legal. Aliás, problemas administrativos da polícia judiciária não podem influenciar na liberdade de ir e vir de qualquer indivíduo.

25. CÔMPUTO DO PERÍODO DE PRISÃO TEMPORÁRIA

Sobre a prisão temporária, consultar o capítulo próprio, com definição e casos de aplicação. No tocante ao prazo de dez dias para findar o inquérito de réu preso, cremos incluir-se nesse montante o tempo de prisão temporária. Essa espécie de prisão possui o prazo de cinco dias, prorrogáveis por outros cinco, totalizando dez (art. 2.º, *caput*, da Lei 7.960/89), exatamente o previsto para um indiciado ficar preventivamente preso durante o inquérito, antes da denúncia.

Além disso, a possibilidade de decretação da prisão preventiva durante a investigação foi inserida na lei quando inexistia a temporária. Atualmente, dispondo a polícia judiciária desta última, cremos estar praticamente encerrada a possibilidade de se decretar a preventiva durante o inquérito, salvo raríssimas exceções (como, por exemplo, quando já houver elementos suficientes para a direta decretação da preventiva de pessoa solta para, em seguida, haver o oferecimento de denúncia, dispensando-se a temporária).

Tratando-se de crime hediondo, no entanto, a prisão temporária é de trinta dias, prorrogável por igual período, em caso de imperiosa necessidade (art. 2.º, § 4.º, da Lei 8.072/1990). Ora, nessa situação, manifestamente excepcional, não tem cabimento, além dos trinta dias (podendo tornar-se sessenta), permitir mais dez, decorrentes da preventiva. Logo, não há cabimento para a decretação desta última modalidade de prisão cautelar ao final da temporária. Simplesmente, deve-se considerar inexistente a possibilidade de se decretar a prisão preventiva durante o inquérito de pessoa já detida por trinta ou sessenta dias, em virtude de temporária.

---

[36]   Maurício Henrique Guimarães Pereira, *Habeas corpus* e polícia judiciária, p. 236-237.

Pode-se considerar, entretanto, possível a seguinte situação: de início, o suspeito fica temporariamente preso. Libertado, continuam as investigações, para, ao final do inquérito, a autoridade policial representar pela decretação da preventiva. Decretada esta, tem o Estado dez dias para iniciar a ação penal.

26. PRISÃO PREVENTIVA DECRETADA DURANTE O INQUÉRITO POLICIAL

Os requisitos para a decretação da preventiva estão previstos no art. 312 do Código de Processo Penal, abrangendo prova da materialidade e indícios suficientes de autoria, além de outros. Ora, esses dois são justamente os necessários para o recebimento da denúncia, motivo pelo qual, existindo a prisão temporária para garantir investigações policiais eficientes e dinâmicas, torna-se rara a oportunidade de decretação da prisão preventiva com retorno dos autos à delegacia para a conclusão do inquérito.

O juiz deve vedar excessos nesse campo, isto é, se o promotor detém elementos suficientes para denunciar, não há cabimento em pedir a preventiva – ou concordar com o solicitado pela autoridade policial – e, ao mesmo tempo, pedir o retorno do inquérito para prosseguimento da investigação. Deve denunciar e, sendo o caso, requisitar, em autos apartados, uma diligência a mais, que julgar imprescindível, ao delegado.

27. INSTRUMENTOS DO CRIME E OBJETOS DE PROVA

Os instrumentos do crime são todos os objetos ou aparelhos usados pelo agente para cometer a infração penal (armas, documentos falsos, cheques adulterados, facas etc.) e os objetos de interesse da prova são todas as coisas que possuam utilidade para demonstrar ao juiz a realidade do ocorrido (livros contábeis, computadores, carro do indiciado ou da vítima contendo vestígios de violência etc.).

Ao mencionar a lei (art. 11, CPP) que os instrumentos e os objetos *acompanharão* os autos do inquérito, quer-se dizer que devem ser remetidos ao fórum, para a exibição ao destinatário final da prova, ao juiz ou aos jurados, conforme o caso. Além disso, eles ficam à disposição das partes para uma contraprova, caso a realizada na fase extrajudicial seja contestada.

28. PARTICULARIDADES DO INQUÉRITO POLICIAL

28.1 Inquisitivo

O inquérito é, por sua própria natureza, inquisitivo, ou seja, não permite ao indiciado ou suspeito a ampla oportunidade de defesa, produzindo e indicando provas, oferecendo recursos, apresentado alegações, entre outras atividades que, como regra, possui durante a instrução judicial. Não fosse assim e teríamos duas instruções idênticas: uma, realizada sob a presidência do delegado; outra, sob a presidência do juiz. Tal não se dá e é, realmente, desnecessário. O inquérito destina-se, fundamentalmente, ao órgão acusatório, para formar a sua convicção acerca da materialidade e da autoria da infração penal, motivo pelo qual não necessita ser contraditório e com ampla garantia de defesa eficiente. Esta se desenvolverá, posteriormente, se for o caso, em juízo.

Lamentavelmente, muitos magistrados valem-se do inquérito para calcar suas decisões, como se fosse instrumento produzido sob o crivo do contraditório e da ampla defesa. Utilizar o inquérito para sustentar a condenação do acusado é, nitidamente, inconstitucional. Porém, entrando em vigor a figura do juiz das garantias, os autos do inquérito ficarão arquivados em cartório e não mais serão do conhecimento do julgador.

A vantagem e a praticidade de ser o inquérito inquisitivo concentram-se na agilidade que o Estado possui para investigar o crime e descobrir a autoria. Fosse contraditório, tal como o processo, poderia não apresentar resultado útil. Portanto, deve-se buscar a exata medida para considerar o inquérito inquisitivo, embora sem que possua caráter determinante ao magistrado no momento da sentença.

Justificando o caráter *inquisitivo* do inquérito, FREDERICO MARQUES argumenta: "alguém já imaginou a *Scotland Yard*, ou qualquer outra polícia famosa do mundo, com advogados de defesa colados a seus detetives e investigadores, nas pesquisas sobre delitos e respectivas autorias?".[37]

28.1.1 Situação especial para os agentes de segurança pública

A Lei 13.964/2019 incluiu o art. 14-A no Código de Processo Penal, prevendo a possibilidade de agentes policiais (art. 144, CF), quando investigados por fatos relacionados ao uso da força letal (homicídio) praticados no exercício profissional, mesmo quando agirem nas hipóteses do art. 23 do Código Penal, serem citados, para tomar conhecimento da investigação. *In verbis*: "nos casos em que servidores vinculados às instituições dispostas no art. 144 da Constituição Federal figurarem como investigados em inquéritos policiais, inquéritos policiais militares e demais procedimentos extrajudiciais, cujo objeto for a investigação de fatos relacionados ao uso da força letal praticados no exercício profissional, de forma consumada ou tentada, incluindo as situações dispostas no art. 23 do Decreto-Lei n.º 2.848, de 7 de dezembro de 1940 (Código Penal), o indiciado poderá constituir defensor".

Devem constituir defensor ou a instituição à qual pertençam assim o fará. O mesmo direito foi criado aos servidores militares (polícia e bombeiros), conforme o art. 16-A do Código de Processo Penal Militar.

Concede-se um especial privilégio aos agentes da segurança pública. Entretanto, a norma do art. 14-A tem falhas. A referência ao art. 23 do CP, em casos de morte de alguém perseguido pela polícia, não é correta. Em primeiro lugar, vale lembrar que não se pode usar força letal (mortal) no exercício de direito (não há o direito de matar) ou no estrito cumprimento do dever legal (não há o dever de matar). Quando se inclui o estado de necessidade, pode-se dizer, simplesmente, que agentes da segurança raramente encaixam-se nessa excludente; afinal, qualquer um pode matar em estado de necessidade, desde que sejam preenchidos os elementos do art. 24 do Código Penal. Diante disso, 99% das apurações consistem em ter havido legítima defesa, ou não.

Esse privilégio significa o direito de ter, desde a fase inicial investigatória, um defensor. Registre-se o disposto no § 1.º do art. 14-A: "para os casos previstos no *caput* deste artigo, o investigado deverá ser citado da instauração do procedimento investigatório, podendo constituir defensor no prazo de até 48 (quarenta e oito) horas a contar do recebimento da citação".

Valemo-nos do termo *privilégio* (vantagem, concessão especial) porque todos os demais investigados, por qualquer outro delito, não são "citados" para acompanhar os atos investigató-

---

[37] *Estudos de direito processual penal*, p. 65.

rios, inclusive com uma defesa obrigatória. Embora se diga que os servidores *podem* constituir defensor, na verdade, *devem*, porque, se não o fizerem, a instituição à qual pertencem será alertada para que o faça. Dispõe o art. 14-A, § 2.º: "esgotado o prazo disposto no § 1.º deste artigo com ausência de nomeação de defensor pelo investigado, a autoridade responsável pela investigação deverá intimar a instituição a que estava vinculado o investigado à época da ocorrência dos fatos, para que essa, no prazo de 48 (quarenta e oito) horas, indique defensor para a representação do investigado".

De qualquer forma, se o disposto no art. 14-A, § 2.º, não for cumprido, não há nenhuma possibilidade jurídica de gerar qualquer nulidade, tendo em vista que inexiste o andamento de processo, respeitando-se a regra: não se proclama nulidade em investigação criminal. Por outro lado, inexiste, igualmente, a viabilidade de se suspender o curso do inquérito. Se a instituição não providenciar o defensor, cuida-se de falha no âmbito da Administração e nesse campo deve ser apurada. A suspensão do andamento do inquérito não deve ocorrer e cabe ao Ministério Público zelar para que tal não aconteça. O advento da prescrição, caso esse andamento seja suspenso, é da responsabilidade de quem preside a investigação. Qualquer entendimento em sentido contrário levaria à consequência de ser o inquérito um *autêntico processo*, com *ampla defesa* e *contraditório*, contrariando tudo o que até hoje se entende por investigação pré-processual. Além disso, se esse entendimento fosse consagrado, feriria diretamente o princípio da igualdade, visto que nenhum outro investigado teria tais "direitos inalienáveis".

28.1.2 Sobre os vetos realizados aos §§ 3.º, 4.º e 5.º ao art. 14-A

Em primeiro lugar, vale ressaltar que os vetos foram derrubados pelo Congresso Nacional. Consta do § 3.º o seguinte: "havendo necessidade de indicação de defensor nos termos do § 2.º deste artigo, a defesa caberá preferencialmente à Defensoria Pública, e, nos locais em que ela não estiver instalada, a União ou a Unidade da Federação correspondente à respectiva competência territorial do procedimento instaurado deverá disponibilizar profissional para acompanhamento e realização de todos os atos relacionados à defesa administrativa do investigado". O teor do § 4.º é o seguinte: "a indicação do profissional a que se refere o § 3.º deste artigo deverá ser precedida de manifestação de que não existe defensor público lotado na área territorial onde tramita o inquérito e com atribuição para nele atuar, hipótese em que poderá ser indicado profissional que não integre os quadros próprios da Administração". O conteúdo do § 5.º é o seguinte: "na hipótese de não atuação da Defensoria Pública, os custos com o patrocínio dos interesses dos investigados nos procedimentos de que trata este artigo correrão por conta do orçamento próprio da instituição a que este esteja vinculado à época da ocorrência dos fatos investigados".

As razões para os três vetos aos §§ 3.º, 4.º e 5.º foram: "a proposituras legislativa, ao prever que os agentes investigados em inquéritos policiais por fatos relacionados ao uso da força letal praticados no exercício profissional serão defendidos prioritariamente pela Defensoria Pública e, nos locais em que ela não tiver instalada, a União ou a Unidade da Federação correspondente deverá disponibilizar profissional, viola o disposto no art. 5.º, inciso LXXIV, combinado com o art. 134, bem como os arts. 131 e 132, todos da Constituição da República, que confere à Advocacia-Geral da União e às Procuradorias dos Estados e do Distrito Federal, também Função Essencial à Justiça, a representação judicial das respectivas unidades federadas, e destas competências constitucionais deriva a competência de representar judicialmente seus agentes públicos, em consonância com a jurisprudência do Supremo Tribunal (*v.g.* ADI 3.022, rel. Min. Joaquim Barbosa, j. 2-8-2004, P, *DJ* de 4-3-2005)".

Por um lado, o veto foi bem aplicado porque à Defensoria Pública cabe defender os necessitados, mormente quando criminalmente acusados, sejam eles quem forem, nos termos do art. 134 da Constituição Federal: "a Defensoria Pública é instituição permanente, essencial à função jurisdicional do Estado, incumbindo-lhe, como expressão e instrumento do regime democrático, fundamentalmente, a orientação jurídica, a promoção dos direitos humanos e a defesa, em todos os graus, judicial e extrajudicial, dos direitos individuais e coletivos, *de forma integral e gratuita, aos necessitados*, na forma do inciso LXXIV do art. 5.º desta Constituição Federal" (grifamos). Portanto, nesse prisma, foi corretamente citada a decisão do STF, com a seguinte ementa: "1. Norma estadual que atribui à Defensoria Pública do estado a defesa judicial de servidores públicos estaduais processados civil ou criminalmente em razão do regular exercício do cargo extrapola o modelo da Constituição Federal (art. 134), o qual restringe as atribuições da Defensoria Pública à assistência jurídica a que se refere o art. 5.º, LXXIV. 2. Declaração de inconstitucionalidade da expressão 'bem como assistir, judicialmente, aos servidores estaduais processados por ato praticado em razão do exercício de suas atribuições funcionais', contida na alínea *a* do Anexo II da Lei Complementar estadual 10.194/1994, também do estado do Rio Grande do Sul. Proposta acolhida, nos termos do art. 27 da Lei 9.868, para que declaração de inconstitucionalidade tenha efeitos a partir de 31 de dezembro de 2004. 3. Rejeitada a alegação de inconstitucionalidade do art. 45 da Constituição do Estado do Rio Grande do Sul. 4. Ação julgada parcialmente procedente" (ADI 3.022/RS, Pleno, rel. Joaquim Barbosa, 02.08.2004, com votação unânime para a declaração de inconstitucionalidade).

Em suma, quando agentes da segurança pública forem acusados de crimes, cometidos no exercício profissional, com uso de força letal (como, por exemplo, homicídio), somente deveriam ser defendidos pela Defensoria Pública se fossem considerados pessoas economicamente necessitadas, impossibilitadas de contratar um advogado. Porém, não poderia constar de lei, como regra, o patrocínio dessa defesa pela instituição indicada.

Sob outro aspecto, o veto dava a entender que o servidor público, atuando como agente de segurança, acusado de um crime, nos termos já explicitados, poderia ser defendido pela Advocacia da União, o que representa uma ilogicidade, visto que esta não se destina a defesas criminais. Registre-se o disposto pelo art. 131 da Constituição Federal: "a Advocacia-Geral da União é a instituição que, diretamente ou através de órgão vinculado, representa a União, judicial e extrajudicialmente, cabendo-lhe, nos termos da lei complementar que dispuser sobre sua organização e funcionamento, as atividades de consultoria e assessoramento jurídico do Poder Executivo". A responsabilidade criminal é pessoal, de modo que a Advocacia da União não representa pessoas físicas, que teriam cometido um delito, mas a União, em seus interesses, quando cobrados em juízo. Portanto, os agentes de segurança pública não devem ser defendidos, como regra, pela Defensoria Pública, motivo pelo qual o veto merecia ter sido mantido. Porém, também não serão defendidos por advogados da União e, por óbvio, muito menos por procuradores da Fazenda, cuja atribuição é cobrar dívidas tributárias.

28.2 Sigiloso

O inquérito policial, por ser peça de natureza administrativa, inquisitiva e preliminar à ação penal, deve ser sigiloso, não submetido, pois, à publicidade regente do processo. Não cabe a incursão na delegacia, de qualquer do povo, desejando acesso aos autos do inquérito policial, a pretexto de fiscalizar e acompanhar o trabalho do Estado-investigação, como se pode fazer quanto ao processo-crime em juízo.[38]

As investigações já são acompanhadas e fiscalizadas por órgãos estatais, dispensando-se, pois, a publicidade. Nem o indiciado, pessoalmente, aos autos tem acesso. É certo que, inexistindo inconveniente à "elucidação do fato" ou ao "interesse da sociedade", pode a autoridade policial, que o preside, permitir o acesso de qualquer interessado na consulta aos autos do inquérito. Tal situação é relativamente comum, por exemplo, em se tratando de repórter desejoso de conhecer o andamento da investigação ou mesmo do ofendido ou seu procurador. Assim, também não é incomum o próprio delegado, pretendendo deixar claro o caráter confidencial de certa investigação, decretar o estado de sigilo. Quando o faz, afasta dos autos o acesso de qualquer pessoa.

Entretanto, ao advogado não se pode negar acesso ao inquérito, pois o Estatuto da Advocacia é claro nesse sentido: Lei 8.906/1994, art. 7.º – "São direitos do advogado: (...) XIV – examinar, em qualquer instituição responsável por conduzir investigação, mesmo sem procuração, autos de flagrante e de investigações de qualquer natureza, findos ou em andamento, ainda que conclusos à autoridade, podendo copiar peças e tomar apontamentos, em meio físico ou digital".

Em síntese, o sigilo não é, atualmente, de grande valia, pois, se alguma investigação em segredo precisar ser feita ou estiver em andamento, pode o suspeito, por intermédio de seu advogado, acessar os autos e descobrir o rumo do inquérito.

Há posição doutrinária e jurisprudencial em sentido contrário, inviabilizando o acesso do advogado do indiciado às investigações sob o pretexto de que o interesse público concentrado na segurança deve prevalecer sobre o individual. Com isso não concordamos, uma vez que o sigilo não pode jamais ferir a prerrogativa do defensor, além do que, embora no inquérito não se exercite a ampla defesa, não deixa ela de estar presente, na exata medida em que pode o indiciado, por seu advogado, verificar o estágio das investigações realizadas contra sua pessoa.

Atualmente, a questão consta da Súmula Vinculante 14 do STF: "é direito do defensor, no interesse do representado, ter acesso amplo aos elementos de prova que, já documentados em procedimento investigatório realizado por órgão com competência de polícia judiciária, digam respeito ao exercício do direito de defesa".

Além da consulta aos autos, pode o advogado participar, apenas acompanhando, da produção das provas orais. É consequência natural da sua prerrogativa profissional examinar os autos do inquérito, copiar peças e tomar apontamentos. Pode, pois, verificar o andamento da instrução, desde que tenha sido constituído pelo indiciado; este, a despeito de ser objeto da investigação e não sujeito de direitos na fase pré-processual, tem o específico direito de tomar conhecimento das provas levantadas contra a sua pessoa, corolário natural do princípio constitucional da ampla defesa.

Nem se diga que este princípio somente se concretiza na fase processual, pois se sabe ser o inquérito o momento único para a produção de determinadas provas, que não mais se repetem (vide o exemplo das periciais). Não se olvide, ainda, o costume praticamente generalizado dos juízes e tribunais de levarem em conta até mesmo os depoimentos de testemunhas e reconhecimentos de pessoas e coisas produzidos na fase extrajudicial ao julgarem o feito.

---

[38] "Da própria índole das investigações policiais é que se processem com o necessário sigilo, indispensável para que as diligências não fiquem frustradas por aqueles que têm interesse em impedir seja descoberta e apurada a verdade dos fatos" (ESPÍNOLA FILHO, *Código de Processo Penal brasileiro anotado*, v. 1, p. 313).

Aliás, não há fundamento para a exclusão do advogado da produção da prova oral, embora no seu desenvolvimento não possa intervir – fazendo reperguntas às testemunhas, por exemplo –, mas somente acompanhar, porque os atos dos órgãos estatais devem ser pautados pela moralidade e pela transparência.

Por certo, o inquérito é sigiloso (ausente a publicidade a qualquer pessoa do povo), não significando a exclusão da participação do advogado como ouvinte e fiscal da regularidade da produção das provas, caso deseje estar presente.

As provas de natureza sigilosa, quanto à sua produção, como uma interceptação telefônica, por exemplo, não comportam o acompanhamento do advogado. Este somente tomará conhecimento quando finda e juntada aos autos do inquérito.

Torna-se nítida essa viabilidade quando se analisa o disposto no art. 3.º, § 2.º, da Lei 1.579/1952 (incluído pela Lei 10.679/2003): "O depoente poderá fazer-se acompanhar de advogado, ainda que em *reunião secreta*" (grifo nosso). O dispositivo citado cuida da formação e atuação da Comissão Parlamentar de Inquérito, que poderá exercer suas atividades em sessão secreta, mas jamais excluindo o advogado. Registre-se possuir a CPI poderes investigatórios típicos do juiz (art. 58, § 3.º, CF), logo, maiores que os da autoridade policial, motivo pelo qual, com maior razão, não pode o delegado determinar o afastamento do defensor do acompanhamento da produção da prova na fase inquisitorial, a pretexto de manter o sigilo da investigação.

28.3 Incomunicabilidade do indiciado

Cremos estar revogada essa possibilidade pela Constituição Federal de 1988. Note-se que, durante a vigência do Estado de Defesa, quando inúmeras garantias individuais estão suspensas, não pode o preso ficar incomunicável (art. 136, § 3.º, IV, CF), razão pela qual, em estado de absoluta normalidade, quando todos os direitos e garantias devem ser fielmente respeitados, não há motivo plausível para se manter alguém incomunicável. Além disso, do advogado jamais se poderá isolar o preso (Lei 8.906/94, art. 7.º, III). Logo, ainda que se pudesse, em tese, admitir a incomunicabilidade da pessoa detida, no máximo, seria evitar o seu contato com outros presos ou com parentes e amigos.

Há outra posição na doutrina, admitindo a vigência da incomunicabilidade e justificando que o art. 136, § 3.º, IV, da Constituição, voltou-se unicamente a presos políticos e não a criminosos comuns. Aliás, como é o caso da previsão feita pelo Código de Processo Penal (art. 21).

Preferimos a primeira posição, aliás a incomunicabilidade somente teria sentido, para garantir efetivamente uma investigação sem qualquer contaminação exterior, se o detido pudesse ficar em completo isolamento. Ora, não sendo possível fazê-lo no que concerne ao advogado, fenece o interesse para outras pessoas, pois o contato será, de algum modo, mantido. Pela revogação da incomunicabilidade: Tourinho Filho[39] e Mirabete.[40] Pela manutenção do dispositivo: Damásio Evangelista de Jesus,[41] Vicente Greco Filho.[42]

---

[39] *Código de Processo Penal comentado*, v. 1, p. 66.

[40] *Código de Processo Penal interpretado*, p. 62-63.

[41] *Código de Processo Penal anotado*, p. 17.

[42] *Manual de processo penal*, p. 86.

29. RELATÓRIO FINAL

A autoridade policial deve, ao encerrar as investigações, relatar tudo o que foi feito na presidência do inquérito, de modo a apurar – ou não – a materialidade e a autoria da infração penal. Tal providência é sinônimo de transparência na atividade do Estado-investigação, comprobatória de que o princípio da obrigatoriedade da ação penal foi respeitado, esgotando-se tudo o que seria possível para colher provas destinadas ao Estado-acusação. Ainda assim, pode o representante do Ministério Público não se conformar, solicitando ao juiz o retorno dos autos à delegacia, para a continuidade das investigações, devendo, nesse caso, indicar expressamente o que deseja. Se a autoridade policial declarou encerrados os seus trabalhos, relatando o inquérito, não é cabível que os autos retornem para o prosseguimento, sem que seja apontado o caminho desejado.

Nesse cenário, BRUNO TAUFNER ZANOTTI afirma: "mesmo após o relatório final, não são todas as diligências requisitadas pelo Ministério Público que devem ser cumpridas pelo Delegado de Polícia, mas as diligências investigativas novas e imprescindíveis para a denúncia, podendo o Delegado recusar, fundamentadamente, as diligências manifestamente ilegais, meramente protelatórias ou desarrazoadas".[43]

Por outro lado, a falta do relatório constitui mera irregularidade, não tendo o promotor ou o juiz o poder de obrigar a autoridade policial a concretizá-lo. Trata-se de falta funcional, passível de correção disciplinar. É natural que, determinando a lei que o relatório seja feito, a autoridade policial deve prezar a sua função, concretizando-o, o que não impede, em absoluto, ainda que o faça de modo muito resumido ou confuso, o prosseguimento do feito. Aliás, é o mais adequado, pois o relatório não tem nenhuma utilidade probatória para a instrução do processo, destinando-se ao esclarecimento do promotor acerca do que foi feito pelo Estado-investigação.

Pensamos ser inadequado determinar o retorno dos autos do inquérito à polícia judiciária somente porque o delegado declarou encerrada a investigação sem empreender o relatório *minucioso* a respeito do caso. Prossegue-se, com ofício comunicativo à Corregedoria da Polícia, para as providências cabíveis. Processualmente, não deve ter maiores reflexos.

30. INDEFERIMENTO DE NOVAS DILIGÊNCIAS REQUERIDAS PELO MINISTÉRIO PÚBLICO

O juiz não deve indeferir o requerimento formulado pelo representante do Ministério Público, quando solicitar novas diligências para formar o seu convencimento, ainda que a autoridade policial já tenha apresentado o relatório final. Afinal, sendo ele o titular da ação penal, pode necessitar de outras colheitas, antes de ofertar a denúncia ou pedir o arquivamento.

Entretanto, cremos ser mais rápido, quando for possível, que o promotor, indeferido o retorno dos autos do inquérito à polícia judiciária, por intransigência do juiz, requisite diretamente à autoridade policial a diligência almejada. Nessa situação, a sociedade sai ganhando e o inquérito tem sua conclusão apressada, ao invés de se interpor demorada correição parcial. Excepcionalmente, quando a diligência necessária não prescindir dos autos, que estão em cartório, outro remédio não cabe senão o recurso ao tribunal. Se os indeferimentos forem sucessivos, por mero capricho do juiz, a questão desloca-se para a esfera correcional, caben-

---

[43] *Delegado de polícia em ação*, p. 126.

do representação do promotor junto à Corregedoria-Geral da Justiça. O mais importante é assegurar à sociedade a conclusão célere da investigação, com início da ação penal, ultrapassando-se as fronteiras das suscetibilidades pessoais.

Por outro lado, quando o magistrado notar que o promotor está apenas ganhando tempo, requerendo diligência inútil, deve oficiar ao Procurador-Geral da Justiça, comunicando a ocorrência para as providências funcionais pertinentes. Indeferir a solicitação, no entanto, buscando obrigar o promotor a denunciar, é o caminho menos indicado, pois mais arrastado.

31. INQUÉRITO COMO BASE DA DENÚNCIA OU QUEIXA E SUA DISPENSABILIDADE

A natureza do inquérito, como já se viu, é dar segurança ao ajuizamento da ação penal, impedindo que levianas acusações tenham início, constrangendo pessoas e desestabilizando a justiça penal. Por isso, ao oferecer a denúncia, deve o representante do Ministério Público – valendo o mesmo para a vítima – ter como suporte o inquérito policial, produzido pela polícia judiciária, na sua função de Estado-investigação, órgão auxiliar do Poder Judiciário nessa tarefa.[44]

Eventualmente, é possível dispensar o inquérito, desde que o acusador possua provas suficientes e idôneas para sustentar a denúncia ou a queixa, embora hipótese rara. As situações em que o inquérito policial deixa de ser feito são representadas pela realização de outros tipos de investigação oficial – como sindicâncias, processos administrativos, inquéritos militares, inquéritos parlamentares, incidentes processuais –, bem como pela possibilidade, não comum, de se conseguir ajuizar a demanda simplesmente tendo em mãos documentos, legalmente constituídos.

32. TERMO CIRCUNSTANCIADO

É um substituto do inquérito policial, realizado pela polícia, nos casos de infrações de menor potencial ofensivo (contravenções penais e crimes a que a lei comine pena máxima não superior a dois anos, cumulada ou não com multa). Assim, tomando conhecimento de um fato criminoso, a autoridade policial elabora um termo contendo todos os dados necessários para identificar a ocorrência e sua autoria, encaminhando-o imediatamente ao Juizado Especial Criminal, sem necessidade de maior delonga ou investigações aprofundadas.

É o que dispõe a Lei 9.099/1995, no art. 77, § 1.º: "Para o oferecimento da denúncia, que será elaborada com base no termo de ocorrência referido no art. 69 desta Lei, *com dispensa do inquérito policial*, prescindir-se-á do exame do corpo de delito quando a materialidade do crime estiver aferida por boletim médico ou prova equivalente" (grifamos).

33. CURADOR

Tratava-se da pessoa que tinha por função proteger e orientar o menor de 21 anos, tanto no interrogatório da fase policial quanto no interrogatório prestado em juízo, suprindo-lhe

---

[44] É preciso lembrar, como deixa claro FREDERICO MARQUES, que "o inquérito policial, como instrução provisória, tem apenas valor informativo: prepara o oferecimento da acusação e fornece ao titular da ação penal elementos que o norteiam durante a fase instrutória do processo penal" (*Elementos de direito processual penal*, v. I, p. 154).

as naturais deficiências trazidas pela imaturidade e zelando para que não houvesse qualquer arbítrio ou coação indevida contra sua pessoa. Estava vinculado à defesa do menor e não podia depor contra seus interesses, revelando dados sigilosos, protegidos por lei.

Preceitua a Lei 10.406, de 10.01.2002 (Código Civil), no art. 5.º, *caput*, que "a menoridade cessa aos dezoito anos completos, quando a pessoa fica habilitada à prática de todos os atos da vida civil". Nota-se que a evolução da sociedade, dos seus hábitos e costumes está a evidenciar a desnecessidade de se tutelar o maior de 18 anos e menor de 21 anos com as cautelas antes exigidas pela sua pretensa inexperiência e ingenuidade.

Sabe-se que a pessoa, ao atingir os 18 anos, atualmente, encontra-se perfeitamente habilitada para desempenhar todos os atos da vida civil e penal: pode celebrar, sozinha, um contrato de compra e venda de bens móveis ou imóveis, como também responder penalmente pelas infrações penais praticadas. Logo, inexiste qualquer fundamento lógico para se manter a figura do curador, no contexto do processo penal. Relembre-se, ainda, que o curador só prestou desserviços ao acusado menor de 21 anos, pois, lamentavelmente, havia farta jurisprudência aceitando o seu depoimento em juízo para confirmar a confissão extrajudicial do réu, validando, pois, uma condenação.

Portanto, atingida a maioridade civil aos 18 anos, não se deve mais considerar *menor* a pessoa que tenha menos de 21 anos, necessitando, pois, de curador.

Embora o art. 564, III, *c*, CPP preceitue constituir nulidade a não nomeação de curador ao réu menor de 21 anos, está, naturalmente, referindo-se ao incapaz para desenvolver todos os atos da vida civil, enfim, àquele que sempre fora, pelo direito brasileiro, considerado relativamente incapaz. Interpretando-se de maneira lógica e sistemática o preceito, é preciso considerar a modificação trazida pelo Código Civil, devendo produzir efeitos imediatos na legislação processual penal. A isso, acrescente-se ter a Lei 10.792/2003 revogado o art. 194 do CPP, eliminando a presença do curador para o interrogatório judicial do réu menor de 21 anos, bem como a Lei 11.689/2008 suprimiu do art. 449, cujo conteúdo foi transferido ao art. 457, a presença do curador para o acusado menor de 21 anos.

Poder-se-ia argumentar que o Código Penal continua a prever atenuante ao menor de 21 anos que cometa crime, bem como a calcular a prescrição pela metade a quem possua menos de 21 anos na data do fato criminoso. Entretanto, cuida-se, nessa situação, de outro enfoque. São benefícios concedidos a quem, segundo a lei penal, não atingiu, ainda, a plena maturidade, motivo pelo qual, embora possa compreender o caráter ilícito do que fez, merece uma reprimenda mais leve.

Não se pode deixar de considerar que, no futuro, tais normas possam ser, também, revistas, pois os tempos são outros e o maior de 18 anos pode ser, para todos os efeitos, equiparado a qualquer outro réu, pois o amadurecimento lhe chega muito mais cedo, tanto em virtude da quantidade como da qualidade das informações que lhe são passadas regularmente. Mas, por se tratar de benefícios penais expressos, não se pode considerá-los revogados pela interpretação lógico-sistemática.

No contexto processual penal, no entanto, é diferente, pois a presença do curador, ao lado do réu, já vinha sofrendo constantes mutações, trazidas pela própria jurisprudência, que não somente pacificou o entendimento de que a figura do curador pode ser substituída, sem qualquer ranhura, pela do defensor – aliás, muito mais lógico que se garanta advogado ao acusado, seja de que idade for, do que o contato com um leigo qualquer, simplesmente porque ele tem mais de 21 anos – como também passou a considerar nulidade relativa a falta de curador ao réu menor de 21 anos, o que somente merece aplauso.

Enfim, torna-se incompreensível que alguém, habilitado a todos os atos da vida civil (casar-se, comprar e vender quaisquer bens, exercer atividade pública, entre outros importantes atos), porque atingiu a maioridade aos 18 anos, não possa ser ouvido pela autoridade policial ou judicial sem a presença de alguém ao seu lado que possua mais de 21 anos.

34. ARQUIVAMENTO DO INQUÉRITO E OUTRAS PROVIDÊNCIAS

Encerradas as investigações policiais e remetidos os autos do inquérito policial ao Ministério Público, há quatro providências que o titular da ação penal pode tomar:

a) oferecer denúncia;

b) requerer a extinção da punibilidade (por exemplo, pela ocorrência de prescrição);

c) requerer o retorno dos autos à polícia judiciária para a continuidade da investigação, indicando as diligências a realizar;

d) manifestar-se pelo arquivamento, submetendo o caso à apreciação do juiz das garantias.

Somente o Ministério Público, titular da ação penal, órgão para o qual se destina o inquérito policial, pode pedir o seu arquivamento, dando por encerradas as possibilidades de investigação. Não é atribuição da polícia judiciária dar por findo o seu trabalho, nem do juiz concluir pela inviabilidade do prosseguimento da colheita de provas.[45]

Como bem ensina Espínola Filho, "mesmo quando se trata de fatos de polícia, que não envolvem a existência de qualquer infração penal, e ainda que esta esteja, clara e definitivamente, excluída, como nos casos de morte súbita na via pública, de suicídio, a autoridade policial, encerrando o inquérito instaurado a respeito, terá de remetê-lo a juízo, onde, somente, se poderá efetivar o arquivamento".[46]

É possível, no entanto, que o representante do Ministério Público requeira o arquivamento, a ser determinado pelo magistrado, sem qualquer fundamento plausível. Ora, sendo a ação penal obrigatória, cabe a interferência do juiz, fazendo a remessa dos autos ao Procurador-Geral de Justiça (ou órgão superior da instituição) para que, nos termos do art. 28 do Código de Processo Penal, possa dar a última palavra a respeito do caso (no caso federal, há regra diferenciada que será vista em tópico particular).

Por outro lado, caso as investigações sejam manifestamente infrutíferas e o promotor deseje prosseguir com o inquérito somente para prejudicar alguém, é possível a concessão de ordem de *habeas corpus* para trancar a investigação por falta de justa causa. Esta situação, no entanto, deve ser sempre excepcional.

34.1 Controle do arquivamento do inquérito policial e de peças de informação

Conforme já abordado, tendo em vista ser a ação penal, como regra, pública, regida pelo princípio da obrigatoriedade, o controle é feito pelo Judiciário, mas também pela vítima do crime. Trata-se de atuação administrativa e não jurisdicional.

---

[45] O arquivamento equivale ao trancamento do processo (ou investigação criminal), que não deverá prosseguir, ficando guardado na repartição competente. Se, futuramente, novas provas forem coletadas, pode-se reabrir o caso (Câmara Leal, *Comentários ao Código de Processo Penal*, v. I, p. 119).

[46] *Código de Processo Penal brasileiro anotado*, v. 1, p. 310.

A partir da edição da Lei 13.964/2019, modificou-se o art. 28 do Código de Processo Penal. Assim sendo, o membro do Ministério Público de primeiro grau iria *ordenar* o arquivamento ou outros elementos informativos da mesma natureza, *encaminhando necessariamente* os autos do inquérito (ou outro procedimento investigatório) à superior instância do próprio MP para homologação. Dessa decisão se dá ciência à vítima, ao investigado e à autoridade policial. Entretanto, o STF atribuiu *interpretação conforme* (análise da lei sob a ótica constitucional)[47] e definiu que o Promotor (ou Procurador da República) *manifesta-se* (e não *ordena*) pelo arquivamento da investigação (inquérito policial ou outro procedimento similar) e *submete* (sujeita à apreciação de outrem) essa manifestação ao juiz competente (juiz das garantias) e comunica à vítima, ao investigado e à autoridade policial, *podendo* (faculdade e não obrigação) encaminhar os autos ao Procurador-Geral de Justiça (ou órgão similar), para fins de homologação. Nota-se, portanto, continuar o magistrado a controlar o arquivamento do inquérito, situação que ficou clara, porque o STF atribuiu *interpretação conforme* ao § 1.º do art. 28, assentando que a autoridade judicial competente também poderá submeter o caso à apreciação da instância superior do Ministério Público, quando verificar situação de nítida ilegalidade ou teratologia no ato de arquivamento.

Diante disso, permanece o sistema de análise do arquivamento como sempre foi, embora com duas ressalvas: a) a vítima do delito, cientificada do pleito de arquivamento do inquérito ou outra investigação poderá, no prazo de 30 dias, submeter a matéria à revisão da instância superior do MP (art. 28, § 1.º, CPP); b) o próprio membro do MP que se manifesta pelo arquivamento pode submeter esse parecer ao Procurador-Geral de Justiça (ou órgão equivalente). Entretanto, nesta última hipótese, parece-nos deva o tema ser regulamentado pelo Ministério Público para que se aguarde eventual manifestação da vítima, no prazo de 30 dias, *antes* de apreciar o arquivamento da investigação; se o fizer antes disso, as razões do ofendido e o seu direito de colocá-las à instância superior do MP ficam prejudicados.

Tratando-se de ação penal relativa a crimes cometidos contra a União, os Estados e os Municípios, a revisão do arquivamento pode ser pleiteada pela chefia do órgão estatal respectivo (art. 28, § 2.º, do CPP).

Caso o órgão ministerial superior decida pelo arquivamento, nada há a fazer. Se entender caber ação penal, compete ao Procurador-Geral designar um membro do MP para ofertar a denúncia.

34.1.1 Arquivamento de Procedimento Investigatório Criminal (PIC)

Após a reforma da Lei 13.964/2019, o PIC será comunicado ao juiz das garantias e, quando o arquivamento for sugerido pelo promotor, este mesmo poderá submeter a sua manifestação à instância superior do MP, mas o fará, igualmente, ao juiz das garantias e dará ciência à vítima, ao investigado e, havendo inquérito policial pelo mesmo assunto, também à autoridade policial. Segue-se o procedimento exposto no item anterior.

34.1.2 Remessa do PIC à polícia judiciária com requisição de instauração de inquérito policial

Há situações em que o membro do Ministério Público dá início à investigação solitária, sem inquérito que a acompanhe. Passados meses, por vezes anos, sem ter chegado a um termo interessante, vale dizer, não havendo descoberto crime algum, não pode o promotor/

---

procurador da República enviar o seu procedimento investigatório criminal *frustrado* para a polícia judiciária, com requisição de instauração de inquérito.

Em primeiro lugar, a polícia judiciária não é órgão subalterno do Ministério Público, que possui, constitucionalmente, o seu controle *externo*, vale dizer, a fiscalização dos atos policiais.

Em segundo lugar, a polícia judiciária não foi comunicada da investigação, que se iniciou muito tempo antes, para que pudesse efetivamente colaborar; logo, não é *depósito* de PICs malsucedidos. Seria desconsiderar a figura do Delegado de Polícia.

Em terceiro lugar, como já se disse, assumindo o ônus investigatório, o Ministério Público deve concluí-lo e, não havendo provas, pleitear o seu arquivamento ao Judiciário. Lembremos que, *arquivado o inquérito ou o PIC*, somente poderá ser desarquivado com *provas substancialmente novas*. Então, remeter o caso para que a polícia continue a investigação frustrada é contornar o direito consolidado de quem é investigado de fazer cessar tal intromissão em sua vida, a menos que surjam novas provas.

Em quarto lugar, basta fazer o raciocínio inverso, vez que *não há hierarquia* entre as instituições, ou seja, nenhum tipo de subordinação. Imagine-se o delegado findar o inquérito, sem solução, e encaminhá-lo ao Ministério Público sugerindo que prossiga a investigação a partir dali. Seria considerado um rebelde. Ora, utilizar o poder requisitório que lhe foi conferido constitucionalmente para tergiversar, fazendo uma investigação frustrada prosseguir, constitui evidente desvio funcional, gerando constrangimento ilegal.

Cabe ao delegado, portanto, recebendo um PIC nesses termos, encaminhá-lo ao magistrado, sugerindo o arquivamento, pois a investigação iniciou, tramitou e esgotou-se nas mãos de um órgão legitimado a fazê-lo. Noutros termos, o suspeito (que não pode ser indiciado pelo MP) tem o direito de não ser investigado *indefinidamente* por várias instituições, sem se colocar um fim a isso.

34.2 Utilização do art. 28 do CPP no caso da suspensão condicional do processo

Estabelece a Lei 9.099/1995 (art. 89) a possibilidade de o representante do Ministério Público propor, para crimes cuja pena mínima cominada for igual ou inferior a um ano, a suspensão do processo, por dois a quatro anos, fixadas determinadas condições (§ 1.º do referido art. 89), desde que haja merecimento do acusado. É o que se denomina *sursis* processual.

Nasceu, no entanto, polêmica a respeito de ser esta proposta de suspensão do processo uma faculdade do promotor ou um direito do réu. Adotando-se a primeira posição, quando não concordar com a recusa do Ministério Público em ofertar a proposta, o juiz deve valer-se, por analogia, do disposto no art. 28 do CPP, enviando os autos à instância superior do MP. Se esta entender cabível o *sursis* processual, designará outro membro do MP para fazê-lo. Se entender inapropriado, comunicará ao juiz.

A melhor corrente, em nosso entendimento, é a primeira, uma vez ter sido a lei bem clara ao estipular que o benefício (*sursis* processual) somente pode existir se o promotor propuser a concessão. Logo, trata-se, em verdade, de um acordo entre as partes, não podendo o juiz substituir a vontade do titular da ação penal, atuando como se fosse parte parcial.

Atualmente, a questão encontra amparo na Súmula 696 do Supremo Tribunal Federal: "Reunidos os pressupostos legais permissivos da suspensão condicional do processo, mas se recusando o Promotor de Justiça a propô-la, o juiz, dissentindo, remeterá a questão ao Procurador-Geral, aplicando-se por analogia o art. 28 do Código de Processo Penal".

34.2.1 Utilização do art. 28 do CPP no caso do acordo de não persecução penal

Nos termos do art. 28-A, "não sendo caso de arquivamento e tendo o investigado confessado formal e circunstancialmente a prática de infração penal sem violência ou grave ameaça e com pena mínima inferior a 4 (quatro) anos, o Ministério Público poderá propor acordo de não persecução penal, desde que necessário e suficiente para reprovação e prevenção do crime, mediante as seguintes condições ajustadas cumulativa e alternativamente: (...)". Surgiu mais um benefício ao investigado para não ser criminalmente processado.

Porém, dispõe o § 14 do art. 28-A que "no caso de recusa, por parte do Ministério Público, em propor o acordo de não persecução penal, o investigado poderá requerer a remessa dos autos a órgão superior, na forma do art. 28 deste Código".

Em suma, não havendo proposta do membro do MP para a realização do acordo de não persecução penal, o investigado pode requerer a reavaliação por instância superior do MP.

34.3 Requerimento de arquivamento em competência originária

Quando o inquérito é controlado diretamente pelo Procurador-Geral de Justiça (ou da República, conforme o caso), por se tratar de feito de competência originária (o processo inicia-se diretamente em grau jurisdicional superior, não passando pela 1.ª instância), o arquivamento é requerido ao Judiciário, que deverá acolher o pleito.

Por outro lado, restaria a indagação: por que, então, deve o Ministério Público requerer o arquivamento ao Tribunal? Porque o Judiciário, em instância superior, controla a obrigatoriedade da ação penal. Se encontrar elementos mais que suficientes para o ajuizamento da demanda, pode o relator encaminhar à câmara ou turma, lavrando acórdão nesse sentido, ao mesmo tempo em que profere claramente não poder fazer nada porque não possui iniciativa para a ação penal. No entanto, parece-nos ser o caso de remeter o caso à apreciação do Conselho Nacional do Ministério Público e, também, à Assembleia do Estado (no caso do MP estadual) para apurar eventual responsabilidade do Procurador-Geral.

Afinal, se uma comunicação de arquivamento feita ao tribunal somente *devesse* ser acatada pelo Judiciário, sem nenhuma medida, quando flagrantemente ilegal, o princípio da obrigatoriedade da ação penal poderia ser desprezado e ignorado.

34.4 Arquivamento de inquérito de crimes contra a economia popular ou contra a saúde pública

Segue-se o disposto no art. 7.º da Lei 1.521/1951, submetendo o juiz a decisão ao segundo grau de jurisdição obrigatoriamente (é o que se denomina *recurso de ofício*). Dando provimento ao recurso, o tribunal determina a remessa dos autos ao Procurador-Geral, que decidirá a respeito do acerto ou desacerto do promotor. Pode insistir no arquivamento, devendo o juiz acatar o sugerido, como pode ainda designar membro do Ministério Público para denunciar o indiciado.

Não pode o tribunal determinar que o promotor denuncie, pois isso fere a titularidade da ação penal, não pertencente ao Poder Judiciário. Entendeu o legislador, nesse caso, que deveria haver um controle a mais no tocante ao arquivamento de autos de inquérito e, também, no que toca às absolvições proferidas. Exclui-se do contexto dos crimes contra a saúde pública, para o fim de submeter o arquivamento de inquérito a segundo grau de jurisdição, todas as infrações penais referentes a drogas ilícitas, pois regidas por lei especial (Lei 11.343/2006).

34.5 Recurso institucional contra arquivamento promovido pelo Procurador-Geral

Preceitua o art. 12, XI, da Lei 8.625/1993 (Lei Orgânica Nacional do Ministério Público), que cabe ao Colégio de Procuradores de Justiça "rever, mediante requerimento de legítimo interessado, nos termos da Lei Orgânica, decisão de arquivamento de inquérito policial ou peças de informação determinada pelo Procurador-Geral de Justiça, nos casos de sua atribuição originária".

34.6 Obrigatoriedade de oferecimento de razões e o denominado arquivamento implícito

Cabe ao representante do Ministério Público oferecer as razões suficientes para sustentar o seu pedido de arquivamento. Sem elas, devem os autos retornar ao promotor, a mando do juiz, para que haja a regularização. O mesmo procedimento deve ser adotado, quando há vários indiciados e o órgão acusatório oferece denúncia contra alguns, silenciando no tocante aos outros.

Não existe, tecnicamente, pedido de arquivamento *implícito* ou *tácito*. É indispensável que o promotor se manifeste claramente a respeito de cada um dos indiciados, fazendo o mesmo no tocante a cada um dos delitos imputados a eles durante o inquérito. Assim, não pode, igualmente, denunciar um por crime e calar quanto a outro ou outros. Recusando-se a oferecer suas razões, devem os autos ser remetidos ao Procurador-Geral de Justiça para as medidas administrativas cabíveis, pois o promotor não estaria cumprindo, com zelo, a sua função.

Anote-se o alerta de Denilson Feitoza, a fim de ser evitado o referido *arquivamento implícito*, quando não houver provas suficientes contra todos os indiciados ou suspeitos: "*ad cautelam*, se for o caso, é melhor, na denúncia ou 'cota ministerial', expressamente ressalvar o 'direito' do MP de denunciar o indiciado por outro fato mencionado nos autos, ainda pendente de melhor investigação, ou de denunciar outras pessoas ou indiciados, também mencionados nos autos do inquérito".[48]

Contrariamente, admitindo a hipótese de pedido de arquivamento implícito, está a lição de Mirabete.[49] Na mesma linha, André Nicolitt faz a defesa do arquivamento implícito alegando aceitá-lo para que o Ministério Público não possa *desarquivar* o feito, mesmo sem novas provas, tornando a ofertar denúncia. E afirma: "do contrário estaríamos autorizando o reexame do inquérito a qualquer tempo, de acordo com o alvitre do promotor em atuação, e gerando insegurança jurídica".[50] Essa visão nos parece distorcida. Se o MP não denuncia determinada pessoa, mas apenas outros indiciados no inquérito, o que faria o juiz? Recebe a denúncia contra os apontados pelo *Parquet* e *determina* o arquivamento do inquérito em relação àquele sobre o qual o órgão acusatório não se manifestou? Se assim agir, fugirá à sua atribuição, pois não houve pedido de arquivamento. Não pode o magistrado determinar o arquivamento ao arrepio do titular da ação penal. Um erro não justifica outro. Por outro lado, se recebe a denúncia e *esquece* que sobrou um indiciado *não denunciado*, para gerar a configuração do tal *arquivamento implícito*, segundo nos parece, está se afastando da sua devida atuação, que é zelar pela eliminação da vida daquele cidadão de um indiciamento que ficará em aberto na sua folha de antecedentes indefinidamente.

---

[48]   *Direito processual penal*, p. 181.
[49]   *Código de Processo Penal interpretado*, p. 71-72.
[50]   *Manual de processo penal*, p. 210.

Defender o *arquivamento implícito* – hipótese legalmente inexistente – para contornar um erro do órgão do Ministério Público é cometer um outro equívoco.[51] No entanto, pode-se considerar a hipótese de haver, sim, *duplo engano*. O membro do MP olvida do seu pedido de arquivamento algum indiciado ou algum fato; o juiz não se dá conta e determina o arquivamento naqueles moldes. Significaria uma abertura para rever o caso a qualquer momento? Nessa ótica, aquiescemos diante da posição de NICOLITT, acrescentando as palavras de AFRÂNIO SILVA JARDIM: "constata-se que esta figura anômala, gerada pela deficiência do código no tratamento do arquivamento, será sempre uma consequência da omissão do Promotor e do Juiz. O primeiro promove determinada ação penal, excluindo fatos penalmente relevantes ou sujeitos (indiciados), ou requer o arquivamento igualmente lacunoso, não esclarecendo por que assim o faz. O segundo, ao prolatar a decisão de recebimento ou de arquivamento, tacitamente concorda com a exclusão feita pelo titular da ação penal ou com a extensão ampla do arquivamento, pois não se pronuncia na forma do citado art. 28 sobre aquilo que ficou omitido. (...) O arquivamento implícito, tal como hoje vem sendo concebido, não condiz com a realidade das coisas. É artificial".[52]

Considerando-se que o promotor *deve* propor ação penal contra os indiciados cujo inquérito apresenta provas suficientes e *não deve* fazê-lo no tocante àqueles, cujas provas são insuficientes, neste último caso, *deve* requerer o arquivamento em caráter formal. Afinal, são *indiciados* e não podem ter a sua situação irresolvida. Portanto, em lugar de se *presumir* ter havido arquivamento *implícito*, cabe ao juiz exigir do membro do Ministério Público uma única solução: acionar ou arquivar (explicitamente).

No entanto, se houver o erro duplo (omissão do promotor e do magistrado), o indiciado não pode ser prejudicado. Há de ser confirmado o arquivamento impróprio, visando-se ao eventual futuro desarquivamento. Somente pode ser feito se houver provas realmente novas.

Sob outro aspecto, quem não foi indiciado no inquérito está fora do âmbito de consideração final do Ministério Público, vale dizer, inexiste necessidade de se arquivar a investigação em relação a ele. Diante dessa pessoa, que pode ter sido mero *averiguado*, não há que se falar nem mesmo em *arquivamento implícito*.

34.7 Arquivamento indireto

Seria, segundo parcela da doutrina, a hipótese de o promotor deixar de oferecer denúncia por entender que o juízo é incompetente para a ação penal. Cremos que tal situação é inadmissível, pois o Ministério Público deve buscar, sempre que possível, a solução cabível para superar obstáculos processuais. Assim, caso entenda ser o juízo incompetente, mas havendo justa causa para a ação penal (materialidade e indícios de autoria), deve solicitar a remessa dos autos ao magistrado competente e não simplesmente deixar de oferecer denúncia, restando inerte.

Caso o juiz, após o pedido de remessa, julgue-se competente, poderá invocar o preceituado no art. 28, para que o Procurador-Geral de Justiça se manifeste. Entendendo este ser o juízo competente, designará outro promotor para oferecer denúncia. Do contrário, insistirá na remessa. Caso, ainda assim, o magistrado recuse-se a fazê-lo, cabe ao Ministério Público

---

[51] É tempo de se editar lei expressa, vedando o arquivamento "implícito", que causa dúvidas no momento do eventual desarquivamento (se com provas novas ou antigas).

[52] *Temas atuais de direito*, p. 12.

providenciar as cópias necessárias para provocar o juízo competente. Assim providenciando, haverá, certamente, a suscitação de conflito de competência, se ambos os juízes se proclamarem competentes para julgar o caso. Logo, a simples inércia da instituição, recusando-se a denunciar, mas sem tomar outra providência não deve ser aceita como *arquivamento indireto*. Esta é outra expressão *inventada* com o passar do tempo, porque na lei inexiste, para fundamentar um equívoco do órgão ministerial ou do juiz.

Se, no entanto, por omissão de promotor e juiz o inquérito terminar no escaninho do cartório, sem solução alguma, além de deverem ser responsabilizados os operadores do Direito, não caberá o "desarquivamento" sem provas efetivamente novas, tudo para não prejudicar o indiciado ou suspeito.

34.8 Arquivamento requerido pelo Ministério Público Federal

Cabe a um órgão colegiado a análise do pleito de arquivamento feito por procurador da república. Dispõe a Lei Complementar 75/1993, cuidando da organização, das atribuições e do Estatuto do Ministério Público da União, que "as Câmaras de Coordenação e Revisão do Ministério Público Federal são os órgãos setoriais de coordenação, de integração e de revisão do exercício funcional na instituição" (art. 58), sendo compostas "por três membros do Ministério Público Federal, sendo um indicado pelo Procurador-Geral da República e dois pelo Conselho Superior, juntamente com seus suplentes, para um mandato de 2 (dois) anos, dentre integrantes do último grau da carreira, sempre que possível" (art. 60). Cabe-lhes, entre outras atribuições, "manifestar-se sobre o arquivamento de inquérito policial, inquérito parlamentar ou peças de informação, exceto nos casos de competência originária do Procurador-Geral" (art. 62, IV).

Ilustrando, a Resolução 6/1993, do Conselho Superior do Ministério Público Federal, modificada pela Resolução 20/1996, criou e organizou as Câmaras de Organização e Revisão, constituindo atribuição de uma delas a matéria criminal e o controle externo da polícia judiciária.

34.9 Determinação judicial de retorno dos autos de inquérito à polícia para novas diligências

É inviável que o juiz discorde do pleito de arquivamento do promotor e determine que a polícia judiciária faça novas diligências. Afinal, o poder investigatório cabe ao titular da ação penal. Se o fizer, cabe a impetração de *habeas corpus* por parte do investigado e, igualmente, pode o membro do MP fazê-lo, pois em benefício da pessoa investigada contra a qual não houve elementos para a denúncia. Não havendo indiciado, parece-nos ser caso de correição parcial, a ser interposta pelo promotor, porque houve inversão tumultuária do procedimento.

35. TRANCAMENTO DO INQUÉRITO POLICIAL

Admite-se que, valendo-se do *habeas corpus*, a pessoa eleita pela autoridade policial como suspeita possa recorrer ao Judiciário para fazer cessar o constrangimento a que está exposto, pela mera instauração de investigação infundada. O inquérito é um mecanismo de exercício de poder estatal, valendo-se de inúmeros instrumentos que certamente podem constranger quem não mereça ser investigado. O indiciamento, como já se viu, é mais grave ainda, pois faz anotar, definitivamente, na folha de antecedentes do sujeito a suspeita de ter ele cometido um delito.

Por tal razão, quando se perceber nítido abuso na instauração de um inquérito (por exemplo, por fato atípico) ou a condução das investigações na direção de determinada pessoa sem a menor base de prova, é cabível o trancamento da atividade persecutória do Estado. Entretanto, é hipótese excepcional, uma vez que investigar não significa processar, não exigindo, pois, justa causa e provas suficientes para tanto. Coíbe-se o abuso e não a atividade regular da polícia judiciária.

Se o constrangimento ilegal (ex.: indiciamento determinado pela autoridade policial) for provocado pelo delegado, o juiz das garantias pode apreciar o trancamento da investigação (art. 3.º-B, IX, do CPP). Caso o magistrado negue o trancamento, torna-se autoridade coatora e o *habeas corpus* pode ser impetrado ao Tribunal competente.

35.1 Trancamento de Procedimento Investigatório Criminal

Por força de decisão do STF, tomada em maio de 2015, o Ministério Público pode investigar sozinho, instaurando o que se tem denominado de procedimento investigatório criminal (PIC). Mas o Pretório Excelso não soltou as amarras por completo e fixou *regras* claras para tais investigações, inclusive a fiscalização do Judiciário e o acesso do advogado. Justamente por isso, o STF, após a edição da Lei 13.964/2019, deliberou que todos os procedimentos investigatórios do Ministério Público devem ser submetidos à fiscalização do juiz das garantias e, caso se constate a ilegalidade de sua instauração, pode-se determinar o seu trancamento.[53]

36. PROSSEGUIMENTO DAS INVESTIGAÇÕES APÓS O ENCERRAMENTO DO INQUÉRITO OU DE PROCEDIMENTO INVESTIGATÓRIO DO MINISTÉRIO PÚBLICO

O arquivamento do inquérito não gera efeito definitivo, podendo ser revista a situação a qualquer tempo, inclusive porque novas provas podem surgir. Ocorre que a autoridade policial, segundo o preceituado em lei, independentemente da instauração de outro inquérito, pode proceder a *novas pesquisas*, o que significa sair em busca de provas que surjam e cheguem ao seu conhecimento.

Para reavivar o inquérito policial, desarquivando-o, cremos ser necessário que as provas coletadas sejam substancialmente novas – aquelas realmente desconhecidas anteriormente por qualquer das autoridades –, sob pena de se configurar um constrangimento ilegal. Nesse sentido, a Súmula 524 do Supremo Tribunal Federal: "Arquivado o inquérito policial, por despacho do juiz, a requerimento do Promotor de Justiça, não pode a ação penal ser iniciada, sem novas provas". As mesmas regras devem valer para as investigações do Ministério Público.

Entretanto, se o arquivamento ocorrer com fundamento na atipicidade da conduta, é possível gerar decisão definitiva, que vincula o órgão acusatório.

Em nosso ponto de vista, o mesmo deveria ocorrer se o arquivamento se der por exclusão da ilicitude ou da culpabilidade, afirmando o Ministério Público que deixa de denunciar

---

[53] Conforme o teor da ata de julgamento das ações diretas de inconstitucionalidade apresentadas contra algumas modificações introduzidas pela Lei 13.964/2019, parece-nos que o STF sinalizou que o juiz das garantias pode apreciar *habeas corpus* impetrado contra promotor de justiça ou procurador da república, quando estes forem considerados autoridades coatoras na investigação criminal que conduzam. Assim sendo, o investigado impetra o HC ao magistrado das garantias e este pode trancar o procedimento investigatório do MP.

o indiciado ou investigado, tendo em vista inexistir crime. Da mesma forma que a solução acerca da *atipicidade*, cremos estar formada a inviabilidade de reabrir o caso, havendo arquivamento, sem possibilidade de continuidade das investigações no futuro. Assim também no caso de procedimento investigatório criminal do MP.

37. ACORDO DE NÃO PERSECUÇÃO PENAL

A Lei 13.964/2019 inseriu a possibilidade de haver o acordo de não persecução penal (art. 28-A, CPP), associando-se a outros institutos benéficos ao investigado pela prática de infração penal, como o *sursis* processual e a transação para infrações de menor potencial ofensivo.[54]

Esse acordo pode ser realizado, por proposta do Ministério Público, se o investigado tiver confessado formal e detalhadamente a prática do crime, sem violência ou grave ameaça à pessoa, com pena mínima inferior a quatro anos. Neste ponto, é preciso destacar tratar-se de um acordo para *não haver persecução penal*; assim sendo, obrigar o investigado a confessar formalmente o cometimento do crime para depois fixar penas alternativas e outras condições não nos parece o ideal, ferindo, indiretamente, o direito à imunidade contra a autoacusação. Porém, é um negócio jurídico, cabendo ao investigado, juntamente com seu advogado, avaliar o que lhe é conveniente. Mas, ainda assim, há um ponto relevante: imagine-se que o investigado celebre o acordo e depois não o cumpra. O Ministério Público pode pedir a rescisão do pacto e apresentar denúncia, lembrando, então, que, a essa altura, já terá havido confissão por parte do acusado. Sob esse aspecto, parece-nos que a confissão não possa ser utilizada pelo órgão acusatório no processo criminal a ser instaurado. Trata-se de prova ilegítima, visto que foi produzida para o acordo de *não persecução penal*. Ora, se houver processo-crime, a confissão perde a razão de ser e deve-se preservar o direito do réu à não autoincriminação.

São condições para o pacto: a) reparar o dano ou restituir a coisa à vítima, salvo quando não puder fazê-lo; b) renunciar voluntariamente a bens e direitos apontados pelo Ministério Público como instrumento, produto ou proveito do delito; c) prestar serviços à comunidade, por período correspondente à pena mínima cominada à infração penal, diminuída de um a dois terços; d) pagar prestação pecuniária a entidade pública ou de interesse social; e) cumprir, por prazo determinado, outra condição indicada pelo Ministério Público (cláusula aberta que pode trazer problemas pela ausência de especificação). São tantas as concessões por parte do investigado que é preciso ter certeza para celebrar o acordo, inclusive conhecer as provas que o órgão acusatório possui a fim de saber se a persecução penal teria algum êxito. Por isso, indica-se a necessidade do acompanhamento de um defensor e a homologação do acordo pelo juiz.

Quanto à renúncia a bens e direitos, envolve, basicamente, a *voluntariedade* (atividade realizada livremente, sem qualquer coação) em *renunciar* (desistir da propriedade ou posse de algo) a bens e direitos, que consistam, conforme indicados pelo MP, em instrumentos (mecanismos usados para a prática do delito), produto (objeto ou direito resultante diretamente do cometimento do crime) ou proveito (tudo o que resulta de lucro advindo do delito, de maneira indireta) do crime. Como quem indica quais são os bens e direitos a serem renunciados é o Ministério Público, pode ser que não haja vantagem na celebração do acordo. Portanto, se-

---

[54]   Conferir a Súmula 18 do Superior Tribunal Militar: "O art. 28-A do Código de Processo Penal comum, que dispõe sobre o Acordo de Não Persecução Penal, não se aplica à Justiça Militar da União."

gundo cremos, antes de estabelecer qualquer confissão expressa e por escrito (mesmo que o investigado tenha concordado com isso), é preciso que o *Parquet* aponte quais são os bens e direitos a serem perdidos. Não compensando ao agente, é melhor não confessar e não realizar o acordo de não persecução penal.

Quanto à cláusula prevista no inciso V do art. 28-A ("cumprir, por prazo determinado, outra condição indicada pelo Ministério Público, desde que proporcional e compatível com a infração penal imputada"), deve-se frisar que essa espécie de abertura nunca deu certo a uma condição para se fixar qualquer coisa. Note-se o disposto no art. 79 do Código Penal: "a sentença poderá especificar outras condições a que fica subordinada a suspensão, desde que adequadas ao fato e à situação pessoal do condenado". O referido art. 79 refere-se à suspensão condicional da pena. Basta uma consulta à jurisprudência para se notar a pouca utilidade do referido art. 79, pois a criatividade do juiz pode ser lesiva à legalidade. Do mesmo modo, é possível que a criação de condições pelo MP caia no mesmo cenário abusivo.

Quando for apurada a pena mínima, para efeito desse acordo, deve-se levar em consideração as causas de aumento e diminuição conforme o caso concreto (art. 28-A, § 1.º, CPP). Isto significa: havendo causa de diminuição variável, deve-se diminuir o máximo; havendo causa de aumento, em cima da pena mínima cominada em abstrato, lança-se o mínimo. O importante é encontrar o mínimo possível para justificar o acordo (menos de 4 anos).

Veda-se o acordo nos seguintes casos: a) quando for cabível transação penal, pois, nesta hipótese, trata-se de infração de menor potencial ofensivo, cuja competência é do JECRIM, prevista na Constituição Federal (art. 98, I); b) se o investigado for reincidente (reincidência genérica ou específica, devendo ser provada documentalmente) ou houver provas suficientes de que é criminoso habitual (não se confunda com o delito habitual; cuida-se de delinquir com frequência; as provas devem ser extraídas da própria investigação feita), reiterado (mais uma vez, frequente ou repetida, em colocação sinônima) ou profissional (similar à habitualidade delitiva, fazendo do crime o seu meio de vida, com provas advindas da própria investigação), salvo se as infrações pretéritas forem consideradas insignificantes (o termo *insignificante* tem sido utilizado para caracterizar o crime de bagatela, que, por sinal, tende a ser fato atípico; nesta hipótese, seria mais uma condição de livre avaliação do órgão proponente do acordo); c) ter sido o investigado beneficiado nos 5 anos anteriores ao cometimento da infração em acordo de não persecução penal, transação penal ou suspensão condicional do processo, cumprindo-se a regra de não incidência de cumulação de benefícios; d) nos delitos que envolvam violência doméstica ou familiar, ou praticados contra a mulher (art. 28-A, § 2.º, CPP), seguindo-se a tendência de não favorecer, de modo algum, o agressor; aliás, a Lei 11.340/2006 eliminou a aplicação da Lei 9.099/1995 (transação penal e suspensão condicional do processo).

O acordo será feito por escrito e assinado pelo membro do MP, pelo investigado e pelo defensor. A homologação desse acordo deve ser feita em audiência, privilegiando-se o princípio da oralidade; o magistrado deve apurar a voluntariedade do investigado, ouvindo-o formalmente, na presença do seu defensor.

Caso o juiz das garantias considere alguma cláusula inadequada, insuficiente ou abusiva, deve devolver os autos do Ministério Público, a fim de que este reformule a proposta, contando com a aceitação do investigado e seu defensor.

Quando homologado judicialmente, os autos serão encaminhados à execução, no juízo das execuções penais. Recusada a homologação, cabe recurso em sentido estrito pelo Ministério Público.

A vítima será cientificada do acordo homologado e, também, se houver o descumprimento. É mais um ponto no qual, corretamente, se inclui o ofendido no processo penal, em vez de extirpá-lo desse contexto.

Se o acordo não for cumprido, o MP comunica ao juízo para fins de decretação da rescisão e, na sequência, oferecimento de denúncia. Se houve o descumprimento, é natural que o Ministério Público não oferte o benefício da suspensão condicional do processo. Quando cumprido, julga-se extinta a punibilidade do investigado.

Esse acordo não gera antecedente criminal nem constará dos registros, a não ser para evitar outro acordo no período de 5 anos após o primeiro.

A recusa do membro do Ministério Público, atuante em primeiro grau, pode gerar recurso nos moldes do art. 28 ao órgão superior do MP, por parte do investigado.

O acordo de não persecução penal, introduzido pela Lei 13.964/2019, é uma norma processual de natureza mista, pois evita a propositura de ação penal e, com isso, permite a extinção da punibilidade. Assim sendo, temos sustentado que essa espécie de norma processual penal deve retroagir no tempo, tal como a norma penal benéfica, atingindo todos os processos em andamento, desde que não tenha havido trânsito em julgado.

RESUMO DO CAPÍTULO

▶ **Juiz das garantias:** é o magistrado com competência para controlar a legalidade da investigação criminal, salvaguardando os direitos individuais, devendo fiscalizar o inquérito e decretar as medidas cautelares de alçada jurisdicional. Além disso, deve receber a denúncia ou queixa, pois os autos da investigação ficarão arquivados em cartório, exceto no tocante às provas irrepetíveis (periciais, como regra). Essa figura está com a eficácia suspensa por liminar concedida pelo STF.

▶ **Inquérito policial:** procedimento administrativo realizado pela polícia judiciária para servir de sustentação à denúncia ou queixa, conferindo justa causa à ação penal.

▶ **Finalidade:** formar a convicção do órgão acusatório (Ministério Público, na ação penal pública, ou do ofendido, através de seu advogado, na ação penal privada) e colher provas urgentes e perecíveis, estas passíveis de uso durante a instrução em juízo.

▶ **Fundamento:** evitar acusações levianas, garantindo a dignidade da pessoa humana, bem como agilizar o trabalho do Estado na busca de provas da existência do crime e de seu autor.

▶ **Características principais:** inquisitivo e sigiloso.

▶ **Polícia judiciária:** é o organismo policial – estadual ou federal – não militarizado, encarregado da investigação criminal, promovendo a formação do inquérito, identificando-se a ocorrência de um crime e de seu autor.

▶ **Indiciamento:** é o ato formal que permite à autoridade policial apontar o suspeito da prática de um crime, colhendo a sua qualificação e identificando-o.

▶ **Qualificação:** é o conjunto dos dados pessoais do indiciado, que permite individualizá-lo, tais como nome, pais, nacionalidade, profissão, endereço, números de registros, dentre outros.

▶ **Identificação criminal:** trata-se da identificação da pessoa humana por caracteres físicos indiscutíveis, como a impressão dactiloscópica, a fotografia, a colheita de material genético, entre outros.

▶ **Procedimento investigatório criminal (PIC):** esta tem sido a denominação dada por vários órgãos do Ministério Público para os seus procedimentos investigatórios isolados, vale dizer, quando investiga sozinho, sem o acompanhamento de um inquérito. Segundo decisão do STF, o procedimento deve respeitar as regras mínimas de direitos humanos fundamentais, como a fiscalização do Judiciário e o acesso do advogado do suspeito.

▶ **Acordo de não persecução penal:** cuida-se da possibilidade de o investigado celebrar um acordo com o Ministério Público para não haver persecução penal em juízo. Esse pacto somente tem viabilidade para infrações praticadas sem violência ou grave ameaça e com pena mínima inferior a 4 anos, respeitadas várias condições estabelecidas em lei.

CAPÍTULO VIII

Ação Penal

Acesse e escute o podcast sobre Ação penal.

> http://uqr.to/1z8oj

1. FUNDAMENTO CONSTITUCIONAL

O acesso ao Poder Judiciário é direito humano fundamental, dispondo o art. 5.º, XXXV, da Constituição Federal, que "a lei não excluirá da apreciação do Poder Judiciário lesão ou ameaça a direito", assegurando-se a todo indivíduo a possibilidade de reclamar do juiz a prestação jurisdicional toda vez que se sentir ofendido ou ameaçado.

Por outro lado, o inciso LIX, do mesmo artigo constitucional, preceitua que "será admitida ação privada nos crimes de ação pública, se esta não for intentada no prazo legal", demonstrando que, a despeito de a ação penal, na esfera criminal, ser da titularidade de um órgão estatal (Ministério Público), é natural que, não agindo o Estado, quando lhe competir fazê-lo, resta ao particular-ofendido (ou seus sucessores, conforme prevê o art. 31, CPP) ingressar em juízo, pois nenhuma lesão será excluída da apreciação do magistrado.

Lembre-se, ainda, de que o monopólio de distribuição de justiça e o direito de punir cabem, como regra, ao Estado, vedada a autodefesa e a autocomposição. Evita-se, com isso, que as pessoas passem a agredir umas às outras, a pretexto de estarem defendendo seus direitos. Entretanto, há exceções, pois os agentes do Estado não conseguem estar a todo momento em todos os lugares, razão pela qual, sendo indispensável, pode o indivíduo valer-se do estado de necessidade ou da legítima defesa para a proteção de direito seu (arts. 24 e 25 do Código

Penal). Diga-se o mesmo da autocomposição, como exceção à regra da obrigatoriedade de ajuizamento da ação penal, confirmada pela Lei 9.099/1995, estabelecendo a forma e os casos de aplicação da transação para as infrações de menor potencial ofensivo.

2. CONCEITO DE AÇÃO PENAL

É o direito do Estado-acusação ou do ofendido de ingressar em juízo, solicitando a prestação jurisdicional, representada pela aplicação das normas de direito penal ao caso concreto.[1] Por meio da ação, tendo em vista a existência de uma infração penal precedente, o Estado consegue realizar a sua pretensão de punir o infrator. Trata-se do "poder jurídico de promover a atuação jurisdicional a fim de que o julgador se pronuncie acerca da punibilidade de fatos que o titular da demanda reputa constitutivos do delito".[2]

Na ótica de ROGÉRIO LAURIA TUCCI, ação é a "atuação correspondente ao exercício de um direito abstrato (em linha de princípio, até porque, com ela, se concretiza), autônomo, público, genérico e subjetivo, qual seja o *direito à jurisdição*".[3] Como bem coloca JOÃO MENDES DE ALMEIDA JÚNIOR, "a ação é sempre um movimento e todo o movimento parte de um princípio e tende a um fim. Não há movimento infinito".[4]

Do crime nasce a pretensão punitiva estatal (direito material), mas não o direito de ação (direito processual), que preexiste à prática da infração penal, aliás, como demonstra o direito constitucional (art. 5.º, XXXV, CF).[5] É justamente a pretensão (tender à atuação de um direito) de punir do Estado que fará movimentar a ação penal.[6]

Entretanto, não há possibilidade de haver punição, na órbita penal, sem o devido processo legal, isto é, sem que o Estado ou a parte ofendida, exercitando o direito de ação, proporcione ao acusado o direito ao contraditório e à ampla defesa. Até mesmo quando a Constituição autoriza a possibilidade de transação, em matéria penal, para as infrações de menor potencial ofensivo, pode-se falar em direito de ação, tendo em vista ser o fato criminoso levado ao conhecimento do Poder Judiciário, necessitando da homologação de eventual proposta de acordo feita pelo Ministério Público ao infrator.

---

[1]   "A ação penal é o ato formal pelo qual quem tem o direito de agir leva ao conhecimento do juiz uma infração penal e sua autoria, pedindo a apuração judicial dos fatos para a punição do infrator, na conformidade da lei" (CÂMARA LEAL, *Comentários ao Código de Processo Penal brasileiro*, v. I, p. 134). "A ação penal é o direito de agir exercido perante os juízes e tribunais da justiça criminal" (FREDERICO MARQUES, *Elementos de direito processual penal*, v. 1, p. 284).

[2]   ALCALÁ-ZAMORA Y CASTILLO e RICARDO LEVENE, *Derecho procesal penal*, t. II, p. 62, tradução livre.

[3]   *Teoria do direito processual penal*, p. 79.

[4]   *Direito judiciário brasileiro*, p. 215.

[5]   Considerando a ação penal um direito, encontram-se JORGE ALBERTO ROMEIRO, citando, ainda, PIMENTA BUENO, JOÃO MENDES DE ALMEIDA JÚNIOR, GALDINO SIQUEIRA, CÂNDIDO MENDES DE ALMEIDA, BENTO DE FARIA, JOSÉ DUARTE, ALOÍSIO DE CARVALHO FILHO e HÉLIO BASTOS TORNAGHI (*Da ação penal*, p. 16).

[6]   EDUARDO ESPÍNOLA FILHO (*Código de Processo Penal brasileiro anotado*, v. 1, p. 323). Na mesma ótica, JORGE ALBERTO ROMEIRO explica que "a *pretensão punitiva* surge da violação da norma penal. A ação prescinde dessa violação, pois é lícito ao juiz concluir, na ação, que não foi infringida a lei penal e, na hipótese contrária, que a infração da lei não foi levada a efeito pelo acusado" (*Da ação penal*, p. 6).

Além disso, há a fiscalização do cumprimento do acordo, representando, também, a movimentação persecutória do Estado. Em última análise, nos casos encaminhados ao Juizado Especial Criminal, satisfaz o Estado a sua pretensão punitiva, pois o autor de crime ou contravenção termina respondendo pelo que realizou ilicitamente, causando lesão ou ameaça a direito de terceiro.

3. ESPÉCIES DE AÇÃO PENAL

Acesse e assista ao vídeo sobre Espécies de ação penal.

> http://uqr.to/1z8ok

A classificação mais comum das ações penais se faz com base na titularidade do seu exercício, pois é dessa forma que o Código Penal cuida do assunto. No art. 100, estabelece a regra (a ação penal é pública), bem como a exceção (a ação penal é privativa do ofendido[7] quando a lei expressamente indicar). No § 1.º do mesmo artigo, fixa a subdivisão das ações públicas, indicando a regra (a ação será promovida pelo Ministério Público independentemente de qualquer autorização da parte ofendida ou de outro órgão estatal), bem como a exceção (a ação será promovida pelo Ministério Público caso haja autorização do ofendido ou do Ministro da Justiça).

Em suma, pode-se dizer que as ações são: a) públicas, quando promovidas pelo Ministério Público, subdivididas em: a.1) incondicionadas, quando propostas sem necessidade de representação ou requisição; a.2) condicionadas, quando dependentes da representação do ofendido ou de requisição do Ministro da Justiça.[8]

A petição inicial da ação penal, quando proposta pelo Ministério Público, chama-se denúncia; no caso de se tratar de ação penal privada, proposta pelo ofendido, denomina-se queixa (art. 100, § 2.º, CP).[9]

Na essência, o Código Penal não deveria ter cuidado do tema *ação penal*, próprio de ser trabalhado no contexto do processo penal, como, aliás, se encontra no art. 24 do CPP ("nos crimes de ação pública, esta será promovida por denúncia do Ministério Público, mas dependerá, quando a lei o exigir, de requisição do Ministro da Justiça, ou representação do ofendido ou de quem tiver qualidade para representá-lo"). Entretanto, deslocou-se a questão para o âmbito do direito penal, em razão do critério de identificação das ações penais, se públicas (incondicionadas ou condicionadas) ou privadas.

---

[7]   "O conceito de ofendido é, evidentemente, este: a pessoa imediata e diretamente atingida pelo crime" (ESPÍNOLA FILHO, *Código de Processo Penal brasileiro anotado*, v. 1, p. 379).

[8]   "A ação penal pública é aquela que pertence ao Estado, sendo cometido o seu exercício a funcionários que a lei designa" (JORGE ALBERTO ROMEIRO, *Da ação penal*, p. 151).

[9]   Na lição de JORGE ALBERTO ROMEIRO, "queixa é a exposição do fato criminoso ao juiz competente, com todas as suas circunstâncias, a qualificação do acusado ou esclarecimentos pelos quais se possa identificá-lo, o rol das testemunhas, quando necessário, e o pedido da declaração do acusado incurso em certo ou determinados artigos da lei penal, exposição essa feita, por escrito, pelo ofendido ou por quem tenha qualidade para representá-lo (art. 41 do Código de Processo Penal)" (ob. cit., p. 230).

Esse critério concentra-se no seguinte: deve-se analisar o tipo penal incriminador existente na Parte Especial do Código Penal (ou em legislação especial); caso não se encontre nenhuma referência à necessidade de representação ou requisição, bem como à possibilidade de oferecimento de queixa, trata-se de ação penal pública incondicionada. Por outro lado, deparando-se com os destaques "somente se procede mediante representação" (ex.: art. 153, § 1.º, CP) ou "procede-se mediante requisição do Ministro da Justiça" (ex.: art. 145, parágrafo único, CP), está-se diante de ação penal pública condicionada. E caso se encontre a especial referência "somente se procede mediante queixa" (ex.: art. 145, *caput*, CP), evidencia-se a ação penal privada.

Por vezes, o legislador insere uma regra geral, valendo para vários capítulos, como se pode observar pela redação do art. 225: "Nos crimes definidos nos Capítulos I e II deste Título, procede-se mediante ação penal pública incondicionada".

Em nosso entendimento, mais adequado teria sido o Código de Processo Penal regular a matéria, indicando critérios próprios para que se pudesse identificar se a ação penal é pública (incondicionada ou condicionada) ou privada. Não é demais ressaltar que o legislador buscou esse caminho, embora parcialmente, ao estipular: "seja qual for o crime, quando praticado em detrimento do patrimônio ou interesse da União, Estado e Município, a ação penal será pública" (art. 24, § 2.º, CPP).

Sob outro aspecto, os crimes de ação pública, especialmente os de ação incondicionada, devem ser apurados pelas autoridades competentes tão logo sejam noticiados. Para tanto, preceitua o art. 40 do Código de Processo Penal: "quando, em autos ou papéis de que conhecerem, os juízes ou tribunais verificarem a existência de crime de ação pública, remeterão ao Ministério Público as cópias e os documentos necessários ao oferecimento da denúncia". Logicamente, nesse âmbito, o Ministério Público somente agirá de pronto, sem inquérito, caso possua, juntamente com a comunicação do delito, todos os elementos indispensáveis à formação da prova pré-constituída para dar justa causa à ação penal. Do contrário, deve requisitar a instauração de inquérito policial para a sua busca. E, tratando-se de crime de ação pública condicionada, precisa aguardar a representação da vítima (ou requisição do Ministro da Justiça).

O prisma da ação penal pública – condicionada ou incondicionada – volta-se ao interesse da sociedade na apuração e punição do infrator. Quando se permite ao ofendido o direito de representar, legitimando o Ministério Público a atuar, nada mais se faz que resguardar a mescla de interesses: público e privado.

Porém, a Lei Geral da Copa (Lei 12.663/2012), somente para ilustrar, no art. 34, prevê que somente se procede mediante representação da FIFA nos crimes previstos nessa lei. Ora, todas as figuras típicas incriminadoras são temporárias (com validade até 31 de dezembro de 2014) e tutelam exclusivamente o interesse patrimonial da FIFA, entidade privada. Não se compreende como poderia o Ministério Público atuar como *advogado* da FIFA, ingressando com demanda criminal nos casos que lhe interessassem. Parece-nos situação processual incompatível com a função essencial da instituição: "defesa da ordem jurídica, do regime democrático e dos interesses sociais e individuais indisponíveis" (art. 127, CF).

4.   AÇÃO PENAL POPULAR

Não há essa possibilidade no processo penal brasileiro, desde que se entenda *ação penal popular* como o direito de qualquer pessoa do povo de promover ação penal visando à condenação do autor da infração penal (aliás, como ocorre na esfera cível com a ação popular).[10] Para tanto, no Brasil, somente o Ministério Público e o ofendido estão legitimados a fazê-lo. Logicamente, caso se conceda a conotação de ação penal a qualquer pedido de tutela juris- dicional feito a juízo criminal, podemos incluir nesse cenário o *habeas corpus*, pois qualquer pessoa do povo está legitimada a ingressar com essa ação constitucional voltada à preservação da liberdade de locomoção.

Historicamente, no entanto, a ação penal popular tem o significado de permitir a qualquer pessoa denunciar crimes de terceiros, exigindo punição. Logo, não há no direito brasileiro. Há posição doutrinária sustentando que a ação desencadeada para apurar crime de responsabilidade, nos termos do art. 14 da Lei 1.079/50, permitindo a qualquer cidadão denunciar o Presidente da República ou Ministros de Estado perante a Câmara dos Deputados, configura ação penal popular.[11] Esclarece, no entanto, ROGÉRIO LAURIA TUCCI que a *denúncia* de qualquer do povo contra agentes políticos não passa de uma *notitia criminis* (comunicação da ocorrência de um delito), uma vez que a proposição acusatória depende de órgão fracio- nário do Poder Legislativo.[12] Em similar posição, FREDERICO MARQUES afirma não termos "no direito vigente, a ação penal popular entre as ações condenatórias. Existe, no processo penal, um caso único de ação popular, não porém entre as ações condenatórias: é o *habeas corpus*. Trata-se, aliás, da mais popular das ações populares, porque qualquer do povo, além de ser parte legítima para impetrar o *writ* constitucional, tem capacidade postulatória para esse fim. Qualquer do povo pode impetrar ordem de *habeas corpus* e isto sem necessidade de que ingresse em juízo com advogado. Não é exigível, no *habeas corpus*, que o pedido venha assinado por advogado, o que é excepcional em nossa legislação".[13]

Realmente, se qualquer pessoa *denunciar* o Presidente da República, por crimes de res- ponsabilidade, somente se os órgãos internos da Câmara dos Deputados derem prosseguimento à delação feita instaurar-se-á processo para apurar o delito apontado. São inúmeros os casos de *denúncia* apresentada, que não são processados por questões políticas, razão pela qual não se pode deduzir a existência de ação penal popular. Aliás, no caso da ação civil popular, não há como deixar de apreciar o pedido do autor, o que inexiste no caso da Lei 1.079/50.

4.1 *Delatio criminis* ao Ministério Público

Preceitua o art. 27 do CPP que "qualquer pessoa do povo poderá provocar a iniciativa do Ministério Público, nos casos em que caiba a ação pública, fornecendo-lhe, por escrito, informações sobre o fato e a autoria e indicando o tempo, o lugar e os elementos de convicção".

Assim, da mesma forma que qualquer pessoa está autorizada a comunicar a ocorrência de um crime à autoridade policial, para que haja, em sendo o caso, a instauração de inquérito policial (art. 5.º, § 3.º, CPP), é natural que se dê o mesmo no tocante ao Ministério Público, titular da ação penal.

Pode qualquer pessoa encaminhar ao promotor de justiça uma petição, requerendo providências e fornecendo dados e documentos, para que as medidas legais sejam tomadas.

---

[10]   No mesmo sentido, FREDERICO MARQUES, *Tratado de direito processual penal*, v. 2, p. 123-126.

[11]   ADA PELLEGRINI GRINOVER, ANTONIO MAGALHÃES GOMES FILHO e ANTONIO SCARANCE FERNANDES, *As nulidades no processo penal*, p. 68.

[12]   *Teoria do direito processual penal*, p. 156.

[13]   *Estudos e pareceres*, p. 125.

Não possuindo os documentos necessários, deve indicar o lugar onde possam ser obtidos, bem como todos os elementos para formar o convencimento do Estado-acusação.

A providência do representante do Ministério Público deve ser, como regra, requisitar a instauração de inquérito policial, embora possa ele denunciar diretamente se a pessoa enviou documentos suficientes para instruir a ação penal. Eventualmente, é cabível o estudo do conteúdo das peças recebidas e, concluindo não haver crime a ser apurado, promover o seu arquivamento junto ao órgão do Poder Judiciário – como deixa claro o art. 28, ao mencionar o arquivamento das "peças de informação".

Nesta hipótese, trata-se de ação pública incondicionada, embora a lei nada tenha falado a respeito.[14] É natural que assim seja, pois a ação penal pública condicionada não prescinde da representação da vítima ou de requisição do Ministro da Justiça para ter início, motivo pelo qual não é possível a qualquer do povo provocar a atuação do Ministério Público.

5. PROCESSO E PROCEDIMENTO

Viabiliza-se a ação penal por meio do processo, que segue um procedimento. O *processo* é um instrumento de realização do direito de pedir ao Poder Judiciário a aplicação do direito material ao caso concreto, formatando-se pelos aspectos externo e interno. Externamente, o processo é uma sucessão ordenada de atos dirigida à sentença. Internamente, cuida-se de uma relação estabelecida entre as partes contrapostas – acusação e réu – e o Estado-juiz.

Como bem assinala Galeno Lacerda, "processo é meio. Portanto, o rito não pode erigir-se num fim. Meio de solução justa de um conflito individual de interesses e meio também, eficaz e pronto, de harmonia social".[15]

O *procedimento* é a forma e o ritmo dado à sucessão dos atos que buscam a sentença. Pode ser considerado comum ou especial, como veremos no capítulo próprio, significando um andamento mais célere ou mais lento, com várias audiências ou uma única, enfim, espelha a maneira pela qual se dará o desenvolvimento do processo.

5.1 Pressupostos processuais

Os *pressupostos processuais* são os requisitos necessários para a existência e a validade da relação processual, permitindo que o processo possa atingir o seu fim.[16] Como pressuposto de existência, pode-se citar a constatação da jurisdição, uma vez que apresentar a causa a uma pessoa não integrante do Poder Judiciário nada resolve em definitivo. Como pressuposto de validade, pode-se mencionar a inexistência de impedimento ou suspeição do magistrado, bem como a sua competência para decidir a causa, além da ausência de litispendência e coisa

---

[14] No mesmo prisma, Câmara Leal (*Comentários ao Código de Processo Penal brasileiro*, v. I, p. 147). E adverte o autor: "a delação do crime por qualquer do povo deve ser feita por escrito. As simples informações verbais não obrigam o Ministério Público a delas tomar conhecimento para agir. Não obstante, desde que tenha notícia do crime, por qualquer forma, não deixará de sindicar os fatos para deles adquirir certeza e diligenciar no interesse público, desde que essa é sua missão e o seu dever" (ob. cit., p 148).

[15] *Teoria geral do processo*, p. 17.

[16] "São os requisitos exigidos para que a relação jurídica estabelecida leve ao debate e à resolução sobre o fundamento da pretensão básica" (Romeu Pires de Campos Barros, *Direito processual penal*, v. 1, p. 245).

julgada. A Lei 11.719/2008 inseriu, dentre os motivos para a rejeição da denúncia ou queixa, a falta de pressuposto processual (art. 395, II, CPP). Devemos relembrar que alguns dos pressupostos processuais podem ser supridos e sanados, não implicando, necessariamente, a rejeição da peça acusatória.

Na realidade, os pressupostos processuais não passam de *condições da ação*, cada qual no seu patamar ideal. Os exemplos citados para quem vê diferença entre as condições da ação e os pressupostos do processo são sempre os mesmos (e citamos os dois exemplos linhas acima). Quando se menciona ser pressuposto de existência do processo ter o juiz *jurisdição*, sejamos mais diretos, não havendo jurisdição o pedido é juridicamente impossível. Mencionando-se constituir pressuposto de validade do processo a inexistência de impedimento do juiz, pode-se lançar o tema para o campo do interesse de agir, pois admitir que a causa seja julgada por quem *não pode* significar uma total falta de interesse. Afinal, o que se busca? Um mero parecer? Enfim, somos levados a desacreditar os pressupostos processuais. São meros tentáculos das condições da ação: se antes de ajuizada a ação, carência; se depois, carência superveniente.

6. INÍCIO DA AÇÃO PENAL

Dá-se pelo oferecimento da denúncia ou da queixa, independentemente do recebimento feito pelo juiz. Essa afirmativa decorre de vários aspectos, dentre os quais a própria redação do art. 24 do Código de Processo Penal, isto é, a ação será *promovida* (promover = originar, dar impulso, dar causa a alguma coisa, gerar) por denúncia. E o texto constitucional, editado após o Código de Processo Penal, não foge à regra, mencionando que é função institucional do Ministério Público *promover* (dar causa), privativamente, a ação penal pública (art. 129, I, CF). Por vezes, há confusão entre o início da ação penal e seu regular exercício. Ao receber a denúncia ou queixa, o juiz – que não é titular do direito de ação, motivo pelo qual não poderia iniciá-la – nada mais faz do que reconhecer a regularidade do exercício desse direito, podendo-se, então, buscar, através da dilação probatória, a decisão de mérito.

Ao rejeitar a denúncia ou queixa, o Judiciário respondeu à ação da parte, prestou satisfação e aplicou o direito ao caso concreto. Aliás, bem expôs TORNAGHI que "o ato de rejeição faz surgir uma relação entre o juiz e o Ministério Público, mas não vincula o acusado. Não dá, pois, nascimento à *relação processual angular*",[17] o que significa uma relação de ordem jurisdicional entre juiz e promotor e não meramente administrativa, como seria de se supor caso não houvesse ainda ação penal (ou melhor, *direito à jurisdição*, nas palavras de ROGÉRIO LAURIA TUCCI.[18]

Rejeitada a peça acusatória, há possibilidade de interposição de recurso em sentido estrito (art. 581, I, CPP), provocando o tribunal a *dizer* o direito igualmente. Ressalte-se, desde logo, ser o *recurso* nada mais do que o prolongamento do direito de ação, pois pleiteia a parte vencida a revisão do julgado por órgão jurisdicional superior. Se não for dado provimento ao recurso, aplicou-se do mesmo modo a lei ao caso concreto, respondendo ao pleito do interessado.

Outro aspecto a salientar é que, oferecida a denúncia, já não cabe retratação da representação da vítima (art. 25, CPP), tendo em vista ter sido *iniciada* a ação penal. Colha-se, aqui, a lição de ESPÍNOLA FILHO: "Não se admite qualquer pretensão do ofendido de, retratando a

---

[17] *Curso de processo penal*, v. 1, p. 56, grifamos.
[18] *Teoria do direito processual penal*, p. 79-81.

representação, interromper a ação penal, *iniciada* com o *oferecimento* da denúncia, ou pôr-lhe fim".[19] Não poderia, ainda, o representante do Ministério Público oferecer a denúncia e, antes de ser a peça recebida pelo juiz, desistir, pois estaria ferindo o disposto no art. 42 do CPP, como consequência lógica do início da ação penal.

Ainda citando o ensinamento de Espínola Filho nesse contexto: "O pedido de arquivamento, depois de *apresentada* a denúncia, é impossível, traduzindo a desistência da ação penal, que se veda ao Ministério Público".[20] A doutrina é amplamente favorável a essa posição: Frederico Marques;[21] Tourinho Filho;[22] Damásio Evangelista de Jesus;[23] Paulo Lúcio Nogueira;[24] Xavier de Aquino e Nalini;[25] Magalhães Noronha;[26] Vicente Greco Filho.[27]

Por derradeiro, no caso da queixa, o início da ação penal serve para interromper a decadência.

Quando o magistrado recebe a denúncia ou a queixa, tem-se por *ajuizada* a ação penal, vale dizer, encontra-se em termos para estabelecer a relação processual completa, chamando-se o réu a juízo. Serve, nesta última hipótese, para interromper a prescrição.

7. CONDIÇÕES GENÉRICAS DA AÇÃO PENAL

A ação penal pública inicia-se com o oferecimento da denúncia. A privada, por seu turno, com o oferecimento da queixa. Considera-se ajuizada a demanda quando o juiz recebe a peça inicial. Aperfeiçoa-se, a partir daí, a relação processual, pois o réu é citado, passando a integrar necessariamente o processo. Ainda que o acusado não o faça pessoalmente, valendo-se do seu direito ao silêncio e deixando de comparecer para ser interrogado, bem como não indicando advogado para patrocinar sua defesa, o juiz nomeará defensor dativo, preservando-se, em qualquer hipótese, o contraditório e a ampla defesa.

Para que ocorra, legitimamente, o recebimento da denúncia ou da queixa, é fundamental a verificação das condições da ação, vale dizer, se estão presentes os requisitos mínimos indispensáveis para a formação da relação processual que irá, após a colheita da prova, redundar na sentença, aplicando-se a lei penal ao caso concreto. Por vezes, inexiste razão para o ajuizamento da ação penal, muito embora o Judiciário jamais possa impedir o órgão acusatório (Ministério Público ou querelante, que é o ofendido) a apresentar seu pleito (oferecer denúncia ou queixa). E se inexistir motivo fundamentado para o processo seguir seu curso, pois, na esfera criminal, é sempre um constrangimento grave ser *acusado* formalmente da prática de uma infração penal, deve o juiz rejeitar a denúncia ou queixa.

---

[19]   *Código de Processo Penal brasileiro anotado*, v. 1, p. 345, grifamos.

[20]   Ob. cit., p. 429.

[21]   *Elementos de direito processual penal*, v. 2, p. 186.

[22]   *Código de Processo Penal comentado*, v. 1, p. 74.

[23]   *Código de Processo Penal anotado*, p. 19.

[24]   *Curso completo de processo penal*, p. 78.

[25]   *Manual de processo penal*, p. 93.

[26]   *Curso de direito processual penal*, p. 35.

[27]   *Manual de processo penal*, p. 116.

Seus parâmetros para impedir o ajuizamento da ação penal baseiam-se nas condições da ação, que são os requisitos exigidos pela lei para que o órgão acusatório, por meio da ação penal, obtenha do Poder Judiciário uma análise da imputação formulada na denúncia ou na queixa, proferindo decisão de mérito, acolhendo ou rechaçando a pretensão punitiva estatal. Chamam-se *genéricas* as condições válidas para toda e qualquer ação penal. As denominadas *específicas* serão analisadas em tópico separado.

O conteúdo da denúncia ou queixa (a ser mais bem desenvolvido em tópico próprio) é uma imputação, ou seja, a atribuição a alguém da prática de um crime ou contravenção. Para que o juiz possa colher provas e decidir acerca da imputação – se correta ou incorreta, verdadeira ou falsa – torna-se indispensável que analise, previamente, os requisitos para o ajuizamento da ação penal.

São eles: a) possibilidade jurídica do pedido; b) interesse de agir; c) legitimidade de parte. O art. 43 do Código de Processo Penal os previa, embora não o fizesse de maneira ordenada, nem tampouco os denominasse com nomenclatura adequada.

A partir da Lei 11.719/2008 revogou-se o referido art. 43 e o seu conteúdo foi transferido, com alterações, para o art. 395 do CPP.

De maneira ampla, passou-se a prever, como causas para a rejeição da denúncia ou queixa, o seguinte: a) inépcia da denúncia ou queixa; b) ausência de pressuposto processual; c) falta de condição para o exercício da ação penal; d) ausência de justa causa para o exercício da ação penal.

Quanto às condições genéricas da ação, continuamos a sustentar serem as três já indicadas (possibilidade jurídica do pedido, interesse de agir e legitimidade de parte).

7.1   Possibilidade jurídica do pedido

Significa ter o Estado a possibilidade, em tese, de obter a condenação do réu, motivo pelo qual é indispensável que a imputação diga respeito a um fato considerado criminoso.

Demanda-se, assim, que a imputação diga respeito a um fato típico, antijurídico e culpável. Se, à primeira vista, lendo o inquérito, que acompanha a denúncia, não vislumbra o juiz qualquer desses elementos, deve rejeitar a peça acusatória. O pedido é juridicamente impossível, pois não se pode pedir a condenação de alguém por ter praticado conduta penalmente irrelevante.

Há tendência doutrinária no prisma de não mais considerar útil esse entendimento, ou seja, a possibilidade jurídica do pedido – tal como utilizado o conceito no processo civil – deveria ser deixada de lado no processo penal. A justificativa, dentre outras, é que o direito de punir do Estado fundamenta-se, precipuamente, no princípio da legalidade (não há crime sem lei que o defina, não há pena sem lei que a comine, conforme art. 5.º, XXXIX, CF), de modo que, nas palavras de Maria Thereza Rocha de Assis Moura, torna-se desnecessária "para o processo penal, a discussão acerca da possibilidade jurídica como condição da ação e sua identidade ou não com a tipicidade. Esta – não há como deixar de reconhecer – integra o juízo de legitimidade da acusação. E, uma vez ausente, possibilita o trancamento da ação penal por falta de justa causa".[28] Em síntese, seria mais um problema atinente à justa causa para a ação penal do que, propriamente, um tópico destacado e intitulado *possibilidade jurídica do pedido.*

---

[28]   *Justa causa para a ação penal – doutrina e jurisprudência*, p. 188-189.

Parece-nos válida essa afirmativa, reduzindo-se no princípio da legalidade o cerne da acusação legítima, embora não se possa perder de vista o caráter prático da consideração de existência dessa condição da ação penal. Afinal, o pedido formulado pelo órgão acusatório é sempre genérico, baseando-se na condenação do réu, para que uma justa sanção penal lhe seja aplicada. Somente há possibilidade de se permitir o ajuizamento da ação penal, inicialmente, produzindo-se prova ao longo da instrução, caso o pedido seja juridicamente viável, significando dizer que o fato é, em tese, considerado crime.

Havendo demonstração de que não se trata de infração penal, desrespeitado está o princípio da legalidade e é impossível o pedido feito. Pode-se, também, dizer que, nessa hipótese, estaria o juiz produzindo um autêntico julgamento de mérito (afastando a imputação formulada pela acusação), mas o importante é a existência de estágios no processo penal – o que não há, no processo civil –, razão pela qual os institutos precisam ser adaptados a um e outro.

Para haver ação penal, é fundamental existir, ao menos em tese e de acordo com uma demonstração prévia e provisória, uma infração penal. Logicamente, nada impede que, diante do mecanismo existente de produção de prova pré-constituída (inquérito policial ou procedimento legal que o substitua) – para garantia do próprio indiciado –, verifique o juiz não haver possibilidade para o pedido formulado, rejeitando desde logo a denúncia. Invadiu o mérito, porque o primeiro estágio da persecução penal (investigação) trouxe provas suficientes da inviabilidade de realização do segundo estágio, isto é, do ajuizamento da ação, com todo o constrangimento acarretado pela situação ao réu.

A possibilidade jurídica do pedido liga-se apenas à viabilidade de ajuizamento da ação penal para que, ao final, seja produzido um juízo de mérito pelo magistrado, não significando que não possa haver, desde logo, quando for possível, a antecipação dessa avaliação de mérito, encerrando-se de vez a questão, quando as provas permitirem, no interesse do próprio indivíduo.

Acrescente-se, ainda, existir a possibilidade legal de, ultrapassada a fase de recebimento da denúncia ou queixa, o juiz absolver sumariamente o réu, após a apresentação da defesa prévia, dentre outras, pela razão de o fato narrado evidentemente não constituir crime (art. 397, III, CPP).

Por derradeiro, não nos parece correta a visão daqueles que pretendem, no requisito pertinente à possibilidade jurídica do pedido, circunscrever a narrativa do fato ao mero juízo de tipicidade. O Código de Processo Penal faz referência, no campo da absolvição sumária, ao *fato narrado evidentemente não constituir crime* (art. 397, III). Ora, para ser considerado como tal é indispensável a avaliação da tipicidade, ilicitude e culpabilidade. Ausente um desses elementos o fato nitidamente não é *crime*. E, verificada tal situação, tão logo seja oferecida a peça acusatória, deve-se rejeitá-la.

Oliveira e Silva afirma, com razão, ser "imprescindível, aí, todo o cuidado da parte do Promotor Público ou do advogado do querelante, para que a denúncia ou queixa se revista de todos os requisitos legais, sob pena de, liminarmente, ser, pelo juiz, rejeitada como inepta".[29]

Exemplificando: caso o promotor apresente denúncia expondo fato que evidencie, desde logo, uma situação de legítima defesa, amparada pelas provas colhidas no inquérito, o magistrado está autorizado a concluir ser o pedido juridicamente impossível, pois o Estado não possui pretensão de punir quem agiu licitamente.

---

[29] *Curso de processo penal*, p. 31.

A exceção fica por conta da possibilidade jurídica de aplicação de medida de segurança. Nesse caso, o órgão acusatório pode apresentar ao juiz denúncia onde narre fato praticado por pessoa mentalmente enferma – com insanidade já constatada no curso do inquérito policial – pedindo que, após o devido processo legal, garantindo ao réu a ampla possibilidade de defesa, direito inerente à sua condição de ser humano, independentemente da sua sanidade, seja ele absolvido para a aplicação da medida de segurança cabível. O fato, embora não seja crime (falta o elemento *culpabilidade*), viabiliza a ação penal para que outro tipo de sanção seja aplicado.

O ideal seria o Código de Processo Penal dispor mais adequadamente a respeito da decisão que aplica medida de segurança, pois, como se encontra atualmente, verifica-se uma sentença denominada *absolutória imprópria* (art. 386, parágrafo único, III, CPP), quando, em verdade, poderia ser condenatória para o cumprimento de sanção penal de natureza diversa da pena.

7.2   Interesse de agir

Detecta-se o interesse de agir do órgão acusatório quando houver necessidade, adequação e utilidade para a ação penal. Como esclarece FREDERICO MARQUES, "se a ação é um direito subjetivo, nela se encontra um interesse juridicamente protegido, o qual nada mais é que o interesse a obter a tutela jurisdicional do Estado mediante o julgamento da pretensão deduzida em juízo".[30]

A necessidade de existência do *devido processo legal* para haver condenação e consequente submissão de alguém à sanção penal é condição inerente a toda ação penal. Logo, pode-se dizer que é presumido esse aspecto do interesse de agir.

Quanto à adequação, o órgão acusatório precisa promover a ação penal nos moldes procedimentais eleitos pelo Código de Processo Penal, bem como com supedâneo em prova pré-constituída. Sem o respeito a tais elementos, embora a narrativa feita na denúncia ou queixa possa ser considerada juridicamente possível, não haverá interesse de agir, tendo em vista ter sido desrespeitado o interesse-adequação.

Quanto ao interesse-utilidade, significa que a ação penal precisa apresentar-se útil para a realização da pretensão punitiva do Estado. Vislumbrando-se, por exemplo, a ocorrência de causa extintiva da punibilidade, é natural deixar o processo de interessar ao Estado, que não mais possui pretensão de punir o autor da infração penal.

7.3   Legitimidade de parte

Ingressando ação penal, deve o juiz certificar-se da legitimidade da parte nos dois polos: ativo e passivo. E mais, necessita verificar a legitimidade para a causa (*ad causam*) e a legitimidade para o processo (*ad processum*).

Quanto à legitimidade para a causa, no polo ativo deve figurar o titular da ação penal: Ministério Público (ação penal pública) ou ofendido (ação penal privada), que pode ser representado ou sucedido por outra pessoa na forma da lei (arts. 30 e 31, CPP). No polo passivo, em face do princípio da intranscendência, deve estar a pessoa contra a qual pesa a imputação, vale dizer, não é parte legítima passiva aquele que não praticou a conduta típica, nem de qualquer forma auxiliou à sua realização.

No tocante à legitimidade para o processo, no polo ativo deve estar o membro do Ministério Público que possua, legalmente, atribuição para tanto (princípio do promotor natural)

---

[30]   *Tratado de direito processual penal*, v. 2, p. 20-21.

ou o ofendido, devidamente representado por advogado (caso não esteja atuando em causa própria, isto é, se a própria vítima possuir habilitação profissional), se maior de 18 anos, bem como o ofendido, assistido por seu representante legal (pai, por exemplo), se menor de 18 anos, devidamente representado pelo advogado.

Excepcionalmente, pode haver legitimidade ativa para a causa concorrente, ou seja, mais de uma parte está autorizada legalmente a agir. Logicamente, não podendo haver duas ações penais idênticas contra o mesmo réu, quem o fizer em primeiro lugar, afasta o outro. É o que acontece quando o membro do Ministério Público ultrapassa o prazo legal para o oferecimento de denúncia (art. 46, CPP), legitimando o ofendido a ingressar com queixa-crime (art. 29, CPP). Se este não o fizer, continua autorizado a oferecer denúncia o promotor, figurando, pois, uma legitimação concorrente.

Outra exceção, não convincente, no entanto, é a possibilidade de o funcionário público, ofendido em sua honra no exercício da função, que deveria *sempre*, quando desejasse ver processado o ofensor, representar ao Ministério Público, para que este promovesse a ação penal pública (art. 145, parágrafo único, CP), valer-se de ação penal privada, ficando a seu critério a escolha. Assim, tem entendido o Supremo Tribunal Federal caber ao funcionário optar entre provocar o Ministério Público para que a ação seja proposta ou contratar ele mesmo um advogado para ingressar com queixa. Em nosso *Código Penal comentado* (nota 73 ao art. 145), criticamos essa possibilidade e mencionamos julgados num e noutro sentido, pois não nos parece indicada essa eleição – e nítida exceção –, não admitida em outros casos. Entretanto, o Supremo Tribunal Federal, consolidando sua posição, editou a Súmula 714: "É concorrente a legitimidade do ofendido, mediante queixa, e do Ministério Público, condicionada à representação do ofendido, para a ação penal por crime contra a honra de servidor público em razão do exercício de suas funções".

Destaca o art. 37 do Código de Processo Penal expressamente que a pessoa jurídica pode figurar no polo ativo da ação penal, ajuizando queixa no caso de ação penal privada (ex.: pessoa jurídica como vítima de calúnia – art. 138, CP, quando se tratar de delito ambiental) ou no caso de ação penal pública, quando ficar inerte o Ministério Público. É a hipótese da ação penal privada subsidiária da pública (ex.: pessoa jurídica é vítima de furto, não atuando a tempo o promotor). Prevê, ainda, o mesmo dispositivo que a ação penal pode ser ajuizada diretamente pela pessoa jurídica, através da queixa, mas nada dispõe a respeito da possibilidade de a pessoa jurídica representar, legitimando o Ministério Público a agir. Nada impede que, aplicando-se a analogia, chegue-se a idêntica possibilidade (ex.: pessoa jurídica sofre furto de coisa comum – art. 156, CP).

Como regra, as pessoas jurídicas, ao se constituírem, deixam claro, no contrato social ou nos estatutos, quem vai representá-las em juízo. Não havendo essa previsão, pode valer-se da ação penal, agindo em nome da empresa, qualquer diretor ou sócio-gerente, com poderes de administração.

7.3.1 Curador especial

Dispõe o art. 33 do CPP que: "se o ofendido for menor de 18 (dezoito) anos, ou mentalmente enfermo, ou retardado mental, e não tiver representante legal, ou colidirem os interesses deste com os daquele, o direito de queixa poderá ser exercido por curador especial, nomeado, de ofício ou a requerimento do Ministério Público, pelo juiz competente para o processo penal".

Há possibilidade de o ofendido ser menor de 18 anos – sem legitimação para agir no processo penal – ou mentalmente enfermo ou retardado, sem a devida representação legal.

Nessa situação, para evitar que fique privado de seu direito de acionar criminalmente quem o ofendeu, deve o juiz, por ato de ofício ou mediante provocação do promotor, nomear à vítima um curador especial. Normalmente, essa nomeação termina recaindo, quando não conhecido nenhum parente próximo, em um advogado da confiança do juízo, para que este represente os interesses do incapaz.

Por vezes, o incapaz tem representante legal, mas este tem interesse conflitante com o do representado, podendo ser de variadas ordens. Pode ocorrer de o representante ser coautor ou partícipe do crime de ação privada cometido contra o incapaz ou até mesmo muito amigo ou intimamente relacionado com o autor. Imagine-se a mãe de um rapaz de 17 anos, vítima de difamação por parte de seu padrasto. Pode ela, para preservar a sua ligação amorosa, não se interessar em promover a queixa, motivo pelo qual o juiz, intervindo, nomeia um curador especial para zelar pelos interesses do incapaz.

Além do direito de queixa, acolhe-se, igualmente, o direito de representação, para o caso das ações públicas condicionadas. É a utilização da analogia, valendo-se da lógica do sistema processual. Se pode existir um incapaz impossibilitado de ingressar com ação penal, por falta ou inépcia de sua representação legal, é preciso suprir-lhe a falta também no caso da representação.

O curador especial pode ser qualquer pessoa, maior de 18 anos, da confiança do juiz, normalmente recaindo a nomeação em advogados. O curador não está obrigado a agir, porque pode não haver prova suficiente para isso, embora deva usar todos os instrumentos à disposição para verificar o que seria melhor aos interesses do incapaz.

7.3.2   Legitimação extraordinária

O art. 37 do CPP estabelece que "as fundações, associações ou sociedades legalmente constituídas poderão exercer a ação penal, devendo ser representadas por quem os respectivos contratos ou estatutos designarem ou, no silêncio destes, pelos seus diretores ou sócios-gerentes".

Significa que a pessoa jurídica pode figurar no polo ativo da ação penal, ajuizando queixa no caso de ação penal privada (ex.: pessoa jurídica como vítima de difamação – art. 139, CP) ou no caso de ação penal pública, quando ficar inerte o Ministério Público. É a hipótese da ação penal privada subsidiária da pública (ex.: pessoa jurídica é vítima de furto, não atuando a tempo o promotor).

Prevê o art. 37 que a ação penal pode ser ajuizada diretamente pela pessoa jurídica, através da queixa, mas nada dispõe a respeito da possibilidade de a pessoa jurídica representar, legitimando o Ministério Público a agir. Nada impede que, aplicando-se a analogia, chegue-se a idêntica possibilidade (ex.: pessoa jurídica sofre furto de coisa comum – art. 156, CP).

Normalmente, as pessoas jurídicas, ao se constituírem, deixam claro no contrato social ou nos estatutos quem vai representá-las em juízo. Não havendo essa previsão, pode valer-se da ação penal, agindo em nome da empresa, qualquer diretor ou sócio-gerente, com poderes de administração.

7.4   A justa causa para a ação penal

Embora grande parte da doutrina[31] venha confundindo a justa causa simplesmente com o interesse de agir, parece-nos correta a lição de MARIA THEREZA ROCHA DE ASSIS MOURA,

---

[31]   "No processo penal, justa causa e interesse processual se confundem..." (FREDERICO MARQUES, *Tratado de direito processual penal*, v. 2, p. 73).

sustentando que a justa causa, em verdade, espelha uma *síntese* das condições da ação. Inexistindo uma delas, não há justa causa para a ação penal.[32]

Portanto, sob esse prisma, soa-nos ilógica a atual disposição do art. 395 do CPP. Deve-se rejeitar a denúncia ou queixa se faltar condição para o exercício da ação penal (inciso II) ou faltar justa causa para o exercício da ação penal (inciso III). Ora, um inciso se subsume no outro. Se faltar justa causa significa não haver alguma das condições para o exercício da ação penal. E, por outro prisma, inexistindo qualquer das condições para o exercício da ação penal, não há justa causa.

8.   CONDIÇÕES ESPECÍFICAS DA AÇÃO PENAL

Determinadas ações penais, como é o caso, ilustrando, das públicas condicionadas, dependem do preenchimento de certos requisitos que vão além dos genéricos. Neste caso, para que o Ministério Público possa oferecer denúncia, torna-se fundamental constatar a existência de representação do ofendido ou de requisição do Ministro da Justiça, conforme o caso. Inexistente a representação, quando a lei assim demandar, falta condição específica para a ação penal, cabendo a rejeição da denúncia.

Na verdade, se refletirmos bem, as condições específicas da ação penal não passam de uma particular possibilidade jurídica do pedido. O Ministério Público somente encontra viabilidade para demandar do Poder Judiciário a apreciação do seu pedido condenatório, diante da imputação de um crime a alguém, quando a vítima oferece sua *autorização*. Sem esta manifestação de vontade, é juridicamente impossível que o pedido seja apreciado, logo, que a ação penal seja ajuizada.

As condições específicas da ação penal também são denominadas de *condições de procedibilidade*, aplicáveis a alguns crimes apenas. Exemplos: existência de representação da vítima ou requisição do Ministro da Justiça (ação pública condicionada); ingresso do estrangeiro no território nacional, no caso de extraterritorialidade condicionada; efetivação da prisão, no caso do processo de extradição etc. Elas são, na essência, condições referentes à possibilidade jurídica do pedido. Assim, quando não está presente uma condição de procedibilidade, significa que inexiste possibilidade jurídica para ser ajuizada ação penal. Nessa visão: VICENTE GRECO FILHO;[33] ADA PELLEGRINI GRINOVER, ANTONIO MAGALHÃES GOMES FILHO e ANTONIO SCARANCE FERNANDES.[34] Esclarece HÉLIO TORNAGHI, quanto ao significado da expressão *condições de procedibilidade*, que teria sido criada por autores que sustentam não fazerem elas parte do tipo, não constituindo elemento do crime, embora seja exigida para o início da ação penal.[35]

9.   REPRESENTAÇÃO DO OFENDIDO

A representação da vítima faz parte do contexto das condições específicas da ação penal, constituindo uma autêntica *delatio criminis* postulatória, pois quem formula a representação não somente informa a ocorrência de um crime à autoridade, mas também pede que seja

---

[32]   *Justa causa para a ação penal – doutrina e jurisprudência*, p. 221.
[33]   *Manual de processo penal*, p. 99.
[34]   *As nulidades no processo penal*, p. 64 e 67.
[35]   *A relação processual penal*, p. 246.

instaurada a persecução penal.[36] Pode ser oferecida por procurador do ofendido, desde que tenha poderes especiais, não necessitando ser advogado, mas apenas pessoa maior de 18 anos.

Demonstra o Código de Processo Penal que a representação pode ser ofertada perante autoridade policial, promotor ou magistrado não competente para investigar, oferecer ou receber a denúncia, o que se afigura razoável, pois a manifestação de vontade da vítima é somente uma condição de procedibilidade e não a petição inicial, que inaugura um processo (art. 39, *caput*, CPP). Logo, se está depondo, acerca de fato diverso, contra réu diferente do agressor, é possível oferecer sua representação contra outra pessoa. O juiz colhe os dados e oficia ao magistrado competente para apurar o caso. Este, por sua vez, deverá requisitar inquérito ou enviar o material recebido diretamente ao promotor para as providências cabíveis. O mesmo se dá com o delegado da Comarca onde mora a vítima, por exemplo. Ouvindo-a, remete as peças para a autoridade policial do lugar da infração, competente para instaurar o inquérito.

A representação não exige rigorismo formal, ou seja, um termo específico em que a vítima declare expressamente o desejo de representar contra o autor da infração penal. Basta que, nas declarações prestadas no inquérito, por exemplo, fique bem claro o seu objetivo de dar início à ação penal, legitimando o Ministério Público a agir (art. 39, § 2.º, CPP). Outra situação possível: o ofendido pode comparecer à delegacia, registrar a ocorrência e manifestar expressamente, no próprio boletim, o seu desejo de ver o agressor processado. Entretanto, para que dúvida não paire, o ideal é colher a expressa intenção do ofendido por termo, como deixa claro o § 1.º do art. 39 do CPP. Deve a representação conter todos os dados do fato delituoso e do seu autor para a autoridade – em regra, a policial, uma vez que as pessoas, de um modo geral, não têm acesso direto ao promotor e ao juiz no fórum, além do que, para a ação penal, o inquérito servirá de fundamento.

Existe possibilidade de apresentação de representação oral, devendo o interessado comparecer na delegacia de polícia, manifestando, verbalmente, à autoridade policial, seu desejo de ver processado determinado autor de fato criminoso do qual tenha sido vítima. É preciso, pois, que o delegado reduza esse intento por escrito, fazendo-o por termo, colhendo a assinatura do representante (art. 39, § 3.º, CPP). Em juízo, pode o magistrado fazer o mesmo, o que, no entanto, é mais raro. Quando a representação é formulada em um depoimento prestado, já se está reduzindo a termo as declarações, sendo providência inútil elaborar outro termo somente para contê-la.

Finalmente, se o representante se dirigir diretamente ao Ministério Público, pode o próprio promotor colher as declarações, reduzindo-as a termo, sem necessidade de que isso seja feito pela autoridade policial ou judiciária, como está a indiciar esta norma processual penal. Por outro lado, admite-se seja feita por escrito, sem necessidade de redução a termo, quando contiver a assinatura do representante, com firma reconhecida, contendo, logicamente, todos os dados do fato e do seu autor.

Quanto à amplitude da representação, uma vez que o ofendido manifestou à autoridade policial, ao promotor ou ao juiz a sua vontade de ver processar o seu agressor, narrando determinados fatos, não pode o órgão acusatório, posteriormente, descobrindo outros fatos criminosos relacionados ao primeiro, também de ação pública condicionada, *alargar* o seu âmbito, legitimando-se a denunciar o agente por mais delitos do que constava na represen-

---

[36] Frederico Marques, *Elementos de direito processual penal*, v. 1, p. 316; *Estudos e pareceres*, p. 111; Rogério Lauria Tucci, *Teoria do direito processual penal*, p. 125; Espínola Filho, *Código de Processo Penal brasileiro anotado*, v. 1, p. 411.

tação original. Seria contornar o caráter da ação penal, que é *condicionado* à representação, dando-lhe aspecto de ação pública incondicionada.[37]

Porém, apresentada a representação contra um dos coautores ou partícipes, autoriza o Ministério Público a oferecer denúncia contra todos os agentes. Decorre tal situação da obrigatoriedade da ação penal pública, razão pela qual não se pode escolher qual dos vários coautores merece e qual não merece ser processado. Parte da doutrina invoca a indivisibilidade da ação penal para justificar tal situação, embora prefiramos sustentar a existência da obrigatoriedade. O promotor, dispondo de autorização para agir contra um, em crime de ação pública condicionada, está, automaticamente, legitimado a apurar os fatos e agir contra todos. No mesmo caminho, Fauzi Hassan Choukr expõe que "uma vez consagrada a obrigatoriedade, também como sua decorrência existe a impossibilidade de seletividade do exercício da ação penal apenas contra um dos alegados agentes nas modalidades de concurso (necessário ou facultativo)".[38] E Weber Martins Batista: "em nenhuma hipótese, em nenhuma circunstância, pode o juiz invocar a indivisibilidade da ação pública – que não existe – para arquivar o procedimento ou absolver o acusado, sob o fundamento de que o Ministério Público renunciou ao direito de agir com relação ao outro – o que é, igualmente, impossível".[39]

Pensamos que a indivisibilidade da ação penal é mais apropriada para o contexto da ação privada, quando a vítima pode optar, livremente, entre ajuizá-la ou não, prevalecendo o princípio da oportunidade.[40] E, nesta situação, porque a eleição é feita pela parte ofendida, atendendo a critérios discricionários, impõe o Estado que, promovida contra um, seja também ajuizada contra os outros, para que não haja a indevida prevalência da vingança ou de acordos despropositados e desonestos. O promotor, por sua vez, devendo sempre agir contra todos os que cometem delitos de ação pública, legitimado a fazê-lo contra um, está obrigado a agir contra os demais.

Quando o ofendido é menor de 18 anos, não possuindo capacidade postulatória, são outras as pessoas que, legalmente, podem manifestar a vontade em seu lugar: ascendente, tutor ou curador, conforme art. 24, *caput*, parte final, do CPP.

Em caso de morte ou ausência do ofendido, prevê o art. 24, § 1.º, do Código de Processo Penal, poder o membro de sua família (cônjuge, ascendente, descendente ou irmão) assumir a posição de parte interessada, na ordem de preferência dada pela lei, para apurar o fato delituoso e sua autoria. Diga-se o mesmo com relação ao ofendido declarado ausente por decisão judicial, conforme dispositivos específicos do Código Civil.

Desaparecendo uma pessoa de seu domicílio, sem que dela se tenha notícia, se não houver deixado procurador ou representante e visando à administração dos bens, o juiz, a requerimento de qualquer interessado ou do Ministério Público, declarando a ausência, pode nomear-lhe curador (art. 22, CC). Identicamente, quando o ausente deixar mandatário que não queira ou não possa exercer ou continuar no exercício do mandato, bem como se seus poderes forem insuficientes (art. 23, CC). Passado um ano da arrecadação dos bens do ausente, ou, caso tenha deixado representante ou procurador, três anos, sem que se saiba do seu

---

[37] Rogério Lauria Tucci, *Teoria do direito processual penal*, p. 132.

[38] *Código de Processo Penal*, p. 100.

[39] *Direito penal e direito processual penal*, p. 85.

[40] Assim também a lição de Frederico Marques: "o direito de queixa é indivisível. (...) Se as normas processuais transferem ao ofendido, em determinados crimes, o exercício do *ius accusationis*, incivil seria no entanto que lhe outorgasse, ainda, a faculdade de influir sobre a extensão subjetiva da acusação" (*Tratado de direito processual penal*, v. 2, p. 117). No mesmo sentido, Jorge Alberto Romeiro (*Da ação penal*, p. 230).

paradeiro, podem os interessados requerer a declaração de ausência e a abertura provisória da sucessão (art. 26, CC). Dez anos depois de passar em julgado a sentença que concede a abertura da sucessão provisória, ainda sem notícia, podem os interessados requerer a transformação da sucessão provisória em definitiva (art. 37, CC), o que também ocorrerá se ficar demonstrado que o ausente conta 80 anos de idade e datam de 5 anos as últimas notícias suas (art. 38, CC). Preleciona, ainda, o art. 6.º do Código Civil que a existência da pessoa natural termina com a morte. Presume-se esta, no entanto, no caso da ausência e, também, quando for extremamente provável a morte de quem estava em perigo de vida (art. 7.º, I, CC), bem como quando alguém, desaparecido em campanha ou feito prisioneiro, não for encontrado até dois anos após o término da guerra (art. 7.º, II, CC).

A ordem de preferência para apresentação da representação é a seguinte: cônjuge, ascendente, descendente e irmão. Entretanto, parece-nos razoável o entendimento de que, não desejando representar o cônjuge, por exemplo, possa fazê-lo o pai da vítima falecida. E assim sucessivamente. Em caso de discordância – se deve ou não haver a representação –, parece-nos deva prevalecer a vontade daquele que deseja a representação. Não teria sentido que a lei tivesse estipulado uma ordem de sucessão rígida, entregando ao cônjuge, em primeira e última análise, a conveniência da representação. Depois, aos pais; em seguida, aos filhos; finalmente, aos irmãos.

Quanto ao prazo de representação dos sucessores, utiliza-se o mesmo critério para o início da ação penal privada.

A representação, que é a comunicação de um crime à autoridade competente, solicitando providências para apurá-lo e punir o seu autor, deve ser feita pela vítima, seu representante legal ou sucessor, como já exposto. Uma vez realizada, autoriza a instauração de inquérito policial para investigar o fato criminoso. Entretanto, é viável a ocorrência de retratação, isto é, pode o ofendido ou seu representante legal, *antes* do oferecimento da denúncia, voltar atrás retirando a autorização dada ao Ministério Público.

Não deixa de ser válida, para tanto, a retratação tácita, que ocorre quando a vítima se reconcilia com o agressor, demonstrando implicitamente não ter mais interesse na sua punição. Esta não é posição pacífica, no entanto. Há jurisprudência em sentido contrário, desautorizando a retratação tácita, já que não prevista expressamente essa forma em lei.

Questão interessante é a possibilidade de ocorrência da retratação da retratação, que significa, na prática, o oferecimento de nova representação após ter o ofendido voltado atrás quanto à primeira. Trata-se de hipótese possível de ocorrer. Imagine-se a vítima que, após ter ofertado representação, arrependeu-se. Ocorre que, ainda dentro do prazo de seis meses (prazo decadencial, conforme art. 38, CPP), volta atrás e resolve oferecer nova representação. Deve ser recebida, pois não há vedação legal para isso, razão pela qual, dentro dos limites do razoável, sem que se valha a vítima da lei para extorquir o autor da infração penal, enfim, dentro do que se afigura justo, é possível que haja a retratação da retratação. Nessa ótica: Mirabete;[41] Rogério Lauria Tucci;[42] Damásio Evangelista de Jesus;[43] Nestor Távora e Rosmar Rodrigues Alencar;[44] Renato Marcão.[45]

---

[41] *Código de Processo Penal interpretado*, p. 69.
[42] *Teoria do direito processual penal*, p. 131.
[43] *Código de Processo Penal anotado*, p. 25.
[44] *Curso de direito processual penal*, p. 216.
[45] *Curso de processo penal*, p. 143.

Cremos, no entanto, que a retratação da retratação pode ser considerada inviável se ficar evidenciada a má-fé do ofendido, que vem ameaçando o agente e conseguindo vantagens, graças à possibilidade de "ir e vir" no seu desejo de representar.

Contrariamente, está a posição de TOURINHO FILHO, dizendo que a retratação da representação equivale a uma autêntica renúncia ou perdão, de modo que extinta estaria a punibilidade do agente, não se podendo voltar atrás.[46]

Vale destacar, por fim, que a representação confere ao promotor autorização para agir e não obrigatoriedade. Assim, caso inexistam provas suficientes para a propositura da ação penal, após esgotarem-se os meios investigatórios, pode o representante do Ministério Público requerer o arquivamento. Determinado este, não tem a vítima o direito de ingressar com ação privada subsidiária da pública, uma vez que o promotor cumpriu sua função a tempo.

É sempre importante ressaltar que o Ministério Público pode ajuizar ação penal, sem o inquérito, desde que, com a representação, forem ofertados elementos suficientes para embasar a denúncia (art. 39, § 5.º, CPP).

10. REQUISIÇÃO DO MINISTRO DA JUSTIÇA

Para alguns poucos casos, previu-se que haja a participação discricionária de órgão do Poder Executivo, conferindo autorização para a atuação do Ministério Público, diante da complexidade do tema e da conveniência política de se levar o caso à apreciação do Poder Judiciário. Portanto, a requisição é a *exigência legal* que o Ministro da Justiça encaminha ao Ministério Público de que seja apurada a prática de determinada infração penal e sua autoria.

Não deixa de ser uma *delatio criminis* postulatória.[47] Trata-se de uma condição para o exercício do direito de ação (art. 395, II, CPP). É o que acontece, ilustrativamente, quando há crime contra a honra do Presidente da República ou de chefe de governo estrangeiro (art. 145, parágrafo único, 1.ª parte, do CP). Observe-se que, feita a requisição, isso não significa que o Ministério Público agirá automaticamente. Havendo provas suficientes a fundamentar a ação penal, segundo o princípio da obrigatoriedade, deve o Ministério Público ofertar denúncia; porém, havendo falta de justa causa para o início da ação, deve ser requerido o arquivamento da requisição e das provas que a acompanharam ou do inquérito, caso este tenha sido instaurado por conveniência da formação da *opinio delicti* do órgão acusatório. Diante do silêncio da lei, a qualquer tempo, enquanto não estiver extinta a punibilidade do agente (como pode ocorrer com o advento da prescrição), pode o Ministro da Justiça encaminhar a requisição ao Ministério Público.

Quanto à possibilidade de retratação da requisição, cremos admissível. É verdade que a lei menciona ser retratável, até a oferta de denúncia, apenas a representação (art. 25, CPP), embora não vejamos qualquer óbice de se aplicar, por analogia, o mesmo dispositivo à requisição. Note-se que esta é apresentada em função de ato puramente discricionário e da conveniência política do Poder Executivo, razão pela qual, sob o mesmo argumento, poderia haver a retratação, desde que a denúncia não tenha sido oferecida e até que haja a extinção da punibilidade do agente. Se o particular pode retratar-se da representação já formulada, não há impedimento algum para que o Ministro da Justiça faça o mesmo. Ademais, até o Ministro da Justiça pode deixar o cargo, razão pela qual a orientação de provocar a retratação pelo novo titular da Pasta deve prevalecer.

---

[46]   *Código de Processo Penal comentado*, v. 1, p. 85.

[47]   ROGÉRIO LAURIA TUCCI, *Teoria do direito processual penal*, p. 124.

Confira-se a lição de CARLOS FREDERICO COELHO NOGUEIRA: "Com efeito, tratando--se a requisição do Ministro de um ato administrativo discricionário, não há motivos para se fixar sua irrevogabilidade ou sua irretratabilidade. Se o MJ não é obrigado a requisitar a ação penal ao Ministério Público não é obrigado a mantê-la depois de apresentada. Se tem o juízo de conveniência e oportunidade para requisitar a ação penal também o tem para retirar sua requisição".[48] Contrariamente: MIRABETE;[49] FREDERICO MARQUES,[50] ROGÉRIO LAURIA TUCCI[51] e TOURINHO FILHO, sustentando que "um ato administrativo, como é a requisição, partindo do Governo, através do Ministro da Justiça, há de ser, necessariamente, um ato que se revista de seriedade. Dispondo de larga margem de tempo para encaminhá-la ao Ministério Público, de certo terá oportunidade para julgar das suas vantagens ou desvantagens. Assim, sua revogação ou retratação demonstraria que a prematura requisição foi fruto de irreflexão, de leviana afoiteza, o que não se concebe nem se deve conceber...".[52]

11. AÇÃO PENAL PRIVADA E SUAS PARTICULARIDADES

O Estado legitima o ofendido a agir em seu nome, ingressando com ação penal e pleiteando a condenação do agressor, em hipóteses excepcionais. Verificamos em todas elas que há o nítido predomínio do interesse particular sobre o coletivo. É certo que, havendo um crime, surge a pretensão punitiva estatal, mas não menos verdadeiro é que existem certas infrações penais cuja apuração pode causar mais prejuízo à vítima do que se nada for feito. O critério, portanto, para se saber se o Estado vai ou não exercer a sua força punitiva depende exclusivamente do maior interessado.

Como exemplo, analisemos os crimes contra a honra, tipicamente de ação privada. Cometida a injúria, interessa ao ofendido que o Estado atue, punindo o ofensor? Em jogo está o bem jurídico *honra subjetiva* (autoestima, amor-próprio), algo cristalinamente individual. A existência da figura típica do crime de injúria é necessária, pois se evita, com isso, a realização de *justiça pelas próprias mãos*, ou seja, se o ofendido realmente desejar providências punitivas, não será ele a realizá-las, mas o Estado, oficialmente, após o devido processo legal. Ocorre que, por se tratar de ofensa, a mera existência do processo-crime que, por natureza e regra é público, pode provocar maior alarde e mais desgaste emocional à vítima do que simplesmente o esquecimento do acontecido.

Em suma, andou bem o legislador ao permitir que, em determinados casos, o ofendido tenha a iniciativa exclusiva da ação penal. Mas tomou suas cautelas. O direito de ação não se tornou livre, sem controle, arbitrário. É regido por regras e freios, que veremos a seguir: decadência, renúncia, perdão e perempção.

11.1 Decadência

É a perda do direito de agir, pelo decurso de determinado lapso temporal, estabelecido em lei, provocando a extinção da punibilidade do agente. Na realidade, enquanto a decadên-

---

[48] *Comentários ao Código de Processo Penal*, p. 461-462.
[49] *Código de Processo Penal interpretado*, p. 66.
[50] *Elementos de direito processual penal*, v. 1, p. 316.
[51] *Teoria do direito processual penal*, p. 124.
[52] *Código de Processo Penal comentado*, v. 1, p. 86.

cia faz perecer o direito de ação, que, indiretamente, atinge o direito de punir do Estado, já que este não pode prescindir do *devido processo legal* para aplicar sanção penal a alguém, a prescrição, quando ocorre, atinge diretamente o direito de punir estatal.

A decadência envolve todo tipo de ação penal privada (exclusiva ou subsidiária), abrangendo também o direito de representação, que ocorre na ação penal pública condicionada. No caso da ação privada subsidiária da pública, como já visto, deve-se destacar que o particular ofendido pode decair do seu direito de apresentar queixa, tão logo decorra o prazo de seis meses, contado a partir da finalização do prazo legal para o Ministério Público oferecer denúncia, embora não afete o direito do Estado-acusação, ainda que a destempo, de oferecer denúncia. O prazo decadencial fixado, como regra, é de seis meses, embora existam outros especiais: a) seis meses, a partir do trânsito em julgado da sentença que, por motivo de erro ou impedimento, anule o casamento – art. 236, parágrafo único, CP; b) 30 dias, a contar da homologação do laudo (art. 529, *caput*, CPP), é o prazo para a queixa no caso de crime contra a propriedade imaterial, embora incida também o prazo de seis meses, antes de principiar o de 30 dias.

A contagem do prazo decadencial, embora seja um prazo processual, que cuida do exercício do direito de ação, possui nítidos reflexos no direito penal, uma vez que é capaz de gerar a extinção da punibilidade. Portanto, conta-se nos termos do art. 10 do Código Penal, incluindo-se o dia do começo e excluindo-se o dia final, valendo-se a contagem do calendário comum. Exemplificando, se alguém toma conhecimento da autoria do crime de calúnia, no dia 10 de março, vence o prazo para apresentar queixa no dia 9 de setembro. Não há interrupção por força de feriados, fins de semana, férias forenses ou qualquer outro motivo de força maior.[53]

O marco inicial da decadência é o dia em que a vítima souber quem é o autor do crime. O mesmo critério deve ser aplicado aos sucessores do ofendido, caso este morra ou seja considerado ausente. Havendo dúvida, resolve-se em favor do ajuizamento da ação. Note-se que, por vezes, a lei pode estabelecer outro critério especial, como ocorre no caso do crime de induzimento a erro essencial e ocultação de impedimento, previsto no art. 236 do Código Penal. Preceitua o parágrafo único que "a ação penal depende de queixa do contraente enganado e não pode ser intentada senão depois de transitar em julgado a sentença que, por motivo de erro ou impedimento, anule o casamento".

Ocorre a finalização de cômputo do prazo decadencial quando há o oferecimento de queixa ao juízo. Prescinde-se de despacho judicial ou recebimento da queixa, bastando a distribuição no fórum. É a melhor solução, mormente nos dias de hoje, em que há excesso de serviço em todos os setores do Poder Judiciário e somente para a queixa ser encaminhada à Vara eleita pela distribuição, com registro, autuação, e envio dos autos à decisão do magistrado, há tempo suficiente para completar o prazo decadencial, mormente quando a ação é protocolada nos dias finais.

A demora na conclusão do inquérito – que também pode ser indispensável para a propositura da ação penal privada – não interrompe a decadência. Todavia, constatada a lentidão da polícia judiciária, sem qualquer responsabilidade do querelante, cremos razoável admitir-se que haja o oferecimento da queixa, interrompendo-se o prazo decadencial, desde que se ofereça prova de que o inquérito está sendo realizado e, em breve, será finalizado. O juiz, então, passa

---

[53]   "Um ponto é assente: o prazo de decadência é um prazo fatal, improrrogável; ao contrário do que sucede com o da prescrição, não é susceptível de suspensão, nem de interrupção". Se a ação for ajuizada, dentro do prazo decadencial, não se trata de interrupção, mas de desaparecimento da possibilidade de decadência (ESPÍNOLA FILHO, *Código de Processo Penal brasileiro anotado*, v. 1, p. 401).

a controlar o prazo do inquérito, exigindo a sua conclusão para que possa apreciar se recebe ou rejeita a queixa. Privar a vítima do direito de ação por conta da inépcia do próprio Estado é tão injusto quanto fazer o juiz receber queixa contra o querelado desprovida de fundamento.

Se a queixa for oferecida a juiz incompetente, em função do território (competência relativa) e não em razão da matéria ou do privilégio de foro (competência absoluta), cremos razoável ter força para interromper o prazo decadencial, desde que seja o próprio juiz a remeter os autos a outro magistrado, sem que o processo finde. Caso a parte desista da ação, propondo outra no foro correto, é preciso estar dentro do prazo de seis meses, pois nova demanda está sendo ajuizada e a interrupção perdeu efeito.

No contexto do crime continuado, deve-se contar o prazo decadencial individualmente, ou seja, com relação a cada um dos delitos cometidos, sem a visão do conjunto, do mesmo modo que se computa a prescrição, conforme estipula o art. 119 do Código Penal. Quanto ao delito permanente, o ideal é computar o prazo decadencial da data em que o ofendido souber quem é o autor do delito e não da data em que cessar a permanência, que é o critério usado para o cômputo do prazo prescricional (art. 111, III, CP). Se decorrerem os seis meses, extingue-se a punibilidade, mas se o delito persistir após esse prazo é natural que, sendo permanente, continua a viabilidade de a ação penal ser ajuizada, embora somente com relação aos fatos posteriores aos seis meses vencidos. Em face do crime habitual (reiteração de atos que, individualmente considerados, não têm relevância, configurando-se somente quando, numa visão de conjunto, forma-se a habitualidade, demonstrativa do estilo de vida do agente, como, por exemplo, o curandeirismo – art. 284, CP), torna-se difícil para a vítima saber quando o crime está consumado ou não, embora se possa ter noção de quem é o seu autor. Assim, cabe-lhe, em seis meses, contados dessa ciência, ingressar com a ação penal. Para ter certeza de que há materialidade, deve requerer a instauração de inquérito policial para apurar a infração. Não há razão para computar os seis meses somente a partir do momento em que cessar a conduta reiterada e habitual do agente, se a autoria já era previamente conhecida.

Mencionamos linhas atrás que o menor de 18 anos não tem legitimidade para ingressar sozinho em juízo. Assim, caso seja vítima de delito de ação privada, deve contar com a atuação do seu representante legal ou do curador especial. E assim sendo, é possível que o prazo decadencial tenha início quando o ofendido ainda não tem 18 anos, mas seu representante legal já tomou ciência de quem é o autor da infração penal. Nessa situação é preciso cautela. Se o prazo de decadência se iniciou e terminou quando a vítima tinha menos de 18 anos, não sendo legitimada a agir, mas somente o seu representante, que ficou inerte, há que se computar o seu prazo integral de seis meses, a contar da data em que atingir a capacidade processual penal. Isto porque os prazos são independentes: um para o representante e outro para o menor ofendido. Assim, ao completar 18 anos, tem reavivado o prazo decadencial finalizado para o seu representante.

Outro prisma: se o ofendido completa 18 anos na vigência do prazo decadencial, já iniciado no tocante ao seu representante legal (tinha 17 anos e 9 meses na época do crime), recebe os 6 meses integrais, para poder representar ou ajuizar queixa contra o ofensor. Isso se dá – ressalte-se novamente – porque os prazos são independentes. Completando 18 anos na vigência do período decadencial é justo que possua os 6 meses completos, visto que, anteriormente, não podia agir. Nessa ótica: MIRABETE.[54] Em sentido contrário, defendendo prazo único para os dois: TOURINHO FILHO.[55]

---

[54] *Código de Processo Penal interpretado*, p. 87.

[55] *Código de Processo Penal comentado*, v. 1, p. 104.

11.2 Renúncia

Renunciar significa desistir ou abdicar de algo. No contexto processual penal, demonstra que a vítima se recusa a tomar providência contra o seu agressor, em se tratando de crime de ação penal privada.

A renúncia ocorre *sempre antes* do ajuizamento da ação. Se a desistência vier depois, chama-se perdão. Por variadas razões pode assim agir o ofendido: porque julga inconveniente o processo, porque perdoou a atitude do ofensor ou ainda por qualquer outro motivo que lhe evidencia a inutilidade do processo contra o autor da infração penal.

Logicamente, pode simplesmente deixar escoar o prazo decadencial – como regra, seis meses –, para viabilizar a extinção da punibilidade, embora possa, antes disso, de maneira expressa ou tácita, demonstrar nitidamente que nada fará contra o agressor. Assim, renunciando com relação a um, beneficiados estarão os outros eventuais coautores, em homenagem à indivisibilidade da ação penal privada. A punibilidade de todos se extingue. Trata-se de ato unilateral do ofendido, que não depende de aceitação do ofensor.

A renúncia pode ser expressa ou tácita. Se o fizer de maneira expressa, pode tanto ingressar com petição, ainda durante a fase do inquérito policial, deixando claro que desiste de agir contra o ofensor (art. 104, CP), como pode dirigir uma carta ao agressor demonstrando seu intuito. Exige a lei que o ofendido apresente declaração assinada por si ou por procurador com poderes especiais (não é necessário ser advogado). Nesse contexto, Câmara Leal expõe outra forma de haver renúncia expressa: a) o ofendido fornece ao infrator um documento (uma declaração) com a expressa desistência do direito de representar (ação pública condicionada) ou de acioná-lo (ação privada); b) o delinquente propõe e paga uma indenização ao ofendido, mediante a desistência da representação ou da ação penal, conforme o caso.[56]

Por outro lado, de modo tácito, o ofendido pode reconciliar-se com o agressor, deixando isso evidente através de atitudes e gestos, como, por exemplo, convidá-lo para ser padrinho de seu casamento (art. 104, parágrafo único, CP). Jorge Alberto Romeiro oferece também, como exemplo de renúncia tácita, quando o ofendido presta homenagem ao ofensor, com dedicatória impressa em edição de livro de sua autoria, ou ainda, sendo mulher a ofendida, dança publicamente com o ofensor em valsa de sua formatura.[57]

No primeiro caso (petição ou carta), deixou nítida a intenção (renúncia expressa); no segundo (gestos), mostrou o intuito implicitamente, pois tomou atitude incompatível com o desejo de processar alguém (renúncia tácita). A lei deixa claro que a renúncia não implica abdicação do direito de recebimento da indenização civil do dano causado pelo crime (art. 104, parágrafo único, *in fine*, CP).

Entretanto, no caso de infrações de menor potencial ofensivo, o acordo para a composição dos danos civis implica em renúncia, nos termos do art. 74, parágrafo único, da Lei 9.099/1995: "Tratando-se de ação penal de iniciativa privada ou de ação penal pública condicionada à representação, o acordo homologado acarreta a renúncia ao direito de queixa ou representação".

Para a demonstração da ocorrência de renúncia tácita, são admitidos todos os meios de prova lícitos. Normalmente, se há renúncia tácita – como na hipótese de a vítima convidar o agressor para ser seu padrinho de casamento – não haverá oferecimento de queixa. Mas, na eventualidade de, ainda assim, a queixa ser apresentada no prazo de seis meses, pode

---

[56]   *Comentários ao Código de Processo Penal brasileiro*, v. I, p. 142.

[57]   *Da ação penal*, p. 255.

o agente demonstrar ter havido renúncia tácita, contando com o depoimento das pessoas que compareceram à cerimônia, além de fotos, filmes etc. Hungria adverte que a renúncia, mesmo tácita, precisa ser formada por atos inequívocos, conscientes e livres, havendo uma autêntica reconciliação ou o evidente propósito de derrelição do direito de queixa. Não se leva em consideração relações cordiais de civilidade ou convivência, nem atos de humanidade.[58]

Pode, ainda, a renúncia ser considerada procedimental (ocorre no bojo de algum procedimento, como o inquérito) ou extraprocedimental (quando se viabiliza fora dele, como no envio de uma carta).

Quando se configurar a renúncia, havendo inquérito, o juiz cuidará de findar a investigação, julgando extinta a punibilidade do agente. Inexistindo inquérito, pode-se provocar o juiz apenas com o fito de julgar extinta a punibilidade, embora o mais comum seja simplesmente nada fazer, deixando-se de registrar a ocorrência do fato delituoso.

11.3 Perdão

Perdoar significa desculpar ou absolver. "É a declaração expressa da parte ofendida, ou de seu representante, concedendo ao autor do crime, quando este é de ação privada, a remissão da culpa e pena".[59] No caso da ação penal privada exclusiva, equivale à desistência da demanda, o que somente pode ocorrer quando a ação já está iniciada. É ato bilateral, exigindo, pois, a concordância do agressor (querelado). Enquanto a queixa não for ofertada, é caso de renúncia; após, fala-se em perdão. O art. 105 do Código Penal é expresso ao mencionar que o perdão *obsta ao prosseguimento* da ação, subentendendo-se que deve ela estar iniciada. Quem perdoa deve pagar as custas do processo e leva à extinção da punibilidade do ofensor.

A aceitação do perdão pode ser feita por procurador com poderes especiais, não havendo necessidade de ser o advogado do querelado, bastando que seja pessoa constituída como procuradora, com poderes especiais para aceitar o perdão ofertado (art. 55, CPP). O defensor dativo e o advogado, sem tais poderes específicos, não podem acolher o perdão do querelante.

Por outro lado, se o querelado for evidentemente enfermo ou retardado mental, sem representação legal, ou com colisão dos interesses deste com os do querelado, a aceitação do perdão caberá ao curador nomeado pelo juiz (art. 53, CPP).

Cremos que, assim como a renúncia, deveria ser ato unilateral, pois, perdendo o interesse em prosseguir na demanda, de nada adianta haver continuidade, caso o querelado recuse o perdão. Aliás, ressalte-se que o querelante (vítima) pode incorrer em perempção (ver tópico 11.4 abaixo), razão pela qual, de um modo ou de outro, pode provocar a extinção da punibilidade do querelado.[60]

O limite para a ocorrência do perdão é o trânsito em julgado da sentença condenatória (art. 106, § 2.º, do CP).

Pode dar-se o perdão de forma expressa ou tácita. No primeiro caso, é viável a sua concessão no processo ou fora dele. Caso se trate de perdão processualmente concedido, instrumentaliza-se por petição, assinada pelo ofendido ou por procurador com poderes especiais.

---

58 Citado por Romeiro (ob. cit., p. 255).

59 Câmara Leal (*Comentários ao Código de Processo Penal brasileiro*, v. I, p. 213).

60 Como evidencia Hungria, o perdão tácito não deve ser confundido com a perempção. O primeiro é voluntário e submete-se à concordância do querelado; o segundo resulta de atitudes do querelante mesmo contra a vontade do querelado (*apud* Romeiro, ob. cit., p. 265).

Assim fazendo, intima-se o querelado a se manifestar em três dias, cientificando-se que o seu silêncio importará em aceitação (art. 58, CPP). Essa intimação deve ser pessoal, exceto quando a procuração outorgada ao advogado do querelado traga poderes específicos para aceitar perdão eventualmente oferecido, situação que viabiliza a intimação do defensor para o ato.

Na situação de perdão concedido fora do processo, deve o querelante firmar um termo, demonstrativo da desistência da ação, o que faz pessoalmente ou por procurador com poderes especiais. Do mesmo modo que o perdão pode ser extraprocessual, é possível que a aceitação também ocorra fora dos autos do processo. Imagine-se que o querelante manifesta o perdão nos autos. Intimado o querelado, ao invés de oferecer resposta no processo, encaminha carta, assinada de próprio punho, diretamente ao querelante, aceitando o perdão. A juntada aos autos da referida carta do querelado, autoriza o juiz a julgar extinta a punibilidade.

Na segunda hipótese (perdão tácito), o querelante toma atitudes incompatíveis com o seu desejo de ver processado o agressor, como, por exemplo, tornando a conviver intimamente com o querelado durante o trâmite processual (art. 106, § 1.º, CP). Para a prova da ocorrência do perdão tácito valem todos os meios lícitos de prova (art. 57, CPP). Vale ressaltar que o convívio social ou comercial não equivale a perdão (assim como não significa renúncia, caso a ação ainda não tenha sido proposta). Normas de boa educação, como dar "bom dia" ou "boa tarde", bem como se sentar à mesa de uma reunião de negócios, discutindo assuntos profissionais não significam que houve reconciliação entre agressor e ofendido.

Em razão da indivisibilidade da ação penal privada, desejando perdoar um dos agressores, está o querelante abrindo oportunidade para que todos os coautores dele se beneficiem. Entretanto, como o perdão é bilateral, exigindo aceitação do querelado, é possível que um coautor aceite e outro não, razão pela qual, em relação a este, não produz efeito (art. 51, CPP, e art. 106, I e III, CP).

Por outro lado, quando houver mais de um ofendido, ainda que um deles perdoe, tal situação não afasta dos demais o direito de processar o agressor (art. 106, II, CP). Frise-se, também, que, havendo vários delitos de ação privada tramitando com as mesmas partes, o perdão concedido pelo querelante ao querelado em um só dos processos, não se estende aos demais, que podem prosseguir normalmente.

Lembremos que a ação privada subsidiária da pública não comporta perdão, pois o titular, em última análise, é o Ministério Público (vide art. 29, CPP). Se o particular assume o polo ativo diante da inércia do órgão acusatório estatal, como mero substituto processual, caso tenha intenção de abandonar a causa ou perdoar o ofensor, torna a assumir a titularidade o promotor de justiça ou o procurador da República.

A legitimidade para perdoar é sempre do ofendido maior de 18 anos, não mais encontrando aplicação os arts. 52 e 54 do Código de Processo Penal – que ainda faz referência à legitimidade concorrente do menor de 21 e maior de 18 anos e seu representante legal – após a edição do atual Código Civil (Lei 10.406/2002), pois a pessoa é maior, para todos os fins civis, aos 18, não mais possuindo representante legal.

Quando se tratar de querelado inimputável ou semi-imputável, constatada tal situação durante o curso do processo, o juiz determina a instauração de incidente de insanidade mental. Terá o querelado, então, um curador. Cabe a este aceitar o perdão. Pode ocorrer que, mesmo antes do incidente, já se saiba ser o querelado doente mental ou retardado, estando na ação representado por alguém. Nesse caso, ao representante legal transfere-se a aceitação do perdão. Uma terceira hipótese pode ocorrer: o incidente não está instaurado, razão pela qual não há curador nomeado e os interesses do querelado colidem com os de seu representante legal, que pode ser ligado, por exemplo, ao querelante. Cumpre, então, ao juiz nomear curador para agir em lugar do querelado.

11.4 Perempção

O termo advém do verbo *perimir*, que significa colocar um termo ou extinguir.[61] Dá-se a extinção da punibilidade do querelado, nos casos de ação penal exclusivamente privada, quando o querelante, por desídia, demonstra desinteresse pelo prosseguimento da ação. Assim, o juiz, considerando as hipóteses retratadas no art. 60 do Código de Processo Penal, reconhece a perempção e coloca fim ao processo. Funciona como autêntica penalidade imposta ao negligente querelante, incapaz de conduzir corretamente a ação penal, da qual é titular.[62]

Havendo mais de um querelante, a inércia de um não pode prejudicar os demais. Assim, caso um deles deixe perimir a ação penal, pode esta prosseguir em relação aos outros.

Há cinco situações que levam à perempção. A primeira delas é a paralisação do feito por mais de trinta dias (art. 60, I, CPP), também chamada de *abandono de instância*. Nesse caso, torna-se curial considerar que o querelante deve impulsionar o andamento processual, promovendo os atos processuais que lhe competem, pois, não o fazendo, está demonstrando negligência, passível de penalização. Exemplificando: deve o querelante indicar o paradeiro do querelado para citação. Intimado a fazê-lo, deixa transcorrer mais de 30 dias sem qualquer resposta. É caso de perempção. Entendemos que, na hipótese de paralisação do feito, não basta a intimação do advogado, devendo ser intimado pessoalmente o próprio querelante. Assim fazendo, não se penalizará o querelante por eventual inépcia do seu procurador.

Eventualmente, havendo atraso justificado, não se deve considerar perempta a ação penal. Problemas de toda ordem podem atingir o normal curso do processo, como, por exemplo, a greve dos funcionários do Judiciário.

Por outro lado, é inadmissível a soma dos períodos de inatividade do querelante. Caso ele deixe de dar andamento ao feito por várias vezes, embora em nenhuma delas, individualmente considerada, tenha ultrapassado os trinta dias, é incabível o reconhecimento da perempção. Assim a lição de Espínola Filho: "Os termos claros da lei, exigindo, para a perempção, o estacionamento da causa, durante 30 dias seguidos, significam que, em absoluto, não é lícito adicionar os lapsos de tempo inferiores a um mês, durante os quais esteve o processo parado, para, em vista da soma de tempo, embora infinitamente superior a 30 dias, pleitear a perempção da ação penal".[63]

A segunda hipótese para a perempção é o falecimento ou a incapacidade do querelante, obstando o prosseguimento do processo, sem que, no prazo de sessenta dias, alguma das pessoas encarregadas da sua substituição compareça em juízo para fazê-lo: cônjuge, ascendente, descendente ou irmão (art. 60, II, CPP). Não há necessidade de intimação dos parentes, pois o referido prazo de sessenta dias começa a correr tão logo ocorra a morte do querelante ou sua incapacidade seja reconhecida. Seria ilógico e, por vezes, impossível ao juiz buscar parentes

---

[61] Envolve a perda definitiva, a destruição do direito de ação penal sobre determinado caso, nos termos alinhavados por Espínola Filho (*Código de Processo Penal brasileiro anotado*, v. 1, p. 463).

[62] Oliveira e Silva demonstra que a perempção é um "ato de inércia do querelante" (*Curso de processo penal*, p. 41).

[63] *Código de Processo Penal brasileiro anotado*, v. 1, p. 471.

do ofendido para dar prosseguimento à ação penal. Se mais de um legitimado comparecer, observar-se-á a ordem prevista no art. 31 do CPP e supraexposta.

A terceira situação apta a desencadear a perempção é o não comparecimento, injustificado, do querelante a ato processual indispensável (art. 60, III, CPP). Somente se reconhece a perempção, no entanto, quando a presença do querelante não puder ser substituída pela do seu advogado. Imagine-se que o juiz deseja ouvir o querelante, por algum motivo importante para a busca da verdade real, durante a instrução. Se, intimado, ele não comparece, impossibilitando a realização da audiência, é caso de perempção.

Quanto ao comparecimento à audiência de conciliação prevista no art. 520 do Código de Processo Penal, exige-se que o juiz, antes de receber a queixa, promova a oportunidade – através dessa audiência – para as partes se reconciliarem, fazendo-as comparecer a juízo, quando deverá ouvi-las, separadamente, a fim de buscar a reaproximação. Nesse caso, intimado o querelante e não havendo o seu comparecimento pessoal, pode ser caso de perempção, salvo se peticionar, por seu advogado – ou de outra forma deixar claro – que não deseja a reconciliação. Deve fazê-lo antecipadamente, isto é, antes da audiência realizar-se. Embora essa seja a posição majoritária na doutrina e na jurisprudência, defendemos que o não comparecimento deveria implicar unicamente a demonstração de que o querelante não deseja a reconciliação.

A quarta possibilidade de ocorrência de perempção é a ausência do pedido de condenação nas alegações finais do querelante (art. 60, III, parte final, CPP). Do contrário, constata-se que está sendo negligente ou que não mais crê na culpa do querelado. De uma forma ou de outra é caso de perempção. Logicamente, deve-se ter cuidado nessa avaliação, pois nem sempre as alegações finais trazem claramente o pedido de condenação, que, no entanto, pode ser nitidamente deduzido do modo pelo qual a parte expõe o seu raciocínio e analisa as provas dos autos. Se, expressamente, pedir a absolvição do querelado, outra não é a hipótese senão o reconhecimento da perempção. Note-se a diferença existente entre a ação penal privada, regida pelo princípio da oportunidade, e a ação penal pública, cujo princípio regente é o da obrigatoriedade, salientando que, neste último caso, ainda que o órgão acusatório peça a absolvição, o juiz está autorizado a condenar (art. 385, CPP).

A quinta hipótese de perempção é a extinção de pessoa jurídica, quando for a querelante, sem deixar sucessora disposta a assumir o polo ativo da demanda (art. 60, IV, CPP).

11.5 Ação privada subsidiária da pública

Trata-se de autorização constitucional fornecida pelo art. 5.º, LIX, possibilitando que a vítima ou seu representante legal ingresse, diretamente, com ação penal, através do oferecimento de queixa, quando o Ministério Público, nos casos de ações públicas, deixe de fazê-lo no prazo legal (art. 46, CPP).[64] Na lição de ESPÍNOLA FILHO, "está-se a ver que esse expediente só pode ser tolerado, quando o promotor, faltando ao seu dever, deixa passar o prazo legal, sem instaurar a ação penal, cuja promoção lhe incumbe".[65]

---

[64] ROMEIRO, citando ALIMENA, demonstra ser essa ação necessária para evitar que alguém, ao defrontar-se com um membro do Ministério Público possa exclamar: "ecco degli uomini, che potrebbero lasciare impunito il mio assassino" (em tradução livre: aqui os homens que poderiam deixar impunido o meu assassino). Em suma, "é a aludida finalidade a de impedir os males defluentes da desídia e da relápsia do Ministério Público" (*Da ação penal*, p. 270).

[65] *Código de Processo Penal brasileiro anotado*, v. 1, p. 368.

A hipótese prevista no art. 29 do Código de Processo Penal é de uso raríssimo no cotidiano forense. Não pelo fato de o Ministério Público nunca atrasar no oferecimento de denúncia, mas porque a vítima, dificilmente, acompanha o desenrolar do inquérito, através de seu advogado. Por outro lado, quando há interesse em oferecer queixa, porque o prazo está vencido, havendo pleito nesse sentido, solicitando a entrega do inquérito – que pode estar em poder do Ministério Público, já fora do prazo – acaba-se por provocar a atuação do órgão acusatório estatal. Logo, o ofendido tem um instrumento útil à disposição, para controlar abusos do Estado-acusação, quando houver demora excessiva para dar início à ação penal, embora não haja notícia de sua utilização frequente.

A existência da ação penal privada subsidiária da pública não é pacífica. Há quem se coloque contrariamente à sua utilização e consequente previsão no ordenamento processual penal. Diz DIRCEU DE MELLO que "quanto à ação penal privada subsidiária, sempre tive, de fato, como extravagante e mal inspirado expediente de indébita intervenção particular em assuntos da alçada pública. Sem se falar naquele outro inconveniente, igualmente sério, da incompatibilidade indefectivelmente estabelecida, nos processos assim iniciados, entre o ofendido e o acusador público a seguir interveniente (art. 29, segunda parte, do CPP vigente). O recurso à hierarquia, com a designação, diante da só evidência do atraso no oferecimento da denúncia, de outro membro do Ministério Público para oficiar, sobre se apresentar como lógica solução para problema manifestado em quadro funcional de estrutura organizada, ofereceria a vantagem de prevenir atritos como o retrodestacado. (...) É certo, outrossim, que, no plano hierárquico, comprovada a relapsia do representante do Ministério Público, ficaria o mesmo sujeito às sanções de direito, ordinariamente previstas nas bases institucionais da carreira. De minha parte, bem de ver, como meio eficaz de combate à desídia ministerial, advogo a mantença da punição prevista no art. 801 do CPP. Verificado o atraso, injustificável, decretariam tais sanções os escalões hierárquicos".[66]

Para valer-se da ação penal privada subsidiária da pública, tem o ofendido o prazo de seis meses, a contar do esgotamento do prazo para o Ministério Público oferecer a denúncia (art. 38, *caput*, 2.ª parte, c/c art. 46, *caput*, do CPP). Tal prazo não atinge o Estado-acusação, que mantém o dever de denunciar, até que ocorra a prescrição.

Vale esclarecer ser inaceitável que o ofendido, porque o inquérito foi arquivado, a requerimento do Ministério Público, ingresse com ação penal privada subsidiária da pública. A titularidade da ação penal não é, nesse caso, da vítima e a ação privada, nos termos do art. 29, somente é admissível quando o órgão acusatório estatal deixa de intentar a ação penal, no prazo legal, mas não quando age, requerendo o arquivamento.

Há, pois, diferença substancial entre não agir e manifestar-se pelo arquivamento, por crer inexistir fundamento para a ação penal. É a lição de ESPÍNOLA FILHO: "Muito razoável é que, firmado o sistema de preferência da iniciativa do Ministério Público, para movimentar, afastando a da parte ofendida, a ação penal referente a crimes, que toleram a denúncia, seja atribuída ao ofendido, ou a quem o represente, a função de vigilância e fiscalização do cumprimento da precípua missão da promotoria pública. E, pois, uma vez decorridos os prazos fixados em lei, *sem ser oferecida a denúncia, ou requerido o arquivamento*, a omissão da ação promovida pelo órgão público dá liberdade à parte privada para formular a sua queixa".[67]

---

[66] *Ação penal privada subsidiária: origem, evolução e efeitos de sua extinção, em perspectiva, no campo da desídia funcional do Ministério Público no Direito brasileiro*, p. 212-213.

[67] *Código de Processo Penal brasileiro anotado*, v. I, p. 369, grifo nosso.

FREDERICO MARQUES segue na mesma linha: "Nem se compreende que, depois da fiscalização do juiz e do chefe do Ministério Público, sobre o arquivamento requerido pelo promotor, pudesse o ofendido fazer *tabula rasa* de todos esses pronunciamentos, para propor a ação penal. Tal subversão de princípios, vindo dar ao ofendido uma posição privilegiada no exercício da ação penal, não poderia encontrar agasalho na lei penal".[68]

Entende MIRABETE, por sua vez, que cabe ação privada, quando foi proposto pedido de arquivamento pelo Ministério Público, mas ainda não apreciado pelo juiz ou se houve pedido de arquivamento implícito quanto a determinado crime,[69] com o que não concordamos pelo fato de que, nessas hipóteses, há duas impropriedades, em nossa visão: em primeiro lugar, o promotor, ao pedir o arquivamento, embora ainda não apreciado pelo magistrado, manifestou-se, não quedando inerte. Logo, se não concordar com esse pedido, o inquérito deve ser remetido ao Procurador-Geral e não simplesmente aceita a ação privada em seu lugar. Em segundo lugar, não entendemos viável o pedido de arquivamento implícito, pois todas as decisões tomadas pelo Ministério Público devem ser fundamentadas, não se podendo falar em pedido tácito. Aliás, o próprio art. 28 do CPP faz referência ao dever de, feito o pedido de arquivamento, expor o órgão acusatório as suas "razões", das quais pode até discordar o juiz, mas precisam existir.

Hipótese viável é o oferecimento de queixa-crime após o pedido de novas diligências feito pelo membro do Ministério Público, quando existam provas suficientes para dar início à ação penal e detectando-se conteúdo nitidamente protelatório no pleito formulado, até porque pode já estar o órgão acusatório estatal fora do prazo legal.

É lógico que, como regra, se o membro do Ministério Público ainda não formou sua convicção para dar início à ação penal, deve-se permitir que requeira o retorno dos autos do inquérito à delegacia para novas diligências. Não cabe, pois, ação privada subsidiária da pública. Ocorre que o art. 16 do CPP estabelece que o Ministério Público não pode requerer a devolução do inquérito à autoridade policial para novas diligências, *salvo quando estas forem imprescindíveis* ao oferecimento da denúncia. Assim, quando o retorno à delegacia constituir pedido manifestamente protelatório, que tem por finalidade burlar o esgotamento do prazo para o oferecimento de denúncia, cremos ser viável que a vítima oferte a queixa, valendo-se do inquérito perfeitamente formado e com provas suficientes a sustentar a ação penal. O juiz deve permitir a assunção da vítima ao polo ativo, oficiando, ainda assim, ao Procurador-Geral para comunicar a desídia do promotor.

Oferecida queixa pelo ofendido, as atribuições do Ministério Público passam a ser aditar (complementar, adicionar algum elemento) a inicial, para incluir circunstância constante das provas do inquérito, componente da figura típica, mas não descrita na peça inaugural privada, bem como para incluir algum indiciado olvidado; pode repudiar a queixa, oferecendo *denúncia substitutiva*, quando verificar que a peça ofertada pela vítima é inepta e não preenche os requisitos legais. Nessa hipótese, não se trata de atitude discricionária do promotor, ou seja, não pode simplesmente repudiar a queixa, substituindo-a pela denúncia, por mero capricho.[70] Pode, ainda, intervir em todos os termos do processo, aliás, deve, pois o direito de

---

[68]   *Elementos de direito processual penal*, v. 1, p. 325; Estudos e pareceres, p. 119.

[69]   *Código de Processo Penal interpretado*, p. 74.

[70]   CÂMARA LEAL, nesse contexto, explica que o juiz pode receber a queixa e rejeitar a denúncia substitutiva, por entender que a primeira peça está formalmente correta. "Desde que a lei confere ao ofendido o direito de queixa, na falta de denúncia no prazo legal, não se justifica que essa queixa seja repelida

punir continua pertencendo ao Estado e somente a iniciativa da ação penal é que passou ao particular. Pode fornecer elementos de prova, interpor recurso e retomar a ação principal, se houver negligência do particular (ver art. 60, CPP). É um autêntico assistente litisconsorcial.

Na ação penal privada subsidiária da pública é inadmissível a ocorrência do perdão ofertado pelo querelante. Conforme art. 105 do Código Penal, somente cabe perdão nas ações exclusivamente privadas. Se o fizer, demonstra sua indisposição a conduzir a ação penal, devendo o Ministério Público retomar o seu lugar como parte principal.

11.6 Espécies de ação privada

Divide-se, fundamentalmente, em duas: a) exclusivamente privada, quando somente a vítima, seu representante legal ou as pessoas autorizadas em lei (art. 31, CPP) podem ingressar com a ação penal. Dentro dessa modalidade, há alguns casos em que a legitimidade ativa é privativa da pessoa ofendida, não admitindo que sucessores assumam o polo ativo. Cuida-se da denominada ação *personalíssima*, como ocorre com o induzimento a erro essencial e ocultação de impedimento (art. 236, parágrafo único, CP); b) ação privada subsidiária da pública, quando o ofendido, porque o Ministério Público, sem agir como deveria, deixa escoar o prazo para o oferecimento da denúncia, age em seu lugar, apresentando queixa, conforme já exposto.

11.7 Sucessão e menoridade no contexto do oferecimento de queixa

Nos exatos moldes da possibilidade de oferecimento de representação em caso de ofendido morto ou ausente (ver o item 9 *supra*, referente à representação), admite a lei processual penal (art. 31) que assuma o polo ativo, apresentando queixa em lugar da vítima, seus familiares, na seguinte ordem: cônjuge, ascendente, descendente e irmão.

O prazo decadencial, que, como regra, é de seis meses para o ofendido, contado da data em que souber quem é o autor da infração penal, para os sucessores deve começar a contar a partir do mesmo momento, isto é, do dia em que cada qual souber a autoria do crime.

Há quem defenda ser o prazo decadencial uno, motivo pelo qual deveria ser computado sempre a partir do instante em que o ofendido souber da autoria da infração, independentemente dos seus sucessores. Pensamos que essa unidade somente se dá caso a vítima, tendo ciência da autoria, deixe transcorrer os seis meses sem qualquer providência e ocorra a decadência. Nessa hipótese, falecendo após a concretização da perda do prazo para o início da ação penal, não há que se falar em transmissão aos seus sucessores.

A ideia norteadora do art. 31 do Código de Processo Penal é muito simples: se o ofendido não sabia quem o difamou, por exemplo, falecendo nessa situação de ignorância, é justo que, descoberta a autoria após a morte, seus familiares possam ingressar com a ação penal. Mas se o prazo nasceu e se encerrou para a vítima, em vida, nada resta aos sucessores. Por outro lado, se durante o decurso da decadência, morre o ofendido, o prazo de seis meses está íntegro para cada um dos sucessores, conforme saibam – cada um deles – da autoria da infração penal. Logicamente, se todos já tinham conhecimento da autoria, esse prazo teve início na época em que o ofendido estava vivo, aproveitando-se, então, a parte final. Exemplo: todos

---

por mera deliberação do Ministério Público, sem apreciação do juiz, aprovando o ato da justiça pública, quando regular, ou reprovando-o quando infundado" (*Comentários ao Código de Processo Penal brasileiro*, p. 152).

sabem que "A" difamou "B". Após três meses, "B" falece. Seus sucessores têm mais três meses para ingressar com ação penal.

Lembremos que, desinteressando-se o cônjuge, passa-se o direito ao ascendente e assim sucessivamente.[71] Caso haja divergência entre os sucessores, deve prevalecer a vontade de quem deseja iniciar a ação penal. Tem o grupo de pessoas legitimadas a agir em nome do ofendido – cônjuge, ascendente, descendente e irmão – o direito de prosseguir no polo ativo da ação, caso um deles desista de fazê-lo ou abandone a causa. Há um prazo de 60 dias, para que tal se dê (art. 60, II, CPP). Não há necessidade de intimação dos demais familiares para que se valham dessa possibilidade. Cabe-lhes, havendo real interesse na condução da causa, acompanhar o desenvolvimento do processo.

Quanto à previsão legal de sucessão do ofendido pela pessoa do cônjuge, admitindo-se analogia no Código de Processo Penal (art. 3.º), podemos incluir nesse contexto o companheiro (ou companheira) em situação de união estável. Há posição em sentido contrário, admitindo unicamente o cônjuge: Tourinho Filho;[72] Mirabete;[73] Câmara Leal.[74]

Há possibilidade do ofendido ser menor de 18 anos – sem legitimação para agir no processo penal – ou mentalmente enfermo ou retardado, sem a devida representação legal. Nessa situação, para evitar que fique privado de seu direito de acionar criminalmente quem o ofendeu, deve o juiz, por ato de ofício ou mediante provocação do promotor, nomear à vítima um curador especial. Normalmente, essa nomeação termina recaindo, quando não conhecido nenhum parente próximo, em um advogado da confiança do juízo, para que este represente os interesses do incapaz. O curador pode ser qualquer pessoa, com mais de 18 anos, da confiança do juiz. A despeito da nomeação, não está obrigado a agir, porque pode não haver prova suficiente para isso, embora deva usar todos os instrumentos à disposição para verificar o que seria melhor aos interesses do incapaz.

O mesmo caminho deve ser trilhado em se tratando de representação, quando envolver o interesse de pessoa incapaz.

Por vezes, o referido incapaz tem representante legal, mas este tem interesse conflitante com o do representado, podendo ser de variadas ordens. Pode ocorrer de o representante ser coautor ou partícipe do crime de ação privada cometido contra o incapaz, ou até mesmo muito amigo, ou intimamente relacionado com o autor. Imagine-se a mãe de um rapaz de 17 anos, vítima de difamação por parte de seu padrasto. Pode ela, para preservar a sua ligação amorosa, não se interessar em promover a queixa, motivo pelo qual o juiz, intervindo, nomeia um curador especial para zelar pelos interesses do incapaz.

11.8 Situação de pobreza e exercício de cidadania

Estabelece o art. 5.º, LXXIV, da Constituição Federal, que "o Estado prestará assistência jurídica integral e gratuita aos que comprovarem insuficiência de recursos". Assim, tendo em vista que, para o ajuizamento da ação privada, é indispensável o concurso do advogado,

---

[71] Conforme dispõe o art. 36 do CPP, ilustra Câmara Leal a seguinte ordem: a) o cônjuge supérstite; b) o pai ou a mãe; c) o avô ou avó; d) o bisavô ou bisavó; e) o filho ou filha; f) o neto ou neta; g) o bisneto ou bisneta; h) o irmão ou irmã (*Comentários ao Código de Processo Penal brasileiro*, p. 171).

[72] *Código de Processo Penal comentado*, v. 1, p. 99.

[73] *Código de Processo Penal interpretado*, p. 78.

[74] *Comentários ao Código de Processo Penal brasileiro*, p. 161.

é preciso que o Estado proporcione à pessoa pobre a atuação desse profissional. É possível a existência de órgão especializado para patrocinar os interesses daqueles que apresentarem insuficiência de recursos, mas, não havendo, o juiz deve nomear profissional de sua confiança para o ajuizamento da ação. A remuneração do profissional será feita pelo Estado.

Não se exige, para tanto, situação de miserabilidade, mas apenas de pobreza, ou seja, significa que a pessoa se vale de parcos recursos para sobreviver, embora possa até possuir imóvel e/ou carro, não devendo privar-se do seu sustento cotidiano (alimentação, educação, vestuário etc.) para assumir a contratação de advogado. O Estado encarrega-se disso.

Há muito já não se exige o atestado de pobreza emitido por delegados de polícia, bastando uma simples declaração, de próprio punho do interessado, afirmando sua condição de pobreza, para o fim de sustentar a demanda – como se diz no jargão forense: "pobreza, na acepção jurídica do termo". Aliás, há determinados indivíduos que, pela própria condição e profissão, demonstram o estado de pobreza por si só.

12. CONTEÚDO E FORMALIDADES DA DENÚNCIA OU QUEIXA

Denúncia é a petição inicial, contendo a acusação formulada pelo Ministério Público, contra o agente do fato criminoso, nas ações penais públicas. *Queixa* é a petição inicial, contendo a acusação formulada pela vítima, através de seu advogado, contra o agente do fato delituoso, nas ações penais privadas.[75]

O art. 41 do Código de Processo Penal estipula quais são os elementos da denúncia ou da queixa: a) exposição do fato criminoso, com todas as suas circunstâncias; b) qualificação do acusado ou esclarecimentos pelos quais se possa identificá-lo; c) classificação do crime; d) rol de testemunhas.

A exposição do fato criminoso com todas as circunstâncias diz respeito à narrativa do tipo básico (figura fundamental do delito) e do tipo derivado (circunstâncias que envolvem o delito na forma de qualificadoras ou causas de aumento). É dever do órgão acusatório promover a imputação completa, embora possa deixar de lado as circunstâncias genéricas de elevação da pena. Exemplificando: no caso de um homicídio, o fato criminoso é "matar alguém" (art. 121, *caput*, CP), enquanto as circunstâncias qualificadoras estão no § 2.º do referido art. 121, ou seja, "motivo fútil", "meio insidioso ou cruel" etc. As circunstâncias genéricas (agravantes), previstas no art. 61 do Código Penal, como reincidência, embriaguez preordenada etc. podem ficar fora da imputação feita na peça acusatória. Em suma, ao denunciar o acusado, torna-se indispensável que o promotor narre ao magistrado o fato principal (como o agente matou a vítima) e as qualificadoras envolvidas (em que consistiu a motivação considerada fútil, como se deu a crueldade na execução etc.). Esse é o conteúdo do *fato criminoso* com *todas as suas circunstâncias* previsto no art. 41 do CPP.

Esclarece Espínola Filho que, "a despeito do silêncio do art. 41, não é tolerável que, na queixa ou na denúncia, haja abstração completa dos elementos de convicção, aos quais se faz

---

[75] "A petição inicial [no cível] e a denúncia são peças que delimitam o conteúdo da relação processual, a *res judicium deducta* [questão debatida em juízo] que, através da decisão do juiz, se transformará de *res judicanda* [questão em julgamento] em *res judicata* [coisa julgada]. Daí a necessidade de vir perfeitamente exposto o elemento causal do pedido, uma vez que é ele um dos fatores de individualização da ação a ser julgada, e isto com reflexos em institutos como o da proibição da *mutatio libelli*, o da exceção de litispendência e o da *res judicata*" (Frederico Marques, *Estudos e pareceres*, p. 141).

referência, com remissão ao inquérito, à representação ou às informações, em que se baseia a acusação. Isso, porque é elementar, em processo criminal, que a denúncia ou a queixa deve apresentar-se devidamente instruída".[76]

Vale mencionar a lição de FREDERICO MARQUES: "o Ministério Público descreve determinados fatos e os capitula como lesões corporais leves. Nada impede que o juiz acabe pronunciando o réu por tentativa de morte, ao ter de qualificar, para julgamento, os aludidos fatos. Se, ao descrever as bases empíricas do pedido de aplicação da pena, o Ministério Público expôs circunstâncias e elementos de fato que autorizem o juiz a fazer essa nova classificação, nada há de errôneo na alteração contida no pronunciamento jurisdicional, não se podendo falar, tampouco, em julgamento *ultra petita* [além do pedido]".[77]

Quanto à qualificação do acusado, pode ocorrer que ele não tenha o nome ou os demais elementos que o qualificam devidamente conhecidos e seguros. Há quem possua dados incompletos, não tenha nem mesmo certidão de nascimento, ou seja, alguém que, propositadamente, carregue vários nomes e qualificações. Contenta-se a ação penal com a determinação física do autor do fato, razão pela qual se torna imprescindível a sua identificação dactiloscópica e fotográfica, o que, atualmente, é expressamente previsto na Lei 12.037/2009. O art. 259 do Código de Processo Penal deixa claro que a "impossibilidade de identificação do acusado com o seu verdadeiro nome ou outros qualificativos não retardará a ação penal, quando certa a identidade física".

Em relação à classificação do crime, pode-se dizer que é a tipicidade ou definição jurídica do fato. O promotor, autor da denúncia, após descrever pormenorizadamente o fato delituoso praticado pelo agente, finda a peça inicial oferecendo a classificação, isto é, a sua visão a respeito da tipicidade. Manifesta qual é a definição jurídica do ocorrido, base sobre a qual será proferida eventual decisão condenatória. Trata-se de um juízo do órgão acusatório, que não vincula nem o juiz, nem a defesa. Portanto, tendo em vista que o acusado se defende dos fatos alegados, pode o defensor solicitar ao magistrado o reconhecimento de outra tipicidade, podendo fazer o mesmo o juiz de ofício, ao término da instrução, nos termos do art. 383 do CPP.

Se houver algum erro quanto à classificação, é irrelevante, pois o réu se defende dos fatos alegados. Assim, caso o promotor narre fatos relativos a um roubo, mas ofereça a classificação com base no art. 155 do Código Penal, que cuida do furto, a denúncia não é inválida, nem prejudica o correto desenvolvimento do processo. Corrige-se a definição jurídica por ocasião da sentença.

Mais uma vez, torna-se importante destacar que o acusado terá a ampla defesa assegurada desde que os fatos, com todas as circunstâncias que os envolvem, estejam bem descritos na denúncia. O Estado-acusação afirma ter alguém cometido condutas, que geraram resultados. Ao final, declara o promotor os artigos nos quais vê inseridos tais fatos. O réu deve apresentar sua defesa quanto aos fatos e não quanto à tipificação feita, uma vez que, como leigo que é e estando assegurada a autodefesa, não tem obrigação de conhecer a lei penal. Por sua vez, a defesa técnica prescinde da classificação feita pelo promotor, pois deve conhecer o direito material o suficiente para ater-se aos fatos alegados, apresentando ao juiz a tipificação que entende mais correta. Diga-se o mesmo do magistrado, que não se atém ao resultado da

---

[76] *Código de Processo Penal brasileiro anotado*, v. 1, p. 423.
[77] *Estudos e pareceres*, p. 143.

definição jurídica feita pelo órgão acusatório, podendo alterá-la quando chegar o momento adequado (art. 383, CPP).

Finalmente, o rol de testemunhas é facultativo. A obrigatoriedade, nesse cenário, que vincula o órgão acusatório, é o oferecimento do rol na denúncia, razão pela qual, não o fazendo, perde a oportunidade de requerer a produção de prova testemunhal.

Quando, além de testemunhas, o órgão acusatório pretender apontar qual é o ofendido (ou mais de um, se for o caso) a ser ouvido, deve fazê-lo à parte do rol. Afinal, há um número específico de testemunhas (no procedimento comum, para crimes apenados com reclusão, por exemplo, é de oito para cada parte, conforme art. 401, CPP) e a vítima não faz parte desse montante.

Porém, os tribunais têm aceitado um número superior ao fixado em lei, interpretando caber, no procedimento ordinário, oito testemunhas para cada fato, tanto para a acusação quanto para a defesa; no sumário, cinco para cada fato; no sumaríssimo, três para cada fato.

A falta de assinatura da peça inicial pode não ser defeito essencial. Quanto à denúncia, tendo em vista que o representante do Ministério Público é órgão oficial conhecido dos serventuários, e, consequentemente, terá vista aberta para sua manifestação, a falta de assinatura é mera irregularidade, não impedindo o seu recebimento, especialmente se for imprescindível para evitar a prescrição.[78] Quanto à queixa, entretanto, temos que não pode prescindir da assinatura, pois é ato fundamental de manifestação da vontade da vítima, que dá início à ação penal dando entrada no distribuidor, como regra. Logo, cabe ao juiz, quando a recebe, analisar quem a fez, se realmente a fez e se tinha poderes ou capacidade para tanto. Não deve recebê-la sem a assinatura, ainda que isso possa acarretar a decadência.

Outras deficiências de denúncia ou queixa podem ser supridas a todo tempo, antes da sentença final de primeiro grau (art. 569, CPP), desde que a falha não prejudique a defesa do acusado. No caso da queixa, no entanto, eventuais deficiências que a comprometam devem ser sanadas antes dos seis meses que configuram o prazo decadencial. Do contrário, estar-se-ia criando um prazo bem maior do que o previsto em lei para que a ação penal privada se iniciasse validamente.

A inépcia da peça acusatória ficará evidente caso os requisitos previstos no art. 41 do CPP não sejam fielmente seguidos. Na realidade, a parte principal da denúncia ou queixa, que merece estar completa e sem defeitos, é a exposição do fato criminoso, com todas as suas circunstâncias. Afinal, é o cerne da imputação, contra o qual se insurge o réu, pessoalmente, em autodefesa, bem como por intermédio da defesa técnica.

Se for constatada a falta de aptidão da inicial acusatória deve o juiz rejeitá-la de início (art. 395, I, CPP).

Dispõe o art. 330, § 1.º, do CPC/2015: "considera-se inepta a petição inicial quando: I – lhe faltar pedido ou causa de pedir; II – o pedido for indeterminado, ressalvadas as hipóteses legais em que se permite o pedido genérico; III – da narração dos fatos não decorrer logicamente a conclusão; IV – contiver pedidos incompatíveis entre si". Pode-se utilizá-lo, por analogia, na avaliação da inépcia da denúncia ou queixa, adaptando-se. O inciso II é inaplicável ao processo penal, pois o pedido feito pelo órgão acusatório é sempre genérico. No mais, a ausência do pedido torna inepta a peça inicial no processo-crime. Diga-se o mesmo se não houver crime, retirando-se a causa de pedir. A ilogicidade da narração dos fatos prejudica se-

---

[78] Nesse prisma, ESPÍNOLA FILHO (*Comentários ao Código de Processo Penal brasileiro anotado*, v. 1, p. 427).

riamente a ampla defesa do réu, motivo de inépcia. Finalmente, pedidos incompatíveis – como a condenação e a absolvição com medida de segurança, decorrente do mesmo fato – também inviabilizam a petição inicial.

12.1 Denúncia ou queixa genérica

Como regra, tanto a denúncia quanto a queixa precisam conter minuciosamente descrita a imputação formulada contra alguém, possibilitando, pois, o exercício do contraditório e da ampla defesa. Além disso, quando houver mais de um acusado, é preciso que a acusação indique, com precisão, a realização de cada um, evitando-se a denominada *denúncia (ou queixa) genérica*. A descrição imprecisa e vaga, sem haver necessidade, torna a denúncia ou queixa inepta.[79]

Incide a hipótese de denúncia genérica nos casos de crimes econômico-financeiros, quando o Estado-acusação, sem saber exatamente quais dos responsáveis pela empresa cometeu o delito, denuncia todos os dirigentes, bastando que estejam constando no contrato social. Essa peça acusatória é inepta, pois inexiste possibilidade de se acusar indistintamente pessoas, sem prova segura de serem autoras da infração penal. Ilustrando, se há dez diretores, quatro dos quais estão envolvidos no crime, não há cabimento no oferecimento de *denúncia genérica* contra os dez, a pretexto de que, quando se defenderem, terminarão por apontar os verdadeiros *culpados*.

Excepcionalmente, no entanto, tem-se admitido ofereça o promotor uma denúncia genérica, em relação aos coautores e partícipes, quando não se conseguir, por absoluta impossibilidade, identificar claramente a conduta de cada um no cometimento da infração penal. Porém, há provas suficientes de que todos tomaram parte na prática do delito. Ilustrando, se vários indivíduos ingressam em um bar desferindo tiros contra os presentes para matá-los, pode tornar-se tarefa impossível à acusação determinar exatamente o que cada um fez, isto é, quais e quantos tiros foram disparados por A e quem ele efetivamente atingiu. O mesmo em relação a B, C ou D. Além disso, pode ser inviável apontar o autor do disparo e aquele que apenas recarregava a arma para outros tiros serem dados. O primeiro seria o autor e o segundo, o partícipe. Nessa hipótese, cabe o oferecimento de denúncia genérica, sem apontar, separadamente, a conduta atribuível a cada um dos acusados.

Se vedássemos o ingresso da ação penal somente porque a conduta de cada coautor (ou partícipe) não ficou nitidamente demonstrada, haveria impunidade, situação indesejável. Diante disso, acolhe-se a denúncia genérica quando há provas contra todos os acusados, embora não se saiba, com precisão, qual a conduta de cada um.

Entretanto, se as condutas estiverem bem definidas no inquérito, cabe ao promotor individualizá-las corretamente na denúncia, para que esta não se torne inepta.

12.2 Denúncia ou queixa alternativa

Além disso, há que se avaliar ainda a chamada *denúncia (ou queixa) alternativa*, envolvendo a possibilidade de apresentação ao juiz de alternância de imputações. O ideal, caso o órgão acusatório esteja em dúvida quanto a determinado fato ou quanto à classificação que

---

[79] Para FREDERICO MARQUES, no concurso de pessoas, "a denúncia para não ser inepta tem de esclarecer em que consistiu a participação ou concurso do acusado para a prática do crime que é atribuído ao autor" (*Estudos e pareceres*, p. 151).

mereça, deve fazer sua opção antes do oferecimento, mas jamais apresentar ao juiz duas versões contra o mesmo réu, deixando que uma delas prevaleça ao final.

Tal medida impossibilita a ideal e ampla defesa pelo acusado, que seria obrigado a apresentar argumentos em vários sentidos, sem saber, afinal, contra qual conduta efetivamente se volta o Estado-acusação. Exemplo: se, descrita uma situação fática qualquer, justificadora de um homicídio, houver dúvida se constitui motivo fútil ou torpe, é preciso que o promotor opte entre um ou outro, indicando-o na denúncia. Não tem sentido, entretanto, denunciar o réu por homicídio cometido por motivo fútil ou torpe. Por força dessa dubiedade a defesa fica prejudicada, especialmente a autodefesa. Assim ocorrendo, configura-se a inépcia da inicial, devendo ser rejeitada (art. 395, I, CPP).

Excepcionalmente, pode-se acatar a hipótese de denúncia alternativa quando o fato principal é certo, embora o secundário seja duvidoso. Exemplo disso seria atribuir ao réu a prática do delito com dolo, restando dúvida se na forma direta ou eventual.

12.3 Concisão da denúncia ou queixa

É medida que se impõe para não tornar a peça inicial do processo penal uma autêntica alegação final, avaliando provas e sugerindo jurisprudência a ser aplicada. Diferentemente da área cível, no processo criminal, a denúncia ou queixa deve primar pela concisão, limitando-se a apontar os fatos cometidos pelo autor (denunciado ou querelado), sem juízo de valoração ou apontamentos doutrinários e jurisprudenciais.

A peça deve indicar o que o agente fez, para que ele possa se defender. Se envolver outros argumentos, tornará impossível o seu entendimento pelo réu, prejudicando a ampla defesa. Ensina Espínola Filho que "a peça inicial deve ser sucinta, limitando-se a apontar as circunstâncias que são necessárias à configuração do delito, com a referência apenas a fatos acessórios, que possam influir nessa caracterização. E não é na denúncia, nem na queixa, que se devem fazer as demonstrações da responsabilidade do réu, o que deve se reservar para a apreciação final da prova, quando se concretiza (ou não) o pedido de condenação".[80]

Peças longas, contendo exposição doutrinária e citação de jurisprudência, terminam por prejudicar a autodefesa, constituindo-se inicial inepta, merecedora de rejeição (art. 395, I, CPP).

12.4 Retificação da denúncia ou queixa no seu recebimento

Se fosse admitida tal hipótese, tratar-se-ia de um indevido prejulgamento, tornando parcial o juízo, além do que a titularidade da ação penal é exclusivamente do Ministério Público ou do ofendido, conforme o caso. Assim, não cabe ao magistrado, recebendo a peça acusatória, pronunciar-se, por exemplo, da seguinte forma: "Recebo a denúncia por extorsão, com base no art. 158 do Código Penal, e não como roubo (art. 157, CP), como descrito pelo promotor".

Caso a denúncia ou a queixa esteja mal redigida, dando a entender tratar-se de extorsão, quando, na realidade, é um roubo, o caminho mais indicado é a rejeição para que outra seja oferecida. Afinal, tal medida preserva o direito de defesa, evitando que o acusado seja prejudicado ao impugnar fatos duvidosos e mal expostos.

Entretanto, se o órgão acusatório descreveu uma situação de modo detalhado que o promotor entendeu merecer a classificação de roubo, ainda que ao magistrado pareça ser

---

[80] *Código de Processo Penal brasileiro anotado*, v. 1, p. 418.

uma extorsão, deve receber a denúncia para que, ao final, já na sentença, promova, se for o caso, a devida retificação.

Em contrário, sustentando a possibilidade de o magistrado determinar a correção da denúncia logo no recebimento, está o magistério de BENEDITO ROBERTO GARCIA POZZER: "Não procede o entendimento de que ao juiz é vedado determinar a emenda da denúncia, desde o início, para, de acordo com os fatos expostos, determinar-lhes a correção da *classificação jurídica*. Se o próprio representante do Ministério Público pode aditá-la, a qualquer tempo, com mais razão está autorizado o julgador determinar a correção, afastando-se sensíveis prejuízos à defesa e nulidades processuais".[81]

12.5 Rejeição da denúncia ou queixa pelo juiz e recebimento pelo tribunal

Dependendo do caso concreto, não pode ser recebida pelo tribunal, julgando recurso em sentido estrito, a denúncia ou queixa rejeitada pelo juiz, sob pena de supressão de instância. Essa situação ocorreria caso o magistrado se desse por incompetente e não recebesse a denúncia ou queixa, substituindo-o, então, o tribunal. O correto é, se for o indicado, dar provimento ao recurso, para que os autos retornem à origem a fim de o magistrado receber a denúncia ou queixa.

Entretanto, se o juiz rejeita a denúncia ou queixa, porque achou incabível o ajuizamento da ação penal, é perfeitamente viável que o tribunal a receba. É o disposto atualmente na Súmula 709 do Supremo Tribunal Federal: "Salvo quando nula a decisão de primeiro grau, o acórdão que provê o recurso contra a rejeição da denúncia vale, desde logo, pelo recebimento dela".

12.6 Recebimento ou rejeição parcial da denúncia ou queixa

Cremos ser viável tal situação, desde que não implique um juízo indevido de antecipação do mérito. A hipótese não é legalmente rechaçada, razão pela qual é viável sustentar ter o juiz a liberdade para acolher alguns dos fatos narrados pela acusação, com respaldo no inquérito, afastando outros, sem implicar prejulgamento.

Não estaria o magistrado antecipando o veredicto, nem se substituindo ao acusador, pois não estaria classificando os fatos expostos, inserindo-os neste ou naquele tipo incriminador, mas somente permitindo o início da ação penal com base em acusação plausível.

Deve-se salientar, no entanto, que a denúncia ou queixa é uma peça técnica, visando à exposição de fatos, de modo a permitir a ampla defesa ao acusado, não podendo ser recortada pelo juiz no momento do recebimento, se a providência retirar sentido aos fatos imputados pela acusação. Tornar-se-ia peça ininteligível, merecendo ser rejeitada no seu todo.

Necessita-se evitar, ainda, a todo custo, a antecipação de convicção do magistrado, que haverá de explicar, minuciosamente, a razão de estar aceitando determinado trecho da denúncia, mas não outro. Se existe o inquérito policial para dar fundamento à denúncia ou queixa, cabe a quem faz a imputação atrelar-se rigidamente a ele, não ampliando em demasia o conteúdo da peça inicial, inserindo crime inexistente, qualificadora ou causa de aumento não evidenciada ou comprovada indiciariamente.

Entretanto, se durante a instrução surgir prova nova, indicando a existência de novo delito ou circunstância agravante, pode haver aditamento da peça. E, por fim, a rejeição

---

[81]   *Correlação entre acusação e sentença no processo penal brasileiro*, p. 156.

parcial da denúncia é viável, quando o órgão acusatório imputa ao réu vários fatos delituosos, verificando o juiz que alguns deles constituem meras repetições de outros, já descritos. Assim, evitando-se o inaceitável *bis in idem*, pode-se afastar a imputação, na parte repetida, acolhendo-se os demais fatos.

12.6.1 A fundamentação da decisão que recebe a denúncia ou queixa

Tormentoso tema é o da fundamentação da decisão judicial de recebimento da denúncia ou da queixa. A Constituição Federal, no art. 93, IX, prevê que "todos os julgamentos dos órgãos do Poder Judiciário serão públicos, e *fundamentadas todas as decisões*, sob pena de nulidade..." (grifamos). O ideal, portanto, seria que o Código de Processo Penal estipulasse, expressamente, o recebimento motivado da denúncia ou da queixa, o que não faz. Por isso, há décadas, prevalece o entendimento, ao menos na jurisprudência, de que o recebimento da denúncia ou da queixa prescinde de fundamentação.

Em verdade, entende-se que a motivação é implícita. Trata-se de uma presunção consagrada pelos julgados de que os fatos narrados na peça do órgão acusatório foram devidamente verificados e confrontados com as provas constantes do inquérito policial ou com outros documentos que acompanhem a inicial, gerando no magistrado a mesma convicção de suficiência de autoria e materialidade que provocou na acusação. Se assim não fosse, caberia ao juiz, de acordo com o disposto no art. 395 do CPP, rejeitar a denúncia ou queixa.

Há exceções que exigem fundamentação do magistrado ou do tribunal para validar o recebimento da denúncia ou queixa. É o que ocorre nos seguintes casos: a) crimes para os quais o procedimento prevê a apresentação de defesa preliminar, pelo denunciado, *antes* do recebimento da denúncia. Seria totalmente contraditório o denunciado expor várias razões para que o magistrado não receba a peça acusatória e esta ser, afinal, recebida em lacônica decisão ("recebo a denúncia"). É evidente dever o juiz *fundamentar* o recebimento, afastando as alegações preliminares feitas pelo réu (exemplos: art. 55, Lei 11.343/2006; arts. 514 e 516, CPP); b) crimes de competência originária dos tribunais superiores e dos tribunais estaduais e regionais (Leis 8.038/1990 e 8.658/1993). Após um contraditório prévio, ouvindo-se o imputado e, também, o Ministério Público ou o querelante, "o relator pedirá dia para que o Tribunal delibere sobre o recebimento, a rejeição da denúncia ou da queixa, ou a improcedência da acusação, se a decisão não depender de outras provas" (art. 6.º, *caput*, Lei 8.038/1990).

Tratando-se de acórdão é mais que natural seja ele fundamentado, pois abrange vários votos de diferentes magistrados. Quanto ao crime falimentar, segundo dispunha o art. 109, § 2.º, do Decreto-lei 7.661/1945 e a Súmula 564, do Supremo Tribunal Federal: "A ausência de fundamentação do despacho de recebimento de denúncia por crime falimentar enseja nulidade processual, salvo se já houver sentença condenatória". Nota-se, no entanto, que a Lei de Falência (Lei 11.101/2005) prevê a aplicação das normas do Código de Processo Penal para a investigação do delito falimentar, bem como quanto ao oferecimento e recebimento da denúncia (arts. 187 e 188). Isto significa, portanto, não mais ser necessário o recebimento fundamentado da denúncia ou da queixa quando aplicável o novo procedimento.

Pensamos, no entanto, que em todo e qualquer caso o ideal seria a fundamentação existir para o recebimento da denúncia ou da queixa, que é uma decisão interlocutória e não simplesmente um despacho de mero expediente, como querem alguns fazer crer. Mas, por não existir previsão legal para isso, consolidou-se o entendimento de haver uma *motivação implícita*. Para que se altere tal corrente, praticamente pacífica, seria indispensável a modificação do Código de Processo Penal, pois já não há possibilidade de uma ou outra decisão judicial pretender reverter um procedimento de vários anos.[82]

Por outro lado, o recebimento *motivado* da denúncia ou da queixa pode ter o seu aspecto negativo, aliás o mesmo que atualmente se vê no caso da pronúncia. O juiz, de um modo geral, pode não ser comedido na sua avaliação e, ainda que por descuido, ingressar no mérito, antecipar julgamento e provocar, com isso, nulidade insanável. Pese tal fato, parece-nos que correr tal risco é melhor do que simplesmente continuarmos a admitir o recebimento de denúncia ou queixa, dando por ajuizada a demanda, por decisões lacônicas e singelas consagradas na fórmula "recebo a denúncia", sem nada mais.

Entretanto, convém ressaltar que, após a reforma processual penal, introduzida pelas Leis 11.689/2008, 11.690/2008 e 11.719/2008, nenhuma modificação foi inserida no contexto do recebimento da denúncia ou queixa. Por isso, continua a prevalecer o anterior entendimento, vale dizer, prescinde de expressa fundamentação o recebimento da inicial acusatória.

12.7 Poderes especiais para o ingresso de queixa

A queixa pode ser oferecida por procurador com poderes especiais (art. 44, CPP). Embora a maioria da doutrina interprete esse termo (*procurador*) como o advogado do querelante,[83] exigindo, então, que a procuração seja outorgada com poderes específicos, cremos que se deve ampliar o sentido para abranger a nomeação, por mandato, de qualquer pessoa capaz que possa representar o querelante, contratando advogado, inclusive, para o ajuizamento da ação penal.

O importante é que a vítima se responsabilize, sempre e claramente, pelos termos em que é oferecida a queixa, seja quando constitui pessoa para representar seus interesses, seja quando constitui diretamente advogado para fazê-lo. Caso o ofendido seja advogado, pode ingressar sozinho com a queixa.

Optando pela contratação de advogado, é preciso que a procuração contenha *poderes especiais*, indicando exatamente o fato a ser imputado e contra quem, valendo, no entanto, a substituição dessa exposição pela assinatura aposta pela vítima diretamente na queixa, junto com seu advogado. A referência ao crime, constante da procuração, deve consistir no resumo do fato, sob duas ressalvas: a) não deve calcar-se unicamente no artigo de lei no qual está incurso o denunciado; b) não precisa ser detalhado a ponto de narrar integralmente o fato.

12.8 Exigência de prova pré-constituída para instruir a queixa

Do mesmo modo que o Estado-acusação deve fundamentar a denúncia no inquérito (ou outro procedimento legal), conseguindo prova pré-constituída dos fatos imputados, para dar justa causa à ação penal, também a vítima deve oferecer queixa calcada na mesma segurança.

Não tem cabimento o ofendido apresentar queixa se nem mesmo sabe quem é o autor da infração penal ou o que ele fez. Assim, torna-se imperiosa a instauração de inquérito para

---

[82] Frederico Marques adota a visão do meio-termo, indicando que o recebimento da denúncia deveria ter uma fundamentação mínima, evitando os radicalismos de motivar o recebimento como se fosse uma pronúncia, mas também a pura aceitação, como se o MP pudesse propor qualquer coisa por seu exclusivo arbítrio. O ideal também é rejeitar a peça acusatória em termos sóbrios, pois, em grau de recurso, pode ser recebida (*Estudos e pareceres*, p. 145-148).

[83] *Querelante* é o termo que designa o autor da ação privada, porque, antigamente, a queixa denominava-se *querela*.

apurar a materialidade e a autoria da infração. Nessa hipótese, o indivíduo solicita a produção de diligências e, quando as tiver, poderá ingressar com a queixa.

No caso do advogado, duas são as hipóteses: a) ele é contatado pela vítima logo que esta toma conhecimento do crime contra ela cometido e, ofertando procuração para em seu nome agir, o causídico requer a instauração de inquérito para apurar a materialidade e a autoria. Nesse caso, não há necessidade de poderes específicos, pois a menção do autor e dos detalhes do fato ainda inexistem; b) ele é contatado pela vítima quando as provas pré-constituídas já estão formadas, razão pela qual o ingresso da queixa depende somente da outorga da procuração com poderes especiais. Nesse caso, é natural que o nome do querelado e os detalhes do fato já sejam conhecidos.

12.9 Aditamento da queixa pelo Ministério Público

Essa hipótese é prevista no art. 45 do Código de Processo Penal ("a queixa, ainda quando a ação penal for privativa do ofendido, poderá ser aditada pelo Ministério Público, a quem caberá intervir em todos os termos subsequentes do processo") e serve para corrigir eventuais falhas formais da peça apresentada.

A liberdade do Estado-acusação é ampla quando se tratar de queixa proveniente de ação privada subsidiária da pública, podendo até incluir coautores. Mas não pode o promotor substituir-se ao ofendido no desejo de processar este ou aquele agressor, quando a ação penal for exclusivamente privada.[84] Assim, caso a vítima tenha oferecido queixa contra um coautor, deixando de fora outro, o Ministério Público, zelando pela indivisibilidade da ação penal, proporá ao querelante que faça o aditamento, sob pena de implicar renúncia do direito de queixa contra um deles, passível de extensão aos demais. Não há cabimento no aditamento feito pelo Estado-acusação para incluir coautor, a pretexto de zelar pela indivisibilidade, pois estará, isto sim, substituindo a vítima no interesse e na legitimidade de agir.

Em sentido contrário, crendo ser permitido que o Ministério Público adite a queixa para incluir corréu, está o magistério de TOURINHO FILHO, justificando não estar sendo ferido o princípio da oportunidade: "Tal princípio confere ao ofendido julgar da conveniência ou inconveniência quanto à propositura da ação penal. Se ele ofertou queixa, é sinal de que julgou conveniente fazê-lo. Mas, como o Estado não lhe confere o direito de vingança, cumpria-lhe oferecer queixa em relação a todos quantos participaram do crime. A oportunidade não significa direito de escolha do ofendido. Ou o faz em relação a todos, ou não faz em relação a nenhum deles. Se ofertar queixa apenas quanto a um, caberá ao Ministério Público, no prazo de três dias, aditar a acusação privada".[85]

Com esse entendimento não podemos concordar. É fato que o ofendido não pode escolher contra quem vai ingressar com a ação penal, sendo mais de um o ofensor, sob pena de se chancelar a vingança privada, mas também não é da esfera do Ministério Público escolher por ele. Há mera presunção de que, se ajuizou ação penal contra um, é porque quer fazê-lo contra todos. Imagine-se que a vítima queira processar somente Fulano, mas tenha perdoado Beltrano, coautores na ofensa. Se o promotor aditar a queixa, incluirá Beltrano *contra a vontade*

---

[84] No mesmo sentido, CÂMARA LEAL (*Comentários ao Código de Processo Penal brasileiro*, p. 202).

[85] *Código de Processo Penal comentado*, v. 1, p. 123-124. Assim também CÂMARA LEAL (*Comentários ao Código de Processo Penal brasileiro*, v. I, p. 209); EUGÊNIO PACELLI (*Curso de processo penal*, p. 156).

do ofendido. Assim, o mais indicado é levar a vítima a promover o aditamento. Caso não o faça, sofrerá as consequências disso. No prisma que defendemos: MIRABETE.[86]

DEMERCIAN e MALULY sustentam posição intermediária: "Quanto à inclusão de corréu, no entanto, o critério é distinto. Se ficar demonstrado nos autos que a omissão do querelante foi intencional, velando pelo princípio da indivisibilidade (art. 48, CPP), deve o Promotor de Justiça requerer ao juízo o reconhecimento da renúncia tácita em relação ao querelado (art. 49, c/c art. 57, CPP). De outra parte, se a omissão decorreu de deficiente avaliação dos indícios de autoria ou, ainda, do desconhecimento da identidade do coautor ou partícipe, nesse caso terá inteira aplicação o disposto nos arts. 46, § 2.º, e 48, do CPP, e o aditamento será legítimo".[87]

Concordamos com esse ponto de vista, embora nem sempre se possa apurar, apenas pela leitura do inquérito e da queixa, qual foi a intenção do ofendido ao não incluir determinada pessoa – coautora do crime – na queixa. Se, eventualmente, ficar nítida a ocorrência de renúncia tácita, opinará o Ministério Público pela extinção da punibilidade de todos. Se ficar clara a ocorrência de mero esquecimento de um dos coautores, porque a vítima avaliou, de modo deficiente, os indícios de autoria, certamente o promotor poderá aditar a queixa, mesmo porque estará somente corrigindo um vício formal. Entretanto, se nada disso ficar claro, o mais indicado é que requeira ao juiz a intimação do ofendido para, querendo, oferecer aditamento para incluir determinado coautor. A resposta da vítima será crucial para avaliar se houve renúncia tácita ou simples esquecimento.

12.10 Intervenção do Ministério Público na ação penal privada

Embora parte da doutrina sustente que o Ministério Público somente intervém, obrigatoriamente, na ação penal privada quando se tratar da subsidiária da pública, sendo facultativa a sua participação no caso de ação exclusivamente privada, ousamos discordar. Lembremos que a pretensão punitiva é *monopólio* do Estado, jamais sendo passada ao particular. Tanto é verdade que o Estado é sujeito passivo formal ou constante de todos os delitos, inclusive os de ação privada exclusiva.

E mais: havendo condenação em ação privada, quem executa a pena é o Estado, pois é o titular absoluto do direito de punir. Portanto, vemos lógica na intervenção obrigatória do Ministério Público em todas as ações, públicas ou privadas. No caso da privada exclusiva, necessita funcionar como *custos legis*, zelando pelo seu correto desenvolvimento, uma vez que a pretensão punitiva pertence ao Estado. Embora o art. 564, III, *d*, do Código de Processo Penal, estabeleça como causa de nulidade somente a ausência do Ministério Público nas ações públicas, queremos crer que esta é hipótese de nulidade absoluta, enquanto no outro caso (das ações privadas), de nulidade relativa. Assim, se o juiz não conceder vista ao representante do Ministério Público na ação privada subsidiária ou exclusiva pode este arguir nulidade do feito, demonstrando o prejuízo havido.

12.11 Prazo para o oferecimento de denúncia e modo de contagem

O art. 46, *caput*, do Código de Processo Penal estabelece o prazo de cinco dias para o oferecimento de denúncia em caso de indiciado preso, bem como de quinze dias, quando se tratar de indiciado solto.

---

[86] *Código de Processo Penal interpretado*, p. 109.

[87] *Curso de processo penal*, p. 133.

Quanto ao prazo para denunciar réu solto, inexiste questão a debater, pois se cuida de um prazo impróprio, isto é, aquele que, não sendo cumprido, deixa de provocar sanção ou consequência processual. Logo, pode o membro do Ministério Público denunciar o indiciado a qualquer tempo, desde que não ocorrida a prescrição, mesmo que já tenha decorrido o prazo de quinze dias. Aliás, ultrapassar o prazo de quinze dias, pode dar ensejo ao ajuizamento de queixa por parte do ofendido (art. 29, CPP).

No tocante ao prazo de cinco dias, há maior rigor. Caso não seja observado pelo órgão acusatório, enseja o constrangimento ilegal e a determinação de soltura do indiciado preso pelo magistrado.

É certo que os cinco dias para oferecer denúncia constituem prazo processual, mas de caráter especial, não somente por lidar com a liberdade de alguém, como também porque há regra específica no referido art. 46, *caput*. Concordamos com aqueles que dizem ser lógico computar-se, como primeiro dia do prazo, aquele em que foi aberta vista ao promotor. Nessa ótica, TOURINHO FILHO;[88] ESPÍNOLA FILHO, invocando a regra específica do art. 800, § 2.º, do CPP.[89] Contrariamente, está a posição de MIRABETE, alegando que o dia do recebimento dos autos é o termo inicial dos cinco dias, que necessitam ser computados na forma do art. 798, § 1.º, do Código de Processo Penal.[90]

A despeito da discussão, se o prazo findar em um feriado ou final de semana, prorroga-se para o dia útil imediato, seja qual for a forma de contagem (incluindo-se ou não o dia do recebimento dos autos do inquérito).

Por outro lado, havendo motivo de força maior que impeça o cumprimento fiel do prazo estipulado para a apresentação de denúncia de indiciado preso (ex.: fechamento do fórum por conta de greve de funcionários ou por causa de algum acidente ou obra urgente), deve haver uma prorrogação na contagem, como prevê o art. 798, § 4.º, do Código de Processo Penal.

Se existirem indiciados presos e soltos, conta-se o prazo como se presos todos estivessem, isto é, cinco dias.

13. RECONHECIMENTO DA EXTINÇÃO DA PUNIBILIDADE

Dispõe o art. 61 do Código de Processo Penal que, em qualquer fase do processo, se o juiz reconhecer hipótese para a decretação da extinção da punibilidade do réu ou querelado deve fazê-lo de ofício. Quando, no entanto, tratar-se de requerimento do Ministério Público, do querelante ou do réu (inclua-se também o querelado), o juiz manda autuá-lo em apartado, ouvindo a parte contrária. Caso seja necessário, pode determinar a produção de prova, proferindo então a decisão cabível.

Naturalmente, pode ocorrer uma situação de perdão tácito, por exemplo. Nesse caso, a pedido do Ministério Público (que atua na ação penal privada como *custos legis*) ou do querelado, instaura-se o incidente para apurar se é verdadeiro o fato alegado. Comprovado, o magistrado julga extinta a punibilidade. Do contrário, prossegue na demanda principal. Vale ressaltar, entretanto, que os autos apartados nem mesmo são necessários, podendo-se produzir a prova nos autos do processo principal. Afinal, antes de continuar a instruir a de-

---

[88] *Código de Processo Penal comentado*, v. 1, p. 125.

[89] *Código de Processo Penal brasileiro anotado*, v. 1, p. 439.

[90] *Código de Processo Penal interpretado*, p. 111.

manda, surgindo questão que diga respeito à extinção da punibilidade deve esta ser decidida em primeiro plano.

13.1 Morte do réu

Nesse caso, segue-se o disposto no art. 62 do Código de Processo Penal, pois o juiz, somente à vista da certidão de óbito, ouvido o Ministério Público, deve declarar extinta a punibilidade.

O princípio de que a "morte tudo resolve" (*mors omnia solvit*) provoca a perda do poder punitivo do Estado (art. 107, I, CP). Por cautela, estipula o Código de Processo Penal que deve haver a exibição de certidão de óbito, razão pela qual não concordamos com a posição daqueles que admitem a extinção da punibilidade pela simples consideração de um juiz, na esfera cível, da morte presumida (art. 6.º, CC). Havendo ausência do réu, ainda que o magistrado transmita os bens aos herdeiros, inexistindo certeza do óbito, como exige este artigo, cremos que não pode haver a decretação da extinção da punibilidade. Aguarda-se, se for o caso, a prescrição. Exceção feita à morte trágica, ocorrida em acidente, cujo procedimento de reconhecimento de sua existência, na Vara dos Registros Públicos, tem o condão de fazer expedir a certidão de óbito (art. 88, Lei 6.015/1973).

É certo que a Lei 10.406/2002 (Código Civil) acrescentou outras hipóteses de declaração de morte presumida, como ocorre no art. 7.º ("Pode ser declarada a morte presumida, sem decretação de ausência: I – se for extremamente provável a morte de quem estava em perigo de vida; II – se alguém, desaparecido em campanha ou feito prisioneiro, não for encontrado até 2 (dois) anos após o término da guerra. Parágrafo único. A declaração da morte presumida, nesses casos, somente poderá ser requerida depois de esgotadas as buscas e averiguações, devendo a sentença fixar a data provável do falecimento").

Nesses casos, diversamente da ausência, em que se presume a morte somente pelo fato de alguém desaparecer por certo tempo de seu domicílio, sem deixar notícia ou paradeiro, busca o juiz cível – como se faz, aliás, na Vara dos Registros Públicos em caso de morte trágica – o paradeiro de pessoas que estavam em perigo de vida, cuja morte é *extremamente* provável ou quando desapareceram em campanha ou foram feitas prisioneiras, sem que fossem encontradas, até dois anos após a guerra, fixando a sentença a provável data do falecimento. Parece-nos, pois, que, registrada a decisão, pode-se dar o mesmo efeito da certidão de óbito, declarando-se extinta a punibilidade.

13.2 Certidão de óbito falsa

Caso seja declarada extinta a punibilidade do réu porque foi apresentada ao juiz certidão de óbito falsa, inexiste qualquer possibilidade de reabertura do caso. Nada mais pode ser feito, a não ser processar quem falsificou e utilizou o documento. Outra solução importaria autêntica revisão criminal em favor da sociedade, o que é vedado em processo penal. Desejasse o legislador e poderia ter feito constar no Código de Processo Penal especial licença para reabrir o caso, quando a certidão de óbito utilizada for considerada falsa.

Outra não é a posição da ampla maioria da doutrina brasileira. Por todos, confira-se a lição de CARLOS FREDERICO COELHO NOGUEIRA: "Assim sendo, se, depois de transitar em julgado a sentença que declarou extinta a punibilidade pela morte do acusado, se descobrir estar ele vivo, não será possível rescindir a *res judicata* com o prosseguimento do feito extinto e não será por igual possível o oferecimento de nova denúncia ou de nova queixa contra o mesmo sujeito pelo mesmo fato delituoso. Se vier a ser instaurado novo processo será absolutamente nulo, por ofensa à coisa julgada. (...) Quando muito, o acusado e – conforme o caso – seu defensor poderão ser processados pelo crime de *uso de documento falso* (art. 304 do Código Penal) e nada mais...".[91]

Denilson Feitoza, embora concordando com a impossibilidade de reabertura do caso, quando a extinção da punibilidade for alcançada mediante a apresentação de certidão de óbito falsa, propõe solução interessante, dependente de alteração legislativa: "o problema poderia ser mais facilmente resolvido se a doutrina e lei brasileiras não tivessem certa obsessão por soluções que passam pelo direito material (penal), como é o caso da morte do agente. No direito alemão, diversamente, a morte não é prevista como causa extintiva de punibilidade. Se há uma morte, simplesmente falta 'pressuposto processual' e o processo não se iniciará ou será extinto (sem 'julgamento de mérito'). Ora, se no futuro descobrir-se que não houve efetivamente a morte, não terá ocorrido coisa julgada *material* e um processo penal ainda será possível".[92]

Entretanto, há precedente jurisprudencial, inclusive do STF, permitindo a reabertura do caso, afirmando que a decisão de extinção da punibilidade seria interlocutória e, portanto, passível de coisa julgada formal, mas não material. Assim sendo, um fato novo (constatar que o réu está vivo) poderia reabrir o processo. Segundo nos parece, a decisão de extinção da punibilidade é terminativa, que afasta a pretensão punitiva do Estado, razão pela qual seria definitiva e não simplesmente interlocutória.

RESUMO DO CAPÍTULO

▸ **Ação penal:** direito constitucional e abstrato de invocar o Estado-juiz a aplicação da lei penal ao caso concreto.

▸ **Finalidade:** formar o devido processo legal, que é meio indispensável para sustentar a condenação criminal de alguém, assegurados o contraditório e a ampla defesa.

▸ **Espécies:** conforme o polo ativo, divide-se em ação penal pública, cuja titularidade é do Ministério Público, e ação penal privada, a ser proposta pelo ofendido ou seu representante legal, como regra. No caso da ação penal pública, subdivide-se em pública incondicionada (não dependente de qualquer manifestação de vontade de terceiro) e condicionada (dependente da manifestação de vontade do ofendido ou do Ministro da Justiça). A ação penal privada subdivide-se em exclusiva (titularidade do ofendido, seu representante legal ou sucessores), personalíssima (titularidade somente do ofendido ou seu representante legal) e subsidiária da pública (assume o ofendido o polo ativo em face da inércia do órgão do Ministério Público).

▸ **Princípios regentes:** obrigatoriedade conduz a ação penal pública, uma vez que o Ministério Público, havendo provas suficientes e preenchidas as condições legais, *deve* promover o seu ajuizamento; oportunidade e indivisibilidade regulam a ação penal privada, pois o ofendido *pode* promover o seu ajuizamento, ficando ao seu inteiro critério fazê-lo ou não; caso opte pela ação penal, *deve* promovê-la contra todos os eventuais coautores e partícipes, não sendo viável eleger contra quem irá atuar.

---

[91] *Comentários ao Código de Processo Penal*, v. 1, p. 760-761.
[92] *Direito processual penal*, p. 280.

▶ **Limitações ao direito de ação do ofendido**: tendo em vista que se trata de um direito excepcional, pois, como regra, a titularidade da ação penal é do Ministério Público, o particular, quando autorizado a fazê-lo, encontra limites nos institutos da decadência (tem um prazo fatal para dar início à ação penal, que é, em regra, de seis meses, a contar da data em que souber quem é o autor da infração penal); renúncia e perdão (pode desistir de promover a ação, antes ou depois de iniciada, implicando a extinção da punibilidade do querelado); perempção (a negligência na condução da demanda implica em perda do direito de ação, extinguindo-se igualmente a punibilidade do querelado).

▶ **Condições da ação penal**: são os requisitos exigidos por lei para que o juiz aprecie o mérito da imputação, ou seja, para que acolha ou rejeite o pedido do autor, afirmando ou afastando a pretensão punitiva do Estado. Dividem-se em genéricas (possibilidade jurídica do pedido, interesse de agir e legitimidade de parte) e específicas (também chamadas de condições de procedibilidade, que variam conforme o delito praticado).

▶ **Petição inicial:** denúncia é a peça apresentada pelo Ministério Público contendo a imputação contra o agente; queixa é a peça oferecida pelo ofendido descrevendo a imputação contra o autor do delito.

▶ **Conteúdo da peça acusatória:** *deve* haver a exposição do fato criminoso (tipo básico) com todas as suas circunstâncias (tipo derivado), a qualificação do acusado ou elementos que possam identificá-lo, bem como a classificação do crime; *pode* haver o rol das testemunhas.

▶ **Processo:** é um instrumento de realização do direito de pedir ao poder judiciário a aplicação do direito material ao caso concreto, formatando-se pelos aspectos externo e interno.

▶ **Procedimento: é a forma e o ritmo dado à sucessão d**os atos que buscam a sentença. Pode ser considerado comum ou especial, significando um andamento mais célere ou mais lento, com várias audiências ou uma única, enfim, espelha a maneira pela qual se dará o desenvolvimento do processo.

▶ **Pressupostos processuais:** são os requisitos necessários para a existência e a validade da relação processual, permitindo que o processo possa atingir o seu fim.

Classificação das ações penais

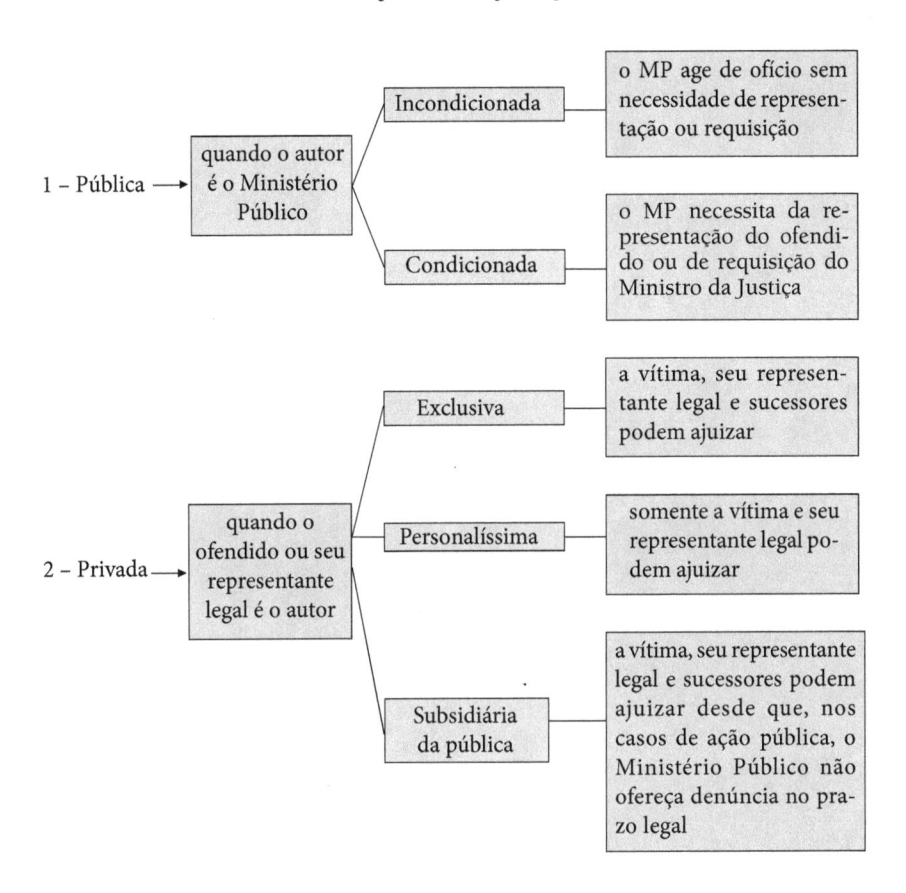

CAPÍTULO IX

Ação Civil *Ex Delicto*

1. CONCEITO

Trata-se da ação ajuizada pelo ofendido, na esfera cível, para obter indenização pelo dano causado pela infração penal, quando existente. Há delitos que não provocam prejuízos, passíveis de indenização – como ocorre nos crimes de perigo, como regra. O dano pode ser material ou moral, ambos sujeitos à indenização, ainda que cumulativa.

A legislação criminal cuida, com particular zelo, embora não com a amplitude merecida, do ressarcimento da vítima, buscando incentivá-lo, sempre que possível.

O Código Penal estabelece como efeito da condenação a obrigação de reparar o dano (art. 91, I). Firma, ainda, uma causa de diminuição da pena, caso o agente repare o dano ou restitua a coisa ao ofendido (art. 16). Estabelece como atenuante genérica a reparação do dano (art. 65, III, *b*). Incentiva-a para a substituição das condições genéricas da suspensão condicional da pena por condições específicas (art. 78, § 2.º). Fixa como condição para a concessão do livramento condicional a reparação do dano, salvo impossibilidade efetiva de fazê-lo (art. 83, IV). Enaltece-a, como condição para a reabilitação (art. 94, III). Permite a extinção da punibilidade no caso de peculato culposo cujo dano é devidamente ressarcido (art. 312, § 3.º). E não olvidemos o conteúdo da Súmula 554 do Supremo Tribunal Federal, ainda em vigor, que estabelece o seguinte: "O pagamento de cheque emitido sem provisão de fundos, após o recebimento da denúncia, não obsta ao prosseguimento da ação penal", significando que, antes da propositura, o pagamento retira a justa causa para a ação penal.

O Código de Processo Penal, por sua vez, no Título IV do Livro I, ao cuidar da ação civil, proporciona meios mais eficazes para a vítima buscar reparação. Além disso, garante a utilização do sequestro (art. 125), da busca e apreensão (art. 240), do arresto (art. 136) e da hipoteca legal (art. 134). Assim, também, dispõe a Lei de Lavagem de Dinheiro (Lei

9.613/1998), incrementando o sequestro dos bens, valores ou direitos oriundos dos crimes que deram origem à lavagem, ainda que a ordem de apreensão provenha do estrangeiro (art. 8.º).

2. SEPARAÇÃO DA JURISDIÇÃO

Privilegia o nosso sistema a separação da jurisdição, fazendo com que a ação penal se destine à condenação do agente pela prática da infração penal e a ação civil tenha por finalidade a reparação do dano, quando houver. Note-se o disposto no art. 935 do Código Civil: "A responsabilidade civil é independente da criminal, não se podendo questionar mais sobre a existência do fato, ou sobre quem seja o seu autor, quando estas questões se acharem decididas no juízo criminal".

Apesar da consagração da separação, prevalece a justiça penal sobre a civil, quando se tratar da indenização de crime e aquela julgar que inexistiu o fato ou tiver afastado a autoria. É tempo, no entanto, de repensar esse sistema, permitindo-se que o juiz, na esfera penal, possa estabelecer, no mesmo processo em que há a condenação, a indenização civil completa e necessária à vítima. Privilegiar-se-ia a economia processual, protegendo-se com maior eficácia o ofendido e evitando-se que este, cético com a lentidão e o alto custo da Justiça brasileira, prefira o prejuízo à ação civil *ex delicto*.

No Código de Trânsito Brasileiro, por meio da multa reparatória, deu-se início a essa nova fase, estabelecendo-se que o juiz criminal pode, na sentença condenatória, não somente impor a pena, mas também um ressarcimento à vítima. É o que dispõe o art. 297, *caput*: "A penalidade de multa reparatória consiste no pagamento, mediante depósito judicial em favor da vítima, ou seus sucessores, de quantia calculada com base no disposto no § 1.º do art. 49 do Código Penal, sempre que houver prejuízo material resultante do crime".

Amplia-se, ainda, a possibilidade de indenização diretamente no juízo criminal, como se observa pela leitura dos arts. 74 e 75 da Lei 9.099/1995. Nas infrações de menor potencial ofensivo – cuja pena máxima em abstrato não ultrapassa dois anos, cumulada ou não com multa, e nas contravenções penais (art. 61, Lei 9.099/1995) –, é possível haver a composição dos danos civis, homologada pelo juiz, valendo como título a ser executado no cível (art. 74 da referida Lei). Tratando-se de infrações sujeitas à representação da vítima ou de iniciativa privada, o acordo homologado provoca a renúncia à queixa ou ao direito de representação.

Outro exemplo importante advém da Lei 11.340/2006, que cuida da violência doméstica e familiar contra a mulher, determinando a criação dos Juizados de Violência Doméstica e Familiar contra a Mulher, com competência cumulativa cível e criminal (art. 14). Assim, se o marido agredir a esposa, no mesmo juízo, pode ser processado e condenado criminalmente, bem como pode ser decretada a separação de corpos, como medida cautelar, com fixação de alimentos provisionais ou provisórios e regulamentação de visitas aos filhos (art. 22, IV e V, c/c art. 23, I a IV).

Finalmente, a reforma trazida pela Lei 11.719/2008, alterando os arts. 63, parágrafo único, e 387, IV, do Código de Processo Penal, passou a permitir que o juiz criminal fixasse a indenização para a reparação do dano decorrente da infração penal, na sentença condenatória.

Entretanto, a modificação ainda foi tímida. Mencionou-se o seguinte: "Transitada em julgado a sentença condenatória, a execução poderá ser efetuada pelo valor fixado nos termos do inciso IV do *caput* do art. 387 deste Código sem prejuízo da liquidação para a apuração do dano efetivamente sofrido" (art. 63, parágrafo único, CPP). No referido art. 387, IV, estabeleceu-se que, na sentença condenatória, o juiz "fixará valor mínimo para reparação dos danos causados pela infração considerando os prejuízos sofridos pelo ofendido".

Nota-se não ter sido previsto nenhum procedimento para a apuração dos danos, nem o seu grau de abrangência (material ou moral). Nada se mencionou acerca da legitimidade ativa para pleitear a reparação dos danos: somente a vítima ou também o Ministério Público, atuando em seu nome? Poderia o juiz, de ofício, fixar a indenização, sem que ninguém tenha solicitado? Enfim, são questões que poderiam ter sido esclarecidas pelo bem do novo instituto, sob pena de não se concretizar a almejada junção da jurisdição. De todo modo, parece-nos que somente o ofendido poderia solicitar a indenização e o juiz não teria condições de fixá-la de ofício, sem nenhum pedido. Afinal, não tendo havido requerimento expresso, inexistiria discussão nos autos em relação ao valor, motivo pelo qual seria incabível a fixação de um montante qualquer, que não foi objeto de debate entre as partes interessadas.

Há posição em contrário, nos seguintes termos: "entendemos que não há necessidade que este pedido venha expresso na denúncia ou queixa, pois o dever de reparar é um dos efeitos da sentença, de modo que o juiz está autorizado na sentença condenatória a estipular o valor mínimo da reparação, bastando para tal que, ao fundamentar a sua decisão, demonstre os elementos objetivos que o levaram ao valor da condenação".[1]

Sobre tal entendimento, duas considerações básicas: a) o pedido não poderia vir expresso na denúncia, oferecida pelo Ministério Público, pois inexiste legitimidade para o *Parquet* se manifestar em nome da vítima com fundamento em interesse puramente civil, como é a indenização pleiteada; b) o dever de reparar o dano, em virtude do crime, é consagrado pelo art. 91, I, do CP; porém, o *montante* da indenização sempre foi discutido sob o crivo do contraditório, permitindo-se a ampla defesa. Se o juiz da condenação, sem prévio debate das partes, simplesmente, fixar um valor qualquer, ter-se-á rompido o tradicional e indeclinável devido processo legal.

Outro ponto que reputamos fraco é a previsão de fixação de *valor mínimo* para a reparação dos danos, permitindo que o interessado possa ingressar na esfera cível a fim de apurar o prejuízo efetivamente sofrido. O correto seria o estabelecimento de um valor real, debatido no processo criminal, a fim de não sobrecarregar a esfera cível com nova discussão a respeito do mesmo tema. Ademais, se o ofendido conseguir um valor mínimo qualquer, sem atingir o efetivamente devido, poderá sentir-se duplamente enganado. O Judiciário fixa-lhe um valor pífio, que não o deixa satisfeito, embora se sinta desmotivado para, novamente, demandar no cível outros valores.

Não se deve implementar uma modificação *pela metade*. O ideal é que a reparação civil possa ser apurada no processo criminal de maneira ampla, sem abertura para, depois, renovar-se o debate no cível. Por isso, pode envolver o dano moral, eventualmente, advindo pela prática do delito.

Pensamos deverem os juízes criminais, se instados pela vítima a promover a discussão da indenização civil, buscar atingir o valor real – e não somente o mínimo – deixando consignado, em suas sentenças, tal situação. Com isto, pode-se argumentar ter-se formado coisa julgada material, vedando-se o acesso à órbita civil, evitando-se a sobrecarga inútil de serviço.

---

[1] Leandro Galluzzi dos Santos, in: Maria Thereza Moura (coord.), *As reformas no processo penal*, p. 299.

3. SENTENÇA CONDENATÓRIA COMO TÍTULO EXECUTIVO

Transitando em julgado e tornando-se, pois, definitiva, pode a sentença ser levada ao juízo cível para que a vítima obtenha a reparação do dano (art. 63, CPP). Não mais se discutirá se esta é devida (*an debeatur*), mas tão somente o quanto é devido pelo réu (*quantum debeatur*). Facilita-se o processo, impedindo-se o reinício da discussão em torno da culpa, merecendo debate somente o valor da indenização, o que é justo, pois o retorno ao debate a respeito da ocorrência do crime ou não somente iria causar o desprestígio da Justiça.

Se a indenização civil for fixada, pelo juiz criminal, de maneira ampla e definitiva, cremos ser indevida a liquidação na órbita do juízo cível. Entretanto, se não for estabelecida a reparação ou se apenas cuidar do valor mínimo, torna-se possível renovar a discussão no cível.

4. SENTENÇA CONCESSIVA DE PERDÃO JUDICIAL

Entendemos que se trata de decisão de natureza condenatória, pois não se perdoa quem é inocente, mas sim aquele que é culpado, embora não mereça sofrer a imposição de pena. A despeito disso, está em vigor a Súmula 18 do Superior Tribunal de Justiça, considerando-a meramente declaratória, sem qualquer efeito condenatório. Pensamos, no entanto, como já expusemos na nota 30 ao art. 107 do nosso *Código Penal comentado*, que pode ela ser executada, como título, no cível. Entretanto, para quem optar pelo fiel cumprimento ao disposto na referida Súmula do STJ, será imprescindível reiniciar toda a discussão acerca da culpa do réu, beneficiário do perdão judicial, na esfera cível, para que possa haver indenização.

5. DECISÃO DE EXTINÇÃO DA PUNIBILIDADE PELA PRESCRIÇÃO OU OUTRA CAUSA

Tratando-se da prescrição da pretensão punitiva, não possui efeito algum a eventual sentença condenatória, que já tenha sido prolatada. Assim, o reconhecimento de prescrição, cujo lapso completou-se antes do trânsito em julgado de sentença condenatória, afasta a formação de título executivo judicial.

Quando, no entanto, se tratar de prescrição da pretensão executória, ou seja, o lapso temporal completou-se depois do trânsito em julgado da sentença condenatória, permanecem os efeitos secundários da sentença – como maus antecedentes, a possibilidade de gerar reincidência, além da formação do título executivo judicial. O mesmo se aplica a outras causas de extinção da punibilidade, levando-se em conta se ocorreram antes ou depois da sentença definitiva.

6. REVISÃO CRIMINAL

Havendo o ajuizamento de revisão criminal, caso seja julgada procedente, tem o condão de eliminar o título executivo, que é a sentença condenatória proferida anteriormente. Logo, se ainda não iniciada a execução, não mais pode ocorrer; caso tenha começado, deverá o juiz extingui-la por inexigibilidade do título. E, derradeiramente, se já tiver sido paga a indenização – uma vez que não houve processo de conhecimento para apurar a culpa na esfera cível – caberia ação de restituição, onde se poderia então debater a culpa do pretenso autor de ato ilícito.

7.   EXTENSÃO DO RESSARCIMENTO DO DANO

Tem um sentido amplo a reparação do dano provocado pelo crime, implicando não somente restituição da coisa – quando for possível –, mas também pagamento do prejuízo causado, abrangendo os lucros cessantes. Lembremos, ainda, que há prejuízos que não podem ser quantificados em dinheiro, pela falta de correspondência ao patrimônio, merecendo, então, que a indenização se dê pelo dano moral causado.

O art. 64 do Código de Processo Penal deixa bem claro o direito do ofendido de pleitear diretamente no juízo cível a reparação do dano, independentemente de haver sentença condenatória com trânsito em julgado, o que demonstra sem equívoco a separação da jurisdição. Pode ocorrer, portanto, duplicidade de ações discutindo o mesmo fato, embora em searas diferentes: uma, no juízo penal; outra, na órbita civil. Se tal se der, naturalmente, o juízo criminal deve abster-se de fixar qualquer valor de indenização civil na sentença condenatória. Afinal, haveria litispendência nesse campo.

Por cautela, o parágrafo único do referido artigo preceitua que, proposta a ação penal, o juiz da ação civil *poderá* suspender o curso desta até o julgamento definitivo daquela. Pensamos que o melhor caminho será sempre a suspensão da demanda civil, aguardando-se o término da penal, a fim de evitar decisões conflitantes. Seria indesejável que o juiz cível condene alguém a indenizar outrem pela prática de um delito quando, na esfera penal, está-se julgando inexistente o fato, por exemplo.

Conforme dispõe o art. 932 do Código Civil, são civilmente responsáveis pelo pagamento da indenização: "I – os pais, pelos filhos menores que estiverem sob sua autoridade e em sua companhia; II – o tutor e o curador, pelos pupilos e curatelados, que se acharem nas mesmas condições; III – o empregador ou comitente, por seus empregados, serviçais e prepostos, no exercício do trabalho que lhes competir, ou em razão dele; IV – os donos de hotéis, hospedarias, casas ou estabelecimentos onde se albergue por dinheiro, mesmo para fins de educação, pelos seus hóspedes, moradores e educandos; V – os que gratuitamente houverem participado nos produtos do crime, até a concorrente quantia".

8.   RESPONSABILIDADE CIVIL DE TERCEIRO E DEVIDO PROCESSO LEGAL

Debate-se se a sentença condenatória penal definitiva pode servir de título executivo para cobrar do responsável civil, que não tomou parte no processo criminal, os danos provocados pela prática do delito.

Há quem sustente que sim, uma vez que o art. 64 prevê exatamente a hipótese de se utilizar o título formado contra o autor do crime ou, *sendo o caso*, contra o responsável civil. Entretanto, pensamos ser melhor a outra posição, que homenageia o devido processo legal. Não pode responder, como fato incontroverso e definitivo, aquele que não participou da ação penal. Assim, caso o empregado de alguém cometa, no exercício da função, um ilícito penal qualquer, a vítima não pode valer-se da sentença condenatória para, formando o título executivo, exigir, no cível, indenização do seu patrão. Desejando, pode ingressar com ação contra o próprio autor do delito, mas, caso queira – ou necessite – voltar-se contra o empregador, deve mover ação de conhecimento, permitindo a este a ampla defesa, assegurada a qualquer pessoa.

Mais uma vez, este é o inconveniente da separação da jurisdição. Se o juiz penal pudesse decidir acerca da responsabilidade penal e, também, da civil, logo poderia ser chamado o patrão a integrar a ação penal, querendo, tornando possível a condenação a quem efetivamente possa indenizar o dano causado.

Para evitar, no entanto, conflitos indesejáveis, a ação de conhecimento, movida na esfera cível, contra o patrão – ou outro responsável civil qualquer – deveria ter estreito âmbito de discussão, pois a culpa do referido responsável civil atualmente é objetiva, não mais se admitindo debate em torno da culpa *in vigilando* (se o patrão exerceu ou não corretamente seu poder de fiscalização sobre o empregado) ou *in eligendo* (se o patrão escolheu bem ou não seu funcionário). Restaria discutir se havia ou não relação de emprego entre o autor do crime (funcionário) e o réu na ação civil (patrão); poder-se-ia, ainda, debater se o empregado estava, no momento do crime, exercendo atividade particular – o que eximiria seu patrão de qualquer responsabilidade. No caso de outros responsáveis (pais, tutores, curadores, donos de hotéis e similares, participantes nos produtos do crime) dever-se-ia observar a mesma estreiteza na discussão da causa cível.

Abrindo-se ampla possibilidade de prova e revolvendo-se a culpa do empregado (filho, tutelado, curatelado etc.), pode-se gerar a inconveniente disparidade de decisões. Neste sentido, está o magistério de Tourinho Filho,[2] que, aliás, acrescenta o seguinte: "Se fosse possível a reabertura dessa discussão, haveria possibilidade de decisões contrastantes, criando uma situação de contundente extravagância. Ademais, a balbúrdia seria inominável, uma vez que, por via oblíqua, poderia o juízo cível afrontar o decidido no criminal, tanto mais quanto o art. 935 do Código Civil veda discussão a respeito. Haveria, assim, uma revisão criminal *sui generis*, na primeira instância, e, o que é pior, no juízo cível... Desse modo, para que se evitassem situações desastrosas como esta, o legislador teria que optar por uma dessas soluções: a) aquela estampada no art. 935 do Código Civil; e b) permitir a intervenção do responsável civil no processo criminal, à semelhança do que se dá no Direito argentino, Direito italiano (CPP, de 1930 e de 1988), Direito francês, Direito português (CPP de 1988)". A segunda hipótese ventilada por Tourinho Filho é o que sustentamos seja adotado pelo legislador pátrio, de maneira expressa no Código de Processo Penal, o que hoje não ocorre. Por isso, pode-se discutir, no cível, a responsabilidade penal do autor da infração, já decidida com trânsito em julgado.

Cite-se, também, a posição de Rogério Marrone de Castro Sampaio, no sentido de que "tem prevalecido, tanto na jurisprudência quanto na doutrina, que o título executivo formado com a sentença penal condenatória confere legitimidade passiva para a ação executiva apenas ao ofensor, ou seja, aquele que foi parte na ação penal. Quanto à apuração da responsabilidade civil indireta (patrão por ato do empregado, a título de exemplo), necessário nova ação civil de conhecimento". Entretanto, ressalva o autor que, a despeito do ensinamento de Tourinho Filho, tem triunfado na jurisprudência o entendimento de que, proposta a ação civil contra o terceiro responsável, tem ele direito de rediscutir todos os pontos de forma abrangente, sem qualquer vínculo, uma vez que a coisa julgada no crime não o atingiu.[3] Em igual prisma: Mirabete.[4]

9. EXCLUDENTES DE ILICITUDE E FORMAÇÃO DA COISA JULGADA NO CÍVEL

Há quatro excludentes de ilicitude mencionadas na Parte Geral do Código Penal (art. 23): estado de necessidade, legítima defesa, exercício regular de direito e estrito cumprimento

---

[2]   *Código de Processo Penal comentado*, v. 1, p. 156.

[3]   *Responsabilidade civil*, p. 75.

[4]   *Código Penal interpretado*, p. 131.

do dever legal. Servem para afastar, quando reconhecidas, a antijuridicidade do fato típico. Entretanto, a afirmação do art. 65 do Código de Processo Penal ("faz coisa julgada no cível a sentença penal que reconhecer ter sido o ato praticado em estado de necessidade, em legítima defesa, em estrito cumprimento de dever legal ou no exercício regular de direito"), apesar de verdadeira, não provoca, como consequência, a impossibilidade de ajuizamento de ação civil, em algumas situações, como veremos a seguir.

É bem verdade que o juiz civil não pode tornar a discutir o caráter delituoso de determinado fato, pois já se excluiu essa possibilidade no juízo criminal, fazendo coisa julgada na esfera cível. Entretanto, pode conceder a indenização por outros motivos, afinal, nem tudo o que é penalmente lícito, também o será civilmente.

Dispõe o art. 188 do Código Civil que, "não constituem atos ilícitos: I – os praticados em legítima defesa ou no exercício regular de um direito reconhecido; II – a deterioração ou destruição da coisa alheia, ou a lesão a pessoa, a fim de remover perigo iminente. Parágrafo único. No caso do inciso II, o ato será legítimo somente quando as circunstâncias o tornarem absolutamente necessário, não excedendo os limites do indispensável para a remoção do perigo". Logo, a princípio, reconhecida a legítima defesa, o exercício regular de direito e o estrito cumprimento do dever legal, não cabe mais ao juiz civil debater a respeito. E mais: quanto à pessoa contra quem valeu-se alguém do exercício de direito ou do sujeito contra o qual valeu-se alguém do estrito cumprimento do dever legal, inexiste direito à reparação do dano. Assim, exemplificando: não constitui ato ilícito penal ou civil matar ou ferir aquele que desfere agressão injusta, atual ou iminente, contra a integridade física (legítima defesa); não constitui ato ilícito penal ou civil lesionar ou constranger alguém a sair de um lugar público, onde está nitidamente perturbando a ordem (exercício regular de direito); não constitui ato ilícito penal ou civil o policial prender alguém, valendo-se da violência que for necessária, quando está com prisão legalmente decretada (estrito cumprimento do dever legal).

No caso do estado de necessidade, entretanto, há maiores restrições. Tratando-se do estado de necessidade defensivo, isto é, voltar-se contra animal ou coisa que gera o perigo atual, necessário de ser afastado, não cabe indenização alguma, desde que, para a remoção do perigo não se atinja inocente. Exemplo: matar o cão que escapou na via pública e ameaça morder pessoas. O dono do animal nada pode reclamar. Tratando-se do estado de necessidade agressivo, ou seja, voltar-se contra pessoa, animal ou coisa de onde não provém o perigo atual, mas cuja lesão torna-se indispensável para salvar o agente do fato necessário, é cabível falar em indenização. Exemplo: aquele que matar um animal, que está dentro do quintal da casa do seu proprietário, porque invadiu o domicílio para fugir de um assalto, penalmente não responde, mas civilmente deve indenizar ao dono do imóvel os prejuízos causados, inclusive a morte do cão.

É justamente o que preceitua o inciso II do art. 188, em combinação com os arts. 929 e 930 do Código Civil. Confira-se: "Art. 929. Se a pessoa lesada, ou o dono da coisa, no caso do inciso II do art. 188, não forem culpados do perigo, assistir-lhes-á direito à indenização do prejuízo que sofreram. Art. 930. No caso do inciso II do art. 188, se o perigo ocorrer por culpa de terceiro, contra este terá o autor do dano ação regressiva para haver a importância que tiver ressarcido ao lesado. Parágrafo único. A mesma ação competirá contra aquele em defesa de quem se causou o dano (art. 188, inciso I)". Conforme o disposto no art. 930, usando o exemplo já mencionado, o matador do cão no quintal deve indenizar o seu proprietário e, depois, querendo, voltar-se contra o assaltante que o perseguia.

Outra hipótese possível é haver *aberratio ictus* (erro na execução, conforme art. 73 do Código Penal), no contexto da legítima defesa. Se o agredido, para defender-se de determinada pessoa, terminar ferindo terceiro inocente, também fica obrigado a indenizá-lo, voltando-se, depois, em ação regressiva, contra o agressor.

10. EXISTÊNCIA DE SENTENÇA ABSOLUTÓRIA PENAL

Não é garantia de impedimento à indenização civil. Estipula o art. 386 do Código de Processo Penal várias causas aptas a gerar absolvições. Algumas delas tornam, por certo, inviável qualquer ação civil *ex delicto*, enquanto outras, não.

Não produzem coisa julgada no cível, possibilitando a ação de conhecimento para apurar culpa: a) absolvição por não estar provada a existência do fato (art. 386, II, CPP); b) absolvição por não constituir infração penal o fato (art. 386, III, CPP; art. 67, III, CPP); c) absolvição por não existir prova de ter o réu concorrido para a infração penal (art. 386, V, CPP); d) absolvição por insuficiência de provas (art. 386, VII, CPP); e) absolvição por excludentes de culpabilidade e algumas de ilicitude, estas últimas já vistas no tópico anterior (art. 386, VI, CPP); f) decisão de arquivamento de inquérito policial ou peças de informação (art. 67, I, CPP); g) decisão de extinção da punibilidade (art. 67, II, CPP). Em todas essas situações o juiz penal não fechou questão em torno do fato existir ou não, nem afastou, por completo, a autoria em relação a determinada pessoa, assim como não considerou lícita a conduta. Apenas se limitou a dizer que não se provou a existência do fato – o que ainda pode ser feito no cível; disse que não é o fato infração penal – mas pode ser ilícito civil; declarou que não há provas do réu ter concorrido para a infração penal – o que se pode apresentar na esfera cível; disse haver insuficiência de provas para uma condenação, consagrando o princípio do *in dubio pro reo* – embora essas provas possam ser conseguidas e apresentadas no cível; absolveu por inexistir culpabilidade – o que não significa que o ato é lícito; arquivou inquérito ou peças de informação – podendo ser o fato um ilícito civil; julgou extinta a punibilidade – o que simplesmente afasta a pretensão punitiva do Estado, mas não o direito à indenização da vítima.

Fazem coisa julgada no cível: a) declarar o juiz penal que está provada a inexistência do fato (art. 386, I, CPP); b) considerar o juiz penal que o réu não concorreu para a infração penal (art. 386, IV, CPP). Reabrir-se o debate dessas questões na esfera civil, possibilitando decisões contraditórias, é justamente o que quis a lei evitar (art. 935, CC, 2.ª parte).

11. VÍTIMA POBRE E LEGITIMIDADE DE AGIR DO MINISTÉRIO PÚBLICO

Segundo o art. 32, § 1.º, do Código de Processo Penal, considera-se pobre aquele que não pode prover às despesas do processo, sem privar-se dos recursos indispensáveis à sua manutenção ou de sua família. Prova-se a pobreza pela simples apresentação de declaração de próprio punho.

A partir disso, sempre no espírito de preservar os direitos dos hipossuficientes, o Estado busca garantir o acesso à Justiça, ainda que seja, nesse caso, na esfera cível, da pessoa pobre, que não pode custear as despesas do processo nem o patrocínio de advogado.

Por isso, seja para ingressar com execução de título judicial, valendo-se de sentença condenatória definitiva, seja para ajuizar ação de conhecimento, buscando o ressarcimento, legitima-se o Ministério Público a fazê-lo (art. 68, CPP).

Pode o interessado, também, valer-se do serviço de assistência judiciária, proporcionado pelo próprio Estado, através de convênios com a Ordem dos Advogados do Brasil. A legitimidade do representante do Ministério Público, no entanto, é sustentável até que a Defensoria Pública seja efetivamente organizada, para a defesa e orientação jurídica dos necessitados, em todos os graus, por todos os Estados brasileiros. É o que já decidiu o Supremo Tribunal Federal: "No contexto da Constituição Federal de 1988, a atribuição dada ao Ministério Público para promover ação civil de reparação de danos *ex delicto*, quando for pobre o titular da pretensão, foi transferida para a Defensoria Pública; porém, se este órgão ainda não foi implementado, nos moldes do art. 134 da Carta Política e da LC 80/94, inviabilizando, assim, a transferência constitucional de atribuições, o art. 68 do Código de Processo Penal, que legitima o *Parquet* para promover tal pleito indenizatório, será considerado ainda vigente" (RE 147.776-SP, 1.ª T., rel. Sepúlveda Pertence, 19.05.1998, v.u., *RT* 755/169, embora antigo, serve para ilustração).

Há entendimento restritivo, sustentando que o Ministério Público não está autorizado a agir nas hipóteses dos arts. 66 e 67 do Código de Processo Penal, porque não foram eles expressamente incluídos na referência feita no art. 68. Essa não é a melhor solução a seguir. A ação civil *ex delicto* pode ter por base uma sentença condenatória, que torna certa a obrigação de reparar o dano, mas também pode fundar-se em um processo de conhecimento, quando as provas serão integralmente deduzidas no cível, independentemente do resultado ocorrido na esfera criminal, salvo nos casos de absolvição fundada no art. 65 do Código de Processo Penal.

Fora disso, os arts. 66 e 67 deixam bem clara a possibilidade de ingresso com ação civil, em decorrência de delito, se os motivos da absolvição, na esfera criminal, não comprometem a obrigação de reparar o dano. Logo, a legitimação do Ministério Público é natural, merecendo ser reconhecida, sem qualquer necessidade, por supérfluo que seria, que o art. 68 fizesse novamente referência aos arts. 66 e 67 – constitutivos de fundamento útil para sustentar o art. 64 e não para excepcioná-lo.

11.1 A eventual revogação do art. 68 do CPP pelo Estatuto da Advocacia

Estipula o art. 1.º da Lei 8.906/1994 (Estatuto da Advocacia) que "são atividades privativas de advocacia: I – a postulação a órgão do Poder Judiciário e aos juizados especiais; II – as atividades de consultoria, assessoria e direção jurídicas (...)". Em tese, pois, não poderia o promotor agir em nome do ofendido pobre, que buscasse, no cível, indenização causada pelo crime praticado.

Ocorre que a Constituição Federal assegurou ao Ministério Público o exercício de outras atividades, nesse caso de apoio ao hipossuficiente, que fossem compatíveis com suas finalidades (art. 129, IX, CF), ao menos enquanto a Defensoria Pública não é devidamente organizada em todo o Brasil. Busca-se, com isso, compatibilizar o exercício de atividade fundamental para o Estado, que é a assistência judiciária a quem necessita (art. 5.º, LXXIV, CF), com o livre exercício da advocacia, indispensável à administração da justiça (art. 133, CF).

É o que têm garantido os Tribunais e sustentado a doutrina pátria, merecendo transcrição o voto do Min. Sepúlveda Pertence, tratando da legitimação do Ministério Público para o ajuizamento de ação civil *ex delicto*: "O caso mostra, com efeito, a inflexível estreiteza da alternativa da jurisdição constitucional ortodoxa, com a qual ainda jogamos no Brasil: consideramo-nos presos ao dilema entre a constitucionalidade plena e definitiva da lei ou a declaração de sua inconstitucionalidade com fulminante eficácia *ex tunc*; ou, ainda, na hipótese de lei ordinária pré-constitucional, entre o reconhecimento da recepção incondicional e a da perda de vigência desde a data da Constituição. Essas alternativas radicais – além dos notórios inconvenientes que geram – fazem abstração da evidência de que a implementação de uma nova ordem constitucional não é um fato instantâneo, mas um processo, no qual a possibilidade da realização da norma da Constituição – ainda quando teoricamente não se cuide de um preceito de eficácia limitada – subordina-se muitas vezes a alterações da realidade fática que a viabilizem. É tipicamente o que sucede com as normas constitucionais que transferem poderes e atribuições de uma instituição preexistente para outra criada pela Constituição, mas cuja implantação real pende não apenas de legislação infraconstitucional, que lhe dê organização normativa, mas também de fatos materiais que lhe possibilitem atuação efetiva. Isso o que se passa com a Defensoria Pública, no âmbito da União e no da maioria das Unidades da Federação" (RE 147.776-SP, 1.ª T., rel. Sepúlveda Pertence, 19.05.1998, v.u., *RT* 755/169, embora antigo, marcou o tema).

RESUMO DO CAPÍTULO

▶ **Ação civil *ex delicto*:** é a ação proposta no juízo cível para requerer indenização em razão da prática de uma infração penal.

▶ **Natureza do processo:** trata-se de um processo de execução, pois a sentença condenatória produz um título executivo (art. 91, I, do Código Penal), que pode ser diretamente cobrado na órbita civil, debatendo-se somente o quanto é devido.

▶ **Outra possibilidade de processo:** pode-se ajuizar, antes mesmo de finda a ação penal, uma ação civil de reparação do dano provocado pelo crime, embora, nessa situação, seja conveniente que o juiz da ação civil suspenda o curso do processo aguardando-se a solução da esfera criminal, evitando-se decisões conflitantes.

▶ **Exclusão da responsabilidade civil:** quando o juízo penal afirmar a inexistência do fato ou considerar que o réu não foi o autor da infração penal, cessa a possibilidade de ingresso na esfera civil. Por outro lado, em algumas situações de exclusão da antijuridicidade – legítima defesa, exercício regular de direito e estrito cumprimento do dever legal – o mesmo ocorre. Quanto ao estado de necessidade, depende do caso concreto.

CAPÍTULO X
Jurisdição e Competência

1. CONCEITO DE JURISDIÇÃO

É o poder-dever atribuído, constitucionalmente, ao Estado para aplicar a lei ao caso concreto, compondo litígios e resolvendo conflitos.[1] Nas palavras de ROGÉRIO LAURIA TUCCI, jurisdição "é uma função estatal inerente ao poder-dever de realização de justiça, mediante atividade *substitutiva* de agentes do Poder Judiciário – juízes e tribunais –, concretizada na aplicação do direito objetivo a uma relação jurídica, com a respectiva declaração, e o consequente reconhecimento, satisfação ou assecuração do direito subjetivo material de um dos titulares das situações (ativa e passiva) que a compõem".[2] Na visão de JOÃO MENDES JÚNIOR, "jurisdição é o poder de dizer o direito aplicável aos fatos, considerado esse poder em sua origem, na natureza da sanção da lei aplicável e em sua extensão".[3] Vale

---

[1] Trata-se de um aspecto do exercício da soberania do Estado, que, na sua indestrutível unidade orgânica, ora se mostra como atividade legislativa, ora como atividade jurisdicional, ora como atividade executiva (CAVALLO, *La sentenza penale*, p. 38, tradução livre).

[2] *Teoria do direito processual penal*, p. 21. Nos termos de FREDERICO MARQUES, "a jurisdição é uma das funções que o Estado exerce, como entidade soberana, dentro do seu território. Por meio da jurisdição, o Estado atua para fazer justiça, dando, assim, a cada um o que é seu, sempre que exista situação intersubjetiva litigiosa, ou lide, que deva ser composta ou solucionada" (*Tratado de direito processual penal*, v. 1, p. 221). Para GALDINO SIQUEIRA, é "o poder de declarar o direito aplicável aos fatos, nas relações dos indivíduos entre si e entre os indivíduos e a sociedade" (*Curso de processo criminal*, p. 18).

[3] *O processo criminal brasileiro*, v. 2, p. 132.

mencionar ser a *jurisdição* una e indivisível, pois é emanação da soberania, embora possa competir a órgãos diversos.[4]

Como regra, a atividade jurisdicional é exclusiva dos integrantes do Poder Judiciário, embora a própria Constituição Federal estabeleça exceção ao possibilitar ao Senado Federal que processe *e julgue* o Presidente da República, o Vice-Presidente, os Ministros do Supremo Tribunal Federal, o Procurador-Geral da República, o Advogado-Geral da União, os membros do Conselho Nacional de Justiça e do Conselho Nacional do Ministério Público, os Ministros de Estado e os Comandantes da Marinha, do Exército e da Aeronáutica nos crimes de responsabilidade (nos casos dos Ministros de Estado e dos Comandantes, quando se tratar de crime conexo aos do Presidente ou do Vice-Presidente), conforme art. 52, I e II.

Nessa esteira, as Constituições Estaduais têm estabelecido regras semelhantes, fixando a competência de tribunais especiais para julgar o Governador, o Vice-Governador, os Secretários de Estado, o Procurador-Geral de Justiça e o Procurador-Geral do Estado nos crimes de responsabilidade. Destaque-se, ainda, que os Prefeitos Municipais devem ser julgados, nos crimes de responsabilidade previstos no art. 4.º do Decreto-lei 201/67, pela Câmara Municipal.

Em suma, todo juiz, investido na sua função, possui jurisdição, que é a atribuição de compor os conflitos emergentes na sociedade, valendo-se da força estatal para fazer cumprir a decisão compulsoriamente. Detendo o Estado o monopólio da distribuição de justiça, na esfera penal, evitando-se, com isso, os nefastos resultados da autotutela, que pode tender a excessos de toda ordem, gerando maior insegurança e revolta no seio social, exerce o Poder Judiciário a jurisdição em caráter substitutivo às partes.

2.   PRINCÍPIOS REGENTES DA JURISDIÇÃO CRIMINAL

São os seguintes: a) indeclinabilidade: o juiz não pode abster-se de julgar os casos que lhe forem apresentados; b) improrrogabilidade: as partes, mesmo que entrem em acordo, não podem subtrair ao juízo natural o conhecimento de determinada causa, na esfera criminal; c) indelegabilidade: não pode o juiz transmitir o poder jurisdicional a quem não o possui; d) unidade: a jurisdição é única, pertencente ao Poder Judiciário, diferenciando-se apenas no tocante à sua aplicação e ao grau de especialização, podendo ser civil – federal ou estadual; penal – federal ou estadual; militar – federal ou estadual; eleitoral ou trabalhista.

Na lição de ROMEU PIRES DE CAMPOS BARROS, são elementos da jurisdição: a) *notio*: "é a faculdade de conhecer de uma causa, ou de ser regularmente investido da faculdade de decidir um litígio, *assim como de ordenar os atos respectivos*. No de mandar fazer a reunião do material de conhecimento, ordenando as medidas de instrução requeridas pelas partes e aquelas que a lei autoriza a praticar com função de melhor prover; b) *vocatio*: consiste na faculdade de fazer comparecer em juízo todo aquele cuja presença seja útil à justiça. A *coertio* é o direito de fazer-se respeitar e reprimir as ofensas feitas ao magistrado no exercício das funções: *jurisdictio sine coercitione nulla est*; c) *judicium*: é o direito de julgar e pronunciar a sentença, enquanto que *executio* consiste no direito de, em nome do poder soberano, tornar obrigatória e cumprida a decisão ou sentença".[5]

---

[4]   TORNAGHI (*Instituições de processo penal*, v. II, p. 212).

[5]   ROMEU PIRES DE CAMPOS BARROS, *Lineamentos do direito processual penal brasileiro*, p. 165.

2.1 Sobre a indelegabilidade da jurisdição

Pensamos que a jurisdição – entendida como o poder jurisdicional de aplicar o direito ao caso concreto – é sempre indelegável, já que todos os juízes a possuem e não podem repassá-la a quem não é magistrado.

O que se pode delegar, em verdade, segundo as regras legais, é a competência, isto é, o limite para o exercício jurisdicional. Assim, para que um juiz ouça uma testemunha residente em outra Comarca, fora de sua competência, expede carta precatória, delegando a possibilidade de colher a prova a outro magistrado. Este, que possui jurisdição, passa a ser competente para a oitiva. Dá-se o mesmo com a carta de ordem. Note-se que são situações previstas expressamente em lei.

Alguns processualistas preferem tratar o tema como "delegação de jurisdição" e, ainda assim, há divergência: ESPÍNOLA FILHO e FREDERICO MARQUES[6] veem uma hipótese de delegação de jurisdição quando o magistrado expede uma precatória para a produção de uma prova qualquer, enquanto TOURINHO FILHO prefere crer que se trata de um simples ato de cooperação, uma vez que o juiz deprecante não pode transmitir um poder que não possui, já que não lhe era possível ouvir a pessoa em Comarca estranha à sua. Somente no caso de carta de ordem, entende TOURINHO ser admissível a delegação, tendo em vista que a autoridade expedidora poderia ouvir pessoalmente a testemunha no local onde ela reside, mas prefere transmitir essa atribuição a outro magistrado.[7]

Invocando as lições de GRECO FILHO e TORNAGHI, PEDRO HENRIQUE DEMERCIAN e JORGE ASSAF MALULY consideram não haver hipótese alguma para delegação – nem de jurisdição, nem de competência. Quando um juiz expede precatória a outro, nada mais faz do que transmitir uma solicitação para que o deprecado proceda a uma inquirição ou colha uma prova que está dentro da sua esfera de competência, visto que o deprecante não poderia fazê-lo.[8]

Mantemos o nosso entendimento de que se trata de um aspecto da delegação de competência. A jurisdição não é delegável, nem transmissível.[9] Somente o seria se um órgão jurisdicional pudesse delegá-la a quem não a possui, sendo ente estranho ao Poder Judiciário, o que não ocorre. Por isso, tanto na precatória quanto na carta de ordem transmite-se a possibilidade de realizar atos jurisdicionais que a autoridade deprecada *não poderia fazer sem a autorização do deprecante*. Essa transmissão é expressamente autorizada em lei, o que não lhe retira o caráter de delegável. Verifique-se que a testemunha residente em São Paulo, mas arrolada em um processo do Rio de Janeiro, somente pode ser ouvida pelo magistrado paulista, caso o juiz carioca expeça uma carta precatória solicitando-lhe que o faça. A referida testemunha é meio de prova do processo do Rio de Janeiro e não de São Paulo, de modo que, em território paulista, ela não deve ser ouvida, não sendo da esfera de competência do juiz local fazê-lo. Somente está autorizado, caso lhe seja delegada a tarefa.

Lembremos que *delegar* é transmitir poderes, atribuições ou meramente incumbir alguém de fazer algo, exatamente o que faz o deprecante: transmite o poder de convocar e ouvir uma

---

[6] *Código de Processo Penal brasileiro anotado*, v. 2, p. 52; *Elementos de direito processual penal*, v. 1, p. 176, respectivamente.

[7] *Código de Processo Penal comentado*, v. 1, p. 167-168.

[8] *Curso de processo penal*, p. 180-181.

[9] No mesmo prisma que defendemos: "a delegação é por isso proibida, exceto nos casos *taxativamente* permitidos, como por exemplo, na expedição de precatória" (*Tratado de direito penal*, v. 1, p. 227).

testemunha, que diz respeito a processo seu, a outro juízo. Estende-se a competência do juiz em face de delegação autorizada em lei. Por outro lado, se um desembargador pode ir à Comarca do interior onde se encontra determinada testemunha para inquiri-la, mas prefere não o fazer, deprecando o ato (carta de ordem), está autorizando, por delegação de competência, que o juiz local o faça.

Não é uma questão de *transmitir poder jurisdicional*, mas de conferir competência a magistrado que não a possui. Essa parece-nos ser a questão central, que autoriza concluir ser delegável apenas a competência, de acordo com os ditames legais.

3.   CONCEITO DE COMPETÊNCIA

Trata-se da delimitação da jurisdição, ou seja, o espaço dentro do qual pode determinada autoridade judiciária aplicar o direito aos litígios que lhe forem apresentados, compondo-os.[10] No entendimento de JOÃO MENDES JÚNIOR, "competência é esse mesmo poder de dizer o direito aplicável aos fatos, considerado, porém, esse poder em seu *exercício*, isto é, considerada a atividade de suas funções em território determinado, considerada a espécie dos fatos, consideradas as pessoas sobre que é exercido".[11]

O Supremo Tribunal Federal tem competência para exercer sua jurisdição em todo o Brasil, embora, quanto à matéria, termine circunscrito a determinados assuntos. Não pode, por exemplo, o Ministro homologar uma separação consensual de casal proveniente de qualquer parte do país, embora possa, conforme o caso, apreciar um *habeas corpus* de pessoa presa em qualquer ponto do território brasileiro. O juiz de uma pequena cidade pode tanto homologar a separação consensual de um casal residente no mesmo local, quanto analisar uma prisão ilegal realizada por autoridade policial da sua Comarca. Não pode, no entanto, julgar casos pertinentes à Comarca vizinha.

Enfim, jurisdição todo magistrado possui, embora a competência, devidamente fixada em normas constitucionais e através de leis, seja diferenciada.[12] Vale mencionar a precisa lição de HÉLIO TORNAGHI: "Jurisdição é um poder, enquanto a competência é a permissão legal para exercer uma fração dele com exclusão do resto, ou melhor, a possibilidade (não o poder, não a potencialidade) de exercitá-lo por haver a lei entendido que o exercício limitado do poder quadra em determinado esquema metódico. Todo ato de exercício do poder jurisdicional que não contrarie o plano da lei é permitido ao juiz. E isso é, exatamente, a simples possibilidade. Possível é tudo que não envolve absurdo, que não é inconsequente, que não acarreta contrassenso. (...) O conceito de jurisdição é ontológico, diz respeito ao poder em si, ao poder de julgar. O de competência é metodológico. Jurisdição é força, é virtude, é princípio criador,

---

[10]   Para FREDERICO MARQUES, "competência é a medida da jurisdição, uma vez que determina a esfera de atribuições dos órgãos que exercem as funções jurisdicionais" (*Tratado de direito processual penal*, v. 1, p. 287). Para GALDINO SIQUEIRA, "a competência particulariza a jurisdição; é por isso que os escritores dizem que ela é a medida da jurisdição" (*Curso de processo criminal*, p. 20).

[11]   *O processo criminal brasileiro*, v. 2, p. 132. TORNAGHI destaca que "o conceito de jurisdição é ontológico, diz respeito ao poder em si, ao poder de julgar. O de competência é metodológico. Jurisdição é força, é virtude, é princípio criador, algo positivo. Competência é simples possibilidade, qualidade daquilo que não contradiz, que não ultrapassa os limites impostos por lei" (*Instituições de processo penal*, v. II, p. 401).

[12]   ATHOS GUSMÃO CARNEIRO, *Jurisdição e competência*, p. 45.

algo positivo. Competência é simples possibilidade, qualidade daquilo que não contradiz, que não ultrapassa os limites impostos por lei".[13] Aliás, confira-se a redação do art. 69, *caput*, do CPP, mencionando hipóteses de determinação da *competência* jurisdicional, isto é, a medida do exercício jurisdicional de cada juiz.

Observe-se o disposto no art. 16 do CPC, acerca da jurisdição civil: "a jurisdição civil é exercida pelos juízes e pelos tribunais em todo o território nacional, conforme as disposições deste Código". A parte final "conforme as disposições deste Código" significa, exatamente, os limites estabelecidos pela competência. Aliás, este é o título adequado conferido ao Capítulo I do Título II do CPC: "Dos limites da jurisdição nacional", quando começa a cuidar das regras de competência. E completa o art. 42: "as causas cíveis serão processadas e decididas pelo juiz nos limites de sua competência...". Sob o manto da velhice, o CPP nem toca no termo *jurisdição* no Título V, preferindo mencionar *competência*. Entretanto, quando regulamenta o conflito entre juízes em razão da *competência*, o Capítulo IV do Título VI, erroneamente, opta pela expressão *conflito de jurisdição*.

4. COMPETÊNCIA ABSOLUTA E COMPETÊNCIA RELATIVA

Chama-se *absoluta* a hipótese de fixação de competência que não admite prorrogação, isto é, deve o processo ser remetido ao juiz natural determinado por normas constitucionais ou processuais penais, sob pena de nulidade do feito.

Encaixam-se nesse perfil a competência em razão da matéria (ex.: federal ou estadual; cível ou criminal; matéria criminal geral ou especializada, como o júri etc.) e a competência em razão da prerrogativa de função (ex.: julgamento de juiz de direito deve ser feito pelo Tribunal de Justiça; julgamento de Governador deve ser feito pelo Superior Tribunal de Justiça etc.).

Chama-se *relativa* a hipótese de fixação de competência que admite prorrogação, ou seja, não invocada a tempo a incompetência do foro, reputa-se competente o juízo que conduz o feito, não se admitindo qualquer alegação posterior de nulidade. É o caso da competência territorial, tanto pelo lugar da infração quanto pelo domicílio ou residência do réu.

A divisão entre competência absoluta e relativa – a primeira improrrogável, enquanto a segunda admitindo prorrogação – é dada pela doutrina e confirmada pela jurisprudência, embora não haja expressa disposição legal a respeito.

5. QUADRO GERAL DE COMPETÊNCIA

Para um estudo a respeito de competência, torna-se indispensável considerar que existem vários textos normativos disciplinando a matéria. Portanto, deve-se consultar não somente o Código de Processo Penal, mas também a Constituição Federal, a Lei de Organização Judiciária do Estado e os Regimentos Internos dos Tribunais. Com isso, tem-se um quadro amplo e correto da competência.

Por outro lado, é valioso lembrar que, no contexto penal, a regra principal é garantir a punição do autor da infração penal no lugar onde ela se realizou, até porque, assim fazendo, mantém-se acesa uma das funções e finalidades da pena, que é o seu caráter intimidatório geral, ou seja, pune-se o criminoso para sinalizar à sociedade o mal que pode advir da prática

---

[13] *Compêndio de processo penal*, t. I, p. 295-296.

do delito. E mesmo para aqueles que consideram somente o caráter preventivo geral positivo, isto é, que a pena é aplicada somente para reafirmar a efetividade e vigência do direito penal, não deixa de ser fundamental assegurar que tal se dê no local onde a infração penal concretizou-se. Afinal, onde houve o abalo causado pelo delito, busca-se aplicar a lei penal, reativando os valores positivos do Direito. De nada adiantaria punir o autor de um furto na cidade de Manaus em uma Vara Criminal do Rio de Janeiro, distante, pois, do lugar onde a ordem jurídica foi efetivamente lesada.

Em suma, busca-se, em primeiro plano, o lugar da infração penal (*ratione loci*). E, a partir disso, visualiza-se o contexto das exceções à regra: a) quando houver matéria especial a ser cuidada (*ratione materiae*), levando-se em conta a natureza da infração (é o que ocorre com a Justiça Militar ou Eleitoral, para crimes militares ou eleitorais); b) quando houver privilégio especial em função da pessoa a ser julgada (*ratione personae*), como ocorre no julgamento de altas autoridades.

Tendo em vista que, muitas vezes, desconhece-se o local da infração, elegeu-se uma segunda regra geral, embora *supletiva*, que é o lugar do domicílio ou residência do réu (este foro pode ser o da eleição do querelante nos crimes de ação privada, conforme art. 73, CPP).

A partir do estabelecimento da competência inicial, em razão do lugar da infração penal ou do domicílio/residência do réu, passa-se ao critério da seleção sorteada do magistrado, usando-se a distribuição. Há também exceções com relação à escolha fortuita do juiz: a) em função da matéria debatida, o que se extrai através da natureza da infração penal. É o caso do delito contra a vida, que segue diretamente para a Vara privativa do Júri – quando existente; b) em função da conexão ou da continência, motivos que favorecem a colheita da prova, evitando decisões contraditórias; c) em razão da prevenção, isto é, quando, por situação pretérita, algum juiz já tomou conhecimento de matéria relevante do processo.

Por derradeiro, não havendo condições de determinar o lugar da infração ou do domicílio do réu, porque a infração penal desenvolveu-se em várias localidades, ou porque há incerteza quanto às divisas da Comarca, usa-se a regra subsidiária da prevenção, que é *residual*.[14]

6.   O LUGAR DA INFRAÇÃO PENAL COMO REGRA GERAL PARA A COMPETÊNCIA DO FORO

O lugar da infração é, como regra, o foro competente para ser julgada a causa, pois é o local onde a infração penal ocorreu, atingido o resultado, perturbando a tranquilidade social e abalando a paz e o sossego da comunidade (*ratione loci*), como previsto no art. 70 do Código de Processo Penal.

Quando se tratar de tentativa, verifica-se o foro competente no local onde se deu o último ato executório.

Trata-se de competência territorial, logo, relativa, vale dizer, passível de prorrogação, caso não seja arguida a tempo.

Adotou o processo penal brasileiro a teoria do resultado, vale dizer, é competente para apurar a infração penal, aplicando a medida cabível ao agente, o foro onde se deu a consumação do delito. Outras teorias, embora não acolhidas, existem a respeito: teoria da atividade, que leva em conta o lugar onde ocorreu a ação, pouco importando o local do resultado; teoria

---

[14]   ESPÍNOLA FILHO, *Código de Processo Penal brasileiro anotado*, v. 2, p. 70-71.

da ubiquidade, que considera como lugar do crime tanto o da ação quanto o do resultado, indiferentemente.

Menciona-se a existência de um conflito entre o referido art. 70 do Código de Processo Penal com o art. 6.º do Código Penal, uma vez que este último preceitua ser considerado lugar do crime tanto o local onde se deu a ação ou omissão, no todo ou em parte, quanto o ponto onde se verificou ou deveria ter-se verificado o resultado. Assim, alguns chegaram a sustentar que, por ser lei mais nova (a última modificação da sua Parte Geral deu-se em 1984), o Código Penal teria revogado tacitamente o art. 70 do Código de Processo Penal, que acolhe a teoria do resultado.

Não é essa a posição majoritária, que vê no referido art. 6.º apenas um dispositivo para a aplicação da norma penal no espaço, isto é, quando o crime atingir mais de uma nação. Assim, reserva-se a teoria da ubiquidade, adotada pelo Código Penal, para a hipótese do delito que se iniciou em um país estrangeiro e findou no Brasil ou vice-versa (é o chamado *crime à distância*). Com isso, resguarda-se a soberania brasileira para levar o agente a julgamento, desde que qualquer parte da infração penal tenha tocado solo nacional, constituindo um prestígio ao princípio da territorialidade. No mais, levando-se em consideração apenas delitos praticados, integralmente, dentro do território brasileiro, aplica-se o art. 70. O ideal seria que o legislador tivesse deixado bem clara essa posição, ao cuidar da redação do art. 6.º do Código Penal, ao invés de deixar ao intérprete a tarefa de conciliar as normas em conflito meramente aparente.

Crimes plurilocais são aqueles cuja ação ou omissão se dá num determinado lugar e o resultado termina ocorrendo em outro. Firma-se a competência, como já mencionado, pelo foro do local da consumação (resultado). Observe-se que tal regra somente tem pertinência aos crimes materiais, isto é, aqueles que possuem resultado naturalístico e pode haver clara dissociação entre ação ou omissão e resultado.

Não teria sentido chamar de plurilocal a infração penal de mera atividade (crimes formais ou de mera conduta), visto que o resultado se dá justamente no instante da prática da ação ou omissão. É o que ocorre no tocante ao delito de difamação, que é formal. Consuma-se quando o agente dá conhecimento a terceiro sobre fato ofensivo à reputação da vítima.

Deve-se respeitar uma ressalva corretamente feita pela jurisprudência. O homicídio, embora seja crime material, cuja conduta de lesionar a integridade física pode ocorrer em determinada cidade e o resultado morte, em outra, deve ser apurado e o agente processado no lugar da ação ou omissão. Se a regra do art. 70 do CPP fosse fielmente seguida, o correto seria a ocorrência do trâmite processual no local onde se deu a morte da vítima; entretanto, seguindo-se o princípio da busca da verdade real, torna-se mais segura a colheita da prova no lugar da conduta. Em sentido contrário, alegando que tal posição fere frontalmente o disposto em lei, está a opinião de MIRABETE.[15] TOURINHO, por sua vez, afirma ser ilegal adotar essa postura, embora seja a mais lógica.[16]

Crimes qualificados pelo resultado são os que possuem um fato-base definido como crime, acrescido de um evento superveniente que os qualifica, aumentando-lhes a pena em razão de sua gravidade objetiva, existindo entre eles um nexo de ordem física e subjetiva. Note-se que são formas possuidoras de duplo resultado (ex.: estupro seguido de morte, roubo seguido de morte etc.). Fixa-se a competência pelo lugar onde ocorreu o resultado qualificador. Entretanto,

---

[15] *Código de Processo Penal interpretado*, p. 142.

[16] *Código de Processo Penal comentado*, v. 1, p. 181.

baseado na mesma jurisprudência que estabelece, ao contrário do estipulado pelo art. 70 do Código de Processo Penal, como foro competente para apurar a infração penal aquele onde ocorreu a ação delituosa, lugar de maior facilidade de busca da prova, podemos admitir que, conforme o caso, o delito qualificado pelo resultado siga a mesma regra, isto é, caso a conduta (roubo, por exemplo) desenvolva-se em uma cidade, mas o ofendido venha a morrer em outra localidade – para onde apenas foi levado, objetivando-se o tratamento dos ferimentos sofridos –, o melhor é que o crime seja apurado no foro do desenvolvimento da conduta.

A Lei 14.155/2021 consagrou, de maneira correta, a competência do juízo do local onde o dano se concretiza (art. 70, § 4º, CPP), sob a perspectiva da pessoa lesada. Por isso, havendo depósito, por meio de cheque sem fundos, ou qualquer outro mecanismo frustrado de pagamento, é preciso apurar o delito no local do domicílio da vítima, de forma a tornar mais fácil a apuração da infração penal para quem foi lesado. O uso de cheque para pagamento de dívidas vem diminuindo dia após dia, pois ingressam os instrumentos informáticos, sendo viável pagar uma conta pelo aplicativo do celular. Há uma redução considerável do mecanismo calcado em papel (como o cheque), elevando-se o valor de transações por meio da Internet e de aplicativos especialmente formulados para os celulares. Assim sendo, firma-se a competência, quando houver atividade do estelionatário, no domicílio da pessoa ofendida.

Outro ponto que merece destaque refere-se ao foro competente para infrações de menor potencial ofensivo. Menciona o art. 63 da Lei 9.099/1995, que "a competência do Juizado será determinada pelo lugar em que foi praticada a infração penal". Surgiu, então, a polêmica doutrinária acerca do foro competente para apurar a infração, tendo em vista a dubiedade do termo "praticada". Alguns preferem interpretá-lo como o lugar onde ocorreu a ação ou omissão,[17] outros veem como certo o local onde ocorreu o resultado, crendo que o termo "praticada" é sinônimo de "consumada".[18]

Posicionamo-nos pela teoria da ubiquidade, podendo ser tanto o lugar da ação ou omissão quanto o lugar do resultado. O termo "praticar" quer dizer tanto "levar a efeito" ou "realizar" – que daria o sentido de *consumação* –, quanto "executar" – conferindo a impressão de ser *ação*, motivo pelo qual o melhor a fazer é acolher a teoria mista, aceitando como foro competente ambos os lugares, certamente quando a infração penal comportar essa divisão entre ação e resultado. Havendo conflito, dirime-se pela prevenção, ou seja, torna-se competente o primeiro juiz que conhecer do feito. No mesmo sentido que defendemos está a posição adotada por PEDRO HENRIQUE DEMERCIAN e JORGE ASSAF MALULY;[19] MARINO PAZZAGLINI FILHO, ALEXANDRE DE MORAES, GIANPAOLO POGGIO SMANIO e LUIZ FERNANDO VAGGIONE;[20] MIRABETE (A competência dos juizados especiais criminais, p. 145).

6.1 O domicílio ou residência do réu como foro supletivo

Subsidiariamente, quando não se tem certeza do lugar onde a infração se consumou, utiliza-se a regra do domicílio ou residência do acusado (*ratione loci*). Por isso, é o chamado *foro supletivo* ou *foro subsidiário*.

---

[17] ADA PELLEGRINI GRINOVER, ANTONIO MAGALHÃES GOMES FILHO, ANTONIO SCARANCE FERNANDES e LUIZ FLÁVIO GOMES, *Juizados Especiais Criminais*: comentários à Lei 9.099, de 26.09.1995, p. 81.

[18] TOURINHO FILHO, *Código de Processo Penal comentado*, v. 1, p. 179; ROLDÃO OLIVEIRA DE CARVALHO e ALGOMIRO CARVALHO NETO, *Comentários à Lei 9.099, de 26 de setembro de 1995*, p. 127.

[19] *Curso de processo penal*, p. 188.

[20] *Juizado Especial Criminal* – aspectos práticos da Lei 9.099/95, p. 28.

O domicílio do réu é a residência com ânimo permanente e definitivo, portanto o lugar onde a pessoa mantém o seu centro principal de atividades, negócios e, principalmente, sua família. Dispõe o art. 70 do Código Civil que "o domicílio da pessoa natural é o lugar onde ela estabelece a sua residência com ânimo definitivo". Caso a pessoa tenha várias moradas, onde igualmente fixe seu centro de ocupações habituais, estabelece o art. 71 do Código Civil que qualquer delas pode ser considerada seu domicílio. Finalmente, quando não tiver a pessoa residência habitual, por ser um viajante solteiro, sem vínculo familiar, considera-se seu domicílio o lugar onde for encontrada (art. 73, CC).

Como lembra TORNAGHI, "a palavra domicílio, de *domicilium, ii,* e, esta de *domus, us,* casa, está a indicar não só o local, mas também a assistência permanente nele e, portanto, as relações de direito entre o sujeito e o lugar. O domicílio é o mais alto grau de vinculação da pessoa ao âmbito geográfico-humano em que vive". Adverte, ainda, o autor, que o Código de Processo Penal deixou de prever a hipótese do réu que tenha mais de um domicílio, razão pela qual aplica-se, por analogia, o constante no art. 72, § 1.º, para a hipótese da residência, isto é, a competência firmar-se-á pela prevenção. Diga-se o mesmo com relação à situação do processo que tenha vários corréus, cada qual com um domicílio diferente. Deve-se aplicar a regra da prevenção.[21]

A residência do réu é o lugar onde a pessoa habita, embora com irregularidade e sem o caráter de permanência, justamente os aspectos que a diferenciam de domicílio. Concordamos com a crítica feita por TORNAGHI de que o Código de Processo Penal terminou, implicitamente, equiparando os conceitos de *domicílio* e *residência* para fins de investigação criminal.[22] Deveria, no entanto, ter deixado isso claro e não apenas usado, no *caput*, a fórmula genérica e alternativa: "a competência regular-se-á pelo domicílio *ou* residência do réu".

Tanto é realidade a pouca importância do termo para essa finalidade que, no § 1.º do art. 72 do CPP, estabelece-se que a existência de mais de uma residência (esquecendo-se da hipótese de haver mais de um domicílio) indicará o uso da prevenção.

Como não houve a expressa equiparação, o melhor é interpretar que fixa o foro o lugar do domicílio; na falta deste, leva-se em conta a residência. Havendo um ou mais domicílios (ou residências), resolve-se pela prevenção.

Outra situação de utilização da prevenção para solucionar conflito surgido entre vários juízos, que poderiam conhecer do feito, é a hipótese do acusado que não tem residência fixa – pode ser um andarilho, um sem-teto, um viajante ou um desocupado aventureiro –, razão pela qual ignora-se onde possa ser encontrado (art. 72, § 2.º, CPP).

O Código Civil estabelece que, a pessoa sem residência habitual, andando de um lugar para outro, tem seu domicílio no local onde puder ser encontrada (art. 73). Ocorre que, para efeito de aplicação do referido § 2.º do art. 72 do Código de Processo Penal, o sentido da inexistência de residência certa liga-se ao fato de não se poder localizá-lo, de modo que é inútil buscar a aplicação do referido art. 73 da Lei civil. Por outro lado, há uma segunda situação de relevo, que é a ignorância do seu paradeiro. Assim, pode até possuir residência conhecida, mas estar há muito afastado dela, não mais sendo localizado. Por isso, aplica-se a regra da prevenção, que funciona como foro subsidiário ou supletivo.

---

[21] *Compêndio de processo penal,* t. I, p. 318.

[22] *Compêndio de processo penal,* t. I, p. 318.

Lembremos que, a despeito de ser regra geral para a fixação do foro competente o do lugar da infração penal, tal não se aplica necessariamente nos casos de ação exclusivamente privada, pois o interesse público, nesses casos, é secundário; tanto é verdade que a iniciativa da ação penal pertence ao particular.

Logo, o abalo trazido pela infração penal não tem o mesmo diapasão do crime de ação pública, deixando-se ao critério do querelante a eleição do foro (art. 73, CPP). Note-se que, para o querelado, não há qualquer prejuízo: ou se escolhe o foro do lugar da infração penal – que é, de fato, a regra geral – ou opta o particular pelo foro de domicílio/residência do agente, que somente lhe facilita a promoção da defesa. Trata-se, entretanto, de mais uma exceção ao princípio geral da fixação da competência em matéria processual penal.

6.2   A matéria como regra específica de competência

Por vezes, a lei deixa de considerar principal o critério do lugar da infração ou do domicílio do réu para eleger princípio diverso, que é o da natureza da infração penal. É a competência em razão da matéria (*ratione materiae*).

Vários juízes de um local poderiam ser competentes, mas deixa de haver coincidência quando um deles desponta como apto a cuidar do processo em razão da natureza da infração. Exemplo disso é a existência da Justiça Militar. Quando um crime militar ocorre, segue diretamente o processo para essa Vara, nem havendo necessidade de se fazer outras verificações. Se, porventura, houver mais de uma Vara competente na Comarca ou Região, utiliza-se, então, o critério geral, que é o do lugar da infração ou do domicílio do réu.

Ao cuidarmos da fixação da competência em razão da natureza da matéria, deve-se analisá-la sob dois ângulos diversos:

a) primeiramente, essa matéria (*ratione materiae*) serve para afastar a incidência da regra geral, que é o foro do lugar da infração penal. Assim, havendo a prática de um crime militar, por exemplo, elege-se o foro independentemente de ferir, eventualmente, o local do crime, pois deve ele ser julgado na Justiça Militar, nem sempre existente na Comarca onde se deu a infração. Diga-se o mesmo do delito eleitoral, que pode ser julgado por um juízo diverso da sua Comarca de origem, por critérios de organização da Justiça Eleitoral;

b) secundariamente, quando se utiliza, antes, o critério do lugar da infração penal ou do domicílio do réu, passa-se a verificar a natureza da matéria, a fim de, dentro da Comarca eleita, escolher o juízo competente. Um roubo praticado na Comarca de São Paulo, por exemplo, deve ser julgado por uma das Varas Centrais, ainda que a região de seu cometimento seja da esfera de abrangência de um foro regional. O assunto é reservado ao foro central. Ressalva-se, ainda, a competência das Varas do Júri, que preferem, sempre, em confronto com as demais, quando se tratar de delitos dolosos contra a vida. Trata-se de competência absoluta, não sujeita à prorrogação, como regra.

A competência privativa da Vara do Júri encontra respaldo constitucional (art. 5.º, XXXVIII, *d*), cabendo-lhe julgar os delitos dolosos contra a vida, que são os tipos penais previstos no Capítulo I, do Título I, da Parte Especial do Código Penal, abrangendo as formas de homicídio simples, privilegiado e qualificado (art. 121, *caput*, §§ 1.º e 2.º), induzimento, instigação ou auxílio a suicídio ou a automutilação (art. 122), infanticídio (art. 123) e as modalidades de aborto (arts. 124 a 127). Por isso, outras variações de infrações penais que possam atentar, de qualquer modo, contra a vida, não são consideradas da competência do júri, como é o caso do latrocínio, do estupro seguido de morte, da lesão corporal seguida de morte, dentre outros. Assim também o disposto na Súmula 603 do Supremo Tribunal Federal: "A competência para o processo e julgamento de latrocínio é do Juiz singular e não do Tribunal do Júri".

Entendemos ser mínima a competência para os crimes dolosos contra a vida, nada impedindo que a lei ordinária aumente a possibilidade de o júri julgar outros delitos. Note-se que a Constituição (art. 5.º, XXXVIII) preleciona que é reconhecida a instituição do júri, com a organização que lhe der a lei, *assegurados*, dentre outros, a competência para o julgamento dos crimes dolosos contra a vida. Logo, não se trata de impor uma competência exclusiva, mas sim evitar que o legislador ordinário esvaziasse a atribuição do Tribunal do Júri, retirando-lhe, cada vez mais, sua atribuição.

O motivo principal para que o constituinte elegesse um gênero de crimes a ser julgado pelo Tribunal do Júri deveu-se ao fato de que, em outros países, quando não especificada na Constituição essa competência mínima, a tendência sempre foi reduzir, gradativamente, a participação do júri no sistema judiciário, de modo a conduzi-lo a um papel decorativo. Com a exceção dos Estados Unidos, único país do mundo onde a instituição ainda possui certa força, mesmo porque consta como garantia humana fundamental na Constituição e, também, pelo fato de se lidar com direito consuetudinário, os demais sistemas jurídicos, que preveem o tribunal popular, vêm tornando cada vez menor a sua esfera de competência.

Aliás, sendo o júri uma garantia fundamental, consistente no devido processo legal para a punição do homicida, portanto cláusula pétrea, não pode ser extirpado do nosso sistema judiciário, embora possa ter a sua competência ampliada, pois isso não afetaria o seu funcionamento, nem a sua existência. Nessa ótica, estão os magistérios de Luiz Alberto David Araújo e Vidal Serrano Nunes Júnior,[23] Alexandre de Moraes, que também cita Celso Bastos e Pontes de Miranda.[24]

Acrescente-se, por derradeiro, que, fosse a sua competência exclusiva para os delitos dolosos contra a vida, não teria cabimento o disposto no art. 78, I, do Código de Processo Penal, que prevê o julgamento de delitos conexos ou frutos da continência pelo Tribunal do Júri, ainda que não sejam originariamente da sua competência. Vemos, cotidianamente, jurados deliberando sobre outros delitos, que não os dolosos contra a vida, tais como roubo, furto, estupro, desacato, resistência, entre outros.

Tipicamente, conhece-se o júri no âmbito da Justiça Estadual, tendo em vista que os crimes dolosos contra a vida dificilmente costumam envolver matéria afeita a magistrado federal. Entretanto, é possível que tal ocorra, como, por exemplo, o homicídio de delegado federal que investiga corrupção na polícia federal, bem como a prática de um aborto dentro de uma aeronave. Nessas situações, há previsão legal para que o júri seja instalado na esfera federal, como dispõe o art. 4.º, do Decreto-lei 253/67: "Nos crimes de competência da Justiça Federal, que devem ser julgados pelo Tribunal do Júri, observar-se-á o disposto na legislação processual cabendo a sua presidência ao Juiz a que competir o processamento da respectiva ação penal". Lembremos que, na hipótese ventilada, estamos tratando de justiça comum, embora os bens jurídicos protegidos tenham esferas de competência diversas (estadual ou federal).

---

[23]   *Curso de direito constitucional*, p. 125.

[24]   *Direito constitucional*, p. 104.

6.2.1   O conflito de competência entre a Justiça Eleitoral e o Tribunal do Júri

Deve-se analisar a questão sob duas óticas:

a) a primeira sustenta que a Justiça Eleitoral é especial, prevista na Constituição em seção à parte no capítulo que cuida do Poder Judiciário, razão pela qual, em função da matéria (*ratione materiae*), é prevalente quando em confronto com a justiça comum. O Tribunal do Júri também tem *status* constitucional, mas faz parte da justiça comum e não trata de matéria específica, de forma que cede espaço à Justiça Eleitoral. O exemplo seria de um integrante de junta eleitoral assassinado por ter descoberto fraudes na urna, no dia do pleito. Há o delito de homicídio conexo com crime eleitoral. Não caberia ao júri decidir o destino do homicida, por ser crime considerado de natureza eleitoral. É o ensinamento de SUZANA DE CAMARGO GOMES: "Havendo conexão entre crimes eleitorais e crimes dolosos contra a vida, o julgamento de todos eles está afeto à Justiça Eleitoral, e não ao Tribunal do Júri. E mais, nesses casos, nem sempre estará presente a competência da Justiça Eleitoral, pois poderá restar afastada se configurada a competência funcional ou por prerrogativa de função outorgada a outros órgãos jurisdicionais pela Constituição Federal. (...) Nesses casos, não há que se cogitar nem mesmo a hipótese da criação de um Tribunal do Júri de natureza eleitoral, posto que não previsto na lei que define a organização dessa instituição, nem tampouco na legislação eleitoral. É que não autoriza a lei a constituição de Tribunal do Júri no âmbito da Justiça Eleitoral, não havendo, destarte, que se falar possa o Juiz Eleitoral realizar a condução e presidência do processo afeto ao tribunal popular, pois, se assim fosse, estaria sendo desrespeitado o art. 5.º, XXXVIII, da CF, que determina tenha a instituição do júri a organização que a lei lhe conferir. Em suma, tratando-se de crimes eleitorais conexos a crimes dolosos contra a vida, o julgamento de todos eles há de ser realizado pela Justiça Eleitoral, a menos que caracterizada, em termos constitucionais, a competência funcional de outros órgãos jurisdicionais";[25]

b) a segunda defende que os crimes eleitorais devem ser julgados pela Justiça Eleitoral, que é especial, conforme constitucionalmente previsto. Entretanto, crimes dolosos contra a vida não são, jamais, crimes eleitorais. Logo, tratando-se de crimes comuns, o correto é que sejam julgados pelo Tribunal do Júri, constitucionalmente assegurado (art. 5.º, XXXVIII, *d*). Não há que se argumentar com eventual conexão entre eles, deslocando o julgamento para a Justiça Eleitoral (matéria especial em relação à do júri), pela simples razão de que a conexão é prevista no Código de Processo Penal e não pode afastar a competência constitucional. Dessa forma, se houver uma fraude eleitoral e, em face disso, o membro da Junta Eleitoral for assassinado, deve haver separação dos julgamentos. O crime eleitoral seguirá para a Justiça Especial, enquanto o crime contra a vida – que eleitoral não é – deve ser julgado pelo Júri. Com isso, garante-se respeito à competência estabelecida pela Constituição Federal para ambas as situações. Não teria sentido invocar a conexão, prevista em lei ordinária, para subtrair do Júri um delito doloso contra a vida, tipicamente de sua competência. É a posição que atualmente defendemos.

---

[25]   *Crimes eleitorais*, p. 58-59.

Da mesma forma que ocorre com a Justiça Eleitoral, há previsão expressa e destacada na Seção VII do capítulo do Poder Judiciário, na Constituição Federal, a respeito da Justiça Militar, o que a torna especial em relação ao Tribunal do Júri, da Justiça comum.

Diz o art. 124, que "à Justiça Militar compete processar e julgar os crimes militares definidos em lei". No parágrafo único, menciona que a lei deverá dispor sobre a organização, o funcionamento e a competência da Justiça Castrense. Na Constituição Estadual de São Paulo especifica-se que cabe aos Conselhos de Justiça Militar processar e julgar os policiais militares nos crimes militares definidos em lei. Com a introdução do § 5.º ao art. 125 da Constituição Federal (Emenda Constitucional 45/2004), tem-se que "compete aos juízes de direito do juízo militar processar e julgar, singularmente, os crimes militares cometidos contra civis e as ações judiciais contra atos disciplinares militares, cabendo ao Conselho de Justiça, sob a presidência de juiz de direito, processar e julgar os demais crimes militares". Portanto, qualquer militar – seja ele ligado às Forças Armadas, seja à Polícia Militar Estadual – deve ser julgado pela Justiça Militar.

São delitos militares, de acordo com o art. 9.º do Código Penal Militar (Decreto-lei 1.001/1969).

Lembre-se, ainda, do disposto nos parágrafos do referido art. 9.º: "§ 1.º Os crimes de que trata este artigo, quando dolosos contra a vida e cometidos por militares contra civil, serão da competência do Tribunal do Júri. § 2.º Os crimes de que trata este artigo, quando dolosos contra a vida e cometidos por militares das Forças Armadas contra civil, serão da competência da Justiça Militar da União, se praticados no contexto: I – do cumprimento de atribuições que lhes forem estabelecidas pelo Presidente da República ou pelo Ministro de Estado da Defesa; II – de ação que envolva a segurança de instituição militar ou de missão militar, mesmo que não beligerante; ou III – de atividade de natureza militar, de operação de paz, de garantia da lei e da ordem ou de atribuição subsidiária, realizadas em conformidade com o disposto no art. 142 da Constituição Federal e na forma dos seguintes diplomas legais: a) Lei n.º 7.565, de 19 de dezembro de 1986 – Código Brasileiro de Aeronáutica; b) Lei Complementar n.º 97, de 9 de junho de 1999; c) Decreto-Lei n.º 1.002, de 21 de outubro de 1969 – Código de Processo Penal Militar; e d) Lei n.º 4.737, de 15 de julho de 1965 – Código Eleitoral".

Resta ao júri *julgar* o militar, por expressa disposição legal, quando cometa o *delito doloso contra a vida de civil*. Para os crimes militares em tempo de guerra, remetemos o leitor ao art. 10 do Código Penal Militar. A isso se acrescente o disposto no art. 82, *caput*, do Código de Processo Penal Militar (Decreto-lei 1.002/1969, com redação dada pela Lei 9.299/1996): "O foro militar é especial, e, exceto nos crimes dolosos contra a vida praticados contra civil, a ele estão sujeitos, em tempo de paz: I – nos crimes definidos em lei contra as instituições militares ou a segurança nacional: a) os militares em situação de atividade e os assemelhados na mesma situação; b) os militares da reserva, quando convocados para o serviço ativo; c) os reservistas, quando convocados e mobilizados, em manobras, ou no desempenho de funções militares; d) os oficiais e praças das Polícias e Corpos de Bombeiros, Militares, quando incorporados às Forças Armadas; II – nos crimes funcionais contra a administração militar ou contra a administração da Justiça Militar, os auditores, os membros do Ministério Público, os advogados de ofício e os funcionários da Justiça Militar. § 1.º *O foro militar se estenderá aos militares da reserva, aos reformados e aos civis, nos crimes contra a segurança nacional ou contra as instituições militares*, como tais definidas em lei. § 2.º Nos *crimes dolosos contra a vida, praticados contra civil*, a Justiça Militar encaminhará os autos do inquérito policial militar à *justiça comum*" (grifamos). Mais uma vez, observa-se que o júri, atualmente, auferiu competência, que não possuía antes da edição da Lei 9.299/1996, para julgar delitos dolosos contra a vida de civis cometidos por militares, o que está, igualmente, confirmado pela redação dada ao art. 125, § 4.º, da CF (Emenda Constitucional 45/2004).

Note-se, pois, que civis somente podem responder perante a Justiça Militar, desde que se trate de delito contra a segurança nacional e contra as instituições militares, cuja alçada é da Justiça Militar Federal. Assim, não há nenhum caso de civil respondendo perante a Justiça Militar Estadual, especificamente pelo fato de ter a Constituição Federal estreitado a sua esfera de atuação. Diz o art. 125, § 4.º, que "compete à Justiça Militar estadual processar e julgar os militares dos Estados, nos crimes militares definidos em lei e as ações judiciais contra atos disciplinares militares, ressalvada a competência do júri quando a vítima for civil, cabendo ao tribunal competente decidir sobre a perda do posto e da patente dos oficiais e da graduação das praças".

Caso civis cometam algum crime vinculado por conexão ou continência ao delito militar, responderão, quando for o caso, perante a Justiça Comum (art. 79, I, CPP; art. 102, *a*, CPPM). Nessa linha, veja-se o magistério de JORGE ALBERTO ROMEIRO: "Não são os civis processados e julgados pela Justiça Militar estadual pelos crimes militares que praticam contra as corporações da polícia militar e do corpo de bombeiros dos Estados. Nesses casos, são os civis processados e julgados na Justiça comum estadual pelos crimes correspondentes aos do CPM, que a rigor teriam praticado contra as ditas corporações militares estaduais".[26]

Ainda no cenário do Tribunal do Júri, convém destacar as duas hipóteses de desclassificação:

a)   quando o juiz de Vara privativa do júri verificar, por ocasião do julgamento da admissibilidade da acusação, que não se trata de crime doloso contra a vida, deverá alterar a classificação, deixando de ser competente para prosseguir no processamento do feito, enviando-o ao juiz singular (art. 74, § 3.º, CPP);

b)   quando os jurados, no Tribunal do Júri, concluírem que a infração não é de sua competência, ao invés de o juiz presidente remeter o feito ao juízo singular, deve ele mesmo julgar, até por uma questão de economia processual, tendo em vista que houve uma longa trajetória para que o feito atingisse a fase de decisão em plenário. Pode, por exemplo, o júri decidir que não é crime doloso contra a vida e sim uma lesão corporal grave. Cabe ao magistrado presidente decidir o caso (art. 74, § 3.º, CPP).

Complementando este tópico, checar o quadro geral exposto no item 6.3.1.

6.2.2   Estupro de criança ou adolescente em ambiente doméstico ou familiar

Dispõe o art. 23 da Lei 13.431/2017 que "os órgãos responsáveis pela organização judiciária poderão criar juizados ou varas especializadas em crimes contra a criança e o adolescente. Parágrafo único. Até a implementação do disposto no *caput* deste artigo, o julgamento e a execução das causas decorrentes das práticas de violência ficarão, preferencialmente, a cargo dos juizados ou varas especializadas em violência doméstica e temas afins". Há uma tendência do Parlamento em criar varas especializadas em torno de diversos temas na área

---

[26]   *Curso de direito penal militar*, p. 83.

criminal, portanto, competência em razão da matéria, logo, de natureza absoluta. A edição de leis específicas lidando com a violência doméstica e familiar contra a mulher (inicialmente, a Lei 11.340/2006 – Lei Maria da Penha, seguida de outras que a modificaram e trouxeram complementos) foi uma das pioneiras nesse cenário.

Atualmente, existem inúmeras Varas de Violência Doméstica e Familiar, devendo-se salientar que o número elevado de delitos contra a mulher, especialmente em contexto doméstico e familiar, tem sido exposto cada vez mais, demonstrando a considerável incidência de infrações dessa natureza. Justifica-se a especialização porque há diversos tópicos a serem decididos no mesmo cenário, como medidas de natureza civil, além de suportes de índole psicológica e assistencial, sendo propício que o mesmo juiz possa apreciar todas as questões. Emergem leis especializadas – *v.g.* Leis 13.431/2017 e 14.344/2022 – estabelecendo medidas protetivas às crianças e adolescentes, bem como instituindo figuras delitivas e recomendando a instalação de varas especializadas nesse contexto.

Portanto, uma vez criados os Juizados de Delitos Infantojuvenis, pelas normas de organização judiciária do Estado, passam a ter competência privativa para apurar e processar os crimes cometidos contra a criança ou adolescente. Reitere-se que é uma competência em razão da matéria (absoluta) e não simplesmente territorial (relativa). Por outro lado, é fundamental haver um índice razoável de infrações penais dessa espécie em determinada Comarca para justificar o deslocamento de um magistrado (assessorado por um cartório judicial) para assumir essa Vara. Enquanto não houver, recomenda a Lei 13.431/2017 que os delitos violentos contra crianças e adolescentes, no âmbito doméstico ou familiar, merecem ser avaliados no juízo especializado doméstico-familiar. No entanto, não fica claro se todas as infrações violentas seriam da competência dessa Vara ou apenas as cometidas contra a mulher criança ou adolescente, de modo que seria essencial a previsão em lei posterior ou na organização judiciária.

Em suma, as Varas de Crimes Infantojuvenis julgarão todas as infrações contra a criança ou adolescente. Não havendo, as infrações violentas contra infantes ou jovens, no cenário doméstico-familiar, ao menos contra o gênero feminino, podem ser deslocadas para as Varas especializadas da violência doméstica e familiar contra a mulher. Inexistindo, igualmente, esta última, julgarão todos os delitos as Varas Criminais comuns.

Na jurisprudência, a Terceira Seção do Superior Tribunal de Justiça entendeu ser competente a Vara de Violência Doméstica e Familiar para julgar crimes contra criança ou adolescente, enquanto não existir a vara especializada no âmbito infantojuvenil. O caso dizia respeito ao estupro cometido pelo pai em relação à filha, logo, em cenário típico da Lei 11.340/2006, sem se questionar a motivação do agente. Na modulação, entendeu-se que a distribuição para a vara especializada se dará após a publicação do acórdão (disponível em: https://www.stj.jus. br/sites/portalp/Paginas/Comunicacao/Noticias/2022/27102022-Estupro-de-crianca-ou-a-dolescente-em-ambiente-domestico-deve-ser-julgado-em-vara-especializada.aspx, acesso em 12.11.2022).

6.3 A prerrogativa de foro como regra específica de competência

Assim como a conexão e a continência, quando houver prerrogativa de função, isto é, a existência da eleição legal de um foro privilegiado para julgar determinado réu, que cometeu a infração penal investido em função especial, relevam-se as demais regras naturais de fixação da competência, passando-se a respeitar o foro específico, que diz respeito à qualidade da pessoa em julgamento (*ratione personae*).

Assim, se um Prefeito de distante cidade do interior pratica um delito será julgado no Tribunal de Justiça, na capital do Estado, e não no lugar onde o abalo gerado pelo crime emergiu. A doutrina, de maneira geral, justifica a existência do *foro privilegiado* como maneira de dar especial relevo ao cargo ocupado pelo agente do delito e jamais pensando em estabelecer desigualdades entre os cidadãos. Entretanto, não estamos convencidos disso. Se todos são iguais perante a lei, seria preciso uma razão particular e relevante para afastar o criminoso do seu juiz natural, entendido este como o competente para julgar todos os casos semelhantes ao que foi praticado.

Não vemos motivo suficiente para que o Prefeito seja julgado na Capital do Estado, nem para que o juiz somente possa sê-lo pelo Tribunal de Justiça ou o desembargador pelo Superior Tribunal de Justiça e assim por diante. Se à Justiça Cível todos prestam contas igualmente, sem qualquer distinção, natural seria que a regra valesse também para a Justiça Criminal. O fato de se dizer que não teria cabimento um juiz de primeiro grau julgar um Ministro de Estado que cometa um delito, pois seria uma "subversão de hierarquia" não é convincente, visto que os magistrados são todos independentes e, no exercício de suas funções jurisdicionais, não se submetem a ninguém, nem há hierarquia para controlar o mérito de suas decisões. Logo, julgar um Ministro de Estado ou um cidadão qualquer exige do juiz a mesma imparcialidade e dedicação, devendo-se clamar pelo mesmo foro, levando em conta o lugar do crime e não a função do réu.

Explica TOURINHO FILHO que não se trata de "odioso privilégio", mas sim de "elementar cautela, para amparar, a um só tempo, o responsável e a Justiça, evitando, por exemplo, a subversão da hierarquia, e para cercar o seu processo e julgamento de especiais garantias, protegendo-os contra eventuais pressões que os supostos responsáveis pudessem exercer sobre os órgãos jurisdicionais inferiores".[27] Quanto à subversão da hierarquia, já comentamos que ela inexiste quando o juiz profere, dentro do seu convencimento, fundado em lei, decisões jurisdicionais. Não está submetido a nenhuma autoridade superior. Quanto à pretensa proteção que se busca, não vemos base para tanto. O juiz de 2.º grau está tão exposto quanto o de 1.º grau em julgamentos dominados pela política ou pela mídia. Por outro lado, caso o magistrado de 1.º grau, julgando um Governador, por exemplo, sofresse algum tipo de pressão, poderia denunciar o caso, o que somente seria prejudicial a quem buscou influenciar o julgador. E mais, caso deixe-se levar pela pressão e decida erroneamente, existe o recurso para sanar qualquer injustiça.

Enfim, a autoridade julgada pelo magistrado de 1.º grau sempre pode recorrer, havendo ou não equívoco na decisão, motivo pelo qual é incompreensível que o foro privilegiado se mantenha no Brasil. Por que não haveria sentido, como muitos afirmam, que um juiz julgasse um Ministro do Supremo Tribunal Federal? Não está julgando o cargo, mas sim a pessoa que cometeu um delito. Garantir que haja o foro especial é conduzir justamente o julgamento para o contexto do cargo e não do autor da infração penal. Por acaso teria o Judiciário maior zelo para condenar um Presidente da República do que um brasileiro comum? Pensamos que jamais deveria agir com tal postura discriminatória, o que justifica deverem todos ser julgados pelo magistrado do lugar da infração ou do domicílio do réu, excetuados apenas os casos de matérias específicas.

Entretanto, por ora, a competência por prerrogativa de função está constitucionalmente prevista, razão pela qual deve ser respeitada.

---

[27]   *Código de Processo Penal comentado*, v. 1, p. 215.

Essa prerrogativa de foro somente é aplicável às autoridades que tenham cometido o delito durante o exercício do cargo (ou função) e em razão deste; caso cesse a sua atividade pública, como regra, a investigação ou o processo seguem para o foro comum. Essa é a atual posição do STF, embora esteja em curso a reavaliação desse entendimento. A tese em análise retorna ao conteúdo da cancelada Súmula 394, no sentido de haver perpetuação de jurisdição, quando a autoridade cometer o crime durante o exercício do cargo e, deixando-o, continuar sujeito ao foro especial.

6.3.1 Competência originária decorrente da prerrogativa de função ou da matéria

Desde logo, torna-se importante apresentar um quadro geral da divisão judiciária, estabelecida por normas constitucionais e infraconstitucionais, com relação aos julgamentos afetos a Cortes Especiais, tanto em relação à prerrogativa de função como em relação à matéria em julgamento:

1 – *Supremo Tribunal Federal*:

a) nas *infrações penais comuns*: Presidente da República, Vice-Presidente, membros do Congresso Nacional, seus próprios Ministros e o Procurador-Geral da República. Cabe ao Supremo Tribunal Federal processar e julgar, nas infrações penais comuns, o Advogado-Geral da União, conforme decisão proferida, por maioria de votos (contrários os Ministros Celso de Mello e Marco Aurélio), no Inquérito 1.660-DF, cujo relator é o Ministro Sepúlveda Pertence, em 6 de setembro de 2000;

b) nas *infrações penais comuns e crimes de responsabilidade* em competência originária: Ministros de Estado e Comandantes da Marinha, do Exército e da Aeronáutica (salvo quando os crimes de responsabilidade por eles cometidos forem conexos com os cometidos pelo Presidente ou Vice-Presidente da República, sendo todos julgados pelo Senado Federal), membros dos Tribunais Superiores, integrantes do Tribunal de Contas da União e os chefes de missão diplomática de caráter permanente;

2 – *Superior Tribunal de Justiça*:

a) nas *infrações penais comuns*: Governadores dos Estados e do Distrito Federal;

b) nas *infrações penais comuns e nos crimes de responsabilidade*: desembargadores dos Tribunais de Justiça dos Estados e do Distrito Federal, membros dos Tribunais de Contas dos Estados e do Distrito Federal, integrantes dos Tribunais Regionais Federais, dos Tribunais Regionais Eleitorais e do Trabalho, membros dos Conselhos ou Tribunais de Contas dos Municípios e do Ministério Público da União, oficiantes nesses tribunais;

3 – *Superior Tribunal Militar*: nos crimes militares, os oficiais generais das Forças Armadas; bem como *habeas corpus*, mandado de segurança etc.;

4 – *Tribunais Regionais Federais*: nas *infrações penais comuns e de responsabilidade*: juízes federais da área da sua jurisdição, incluídos os magistrados da Justiça Militar e da Justiça do Trabalho, bem como os membros do Ministério Público da União

(exceto o que concerne à Justiça Eleitoral) e Prefeitos (quando cometerem crimes da esfera federal);

5 – *Tribunais Regionais Eleitorais*: nas *infrações eleitorais*: juízes e promotores eleitorais, bem como Deputados estaduais e Prefeitos;

6 – *Tribunais de Justiça dos Estados e do Distrito Federal*: nas *infrações penais comuns e de responsabilidade*: juízes de direito e membros do Ministério Público (exceto o que concerne à Justiça Eleitoral), conforme previsto na Constituição Federal (art. 96, III).

Compete, ainda, ao Tribunal de Justiça, julgar, conforme disposto na Constituição do Estado de São Paulo e de acordo com autorização dada pela Constituição Federal para dispor a esse respeito (art. 125, § 1.º):

a) nas *infrações penais comuns*: o Vice-Governador, os Secretários de Estado, os Deputados Estaduais, o Procurador-Geral de Justiça, o Procurador-Geral do Estado, o Defensor Público Geral e os Prefeitos Municipais. Note-se que o Prefeito deve ser julgado pelo Tribunal de Justiça, de acordo com o art. 29, X, da Constituição Federal. Por isso, deveria ser competência do Pleno ou do Órgão Especial, como ocorre com os juízes e promotores. Entretanto, assim não tem ocorrido e os Prefeitos são julgados pelas Câmaras. Deve-se tal situação ao excessivo número de processos contra os chefes do Executivo Municipal que, se fossem julgados pelo Pleno, iriam congestionar a pauta. Por outro lado, quando o Prefeito cometer crime federal, deve ser julgado pelo Tribunal Regional Federal; quando cometer crime eleitoral, pelo Tribunal Regional Eleitoral. Assim já decidiu o Supremo Tribunal Federal: Súmula 702: "A competência do Tribunal de Justiça para julgar prefeitos restringe-se aos crimes de competência da Justiça Comum estadual; nos demais casos, a competência originária caberá ao respectivo tribunal de segundo grau"; Súmula 703: "A extinção do mandato do prefeito não impede a instauração de processo pela prática dos crimes previstos no art. 1.º do Decreto-lei 201/67";

b) nas *infrações penais comuns e nos crimes de responsabilidade*: os Juízes do Tribunal de Justiça Militar, os Juízes de Direito e os Juízes auditores da Justiça Militar Estadual, os membros do Ministério Público, exceto o Procurador-Geral de Justiça, o Delegado Geral da Polícia Civil e o Comandante Geral da Polícia Militar. Não mais se faz referência ao Juiz do Tribunal de Alçada, pois este foi extinto pelo art. 4.º da Emenda Constitucional 45/2004;

7 – *Tribunal de Justiça Militar do Estado*: nos *crimes militares*, o Chefe da Casa Militar e o Comandante Geral da Polícia Militar;

8 – *Justiça Especial de primeiro grau*:

8.1 – *Conselhos de Justiça Militar Federal*: divididos em:

a) *Conselho Especial de Justiça* (composto por Juiz-Auditor e quatro juízes militares, sob a presidência, dentre os magistrados da Corte, de um oficial-general ou superior de posto mais elevado do que o dos demais, ou o de maior anti-guidade, no caso de igualdade): nos crimes militares, os oficiais das Forças Armadas, exceto oficiais-generais;

b) *Conselho Permanente de Justiça* (composto por um Juiz-Auditor, um oficial superior, mais três oficiais de posto até capitão-tenente ou capitão): nos crimes militares, todos os integrantes das Forças Armadas, que não sejam oficiais;

8.2 – *Conselhos de Justiça Militar Estadual*, permanente ou especial: nos crimes militares, os policiais militares.

A Justiça Militar Estadual de São Paulo é regida pela Lei 5.048/1958. Os Conselhos de Justiça são divididos em:

a) *especial*, órgão composto pelo juiz auditor e por quatro juízes militares de patente superior à do acusado, ou da mesma graduação, para o fim de processar e julgar oficiais;

b) *permanente*, órgão composto pelo juiz auditor e por quatro juízes militares, um dos quais deve ser oficial superior, para processar e julgar inferiores e praças.

Com a Reforma do Judiciário, promovida pela Emenda Constitucional 45/2004, intro-duziu-se o § 5.º ao art. 125 da Constituição, de forma a estipular que o juiz de direito passa a presidir os Conselhos de Justiça estaduais e não mais o militar. Por outro lado, quando o policial militar, não importando a patente, cometer crime contra civil será julgado pelo juiz auditor, singularmente, não mais pelo Conselho de Justiça.

9 – *Juízes Eleitorais*: nos crimes eleitorais, qualquer pessoa;

10 – *Justiça Comum de primeiro grau:*

10.1 – *Juízes federais:*

a) crimes (não abrange contravenções – Súmula 38, STJ –, nem delitos militares ou eleitorais) praticados em detrimento de bens, serviços e interesses da União, de suas entidades autárquicas ou empresas públicas. Note-se que não abrange delito cometido contra bem, serviço ou interesse de sociedade de economia mista (Súmula 42, STJ). Há que se ressaltar ainda o previsto na Súmula 147, STJ, no sentido de que é competente a Justiça Federal para processar e julgar crimes cometidos contra funcionário público federal, no exercício das fun-ções. Mas, o contrário não se dá. O funcionário público federal, ainda que no exercício da função, cometendo crime da esfera da Justiça Estadual, por este juízo será julgado. Lembramos, ainda, que a Súmula 91 do Superior Tribunal de Justiça foi cancelada pela 3.ª Seção, no dia 08.11.2000. Essa Súmula dis-punha que cabia à Justiça Federal julgar os crimes cometidos contra a fauna. Atualmente, deve-se verificar o local onde foi cometido o delito: se ocorrer em área de proteção ambiental da União, continua a ser da competência da Justiça Federal; entretanto, se acontecer em área de proteção do Estado, o delito é da competência da Justiça Estadual;

b)   crimes políticos (arts. 359-I a 359-T do Código Penal). Ressalte-se que o 2.º grau de jurisdição é o Supremo Tribunal Federal, em recurso ordinário (art. 102, II, *b*, CF);

c)   crimes previstos em tratado ou convenção internacional, quando teve a execução iniciada no Brasil, consumando-se ou devendo consumar-se no exterior, ou vice-versa (são os chamados crimes à distância). Checar o disposto na Súmula 522, STF: "Salvo ocorrência de tráfico para o exterior, quando, então, a competência será da Justiça Federal, compete à Justiça dos Estados o processo e o julgamento dos crimes relativos a entorpecentes";

d)   crimes contra a organização do trabalho, quando envolver interesses coletivos dos trabalhadores. São da competência da Justiça Federal: arts. 201, 202, 204, 206 e 207 do Código Penal. É da competência da Justiça Estadual o delito previsto no art. 205 do Código Penal. Podem ser, conforme o caso, de uma ou outra Justiça: arts. 197, 198, 199, 200 e 203 do Código Penal;

e)   crimes contra o sistema financeiro e a ordem econômico-financeira, nos casos apontados por lei (como previsto na Lei 7.492/86);

f)   crimes cometidos a bordo de navios, considerados estes as embarcações de grande cabotagem, e aeronaves (excetuados os da Justiça Militar);

g)   crime de reingresso irregular de estrangeiro no Brasil: art. 338 do Código Penal;

h)   crimes cometidos contra comunidades indígenas. O STF tem sustentado caber ao juízo federal singular o julgamento de genocídio contra índios, ainda que envolva a morte das vítimas, ou seja, não se deve encaminhar o caso ao Tribunal do Júri. A esta Corte Popular somente seguiria o caso se houvesse conexão com delito doloso contra a vida, praticado separadamente do crime de genocídio (RE 351487-RR, Pleno, rel. Cezar Peluso, 03.08.2006, m.v., *Informativo* 434, embora antigo, cuida-se de julgado relevante). Temos posição diversa. Se houver morte dolosa de índios, parece-nos ser competente o Tribunal do Júri Federal, conforme expusemos nas notas 2 e 3 ao art. 1.º do Título "Genocídio" em nosso *Leis penais e processuais penais comentadas – vol. 1*. Note-se que delitos cometidos contra um só índio – ou quando o índio é o autor – são da competência da Justiça Comum Estadual (Súmula 140, STJ);

i)   cumprimento de cartas rogatórias e sentenças estrangeiras homologadas pelo Superior Tribunal de Justiça;

j)   as causas relativas a direitos humanos a que se refere o § 5.º do art. 109. Estipula esse parágrafo: "Nas hipóteses de grave violação de direitos humanos, o Procurador-Geral da República, com a finalidade de assegurar o cumprimento de obrigações decorrentes de tratados internacionais de direitos humanos dos quais o Brasil seja parte, poderá suscitar, perante o Superior Tribunal de Justiça, em qualquer fase do inquérito ou processo, incidente de deslocamento de competência para a Justiça Federal".

k)   Súmula Vinculante 36: "Compete à Justiça Federal comum processar e julgar civil denunciado pelos crimes de falsificação e de uso de documento falso quando se tratar de falsificação da Caderneta de Inscrição e Registro (CIR) ou de Carteira de Habilitação de Arrais-Amador (CHA), ainda que expedidas pela Marinha do Brasil".

A nova hipótese, estabelecida pela Emenda Constitucional 45/2004 (Reforma do Judiciário), deve ser analisada com cuidado e critério, afinal, qualquer homicídio realizado no Brasil é uma questão a envolver direito humano fundamental, pois houve lesão ao bem jurídico *vida*, protegido pelo art. 5.º, *caput*, da Constituição. E outros delitos ingressariam no mesmo perfil. Portanto, o deslocamento de um crime para a Justiça Federal somente pode dar-se quando realmente houver *grave* violação de direitos humanos, de caráter coletivo, como, por exemplo, um massacre produzido por policiais contra vários indivíduos, causando repercussão internacional. Tal medida teria a finalidade de assegurar o desligamento do caso das questões locais, mais próprias da Justiça Estadual, levando-o para a esfera federal, buscando, inclusive, elevar a questão à órbita de interesse nacional e não somente regional.

10.2 – *Juízes estaduais:* detêm competência residual, isto é, todas as demais infrações não abrangidas pela Justiça Especial (Eleitoral e Militar) e pela Justiça Federal, que é especial em relação à Estadual.

11 –*Justiça Política*, composta pelos seguintes órgãos:

a) *Senado Federal:* julga os crimes de responsabilidade do Presidente e Vice-Presidente da República, Ministros de Estado e Comandantes da Marinha, do Exército e da Aeronáutica (os Ministros e Comandantes, quando cometerem delitos conexos com os do Presidente ou Vice), dos Ministros do Supremo Tribunal Federal, do Procurador-Geral da República, do Advogado-Geral da União e membros do Conselho Nacional de Justiça e do Conselho Nacional do Ministério Público;

b) *Tribunal Especial* (constituído por cinco Deputados, escolhidos pela Assembleia, e cinco Desembargadores, sorteados pelo Presidente do Tribunal de Justiça, que também o presidirá, conforme previsto no art. 78, § 3.º, da Lei 1.079/50): nos *crimes de responsabilidade*, o Governador, o Vice-Governador, e os Secretários de Estado, nos crimes da mesma natureza conexos com aqueles, bem como o Procurador-Geral de Justiça e o Procurador-Geral do Estado. Observe-se que a Constituição do Estado de São Paulo estabelece que o referido Tribunal Especial seja constituído por sete Deputados e sete Desembargadores, conduzido pelo Presidente do Tribunal de Justiça (art. 49, § 1.º), bem como fixa a definição dos delitos de responsabilidade. Ocorre que o Supremo Tribunal Federal deferiu medida cautelar proposta pelo Procurador-Geral da República, para suspender a eficácia deste e de outros dispositivos da Carta Estadual: arts. 10, § 2.º, item 1; da expressão "ou do governador", do art. 48 e seu parágrafo único; da expressão "ou, nos crimes de responsabilidade, perante o Tribunal Especial", contida no *caput* do art. 49, dos §§ 1.º, 2.º e 3.º, item 2, do mesmo artigo, bem como do art. 50. A justificativa é que somente à União cabe legislar acerca da definição e do processo dos crimes de responsabilidade (ADI 2.220-SP, T.P., rel. Cármen Lúcia, 01.08.2000, v.u.). Conferir, ainda, o disposto na Súmula Vinculante n. 46 do STF: "*A definição dos crimes de responsabilidade e o estabelecimento das respectivas normas de processo e julgamento são da competência legislativa privativa da União*".

c) *Câmara Municipal:* nos *crimes de responsabilidade,* os Prefeitos Municipais (art. 4.º do Dec.-lei 201/1967).

6.3.2   Notas especiais em relação à competência excepcional de prerrogativa de função

6.3.2.1   Magistrados e membros do Ministério Público

Devem ser julgados pelo Tribunal ao qual estão vinculados, pouco importando a natureza do crime que cometam e o lugar da infração, seguindo-se a competência estabelecida na Constituição Federal. Assim, caso um juiz estadual cometa um delito de competência da Justiça Federal será julgado pelo Tribunal de Justiça do seu Estado. Dá-se o mesmo com o juiz federal que cometa um crime da esfera estadual: será julgado pelo Tribunal Regional Federal da sua área de atuação. Frise-se que pouco importa o lugar da infração penal. Se um juiz estadual de São Paulo cometer um delito no Estado do Amazonas, será julgado pelo Tribunal de Justiça de São Paulo.

6.3.2.2   A conciliação entre o foro privilegiado decorrente da prerrogativa de função e a competência constitucional do Tribunal do Júri

Para o julgamento dos crimes dolosos contra a vida, a Constituição Federal estabeleceu, como regra, ser competente o Tribunal do Júri (art. 5.º, XXXVIII, *d*). Entretanto, constitui também previsão constitucional o foro privilegiado em virtude da prerrogativa de função. Assim, surgiria a questão: se um deputado federal cometesse um homicídio doloso deveria ser julgado no Supremo Tribunal Federal ou no Tribunal do Júri?

A questão vem sendo respondida, de forma praticamente unânime, tanto pela doutrina quanto pela jurisprudência, que, se ambas as previsões de competência são estabelecidas na Constituição Federal, deve-se considerar especiais aquelas que dizem respeito à prerrogativa de foro, em detrimento, pois, ao Tribunal do Júri. O deputado federal deve ser julgado no Supremo Tribunal Federal.

Essa postura, embora sejamos contrários ao foro por prerrogativa de função, está correta. O júri é o órgão competente para analisar os crimes dolosos contra a vida, como regra geral. Em caráter especial, algumas autoridades têm foro específico. Nesse prisma, confira-se a lição de MARIA LÚCIA KARAM: "Inobstante a censura que se possa politicamente fazer ao entendimento e à opção do constituinte, não se apresenta possível uma construção jurídica destinada a fazer aqui prevalecer o direito individual. O afastamento da competência do júri, nos casos em que devem incidir as regras que estabelecem a competência originária de órgãos jurisdicionais superiores em razão do cargo público ocupado pela parte a quem se atribui a prática de infração penal, resulta de opção do constituinte, que a deixou expressa ao não fazer qualquer ressalva, naquelas regras, quanto às infrações penais incluídas na competência privativa do júri".[28]

Consolidando a sua posição acerca do tema e dando novos subsídios importantes, o Supremo Tribunal Federal editou a Súmula 721, nos seguintes termos: "A competência constitucional do Tribunal do Júri prevalece sobre o foro por prerrogativa de função estabelecido exclusivamente pela Constituição estadual". Ratificou o Pretório Excelso, de maneira indireta,

---

[28]   *Competência no processo penal*, p. 99.

que a prerrogativa de foro, fixada na Constituição Federal, excepciona a competência genérica do júri, para os delitos dolosos contra a vida, também estabelecida na Carta Magna. Por outro lado, deixou claro que as autoridades, cujo foro privilegiado foi obtido por disposição da Constituição Estadual, devem ser processadas no Tribunal do Júri, caso cometam crimes dolosos contra a vida, uma vez que a regra constitucional estadual não pode prevalecer sobre norma constitucional federal, ainda que esta tenha o caráter genérico.

É correta essa visão, merecendo, então, alguns exemplos: a) deputado federal, que possui foro privilegiado garantido na Constituição Federal, cometendo crime doloso contra a vida, continuará a ser julgado pelo Supremo Tribunal Federal; b) secretário de Estado, cujo foro privilegiado normalmente é previsto na Constituição Estadual (vide o caso de São Paulo, art. 74, I), caso cometa um delito doloso contra a vida, será julgado pelo Tribunal do Júri e não pelo Tribunal de Justiça; c) quanto ao deputado estadual, num primeiro momento, pode-se imaginar que o foro privilegiado que possui está assegurado pela Constituição Federal, por conta do art. 27, § 1.º, o que não é realidade. Essa norma garante aos parlamentares estaduais as mesmas regras da Constituição Federal sobre "sistema eleitoral, inviolabilidade, imunidades, remuneração, perda de mandato, licença, impedimentos e incorporação às Forças Armadas", mas nada menciona quanto ao foro por prerrogativa de função. Este é, em última análise, concedido por normas previstas nas Constituições dos Estados (no caso de São Paulo, art. 74, I, e art. 14, § 1.º). Logo, caso cometa um crime doloso contra a vida, deve ser julgado pelo Tribunal do Júri.

6.3.2.3   Perpetuação da jurisdição em casos de foro privilegiado

Quando a autoridade detentora da prerrogativa de foro cometia um crime, durante o exercício das suas funções, ainda que deixasse o cargo, continuaria a ter o direito de ser julgada pela Corte Superior, conforme estabelecia o teor da Súmula 394 do STF: "Cometido o crime durante o exercício funcional, prevalece a competência especial por prerrogativa de função, ainda que o inquérito ou a ação penal sejam iniciados após a cessação daquele exercício".

Essa Súmula, no entanto, foi cancelada por decisão do Pleno do STF em 25.08.1999. Assim, quando estava em vigor, exemplificando, se um senador cometesse um crime durante o exercício do mandato e seu processo tivesse início no STF, caso deixasse o cargo, continuava a ser julgado pelo mesmo Tribunal. Revogada a Súmula, os processos das autoridades que ainda não tinham sido julgadas pela instância privilegiada passaram a ser remetidos às Varas comuns de 1.º grau.

Inconformada com o afastamento do privilégio, a classe política providenciou a ressurreição da Súmula 394, através da Lei 10.628/2002, que acrescentou o § 1.º ao art. 84 do Código de Processo Penal. Entretanto, o Supremo Tribunal Federal considerou inconstitucional os §§ 1º e 2º do art. 84 do CPP (ADI 2.797/DF e ADI 2.860/DF, rel. Sepúlveda Pertence, 15.09.2005, *Informativo* 401).

Em seguida, o STF decidiu que a autoridade somente tem foro especial quando comete o crime durante o exercício do cargo e em razão deste. Portanto, ilustrando, se o deputado federal comete crime antes de ser diplomado ou durante o mandato, mas totalmente alheio à sua função, deve ser julgado pelo foro comum. Do mesmo modo, se esse parlamentar cometer o crime durante o mandato, mas deixar o cargo por qualquer razão, igualmente, passará ao juízo comum. Conferir: AP 937 QO/RJ, Tribunal Pleno, rel. Roberto Barroso, 03/05/2018, m.v. Atualmente, a questão está sendo reavaliada pelo Pleno do STF, deliberando-se pelo retorno à tese da cancelada Súmula 394, com a seguinte proposição: "a prerrogativa de foro para julgamento de crimes praticados no cargo e em razão das funções subsiste mesmo após o afastamento do cargo, ainda que o inquérito ou a ação penal sejam iniciados depois de cessado seu exercício" (HC 232.627, rel. Gilmar Mendes; há seis votos nesse sentido, mas o julgamento não foi concluído, setembro de 2024).

6.3.2.4   Extensão do foro privilegiado às ações de improbidade administrativa

A mesma Lei 10.628/2002, que estendeu as graças do foro por prerrogativa de função às autoridades que já tivessem deixado o cargo, desde que o delito tivesse sido cometido durante o exercício funcional, como expusemos no tópico anterior, acrescentou, ainda, o § 2.º ao art. 84 do Código de Processo Penal, que ampliava o privilégio às ações civis, quando se tratasse de condutas de improbidade administrativa, visando à aplicação de medidas de reparação dos danos causados à Administração, bem como possibilitando a perda do cargo e o impedimento do exercício por determinado período, sem prejuízo das medidas penais.

A norma, neste caso, era inconstitucional, pois criava-se o foro privilegiado, para ações civis, através de mera lei ordinária. Somente a Constituição pode estabelecer normas que excepcionem o direito à igualdade perante a lei, aplicável a todos os brasileiros. Em matéria penal, existem dispositivos constitucionais cuidando do tema, o que não ocorre na área cível. Portanto, a previsão feita neste artigo não poderia ser acolhida. Ademais, tornava-se insustentável dar à ação de improbidade administrativa o caráter penal, isto é, transformar "à força" o que é civil em matéria criminal, somente para justificar o foro privilegiado.

Conforme expusemos no item anterior, o Supremo Tribunal Federal declarou a inconstitucionalidade dos §§ 1.º e 2.º do art. 84 do CPP. Logo, as ações de improbidade administrativa continuam a tramitar em primeira instância, não havendo foro privilegiado para qualquer autoridade.

6.3.2.5   Exceção da verdade nos crimes contra a honra

Quando se apurar o delito de calúnia (art. 138, CP), é possível a apresentação, pelo acusado, de exceção da verdade, na forma do disposto no art. 138, § 3.º, do Código Penal: "Admite-se a prova da verdade, salvo: I – se, constituindo o fato imputado crime de ação privada, o ofendido não foi condenado por sentença irrecorrível; II – se o fato é imputado a qualquer das pessoas indicadas no n. I do art. 141; III – se do crime imputado, embora de ação pública, o ofendido foi absolvido por sentença irrecorrível".

Assim, é viável que a pessoa acusada de ter imputado falsamente a outrem um fato definido como crime possa provar que falou a verdade. E, se isto ocorrer, quem merece ser processado é o autêntico agente do crime.

Tratando-se de foro privilegiado, apresentada a exceção da verdade, desloca-se o julgamento para a Corte Especial, já que existe a prerrogativa de função (art. 85, CPP). Exemplo: um juiz de direito ingressa com ação penal contra determinada pessoa que o acusa de ter recebido, em função do cargo, indevidamente, uma soma em dinheiro. O acusado, em sua defesa, levanta a exceção da verdade. Desloca-se o julgamento para o Tribunal de Justiça, tendo em vista que o magistrado possui foro privilegiado. Se o Tribunal considerar pertinente a exceção, o juiz será posteriormente julgado por corrupção e o acusado da prática de calúnia, absolvido. Caso julgue improcedente, torna à instância original para, havendo provas, ser o acusado devidamente condenado pelo juiz natural da causa.

6.3.2.6 Sobre a aplicação do art. 85 do CPP à hipótese da difamação

Quanto ao cabimento ou não da exceção da verdade, no caso de difamação, em foro especial, somente porque o ofendido é parte privilegiada, preferimos a posição que restringe o alcance do art. 85.

Assim, somente no tocante à calúnia é de se admitir que a exceção da verdade seja julgada pela Instância Superior, foro privilegiado do querelante. Tal se dá porque admitida a exceção, deverá ser julgado o detentor do foro especial pelo crime cometido, o que somente poderá ocorrer de acordo com as normas constitucionais a respeito. Por outro lado, em se tratando de difamação, não há razão para deslocar-se a competência para foro privilegiado, uma vez que nenhum julgamento de delito se fará.

Além disso, é preciso destacar que cabe ao juízo de origem julgar admissível a exceção e instruí-la, antes de remeter o processo à Instância Superior. Esclareça-se, ainda, que, no caso de contravenção penal imputada a alguém, não configuradora de calúnia, mas sim de difamação, cremos ser sustentável o deslocamento da competência para órgão jurisdicional superior, que representa o foro privilegiado, uma vez que se trata de infração penal. Não teria cabimento a exceção da verdade ser avaliada por magistrado incompetente para julgar o querelante em matéria de contravenção penal. Lembremos que a Constituição Federal menciona *infração penal* e não simplesmente *crime*, ao estabelecer o foro privilegiado.

É posição pacífica, atualmente, no Supremo Tribunal Federal que o art. 85 somente é aplicável quando a exceção da verdade se referir à calúnia, mas não à difamação. A razão é que o foro privilegiado somente se estabelece para o julgamento de infrações penais, sendo inconstitucional fixar a lei ordinária (Código de Processo Penal) um foro especial não previsto na Carta Magna.

6.3.3 *Notas especiais em relação à competência excepcional quanto à matéria*

6.3.3.1 Pontos relevantes acerca da Justiça Militar

a) a Justiça Militar Estadual não tinha competência para julgar atos de natureza disciplinar, ocupando-se exclusivamente do julgamento de crimes. Passa a ter competência para julgar ações judiciais contra atos disciplinares militares (art. 125, §§ 4.º e 5.º, CF);

b) a Justiça Militar Federal não tem competência para julgar atos de natureza civil praticados contra militar, ainda que este esteja no exercício da sua função. Não se caracteriza, nessa hipótese, crime militar, por ausência de conformação aos tipos penais previstos no Código Penal Militar, motivo pelo qual se cuida de processo da Justiça Federal comum, usando-se o disposto na Súmula 147 do STJ. Aplica-se o mesmo, naturalmente, ao civil que cometa crime contra policial militar no exercício da função: será julgado pela Justiça Estadual Comum, não somente porque o ato é de natureza civil e não constitui delito militar, mas também porque a Justiça Militar Estadual jamais julga civil, conforme expomos na próxima alínea;

c) a Justiça Militar Estadual não tem competência para julgar crimes praticados por civil, ainda que este atente contra as instituições militares ou contra militares no exercício das suas funções. Tal conclusão se extrai da interpretação feita ao art. 125,

§ 4.º, da Constituição Federal: "Compete à Justiça Militar estadual processar e julgar os militares dos Estados, nos crimes militares definidos em lei e as ações judiciais contra atos disciplinares militares, ressalvada a competência do júri quando a vítima for civil, cabendo ao tribunal competente decidir sobre a perda do posto e da patente dos oficiais e da graduação das praças". Assim, ficou nítida a competência *exclusiva* da Justiça Militar Estadual para o julgamento de militares, mas jamais de civis. Estes devem ser julgados pela Justiça Estadual Comum, a teor da Súmula 53 do STJ.

6.3.3.2   A competência especial do juiz da execução penal

Interpretando-se o disposto nos arts. 2.º, 65 e 66 da Lei 7.210/1984, deve-se concluir ser competente para conduzir o processo de execução do condenado o magistrado responsável pela Vara das Execuções Criminais do lugar onde está ocorrendo o cumprimento da pena.

A parte final do art. 65 tem aplicação restrita. Diz o referido artigo que "a execução penal competirá ao juiz indicado na lei local de organização judiciária e, *na sua ausência, ao da sentença*" (grifamos). Significa que o juiz competente é sempre, onde houver, o da execução penal. Caso, em situação excepcional, o sentenciado esteja na mesma cidade do juiz prolator da decisão que o condenou e, nesse lugar, não haja Vara privativa de execução penal, torna-se competente o juiz da sentença.

Entretanto, se mudar de cidade, os autos de execução devem segui-lo, cabendo ao magistrado do local onde estiver cumprindo pena promover a execução. Embora seja posição dominante na jurisprudência, o Tribunal de Justiça de São Paulo faz uma ressalva: quando houver transferência provisória do condenado para outra Comarca, a execução não deve acompanhá-lo. Pensamos que o meio-termo é o mais adequado. Se o sentenciado se desloca em definitivo para outro lugar, os autos da execução devem acompanhá-lo, mas se vai provisoriamente para outro presídio ou local, pode-se continuar a execução na Vara inaugural. Ex.: o condenado é apenado em São Paulo, onde se encontra detido. O processo de execução encontra-se na Vara das Execuções Criminais da Capital. Se for transferido para Santos, somente para acompanhar a instrução de um processo, é natural que o processo permaneça em São Paulo, para onde deve voltar. Entretanto, se ficar em Santos, por tempo superior ao razoável, deve o magistrado de São Paulo para lá remeter a execução.

Lembre-se, ainda, de que as pessoas beneficiárias do foro privilegiado em razão da prerrogativa de função, uma vez condenadas, também terão a execução da sua pena providenciada no mesmo foro. Assim, exemplificando: caso um deputado federal seja condenado a cumprir pena pelo STF, cabe ao mesmo órgão do Judiciário cuidar da execução, concedendo os benefícios cabíveis, até que possa ser julgada extinta a punibilidade.

Outro aspecto importante a destacar é a competência do juiz da execução penal para a aplicação da nova lei penal considerada benéfica, cumprindo-se o disposto no art. 5.º, XL, da Constituição Federal, e no art. 2.º, parágrafo único, do Código Penal. Não importa se a condenação anterior foi estabelecida pelo juízo de 1.º grau ou por qualquer Tribunal. É o teor da Súmula 611 do STF: "Transitada em julgado a sentença condenatória, compete ao juízo das execuções a aplicação de lei mais benigna". No mesmo sentido, dispõe o art. 66, I, da Lei 7.210/1984 (Lei de Execução Penal).

Atualmente, entende-se constituir direito do sentenciado, quando a decisão condenatória já transitou em julgado para o Ministério Público – ao menos no tocante à pena –, obter a progressão de regime, enquanto aguarda o deslinde de eventual recurso interposto pela defesa (cf. Súmula 716 do STF). Ocorre que o Superior Tribunal de Justiça, julgando conflitos de competência, havia estabelecido, como juízo natural, na falta de expressa disposição legal, o da condenação. A despeito disso, no Estado de São Paulo, no entanto, o Conselho Superior da Magistratura editou o Provimento 653/1999, disciplinando que, havendo condenação, deve o magistrado, ingressando recurso de qualquer das partes, expedir a guia de recolhimento provisória, remetendo-a para a Vara das Execuções Criminais, que passou a ser o juízo competente para a execução provisória da pena. Consolidando a posição, o Conselho Nacional de Justiça tem Resolução editada nesse sentido.

Esta última, realmente, é a melhor posição, pois o juízo das execuções penais é o único verdadeiramente aparelhado para verificar a situação global do condenado, até pelo fato de ter acesso a todas as execuções que porventura possuir. Tem facilidade de determinar a elaboração dos laudos cabíveis para checar a possibilidade de progressão ou livramento condicional, bem como melhor conhecimento para decidir a respeito, diante do seu grau de especialização. Deixar que o juiz da condenação conduza a execução provisória poderia levar ao atraso do processamento dos benefícios, além de obrigá-lo a produzir laudos e incidentes com os quais não está habituado a trabalhar.

Por outro lado, se tiver notícia da existência de outras execuções contra o condenado, deverá solicitar peças ao juízo das execuções penais, para conferir se, contando-se com a soma de suas penas, pode, de fato, progredir. Enfim, parece-nos inadequado que a execução provisória seja feita no juízo da condenação.

No caso dos Juizados Especiais Criminais (JECRIM), conforme disposto no art. 86 da Lei 9.099/1995, cabe a execução da pena ao "órgão competente, nos termos da lei". Esse órgão seria, até a criação e funcionamento dos Juizados Especiais Criminais, o juízo das execuções criminais. Essa vinha sendo a orientação do Tribunal de Justiça de São Paulo. Atualmente, no entanto, grande parte dos Estados da Federação, inclusive São Paulo, vem providenciando a instalação dos Juizados Especiais Criminais, motivo pelo qual, quando houver, é o competente para execução da pena. E o recurso deve ser dirigido às Turmas Recursais Criminais, caso existam, sem necessidade de se remeter o feito ao Tribunal de Justiça.

6.4 A distribuição como alternativa à competência cumulativa supletiva

Quando há mais de um juiz na Comarca, igualmente competente para julgar matéria criminal, sem haver qualquer distinção em razão da natureza da infração, atinge-se o critério da fixação da competência por *distribuição*. Assim, através de um processo seletivo casual, determinado pela sorte, escolhe-se o magistrado competente.

O critério da sorte não pode ser substituído por qualquer outro que implique juízo de valor, pois, se assim for, estará a parte interessada e parcial escolhendo o magistrado que vai decidir o caso, fazendo naufragar o princípio do juiz natural.

Registre-se que o inquérito, quando não finda no prazo legal, havendo necessidade de outras investigações, com retorno à polícia judiciária, deve ser distribuído no fórum, a fim de se solicitar ao juiz a prorrogação. Essa distribuição previne o juízo (art. 75, parágrafo único, CPP).

Dá-se o mesmo quando houver necessidade de decisão do magistrado a respeito de qualquer outra matéria, como, por exemplo, a decretação de medidas cautelares (prisão preventiva, quebra de sigilo fiscal ou bancário, interceptação telefônica) ou para a concessão de liberdade provisória.

Excepcionalmente, realizam os tribunais e os juízes de 1.º grau uma alteração no critério de distribuição, deixando de sortear a Vara ou o relator para determinado caso, quando houver necessidade de se proceder a uma compensação.

Por vezes, em virtude de falha anterior de distribuição, um magistrado recebe mais processos do que deveria. Corrige-se isso, encaminhando-se a outro juiz, na mesma Comarca, os processos futuros que derem entrada no cartório do distribuidor, sem sorteio. O mesmo ocorre no Tribunal, quando um relator recebe, por exemplo, um processo complexo demais, com inúmeros volumes, razão pela qual deixa de receber processos novos por algum tempo, o que, em si, significa uma alteração do critério de distribuição. Pode, ainda, ocorrer a distribuição por dependência, isto é, um juízo encontra-se prevento para conhecer determinado feito, havendo o ingresso de outra ação, conexa à primeira. Distribui-se, diretamente, ao juízo competente, sem necessidade de novo sorteio.

6.5   Conexão e continência como regras de alteração de competência

A conexão e a continência são institutos que visam, como regra, à alteração da competência e não à sua fixação inicial.[29] Abstraídas ambas, o feito poderia ser julgado por determinado juiz, escolhido pelas regras expostas nos incisos anteriores. Entretanto, quando houver alguma razão particular, de forma a facilitar a colheita da prova e fomentar a economia processual, bem como para evitar decisões contraditórias, permite a lei que a competência seja modificada. Não é por isso que se fere o princípio constitucional do juiz natural, uma vez que as regras de alteração estão previstas claramente em lei e valem para todos os jurisdicionados e acusados, de modo que se torna um critério objetivo e não puramente casuístico.

Conforme nossa posição, sustentando que a conexão e a continência são regras de modificação de competência – e nunca de fixação –, encontra-se o art. 54 do CPC: "a competência relativa poderá *modificar-se* pela conexão ou pela continência, observado o disposto nesta Seção" (grifo nosso).

Eventualmente, como exceção à regra, a conexão e a continência podem ser utilizadas para fixação inicial da competência, desde que já se saiba de antemão que um processo se liga a outro, sendo um deles já distribuído. Dessa forma, quando se distribuir o segundo, pode-se requerer ao juiz que determine a remessa para a mesma Vara, por existência de conexão ou continência. Exemplo: "A" responde a processo por lesão corporal grave cometida em um estádio de futebol, por conta de confronto entre torcidas organizadas. O processo corre na 1.ª Vara da Comarca, onde existem três Varas Criminais. Assim, quando houver a distribuição do processo contra "B", também por lesão corporal grave cometida no mesmo lugar, à mesma hora (art. 76, I, CPP), seguirá igualmente para a 1.ª Vara.

Ainda no tocante à modificação ou à fixação da competência por conexão e continência, ensina VICENTE GRECO FILHO o seguinte: "É costume dizer-se que a conexão e a continência modificam a competência. Essa afirmação, porém, somente é válida no que concerne à com-

---

[29]   Como lembra FREDERICO MARQUES, a distinção entre conexão e continência, embora seja rejeitada por parcela da doutrina, termina por ser aceita pela ciência processual. E diz: "a continência implica litispendência parcial, pois, como o próprio nome o indica, esse fenômeno processual ocorre quando uma lide ou causa penal está contida em outra. Na conexão, há pretensões punitivas paralelas que se unem processualmente em virtude de traços comuns que ligam umas às outras: as infrações são distintas, embora presas entre si por determinados liames que aconselham o julgamento em *simultaneus processus*, por *unum et idem judex*" (*Elementos de direito processual penal*, v. I, p. 254).

petência em abstrato, ou seja, no caminho que se desenvolve antes da fixação definitiva, em concreto. O desaforamento, sim, modifica a competência em concreto, depois de definida. A conexão e a continência atuam antes dessa definição".[30]

Segundo nos parece, a questão deve ser desdobrada em dois ângulos: *lato e stricto sensu*. Em sentido amplo, é bem verdade que a conexão e a continência não modificam a competência, uma vez que elas estariam *inseridas* nas regras fixadoras da competência. É o que demonstra o art. 69, V, do CPP.

Assim, caso um juiz remeta a outro um determinado processo porque descobre ser ele o juiz natural da causa, por conta da conexão, estaria livrando-se de feito que não lhe compete julgar. Mas, em sentido estrito, há, na realidade, uma alteração de competência, pois elege-se como regra o juiz natural pelos seguintes critérios: em razão do território, da matéria ou da função. Essas são as normas gerais impostas pelo Código de Processo Penal e pela própria Constituição.

Portanto, quando um juiz está processando "A", por ter ele cometido receptação na cidade "X", é o competente para apurar o caso, segundo o território, a matéria e a função. Mas, quando se descobre que há um latrocínio sendo apurado na Comarca "Y", dizendo respeito à receptação cometida por "A", pode-se remeter o processo da Comarca "X" para a "Y" por razões de ordem prática, inspirados no inciso III do art. 76. Modifica-se, com isso, a competência, pois estritamente falando, retira-se o processo de um juiz passando-o a outro. O magistrado que apura o latrocínio não deveria cuidar da receptação, ocorrida em outra Comarca. Altera-se a regra geral, por conta da exceção estabelecida pela conexão ou pela continência.

Em suma: *lato sensu*, a conexão e a continência fazem parte das regras de fixação de competência, embora, *stricto sensu*, elas modifiquem as convencionais regras de escolha do juiz natural, por atenderem a critérios de ordem puramente instrumental, como vimos em item anterior. Aliás, se a competência deixar de ser alterada em função da conexão ou da continência, a nulidade é apenas relativa, dependente, pois, da prova do prejuízo.

Anotemos, ainda, que o desaforamento também está previsto em lei, razão pela qual, *lato sensu*, não é modificação de competência, mas sim a transferência para o juiz imparcial, idealmente eleito pela Constituição para julgar o caso. *Stricto sensu*, no entanto, está-se alterando a competência do juiz que já fora escolhido pelas regras convencionais para compor o litígio.

6.5.1   *Conceito de conexão*

Trata-se de ligação, nexo ou união, segundo o vernáculo. No processo penal, no entanto, ganha contornos especiais, querendo significar o liame existente entre infrações, cometidas em situações de tempo e lugar que as tornem indissociáveis, bem como a união entre delitos, uns cometidos para, de alguma forma, propiciar, fundamentar ou assegurar outros, além de poder ser o cometimento de atos criminosos de vários agentes reciprocamente. Enfim, o vínculo surge, também, quando a produção escorreita e econômica das provas assim exige.

Diz PIMENTA BUENO, citado por ESPÍNOLA FILHO, que a conexão "é o nexo, a dependência recíproca que as coisas ou os fatos têm entre si: a disjunção é a separação delas, separação forçada, por isso mesmo que o todo criminal deve ser indivisível. Com efeito, embora os crimes sejam diversos, desde que eles são entre si conexos, ou que procedem de diferentes delinquentes associados como autores ou cúmplices, formam uma espécie de unidade estreita

---

[30]   *Manual de processo penal*, p. 145.

que não deve ser rompida. Todos os meios de acusação, defesa e convicção estão em completa dependência. Separar será dificultar os esclarecimentos, enfraquecer as provas, e correr o risco de ter afinal sentenças dissonantes ou contraditórias. Sem o exame conjunto, e pelo contrário com investigações separadas, sem filiar todas as relações dos fatos, como reconhecer a verdade em sua integridade, ou como reproduzir tudo isso em cada processo? (...) Desde, porém, que os delitos são conexos, é necessário, ao menos quando possível, que um mesmo tribunal conheça de todos eles ou de todos os delinquentes, e que uma mesma sentença aplique a lei". E continua Espínola Filho, dizendo que "para haver conexão, é indispensável que a íntima e estreita relação entre os delitos não dê o efeito de eliminar a individualidade de cada um deles, que deve continuar distinto dos outros; é preciso se trate de fatos, ou grupos de fatos, que, a despeito de ligados entre si, conservem o seu caráter individual e distinto, pois, se isso não suceder, não há mais falar em conexidade. Se, portanto, a conexidade tem o efeito de eliminar a independência recíproca de delitos distintos, pelo que inexiste quando eles se conservam perfeitamente independentes, ocorre não confundir a conexidade com a indivisibilidade da infração, quando os diversos elementos apresentam os característicos de fatos componentes da mesma infração, e com a coautoria, quando pessoas diversas perpetram, unidas, combinadas, uma mesma infração da lei penal".[31]

Embora a doutrina seja praticamente unânime em apoiar as causas de determinação da competência por conexão, buscando fundamentá-las da melhor forma possível, queremos crer que a única, sólida e viável razão para a junção de fatos num único processo, a fim de obterem uma apreciação unitária, é uma *produção de provas* mais eficaz. Assim, das várias hipóteses aventadas no art. 76 do CPP, entendemos devesse subsistir, verdadeiramente, somente uma delas, que está prevista no inciso III: "Quando a prova de uma infração ou de qualquer de suas circunstâncias elementares influir na prova de outra infração".

Aliás, analisando-se as situações anteriores (incisos I e II), não vislumbramos hipótese em que as infrações sejam conexas e que a prova de uma deva influenciar direta e necessariamente na prova da outra ou de outras.

Se as infrações são cometidas no mesmo lugar, ao mesmo tempo, por pessoas reunidas, como ocorre com um saque a um estabelecimento comercial, estabelece-se a conexão com base no inciso I, primeira parte, de acordo com a lei processual penal. Ocorre que, mais uma vez, o fundamento para isso ocorrer não é, em nosso entender, a existência de uma conexão ontológica entre os delitos, visto que um autor pode nunca ter visto o outro e as infrações, portanto, seguirem distintas em todo o seu percurso (exemplo disso seria o agente que entra pelo teto e o outro pelos fundos, cada qual subtraindo um setor da loja), mas, para a apuração e produção de laudos, colheita de depoimentos testemunhais, inclusive do representante da vítima, é válido que se unam os processos. Assim, os ladrões "C" e "D", que nunca se viram, nem no momento do delito, somente poderiam ser processados juntos por mera comodidade na produção probatória, quando fosse o caso.

Se, eventualmente, a prova de uma infração ou de qualquer de suas circunstâncias não servir para influir na prova da outra infração, qual a vantagem da conexão? Caso "D" seja condenado e "C" absolvido, embora tenham cometido duas infrações ao mesmo tempo, no mesmo lugar, sem se conhecerem e em andares diferentes de idêntica loja, qual o prejuízo para a credibilidade da Justiça? Suponhamos que, no setor onde "D" estava, havia câmeras de vigilância, que gravaram suas ações, enquanto na parte onde "C" agiu, não. Natural será que

---

[31]   *Código de Processo Penal brasileiro anotado*, v. 2, p. 135-136.

possa existir falta de provas para um e suficiência probatória para o outro. Assim, a conexão determinada pelo inciso I, primeira parte, sob o fundamento de evitar "julgamentos contraditórios" não teria trazido benefício algum ao processo.

Por outro lado, caso "F" agrida "G", que, em retorno, faz o mesmo, a produção da prova em conjunto é salutar, mas pode perfeitamente resolver-se pelo disposto no inciso III, afinal a prova de uma infração termina influindo na prova da outra. A tentativa da doutrina de justificar a existência de todas as hipóteses do art. 76, por vezes, não é razoável. Exemplificando a situação prevista no inciso I, segunda parte (conexão intersubjetiva por concurso), ou seja, várias pessoas em concurso, embora diverso o tempo e o lugar, narra TOURINHO FILHO o seguinte: "Se duas ou mais pessoas planejam assaltar um banco na Capital paulista, ficando o agente A incumbindo de furtar um carro veloz para a fuga, o agente B, de conseguir as armas, o agente C, de ficar de sentinela e, finalmente, o agente D, de estourar o cofre se preciso, evidente que todos esses fatos reclamam unidade de processo e julgamento" (*Código de Processo Penal comentado*, v. 1, p. 194-195). Ora, quanto a "A" e "B", que teriam praticado *furto de automóvel*, o primeiro, e *compra ilegal de arma*, o segundo, pode-se incluir tais fatos na apuração do delito de roubo contra a agência bancária, por conexão, mas, no tocante a "C" e "D", não cometeram eles infrações conexas. Lembremos que "A", "B", "C" e "D" são coautores/partícipes no roubo, logo, existe continência e não conexão, razão pela qual os quatro serão processados juntos com base no art. 77, I, do CPP, e não por conta do art. 76, I.

Mais uma vez, se existisse somente o inciso III do art. 76, seria a norma suficiente para determinar a apuração do furto do carro e da compra ilícita de armas juntamente com o roubo para facilitar a produção das provas das infrações penais – e caso fosse preciso. Em suma: parece-nos que o inciso III seria capaz de resolver todos os problemas de conexão, inexistindo razão substancial para a previsão feita nos incisos anteriores.

6.5.2   Conexão material e conexão processual

Busca a doutrina distinguir a conexão material – inspirada em fundamentos encontrados no direito penal – da conexão instrumental – com base exclusiva em fundamentos de ordem processual. Ensina TORNAGHI que é *substantiva* (ou material) quando "os próprios crimes são conexos" e é meramente *processual* (ou instrumental), quando não há nexo entre os delitos, mas a comprovação de uns termina refletindo na de outros.[32]

Assim não conseguimos visualizar. A conexão deve ser chamada de material ou substantiva, quando efetivamente tiver substrato penal, ou seja, quando, no caso concreto, puder provocar alguma consequência de ordem penal. No mais, ela será sempre instrumental – útil à colheita unificada da prova. Observamos o seguinte: se "A" mata "B" porque este viu o seu assalto, trata-se da hipótese do inciso III do art. 76, por exclusão. Afinal, os outros dois incisos exigem a prática de várias infrações por *vários autores* (nesta hipótese, existe somente um agente para o roubo e para o homicídio). E, ainda assim, embora esteja o caso situado no inciso III, cremos ser hipótese de conexão material, dentro do raciocínio supraexposto, porque o art. 121, § 2.º, V, do CP, prevê uma qualificadora específica para quem comete o homicídio a fim de assegurar a ocultação ou impunidade de crime anterior.

Por outro lado, quando várias pessoas cometem vários delitos num mesmo lugar, à mesma hora, parece-nos ser uma pura conexão processual, existente para facilitar a colheita da prova,

---

[32]   *Compêndio de processo penal*, t. I, p. 327.

pois não se visualiza nisso qualquer liame de direito material. Entretanto, esta última situação tem sido doutrinariamente considerada de natureza material. O que um furto tem a ver com outro, se ambos foram cometidos por pessoas diferentes, que nem ao menos se conheciam? Não há substrato suficiente para denominá-la de substantiva ou material.

Em síntese: defendemos que a conexão é material (com substrato no direito penal) ou instrumental (com fundamento exclusivo no processo penal, para a utilidade da colheita de provas), quando se apure tal situação no caso concreto, sem haver uma prévia classificação dos incisos I, II e III do art. 76.

Registremos, ainda, que não há razão para a reunião dos processos, quando um deles já conta com julgamento, uma vez que o objetivo maior – justamente evitar o julgamento conflituoso – não é mais possível de ser atingido. Segue-se a Súmula 235 do Superior Tribunal de Justiça: "A conexão não determina a reunião dos processos, se um deles já foi julgado".

6.5.3 Conexão e continência no contexto das infrações de menor potencial ofensivo

Não deve haver junção de processos, tendo em vista que a competência do Juizado Especial Criminal é estabelecida na Constituição Federal, sendo especial em relação à Justiça Comum (art. 98, I).

Por outro lado, poder-se-ia sustentar que o JECRIM deveria atrair as demais infrações, o que, no entanto, não é possível, pois a Constituição Federal não prevê a possibilidade de ampliação da competência. Aliás, seria inadmissível que o procedimento célere e específico das infrações de menor potencial ofensivo pudesse abrigar o julgamento de outros feitos, que demandam maior dilação instrutória. Por isso, devendo-se respeitar a competência especial do JECRIM e não havendo possibilidade de junção dos processos, impõe-se a separação dos julgamentos.

A despeito disso, a Lei 11.313/2006 deu nova redação ao art. 60 da Lei 9.099/1995, sugerindo a possibilidade de prorrogação de competência em casos de conexão e continência de infrações de menor potencial ofensivo com outras, consideradas comuns. *In verbis*: "O Juizado Especial Criminal, provido por juízes togados ou togados e leigos, tem competência para a conciliação, o julgamento e a execução das infrações penais de menor potencial ofensivo, respeitadas as regras de conexão e continência. Parágrafo único. Na reunião de processos, perante o juízo comum ou o tribunal do júri, decorrentes da aplicação das regras de conexão e continência, observar-se-ão os institutos da transação penal e da composição dos danos civis". Portanto, em interpretação literal, quer-se dizer o seguinte: o JECRIM é competente para conhecer, julgar e executar todas as infrações de menor potencial ofensivo, exceto se houver conexão ou continência. Nessas duas hipóteses, a infração de menor potencial ofensivo seria julgada por Vara comum (inclusive no tribunal do júri), desde que o magistrado aplique a transação penal e a composição dos danos civis, quando cabíveis. Sustentamos a inconstitucionalidade dessa alteração legislativa em nosso *Leis penais e processuais penais comentadas – vol. 2* (notas 16 e 17 ao art. 60 da Lei 9.099/1995).

Afinal, não há sentido algum para tal modificação. A competência do JECRIM advém da Constituição Federal. Inexiste viabilidade jurídica para a legislação ordinária alterá-la. Portanto, se há ou não conexão ou continência com outra infração penal comum, pouco importa. O delito comum deve ser julgado pela Vara igualmente comum. A infração de menor potencial ofensivo segue ao seu juiz natural, o JECRIM. Nem se pense na hipótese de inserir na competência do JECRIM, por conexão ou continência, a infração penal comum. No mesmo sentido, não é possível ampliar a competência do Juizado por lei ordinária. Ademais, poderia ferir o princípio constitucional da ampla defesa, uma vez que o rito do JECRIM é sumaríssimo.

6.5.4   Espécies de conexão

6.5.4.1   Conexão intersubjetiva por simultaneidade

Cuida-se da hipótese de vários agentes cometerem infrações diversas, embora sejam estas praticadas ao mesmo tempo, no mesmo lugar. A simultaneidade dos fatos e da atuação dos autores faz com que seja conveniente uma apuração conjunta, por juiz único. Como já mencionamos, somente tem sentido esta situação de reunião, por conta da melhor apuração probatória do ocorrido, evitando que a mesma prova seja valorada diferentemente por magistrados diversos. Exemplo: o saque simultâneo a um mesmo estabelecimento comercial, cometido por várias pessoas, que nem se conhecem.

6.5.4.2   Conexão intersubjetiva por concurso

É a situação de vários agentes que cometem infrações penais em tempo e lugar diferentes, embora umas sejam destinadas, pelo liame subjetivo que liga os autores, a servir de suporte às seguintes.

Trata-se de uma espécie de concurso de agentes dilatado no tempo, envolvendo infrações diversas. O autêntico concurso de pessoas, previsto no Código Penal, envolve o cometimento de um único delito por vários autores, enquanto, no caso em comento, cuida-se da hipótese de delinquentes conluiados, pretendendo cometer crimes seguidos.

Voltemos os olhos ao exemplo de dois indivíduos que se unam para a prestação de auxílio mútuo: enquanto o primeiro furta um documento, o segundo o falsifica para, futuramente, tornar-se viável a prática de um estelionato por um terceiro. Pensamos ser despicienda esta hipótese, pois poderia encaixar-se, com facilidade, na situação do inciso II ou do inciso III, do art. 76, e até do art. 77, I, do CPP. Ainda que se diga que os agentes, conluiados, cometeram infrações diferentes, em épocas e lugares diversos, eles podem perfeitamente ser coautores ou partícipes de todos os crimes. No exemplo que mencionamos, é possível existir um crime único, que é o estelionato, absorvendo os demais e considerando os três agentes coautores ou partícipes do delito-fim.

Se tomarmos outros exemplos proporcionados pela doutrina, como o da associação criminosa que se organiza para que cada membro cometa um delito em época e lugar diversos, ainda assim, se estão todos ajustados em tudo o que vão desenvolver, para cada delito cometido, há concurso de pessoas. Cada infração, de per si, é continente, pois todos os autores podem ser acusados da prática de todas elas (art. 77, I, CPP). A apuração de todas no mesmo feito justifica-se pela continência, em última análise, combinada com a conexão.

6.5.4.3   Conexão intersubjetiva por reciprocidade

Trata-se da situação dos agentes que cometem crimes uns contra os outros. Estando imersos no mesmo cenário, é conveniente que haja a reunião dos processos para um só julgamento (art. 76, I, CPP). Se "A" desfere um tiro em "B", com finalidade de matá-lo, possuindo "B" a mesma intenção no revide, nenhum dos dois podendo falar em legítima defesa, são delinquentes, cujo veredicto merece ser proferido em conjunto. Afinal, as testemunhas e as demais provas devem ser as mesmas.

6.5.4.4   Conexão objetiva

Chamada pela doutrina também de *conexão consequencial*, *lógica* ou *teleológica*, demonstra que há vários autores cometendo crimes para facilitar ou ocultar outros, bem como para garantir a impunidade ou a vantagem do que já foi feito (art. 76, II, CPP).

A diferença entre esta hipótese e a conexão por concurso do inciso I está no fato de que, no caso do inciso I, as infrações são previamente organizadas, pelo conluio dos agentes, a desenvolverem-se em tempo e lugares diversos, embora beneficiando-os de alguma forma. No caso deste inciso, as infrações são ligadas por objetividade, isto é, os autores não estavam previamente conluiados, mas terminaram auxiliando-se em seguida. Pode acontecer de um assaltante levar dinheiro do banco e, notando que uma testemunha o viu, narre a situação ao seu irmão, que, por conta própria, para assegurar a impunidade do delito praticado pelo familiar, resolva matá-la. Assim, embora não tenha havido conluio prévio entre "A" (autor do roubo) e "B" (irmão-homicida), as infrações se ligaram objetivamente porque o resultado de uma terminou por servir à garantia de impunidade da outra.

Pensamos que, nesta hipótese, também se exige a existência de várias pessoas, pois o inciso II menciona expressamente, "se, *no mesmo caso*, houverem sido umas praticadas para facilitar ou ocultar as outras (...)". *Mesmo caso* quer dizer a existência de várias pessoas cometendo delitos no mesmo lugar e ao mesmo tempo ou em lugares diversos e diferente tempo. Logo, quando uma só pessoa cometer o roubo e depois matar a vítima para não ser reconhecida, por exemplo, trata-se da conexão inspirada no inciso III e não neste inciso. Há posição em sentido contrário, admitindo a hipótese de haver um só autor, cometendo vários crimes, uns para assegurar os outros, devendo todos os fatos ser objeto de um único processo, não com base na conexão instrumental, mas fundado na objetiva (por todos, Tourinho Filho, *Código de Processo Penal comentado*, v. 1, p. 195).

6.5.4.5   Conexão instrumental

É o nome dado à autêntica forma de conexão processual. Denomina-se, também, *conexão ocasional*, significando que todos os feitos somente deveriam ser reunidos se a prova de uma infração servisse, de algum modo, para a prova de outra, bem como se as circunstâncias elementares de uma terminassem influindo para a prova de outra (art. 76, III, CPP).

Assim, caso "A" cometa uma receptação, desconhecendo o autor do furto, mas certo da origem ilícita do bem, descoberto o ladrão, é conveniente unir-se o julgamento do autor do furto e do acusado pela receptação, pois a prova de um crime certamente servirá para influenciar a do outro. É também a hipótese que justifica haver um único processo para o autor do homicídio que, após, resolve ocultar o corpo da vítima, sendo julgado como incurso no art. 121 e, também, no 211, ambos do Código Penal.

6.5.5   Conceito de continência

Continência provém de *continente*, aquilo que contém ou tem capacidade para conter algo. No contexto processual penal, significa a hipótese de um fato criminoso conter outros, tornando todos uma unidade indivisível. Assim, pode ocorrer continência no concurso de pessoas, quando vários agentes são acusados da prática de uma mesma infração penal e, também, quando houver concurso formal (art. 70, CP), com seus desdobramentos previstos nas hipóteses de *aberratio* (arts. 73 e 74, CP).

Cremos que a continência, em razão do disposto no direito penal, é fundamental para a avaliação unificada dos fatos criminosos gerados por um ou mais autores. Não teria, de fato, cabimento julgar os coautores em processos distintos, visto que cometem o mesmo delito. Diga-se o mesmo do concurso formal, quando uma pessoa, através de uma única ação, atinge mais de um resultado criminoso.

6.5.5.1 Continência em razão do concurso de pessoas

Justifica-se a junção de processos contra diferentes réus, desde que eles tenham cometido o crime em conluio, com unidade de propósitos, tornando único o fato a ser apurado. É o que a doutrina chama de continência por *cumulação subjetiva*, tendo em vista tratar-se de vários autores praticantes do mesmo fato delituoso (art. 77, I, CPP). Não se trata somente de uma causa inspirada na economia processual, mas também na tentativa de evitar decisões contraditórias, que nada contribuem para a credibilidade da Justiça.

6.5.5.2 Diferença da continência por concurso de pessoas e da conexão por concurso

Esta última cuida de vários agentes cometendo vários fatos criminosos, sendo útil tanto para a produção da prova quanto para a avaliação do juiz, que os processos sejam reunidos, embora não se trate de fenômeno único, vale dizer, não se trata propriamente de ligação de direito material.

No caso da continência, como já se disse, o fato é um só e há vários agentes que o cometem, sendo extremamente útil e válido que a prova seja colhida por um único magistrado, que a avaliará de uma vez, tornando menos provável a hipótese de um erro judiciário. Aplica-se, nesse caso, regra de direito penal.

6.5.5.3 Continência em razão do concurso formal de crimes

A hipótese liga-se aos arts. 70, 73, segunda parte, e 74, segunda parte, do Código Penal, todos referindo-se ao concurso formal. O art. 70 é o concurso formal propriamente dito, que é a prática de uma única conduta (ação ou omissão) pelo agente, provocando a realização de dois ou mais crimes. O art. 73, segunda parte (*aberratio ictus*), determina a aplicação do concurso formal, quando o agente, por erro na execução, termina atingindo não somente a pessoa desejada, mas também outra não visada (trata-se de uma conduta com dois resultados). O art. 74, segunda parte (*aberratio criminis*), prevê a aplicação do concurso formal, quando o agente, por erro na execução, atinge não somente o resultado desejado, mas ainda outro, fora da sua expectativa inicial (ex.: pretendendo atingir um veículo estacionado com um tiro, termina atingindo também uma pessoa que passa ao lado).

Em todos os casos, está-se diante de concurso formal, razão pela qual, na essência, o fato a ser apurado é um só, embora existam dois ou mais resultados. A conduta do agente é única, merecendo a apuração por um só magistrado, evitando-se com isso qualquer tipo de erro judiciário, inclusive no tocante à aplicação da pena. Não teria, por certo, cabimento julgar o autor de um único tiro, que atingiu duas vítimas, em dois processos distintos, mesmo porque determina a lei que deve ser aplicada a pena do crime mais grave, aumentada de um sexto até a metade. Maiores detalhes sobre o concurso formal e sobre as situações de *aberratio*, ver o nosso *Código Penal comentado*, notas 107 a 110 ao art. 70, notas 131 ao art. 73 e 135 ao art. 74. Neste caso, a união é fundamental. É o que a doutrina chama de continência por *cumulação objetiva*.

6.5.6   *Diferença entre crime único, conexão e continência*

Ensina Tornaghi que, havendo *vários fatos*, mas a prática de *um só delito* (como ocorre nos casos de crime continuado, crime progressivo, crime plurissubsistente), temos a hipótese de *crime único*; existindo *vários fatos*, embora detecte-se o cometimento de *inúmeros delitos*, desde que haja, entre eles, elementos em comum, temos a *conexão*; havendo *fato único*, porém com a prática de *vários crimes*, aponta-se para a *continência*.

6.6   A prevenção como critério residual de fixação de competência

Não sendo possível utilizar os vários outros critérios para estabelecer a competência do juiz, porque há mais de um que, pela situação gerada, poderia conhecer do caso, deve-se aplicar o critério da *prevenção* (é o conhecimento, em primeiro lugar, de uma questão jurisdicional, proferindo qualquer decisão a seu respeito).

Dessa forma, quando a infração se espalhar por mais de um local, não se encontrando o domicílio do réu, inexistindo o critério da natureza do delito, nem tampouco houver condições de se distribuir o feito, visto que os magistrados estão em Comarcas diversas, além de não estar presente regra alguma de conexão ou continência, deve-se usar a regra residual: quem primeiro conhecer do feito, é competente para julgá-lo (art. 83, CPP).

Entretanto, convém mencionar a lição de Frederico Marques, diferenciando o critério da prevenção sob duas óticas:

a)   quando não se souber onde se deu a consumação do delito, bem como quando não se tiver ciência do local de domicílio ou residência do réu, a prevenção funciona como foro subsidiário (art. 72, § 2.º, CPP);

b)   quando houver incerteza entre os limites territoriais de duas ou mais Comarcas, bem como quando não se souber onde foi cometido exatamente o delito e, ainda, quando se tratar de infração continuada ou permanente, a prevenção serve como regra de fixação da competência (arts. 70, § 3.º, e 71, CPP).[33]

Havendo incerteza no tocante ao limite territorial entre duas ou mais Comarcas, ou mesmo quando incerta a competência por ter sido a infração consumada ou tentada nas divisas de duas ou mais Comarcas, resolve-se pela prevenção (art. 70, § 3.º, CPP). E nesse aspecto, pode ocorrer a situação denominada *perpetuação da jurisdição* (o ideal seria falar *perpetuação da competência*), significando que, uma vez iniciada a ação penal em determinado foro, mesmo que alterada a competência por regra de organização judiciária posterior, firma-se a competência do juiz prevento.

Assim, caso o réu esteja sendo processado em determinada Comarca "Y", que abrange o Município "X", ainda que, futuramente, este Município torne-se Comarca autônoma, continua o processo a correr na Comarca "Y". É a aplicação analógica de regra contida no Código de Processo Civil de 2015 (art. 43: "Determina-se a competência no momento do registro ou da distribuição da petição inicial, sendo irrelevantes as modificações do estado de fato ou de direito ocorridas posteriormente, salvo quando suprimirem órgão judiciário ou alterarem a competência absoluta").

Verifica-se, no entanto, que a *perpetuatio jurisdictionis* não se aplica, quando houver alteração da matéria. Destarte, imagine-se que o processo supramencionado está correndo

---

[33]   *Da competência em matéria penal*, p. 206.

na Comarca "Y", em Vara de competência cumulativa e não especializada. Caso a lei posterior de organização judiciária crie, na Comarca "X", uma Vara privativa, cuidando somente da matéria objeto do feito, deve-se proceder à imediata remessa do processo para a Vara criada. Tal se dá porque a competência territorial é prorrogável e relativa, o que não ocorre com a competência em razão da matéria. Portanto, criada em determinada Comarca, em outro exemplo semelhante, uma Vara privativa do júri, todos os feitos que correm nas demais Varas criminais comuns serão para a recém-criada Vara remetidos.

Vale, igualmente, a regra da prevenção para os casos de crime continuado e de delito permanente (art. 71, CPP). Crime continuado é uma ficção jurídica, criada para beneficiar o agente que comete mais de uma ação ou omissão, com mais de um resultado, mas que, por circunstâncias objetivas fixadas em lei, fazem com que as condutas subsequentes sejam consideradas uma continuação da primeira.

Na legislação brasileira (art. 71, CP), o cometimento de crimes da mesma espécie, em condições próximas de tempo e lugar, bem como com maneiras de execução semelhantes, torna as sequenciais um desdobramento da primeira. Exemplo disso é o do indivíduo que furta todas as casas de um mesmo quarteirão, no prazo de uma semana, utilizando o mesmo método de execução.

Evitando-se a aplicação de uma pena somada, que seria exorbitante, a Lei permite que o juiz estabeleça uma só, aumentada de um sexto até dois terços. Maiores detalhes quanto ao conceito, à natureza jurídica e elementos, ver nosso *Código Penal comentado*, notas 112 a 118 ao art. 71. Como o crime continuado possui várias ações, desenvolvidas em lugares diferentes, é possível que o agente ultrapasse as fronteiras de um mesmo foro, atingindo a esfera de competência de outros magistrados. Nessa hipótese, como a execução abrangeu vários lugares, qualquer deles torna-se competente para apurar a infração penal, firmando-se a competência pela regra da prevenção.

O crime permanente é aquele que se consuma através de uma única conduta, embora a situação antijurídica criada prolongue-se no tempo até quando queira o agente, significando, pois, a consumação estendida no tempo. Exemplo disso é o sequestro ou cárcere privado, que priva a liberdade da vítima até quando o agente a solte. Enquanto está em poder do sequestrador, encontra-se o delito em plena consumação. Por isso, é possível que se estenda por vários lugares, imaginando-se a hipótese do ofendido que é colocado em vários cativeiros, até lograr alcançar a sua liberdade. Qualquer dos lugares por onde passou, justamente por estar em franca consumação o delito, é foro competente para apurar o ocorrido. Assim, firma-se a competência pela prevenção.

Nesse tema, torna-se conveniente estabelecer a distinção entre juízes *igualmente competentes* e juízes com *jurisdição cumulativa*. Ensina TOURINHO FILHO, com precisão, que os magistrados *igualmente competentes* são os que possuem idêntica competência, tanto em razão da matéria quanto em razão do lugar (é o que ocorre quando há vários juízes criminais numa mesma Comarca, onde haveria necessidade de se distribuir o processo para descobrir o competente). São juízes com *jurisdição cumulativa* aqueles aptos a julgar a mesma matéria, mas que se localizam em foros diferentes (é o que se dá com o crime continuado, que transcorre em várias Comarcas próximas, pois qualquer dos magistrados poderia julgá-lo). Assim, o legislador não usou gratuitamente os dois termos no art. 83 do CPP.[34]

---

[34] *Código de Processo Penal comentado*, v. 1, p. 212-213.

Em resumo, façamos a enumeração dos casos de aplicação da prevenção:

a) crimes ocorridos na divisa de duas ou mais jurisdições, sendo o limite entre elas incerto ou, ainda que seja certo, não se saiba precisar exatamente o sítio do delito ou, também, quando a infração atingiu mais de uma jurisdição (art. 70, § 3.º);

b) crimes continuados ou permanentes, cuja execução se prolonga no tempo, podem atingir o território de mais de uma jurisdição (art. 71);

c) quando o réu não possui domicílio certo ou tiver mais de uma residência (art. 72, § 1.º) ou mesmo quando não for conhecido seu paradeiro (art. 72, § 2.º), não tendo sido a competência firmada pelo lugar da infração (art. 72, *caput*);

d) havendo mais de um juiz competente, no concurso de jurisdições, sem possibilidade de aplicação dos critérios desempatadores do art. 78, II, *a* e *b* (art. 78, II, *c*).

7. REGRAS PARA A ELEIÇÃO DO FORO PREVALENTE

Havendo conexão ou continência, impõe-se a junção dos processos (*simultaneus processus*) pelas várias razões já expostas (economia processual na colheita das provas, evitar decisões conflitantes etc.). Cumpre, no entanto, saber qual é o foro que possui força de atração, isto é, o que deve prevalecer sobre os demais, atraindo o julgamento dos fatos delituosos para si.

É a hipótese de *prorrogação de competência*, tornando-se competente o juízo que, originariamente, não seria, caso se levasse em conta o lugar da infração, o domicílio do réu, a natureza da infração e a distribuição. O efeito da prorrogação, como adverte Bento de Faria, é apenas sujeitar os acusados a um só juízo, a fim de serem julgados por uma só sentença, sem qualquer alteração da natureza das infrações penais cometidas.[35]

7.1 Competência prevalente do júri

Note-se, inicialmente, que o art. 78, I, do Código de Processo Penal considera o Tribunal do Júri como órgão do Poder Judiciário, pois menciona que, havendo concorrência entre a sua competência e a de *outro órgão da jurisdição comum*, prevalecerá a do júri. Este é mais um argumento para sustentar que o Tribunal Popular é órgão de primeiro grau do Poder Judiciário, embora especial, a despeito de algumas opiniões em sentido diverso dizendo que se trata de órgão de natureza política.

Tal dispositivo é correto e está de acordo com o estipulado na Constituição Federal. Se o júri tem competência para o julgamento dos crimes dolosos contra a vida (art. 5.º, XXXVIII, *d*), constituindo o devido processo legal para levar à punição o homicida, havendo conexão ou continência, é natural que atraia para si o julgamento de outras infrações penais.

A lei processual, ao ampliar a competência do júri para julgar as infrações conexas e originárias da continência, não está ferindo dispositivo constitucional, que prevê somente a competência mínima do Tribunal Popular, nada impedindo que seja ela aumentada. Convém registrar, pela peculiaridade, caso noticiado pela imprensa de um lavrador julgado pelo Tribunal do Júri da Comarca de Itanhomi-MG, acusado da prática de homicídio e de ter matado um tatu (crime contra a fauna previsto na Lei 9.605/1998). Segundo narrou a denúncia, o

---

[35]   *Código de Processo Penal*, v. 1, p. 193.

lavrador carregava consigo um filhote de tatu, abatido poucas horas antes, quando matou desafeto seu. Por isso, ante a conexão, julgaram os jurados tanto o crime doloso contra a vida quanto o delito ambiental (*Folha de S. Paulo*, 24.06.2003).

7.1.1   *Descoberta da conexão ou continência após a prolação da sentença de pronúncia*

Utilizando o disposto no art. 421, § 2.º, do Código de Processo Penal, por analogia, o juiz deve providenciar a modificação da pronúncia, abrindo vista às partes para manifestação, levando em conta a possibilidade de aditamento da denúncia pelo Ministério Público que, segundo cremos, precisa acolher a nova infração conexa ou continente, pois é o titular da ação penal, bem como dando-se oportunidade à defesa para oferecer as provas e os argumentos que desejar.

Após, nova pronúncia será oferecida para acolher, no mesmo contexto, as infrações conexas ou continentes. É a lição de Frederico Marques: "Entendemos que, nessa hipótese" – quando o juízo prevalente for o júri e já houver sentença de pronúncia – "o presidente do Júri deverá avocar o processo, para a unificação ulterior, dando nova sentença de pronúncia, se se tratar de continência de causa ou indivisibilidade de infração. É o que autoriza, por analogia, o art. 416 [atual art. 421, § 2.º] do Código. Em se tratando de conexão, haverá o motivo relevante a que alude o art. 80, para a separação dos processos, salvo se as infrações não tiverem sido cometidas em tempo e lugar diferentes, quando então se procederá como nos casos de continência".[36]

7.1.2   *Conexão e continência, prerrogativa de foro e júri*

Havendo conexão ou continência entre infrações penais, envolvendo a prerrogativa de foro e o Tribunal do Júri, a cada agente deverá ser destinado o seu juízo competente. Assim, caso um promotor e um cidadão comum matem alguém, embora haja nítida continência, não se aplicará a regra do foro prevalente, ou seja, o do júri.

Quando houver foro privilegiado, assegurado na Constituição Federal, sendo também o do Tribunal do Júri um foro garantido pela Carta Magna, é preciso desmembrar o feito – ficando em segundo plano a regra da conexão ou continência – para dar-se ao promotor o Tribunal de Justiça, que o julgará, e ao cidadão não privilegiado, o Tribunal Popular. Respeita-se, com isso, o foro constitucionalmente previsto, em prejuízo de uma regra fixada em legislação ordinária, que é a junção dos feitos pela conexão ou continência.

7.2   Jurisdição da mesma categoria

Mencionou-se no início deste capítulo que jurisdição é um conceito único, significando a possibilidade que membros do Poder Judiciário possuem para aplicar o direito ao caso concreto, compondo litígios. Entretanto, por uma questão prática e até mesmo didática, separa a lei e a doutrina a jurisdição em categorias, chamando-a de superior e inferior, comum e especial, estadual e federal, entre outras.

No caso presente (art. 78, II, CPP), considera-se *jurisdição da mesma categoria* aquela que une magistrados aptos a julgar o mesmo tipo de causa. Assim, por exemplo, juízes de primeiro grau (mesmo que sejam de entrâncias diversas) possuem idêntica jurisdição, diver-

---

[36]   *A instituição do júri*, p. 287.

sificando-se a eleição do foro apenas pelas regras de competência, tais como lugar do crime ou domicílio do réu, natureza da infração e distribuição.

Ocorre, porém, que pode haver um conflito real entre esses magistrados. Imagine-se que um furto e uma receptação foram apurados em diversas delegacias, razão pela qual terminaram sendo distribuídos para juízes diversos, numa mesma Comarca. Havendo entre eles conexão instrumental, torna-se viável que sejam julgados por um único juiz. Como ambos são de idêntica jurisdição, estabelecem-se regras para a escolha do foro prevalente, que são as seguintes:

a) *foro onde foi cometida a infração mais grave* (art. 78, II, *a*, CPP): tendo em vista que o primeiro critério de escolha é o referente ao lugar da infração, é possível que existam dois delitos sendo apurados em foros diferentes, já que as infrações se originaram em locais diversos – como o exemplo retromencionado do furto e da receptação. Assim, elege-se qual é o mais grave deles para a escolha do foro prevalente: se for um furto qualificado e uma receptação simples, fixa-se o foro do furto (pena mais grave) como competente;

b) *foro onde foi cometido o maior número de infrações* (art. 78, II, *b*, CPP): imagine-se que três furtos simples estejam sendo apurados na Comarca "X", enquanto uma receptação simples – referente aos três furtos – esteja tramitando na Comarca "Y". Embora a pena do furto e da receptação sejam idênticas, o julgamento dos quatro crimes deve ser realizado na Comarca "X", que possui o maior número de infrações. A regra é correta, pois o crime deve ser apurado no local onde foi cometido, que é onde causou o maior abalo à comunidade. Ora, é natural que a Comarca onde houve o maior número de delitos tenha sofrido maior perturbação, razão por que atrai o crime praticado em lugar vizinho;

c) *foro residual estabelecido pela prevenção* (art. 78, II, *c*, CPP): como sempre, a prevenção visa à solução dos problemas de conflito de competência, cujas regras específicas são insuficientes. Neste caso, havendo magistrados de igual jurisdição em confronto e não sendo possível escolher pela regra da gravidade do crime (ex.: furto simples e receptação simples), nem pelo número de delitos (ambas as Comarcas possuem um só feito), elege-se o juiz pela prevenção, isto é, aquele que primeiro conhecer de um dos processos torna-se competente para julgar ambos, avocando da Comarca ou Vara vizinha o outro.

7.3 Jurisdição de categoria diversa

Envolve este o art. 78, III, do CPP, a clássica divisão legal entre *jurisdição superior* e *inferior*, visando à separação entre magistrados que têm poder recursal sobre outros, isto é, chama-se superior o poder jurisdicional reservado a tribunais que podem rever as decisões de outras cortes e, também, de juízes monocráticos (Supremo Tribunal Federal, Superior Tribunal de Justiça, Tribunal Superior Eleitoral, Superior Tribunal Militar e Tribunal Superior do Trabalho). Considera-se de jurisdição inferior os tribunais que não podem rever as decisões de outras cortes (Tribunal de Justiça e Tribunal Regional Federal), embora, entre os órgãos de jurisdição inferior haja ainda a divisão entre grau superior e inferior, considerando-se de 2.º grau as Cortes estaduais ou regionais e de 1.º grau os juízes de primeira instância.

Assim, havendo concurso entre as jurisdições superior e inferior é natural que a superior – que possui poder revisional sobre as decisões da inferior – termine por avocar os feitos conexos ou continentes. Exemplificando: se determinado réu, por prerrogativa de função, deve ser julgado no Supremo Tribunal Federal, mas cometeu o delito em coautoria com outra pessoa, que não detém a mesma prerrogativa, ambos serão julgados no Pretório Excelso, em face da continência.

Há polêmica, neste aspecto, levantada por parte da doutrina, com a qual não concordamos. Explica TOURINHO FILHO que a pessoa com foro privilegiado, cometendo o crime juntamente com outra que não o possua, deveria ser julgada em foro diferenciado.[37] Assim, caso seja da competência do Supremo Tribunal Federal o julgamento do réu que detém prerrogativa de foro, o coautor mereceria ser julgado na Justiça de primeiro grau, pois a Constituição não prevê a extensão da competência do Supremo Tribunal Federal para analisar o caso daquele que não possui privilégio algum. Entretanto, os defensores dessa ideia admitem que a posição jurisprudencial, inclusive do Supremo Tribunal Federal, é no sentido oposto.

Parece-nos incabível que a Constituição Federal deva descer a tais detalhes, fixando regras de conexão, continência e prorrogação de competência, algo naturalmente atribuído à lei processual penal. Por isso, não vemos qualquer inconveniente em privilegiar o foro porque a função exercida por um dos réus assim determina, seguindo-se preceito constitucional, estendendo-se aos coautores o mesmo foro, por força, agora, do disposto no Código de Processo Penal. Respeitam-se com tal regra os dois textos normativos, sem qualquer perda. Dizer que o Supremo Tribunal Federal não tem competência para julgar a pessoa sem prerrogativa especial de foro não é verdade absoluta, uma vez que qualquer caso pode atingir o Pretório Excelso, em grau de recurso, justamente o que ocorre, cotidianamente, com o *habeas corpus*. Termina, pois, a Suprema Corte decidindo casos de crimes comuns, cometidos por pessoas sem prerrogativa de foro.

Ademais, se a competência do Tribunal Superior é mais ampla, nada impede que julgue casos inicialmente pertinentes a outros juízos. O contrário é inadmissível, pois se o juiz de primeiro grau não tem jamais competência para julgar, criminalmente, um deputado federal, por exemplo, ainda que houvesse conexão não poderia ele avocar os feitos, chamando a si o julgamento.

O Supremo Tribunal Federal, consolidando sua posição no sentido que defendemos, editou a Súmula 704: "Não viola as garantias do juiz natural, da ampla defesa e do devido processo legal a atração por continência ou conexão do processo do corréu ao foro por prerrogativa de função de um dos denunciados".

7.3.1 Exceção à regra quando a competência for estabelecida pela Constituição

É possível que exista um conflito entre órgão de jurisdição superior e órgão de jurisdição inferior, mas como ambas as esferas de competência estão fixadas na Constituição Federal, deve-se respeitar o juiz natural, conforme a qualificação de cada infrator. Exemplo disso é o crime contra a vida cometido por um Governador de Estado juntamente com outra pessoa qualquer. O Chefe do Executivo estadual deve ser julgado pelo Superior Tribunal de Justiça (art. 105, I, *a*, CF), enquanto a outra pessoa, embora tenha agido em coautoria, deve ser julgada pelo Tribunal do Júri (art. 5.º, XXXVIII, *d*, CF). Respeita-se, com isso, o estabelecido pela Carta Magna para os dois acusados.

---

[37] *Código de Processo Penal comentado*, v. 1, p. 199.

7.4   Jurisdição comum e especial

Comum é a jurisdição estabelecida como regra geral para todos os casos que não contiverem regras especiais, em razão da matéria tratada. É a esfera residual. *Especial* é a jurisdição que cuida de assuntos específicos, previamente estabelecidos na Constituição Federal. Assim, são especiais, em matéria criminal, a Justiça Eleitoral e a Justiça Militar. Quando houver conflito entre elas e a jurisdição comum, prevalecerá a força atrativa da especial (art. 78, IV, CPP). Exemplificando, caso exista um crime eleitoral conexo com um crime comum, ambos serão julgados na Justiça Eleitoral.

7.4.1   Força atrativa da Justiça Federal em face da Justiça Estadual

Cumpre ressaltar, a despeito de vozes em contrário, que, apesar de ser a Justiça Federal considerada comum, ela é *especial* em relação à Justiça Estadual, esta sim residual.

O art. 109 da Constituição Federal estabelece a competência dos juízes federais, razão pela qual o restante dos delitos fica a cargo dos magistrados estaduais. Destarte, no conflito entre crime federal e delito estadual, havendo conexão ou continência, devem eles seguir para a Justiça Federal. Note-se que a competência desta última é estabelecida pela Carta Magna, razão pela qual não se pode afastá-la. E, em homenagem às regras fixadas pelo Código de Processo Penal, no campo da conexão e da continência, que visam à melhor colheita da prova e apreciação do seu conjunto pelo juiz, deve o processo deslocar-se para a esfera federal. É o conteúdo da Súmula 122 do Superior Tribunal de Justiça: "Compete à Justiça Federal o processo e julgamento unificado dos crimes conexos de competência federal e estadual, não se aplicando a regra do art. 78, II, *a*, do Código de Processo Penal".

7.4.2   Justiça Federal e contravenção penal

Ainda que seja considerada Justiça especial em relação à Estadual, devendo deliberar sobre infrações penais de interesse da União, a Constituição Federal retirou-lhe a competência para o julgamento de contravenções penais (art. 109, IV). Nesse sentido está a Súmula 38 do Superior Tribunal de Justiça: "Compete à Justiça Estadual Comum, na vigência da Constituição de 1988, o processo por contravenção penal, ainda que praticada em detrimento de bens, serviços ou interesse da União ou de suas entidades".

8.   EXCEÇÕES À REGRA DA JUNÇÃO DOS PROCESSOS EM CASO DE CONEXÃO E CONTINÊNCIA

8.1   Jurisdição comum e jurisdição militar

Haverá a separação dos processos, quando estiverem envolvidos, ainda que no mesmo contexto, crime comum e crime militar, ou quando houver coautoria entre militar e civil para a prática de um único delito, conforme o caso (art. 79, I, CPP).

Existem, no entanto, regras especiais a observar:

a) lembremos que civis podem ser julgados pela Justiça Militar Federal quando cometerem crimes militares previstos no Código Penal Militar, desde que contra as instituições militares federais. A competência constitucional estabelecida para a Justiça Militar Federal não exclui civis, como já visto em tópico anterior. Nessa hipótese, ambos (civil e militar) seriam julgados, quando forem coautores, na esfera militar. Por outro lado, se o civil comete crime comum e o militar, delito militar, embora conexos, haverá separação dos processos. E mais: caso o civil cometa crime militar (contra a Segurança Nacional ou as instituições militares federais) e o militar, crime comum, embora conexos, também ocorrerá a separação dos processos, em hipótese rara, que leva o civil para a Justiça Militar Federal e o militar para a Justiça comum. Está revogado, implicitamente, pela Constituição de 1988 (art. 124, *caput*), o disposto no art. 102, parágrafo único, do Código de Processo Penal Militar, que previa o julgamento do militar pela Justiça Castrense, embora cometesse delito comum conexo a crime militar. Ressalve-se, no entanto, o cometimento de crime por civil contra as instituições militares estaduais: a competência será da Justiça Estadual (Súmula 53, STJ: "Compete à Justiça Comum Estadual processar e julgar civil acusado de prática de crime contra instituições militares estaduais"). Assim, conclui-se que a Justiça Militar Estadual jamais julga um civil, impondo-se a regra geral da separação dos processos. Aplica-se, sempre, a Súmula 90 do Superior Tribunal de Justiça: "Compete à Justiça Estadual Militar processar e julgar o policial militar pela prática de crime militar, e à Comum pela prática de crime comum simultâneo àquele";

b) todos os militares que cometam crimes dolosos contra vida de civil devem ser julgados pela Justiça Comum, como fixado pela Lei 9.299/1996, exceto os que militares das Forças Armadas, cuja competência é da Justiça Militar da União, se cometidos no contexto: "do cumprimento de atribuições que lhes forem estabelecidas pelo Presidente da República ou pelo Ministro de Estado da Defesa"; "de ação que envolva a segurança de instituição militar ou de missão militar, mesmo que não beligerante"; "de atividade de natureza militar, de operação de paz, de garantia da lei e da ordem ou de atribuição subsidiária, realizadas em conformidade com o disposto no art. 142 da Constituição Federal" e na forma de outros diplomas legais;

c) caso um militar cometa, juntamente com um civil, um delito comum, deve ser julgado pela Justiça Comum, uma vez que o fato não encontra previsão no Código Penal Militar. A competência é em razão do crime e não da pessoa do militar (não se trata de prerrogativa de função). É o que ocorre com policiais militares que cometem crimes de abuso de autoridade,[38] que promovem ou facilitam a fuga de presos de estabelecimento penal (Súmula 75, STJ: "Compete à Justiça Comum Estadual processar e julgar o policial militar por crime de promover ou facilitar a fuga de preso de estabelecimento penal"), que se envolvem em delitos de trânsito (Súmula 6, STJ: "Compete à Justiça Comum Estadual processar e julgar delito decorrente de acidente de trânsito envolvendo viatura de Polícia Militar, salvo se autor e vítima forem policiais militares em situação de atividade");

d) o militar estadual, autor de infração militar, deve ser julgado pela Justiça Militar, ainda que no Estado onde a cometeu, que não é o seu, inexista Justiça Castrense (Súmula 78, STJ: "Compete à Justiça Militar processar e julgar policial de corporação estadual, ainda que o delito tenha sido praticado em outra unidade federativa").

---

[38] GILBERTO PASSOS DE FREITAS e VLADIMIR PASSOS DE FREITAS, *Abuso de autoridade*, p. 20.

8.2   Justiça comum e Justiça da Infância e Juventude

Estabelece o art. 228 da Constituição Federal, que os menores de dezoito anos são penalmente inimputáveis, sujeitos às normas da legislação especial. Esta legislação está consubstanciada no Estatuto da Criança e do Adolescente (Lei 8.069/1990), que preceitua, no art. 104: "São penalmente inimputáveis os menores de dezoito anos, sujeitos às medidas previstas nesta Lei. Parágrafo único. Para os efeitos desta Lei, deve ser considerada a idade do adolescente à data do fato".

A regra do Código de Processo Penal (art. 79, II) é salutar, tendo por fim evitar qualquer dúvida acerca da competência para deliberar a respeito de fatos criminosos envolvendo o concurso de agentes entre maiores e menores ou a conexão. Nem o maior poderá ser julgado pelo juízo da infância e da juventude, embora haja continência ou conexão, nem o menor seguirá para a esfera comum. Não é a inimputabilidade a causa exclusiva para a separação dos processos, pois, no caso do doente mental, também considerado inimputável, o julgamento é afeto ao juiz criminal comum. Embora ao imputável seja aplicada pena e ao inimputável, medida de segurança, há um só foro competente para ambos.

8.3   Separação dos processos em face da superveniência de doença mental

Não se trata de hipótese de separação inicial dos processos, mas de uma providência que tem por fim evitar o tumulto processual e uma instrução complicada. Se a conexão e a continência, como vimos sustentando, têm como finalidade precípua garantir que as decisões, referentes a processos conexos ou a réus envolvidos no mesmo fato, sejam uniformes, valendo-se da mesma prova, deve essa regra ceder quando não houver mais conveniência na união dos feitos.

Assim ocorre quando um dos corréus vem a sofrer de doença mental, após a data do crime – portanto, não é caso de ser considerada a sua inimputabilidade –, implicando a suspensão do processo até que se recupere e possa acompanhar a instrução (art. 152, *caput*, CPP). A medida tem por fim acautelar a ampla defesa e a possibilidade efetiva do contraditório. Por isso, não tem cabimento a suspensão do processo atingir a todos os demais acusados que, por força da conexão ou da continência, estejam reunidos na mesma relação processual.

Quando, por outro lado, a enfermidade mental estiver presente à data do fato criminoso para um dos corréus, um único processo pode prosseguir contra todos, instaurando-se, no tocante ao doente, o incidente de insanidade mental. Pode ocorrer, no entanto, que o juiz decida, assim mesmo, separar os processos, porque o incidente, que suspende a instrução, pode prejudicar o célere trâmite do feito, afetando, por exemplo, o corréu que estiver preso.

8.4   Impossibilidade de julgamento de réu ausente

Havendo unidade de processo, mas se um dos corréus está foragido, é preciso verificar se a lei autoriza o prosseguimento do feito.

Existe, basicamente, uma hipótese em que o julgamento não é possível, paralisando-se o trâmite processual até que a pessoa seja encontrada: na fase da citação, nos termos do art. 366 do CPP, sendo ela realizada por edital e não constituindo o réu um advogado, que possa defendê-lo, é considerado ausente e o processo deve ser suspenso.

Assim, havendo coacusado presente e regularmente citado, deve o juiz separar o curso do feito, dando prosseguimento somente quanto a quem está ciente da ação penal. Note-se que a ausência, por si só, não é suficiente para determinar a separação do processo. Caso o réu seja citado pessoalmente e não se apresente para interrogatório, nem contrate advogado, a ele será nomeado um defensor dativo, prosseguindo-se até final julgamento, havendo ou não corréus (art. 367, c/c art. 261, CPP). Logo, desnecessária será a separação.

8.5 Separação dos processos em razão da recusa de jurados

Estabelece o art. 469, § 1.º, do Código de Processo Penal que "a separação dos julgamentos somente ocorrerá se, em razão das recusas, não for obtido o número mínimo de 7 (sete) jurados para compor o Conselho de Sentença".

Portanto, havendo no Tribunal do Júri a possibilidade de existirem as recusas peremptórias, dadas sem qualquer motivação, no procedimento de seleção dos jurados que irão compor o Conselho de Sentença, é preciso verificar se não haverá necessidade de separar o processo por conta da disparidade de recusas, capazes de provocar o denominado *estouro de urna* (inexistência do número mínimo de sete para o Conselho de Sentença).

9. SEPARAÇÃO FACULTATIVA DOS PROCESSOS

Tendo em vista que a conexão e a continência, como já afirmado, têm por finalidade garantir a união dos processos para uma melhor apreciação da prova pelo juiz, evitando-se decisões conflituosas, pode ocorrer a inconveniência dessa junção, seja porque torna mais difícil a fase probatória, seja pelo fato de envolver muitos réus – uns presos e outros soltos – e até por razões outras que somente o caso concreto pode determinar.

9.1 Separação facultativa em caso de tempo ou lugar diferenciado

Essa hipótese (art. 80, primeira parte, CPP) deve ser aplicada com cautela, pois é incabível para determinadas situações. O art. 76 do CPP expõe as hipóteses de conexão. No inciso I, primeira parte, fala-se expressamente na ocorrência de duas ou mais infrações praticadas ao mesmo tempo, por várias pessoas reunidas, o que afastaria a possibilidade de se separar o processo (tempo e lugar idênticos). Na segunda parte do inciso I, quando se menciona apenas a prática das infrações em concurso, é possível haver tempo e lugar diferenciados, cabendo, pois, a separação. Na terceira parte, do mesmo inciso, cremos ser inviável a separação, pois é a prática de infrações por pessoas que agem umas contra as outras, pressupondo-se que estejam no mesmo lugar e ao mesmo tempo. Afinal, se não fosse assim, nem se falaria em conexão.

Quanto ao inciso II do art. 76, nota-se a possibilidade de separação, pois os crimes praticados para facilitar, ocultar, garantir a impunidade ou a vantagem podem ser cometidos em lugares e em momentos diferentes.

O inciso III do art. 76 evidencia a autêntica forma de conexão, a nosso ver, que é a instrumental. Quanto a esta, cabe separação facultativa, pois o tempo e lugar podem ser diversos.

Na situação da continência, parece-nos inconveniente a separação, pois ainda que existam circunstâncias de tempo e lugar diferentes, estando presente a coautoria, torna-se imperioso o julgamento conjunto. Visualizemos a hipótese do sujeito que paga outro para matar a vítima em lugar bem distante e muito tempo depois. Mandante e executor merecem ser julgados no mesmo processo para evitar decisões conflitantes. Diga-se o mesmo do caso referente ao concurso formal, pois se trata do mesmo fato, logo, cometido em tempo e lugar idênticos.

9.2   Separação facultativa em virtude do excessivo número de acusados

Trata-se de uma hipótese válida para todos os casos de conexão e continência (art. 80, segunda parte, CPP). É preciso, no entanto, fazer uma observação quanto a esta opção legislativa. Determina a norma que possa haver a separação quando o número de réus for excessivo *e* houver prorrogação indevida da prisão cautelar de alguns deles ou de todos.

Assim, é um binômio: o *número elevado de réus* faz com que a instrução seja lenta, pela própria *natureza dos prazos e das provas a serem produzidas, o que pode tornar extensa* a duração da prisão cautelar decretada contra uns ou contra todos. Resolve-se, então, pela separação.

Quando o número excessivo prejudicar, por si só, o andamento do processo, embora todos estejam em liberdade, deve-se aplicar a terceira hipótese do art. 80 ("outro motivo relevante"). Imagine-se um feito com cem réus, em que somente para a apresentação de alegações finais é possível levar mais de um ano, intimando-se cada um dos defensores e permitindo-se a retirada dos autos de cartório para estudo.

9.3   Separação facultativa em face de motivo relevante

Andou bem o Código de Processo Penal ao preceituar que fica ao critério do juiz a separação dos processos, por qualquer *motivo relevante*, impossível de ser previsto prévia e expressamente em lei, mas que pode conturbar mais do que auxiliar na produção das provas.

O exemplo que mencionamos no tópico anterior é significativo: um processo com inúmeros réus pode arrastar-se por anos, sem vantagem alguma para o contexto probatório. Por outro lado, outras razões podem levar à separação dos feitos, como a necessidade de produção de determinada prova, que somente interessa a um dos réus. Ilustrando: um acusado pode ter arrolado uma testemunha de antecedentes, que considere de suma importância para sua defesa, embora os corréus não tenham o menor interesse em aguardar o extenso período para que ela seja ouvida. Há pessoas, acusadas da prática de crimes, que desejam um julgamento rápido, até mesmo para atingirem mais celeremente a absolvição. Por outro lado, pode estar próximo da prescrição da pretensão punitiva, de modo que a prova interessante somente para um réu, deferida pelo juiz, pode não ter a menor importância para os outros, razão pela qual impõe-se, por motivo relevante, a separação.

10.   PERPETUAÇÃO DA JURISDIÇÃO EM CASOS DE CONEXÃO E CONTINÊNCIA

É possível que vários processos sejam reunidos em virtude de conexão ou continência, mas, ao julgar o feito, conclua-se pela incompetência do juízo que exerceu a força atrativa, seja porque houve absolvição no tocante à infração que atraiu a competência, seja porque ocorreu a desclassificação para outra, que não seria originariamente desse magistrado.

A essa altura, colhida a prova toda, não tem mais cabimento devolver o conhecimento do processo a juízo diverso, impondo-se o julgamento pelo que conduziu a instrução. Ilustrando e valendo-se de situação já mencionada anteriormente, é possível que o juízo da Comarca "X", onde foram cometidos três furtos simples, atraia o julgamento da conexa receptação, cometida na Comarca "Y". Ainda que o juiz da Comarca "X" absolva o réu "A" pela prática dos três furtos, pode condenar o acusado "B" pela receptação, não tendo a menor valia, inclusive por economia processual, determinar a remessa dos autos ao juízo originário da Comarca "Y", que seria o competente para apurar e julgar o delito de receptação, ocorrido em seu território.

10.1 A composição lógica das regras previstas nos arts. 81, 82 e 492, § 1.º, do CPP

O art. 81, *caput*, determina que, reunidos os processos por conexão ou continência e havida a absolvição ou desclassificação da infração principal, que tornou o juízo competente para todos os feitos, devem ser os demais julgados pelo mesmo magistrado ou tribunal que conduziu a instrução.

Entretanto, há duas exceções no contexto global do Código de Processo Penal, que precisam ser compatibilizadas, para que uma norma não predomine, gratuitamente, sobre outra. O art. 81, parágrafo único, é clara exceção à regra do *caput*, ao preceituar que o juiz singular, no procedimento do júri, quando impronunciar, absolver sumariamente ou desclassificar a infração da sua competência, deverá remeter as demais – conexas ou continentes – ao juízo competente. Surge, então, o disposto no art. 492, § 1.º, prevendo a hipótese do Conselho de Sentença, no julgamento em plenário do júri, desclassificar a infração principal (crime doloso contra a vida), que atraiu as demais, fazendo com que a competência permaneça com um dos integrantes do Tribunal do Júri, que é o juiz-presidente. Estabelece-se, nesta hipótese, o meio-termo: nem outro juiz, nem os jurados. O processo não é remetido ao juízo que seria competente para o delito conexo ou contido no crime doloso contra a vida não mais existente, nem tampouco é julgado pelos jurados, leigos que são, cuja competência é sempre estrita.

Note-se que o mesmo não acontece quando o Conselho de Sentença absolve o réu da infração principal (crime doloso contra a vida), agora sim se aplicando a regra do art. 81, permanecendo os jurados competentes para os crimes conexos ou continentes, até por que o referido art. 492, § 1.º, nenhuma referência faz à absolvição.

Quis a lei fosse assim:

a) desclassificando-se a infração da competência do júri na primeira fase, o processo referente aos crimes conexos ou continentes seguem a sorte da infração desclassificada e vão ao juízo singular competente;

b) desclassificando-se na segunda fase de julgamento pelo Tribunal Popular, os crimes conexos e o desclassificado serão julgados pelo juiz-presidente, que acompanhou toda a produção da prova, ao menos na derradeira fase;

c) absolvendo-se sumariamente na primeira fase, seguem todos os delitos conexos ou continentes ao juízo competente;

d) absolvendo-se o réu da prática do delito doloso contra a vida, na última fase do procedimento, usa-se a regra geral do art. 81, *caput*, continuando o Tribunal Popular competente para o julgamento das demais infrações.

Vemos como correta a orientação legal: na primeira fase, há um filtro feito pelo juiz togado. Se não há crime doloso contra a vida a ser apurado, inexiste razão de se acionar o Tribunal Popular. Na segunda fase, o júri já se encontra instalado, razão pela qual somente quando se considera incompetente para a infração dolosa contra a vida é que o feito segue para o juiz-presidente que, no entanto, não deixa de ser componente do Tribunal Popular, pois é quem o preside, embora seja togado, apto a deliberar sobre infrações outras que não as dolosas contra a vida. Havendo absolvição, no entanto, o júri ingressou no mérito e deu-se por competente para decidir a sorte do réu, de modo que continua competente (perpetuação da jurisdição) para as demais infrações conexas ou continentes.

Defendem Tourinho Filho e Espínola Filho que o juiz-presidente, quando o júri desclassifica ou absolve o réu quanto à infração principal, deve julgar somente esta, ficando as demais para o Conselho de Sentença.[39] É, no entendimento de ambos, a aplicação integral do preceituado no art. 81.

Como dissemos, parece-nos melhor a orientação majoritária na doutrina e na jurisprudência, reservando-se a aplicação do art. 81 ao julgamento feito pelo Tribunal Popular somente na hipótese de absolvição do réu quanto ao crime doloso contra a vida, mas fazendo prevalecer o art. 492, § 1.º, quando os jurados desclassificarem a infração principal, declarando-se incompetentes para o julgamento e passando a decisão ao juiz-presidente togado.

Registre-se que o referido art. 492, § 1.º, fala na desclassificação da infração para outra da competência do juiz singular (clara menção ao delito doloso contra a vida), que levará, *em seguida* (termos contidos na lei), o juiz-presidente a proferir a *sentença*, logicamente, segundo pensamos, para este crime desclassificado e *todos os demais faltantes*. Aliás, o que foi incorporado pelo art. 492, § 2.º, do CPP, na redação dada pela Lei 11.689/2008. Na ótica que defendemos: Adriano Marrey;[40] Hermínio Alberto Marques Porto;[41] Demercian e Maluly;[42] Mirabete;[43] Damásio.[44]

Confira-se, ainda, a posição de Frederico Marques: "Não há, aí, alteração de competência externa: o Tribunal do Júri continua competente para decidir a espécie que foi objeto da instrução e julgamento em plenário. O que se altera, no caso, é a competência interna dos órgãos do Tribunal do Júri, pois que a este pertence o juiz togado que o preside. Modifica-se a competência interna por objeto do litígio, em virtude da desclassificação operada pela resposta dada aos quesitos. A mudança interna de competência só se dá, no entanto, se o Júri desclassificar o crime. Se o veredicto for absolutório e houver crime conexo a ser julgado logo em seguida, sobre os quesitos a essa infração pertinente, passarão os jurados a responder, ainda mesmo que o fato delituoso não seja de competência do Júri, *ratione materiae*, mas apenas *ratione connexitatis*. Nesse caso, impera a regra geral, sobre *perpetuatio jurisdictionis*, do art. 81, *caput*, do Código de Processo Penal".[45]

Por derradeiro, registre-se que, havendo desclassificação somente na segunda série, quando estiverem em julgamentos dois ou mais crimes dolosos contra a vida, tendo o júri firmado sua competência na primeira, deve continuar a julgar a segunda e as demais, pois passam a ser consideradas crimes conexos.

11. CONEXÃO E CONTINÊNCIA NO CONTEXTO DAS INVESTIGAÇÕES POLICIAIS

A lei é clara ao disciplinar as hipóteses de unidade de processos, não fazendo qualquer referência ao inquérito policial. Por isso, é correta, como regra, a observação feita por Bento de Faria de que inquéritos, instaurados por diferentes autoridades policiais, ainda que vinculados pela conexidade, podem prosseguir normalmente o seu curso, sem necessidade

---

[39] *Código de Processo Penal comentado*, v. 1, p. 209-210; *Código de Processo Penal brasileiro anotado*, v. 2, p. 193.
[40] *Teoria e prática do júri*, p. 393-394.
[41] *Júri*, p. 138-139.
[42] *Curso de processo penal*, p. 211.
[43] *Código de Processo Penal interpretado*, p. 630.
[44] *Código de Processo Penal anotado*, p. 356.
[45] *A instituição do júri*, p. 292-293.

de junção.[46] Entretanto, sendo útil ao esclarecimento e busca da verdade real, pode-se providenciar a sua união em uma só delegacia ou departamento policial, desde que conte com a autorização judicial, ouvindo-se antes o Ministério Público.

12. AUTORIDADE DE JURISDIÇÃO PREVALENTE

Estipula o art. 82 do Código de Processo Penal que, detectada a conexão ou continência, se forem instaurados processos diferentes, deve a *autoridade de jurisdição prevalente* avocar os processos que corram em outros juízos, salvo se já houver sentença definitiva, para haver um julgamento único. Quem o fará é o juiz que, segundo a lei, deve julgar os casos conexos ou continentes. Não se refere o artigo, naturalmente, a magistrado de jurisdição de maior valor, pois *jurisdição*, como possibilidade de aplicar o direito ao caso concreto, todos os juízes possuem. Cabe à lei disciplinar qual juízo deve avocar, isto é, chamar a si o julgamento dos processos que, por conexão ou continência, merecem ser avaliados em conjunto. Exemplo: se a 1.ª Vara Criminal da Comarca tem o maior número de processos contra o réu "X", deve avocar o único processo conexo contra ele ajuizado na 2.ª Vara Criminal.

Por outro lado, *sentença definitiva* é a decisão de mérito que comporta apelação, pois encerrou, em primeiro grau, o litígio. Não se deve ver nessa expressão a sentença *com trânsito em julgado*. A finalidade é diferençar a sentença definitiva, que delibera sobre o mérito da pretensão punitiva estatal, daquela que decide somente uma fase do processo, como ocorre com a sentença de pronúncia.

Não sendo possível a reunião dos processos antes da prolação da decisão definitiva, pode-se empreender a soma ou unificação das penas na fase de execução. A soma se dará no caso de concurso material (art. 69, CP) e a unificação pode decorrer tanto do concurso formal (art. 70, CP) quanto do crime continuado (art. 71, CP).

Cabe ao juiz da execução penal cuidar do processo de soma ou unificação das penas do condenado, o que é lógico, pois é o detentor de todas as execuções que correm contra a mesma pessoa, razão pela qual pode visualizar amplamente o quadro das suas condenações. Por vezes, há casos de crimes continuados ou mesmo de concurso formal não constatados antes do término das instruções dos processos individualmente instaurados e julgados. Cabe, pois, a unificação na fase executória. E mesmo no caso de simples concurso material de infrações, para efeito de progressão, livramento condicional e recebimento de outros benefícios, torna-se imperiosa a soma das penas para que o condenado possa obtê-los. É o que dispõe o art. 66, III, *a*, da Lei de Execução Penal.

13. REGRAS DE APLICAÇÃO DA LEI PROCESSUAL PENAL NO ESPAÇO

Há delitos que podem ser cometidos no exterior e, ainda assim, haverá interesse punitivo do Brasil. É o que se chama de *extraterritorialidade*, ou seja, a aplicação da lei penal brasileira a crimes cometidos fora do território nacional. Os casos de interesse para ocorrer tal aplicação estão enumerados no art. 7.º do Código Penal. Exemplificando: crimes contra a vida ou a liberdade do Presidente da República.

---

[46] *Código de Processo Penal*, v. 1, p. 194.

Lembremos, ainda, que devemos analisar se é competente a Justiça Federal ou a Estadual conforme a espécie de infração penal cometida, seguindo-se as regras gerais de competência e o disposto no art. 109 da Constituição Federal. Assim, caso o agente promova um roubo contra determinada embaixada brasileira no exterior, competente é a Justiça Federal (interesse da União). Por outro lado, se um funcionário público estadual pratica crime contra autarquia estadual, cabe o julgamento à Justiça Estadual.

Se o crime for cometido por brasileiro contra estrangeiro (logo, o bem jurídico lesado não é nacional), cabe, como regra, à Justiça Estadual o julgamento. Exemplo: "A" mata "B" no exterior. Deve ser julgado pela Vara do Júri da esfera estadual.

O art. 88 do Código de Processo Penal fixa a competência do juízo da Capital do Estado onde houver por último residido o acusado. Caso ele nunca tenha residido no Brasil, deve-se julgá-lo na Capital, isto é, no Distrito Federal.

13.1 Crimes a bordo de embarcações

Os crimes cometidos a bordo de embarcações comportam uma análise diferenciada. Se as embarcações forem brasileiras de natureza pública, onde quer que estejam, considera-se o seu interior território nacional. Portanto, crimes cometidos a bordo interessam ao Brasil punir, valendo-se do princípio da territorialidade (art. 5.º, § 1.º, CP). Entretanto, se forem estrangeiras de natureza pública, mesmo que estejam em território nacional, considera-se território estrangeiro o seu interior, razão pela qual somente haverá interesse do Brasil em punir o crime cometido a bordo nas hipóteses de extraterritorialidade enumeradas no art. 7.º do Código Penal.

Outros critérios ainda existem. Se forem embarcações privadas brasileiras em território nacional, aplica-se o princípio da territorialidade (art. 5.º, *caput*, CP), havendo sempre interesse para punir o crime cometido a bordo. Caso sejam embarcações privadas estrangeiras em território nacional, aplica-se o disposto no art. 5.º, § 2.º, do Código Penal, que também é o princípio da territorialidade, ou seja, há interesse em punir a infração cometida a bordo.

Sob outro prisma, cuidando-se de embarcações privadas brasileiras, em alto-mar, considera-se o seu interior como extensão do território brasileiro, havendo interesse do Brasil em punir o crime cometido a bordo (art. 5.º, § 1.º, CP).

De qualquer modo, interessa, como foro competente, o primeiro local de parada após o crime. Caso a embarcação siga viagem e termine em solo estrangeiro, havendo interesse do Brasil em punir o delinquente, o foro competente será do local de sua partida. Ilustrando: embarcação brasileira vem para o Brasil proveniente da Europa, estando em alto-mar. Se um crime a bordo for praticado, deve ser apurado no foro do lugar onde primeiro aportar o navio. Entretanto, se a embarcação brasileira estiver seguindo viagem para a Europa, estando em alto-mar e ocorrendo crime a bordo, inexistindo regresso a porto do Brasil, ocorrerá a apuração do delito no foro do lugar de onde partiu o navio.

Disciplina a Constituição Federal que cabe à Justiça Federal processar e julgar os crimes cometidos a bordo de navios (art. 109, IX). Entendem o Supremo Tribunal Federal e o Superior Tribunal de Justiça que *navios* são embarcações de grande cabotagem ou de grande capacidade de transporte de passageiros, aptas a realizar viagens internacionais. Logo, somente as embarcações de grande porte envolvem a órbita federal. As demais (lanchas, botes, iates etc.) ficam na esfera da justiça estadual.

13.2 Crimes a bordo de aeronaves

É preciso distinguir os tipos de aeronaves. Se forem brasileiras de natureza pública, onde quer que estejam, considera-se o seu interior território nacional. Portanto, crimes cometidos a bordo interessam ao Brasil punir, valendo-se do princípio da territorialidade (art. 5.º, § 1.º, CP). Caso sejam estrangeiras de natureza pública, mesmo que estejam em território nacional, considera-se território estrangeiro o seu interior, razão pela qual somente haverá interesse do Brasil em punir o crime cometido a bordo nas hipóteses de extraterritorialidade enumeradas no art. 7.º do Código Penal.

Entretanto, se forem aeronaves brasileiras privadas em território nacional, aplica-se o princípio da territorialidade (art. 5.º, CP), havendo sempre interesse para punir o crime cometido a bordo. Cuidando-se de aeronaves estrangeiras privadas em território nacional, aplica-se o disposto no art. 5.º, § 2.º, do Código Penal, que é o princípio da territorialidade, ou seja, há interesse em punir a infração cometida a bordo.

Se forem aeronaves brasileiras privadas, sobrevoando alto-mar, considera-se o seu interior como extensão do território brasileiro, havendo interesse do Brasil em punir o crime cometido a bordo (art. 5.º, § 1.º, CP).

Em qualquer hipótese, interessa, como foro competente, o primeiro local de parada após o crime. Caso a aeronave siga viagem e termine em solo estrangeiro, havendo interesse do Brasil em punir o delinquente, o foro competente será o do local de sua partida. Ver os exemplos dados no tópico *supra* quanto às embarcações.

Nesses casos, será sempre competência da Justiça Federal, pois o art. 109, IX, da Constituição, mencionou apenas os crimes cometidos a bordo de aeronaves, sem especificar a dimensão (pequeno, médio ou grande porte).

13.3 Regra residual de competência

Como sempre ocorre, não havendo condições de firmar a competência pela regra usual e principal, prevista em lei, por falta de dados, estabelece-se o juízo pela prevenção, isto é, pelo primeiro magistrado que tomar conhecimento do caso, proferindo alguma decisão no processo ou a ele relacionado. Pode ocorrer que um avião caia em alto-mar, não se sabendo o local de sua partida no Brasil. Logo, não se tem o lugar da partida, nem o do pouso, fixando-se a competência pela prevenção.

RESUMO DO CAPÍTULO

▸ **Jurisdição:** é o poder estatal de aplicação da lei ao caso concreto, constitucionalmente entregue como regra ao Poder Judiciário.

▸ **Competência:** é o limite de atuação desse poder estatal, delimitando, pois, a jurisdição, conforme regras constitucionais e processuais, sempre voltadas à garantia do juiz natural, evitando-se o juízo de exceção.

▸ **Regras fundamentais de competência:** elege-se, como parâmetro, o lugar do crime, pois é o local onde a sociedade sofreu o abalo decorrente do cometimento da infração penal. Excepciona, às vezes, esse parâmetro a natureza da matéria discutida no processo (militar ou eleitoral) ou a prerrogativa de função (foro privilegiado). Por outro lado, quando não se souber (ou for duvidoso) o lugar do delito, pode-se optar pelo foro de domicílio ou residência do réu. Eleito um (lugar da infração) ou outro (domicílio do réu), havendo mais de um juiz, segue-se o critério da distribuição (sorteio aleatório entre as Varas ou magistrados). Excepciona-se a distribuição, devendo o processo seguir para juiz certo em caso de conexão ou continência ou mesmo de prevenção.

▶ **Conexão:** é a vinculação dos crimes diante do modo pelo qual foram cometidos, bem como do lugar e do tempo, levando à reunião dos processos que os apuram em um só juízo, tanto por economia processual na colheita da prova como para evitar decisões conflitantes.

▶ **Continência:** é a relação de conteúdo detectada entre crimes, seja porque há vários agentes cometendo uma só infração (concurso de pessoas), seja porque existe um só fato, que congrega dois ou mais resultados (concurso formal), levando à reunião dos processos que apuram tais delitos (ou fatos), para que exista uma solução uniforme, evitando-se o risco de decisões conflitantes e em desacordo com as normas penais.

▶ **Prevenção:** é o conhecimento, em primeiro lugar, por um determinado juízo, de um processo que poderia, em tese, ser cabível também a outros magistrados, fazendo com que se fixe a competência.

▶ **Prerrogativa de função:** trata-se do direito de determinadas pessoas, por ocuparem cargos ou funções públicas, no momento do cometimento do delito, de serem julgadas por foro especial, estabelecido constitucionalmente.

▶ **Perpetuação da jurisdição:** significa que uma ação penal, quando iniciada em certo juízo, nele se mantém (perpetua-se), ainda que as regras de competência se alterem ou os motivos que, inicialmente, encaminharam a demanda para lá cessem.

COMPETÊNCIA EM MATÉRIA PENAL

1. Competência originária por prerrogativa de função e em função da matéria

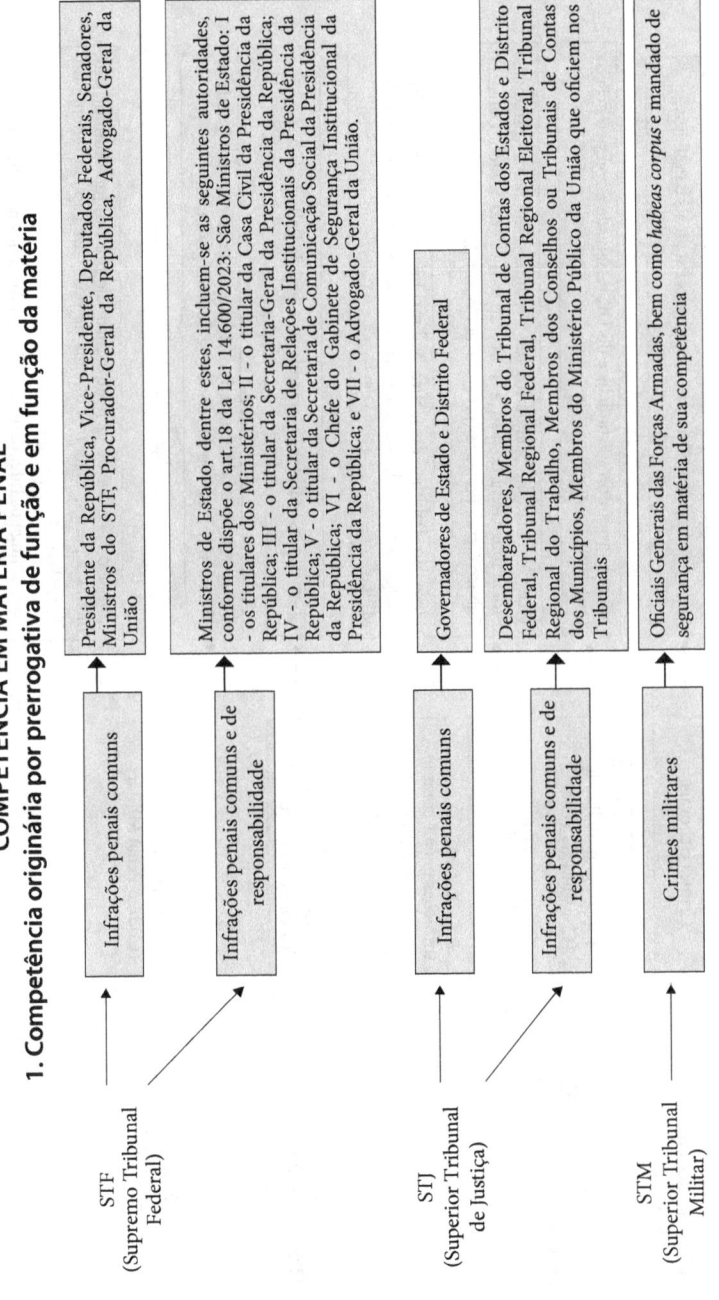

STF (Supremo Tribunal Federal)

- Infrações penais comuns → Presidente da República, Vice-Presidente, Deputados Federais, Senadores, Ministros do STF, Procurador-Geral da República, Advogado-Geral da União

- Infrações penais comuns e de responsabilidade → Ministros de Estado, dentre estes, incluem-se as seguintes autoridades, conforme dispõe o art.18 da Lei 14.600/2023: São Ministros de Estado: I - os titulares dos Ministérios; II - o titular da Casa Civil da Presidência da República; III - o titular da Secretaria-Geral da Presidência da República; IV - o titular da Secretaria de Relações Institucionais da Presidência da República; V - o titular da Secretaria de Comunicação Social da Presidência da República; VI - o Chefe do Gabinete de Segurança Institucional da Presidência da República; e VII - o Advogado-Geral da União.

STJ (Superior Tribunal de Justiça)

- Infrações penais comuns → Governadores de Estado e Distrito Federal

- Infrações penais comuns e de responsabilidade → Desembargadores, Membros do Tribunal de Contas dos Estados e Distrito Federal, Tribunal Regional Federal, Tribunal Regional Eleitoral, Tribunal Regional do Trabalho, Membros dos Conselhos ou Tribunais de Contas dos Municípios, Membros do Ministério Público da União que oficiem nos Tribunais

STM (Superior Tribunal Militar)

- Crimes militares → Oficiais Generais das Forças Armadas, bem como *habeas corpus* e mandado de segurança em matéria de sua competência

Continuação:

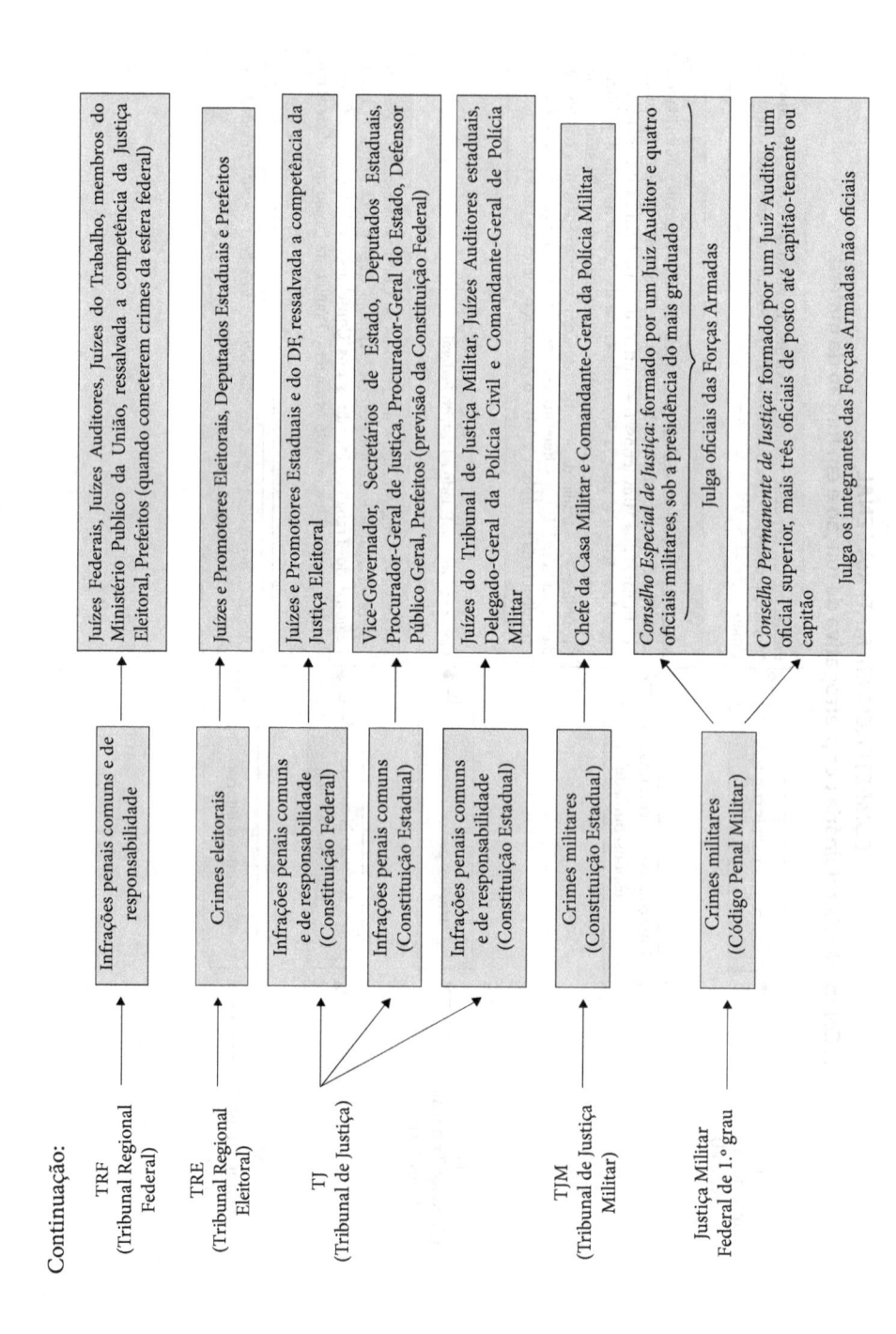

TRF (Tribunal Regional Federal) → Infrações penais comuns e de responsabilidade → Juízes Federais, Juízes Auditores, Juízes do Trabalho, membros do Ministério Público da União, ressalvada a competência da Justiça Eleitoral, Prefeitos (quando cometerem crimes da esfera federal)

TRE (Tribunal Regional Eleitoral) → Crimes eleitorais → Juízes e Promotores Eleitorais, Deputados Estaduais e Prefeitos

TJ (Tribunal de Justiça) → Infrações penais comuns e de responsabilidade (Constituição Federal) → Juízes e Promotores Estaduais e do DF, ressalvada a competência da Justiça Eleitoral

TJ (Tribunal de Justiça) → Infrações penais comuns (Constituição Estadual) → Vice-Governador, Secretários de Estado, Deputados Estaduais, Procurador-Geral de Justiça, Procurador-Geral do Estado, Defensor Público Geral, Prefeitos (previsão da Constituição Federal)

TJ (Tribunal de Justiça) → Infrações penais comuns e de responsabilidade (Constituição Estadual) → Juízes do Tribunal de Justiça Militar, Juízes Auditores estaduais, Delegado-Geral da Polícia Civil e Comandante-Geral de Polícia Militar

TJM (Tribunal de Justiça Militar) → Crimes militares (Constituição Estadual) → Chefe da Casa Militar e Comandante-Geral da Polícia Militar

Justiça Militar Federal de 1.º grau → Crimes militares (Código Penal Militar) → *Conselho Especial de Justiça:* formado por um Juiz Auditor e quatro oficiais militares, sob a presidência do mais graduado → Julga oficiais das Forças Armadas

Justiça Militar Federal de 1.º grau → Crimes militares (Código Penal Militar) → *Conselho Permanente de Justiça:* formado por um Juiz Auditor, um oficial superior, mais três oficiais de posto até capitão-tenente ou capitão → Julga os integrantes das Forças Armadas não oficiais

Continuação:

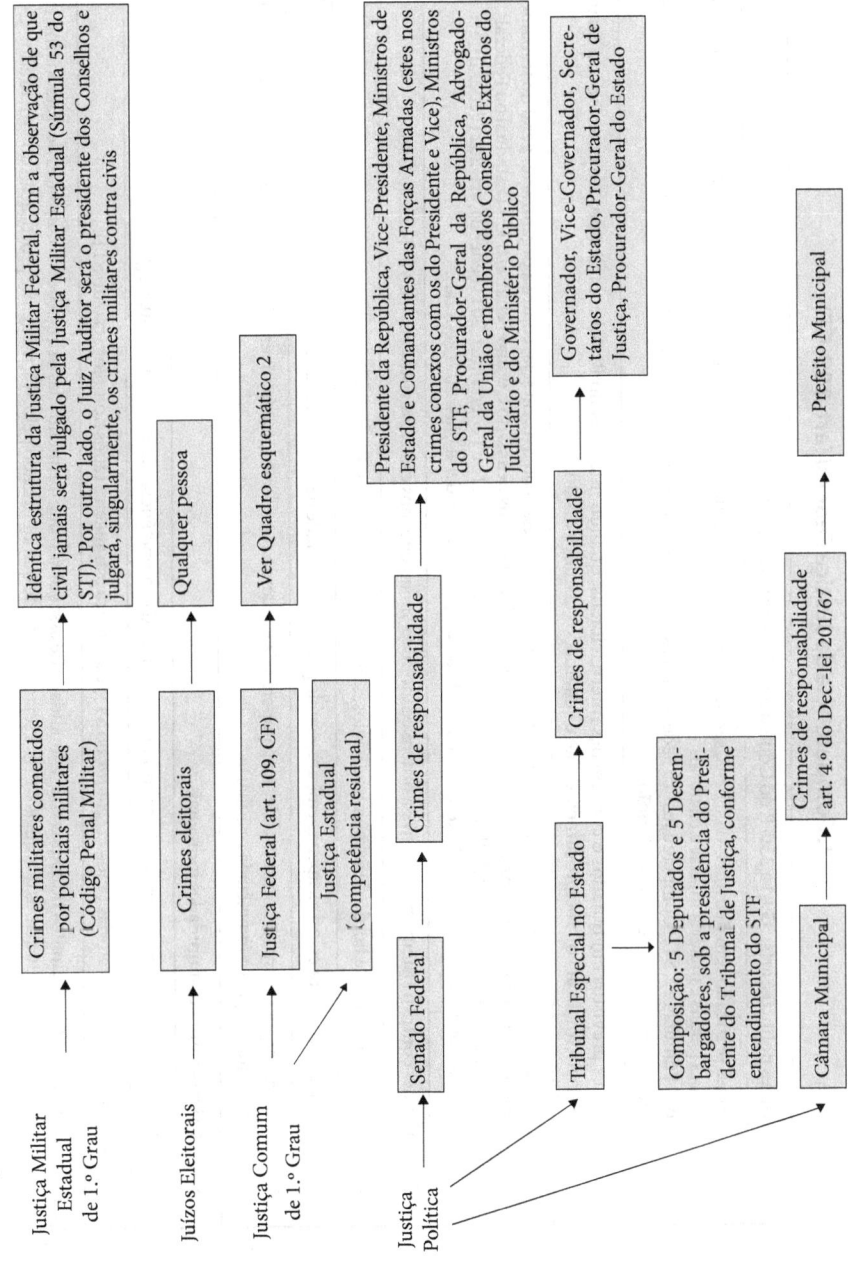

Justiça Militar Estadual de 1.º Grau → Crimes militares cometidos por policiais militares (Código Penal Militar) → Idêntica estrutura da Justiça Militar Federal, com a observação de que civil jamais será julgado pela Justiça Militar Estadual (Súmula 53 do STJ). Por outro lado, o Juiz Auditor será o presidente dos Conselhos e julgará, singularmente, os crimes militares contra civis

Juízos Eleitorais → Crimes eleitorais → Qualquer pessoa

Justiça Comum de 1.º Grau → Justiça Federal (art. 109, CF) → Ver Quadro esquemático 2

Justiça Estadual (competência residual)

Justiça Política → Senado Federal → Crimes de responsabilidade → Presidente da República, Vice-Presidente, Ministros de Estado e Comandantes das Forças Armadas (estes nos crimes conexos com os do Presidente e Vice), Ministros do STF, Procurador-Geral da República, Advogado-Geral da União e membros dos Conselhos Externos do Judiciário e do Ministério Público

Tribunal Especial no Estado → Crimes de responsabilidade → Governador, Vice-Governador, Secretários do Estado, Procurador-Geral de Justiça, Procurador-Geral do Estado

Composição: 5 Deputados e 5 Desembargadores, sob a presidência do Presidente do Tribunal de Justiça, conforme entendimento do STF

Câmara Municipal → Crimes de responsabilidade art. 4.º do Dec.-lei 201/67 → Prefeito Municipal

2. Competência da Justiça Federal (art. 109, CF)

1 –	Crimes políticos: arts. 359-I a 359-R do Código Penal. O órgão de 2.º grau é o STF (art. 102, II, *b*, CF).
2 –	Crimes praticados em detrimento de bens, serviços ou interesse da União, de suas autarquias ou empresas públicas, exceto contravenções penais e matéria militar e eleitoral. Nota: Súmula 147, STJ: Compete à Justiça Federal processar e julgar os crimes cometidos contra funcionário público federal, quando relacionados com o exercício da função.
3 –	Crimes previstos em tratados e convenções internacionais, quando iniciados no Brasil e finalizados no exterior (ou quando deveriam finalizar) ou reciprocamente. São os chamados crimes à distância.
4 –	Crimes contra a organização do trabalho: apenas os delitos de interesse coletivo, ou seja, contra a organização geral do trabalho ou direito dos trabalhadores considerados coletivamente. Análise dos tipos penais do Código Penal: art. 197 (Estadual ou Federal), art. 198 (Estadual ou Federal), art. 199 (Estadual ou Federal), art. 200 (Estadual ou Federal), art. 201 (Federal), art. 202 (Federal), art. 203 (Estadual ou Federal), art. 204 (Federal), art. 205 (Estadual), art. 206 (Federal), art. 207 (Federal).
5 –	Crimes contra o sistema financeiro e a ordem econômico-financeira, nos casos previstos em lei. Ver Lei 7.492/86.
6 –	Crimes cometidos a bordo de aeronaves e navios, salvo competência da Justiça Militar.
	Nota: navio é, para esse fim, apenas embarcação de grande capacidade de transporte de mercadorias e pessoas.
7 –	*Habeas corpus* em matéria criminal de sua competência e quando o constrangimento tiver origem em ato de autoridade não sujeita a outra jurisdição (competência residual).
8 –	Crimes contra comunidades indígenas.
	Nota: quando o crime for praticado contra um indígena é da competência estadual (Súm. 140, STJ).
9 –	Cumprir cartas rogatórias (após *exequatur* do STJ) e sentença estrangeira (após homologação do STJ).
10 –	Crimes contra os direitos humanos com a finalidade de assegurar o cumprimento das obrigações decorrentes de tratados internacionais de direitos humanos dos quais o Brasil seja parte, desde que autorizado pelo STJ, mediante provocação do Procurador-Geral da República.

3. Fixação da competência

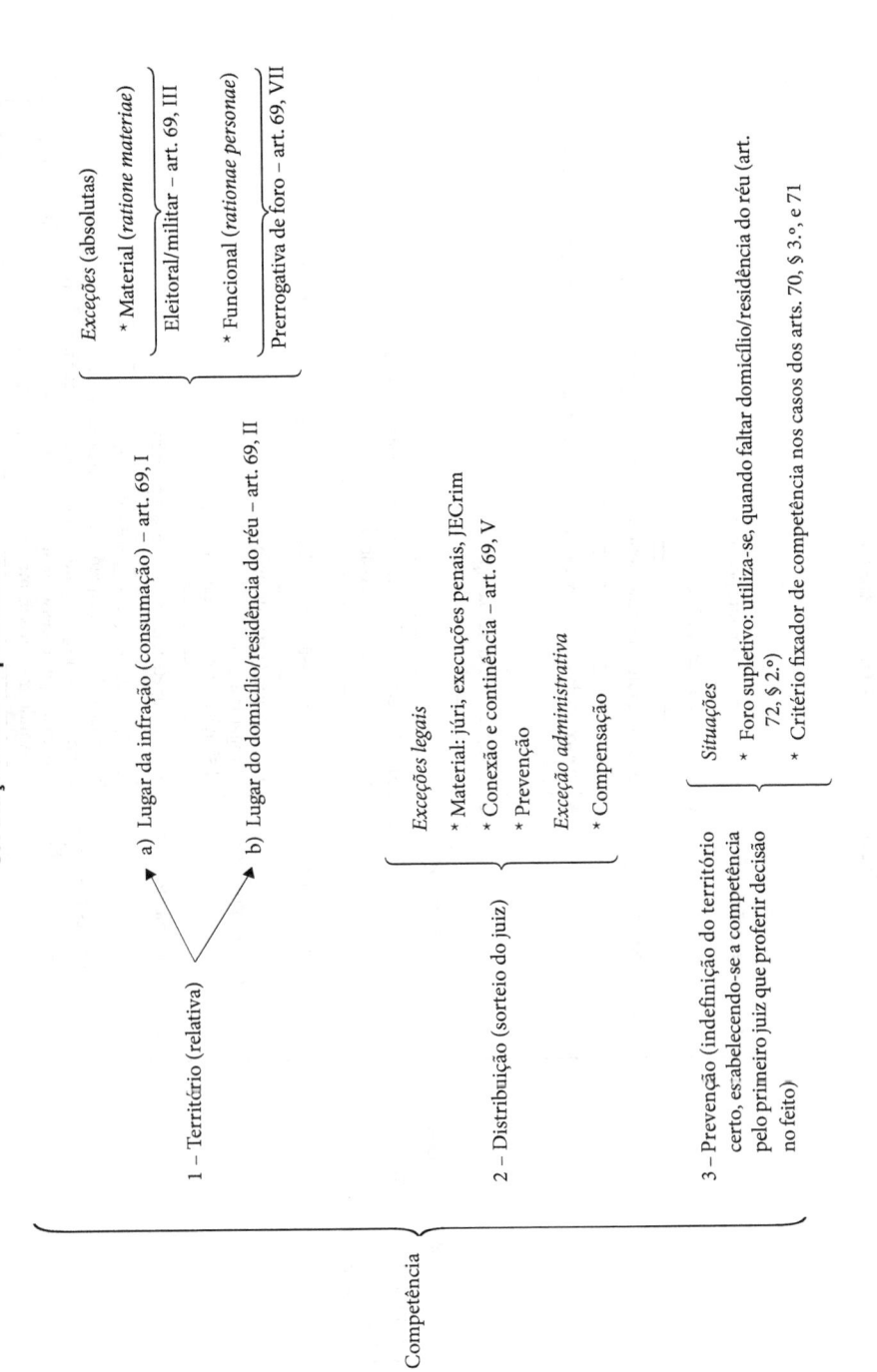

Competência

1 – Território (relativa)

  a) Lugar da infração (consumação) – art. 69, I

  b) Lugar do domicílio/residência do réu – art. 69, II

Exceções (absolutas)
* Material (*ratione materiae*)
  Eleitoral/militar – art. 69, III
* Funcional (*ratione personae*)
  Prerrogativa de foro – art. 69, VII

2 – Distribuição (sorteio do juiz)

Exceções legais
* Material: júri, execuções penais, JECrim
* Conexão e continência – art. 69, V
* Prevenção

Exceção administrativa
* Compensação

3 – Prevenção (indefinição do território certo, estabelecendo-se a competência pelo primeiro juiz que proferir decisão no feito)

Situações
* Foro supletivo: utiliza-se, quando faltar domicílio/residência do réu (art. 72, § 2.º)
* Critério fixador de competência nos casos dos arts. 70, § 3.º, e 71

4. Regras de prorrogação de foro

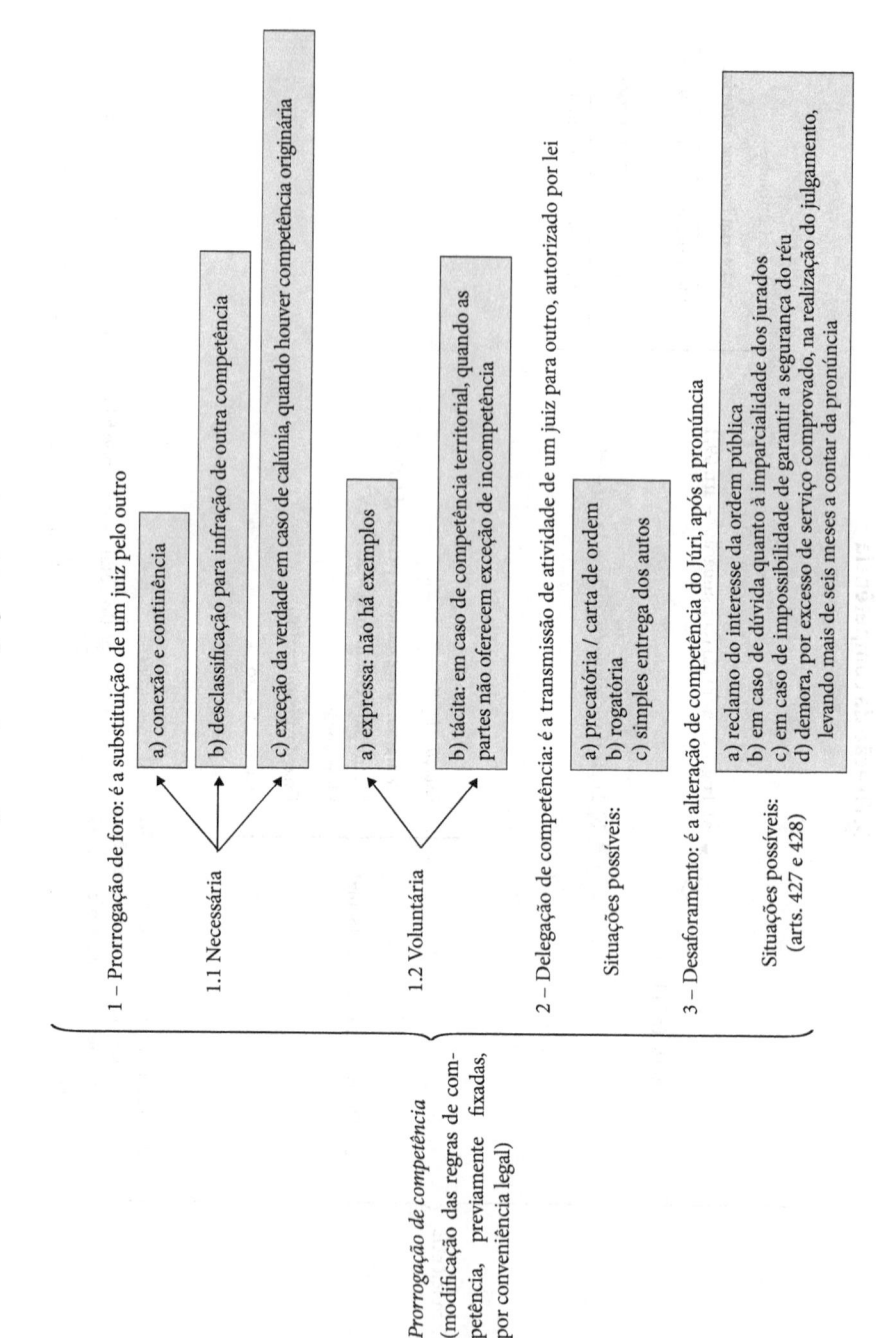

Prorrogação de competência (modificação das regras de competência, previamente fixadas, por conveniência legal)

1 – Prorrogação de foro: é a substituição de um juiz pelo outro

1.1 Necessária

a) conexão e continência

b) desclassificação para infração de outra competência

c) exceção da verdade em caso de calúnia, quando houver competência originária

1.2 Voluntária

a) expressa: não há exemplos

b) tácita: em caso de competência territorial, quando as partes não oferecem exceção de incompetência

2 – Delegação de competência: é a transmissão de atividade de um juiz para outro, autorizado por lei

Situações possíveis:

a) precatória / carta de ordem

b) rogatória

c) simples entrega dos autos

3 – Desaforamento: é a alteração de competência do Júri, após a pronúncia

Situações possíveis: (arts. 427 e 428)

a) reclamo do interesse da ordem pública

b) em caso de dúvida quanto à imparcialidade dos jurados

c) em caso de impossibilidade de garantir a segurança do réu

d) demora, por excesso de serviço comprovado, na realização do julgamento, levando mais de seis meses a contar da pronúncia

5. Fixação ou alteração de competência em virtude de conexão

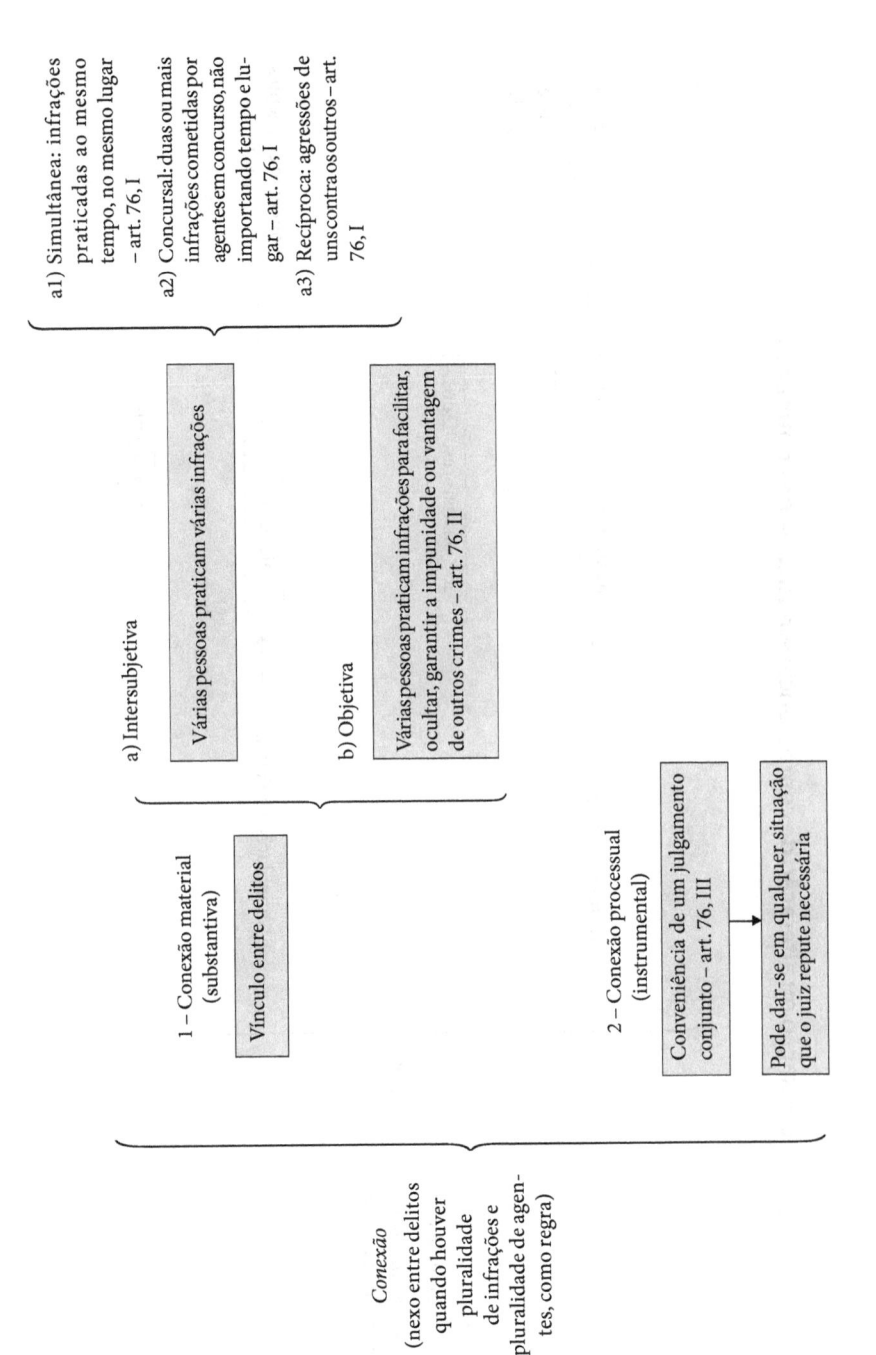

Conexão
(nexo entre delitos quando houver pluralidade de infrações e pluralidade de agentes, como regra)

1 – Conexão material (substantiva)

Vínculo entre delitos

a) Intersubjetiva

Várias pessoas praticam várias infrações

a1) Simultânea: infrações praticadas ao mesmo tempo, no mesmo lugar – art. 76, I

a2) Concursal: duas ou mais infrações cometidas por agentes em concurso, não importando tempo e lugar – art. 76, I

a3) Recíproca: agressões de uns contra os outros – art. 76, I

b) Objetiva

Várias pessoas praticam infrações para facilitar, ocultar, garantir a impunidade ou vantagem de outros crimes – art. 76, II

2 – Conexão processual (instrumental)

Conveniência de um julgamento conjunto – art. 76, III

Pode dar-se em qualquer situação que o juiz repute necessária

6. Fixação ou alteração de competência em virtude de continência

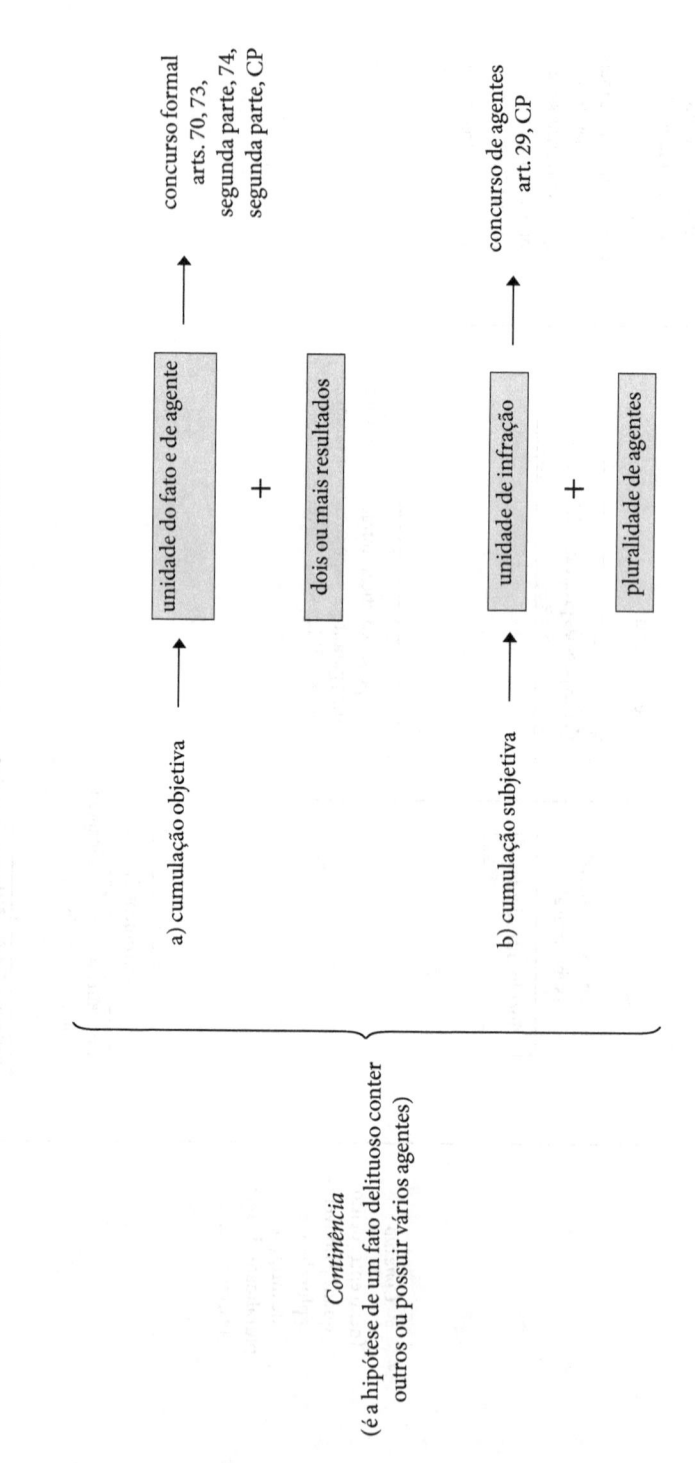

Continência
(é a hipótese de um fato delituoso conter outros ou possuir vários agentes)

a) cumulação objetiva → unidade do fato e de agente + dois ou mais resultados → concurso formal arts. 70, 73, segunda parte, 74, segunda parte, CP

b) cumulação subjetiva → unidade de infração + pluralidade de agentes → concurso de agentes art. 29, CP

7. Regras para eleição de foro prevalente em caso de conexão ou continência

1 – Júri x outro órgão da Justiça comum = Júri – art. 78, I

2 – Juízes de igual categoria – art. 78, II

    Opções em ordem de preferência:

    a) juízo que apura a infração mais grave

    b) juízo que apura o maior número de infrações

    c) prevenção

3 – Juiz Federal x Juiz Estadual = Juiz Federal (Súmula 122, STJ)

4 – Juízo superior x Juízo inferior = Juízo superior – art. 78, III

5 – Justiça comum x Justiça especial = Justiça especial – art. 78, IV

Exceções

a) Júri e prerrogativa de foro: separação dos processos, se for o caso. Ver nota 5-A ao art. 84 do nosso *Código de Processo Penal comentado*

b) Júri e Justiça Eleitoral: separação dos processos

c) Júri e Justiça Militar: separação dos processos

8. Regras de separação dos processos

Separação obrigatória

1 – Justiça Militar x Justiça Comum – art. 79, I

2 – Justiça da Infância e da Juventude x Justiça Comum – art. 79, II

3 – Ocorrência de superveniente doença mental – art. 79, § 1.º c/c o art. 152

4 – Caso de réu foragido, quando não se permitir julgamento à revelia

    art. 79, § 2.º ⟶ c/c o art. 366

5 – Recusas no Júri – art. 79, § 2.º c/c o art. 469

Separação facultativa – art. 80

1 – Caso de crimes ocorridos em tempo e lugar diferentes

2 – Quando houver número excessivo de réus presos

3 – Por qualquer outro motivo relevante

CAPÍTULO XI
Incidentes Processuais

1. INTRODUÇÃO E CONCEITOS

Incidentes processuais são as questões e os procedimentos secundários, que incidem sobre o procedimento principal, merecendo solução antes da decisão da causa ser proferida.

Dividem-se em *questões prejudiciais* e *procedimentos incidentes* (o Código de Processo Penal valeu-se equivocadamente da expressão *processos incidentes,* embora o ideal tivesse sido a utilização de *procedimentos incidentes,* pois o processo continua o mesmo, propiciando-se, apenas, o surgimento de procedimentos novos e secundários, voltados a resolver matérias igualmente secundárias).

As questões prejudiciais são os pontos fundamentais, vinculados ao direito material, que necessitam ser decididos antes do mérito da causa, porque a este se ligam. Em verdade, são impedimentos ao desenvolvimento regular do processo. Ex.: num caso de esbulho possessório (art. 161, § 1.º, II, CP), debate-se a legítima posse, que pode estar em discussão na esfera cível, motivo pelo qual o juiz criminal deve aguardar o deslinde da outra, para então julgar o mérito da sua causa.

Os procedimentos incidentes são os interpostos ao longo da causa principal, que demandam solução pelo próprio juiz criminal, antes que o mérito seja conhecido e decidido. Correm ao largo do procedimento principal para não o tumultuar, embora com ele tenham íntima ligação. Ex.: arguindo-se o impedimento ou a suspeição do promotor, deve-se decidir essa questão antes do mérito ser julgado.

Os procedimentos incidentes previstos no Código de Processo Penal são: exceções, incompatibilidades e impedimentos, conflitos de jurisdição, restituição de coisas apreendidas, medidas assecuratórias, incidente de falsidade e incidente de insanidade mental. Em legislação especial, pode haver inúmeros outros. Exemplos: o incidente de interceptação telefônica (art. 8.º, Lei 9.296/1996), bem como o incidente de inutilização do material coletado (art. 9.º, Lei 9.296/1996).

2. QUESTÕES PREJUDICIAIS

Acesse e escute o podcast sobre Questões prejudiciais.

> http://uqr.to/1z8ol

2.1 Diferença entre questão prejudicial e questão preliminar

Enquanto a primeira constitui matéria intimamente ligada ao mérito da causa, necessitando ser julgada antes desta, a segunda diz respeito ao próprio processo e seu regular desenvolvimento, devendo ser resolvida tão logo seja invocada. Exemplos das preliminares: decisão acerca de uma alegação de cerceamento de defesa, formulada pelo réu, ou mesmo a alegação de suspeição do magistrado. Embora as preliminares também necessitem ser conhecidas antes do mérito, elas não possuem valor próprio. Como ensina BENTO DE FARIA "não se confundem as *prejudiciais* com as *questões prévias* ou *preliminares*, que não têm valor próprio, nem existência independente; são estranhas ao delito e respeitam unicamente a admissibilidade da ação".[1] Note-se que há questões prévias, passíveis de gerar um processo incidente (exceções, impedimentos etc.) e as que podem ser decididas no próprio processo principal (cerceamento de defesa ou acusação, nulidades etc.).

2.2 Prejudiciais homogêneas e heterogêneas

As homogêneas dizem respeito à matéria da causa principal, que é penal (ex.: decisão sobre a exceção da verdade no crime de calúnia). Outra ilustração de questão prejudicial homogênea, em nosso entender, é a suspensão do curso do processo que apura o crime de falso testemunho até o julgamento definitivo do feito onde o falso foi cometido.

As heterogêneas vinculam-se a outras áreas do direito, devendo ser decididas por outro juízo (ex.: decisão sobre a posse, na esfera cível, antes de decidir a respeito do esbulho, previsto no art. 161, § 1.º, II, CP). Outro caso de questão prejudicial heterogênea, encontra-se disposto no art. 205 da Lei 9.279/1996, prevendo a possibilidade de se alegar, como defesa na ação penal por crime contra a propriedade imaterial, a nulidade da patente ou do registro em que se fundar a referida demanda. Assim fazendo, o juiz pode paralisar o processo criminal até que a questão seja solucionada na ação própria, na esfera cível.

2.3 Prejudiciais obrigatórias e facultativas

São obrigatórias as que impõem a suspensão do processo criminal, enquanto se aguarda a decisão a ser proferida por juízo cível (art. 92, CPP). São facultativas aquelas que permitem

---

[1]   *Código de Processo Penal*, v. 1, p. 207.

ao juiz criminal, segundo seu prudente critério, suspender o feito, aguardando solução em outra esfera (art. 93, CPP).

2.3.1 Prejudiciais obrigatórias

São aquelas que se referem ao estado civil das pessoas, obrigando o juiz criminal a aguardar a solução da questão na órbita cível (art. 92, CPP). Logicamente, a avaliação sobre o obstáculo surgido para o julgamento da causa penal cabe ao magistrado, que somente deverá suspender o feito caso repute *séria* e *fundada* a controvérsia existente. Exemplo de ponto a ser ultrapassado sem a suspensão do processo é a discussão sobre a filiação exclusivamente voltada à avaliação da agravante prevista no art. 61, II, *e*, do Código Penal (crime praticado contra ascendente ou descendente). Note-se que o art. 92 do Código de Processo Penal menciona controvérsia pertinente à *existência* da infração e não a circunstâncias do crime, influenciadoras, apenas, na fixação da pena.

Pode ser decretada a suspensão de ofício ou a requerimento da parte (art. 94, CPP).

Quanto ao estado civil das pessoas, explica Mirabete, ser o "complexo de suas qualidades referentes à ordem pública, à ordem privada e à ordem física do ser humano. Refere-se, assim, à cidadania, à família, e à capacidade civil".[2] Exemplo tradicional é o da bigamia, quando se discute a validade do casamento na esfera cível. É natural que essa seja uma questão prejudicial séria e fundada, portanto, que determina a suspensão obrigatória do processo criminal, uma vez que não teria sentido condenar-se alguém por bigamia, caso o juízo civil anule um dos casamentos. A cidadania diz respeito à esfera política; a família, à esfera propriamente civil e a capacidade, à maturidade ou à sanidade, embora, neste último, não se inclua a sanidade mental no momento da prática da infração penal, pois deve ser apurada por incidente à parte (incidente de insanidade mental).

Não se refere a lei ao inquérito policial, razão pela qual este pode prosseguir até o seu término, propiciando ao promotor o oferecimento da denúncia, com o recebimento pelo juiz. Somente após é que se pode debater a suspensão do processo.

O prazo da suspensão do processo é indefinido, aguardando-se o término da solução da controvérsia na esfera cível, com o trânsito em julgado da decisão. Existindo necessidade e urgência, pode o juiz criminal ouvir testemunhas (pessoas de muita idade, por exemplo) e determinar outras provas que não podem aguardar (como ocorre com os exames periciais em geral).

Dispõe o art. 116, I, do Código Penal, que o curso da prescrição ficará suspenso até que o processo principal retome o seu curso. Lembremos que suspender a prescrição não é o mesmo que interrompê-la. Neste último caso, o lapso prescricional já decorrido volta à estaca zero, enquanto na hipótese de suspensão, o período já computado é mantido, tornando a correr desse patamar, quando o processo voltar a andar.

A decisão que determinar a suspensão comporta recurso em sentido estrito (art. 581, XVI, CPP). Quando houver o indeferimento da suspensão, não cabe recurso, embora possa estar o juiz gerando uma nulidade insanável, passível de reconhecimento posteriormente.

Quando houver decisão com trânsito em julgado na esfera cível, a questão não mais poderá ser discutida no juízo criminal. Assim, no exemplo da bigamia, caso um dos casamentos seja anulado, não mais se verifica a tipicidade do delito do art. 235 do Código Penal, sendo impossível prova nesse sentido no processo-crime. Note-se, inclusive, o cuidado da lei penal com tal

---

[2] *Código de Processo Penal interpretado*, p. 179.

questão ao prever no § 2.º, do referido art. 235, que "anulado por qualquer motivo o primeiro casamento, ou o outro por motivo que não a bigamia, considera-se inexistente o crime".

O art. 92, parágrafo único, do CPP, buscou legitimar o Ministério Público para a propositura da ação civil necessária a dirimir a controvérsia relativa ao estado das pessoas. Trata-se de um corolário do princípio da obrigatoriedade da ação penal. Se esta há de ser ajuizada necessariamente, quando for pública e os requisitos legais estiverem presentes, é natural que mereça chegar ao final, por estar em jogo o interesse público. Por isso, o órgão acusatório não fica adstrito a quem quer que seja para promover a indispensável ação civil, a fim de resolver, o mais breve possível, a questão prejudicial obrigatória que impede o curso da ação penal.

Do mesmo modo, caso seja necessário, pode o querelante ajuizar ação civil para discutir, o mais celeremente possível, a questão prejudicial obrigatória, que, de algum modo, provoque a suspensão do curso da ação penal.

2.3.2 Prejudiciais facultativas

Outra hipótese de questão prejudicial ao julgamento do mérito da causa criminal pode surgir, desde que o reconhecimento da existência da infração penal depender de *questão diversa da prevista no artigo anterior*, isto é, toda e qualquer questão diferente do estado das pessoas, sendo igualmente da competência do juízo cível a sua apreciação (art. 93, CPP). Neste caso, no entanto, é preciso ponderar dois aspectos fundamentais: a) para ocorrer a suspensão do processo criminal torna-se indispensável que a ação civil já esteja ajuizada; b) a questão em debate no cível deve ser de difícil solução, não versando sobre direito cuja prova é limitada pela lei civil.

Pode ser decretada a suspensão de ofício ou a requerimento das partes (art. 94, CPP).

São questões diversas do estado das pessoas todas as demais matérias que digam respeito ao julgamento da causa criminal, como as discussões sobre propriedade, posse, relações contratuais ou empregatícias etc.

O art. 93 do CPP preceitua ser facultativa a suspensão do processo nesses casos, embora deva sempre o juiz criminal ter sensibilidade para suspender o curso do feito, evitando, com isso, a prolação de decisões contraditórias. Eventualmente, acreditando dispor de provas suficientes para julgar o caso, pode determinar o prosseguimento da ação penal, alcançando uma decisão de mérito. Se, no entanto, decidir suspender o curso do processo, precisa tomar tal decisão fundamentado em questão controversa da qual dependa a prova da *existência* da infração penal e não simplesmente algo que envolva circunstância do crime, muito mais ligada à aplicação da pena do que a constatação da tipicidade.

A limitação da prova no campo do Direito Civil diz respeito a determinados assuntos apenas, como o casamento, que não se demonstra por testemunhas, mas somente por certidão, razão pela qual é indevida a suspensão do feito criminal, caso seja esse o intuito do proponente ao ajuizar a ação civil.

Se for determinada a suspensão do processo, cabe recurso em sentido estrito (art. 581, XVI, CPP). O indeferimento da suspensão não comporta recurso, embora, em algumas situações, possa gerar nulidade insanável, a ser decidida posteriormente.

Não se suspende jamais a investigação policial, que deve terminar, propiciando ao órgão acusatório oferecer a denúncia ou queixa. Após o recebimento desta, discute-se a proposta de suspensão do feito.

Diversamente da suspensão obrigatória (art. 92, CPP), no caso de suspensão facultativa (art. 93, CPP), a lei impõe a inquirição das testemunhas e a realização de outras provas de natureza urgente. E, na primeira situação (suspensão obrigatória), o juiz somente promoverá a inquirição das testemunhas e a realização de outras provas consideradas urgentes se entender necessário.

A decisão, com trânsito em julgado, proferida na esfera cível vincula o magistrado na órbita criminal. Ainda que se trate de questão facultativa, uma vez que o juiz penal determinou a suspensão, a decisão proferida no cível estreita a análise do mérito da ação penal.

O prazo da suspensão do processo criminal deve ser fixado pelo juiz, dentro do seu prudente critério (no processo civil, fixa-se o prazo máximo de um ano, conforme art. 313, § 5.º, CPC/2015). Atualmente, tendo em vista a lentidão da Justiça em vários de seus órgãos, é preciso particular atenção para o prazo de suspensão não ser muito breve, a fim de não se frustrar a intenção legal de manter o processo paralisado, até que o juízo cível decida o caso, evitando-se decisões contraditórias.

A prorrogação do prazo de suspensão é admissível, desde que impere a razoabilidade, fixando a lei a condição de que o atraso não seja imputável à parte interessada (art. 93, § 1.º, CPP). Caso o feito cível não haja terminado, havendo atraso injustificável, imputado à parte, por exemplo, pode o juiz criminal prosseguir no desenvolvimento do processo, julgando o mérito, de forma ampla, abrangendo as questões de direito e de fato. Embora não seja o ideal, pois o juízo civil pode, ainda, proferir a decisão e ser esta contraditória com a anteriormente prolatada na órbita penal, tratando-se de questão prejudicial facultativa, é melhor que o processo-crime termine, do que se aguardar por longo período a solução do órgão jurisdicional civil.

A intervenção do Ministério Público na causa cível é assegurada, visando-se a promoção do rápido desenvolvimento do processo (art. 93, § 3.º, CPP). Cremos estar garantida, de igual modo, a intervenção do querelante na demanda cível, pois é de seu interesse que esta seja rapidamente concluída, para que o feito criminal torne a ter andamento.

2.4 Prejudiciais devolutivas e não devolutivas

Classifica TOURINHO FILHO as prejudiciais em devolutivas absolutas, aquelas que, obrigatoriamente, serão dirimidas pelo juízo cível, bem como em devolutivas relativas, as que podem ser julgadas no juízo cível ou no criminal. Menciona, ainda, as prejudiciais não devolutivas, ou seja, devem ser apreciadas pelo próprio juiz criminal, citando, como exemplo, a apreciação do furto, como prejudicial da avaliação da receptação.[3]

Embora peculiar, a classificação é desinteressante, pois não contribuiu em nada para o exame da matéria. Há prejudiciais julgadas pelo juízo criminal; prejudiciais a ser julgadas pelo juízo cível e as que permitem o julgamento em qualquer dos juízos. Não se trata de *devolução*, termo adequado somente aos recursos; vale dizer, *devolve-se* o conhecimento da questão (já decidida em grau inferior) ao tribunal. Nas hipóteses apresentadas, não se *devolve* nada, afinal, o conhecimento é feito em primeira mão (pelo cível, pelo crime ou por qualquer deles).

3. PROCEDIMENTOS INCIDENTES

3.1 Exceções

São as defesas indiretas apresentadas por qualquer das partes, com o intuito de prolongar o trâmite processual, até que uma questão processual relevante seja resolvida, bem como

---

[3]   *Código de Processo Penal comentado*, v. 1, p. 247.

com a finalidade de estancar, definitivamente, o seu curso, porque processualmente incabível o prosseguimento da ação. Exemplos: exceção de suspeição ou de impedimento, exceção da verdade, exceção de litispendência, entre outras.

Explicando a origem do termo *exceção*, diz TORNAGHI que "regularmente, o juiz defere o pedido do autor quando ele tem *razão*, isto é, quando realmente tem o direito que diz ter. *Excepcionalmente*, entretanto, certas circunstâncias podem levar o julgador a repelir a demanda, embora fundada em direito do autor. Tais circunstâncias chamam-se, por isso, exceções".[4]

Quando reconhecida a exceção de ofício pelo juiz, cremos tratar-se simplesmente de um incidente processual, ou seja, uma questão que merece ser decidida antes de se analisar o mérito da causa. Justamente porque exceção seria apenas uma defesa interposta pela parte contra o processo, para que seja regularizado ou extinto, quando a exceção admite que o magistrado dela tome conhecimento de ofício, parte da doutrina costuma chamá-la de *objeção*, como ocorre com a exceção de impedimento, de coisa julgada, de incompetência etc.

Dividem-se em exceções dilatórias e peremptórias. As primeiras são as que prorrogam a decisão de mérito da causa, até que seja resolvida uma questão processual (ex.: exceção de suspeição ou de incompetência). As segundas são as que põem fim ao processo (ex.: exceção de coisa julgada ou de litispendência), justamente porque falta alguma condição à ação ou pressuposto processual.

O rol das exceções está previsto no art. 95 do Código de Processo Penal: a) suspeição; b) incompetência do juízo; c) litispendência; d) ilegitimidade de parte; e) coisa julgada.

3.1.1   *Exceções de suspeição e de impedimento*

Qualquer das duas diz respeito à defesa aposta pela parte interessada contra a parcialidade do juiz. Dividem-se em *exceção de suspeição*, quando há um vínculo do julgador com uma das partes (amizade íntima, inimizade capital, sustentação de demanda por si ou por parente, conselhos emitidos, relação de crédito ou débito, tutela ou curatela, sociedade) ou um vínculo com o assunto debatido no feito (por si ou por parente seu que responda por fato análogo), bem como em *exceção de impedimento*, não mencionada expressamente no Código de Processo Penal com essa desinência, representando um vínculo, direto ou indireto, com o processo em julgamento (tenha por si ou parente seu atuado no feito, embora em outra função, tenha servido como testemunha, tenha funcionado como juiz em outra instância, tenha por si ou por parente interesse no deslinde da causa). As causas de suspeição estão enumeradas no art. 254, enquanto as de impedimentos estão nos arts. 252 e 253 do Código de Processo Penal.

3.1.2   *Rol de causas de suspeição e de impedimento*

Há quem sustente ser uma enumeração taxativa (arts. 252 a 254, CPP), embora, em homenagem ao princípio da imparcialidade do julgador, constitucionalmente assegurada, cremos que se possa ampliá-lo quando ficar evidente o comprometimento do magistrado para apreciar a causa. Exemplo disso seria o juiz traumatizado por ter sido vítima de um crime grave qualquer, podendo a parte interessada invocar a exceção de suspeição para afastá-lo do feito, na medida em que não atuará com a devida imparcialidade.

---

4   *Compêndio de processo penal*, t. I, p. 47.

3.1.3   Afirmação da suspeição ou impedimento de ofício

Deve o juiz, quando constatar que alguma das circunstâncias legais está presente, declarar-se suspeito ou impedido de julgar a causa, remetendo o processo ao seu substituto legal, conforme dispõe a organização judiciária. Necessita fazê-lo por escrito, nos autos e com fundamentos, para que não se burle o princípio constitucional do juiz natural.

Eventualmente, admite-se que ocorra a afirmação de suspeição por razões de foro íntimo, mas, nessa hipótese, deve ser comunicado o motivo, seja qual for, ao Conselho Superior da Magistratura ou órgão similar, reservadamente, para que o órgão disciplinar aprove ou não o fundamento invocado. Evita-se, com isso, que o magistrado abuse dessa possibilidade, passando processos complexos, ou que não lhe são agradáveis de julgar, ao seu substituto legal. Pode, pois, o órgão superior do tribunal não aprovar o fundamento invocado, determinando que o juiz julgue a causa.

O substituto legal (art. 97, CPP) é encontrado conforme a lei de organização judiciária local. Havendo lacuna por parte desta, deve o tribunal, por provimento, disciplinar a matéria.

Não existe recurso previsto para a hipótese de afirmação de suspeição ou impedimento de ofício, embora possa a parte representar o magistrado, caso o motivo invocado seja evidentemente infundado, demonstrando a sua falta de vontade de cumprir com sua função jurisdicional.

Pode haver conflito entre juízes, devendo o magistrado que receber os autos do processo daquele que se proclamou suspeito ou impedido suscitá-lo, quando perceber inexistir fundamento legal para o afastamento do primeiro juiz. Como já mencionado, podem as partes representar disciplinarmente o magistrado que age sem razão legal.

Cremos ser hipótese legalmente admissível a apresentação de exceção de suspeição ou de impedimento durante a fase do inquérito policial, já que o juiz e o promotor exercem papel fiscalizador fundamental durante a investigação, necessitando agir com imparcialidade.

3.1.4   Procedimento para a recusa do juiz

Se o motivo de suspeição é conhecido da parte, antes mesmo da ação penal ter início, deve o promotor ou o querelante apontá-lo por ocasião do oferecimento da denúncia ou da queixa e o réu pode fazê-lo no momento do interrogatório ou até a apresentação da defesa prévia, sob pena de preclusão. Se o fundamento da recusa for desvendado posteriormente, deve a parte interessada alegá-lo na primeira oportunidade em que se manifestar nos autos. Fora daí, deve a exceção ser considerada intempestiva, não merecendo ser conhecida.

Conforme estipulado no art. 98 do Código de Processo Penal, deve ser apresentada a exceção em petição específica para essa finalidade, das seguintes maneiras:

a) quando se tratar do promotor de justiça, sendo ele a parte diretamente interessada, basta a sua assinatura;

b) quando se cuidar do querelante ou do querelado, deve assinar a petição juntamente com seu advogado ou permitir que este assine sozinho a exceção, desde que possua procuração com poderes específicos para tanto;

c) quando se tratar de procurador do querelante, que tenha ingressado com queixa em seu nome, deve ele ter poderes específicos para interpor a exceção. Na procuração, não há necessidade de constar um resumo dos fatos envolvendo o excepto, mas sim os poderes para apresentar a peça contra o magistrado.

A suspeição, como regra, envolve acusação grave, imputando-se ao juiz, quando este não a afirmou de ofício, uma conduta parcial qualquer. Por tal razão, vincula o autor às alegações formuladas, de caráter pessoal, contra a autoridade judiciária, podendo ocorrer, inclusive, crime contra a honra. Pensamos ser sempre cauteloso que o advogado, em vez de procuração com poderes especiais, colha a assinatura do patrocinado na petição de exceção, evitando futura alegação de excessos não consentidos. O advogado nomeado pelo Estado para patrocinar interesse de qualquer das partes (querelante – vide art. 32, *caput* – ou querelado – arts. 261 e 263, CPP), por não possuir procuração, deve colher a assinatura do patrocinado.

Deve a parte indicar a prova que pretende produzir ou oferecer a que já se encontra pronta. Portanto, documentos já obtidos devem ser juntados aos autos da exceção e os que precisarem ser requisitados necessitam ser apontados. As testemunhas constarão do rol. Trata-se de um incidente processual, portanto, cabível a produção de prova. Aliás, justamente por isso, não se discute suspeição ou impedimento em *habeas corpus*.

O número de testemunhas não é especificado no Código de Processo Penal, podendo-se usar, por analogia, o número de três para cada fato que se pretende provar. No CPC/2015, vide art. 357, § 6.º.

Lembremos, ainda, que a parte passiva da exceção é o juiz e não a Vara, justamente porque essa forma de defesa é pessoal.

O assistente de acusação, segundo nos parece, pode propor a exceção de suspeição ou de impedimento, desde que a vítima assine a petição em conjunto com o procurador ou este possua poderes especiais. Apesar de o art. 271 do Código de Processo Penal não estipular, expressamente, essa possibilidade, partilhamos do entendimento daqueles que sustentam dever o ofendido ser verdadeiramente admitido, no processo penal, como parte interessada no deslinde da causa, não somente para assegurar uma mera indenização civil dos danos causados, mas para ver realizada justiça ao caso concreto. Assim, é natural poder a vítima propor a exceção, uma vez que, sendo o juiz parcial, a ninguém interessa mantê-lo.

3.1.5   Procedimento do juiz

Pode o magistrado, tão logo receba a exceção aposta pela parte interessada, declarar-se suspeito ou impedido, admitindo o conteúdo da petição apresentada. E é melhor que o faça desde logo, evitando-se a dilação probatória, especialmente nos casos em que os motivos alegados são verdadeiros. Enviará, então, os autos ao seu substituto legal.

Determina o art. 99 do CPP que a marcha do processo seja sustada, o que é natural, uma vez que não mais funcionará nos autos o juiz exceto. Assim, até que o outro magistrado receba a incumbência de dirigir o feito, estará este paralisado.

Entretanto, o reconhecimento feito pelo juiz contra o qual foi apresentada a exceção não significa que a parte contrária deva aceitar os argumentos invocados e a decisão prolatada. Embora não haja recurso contra essa decisão, pode haver representação contra o julgador que, indevidamente, deu-se por suspeito ou impedido. Anote-se, ainda, que o magistrado receptor do processo pode suscitar conflito.

Quando o juiz não acolhe, de pronto, os argumentos da parte, afirmando sua suspeição ou impedimento, deve defender-se, em três dias, determinando a autuação da petição em apenso, fornecendo a sua versão acerca dos fatos alegados, bem como, se for o caso, oferecendo rol de testemunhas e juntando documentos (art. 100, CPP). Após, os autos seguem ao Tribunal de Justiça. Em São Paulo, serão julgados pela Câmara Especial.

Esclarece Tourinho Filho, comentando a menção à figura do *juiz*, feita no art. 100, § 1.º, do CPP, como apto a instruir e julgar a exceção contra magistrado, que "quando o CPP entrou em vigor, nos idos de 1942, havia entre nós órgãos jurisdicionais hierarquicamente inferiores aos Juízes de Direito. Eram os Pretores, os Juízes municipais e os Juízes preparadores. Quando se arguia a suspeição de um desses órgãos, o julgamento competia ao Juiz de Direito. Isto explica, também, as regras dos arts. 582, 591 e 592, todos do CPP".[5] Atualmente, no entanto, somente o tribunal julga a exceção.

A suspensão do trâmite processual somente pode ocorrer se a parte contrária, tomando conhecimento da arguição, reconhecer a procedência do alegado. Nessa situação, o tribunal *pode* (faculdade) suspender o curso do processo, porque grandes são as chances de anulação dos atos praticados por magistrado suspeito ou impedido (art. 102, CPP).

A lei processual penal prevê a possibilidade de se determinar a instrução da exceção de suspeição (ou de impedimento), colhendo-se prova contra o magistrado, desde que se reconheça a *relevância da arguição* (art. 100, § 1.º, CPP). Esta é a adequação entre o alegado pela parte e os requisitos expostos em lei para o reconhecimento da suspeição ou do impedimento.

Por vezes, a parte argui a suspeição do magistrado, sem qualquer base legal, demonstrando ser irrelevante o seu reclamo. Portanto, o tribunal somente determinará a citação das partes, com a consequente produção de provas, caso realmente seja adequada a alegação à pretensão de afastamento do magistrado. Não é raro acontecer de determinada parte insurgir-se contra o juiz, porque este é extremamente liberal ou muito rigoroso (o que acontece quando o magistrado determina a soltura ou a prisão do réu, desagradando o interessado), o que é manifestamente inadequado para a oposição de exceção.

Quando o tribunal determinar a produção de provas, pode o relator conduzir pessoalmente a instrução do incidente processual, embora, com maior frequência, termine valendo-se da carta de ordem, determinando que algum magistrado de primeiro grau, normalmente da área onde se encontram as testemunhas, proceda à inquirição. Finda a colheita da prova, segue-se o julgamento, sem alegações finais.

Outra hipótese é a rejeição liminar da exceção, caso o relator verifique a manifesta improcedência da exceção, embora, na maioria das vezes, prefira levar o caso à Câmara, sem qualquer dilação probatória, para que haja o afastamento da exceção. É que, se rejeitada desde logo pelo desembargador relator, cabe agravo regimental para a Câmara, motivo pelo qual é mais seguro levar o caso ao conhecimento desta.

3.1.6 Consequências da procedência da exceção

Impõe-se, de acordo com o disposto no art. 564, I, do Código de Processo Penal, que, em caso de suspeição, sejam os atos praticados no processo principal considerados nulos. É verdade que, para tanto, torna-se necessário não ter ficado paralisado o feito. Qualquer decisão ou despacho proferido por juiz suspeito, a partir do instante em que nasceu a causa de suspeição ou de impedimento, é de ser renovado por seu substituto legal. Note-se que a nulidade não surge quando foi revelada durante a instrução, mas no instante em que ela foi gerada. Ilustrando: se o juiz é amigo íntimo do réu, refaz-se o processo desde o princípio. Se o magistrado, no entanto, aconselhou uma das partes durante a instrução, ocorre a partir desse momento.

---

[5] *Código de Processo Penal comentado*, v. 1, p. 264.

O disposto no art. 101 do CPP, mencionando dever o magistrado pagar as custas, quando seu erro for considerado inescusável, deve ser visto com cautela. Somente em caso de evidente má-fé, utiliza-se o dispositivo.

Apurada a evidente malícia do excipiente, caso seja rejeitada a exceção, deveria ser condenado a uma multa (art. 101, CPP), que, hoje, entretanto, inexiste (duzentos mil-réis a dois contos de réis).

3.1.7   Suspeição ou impedimento em tribunal

Há possibilidade de recusa de magistrado de qualquer grau de jurisdição: Supremo Tribunal Federal, Superior Tribunal de Justiça, Tribunal Superior Eleitoral e Superior Tribunal Militar, Tribunais de Justiça, Tribunais Regionais Federais, Tribunais Regionais Eleitorais, Tribunais de Justiça Militar e Turmas Recursais. Aliás, nada mais lógico, uma vez que os princípios do juiz natural e do juiz imparcial são constitucionalmente assegurados para que as partes tenham, sempre, um julgamento idôneo e justo em qualquer instância.

Da mesma forma que faz o magistrado de 1.º grau, deve o Ministro, Desembargador ou Juiz de instância superior declarar as razões de sua suspeição ou impedimento, para gerar um afastamento transparente e confiável, prestigiando, pois, o princípio constitucional do juiz imparcial. Na prática, a afirmação, no entanto, de suspeição por motivo de foro íntimo termina não passando por crivo de órgão superior, como ocorre com o juiz de 1.º grau.

O Regimento Interno dos tribunais disciplina qual é o magistrado substituto de quem se declara suspeito ou impedido. Quando o fato se dá na Turma ou Câmara, normalmente, há mais juízes que a compõem, embora não participem de determinado julgamento. Será um deles que receberá o feito, na ordem estabelecida regimentalmente. No Estado de São Paulo, é o juiz mais antigo componente da turma.

Quando se tratar do magistrado relator, para o qual foi sorteado o feito, necessária se faz nova distribuição, impondo-se, por isso, que ele retorne os autos para a modificação da competência. Há, sempre, nos tribunais o magistrado encarregado da distribuição, conforme prevê o Regimento Interno. No Estado de São Paulo, por exemplo, podem os autos retornar ao Presidente, ao Vice-Presidente ou a um dos demais Presidentes das Seções Criminal, de Direito Privado e de Direito Público, para que outra distribuição seja realizada.

Conforme o caso, além do relator e do revisor, há o denominado *terceiro juiz* ou *vogal*, que irá votar, embora não relate o feito, nem dele tenha vista, como ocorre com o revisor. Esse magistrado, na sessão pública de julgamento, dar-se-á por suspeito ou impedido, registrando-se na ata a declaração que fizer. Em julgamentos envolvendo órgãos colegiados maiores, como, por exemplo, o Órgão Especial do Tribunal de Justiça, não se chama esse magistrado de *terceiro juiz*, embora também não seja ele nem relator, nem revisor, mas apenas um dos vários que irão apreciar o feito. Procede-se, no entanto, do mesmo modo.

Como regra, a exceção de suspeição ou de impedimento ofertada contra o Presidente do tribunal será apreciada pelo Vice-Presidente, nos termos do Regimento Interno. Se não for rejeitada liminarmente, assume ele a condução do feito, designando dia e hora para julgamento, bem como deverá presidi-lo (art. 103, § 5.º, CPP).

O processamento da exceção se dá nos termos previstos para o magistrado de primeiro grau, com as modificações previstas pelo Regimento Interno de cada tribunal.

No caso do Tribunal de Justiça de São Paulo, ilustrando, dirige-se a petição, assinada pela parte ou por procurador com especiais poderes, ao Presidente da Corte, que poderá rejeitar, liminarmente o seu processamento, se manifesta a improcedência da arguição. Dessa decisão, cabe agravo regimental para o Órgão Especial.

Acolhendo a exceção, será enviada ao desembargador exceto, que poderá aceitar ou recusar os motivos alegados. Aceitando, os autos transmitem-se ao substituto legal. Recusando a exceção, em decisão fundamentada, encaminhará os autos de volta ao Presidente, relator nato do incidente. Provas poderão ser produzidas, a critério do relator.

Julgará a exceção o Tribunal Pleno ou o Órgão Especial, onde houver. Julgada procedente, o desembargador será condenado nas custas (se houver), em caso de erro inescusável, remetendo-se os autos ao seu substituto legal ou procedendo-se a nova distribuição (quando se tratar do relator).

Havendo malícia por parte do arguente, será ele condenado a ressarcir o dano processual, na forma prevista no art. 81 do Código de Processo Civil de 2015. Estabelece o referido art. 81: "De ofício ou a requerimento, o juiz condenará o litigante de má-fé a pagar multa, que deverá ser superior a um por cento e inferior a dez por cento do valor corrigido da causa, a indenizar a parte contrária pelos prejuízos que esta sofreu e a arcar com os honorários advocatícios e com todas as despesas que efetuou. § 1.º Quando forem 2 (dois) ou mais os litigantes de má-fé, o juiz condenará cada um na proporção de seu respectivo interesse na causa ou solidariamente aqueles que se coligaram para lesar a parte contrária. § 2.º Quando o valor da causa for irrisório ou inestimável, a multa poderá ser fixada em até 10 (dez) vezes o valor do salário mínimo. § 3.º O valor da indenização será fixado pelo juiz ou, caso não seja possível mensurá-lo, liquidado por arbitramento ou pelo procedimento comum, nos próprios autos".

3.1.8   Suspeição ou impedimento de membro do Ministério Público

Admite-se a exceção, tendo em vista que o órgão do Ministério Público, atuando como parte ou como fiscal da lei, deve agir com imparcialidade (art. 104, CPP). Defende, afinal, interesse que não lhe é próprio ou particular, mas de toda a sociedade, razão pela qual a vinculação de suas atitudes à correta aplicação da lei ao caso concreto é, não somente desejável, como exigível. Por isso, a parte interessada pode buscar o afastamento do promotor, valendo-se, para tanto, das mesmas razões que a lei prevê para o magistrado (art. 258 c/c arts. 252 e 254, CPP).

Interposta a exceção, deve o juiz encaminhá-la ao promotor (ou procurador da República), para que responda. Se afirmar a causa de impedimento ou suspeição, os autos devem ser encaminhados ao seu substituto legal. Caso recuse as razões oferecidas, julgará o juiz, que pode, querendo, produzir provas.

A decisão tomada pelo magistrado, afastando o promotor (ou procurador da República) ou mantendo-o nos autos não se submete a recurso, embora possa, no futuro, ser alegada nulidade, quando do julgamento de eventual apelação, caso fique demonstrada a ocorrência de prejuízo à parte. Outra solução, isto é, a inadmissibilidade de questionamento posterior da afirmação – ou rejeição – da suspeição ou do impedimento do órgão do Ministério Público, tornaria letra morta o disposto neste artigo, além de sujeitar a parte a uma acusação parcial – ou retirar-lhe acusador imparcial, conforme o caso – o que é incompatível com os princípios que regem o devido processo legal.

Por outro lado, caso o promotor (ou procurador da República) se dê por suspeito ou impedido, seguem os autos ao seu substituto legal, mas o juiz pode, discordando do ocorrido, comunicar o fato ao Procurador-Geral de Justiça (ou Procurador-Geral da República) para as providências cabíveis. Os atos praticados pelo promotor (ou procurador da República) considerado suspeito ou impedido não são anulados, nem o processo tem o curso suspenso, enquanto se decide a exceção. Aliás, justamente por isso, impõe a lei (art. 104, CPP) que haja rápida instrução para mantê-lo ou afastá-lo.

3.1.9   Suspeição ou impedimento de peritos e outros auxiliares

Como especialistas em determinados assuntos, auxiliando o magistrado a decidir a causa, é natural que lhes seja exigida imparcialidade no desempenho de suas funções. Não são poucas as vezes em que a decisão do juiz é baseada, fundamentalmente, no laudo pericial apresentado, até porque outra não pode ser a fonte de conhecimento do julgador, diante da especialização do tema.

Por isso, embora a lei não estipule expressamente, convém ao perito, considerando-se impedido ou suspeito, declinar da nomeação, devendo o juiz aceitar a recusa, tendo em vista o interesse maior da produção isenta da prova.

Quando não o fizer, pode alguma das partes recusá-lo, ingressando com a exceção pertinente (art. 105, CPP). Embora diga a lei que o magistrado decidirá de plano, em face da matéria ventilada e da prova oferecida, nada impede que ouça o experto e, se for o caso, produza alguma outra prova, como a testemunhal.

O processo não é paralisado enquanto o incidente se desenvolve. Do decidido pelo juiz, não cabe recurso. Entretanto, se o perito for mantido, sendo ele suspeito ou impedido, poderá provocar, no futuro, a arguição de nulidade, demonstrando o prejuízo sofrido pela parte, em apelação ou outro recurso cabível.

Aos peritos, segundo dispõe o art. 280 do Código de Processo Penal, aplicam-se as causas de suspeição dos juízes, às quais acrescentamos, quando pertinentes, as de impedimento (arts. 252 e 254, CPP).

Os intérpretes são equiparados, para todos os efeitos, aos peritos (art. 281, CPP), razão pela qual também devem agir com imparcialidade no seu trabalho. Podem afirmar, assim que nomeados, a suspeição ou o impedimento, devendo o juiz substituí-los. Caso não o façam, podem ser recusados por qualquer das partes, nos mesmos moldes aventados para os peritos.

Embora disponha o art. 274 do CPP que o aplicável sobre a suspeição de juízes deve ser estendido aos serventuários e funcionários da justiça, no que for compatível, parece-nos exagerada tal disciplina. Não tomam eles nenhuma providência decisória, nem são auxiliares do juiz para decidir a causa. Não promovem a ação penal, nem a fiscalizam. Logo, ainda que um escrevente seja amigo íntimo ou inimigo capital do réu, por exemplo, nenhum prejuízo daí poderia advir.

É certo que os funcionários lavram certidões, expedem ofícios e executam atos determinados pelo juiz, mas isso é apenas a formalização de decisões previamente tomadas. Se as certidões forem falsas, os ofícios atrasados, ou os fatos do processo revelados a terceiros, pode o funcionário ser punido administrativa e criminalmente, embora pouca influência tenha na causa. Mesmo o oficial de justiça, que deve lavrar certidões gozando de fé pública, ainda que vinculado a uma das partes, por relações de amizade, por exemplo, pode ser afastado por simples ato administrativo do juiz corregedor do ofício, não merecendo haver questionamento jurisdicional nos autos, quanto à sua atuação. Assim, parece-nos exagerada a possibilidade de interposição de exceção para afastar funcionários ou serventuários. Mas, como a lei prevê essa alternativa, segue-se o mesmo procedimento já descrito para o perito.

3.1.10 Suspeição ou impedimento no Tribunal do Júri

Estipula o art. 106 do Código de Processo Penal, corretamente, que as exceções contra jurados devem ser apresentadas oralmente, porque o momento para fazê-lo é por ocasião do sorteio, em plenário.

As partes sabem, de antemão, quais são os jurados convocados para a sessão, razão pela qual, se algum deles for suspeito ou impedido, deve o interessado colher prova disso e levar para o plenário.

Instalada a sessão, iniciado o sorteio para a escolha do Conselho de Sentença, retirando o nome do jurado da urna, o juiz presidente deverá fazer a leitura em voz alta. Nesse momento, a parte interessada pede a palavra e argui a suspeição ou o impedimento. O juiz ouve, de imediato, o jurado. Se este recusar o motivo alegado, deve a parte oferecer ao magistrado as provas que detiver. Cuidando-se de documentos, deles terá vista a parte contrária, que poderá tecer considerações, em homenagem ao contraditório.

Quando for necessário ouvir testemunhas, o arguente já as deve ter no plenário, passando-se a essa inquirição. Se as testemunhas não forem apresentadas, afasta-se essa prova. Comprovada a suspeição ou o impedimento, em recusa motivada, o jurado será afastado, constando-se o ocorrido em ata. Não comprovada, será ele admitido no Conselho de Sentença, embora possa a parte preferir recusá-lo imotivadamente (recusa peremptória). Aliás, é mais prudente que o faça dessa forma. Imagine-se a parte que esgota as recusas imotivadas (em número de três) e, depois, resolve fazer uma recusa motivada contra algum jurado. Se não conseguir afastar o juiz leigo, poderá ter no Conselho de Sentença uma pessoa que, porventura, não será completamente imparcial para julgar o caso, já que a recusa pode ferir suscetibilidades, mormente quando o jurado não reconhece sua suspeição ou impedimento.

As causas de suspeição e de impedimento são as mesmas dos juízes de direito. Da decisão tomada pelo juiz presidente, não cabe recurso. Em eventual apelação, no entanto, pode a parte que recusou o jurado, mas não conseguiu afastá-lo, disso reclamar, pleiteando o reconhecimento da nulidade, consistente na parcialidade do julgador.

É possível o reconhecimento da suspeição ou do impedimento pelo próprio jurado, quando for sorteado, ciente que está dos motivos de suspeição e impedimento, lidos pelo juiz antes da formação do Conselho de Sentença.

Deve o magistrado sortear outro, desde que os motivos apresentados sejam plausíveis e as partes assim admitirem. Se bastasse uma mera alegação para o afastamento do jurado, quem não desejasse participar do Tribunal Popular poderia considerar-se suspeito ou impedido por motivo de foro íntimo.

Além disso, é possível ocorrer do juiz presidente e do promotor não fazerem parte do processo até o julgamento em plenário. Assim, caso sejam designados especificamente para a sessão de julgamento, podem ser recusados, pela parte interessada, no momento da abertura dos trabalhos.

Segue-se, então, oralmente, o mesmo procedimento previsto para os jurados. O exceto deve aceitar ou não a causa de suspeição que lhe foi imputada. Afastando-se do feito, o julgamento será adiado, solicitando-se substituto legal. Recusando a arguição, a parte requerente deve apresentar, de pronto, as provas, para que o juiz decida de plano. Se houver afastamento da suspeição levantada, o julgamento ocorrerá, pois não há recurso nesse momento, embora possa a parte voltar ao assunto na apelação, aventando a ocorrência de nulidade e demonstrando o prejuízo.

3.1.11 Suspeição ou impedimento das autoridades policiais

Expressamente, a lei menciona não ser cabível a exceção contra as autoridades policiais, quando presidem o inquérito (art. 107, CPP). Entretanto, em aparente contradição, prevê que elas devem declarar-se suspeitas, ocorrendo motivo legal.

Ora, se a parte interessada não pode reclamar de a presidência do inquérito policial ser feita por autoridade suspeita, por que haveria a lei de recomendar que esta assim o declare? Pensamos que, sendo o inquérito peça de investigação, mas onde se produzem importantíssimas provas – como as periciais, não renovadas ao longo da instrução em juízo – deveria ser admitida a exceção de suspeição ou de impedimento.

Diz-se que o inquérito é meramente informativo ao promotor, embora se constate, na prática, muitos juízes levando em consideração o que lá foi produzido. Há casos em que o magistrado, baseando-se no princípio da livre convicção, na avaliação das provas, acredita muito mais na versão oferecida por uma testemunha na fase policial, do que o alegado pela mesma testemunha em juízo. E mais: uma autoridade suspeita pode fraquejar na investigação, para que nada seja descoberto contra determinado indiciado ou pode buscar provas exclusivamente contra certo indiciado, abandonando outros suspeitos, cujos nomes lhe chegam ao conhecimento, somente para prejudicar o desafeto.

Enfim, não vemos sentido para uma autoridade policial suspeita não poder ser afastada pelo juiz, fiscal da investigação, quando alguém se sentir prejudicado. Mais correto é a afirmação de que a autoridade *deve* declarar-se suspeita, havendo motivo legal. Entretanto, não é suficiente deixar-se ao critério da autoridade policial fazê-lo. Cremos, pois, que, havendo motivação para a consideração da suspeição do delegado, não podendo o magistrado afastá-lo, por falta de previsão legal, deve a parte interessada solicitar o afastamento da autoridade policial ao Delegado Geral de Polícia ou, sendo o pleito recusado, ao Secretário da Segurança Pública. A questão torna-se, então, administrativa, pois existe recomendação legal para que o afastamento ocorra. Por ordem superior, tal pode ocorrer.

3.1.12 Exceção de incompetência

É a defesa indireta que a parte pode interpor contra o juízo, alegando sua incompetência para julgar o feito, fundamentada no princípio constitucional do juiz natural. Embora todo magistrado possua jurisdição, a delimitação do seu exercício é dada pelas regras de competência, que devem ser respeitadas. Não fosse assim e qualquer juiz decidiria qualquer matéria, infringindo-se o espírito da Constituição, que garantiu expressamente a divisão dos órgãos judiciários, cada qual atuando na sua esfera de competência.

3.1.13 Formalidades para a interposição da exceção de incompetência

Menciona o art. 108 do Código de Processo Penal que a exceção de incompetência pode ser oposta verbalmente ou por escrito, embora o mais comum seja a utilização da petição escrita, juntada aos autos, pelo interessado.

O momento para argui-la é a primeira oportunidade que a parte possui para manifestar-se nos autos. Logo, na maioria dos casos será no instante da defesa prévia. Cumpre ao réu fazê-lo em peça separada da defesa prévia, pois a exceção correrá em apenso aos autos principais. A não apresentação da declinatória no prazo implica aceitação do juízo, prorrogando-se a competência quando se tratar de competência territorial, que é relativa.

No caso de competência absoluta, em razão da matéria ou da prerrogativa de função, não há preclusão. A qualquer momento a questão pode ser novamente ventilada.

Quanto ao promotor, sendo ele o titular da ação penal, é natural que ofereça a denúncia no foro que considera competente para conhecer da causa. Diga-se o mesmo do querelante, no tocante à queixa-crime. Portanto, não lhes cabe, como regra, ingressar com exceção de incompetência. Veremos hipótese excepcional abaixo.

Aliás, se a matéria tiver que ser ventilada, por ocasião da distribuição do inquérito, que pode acabar por prevenir o juiz (art. 75, parágrafo único, CPP), deve o representante do Ministério Público questionar a incompetência do juízo diretamente a este. Pode fazê-lo, ainda, por ocasião do oferecimento da denúncia. Aceita a argumentação, remeter-se-ão os autos ao juízo natural. Recusada, não cabe recurso, embora posteriormente possa ser questionada a decisão, pois fonte de nulidade (art. 564, I, CPP).

É possível, no entanto, que o Ministério Público provoque o outro juiz a se manifestar – aquele que entende competente para conhecer do feito –, instaurando-se um conflito positivo de competência, que será visto oportunamente. Essa provocação pode ocorrer, instaurando-se igualmente inquérito na outra Comarca, o que poderá redundar em outro processo, razão por que criado estará o conflito positivo de competência.

Lembremos que, tão logo o magistrado tome conhecimento de denúncia ou queixa, é ele o primeiro juiz de sua própria competência. Entendendo não ser o indicado pela lei para julgar o feito, deve remeter os autos a quem considerar competente. Eventualmente, feita a remessa e não aceita a competência pelo juízo receptor, instala-se assim um conflito negativo de competência, que será visto posteriormente.

Caso o juízo receptor aceite a competência, ainda assim a parte interessada pode ingressar com a exceção de incompetência, se entender que o primeiro magistrado era o competente para decidir a causa. Justamente nessa situação não se pode extrair do Ministério Público a possibilidade de ingressar com a exceção de incompetência, afinal, a remessa do processo a outro juízo não se deveu a pedido seu, mas a ato de ofício do magistrado. Portanto, se for do seu entendimento que o primeiro juiz era o competente, cabe-lhe a interposição da referida exceção.

Não sendo o Ministério Público o excipiente, deve ser ouvido, previamente, seja na condição de titular da ação penal, seja na de fiscal da lei (neste caso, quando a ação for privada).

A aceitação da exceção, considerando-se incompetente o juiz, propicia a qualquer das partes, a utilização de recurso em sentido estrito (art. 581, II, CPP). A não aceitação faz com que o juiz seja mantido no processo, embora possa o interessado impetrar *habeas corpus*, pois configura constrangimento ilegal ao réu ser julgado por magistrado incompetente.

Como já mencionamos anteriormente, caso o juiz acolha os argumentos do excipiente, remeterá os autos ao juízo considerado competente. Se este não acolher os motivos do magistrado, que lhe encaminhou os autos, suscitará conflito negativo de competência. Todavia, se aceitar, deverá renovar os atos decisórios, porventura praticados, ratificando os demais e determinando o prosseguimento do feito. Logicamente, querendo, pode o juiz que recebeu os autos renovar todos os atos praticados anteriormente no juízo incompetente.

Em derradeira observação, vale ressaltar que o art. 109 do CPP abre a possibilidade de reconhecimento da incompetência do juízo em qualquer fase do processo. Tal situação pode dar-se quando, colhendo provas, o magistrado percebe estar lidando com processo alheio à sua competência. Exemplificando: em Vara Criminal, o juiz, após ouvir as testemunhas de acusação, constata que a morte da vítima não adveio do roubo, mas de divergências anteriores entre acusado e ofendido, não constituindo um latrocínio, mas sim um homicídio seguido de furto. Reconhece, então, sua incompetência, determinando, de imediato, a remessa dos autos à Vara do Júri. Contra a decisão que reconhece a incompetência, cabe recurso em sentido estrito (art. 581, II, CPP).

3.1.14 Exceção de litispendência

É a defesa indireta, apresentada por qualquer das partes, demonstrando a determinado juízo que há causa idêntica em andamento em outro foro, ainda pendente de julgamento, razão pela qual o processo deve ser extinto. Nas palavras de HÉLIO TORNAGHI, "enquanto um litígio pende do julgamento de um juiz, diz-se que há litispendência. Esta é, portanto, a *situação processual* em que se encontra a causa proposta ao julgamento do juiz. A rigor o conceito de litispendência é mais vasto do que poderiam fazer supor as palavras tradicionalmente empregadas para designá-lo: há litispendência sempre que uma coisa (*res*) é pedida a um juiz, ainda que sobre ela não haja litígio".[6]

Não é cabível que o Estado deduza a pretensão punitiva contra o réu em duas ações penais de igual objeto, fundadas no mesmo fato criminoso. Leva-se em consideração, para verificar a hipótese de litispendência, se o acusado nas duas ou mais ações é o mesmo e se a imputação coincide, pouco importando quem incorpore a acusação.

Tendo em vista que a *exceção* é medida cuja finalidade é obstaculizar o andamento de determinado processo, não se pode utilizá-la para impedir o trâmite de um inquérito, que tenha por base exatamente o mesmo fato e idêntico réu, já denunciado. Para tanto, utiliza-se o *habeas corpus*, trancando-se a investigação policial repetitiva.

Segundo cremos, a litispendência está caracterizada a partir do ajuizamento da segunda demanda, sendo prescindível a citação do réu, pois o Código de Processo Penal silenciou a esse respeito. É admissível supor que, havendo dois processos em trâmite, contra o mesmo réu, um deles deve ser extinto – com ou sem citação válida.

3.1.15 Formalidades para a interposição da exceção de litispendência

Podem as partes fazê-lo a qualquer tempo, pois, como ocorre no caso de incompetência absoluta, a matéria não preclui em razão do interesse público envolvido.

Há, também, possibilidade de declaração de ofício pelo juiz, evitando-se que o réu enfrente duas ações idênticas simultaneamente. Para a escolha de qual deve prevalecer, são levados em consideração os critérios da prevenção ou da distribuição. Assim, se um juiz se tornou prevento em primeiro lugar, porque decretou uma preventiva ainda na fase do inquérito, ele é o competente para processar o réu. Caso não tenha havido motivo para a prevenção, utiliza-se o critério da distribuição, prevalecendo o juízo que preceder o outro. Quando o magistrado, sem o ingresso da exceção, termina um processo, reconhecendo de ofício a litispendência, o recurso cabível é a apelação (art. 593, II, CPP).

Em petição à parte, argui-se a exceção, podendo fazê-lo qualquer das partes, sempre determinando o juiz a oitiva da outra (art. 110, CPP). Admite-se a suscitação verbalmente, também, embora seja raro. Cabe recurso em sentido estrito, quando o juiz a acolher (art. 581, III, CPP), mas não quando julgá-la improcedente. Entretanto, por configurar nítido constrangimento ilegal o andamento concomitante de duas ações penais, pode ser impetrado *habeas corpus* para o trancamento de uma delas.

---

[6]   *Instituições de processo penal*, v. I, p. 411.

3.1.16   Exceção de ilegitimidade de parte

É a defesa indireta contra o processo, pretendendo extingui-lo ou retardar o seu anda-mento, até que um defeito na legitimidade de parte seja corrigido.

Assim, quando faltar legitimidade *ad causam*, ou seja, para que a ação penal seja proposta, tanto por quem a inicia (legitimidade ativa), como contra quem ela é iniciada (legitimidade passiva), pode a parte interessada propor exceção de ilegitimidade de parte. Agirá desse modo, por certo, se o juiz não percebeu o equívoco e recebeu a denúncia, uma vez que o ideal seria a rejeição da peça acusatória inicial (art. 395, II, CPP).

Dá-se o mesmo quando faltar legitimidade *ad processum*, isto é, não estiver presente um pressuposto de validez do processo, que é a capacidade para estar em juízo. Exemplifi-cando: se o Ministério Público move ação contra o pai, por crime cometido por seu filho, é natural que, recebida a denúncia, possa o réu propor a exceção de ilegitimidade de parte (*ad causam*). Caso o menor de 18 anos ingresse, sem assistência de seu representante legal, com queixa-crime contra alguém em crime de ação privada, falta capacidade para estar em juízo, admitindo-se a exceção de ilegitimidade de parte (*ad processum*).

3.1.17   Formalidades para a interposição da exceção de ilegitimidade de parte

Podem as partes ingressar com a exceção de ilegitimidade de parte a qualquer tempo, pois a matéria não está sujeita à preclusão, diante do interesse público envolvido.

O reconhecimento de ofício pelo juiz é viável e, conforme o caso, pode acarretar a anu-lação do processo desde o início – quando for constatada, por exemplo, a ilegitimidade de parte *ad causam* – para a correção do erro.

Quando se verifica a ilegitimidade *ad processum*, o processo pode ou não ser anulado desde o princípio, conforme seja possível ou impossível a retificação do equívoco. O juiz pode, ainda, determinar a exclusão de certo réu, prosseguindo a ação contra os demais. Em todos esses casos, se anulado o processo desde o início, com relação a um ou mais réus, cabe recurso em sentido estrito, pois é o equivalente a ter sido rejeitada a denúncia ou queixa, conforme lição de Tourinho Filho.[7] No mais, caso não seja o processo anulado desde o início, a decisão é irrecorrível. Havendo nítido tumulto no trâmite processual, pode-se usar a correição parcial.

O procedimento é o mesmo da exceção de incompetência (art. 110, CPP). Em petição à parte, argui-se a exceção, podendo fazê-lo qualquer das partes, sempre determinando o juiz a oitiva da outra. Admite-se a suscitação verbalmente, também, embora seja raro. Cabe recurso em sentido estrito, quando o juiz a acolher (art. 581, III, CPP), mas não quando jul-gá-la improcedente. Entretanto, por configurar nítido constrangimento ilegal o andamento de ação penal, com parte ilegítima, pode ser impetrado *habeas corpus* para fazer cessar o abuso.

3.1.18   Exceção de coisa julgada

É a defesa indireta contra o processo, visando a sua extinção, tendo em vista que idêntica causa já foi definitivamente julgada em outro foro. Ninguém pode ser punido ou processado duas vezes pelo mesmo fato, razão pela qual, havendo nova ação, tendo por base idêntica imputação de anterior, já decidida, cabe a arguição de exceção de coisa julgada.

---

[7]   *Código de Processo Penal comentado*, v. 1, p. 285.

Definindo a coisa julgada material, preceitua o art. 502 do CPC/2015: "denomina-se coisa julgada material a autoridade que torna imutável e indiscutível a decisão de mérito não mais sujeita a recurso". No dizer de ROMEU PIRES DE CAMPOS BARROS, "coisa julgada, portanto, é a própria coisa discutida depois que o juiz se pronuncia sem mais qualquer possibilidade de recurso que a coisa está julgada (*res iudicata est*)".[8]

Como bem alerta TORNAGHI, o fundamento da coisa julgada "não é a presunção ou a ficção de acerto do juiz, mas uma razão de pura conveniência".[9] Bem observa NIEVA-FENOLL que "o princípio básico de que parte o conceito de coisa julgada é o seguinte: os juízos só devem realizar-se uma única vez. Deste princípio se deriva que a coisa julgada consiste em uma proibição de reiteração de juízos (...). A razão disso é muito evidente e pode resumir-se deste modo: a segurança jurídica requer que sobre cada assunto somente se possa decidir uma única vez. A jurisdição existe para dar estabilidade e segurança às relações humanas conflitivas".[10]

Assim, reconhece-se a imutabilidade de uma decisão para que a insegurança na solução de determinado conflito não se perpetue. O mal de uma injustiça imutável pode ser menor do que a busca incessante de uma justiça, no fundo, igualmente impalpável e sempre discutível. É bem verdade que, no processo penal, se abre a possibilidade de revisão da coisa julgada, quando se tratar de erro judiciário, em favor do réu. Isso em virtude dos valores que estão em confronto: segurança do julgado e direito à liberdade, prevalecendo este último.

A coisa julgada difere da preclusão, pois enquanto esta é a imutabilidade de matéria secundária do processo, a primeira diz respeito à matéria principal, provocando o encerramento do feito. Pode, neste caso, gerar coisa julgada material ou formal, conforme veremos em tópico abaixo.

Assemelha-se a preclusão à coisa julgada formal, em certos aspectos. Exemplificando: se contra a decisão de impronúncia nenhum recurso é interposto, diz-se que ocorreu preclusão consumativa ou máxima, justamente a coisa julgada formal. O mérito não foi julgado, podendo ser reaberta a discussão, se surgirem novas provas. Caso a questão seja renovada, outra denúncia deve ser apresentada, instaurando-se novo processo. Por outro lado, se a parte deixa de impugnar a incompetência em razão do território, diz-se que houve apenas preclusão, prorrogando-se a competência do juízo. Não se fala em coisa julgada formal, pois o processo não se encerrou. Rigorosamente falando, portanto, a autêntica coisa julgada é a material, pois a chamada coisa julgada formal não passa de uma modalidade de preclusão. Como assinala FREDERICO MARQUES, a preclusão "é um fato impeditivo destinado a garantir o avanço progressivo da relação processual e a obstar o seu recuo para fases anteriores do procedimento", sendo também "a perda de uma faculdade ou de um direito processual que, por se haver esgotado ou por não ter sido exercido em tempo oportuno, fica praticamente extinto".[11]

3.1.19 *Coisa julgada material e coisa julgada formal*

Cuida-se da coisa julgada *material*, quando o mérito da causa foi decidido, reconhecendo ou afastando a pretensão punitiva do Estado, não havendo mais a possibilidade de interposição de qualquer recurso, razão pela qual se torna imutável. Exemplificando: se o réu é absolvido

---

[8]   *Direito processual penal*, v. 1, p. 255.

[9]   *Compêndio de processo penal*, t. I, p. 107.

[10] *Coisa julgada*, p. 134-135.

[11] *Elementos de direito processual penal*, v. 3, p. 88.

da prática de um estelionato, transitada esta decisão em julgado, pelo mesmo fato não pode ser novamente processado.

Diferentemente, a coisa julgada *formal* é somente a imutabilidade da decisão final de um processo, em virtude da preclusão das vias de impugnação, embora se possa ajuizar outra ação, conforme previsão legal. Ex.: se o réu é impronunciado pela prática de um homicídio, havendo novas provas, pode ser novamente processado, ajuizando-se ação distinta contra ele. Note-se que a parte da decisão a se tornar imutável é o dispositivo da sentença, isto é, o comando emanado do Estado-juiz, julgando procedente ou improcedente a denúncia ou a queixa, mas não a sua fundamentação, que envolve unicamente o raciocínio utilizado pelo magistrado.

Por vezes, no entanto, é preciso levar em conta a motivação da sentença para se compreender o sentido e o alcance do dispositivo, gerando coisa julgada, ou não, quanto à totalidade dos fatos contidos na imputação. Exemplo disso seria a absolvição do réu pela ocorrência de legítima defesa. É preciso examinar a fundamentação para saber exatamente quais fatos foram considerados absorvidos pela excludente. Leva-se em conta, para a análise da exceção de coisa julgada, como se faz na litispendência, se o fato criminoso imputado (não a classificação feita) e o réu são exatamente os mesmos de ação anterior.

3.1.20 *Coisa julgada e coisa soberanamente julgada*

Os termos são utilizados para demonstrar que a *coisa julgada*, no processo penal, cuidando-se de sentença condenatória ainda pode ser alterada pela ação rescisória, que se chama *revisão criminal*. Entretanto, a *coisa soberanamente julgada*, no caso de sentença absolutória, jamais pode ser alterada, por qualquer tipo de ação ou recurso. É a nomenclatura utilizada por Pimenta Bueno e adotada, também, por FREDERICO MARQUES.[12]

3.1.21 *Limites da coisa julgada*

São de ordem subjetiva e objetiva. Quanto à primeira, temos que, como regra, a coisa julgada somente pode produzir efeito em relação às partes envolvidas no processo. O Estado, como titular único do direito de punir, é sempre envolvido pela coisa julgada. Quanto ao polo passivo, havendo mais de um réu, é possível que a coisa julgada estenda ou não os seus efeitos aos demais, conforme o caso.

Destarte, decidida a causa em relação a um corréu, inocentando-o por falta de provas, por exemplo, isto não significa que outro concorrente do delito não possa ser julgado, pelo mesmo fato, posteriormente, sendo condenado. O fato criminoso é o mesmo, mas as provas foram produzidas em processos distintos, tendo repercussão diversa em cada um deles. Mas, conforme a situação, a decisão proferida em relação a um corréu, pode abranger pessoa que não faz parte do processo. Ilustrando: duas pessoas foram autoras de um determinado crime; uma, identificada, é denunciada, mas, durante o processo, ocorre a *abolitio criminis* (o fato deixa de ser considerado delito), extinguindo-se a sua punibilidade. Essa decisão, por óbvio, faz coisa julgada, também, no tocante ao outro, ainda que posteriormente ele seja identificado, pois se trata de causa de extinção da punibilidade de fundo objetivo, logo, comunicável aos coautores.[13]

---

[12] *Elementos de direito processual penal*, v. 3, p. 82.

[13] Outra não era a concepção desde o direito romano: "o julgado de uns não causa prejuízo a outros (Codex, Livro 44, Tít. II, 1)" (NIEVA-FENOLL, *Coisa julgada*, p. 39).

Quanto ao aspecto objetivo, é natural poderem existir outros fatos, julgados por diversos magistrados, que envolvam questões incidentais no processo, mas não a imputação principal.[14] Essas decisões de outros feitos não proporcionam a formação da coisa julgada. Assim, em matéria de questões prejudiciais, por exemplo, apreciadas por diferentes juízos, não se pode invocar a coisa julgada, para evitar que a decisão seja proferida em determinado processo-crime em andamento. Exemplo: se o juiz cível não anular um casamento de pessoa acusada de bigamia, havendo o trânsito em julgado dessa decisão, ainda assim não se pode aventar coisa julgada na esfera criminal.

Acrescente-se, ainda, que o fato principal deve ser avaliado concretamente, segundo a imputação feita, não se levando em conta a classificação apresentada pelo órgão acusatório, até mesmo por que o juiz pode alterá-la (art. 383, CPP, a chamada *emendatio libelli*).

Outros reflexos dos limites objetivos da coisa julgada podem ser encontrados, por exemplo, nos casos de crime continuado, permanente e habitual.

Sabemos que o crime continuado é uma ficção jurídica, voltada a beneficiar o acusado, considerando-se que várias infrações penais da mesma espécie, praticadas em circunstâncias de tempo, lugar e modo de execução semelhantes, possam constituir um único crime em continuidade delitiva.

Com tal reconhecimento, as penas dos vários delitos serão drasticamente reduzidas, pois prevê o art. 71 do Código Penal que o magistrado aplique somente a pena do crime mais grave ou, se idênticos, apenas uma delas, acrescida de um sexto até dois terços. Logo, se houver, por exemplo, processo criminal pela prática de três furtos, olvidando-se um quarto, ainda não descoberto, mas na mesma continuidade delitiva dos primeiros, após a condenação, pode ser iniciado novo processo pela prática do quarto furto, aplicando-se a pena isoladamente. Note-se que o fato é novo e diverso daqueles que foram antes julgados, não se podendo invocar *coisa julgada*.

Entretanto, por ficção jurídica, voltada à aplicação da pena, deverá ser incluído posteriormente dentre os demais, o que se faz na execução penal, por meio da unificação das penas. Em suma, ainda que presente a coisa julgada material no primeiro processo (onde constaram os três furtos), não se pode afastar a instauração de ação penal contra o réu pelo quarto furto.

Na hipótese de crime permanente, temos uma só infração penal, embora com o prolongamento da consumação no tempo. Assim, cuida-se, em verdade, de fato único. Julgado este, não se pode instaurar processo criminal contra o réu por qualquer questão a ele relativa. Ilustrando: se um sequestro se arrastar por várias cidades, já que os agentes mudam a vítima de cativeiro toda semana, até serem descobertos, uma vez processados em uma determinada Comarca, não podem, posteriormente, ser novamente processados em Comarca diversa, a pretexto de que o sequestro lá também ocorreu. Há coisa julgada material impedindo a instauração da ação penal. Esse limite não pode ser ultrapassado.

Quando estivermos diante do crime habitual, delito que criminaliza um estilo de vida inaceitável do agente, encontramos várias ações que, isoladamente, não possuem relevância penal, por serem fatos atípicos, mas, vistas no conjunto, permitem a constituição da tipicidade. Exemplo: curandeirismo (art. 284, CP).

---

[14]   No direito romano, "para que fosse operativa a *exceptio rei iudicate*, recordemos que se exigia que litigássemos a mesma questão, examinando se estava se discutindo sobre o mesmo bem, sobre a mesma quantidade, e sobre a mesma causa de pedir, o mesmo direito. Identidade total" (NIEVA-FENOLL, *Coisa julgada*, p. 41).

Por isso, até que seja oferecida denúncia, caso o agente perpetue na prática do delito, há apenas um fato a ser apurado. Quando a acusação propuser a ação penal, pode o agente continuar a exercitar a mesma conduta, dando início, pois, a uma nova fase de formação de delito habitual. Por esse novo fato nascente, pode ser processado no futuro, sem que haja a possibilidade de alegar coisa julgada. Seria, na verdade, a hipótese do crime habitual continuado, cujas penas poderiam ser unificadas durante a execução penal. Mas, por ação anterior, embora não incluída na denúncia do primeiro processo, não pode ser processado, pois faz parte do todo que compõe a infração penal habitual.

Finalmente, nesse contexto, vale lembrar a relação existente entre coisa julgada e conflito aparente de normas. Este último é a hipótese de incidência sobre um determinado fato de duas ou mais normas penais, aparentemente gerando um conflito, mas que, com a utilização de certos critérios, vê-se aplicável somente uma delas. Ex.: se a mãe mata seu filho, recém-nascido, temos, em tese, um homicídio, que, no entanto, pode também se configurar em infanticídio, pela aplicação do critério da especialidade. Logo, valendo-se do art. 123 do Código Penal (infanticídio) está, logicamente, afastada a incidência do art. 121 (homicídio). Portanto, caso a mulher seja absolvida pelo infanticídio, jamais poderá ser novamente processada pelo mesmo fato, ainda que se alegue ter ocorrido homicídio, outra figura típica.

Dá-se o mesmo na aplicação dos critérios da subsidiariedade e da absorção. No caso do primeiro, se houve processo pelo crime mais grave (tentativa de homicídio, por exemplo), absolvido ou condenado o réu por isso, não poderá ser novamente acusado da prática de exposição a perigo de vida (delito subsidiário, previsto no art. 132, CP), quando se tratar do mesmo fato. No caso de absorção, se o acusado é processado por homicídio e absolvido, não poderá ser novamente acusado da prática de porte ilegal de arma, referentemente ao idêntico fato, já que este crime foi absorvido pelo primeiro.

Finalizando, é preciso lembrar, nas palavras de Nieva-Fenoll, que a "jurisdição penal é exclusiva e nenhuma outra ordem jurisdicional pode declarar que houve delito onde a jurisdição penal disse que não o havia, ou onde não disse absolutamente nada. (...) Portanto, a eficácia dos pronunciamentos penais sobre o restante dos juízos é absoluta, reitero, no que a questões penais se referir. E sua natureza é logicamente de coisa julgada, pois se trata de evitar, como veremos seguidamente, a reiteração de juízos".[15]

3.1.22 Formalidades para a interposição da exceção de coisa julgada

Podem as partes fazê-lo a qualquer tempo. Como no caso de incompetência absoluta, a matéria não preclui, diante do interesse público envolvido.

O reconhecimento da existência de coisa julgada de ofício pelo magistrado é viável. Como já visto anteriormente, há nítido interesse público em evitar que uma segunda ação penal contra o mesmo réu, cuidando de idêntica imputação, tenha andamento, uma vez que a primeira já conta com decisão de mérito, com trânsito em julgado. Quando o magistrado, sem o ingresso da exceção, termina um processo, por reconhecer a existência de coisa julgada, o recurso cabível é a apelação (art. 593, II, CPP).

Em petição à parte, argui-se a exceção, podendo fazê-lo qualquer das partes, sempre determinando o juiz a oitiva da outra. Admite-se a suscitação verbal, o que não é comum. Cabe recurso em sentido estrito, quando o juiz a acolher (art. 581, III, CPP), mas não quando

---

[15] *Coisa julgada*, p. 259.

julgá-la improcedente. Entretanto, por configurar nítido constrangimento ilegal o andamento de nova ação penal, após a matéria já ter sido decidida anteriormente, pode ser impetrado *habeas corpus* para o seu trancamento.

3.1.23   Petição única contendo mais de uma exceção

Se a parte desejar invocar várias causas de defesa indireta contra o processo, segundo dispõe o art. 110, § 1.º, do Código de Processo Penal, deve fazê-lo em uma única peça à parte, articulando, separadamente, cada uma delas.

O juiz, então, terá uma visão de conjunto de todas as exceções, podendo tomar o melhor caminho para solucionar as questões, ou seja, remete o processo para outro foro, extingue o feito ou mantém-se no caso, rejeitando todas elas.

Lembremos, ainda, que as exceções são processadas em autos apartados, não suspendendo, em regra, o andamento da ação principal (art. 111, CPP).

3.2   Incompatibilidades e impedimentos

Incompatibilidade é falta de harmonização ou qualidade do que é inconciliável. Utiliza-se o termo, no Código de Processo Penal, para designar a situação de suspeição, uma vez que o juiz, o promotor, o serventuário ou funcionário, o perito ou o intérprete suspeito torna-se *incompatível* com o processo, no qual funciona, baseado no princípio de imparcialidade e igualdade de tratamento, que deve reger o *devido processo legal*, mecanismo seguro de distribuição de justiça às partes.

Assim, o art. 112 do CPP, ao cuidar da incompatibilidade, nada mais faz do que ressaltar o dever do juiz, do órgão do Ministério Público e de outros envolvidos com o processo de se retirarem do mesmo, tão logo constatem uma das situações de suspeição (art. 254, CPP). No sentido, por nós afirmado, de que *incompatibilidade* se vincula às causas de suspeição, está o magistério de TORNAGHI.[16] Em sentido contrário, argumentando que incompatibilidade e impedimento têm o mesmo significado e é despicienda a sua distinção, encontramos a posição de TOURINHO FILHO.[17]

Em nosso entendimento, incompatibilidade é a afirmação, sem provocação da parte interessada, da suspeição. Quando o juiz, por exemplo, se declara suspeito, retirando-se dos autos, está reconhecendo uma incompatibilidade. Se a parte o considera suspeito e pretende afastá-lo da decisão da causa, ingressa com uma exceção de suspeição.

Tratando da mesma situação – suspeição – em capítulos diferenciados, o Código de Processo Penal fornece ao termo *incompatibilidade* a força de declaração de ofício, bem como ao de *exceção de suspeição*, a significação de defesa, proposta pela parte interessada. Assim, não há "exceção de incompatibilidade" – mas apenas afirmação de ofício de incompatibilidade, fundada na suspeição –, nem tampouco "exceção de suspeição afirmada de ofício" – mas, sim, arguição apresentada pela parte interessada para afastar o órgão suspeito.

Impedimento é obstáculo ou embaraço ao exercício da função no processo. Não deixa de ser, em última análise, uma incompatibilidade, que torna o juiz, o promotor, o serventuário ou funcionário, o perito ou o intérprete suspeito de exercer sua atividade em determinado

---

[16]   *Compêndio de processo penal*, t. I, p. 72.

[17]   *Código de Processo Penal comentado*, v. 1, p. 299.

feito. Entretanto, trata-se de uma incompatibilidade mais grave, impeditiva do exercício da função, levando à inexistência do ato praticado.

Enquanto a suspeição pode ser vencida, caso as partes aceitem o juiz, por exemplo, ainda que seja ele amigo íntimo do réu, o impedimento não provoca o mesmo efeito. A qualquer tempo, verificada a situação de impedimento, o processo pode ser integralmente refeito, a partir do momento em que a pessoa impedida funcionou. O impedimento pode – e deve – ser proclamado de ofício pelo impedido. Não sendo, prevê o art. 112 a possibilidade de a parte interessada arguir a *exceção de impedimento*, cujo procedimento é idêntico ao da *exceção de suspeição*.

Deve o juiz, o órgão do Ministério Público, o serventuário ou funcionário, o perito ou intérprete afirmar, nos autos, qual o motivo da incompatibilidade (suspeição) ou do impedimento, que o faz retirar-se do processo. A parte tem o direito de saber a razão do afastamento de determinada pessoa das suas funções, até para se poder constatar possíveis condutas ilegais, desvios funcionais e até o crime de prevaricação. Ressalva-se a possibilidade de o juiz manifestar-se suspeito por motivo de foro íntimo, cujas razões serão esclarecidas ao Conselho Superior da Magistratura, em caráter reservado. Entretanto, nos autos, deve afirmar que o motivo é "de foro íntimo".

3.2.1 Consequência do impedimento

Sustenta parte da doutrina, corretamente em nosso ponto de vista, que o impedimento é causa grave de vício do ato praticado, maculando-o por completo, o que leva à constatação de sua inexistência.

Tomando como exemplo o impedimento do magistrado, diz FREDERICO MARQUES: "o impedimento priva o juiz da *jurisdictio* e torna inexistentes os atos que praticar; e isso, 'ainda que não haja oposição ou recusação da parte'. Daí o motivo de ter o Código de Processo Penal feito menção ao juiz suspeito, no citado art. 564, I, e nada ter dito do juiz impedido".[18] E mais adiante continua: "De um modo geral, a lei não diz quando o ato se considera inexistente. O intérprete é que, diante de uma situação concreta, verificará, com os conceitos doutrinários, se ocorre o fenômeno. Sob o aspecto ontológico, explica VINCENZO CAVALLO, 'a nulidade absoluta encontra seu reconhecimento na lei; a inexistência, no conceito negativo dos requisitos que ela exige para a existência do ato'".[19] E, na mesma linha, TORNAGHI explica que "o impedimento não gera somente a incompetência do juiz, não lhe limita o exercício da jurisdição, mas, como o nome está dizendo, impede-o completamente, tolhe-o por inteiro: 'o juiz não poderá exercer jurisdição' diz o artigo 252. Os atos praticados por ele não são apenas nulos, como seriam se fosse incompetente (CPP, art. 564, I e parágrafo único), mas são juridicamente inexistentes".[20]

3.3 Conflito de competência

Acesse e escute o podcast sobre Conflito de competência.

> http://uqr.to/1z8om

---

[18] *Elementos de direito processual penal*, v. 2, p. 373.

[19] Ob. cit., p. 382.

[20] *Compêndio de processo penal*, t. I, p. 73.

Constituindo a competência a medida da jurisdição, que todo magistrado possui ao ser investido no cargo, chama-se *conflito de competência* quando dois ou mais juízes entendem, para a mesma causa, ser competentes para apreciá-la ou, ainda, quando nenhum juiz a chama para si. A primeira situação é denominada de conflito *positivo*; a segunda, conflito *negativo* (art. 113, CPP).

O Código de Processo Penal vale-se da expressão *conflito de jurisdição*, que reputamos errônea, uma vez que não se trata de confronto de jurisdição, já que esta é inerente à função de qualquer magistrado. Discute-se, em verdade, qual é a medida do exercício jurisdicional, justamente o que é dado pela competência.

Parte da doutrina prefere denominar de *conflito de jurisdição* aquele que se estabelece entre juízes de diferentes órgãos, como ocorreria entre o juiz federal e o juiz estadual, deixando a expressão *conflito de competência* para aquele que se fundamenta entre magistrados do mesmo órgão, como ocorreria entre juízes estaduais de determinada Comarca.[21] Não pensamos desse modo, pois a própria Constituição Federal utilizou unicamente o termo *conflito de competência*. É o que se vê nos arts. 102, I, *o*, 105, I, *d*, e 108, I, *e*, da CF. No sentido que sustentamos estão os magistérios de Vicente Greco Filho;[22] Demercian e Maluly.[23]

Em posição intermediária, afirmando que o Código de Processo Penal equiparou a expressão *conflito de jurisdição* a *conflito de competência*, está a visão de Frederico Marques: "Na terminologia da legislação pátria, a expressão usada para se resolverem conflitos de competência é também a de conflito de jurisdição. O nosso legislador distinguiu do conflito de jurisdição tão somente o conflito de atribuições, para designar, com este nome, aquele surgido entre autoridades judiciárias e autoridades administrativas".[24] E o próprio autor admite que, tratando-se de diferentes juízes e tribunais, cuidando de matérias específicas – como a Justiça Militar, a Justiça Eleitoral etc. –, faltaria jurisdição ao magistrado pertencente a uma carreira, estando em exercício em Vara específica, no que concerne a matéria de apreciação privativa de juiz de outra carreira. Dessa forma, o juiz militar não teria *jurisdição* para julgar casos criminais comuns, enquanto o magistrado estadual não teria *jurisdição* para apreciar delitos da órbita federal.

Ensina, ainda, referindo-se à possibilidade de se falar em conflito de jurisdição: "Adotada essa distinção" – entre conflitos de jurisdição e de competência – "só existirá conflito de jurisdição quando a controvérsia, negativa ou positiva, surgir entre tribunais adstritos a diferentes setores jurisdicionais; quando, porém, dois ou mais tribunais de idêntica ordem jurisdicional pretendem conhecer de determinado litígio ou causa, ou, pelo contrário, abster-se de conhecê-lo, haverá conflito de competência".[25]

A posição exposta nos parece sensata, com algum acréscimo. Partindo-se do princípio de que todo magistrado, investido na sua função regularmente, tem jurisdição, tudo se poderia reduzir a conflito de competência, embora tenha preferido a legislação processual penal pátria distinguir a jurisdição em setores, alcunhando-os de comum ou especial, superior ou inferior e assim sucessivamente. Por isso, cremos válida a possibilidade de diferençar o conflito de jurisdição – quando os magistrados pertencem a carreiras diversas e cuidam, cada qual, de

---

[21]   Tourinho Filho, *Código de Processo Penal comentado*, v. 1, p. 301.

[22]   *Manual de processo penal*, p. 159.

[23]   *Curso de processo penal*, p. 214-215.

[24]   *Da competência em matéria penal*, p. 395.

[25]   Ob. cit., p. 41-43.

matéria específica – do conflito de competência – quando os juízes são da mesma carreira, sem nenhuma especificidade.

3.3.1   Conflito de atribuição

É o conflito existente entre autoridades administrativas ou entre estas e autoridades judiciárias. Quando se trata de autoridades do mesmo Estado, envolvendo juízes, cabe ao Tribunal de Justiça dirimi-los (ex.: entre delegado de polícia e juiz de direito). Não havendo magistrado incluído, cabe à própria instituição à qual pertencem as autoridades que entram em conflito resolver a controvérsia (ex.: entre promotores de justiça dirime o conflito o Procurador-Geral de Justiça).

Se disser respeito a autoridades administrativas diversas (ex.: entre delegado de polícia e promotor de justiça), espera-se que haja provocação do Judiciário, quando então será dirimido, por força de decisão jurisdicional (ex.: delegado instaura inquérito policial e promotor instaura procedimento investigatório sobre o mesmo fato; aguarda-se que o investigado ingresse com *habeas corpus* para buscar o trancamento de um deles, quando houver constrangimento ilegal, por abuso na atividade investigatória do Estado). Entretanto, quando envolver autoridades administrativas e judiciárias da União (ex.: delegado federal e juiz federal), ou autoridades judiciárias de um Estado e administrativas de outro (ex.: juiz estadual e delegado federal) ou do Distrito Federal, ou entre as deste e a da União, cabe ao Superior Tribunal de Justiça resolvê-los (art. 105, I, *g*, CF).

3.3.2   Falso conflito de atribuição

É o denominado conflito entre membros do Ministério Público que, durante uma investigação policial, entendem que não são competentes para denunciar o indiciado. Haveria, aí, um conflito negativo de atribuições, mas que simboliza um *falso conflito*, pois há sempre um juiz responsável por cada um dos inquéritos, razão pela qual, se encamparem os entendimentos dos promotores ou procuradores com os quais oficiam, estará instaurado verdadeiro conflito de competência, a ser dirimido pelo Tribunal Superior.

Com precisão, exemplifica TOURINHO FILHO: "A nosso ver, deverá ser assim. Inclusive por economia processual (...) Suponha-se, de acordo com a tese contrária, devessem os autos ser remetidos à Procuradoria-Geral, e esta, 'solucionando' a controvérsia, nos moldes do art. 28 deste diploma, afirmasse que a competência é do juízo onde o membro do Ministério Público suscitante oficia. Chegando os autos à Comarca e oferecida denúncia, o Juiz, coerente com o seu posicionamento anterior, dê-se por incompetente, remetendo o feito àquele que, no seu entender, era o competente. Este, por seu turno, insista na sua manifestação ao acolher o anterior pronunciamento do Promotor de Justiça. Em face disso, suscita-se o conflito, mesmo porque o parecer da Procuradoria, exceto nos casos de pedido de arquivamento, não vincula o Magistrado".[26]

Aliás, sempre que o juiz acolhe pedido ou parecer do Ministério Público, para qualquer finalidade, está, em última análise, decidindo – seja na esfera administrativa ou jurisdicional, conforme o caso –, tornando-se responsável pelo ato praticado. É impossível outra análise,

---

[26]   *Código de Processo Penal comentado*, v. 1, p. 303.

sob pena de se dizer que o magistrado funciona como mero cumpridor de decisões do órgão do Ministério Público, o que é inadmissível.

Outro falso conflito ocorreria entre promotor de justiça e procurador da República. Deve ser, na realidade, dirimido pelo Poder Judiciário, quando os respectivos juízes forem provocados. Assim, caso o promotor ingresse com ação perante o juiz estadual e o procurador, perante o federal, instaura-se o conflito de competência, a ser solucionado pelo Superior Tribunal de Justiça. É o que esta Corte vem decidindo. Porém, há decisão em sentido diverso, emanada do Supremo Tribunal Federal, estipulando caber ao próprio Pretório Excelso dirimir o conflito entre os Ministérios Públicos Federal e Estadual, desde que não configurado conflito de competência entre juízes.

3.3.3   Conflito em decorrência de conexão e continência

Havendo conexão, o juiz prevento deve avocar o outro processo, que tramita em Vara diversa. Caso o juiz desta discorde, suscitará conflito de competência, alegando que não há conexão alguma ou que ele é o juízo competente para julgar ambos.

Dá-se o mesmo se houver continência (concurso formal ou concurso de pessoas). Imagine-se que dois coautores estão sendo processados em diferentes juízos. Cabe a unidade do feito, embora, se os juízes não se entenderem quanto à necessidade de junção ou apresentarem divergência, quanto ao juízo competente para o julgamento conjunto, o conflito estará instaurado.

O art. 114, II, do CPP menciona, ainda, a possibilidade de separação dos processos, podendo tal situação ocorrer se um magistrado, verificando não ter havido conexão ou continência, determinar a separação do feito, encaminhando-se um deles para conhecimento de outro juízo. Caso este entenda não ser competente, pois o correto seria a manutenção da união, suscitará conflito.

Vale lembrar que não há possibilidade de existência de conflito de competência quando houver um processo em andamento e outro, findo. Afinal, a finalidade da conexão ou da continência é provocar a junção dos feitos, o que é impossível nessa hipótese, pois um deles já foi extinto. Nessa ótica: Espínola Filho[27] e Bento de Faria.[28]

3.3.4   Procedimento para o conflito de competência

Dispõe o art. 115 do Código de Processo Penal que o conflito pode ser suscitado pela parte interessada, pelos órgãos do Ministério Público e por qualquer dos juízes ou tribunais em causa.

Qualquer das partes envolvidas no litígio tem interesse em provocar a instauração de um conflito de competência, até porque, havendo dois processos, que merecem ser unidos por conexão, por exemplo, sem interesse dos magistrados em fazê-lo, é preciso que o tribunal seja chamado a resolver a divergência. Como ensina Espínola Filho, "é do maior interesse, tanto particular das partes na causa, quanto público, que a apuração dos fatos se faça perante autoridade judiciária competente, a qual efetive a sua subsunção à norma jurídica que os dis-

---

27   *Código de Processo Penal brasileiro anotado*, v. 3, p. 338.
28   *Código de Processo Penal*, v. 1, p. 225.

ciplina".[29] Inclui-se, nesse campo, também o assistente de acusação, cujo interesse é evidente, embora haja omissão do art. 271 do Código de Processo Penal. Como vimos defendendo, é preciso ampliar as possibilidades de atuação da vítima no processo penal e não as restringir.

O Ministério Público, atuando como parte, inclui-se na hipótese do inciso I do art. 115, mas, caso oficie como fiscal da lei, pode, igualmente, provocar o conflito, pois sua função é indicativa de que a vontade da lei deve ser fielmente seguida.

É válido, por derradeiro, que qualquer magistrado ou tribunal, na trilha do interesse público que domina o tema, suscite o conflito, a fim de ser dirimido pelo órgão competente.

Os magistrados em geral suscitam conflito na forma de representação (exposição de um ponto de vista, solicitando resolução por quem de direito), já que não há sentido em *requerer* providências ao tribunal (quem *requer* é parte interessada, não se aplicando ao juiz).

A parte interessada apresenta o conflito por petição, na forma de requerimento fundamentado, que será devidamente autuado, instruído com documentos e dirigido ao Presidente do tribunal competente, conforme o previsto na Constituição Federal para dirimir conflitos de competência.

Em seguida, obedece-se à lei, normalmente de organização judiciária, que prevê o órgão competente interno do tribunal para julgar os conflitos de competência.

Como síntese, temos:

a) Supremo Tribunal Federal: cabe-lhe dirimir os conflitos de competência entre o Superior Tribunal de Justiça e quaisquer tribunais, entre tribunais superiores, ou entre estes e outro tribunal qualquer (art. 102, I, *o*, CF);

b) Superior Tribunal de Justiça: cabe-lhe resolver os conflitos de competência entre quaisquer tribunais, não abrangidos, naturalmente, pela competência do Supremo Tribunal Federal, bem como os conflitos entre tribunal e juiz a ele não vinculado e entre juízes vinculados a diferentes tribunais (art. 105, I, *d*, CF);

c) Tribunal Regional Federal: cabe-lhe julgar os conflitos de competência entre juízes federais a ele vinculados (art. 108, I, *e*, CF);

d) Tribunal de Justiça dos Estados: cabe-lhe dirimir conflitos de competência entre os juízes estaduais a ele vinculados. No Estado de São Paulo, a competência é da Câmara Especial, composta pelo Vice-Presidente, Presidente da Seção Criminal, Presidente da Seção de Direito Privado, Presidente da Seção de Direito Público e Decano (mais antigo do tribunal).

Cabe ao relator fazer vir aos autos do conflito as informações das autoridades envolvidas, salvo quando elas já tiverem sido apresentadas (art. 116, § 4.º, CPP). É o que ocorre quando há conflito negativo de competência, em que ambos os juízos oferecem seus pontos de vista a respeito. No caso de conflito positivo, se foi suscitado pela parte, deve-se ouvir os juízos envolvidos. Caso tenha sido suscitado por um dos juízes, ouve-se o outro.

Os conflitos devem ser decididos em breve espaço de tempo, possibilitando que o processo retome o seu curso normal. O Regimento Interno dos tribunais costuma prever a distribuição preferencial para o conflito de competência.

---

[29] *Código de Processo Penal brasileiro anotado*, v. 3, p. 348.

Estabelece o art. 117 do Código de Processo Penal que o Supremo Tribunal Federal – podendo-se incluir o Superior Tribunal de Justiça, que somente foi criado pela Constituição de 1988 – pode avocar processos de outros tribunais para fazer valer a sua competência de dirimir conflitos, estipulando o juízo competente.

Avocar é a possibilidade de chamar a si o julgamento de uma causa. Portanto, se algum tribunal superior constatar que um processo está tramitando indevidamente em uma Vara de primeira instância ou mesmo em tribunal estadual ou regional, pode avocá-lo.

Lembremos que não houve revogação do art. 117 do CPP, como apregoam alguns, uma vez que a avocatória, antes constante da Constituição Federal – e hoje não mais existente – era outro instituto, que não dizia respeito exclusivo à matéria de competência.

3.3.5   Outras possibilidades de conflito de competência

Quando houver conflito entre órgãos colegiados do mesmo tribunal, deve o Regimento Interno do tribunal indicar o órgão responsável para o julgamento. Como exemplo, pode-se citar o art. 13, I, *e*, do Regimento Interno do Tribunal de Justiça de São Paulo: "Compete ao Órgão Especial processar e julgar originariamente: (...) I, *e*: "os conflitos de competência entre órgãos do Tribunal pertencentes a Seções".

O conflito formado entre juiz de direito e juiz auditor da Justiça Militar, considerando-se que ambos são magistrados da Justiça Estadual, pode apresentar duas situações:

a)   caso haja Tribunal de Justiça Militar no Estado, como é o caso de São Paulo, por exemplo, o juiz auditor é considerado magistrado vinculado a Corte diversa da que pertence o juiz de direito. Portanto, quem dirime o conflito é o Superior Tribunal de Justiça;

b)   caso inexista Tribunal de Justiça Militar, ambos os magistrados se ligam à mesma Corte, que é o Tribunal de Justiça, órgão que deve resolver o conflito.

3.3.6   Desaparecimento do conflito antes do julgamento pelo Tribunal

Quando o conflito está instaurado e é levado ao tribunal, caso um dos juízes nele envolvido reconheça a sua competência ou incompetência, fazendo cessar as razões que os fizeram conflitar, não parece ajustada a hipótese de sua extinção, com o não conhecimento pelo órgão *ad quem*.

Defende a tese do desaparecimento do conflito, BENTO DE FARIA,[30] mas, contrário a esse entendimento, com o que concordamos, está a lição de ESPÍNOLA FILHO: "Animamo-nos a dissentir de tão grande autoridade, ante a não reprodução, no nosso Código, de dispositivo análogo ao do italiano. Se a verdadeira finalidade do conflito de jurisdição é a determinação do juízo realmente competente, e não, apenas, decidir o choque de opiniões entre duas autoridades judiciárias, e, por isso mesmo, o magistrado brasileiro ensinou, com grande rigor de observação, poder 'suceder que nenhuma das autoridades judiciárias em conflito seja realmente competente, mas sim outra, que não interveio; neste caso, a economia do processo justifica seja declarada a sua competência, ainda quando não figure entre os juízes suscitados'; não vemos

---

[30]   *Código de Processo Penal*, v. 3, p. 226.

razão alguma a aconselhar se retire, porque chegaram a acordo os juízes antes em divergência, a possibilidade de vir o tribunal, apto a solucionar de vez, a questão de competência, a dizer qual é o juiz competente, não estando excluída a hipótese de ser um terceiro e não um dos que, a princípio em divergência, uniformizaram os seus pontos de vista. É certo, poderá invocar-se a lógica, para repelir a subsistência de um conflito, após estabelecido o acordo. Mas, não será por amor às coerências puramente teóricas, que se deverá desatender às realidades práticas. O incidente existiu, determinando uma provocação do poder competente, que é de toda conveniência se efetive. Diferente é o caso, se a divergência desapareceu antes de suscitado o conflito, pois, então, este não chegou a tomar corpo, tecnicamente".[31]

3.3.7 Suspensão do processo em caso de conflito

É natural que, havendo conflito negativo de competência (não há juiz interessado em julgar a causa), fique o processo paralisado, até que se decida quem deve cuidar dele. Para as providências urgentes, pode o relator designar o juízo competente provisoriamente.

Em situação de conflito positivo de competência (existe mais de um juiz apto para a causa), deve-se ressaltar que o processo continua em andamento, conduzido pelo magistrado que se considerou competente a tanto e tem os autos em mãos.

Entretanto, conforme o caso, pode o relator, para evitar prejuízo maior e até por economia processual, determinar a suspensão do andamento (art. 116, § 2.º, CPP). Nada impede que haja expresso pedido da parte interessada para essa providência.

3.4 Restituição de coisas apreendidas

É o procedimento legal de devolução a quem de direito de objeto apreendido, durante diligência policial ou judiciária, não mais interessante ao processo criminal. Pode constituir-se em procedimento incidente, quando houver litígio ou dúvida sobre a propriedade da coisa.

Coisas apreendidas são aquelas que, de algum modo, interessam à elucidação do crime e de sua autoria, podendo configurar tanto elementos de prova, quanto elementos sujeitos a futuro confisco, pois coisas de fabrico, alienação, uso, porte ou detenção ilícita, bem como as obtidas pela prática do delito.

Menciona o art. 6.º, II e III, do Código de Processo Penal, que a autoridade deverá, tão logo tenha conhecimento da prática da infração penal, dirigir-se ao local e providenciar a apreensão dos objetos relacionados com o fato, além de colher as provas que servirem ao seu esclarecimento e de suas circunstâncias. O art. 11 do mesmo Código prevê que, findo o inquérito, acompanharão os autos, quando encaminhados ao fórum, os instrumentos do crime e os objetos que interessarem à prova.

No campo das provas, a medida cautelar de busca e apreensão (art. 240, CPP), deferida pelo juiz, autoriza a apreensão de coisas achadas ou obtidas criminosamente, além de armas e instrumentos para o cometimento de infrações penais, bem como objetos indispensáveis à prova de fatos referentes ao processo. Nesse procedimento de recolhimento de coisas em geral, é possível que terceiros de boa-fé sejam prejudicados e mesmo o acusado, quando objetos de pouco ou nenhum interesse para a causa sejam apreendidos. Por isso, instaura-se

---

[31] *Código de Processo Penal brasileiro anotado*, v. 2, p. 339-340.

o incidente processual denominado *restituição de coisas apreendidas* para a liberação do que foi recolhido pelo Estado.

O fator limitativo da restituição das coisas apreendidas é o interesse gerado para o processo (art. 118, CPP). Portanto, enquanto for útil à causa, não se devolve a coisa recolhida, até porque, fazendo-o, pode-se não mais obtê-la de volta. Imagine-se a arma do crime, que necessitaria ser exibida aos jurados, num processo que apure crime doloso contra a vida. Não há cabimento na sua devolução, antes do trânsito em julgado da sentença final, pois é elemento indispensável ao feito, ainda que pertença a terceiro de boa-fé e não seja coisa de posse ilícita.

Registremos o disposto no art. 91, II, do Código Penal: "São efeitos da condenação: (...) II – a perda em favor da União, ressalvado o direito do lesado ou de terceiro de boa-fé: a) dos instrumentos do crime, desde que consistam em coisas cujo fabrico, alienação, uso, porte ou detenção constitua fato ilícito; b) do produto do crime ou de qualquer bem ou valor que constitua proveito auferido pelo agente com a prática do fato criminoso".

Assim, instrumentos do crime, cuja utilização é proibida, como ocorre com as armas de uso privativo do Exército, por exemplo, não retornarão jamais ao acusado, mesmo que seja ele absolvido (maiores detalhes estão na nota 6 ao art. 119 do nosso *Código de Processo Penal comentado*). Ocorre o confisco. Ressalva-se a posição do lesado ou terceiro de boa-fé, como pode acontecer com o sujeito que tem a arma proibida retirada de sua coleção autorizada, para utilização em um roubo. Pode pleitear a devolução, pois, no seu caso, a posse é lícita.

Quanto ao produto do crime, pode dar-se o mesmo. Se joias são furtadas, é natural que não mais sejam restituídas ao agente do crime, caso seja ele condenado. Eventualmente, elas podem ser devolvidas ao lesado ou terceiro de boa-fé, desde que a propriedade seja comprovada. Não surgindo ninguém para reclamá-las, serão confiscadas pela União.

Ressalte-se que a expressão *crime*, constante do art. 91, II, do Código Penal, admite interpretação extensiva, abrangendo *contravenção penal*, como tem interpretado majoritariamente a jurisprudência.

Por fim, convém mencionar que, no tocante ao produto do crime, caso seja a própria coisa subtraída ou a conseguida pela prática do delito, pode ser apreendida; porém, tratando-se de bens ou valores auferidos pela transformação do produto direto do crime, devem ser objeto de sequestro. Assim, a quantia em dinheiro retirada da vítima pode ser objeto de apreensão, mas o veículo comprado com esse montante será objeto de sequestro (art. 132, CPP).

Quando as coisas apreendidas forem de fabrico, alienação, uso, porte ou detenção proibidos serão confiscadas pela União, pois não teria cabimento restituir objetos ilícitos a quem quer que seja (ex.: entorpecentes não autorizados ou armas de uso restrito das Forças Armadas), ainda que o juiz nada mencione na decisão de arquivamento do inquérito ou na sentença absolutória.

3.4.1 Procedimento da restituição de coisas apreendidas

O art. 120 do Código de Processo Penal estabelece que a restituição pode ser ordenada pela autoridade policial ou judiciária, mediante termo nos autos, desde que não exista dúvida quanto ao direito do requerente. Caso seja duvidoso, o pedido deve ser autuado em apartado, podendo o interessado apresentar provas em cinco dias. Nessa hipótese, somente ao juiz caberá a decisão. Cuida-se, pois, de um procedimento incidente.

Convém deixar claro que, quando é certa a propriedade da coisa apreendida, não sendo ela mais útil ao processo, deve ser devolvida diretamente a quem de direito, sem necessidade de procedimento incidente em apartado.

Pode ser autor do pedido o próprio réu, a vítima ou terceiro não interessado no deslinde do feito, mas unicamente na devolução do que julga pertencer-lhe.

Haverá igualmente autuação em apartado, somente podendo decidir o magistrado, caso as coisas sejam apreendidas em mãos de terceiro de boa-fé, que será intimado a alegar e provar o seu direito, oferecendo a prova que possui em cinco dias. Ouve-se, em qualquer hipótese, o representante do Ministério Público.

Entretanto, o art. 120 do CPP estabelece uma diferença entre o reclamante e o terceiro de boa-fé, demonstrando, pelo § 1.º, que o requerente da restituição é o indiciado (ou acusado), bem como pode ser o ofendido, pessoa envolvida no feito, enquanto, pelo § 2.º, nota-se que o requerente é terceiro de boa-fé, alheio ao processo criminal.

Deve o reclamante, seja quem for, demonstrar a propriedade, apresentando os documentos que possuir ou requerer a produção de outro tipo de prova em juízo. Assim, o prazo assinalado de 5 dias significa a apresentação da prova ou o requerimento para que seja produzida, mas não quer dizer tenha o magistrado que encerrar o incidente no quinquídio.

Se a dúvida sobre a propriedade não puder ser resolvida pela curta dilação probatória realizada na esfera criminal, transfere-se a discussão para o juízo cível, depositando-se as coisas em mãos de depositário ou do próprio terceiro que já as detinha, desde que idôneo.

Como regra, determina a lei que, num primeiro momento, seja sempre o magistrado condutor do feito criminal a autoridade a liberar ou não a coisa apreendida. Somente havendo dúvida intransponível, pode-se remeter a questão à esfera cível, conforme determina o § 4.º do art. 120 do CPP. Evita-se, com isso, a apresentação de medidas cautelares ao juiz cível, desnecessariamente, desde que se possa, através de um simples incidente no processo-crime, concluir de quem seja a propriedade do que foi apreendido e não possui mais utilidade ao processo.

Sobre a competência do juízo cível, é preciso ressaltar que há duas hipóteses possíveis: a) juízo cível comum: quando o conflito se estabelece entre particulares, ambos pleiteando a coisa e dizendo-se proprietários; b) juízo da Fazenda Pública: quando o conflito se der entre o pretenso proprietário, particular, e a Fazenda, que não reconhece a propriedade, crendo que o bem deva permanecer apreendido para assegurar o confisco, revertendo aos cofres públicos o resultado de sua venda.

As coisas deterioráveis serão avaliadas e levadas a leilão público, depositando-se o dinheiro apurado ou devem ser entregues ao terceiro que as possuía, desde que idôneo, mediante termo de responsabilidade.

Ao final da produção de provas no incidente, as partes têm dois dias para oferecer alegações finais. O Ministério Público, de todo modo, será ouvido.

Sobre a litigiosidade do incidente, pode dar-se o conflito de interesses na devolução de coisas apreendidas, justamente quando envolve o terceiro de boa-fé. Dessa maneira, o reclamante (indiciado/acusado ou ofendido, bem como seus familiares) pode pleitear a restituição, entrando em disputa com o terceiro de boa-fé, adquirente da coisa, de fabrico, alienação, uso, porte ou detenção lícita. É o que se dá, muitas vezes, no caso de coisas furtadas, passadas a terceiros, que não teriam condições de avaliar a origem do bem. A vítima pode pretender a devolução, entrando em litígio com o terceiro de boa-fé.

3.4.2   Apreensão de coisa adquirida com os proventos da infração

Como regra, tudo o que for pelo agente adquirido com o resultado lucrativo da prática criminosa deve ser objeto de sequestro e não de simples apreensão. Exemplificando: se o ladrão, após retirar grande quantia de dinheiro de um banco, por exemplo, compra um automóvel, em loja especializada, em negócio lícito, não pode este veículo ser objeto de apreensão, mas sim de sequestro.

Porém, se o agente utiliza o dinheiro conseguido para comprar algum objeto que seja interessante para a prova do processo criminal, pode a coisa ser apreendida. É o que o art. 240, § 1.º, *b*, denomina de *coisa achada*. Outro exemplo: alega o agente não ser traficante, mas com o produto da venda de entorpecentes, pelo que responde, compra um equipamento para refinar droga. Torna-se importante a apreensão, a fim de se demonstrar a sua ligação com o tráfico. Pode-se, depois, aplicar o disposto no art. 133 e seus parágrafos, que é a venda pública do bem, entregando-se o montante arrecadado ao Fundo Penitenciário Nacional.

Porventura, pode-se apreender bens que estejam na residência do agente criminoso, supondo-se pertencerem à vítima, isto é, serem as coisas subtraídas. Verifica-se, depois, que as coisas apreendidas constituíam o proveito do delito e não a *res furtiva*. Fez-se a apreensão, ao invés do sequestro, pois não se sabia exatamente a quem pertenceriam os objetos. Como a vítima não é obrigada a ficar com o proveito da infração, merecendo receber de volta o dinheiro que lhe foi tomado, pode o Estado determinar a venda, em leilão público, visando à futura satisfação da parte lesada. Nesse prisma está a lição de Espínola Filho.[32]

3.4.3   Prazo para requerer a restituição

Se a parte interessada na devolução do bem apreendido não tiver se manifestado, para requerer a restituição ou liberação da constrição (art. 122, CPP), cumpre-se o disposto no art. 133 do CPP (transitada em julgado a decisão condenatória, o juiz, de ofício ou a requerimento do interessado ou do MP, pode determinar a avaliação do bem e sua venda em leilão público). Caso ninguém se habilite a tanto, o juiz decreta a perda, em favor da União, do que foi apreendido, seja lícito ou ilícito, determinando seja tudo vendido em leilão, revertendo-se o dinheiro para os cofres públicos (Fundo Penitenciário Nacional). Logicamente, se feita a venda, surgir o interessado – vítima ou terceiro de boa-fé – o montante lhe será destinado. Algumas coisas ilícitas podem ser vendidas em leilão, como alguns tipos de armas que interessem a colecionadores; outras, como drogas, devem ser incineradas.

Há possibilidade de haver a apreensão de coisas de fabrico, alienação, uso, porte ou detenção permitidos, pertencentes não ao réu, mas a terceiros, que não as reclama. É também viável que os bens pertençam ao acusado, que também não os pede de volta. Nessa hipótese, não havendo possibilidade de confiscar os bens, passando-os à União, deve o juiz determinar a sua venda em leilão, depositando-se o saldo em conta de ausentes, seguindo-se o disposto nos arts. 744 e seguintes do Código de Processo Civil de 2015. Para esse procedimento, pouco importa que a sentença seja condenatória ou absolutória, bem como se houver extinção da punibilidade ou arquivamento do inquérito.

---

[32]   *Código de Processo Penal brasileiro anotado*, v. 2, p. 370.

3.5   Medidas assecuratórias

São as providências tomadas, no processo criminal, para garantir a futura indenização ou reparação à vítima da infração penal, o pagamento das despesas processuais ou das penas pecuniárias ao Estado ou mesmo para evitar que o acusado obtenha lucro com a prática criminosa.

Dividem-se em sequestro, arresto e especialização de hipoteca legal. Fazem parte dos procedimentos incidentes, merecedores de decisão em separado, na pendência do processo principal, onde se apura a responsabilidade do réu pela infração penal.

3.5.1   Sequestro

É a medida assecuratória consistente em reter os bens imóveis e móveis do indiciado ou acusado, ainda que em poder de terceiros, quando adquiridos com o proveito da infração penal, para que deles não se desfaça, durante o curso da ação penal, a fim de se viabilizar a indenização da vítima ou impossibilitar ao agente que tenha lucro com a atividade criminosa (art. 125, CPP).

Não utiliza o Código de Processo Penal o termo *sequestro* no seu sentido mais técnico, como aponta a doutrina, que seria a retenção de coisa litigiosa, até que se eleja o seu autêntico dono. Vale o sequestro, no processo penal, para recolher os proventos do crime – tudo aquilo que o agente adquiriu, valendo-se do produto do delito (ex.: carros, joias, apartamentos, terrenos, comprados com o dinheiro subtraído da vítima) –, visando-se indenizar a parte lesada, mas também tendo por finalidade impedir que alguém aufira lucro com a prática de uma infração penal. Logo, se não houver ofendido a requerer a indenização, são os proventos do delito confiscados pela União, como impõe o art. 91, II, *b*, do Código Penal.

Os bens imóveis são, de acordo com o disposto nos arts. 79 e 80 do Código Civil, os seguintes: a) o solo e tudo quanto se lhe incorporar natural ou artificialmente; b) os direitos reais sobre imóveis e as ações que os asseguram; c) o direito à sucessão aberta. Acrescenta o art. 81 que "não perdem o caráter de imóveis: I – as edificações que, separadas do solo, mas conservando sua unidade, forem removidas para outro local; II – os materiais provisoriamente separados de um prédio, para nele se reempregarem".

Consideramos *proventos da infração* o lucro auferido pelo produto do crime, podendo constituir-se de bens móveis ou imóveis. Destaca SÉRGIO MARCOS DE MORAES PITOMBO que o produto da infração pode ser direto, quando for o "resultado útil imediato da operação delinquencial: bens, ou bem, produzidos pela indústria do infrator" e indireto, quando for o "resultado útil mediato da operação delinquencial: o ganho, o lucro, o benefício que ao delinquente adveio da utilização econômica do produto direto do crime".[33] E completa que são sequestráveis todos os bens adquiridos pelo indiciado com o produto indireto do crime.[34] Em síntese, pois, conclui que os bens móveis, quando constituírem o produto do crime, são objeto de apreensão, o que já foi visto nos tópicos referentes à restituição de coisas apreendidas. Quanto aos bens imóveis, quando forem produto do crime, diante do silêncio do Código de Processo Penal, utiliza-se, por analogia, o sequestro (idem, p. 10-11).

---

[33] *Do sequestro no processo penal brasileiro*, p. 9.
[34] Ob. cit., p. 10.

A decretação de medidas assecuratórias, como o sequestro, por CPI, é inadmissível. Os parlamentares, em exercício em Comissão Parlamentar de Inquérito, possuem poderes investigatórios típicos do juiz, embora não se possa considerar como parte da investigação a decretação da indisponibilidade de bens de alguém. Esta é medida jurisdicional, não possuindo a CPI competência para fazê-lo, como já decidiu o Supremo Tribunal Federal.

3.5.1.1   Requisito fundamental para o sequestro

Deve estar demonstrada, nos autos, a existência de indícios veementes da procedência ilícita dos bens (art. 126, CPP). Indícios são meios indiretos de prova, através dos quais se chega, por indução, ao conhecimento de um fato (ver art. 239, CPP).

Além de prova indiciária, torna-se indispensável que seja ela *veemente*, ou seja, forte, intensa, cristalina. Não são quaisquer indícios que servem para sustentar o sequestro, privação incidente sobre o direito de propriedade, constitucionalmente assegurado, mas somente aqueles que forem vigorosos. Em outros cenários, a lei exige indícios *suficientes* de autoria, algo, por contraposição, mais leve (arts. 312 e 413, CPP). No caso presente, os indícios *veementes* devem apontar para a origem ilícita dos bens e não para a responsabilidade do autor da infração penal. A norma fala em *indícios veementes* buscando uma quase certeza da proveniência ilícita do bem sequestrável, não se referindo à certeza, pois esta, por óbvio que seja, propicia, ainda mais, a decretação da medida assecuratória.

3.5.1.2   Procedimento do sequestro

Há ampla possibilidade de provocação, uma vez que a lei conferiu a iniciativa ao representante do Ministério Público, ao ofendido, seu representante legal ou seus herdeiros, à autoridade policial condutora das investigações e ao próprio magistrado, agindo de ofício (art. 127, CPP).

Em qualquer hipótese – decretando-se ou negando-se o sequestro – cabe apelação (art. 593, II, CPP).

Decretado o sequestro nos autos do procedimento incidente (art. 128, CPP), é suficiente que determine o juiz a expedição de mandado para a sua inscrição no Registro de Imóveis, nos termos do disposto no art. 239 da Lei 6.015/73 (Registros Públicos): "As penhoras, arrestos e sequestro de imóveis serão registrados depois de pagas as custas do registro pela parte interessada, em cumprimento de mandado ou à vista de certidão do escrivão, de que constem, além dos requisitos exigidos para o registro, os nomes do juiz, do depositário, das partes e a natureza do processo. Parágrafo único. A certidão será lavrada pelo escrivão do feito, com a declaração do fim especial a que se destina, após a entrega, em cartório, do mandado devidamente cumprido".

Assim fazendo, não é possível que o imóvel seja vendido a terceiros de boa-fé, uma vez que qualquer certidão extraída do Registro de Imóveis, o que é essencial para a garantia da boa transação, acusará a indisponibilidade do bem. Caso seja o imóvel objeto de compra e venda, a despeito do sequestro, o terceiro que o detiver, perderá o bem, que será vendido em hasta pública, encaminhando-se o apurado para a vítima ou para a União, ao término do processo criminal.

A autuação em apartado é indispensável, evitando-se tumultuar o feito principal. Logo, ainda que seja o juiz a autoridade provocadora, deve fazê-lo em separado, contendo os motivos que o levam a decretar o sequestro e permitindo a ciência das partes, inclusive das que forem interessadas em contrariar a decisão tomada.

Aponta o art. 129 do Código de Processo Penal caber, contra o sequestro, embargos de terceiro. Trata-se da defesa apresentada pelo terceiro de boa-fé, completamente alheio à prática da infração penal, conforme disposição feita pelo art. 674 do Código de Processo Civil de 2015: "Art. 674. Quem, não sendo parte no processo, sofrer constrição ou ameaça de constrição sobre bens que possua ou sobre os quais tenha direito incompatível com o ato constritivo poderá requerer seu desfazimento ou sua inibição por meio de embargos de terceiro. § 1.º Os embargos podem ser de terceiro proprietário, inclusive fiduciário, ou possuidor. § 2.º Considera-se terceiro, para ajuizamento dos embargos: I – o cônjuge ou companheiro, quando defende a posse de bens próprios ou de sua meação, ressalvado o disposto no art. 843; II – o adquirente de bens cuja constrição decorreu de decisão que declara a ineficácia da alienação realizada em fraude à execução; III – quem sofre constrição judicial de seus bens por força de desconsideração da personalidade jurídica, de cujo incidente não fez parte; IV – o credor com garantia real para obstar expropriação judicial do objeto de direito real de garantia, caso não tenha sido intimado, nos termos legais dos atos expropriatórios respectivos".

Os embargos devem ser julgados tão logo termine a instrução do procedimento incidente, não havendo necessidade de se aplicar o disposto no art. 130, parágrafo único, do CPP, que prevê a prolação de decisão somente após o trânsito em julgado da sentença condenatória do processo-crime. Na hipótese tratada no art. 129 do CPP, não há razão de se reter o bem imóvel de terceiro inocente, que relação alguma tem com o crime, por tempo excessivo.

A diferença existente entre este terceiro de boa-fé, estranho ao processo criminal, e o terceiro de boa-fé do art. 130, II, do CPP, que se vale de uma impugnação ao pedido de sequestro, é a seguinte: o primeiro não adquiriu o bem imóvel sobre o qual recaiu o sequestro diretamente do indiciado ou acusado, podendo ter havido uma mera confusão a respeito da ordem de constrição judicial. Ilustrando: ordena o juiz o sequestro da casa 1-A do condomínio, mas a medida é lavrada no tocante à casa 1-B. O proprietário deste imóvel interpõe embargos de terceiro, com base no art. 129, merecendo julgamento imediato. Quanto ao terceiro adquirente, a título oneroso, do imóvel, cabe a previsão feita no parágrafo único do art. 130, ou seja, os embargos por ele interpostos serão apreciados somente após o término definitivo do processo criminal.

Em ambas as situações, no entanto, a competência para apreciar os embargos é do juiz criminal.

O art. 130 do CPP faz menção, também, ao termo *embargos*, embora, na essência, cuide-se de mera contestação ou impugnação ao ato de constrição. Nessa hipótese, há, de algum modo, vínculo do embargante com o autor da infração penal ou com a prática do delito. Diversamente, como já se expôs, do terceiro estranho à prática da infração penal e ao seu autor, que se vale dos *embargos de terceiro* (art. 129, *supra*).

A defesa do réu, no caso dos meros *embargos* (art. 130, I, CPP), limita-se a demonstrar que o bem sequestrado não tem qualquer relação com a infração penal, que lhe é imputada. Não se discute a existência do crime, nem sua autoria. Se for o terceiro a apresentar a impugnação (art. 130, II, CPP), deve provar a sua boa-fé, consistente no fato de não ter sabido, nem lhe ter sido possível saber, que se tratava de bem dessa natureza. A norma é clara ao exigir que a transação tenha sido a título oneroso. Aquele que, sem qualquer ônus recebeu a coisa, deverá perdê-la, caso seja o réu considerado culpado pela prática da infração penal. Haverá confisco.

Não cabe falar em sequestro de bens móveis, quando esses bens forem passíveis de apreensão, nos termos do art. 240 do CPP, seja pelo fato de constituírem coisas interessantes à prova no processo criminal, seja porque foram obtidas por meio criminoso (produto do crime), bem como, ainda, pelo motivo de representarem coisas de fabrico, alienação, posse, uso ou detenção ilícita.

Por outro lado, tratando-se de provento do crime, isto é, de coisas adquiridas pelo rendimento que a prática da infração penal provocou, porque não são objetos de apreensão, aplica-se, aí sim, o sequestro previsto no art. 132 do Código de Processo Penal. A condição essencial é a existência de indícios veementes da proveniência ilícita dos bens. O procedimento utilizado é o mesmo já comentado para os bens imóveis.

São bens móveis, de acordo com os arts. 82 a 84 do Código Civil: a) os bens suscetíveis de movimento próprio, ou de remoção por força alheia, sem alteração da substância ou da destinação econômico-social; b) as energias que tenham valor econômico; c) os direitos reais sobre objetos móveis e as ações correspondentes; d) os direitos pessoais de caráter patrimonial e respectivas ações; e) os materiais destinados a alguma construção, enquanto não forem empregados, bem como aqueles que readquirirem essa qualidade em virtude da demolição de algum prédio.

A finalização da medida assecuratória dá-se, conforme prevê o art. 133 do CPP, após o trânsito em julgado da sentença condenatória, determinando o juiz, de ofício ou a requerimento do interessado ou do Ministério Público, a avaliação e venda dos bens em leilão público, destinando-se o dinheiro à União (Fundo Penitenciário Nacional), no caso de confisco.

Porventura, poderá ser encaminhado o montante apurado à vítima ou ao terceiro de boa-fé. Trata-se de diligência a ser empreendida pelo juiz da condenação, ou seja, aquele que decretou o sequestro, pois é a sequência lógica adotada pela lei processual penal. O juiz da esfera cível nada tem a ver com a constrição, não lhe sendo cabível interferir na disposição dos bens. Note-se, ademais, que quando o Código de Processo Penal quer referir-se ao juízo cível torna isso bem claro, como ocorre com o art. 143. Assim, o produto do crime e os proventos da infração penal irão à venda pública, ao final, caso a medida seja deferida pelo juiz criminal. Somente o que for arrestado – móveis e imóveis – caberá ao juiz cível dispor, quando houver ação civil de reparação do dano.

É autorizada a utilização do bem sequestrado, apreendido ou sujeito a qualquer medida assecuratória pelos órgãos de segurança pública (art. 133-A, CPP). Outro ponto é a viabilidade de se destinar a museus públicos os bens de relevante valor cultural ou artístico (art. 124-A, CPP).

3.5.1.3   Levantamento do sequestro

Tratando-se de medida constritiva e excepcional, pode ser revista, desde que ocorra uma das três hipóteses enumeradas no art. 131 do Código de Processo Penal, a saber:

a) quando decretado durante a fase investigatória, não for intentada a ação penal no prazo máximo de 60 dias, o que é bastante razoável para apurar a materialidade e indícios suficientes de autoria;

b) quando, decretado em qualquer outra fase, o terceiro de boa-fé oferecer garantia para assegurar eventual indenização à vítima e que o bem não voltará ao acusado. Logo, se este for condenado, não terá lucro algum. Provada a boa-fé, o terceiro levanta a caução;

c) quando for julgada extinta a punibilidade do réu ou for este absolvido, por decisão definitiva, já que a origem ilícita do bem não foi evidenciada, merecendo cessar a constrição.

3.5.2   Especialização de hipoteca legal

Conforme preceitua o art. 134 do Código de Processo Penal, incide hipoteca legal sobre os bens imóveis do indiciado ou acusado, devendo ser requerido pelo ofendido, em qualquer fase, o procedimento denominado de *especialização de hipoteca legal*, desde que exista certeza da materialidade e indícios suficientes de autoria. Ressaltemos que há um equívoco na redação do mencionado artigo ao fazer referência a qualquer fase do *processo*, uma vez que cabe a medida também durante o inquérito.

Ensina PITOMBO que "hipoteca legal é instrumento protetivo. Emerge como favor legal, outorgado a certas pessoas, em dada situação jurídica, merecedoras do amparo. Na lei, pois, lhes nasce o direito real de garantia".[35] Destina-se a assegurar a indenização do ofendido pela prática do crime, bem como ao pagamento das custas – quando houver previsão na legislação – e das despesas processuais.

Não é confisco, nem se destina o apurado pela eventual venda do imóvel à União. É uma medida cautelar, prevista em lei, não dependente de requerimento para existir, cujo procedimento para sua utilização baseia-se na especialização, logo, sujeito ao pedido da parte interessada, podendo ser o imóvel *arrestado* ou *tornado indisponível* – seriam termos preferíveis – desde logo, para garantir que a própria especialização tenha sucesso. Preceitua o Código Civil, no art. 1.489, III, que "a lei confere hipoteca: (...) III – ao ofendido, ou aos seus herdeiros, sobre os imóveis do delinquente, para satisfação do dano causado pelo delito e pagamento das despesas judiciais; (...)".

Embora a lei mencione ser parte legítima apenas o ofendido, deve-se incluir o seu representante legal e seus herdeiros. Excepcionalmente, na forma autorizada pelo art. 142 do CPP, poderá provocar o procedimento de especialização da hipoteca legal o Ministério Público, quando a vítima for pobre, ou quando houver interesse da Fazenda Pública (recebimento de multa ou custas).

Quanto aos requisitos – certeza da infração e indícios suficientes de autoria – parece-nos que o termo *certeza* foi infeliz. Levando-se em conta que ainda não existe condenação com trânsito em julgado, razão pela qual o mérito não foi apreciado, não se pode dizer que a infração penal é *certa*. O melhor seria apenas mencionar, como se fez no art. 312 do CPP, que cuida da prisão preventiva, ser suficiente prova da existência do crime, o que é mais genérico e menos taxativo. No tocante à prova de indícios *suficientes* de autoria, cuida-se de dado elementar para se autorizar uma constrição sobre imóveis de origem lícita do acusado.

3.5.2.1   Procedimento para a especialização

A hipoteca sobre os bens imóveis do autor da infração penal decorre de lei, logo, não é caso de ser deferida ou indeferida pelo juiz. Cabe apenas à parte interessada – normalmente o ofendido – requerer a sua especialização, isto é, apontar sobre quais imóveis ela deverá incidir, tornando-os indisponíveis. Trata-se de algo natural, pois não se pode bloquear, ao

---

[35]   *Do sequestro no processo penal brasileiro*, p. 42.

longo da instrução, todo o patrimônio do acusado, visto que, diante da infração penal em tese cometida, o valor da indenização futura pode não ser elevado o suficiente para uma constrição tão extensa.

O art. 135 do Código de Processo Penal estabelece que, mediante requerimento, a parte estimará o valor da responsabilidade civil, designará e estimará qual é o imóvel (ou quais são eles) que ficará indisponível, aguardando o desfecho da causa criminal. O juiz, então, mandará avaliar o imóvel (ou imóveis) e arbitrará o valor da responsabilidade.

A petição será instruída com documentos ou com a indicação de provas a produzir, de forma a gerar no magistrado a convicção acerca do montante da indenização, além de constar a relação do imóvel (ou imóveis), acompanhadas dos documentos demonstrativos da propriedade.

Diz a lei que o arbitramento do valor da responsabilidade e a avaliação dos imóveis serão feitos por perito judicial. O laudo, nos termos do art. 182 do CPP, não vincula o magistrado, apenas o auxilia a decidir.

Ouvidas as partes, no prazo de dois dias, após a apresentação do laudo, decidirá o juiz, oficiando ao Registro de Imóveis para efetivar a indisponibilidade. A liquidação será feita somente após o trânsito em julgado da sentença condenatória.

Eventualmente, pode o acusado oferecer caução (garantia) suficiente em dinheiro ou em títulos de dívida pública, pelo valor de sua cotação em Bolsa, para livrar os imóveis da constrição.

Registre-se que, ao tratar-se de indenização civil, é natural supor que a vítima possa pleitear, além dos danos materiais sofridos, a reparação pelos danos morais. Ocorre que esta espécie de dano é de fixação extremamente variável, inexistindo lei específica para determinar o seu valor em cada caso, motivo pelo qual, segundo nos parece, deve o juiz ater-se, para a especialização da hipoteca – sob pena de fazer incidir a constrição exageradamente sobre o patrimônio do acusado – à indenização por danos materiais, de mais adequada ponderação.

Por cautela, até que o procedimento de especialização seja concluído, pode ser decretado o arresto do imóvel (art. 136, CPP, com a redação dada pela Lei 11.435/2006). Realizada a constrição, tem o interessado quinze dias para promover a inscrição da hipoteca legal, sob pena de revogação.

Não se tratando de coisa litigiosa, nem tampouco adquirida com os proventos do crime, é incorreto falar-se em sequestro. O patrimônio do acusado, de origem lícita, fica sujeito ao arresto, para que dele não se desfaça, fornecendo garantia ao ofendido ou à Fazenda Pública de que não estará insolvente ao final do processo criminal. A medida cautelar é positiva, uma vez que o procedimento de especialização de hipoteca legal pode demorar, razão pela qual se coloca, de antemão, em situação de indisponibilidade o bem (ou os bens imóveis), até que seja feita a inscrição do que for cabível no Registro de Imóveis.

3.5.3 Arresto de bens móveis para garantia de indenização e despesas

Na falta de bens imóveis para assegurar o pagamento de indenização ao ofendido ou custeio das despesas do processo, menciona o art. 137 do Código de Processo Penal ser viável o arresto (com a nova redação dada pela Lei 11.435/2006) de bens móveis suscetíveis de penhora.

A penhora, no ensinamento de Sérgio Marcos de Moraes Pitombo é "ato de constrição judicial, pelo qual se inicia a expropriação de bens do devedor executado, na execução por quantia certa, para satisfação do direito do credor exequente. Bens, portanto, são apartados do patrimônio do executado e seguros. Perde ele, assim, o poder de dispor dos mesmos, com eficácia para o exequente, sem, contudo, se ver privado, ainda da propriedade".[36]

Lembremos que a medida constritiva, nesta hipótese, só pode ser decretada sobre bens penhoráveis, segundo a lei processual civil. Preceitua o art. 833 do Código de Processo Civil de 2015: "São impenhoráveis: I – os bens inalienáveis e os declarados, por ato voluntário, não sujeitos à execução; II – os móveis, os pertences e as utilidades domésticas que guarnecem a residência do executado, salvo os de elevado valor ou os que ultrapassem as necessidades comuns correspondentes a um médio padrão de vida; III – os vestuários, bem como os pertences de uso pessoal do executado, salvo se de elevado valor; IV – os vencimentos, os subsídios, os soldos, os salários, as remunerações, os proventos de aposentadoria, as pensões, os pecúlios e os montepios, bem como as quantias recebidas por liberalidade de terceiro e destinadas ao sustento do devedor e de sua família, os ganhos de trabalhador autônomo e os honorários de profissional liberal, ressalvado o § 2.º; V – os livros, as máquinas, as ferramentas, os utensílios, os instrumentos ou outros bens móveis necessários ou úteis ao exercício da profissão do executado; VI – o seguro de vida; VII – os materiais necessários para obras em andamento, salvo se essas forem penhoradas; VIII – a pequena propriedade rural, assim definida em lei, desde que trabalhada pela família; IX – os recursos públicos recebidos por instituições privadas para aplicação compulsória em educação, saúde ou assistência social; X – a quantia depositada em caderneta de poupança, até o limite de 40 (quarenta) salários mínimos; XI – os recursos públicos do fundo partidário recebidos por partido político, nos termos da lei; XII – os créditos oriundos de alienação de unidades imobiliárias, sob regime de incorporação imobiliária, vinculados à execução da obra".

Além desses, outros bens podem ser considerados impenhoráveis, como ocorre, por exemplo, com o disposto na Lei 8.009/1990: "art. 1.º O imóvel residencial próprio do casal, ou da entidade familiar, é impenhorável e não responderá por qualquer tipo de dívida civil, comercial, fiscal, previdenciária ou de outra natureza, contraída pelos cônjuges ou pelos pais ou filhos que sejam seus proprietários e nele residam, salvo nas hipóteses previstas nesta Lei. Parágrafo único. A impenhorabilidade compreende o imóvel sobre o qual se assentam a construção, as plantações, as benfeitorias de qualquer natureza e todos os equipamentos, inclusive os de uso profissional, ou móveis que guarnecem a casa, desde que quitados".

3.5.3.1 Procedimento do arresto dos bens móveis

A regra geral imposta a todo processo incidente é que sejam formados autos apartados, ou seja, deve o juiz determinar a formação de autos distintos do processo principal, a fim de que este não se conturbe com o andamento dos atos processuais da especialização da hipoteca ou do arresto (art. 138, CPP).

Nos termos do art. 139 do Código de Processo Penal, o depósito e a administração dos bens móveis arrestados (leia-se: tornados indisponíveis) ficarão sujeitos às regras do processo civil, vale dizer, arts. 159 a 161 do Código de Processo Civil de 2015 (159 – "A guarda e a conservação de bens penhorados, arrestados, sequestrados ou arrecadados serão confiadas a depositário ou a administrador, não dispondo a lei de outro modo."; 160 – "Por seu trabalho o depositário ou o administrador perceberá remuneração que o juiz fixará levando em conta a situação dos bens, ao tempo do serviço e às dificuldades de sua execução. Parágrafo único.

---

[36] *Do sequestro no processo penal brasileiro*, p. 50.

O juiz poderá nomear um ou mais prepostos por indicação do depositário ou do administrador."; 161 – "O depositário ou o administrador responde pelos prejuízos que, por dolo ou culpa, causar à parte, perdendo a remuneração que lhe foi arbitrada, mas tem o direito a haver o que legitimamente despendeu no exercício do encargo. Parágrafo único. O depositário infiel responde civilmente pelos prejuízos causados, sem prejuízo de sua responsabilidade penal e da imposição de sanção por ato atentatório à dignidade da justiça.").

3.5.4   Finalização da especialização e do arresto

É incabível manter os bens do réu indisponíveis, caso seja ele absolvido ou julgada extinta a sua punibilidade, por sentença com trânsito em julgado (art. 141, CPP). É verdade que, conforme o motivo da absolvição, pode o ofendido pleitear, no juízo cível, indenização pelo ato ilícito. Nesse caso, entretanto, não permanecem arrestados, nem tampouco sob garantia da hipoteca, os bens do réu. Outras medidas assecuratórias, no entanto, se for o caso, devem ser tomadas na esfera civil.

Findo o processo criminal, transitando em julgado a sentença condenatória, forma-se o título executivo judicial, nos termos do art. 91, I, do Código Penal, razão pela qual pode o ofendido valer-se dele para dar início à ação civil *ex delicto*, discutindo apenas o montante da indenização e não mais a culpa, nos termos do art. 63 do Código de Processo Penal. A essa altura, já não há cabimento de se manter na esfera criminal os autos onde a medida constritiva foi decretada. Tudo passa, então, a concernir ao juízo cível (art. 143, CPP).

Nem sempre será o réu do processo criminal o único responsável pelo pagamento da indenização. É possível que, conforme previsto na legislação civil, outras pessoas sejam solidariamente responsáveis, de modo que as medidas constritivas, ainda durante o processo-crime, podem ser tomadas contra elas.

Estipula o art. 942 do Código Civil que "os bens do responsável pela ofensa ou violação do direito de outrem ficam sujeitos à reparação do dano causado; e, se a ofensa tiver mais de um autor, todos responderão solidariamente pela reparação". E, no parágrafo único: "São solidariamente responsáveis com os autores os coautores e as pessoas designadas no art. 932". Consultando-se este artigo, vê-se: "Art. 932. São também responsáveis pela reparação civil: I – os pais, pelos filhos menores que estiverem sob sua autoridade e em sua companhia; II – o tutor e o curador, pelos pupilos e curatelados, que se acharem nas mesmas condições; III – o empregador ou comitente, por seus empregados, serviçais e prepostos, no exercício do trabalho que lhes competir, ou em razão dele; IV – os donos de hotéis, hospedarias, casas ou estabelecimentos, onde se albergue por dinheiro, mesmo para fins de educação, pelos seus hóspedes, moradores e educandos; V – os que gratuitamente houverem participado nos produtos do crime, até a concorrente quantia". E arrematam os arts. 933, que "as pessoas indicadas nos incisos I e V do artigo antecedente, ainda que não haja culpa de sua parte, responderão pelos atos praticados pelos terceiros ali referidos" (é a consagração da responsabilidade civil objetiva), e 935, que "a responsabilidade civil é independente da criminal, não se podendo questionar mais sobre a existência do fato, ou sobre quem seja o seu autor, quando estas questões se acharem decididas no juízo criminal".

3.5.5   Alienação antecipada de bens

Instituiu-se a possibilidade de alienação antecipada dos bens captados e tornados indisponíveis, em qualquer medida assecuratória, desde que se destine à preservação do seu valor, quando estiverem sujeitos a qualquer grau de deterioração ou depreciação, bem como quando houver dificuldade para a sua manutenção (art. 144-A, CPP).

Os bens serão vendidos em leilão, preferencialmente por meio eletrônico. Faz-se avaliação judicial, para garantir o valor mínimo dos lances e, mesmo no segundo leilão, caso não se alcance o piso no primeiro, o bem somente poderá ser alienado por 80% de seu valor.

Deposita-se o montante obtido no leilão em conta vinculada ao juízo, até a decisão final do processo, convertendo-se em renda para a União, Estado ou Distrito Federal, no caso de condenação, desde que fruto de coisa ilícita. No caso de absolvição, devolve-se ao acusado o valor depositado.

3.6   Incidente de falsidade

Trata-se de um procedimento incidente, voltado à constatação da autenticidade de um documento, inserido nos autos do processo criminal principal, sobre o qual há controvérsia. A importância desse procedimento é nítida, pois visa à garantia da formação legítima das provas produzidas no processo penal, onde prevalece o princípio da verdade real, impedindo, pois, que esta seja obscurecida pela falsidade trazida aos autos por uma das partes.

Além disso, apurando-se o falso e, se possível, o seu autor, pode-se determinar a instauração de investigação criminal para a futura responsabilização do agente da infração penal contra a fé pública, ou, havendo provas suficientes, desde logo enviar as peças ao Ministério Público, para que possa promover diretamente a ação penal, dispensando-se o inquérito.

Espera-se que, instaurado o procedimento incidente de apuração de falsidade documental, uma vez julgado procedente, possa-se afastar do conjunto das provas elemento nocivo, porque não verdadeiro, impedindo-se que gere efeitos negativos, tal como a decretação de medidas drásticas contra o acusado (prisão, indisponibilidade de bens, busca e apreensão etc.).

3.6.1   Procedimento do incidente de falsidade

A parte interessada deverá arguir por escrito a falsidade de determinado documento constante dos autos, determinando o magistrado a autuação em apartado, bem como a oitiva da parte contrária, que terá o prazo de 48 horas, a contar da intimação. Na sequência, abre-se o prazo de três dias, sucessivamente, para cada parte apresentar as provas que possui ou requerer a produção das que não detém. Nota-se que o art. 145, II, do Código de Processo Penal, estipula o prazo de três dias para a "prova de suas alegações", o que seria impossível de se fazer, logo, a melhor interpretação é que haverá o prazo de três dias para o oferecimento do material que já possui o interessado ou o requerimento da produção de outras provas ainda não formadas.

Tratando-se de arguição de falso, que envolve a prática de crime, é salutar que a norma exija a procuração com poderes especiais, para que o requerente fique vinculado exatamente ao que está afirmando (art. 146, CPP). Eventuais delitos contra a honra ou mesmo de denunciação caluniosa podem ser objeto de apuração posterior. Aceita-se, em lugar da procuração com especiais poderes, a petição de impugnação assinada em conjunto pelo procurador e pela parte interessada.

Por outro lado, pode o juiz, de ofício, determinar a verificação da falsidade de qualquer documento (art. 147, CPP), seguindo o mesmo procedimento do art. 145.

Na sequência, os autos seguem ao juiz para julgamento ou, se for o caso, para determinar a realização das provas sugeridas. Reconhecida a falsidade, por decisão irrecorrível, o documento será desentranhado, remetendo-se o incidente ao Ministério Público para as providências criminais cabíveis.

Lembremos que o incidente de falsidade pode ser dispensável como procedimento em apartado, desde que a parte interessada alegue a não autenticidade de um documento nos autos principais, verificando o juiz que se trata de demonstração simples, sem qualquer complexidade. Reconhece-se a falsidade desde logo, portanto, valendo-se do princípio da economia processual.

Contra a decisão que defere ou indefere o incidente de falsidade, cabe recurso em sentido estrito (art. 581, XVIII, CPP). Somente após o trânsito em julgado, caso seja o documento considerado falso, haverá o desentranhamento.

Estabelece o art. 15 da Lei de Introdução ao Código de Processo Penal, que "no caso do art. 145, IV, do Código de Processo Penal, o documento reconhecido como falso será, antes de desentranhado dos autos, rubricado pelo juiz e pelo escrivão em cada uma de suas folhas". A medida tem por fim garantir que o documento retirado do processo principal corresponderá àquele que será enviado ao Ministério Público para as providências cabíveis, impedindo-se – ou dificultando-se – a sua substituição.

3.6.2   Sobre os termos falsidade e documento

A falsidade arguida pode ser tanto a material, que é a ausência de autenticidade quanto à forma do documento, pois alterado por alguém, tornando-se algo diverso do original verdadeiro, bem como a ideológica, que é a alteração de conteúdo, possuindo uma aparência de autenticidade. Enquanto na falsidade material pode-se perceber a alteração produzida no corpo do documento (rasuras, sobrescritos, entrelinhas etc.), na falsidade ideológica a forma é correta, enquanto o conteúdo é mentiroso (o dado constante é incorreto, embora não exista adulteração visível).

Documento é toda base materialmente disposta a concentrar e expressar um pensamento, uma ideia ou qualquer manifestação de vontade do ser humano, que sirva para demonstrar e provar um fato ou acontecimento juridicamente relevante. São documentos, portanto, os escritos, fotos, fitas de vídeo e som, desenhos, esquemas, gravuras, disquetes, CDs, entre outros. Entretanto, não podemos olvidar que, em sentido estrito, documento é apenas o escrito em papel. Para o fim do incidente, cremos que qualquer documento, cuja base material seja expressão de uma ideia ou manifestação de vontade, cujo autor seja passível de identificação, comporte a arguição de falsidade. Embora existam posições em sentido contrário, sustentando que somente o escrito comporta o referido incidente, não vemos como afastar, atualmente, o procedimento especial para apurar a autenticidade de uma fita de áudio ou vídeo, cujo conteúdo pode ser essencial para a busca da verdade real.

3.6.3   Efeitos limitados da decisão do incidente

Corretamente, a norma processual penal estabelece que a decisão tomada nos autos do incidente de falsidade, declarando ser o documento não autêntico, é limitada às estreitas fronteiras do procedimento incidente. A sua existência é justificada apenas para haver a deliberação sobre a legitimidade de uma prova, formadora do convencimento do magistrado, sem envolver ampla dilação probatória, típica de uma instrução de conhecimento (art. 148, CPP).

Assim, reconhecida a falta de autenticidade da prova, desentranha-se esta e determina-se a apuração do falso, em outro processo. É possível que, ao final, seja na esfera criminal, seja na cível, verifique-se a inadequação da primeira decisão, entendendo-se ser verdadeiro o que antes foi acoimado de falso. Se tal ocorrer, nada impede futura revisão criminal, caso tenha havido prejuízo para o réu. Entretanto, se o prejuízo tiver sido da acusação, tendo havido o trânsito em julgado da decisão proferida no processo de onde se extraiu o documento, nada mais se pode fazer, pois não há revisão em favor da sociedade.

Dificilmente, no entanto, tomando-se todas as cautelas na produção das provas no incidente, especialmente, quando possível, a pericial, tal situação acontecerá. Especialmente por isso, é necessário que o juiz tenha particular empenho em verificar se o falso realmente ocorreu, não se contentando com as simples alegações das partes.

3.7   Incidente de insanidade mental

É o procedimento incidente instaurado para apurar a inimputabilidade ou a semi-imputabilidade do acusado, levando-se em conta a sua capacidade de compreensão do ilícito ou de determinação de acordo com esse entendimento à época da infração penal. Tal medida justifica-se, uma vez que não é possível a condenação, com a consequente aplicação de pena, ao inimputável (art. 26, CP). Este, assim reconhecido à época do crime, deve ser absolvido (art. 386, parágrafo único, III, CPP), recebendo medida de segurança, que é uma espécie de sanção penal, embora nitidamente voltada ao tratamento e cura do enfermo.

Quanto ao semi-imputável, apurado o estado de perturbação da saúde mental, que lhe retira parcialmente o entendimento do ilícito ou da determinação de agir, de acordo com esse entendimento, poderá haver condenação, devendo, no entanto, o juiz reduzir a pena, nos termos do art. 26, parágrafo único, do Código Penal. Eventualmente, também ao semi-imputável, pode ser aplicada medida de segurança, se for o melhor caminho para tratá-lo (art. 98, CP).

Não é demais registrar que, segundo entendimento majoritário da doutrina, a culpabilidade é um dos elementos do crime, composto analiticamente de tipicidade, antijuridicidade e culpabilidade. Assim, para que se reconheça a existência de uma infração penal, torna-se indispensável que, além da tipicidade e da ilicitude, verifique-se a culpabilidade, um juízo de reprovação social, incidente sobre o fato e seu autor, pessoa imputável, com conhecimento potencial da ilicitude e possibilidade e exigibilidade de ter atuado conforme o Direito. Para maiores detalhes, consultar o conceito de crime, em nosso *Código Penal comentado*, nota 1 ao Título II, bem como o de medida de segurança, nota 1 ao Título VI.

O inimputável é capaz de cometer um injusto penal, isto é, algo não permitido pelo ordenamento (fato típico e antijurídico), mas não merece ser socialmente reprovado, por ausência de capacidade de entendimento do ilícito ou de determinação de agir conforme esse entendimento. Cabe-lhe, ao invés da pena, típica sanção penal aplicável aos criminosos, a medida de segurança, espécie de sanção voltada à cura e ao tratamento. O semi-imputável, por sua vez, por ter entendimento parcial do injusto cometido, preenche os requisitos para sofrer juízo de culpabilidade, merecendo, pois, ser condenado e receber pena, apesar de reduzida. Excepcionalmente, pode também, como já afirmado, receber medida de segurança, se for melhor para a sua recuperação.

3.7.1   Procedimento do incidente de insanidade mental

A dúvida razoável sobre a integridade mental do acusado à época do fato propicia que o juiz, de ofício, ou a requerimento do Ministério Público, do defensor, do curador, do ascendente, descendente, irmão ou cônjuge do réu, determine a instauração do incidente de insanidade mental para que seja realizado o exame médico-legal (art. 149, CPP).

Não somente durante o processo, mas desde a fase do inquérito, pode ser realizado o referido exame. Se a autoridade policial perceber que investiga pessoa inimputável ou semi-imputável deve, desde logo, representar ao magistrado competente pela realização do incidente.

Em apartado, o juiz formará o incidente, baixando portaria e nomeando curador ao acusado, se já não o tiver, podendo recair a mencionada nomeação na pessoa de seu advogado. Suspende-se o curso do processo principal – sem que haja a suspensão da prescrição –, possibilitando ao Ministério Público e à defesa a apresentação de quesitos, a ser respondidos pelo perito judicial. Logicamente, diligências indispensáveis serão realizadas, desde que apurada a sua urgência.

Vale registrar que somente a dúvida *razoável* sobre a integridade mental do acusado dá margem à realização do incidente. Crimes graves, réus reincidentes ou com antecedentes, ausência de motivo para o cometimento da infração, narrativas genéricas de testemunhas sobre a insanidade do réu, entre outras situações correlatas, não são motivos suficientes para a realização do exame.

Outro ponto a ser destacado é a possibilidade de, realizado o exame de insanidade mental durante o inquérito e apurada a inimputabilidade do indiciado, apresentar o Ministério Público denúncia contendo pedido de absolvição e imposição de medida de segurança. Tal situação se dá, porque o insano tem direito ao devido processo legal, justamente pelo fato de a medida de segurança constituir uma espécie de sanção penal, que restringe direitos. Assim, para que seja aplicada, é preciso demonstrar ter o agente praticado o injusto penal (fato típico e antijurídico), o que se dá após a produção das provas, com a assistência do advogado.

Não se admite a utilização de laudos produzidos em outros processos, embora referentes ao mesmo acusado, pois a apuração da inimputabilidade penal deve dar-se em cada caso concreto.

O prazo para a conclusão do laudo é fixado em 45 dias (art. 150, § 1.º, CPP), mas pode ser dilatado.

Estando o processo suspenso, nada impede sejam os autos entregues aos peritos (art. 150, § 2.º, CPP). Afinal, a apuração e constatação da doença mental ou da perturbação da saúde mental é tarefa árdua, que pode exigir o confronto das alegações do réu com o conteúdo das declarações de outras pessoas, já ouvidas durante o inquérito ou instrução.

Concluída a perícia, podem os experts atestar que o acusado era, ao tempo da infração, imputável. Nesse caso, o processo segue o seu curso normalmente, sem a participação do curador. Podem, ainda, concluir que ele era inimputável à época do cometimento do injusto penal, razão pela qual o processo prossegue com a assistência do curador – normalmente o próprio advogado. Se, no entanto, concluírem que o acusado, à época do fato, era imputável, mas, na época de realização do exame, padece de doença mental, o feito será paralisado, nos termos do art. 152 do CPP.

Não há recurso contra o indeferimento do requerimento de instauração do incidente. Eventualmente, tratando-se de hipótese teratológica (ex.: acusado nitidamente doente), pode ser impetrado *habeas corpus*. Por outro lado, caso o juiz determine a instauração de incidente contra réu mentalmente saudável, cuida-se de tumulto processual, cabendo correição parcial. Por derradeiro, contra a decisão que homologa o laudo apresentado pela perícia, cabe apelação (art. 593, II, CPP).

Finalmente, a ocorrência de doença mental durante o cumprimento da pena provoca duas possibilidades: a) se for doença transitória, aplica-se o art. 41 do Código Penal, ou seja, transfere-se o condenado para o hospital penitenciário, sem a conversão da pena em medida de segurança, por tempo suficiente, desde que breve, para tratamento; b) em caso de doença de caráter duradouro ou permanente, converte-se a pena em medida de segurança, conforme disposto no art. 183 da Lei 7.210/84.

3.7.2 Internação do indiciado ou acusado em estabelecimento apropriado

Utiliza o Código Penal, atualmente, a terminologia "hospital de custódia e tratamento" (art. 96, I), embora saibamos ser o local anteriormente conhecido como manicômio judiciário, referido no art. 150 do Código de Processo Penal. Trata-se de um lugar equivalente ao regime fechado (presídio) das penas privativas de liberdade, onde o internado não tem liberdade para ir e vir e é constantemente vigiado. Ainda assim, é o melhor local para se colocar o sujeito preso, pois há condições para, desde logo, iniciar seu tratamento, além de ter condições para a realização do exame. Aliás, é no hospital de custódia e tratamento que deve permanecer internado o preso, ainda durante a instrução. Trata-se de constrangimento ilegal manter um doente mental, mesmo que detido cautelarmente, em presídio comum, conforme dispõe o art. 99 do Código Penal.

Para tanto, a medida adequada para assegurar que o acusado, doente mental, fique segregado é a decretação da prisão preventiva, quando os requisitos do art. 312 do Código de Processo Penal estiverem presentes.

Não há mais cabimento em se decretar medida de segurança provisória ou preventiva, algo que foi extirpado pela Reforma Penal de 1984, razão pela qual deve o juiz valer-se dos mecanismos atuais para a prisão de qualquer pessoa. No mesmo prisma, estão os magistérios de Carlos Frederico Coelho Nogueira,[37] José Renato Nalini e Ricardo Dip.[38]

Em contrário, verifique-se a posição de Antonio Carlos da Ponte, que, fundamentado no ensinamento de Hélio Tornaghi, crê existente, ainda, em nosso sistema processual penal, a medida de segurança provisória: "Se é certo que a expedição de uma guia de internamento só pode ocorrer depois do trânsito em julgado da sentença absolutória imprópria (inimputáveis) ou condenatória (semi-imputáveis), não é menos correto que quem, visivelmente, sofra das faculdades mentais não poderá permanecer nas dependências de uma carceragem, dividindo espaço com presos que apresentam higidez mental completa e que nada contribuirão para sua melhora, muito ao contrário".[39]

É compreensível a preocupação do autor com a mantença do acusado, doente mental, preso provisoriamente, em cela comum. Necessitando de tratamento urgente, não teria, de fato, cabimento mantê-lo em presídio ou distrito policial, sem a transferência ao hospital de custódia e tratamento. Mas isso não significa dizer que a medida de segurança provisória continua existindo. Para esse réu, decreta-se a prisão preventiva, transferindo-o ao hospital, onde permanecerá até o deslinde do processo.

Ninguém ingressará em nosocômio, para cumprir medida de segurança, sem a guia de internação (art. 172 da Lei 7.210/1984). Logo, a lei é cristalina, ao afirmar que não há possibilidade de existência de medida de segurança provisória, já que a guia somente é expedida com o trânsito em julgado da decisão que aplica a medida de segurança (art. 171 da Lei 7.210/1984). Não há vedação, no entanto, para a internação, por motivo de prisão cautelar, sem guia de internação, porque não houve, ainda, aplicação definitiva de medida de segurança. Aliás, o

---

[37] Efeitos da condenação, reabilitação e medidas de segurança, p. 143.

[38] Notas feitas na obra Da competência em matéria penal, de Frederico Marques, p. 273.

[39] Inimputabilidade e processo penal, p. 57.

art. 41 do Código Penal prevê a transferência do condenado, padecendo de doença mental, para hospital de custódia e tratamento, ainda que sua pena não seja convertida em medida de segurança, o que somente ocorrerá quando a doença for duradoura. E o disposto no art. 150 do Código de Processo Penal também é demonstrativo de que se pode internar alguém, para examiná-lo, sem que seja aplicada medida de segurança.

O exame médico em réu solto deve ser realizado no local indicado pelos peritos, podendo ser qualquer lugar adequado, inclusive o hospital de custódia e tratamento. Nesse caso, o réu não permanecerá detido.

3.7.3 Suspensão do processo em caso de superveniência de doença mental

A superveniência de doença mental após o cometimento da infração penal constitui motivo de paralisação da instrução, suspendendo-se o processo. Aguarda-se que o réu obtenha melhora para que possa defender-se com eficácia. Trata-se da aplicação do princípio da ampla defesa. Quando as provas forem urgentes, podem ser realizadas, com a presença do curador. Após, suspende-se o andamento processual.

3.7.3.1 A possibilidade de internação por prazo indeterminado antes da conclusão do processo

Quando a doença mental ficar evidenciada, mas tiver ocorrido após o cometimento do crime, preceitua o art. 152 do Código de Processo Penal poder o juiz determinar a internação do acusado, aguardando-se a sua cura, a fim de haver prosseguimento do feito. Logicamente, só se fala na possibilidade de internação, quando houver periculosidade.

Há duas posições nesse sentido:

a) é medida inconstitucional, pois fere a presunção de inocência. Estaria o magistrado determinando a internação (medida coercitiva), sem a formação da culpa. Assim, o correto seria prosseguir o feito, até a sua conclusão, a despeito do previsto neste artigo;

b) é constitucional, pois a internação assegura a proteção devida ao doente mental, considerado perigoso, não somente à sociedade, mas também a si mesmo, se não tiver tratamento adequado e continuar solto. Por outro lado, ainda que a internação dure tempo razoável, não há ofensa à presunção de inocência, pois o fim visado é garantir justamente a ampla defesa e o contraditório. Afinal, um réu não consegue defender-se a contento se for considerado doente mental. É a posição que preferimos. Além disso, a constitucionalidade é sustentável, pois a Carta Magna assegura que não haverá prisão senão por ordem legal da autoridade judiciária. Ora, nessa hipótese, o juiz fundamenta e decreta uma internação, fruto de expressa previsão do Código de Processo Penal. Note-se, inclusive, que o art. 152, § 2.º, prevê a possibilidade de reinquirição das testemunhas, quando elas tiverem prestado declarações longe da presença do acusado, o que demonstra a nítida preocupação legislativa com a proteção à ampla defesa.

3.8 Incidente de ilicitude de prova

Cuida-se de novo procedimento incidente, cuja finalidade é averiguar e constatar a ilicitude de determinada prova, assim considerada a que foi obtida em violação a normas constitucionais ou legais, nos termos do art. 157 do Código de Processo Penal. O instituto foi introduzido pela Lei 11.690/2008 e está em plena harmonia com a orientação constitucional de vedação da admissibilidade de provas ilícitas no processo (art. 5.º, LVI, CF).

O incidente pode ser instaurado de ofício ou a requerimento das partes. Ao final, se for constatada a ilicitude da prova, deverá haver o seu desentranhamento, com a consequente destruição.

À falta de procedimento específico, previsto em lei, pode-se utilizar, por analogia, o disposto para o incidente de falsidade documental (arts. 145 a 148 do CPP).

RESUMO DO CAPÍTULO

- **Incidentes processuais:** são as questões e os procedimentos que incidem sobre o procedimento principal, demandando solução antes que o mérito da causa seja apreciado.

- **Questões prejudiciais:** são os pontos fundamentais e controversos, de direito material, relativos a uma matéria qualquer, que prejudique a análise do acolhimento ou da rejeição da imputação, antes de ser devidamente avaliada.

- **Preliminares:** são os pontos controversos, de direito processual, demonstrativos da ocorrência de falhas ao longo da instrução, prejudicando a análise do mérito antes de sua solução.

- **Procedimentos incidentes:** são os procedimentos secundários, que correm em apartado, proporcionando ao juiz a dilação da instrução ou a finalização do processo, antes do julgamento de mérito.

- **Exceção:** é a defesa indireta apresentada pela parte interessada com o objetivo de prolongar o trâmite processual até que uma questão processual relevante seja resolvida ou com o fim de fazer cessar definitivamente o curso do processo. As que buscam estender a instrução denominam-se *dilatórias* (suspeição, incompetência do juízo, ilegitimidade de parte, esta última conforme o caso). As que têm por finalidade o encerramento do feito denominam-se *peremptórias* (litispendência, coisa julgada, ilegitimidade de parte, esta última conforme a situação).

- **Incompatibilidade:** é a afirmação da própria suspeição, sem provocação da parte, feita pelo juiz, pelo representante do Ministério Público, pelo serventuário, pelo perito ou pelo intérprete.

- **Impedimento:** trata-se de obstáculo à atuação no processo, em virtude de vínculo direto ou indireto com a causa em julgamento, com relação ao juiz, ao membro do Ministério Público, ao serventuário da justiça, ao perito e ao intérprete.

- **Conflito de competência:** é a afirmação de competência feita por mais de um juízo para o julgamento da mesma causa (conflito positivo) ou a recusa de competência de todo juízo para o julgamento de uma causa (conflito negativo).

- **Conflito de atribuição:** é o embate existente entre autoridades administrativas, que se consideram aptas a agir simultaneamente em determinado caso, ou entre estas e autoridades judiciárias.

- **Restituição de coisas apreendidas:** é o procedimento instaurado para a devolução a quem de direito de coisa apreendida durante a investigação policial ou em virtude de mandado judicial, quando não mais interesse ao processo. *Apreende-se* tudo o que é produto direto do crime ou é válido para a prova da infração penal, desde que seja móvel. Possibilita-se a restituição da coisa apreendida ao lesado ou ao terceiro de boa-fé, salvo se forem confiscadas pelo Estado, na forma do disposto no art. 91, II, *a* e *b*, primeira parte, do Código Penal. Exceção: pode-se sequestrar (em lugar de apreender) o imóvel que seja produto do crime, por não caber apreensão e porque o Código de Processo Penal nada dispôs a respeito.

▸ **Medidas assecuratórias:** são as providências tomadas para garantir a futura indenização da vítima ou o pagamento das despesas processuais e de eventual pena pecuniária, bem como destinada a impedir que o réu obtenha algum lucro com a atividade criminosa. Dividem-se em sequestro, especialização de hipoteca legal e arresto.

▸ **Sequestro:** é a medida utilizada para tornar indisponíveis os bens imóveis ou móveis quando provenientes da prática de um crime. *Sequestra-se* tudo o que for obtido com o lucro auferido pelo crime, seja móvel ou imóvel. A finalidade é garantir a indenização ao lesado, ao terceiro de boa-fé ou não permitir que o condenado tenha ganho com a prática da infração penal. Nesta última hipótese, aplica-se, ainda, o art. 91, II, *b*, segunda parte, do Código Penal. Exceção: pode-se apreender (em lugar de sequestrar) coisa que seja proveito do crime, desde que seja útil para fazer prova no processo criminal.

▸ **Especialização de hipoteca legal:** é a medida destinada a especificar qual (ou quais) imóvel (ou imóveis) do acusado tornar-se-á indisponível para assegurar a futura indenização da vítima ou o pagamento de despesas ou multa ao Estado. Difere do sequestro porque, neste caso, cuida-se da indisponibilidade de patrimônio de origem lícita.

▸ **Arresto:** é a medida utilizada para tornar indisponíveis os bens móveis do acusado com o mesmo fim da hipoteca legal. *Arresta-se* tudo aquilo que pertencer ao agente da infração penal, de origem lícita, constituindo seu patrimônio, para o fim de garantir futura indenização à vítima.

▸ **Incidente de falsidade:** é um procedimento incidente cuja finalidade é avaliar a autenticidade de um documento, permitindo que, demonstrada a falsidade, seja ele retirado dos autos e extraído do conjunto das provas.

▸ **Incidente de insanidade mental:** é um procedimento incidente voltado à apuração da inimputabilidade ou semi-imputabilidade do acusado à época do fato, possibilitando a aplicação de medida de segurança em lugar da pena.

▸ **Incidente de ilicitude de prova:** é o procedimento incidente, cuja finalidade é averiguar e constatar a ilicitude de determinada prova, assim considerada a que foi obtida em violação a normas constitucionais ou legais.

MEDIDAS ASSECURATÓRIAS

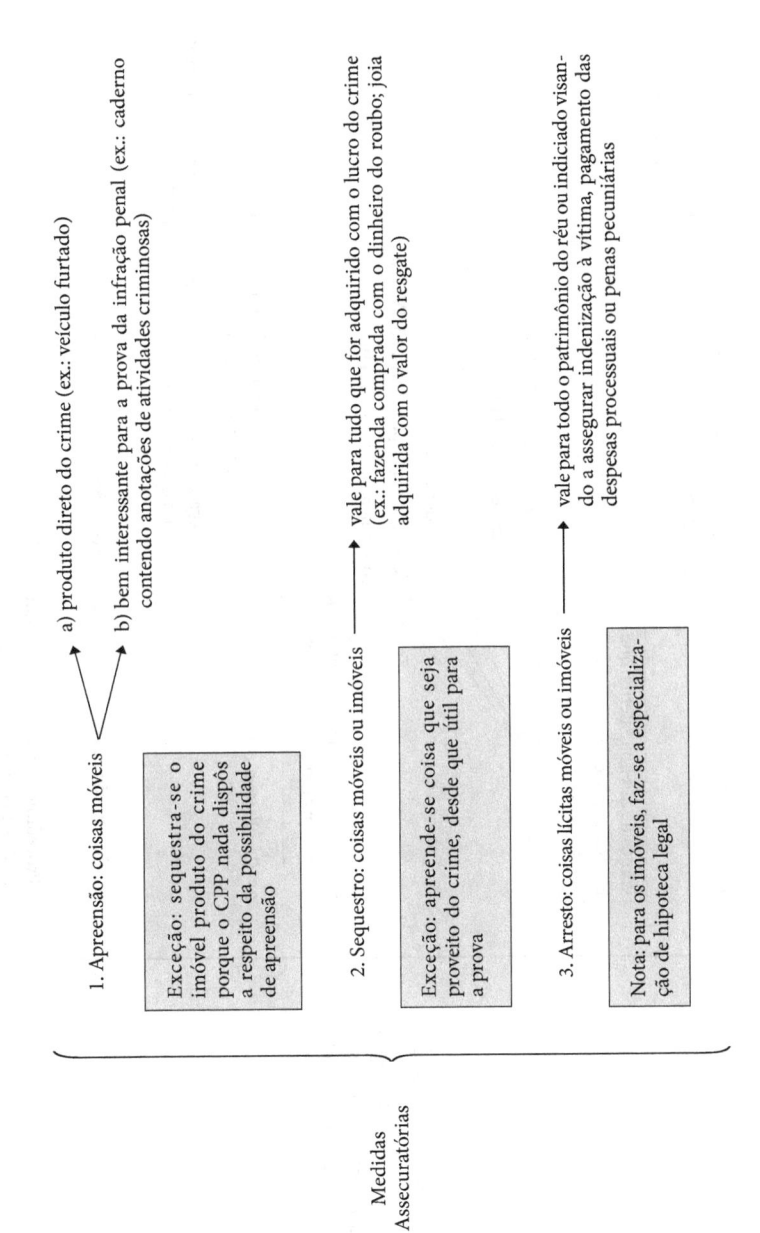

1. Apreensão: coisas móveis

a) produto direto do crime (ex.: veículo furtado)

b) bem interessante para a prova da infração penal (ex.: caderno contendo anotações de atividades criminosas)

Exceção: sequestra-se o imóvel produto do crime porque o CPP nada dispôs a respeito da possibilidade de apreensão

2. Sequestro: coisas móveis ou imóveis

vale para tudo que for adquirido com o lucro do crime (ex.: fazenda comprada com o dinheiro do roubo; jóia adquirida com o valor do resgate)

Exceção: aprende-se coisa que seja proveito do crime, desde que útil para a prova

3. Arresto: coisas lícitas móveis ou imóveis

vale para todo o patrimônio do réu ou indiciado visando a assegurar indenização à vítima, pagamento das despesas processuais ou penas pecuniárias

Nota: para os imóveis, faz-se a especialização de hipoteca legal

Medidas Assecuratórias

QUESTÕES E PROCEDIMENTOS INCIDENTES

Incidentes processuais

(questões e procedimentos secundários, que incidem sobre o
principal, devendo ser solucionados antes da causa)

1 – Questões prejudiciais — homogêneas – matéria penal

heterogêneas – matéria extrapenal — obrigatórias – art. 92

facultativas – art. 93

Pontos de direito material, que necessitam de decisão antes do mérito da causa

2 – Exceções — suspeição: arts. 95, I, 97 a 107

impedimento: art. 112

incompetência de juízo: arts. 95, II, 108 e 109

litispendência: arts. 95, III, 110

ilegitimidade de parte: arts. 95, IV, 110

coisa julgada: arts. 95, V, 110

Defesas indiretas com intuito de prolongar ou encerrar a instrução

3 – Conflitos de competência — positivo: quando mais de um juiz se proclama competente para julgar um caso: arts. 113 a 117

negativo: quando mais de um juiz se considera incompetente para o julgamento do caso: arts. 113 a 117

4 – Restituição de coisas apreendidas – arts. 118 a 124-A

Procedimento para devolver a quem de direito objeto apreendido

(Continua)

Continuação:

Incidentes processuais

(questões e procedimentos secundários, que incidem sobre o principal, devendo ser solucionados antes da causa)

5 – Medidas assecuratórias

> Providências tomadas, no processo criminal, para garantir futura indenização ao ofendido ou pagamento de custas e despesas ao Estado, bem como evitar que o criminoso lucre com a prática de infração penal

Sequestro: medida para reter bens imóveis e móveis, quando adquiridos com o produto ou proveito do crime – arts. 125 a 133-A

Hipoteca legal: instituto de proteção ao ofendido, assegurado em lei, para tornar indisponíveis os bens imóveis do acusado, visando futura indenização – arts. 134 a 137

Arresto: instituto de proteção ao ofendido, assegurado em lei, para tornar indisponíveis os bens móveis do acusado, tendo por fim garantir futura reparação do dano – art. 137

6 – Incidente de falsidade: arts. 145 a 148

> Providência destinada à constatação da autenticidade de um documento inserido nos autos

7 – Incidente de insanidade mental: arts. 149 a 154

> Providência destinada a apurar a inimputabilidade ou semi-imputabilidade do réu à data da prática da infração penal

8 – Incidente de ilicitude de prova: art. 157

> Providência destinada a averiguar e constatar a ilicitude de determinada prova obtida em violação a normas constitucionais ou legais

CAPÍTULO XII
Provas

1. CONCEITO E SENTIDO DE PROVA

O termo *prova* origina-se do latim – *probatio* –, que significa ensaio, verificação, inspeção, exame, argumento, razão, aprovação ou confirmação. Dele deriva o verbo *provar – probare –*, significando ensaiar, verificar, examinar, reconhecer por experiência, aprovar, estar satisfeito com algo, persuadir alguém a alguma coisa ou demonstrar. Nas palavras de BENTHAM, a prova "no sentido mais amplo da palavra, entende-se como um fato supostamente verdadeiro que se presume deva servir de motivo de credibilidade sobre a existência de outro fato".[1] Cuida--se, em nosso entendimento, de um dos mais relevantes significados do termo *prova*. Afinal, demonstra, de pronto, que a prova tem um valor *sempre* relativo. Quando se busca *provar* um fato juridicamente relevante, na investigação ou no processo, deve-se ter a noção de que a busca findará em torno de algo *supostamente* verdadeiro (que tenha ocorrido na realidade), levando à presunção de credibilidade em outro fato, juridicamente importante para o feito. Ilustrando, mesmo quando o acusado *confessa* a prática do crime, podendo-se apurar tanto materialidade quanto autoria, trata-se apenas de uma *suposta* verdade, leia-se, a suposição do que realmente ocorreu. É preciso muito mais para uma condenação, de forma que o conjunto probatório é o panorama mais seguro para se ter uma *noção* do que se passou no plano da realidade. *Prova* entrelaça-se, sutilmente, com *convencimento*. Se a *prova* é *convincente*, o fato *deve* ter acontecido daquela forma, como retratado pela mencionada *prova*.

No contexto probatório, revezam-se induções e deduções, até que o juiz atinja a sua convicção (a sua certeza íntima do que houve). Não significa, por óbvio, que a convicção judicial é o espelho da realidade; muito pelo contrário, pode ser uma conclusão totalmente

---

[1] *Tratado de las pruebas judiciales*, p. 21.

dissociada do acontecimento real. Devemos todos nos acostumar com a *prova possível* no processo-crime, aquela que nos permite atingir o ponto mais próximo da verdade real ou histórica. Estudar as provas significa estudar a *arte de observar*.[2]

Há, fundamentalmente, três sentidos para o termo *prova*: a) *ato de provar*: é o processo pelo qual se verifica a exatidão ou a verdade do fato alegado pela parte no processo (ex.: fase probatória); b) *meio*: trata-se do instrumento pelo qual se demonstra a verdade de algo (ex.: prova testemunhal);[3] c) *resultado da ação de provar*: é o produto extraído da análise dos instrumentos de prova oferecidos, demonstrando a verdade de um fato. Neste último senso, pode dizer o juiz, ao chegar à sentença: "Fez-se prova de que o réu é autor do crime". Portanto, é o clímax do processo. Segundo ANTONIO MAGALHÃES GOMES FILHO, os dois primeiros sentidos dizem respeito à ótica objetiva, enquanto o terceiro refere-se à ótica subjetiva, decorrente da atividade probatória desenvolvida.[4]

Vale registrar que, ao cuidarmos de *provas*, voltamos os nossos olhos para a busca da verdade, que, no processo penal, é denominada material, real ou substancial, justamente para fazer contraste com a verdade formal ou instrumental do processo civil. E, falando de verdade, surge logicamente o interesse de defini-la. Valemo-nos da lição de MALATESTA, para quem *verdade* é a conformidade da noção ideológica com a realidade, enquanto *certeza* é a crença nessa conformidade, provocando um estado subjetivo do espírito ligado a um fato, ainda que essa crença não corresponda à verdade objetiva.[5] Como ensina CARRARA, "a certeza está em nós; a verdade está nos fatos".[6] Em visão mais atualizada, nada se alterou. Para TARUFFO, a certeza é um *status* subjetivo, a depender do grau de intensidade do convencimento do sujeito em questão. Noutros termos, a certeza é "o grau de persuasão que um sujeito tem a respeito da veracidade de um enunciado".[7]

É preciso destacar que a descoberta da verdade é sempre relativa, pois o verdadeiro para uns, pode ser falso para outros.[8] A meta da parte, no processo, portanto, é convencer o magistrado, por meio do raciocínio, de que a *sua* noção da realidade é a correta, isto é, de que os fatos se deram no plano real exatamente como está descrito em sua petição. Convencendo-se disso, o magistrado, ainda que possa estar equivocado, alcança a certeza necessária para proferir a decisão. Quando forma sua convicção, ela pode ser verdadeira (correspondente à realidade) ou errônea (não correspondente à realidade), mas jamais *falsa*, que é um "juízo não verdadeiro".

---

[2]   BENTHAM, ob. cit., p. 22.

[3]   "O meio de prova é a prova mesma; é o modo ou ato por meio do qual se chega ao conhecimento verdadeiro acerca de um objeto" (RIVERA SILVA, *El procedimiento penal*, p. 193, traduzi). Mesmo assim o termo *prova* é enganador, pois parece ter força suficiente para determinar o convencimento humano. No entanto, é somente um meio para se chegar à verdade de um fato (BENTHAM, ob. cit., p. 30).

[4]   *Direito à prova no processo penal*, p. 33-34.

[5]   *A lógica das provas em matéria criminal*, v. 1, p. 22.

[6]   *Programa del curso de derecho criminal dictado en la Real Universidad de Pisa*, v. 2, p. 291.

[7]   *Uma simples verdade...*, p. 108-109.

[8]   Por que nos inclinamos a acreditar em determinado testemunho, informação dada por outra pessoa? Porque invocamos a nossa *experiência*, ou seja, temos uma disposição a acreditar (BENTHAM, ob. cit., p. 37). Se uma testemunha, por exemplo, diz que o ladrão passou e puxou a sua bolsa, temos a propensão de acreditar, pois já vimos ou ouvimos falar disso – ou mesmo já vivemos isso.

Sustentar que o juiz atingiu uma convicção falsa seria o mesmo que dizer que o julgador atingiu uma "certeza incerta", o que é um contrassenso. Para haver condenação, exige-se que o magistrado tenha chegado ao estado de certeza, não valendo a mera probabilidade (juízo que enumera motivos convergentes e divergentes acerca da ocorrência de um fato, prevalecendo os primeiros).

2. MEIOS DE PROVA

São todos os recursos, diretos ou indiretos, utilizados para alcançar a verdade dos fatos no processo. Na lição de CLARIÁ OLMEDO, é o método ou procedimento pelo qual chegam ao espírito do julgador os elementos probatórios, que geram um conhecimento certo ou provável a respeito de um objeto do fato criminoso.[9] Os meios de prova podem ser lícitos – que são admitidos pelo ordenamento jurídico – ou ilícitos – contrários ao ordenamento. Somente os primeiros devem ser levados em conta pelo juiz. Em relação aos meios ilícitos, é preciso destacar que eles abrangem não somente os que forem expressamente proibidos por lei, mas também os imorais, antiéticos, atentatórios à dignidade e à liberdade da pessoa humana e aos bons costumes, bem como os contrários aos princípios gerais de direito.[10]

Por outro lado, há os meios de prova *nominados* (a própria lei lhes concede um nome: prova testemunhal, por exemplo) e os *inominados* (inexiste designação legal, no processo penal, como a inspeção judicial).[11] Porém ambos podem ser utilizados pelo juiz.

Há quem divida, ainda, os meios de prova em autônomos e auxiliares. Os primeiros não necessitam de outros para seu aperfeiçoamento (ex.: prova documental); auxiliares são os que dependem de outros meios para produzir efeito (por exemplo: prova indiciária). No entanto, a classificação padece de um equívoco, se pensarmos que, baseado no princípio da presunção de inocência, somente o conjunto de provas confere segurança jurídica para uma condenação. Desse modo, não é possível falar em prova autônoma e auxiliar, pois todas precisam se unir para formar o convencimento judicial.

Todas as provas, que não contrariem o ordenamento jurídico, podem ser produzidas no processo penal, salvo as que disserem respeito, por expressa vedação do art. 155, parágrafo único, do Código de Processo Penal, ao estado das pessoas (casamento, menoridade, filiação, cidadania, entre outros). Nesta hipótese, deve-se acatar o disposto na lei civil. Exemplo disso é a prova do estado de casado, que, como regra, se faz pela apresentação da certidão do registro civil, de nada valendo outro meio probatório.

Nos termos de TORNAGHI, "a prova do estado civil das pessoas no juízo penal está sujeita às limitações da lei civil. Também nesse ponto o Direito brasileiro seguiu o italiano. (...) Não é possível negar que a limitação à prova do estado civil pode acarretar erros de avaliação dos fatos e, consequentemente, graves injustiças. (...) A restrição à prova do fato influi na apreciação do próprio fato. E isso é que não se pode admitir porque os mesmos fatos têm para o Direito penal valor diferente do que têm para outra província do Direito".[12]

---

[9] *Tratado de derecho procesal penal*, v. 1, p. 448.

[10] ADA PELLEGRINI GRINOVER, *Liberdades públicas e processo penal*, p. 98.

[11] Nada impede que o juiz compareça em determinado lugar para inteirar-se da situação ali gerada, embora tal prova não esteja claramente prevista no CPP.

[12] *Instituições de processo penal*, v. IV, p. 205.

Note-se o disposto pelo art. 369 do CPC: "as partes têm o direito de empregar todos os meios legais, bem como os moralmente legítimos, ainda que não especificados neste Código, para provar a verdade dos fatos em que se funda o pedido ou a defesa e influir eficazmente na convicção do juiz".[13]

No mais, algumas restrições fixadas na lei civil não valem no processo penal. Ilustrando, pode-se lembrar que a lei processual civil autoriza o juiz a indeferir a produção de prova testemunhal, quando versar sobre fatos "já provados por documento ou confissão da parte" ou quando "só por documento ou por exame pericial puderem ser provados" (arts. 442 e 443, I e II, CPC/2015). Tal restrição não vige em processo penal, pois, não dizendo respeito ao estado das pessoas – única limitação admitida – pode a parte pretender ouvir testemunhas, ainda que seja para contrariar algo constante em qualquer tipo de documento ou mesmo para confirmar ou afastar a credibilidade da confissão, cujo valor é relativo na esfera criminal. De outra parte, como o magistrado não está atrelado ao laudo pericial (art. 182, CPP), também podem ser ouvidas testemunhas para derrubar a conclusão do perito.

Além dos meios de provas estabelecidos no Código de Processo Penal, leis especiais podem fixar outros mecanismos, tal como ocorre com a Lei 12.850/2013, que cuida do crime organizado. Preceitua o art. 3.º da referida lei: "em qualquer fase da persecução penal, serão permitidos, sem prejuízo de outros já previstos em lei, os seguintes meios de obtenção da prova: I – colaboração premiada; II – captação ambiental de sinais eletromagnéticos, ópticos ou acústicos; III – ação controlada; IV – acesso a registros de ligações telefônicas e telemáticas, a dados cadastrais constantes de bancos de dados públicos ou privados e a informações eleitorais ou comerciais; V – interceptação de comunicações telefônicas e telemáticas, nos termos da legislação específica; VI – afastamento dos sigilos financeiro, bancário e fiscal, nos termos da legislação específica; VII – infiltração, por policiais, em atividade de investigação, na forma do art. 11; VIII – cooperação entre instituições e órgãos federais, distritais, estaduais e municipais na busca de provas e informações de interesse da investigação ou da instrução criminal. § 1.º Havendo necessidade justificada de manter sigilo sobre a capacidade investigatória, poderá ser dispensada licitação para contratação de serviços técnicos especializados, aquisição ou locação de equipamentos destinados à polícia judiciária para o rastreamento e obtenção de provas previstas nos incisos II e V. § 2.º No caso do § 1.º, fica dispensada a publicação de que trata o parágrafo único do art. 61 da Lei n.º 8.666, de 21 de junho de 1993 [atual Lei 14.133/2021], devendo ser comunicado o órgão de controle interno da realização da contratação".

2.1   Prova emprestada

É aquela produzida em outro processo e, através da reprodução documental, juntada no processo criminal pendente de decisão.[14] O juiz pode levá-la em consideração, embora deva ter a especial cautela de verificar como foi formada no outro feito, de onde foi importada, para

---

[13] "Não estranheis que o juiz forme a sua convicção, mesmo fora da sala de audiências. Na rua, num bonde, no abandono de uma conversa de família, em sua casa, ele pensa nos processos do dia, principalmente, naquele que lhe vai ser concluso para a sentença. Mentalmente, examina a prova colhida, reconstituindo todo o seu quadro, com o poder de retenção e observação profissionais. Fica às vezes parado, abstrato, longe do mundo que o cerca, e, de repente, a sua face se ilumina, porque o toca, emocionalmente, a alegria, a felicidade da solução perfeita" (OLIVEIRA E SILVA, *Curso de processo penal*, p. 66).

[14] BADARÓ lembra, corretamente, que apesar de ingressar no segundo processo como prova documental, ela não perde a característica probante originária (ex.: prova testemunhal) (*Processo penal*, p. 395).

saber se houve o indispensável devido processo legal. Essa verificação inclui, naturalmente, o direito indeclinável ao contraditório, razão pela qual abrange o fato de ser constatado se as mesmas partes estavam envolvidas no processo em que a prova foi efetivamente produzida. Ex.: o depoimento de uma testemunha pode ser extraído de um feito e juntado em outro, mas torna-se indispensável saber se se tratava das mesmas partes envolvidas, pois, do contrário, deve a testemunha ser novamente inquirida, permitindo-se que a parte ausente promova as suas reperguntas. Solução diversa iria ferir o devido processo legal.

Nos termos do art. 372 do CPC: "o juiz poderá admitir a utilização de prova produzida em outro processo, atribuindo-lhe o valor que considerar adequado, observado o contraditório".

No âmbito do processo penal, torna-se fundamental observar a seguinte cautela: no caso de interceptação telefônica, o resultado dessa colheita somente pode servir a outro processo--crime, pois é a única destinação da prova. É vedado transferir o material obtido em virtude de interceptações telefônicas para processos civis, visto que a própria Constituição Federal lhe confere a utilidade, ou seja, investigações e processos criminais.

2.2   Provas ilícitas

A Lei 11.690/2008, modificando o conteúdo do art. 157 do CPP, fixou importantes balizas para o sistema de avaliação das provas ilícitas.

Em primeiro lugar, tomou-se como gênero a expressão *provas ilícitas*, do qual surgem as espécies: as obtidas em violação a normas constitucionais ou legais. Naturalmente, constituem provas ilegais as que afrontam qualquer norma da legislação ordinária, por isso, envolvem tanto as penais quanto as processuais penais. Uma prova conseguida por infração à norma penal (ex.: confissão obtida por tortura) ou alcançada violando-se norma processual penal (ex.: laudo produzido por um só perito não oficial) constitui prova *ilícita* e deve ser desentranhada dos autos.

Há quem se oponha à consideração de ilicitude em relação à prova produzida com violação a norma processual penal. Entende-se, quando tal situação ocorrer, estar-se diante de nulidade da prova e não de ilicitude. Nas palavras de Antonio Magalhães Gomes Filho, comentando a nova redação do art. 157, *caput*, do CPP: "Não parece ter sido a melhor, assim, a opção do legislador nacional por uma definição legal de prova ilícita, que, longe de esclarecer o sentido da previsão constitucional, pode levar a equívocos e confusões, fazendo crer, por exemplo, que a violação de regras processuais implica ilicitude da prova e, em consequência, o seu desentranhamento do processo. O descumprimento da lei processual leva à *nulidade* do ato de formação da prova e impõe a necessidade de sua renovação, nos termos do que determina o art. 573, *caput*, do CPP".[15] É justamente o oposto, em nosso entendimento. A reforma de 2008 acolheu, claramente, a ideia de que provas produzidas ao arrepio da lei processual penal também geram ilicitudes, aptas a acarretar o desentranhamento da respectiva prova. Esse é o quadro ideal para a lisura e ética na produção de provas, consentâneo ao Estado Democrático de Direito. O cenário das nulidades deve ser reservado a outros vícios, longe do âmbito das provas.

Adotou-se, claramente, o sistema da prova ilícita por derivação (art. 157, § 1.º, CPP), admitindo-se o critério da prova separada (art. 157, §§ 1.º e 2.º, CPP). Mais detalhes sobre a

---

[15] Maria Thereza Moura (coord.), *As reformas no processo penal*, p. 266.

prova ilícita por derivação, bem como sobre o princípio da proporcionalidade para admissão de tais provas, são encontrados no Cap. II, subitem 3.3.3, para o qual remetemos o leitor.

Considerando-se que a prova ilícita não pode gerar outra ou outras que se tornem lícitas, ao contrário, todas as que advierem da ilícita são igualmente inadmissíveis, a única exceção concentra-se na prova de fonte independente.

A prova originária de fonte independente não se macula pela ilicitude existente em prova correlata. Imagine-se que, por escuta clandestina, logo ilegal, obtém-se a localização de um documento incriminador em relação ao indiciado. Ocorre que, uma testemunha, depondo regularmente, também indicou à polícia o lugar onde se encontrava o referido documento. Na verdade, se esse documento fosse apreendido unicamente pela informação surgida da escuta, seria prova ilícita por derivação e inadmissível no processo. Porém, tendo em vista que ele teve fonte independente, vale dizer, seria encontrado do mesmo modo, mesmo que a escuta não tivesse sido feita, pode ser acolhido como prova lícita.

Define o art. 157, § 2.º, do CPP, a fonte independente: "aquela que por si só, seguindo os trâmites típicos e de praxe, próprios da investigação ou instrução criminal, seria capaz de conduzir ao fato objeto da prova".[16]

Finalmente, quando o juiz proferir decisão determinando o desentranhamento de prova ilícita, porque considerada inadmissível, passível de impugnação por apelação, preclusa a questão, é facultado às partes acompanhar o incidente para a sua destruição (art. 157, § 3.º, CPP). Ver o tópico relativo ao *incidente de ilicitude de prova* no capítulo anterior.

A Lei 13.964/2019 acrescentou o § 5.º ao art. 157: "o juiz que conhecer do conteúdo da prova declarada inadmissível não poderá proferir a sentença ou acórdão". Buscou-se, em tese, preservar a imparcialidade do magistrado que irá apreciar o mérito da causa. Na ótica desse parágrafo, se o juiz tomar conhecimento de uma prova ilícita, não poderia mais permanecer no feito, evitando-se a contaminação da formação de seu convencimento. O STF julgou in-constitucional esse parágrafo.[17]

Cremos que essa decisão foi acertada.

Na realidade, um juiz deve ser, por *vocação*, imparcial, e precisa ter o discernimento necessário para separar entre o que é uma prova lícita e o que é uma ilícita, até mesmo para formar o seu convencimento e julgar com sabedoria.

Por isso, o mero contato com uma prova ilícita não pode, automaticamente, transformar o magistrado num julgador parcial e, por isso, impedido ("não poderá proferir sentença ou acórdão", nos termos legais). A bem da verdade, se um magistrado for vítima de um crime grave, pode tornar-se um juiz muito mais parcial para julgar casos semelhantes (situação que *não está prevista em lei*, como motivo para suspeição ou impedimento) do que o fato de tomar contato com uma prova ilícita, porque esta última não envolve o lado emocional do magistrado, mas apenas movimenta o seu raciocínio e a sua habilidade técnica para lidar com a prova ilícita. O maior interessado na colheita de uma prova idônea, honesta, legítima e ética deve ser o juiz. Assim sendo, quando uma parte levanta o incidente de ilicitude da prova, em primeira instância, instaurando-se o contraditório a respeito da sua obtenção, é de interesse

---

[16] Trilhando o mesmo caminho, na Espanha, Navarro Massip esclarece, para a análise da prova derivada da ilícita, que o "determinante é se a prova indireta é água da mesma fonte que a prova direta, reputada ilícita, vale dizer, se todas elas bebem da mesma fonte (de conhecimento)" (El "maquiavelismo proba-torio" de la prueba..., p. 49, traduzi).

[17] ADI 6298, 6299, 6300, 6305-DF, Plenário, rel. Luiz Fux, 24.8.2023.

máximo do Judiciário verificar se realmente a prova é ilícita. Constatando-se a sua ilicitude, antes de se pensar em *contaminar* o juiz, isto o livra do encargo de avaliar uma prova completamente írrita em face dos parâmetros constitucionais. Um magistrado que toma contato com a prova criminosamente obtida, por exemplo, achando que deve utilizá-la contra o réu, não é um autêntico juiz, pois desconhece o preceito básico para a sua atividade, que é a imparcialidade. Logo, quando o legislador aponta esse lado, impedindo o contato do juiz com a prova ilícita significa desconfiar da sua imparcialidade em termos abstratos e não concretos.

Muito pior são os magistrados preconceituosos e carregados de elementos pessoais, ligados à sua personalidade, indicadores da sua discriminatória atuação, encoberta pela toga. Quando a prova se torna *claramente* ilícita, será desentranhada e não poderá ser utilizada na decisão. Não há contorcionismo possível para o julgador, sem poder utilizar a prova ilícita, condenar o acusado com outras provas, se elas forem insuficientes. E se existirem provas suficientes para a condenação do acusado, sem o uso da prova ilícita, logo, qualquer magistrado poderia fazê-lo, inclusive o juiz que eliminou a prova ilegal dos autos.

Por outro lado, quando a prova ilícita for eliminada dos autos por força de decisão de órgão colegiado de tribunal, isto poderá significar o afastamento de todos os desembargadores ou ministros do caso, o que se afigura outra desmedida presunção da parcialidade. Porém, se alguns argumentam que a regra não se aplicaria em Tribunal Superior, como no caso do STF, porque não haveria como substituir os julgadores, ingressa-se em nítido paradoxo: os magistrados tomam contato com a prova ilícita, decidem em colegiado expurgá-la, mas, mesmo "contaminados", permanecem julgadores do caso por falta de substituto legal. Algo ilógico. Enfim, queremos crer que a missão do juiz é garantir a lisura do processo, como maior interessado para julgar com provas idôneas e fazer a mais adequada justiça.

3. FINALIDADE E OBJETO DA PROVA

A finalidade da prova é convencer o juiz a respeito da verdade de um fato litigioso. Busca-se a *verdade processual*, ou seja, a verdade *atingível* ou *possível* (*probable truth*, do direito anglo-americano). A verdade processual emerge durante a lide, podendo corresponder à realidade ou não, embora seja com base nela que o magistrado deve proferir sua decisão.[18]

O objeto da prova são, primordialmente, os fatos que as partes pretendem demonstrar.[19] Excepcionalmente, a parte deve fazer prova quanto à existência e ao conteúdo de um preceito legal, desde que se trate de norma internacional, estadual ou municipal (nestes últimos dois casos, caso se trate de unidade da Federação diversa daquela onde está o magistrado), bem como no que toca a estatutos e regras internas de pessoas ou personalidades jurídicas. Provam-se, ainda, regras de experiência, porque, na essência, são fatos reiterados.

Por outro lado, são fatos que independem de prova: a) fatos notórios, que envolvem os evidentes e intuitivos; b) fatos que contêm uma presunção legal absoluta; c) fatos impossíveis; d) fatos irrelevantes ou impertinentes.

---

[18]   Moacyr Amaral Santos, *Prova judiciária no cível e comercial*, v. 1, p. 11.

[19]   Pode ser mediato ou imediato. O mediato é o que há de ser demonstrado em qualquer processo, em termos gerais, como a ocorrência do crime e seu autor. O imediato é exatamente o que cada prova pretende demonstrar (a perícia se volta a demonstrar a materialidade; a prova testemunhal aponta a autoria). Na verdade, os objetos imediatos integram-se, lançando a segurança quanto ao objeto mediato (Rivera Silva, *El procedimiento penal*, p. 208).

Eis o disposto pelo art. 374 do CPC, mais moderno que o anacrônico CPP: "não dependem de prova os fatos: I – notórios; II – afirmados por uma parte e confessados pela parte contrária; III – admitidos no processo como incontroversos; IV – em cujo favor milita presunção legal de existência ou de veracidade". O único inciso que não se aplica em processo penal é o II. A confissão do réu não provoca os efeitos da revelia, presumindo-se verdadeiros os fatos alegados na inicial. O órgão acusatório há de prova a culpa do réu.

Os fatos notórios são os nacionalmente conhecidos, não se podendo considerar os relativos a uma comunidade específica, bem como os atuais, uma vez que o tempo faz com que a notoriedade se esmaeça, levando a parte à produção da prova. Dentre os notórios, situam-se, ainda, os *evidentes* – extraídos das diversas ciências (ex.: lei da gravidade) – e os *intuitivos* – decorrentes da experiência e da lógica (ex.: o fogo queima).

Os fatos que contêm presunção legal absoluta são os que não comportam prova em sentido contrário (ex.: o menor de 18 anos é penalmente inimputável). Os fatos impossíveis são aqueles que causam aversão ao espírito de uma pessoa informada (ex.: dizer o réu que estava na Lua no momento do crime).

Por derradeiro, os fatos irrelevantes ou impertinentes são os que não dizem respeito à solução da causa (ex.: verificação do passatempo preferido da vítima, se não guarda correspondência com o fato imputado ao réu).

4.   ÔNUS DA PROVA

O termo *ônus* provém do latim – *onus* – e significa carga, fardo ou peso. Assim, *ônus da prova* quer dizer encargo de provar.[20] Ônus não é dever, em sentido formal, pois este não se constitui em obrigação, cujo não cumprimento acarreta uma sanção autônoma. Entretanto, não é demais salientar que as partes interessadas em demonstrar ao juiz a veracidade do alegado possuem o *dever processual* de fazê-lo. Do contrário, haveria uma *sanção processual*, consistente em perder a causa.[21]

Quanto ao ônus de provar, trata-se do interesse que a parte que alega o fato possui de produzir prova ao juiz, visando fazê-lo crer na sua argumentação (art. 156, *caput*, CPP). Como ensinam Paulo Heber de Morais e João Batista Lopes, o ônus é a "subordinação de um interesse próprio a outro interesse próprio", enquanto a obrigação significa a "subordinação de um interesse próprio a outro, alheio".[22]

Ônus da prova, em outro enfoque, é uma "posição jurídica na qual o ordenamento jurídico estabelece determinada conduta para que o sujeito possa obter um resultado favorável. Em outros termos, para que o sujeito onerado obtenha o resultado favorável, deverá praticar

---

[20] É a "obrigação atribuída a um sujeito processual de dar a prova do que afirma, sem a qual a afirmação fica privada de todo o valor jurídico, sendo de tudo inatendível, essa alegação, torna-se, assim, irrelevante" (Romeu Pires de Campos Barros, *Sistema do processo penal brasileiro*, p. 36).

[21] Segundo Taruffo, "a função do ônus da prova é permitir ao tribunal resolver o caso quando os fatos principais não forem provados. (...) O princípio do ônus da prova é também um recurso para se resolver a incerteza acerca da prova dos fatos principais: ante a incerteza, os fatos são considerados inexistentes" (*A prova*, p. 143).

[22] *Da prova penal*, p. 33.

o ato previsto no ordenamento jurídico, sendo que a não realização da conduta implica a exclusão de tal benefício, sem, contudo, configurar um ato ilícito".[23]

Como regra, no processo penal, o ônus da prova é da acusação, que apresenta a imputação em juízo através da denúncia ou da queixa-crime. Entretanto, o réu pode chamar a si o interesse de produzir prova, o que ocorre quando alega, em seu benefício, algum fato que propiciará a exclusão da ilicitude ou da culpabilidade, embora nunca o faça de maneira absoluta. Imagine-se que afirme ter matado a vítima, embora o tenha feito em legítima defesa. É preciso provar a ocorrência da excludente, não sendo atribuição da acusação fazê-lo, como regra, até porque o fato e suas circunstâncias concernem diretamente ao acusado, vale dizer, não foram investigados previamente pelo órgão acusatório. Saliente-se, no entanto, que tal ônus de prova da defesa não deve ser levado a extremos, em virtude do princípio constitucional da presunção de inocência e, consequentemente, do *in dubio pro reo*. Com isso, alegada alguma excludente, como a legítima defesa, por exemplo, feita prova razoável pela defesa e existindo dúvida, deve o réu ser absolvido e não condenado. Assim, embora a acusação tenha comprovado o fato principal – materialidade e autoria –, a dúvida gerada pelas provas produzidas pelo acusado, a respeito da existência da justificativa, deve beneficiar a defesa. Lembremos constituir dever da acusação provar que o réu cometeu um *crime*, o que envolve, naturalmente, a prova da tipicidade, ilicitude e culpabilidade. Mais detalhes podem ser encontrados em nosso livro *Provas no processo penal*, item 1.6.

Bentham, com acuidade, observa que, mesmo se podendo conciliar a suposição de inocência com a suposição de boa-fé por parte do acusador, a presunção deve sempre pender a favor do réu. Deve crer-se mais facilmente na temeridade, no erro e na paixão provocada pelo delito, especialmente quando grave. A presunção contra a acusação é, todavia, mais forte nos casos em que se trata de fatos derivados de espírito de grupo, de corpo, de interesses sectários, opiniões religiosas e, também, o de *falsas noções populares*.[24] Há, de fato, uma tendência de se acreditar na acusação, pois realizada por um órgão (pretensamente) imparcial, composto de pessoas dignas, que não iriam lidar com a mentira. Há, para os leigos, a *presunção de veracidade*, quando a imprensa notifica algum fato criminoso com ênfase, cheio de indicações de provas e como se fosse algo consumado. É preciso muito esforço do Judiciário para agir com imparcialidade e não se deixar envolver pela *pretensa opinião pública*, julgando cada caso – dos desconhecidos da mídia aos mais divulgados – com absoluta isenção. Quando se percebe um juiz personalista, que chama a si *tudo* ou *quase tudo* relacionado com o crime principal, pode realizar, nessa busca excessiva por concentração de poder de julgar, um trabalho pior do que a atividade do inquisidor da Idade Média, pois este, em várias épocas, defendia o mais fraco do mais forte. E não julgava inúmeros casos por conexão: cada caso era um caso. Longe de defender o inquisidor, que muitos excessos cometeu, mas o papel, nestas linhas, é promover uma comparação com um juiz parcial de hoje e um parcial de ontem.

Registre-se, desde logo, não ser exigível a autoincriminação no processo penal, significando que o réu não está obrigado a fornecer prova contra si. Assim, qualquer prova que lhe for demandada pelo juiz, implicando prejuízo para sua defesa, pode ser negada. Ex.: não está o réu obrigado a fornecer material de próprio punho para a realização de exame grafotécnico, caso entenda que tal prova lhe é prejudicial. O princípio que protege o réu contra a autoincriminação é consagrado na doutrina e na jurisprudência, especialmente do Supremo Tribunal Federal, advindo, em última análise, do seu estado natural de inocência.

---

[23] Gustavo Badaró, *Ônus da prova no processo penal*, p. 173.
[24] *Tratado de las pruebas judiciales*, p. 18, tradução livre.

Álibi é a alegação feita pelo réu, como meio de provar a sua inocência, de que estava em local diverso de onde ocorreu o delito, razão pela qual não poderia tê-lo cometido.[25] É, como regra, ônus seu provar o álibi, embora tal mecanismo não possa levar à isenção da acusação de demonstrar o que lhe compete, isto é, ainda que o réu afirme ter estado, na época do crime, em outra cidade, por exemplo, tendo interesse em produzir a prova cabível, tal situação jamais afastará o encargo da parte acusatória de demonstrar ao juiz a materialidade e a autoria da infração penal. Por outro lado, sabe-se ser impossível fazer *prova negativa*, ou seja, demonstrar que nunca se esteve em um determinado local, razão pela qual é preciso cuidado para não levar o acusado a ter o ônus de provar o irrealizável.

4.1   A inversão do ônus da prova

Cuidando-se de um desdobramento natural do princípio constitucional da presunção de inocência, todos são inocentes até prova em contrário, produzida pelo Estado-acusação e confirmada por decisão judicial condenatória com trânsito em julgado. Por isso, é de curial relevância afirmar e fazer cumprir que o ônus da prova é da acusação; jamais do acusado.

Entretanto, tem-se tornado relativamente comum, em decisões judiciais de vários graus de jurisdição, a admissão da inversão do ônus da prova, transferindo a tarefa de evidenciar a sua inocência ao réu.

Não são poucos os julgados a defender que, por exemplo, se alguém é encontrado dirigindo um veículo roubado, cabe-lhe o ônus de provar que não o subtraiu, nem tampouco é o receptador.

Do mesmo modo, tornou-se habitual exigir-se do acusado o ônus de demonstrar que, surpreendido com droga ilícita, por menor quantidade que seja, deva ele demonstrar não ser traficante, mas usuário.

Parece-nos desnecessária essa afirmação, que tem sido claramente exposta nos autos, de que o ônus da prova é do réu, pois o órgão acusatório, com um mínimo de esforço, tem condições de demonstrar quem é a pessoa a dirigir o veículo roubado ou quem é o sujeito a portar determinada quantidade de drogas. Se o Estado não conseguir produzir esse tipo de prova, está-se apontando para a falência dos órgãos investigatórios e acusatórios estatais.

Em suma, se essa tendência se firmar na jurisprudência pátria, cai por terra o princípio da presunção de inocência. Ocorre que se trata de um direito/garantia humana fundamental, expressamente previsto na Constituição Federal.

4.2   Momentos cabíveis para a produção de provas determinadas pelo juiz

Diz a lei que o magistrado poderá fazê-lo *durante a instrução*, que se encerra, normalmente, na audiência de instrução e julgamento (arts. 402, 534, 411, § 3.º, CPP).

---

[25] Nos termos de Espínola Filho, o álibi é a "prova indiciária negativa da autoria, firmada pela conclusão de não ter podido praticar o delito quem é indigitado como autor, porque, tendo estado em lugar muito diverso daquele onde se registrou a infração, necessitava, para transportar-se, de um para outro desses lugares, de espaço de tempo maior do que separa o momento em que o delito se levou a efeito e o em que, provavelmente, estava em ponto inteiramente diferente, bem se compreende, com os rapidíssimos meios de locomoção hodiernos, muito mais difícil se torna assentar, como impossibilidade absoluta, a da presença no lugar da infração" (*Comentários ao Código de Processo Penal*, v. III, p. 191).

A atuação de ofício do juiz, na colheita da prova, é uma decorrência natural dos princípios da verdade real e do impulso oficial. Em homenagem à *verdade real*, que necessita prevalecer no processo penal, deve o magistrado determinar a produção das provas que entender pertinentes e razoáveis para apurar o fato criminoso. Não deve ter a preocupação de beneficiar, com isso, a acusação ou a defesa, mas única e tão somente atingir a verdade. O *impulso oficial* também é princípio presente no processo, fazendo com que o juiz provoque o andamento do feito, até final decisão, queiram as partes ou não. O procedimento legal deve ser seguido à risca, designando-se as audiências previstas em lei e atingindo o momento culminante do processo, que é a prolação da sentença.

Aliás, quem é contrário ao poder instrutório atribuído ao magistrado, no processo criminal, faz parte daqueles que tem aversão à verdade real, buscando inibir o órgão julgador de satisfazer o seu livre convencimento. Quanto mais atrelado estiver o juiz à absoluta inércia, maior dificuldade terá para formar a sua convicção. Por isso, em muitos casos, acabará sendo obrigado a decidir em favor do réu (*in dubio pro reo*). Esquecem-se os adversários da verdade real que o magistrado também busca a prova em prol do acusado. Não são poucas as vezes em que praticamente supre a deficiência da defesa, valendo-se de provas importantes, por ele mesmo coletadas, a fim de absolver o acusado.

Os adversários da busca da verdade real esquecem-se de que estão militando no Brasil, onde ainda há enorme carência de bons operadores do direito, especialmente defensores para a população pobre e desamparada. Suas teses não são minimamente práticas, mas somente teóricas, doa a quem doer.

É preciso lembrar que a *inspeção judicial*, advinda do processo civil, é plenamente aplicável no âmbito do processo penal. Utiliza-se, por analogia, o CPC/2015: "Art. 481. O juiz, de ofício ou a requerimento da parte, pode, em qualquer fase do processo, inspecionar pessoas ou coisas, a fim de se esclarecer sobre fato que interesse à decisão da causa. Art. 482. Ao realizar a inspeção, o juiz poderá ser assistido por um ou mais peritos. Art. 483. O juiz irá ao local onde se encontre a pessoa ou a coisa quando: I – julgar necessário para a melhor verificação ou interpretação dos fatos que deva observar; II – a coisa não puder ser apresentada em juízo sem consideráveis despesas ou graves dificuldades; III – determinar a reconstituição dos fatos. Parágrafo único. As partes têm sempre direito a assistir à inspeção, prestando esclarecimentos e fazendo observações que considerem de interesse para a causa. Art. 484. Concluída a diligência, o juiz mandará lavrar auto circunstanciado, mencionando nele tudo quanto for útil ao julgamento da causa. Parágrafo único. O auto poderá ser instruído com desenho, gráfico ou fotografia".

A Lei 11.690/2008 introduziu a possibilidade de o juiz ordenar, mesmo antes do início da ação penal, a produção antecipada de provas consideradas urgentes e relevantes, observando a necessidade, a adequação e a proporcionalidade da medida (art. 156, I, CPP), além de poder determinar, de ofício, a realização de diligências para dirimir dúvidas sobre qualquer ponto relevante (art. 156, II, CPP).

Segundo nos parece, quando o magistrado atua, de ofício, durante a instrução processual, está em busca da verdade real e não há mal algum, a não ser que se vislumbre nítida parcialidade na sua atividade. Porém, na fase investigatória, não tem cabimento valer-se de iniciativa própria para a produção de qualquer espécie de prova, pois o inquérito destina-se ao Ministério Público (ou à vítima, em caso de ação penal privada), mas não ao juiz.

Seguiu-se o sistema, há muito existente no processo civil, agora reiterado no CPC: "Art. 381. A produção antecipada da prova será admitida nos casos em que: I – haja fundado receio de que venha a tornar-se impossível ou muito difícil a verificação de certos fatos na pendência da ação; II – a prova a ser produzida seja suscetível de viabilizar a autocomposição ou outro meio adequado de solução de conflito; III – o prévio conhecimento dos fatos possa justificar ou evitar o ajuizamento de ação". O inciso I é o mais adequado ao processo penal. O inciso II somente seria viável se já houvesse a Justiça Restaurativa. Finalmente, o inciso III guarda correlação com a própria função do inquérito policial e possui harmonia com o sistema processual penal.

Segue a lição oportuna de Marcos Zilli: "dotar o julgador de poderes instrutórios implica formatar o processo penal em razão de suas próprias especificidades e exigências. É expressão do compromisso com a dimensão pública dada pela natureza dos interessados envolvidos. Tal iniciativa instrutória não implica supremacia do julgador e aniquilamento das partes, algo mais próximo de um autoritarismo do que de um processo estruturado em bases democráticas. Em realidade, uma marcha processual em que cada um dos atores desempenha o seu papel original é perfeitamente compatível com tais iniciativas, desde que complementares à atuação das partes e imprescindíveis para o esclarecimento de dúvidas relevantes para o deslinde da causa".[26]

5. SISTEMAS DE AVALIAÇÃO DA PROVA

São basicamente três sistemas: a) *livre convicção*, que é o método concernente à valoração livre ou à íntima convicção do magistrado, significando não haver necessidade de motivação para suas decisões. É o sistema que prevalece no Tribunal do Júri, visto que os jurados não motivam o voto; b) *prova legal*, cujo método é ligado à valoração taxada ou tarifada da prova, significando o preestabelecimento de um determinado valor para cada prova produzida no processo, fazendo com que o juiz fique adstrito ao critério fixado pelo legislador, bem como restringido na sua atividade de julgar. Era a época em que se considerava nula a força probatória de um único testemunho (*unus testis, nullus testis* ou *testis unius, testis nullius*).[27] Há resquícios desse sistema, como ocorre quando a lei exigir determinada forma para a produção de alguma prova, *v.g.*, art. 158, CPP, demandando o exame de corpo de delito para a formação da materialidade da infração penal, que deixar vestígios, vedando a sua produção através da confissão; c) *persuasão racional*, que é o método misto, também chamado de convencimento racional, livre convencimento motivado, apreciação fundamentada ou prova fundamentada. Trata-se do sistema adotado, majoritariamente, pelo processo penal brasileiro, encontrando, inclusive, fundamento na Constituição Federal (art. 93, IX) e significando a permissão dada

---

[26] "O poder instrutório do juiz no processo penal", in: Rascovski (coord.), *Temas relevantes de direito penal e processo penal*, p. 154.

[27] Taruffo demonstra que "o sistema da prova legal entrou em colapso por duas razões principais. A primeira foi a cultura filosófica do Iluminismo, que se livrou dos antigos conceitos de racionalidade para abrir caminho a novos métodos de raciocínio. A outra se relaciona às profundas mudanças institucionais na estrutura do poder judiciário, bem como no *status* e no papel do juiz. O sistema da prova legal fundava-se em uma falta de confiança generalizada nos juízes, já que eles geralmente eram – especialmente nos tribunais de primeira instância, onde os fatos eram estabelecidos – ignorantes, corruptíveis e corruptos, resultando, por isso, perigoso deixar as decisões a sua discrição". Alterada essa visão do julgador, após a Revolução Francesa, o sistema da livre apreciação das provas passou a predominar (*A prova*, p. 132).

ao juiz para decidir a causa de acordo com seu livre convencimento, devendo, no entanto, cuidar de fundamentá-lo, nos autos, buscando persuadir as partes e a comunidade em abstrato.

A liberdade de apreciação da prova (art. 155, *caput*, CPP) não significa que o magistrado possa fazer a sua opinião pessoal ou vivência acerca de algo integrar o conjunto probatório, tornando-se, pois, prova.[28] O juiz extrai a sua convicção das provas produzidas legalmente no processo, mas não presta depoimento pessoal, nem expõe suas ideias como se fossem fatos incontroversos. Imagine-se o magistrado que, julgando um delito de trânsito, declare, nos autos, que o local do acidente é, de fato, perigoso, pois ele mesmo já foi vítima de uma colisão naquele sítio, razão pela qual entende estar certa a posição desta ou daquela parte. Trata-se de um depoimento prestado sem o devido contraditório e distante da ampla defesa, uma vez que não contrariado pelas partes.

É natural que possa o julgador extrair da sua vivência a experiência e o discernimento necessários para decidir um caso, embora deva estar fundamentado, exclusivamente, nas provas constantes dos autos. No exemplo supramencionado, se ele sabe que o local é realmente perigoso, deve determinar a produção de prova nesse sentido, valendo-se de outros elementos, diversos da situação fática por ele vivida. Nas palavras de ARY DE AZEVEDO FRANCO, admitido o sistema de livre apreciação das provas, fica o juiz livre de *preconceitos legais* na avaliação do conjunto probatório, porém, não poderá abstrair-se ou alhear-se de seu conteúdo, não ficando dispensado de *motivar* a sua decisão.[29]

Por outro lado, o julgador que emprega, usualmente, em sua atividade de composição de conflitos, opiniões e conceitos formados de antemão, sem maior preocupação com os fatos alegados pelas partes, nem tampouco atentando para o equívoco de cultivar ideias preconcebidas sobre determinados assuntos, é um juiz preconceituoso e, consequentemente, parcial. Não está preparado a desempenhar sua atividade com isenção, devendo alterar seu comportamento ou se afastar, ao menos, da área criminal. Conforme o caso, se for extremado o seu modo de agir parcial em qualquer área que escolha judiciar, é caso de se retirar – ou ser afastado – da magistratura.

Por isso, não concordamos com a opinião exposta por TOURINHO FILHO, ao mencionar que o juiz que detesta os ladrões, abomina os estupradores ou tem aversão por esta ou aquela pessoa ou raça humana, deve dar-se por suspeito por motivo de foro íntimo, tal como permite o Código de Processo Civil de 1973, afastando-se do feito e comunicando, sinceramente, seus motivos ao seu órgão censor.[30] Um magistrado deve ter discernimento suficiente para não se entregar ao ódio a determinados agentes criminosos, nem deve ser racista, pois não são atributos que se aguarda do juiz de direito. É certo que, por vezes, pode ele declarar-se suspeito para julgar determinado crime, em certa época, por ter um fundado motivo, como ter sido assaltado com violência em data recente. Mas não pode tornar tal situação excepcional numa permanente idiossincrasia. Pensemos no magistrado que se considere suspeito de julgar toda e qualquer ação que envolva bancos, pois contraiu um empréstimo num estabelecimento bancário e não está conseguindo pagar, sofrendo as consequências de sua atitude. O tribunal haveria de designar substituto para uma infinidade de processos da sua Vara, o

---

[28] Nem mesmo no sistema da livre convicção íntima o magistrado pode fazer o que bem entende. Deve haver lícita admissão das provas para que o juiz possa livremente admiti-las ou rejeitá-las, conforme a sua consciência (EDMOND LOCARD, *A investigação criminal*, p. 13).

[29] *Código de Processo Penal*, v. 1, p. 246-247.

[30] *Código de Processo Penal comentado*, v. 1, p. 357.

que somente iria conturbar o serviço forense, sobrecarregando um outro colega. Levemos em conta, também, o juiz que se declare racista, deixando de julgar todo caso criminal envolvendo determinada raça. Não é o caso de se declarar suspeito e passar o processo adiante, mas sim de se corrigir, buscar um tratamento ou até ser afastado, pois não se espera de uma pessoa equilibrada tal postura.

Não é menos verdade que todo juiz é, antes de tudo, um ser humano comum, carregando consigo suas boas e más tendências, o que, entretanto, deve situar-se na normalidade, vale dizer, precisa ter controle suficiente para não deixar que isso interfira no seu trabalho, bem como deve vincular-se exclusivamente à prova produzida, abstraindo-se de avaliar o caso, segundo sua inclinação pessoal. É o que a sociedade espera do magistrado. Não o fazendo e insistindo em ser nitidamente parcial nas suas decisões, passa a concentrar-se o problema na esfera disciplinar.

Por derradeiro, convém destacar o parâmetro inserido pela Lei 11.690/2008, alterando a redação do art. 155, *caput*: "o juiz formará sua convicção pela livre apreciação da prova produzida em contraditório judicial, não podendo fundamentar sua decisão *exclusivamente* nos elementos informativos colhidos na investigação, ressalvadas as provas cautelares, não repetíveis e antecipadas" (grifamos).

O propósito legislativo foi evitar que o magistrado levasse em conta, como fundamento para sua decisão, a prova colhida na fase investigatória (normalmente, a fase do inquérito policial), pois não há o contraditório, nem a ampla defesa. O correto seria, então, concentrar a análise e avaliação das provas produzidas em contraditório judicial. A única ressalva concentrar-se-ia nas provas cautelares, não repetíveis e antecipadas, como os laudos periciais produzidos de imediato para que o objeto não se perca (ex.: exame cadavérico). Isso agora foi realizado pelo advento da Lei 13.964/2019, que cria a figura do juiz das garantias, único com acesso aos autos da investigação e com competência para receber a denúncia ou queixa. O juiz da instrução nem mesmo terá acesso ao inquérito, que ficará arquivado em cartório, à disposição somente das partes. Por ora, por força de liminar do STF, está suspensa a eficácia do juiz das garantias até apreciação feita pelo Plenário do Pretório Excelso. Até lá continua valendo integralmente o disposto pelo art. 155, vale dizer, o juiz da instrução pode levar em conta qualquer prova constante da investigação criminal. Só não pode condenar o réu *apenas* com base nessas provas; precisa uni-las às que forem produzidas em juízo sob o crivo da ampla defesa e do contraditório.

5.1   A pronúncia e as provas do inquérito

Existem julgados autorizando a pronúncia, remetendo o caso a júri, lastreando-se o julgador apenas em provas colhidas no inquérito, sem nenhum respaldo em juízo.

Diz-se que o julgamento de mérito não foi feito ainda, de modo que somente será cabível em plenário. A pronúncia (consultar o capítulo referente ao Tribunal do Júri) é uma decisão interlocutória, que não decide se o réu é culpado ou inocente, mas apenas se há elementos suficientes para levá-lo a júri, ou seja, submetê-lo à decisão dos jurados (juízes leigos).

No entanto, imagine-se o seguinte (muito comum) exemplo: o juiz pronuncia o réu, com base apenas em provas colhidas no inquérito, sem contraditório ou ampla defesa; nada é produzido em juízo; nada é produzido no plenário do júri; um bom acusador convence os jurados leigos de que o acusado é culpado, valendo-se somente das provas policiais; o júri condena o réu.

Como conviver com isso no Estado Democrático de Direito, que preza o devido processo legal? É inadmissível. Afinal, se o juiz togado não pode condenar o acusado *somente* com provas inquisitivas, também não pode o juiz leigo. O devido processo legal é princípio regente e vale para todos os juízos e tribunais.

Por isso, inexistindo provas colhidas em juízo, mas somente provas no inquérito, o caso é de impronúncia. Do contrário, o risco de gerar um erro judiciário é imenso. Recentemente, há decisões proferidas pelo STF no sentido de ser vedada a pronúncia, quando lastreada apenas em provas constantes do inquérito.

5.2   Provas típicas e atípicas

Há quem divida as provas entre típicas e atípicas. As primeiras seriam aquelas que estão expressamente previstas em lei, dotada de procedimento próprio para ser obtida (ex.: prova testemunhal). As atípicas, previstas ou não em lei, não possuem um procedimento especial para serem colhidas (ex.: acareação; reconstituição do crime).[31]

Ensina GUILHERME MADEIRA DEZEM que a prova típica difere da prova nominada. "A prova nominada é aquela que se encontra prevista em lei, com ou sem procedimento probatório previsto. Há, aqui, apenas a previsão do *nomen juris* do meio de prova. Pense-se, assim, no caso da reconstituição: está prevista no art. 7.º do CPP, mas não está previsto o seu procedimento. Daí por que se tem, então, caso de prova nominada, mas atípica".[32]

6.   EXAME DE CORPO DE DELITO E PERÍCIAS EM GERAL

6.1   Disposições gerais

Corpo de delito é a prova da existência do crime (materialidade do delito).[33] Como ensina ROGÉRIO LAURIA TUCCI, "corresponde ao conjunto de elementos físicos, materiais, contidos, explicitamente, na definição do crime, isto é, no modelo legal".[34] No judicioso entendimento de JOÃO MENDES JÚNIOR, "o *corpo do delito* é o conjunto de elementos sensíveis do fato criminoso. *Corpo* é toda a substância formada de elementos sensíveis, ou melhor, de partes elementares dispostas e conjuntas. *Elementos sensíveis* são aqueles princípios produtores que podem afetar os sentidos, isto é, que podem ser percebidos ou pela vista, ou pelo ouvido, ou pelo tato, ou pelo gosto, ou pelo olfato. São chamados também elementos *materiais* ou *físicos* não só por sua natureza, como porque constituem a força física ou resultam do movimento da força física".[35]

---

[31]   Cf. SCARANCE FERNANDES, *Provas no processo penal*, p. 15. Ver, também, VERA KERR, *Provas no processo penal*, p. 55.

[32]   *Curso de processo penal*, p. 526.

[33]   No passado, a expressão designava o cadáver da vítima; depois, passou a representar a pessoa ou a coisa sobre a qual tivesse recaído a conduta criminosa. Atingiu-se a terceira conceituação, significando o "conjunto dos elementos exteriores ou a materialidade de uma infração" (GALDINO SIQUEIRA, *Curso de processo criminal*, p. 225-226).

[34]   *Do corpo de delito no direito processual penal brasileiro*, p. 14.

[35]   *O processo criminal brasileiro*, v. 2, p. 7.

O *exame de corpo de delito* é a verificação da prova da existência do crime, feita por peritos, diretamente, ou por intermédio de outras evidências, quando os vestígios, ainda que materiais, desapareceram.

Vestígio é o rastro, a pista ou o indício deixado por algo ou alguém. Há delitos que deixam sinais aparentes da sua prática, como ocorre com o homicídio, uma vez que se pode visualizar o cadáver. Outros delitos não os deixam, tal como ocorre com o crime de ameaça, quando feita oralmente. Preocupa-se particularmente a lei processual penal com os crimes que deixam rastros passíveis de constatação e registro, obrigando-se, no campo das provas, à realização do exame de corpo de delito (art. 158, CPP). Trata-se de uma prova imposta por lei (prova tarifada), de modo que não obedece à regra da ampla liberdade na produção das provas no processo criminal. Assim, não realizado o exame determinado, pode ocorrer nulidade, nos termos do disposto no art. 564, III, *b*, do Código de Processo Penal.

Os vestígios podem ser materiais ou imateriais. Materiais são os vestígios que os sentidos acusam (ex.: a constatação do aborto pela visualização do feto expulso e morto). Imateriais são aqueles que se perdem tão logo a conduta criminosa finde, pois não mais captáveis, nem passíveis de registro pelos sentidos humanos (ex.: a injúria verbal proferida). Após a reforma instituída pela Lei 13.964/2019, define-se em lei o vestígio: "é todo objeto ou material bruto, visível ou latente, constatado ou recolhido, que se relaciona à infração penal" (art. 158-A, § 3.º, CPP). Esclareça-se que essa definição se circunscreve ao vestígio material.

Explica TUCCI que há fatos permanentes (*facti permanentis*), ou seja, "aqueles de que sobram marcas indeléveis, temporária ou permanentemente, como os de lesões corporais leves ou graves, estupro etc." e fatos transitórios (*facti transeuntis*), isto é, que possuem "vida efêmera, embora determinados, momentaneamente que seja, ao tempo do evento delitivo, de elementos físicos, próprios e inconfundíveis, *e. g.*, a injúria verbal". Por isso, corpo de delito não passa da "necessidade de cognoscer e documentar, procedimentalmente, mediante a observância de regras específicas, a prática criminosa".[36] É próprio afirmar que toda infração penal possui corpo de delito, isto é, prova da sua existência, pois se exige materialidade para condenar qualquer pessoa, embora nem todas fixem o corpo de delito por vestígios materiais. Em relação a estes últimos é que se preocupou o art. 158 do CPP, exigindo que se faça a inspeção pericial, com a emissão de um laudo, para comprovar a materialidade.

Portanto, em crimes que deixam vestígios materiais deve haver, sempre, exame de corpo de delito.[37] Preferencialmente, os peritos devem analisar o rastro deixado pessoalmente.[38] Em caráter excepcional, no entanto, admite-se que o façam por outros meios de prova em direito admitidos, tais como o exame da ficha clínica do hospital que atendeu a vítima, fotografias, filmes, atestados de outros médicos, entre outros. É o que se chama de *exame de corpo de delito indireto*. Essa situação pode ser necessária quando, por exemplo, o feto desaparece, após o

---

[36] Ob. cit., p. 15-16.

[37] O exame pericial consiste em tornar acessível ao leigo em determinada ciência o conhecimento de um objeto cuja captação somente é viável por meio da técnica especial (RIVERA SILVA, *El procedimiento penal*, p. 239).

[38] "Os exames de corpo de delito e as outras perícias, isto é, exames de lesões corporais, de sanidade física, de sanidade mental, cadavéricos, precedidos, ou não, de exumação, de identidade de pessoa, toxicológicos, de instrumentos vulnerantes, manchas suspeitas, anatomopatológicos, bacteriológicos, ou outros de laboratório, inspeções judiciais de cadáver e de local, em suma, tudo quanto se fizer necessário para bem elucidar o fato, serão feitos por peritos oficiais, dependendo da organização, judiciário-policial, de cada unidade da Federação" (ARY DE AZEVEDO FRANCO, *Código de Processo Penal*, p. 251).

aborto, mas a gestante foi devidamente atendida por um médico, que tudo registrou em fichas próprias. O perito do juiz, então, avalia os dados constantes dessas fichas, produzindo o seu laudo, embora de forma indireta. Registre-se, ainda, o disposto na Lei 11.340/2006 (Violência Doméstica): "Serão admitidos como meios de prova os laudos ou prontuários médicos fornecidos por hospitais e postos de saúde" (art. 12, § 3.º).

A primeira referência, no direito brasileiro, ao *corpo de delito* teve lugar nas *Instruções de 4 de novembro de 1825*, que continham as atribuições dos Comissários de Polícia (art. 10): "Os comissários devem apresentar-se logo no lugar em que aparecer, por crime ou desastre, algum cadáver humano, ou pessoa gravemente ferida; e posto que lhes não compete formarem o *corpo de delito* legal, contudo, enquanto não chegar o juiz criminal tomarão com testemunhas todas as declarações, armas e mais objetos ou circunstâncias, que servirem para ilustração do juiz e do procedimento legal a que houver de proceder-se".[39] Segundo o autor, repetiu-se a fórmula no Código de Processo Criminal, de 29 de novembro de 1832 (art. 134), apresentando-se ele em três especificações: a) *corpus criminis*: "pessoa ou coisa sobre a qual praticado o ato criminoso"; b) *corpus instrumentorum*: "objetos ou instrumentos utilizados na atividade delituosa, pelo autor ou autores da mesma"; c) *corpus probatorium*: "vestígios por estes deixados, e hábeis à reconstrução do crime cometido".[40]

Perícia é o exame de algo ou de alguém realizado por técnicos ou especialistas em determinados assuntos, podendo fazer afirmações ou extrair conclusões pertinentes ao processo penal. Trata-se de um *meio de prova*.[41] Quando ocorre uma infração penal que deixa vestígios materiais, deve a autoridade policial, tão logo tenha conhecimento da sua prática, determinar a realização do exame de corpo de delito (art. 6.º, VII, CPP), que é essencialmente prova pericial. Não sendo feito, por qualquer razão, nessa fase, pode ser ordenado pelo juiz (art. 156, II, CPP). Além de meio de prova, a perícia pode constituir-se, também, em meio de valoração da prova. Como ensina Paolo Tonini, "a perícia é necessária quando deve ser realizada uma valoração que requer específicas competências técnicas, científicas ou artísticas. A perícia tem três funções que, para serem exercitadas, requerem conhecimentos específicos: 1) desenvolver investigações para adquirir dados probatórios; 2) adquirir referidos dados, selecionando-os e interpretando-os; 3) realizar a valoração em relação aos dados produzidos (...). Entre as incumbências do perito pode estar compreendida aquela de extrair os detalhes do fato notório, os quais somente um técnico pode identificar; ou ainda, de aplicar a um fato notório uma lei científica, de modo a fornecer uma valoração ao juiz".[42]

Sobre a possibilidade de formação do corpo de delito, no caso de delito que deixa vestígios, por indícios, consultar o tópico próprio no contexto da prova indiciária.

No cenário da Lei 11.340/2006 (Lei Maria da Penha) e de outras que se seguiram, visando à proteção de mulheres, crianças, adolescentes, idosos e deficientes, editou-se a Lei 13.721/2018, cuja finalidade é *acelerar* a realização do exame de corpo de delito, vale dizer, o exame pericial. Quanto mais rápida a sua elaboração, mais eficiente pode ser a atuação

---

[39]   Rogério Lauria Tucci, *Do corpo de delito no direito processual penal brasileiro*, p. 47, grifo no original.

[40]   Ob. cit., p. 85.

[41]   Para Taruffo, no sistema do *civil law*, adotado no Brasil, o perito não é uma testemunha. A sua figura é diferente da testemunha. Pode o perito ofertar suas opiniões, mas permeado de um conhecimento abalizado. Presume-se a imparcialidade do perito; havendo dúvida, comporta questionamento pela parte interessada (*A prova*, p. 90-91).

[42]   *A prova no processo penal italiano*, p. 183.

das Varas Especializadas em Violência Doméstica. Por vezes, a ausência da prova pericial, comprobatória da materialidade do crime, impede a tomada de medidas cautelares de forma rápida e eficaz. Assim sendo, introduziu-se o parágrafo único ao art. 158 do Código de Processo Penal: "dar-se-á prioridade à realização do exame de corpo de delito quando se tratar de crime que envolva: I – violência doméstica e familiar contra mulher; II – violência contra criança, adolescente, idoso ou pessoa com deficiência".

6.1.1 Cadeia de custódia

A reforma inserida pela Lei 13.964/2019 trouxe novas regras para a captação, conservação e descarte de vestígios materiais do crime. Criou a denominada *cadeia de custódia*, definindo-a como "o conjunto de todos os procedimentos utilizados para manter e documentar a história cronológica do vestígio coletado em locais ou em vítimas de crimes, para rastrear sua posse e manuseio a partir de seu reconhecimento até o descarte" (art. 158-A, *caput*, CPP).

A partir daí, a lei busca ser bem didática, não só prevendo condutas, mas as definindo. Começa-se a referida cadeia de custódia com a preservação do local do crime, que, em realidade, é obrigação da autoridade policial.

O policial que tomar conhecimento de um elemento fundamental para a apuração do crime fica responsável pela sua preservação, portanto, não é somente o delegado.

O art. 158-B do CPP demonstra a cadeia de custódia: a) "reconhecimento: ato de distinguir um elemento como de potencial interesse para a produção da prova pericial" (inciso I); b) "isolamento: ato de evitar que se altere o estado das coisas, devendo isolar e preservar o ambiente imediato, mediato e relacionado aos vestígios e local de crime" (inciso II); c) "fixação: descrição detalhada do vestígio conforme se encontra no local de crime ou no corpo de delito, e a sua posição na área de exames, podendo ser ilustrada por fotografias, filmagens ou croqui, sendo indispensável a sua descrição no laudo pericial produzido pelo perito responsável pelo atendimento" (inciso III); d) "coleta: ato de recolher o vestígio que será submetido à análise pericial, respeitando suas características e natureza" (inciso IV); e) "acondicionamento: procedimento por meio do qual cada vestígio coletado é embalado de forma individualizada, de acordo com suas características físicas, químicas e biológicas, para posterior análise, com anotação da data, hora e nome de quem realizou a coleta e o acondicionamento" (inciso V); f) "transporte: ato de transferir o vestígio de um local para o outro, utilizando as condições adequadas (embalagens, veículos, temperatura, entre outras), de modo a garantir a manutenção de suas características originais, bem como o controle de sua posse" (inciso VI); g) "recebimento: ato formal de transferência da posse do vestígio, que deve ser documentado com, no mínimo, informações referentes ao número de procedimento e unidade de polícia judiciária relacionada, local de origem, nome de quem transportou o vestígio, código de rastreamento, natureza do exame, tipo do vestígio, protocolo, assinatura e identificação de quem o recebeu" (inciso VII); h) "processamento: exame pericial em si, manipulação do vestígio de acordo com a metodologia adequada às suas características biológicas, físicas e químicas, a fim de se obter o resultado desejado, que deverá ser formalizado em laudo produzido por perito" (inciso VIII); i) "armazenamento: procedimento referente à guarda, em condições adequadas, do material a ser processado, guardado para realização de contraperícia, descartado ou transportado, com vinculação ao número do laudo correspondente" (inciso IX); j) "descarte: procedimento referente à liberação do vestígio, respeitando a legislação vigente e, quando pertinente, mediante autorização judicial" (inciso X).

A coleta dos vestígios materiais deve ser realizada, como regra, por perito oficial, que o encaminhará à central de custódia – que deve ser criada nos Institutos de Criminalística (art. 158-E, CPP). Porém, é preciso lembrar o tamanho do Brasil e as suas disparidades econômicas. Nem sempre haverá perito oficial ou uma central de custódia. É preciso considerar que a infração a normas da cadeia de custódia gera uma nulidade relativa, passível de demonstração de prejuízo pela parte que se sentir prejudicada.

A central de custódia terá entrada controlada. Quem ingressar sem autorização e provocar alguma modificação de vestígio poderá responder pelo crime de fraude processual (art. 347, CP). Sobre os detalhes de acondicionamento do vestígio, consultar o art. 158-D do CPP. Realizada a perícia, o material deve ser devolvido à central de custódia (art. 158-F, CPP).

É preciso considerar que, enquanto não for possível implementar exatamente a cadeia de custódia, como prevista na reforma implementada pela Lei 13.964/2019, cuida-se de nulidade relativa, vale dizer, pode ocorrer uma falha, mas ela depende da prova de prejuízo para a parte. Não se deve considerar a nulidade da prova de maneira automática, pois *cada caso é um caso* e há muitos anos tem-se feito o mais adequado para manter as provas inalteradas para a avaliação pericial, na medida do possível. Então, cumpre indicar como um defeito sanável ou superável, a menos que a parte interessada demonstre o contrário.

6.2 Diferença entre corpo de delito e exame de corpo de delito

Acesse e assista ao vídeo sobre Diferença entre corpo de delito e exame de corpo de delito.

> http://uqr.to/1z8on

O *corpo de delito*, como já exposto, é a prova da existência do crime, que pode ser feita de modo direto ou indireto. De maneira direta é a verificação de peritos do rastro deixado nitidamente pelo delito, como o exame necroscópico. De modo indireto é a narrativa de testemunhas, que viram o fato. Como ensina ROGÉRIO LAURIA TUCCI, a respeito de exame do corpo de delito, "o vocábulo *exame* parece-nos corretamente empregado, por isso que não há confundir *corpus delicti* – conjunto dos elementos físicos ou materiais, principais ou acessórios, permanentes ou temporários, que corporificam a prática criminosa – com a sua verificação existencial, mediante atividade judicial de natureza probatória e cautelar, numa persecução penal em desenvolvimento. Configura ele, com efeito, uma das espécies de *prova pericial*, consistente na colheita, por pessoa especializada, de elementos instrutórios sobre fato cuja percepção dependa de conhecimento de ordem técnica ou científica (...). É o *exame do corpo de delito*, em nosso processo penal, uma espécie de *prova pericial* constatatória da materialidade do crime investigado, realizada, em regra, por *peritos oficiais*, ou *técnicos*, auxiliares dos agentes estatais da *persecutio criminis...*".[43]

Exige-se, para a infração que deixa vestígios, a realização do exame de corpo de delito, direto ou indireto, isto é, a emissão de um laudo pericial atestando a materialidade do delito.

---

43 *Do corpo de delito no direito processual penal brasileiro*, p. 180-181.

Esse laudo pode ser produzido de maneira direta – pela verificação pessoal dos peritos – ou de modo indireto – quando os profissionais se servem de outros meios de provas. Note-se que, de regra, a infração que deixa vestígio precisa ter o exame de corpo de delito direto ou indireto (que vai constituir o corpo de delito direto, isto é, a prova da existência do crime atestada por peritos). Somente quando não é possível, aceita-se a prova da existência do crime de maneira indireta, isto é, sem o exame e apenas por testemunhas.

Não nos parece, pois, correta a lição daqueles que, como TOURINHO FILHO e MAGALHÃES NORONHA, dizem que o *exame de corpo de delito indireto* é o composto pelos depoimentos das testemunhas.[44] O exame de corpo de delito é sempre produzido por peritos, de maneira direta ou indireta, como já abordado. O corpo de delito, no entanto, pode resultar de forma direta ou indireta. Quando o perito vê o cadáver, por exemplo, analisa-o e atesta ao juiz que houve a morte e como esta se deu, prova-se a materialidade de maneira direta. Quando o cadáver se perde, contando-se com a mera narrativa de leigos que, de longe, viram o réu desferindo tiros na vítima, por exemplo, caindo o corpo no mar e perdendo-se, há a prova indireta da ocorrência da morte. É o corpo de delito indireto.

Se o Código de Processo Penal considerasse *exame de corpo de delito* também os depoimentos testemunhais, não teria colocado no art. 167 que, não sendo possível realizá-lo, a *prova testemunhal poderá suprir-lhe a falta*. Na ótica que sustentamos, estão os ensinamentos de HÉLIO TORNAGHI, para quem o "exame indireto não se confunde com o mero depoimento de testemunhas, o qual pode suprir o exame de corpo de delito (art. 167)"[45] e INOCÊNCIO BORGES DA ROSA, que diz obter-se o corpo de delito indireto, inquirindo-se as testemunhas.[46] Anote-se, ainda, a lição de SÉRGIO MARCOS DE MORAES PITOMBO: "O corpo de delito indireto produz-se mediante a prova pessoal, quer dizer, interrogatório ao réu, perguntas ao ofendido e depoimento de testemunhas".[47]

Leciona TOURINHO FILHO que, não havendo o exame, direto ou indireto, a "nulidade é tão grande que fulmina todo o processo, nos termos do art. 564, III, *b*, do Código de Processo Penal".[48] Novamente, não nos parece que tal seja o disposto no capítulo referente às nulidades. Diz o art. 564, III, *b*, que ocorrerá nulidade se não for realizado o *exame de corpo de delito nos crimes que deixam vestígios, ressalvado o disposto no art. 167*, isto é, quando não for possível fazer o exame, direto ou indireto, aceita-se a prova de existência do crime por intermédio de testemunhas. Por isso, pode não estar presente o *exame de corpo de delito*, sem que isso signifique nulidade absoluta, uma vez que a materialidade é provada por outras fontes.

Há que se destacar, ainda, a posição assumida por alguns processualistas tratando, indistintamente, *exame de corpo de delito* e *corpo de delito* como expressões sinônimas, o que não nos parece adequado. EDUARDO ESPÍNOLA FILHO, a título de exemplo, ora chama de exame de corpo de delito indireto, ora de corpo de delito indireto a prova da materialidade do crime constituída por intermédio de testemunhas.[49]

---

[44] *Código de Processo Penal comentado*, v. 1, p. 361; *Curso de direito processual penal*, p. 104-105.

[45] *Curso de processo penal*, v. 1, p. 319.

[46] *Comentários ao Código de Processo Penal*, p. 283.

[47] *Do sequestro no processo penal*, p. 77.

[48] Ob. cit., p. 361.

[49] *Código de Processo Penal brasileiro anotado*, v. 2, p. 464-496.

6.3   Confissão e corpo de delito

A lei é clara ao mencionar que a confissão do réu não pode suprir o exame de corpo de delito, direto ou indireto (art. 158, parte final, CPP). A única fórmula legal válida para preencher a sua falta é a colheita de depoimentos de testemunhas, nos termos do art. 167: "Não sendo possível o exame de corpo de delito, por haverem desaparecido os vestígios, a prova testemunhal poderá suprir-lhe a falta".

Andou bem o legislador ao impedir que a confissão possa suprir o exame de corpo de delito, já que se sabe ser frágil meio de prova a admissão da culpa pelo acusado. Afinal, há inúmeras razões que podem conduzir uma pessoa a confessar falsa ou erroneamente, colocando em grave risco a segurança exigida pelo processo penal. Assim, ilustrando, se o cadáver, no caso do homicídio, desapareceu, ainda que o réu confesse ter matado a vítima, não havendo exame de corpo de delito, nem tampouco prova testemunhal, não se pode punir o autor. A confissão isolada não presta para comprovar a existência das infrações que deixam vestígios materiais. Compatíveis com o texto legal estão os magistérios de MALATESTA e CARRARA.[50]

6.3.1   Exemplo histórico de formação da materialidade por confissão: o caso dos irmãos Naves

Ingressando para a história do direito brasileiro como um dos mais famosos erros judiciários já ocorridos, convém mencionar a síntese do processo para ilustrar a falibilidade da confissão extrajudicial como meio de prova em processo penal e, sobretudo, a impossibilidade, como prevê o art. 158 do Código de Processo Penal, da sua utilização para suprir o exame de corpo de delito, quando a infração penal deixar vestígios.

Sebastião José Naves, com 33 anos, e Joaquim Naves Rosa, com 25, foram processados, na Comarca de Araguari, Estado de Minas Gerais, com base na seguinte acusação, constante da denúncia: "estava na cidade, há muitos dias, o jovem Benedito Pereira Caetano, hóspede de Sebastião à espera de concluir um vultoso negócio de arroz. Joaquim era sócio da vítima em um caminhão. Sebastião estava acostumado a trabalhar para a vítima. Em 26 de novembro de 1937, Benedito fechou negócio de seu arroz com Antonio Lemos e Filhos. Recebeu cheque de 90 contos e 48 mil e quinhentos réis. Quando descontou, os indiciados planejaram ficar com o dinheiro. Em 28 de novembro, após uma festa, foi convidado a ir com eles até Uberlândia. Na Ponte do Pau Furado, por volta de 3 da manhã, desceram do caminhão para beber água. Joaquim levava uma corda. Sebastião agarrou a vítima pelas costas e Joaquim enfiou o laço no pescoço. Ambos estrangularam a vítima. Tiraram o dinheiro, que estava dentro da cueca, amarrado com pano. Atiraram o cadáver no Rio das Velhas. Enterraram o dinheiro dentro de uma lata. Por volta das 7 horas, saíram à procura da vítima para despistar a polícia. Foram incursos no art. 359, c.c. art. 18, § 1.º, da Consolidação das Leis Penais e agravantes do § 1.º (lugar ermo), § 2.º (premeditação), § 3.º (asfixia), § 5.º (superioridade de forças), § 7.º (traição e surpresa), § 13 (ajuste de 2 pessoas)" (fls. 3-4).

Foi pedida a prisão preventiva, pois Joaquim teria confessado a prática do delito na presença de testemunhas idôneas. O fundamento é de que eles iriam, certamente, tentar fugir, em face da gravidade do delito, dificultando, se soltos permanecessem, a ação da Justiça. O pedido data de 15 de janeiro de 1938. O inquérito policial havia sido instaurado em 30

---

[50] *A lógica das provas em matéria criminal*, v. 2, p. 153; *Programa del curso de derecho criminal dictado en la Real Universidad de Pisa*, v. 2, p. 320.

de novembro de 1937, por conta do desaparecimento da pretensa vítima, Benedito Pereira Caetano, sem deixar qualquer rastro.

Num primeiro momento, Sebastião foi ouvido e nada confessou. Disse, apenas, que a vítima foi levada para casa de seu irmão Joaquim e depois soube que Benedito não havia pousado em casa. Afirmou não saber maiores notícias de seu paradeiro (fls. 6/7). Joaquim, também, não confessou (fls. 7/8) e declarou que Benedito passara a noite fora de casa, não sabendo em que local, levando consigo o dinheiro. Uma das pessoas ouvidas na fase inquisitiva (fls. 17) declarou, falsamente, que os irmãos estavam em apuros pelo desaparecimento de Benedito. Aliás, eles lhe teriam prometido dinheiro para narrar que a vítima passara por Uberlândia. Outra testemunha (fls. 43) teria visto, por volta de 23h45, o caminhão de Joaquim na rua. A partir daí, surgiu, nos autos do inquérito, uma detalhada confissão de Joaquim Naves (fls. 25/26). Sem qualquer explicação para a sua origem, ela foi encartada pelo 1.º Tenente da Polícia Militar que apurava o caso, em 12 de janeiro de 1938. Pessoas teriam participado do ato procedimental que colheu a mencionada confissão extrajudicial. O auto de busca e apreensão providenciado nada apurou (fls. 32). Joaquim foi, então, ouvido de novo (fls. 33), ocasião em que teria dito que Sebastião ficara com o dinheiro, razão pela qual nada foi localizado.

Recebida a denúncia, foi decretada a preventiva, em 17 de janeiro de 1938, pelo juiz de paz. Durante a instrução em juízo, ficou constando, no termo de audiência, que o 1.º Tenente e outros policiais acompanhavam o desenrolar dos atos processuais. Surgiram testemunhas que teriam "ouvido dizer" a respeito do crime e de sua autoria. Um depoimento importante foi o da esposa de Joaquim, confirmando a confissão do marido (fls. 86). Sebastião ficou em silêncio em seu interrogatório (fls. 122); Joaquim confessou, novamente, dizendo ter sido induzido por seu irmão Sebastião a cometer o crime (fls. 123). O auto de busca do cadáver foi negativo (fls. 139).

Na pronúncia, sobre a confissão do réu, declarou o juiz (fls. 156/160): "O crime de que se ocupa este processo é da espécie daqueles que exigem do julgador uma inteligência aguda, uma atenção permanente, um cuidado extraordinário, no exame das provas, pois no juízo penal, onde estão em perigo a honra e a liberdade alheias, deve o julgador preocupar-se com a possibilidade tremenda de um erro judiciário" (fls. 157). Mencionou, especificamente, como fator de convencimento, ter havido confissão espontânea nos mínimos detalhes (fls. 157v.). Havendo recurso dos réus, foi mantida a pronúncia.

O primeiro julgamento pelo Tribunal do Júri ocorreu em 25 de junho de 1938 e os acusados foram absolvidos por 6 votos a 1. Foi, no entanto, anulado, porque o Tribunal de Justiça entendeu que, tratando-se de autoria incerta, os quesitos haviam sido formulados de modo errôneo (fls. 73/74). O segundo julgamento aconteceu em 21 de março de 1939. Joaquim foi absolvido por 5 votos contra 2 e Sebastião por 6 votos contra 1 (fls. 106/107). A defesa, ao longo do julgamento, invocou a tortura policial que teria vitimado o réu confitente. Havendo apelo do Ministério Público e inexistindo, à época, a soberania dos veredictos do Tribunal do Júri, o Tribunal de Justiça de Minas Gerais houve por bem condená-los a cumprir 25 anos e 6 meses de reclusão. Ingressaram os condenados em liberdade vigiada no dia 1.º de setembro de 1946.

Ficaram presos por 8 anos, 6 meses e 7 dias. Joaquim morreu em 28 de agosto de 1949. Através de revisão criminal ajuizada em 19 de agosto de 1949, a pena foi reduzida a 16 anos e 6 meses de reclusão. Benedito, a pretensa vítima, foi encontrado, vivo, em 1952. Tiraram sua foto, após Sebastião ter ouvido boatos sobre seu paradeiro. Foram à fazenda do pai de Benedito e lá o encontraram. O pretenso ofendido declarou que havia passado a noite com uma prostituta, naquela noite fatídica de seu desaparecimento, e, quando saiu, foi agredido e roubado por três homens, que teriam ficado com o dinheiro da safra vendida, pertencente a seu genitor. Por vergonha, sumiu para o Mato Grosso e depois para a Bolívia. Afinal, estava devendo ao próprio pai.

Por meio da Revisão Criminal n. 1632, o Tribunal de Justiça de Minas, por suas Câmaras Reunidas, em 27 de outubro de 1953, absolveu-os. Deixemos consignado que a confissão de Joaquim, segundo posteriormente ficou demonstrado, teria sido conseguida sob tortura, dando-se o mesmo com sua esposa, que teria sofrido tortura psicológica. As provas que os levaram à condenação limitavam-se à confissão do réu, a problemáticos testemunhos de "ouvir dizer", além de ter sido formada a materialidade do crime através de meros indícios, sem nenhum tipo de exame de corpo de delito e muito menos tendo havido testemunha presencial de eventual agressão desfechada pelos réus contra a falsa vítima.

6.4   Formalização do laudo pericial

A regra passa a ser, com o advento da Lei 11.690/2008, que as perícias em geral, onde se insere o exame de corpo de delito, sejam realizadas por um perito oficial, portador de diploma de curso superior (art. 159, *caput*, CPP).[51] Não havendo, é possível a sua realização por duas pessoas idôneas, com diploma de curso superior, preferencialmente na área específica, escolhidas dentre as que tiverem habilitação técnica relacionada à natureza do exame (art. 159, § 1.º, CPP). Quando os peritos não forem oficiais deverão prestar o compromisso de bem desenvolver sua atividade (art. 159, § 2.º, CPP).

Não se tratando de perícia realizada por perito oficial, remunerado pelos cofres públicos, porque exerce um cargo ou função, os peritos não oficiais precisam ser remunerados; a ninguém é dado trabalhar gratuitamente para o Estado. O Código de Processo Penal, diante da falta de reforma, não dispõe a respeito. É preciso servir-se do disposto pelo art. 3.º do CPP, utilizando o método da analogia feito, nesse caso, com o CPC. Preceitua o art. 91 dessa legislação o seguinte: "as despesas dos atos processuais praticados a requerimento da Fazenda Pública, do Ministério Público ou da Defensoria Pública serão pagas ao final pelo vencido. § 1.º As perícias requeridas pela Fazenda Pública, pelo Ministério Público ou pela Defensoria Pública poderão ser realizadas por entidade pública ou, havendo previsão orçamentária, ter os valores adiantados por aquele que requerer a prova. § 2.º Não havendo previsão orçamentária no exercício financeiro para adiantamento dos honorários periciais, eles serão pagos no exercício seguinte ou ao final, pelo vencido, caso o processo se encerre antes do adiantamento a ser feito pelo ente público". Se a perícia for requerida pelo Ministério Público ou pela Defensoria Pública aplica-se o disposto no texto acima. Se for determinada de ofício pelo juiz, caberá ao Tribunal de Justiça efetuar o pagamento, conforme sua previsão orçamentária.

Perito é o especialista em determinado assunto. Considera-se *oficial* quando é investido na função por lei e não pela nomeação feita pelo juiz. Normalmente, são pessoas que exercem a atividade por profissão e pertencem a órgão especial do Estado, destinado exclusivamente a produzir perícias. Note-se que a lei exige a realização da perícia por um profissional, que é considerado, para todos os efeitos, *auxiliar da justiça* (art. 275, CPP), submetendo-se às mesmas causas de suspeição dos magistrados (art. 280, CPP). Destaque-se o teor da Súmula 361 do STF, agora não mais aplicável no contexto da perícia oficial, ao menos quanto ao número de peritos

---

[51]   Segundo TORNAGHI, "a perícia não prova, ilumina a prova" (*Instituições de processo penal*, v. IV, p. 274).

para a realização do exame: "No processo penal, é nulo o exame realizado por um só perito, considerando-se impedido o que tiver funcionado, anteriormente, na diligência de apreensão".

A Lei 12.030/2009 busca conferir autonomia aos peritos criminais: "No exercício da atividade de perícia oficial de natureza criminal, é assegurado autonomia técnica, científica e funcional, exigido concurso público, com formação acadêmica específica, para o provimento do cargo de perito oficial" (art. 2.º).

Quando o laudo for elaborado por um só perito não oficial é considerado prova ilícita e deve ser refeito. O indeferimento de pedido nesse sentido dá margem à impetração de mandado de segurança. A urgência é justificada para que a prova não se perca diante do decurso do tempo.

Era inadmissível, no processo penal, a participação de assistentes técnicos indicados pelas partes. A Lei 11.690/2008 alterou essa situação. O Ministério Público, o assistente de acusação, o ofendido, o querelante e o acusado podem formular quesitos e indicar assistentes técnicos (art. 159, § 3.º, CPP).

O assistente técnico deverá atuar a partir da sua admissão pelo magistrado e após a conclusão dos exames e a elaboração do laudo pelo perito oficial. As partes serão intimadas dessa decisão (art. 159, § 4.º, CPP).

Como mencionado, até a reforma processual penal de 2008, o CPP nem mesmo previa a participação no processo de assistentes técnicos. Atualmente, encontra disposta pelo art. 159, mas sem mencionar a sua remuneração. É caso de aplicação analógica, valendo-se do CPC: "Art. 95. Cada parte adiantará a remuneração do assistente técnico que houver indicado, sendo a do perito adiantada pela parte que houver requerido a perícia ou rateada quando a perícia for determinada de ofício ou requerida por ambas as partes". Prossegue-se, no § 3.º: "quando o pagamento da perícia for de responsabilidade de beneficiário de gratuidade da justiça, ela poderá ser: I – custeada com recursos alocados no orçamento do ente público e realizada por servidor do Poder Judiciário ou por órgão público conveniado; II – paga com recursos alocados no orçamento da União, do Estado ou do Distrito Federal, no caso de ser realizada por particular, hipótese em que o valor será fixado conforme tabela do tribunal respectivo ou, em caso de sua omissão, do Conselho Nacional de Justiça. § 4.º Na hipótese do § 3.º, o juiz, após o trânsito em julgado da decisão final, oficiará a Fazenda Pública para que promova, contra quem tiver sido condenado ao pagamento das despesas processuais, a execução dos valores gastos com a perícia particular ou com a utilização de servidor público ou da estrutura de órgão público, observando-se, caso o responsável pelo pagamento das despesas seja beneficiário de gratuidade da justiça, o disposto no art. 98, § 2.º". O réu, no processo penal, pode ser beneficiário da justiça gratuita e ter interesse em possuir assistente técnico. De qualquer forma, o assistente não deve trabalhar sem a percepção dos justos honorários.

Outra modificação introduzida deu-se no contexto da busca de esclarecimentos em relação à prova técnica. As partes poderão requerer a oitiva dos peritos em audiência para informarem dados sobre a prova produzida e para responder aos quesitos. Para tanto, devem ser intimados com dez dias de antecedência, recebendo os quesitos ou questões de antemão. Suas respostas podem dar-se por meio de laudo complementar (art. 159, § 5.º, I, CPP).

Os assistentes técnicos podem apresentar laudos ou ser inquiridos em audiência (art. 159, § 5.º, II, CPP).

O material probatório, que serviu de base para a perícia, deve ser disponibilizado no ambiente do órgão oficial, que o manterá sob sua guarda, como regra. O exame dos assistentes se fará com o acompanhamento do perito oficial (art. 159, § 6.º, CPP).

É viável a realização de perícia complexa, envolvendo mais de uma área de conhecimento, motivo pelo qual pode ser designado mais de um perito oficial e a parte, mais de um assistente técnico (art. 159, § 7.º, CPP).

Laudo pericial é a conclusão a que chegaram os peritos, exposta na forma escrita, devidamente fundamentada, constando todas as observações pertinentes ao que foi verificado e contendo as respostas aos quesitos formulados pelas partes.

O laudo compõe-se, como regra, dos seguintes elementos: a) *tópico de identificação*, constando a dependência onde foi realizado, os números do boletim de ocorrência, do inquérito policial e do distrito aos quais se referem, bem como o lugar para onde deve ser remetido; b) *titulação* (nome do exame a ser efetivado, como, por exemplo, *laudo de exame de corpo de delito* ou *exame necroscópico*); c) *nome da pessoa a ser analisada*; d) *elenco dos quesitos* a serem respondidos. Exemplo de questionário quanto ao exame *necroscópico*: 1.º) Houve morte?; 2.º) Qual a causa?; 3.º) Qual a natureza do agente, instrumento ou meio que a produziu?; 4.º) Foi produzida por meio de veneno, fogo, explosivo, asfixia ou tortura, ou outro meio insidioso ou cruel? (resposta especificada).

Quesitos são questões formuladas sobre um assunto específico, que exigem, como respostas, opiniões ou pareceres. Os quesitos podem ser oferecidos pela autoridade e pelas partes até o ato da diligência (art. 176, CPP).

Outro ponto interessante a destacar é que inúmeros laudos são realizados apenas na fase extrajudicial, em virtude de determinação da autoridade policial, razão pela qual não se submetem à participação das partes, oferecendo quesitos e acompanhando a sua feitura. Os exames do cadáver, dos instrumentos do crime, do local, de dosagem alcoólica, toxicológicos, entre outros, são realizados sem nenhuma participação das partes. Isso não impede que, em virtude dos princípios constitucionais do contraditório e da ampla defesa, não possam ser questionados em juízo por qualquer das partes.

O direito à escorreita produção da prova é inafastável, mesmo reconhecendo-se que aguardar seria pior, pois os sinais deixados pelo delito poderiam desaparecer. Para compor os interesses de efetivação do laudo em curto espaço de tempo e de participação dos interessados na discussão do seu conteúdo, pode haver complementação da perícia, sob o crivo do contraditório, respeitando-se o devido processo legal.[52]

Atualmente, aberta pela Lei 11.690/2008 a possibilidade de as partes oferecerem quesitos e indicarem assistentes técnicos, torna-se natural poderem fazê-lo, se possível, desde a fase policial. Não há necessidade alguma de se aguardar a chegada dos autos em juízo, já com a ação penal instaurada. Ademais, acompanhar a prova pericial quando é realizada (fase investigatória) é o objetivo maior. Conforme o caso, se for bem-feita, nem mesmo ação penal haverá, pois é possível não se comprovar a materialidade ou mesmo a autoria da infração penal.

O exame de corpo de delito pode ser realizado em qualquer dia e horário (art. 161, CPP), o que é razoável, pois a necessidade da verificação feita pelos peritos é que deve impor os limites para a concretização do exame. É possível que uma necropsia precise ser feita durante um feriado ou na madrugada para que o cadáver possa ser logo liberado para as cerimônias funerais, incomodando o mínimo possível a família da vítima.

---

52   Antonio Magalhães Gomes Filho, *Direito à prova no processo penal*, p. 161-162.

6.5 Necropsia

É o exame feito por peritos das partes internas de um cadáver.[53] Tem por finalidade principal constatar a morte e sua causa, mas também serve para verificar outros aspectos, como a trajetória do projétil ou o número de ferimentos, bem como os orifícios de entrada e saída do instrumento utilizado. Excepcionalmente, pode ser dispensável a autópsia, quando a morte for violenta e inexistindo qualquer dúvida quanto à sua causa (ex.: explodir o corpo). Nessa hipótese, faz-se somente o exame externo do cadáver, como determina o parágrafo único do art. 162 do CPP.

Para a realização da necropsia, fixou-se um período de segurança de, no mínimo, seis horas, que é o necessário para o surgimento dos incontroversos sinais tanatológicos, demonstrativos da morte da vítima, evitando-se qualquer engano fatal (exceto, como já mencionado, quando a morte for evidente). Nesse cenário, denomina-se *morte aparente* a situação do indivíduo dado por morto pelo médico e assim tratado por familiares e amigos, mas que, em verdade está vivo. Embora sejam casos raros, os livros registram tais ocorrências, normalmente originárias de inadequada verificação dos sinais tanatológicos. Estados como embriaguez, catalepsia, coma epilético, asfixia, anestesia, comoção cerebral, síncope, entre outros, podem levar a uma simulação da morte.

Há sinais de morte comuns e especiais. Dentre os comuns, temos o aspecto do corpo (face cadavérica, imobilidade, relaxamento dos esfíncteres), a cessação da circulação (verificação da pulsação, auscultação do coração), a parada da respiração de modo prolongado (auscultação, prova do espelho – colocado perto das narinas ou da boca, não se embaçando se houver a parada respiratória –, prova da vela – colocada perto das narinas ou da boca para haver a checagem da vacilação da chama), morte cerebral, modificação dos olhos (insensibilidade, perda da tonicidade, alteração pupilar, depressão, formação da tela viscosa), resfriamento do corpo (leva aproximadamente 22 horas para completar-se o processo, em ambiente de temperatura de 24° C), formação dos livores (concentração do sangue em determinadas regiões do corpo pela ação da gravidade), rigidez cadavérica (leva cerca de 8 horas para completar-se e dura cerca de 1 ou 2 dias) e putrefação (destruição do cadáver pelos micróbios, o que se pode constatar pela chamada *mancha verde abdominal*, que surge 1 ou 2 dias após a morte).

Dentre os sinais especiais, encontram-se a cardiopunctura (colocação de uma fina agulha no tórax até atingir o coração; se este estiver batendo a ponta da agulha vibrará), arteriotomia (abertura de artéria superficial para ver se está cheia de sangue ou vazia), prova da fluoresceína (injeção de solução na veia ou nos músculos para constatar se se arrasta para o sangue, corando de amarelo a superfície cutânea, o que somente ocorre se a pessoa está viva), prova do acetato de chumbo (colocação na narina de um papel com acetato de chumbo; havendo morte, desprende-se hidrogênio sulfurado da narina e o papel ficará enegrecido), prova do papel de tornassol (um papel de tornassol é colocado sobre os olhos e ficará vermelho se a pessoa estiver morta). Os sinais da morte, enfim, somente são seguros quando analisados em conjunto, em especial aqueles que surgem com o passar do tempo.[54] Essa é a razão pela qual se aguarda um período de, pelo menos, seis horas para dar início à autópsia.

---

[53] É o que Galdino Siqueira chamava de *inspeção jurídica do cadáver* (*Curso de processo criminal*, p. 244).

[54] Almeida Júnior e Costa Júnior, *Lições de medicina legal*, p. 140-245.

Por derradeiro, além dos casos de morte evidente, prescindem da autópsia as situações de morte natural, que se divide em *patológica* (fruto de doença) e *teratológica* (originária de defeito congênito grave, que impossibilita a vida prolongada).

6.6   Exumação e inumação

Exumar significa desenterrar ou tirar o cadáver da sepultura. É um procedimento que necessita de autorização legal, não podendo ser feito sem causa. Havendo infração aos dispositivos legais que autorizam a exumação ou inumação ocorre contravenção penal (art. 67, LCP). A exumação pode ser necessária para realizar-se a autópsia, quando surge dúvida sobre a ocorrência da *causa mortis*, o que até o momento do sepultamento não havia. Pode servir, ainda, para o refazimento da perícia ou para a complementação dos dados que os experts já colheram. Aliás, pode ser fruto do inconformismo de qualquer das partes diante de um exame malfeito, determinando o magistrado a reparação pelos peritos das falhas encontradas.

Inumar significa enterrar ou sepultar. Embora o art. 163 do CPP cuide somente da exumação, vale ressaltar que também pode existir infração penal quando um corpo é sepultado sem autorização (art. 67, LCP).

Como regra, cabe à autoridade policial determinar a realização de autópsia (art. 6.º, VII, CPP), logo, é da sua atribuição determinar a exumação, quando for necessário. Nada impede, no entanto, que o juiz a determine, devendo ser conduzida pela autoridade policial de toda forma.

Os cadáveres serão sempre fotografados na posição em que forem encontrados, assim como as eventuais lesões externas e os vestígios deixados no local do crime (art. 164, CPP). Embora não sejam as fotografias uma prova derradeira e suficiente, elas contribuem para a formação da convicção das autoridades que irão analisar o inquérito. Justamente porque as fotos são importantes, incumbe à autoridade policial dirigir-se ao local do crime, providenciando para que nada seja alterado até que os peritos cheguem para fotografar o corpo tal como encontrado (art. 6.º, I, CPP).

Em caso de dúvida quanto à identidade do cadáver, menciona o art. 166 do Código de Processo Penal dever ser realizado o reconhecimento, lavrando-se auto, onde se descreverá o cadáver com todos os seus sinais e indicações. O denominado *auto de reconhecimento e de identidade* é o registro escrito e devidamente autenticado pelos funcionários do órgão encarregado de proceder à identificação a respeito de tudo quanto foi feito para a descoberta da correta identidade do cadáver, narrando-se o procedimento empregado, as provas realizadas, os confrontos feitos, os sinais encontrados e as pessoas que participaram do ato. Havendo dúvida quanto à identidade do cadáver enterrado, tudo o que for com ele encontrado deve ser recolhido e autenticado, isto é, reconhecido como verdadeiro e pertencente, de fato, àquele que morreu. Esses objetos arrecadados na sepultura ou no corpo podem ser extremamente úteis na identificação do corpo por familiares e amigos.

6.7   Exame de corpo de delito em caso de lesões corporais

A particularidade desse caso fica por conta da possibilidade de haver um primeiro exame pericial realizado de modo incompleto, necessitando-se do denominado *exame complementar*, a fim de apurar a gravidade da lesão corporal. Note-se que uma das espécies de lesão grave é aquela que incapacita o ofendido para as ocupações habituais por mais de trinta dias. Ora, como saber se isso ocorreu caso não seja feito um segundo exame, justamente após o decurso do lapso temporal de trinta dias? Aliás, nesse caso, o exame precisa ocorrer tão logo passe esse período. Tempo depois já não é útil, nem se prestando à finalidade de indicar a ocorrência de lesão corporal grave.

Outras hipóteses decorrem da necessidade de saber se o ofendido realmente, após o tratamento, teve membro, sentido ou função debilitado de modo permanente, sofreu incapacitação para o trabalho, perdeu membro, sentido ou função ou padece de enfermidade incurável. Por isso, no caso de lesões corporais o exame complementar pode ser extremamente útil.

A realização do exame complementar pode dar-se por determinação da autoridade policial ou judiciária, por requerimento do Ministério Público, do ofendido ou mesmo do acusado ou de seu defensor (art. 168, CPP).

Na esteira do art. 167 do Código de Processo Penal, torna-se viável que, desaparecido os vestígios, não mais seja possível realizar o exame complementar, motivo pelo qual a prova testemunhal supre a sua falta (art. 168, § 3.º, CPP).

6.8   Exame de local

Trata-se do desdobramento natural do disposto no art. 6.º, I (a autoridade policial deve dirigir-se ao local do crime, providenciando para que não sejam alterados o estado e a conservação das coisas até a chegada dos peritos criminais), revelando-se, em grande número de casos, importante fonte de prova para o processo. Lamentavelmente, sabe-se que nem sempre a autoridade policial cumpre o determinado na lei processual, razão pela qual o lugar do crime é alterado de tal maneira que a perícia se torna inviável.

Por outro lado, se o disposto no art. 6.º não for cumprido, pode a perícia transformar-se em meio de desvirtuamento da verdade real, caso alguém tenha propositadamente alterado o local, induzindo em erro os experts. Tanto é importante o exame do lugar do delito que o Código de Trânsito Brasileiro – Lei 9.503/1997 – prevê como figura criminosa a conduta de quem inova artificiosamente, em caso de acidente automobilístico com vítima, o estado do lugar, de coisa ou de pessoa para o fim de induzir a erro o agente policial, o perito ou o juiz (art. 312).

As eventuais modificações do local, que forem perceptíveis pelos peritos, devem constar do relatório, trazendo, como determina a lei, a discussão e as conclusões a que chegaram a respeito da força que essas alterações possam ter no modo de avaliação do desenvolvimento do fato criminoso. Isso significa que os peritos devem levantar hipóteses, demonstrando no laudo as várias situações delas decorrentes, para auxiliar o juiz a julgar a causa, quando colher outras provas (art. 169, parágrafo único, CPP).

6.9   Exame laboratorial

É o realizado em lugares próprios ao estudo experimental e científico. Assim, em muitos crimes, como ocorre com os delitos contra a saúde pública, é imprescindível que se faça o exame de laboratório, para que os peritos, contando com aparelhos adequados e elementos químicos próprios, possam apresentar suas conclusões. Ex.: exame toxicológico para detecção de substâncias entorpecentes proibidas; exame de dosagem alcoólica; exame de substância venenosa; exame de constatação de produto farmacêutico falsificado, dentre outros.

Determina a lei (art. 170, CPP) que os experts, ao findarem o exame, guardem material suficiente do produto analisado, para a realização, se for o caso, da contraprova, que significa uma nova perícia para confirmar a primeira, quando nesta se encontrarem falhas insuperáveis, ou para que alguma das partes possa questionar a conclusão obtida pelos peritos, através de uma segunda verificação. A cautela de guardar o material examinado não possui um prazo certo estabelecido em lei, mas deve respeitar o limite do razoável, ou seja, no mínimo até que o juiz profira a sentença, embora o ideal seja aguardar o trânsito em julgado da decisão.

6.9.1 A inexigência da colaboração do réu para a realização dos exames de laboratório, fornecendo material

Trata-se de questão incontroversa, lastreada no princípio constitucional da presunção de inocência, de que o réu não tem o dever de se autoincriminar (*nemo tenetur se detegere*); portanto, é lógico não possuir obrigação alguma de colaborar para a realização de prova pericial, cuja finalidade é prejudicá-lo. Assim, não necessita fornecer material gráfico para exame de falsidade documental, nem entregar sangue para exame de constatação de dosagem alcoólica, como também não está obrigado a soprar o aparelho denominado *bafômetro* ou *etilômetro*.[55]

Sobre este último, trata-se de um aparelho composto por dois conjuntos, o que se destina à purificação da amostra de ar e outro para a verificação da dosagem alcoólica. O método é baseado na premissa de que o álcool se distribui entre o sangue e o ar do alvéolo pulmonar, sendo viável detectar a quantidade de álcool no sangue pela via pulmonar. O art. 306 do Código de Trânsito Brasileiro já teve três redações, uma das quais exigia a prova de que o motorista dirigia com concentração de mais de 0.6 decigramas de álcool por litro de sangue. Ora, para esta situação, necessária se tornava a produção de prova pericial e a colaboração do acusado para tanto, o que se afigurava um nítido abuso ao seu direito de não produzir prova contra si mesmo. Atualmente, a redação do referido art. 306 dispensa dados indicativos da quantidade de álcool no sangue do motorista, tipificando, somente, quem dirige sob a influência de álcool. Os meios de prova são variados, admitindo-se, inclusive, prova testemunhal, algo que independe da colaboração do infrator.

Há posições em sentido contrário, baseadas em assertivas pouco científicas, como o fato de que quem é inocente não teme fornecer material para exame. Seria a aplicação do antigo brocardo "quem não deve, não teme". Mas, se assim fosse, a confissão também deveria ser um ato obrigatório e o silêncio, prova de culpa. Com sabedoria, a Constituição Federal consagrou o direito ao silêncio, vez que se coaduna com o estado de inocência do réu. Logo, não se trata de defender a ideia popular de que "quem não deve, não teme", mas de prestigiar um sistema acusatório digno e ético. As pessoas nascem inocentes – esse é o seu estado natural –, cabendo ao Estado, com seus órgãos aparelhados para tanto, demonstrar a culpa. O indivíduo é a parte fraca da relação, sendo inadmissível pretender formar a prova em torno de sua própria colaboração. Em vários setores da vida, desde a família, passando pela escola até atingir a profissão, o panorama deve ser o mesmo: inocente até prova em contrário. E esta prova cabe ao acusador. Pretender o contrário equivale a subverter a ordem constitucional e o prestígio aos direitos humanos fundamentais.

6.10 Perícia em furto qualificado e crimes afins

Embora o art. 171 do Código de Processo Penal seja aplicável, na maioria das vezes, ao furto qualificado, nada impede que se realize exame pericial para detectar a destruição ou

---

[55] O STF entende que é dever do motorista soprar o bafômetro; porém, se houver recusa, pode ser multado e sofrer penalidade administrativa. No campo criminal, a recusa não será considerada admissão de culpa.

rompimento de obstáculo ou mesmo a efetivação de escalada para outro delito. Como ilustração, poderíamos indicar a realização desse tipo de exame para comprovar que o agente do homicídio se valeu de escalada para ingressar no recinto onde estava a vítima, motivo pelo qual tornou impossível ou dificultosa a sua defesa, qualificando o crime.

É fundamental que, existindo rompimento ou destruição de obstáculo, possam os peritos atestar tal fato, pois facilmente perceptíveis. O mesmo se diga do furto cometido mediante escalada, ainda que, nesta hipótese, os rastros do crime possam ter desaparecido ou nem ter existido. Tal ocorrência não afasta, em nosso entender, a realização da perícia, pois o lugar continua sendo propício para a verificação. Ex.: caso o agente ingresse em uma casa pelo telhado, retirando cuidadosamente as telhas, recolocando-as depois do crime; pode ser que a perícia não encontre os vestígios da remoção, mas certamente conseguirá demonstrar que o local por onde ingressou o ladrão é alto e comporta a qualificadora da escalada. Sabe-se, por certo, que tal não se dá quando o agente salta um muro baixo, sem qualquer significância para impedir-lhe a entrada, algo que a perícia tem condições de observar e atestar. Por isso, as testemunhas somente podem ser aceitas para suprir a prova pericial, no caso da escalada, quando for para indicar o percurso utilizado pelo agente para ingressar na residência, mas não para concluir que o lugar é, de fato, sujeito à escalada, salvo se a casa tiver sido, por alguma razão, demolida.

Em síntese, pois, o exame pericial é indispensável nesses dois casos (destruição ou rompimento de obstáculo e escalada), podendo ser suprido pela prova testemunhal somente quando os vestígios tiverem desaparecido por completo e o lugar se tenha tornado impróprio para a constatação dos peritos.

Devem os peritos descrever os vestígios (rastros deixados pela concretização do delito, como, por exemplo, os estilhaços do vidro espalhados pelo chão da casa invadida), indicando os instrumentos utilizados (quando possível, naturalmente), os meios e a época do ingresso. Note-se que a lei (art. 171, parte final, CPP) vale-se de presunção, deixando os peritos à vontade para exercerem um juízo de probabilidades, tecendo conjecturas. Pela experiência que detêm, podem estabelecer, aproximadamente, o momento da destruição ou do rompimento, que pode ser relevante para saber se ocorreu antes ou depois da subtração, o que irá provocar reflexo na aceitação ou não da qualificadora.

6.11   Laudo de avaliação

Em regra, nos crimes patrimoniais, efetua-se a avaliação do bem, determinando-se o seu valor de mercado, para apurar qual foi o montante do prejuízo causado à vítima. A finalidade e a aplicação do laudo são variadas, servindo para constatar se cabe a aplicação do privilégio no furto ou na apropriação ("pequeno valor a coisa furtada", conforme arts. 155, § 2.º, e 170, CP) ou se cabe o estelionato privilegiado ("pequeno valor o prejuízo" para a vítima, conforme art. 171, § 1.º, do mesmo Código), bem como para constatar se foi totalmente reparado o dano, no caso de eventual aplicação do disposto no art. 16 (arrependimento posterior).

Além disso, havendo o laudo de avaliação nos autos, torna-se mais fácil para o juiz, em oportunidade futura, determinar o valor da reparação, que é devida à vítima, como, por exemplo, para a concessão do livramento condicional (art. 83, IV, CP).

Vislumbra-se, no entanto, atualmente, outra situação para o emprego do laudo de avaliação, ao menos para fornecer subsídios ao juiz criminal, que haverá de fixar o montante do prejuízo: diz respeito à multa reparatória, sanção estabelecida na sentença condenatória advinda de crime de trânsito, que fixa o valor da indenização a ser paga pelo réu ao ofendido, levando em consideração o prejuízo causado pelo acidente (art. 297 da Lei 9.503/1997). Embora o valor da reparação, nessa hipótese, seja calculado em dias-multa, deve guardar correspondência com o prejuízo sofrido pela vítima, que precisa ter sido apurado ao longo da instrução do processo-crime.

Outra utilidade do laudo de avaliação é permitir ao magistrado, no processo criminal, com a modificação introduzida pela Lei 11.719/2008, fixar, na sentença condenatória, o valor mínimo da indenização civil pela reparação do dano causado pela infração penal (art. 63, parágrafo único, e art. 387, IV, CPP).

A avaliação pode ser direta ou indireta, embora a melhor forma de proceder ao estabelecimento do valor de um bem é checando-o pessoal e diretamente. Entretanto, em grande parte dos casos, a coisa subtraída, danificada ou destruída desaparece das vistas do perito, razão pela qual, como já dissemos, pode haver a elaboração do laudo por simples referência, valendo-se o experto de dados que coletou nos autos – como o estado de conservação da coisa, sua origem, idade etc. – além dos elementos que conseguir amealhar em suas diligências – checagem dos preços no mercado, através de revistas especializadas e consultores de um modo geral.

6.12 Exame de local de incêndio

O delito é previsto no art. 250 do Código Penal, possuindo várias particularidades, que podem tornar a pena mais elevada ou mais leve. Algumas causas de aumento, como colocar fogo em casa habitada, em depósito de explosivo, em lavoura, dentre outras, precisam ser analisadas pelo experto.

Aliás, o modo pelo qual o incêndio teve início, os instrumentos utilizados para causá-lo, bem como suas consequências, podem auxiliar na determinação se houve dolo ou culpa na conduta do agente. E mais: é possível determinar se a intenção do agente era causar um incêndio ou praticar um homicídio, conforme a maneira pela qual foi executado o ato criminoso. Por fim, é possível que se verifique tratar-se somente de um incêndio fortuito, portanto não criminoso.

6.13 Exame de reconhecimento de escritos (grafotécnico)

É o denominado exame caligráfico ou grafotécnico, que busca certificar, admitindo como certo, por comparação, que a letra, inserida em determinado escrito, pertence à pessoa investigada. Tal exame pode ser essencial para apurar um crime de estelionato ou de falsificação, determinando a autoria. Logicamente, da mesma maneira que a prova serve para incriminar alguém, também tem a finalidade de afastar a participação de pessoa cuja letra não for reconhecida. O procedimento acima pode ser utilizado, atualmente, como parâmetro para as perícias de escritos envolvendo datilografia ou impressão por computador.

A intimação da pessoa interessada para o ato tem por finalidade promover o comparecimento do pretenso autor do escrito a ser examinado para que possa reconhecer documentos diversos provenientes do seu punho, que servirão como padrão de comparação, ou para que forneça diretamente à autoridade material emanado de seu punho, conforme lhe for ditado. A autoridade policial, que normalmente conduz tal colheita, aproveitará frases e palavras semelhantes àquelas sobre as quais pende dúvida, mandando que o investigado as escreva várias vezes.

Afirmamos em outras oportunidades que ninguém é obrigado a produzir prova contra si mesmo. Portanto, se o indiciado, conforme orientação de sua defesa, preferir não fornecer o material para o exame ser realizado, tal conduta jamais poderá ser considerada crime de desobediência; do contrário estar-se-ia subvertendo a ordem jurídica, obrigando o indivíduo a produzir prova contra seu próprio interesse.

A lei prevê hipóteses para contornar a falta de colaboração do interessado, propiciando à autoridade que se valha de outros documentos emanados do punho do investigado, cuja autenticidade já tiver sido evidenciada em juízo ou por qualquer outro meio de prova em direito admitido. Além disso, deverá requisitar documentos constantes de arquivos ou estabelecimentos públicos ou privados para proceder à comparação.

Durante a fase extrajudicial, somente se intima o indiciado ou suspeito a acompanhar a diligência se for encontrado; durante a fase judicial, no entanto, em homenagem à ampla defesa e ao contraditório, caso seja revel, intimar-se-á seu defensor para, querendo, acompanhar a produção da prova. Neste último caso, preterindo-se a intimação, ocorrerá cerceamento de defesa, acarretando nulidade na produção da prova.

Procedendo ao exame comparativo, a autoridade pode valer-se de documentos cuja procedência já tenha sido judicialmente atestada como sendo do punho da pessoa investigada. É natural que se trata de prova emprestada, pois não se exige seja feito o reconhecimento de um documento em juízo, em processo específico, para que ele possa ser usado. Extrai-se de outro feito qualquer escrito para ser utilizado. Ex.: o contrato preenchido de próprio punho pelo investigado, juntado numa ação cível qualquer, para a prova de um direito e, nessa demanda, reconhecido como sendo seu.

É viável a realização da diligência diretamente no local onde se encontram os documentos, como se vê, por exemplo, na Lei 6.015/73 (Registros Públicos) ao dispor que "os livros de registro, bem como as fichas que os substituam, somente sairão do respectivo cartório mediante autorização judicial" (art. 22). E, ainda, o previsto no art. 23: "Todas as diligências judiciais e extrajudiciais que exigirem a apresentação de qualquer livro, ficha substitutiva de livro ou documento, efetuar-se-ão no próprio cartório".

Por outro lado, a Lei 8.935/1994 (Serviços Notariais) determina que "os livros, fichas, documentos, papéis, microfilmes e sistemas de computação deverão permanecer sempre sob a guarda e responsabilidade do titular de serviço notarial ou de registro, que zelará por sua ordem, segurança e conservação" e também que "se houver necessidade de serem periciados, o exame deverá ocorrer na própria sede do serviço, em dia e hora adrede designados, com ciência do titular e autorização do juízo competente" (art. 46, *caput* e parágrafo único).

Portanto, diante do disposto nesses dois diplomas legais, os livros, fichas, documentos, papéis, microfilmes e sistemas de computação não serão retirados dos cartórios extrajudiciais para serem periciados, por qualquer razão. Devem os expertos ir ao local onde se encontram os objetos do exame, devidamente autorizados pelo Juiz Corregedor Permanente e com ciência do notário. É viável que o magistrado, presidindo o feito, em que se apura um crime relacionado a tais documentos e livros, determine a apresentação deles para a sua direta inspeção na Vara onde se encontra, se considerar imprescindível, *desde* que conte com a autorização do corregedor do cartório, como determina a lei. Do contrário, não sendo autorizada a saída dos objetos, poderá ir pessoalmente ao lugar onde estão para proceder à vistoria.

Caso a pessoa investigada, que deva reconhecer o documento ou fornecer o material necessário para a perícia, resida em outra cidade, fora da área de atribuição da autoridade policial ou da competência do juiz, deverá ser expedida carta precatória (instrumento pelo qual o órgão policial ou judiciário solicita a outro a realização de um ato nos limites de sua área de atribuição ou competência territorial) para que a diligência possa concretizar-se. Entretanto, deve ser lembrado o disposto no art. 22 do Código de Processo Penal, mencionando que, em lugares onde houver mais de uma circunscrição policial, a autoridade pode ordenar diligências em circunscrição de outra, independentemente de precatórias ou requisições.

6.14   Exame dos instrumentos do crime (o uso de arma de fogo no roubo)

Instrumentos são os objetos que servem de agente mecânico para a realização do crime. Ex.: revólver, faca, pedaço de madeira, estilete, entre outros. A lei preceitua ser válido estabelecer a natureza e eficiência deles. *Natureza* significa estabelecer a espécie e a qualidade. Ex.: determinar que o revólver é de calibre 38. *Eficiência* quer dizer a verificação de sua força ou eficácia para produzir determinado resultado. Ex.: estabelecer se o revólver está apto a desferir tiros. É importante tal prova, pois a arma utilizada pelo agente pode ser inapta para o fim almejado, sendo tal conclusão capaz até de gerar a hipótese do crime impossível, por absoluta ineficácia do meio (art. 17, CP).

Sobre o uso de arma de fogo no crime de roubo, não há que se exigir um exame pericial, pois, na maioria das vezes, não se apreende a referida arma. Diante disso, seria um cenário de impunidade demandar-se a apreensão e perícia da arma para servir de causa de aumento no crime de roubo. Menciona WEBER MARTINS BATISTA que "o roubo praticado com arma, salvo quando há lesão corporal ou morte da vítima, é um fato transeunte, pois *não* deixa vestígios; logo, não precisa – na realidade, não *pode* – ser provado por auto de exame de corpo de delito. Não precisa, porque a hipótese não está compreendida na exceção do art. 158 do Código de Processo Penal. Não pode, porque a apreensão e exame da arma em poder de João significa tão somente que ele tinha consigo uma arma no dia tal, a tantas horas, em certo local; não que a tenha usado em outro lugar, em outro dia ou em outra hora, para com ela ameaçar a vítima".[56]

6.15   Quesitos na realização de perícia

Como já abordado anteriormente, o oferecimento de quesitos, por ocasião da realização da prova pericial, pode ser de fundamental importância para o esclarecimento da verdade real e para a garantia do devido processo legal, com seus corolários diretos: a ampla defesa e o contraditório.

Por isso, quando a prova for determinada em juízo, não há dúvida de que as partes e o juiz podem encaminhar perguntas (quesitos) ao perito até o momento em que a diligência se realize. Entretanto, costuma-se defender que, durante o inquérito, por ser este um procedimento inquisitivo, não se pode permitir que o indiciado os apresente. Tal posição não se coaduna com o devido processo legal, nem com a modificação ao art. 159, § 3.º do CPP, onde se prevê, expressamente, a possibilidade de oferta de quesitos pelas partes.

É evidente que durante a investigação policial o indiciado não é considerado parte, nem tem direito à produção de prova, pois o procedimento é inquisitivo. Mas, por outro lado, não se deve perder de vista que muitas provas são pré-constituídas, isto é, não serão novamente realizadas durante a instrução judicial, tornando-se definitivas. Nesse caso, não se poderia evitar que o indiciado participasse da sua produção, sem ferir o direito ao contraditório e à ampla defesa. Defendemos, pois, que o indiciado, por seu defensor, pode apresentar quesitos, na fase extrajudicial, quando se tratar de prova pericial pré-constituída.

---

[56]   *Direito penal e direito processual penal,* p. 25.

6.16   Exame por precatória

Não apenas a colheita de material para o exame grafotécnico pode ser feita por precatória, como expressamente prevê o art. 174, IV, do CPP, mas todo o exame pericial, cujo objeto ou material a ser analisado se encontre em Comarca diversa daquela onde se situa a autoridade policial ou o juiz (art. 177, CPP).

Como regra, o juiz ou a autoridade policial do local da diligência nomeia o perito, sem nenhuma intervenção das partes (art. 276, CPP), portanto, no local deprecado. Tal disposição é correta, uma vez que, sendo o experto órgão auxiliar da justiça, tanto faz que seja nomeado pela autoridade deprecante ou pela deprecada. Ademais, a nomeação no juízo deprecado evita o deslocamento inútil do perito para outra cidade. Entretanto, a norma processual penal abre uma exceção, no caso de ação penal privada, cujos interesses em jogo mais se aproximam das causas cíveis do que das criminais, diante da disputa havida, para que o perito seja nomeado no juízo deprecante, o que facilitaria o acompanhamento da prova e a apresentação de quesitos (art. 177, CPP).

6.17   Divergência entre peritos e vinculação do juiz à prova pericial

A lei passou a exigir a elaboração de exame pericial por um perito oficial, permitindo a existência de dois, quando não oficiais. É possível que, entre estes, em tese, haja divergência. Assim ocorrendo, faculta-se que apresentem, no mesmo laudo, as suas opiniões em seções diferenciadas e com respostas separadas aos quesitos ou, caso prefiram, elabore cada qual o seu laudo.

O magistrado *pode* – não sendo obrigatório – nomear um terceiro, chamado *perito desempatador* (art. 180, CPP). Havendo nova divergência, o juiz *pode* determinar a realização de outra perícia, repetindo a produção da prova.

Cremos haver as seguintes opções: a) os peritos discordam entre si e o juiz, valendo-se do disposto no art. 182 (no sentido de que não está atrelado ao laudo, podendo aceitá-lo no todo ou parcialmente), opta por uma das versões ou rejeita ambas, calcando sua decisão nas demais provas produzidas nos autos; b) os peritos discordam e o juiz nomeia o desempatador. Ainda assim, havendo um resultado de dois contra um, o magistrado decidirá livremente qual corrente seguir (torna-se ao disposto no art. 182, CPP); c) os peritos discordam, o juiz nomeia o experto desempatador, que apresenta uma terceira versão, ficando o juiz livre para produzir nova perícia ou acreditar numa das três. Na prática, como é sabido, a grande maioria dos laudos não contém divergência alguma.

Entretanto, fazemos uma ressalva: o juiz, em regra, pode desprezar o disposto no art. 180, valendo-se do art. 182, quando achar que tem elementos para isso, embora *não possa fazê-lo*, quando a prova pericial depender, estritamente, de conhecimentos técnicos indeclináveis. Em síntese, pois, o art. 180 estabelece o procedimento que o magistrado (ou o delegado) deve seguir para, estando em dúvida, resolver o impasse, no caso de divergência entre os dois peritos que elaboraram o laudo ou quando o juiz (ou delegado) deva fiar-se no exame pericial, necessariamente. Neste último caso, havendo divergência, é preciso seguir literalmente o disposto no art. 180 para saná-la.

Além disso, existindo a possibilidade da intervenção de assistentes técnicos, a divergência pode concentrar-se entre eles ou entre algum deles e o perito oficial. Em suma, em caso de dúvida, pode o magistrado nomear o perito desempatador do mesmo modo.

Prevê a lei (art. 181, CPP) que, havendo ausência de cumprimento às formalidades legais (como a assinatura dos peritos no laudo e em todas as suas folhas), bem como sendo constatada omissão a respeito de esclarecimento imprescindível, obscuridade que transforme o laudo ou qualquer conclusão incompreensível ou mesmo contradição que o torne imprestável para a finalidade para a qual foi produzido, ao invés de se realizar outro exame, mandará o juiz – nesta hipótese, não pode ser determinado pelo delegado – que os peritos supram a falha, corrigindo o laudo.

Naturalmente, como prevê o parágrafo único do artigo mencionado, se entender a autoridade judiciária não ser passível de suprimento a falta encontrada, ordenará a realização de nova perícia, por eles ou por outros peritos, conforme sua conveniência.

Sobre a vinculação do juiz ao laudo pericial, é natural que, pelo sistema do livre convencimento motivado ou da persuasão racional, adotado pelo Código, possa o magistrado decidir a matéria que lhe é apresentada de acordo com sua convicção, analisando e avaliando a prova sem nenhum freio ou método previamente imposto pela lei.

Seu dever é fundamentar a decisão, dando-lhe, pois, respaldo constitucional. Por tal motivo, preceitua o art. 182 do Código de Processo Penal não estar o juiz adstrito ao laudo, podendo acolher totalmente as conclusões dos expertos ou apenas parcialmente, além de poder rejeitar integralmente o laudo ou apenas parte dele. O conjunto probatório é o guia do magistrado e não unicamente o exame pericial. Ex.: é possível que o julgador despreze o laudo de exame do local, porque acreditou na versão oferecida por várias testemunhas ouvidas na instrução de que a posição original do corpo no momento do crime, por exemplo, não era a retratada pelo laudo. Assim, o juiz rejeitará o trabalho pericial e baseará sua decisão nos depoimentos coletados, que mais o convenceram da verdade real.

Atualmente, com a participação de assistentes técnicos, torna-se mais fácil o juiz ter elementos para rejeitar o laudo oficial, acolhendo outro qualquer, que lhe pareça mais convincente.

Ocorre que não se pode dar ao art. 182 uma extensão indevida. Lembremos que o Código de Processo Penal estabelece, em alguns casos, provas tarifadas, como é o caso do exame de corpo de delito para os crimes que deixam vestígios. Ora, em se tratando de um laudo toxicológico, comprovando que o material apreendido não é substância entorpecente, não pode o juiz rejeitá-lo, condenando o réu. Trata-se de prova indispensável para a materialidade da infração penal, de forma que, no máximo, pode o juiz, não concordando com a conclusão da perícia, determinar a realização de outra, mas não deve substituir-se ao experto.

Por outro lado, equívoco comum encontramos naqueles que sustentam ser admissível, em um exame de insanidade mental, que o juiz afaste o laudo decidindo em sentido contrário ao proposto pelo perito. Não pode fazê-lo, pois o Código Penal (art. 26) adota o sistema biopsicológico, exigindo que haja dupla avaliação para a situação de inimputabilidade, isto é, o perito atesta a parte biológica, demonstrando que o réu tem uma doença mental, enquanto o juiz avalia a parte psicológica, analisando se a doença se manifestava à época do crime, o que poderá fazer pela colheita das demais provas. Entretanto, caso o magistrado não concorde com a parte biológica, deve mandar fazer outro exame, mas não pode dizer que é saudável aquele que o perito disse ser doente ou vice-versa. É possível, no entanto, que afaste a conclusão do laudo relativa à manifestação da enfermidade no instante do cometimento do delito, mas sem ingressar no mérito da existência da doença.

Portanto, embora o art. 182 seja explícito ao dar possibilidade ao juiz para avaliar o laudo, deve a norma ser interpretada em consonância com as demais regras do sistema penal e processual penal. De qualquer forma, ainda quando lhe seja possível distanciar-se do exame pericial, deve-se seguir o alerta feito por Espínola Filho de que "ao juiz não é lícito nunca enveredar pelo terreno do capricho e do arbitrário, e, obrigado sempre a motivar e fundamentar o que decide, terá de justificar, com razões mais fortes, a sua orientação, no sentido de desprezar as razões, com que se sustenta o parecer técnico dos peritos especializados".[57]

6.18   Indeferimento da produção de prova pericial

Trata-se de uma providência natural, no quadro de produção de provas, que a autoridade policial ou judiciária indefira aquelas que forem impertinentes para a solução do caso.

Entretanto, o art. 184 do CPP faz expressa ressalva ao exame de corpo de delito, determinado por lei para a prova da materialidade dos delitos que deixam vestígios materiais, a fim de evitar a sua supressão por autoridades mais afoitas. Não há recurso contra a decisão do delegado ou do juiz que indefira a realização de perícia. Pode a situação, entretanto, conforme o caso, determinar a interposição de recursos alternativos, isto é, não previstos especificamente para a hipótese.

Se a autoridade policial recusar a feitura de um exame pericial considerado importante, resta ao interessado requerer ao representante do Ministério Público ou à autoridade judiciária que a requisite, fazendo com que o delegado a produza. Se o indeferimento provier de juiz, pode ser interposto mandado de segurança ou, eventualmente, ser mais uma vez questionada a produção da prova em grau de recurso, como preliminar de apelação ou recurso em sentido estrito, conforme o caso.

7.   INTERROGATÓRIO

7.1   Conceito

Denomina-se interrogatório judicial o ato processual que confere oportunidade ao acusado de se dirigir diretamente ao juiz, apresentando a sua versão defensiva aos fatos que lhe foram imputados pela acusação, podendo inclusive indicar meios de prova, bem como confessar, se entender cabível, ou mesmo permanecer em silêncio, fornecendo apenas dados de qualificação. O interrogatório policial, por seu turno, é o que se realiza durante o inquérito, quando a autoridade policial ouve o indiciado, acerca da imputação indiciária.

7.2   Natureza jurídica do interrogatório

Há quatro posições a respeito:

a)   *é meio de prova*, fundamentalmente (Camargo Aranha);

b)   *é meio de defesa* (Galdino Siqueira, Pimenta Bueno, Manzini, Clariá Olmedo, João Mendes Júnior, Ada Pellegrini Grinover, Tourinho Filho, Adriano Marrey, Alberto Silva Franco, Bento de Faria, Antonio Magalhães Gomes Filho, Jorge Alberto Romeiro, Maurício Zanoide de moraes. Alguns desses deixam entrever a possibilidade de considerá-lo, em segundo plano, como *fonte* de prova);

c)   *é meio de prova e de defesa* (Vicente de Azevedo, Frederico Marques, Hélio Tornaghi, Paulo Heber de Morais e João Batista Lopes, Fernando de Almei-

---

[57]   *Código de Processo Penal brasileiro anotado*, v. II, p. 571.

da Pedroso, Mirabete, Greco Filho, Carnelutti, Florian, David Teixeira de Azevedo, Borges da Rosa, Paulo Lúcio Nogueira, Ary Azevedo Franco, Guglielmo Sabatini, Carlos Henrique Borlido Haddad);

d) é *meio de defesa, primordialmente; em segundo plano, é meio de prova* (Hernando Londoño Jiménez, Ottorino Vannini). Esta última é a posição que adotamos. Note-se que o interrogatório é, fundamentalmente, um meio de defesa, pois a Constituição assegura ao réu o direito ao silêncio. Logo, a primeira alternativa que se avizinha ao acusado é calar-se, daí não advindo consequência alguma. Defende-se apenas. Entretanto, caso opte por falar, renunciando ao direito ao silêncio, seja lá o que disser, constitui *meio de prova* inequívoco, pois o magistrado poderá levar em consideração suas declarações para condená-lo ou absolvê-lo.

7.3 Obrigatoriedade do interrogatório

Durante o curso do processo penal, que segue do recebimento da denúncia ou queixa até o trânsito em julgado da decisão condenatória ou absolutória, a autoridade judiciária de 1.º ou 2.º grau, a qualquer momento, fora do instante próprio, pode ouvir o réu.

É possível que o acusado esteja foragido e seja preso, ou se torne ausente e, tomando conhecimento do processo, compareça espontaneamente, bem como que seja encontrado e intimado a tanto. Por isso, é imprescindível que o magistrado ofereça ao réu a oportunidade de ser ouvido, qualificando-o e colhendo dados pessoais (interrogatório de qualificação), bem como lhe oferecendo a oportunidade de apresentar a sua versão sobre a acusação (interrogatório de mérito). Ainda que possua o direito ao silêncio, este não abrange, de regra, o momento da sua qualificação, razão pela qual é sempre indispensável proporcionar ao acusado o instante do interrogatório.

Naturalmente, se o processo já estiver em 2.ª instância, aguardando para ser julgado, pode o tribunal determinar seja o réu ouvido pelo juiz de 1.ª instância ou, se houver preferência, pode ser ouvido pelo relator. A falta do interrogatório, quando o réu se torna presente após o momento próprio, é nulidade relativa, isto é, somente deve ser reconhecida se houver provocação da parte interessada, demonstrando ter sofrido prejuízo.

É viável a determinação judicial de condução coercitiva para o momento do interrogatório, mas única e tão somente quando o magistrado deseje realizar o interrogatório de qualificação, pois tem dúvida quanto à identidade do réu. No mais, não tem o menor sentido determinar a condução coercitiva (ato violento por natureza) para que o acusado, conhecido e perfeitamente identificado, invoque o direito ao silêncio. Teria sido conduzido à presença do juiz inutilmente, motivo pelo qual não tem valia a violência da coerção. Por isso, atento ao princípio constitucional de que ninguém é obrigado a produzir prova contra si mesmo e à garantia constitucional de se manter em silêncio, não é viável a aplicação literal do disposto no art. 260 do Código de Processo Penal, que prevê a possibilidade de condução coercitiva para interrogatório simplesmente porque o réu, ciente da data, deixou de comparecer. No mesmo sentido, o STF considerou não recepcionada pela CF a frase "para interrogatório" do art. 260 do CPP (ADPF 395, Pleno, rel. Gilmar Mendes, 14.06.2018, m.v.).

Cremos ser muito mais adequado que o interrogatório deixe de ser ato processual obrigatório, afinal, o réu tem direito ao silêncio, devendo comparecer se quiser prestar declarações. O ideal, portanto, seria o interrogatório como ato facultativo, a realizar-se a critério exclusivo da defesa, quando o acusado estivesse devidamente identificado e não necessitasse ser qualificado diante do juiz. Nessa hipótese, renunciando ao direito ao silêncio, poderia oferecer os meios de prova e as teses que entendesse cabíveis, contando com o questionamento das partes, embora por intermédio do magistrado. Colocar-se-ia nessa posição porque quer e não por obrigação decorrente de lei. Em idêntico prisma, diz João Claudio Couceiro que "não se pode deixar de lastimar a reforma introduzida pela Lei 10.792, de 01.12.2003. Com efeito, perdeu-se, ali, grande chance de tornar o interrogatório ato facultativo, a ser realizado mediante requerimento da defesa, como também de regular não só as declarações do acusado, mas sim qualquer comportamento deste que possa vir a ser fonte de prova".[58] Igualmente, salienta Maurício Zanoide de Moraes: "mais importante que essa conotação inicial de que quem não colabora o faz para não se incriminar e, portanto, é criminoso e não quer colaborar, sobreleva a alteração do procedimento instrutório processual penal, para dele se excluir o interrogatório como ato obrigatório caracterizando-o definitivamente como meio de defesa a ser realizado ao final da instrução em razão do requerimento da defesa".[59]

Atualmente, com a alteração de vários procedimentos, inseriu-se o interrogatório como último ato da instrução, na mesma audiência em que se colhe, em tese, toda a prova (arts. 400, 411 e 531, CPP). Ainda assim, ele é obrigatório, no sentido de que deve o juiz proporcionar esse momento ao réu. Deveria, no entanto, ser facultativo, ou seja, somente se houvesse pedido expresso da defesa ele se realizaria.

7.4 Interrogatório da pessoa jurídica

A partir da edição da Lei 9.605/1998, cuidando dos crimes contra o meio ambiente, tornou-se possível considerar a pessoa jurídica autora de infração penal, no Brasil. A referida Lei encontra respaldo constitucional no art. 225, § 3.º, causando, no entanto, imensa polêmica dentre penalistas e processualistas. Não sendo este o lugar apropriado para o debate acerca da conveniência da responsabilidade penal da pessoa jurídica, resta analisar o aspecto ligado à sua posição na relação processual.

Como ré, tem o direito de ser interrogada, visto ser este momento do processo um meio primordialmente de defesa e, secundariamente, de prova. Naturalmente, o Código de Processo Penal não previu, em nenhum de seus dispositivos, a possibilidade de a pessoa jurídica ser interrogada, pois à época de sua edição esta possibilidade era inexistente em direito penal. Assim, é cabível e recomendável que sejam feitas adaptações, por analogia, à inquirição da pessoa jurídica.

Tem sugerido a doutrina que sejam utilizadas, em conjunto, as normas do processo civil e do processo trabalhista, conforme o momento, fazendo com que a pessoa jurídica seja citada na pessoa de seu representante legal, embora seja ouvida, em interrogatório, na pessoa que seu representante indicar, pois este pode não ter conhecimento do fato. Lembrando lição de Ada Pellegrini Grinover, escreve a respeito Fernando Castelo Branco: "A solução para o interrogatório da pessoa jurídica estaria, segundo Grinover, na adoção, também por analogia, das regras da Consolidação das Leis do Trabalho, que facultam ao empregador 'fazer-se substituir pelo gerente, ou qualquer outro preposto que tenha conhecimento do fato'.

---

[58] *A garantia constitucional do direito ao silêncio*, p. 363.

[59] Interrogatório: uma leitura constitucional, *Escritos em homenagem a Alberto Silva Franco*, p. 341-342.

Obviamente se a substituição é facultada no processo trabalhista, maior razão teria para sê-lo no âmbito do processo penal, no qual o interrogatório caracteriza a principal e, por vezes, única manifestação da autodefesa. Caberia, portanto, sob essa interpretação, à pessoa jurídica indicar a pessoa física que será interrogada. Não resta dúvida de que a integração normativa, por meio da analogia – quer ao Código de Processo Civil, quer à Consolidação das Leis do Trabalho –, é capaz de solucionar, emergencialmente, as lacunas verificadas na lei ambiental, relativas ao interrogatório da pessoa jurídica".[60]

A citação, no entanto, será feita na pessoa do representante legal, conforme dispõe o art. 75 do Código de Processo Civil de 2015: "Serão representados em juízo, ativa e passivamente: (...) VIII – a pessoa jurídica, por quem os respectivos atos constitutivos designarem ou, não havendo essa designação, por seus diretores".

Para a data do interrogatório, a pessoa jurídica indica, por instrumento de preposição, quem será em seu lugar ouvido, estando sujeito, naturalmente, às mesmas regras que envolvem a pessoa física: pode utilizar o direito ao silêncio, se desejar, pode recusar-se a responder perguntas inconvenientes ou impertinentes, bem como pode confessar e admitir a prática da infração penal ou fatos interessantes para o deslinde da causa, vinculando, no que disser, a ré.

7.5   Presença do defensor

A partir da edição da Lei 10.792/2003, torna-se indispensável que o interrogatório seja acompanhado por defensor, constituído ou dativo. Para que fosse assegurada a ampla defesa e o cumprimento da nova disposição do art. 185, *caput*, do CPP, tornava-se fundamental que, no mandado de citação, determinasse o juiz que o oficial indagasse do réu se ele já possuiria defensor constituído e qual seriam o nome e o endereço. Assim, na certidão do oficial, atestando a citação, constaria o nome do causídico do acusado. Seria ele, então, intimado, pela imprensa, para comparecer ao interrogatório designado – em caso de réu solto, no fórum; em caso de preso, no estabelecimento penal correspondente.

Entretanto, a partir da edição das Leis 11.689/2008 e 11.719/2008, passou-se a observar ritos diversos tanto no procedimento comum, agora subdividido em ordinário, sumário e sumaríssimo, como também no procedimento especial do júri. Em todos eles, o interrogatório será realizado ao final da instrução. Esta, por sua vez, deve concentrar-se em uma só audiência. Logo, colhidos todos os depoimentos necessários, ouve-se o réu, se ele não se utilizar do direito ao silêncio.

A consequência disso é a adaptação do disposto no capítulo do interrogatório em relação às alterações supramencionadas.

O acusado não mais é citado para ser interrogado, mas para responder, em defesa prévia, por escrito, tudo o que lhe interessar, por meio de seu defensor. É indispensável colher essa manifestação, razão pela qual ele terá advogado que patrocine sua causa desde o início do processo. Portanto, ao atingir a fase de interrogatório, certamente, terá defensor que o conhece e com ele já conversou sobre a estratégia a ser adotada.

Dificilmente, então, aplicar-se-á o disposto no art. 185, § 1.º, do CPP, prevendo a realização do interrogatório dentro do presídio onde se encontre preso o réu. Entretanto, se houver procedimento específico, estabelecendo ser o interrogatório o primeiro ato da instrução, torna-se viável realizá-lo nos moldes do art. 185, § 1.º.

---

[60]   *A pessoa jurídica no processo penal*, p. 147-148.

Quanto à entrevista pessoal entre acusado e seu defensor (art. 185, § 5.º, CPP), trata-se de uma garantia, isto é, não pode ser considerado um momento obrigatório, afinal, como já se frisou, o defensor apresentou defesa prévia, teve contato com o réu e acompanhou toda a instrução. Porém, se for requerido ao juiz, em audiência, assegura-se o contato entre ambos (acusado e defensor) antes do interrogatório ter início. Ademais, tal medida pode ocorrer sempre, em qualquer instante dos trabalhos e não apenas antes do interrogatório.

7.6   Interrogatório de réu preso

Deve ser realizado, como regra, no estabelecimento penal em que se encontre o acusado, e não mais no fórum. Busca-se evitar o risco de fuga no deslocamento do preso sob escolta, constituindo em meio mais fácil a ida do magistrado ao presídio, desde que garantida a sua segurança, das partes e dos auxiliares da justiça, bem como a publicidade do ato. Porém, essa regra somente tinha sentido quando o interrogatório era o primeiro ato do procedimento comum no Código de Processo Penal.

Com o advento das Leis 11.689 e 11.719, ambas de 2008, o interrogatório foi transferido para o final da fase de instrução. Em uma só audiência são colhidas todas as provas (testemunhas, ofendido, peritos etc.) e interroga-se o réu. Logo, torna-se inviável que o juiz se dirija ao presídio para interrogar o acusado.

A única possibilidade de se aplicar esse dispositivo – interrogatório no presídio – dá-se nos procedimentos especiais, quando o interrogatório ainda for colhido como primeiro ato da instrução, em audiência exclusiva para tanto.

Além disso, a edição da Lei 11.900/2009, alterando a redação do art. 185 do CPP, passa a prever, em caráter excepcional, a realização do interrogatório do acusado preso por videoconferência. E, quando a inquirição do réu for o último ato do procedimento, ocorrendo em audiência única, pode ser esta realizada integralmente em videoconferência.

7.6.1   O interrogatório por videoconferência e a ampla defesa

Existem várias dificuldades, diariamente, para a movimentação de réus de presídios para o fórum (e retorno), a fim de tomarem parte em audiências em que devem ser interrogados, como regra. O ideal é o desenvolvimento dos atos processuais de maneira presencial, embora não mais seja a realidade, pois o avanço da tecnologia tem proporcionado o sistema da videoconferência, incrementado quando houve a pandemia da Covid-19, nos anos de 2020 e 2021.

Parece-nos essencial conjugar os interesses da celeridade e duração razoável do processo com o contato pessoal do magistrado ao colher a prova em audiência, devendo-se destacar as relevantes partes concernentes ao reconhecimento de pessoa e ao interrogatório do acusado.

A Lei 11.900/2009 permitiu a realização do interrogatório de forma telepresencial, em caráter excepcional. Com isso, por consequência, as audiências de instrução, para ouvir a vítima e as testemunhas, também foram inseridas nesse cenário.

7.6.2   Requisitos para a realização do interrogatório por videoconferência

Há requisitos formais e substanciais a serem observados para a concessão legítima da realização do interrogatório por meio de videoconferência ou outro recurso tecnológico de transmissão de sons e imagens em tempo real, conforme dispõe o art. 185, § 2.º, do CPP.

Os requisitos formais dizem respeito aos elementos indispensáveis à sustentação da decisão judicial: a) excepcionalidade; b) fundamentação; c) necessariedade. O primeiro deles consagra ser o interrogatório presencial a regra, de modo que o realizado por meio da videoconferência, uma exceção. O segundo propicia a consagração de que as decisões do Judiciário são fundamentadas (art. 93, IX, CF) e estabelece a evidência de ser *decisão interlocutória* a que autoriza o uso de videoconferência, não se tratando de despacho de mero expediente. A terceira consagra a fórmula da necessidade de o ato processual ser realizado de determinada forma, pois, de outra, não atingiria a sua finalidade. O *necessário é indispensável*, equivalendo dizer que, se não for feito de certo modo, não se perfaz.

Os requisitos substanciais dizem respeito ao cerne da situação fática existente, de modo a fazer surgir a necessidade de uso da regra excepcional do emprego de videoconferência para o interrogatório e outros atos processuais. São requisitos alternativos, quando observados os incisos I a IV do § 2.º do art. 185:

a) prevenir risco à segurança pública, quando exista *fundada* suspeita de que o preso integre *organização criminosa* ou de que, por outra razão, *possa fugir* durante o deslocamento. Observe-se que o *risco à segurança pública* deve advir de duas causas expressamente previstas em lei: a.1) a fundada suspeita de integrar organização criminosa; a.2) haver razões fáticas de que possa fugir durante o deslocamento. Não há outras causas para que se possa alegar risco à segurança pública. No mais, é preciso destacar a inserção do termo "fundada", acompanhado de "suspeita", valendo dizer que não se trata de mera presunção ou suposição de que o réu integre organização criminosa. É preciso haver um mínimo de provas a respeito disso, embora não se exija a condenação por integrar associação criminosa. A outra parte volta-se à existência de razões de poder o acusado fugir durante o deslocamento. Portanto, também não se deve ingressar no universo das suposições, devendo existir dado fático de que isso possa ocorrer;

b) viabilizar a participação do réu no referido ato processual, quando haja *relevante dificuldade* para seu comparecimento em juízo, por enfermidade ou outra circunstância pessoal. Esta hipótese volta-se ao próprio acusado, leia-se, tem o intuito de beneficiá-lo, para que possa se dirigir ao magistrado diretamente ou para que possa acompanhar os atos da instrução. Logo, demanda-se uma dificuldade fora do comum, em *virtude* de enfermidade ou outra circunstância pessoal (deficiência física, por exemplo). Desse modo, inexistindo viabilidade para que chegue ao fórum, providencia-se a sua oitiva por meio da videoconferência;

c) impedir a influência do réu no ânimo de testemunha ou da vítima, desde que não seja possível colher o depoimento destas por videoconferência, nos termos do art. 217 do CPP. Esta hipótese não nos parece sensata, nem fácil de se realizar, salvo em situações excepcionais. Cuidando-se de testemunha sob proteção, dentro do programa estatal próprio, justifica-se evitar o seu deslocamento ao fórum, podendo ser ouvida por videoconferência. No mais, quando o problema se concentra na presença do acusado na sala de audiência, torna-se preciso cuidado para não retirar o réu da sala, sob qualquer pretexto simplório e fraco. A fórmula do art. 217 do CPP não nos parece adequada, pois a testemunha saberia que o acusado está na sala ao lado vendo e ouvindo tudo o que ela fala. A questão psicológica para a maior parte das testemunhas é *não depor na presença do réu*, constituindo *presença* estar ele, fisicamente, na sala ao lado. Por tal razão, não nos convence a utilização de videoconferência nos termos do art. 217;

d) responder à *gravíssima* questão de *ordem pública*. Esta é a mais aberta das alternativas para o uso do equipamento de videoconferência. Deveria ter sido mais bem explicitada. A ordem pública é exatamente o requisito da prisão preventiva (art. 312, CPP) de interpretação confusa e complexa. Porém, liga-se, em última análise, à segurança pública. Abalos na rotina de comunidades inteiras em virtude do cometimento de um delito podem justificar a decretação da prisão preventiva do agente do crime, como garantia da ordem pública. Desse modo, considerando-se ser *gravíssima* a situação no local onde a infração penal aconteceu e está sendo apurada, pode levar o juiz, inclusive em nome da segurança do réu, a realizar o interrogatório e outros atos por meio de videoconferência.

7.6.3   Procedimento para o uso da videoconferência

Deve o juiz, ao determinar a realização do interrogatório por meio de videoconferência, em sua decisão fundamentada, mandar intimar as partes com pelo menos 10 dias de antecedência (art. 185, § 3.º, CPP). Normalmente, percebendo tratar-se de situação anormal, poderá designar a audiência de instrução e julgamento e, ao mesmo tempo, determinar o uso da videoconferência. Logo, as partes serão intimadas tanto da audiência, quanto da utilização do equipamento.

Na maior parte dos procedimentos, atualmente, o interrogatório deslocou-se para o fim da instrução, razão pela qual, após a oitiva das testemunhas, na audiência de instrução e julgamento, o réu será ouvido pelo juiz. Portanto, o uso da videoconferência deverá abranger todo esse universo: todas as inquirições realizadas, finalizado com o interrogatório do acusado (art. 185, § 4.º, CPP).

Certamente, terá o réu o direito de ser acompanhado por advogado, tanto na audiência, quanto no interrogatório, podendo com seu defensor entrevistar-se reservadamente *antes* de ser ouvido pelo juiz. Quando realizado o ato processual do interrogatório, por videoconferência, haverá um defensor no presídio onde se encontra o acusado e outro, na sala de audiências. Além disso, haverá a possibilidade de conversas reservadas entre o acusado e qualquer de seus defensores e entre estes (art. 185, § 5.º, CPP).

Menciona o art. 185, § 6.º, CPP, deva ser a sala reservada no presídio para o uso da videoconferência fiscalizada por corregedores, juiz da causa, Ministério Público e Ordem dos Advogados do Brasil. Cuida-se de manifesto exagero. Fiscalizar a sala vazia é ineficiente, pois eventual pressão contra o preso para dar qualquer tipo de declaração será exercida antes do interrogatório, em outro ambiente do presídio. E no momento do interrogatório haverá um defensor com ele, logo, a OAB está presente. A referência ao juiz da causa não tem sentido, pois ele estará a quilômetros de distância, aliás, é justamente por isso que se valeu do sistema da videoconferência.

Não se podendo realizar o interrogatório do réu preso na sala especial do presídio (art. 185, § 1.º, CPP), nem pela videoconferência (art. 185, § 2.º, CPP), deve ele ser *requisitado* à autoridade competente (exige-se, conforme a lei, providencie o diretor do presídio ou outra autoridade administrativa a apresentação do réu ao juiz) para que compareça ao fórum (art. 185, § 7.º, CPP). Inseriu-se tal dispositivo para suprir uma lacuna, vez que, na redação anterior, mencionava-se apenas que o interrogatório seria feito nos moldes do CPP, sem especificação alguma.

7.6.4 Outros atos processuais e videoconferência

Autorizou-se o uso da videoconferência para outros atos processuais relevantes, no contexto da produção de provas, como a acareação, o reconhecimento de pessoas e coisas, a inquirição de testemunha ou a tomada de declarações do ofendido (art. 185, § 8.º, CPP).

A inquirição de testemunhas e a tomada das declarações do ofendido fazem parte de atos executados durante a audiência de instrução e julgamento. Logo, já estão abrangidos pelo disposto no § 4.º. A acareação (art. 229, CPP) é instituto desacreditado, pois significa o confronto entre pessoas que deram declarações divergentes, com o intuito de, colocando-os frente a frente, possam voltar atrás e narrar a verdade. Poucas dão resultado. No mais, permitindo-se a acareação à distância, por meio da precatória (art. 230, CPP), maior perda sofre o instituto. Por isso, a videoconferência não parece afetar a acareação.

O reconhecimento de pessoas e coisas é formal e regulado pelo art. 226 do CPP. Não nos parece deva ser feito por videoconferência, pois fere as suas formalidades e requisitos. O chamado reconhecimento *informal* em audiência, quando a vítima aponta o réu como autor dos fatos, de maneira singela e sem qualquer rigor, tem sido aceito pelos tribunais. Porém, não se trata de reconhecimento de pessoa, mas somente o trecho do depoimento de uma testemunha ou da declaração de uma vítima. Estender a possibilidade de, simplesmente, apontar o réu como autor dos fatos, por meio da tela de um computador, é muito mais perigoso e pode dar ensejo a vários erros judiciários, em nome do uso da tecnologia. Soa-nos lesão à ampla defesa.

7.7 Efetividade da ampla defesa e a interferência do defensor antes do interrogatório

Se necessário, é imprescindível que o juiz possibilite ao réu, que não possua advogado constituído, avistar-se com o defensor público ou dativo nomeado, reservadamente, para que possa ser orientado das consequências de suas declarações, de modo a não prejudicar sua defesa.

O direito de entrevista pessoal e reservada do réu com seu defensor antes do ato do interrogatório pode ser evitado, atualmente, pois o rito foi alterado e somente ao final da audiência única, onde toda a prova é colhida, será ouvido o réu. Portanto, na maioria dos casos, ele já terá assistência de um defensor constituído, público ou dativo.

Nada impede, no entanto, que o defensor deseje orientar seu cliente, antes do interrogatório, justamente em função da prova que foi produzida na audiência. É um direito de ambos e o magistrado deve assegurar esse momento.

7.8 Classificação do interrogatório

Há três partes do interrogatório que merecem destaque: a) interrogatório de qualificação; b) interrogatório de individualização; c) interrogatório de mérito.

Quanto ao interrogatório de qualificação, significa que, perante a autoridade, deve o réu (ou indiciado, conforme o caso) fornecer seus dados identificadores, como o nome, a naturalidade, o estado civil, a idade, a filiação, a residência, a profissão ou o meio de vida, o lugar que a exerce e se sabe ler e escrever. Em relação à qualificação, não cabe direito ao silêncio, nem o fornecimento de dados falsos, sem que haja consequência jurídica, impondo sanção. O direito ao silêncio não é ilimitado, nem pode ser exercido abusivamente. As implicações, nessa situação, podem ser graves, mormente quando o réu fornece, maldosamente, dados de terceiros, podendo responder pelo seu ato.

Vale salientar que a qualificação é a colheita de dados pessoais do acusado ou indiciado, buscando individualizá-lo (nome, filiação, naturalidade etc.), enquanto a identificação criminal volta-se à colheita das impressões dactiloscópicas e da fotografia do imputado, tornando-o pessoa certa. Esclarece, com pertinência, MÁRIO SÉRGIO SOBRINHO que "a qualificação não pode ser considerada como método de identificação humana, pois não atende ao requisito da imutabilidade, porque, em algumas situações, até o nome da pessoa, dado essencial anotado durante a tomada da qualificação, pode sofrer alterações, sem falar nos demais dados qualificativos, frequentemente alteráveis, como o local de residência e a profissão".[61]

A segunda etapa (interrogatório de individualização), que se volta à obtenção de dados sobre a *pessoa* do acusado, cuida do estágio de individualização do ser humano em julgamento, garantindo a colheita de importantes elementos para a fixação da pena, se for o caso, na esteira do preceituado pelo art. 59 do Código Penal. Aliás, o caminho adotado pela Lei 10.792/2003, ao introduzir tal modificação, foi correto, até porque o magistrado precisa valer-se de dados concretos para individualizar a pena, o que raramente possui, justamente por falha sua no interrogatório.

Personalidade, antecedentes e conduta social são pontos cruciais para a aplicação da pena, embora fossem costumeiramente relegados a plano secundário no momento de se ouvir o acusado. Assim, cabe ao interrogante indagar do réu quais as oportunidades sociais que ele tem ou teve, bem como a respeito de sua vida pregressa, notadamente se já foi preso ou processado e, em caso afirmativo, qual foi o juízo do processo – a quem se dirigirá, depois, para obter as certidões devidas –, se houve suspensão condicional do processo ou da pena, qual foi a sanção imposta, se foi cumprida, além de outros dados familiares e sociais. Configura-se um perfil do réu.

Nessa etapa, ele pode valer-se do direito ao silêncio e, se o desejar, mentir, sem qualquer possibilidade de ser por isso punido. Não é crível que, ouvido a respeito de seus dados familiares, sociais e passado criminal, seja ele obrigado a falar, sob pena de ser processado por desobediência, nem tampouco que seja obrigado a narrar a verdade, até porque esta, no caso, seria impossível de ser avaliada. O acusado, ainda que condenado, pode pretender omitir isso do juiz para proteger-se. Ele pode, ainda, mesmo que não seja bom pai e esposo, declarar-se como tal, visando à apresentação de melhor situação pessoal ao magistrado. Enfim, não se pode exigir que fale o que não deseja.

Surge, para essa fase, a pergunta a respeito da existência de filhos menores de 18 anos ou deficientes, especialmente tratando-se de acusado(a) preso(a), nos termos do § 10 do art. 185, introduzido pela Lei 13.257/2016. *In verbis*: "do interrogatório deverá constar a informação sobre a existência de filhos, respectivas idades e se possuem alguma deficiência e o nome e o contato de eventual responsável pelos cuidados dos filhos, indicado pela pessoa presa". A mesma diligência cabe à autoridade policial, quando ouvir o indiciado durante o curso do inquérito. O objetivo é assegurar às crianças e aos adolescentes, assim como à pessoa deficiente, a continuidade de cuidados e tratamento pelo outro cônjuge ou companheiro(a), que estiver em liberdade, ou a parente próximo. Pode-se, igualmente, evitar a ruptura dos laços de afeto, existentes entre pais e filhos, quando o(s) genitor(es) for(em) preso(s). Não havendo ninguém para cuidar dos menores ou deficientes, há que se buscar o acolhimento institucional.

A terceira etapa envolve o interrogatório de mérito, concernente à imputação propriamente dita, obtendo o magistrado dados sobre os fatos e demais detalhes constantes do § 2.º

---

[61]   *A identificação criminal*, p. 105.

do art. 187 do Código de Processo Penal. Nesse estágio, o réu pode calar-se ou mentir, sem por isso ser sancionado.

7.9 Direito do acusado ou indiciado ao silêncio

Consagrado pela Constituição Federal de 1988, no art. 5.º, LXIII, o direito de permanecer calado, em qualquer fase procedimental (extrajudicial ou judicial), chocava-se com a antiga redação do art. 186, em sua parte final, que dizia "o seu silêncio poderá ser interpretado em prejuízo da própria defesa". A doutrina majoritária posicionava-se pela não recepção desse trecho do referido art. 186 pelo texto constitucional de 1988, embora alguns magistrados continuassem a utilizar desse expediente para formar seu convencimento acerca da imputação.

Com a modificação introduzida pela Lei 10.792/2003, torna-se claro o acolhimento, sem nenhuma ressalva, do direito ao silêncio, como manifestação e realização da garantia da ampla defesa. Sempre sustentamos que a necessidade de permanecer calado, muitas vezes, é uma consequência natural para pessoas frágeis, emocionalmente perturbadas ou que não possuem a devida assistência jurídica. Não se nega que no espírito do magistrado o silêncio invocado pelo réu pode gerar a suspeita de ser ele realmente o autor do crime, embora, ainda que tal se dê, é defeso ao magistrado externar o seu pensamento na sentença. Ora, como toda decisão deve ser fundamentada (art. 93, IX, CF), o silêncio jamais deve compor o contexto de argumentos do magistrado para sustentar a condenação do acusado. É preciso abstrair, por completo, o silêncio do réu, caso o exerça, porque o processo penal deve ter instrumentos suficientes para comprovar a culpa do acusado, sem a menor necessidade de se valer do próprio interessado para compor o quadro probatório da acusação.

Se o Estado ainda não atingiu meios determinantes para tanto, tornando imprescindível ouvir o réu para formar sua culpa, é porque se encontra em nítido descompasso, que precisa ser consertado por outras vias, jamais se podendo exigir que a ineficiência dos órgãos acusatórios seja suprida pela defesa. É o que igualmente sempre defenderam ADA PELLEGRINI GRINOVER, ANTONIO MAGALHÃES GOMES FILHO, ANTONIO SCARANCE FERNANDES, VICENTE GRECO FILHO, JULIO FABBRINI MIRABETE, PAULO HEBER DE MORAIS, JOÃO BATISTA LOPES, ADRIANO MARREY, ALBERTO SILVA FRANCO, DAVID TEIXEIRA DE AZEVEDO.

Além disso, parece-nos essencial que o direito ao silêncio seja proporcionado ao agente criminoso desde o momento de sua prisão e não somente quando apresentado na delegacia de polícia ou em juízo. Se é direito constitucional não ser obrigado a produzir prova contra si mesmo, torna-se lógico que a autoridade policial (ou seus agentes) indiquem ao preso que ele não é obrigado a falar nada, pois tem o direito de permanecer calado.

O STF já se pronunciou nesse sentido, conforme se pode captar do voto vencedor do relator Ministro Gilmar Mendes: "O direito ao silêncio, que assegura a não produção de prova contra si mesmo, constitui pedra angular do sistema de proteção dos direitos individuais e materializa uma das expressões do princípio da dignidade da pessoa humana. Como se sabe, na sua acepção originária conferida por nossa prática institucional, este princípio proíbe a utilização ou a transformação do homem em objeto dos processos e ações estatais. O Estado está vinculado ao dever de respeito e proteção do indivíduo contra exposição a ofensas ou humilhações. (...) Dito isto, é evidente a obrigação do Estado, por meio da Polícia, de informar ao preso seu direito ao silêncio não apenas no interrogatório formal, mas logo no momento de sua prisão efetuada por policial militar, o que não aconteceu no presente caso e de cujo ato emanou a condenação. (...) Observe-se que, na tal entrevista, o reclamante daqueles autos apôs sua assinatura no termo lavrado pela Polícia Federal, enquanto, nestes autos, sequer formalizaram o interrogatório, a evidenciar ilegalidade ainda mais acentuada, de modo a caracterizar verdadeira confissão informal. Frise-se, ainda, que, para que uma confissão judicial seja legítima, é necessário que haja lavratura de ata, com aposição da assinatura do réu e de seu defensor. Da forma como foi implementada a condenação do paciente, basta que um magistrado qualquer afirme que o réu lhe confessou o crime informalmente, sendo totalmente desnecessário o registro de tal confissão em ata, já que o magistrado é agente do Estado e, por isso, suas declarações gozam de presunção de veracidade. Penso que qualquer suposta confissão firmada pelo réu, no momento da abordagem, sem observação ao direito ao silêncio, é inteiramente imprestável para fins de condenação e, ainda, invalida demais provas obtidas através de tal interrogatório" (Ag. Reg. em ROHC 170.843-SP, 2.ª T., rel. Gilmar Mendes, 04.05.2021, m. v.).

7.10   Procedimento do interrogante e do interrogado

O interrogante deve ser neutro, absolutamente imparcial, equilibrado e sereno. Não pode o juiz gerar no réu medo, insegurança, nem tampouco revolta e rancor. O momento é de autodefesa, primordialmente. Em segundo plano, forma-se prova, contra o réu ou em seu benefício, caso deseje falar. Como lembra GORPHE, interrogar é uma arte, que deve ser desempenhada com lealdade e habilidade, inspirando confiança ao acusado, bem como levando-se em consideração suas características pessoais e os aspectos que envolveram o crime.[62]

Após ter sido qualificado (interrogatório de qualificação), o juiz passará à segunda fase (interrogatório de individualização), indagando sobre os meios de vida ou profissão do acusado, bem como a respeito de suas oportunidades sociais, dados da família e de inserção social, lugar onde exerce a atividade e vida pregressa, em que se incluem os eventuais antecedentes criminais que possua (art. 187, § 1.º, CPP).

Ultrapassadas essas indagações, ingressa-se na terceira fase (interrogatório de mérito), quando o acusado, resolvendo não utilizar o direito ao silêncio, responderá às seguintes perguntas: se é verdadeira a acusação que lhe é feita; não sendo verdadeira, se há algum motivo particular a que atribuí-la; se conhece a pessoa ou pessoas que possam ter cometido o crime, bem como quais sejam elas e se esteve com alguma delas antes ou depois da infração penal; onde estava ao tempo do cometimento do crime e se teve notícia deste; as provas já apuradas; se conhece o ofendido e as testemunhas inquiridas até então na fase policial ou as que estão por inquirir, desde quando e se tem algo a alegar contra elas; se conhece o instrumento do crime ou objeto a este relacionado; se pode dar outros dados que conduzam à elucidação dos antecedentes e circunstâncias da infração penal; se tem algo mais a alegar em sua defesa (art. 187, § 2.º, CPP).

Lembremos que a realização de interrogatórios lacônicos é totalmente incompatível com a finalidade almejada pelo legislador, o que se pode verificar pela série de perguntas que devem ser feitas a quem se dispõe a falar.

Salvo pela utilização do direito ao silêncio, que coloca um fim ao interrogatório, no mais *deve* o juiz proceder com minúcia e cuidado ao obter as declarações do réu. Não o fazendo, pode contribuir para a má-formação da prova, prejudicando a ampla defesa e, também, o devido processo legal.

---

[62]   *L'Appréciation des preuves en justice*, p. 220.

Note-se que, apesar de viger no processo penal o princípio da identidade física do juiz, é possível que outro magistrado vá julgar o caso posteriormente, vendo-se cerceado na formação do seu convencimento, quando se depara com um interrogatório lacônico e vazio, contendo algumas singelas linhas. O mesmo ocorre quando o interrogatório é realizado por carta precatória, devendo o juízo deprecado colher todos os dados indispensáveis, previstos no art. 187, para proporcionar bom contexto probatório ao juízo deprecante. Pensamos deva ser anulado o ato laconicamente produzido, se requerido por qualquer das partes, ou mesmo de ofício pelo julgador – quando não tenha sido a autoridade interrogante – para que outro se realize, nos exatos termos *legais*.

Sustentamos ter o réu o *direito* de mentir em seus interrogatórios de individualização e de mérito. Em primeiro lugar, porque ninguém é obrigado a se autoacusar. Se assim é, para evitar a admissão de culpa, há de afirmar o réu algo que sabe ser contrário à verdade. Em segundo lugar, o direito constitucional à ampla defesa não poderia excluir a possibilidade de narrar inverdades, no intuito cristalino de fugir à incriminação ou à indicação de uma personalidade desajustada, fornecendo imagem pessoal negativa ao julgador. Aliás, o que não é vedado pelo ordenamento jurídico, é permitido. E se é permitido, torna-se direito. A despeito disso, há judiciosas opiniões em sentido contrário, inadmitindo o direito de mentir do acusado: Tornaghi, Camargo Aranha e Mirabete.

7.11   Colaboração das partes no interrogatório

Esta é outra das alterações introduzidas pela Lei 10.792/2003, como se pode verificar da atual redação do art. 188 do Código de Processo Penal. Sempre tivemos receio de que, algum dia, uma modificação legislativa pudesse inserir a possibilidade de reperguntas das partes ao acusado. Se assim ocorresse, a ampla defesa sofreria, sem dúvida, um choque incontestável, pois o acusador iria tentar, ao máximo, com suas indagações, levar o réu à confissão, o que retiraria desta o seu caráter de *ato voluntário* do agente. Por outro lado, até mesmo perguntas malfeitas do defensor poderiam redundar na produção de prova contra o interesse do réu.

A alteração, no entanto, não foi nesse nível, ao menos no procedimento comum. Permite-se às partes que, ao final do interrogatório, possam colaborar com o juiz, lembrando-o de que alguma indagação importante deixou de ser feita, dentre tantas previstas no art. 187. Ou mesmo alguma outra questão, ali não relacionada, mas fundamental para o esclarecimento da verdade. Entretanto, não dispõem elas de direito *absoluto* à obtenção de respostas a tais questões, cabendo ao magistrado, dentro do seu poder discricionário, sem dúvida fundamentado, deliberar se são pertinentes e relevantes. Logo, deve coibir as perguntas tendentes a constranger o réu ou provocá-lo a confessar, bem como as que forem inadequadas ao caso, como as gratuitamente invasoras de sua intimidade.

Ainda assim, dado o direito às partes para colaborar com o juiz, não deixa de ser posição arriscada, pois nada impede que o magistrado menos interessado em filtrar tais questões proporcione verdadeira situação de *reperguntas*, como se faz com qualquer testemunha, gerando prejuízo à ampla defesa. Lembremos das palavras de Beling, dizendo que o juiz deve perguntar ao réu *se ele quer* contestar a imputação que lhe é feita e não *o que* quer contestar.[63]

Lamentavelmente, entretanto, no procedimento do júri, a Lei 11.689/2008 introduziu o ilógico direito de reperguntas diretas das partes ao réu, durante o interrogatório (art. 474,

---

[63]   *Derecho procesal penal*, p. 135.

§ 1.º, CPP). Parece-nos um autêntico retrocesso, em matéria de garantias individuais. Por isso, a única solução viável é o acusado invocar o seu inafastável direito ao silêncio a cada pergunta que lhe for dirigida pelo órgão acusatório ou pelo assistente de acusação. Se desejar, pode responder. Se não se sentir à vontade, deve permanecer calado.

É importante destacar que o direito ao silêncio é amplo e irrestrito, cabendo ao acusado exercê-lo como e quando bem quiser. Isso significa que pode responder a algumas perguntas e não responder a outras. Pode aceitar indagações do juiz, mas rejeitar as formuladas pelo órgão acusatório e, naturalmente, pode responder as feitas pelo defensor.

7.12   Interrogatório em separado

É a forma correta de se evitar que haja influência de um corréu sobre outro, levando-os, muitas vezes, a confissões ou acusações falsas (art. 191, CPP).

Entretanto, aqueles que já foram ouvidos podem permanecer na sala, ouvindo as declarações do seguinte, exceto se houver algum tipo de pressão psicológica, quando, então, será retirado da sala de audiência.

Caso compareça apenas um dos corréus, é natural poder o juiz realizar o interrogatório, pois ouvirá separadamente o interrogado. O outro, que será ouvido em data posterior, tomando ou não conhecimento do já declarado, muitas vezes por intermédio do seu advogado, o que é perfeitamente natural e configura a publicidade existente no processo, bem como componente da ampla defesa, poderá – o que nem sempre ocorre – até beneficiar-se do fato, buscando suprir deficiências ou contornar eventuais falhas. A providência do art. 191, no entanto, não pode ser vista de modo absoluto, pois, caso contrário, não haverá processo, com muitos réus, que consiga terminar, visto que, raramente, todos compareçam na mesma data para o interrogatório realizar-se, ao final da audiência de instrução, como regra.

Ademais, fosse de outro modo e o processo haveria de ser sigiloso, sem acesso às partes, como única forma de garantir que um não tomará conhecimento do que o outro disse. O objetivo maior, entretanto, é evitar que, no mesmo instante em que um corréu está sendo ouvido, o outro absorva o que está sendo falado, podendo ser influenciado emocional ou psicologicamente pelas declarações, alterando as suas, por sua conta e risco, o que pode representar, para a sua defesa técnica, a pior opção. Por isso, não se tem por meta fazer com que o interrogatório seja uma peça imparcial e genuinamente idônea, porque não faz parte da sua natureza, mas sim que não existam influências momentâneas, prejudiciais à defesa daquele que altera o que vai dizer, somente porque ouviu o interrogatório precedente do corréu.

7.13   Formas especiais de interrogatório

Fugindo à forma oral, o interrogatório, em casos excepcionais como o apresentado pelo art. 192 do Código de Processo Penal (surdo, mudo ou surdo-mudo), pode ser feito pela modalidade escrita ou através desta, associada à oralidade. Entretanto, as perguntas escritas pelo juiz ao surdo serão consignadas no termo, normalmente, em conjunto com as respostas dadas, sem necessidade de se juntar o papel específico, em que elas foram inicialmente colocadas. Dá-se o mesmo com as respostas escritas dadas pelo mudo e com relação às perguntas e respostas feitas e realizadas, no tocante ao surdo-mudo. Todos assinarão, depois, o termo de interrogatório, que será a peça válida para a formação da prova.

Se o interrogando, nessas situações, for analfabeto, deverá intervir no ato um intérprete, que é, para todos os fins, equiparado ao perito (art. 281, CPP), razão pela qual será nomeado pelo juiz, devidamente compromissado e estará sujeito às regras da suspeição aplicáveis aos juízes. Por isso, segundo cremos, não deve ser nomeado parente do depoente, que dificilmente terá imparcialidade suficiente para proceder à tradução do que lhe for dito.

Quando o surdo, o mudo ou o surdo-mudo for alfabetizado é vedada qualquer forma de utilização de mímica, sob pena de se ofender o método de colheita do depoimento, expressamente previsto em lei. Caso seja ele analfabeto, o interrogatório feito por intermédio do intérprete será, logicamente, realizado através de mímica, entendida esta não como gestos teatrais, para buscar "adivinhar" o que pensa e o que diz o réu, mas sim através de uma linguagem estabelecida na forma de gesticulações precisas e adequadas à expressão de uma ideia ou sentimento. Não se trata de um jogo, mas de uma linguagem concretizada por gestos, que não deixam de ser uma mímica.

Quanto ao réu que não fala a língua nacional, deve ser ouvido por intermédio do intérprete, não podendo o magistrado, ainda que conheça o idioma falado pelo interrogado, dispensar a sua participação (art. 193, CPP).

Há várias razões para isso. A primeira delas é que as partes têm o direito de assistir ao interrogatório e devem obter os dados do réu no vernáculo, fiscalizando a atividade do juiz. Se este mesmo ouvir e fizer a tradução, não se conseguirá controlar o seu grau de imparcialidade. Por outro lado, o juiz não é perito e não pode dar sua avaliação "técnica" sobre qualquer assunto ventilado nos autos. Faz a apreciação jurídica do que lhe for apresentado pelos expertos, mas não se imiscui nessa atividade, da mesma forma que, quando for testemunha de algum fato, não será o julgador do caso. Lembremos que traduções também implicam interpretação e valoração do que é dito, podendo resultar numa disputa das partes pela inteligência de uma frase qualquer proferida pelo réu, de modo que caberá ao juiz dirimir a controvérsia. Se tiver sido ele o intérprete, não terá condições de julgar o ponto polêmico.

7.14 Curador ao réu menor de 21 anos e outros incapazes

A Lei 10.792/2003 revogou o art. 194 do Código de Processo Penal ("Se o acusado for menor, proceder-se-á ao interrogatório na presença de curador"). Vínhamos defendendo, assim que a Lei 10.406/2002 (Código Civil) entrou em vigor, a inaplicabilidade desse dispositivo, uma vez que o maior de 18 anos, sendo apto para todos os atos da vida civil, não mais necessitava de assistência de curador. Com essa modificação da lei processual penal, consolida-se essa tendência, faltando, ainda, reparos nos arts. 15, 262 e 564, III, *c*, parte final, do CPP.

Outras pessoas, que forem consideradas incapazes para compreender o significado do ato processual que se realiza, devem ser assistidas por curador especial, como é o caso dos índios não completamente integrados à civilização e dos doentes mentais, cuja enfermidade já seja conhecida no momento de realização do interrogatório. Nesta última hipótese, entretanto, quando o magistrado ouve o réu e nota, somente nesse instante, que ele é mentalmente enfermo, deve instaurar incidente de insanidade mental.

O curador é a pessoa que tem por função proteger e orientar o incapaz, tanto no interrogatório da fase policial, quanto no interrogatório prestado em juízo, suprindo-lhe as deficiências naturais trazidas pela sua situação de hipossuficiência, zelando para que não haja nenhum arbítrio ou coação indevida contra sua pessoa. Está vinculado à sua defesa e não pode depor contra seus interesses, revelando dados sigilosos, protegidos por lei (art. 207, CPP).

Pode ser curador toda pessoa maior de 18 anos, no pleno gozo de sua capacidade civil, alfabetizado, leigo ou advogado, desde que não seja pessoa subordinada administrativamente ao juiz, ao promotor ou à autoridade policial. Não podem sê-lo, naturalmente, promotores, autoridades policiais e seus agentes.

7.15   Formalização do interrogatório

Deve-se reduzir a termo o interrogatório, como regra. Assim, o juiz faz a pergunta, ouve a resposta e dita, tanto uma quanto outra, para o escrevente presente na sala de audiência, que os reduz a termo.

Atualmente, no entanto, além de ser perfeitamente viável a aplicação analógica do disposto no art. 210 do Código de Processo Civil de 2015, que autoriza o uso da taquigrafia, da estenotipia, bem como de outro método qualquer – como as gravações – no processo penal ("É lícito o uso da taquigrafia, da estenotipia, ou de outro método idôneo, em qualquer juízo ou tribunal"), já há autorização legal no Código de Processo Penal.

As reformas trazidas pelas Leis 11.689/2008 e 11.719/2008 consagraram esse caminho, como se pode constatar nos arts. 475 ("O registro dos depoimentos e do interrogatório será feito pelos meios ou recursos de gravação magnética, eletrônica, estenotipia ou técnica similar, destinada a obter maior fidelidade e celeridade na colheita da prova") e 405, §§ 1.º e 2.º ("Sempre que possível, o registro dos depoimentos do investigado, indiciado, ofendido e testemunhas será feito pelos meios ou recursos de gravação magnética, estenotipia, digital ou técnica similar, inclusive audiovisual, destinada a obter maior fidelidade das informações"; "No caso de registro por meio audiovisual, será encaminhado às partes cópia do registro original, sem necessidade de transcrição").

Todos os presentes devem assinar o termo de audiência. No caso da estenotipia, assina-se a fita codificada, mas a transcrição é rubricada somente pela pessoa que a traduziu e pelo magistrado. Problemas havidos com essa transcrição devem ser resolvidos indicando-se outro funcionário do tribunal, devidamente habilitado, para solver. Caso persista algum ponto obscuro, é mais indicado que se realize outro interrogatório, do que simplesmente deixá-lo de lado, pois tal medida cercearia o direito de qualquer das partes de questionar o narrado pelo acusado, que teria sido irregularmente transcrito pelo funcionário encarregado.

Não influi na constituição da prova a falta de assinatura do réu. É possível que ele não saiba escrever, por ser analfabeto, não possa, por estar com a mão quebrada, por exemplo, ou não queira, por desconfiar do conteúdo do que foi consignado – o que pode ocorrer com a fita de estenotipia. Deve unicamente o magistrado determinar a consignação de tal fato no termo. Por isso, justifica-se a obrigatória presença do defensor nesse momento processual.

7.16   Renovação do interrogatório

Há variadas razões que podem levar à realização de outro interrogatório ao longo da instrução: a) o juiz sentenciante não é o mesmo que realizou o ato, necessitando ouvi-lo e vê-lo diretamente, para formar o seu convencimento; b) o juiz sentenciante ou o que preside a instrução constata a pobreza do interrogatório realizado, em poucas linhas, sem qualquer conteúdo. Deve determinar o seu refazimento; c) o juiz interrogante entra em confronto com o réu, havendo nítida parcialidade na colheita do depoimento. Outro magistrado deve ser indicado para proceder ao interrogatório, caso o primeiro seja anulado ou haja a intenção de evitar a concretização de uma nulidade insanável; d) o tribunal entende que deve ouvir diretamente o réu, a despeito do interrogatório já ter sido feito pelo juiz (art. 616, CPP); e) o acusado, que confessou no primeiro interrogatório, resolve retratar-se, o que é expressamente admitido (art. 200, CPP); f) surge uma prova nova, como uma testemunha, desejando o réu manifestar-se sobre o seu depoimento, desconhecido até então; g) há corréu envolvido que tenha proferido uma delação, envolvendo outro corréu que já foi interrogado. Este pode pretender dar sua versão sobre o que foi falado a seu respeito.

Enfim, o art. 196 do CPP é expresso ao permitir que o interrogatório seja realizado novamente a qualquer tempo, de ofício ou a requerimento fundamentado de qualquer das partes, facilitando, pois, a sua concretização. Naturalmente, quando se realizar ao final da instrução, podem ocorrer os debates e o julgamento, tornando mais rara a hipótese de seu refazimento.

8. CONFISSÃO

8.1 Conceito de confissão

Confessar, no âmbito do processo penal, é admitir contra si, por quem seja suspeito ou acusado de um crime, tendo pleno discernimento, voluntária, expressa e pessoalmente, diante da autoridade competente, em ato solene e público, reduzido a termo, a prática de algum fato criminoso.[64] Em pretéritos tempos, PIMENTA BUENO definia a confissão como "o reconhecimento ou declaração por que alguém manifesta um fato próprio. Em vez de contumaz, pode o réu confessar o delito no decurso do interrogatório, independentemente de sugestões indevidas do juiz".[65]

Deve-se considerar confissão apenas o ato voluntário (produzido livremente pelo agente, sem nenhuma coação), expresso (manifestado, sem sombra de dúvida, nos autos) e pessoal (inexiste confissão, no processo penal, feita por preposto ou mandatário, o que atentaria contra a segurança do princípio da presunção de inocência).

Além disso, é incorreto dizer que alguém, não suspeito, nem acusado pelo Estado, ao admitir a prática de um fato considerado criminoso, está *confessando*.[66] Na realidade, nessa hipótese, trata-se da autodenúncia ou autoacusação.[67]

Considera-se, também, como requisito essencial para caracterizá-la o discernimento, que é a faculdade de julgar as coisas com clareza e equilíbrio, visto que um indivíduo insano não pode admitir sua culpa validamente. Exigir-se que seja produzida diante da autoridade competente implica afastar do cenário da confissão os peculiares *depoimentos* feitos a policiais fora da delegacia, como, por exemplo, durante o trajeto do local do crime para o distrito policial. Esta situação deve ser considerada um testemunho e não confissão. O ato precisa ser solene, público e reduzido a termo, justamente porque o interrogatório é o momento ideal para a sua ocorrência, o que se faz respeitadas as formalidades legais.

---

[64] "A confissão, que foi a *proba probatissima*, a rainha das provas, aparece ainda hoje como o meio mais seguro de tranquilizar a consciência do juiz" (EDMOND LOCARD, *A investigação criminal*, p. 14). Para RIVERA SILVA, a confissão é uma declaração em que o réu reconhece a sua culpa no cometimento do delito (*El procedimiento penal*, p. 213). TARUFFO, de maneira mais simples, diz que a confissão "é a admissão – por uma das partes – da verdade acerca de um enunciado de fato que lhe é juridicamente desfavorável" (*A prova*, p. 69). Na doutrina nacional, "é o reconhecimento que a parte faz, total ou parcialmente, da verdade de um fato que juridicamente lhe prejudica" (*Curso de processo criminal*, p. 191).

[65] *Apontamentos sobre o processo criminal brasileiro*, p. 211.

[66] REÁTEGUI SÁNCHEZ ressalta o fato de estar sendo perseguido pelo Estado para poder *confessar*; é autor da confissão aquele sobre o qual recai uma imputação jurídico-penal (*La confesión sincera del imputado en el proceso penal*, p. 73, in: *El proceso penal inmediato en casos de flagrancia delictiva*).

[67] Nesse prisma, ARY DE AZEVEDO FRANCO (*Código de Processo Penal*, v. I, p. 283).

Finalmente, a confissão pressupõe a admissão de fato criminoso e não de qualquer fato prejudicial ao réu. O afastamento de qualquer desses requisitos pode acarretar a indevida aceitação e valoração de atos inconciliáveis com o devido processo legal. Por isso, posiciona-mo-nos contra a possibilidade de admitir como meio de prova a confissão colhida sob métodos ilegais, como a tortura, tendo em vista que o lugar e o método utilizado para sua extração são fundamentais para avaliar a sua força probatória.

8.2   Natureza jurídica e objeto da confissão

Trata-se de um meio de prova, isto é, um dos instrumentos disponíveis para que o juiz atinja a verdade dos fatos. Seu objeto são os fatos, inadmitindo-se questões relativas ao direito e às regras de experiência.

8.3   Espécies de confissão

Há, fundamentalmente, duas espécies: a) *quanto ao local*, ela pode ser judicial ou extra-judicial. Se produzida diante da autoridade judicial competente para julgar o caso, trata-se da *confissão judicial própria*. Se for produzida perante qualquer outra autoridade judicial, incompetente para o deslinde do processo criminal, trata-se da *confissão judicial imprópria*. No mais, quando a admissão de culpa é formulada diante de autoridades policiais, parlamentares ou administrativas, competentes para ouvir o depoente em declarações, trata-se da *confissão extrajudicial*; b) *quanto aos efeitos gerados*, a confissão pode ser simples ou qualificada. A primeira ocorre quando o confitente admite a prática do crime sem qualquer outra alegação que possa beneficiá-lo. A segunda liga-se à admissão da culpa, quanto ao fato principal, levantando o réu outras circunstâncias que podem excluir a sua responsabilidade ou atenuar sua pena. Exemplo desta última: quando o réu admite ter furtado o bem, invocando, entretanto, o estado de necessidade.[68]

8.4   Valor e fundamentos da confissão

A melhor e mais útil maneira de avaliar o valor da confissão é conhecer o fundamento que levou o réu a empreendê-la. Sendo ato antinatural, porque a natureza humana não é dada ao reconhecimento de erros ou falhas, é preciso desvendar os motivos que dão sustentáculo à admissão da culpa. Alguns fundamentos provocam a manifesta ilegalidade da confissão, que não poderá ter qualquer valor judicial. Outros, no entanto, servem para confirmá-la, dando-lhe segurança e veracidade.

São os seguintes fundamentos:

1.º) *remorso*: confessa o réu ou indiciado, colhido pelo sentimento de culpa, remordendo--o por dentro, sem lhe dar trégua ou paz. A perturbação perenemente instalada em seu espírito leva-o a admitir sua culpa. É o constante "instinto de veracidade" sempre presente no espírito humano, como lembra Malatesta;[69]

---

[68]   Convém destacar que, realizada a confissão qualificada, não havendo provas em contrário, o mais adequado caminho é absolver o acusado (Rivera Silva, *El procedimiento penal*, p. 220). Conferir, também, Reátegui Sánchez (La confesión sincera del imputado en el proceso penal, p. 77, in: *El proceso penal inmediato en casos de flagrancia delictiva*).

[69]   *A lógica das provas em matéria criminal*, v. 2, p. 176.

2.º) *arrependimento*: é a situação do agente que, compreendendo o aspecto negativo do que realizou, passa a admitir como possível o seu castigo, estando insatisfeito pela violação da lei. Difere do remorso, porque o arrependimento é um estado de tristeza, enquanto o outro é doloroso e aflitivo;

3.º) *alívio interior*: é a sensação de libertação provocada pela admissão da culpa. Ocorre quando o indivíduo já está sendo acusado e, tendo por finalidade não mais digladiar--se com o Estado, rende-se, confessando. É uma necessidade imposta pela aversão ao duelo judiciário;

4.º) *necessidade de se explicar*: afora o remorso e o arrependimento, existe, ainda, preenchendo o fundamento de muitas confissões, a necessidade do agente de justificar, perante a comunidade onde vive, o ato criminoso praticado. Por isso, confessa, dando suas razões e aguardando aceitação e legitimação para o que fez. É o exemplo da pessoa que mata o traficante do seu bairro e termina admitindo sua culpa para obter a aprovação social;

5.º) *interesse*: qualquer vantagem ou proveito pode justificar uma confissão. Desde o recebimento de uma quantia em dinheiro, para assumir o crime em lugar de outro, até a necessidade de se impor dentro de um presídio, ganhando notoriedade, pode levar o acusado à confissão. Não são poucos os casos de pessoas que, movidas unicamente pelo interesse, terminam admitindo a prática de fatos, que não lhe dizem respeito. É natural que o interesse possa também provocar confissões verdadeiras, embora, na maior parte dos casos, sejam falsas;

6.º) *lógica*: o agente racional e inteligente não aprecia negar o óbvio, de modo que, percebendo serem suficientes as provas contra si, termina admitindo o que fez. Há muitos casos retratando situações de admissões de culpa originárias da aversão do agente em prosseguir negando o óbvio;

7.º) *orgulho ou vaidade*: o demasiado amor-próprio e o desejo imoderado de atrair a atenção e a admiração alheias fazem com que alguns agentes confessem os delitos cometidos. Há aqueles que se promovem à custa do crime, adquirindo, na comunidade, os títulos de *justiceiros* ou *vigilantes*, que lhes serve de glória e promoção pessoal, supondo-se paladinos da justiça;

8.º) *esperança ou medo*: a expectativa de obter algum benefício, ou o receio de ser mais severamente apenado, pode levar o indivíduo à admissão da culpa. Justamente por isso, não deve o magistrado instigar o réu a confessar, "prometendo-lhe" atenuantes ou benefícios processuais. A confissão pode ser, nesse caso, falsa;

9.º) *expiação ou masoquismo*: ignorar a existência de pessoas que possuem o desejo interior de causar mal a si mesmas é desconhecer a natureza humana. Por isso, deve o magistrado ser sensível para o fato de que réus podem ter a necessidade – porventura patológica – de confessar um crime que não cometeram;

10.º) *altruísmo*: o desprendimento e a abnegação de alguns podem levá-los a assumir seus crimes, para que terceiros não paguem pelo que não devem;

11.º) *forte poder de sugestão de terceiros*: há pessoas facilmente sugestionadas por outras, demonstrando possuir autêntica falta de força de vontade para resistir ao poder de convencimento alheio. As personalidades fracas, de mente estreita, com nítida tendência à covardia podem assumir crimes que não cometeram. Tal ocorre quando o interrogante é sagaz, inteligente e constrói raciocínios lógicos irrefutáveis para tais pessoas mentalmente frágeis, que terminam convencendo--se – ou não mais tendo justificativas – de serem autoras de ilícitos alheios. Por vezes, como explica GISLI GUDJONSSON, ocorre a "síndrome da desconfiança da memória", quando o confitente, acreditando ser culpado, porque sua memória falha no instante do interrogatório – mormente prolongado e cansativo –, não mais consegue contestar as evidências que lhe são apresentadas, admitindo algo que não realizou;[70]

12.°) *erro*: a confissão pode ocorrer porque o acusado tem uma visão incorreta de como os fatos realmente se deram e termina convencendo-se de que cometeu o delito, embora não o tenha feito. Exemplo: "Tício, visando a matar Caio, atira contra ele, mas não o acerta. Terceira pessoa, entretanto, atirando no mesmo momento, atinge a vítima desejada. Tício pode confessar ter matado Caio, porque assim lhe pareceu, embora tenha somente ficado na esfera da tentativa. Trata-se de uma confissão causada pelo erro" (de nossa autoria, *O valor da confissão como meio de prova no processo penal*, p. 106). Réus suscetíveis de incidir nesse tipo de confissão, em regra falsa, são pessoas de baixo Q. I., depressivas ou emocionalmente perturbadas, que não possuem condições perfeitas para entender o contexto em que estão inseridas, nem as perguntas exatas que lhes são formuladas;

13.°) *loucura ou outro desequilíbrio mental*: em razão de estados patológicos, sofrendo de delírios de variadas ordens, o acusado pode obedecer a estímulos mórbidos, sem capacidade de distinguir entre o certo e o errado, muitas vezes crendo desempenhar "missão magnífica" na sua existência. Assim, termina confessando seus feitos, nem sempre de modo verdadeiro. São casos, muitas vezes, detectáveis pelo exame de insanidade mental. Aliás, essa é uma das razões pelas quais, quando a pessoa insana confessa, é preciso que o juiz determine a produção de provas para comprovar o injusto penal, sendo possível, então, aplicar medida de segurança;

14.°) *coação psicológica*: é o constrangimento psíquico exercido contra o réu, através de ameaças e chantagens, levando-o a desesperar-se, confessando a prática do crime. Por vezes, a admissão de culpa é verdadeira, noutras, é falsa, embora seja sempre um meio inadmissível, porque ilegal. Exemplo disso é o sequestro, pela polícia, de um parente do interrogando, que é ameaçado de algum modo. Para evitar a situação, o suspeito ou indiciado termina confessando o que não deve;

15.°) *tortura psicológica*: é o constrangimento psíquico exercido de maneira insistente contra o acusado, tendo por fim minar-lhe qualquer capacidade de resistência. Difere da coação psicológica, porque esta tem por estrutura uma ação isolada, enquanto a tortura baseia-se em diversas condutas seguidas e perseverantes, tal como se dá em interrogatórios prolongados e repetitivos, sem possibilidade de se alimentar ou descansar. É meio de extração da confissão nitidamente ilegal;

16.°) *coação física*: é a agressão contra a incolumidade física do suspeito ou indiciado, levando-o a admitir sua culpa, de modo verdadeiro ou falso, mas para evitar, de imediato, o prosseguimento da violência. Um único tapa no rosto de um homem honrado, não acostumado a agressões, pode levá-lo, em desespero, a confessar;

---

[70]   *False confessions, psychological effects of interrogation*, p. 7.

17.º) *tortura física*: é o constrangimento físico exercido contra o suspeito ou indiciado de modo sistemático, repetitivo e prolongado. Tem por finalidade reduzir-lhe completamente a capacidade de resistência. Usa-se violência física, como o emprego de choques elétricos, palmatórias, surras, bem como a submissão a jejum prolongado e colocação em lugares úmidos, escuros e insalubres. É considerado, hoje, crime equiparado ao hediondo, regido tanto pela Lei 8.072/1990, como pela Lei 9.455/1997;

18.º) *insensibilidade*: existem agentes que estão sob *anestesia afetiva*, significando que não são sensíveis aos atos violentos praticados. Assim, são capazes de falar sobre seus feitos de maneira natural e fria. Em regra, são confissões verdadeiras, fruto de personalidades antissociais;

19.º) *instinto de proteção ou afeto a terceiros*: há pessoas que, em virtude de estreitos laços de afetividade com suspeitos da prática de crimes e tendo por fim preservar seus entes queridos, terminam confessando falsamente a prática do fato delituoso. Exemplo disso é o do pai idoso, assumindo o delito cometido pelo filho, para livrá-lo da cadeia;

20.º) *ódio a terceiros*: é a hipótese de a pessoa confessar, exclusivamente, para poder delatar alguém que odeie, prejudicando-o e envolvendo-o num delito que pode – ou não – ter cometido. É preciso muita cautela com esse método de envolvimento de alguém em um crime, pois a consistência da confissão não é segura;[71]

21.º) *questões religiosas*: é o caso das pessoas que se convertem a alguma religião e, seguindo mandamentos da crença ou do *líder espiritual*, admitem a prática de crimes para *aliviar* a alma, expiando sua culpa. Portanto, conhecidas as razões que levaram o suspeito, indiciado ou réu a confessar, pode o magistrado, corretamente, avaliar se a admissão de culpa é verdadeira ou falsa.

A confissão extrajudicial, não contando com as garantias constitucionais inerentes ao processo, especialmente o contraditório e a ampla defesa, é apenas um meio de prova indireto, isto é, um indício. Deve ser reputada totalmente inconsistente para condenar uma pessoa, caso venha isolada no bojo dos autos. Necessita ser firmemente confrontada com outras provas e nitidamente confirmada pelas provas produzidas em juízo, não bastando mera *fumaça* de veracidade. Os riscos de aceitação da confissão extrajudicial, como meio de prova direto, são inúmeros e capazes de gerar o malfadado erro judiciário, inaceitável no Estado Democrático de Direito.[72]

A confissão judicial, por sua vez, porque produzida diante de magistrado, após a citação, sob o manto protetor da ampla defesa – que deve efetivamente ser assegurada ao réu *antes do interrogatório* – é meio de prova direto. Ainda assim, precisa ser confrontada com outras provas e por elas confirmada, embora possua maior força do que a confissão-indício feita, em

---

[71] A respeito, ver MALATESTA, *A lógica das provas em matéria criminal*, v. 2, p. 142.

[72] Para MUÑOZ CUESTA, "as declaraciones em sede policial de autoincriminação com a presença de advogado e leitura de direitos não ratificada posteriormente em qualquer fase do processo carecem absolutamente de valor probatório, não podendo incorporar-se a ele, nem para sua leitura, nem pelo testemunho de policiais que as teriam presenciado; podendo ser fonte de prova ao tratar-se de atividade pré-processual regulada conforme o direito e, portanto, não nula, apenas é carente de efeitos probatórios" ("Valor probatorio de las declaraciones de investigados ante policía...", p. 94, traduzi).

regra, na polícia. Enfim, a confissão jamais possui um caráter absoluto, devendo ser analisada no contexto do conjunto probatório.[73]

8.5   Conceito de delação

Delatar significa acusar, denunciar ou revelar. Na ótica processual, somente tem sentido falar em *delação* quando alguém, admitindo a prática criminosa, revela que outra pessoa também o ajudou de qualquer forma. Esse é um testemunho qualificado, feito pelo indiciado ou acusado. Tem valor probatório, especialmente porque houve admissão de culpa pelo delator.

Nunca, entretanto, deve o magistrado deixar de atentar para os aspectos negativos da personalidade humana, pois não é impossível que alguém, odiando outrem, confesse um crime somente para envolver seu desafeto, que, na realidade, é inocente. Essa situação pode ser encontrada quando o confitente já está condenado a vários anos de cadeia, razão pela qual a delação não lhe produzirá maiores consequências, não se podendo dizer o mesmo quanto ao delatado. No mais, quando o réu nega a prática do crime ou a autoria e indica ter sido outro o autor, está, em verdade, prestando um autêntico testemunho, mas não se trata de delação. Pode estar agindo dessa forma para proteger-se, indicando qualquer outro para figurar como autor do crime, como pode também estar narrando um fato verdadeiro, ou seja, que o verdadeiro agente foi outra pessoa. De qualquer modo, envolvendo outrem e para garantir o direito à ampla defesa do denunciado, é preciso que o juiz permita, caso seja requerido, que o defensor do delatado faça reperguntas no interrogatório do delator.

Essas reperguntas terão conteúdo e amplitude limitados, devendo haver rígido controle do juiz. Assim, somente serão admitidas questões envolvendo o delatado e não a situação do delator, tudo para preservar a este último o direito de não ser obrigado a se autoacusar.[74]

A delação tem caráter probatório relativo, devendo ser confrontada com as demais provas existentes nos autos para fundamentar uma condenação. Nesse prisma, disciplinou o art. 4.º, § 16, da Lei 12.850/2013 (Organização criminosa): "nenhuma das seguintes medidas será decretada ou proferida com fundamento apenas nas declarações do colaborador: I – medidas cautelares reais ou pessoais; II – recebimento de denúncia ou queixa; III – sentença condenatória" (com a redação dada pela Lei 13.964/2019).

8.5.1   Prós e contras da delação premiada

Estabelecemos, inicialmente, que, embora *delatar* signifique acusar ou denunciar alguém, no sentido processual, devemos utilizar o termo quando um acusado, admitindo a prática criminosa, revela que outra pessoa também o ajudou de qualquer forma. O valor da delação, como meio de prova, é difícil de ser apurado com precisão. Por outro lado, é valioso destacar que há, atualmente, várias normas (ver o item 8.5.2 deste Capítulo) dispondo sobre a *delação premiada*, isto é, a denúncia que tem como objeto narrar às autoridades o cometimento do delito e, quando existente, os coautores e partícipes, com ou sem resultado concreto, conforme o caso, recebendo, em troca, do Estado, um benefício qualquer, consistente em diminuição de pena ou, até mesmo, em perdão judicial.

---

[73]   MARIA ELIZABETH QUEIJO, *O direito de não produzir prova contra si mesmo*, p. 115.

[74]   Em semelhante posição, está o magistério de CARLOS HENRIQUE BORLIDO HADDAD (*O interrogatório no processo penal*, p. 202-203).

Seria válida essa forma de incentivo legal à prática da delação? Existem inúmeros aspectos a considerar. São pontos negativos da delação premiada: a) oficializa-se, por lei, a traição, forma antiética de comportamento social; b) pode ferir a proporcionalidade da aplicação da pena, pois o delator receberia pena menor do que os delatados, cúmplices que fizeram tanto ou até menos que ele; c) a traição, em regra, serve para agravar ou qualificar a prática de crimes, motivo pelo qual não deveria ser útil para reduzir a pena; d) não se pode trabalhar com a ideia de que os fins justificam os meios, na medida em que estes podem ser imorais ou antiéticos; e) a existente delação premiada não serviu até o momento para incentivar a criminalidade organizada a quebrar a *lei do silêncio*, que, no universo do delito, fala mais alto; f) o Estado não pode aquiescer em barganhar com a criminalidade; g) há um estímulo a delações falsas e um incremento a vinganças pessoais. São pontos positivos da delação premiada: a) no universo criminoso, não se pode falar em ética ou em valores moralmente elevados, dada a própria natureza da prática de condutas que rompem com as normas vigentes, ferindo bens jurídicos protegidos pelo Estado; b) não há lesão à proporcionalidade na aplicação da pena, pois esta é regida, basicamente, pela culpabilidade (juízo de reprovação social), que é flexível. Réus mais culpáveis devem receber pena mais severa. O delator, ao colaborar com o Estado, demonstra menor culpabilidade, portanto, pode receber sanção menos grave; c) o crime praticado por traição é grave, justamente porque o objetivo almejado é a lesão a um bem jurídico protegido; a delação seria a *traição de bons propósitos*, agindo *contra* o delito e em favor do Estado Democrático de Direito; d) os fins podem ser justificados pelos meios, quando estes forem legalizados e inseridos, portanto, no universo jurídico; e) a ineficiência atual da delação premiada condiz com o elevado índice de impunidade reinante no mundo do crime, bem como ocorre em face da falta de agilidade do Estado em dar efetiva proteção ao réu colaborador; f) o Estado já está barganhando com o autor de infração penal, como se pode constatar pela transação, prevista na Lei 9.099/1995. A delação premiada é, apenas, outro nível de transação; g) o benefício instituído por lei para que um criminoso delate o esquema no qual está inserido, bem como os cúmplices, pode servir de incentivo ao arrependimento sincero, com forte tendência à regeneração interior, o que seria um dos fundamentos da própria aplicação da pena; h) a falsa delação, embora possa existir, deve ser severamente punida; i) a ética é juízo de valor variável, conforme a época e os bens em conflito, razão pela qual não pode ser empecilho para a delação premiada, cujo fim é combater, em primeiro plano, a criminalidade organizada.

Do exposto, parece-nos que a delação premiada é um *mal necessário*, pois o bem maior a ser tutelado é o Estado Democrático de Direito. Não é preciso ressaltar que o crime organizado tem ampla penetração nas entranhas estatais e possui condições de desestabilizar qualquer democracia, sem que se possa combatê-lo, com eficiência, desprezando-se a colaboração daqueles que conhecem o esquema e dispõem-se a denunciar coautores e partícipes. No universo dos seres humanos de bem, sem dúvida, a traição é desventurada, mas não cremos que se possa dizer o mesmo ao transferirmos nossa análise para o âmbito do crime, por si só, desregrado, avesso à legalidade, contrário ao monopólio estatal de resolução de conflitos, regido por *leis* esdrúxulas e extremamente severas, totalmente distante dos valores regentes dos direitos humanos fundamentais. A rejeição à ideia da delação premiada constituiria um autêntico *prêmio* ao crime organizado e aos delinquentes em geral, que, sem a menor ética, ofendem bens jurídicos alheios, mas o Estado não lhes poderia semear a cizânia ou a desunião, pois não seria *moralmente* aceitável. Se os criminosos atuam com leis próprias, pouco ligando para a ética, parece-nos viável provocar-lhes a cisão, fomentando a delação premiada. A *lei do silêncio*, no universo criminoso, ainda é mais forte, pois o Estado não cumpriu sua parte, que é diminuir a impunidade, atuando, ainda, para impedir que réus colaboradores pereçam em mãos dos delatados. Ademais, como exposto nos fatores positivos da delação, o arrependimento pode surgir, dando margem à confissão espontânea e, consequentemente, à delação. O prêmio deve emergir em lugar da pena, afinal, a regeneração do ser humano torna-se elemento fundamental, antes mesmo de se pensar no *castigo* merecido pela prática da infração penal. Cenas teatrais, barganhas misteriosas, delações falsas e todos os atos de vingança, sem qualquer utilidade efetiva, devem ser banidos e punidos. Em suma, pensamos ser a delação premiada um instrumento útil, aliás, como tantos outros já utilizados, legalmente, pelo Estado, como a interceptação telefônica, que fere a intimidade, em nome do combate ao crime.

8.5.2   A delação premiada e suas fontes legais

No Código Penal, encontramos a delação premiada no art. 159, § 4.º ("Se o crime é cometido em concurso, o concorrente que o denunciar à autoridade, facilitando a libertação do sequestrado, terá sua pena reduzida de 1 (um) a 2/3 (dois terços)").

Porém, de maneira desregrada e assistemática, podemos detectar a sua existência, ainda, nas seguintes normas:

a) Lei 9.807/1999 (Lei de Proteção à Vítima e às Testemunhas): art. 13 ("Poderá o juiz, de ofício ou a requerimento das partes, conceder o perdão judicial e a consequente extinção da punibilidade ao acusado que, sendo primário, tenha colaborado efetiva e voluntariamente com a investigação e o processo criminal, desde que dessa colaboração tenha resultado: I – a identificação dos demais coautores ou partícipes da ação criminosa; II – a localização da vítima com a sua integridade física preservada; III – a recuperação total ou parcial do produto do crime. Parágrafo único. A concessão do perdão judicial levará em conta a personalidade do beneficiado e a natureza, circunstâncias, gravidade e repercussão social do fato criminoso") e art. 14 ("O indiciado ou acusado que colaborar voluntariamente com a investigação policial e o processo criminal na identificação dos demais coautores ou partícipes do crime, na localização da vítima com vida e na recuperação total ou parcial do produto do crime, no caso de condenação, terá pena reduzida de 1/3 (um terço) a 2/3 (dois terços)");

b) Lei 7.492/1986 (Crimes contra o Sistema Financeiro): art. 25, § 2.º ("Nos crimes previstos nesta Lei, cometidos em quadrilha [associação criminosa] ou coautoria, o coautor ou partícipe que através de confissão espontânea revelar à autoridade policial ou judicial toda a trama delituosa terá a sua pena reduzida de 1 (um) a 2/3 (dois terços)");

c) Lei 8.072/1990 (Crimes Hediondos): art. 8.º, parágrafo único ("O participante e o associado que denunciar à autoridade o bando ou quadrilha [associação criminosa], possibilitando seu desmantelamento, terá a pena reduzida de 1 (um) a 2/3 (dois terços)");

d) Lei 8.137/1990 (Crimes contra a Ordem Tributária, Econômica e Relações de Consumo): art. 16, parágrafo único ("Nos crimes previstos nesta Lei, cometidos em quadrilha [associação criminosa] ou coautoria, o coautor ou partícipe que através de confissão espontânea revelar à autoridade policial ou judicial toda a trama delituosa terá a sua pena reduzida de 1 (um) a 2/3 (dois terços)");

e) Lei 9.613/1998 (Crimes de Lavagem de Capitais): art. 1.º, § 5.º ("A pena poderá ser reduzida de 1 (um) a 2/3 (dois terços) e ser cumprida em regime aberto ou semiaberto, facultando-se ao juiz deixar de aplicá-la ou substituí-la, a qualquer tempo, por pena restritiva de direitos, se o autor, coautor ou partícipe colaborar espontaneamente com as autoridades, prestando esclarecimentos que conduzam à apuração das infrações penais, à identificação dos autores, coautores e partícipes, ou à localização dos bens, direitos ou valores objeto do crime");

f) Lei 11.343/2006 (Lei de Drogas): art. 41 ("O indiciado ou acusado que colaborar voluntariamente com a investigação policial e o processo criminal na identificação dos demais coautores ou partícipes do crime e na recuperação total ou parcial do produto do crime, no caso de condenação, terá pena reduzida de 1/3 (um terço) a 2/3 (dois terços)");

g) Lei 12.850/2013 (Organização criminosa): art. 4.º ("O juiz poderá, a requerimento das partes, conceder o perdão judicial, reduzir em até 2/3 [dois terços] a pena privativa de liberdade ou substituí-la por restritiva de direitos daquele que tenha colaborado efetiva e voluntariamente com a investigação e com o processo criminal, desde que dessa colaboração advenha um ou mais dos seguintes resultados: I – a identificação dos demais coautores e partícipes da organização criminosa e das infrações penais por eles praticadas; II – a revelação da estrutura hierárquica e da divisão de tarefas da organização criminosa; III – a prevenção de infrações penais decorrentes das atividades da organização criminosa; IV – a recuperação total ou parcial do produto ou do proveito das infrações penais praticadas pela organização criminosa; V – a localização de eventual vítima com a sua integridade física preservada".

8.5.2.1 Os abusos dos acordos de delação premiada

Alguns acordos de delação premiada, quando se tornaram públicos, puderam ser analisados, observando-se, em particular na denominada "Operação Lava Jato", que envolviam inúmeras cláusulas *não previstas em lei*. Foram condições idealizadas pelo Ministério Público, com as quais, sob pressão ou não, concordaram os delatores, crendo na sua validade. Desse modo, as delações foram realizadas e, com isso, outras prisões foram conseguidas; na sequência, outras pressões em relação aos detidos surgiram e novas delações ocorreram, sob cláusulas ilegais e assim sucessivamente.

Portanto, conquanto sustentemos constituir a delação um *mal necessário*, não pode romper o cenário da lei e muito menos arranhar direitos e garantias fundamentais, constitucionalmente previstos. Aliás, justamente pela ocorrência de desvios na obtenção dos acordos, a Lei 13.964/2019 introduziu várias alterações na Lei da Organização Criminosa (Lei 12.850/2013), detalhando regras e estreitando o âmbito de ação das autoridades na delação premiada.

8.6 Critérios de avaliação da confissão e confronto com outras provas

A admissão de culpa, por ser ato contrário à essência do ser humano, deve ser avaliada com equilíbrio e prudência. Não pode mais ser considerada, como no passado, a *rainha das provas*, visto ser inconsistente e impura em muitos casos. O Estado não se deve conformar em mandar para o cárcere a pessoa inocente que, envolvida por uma série de erros e constrangimentos, termina admitindo a prática de algo que não fez.

É meta indispensável do juiz confrontar a confissão com as outras provas existentes nos autos, jamais aceitando que ela, isoladamente, possa significar a condenação do réu. Por isso, consta do art. 197 do Código de Processo Penal, claramente, a advertência para que haja confronto entre a confissão e outras provas, verificando-se a sua *compatibilidade* e *concordância* com o quadro probatório. Sem isso, deve-se desprezar a admissão da culpa produzida nos autos.

Segundo MICHEL FOUCAULT, em feliz apreciação do valor da confissão em matéria criminal, apontando os prós e contras de sua aceitação, "no interior do crime reconstituído por escrito, o criminoso que confessa vem desempenhar o papel da verdade viva. A confissão, ato do sujeito criminoso, responsável e que fala, é a peça complementar de uma informação escrita e secreta. Daí a importância dada à confissão por todo esse processo de tipo inquisitorial. Daí também as ambiguidades de seu papel. Por um lado, tenta-se fazê-lo entrar no cálculo geral das provas; ressalta-se que ela não passa de uma delas; ela não é a *evidentia rei*; assim como a mais forte das provas, ela sozinha não pode levar à condenação, deve ser acompanhada de indícios anexos, e de presunções; pois já houve acusados que se declararam culpados de crimes que não tinham cometido; o juiz deverá então fazer pesquisas complementares, se só estiver de posse da confissão regular do culpado. Mas, por outro lado, a confissão ganha qualquer outra prova. Até certo ponto ela as transcende; elemento no cálculo da verdade, ela é também o ato pelo qual o acusado aceita a acusação e reconhece que esta é bem fundamentada; transforma uma afirmação feita sem ele em uma afirmação voluntária. Pela confissão, o próprio acusado toma lugar no ritual de produção de verdade penal. Como já dizia o direito medieval, a confissão torna a coisa notória e manifesta. (...) Ela conserva alguma coisa de uma transação; por isso exige-se que seja 'espontânea', que seja formulada diante do tribunal competente, que seja feita com toda consciência, que não se trate de coisas impossíveis etc. Pela confissão, o acusado se compromete em relação ao processo; ele assina a verdade da informação".[75]

8.7   Silêncio como elemento para o convencimento do juiz

A parte final do art. 198 do CPP, que prevê a possibilidade de ser levado em conta o silêncio do réu para a formação do convencimento do magistrado, não foi recepcionada pela Constituição Federal de 1988, que, expressamente, conferiu ao réu a possibilidade de manter-se calado (art. 5.º, LXIII), sem estabelecer qualquer consequência dessa opção, razão pela qual não pode a lei ordinária fixar conteúdo diverso.

8.8   Divisibilidade da confissão

Admite a lei ser permitida a divisibilidade da confissão (art. 200, CPP), isto é, pode o juiz aproveitá-la por partes, crendo num trecho e não tendo a mesma impressão quanto a outro. É muito comum o réu admitir a prática do fato criminoso para levantar, em seu benefício, alguma causa de exclusão de ilicitude ou da culpabilidade. Nesse caso, é permitido ao juiz

---

[75]   *Vigiar e punir*, p. 35.

dividi-la em partes, aceitando a admissão da culpa no tocante à autoria e à materialidade, mas rejeitando-a no que pertine à excludente.[76]

O que é defeso ao magistrado é repartir a confissão em porções estanques, sem sentido e com quebra de contexto. Assim, não se pode dividir frases ou mesmo uma narrativa que possui um contexto único, pois, nesse caso, deturpa-se por completo a ideia exposta pelo interrogado.[77]

8.9   Retratabilidade da confissão

A lei expressamente admite a possibilidade de o réu retratar-se, a qualquer momento, narrando a versão correta dos fatos, na sua visão (art. 200, CPP). Nem poderia ser de outra forma, pois a admissão de culpa envolve direitos fundamentais, onde se inserem o devido processo legal, a ampla defesa e, até mesmo, o direito à liberdade.

Entretanto, admitida a possibilidade de o réu retratar-se, não quer isso dizer seja o magistrado obrigado a crer na sua nova versão.[78] O livre convencimento do juiz deve ser preservado e fundado no exame global das provas colhidas durante a instrução. Portanto, a retratação pode dar-se ainda na fase extrajudicial, como pode ocorrer somente em juízo. Excepcionalmente, pode ocorrer, ainda, em grau de recurso, a contar com o deferimento do relator. A confissão pode ser retratada integral ou parcialmente, significando que o indiciado ou acusado pode renovar, inteiramente, o seu depoimento anterior ou somente parte dele. Como já visto, não é adequado dar o mesmo valor às confissões extrajudicial e judicial. A primeira é somente um indício de culpa, necessitando ser confirmada em juízo por outras provas, enquanto a segunda é meio de prova, também sendo confirmada pelas demais provas, embora seja considerada prova direta.

9.   DO OFENDIDO

9.1   Conceito de ofendido

É o sujeito passivo do crime – a vítima –, ou seja, a pessoa que teve *diretamente* o seu interesse ou bem jurídico violado pela prática da infração penal.[79] Na visão de CÂMARA LEAL, "as declarações do ofendido são sempre eivadas de suspeição, mas, embora não constituam prova, servem para orientar a justiça a respeito dos fatos, fornecendo-lhe esclarecimentos úteis, por isso que o ofendido tem motivos para conhecer de perto o crime em suas circunstâncias e pormenores".[80] Discordamos dessa afirmação no tocante à parte referente a "não constituir

---

[76]   No mesmo prisma, TORNAGHI (*Instituições de processo penal*, v. IV, p. 411).

[77]   MANZINI, *Istituzioni di diritto processuale penale*, p. 159, e *Trattato di diritto processuale penale italiano*, v. 3, p. 421; GIROLAMO BELLAVISTA, *Studi sul processo penale*, v. 3, p. 225.

[78]   A retratação tem, em termos gerais, o valor de uma simples declaração (RIVERA SILVA, *El procedimiento penal*, p. 219). O juiz a valora como achar conveniente e crível.

[79]   "... o ofendido estaria até mais capacitado para dizer a verdade que a testemunha: o interesse com que presencia a ação é, em geral, muito maior e daí a maior *atenção* que lhe permite perceber minúcias que à testemunha passam despercebidas. É verdade que a paixão e a emoção podem turbá-lo e neste caso, ao contrário, a atenção dele será menor do que a dos terceiros" (TORNAGHI, *Instituições de processo penal*, v. IV, p. 446).

[80]   *Código de Processo Penal brasileiro*, v. II, p. 26.

prova". Mesmo que haja suspeição ou parcialidade, não deixa de ser prova, da mesma forma que o informante a produz, sem o compromisso de dizer a verdade.

O Estado, por seu turno, é considerado o sujeito passivo constante ou formal, sempre presente em todos os delitos, pois detém o direito de punir, com exclusividade. Entretanto, leva-se em conta, para os fins processuais, o sujeito passivo eventual ou material, isto é, a pessoa diretamente lesada. Nas palavras de SCARANCE FERNANDES, ofendido é a *vítima em sentido processual*.[81]

Entretanto, há quem faça diferença entre vítima, ofendido e prejudicado pelo crime. Rodríguez Manzanera, citado por RAÚL TAVOLARI OLIVEROS, ensina que vítima é o gênero, do qual são espécies o *sujeito passivo*, que é o titular do bem jurídico protegido pelo tipo penal, o *ofendido*, aquele que sofre um prejuízo por causa do cometimento do crime, tendo direito à reparação do dano, e o *prejudicado*, que é todo aquele que sofre um prejuízo diante do cometimento do delito, ainda que não tenha direito à reparação do dano. Seriam, pois, no caso do homicídio, vítimas as seguintes pessoas: o sujeito passivo (morto), ofendido (familiares do morto) e prejudicado (familiares do criminoso, caso este seja preso, privados do seu convívio e sustento).[82] Sob outro aspecto, no entanto, há posição generalizadora: "Vítimas são, além do sujeito passivo da infração, todas as pessoas físicas e jurídicas que direta ou indiretamente sofrem um dano considerável como consequência imediata ou mediata da infração, e que, na realidade, são credoras de importantes novos direitos que muitas legislações atuais, todavia, ignoram ou lhe negam".[83]

9.2   Diversidade entre ofendido e testemunha

Por certo que a vítima não pode ser considerada testemunha. As razões são várias: a) a menção à vítima está situada, propositadamente, no Código de Processo Penal, em capítulo destacado daquele que é destinado às testemunhas; b) ela não presta compromisso de dizer a verdade, como se nota pela simples leitura do *caput* do art. 201; c) o texto legal menciona que a vítima é ouvida em "declarações", não prestando, pois, depoimento (testemunho); d) o ofendido é perguntado sobre quem seja o autor do crime ou quem "presuma ser" (uma suposição e não uma certeza), o que é incompatível com um relato objetivo de pessoa que, efetivamente, *sabe* dos fatos e de sua autoria, como ocorre com a testemunha (art. 203, CPP); e) deve-se destacar que a vítima é perguntada sobre *as provas que possa indicar*, isto é, toma a postura de autêntica parte no processo, auxiliando o juiz e a acusação a conseguir mais dados contra o acusado; f) a vítima tem interesse na condenação do réu, na medida em que pode, com isso, obter mais facilmente a reparação do dano na esfera cível (art. 63, CPP). Da testemunha, exige-se, diversamente, fatos dos quais tenha ciência e as *razões do seu conhecimento*, tudo para aferir a sua credibilidade.

Enfim, vítima não é testemunha, de modo que não compõe o rol das testemunhas, nem é computada a sua inclusão no número legal fixado para cada parte. Aliás, já o dizia o direito romano: "Ninguém é considerado testemunha idônea em causa própria" – *nullus idoneus testis in re sua intelligitur*. Além disso, àquela época, como nos mostra HÉLIO TORNAGHI, nem mesmo as testemunhas indicadas pelo ofendido deveriam ser ouvidas pelo juiz, pois seriam

---

[81]   *A vítima no processo penal brasileiro*, p. 123.

[82]   *La situación de la víctima del delito en el proceso penal chileno*, p. 167.

[83]   ANTONIO BERISTAIN, *Victimología*, p. 459.

suspeitas. Era a vítima considerada parte, cabendo-lhe provar a culpa do réu.[84] Tal situação evidentemente mudou, o que não significa podermos equiparar a vítima à testemunha.

9.3 Obrigatoriedade da sua inquirição

Em que pese não ser testemunha, é obrigatória a oitiva da vítima, não só porque o art. 201 do CPP, expressamente, menciona que ela será ouvida *sempre que possível*, mas também porque, no processo penal, como se sabe, vige o princípio da verdade real, isto é, deve o juiz buscar todos os meios lícitos e plausíveis para atingir o estado de certeza que lhe permitirá formar o seu veredicto.[85]

Assim, caso as partes não arrolem a parte ofendida, deve o magistrado determinar, de ofício, a sua inquirição, sob pena de se enfraquecer a colheita da prova. É evidente, no entanto, que, deixando de fazê-lo, não se trata de nulidade absoluta, mas relativa, podendo uma das partes apontar o prejuízo sofrido e invocar a anulação do feito. No mesmo prisma, de ser obrigatória a inquirição da vítima, está o magistério de RENÉ ARIEL DOTTI.[86]

A reforma implantada pelas Leis 11.689/2008 e 11.719/2008 tornou nítida a obrigatoriedade de inquirição do ofendido, em audiência, o que se pode conferir nos arts. 400, 411, 473 e 531 do CPP.

Há tempos, OLIVEIRA E SILVA afirma que "sempre que possível o ofendido será qualificado e perguntado sobre as circunstâncias da infração, quem seja ou presuma ser o autor ou autores e as provas que, porventura, possa indicar. Que utilidade haverá para a Justiça nessas declarações se se trata de ofendido, e, portanto, de pessoa que somente poderá depor com parcialidade? É muito maior do que supomos essa utilidade em face do processo. Só a vítima conhece certas circunstâncias do fato a que testemunhas nem sempre assistiram e sua palavra abrirá caminhos novos de orientação mesmo à defesa".[87]

9.4 Valor probatório da palavra da vítima

Trata-se de ponto controverso e sensível na avaliação da prova. Primeiramente, convém mencionar que as declarações do ofendido constituem *meio de prova*, tanto quanto o é o interrogatório do réu, quando este resolve falar ao juiz. Entretanto, não se pode dar o mesmo valor à palavra da vítima, que se costuma conferir ao depoimento de uma testemunha, esta, presumidamente, imparcial.

Por outro lado, é importante destacar que a prática forense evidencia haver vítimas muito mais desprendidas e imparciais do que as próprias testemunhas, de forma que suas declarações podem se tornar fontes valorosas de prova. Assim, cumpre apenas destacar alguns pontos de cautela para o juiz analisar a fala do ofendido.

---

[84] *Compêndio de processo penal*, v. 3, p. 854-855.

[85] Explica ARY DE AZEVEDO FRANCO que "o ofendido passou a ter, doravante, situação especial no processo, devendo a autoridade, policial ou judiciária, sempre que possível, ouvi-lo, depois de previamente qualificá-lo e assim obter esclarecimentos pertinentes à autoria e às circunstâncias da infração, e contra ele, se faltoso, por motivo que não seja justo, poderá a autoridade usar de meio coercitivo" (*Código de Processo Penal*, v. I, p. 287-288).

[86] *Bases e alternativas para o sistema de penas*, p. 417.

[87] *Curso de processo penal*, p. 84.

Lembra-nos, inicialmente, ALTAVILLA que a vítima é pessoa diretamente envolvida pela prática do crime, pois algum bem ou interesse seu foi violado, razão pela qual pode estar coberta por emoções perturbadoras do seu processo psíquico, levando-a à ira, ao medo, à mentira, ao erro, às ilusões de percepção, ao desejo de vingança, à esperança de obter vantagens econômicas e à vontade expressa de se desculpar – neste último caso, quando termina contribuindo para a prática do crime.[88]

Por outro lado, há aspectos ligados ao sofrimento pelo qual passou a vítima, quando da prática do delito, podendo, então, haver distorções naturais em suas declarações. A pessoa sequestrada, por exemplo, diante da dor e da aflição suportadas, pode elevar sobremaneira o período em que ficou sob poder do sequestrador, justamente porque perde a noção real de tempo, estando com a liberdade privada.

Outro aspecto a ser considerado é que exposições pormenorizadas do fato criminoso nem sempre são fruto da verdade, uma vez que o ofendido tem a capacidade de inventar muitas circunstâncias, até, como já se frisou, para atenuar a sua responsabilidade na ocorrência do delito. O sujeito agressivo, que vive provocando terceiros, em outro exemplo, ao ser fisicamente atacado, poderá construir na sua mente um universo de escusas para a sua atitude inicial, que o leva a omitir tal afronta, criando, em seu lugar, outros dados inexistentes.

Um elemento curioso da psicologia humana é a tendência natural que pessoas violentadas ou agredidas por entes queridos têm de amenizar ou desculpar, totalmente, o ataque sofrido. A ânsia de permanecer com os seres amados, mormente porque dá como certo e acabado o crime ocorrido, faz com que se voltem ao futuro, querendo, de todo modo, absolver o culpado. É a situação enfrentada, muitas vezes, por mulheres agredidas por seus maridos, por filhos violentados por seus pais e, mesmo, por genitores idosos atacados ou enganados por seus descendentes. Ao magistrado só resta exercitar ao máximo a sua capacidade de observação, a sua sensibilidade para captar verdades e inverdades, a sua particular tendência de ler nas entrelinhas e perceber a realidade na linguagem figurada ou propositadamente distorcida.

ESPÍNOLA FILHO alerta que "quando não há interesse, costuma-se dar muito apreço à imputação da vítima, apontando o autor do crime, que a feriu; e, argumenta-se, seria inconcebível a falsa acusação de um inocente, com o efeito mediato de firmar a impunidade do agente culpado. É razoável a orientação, na generalidade dos casos. Mas, não fica excluída a hipótese, já ventilada, de atuar o ofendido sob o impulso do medo, ou de sentimentos que causem um desvirtuamento da consciência moral, como a afeição cega ao criminoso ou o ódio ao caluniado".[89]

Acima de tudo, não deve o juiz permitir que qualquer forma de preconceito seu interfira na avaliação da palavra da vítima, nem para ser com esta rigoroso demais, nem tampouco para desacreditá-la por completo. O ofendido nada mais é do que o réu visto ao contrário, vale dizer, a pessoa que foi agredida querendo justiça, enquanto o outro, a ser julgado, pretendendo mostrar a sua inocência, almeja despertar as razões para que não lhe seja feita injustiça com uma condenação.

Em conclusão, pois, sustentamos que a palavra isolada da vítima, sem testemunhas a confirmá-la, pode dar margem à condenação do réu, desde que resistente e firme, harmônica

---

[88] *Psicologia judiciária*, v. 2, p. 155-157.

[89] *Código de Processo Penal brasileiro anotado*, v. 3, p. 59.

com as demais circunstâncias colhidas ao longo da instrução. Em sentido contrário, afirmando ser impossível aceitar a palavra isolada da vítima para escorar um decreto condenatório: Paulo Heber de Moraes e João Batista Lopes.[90]

9.5   Reperguntas ao ofendido

Devem ser franqueadas às partes. Há entendimento isolado, atualmente, no sentido de que as declarações da vítima constituem ato privativo do juiz, nos moldes do interrogatório. Essa era a posição sustentada, a título de ilustração, por Bento de Faria: "O interrogatório do ofendido é ato exclusivamente pessoal, mas pode ser assistido e esclarecido pelo advogado, se o tiver, desde que as suas respostas só tenham por objetivo esclarecer a verdade, orientando o Juiz com referências as provas da infração e de quem seja o seu autor".[91]

Entretanto, é de se rechaçar tal postura, uma vez que o contraditório é princípio constitucional e a produção e formação de uma prova passa, invariavelmente, por ele. Não havendo qualquer proibição expressa, deve-se dar à prova, na sua formação, a ampla possibilidade da participação dos envolvidos, inclusive porque se lida com uma narrativa de pessoa naturalmente parcial, como vimos, em suas colocações, seja para absolver, seja para condenar o agressor, merecendo o crivo das reperguntas das partes para aclarar a verdade.

9.6   Vítima não comete falso testemunho

Embora já abordado anteriormente, parece-nos fundamental deixar bem clara a posição do ofendido nesse contexto. Não sendo ele testemunha, não estando sujeito ao compromisso de dizer a verdade, sendo figura naturalmente parcial na disputa travada no processo, inexiste possibilidade lógico-sistemática de se submeter o ofendido a processo por falso testemunho, o que constitui, hoje, posição majoritária na doutrina e na jurisprudência. Nesse prisma, conferir Antonio Scarance Fernandes,[92] Marco Antonio de Barros,[93] Câmara Leal,[94] Espínola Filho.[95]

O juiz deve avaliar as suas declarações da mesma forma que o faz com o interrogatório do réu. Eventualmente, pode a vítima responder por denunciação caluniosa (art. 339, CP), caso tenha, deliberadamente, dado causa à instauração de ação penal contra pessoa que sabia inocente. Aliás, do mesmo modo que não está obrigada a falar a verdade, pode também se calar. Muitas vezes, o ofendido quer permanecer em silêncio não por afronta à Justiça, mas por real e fundado temor de sofrer represálias, mormente num País que não consegue assegurar proteção efetiva às testemunhas, nem às autoridades que investigam crimes graves. Deve ser respeitada sua vontade, até porque já sofreu com o crime e não pode novamente ser vitimada pelo próprio Poder Judiciário ou pela polícia. É certo que tanto o magistrado quanto o delegado devem exercer seu poder de influência, buscando saber qual a motivação que leva o ofendido a calar-se, o que também poderá constituir-se em fonte útil de prova.

---

[90]   *Da prova penal*, p. 118.
[91]   *Código de Processo Penal*, v. 1, p. 301.
[92]   *A vítima no processo penal brasileiro*, p. 145-146.
[93]   *A busca da verdade no processo penal*, p. 185.
[94]   *Código de Processo Penal brasileiro*, v. II, p. 26.
[95]   *Comentários ao Código de Processo Penal brasileiro anotado*, v. 3, p. 57.

9.7   Condução coercitiva e processo por desobediência

Sem dúvida, pode a vítima ser conduzida coercitivamente à presença do juiz para dar suas declarações, não somente porque a sua oitiva, como já afirmado, é essencial para a busca da verdade real, como, também, pelo fato de que ninguém se exime de colaborar com o Poder Judiciário (art. 201, § 1.º, CPP).[96]

Entretanto, discordamos daqueles que veem para a vítima a possibilidade de ser processada por desobediência. Esta hipótese só é aceitável quando a lei expressamente admite, como ocorre no caso da testemunha faltosa (art. 219, CPP). Tanto é realidade que, nos processos civis, a testemunha, desatendendo a intimação, somente pode ser conduzida coercitivamente, mas não se lhe cabe a punição por desobediência, tendo em vista que a única sanção, prevista pelo Código de Processo Civil de 2015 (art. 455, § 5.º), é a condução coercitiva. Dá-se o mesmo com a vítima, no processo penal. Sua sanção é ser conduzida à força ao juízo para prestar suas declarações, embora sem que haja possibilidade de ser processada por desobediência. É o que já sustentamos em nosso *Código Penal comentado*, nota 30 ao art. 330. Em sentido contrário, admitindo a possibilidade de a vítima ser processada por desobediência, caso não compareça à audiência para a qual foi intimada: Scarance Fernandes,[97] Mirabete,[98] Tourinho Filho.[99]

Se, porventura, a vítima recusar-se a fazer o necessário exame de corpo de delito, pode ser processada por crime de desobediência e, persistindo a sua recusa, ser conduzida coercitivamente para a realização de perícias externas de fácil visualização, embora não possa ser obrigada a proceder a exames invasivos, consistentes na ofensa à sua integridade corporal ou à sua intimidade.[100] Nessa hipótese, aceitamos a possibilidade do ofendido ser processado por desobediência, caso se recuse a comparecer para o exame de corpo de delito, visto que a lei não prevê expressamente nenhuma sanção para tanto. Se houvesse previsão legal de sanção (por exemplo: condução coercitiva), não seria necessário o processo-crime por desobediência.

9.8   Comunicação dos atos processuais ao ofendido

Determina o art. 201, § 2.º, do CPP que "o ofendido será comunicado dos atos processuais relativos ao ingresso e à saída do acusado da prisão, à designação de data para audiência e à sentença e respectivos acórdãos que a mantenham ou modifiquem".

O acompanhamento do processo-crime, puro e simples, não produz o efeito desejado. O importante seria a modificação da lei processual penal, permitindo, por exemplo, que o ofendido, por seu advogado (assistente de acusação), cientificado da soltura do acusado, pudesse interpor recurso contra essa decisão. Seria importante, ainda, a criação de mecanismos de proteção à vítima, no processo penal, tais como medidas de afastamento e proibição de aproximação por parte do réu. Além disso, seria indispensável que o ofendido fosse incentivado a participar do processo-crime, ainda que, para tanto, o Estado lhe patrocinasse advogado, a fim de obter a indenização civil para reparar o dano causado pelo crime.

---

[96]   No mesmo sentido, Espínola Filho (*Código de Processo Penal brasileiro anotado*, v. 3, p. 73).

[97]   *A vítima no processo penal brasileiro*, p. 148.

[98]   *Código de Processo Penal interpretado*, p. 279.

[99]   *Código de Processo Penal comentado*, v. 1, p. 401.

[100]   Antonio Scarance Fernandes, *A vítima no processo penal brasileiro*, p. 126.

Segundo dispõe o art. 201, § 3.º, do CPP, as comunicações ao ofendido deverão ser realizadas no endereço que ele indicar, admitindo-se, se for opção sua, o uso de meio eletrônico (ex.: *e-mail*).

9.9 Assistência ao ofendido

Prevê-se, ainda, na Lei 11.690/2008, acrescendo os §§ 4.º e 5.º ao art. 201, que, antes e durante o desenvolvimento da audiência, terá o ofendido um espaço separado. Não se explicou em que consiste tal separação: se das testemunhas, se do réu, se das partes. Além do mais, quando estiver prestando suas declarações, é óbvio que não se pode reservar a ele um espaço separado. Todos estarão na sala de audiência e ali deve, também, ficar a vítima. É verdade que há a previsão para o uso de videoconferência em caso grave (art. 217, CPP), mas isso não significa que haja *sempre* um espaço próprio para o ofendido.

O magistrado pode encaminhar a vítima para atendimento multidisciplinar, em particular nas áreas psicossocial, de assistência jurídica e de saúde, a expensas do agressor ou do Estado. É outra medida interessante, em tese, mas de difícil implementação na prática. A maior parte dos ofensores é constituída de pessoas carentes de recursos financeiros. O Estado, por sua vez, mal dá conta de suprir a defesa técnica para os acusados pobres. Em suma, não se vislumbra, a curto prazo, nenhuma eficiência nessa nova disposição do Código de Processo Penal.

9.10 Preservação da intimidade do ofendido

Dispõe o art. 201, § 6.º, do CPP, que "o juiz tomará as providências necessárias à preservação da intimidade, vida privada, honra e imagem do ofendido, podendo, inclusive, determinar o segredo de justiça em relação aos dados, depoimentos e outras informações constantes dos autos a seu respeito para evitar sua exposição aos meios de comunicação".

Esse dispositivo, introduzido pela Lei 11.690/2008, deve ser interpretado em conjunto com as normas constitucionais que cuidam da publicidade dos atos processuais e do sigilo em defesa da intimidade. Do contrário, se contrastar com a Constituição Federal, de nenhuma valia será.

O art. 5.º, LX, da CF, preceitua que "a lei só poderá restringir a publicidade dos atos processuais quando a defesa da intimidade ou o interesse social o exigirem". Nesse ponto, o art. 201, § 6.º, do CPP, não encontra obstáculo para ser aplicado.

O art. 93, IX, da CF, por seu turno, após a redação que lhe deu a Emenda Constitucional 45/2004, dispõe que "todos os julgamentos dos órgãos do Poder Judiciário serão públicos, e fundamentadas todas as decisões, sob pena de nulidade, podendo a lei limitar a presença, em determinados atos, às próprias partes e a seus advogados, ou somente a estes, em casos nos quais a preservação do direito à intimidade do interessado no sigilo não prejudique o interesse público à informação". Nota-se, pois, que já não se pode dar plena vazão ao art. 201, § 6.º, do CPP, quando se tratar de vítima de destaque, seja no âmbito político ou em qualquer setor público, pois a intimidade deve ser preservada, desde que não prejudique o interesse público à informação. É um confronto entre o indivíduo e o direito coletivo à informação, a ser cuidadosamente mensurado, no caso concreto, pelo juiz. Confira-se, ainda, o disposto no art. 220, § 1.º, da CF, cuidando da liberdade da imprensa.

Vale ressaltar, ainda, que a decretação do sigilo, em relação aos autos do processo ou à realização de audiências e julgamentos, já era possível, nos termos do art. 792, § 1.º, do CPP.

Em suma, o § 6.º do art. 201 não pode ser considerado uma norma inédita no sistema processual brasileiro.

10. PROVA TESTEMUNHAL

10.1   Conceito de testemunha

É a pessoa que declara ter tomado conhecimento de algo, podendo, pois, confirmar a veracidade do ocorrido, agindo sob o compromisso de ser imparcial e dizer a verdade.[101] Na visão de TARUFFO, cuida-se da "pessoa que supostamente conhece algo relevante sobre os fatos do caso e a quem se interroga sob juramento, com o objetivo de permitir que expresse o que sabe sobre tais fatos".[102]

Com acerto, OLIVEIRA E SILVA explica que não se pretende que "a testemunha reproduza um fato, mecanicamente, e tenha uma retentiva excepcional, a ponto de conservar, para reproduzir, com exatidão, todas as cenas de um fato, mesmo quando não desenrolado com rapidez. O que não se lhe perdoa é colorir, exagerar, cientemente, diminuindo, aqui, e aumentando ali, a responsabilidade do autor ou coautores de um delito, por uma espécie de *vagabundagem da imaginação*".[103]

CÂMARA LEAL aponta que a "prova testemunhal está baseada na veracidade dos seres humanos. A experiência demonstra que o homem, em regra, propende para a verdade, procurando exteriorizar fielmente o que se passa no mundo subjetivo e narrar com sinceridade o que observa no mundo objetivo. As pessoas mentirosas são conhecidas e apontadas com censura, tal a aversão humana à falsidade".[104]

Pode parecer que a visão de CÂMARA LEAL seja por demais otimista, mas cremos nisso. A maior parte das pessoas são honestas e sinceras. Portanto, são testemunhas em potencial, pessoas com *vontade* de dizer a verdade, de esclarecer os fatos, enfim, de evitar injustiças, apontando o que é certo e o que é errado.

No entanto, como adverte BENTHAM, "a fidelidade do testemunho, vale dizer, a sua exatidão e a sua integridade dependem de duas coisas: o estado das faculdades intelectuais da testemunha e a sua disposição moral, ou seja, o seu entendimento e a sua vontade".[105]

10.2   Natureza jurídica

No processo penal, é meio de prova, tanto quanto a confissão, os documentos, a perícia e outros elementos.

---

[101] Testemunha é a pessoa física que pode narrar dados sobre algo que percebeu e dos quais guarda recordação (RIVERA SILVA, *El procedimiento penal*, p. 251). Na doutrina nacional, GALDINO SIQUEIRA a denomina como "a pessoa idônea, que em juízo vem dizer o que sabe, por si, ou por outrem, do fato litigioso" (*Curso de processo criminal*, p. 199).

[102] *A prova*, p. 60. Complementa BENTHAM: "as testemunhas são os olhos e ouvidos da justiça" (*Tratado de las pruebas judiciales*, p. 83). Aliás, é por isso que a maioria das pessoas pode ser ouvida pela Justiça Criminal; dispensa-se pouca gente do dever de depor e contar a verdade.

[103] *Curso de processo penal*, p. 87, grifamos.

[104] *Código de Processo Penal brasileiro*, v. 2, p. 27.

[105] *Tratado de las pruebas judiciales*, p. 48, traduzi.

10.3 Classificação das testemunhas

Entendemos não ser cabível classificar as testemunhas, como sustentam alguns, em diretas (aquelas que viram fatos) e indiretas (aquelas que souberam dos fatos por intermédio de outras pessoas), próprias (as que depõem sobre fatos relativos ao objeto do processo) e impróprias (as que depõem sobre fatos apenas ligados ao objeto do processo), numerárias (que prestam compromisso), informantes (que não prestam o compromisso de dizer a verdade) e referidas (aquelas que são indicadas por outras testemunhas).

Testemunhas são pessoas que depõem sobre fatos, sejam eles quais forem. Se viram ou ouviram dizer, não deixam de ser testemunhas, dando declarações sobre a ocorrência de alguma coisa. A pessoa que presencia um acidente automobilístico, por exemplo, narra ao juiz os fatos, tais como se deram na sua visão. Lembremos, sempre, que qualquer depoimento implica uma dose de interpretação indissociável da avaliação de quem o faz, significando, pois, que, apesar de ter visto, não significa que irá contar, exatamente, *o que* e *como* tudo ocorreu.

Por outro lado, quando a testemunha depõe sobre o que ouviu dizer de outra pessoa, continua a declarar um fato, isto é, está narrando aquilo que lhe contou um terceiro, não deixando de ser isso uma ocorrência. O que muda entre uma situação e outra é a avaliação da prova, ou seja, o instrumento para demonstrar ao juiz a veracidade de algo.[106] O depoimento de uma pode ser mais valioso que o de outra, embora a testemunha esteja sempre depondo sobre fatos dos quais *diretamente* tomou conhecimento.[107]

Quanto às denominadas próprias e impróprias, nota-se também que elas depõem sobre fatos dos quais tiveram notícia, sejam tais ocorrências objetos principais do processo, sejam objetos secundários. Logo, não merecem ser chamadas de próprias (adequadas, exatas, convenientes ou autênticas) e impróprias (inadequadas, inexatas, inconvenientes ou não autênticas).

No mais, cremos que informantes não são testemunhas, como veremos em tópico próprio. *Numerária* é somente uma adjetivação indevida para a testemunha, que foi arrolada pela parte. Afinal, dentro da "classificação" proposta, a testemunha, cuja inquirição foi determinada de ofício pelo juiz, é numerária (aquela que presta compromisso) ou informante (a pessoa que não está compromissada)? Se ela prestar compromisso, tornar-se-ia *numerária*, embora não haja nenhum *número* ao qual esteja vinculada, pois o magistrado pode ouvir tantas pessoas quanto achar necessário para o seu convencimento (art. 209, CPP). Quanto à testemunha *referida*, trata-se somente de uma adjetivação, mas não de uma classificação. Por isso, preferimos considerar como testemunha, genericamente, a pessoa que dá o seu depoimento imparcial sobre um fato.

Testemunha instrumentária (ou *fedatária)* é a denominação dada à pessoa que testemunha a leitura do auto de prisão em flagrante na presença do acusado, do condutor e das testemunhas, assinando o referido auto em lugar do indiciado, que não quer, não sabe ou não pode fazê-lo (art. 304, § 3.º, CPP). Dispensa-se a utilização da testemunha instrumentária, quando o réu, em juízo, recusa-se ou não pode assinar o seu interrogatório, consignando-se no termo tal circunstância (art. 195, CPP).

---

[106] É preciso a cautela de verificar o *grau de distanciamento* da testemunha do fato, passando por outras de *ouvir dizer* até atingir o juiz. Em cada grau de distância, perde-se o valor probatório, como regra (BENTHAM, *Tratado de las pruebas judiciales*, p. 41, tradução livre).

[107] São as denominadas *testemunhas de segundo grau* (ESPÍNOLA FILHO, *Comentários ao Código de Processo Penal brasileiro comentado*, v. 3, p. 89).

Porém, pode-se acatar a divisão feita por CÂMARA LEAL, no sentido de que existem testemunhas *ante factum*, chamadas para confirmar o ato jurídico, conferindo-lhe autenticidade; testemunhas *in facto*, que são as pessoas que estão presentes ao fato, chamadas para relatá-lo; testemunhas *post factum*, chamadas depois dos fatos para verificar algumas circunstâncias técnicas, dependentes de uma habilitação especial. Podem ser chamadas de *testemunhas periciais*.[108]

10.4   Informante ou declarante

É a pessoa que informa ou fornece um parecer acerca de algo, sem qualquer vínculo com a imparcialidade e com a obrigação de dizer a verdade. Por isso, o informante não presta compromisso, razão pela qual não deve ser considerado uma testemunha, ainda que a disciplina sobre a sua inquirição esteja sendo tratada no capítulo pertinente às testemunhas. Aliás, se alguém merece a qualificação de *testemunha imprópria* é o informante.

Já ensinava GALDINO SIQUEIRA que os informantes não depõem como testemunhas e são aqueles que não prestam compromisso de dizer a verdade (menores de 14 anos, loucos e parentes do réu). O juiz lhes dará o crédito que possam merecer.[109] Não difere dessa posição MICHELE TARUFFO, ao dizer que menores de 14 (ou 18 anos) podem ser ouvidos quando for necessário, *mas não juram dizer a verdade*. O mesmo entendimento liga-se às pessoas com enfermidades mentais.[110] Para BELING, "o juramento é muito importante para a valorização da veracidade da declaração"; o juiz somente não tomaria o compromisso de quem é indigno de crédito e dos parentes do acusado.[111]

10.5   Pessoa como testemunha e formalidade do depoimento

Trata o art. 202 do Código de Processo Penal da pessoa natural, isto é, o ser humano, homem ou mulher, capaz de direitos e obrigações ("toda pessoa poderá ser testemunha"). Dispensa-se, neste caso, a pessoa jurídica, pois, ao prestar depoimento, compromissa-se a testemunha a dizer a verdade, sob pena de responder pelo crime de falso testemunho (art. 342, CP). Tendo em vista que a responsabilidade penal, salvo expressa disposição em contrário, concerne somente à pessoa humana, não há possibilidade de se considerar a pessoa jurídica testemunha de qualquer coisa.

Aliás, o próprio ato de dar uma declaração implica a viabilização através de uma pessoa natural. No magistério de JOSÉ CARLOS G. XAVIER DE AQUINO e JOSÉ RENATO NALINI, "a narração dos fatos supõe evocação e memorização de prévia percepção, fenômenos estritamente psíquicos e exclusivos da pessoa física. O testemunho é representação fornecida pelo homem, um ato humano consistente na representação de um fato, concretizando-se, portanto, 'em uma manifestação da ideia que a testemunha tem do mesmo fato'".[112]

As pessoas consideradas de má reputação (prostitutas, drogados, travestis, marginais, entre outras), imaturas (adolescentes maiores de 14 anos), interessadas no deslinde do processo (amigos ou inimigos do réu, policiais que fizeram a prisão em flagrante, autoridades policiais

---

[108]   *Código de Processo Penal brasileiro*, v. 2, p. 28.
[109]   *Curso de processo criminal*, p. 203.
[110]   *A prova*, p. 61.
[111]   *Derecho procesal penal*, p. 228.
[112]   *Manual de processo penal*, p. 190-191.

que concluíram o inquérito, indiciando o acusado, entre outras), mitômanas, emotivas ou de qualquer outro modo afetadas, podem ser testemunhas, devidamente compromissadas, embora o juiz tenha plena liberdade para avaliar a prova produzida. Uma prostituta pode não ser a testemunha ideal para um caso de rufianismo, tornando-se suspeita, embora possa narrar, com imparcialidade, um homicídio que tenha presenciado. Diga-se o mesmo dos policiais que efetuaram a prisão do réu. Enfim, não se pode impedir que qualquer pessoa seja testemunha, salvo quando a própria lei assim o determine.

Especificamente, no tocante ao depoimento de policiais, é necessário destacar que é viável, inclusive sob o compromisso de dizer a verdade, devendo o magistrado avaliá-lo com a cautela merecida. Afinal, pode ocorrer de estar o policial vinculado à investigação e à prisão do réu, motivo pelo qual sua maneira de narrar o acontecido pode sofrer naturais alterações, que são frutos do seu lado emocional.

Sobre a possibilidade de arrolar *somente* policiais para depor, em lugar de outras testemunhas, isto é, daqueles que presenciaram algo diretamente vinculado ao fato, está a crítica arguta de Espínola Filho: "Amanhã, a polícia é chamada ao lugar onde um crime foi ou está sendo cometido. Vão três ou quatro funcionários, encontram pessoas dando notícias detalhadas dos fatos, com minúcias e históricos completos; ouvem-nas, e delas abstraem inteiramente, daí a seguir; pois resolvem constituir-se em testemunhas, reportando à autoridade policial, na delegacia, o que lhes foi contado por toda aquela gente, que não foi incomodada, nem o nome lhe sendo tomado".[113]

Em suma, a jurisprudência tem admitido o depoimento de policiais sem qualquer limitação.

É preciso destacar a importância, no processo penal, da colheita do depoimento perante o juiz da causa (ou diante de outro juiz, quando por precatória ou rogatória), mas jamais diante de tabelião. O processo civil, acostumado com a verdade formal, permite o registro de fatos por meio da ata notarial, constante do art. 384 do CPC: "a existência e o modo de existir de algum fato podem ser atestados ou documentados, a requerimento do interessado, mediante ata lavrada por tabelião. Parágrafo único. Dados representados por imagem ou som gravados em arquivos eletrônicos poderão constar da ata notarial".

Não se admite esse procedimento no âmbito criminal, há que se preservar a captação do depoimento pelo magistrado, prestigiando-se o princípio da imediatidade.

Sob outro aspecto, Bentham afirma, com razão, que "a publicidade é a mais eficaz salvaguarda do testemunho e das decisões que do mesmo se derivem: é a alma da justiça e deve estender-se a todas as partes do procedimento e a todas as causas...".[114]

10.6 Depoimento do menor inimputável comparsa do réu

É admissível o depoimento do inimputável, comparsa do réu, afinal, o menor de 18 anos, penalmente irresponsável (art. 27, CP), pode tomar parte ativa no cometimento de uma infração penal, associando-se ao maior. É o que se chama de concurso impropriamente dito ou pseudoconcurso de agentes.

Nessa hipótese, deve ele ser arrolado, normalmente, como testemunha, porque, na esfera penal não pode ser considerado parte na relação processual estabelecida. Tem, pois, o dever

---

[113] *Código de Processo Penal brasileiro anotado*, v. 3, p. 90.

[114] *Tratado de las pruebas judiciales*, p. 140, traduzi.

de dizer a verdade. Nem se diga que ele precisa ter o mesmo tratamento do *corréu*, tendo direito ao silêncio e não sendo considerado testemunha, porque estaria respondendo – ou poderia vir a responder – pelo que fez na Vara da Infância e da Juventude. Ora, segundo a legislação brasileira, busca-se, em caso de aplicação de medida socioeducativa, um melhor preparo do menor para a vida adulta, formando-o e reeducando-o apenas. Não se trata de punição, porque ele, segundo a lei, não conseguia compreender o caráter ilícito do que praticou. Assim, exige-se-lhe narração fiel do que houve. Se mentir, caso esteja sob juramento, pode-se tomar providências para outro procedimento no foro competente. O maior de 14 anos será compromissado, enquanto o menor de 14 anos, por força do disposto no art. 208 do CPP, deve ser ouvido como informante.

10.7   Corréu como testemunha

O corréu não pode ser testemunha, pois não presta compromisso, nem tem o dever de dizer a verdade. Entretanto, quando há delação (assume o acusado a sua culpa e imputa também parte dela a outro corréu), sustentamos poder haver reperguntas do defensor do corréu delatado, unicamente para aclarar pontos pertinentes à sua defesa.

Nesse caso, haverá, durante o interrogatório, um momento propício a isso ou, então, marcará o juiz uma audiência para que o corréu seja ouvido em declarações, voltadas, frise-se, a garantir a ampla defesa do delatado e não para incriminar de qualquer modo o delator.

10.8   Testemunho único

Pode dar margem à condenação. Não prevalece mais, em nosso ordenamento, o princípio, segundo o qual um único testemunho é considerado de nenhuma validade (*testis unus testis nullus*). Tudo depende, portanto, da credibilidade que ele transmitir ao juiz, dentro do seu livre convencimento fundamentado.

10.9   A importância do compromisso

A norma processual penal menciona que a testemunha fará a *promessa* de dizer a verdade, sob *palavra de honra*, isto é, comprometer-se-á a narrar, sinceramente, o que sabe sobre os fatos relevantes indagados pelo juiz. Trata-se do *compromisso* de dizer a verdade ou do *juramento*.[115]

O magistrado, antes do depoimento, deve *compromissar* a testemunha, tornando claro o seu dever de dizer somente a verdade, sob pena de ser processada por falso testemunho. Trata-se de formalidade legal, que demonstra à pessoa a ser ouvida, o dever jurídico a ela imposto: dizer a verdade a qualquer custo.[116]

---

[115] Câmara Leal menciona que "antigamente deferia-se o juramento à testemunha, que o prestava sobre os Santos Evangelhos. A liberdade de consciência proclamada pela Magna Carta republicana, que aboliu a religião de Estado e estabeleceu a separação entre o Estado e a Igreja, fez com que se eliminasse o juramento, que, considerado ato religioso, não poderia ser imposto à testemunha, cujas convicções religiosas deveriam ser respeitadas. Substituiu-se, então, o juramento pelo compromisso, que é prestado sob a palavra de honra da testemunha. Compreende-se que o poder público só poderá apelar para a honra da testemunha e esta tem força bastante para compelir o cidadão a dizer a verdade" (*Código de Processo Penal brasileiro*, v. 2, p. 31).

[116] Bentham questiona: "o compromisso proporciona uma garantia de veracidade do testemunho? A julgar pela prática universal dos tribunais, a questão há de ser resolvida no sentido afirmativo...". E continua:

A importância do compromisso é vital para que o depoente possa responder pelo crime previsto no art. 342 do Código Penal. Embora a matéria não seja pacífica, ao contrário, é extremamente polêmica – alguns defendendo que somente com compromisso pode a testemunha responder pelo delito de falso testemunho e outros sustentando que o compromisso é *pro forma*, respondendo sempre pelo crime aquele que faltar com a verdade – cremos que o Código de Processo Penal foi bem claro ao estipular que há pessoas – denominadas testemunhas – que prestam compromisso e têm o dever de narrar tudo o que sabem, ainda que prejudiquem pessoas estimadas. Por outro lado, fixou o entendimento de que há outros indivíduos, ouvidos como meros informantes ou declarantes, sem compromisso, seja porque são parentes ou pessoas intimamente ligadas ao réu (art. 206 c/c art. 208, CPP), seja porque não são naturalmente confiáveis, como os menores de 14 anos, que têm a possibilidade de fantasiar o que viram e sabem (art. 208), seja, ainda, os deficientes e doentes mentais, que não têm o discernimento necessário para a validade exigida pelo compromisso (art. 208).

E não se compromissa a dizer a verdade a vítima, como já analisamos anteriormente, pois é parte interessada no deslinde do feito criminal. Outras pessoas, ainda que suspeitas, serão compromissadas, visto que no processo penal busca-se a verdade real acima de tudo (art. 214, CPP).

Enfim, há testemunhas e informantes. Somente aquelas devem responder por falso *testemunho* (art. 342, CP). É nítida a redação do referido art. 342, ao mencionar que é crime "fazer afirmação falsa, ou negar ou calar a verdade, como *testemunha*, perito, contador, tradutor ou intérprete..." (grifamos). Não há referência à vítima, nem tampouco aos informantes. Defender o contrário significa dizer que a vítima é testemunha e que todos os informantes também o são, algo incompatível com a sistemática do processo penal brasileiro. Em idêntica posição: Tourinho Filho.[117]

A única hipótese que admitimos como viável para que pessoas não compromissadas respondam pelo delito de falso testemunho é o mero esquecimento do juiz de lhes colher o juramento, tratando-se de irregularidade processual. Assim, a pessoa que é, legalmente, considerada como testemunha tem o dever de dizer a verdade, não sendo o simples fato de o magistrado alertá-la para isso que a torna penalmente responsável pelas mentiras narradas. Contra, afirmando ser o compromisso indispensável e componente da essência do ato, sendo que sua falta *invalida o ato*: Espínola Filho.[118] Confira-se, ainda, a posição de Câmara Leal, mencionando que não *devem* depor como testemunhas os menores de 14 anos, os doentes e deficientes mentais e os parentes do acusado. Podem ser ouvidos *sem o compromisso legal*.[119]

Complementando o que expusemos, no sentido de o compromisso ser pré-requisito para que a pessoa se torne testemunha, com o dever de dizer a verdade, note-se o disposto no Código de Processo Civil: "Art. 447. Podem depor como testemunhas todas as pessoas, exceto as incapazes, impedidas ou suspeitas. § 1.º São incapazes: I – o interdito por enfermidade ou deficiência mental; II – o que, acometido por enfermidade ou retardamento mental, ao tempo

---

"a força do juramento depende de três sanções: a sanção religiosa, vale dizer, o medo de incorrer em castigos impostos por Deus na vida presente ou na outra; a sanção legal, ou seja, o temor às penas previstas pela lei contra o perjúrio; a sanção da honra, representada pelo temor da infâmia que se liga à mentira apoiada em juramento" (ob. cit., p. 164, tradução livre).

117 *Código de Processo Penal comentado*, v. 1, p. 415.

118 *Código de Processo Penal brasileiro anotado*, v. 3, p. 99.

119 *Código de Processo Penal brasileiro*, v. 2, p. 28-29.

em que ocorreram os fatos, não podia discerni-los, ou, ao tempo em que deve depor, não está habilitado a transmitir as percepções; III – o que tiver menos de 16 (dezesseis) anos; IV – o cego e o surdo, quando a ciência do fato depender dos sentidos que lhes faltam. § 2.º São impedidos: I – o cônjuge, o companheiro, o ascendente e o descendente em qualquer grau e o colateral, até o terceiro grau, de alguma das partes, por consanguinidade ou afinidade, salvo se o exigir o interesse público ou, tratando-se de causa relativa ao estado da pessoa, não se puder obter de outro modo a prova que o juiz repute necessária ao julgamento do mérito; II – o que é parte na causa; III – o que intervém em nome de uma parte, como o tutor, o representante legal da pessoa jurídica, o juiz, o advogado e outros que assistam ou tenham assistido as partes. § 3.º São suspeitos: I – o inimigo da parte ou o seu amigo íntimo; II – o que tiver interesse no litígio. § 4.º Sendo necessário, pode o juiz admitir o depoimento das testemunhas menores, impedidas ou suspeitas. § 5.º Os depoimentos referidos no § 4.º *serão prestados independentemente de compromisso, e o juiz lhes atribuirá o valor que possam merecer*" (grifamos).

Em posição contrária, sustentando ser possível processar por falso testemunho quem não presta compromisso: MIRABETE,[120] TORNAGHI,[121] PAULO HEBER DE MORAIS e JOÃO BATISTA LOPES.[122]

10.10 Proteção à testemunha

Está em vigor a Lei 9.807/1999, cuja finalidade é proteger a integridade física e psicológica das testemunhas e vítimas coagidas ou ameaçadas, no curso do processo ou da investigação criminal, possibilitando-lhes ingressar em programa especial de proteção e até mesmo, em último caso, alterar a própria identidade, tudo extensível aos seus familiares íntimos, bem como levando-se em conta o disposto no art. 792, § 1.º, do Código de Processo Penal ("Se da publicidade da audiência, da sessão ou do *ato processual*, puder resultar escândalo, *inconveniente grave ou perigo de perturbação da ordem*, o juiz, ou o tribunal, câmara, ou turma, poderá, de ofício ou a requerimento da parte ou do Ministério Público, determinar que o *ato seja realizado a portas fechadas...*" – grifamos).

10.11 Recusa da testemunha em fornecer dados qualificadores ou grau de parentesco ou afinidade

Há crime de desobediência (art. 330, CP), se houver dolo e, portanto, a nítida vontade de desatender e desprestigiar a autoridade do funcionário do Estado, que colhe tais dados, fundamentado em lei. Reserva-se a figura típica da contravenção penal do art. 68 do Decreto-lei 3.688/1941, para recusas meramente voluntárias, embora sem o ânimo de afrontar a administração, isto é, sem a clara intenção de *desobedecer* à ordem legal de funcionário público.

As contravenções, segundo o disposto no art. 3.º, do mesmo decreto-lei, são punidas pela mera ação ou omissão voluntária, salvo quando o dolo ou a culpa expressamente integrar o tipo penal. Não é o caso presente. Assim, a pessoa que negar ao policial, na via pública, por exemplo, seus dados para evitar ser arrolada como testemunha de um acidente qualquer, pode responder pela contravenção. A testemunha que, em juízo ou na polícia, é alertada, claramente, da sua obrigação de se qualificar, para a segurança da administração da justiça, recusando-se

---

[120] *Código de Processo Penal interpretado*, p. 285.
[121] *Compêndio de processo penal*, t. III, p. 890.
[122] *Da prova penal*, p. 111.

a fazê-lo e ciente das consequências, deve responder por crime e não por mera contravenção penal. Sustentando, em outro prisma, que a recusa em fornecer dados qualificadores configura o crime de falso testemunho, está a lição de Tornaghi: "A obrigação de dizer a verdade se refere não só ao fato sobre o qual a testemunha depõe, como também à qualificação dela, testemunha. A lei brasileira pune a ação de fazer afirmação falsa, negar ou calar a verdade, sem distinguir".[123]

O fornecimento de dados qualificadores falsos configura o crime do art. 307 do Código Penal, caso o dado seja relevante e a intenção seja de obter algum tipo de vantagem ou causar dano a outrem. Não havendo intenção específica, pode configurar-se, ainda, a contravenção do art. 68, parágrafo único, da Lei das Contravenções Penais, para quem a entenda vigente (sobre o tema, consultar a nota 387 ao art. 68 da Lei das Contravenções Penais em nosso *Leis penais e processuais penais comentadas* – vol. 1).

10.12 Recusa em depor

É crime de falso testemunho e não desobediência, como sustenta parte da doutrina. O tipo penal do art. 342 do Código Penal é claro ao preceituar que, comete o delito a testemunha ao *calar a verdade*. Assim, sabendo o que houve em relação ao fato delituoso e negando-se a prestar depoimento está, na prática, calando (emudecendo, ficando em silêncio) e deixando de narrar a verdade. Expusemos em detalhes o nosso ponto de vista em nosso *Código Penal comentado*, nota 55 ao art. 342.

Note-se que seria muito fácil à testemunha escapar de uma pena mínima de um ano de reclusão (art. 342, CP), optando por outra de 15 dias de detenção (infração de menor potencial ofensivo), que é a desobediência, se se considerar a recusa em depor inserida no tipo penal do art. 330 do Código Penal. Simples seria a quem quer prejudicar a administração da justiça, calando o que sabe: bastaria que se recusasse a fazê-lo. O despropósito é evidente, pois o que fala e mente, responde por falso e o que permanece em silêncio, trazendo idêntico prejuízo à descoberta da verdade real, responderia por desobediência, levando-se, ainda, em conta que o objeto jurídico protegido, no caso do falso testemunho, é justamente a administração da justiça, lesionada pela mudez da testemunha. E vamos além. Imagine-se dê o juiz voz de prisão à testemunha que se cala, recusando-se a depor, por desobediência, como Mirabete sugere seja feito.[124] O crime estaria consumado, mas, no momento da lavratura do auto de prisão em flagrante, arrependida, a testemunha resolve narrar tudo o que sabe, sendo novamente apresentada ao magistrado. Presta o depoimento, retratando-se, nos termos do art. 342, § 2.º, do Código Penal ("o fato deixa de ser punível se, antes da sentença no processo em que ocorreu o ilícito, o agente se retrata ou *declara a verdade*" – grifamos) e, ainda assim, seria punida por desobediência, que não admite retratação alguma.

Por isso, a testemunha que se cala, em tese, pode ser presa em flagrante por falso testemunho, mas, querendo, há tempo para retratar-se, tornando impunível o fato e não ferindo a administração da justiça, bem maior protegido neste caso.

10.13 Formalidades da colheita do depoimento

A forma padrão é a colheita oral, reduzindo-se a termo o que disse a testemunha, até pelo fato de ser a única forma de avaliar a sinceridade do depoente, apurando se fala a verdade. O

[123] *Compêndio de processo penal*, t. III, p. 889.
[124] *Código de Processo Penal interpretado*, p. 283.

depoimento por escrito tem a impessoalidade como marca, impossibilitando ao magistrado averiguar a sua fidelidade aos fatos, bem como impossibilitaria as reperguntas, ferindo o princípio do contraditório, e, do ponto de vista do réu, também a ampla defesa.

Há exceção prevista na própria lei, no entanto: o art. 221, § 1.º, do Código de Processo Penal, autoriza que o Presidente, o Vice-Presidente da República, os presidentes do Senado Federal, da Câmara dos Deputados e do Supremo Tribunal Federal optem por prestar o depoimento, na qualidade de testemunhas, por escrito. Nesse caso, buscar-se-ia preservar o contraditório, enviando-se as perguntas formuladas pelo juiz e pelas partes por ofício. Nada impede que, vindo as respostas, sejam remetidas outras reperguntas, para o esclarecimento da verdade real. São as autoridades mencionadas devidamente compromissadas a dizer a verdade, consistindo o privilégio apenas em fazê-lo por escrito.

Entendemos indevida tal prerrogativa, pois o Estado Democrático de Direito deve estruturar-se em termos de plena igualdade, inexistindo razão para que essas autoridades, por mais importantes que sejam na organização do Estado, o que é inegável, não possam dispor de seu tempo, ainda que o magistrado possa ir até elas para ouvi-las, acompanhado das partes, que desejarem segui-lo, para depor oralmente. Outra não pode ser a razão (falta de tempo para se deslocarem até o fórum) para a concessão da regalia, pois é incompreensível supor que haveria desprestígio no ato de colaborar com a Justiça, sendo ouvido por magistrado.

A outra exceção enumerada como depoimento escrito é o prestado por surdo-mudo (art. 192, CPP), que, no entanto, é apenas relativa. O surdo-mudo nada leva por escrito, nem envia ofício ou carta ao juiz. Apresenta-se à sua frente e, recebendo por escrito as perguntas, responde-as, na hora, também por escrito. Terão as partes a oportunidade de presenciar o ocorrido e fazer suas reperguntas. Logo, até mesmo expressões de inverdade, evidenciadas pelo nervosismo e outros gestos específicos, podem ser captadas pelo juiz quando da colheita do depoimento.

Durante a colheita do depoimento é permitida a consulta a notas e outros escritos, vedada a apresentação do depoimento todo por escrito (art. 204, CPP). Essa postura está correta, pois, como menciona BENTHAM, "a admissão não deve ser refutada nos casos complicados, em assuntos de contabilidade que requerem uma exatidão muito especial, nem nas causas que ficam ao redor de acontecimentos cuja matéria somente pode ser detalhada mediante fichas, pois a memória é falível, seja pelo efeito da idade ou por qualquer perturbação que até pode resultar das solenidades do Tribunal de Justiça".[125]

10.14 Obrigação de depor e possibilidades legais de recusa

A própria lei impõe à testemunha – pessoa que tomou conhecimento de fato relevante para o processo – o *dever* de testemunhar. Não se trata de um direito, mas de uma obrigação, passível de punição em caso de negativa. Como já analisamos em tópico anterior, a recusa implica calar-se diante do juiz, omitindo a verdade que sabe sobre um fato, configurando, então, o crime de falso testemunho. Aliás, esse é um dos motivos pelos quais não se deve processar a pessoa, que se recusa a depor, por desobediência, visto partir a ordem para depor diretamente da lei e não do juiz. Logo, se algo foi desobedecido, é a lei e não o funcionário público.

Autoriza a lei, no entanto, que escapem determinadas pessoas da obrigação de depor e, consequentemente, de falar a verdade do que sabem a respeito de fatos relevantes do processo. São indivíduos vinculados intimamente ao réu, dos quais não se pode exigir o esforço

---

[125] Ob. cit., p. 198.

sobre-humano de ferirem a quem amam. Concordamos, plenamente, com o ensinamento de Espínola Filho: "Compreende-se que, pelo interesse evidente na sorte de quem é acusado num processo criminal, o seu cônjuge, os seus ascendentes e descendentes, consanguíneos ou afins, os seus pais, ou filhos adotivos, os seus irmãos, não podem, sem contrassenso e desumanidade (além de uma exigência estulta e ineficiente), ser forçados a um compromisso de dizer a verdade, mesmo contra aquele, podendo levá-lo à condenação, e, pois, quando se não dispensem, totalmente, do comparecimento essas pessoas, por ocorrer a hipótese encarada no final do art. 206, são ouvidas como elementos, que apenas se consideram capazes de prestar informações úteis à justiça, mas prevenido, de antemão, o juiz sobre a impossibilidade de contar com uma completa isenção de ânimo de tais informantes, por isso mesmo isentas do compromisso".[126]

No máximo, como se verá, podem ser ouvidos como informantes, sem o compromisso. E, nessa hipótese, não estão sujeitos ao crime de falso testemunho. Lembremos que os laços de parentesco e afinidade devem ser constatados no momento do depoimento e não na data do fato criminoso.

É importante que o juiz, antes de iniciada a colheita das declarações das pessoas enumeradas no art. 206 do CPP, advirta o parente ou cônjuge do réu de que não está ele obrigado a depor. Abrindo mão desse direito, poderá favorecer ou prejudicar o acusado. Caso não haja tal alerta, que é mera irregularidade, pode a parte interessada intervir, solicitando que tal advertência seja feita e o direito da pessoa a ser ouvida, respeitado. Se as partes não interferirem, nem o juiz fizer o alerta e as declarações forem colhidas, deve-se considerá-las meras informações, sem o caráter de um depoimento.

Abrigada a união estável entre o homem e a mulher como *entidade familiar* (art. 226, § 3.º, CF), é preciso estender esse direito também ao companheiro ou companheira da pessoa acusada, por uma questão de lógica e justiça. No caso presente, busca-se evitar o constrangimento de uma pessoa, vinculada intimamente ao réu, em especial pelos laços de família, de ser obrigada a prestar depoimento contra quem ama e com quem divide a vida.

Não se trata de norma penal, prevendo uma figura típica incriminadora, nem tampouco escusas, imunidades ou proteções à prática de crimes, quando o termo "cônjuge" ganha relevo especial, não se admitindo qualquer emprego de analogia, sob pena de se colocar em risco a segurança gerada pelo princípio da legalidade. Ao contrário, em processo penal, admite-se a aplicação analógica e a aplicação dos princípios gerais de direito, como garante expressamente o art. 3.º do Código de Processo Penal, inexistindo prejuízo. No mesmo caminho: Mirabete.[127]

Havendo dúvida quanto à existência da união estável, para justificar a recusa de alguém a depor, faz-se prova, pelos meios admissíveis, antes do início do depoimento. Poderá, pois, a parte interessada levar testemunhas para a prova do alegado, que serão ouvidas no termo, somente para apontar a união existente entre a pessoa arrolada e o réu ou ré.

A norma processual faz uma expressa ressalva ao direito de recusa das pessoas intimamente vinculadas ao réu, que é a impossibilidade (situação irrealizável, sem outra opção) de se obter (alcançar ou conseguir) ou de se integrar (completar ou inteirar) a prova do fato (entenda-se este como a imputação principal feita ao acusado – tipo básico) e de suas circunstâncias (tipo derivado e outras circunstâncias, como agravantes e atenuantes) de outro modo, senão ouvindo tais indivíduos.

---

[126] *Código de Processo Penal brasileiro anotado*, v. 3, p. 96-97.
[127] *Código de Processo Penal interpretado*, p. 285.

Nota-se, pois, como sempre afirma a doutrina, inexistir direito absoluto, sendo indispensável a existência de harmonia entre direitos e deveres. Assim, é possível que um crime tenha sido cometido no seio familiar, como ocorre com várias modalidades de delitos passionais, tendo sido presenciado pelo filho do réu, que matou sua esposa. A única pessoa a conhecer detalhes do ocorrido é o descendente, razão pela qual o juiz não lhe permitirá a escusa de ser inquirido. Tal pessoa, no entanto, não será ouvida sob o compromisso de dizer a verdade, mas como mero informante (art. 208). Se insistir em se calar, deve ser processado por desobediência. Não cabe o falso testemunho, pois o filho do réu é informante e não testemunha.

Deve o magistrado cercar-se de cautela nessa avaliação, deixando de exigir de parentes do acusado declarações indevidas, simplesmente porque considerou indispensável o que, efetivamente, não é. Assim, caso o marido mate a mulher no meio da rua, existindo várias outras testemunhas, não é cabível que se exija do filho de ambos (acusado e vítima) as declarações. Para tranquilizar a pessoa, emocionalmente vinculada à causa, mas cuja oitiva é necessária, o juiz deve alertá-la de que a sua inquirição é fundamental para o processo, podendo o declarante falar livremente. Nem o obriga a prestar juramento de dizer a verdade, que é ilegal, nem o alerta de que pode mentir, algo antiético. Deixa-o à vontade para contar o que sabe.

10.15 Proibição de depor

Não se trata, neste caso, de mera faculdade ou direito, mas de imposição legal a determinadas pessoas, que, em razão da sua qualidade, não podem prestar depoimento, nem declarações. O sigilo lhes é exigência, em nome de interesses maiores, igualmente protegidos pela norma processual penal. Nessa circunstância, ressalte-se, trata-se de outra exceção ao princípio da verdade real, pois não se vai extrair qualquer prova de pessoas de quem se espera segredo e jamais divulgação. A obrigação de guardar sigilo advém de normas específicas, regulamentos, costumes, estatutos etc.

O rol das pessoas proibidas de depor está no art. 207 do CPP, resumindo-se naqueles que, em razão de função, ministério, ofício ou profissão, devam guardar segredo, salvo se desobrigadas pela parte interessada e quiserem dar o depoimento.

Sobre o sacerdócio (ministério), BENTHAM argumenta que obrigar o padre a narrar o conteúdo da confissão que lhe foi feita é o equivalente a *proibir a confissão*,[128] invadindo o contexto da liberdade de culto ou religião. Logo, não se pode obrigar o sacerdote a depor.

Quanto ao advogado, estipula o Estatuto da Advocacia (Lei 8.906/1994) ser direito seu "recusar-se a depor como testemunha em processo no qual funcionou ou deva funcionar, ou sobre fato relacionado com pessoa de quem seja ou foi advogado, *mesmo quando autorizado ou solicitado pelo constituinte*, bem como sobre fato que constitua sigilo profissional" (art. 7.º, XIX, com grifo nosso). Portanto, o advogado tem o direito de não depor como testemunha, ainda que seu cliente o libere do dever de sigilo e mesmo que seu depoimento produza algum interesse para o constituinte. Trata-se de medida salutar, pois o causídico deve ser o único censor da sua possibilidade de prestar declarações. Afinal, muitas vezes, a liberação do dever de guardar segredo é *pro forma*, isto é, provocada por alguém – inclusive por autoridade policial ou judiciária – interessado em formar prova contra o cliente que, com temor de parecer culpado pela negativa de desobrigação, termina concordando com o depoimento de seu ex-defensor, por exemplo.

---

[128] *Tratado de las pruebas judiciales*, p. 109.

Outro aspecto relevante é a formação da materialidade de um crime por meio de depoimentos ou documentos que seriam, em tese, protegidos por lei. É crime de desobediência o médico recusar-se a enviar o prontuário do paciente que atendeu, vítima de lesões corporais ou mesmo de tentativa de homicídio, a pretexto de estar preservando o sigilo médico.

Ora, este direito concerne à intimidade e, no máximo, pode guardar correlação com fatos da vida particular do cliente, mas não pode servir de obstáculo à investigação de um crime de ação pública. Afinal, as lesões sofridas pela vítima não dizem respeito à intimidade do agente do crime, pois guardam relação com o interesse público. Por isso, para a formação do corpo de delito, deve o médico ou qualquer outra pessoa arrolada no art. 207 do Código de Processo Penal colaborar, sob pena de responder por desobediência.

Acrescente-se a precisa lição de ROGÉRIO LAURIA TUCCI: "Do mesmo modo, o *testemunho* de qualquer das pessoas elencadas nos artigos 207 e 355 das Codificações nacionais estudadas [respectivamente, CPP e CP], ou seja, das *proibidas de depor* sobre fatos de que, 'em razão de função, ministério, ofício ou profissão, *devam guardar segredo*' (grifado), apresenta-se eficaz, a nosso ver, à constatação e documentação do *corpus criminis* – inoperante a cláusula derradeira contida no enunciado dos textos legais em referência, implicativa do condicionamento de suas declarações à autorização do interessado: '(...) salvo se, desobrigadas pela parte interessada, quiserem dar o seu testemunho'. E isto, não só porque, relativamente, até, à autoria da infração penal, tal se torna possível; como, também, e precipuamente, em virtude de não se conceber o sigilo profissional da prática criminosa, na forma adiante esclarecida".[129] E finda dizendo: "parece-nos inadmissível a ocultação, a que título seja, pelas pessoas indicadas nos mencionados artigos 207 e 355, de seu conhecimento sobre a materialidade do fato investigado".[130]

Vale lembrar ter se tornado crime de abuso de autoridade obrigar alguém a depor, quando esteja proibido de fazê-lo: "Art. 15. Constranger a depor, sob ameaça de prisão, pessoa que, em razão de função, ministério, ofício ou profissão, deva guardar segredo ou resguardar sigilo: Pena – detenção, de 1 (um) a 4 (quatro) anos, e multa" (Lei 13.869/2019).

10.16 Impedimento legal para o compromisso

O juramento de dizer a verdade, que comprova o perfil de testemunha, *não será realizado* no tocante aos doentes e deficientes mentais, aos menores de 14 anos e às pessoas referidas no art. 206 (o ascendente ou descendente, ou afim em linha reta, o cônjuge, mesmo que separado, o irmão e o pai, a mãe, ou o filho adotivo do acusado). Se for indispensável ouvir qualquer um deles, será inquirido como mero informante.[131]

Lembremos que o deferimento do compromisso a essas pessoas é mera irregularidade, não sendo motivo capaz de gerar nulidade. Entretanto, como já visto, é preciso que as partes, estando presentes, impugnem eventual compromisso que o magistrado queira impor a tais pessoas. Não o fazendo, não poderão alegar, mais tarde, que o pai do réu, por exemplo, foi obrigado pelo juiz a depor *sob compromisso* de dizer a verdade, prejudicando seu filho.

---

[129] *Do corpo de delito no direito processual penal brasileiro*, p. 238.

[130] Ob. cit., p. 239.

[131] No mesmo sentido, CÂMARA LEAL (*Código de Processo Penal brasileiro*, v. 2, p. 41).

10.17 Produção de prova testemunhal pelo juiz e pelo Ministério Público

A determinação para a colheita de prova testemunhal de ofício pelo juiz é uma decorrência do princípio da busca da verdade real, vigente no processo penal, além de ser, ainda, consequência do princípio do impulso oficial (art. 209, CPP).

O que deve ser evitado, no entanto, é a burla ao número legal imposto às partes, produzindo-se, por intermédio do juiz, sem qualquer fundamento ou necessariedade real, a inquirição de maior número de testemunhas do que o fixado em lei. Assim, por vezes, o representante do Ministério Público arrola suas oito testemunhas na denúncia e, na mesma peça, "indica" ao magistrado as testemunhas que deverão ser ouvidas como "do juízo". Sem qualquer análise mais detida, o juiz defere o rol agigantado e inclui na audiência de testemunhas de acusação a inquirição das testemunhas, extrapolando o número legal.

Tomando ciência, a defesa, inconformada, arrola, também, mais testemunhas do que o permitido, quando, então, pode acabar sendo surpreendida por decisão do juiz, indeferindo sua oitiva, a pretexto de que a avaliação da necessidade é exclusivamente sua.

Em síntese, o magistrado somente pode saber se a inquirição de determinadas pessoas, além daquelas arroladas pelas partes, é importante, depois de produzir a prova testemunhal padrão. Ademais, deferir de imediato a oitiva de testemunhas do juízo, somente porque arroladas pela acusação, termina por fornecer razões para a defesa exigir o mesmo tratamento. Assim, o disposto no art. 209 do CPP não se deve tornar instrumento de desigualdade no processo, mas sim de autêntica busca da verdade real. Merece o magistrado avaliar a prova que detém, *após* a sua produção, para decidir quantas pessoas mais vai ouvir e quais são as verdadeiramente relevantes, indicadas pelas partes. Reservar-se para decidir acerca das testemunhas do juízo, após o início da instrução, é a solução mais adequada e prudente.

Sob outro aspecto, a produção de prova testemunhal no gabinete do representante do Ministério Público é inadmissível, pois ofensivo aos princípios do contraditório e da ampla defesa. É certo que o órgão acusatório pode – e deve – buscar demonstrar a veracidade da imputação feita na denúncia, motivo pelo qual é sua atribuição arrolar testemunhas, bem como procurar outras provas, para tanto. Ocorre que, iniciado o processo-crime, cabe ao juiz a colheita da prova, uma vez que se está formatando o *devido processo legal*.

Do mesmo modo que o advogado não pode tomar o depoimento de uma testemunha em seu escritório, juntando-o, depois, aos autos, como se prova testemunhal fosse, não há cabimento algum em admitir-se idêntico procedimento por parte do Ministério Público.

Aliás, até mesmo o magistrado, quando entender cabível colher algum depoimento de ofício, como autoriza o *caput* do art. 209 do CPP, deve fazê-lo em audiência previamente designada, com a ciência e participação da acusação e da defesa. Se, porventura, quiser o representante do Ministério Público demonstrar ao juiz a relevância da inquirição de uma pessoa que anteriormente não foi arrolada, pode ouvi-la em seu gabinete, juntando o termo de declarações nos autos, apenas para requerer ao juiz que ela seja ouvida em audiência.

Se a parte perde o prazo para arrolar testemunha, tal situação pode ser suprida pelo magistrado. Embora o interessado não tenha mais o *direito* de exigir a oitiva de determinada pessoa, não arrolada no momento propício, é importante não olvidar que, no processo penal, vigora a busca da verdade real, passível de realização com eficácia, caso o magistrado participe ativamente da colheita das provas realmente ligadas ao deslinde da causa. Assim, se a testemunha não foi arrolada pela acusação (na denúncia) ou pela defesa (na defesa prévia), pode haver a sugestão ao juiz para ouvi-la, ficando ao seu prudente critério deferir ou não.

A reinquirição de testemunha já ouvida é viável, a critério judicial. Diga-se o mesmo das testemunhas referidas, cabendo ao magistrado deferir ou não a sua oitiva. Os parâmetros para a decisão, num caso ou no outro, ligam-se à conveniência e oportunidade para a prova, não podendo ser fundada em pura discricionariedade.

10.18 Colheita dos depoimentos em separado

Essa é a regra processual adotada. A imparcialidade do depoimento da testemunha vincula-se, especialmente, ao fato de uma não saber o que outra está dizendo ou já declarou. O interesse maior na formação de depoimentos desapaixonados e justos é do próprio magistrado, que há de buscar a verdade real.[132]

Por isso, os prédios dos fóruns buscam manter salas específicas para as testemunhas ficarem, antes dos seus depoimentos – e, excepcionalmente, depois, quando houver necessidade de uma acareação, por exemplo. Dentro desse espírito, complementa BENTO DE FARIA, com o que concordamos, que "para maior segurança, as testemunhas deveriam ser ouvidas imediatamente e no mesmo dia, o que, realmente, possa, talvez, ser difícil. Daí a impossibilidade de evitar que, *fora do Juízo*, umas comuniquem as outras o teor dos seus depoimentos. Mas, se tal se provar, não caberá, a meu ver, ser aceita a deposição de quem assim procurou pautá-la pelas declarações de outrem".[133]

Seguindo a já tradicional separação das testemunhas em salas próprias, situação concreta em muitos fóruns brasileiros, a Lei 11.690/2008 introduziu o parágrafo único ao art. 210, dispondo no mesmo sentido: "Antes do início da audiência e durante a sua realização, serão reservados espaços separados para a garantia da incomunicabilidade das testemunhas".

10.19 Finalização do sistema presidencialista de inquirição

O sistema presidencialista significa que o juiz dirige a instrução e controla, na audiência, todos os atos praticados, pertinentes à colheita da prova. Porém, mais que isso, implicava no trajeto indireto na inquirição das testemunhas, o que não deixava de ser monótono e inadequado para a fluência da audiência.

De acordo com a anterior redação do art. 212 do CPP, devia a parte fazer a repergunta que desejasse ao magistrado e este, avaliando a sua conveniência, iria formulá-la à testemunha. Ocorre que a pessoa já tinha ouvido o que a parte perguntou e, muitas vezes, começava a responder, quando, então, era obstada pelo magistrado, recebendo a advertência de que somente deveria responder a ele, juiz presidente do ato. Entretanto, em seguida, a mesma formulação era dirigida à testemunha, exigindo-lhe a resposta.

Não nos parecia um sistema razoável de inquirição. Se o intuito era o de proteger a testemunha e a própria colheita da prova de questões irrelevantes ou impertinentes, tal finalidade poderia ser garantida pela presença fiscalizadora do juiz e da parte contrária. Havendo indagação inconveniente, seria ela indeferida, antes de a testemunha responder. Se já o fez, não constará do termo a resposta, diante do indeferimento.

A partir da edição da Lei 11.690/2008, a nova redação do art. 212 passa a estipular que "as perguntas serão formuladas pelas partes diretamente à testemunha, não admitindo o juiz

---

[132] XAVIER DE AQUINO, *A prova testemunhal no processo penal*, p. 61.
[133] *Código de Processo Penal*, v. 1, p. 313.

aquelas que puderem induzir a resposta, não tiverem relação com a causa ou importarem na repetição de outra já respondida".

O sistema tornar-se-á mais dinâmico e fácil de ser compreendido, inclusive e em especial pela própria testemunha.

Porém, em nossa visão, há de se ressaltar o seguinte: foi alterado, apenas, o sistema de inquirição feito pelas partes. O juiz, como presidente da instrução e destinatário da prova, continua a abrir o depoimento, formulando, como sempre fez, as suas perguntas às testemunhas de acusação, de defesa ou do juízo. Somente após esgotar o seu esclarecimento, passa a palavra às partes para que, diretamente, reperguntem. Primeiramente, a acusação repergunta às suas testemunhas, para, na sequência fazer o mesmo a defesa. Em segunda fase, a defesa repergunta diretamente às suas testemunhas para, depois, fazer o mesmo a acusação.

O magistrado pode, ao final da inquirição, como, aliás, sempre pôde, fazer quaisquer outras indagações quanto aos pontos não esclarecidos (art. 212, parágrafo único, CPP). Há doutrina acentuando ter havido efetiva mudança no sistema de inquirição, em função da adoção do sistema acusatório, cuja finalidade é deslocar a atuação judicial para o trabalho de complementar a colheita da prova – e não agir como protagonista. Essa singela alteração não muda a essência do sistema de processo penal, que ainda precisaria ser reformado de maneira muito mais ampla.

De qualquer forma, mesmo para quem entenda ter havido modificação na ordem de inquirição, cuida-se de mera nulidade relativa, dependente da prova do prejuízo ocorrido à parte interessada. Conferir o próximo item.

Por outro lado, é certo que o juiz pode indeferir a realização de reperguntas impertinentes ou inadequadas, mas deve usar esse poder com bom senso e de modo fundamentado. Afinal, o magistrado não pode ser o senhor absoluto da inquirição, desejando filtrar tudo aquilo que se passa na mente das partes, envolvendo-se na estratégia da acusação ou da defesa.

Muitas vezes, a parte tem um raciocínio próprio, que visa a envolver a testemunha de modo suficiente a descortinar as inverdades proferidas. Se o juiz quebrar esse método, exigindo saber, passo a passo, a razão do que está sendo reperguntado, a prova será mal colhida. Por isso, somente deve indeferir questões francamente irrelevantes, impertinentes ao processo, resvalando na agressão à testemunha ou na violação de sua intimidade gratuitamente, bem como quando se tratar de matéria já respondida. Não é rara a existência de parte insistente, isto é, inconformada pela resposta anteriormente obtida, desejosa de refazer exatamente a mesma indagação, valendo-se de outra construção, com outras palavras, mas cujo significado e objetivo são idênticos, permitindo, então, ao juiz indeferir o indagado.

Havendo o indeferimento de qualquer repergunta, caso a parte deseje expressar o seu inconformismo, pode protestar, fazendo consignar no termo suas breves razões. O juiz, então, manterá o indeferimento colocando, também no termo, seus motivos. Não se deterá o curso da audiência por conta disso. Posteriormente, por ocasião de eventual recurso, pode a parte questionar o ocorrido, levantando eventual cerceamento de defesa ou de acusação. Logicamente, se indeferida a repergunta, a parte argumentar e o juiz ceder, resolvendo encaminhá-la à testemunha, é possível que a outra parte deseje que fique consignado o seu inconformismo, com suas razões, o que lhe será permitido fazer.

10.19.1 A ordem de inquirição das testemunhas e a geração de nulidade

Há entendimentos no sentido de que a nova redação do art. 212 do CPP alterou, inclusive, a ordem de inquirição, obrigando o juiz a dar a palavra, inicialmente, às partes, para que produzam suas perguntas diretamente às testemunhas (primeiro, o órgão acusatório às testemunhas por ele arroladas; depois, a defesa, às suas testemunhas). Ao final, se tiver interesse, o juiz poderá fazer perguntas para o seu esclarecimento pessoal.

Com isso não concordamos. A pretensão de transformar o processo penal brasileiro num sistema *americanizado* é inadequada. Não se terá um novo sistema processual penal pela modificação de um único artigo do Código de Processo Penal. Olvida-se, afinal, poder o magistrado produzir tantas provas quantas ele desejar, de ofício, sem que nenhuma das partes manifeste interesse. Afinal, busca formar o seu convencimento livre, porém, fundamentado.

Convém expor os principais argumentos dos que defendem a adoção do sistema anglo--americano *(direct-examination* e *cross-examination)*. Por todos, diz ANTONIO MAGALHÃES GOMES FILHO: a) "na *cross-examination* evidenciam-se as vantagens do contraditório na coleta do material probatório, uma vez que, após o exame direto, abre-se à parte contrária, em relação à qual a testemunha é presumidamente hostil, um amplo campo de investigação. No exame cruzado, *é possível fazer-se uma reinquirição a respeito dos fatos já abordados no primeiro exame* (cross-examination as to facts), como também *formular questões que tragam à luz elementos para a verificação da credibilidade do próprio depoente ou de qualquer outra testemunha* (cross-examination as to credit)"; b) "a aplicação prática da nova técnica certamente trará, de início, algumas dificuldades, diante da *falta de experiência dos nossos operadores* no manejo desse instrumento, que reclama não só conhecimentos jurídicos, mas também algum *preparo nas áreas da psicologia e da argumentação.* Não bastará formular perguntas à testemunha, mas principalmente saber como fazê-lo e, em certos casos, deixar de fazer"; c) sobre a não previsão da possibilidade de as partes fazerem reperguntas após o juiz, concluindo o exame: "embora o legislador brasileiro *não tenha feito essa ressalva final,* deixando de prever a prerrogativa das partes de concluir o exame, depois da intervenção judicial, essa possibilidade não pode ser simplesmente afastada".[134]

As apregoadas vantagens não são convincentes. Não se adotou, plenamente, ainda que somente para argumentar, o exame cruzado, tal qual existente no sistema anglo-americano, tendo em vista a clara vedação, constante do art. 212, *caput,* em relação às perguntas já respondidas. Por isso, o benefício de fazer o exame cruzado, insistindo em questões já respondidas, para forçar a testemunha a dizer a verdade ou, ao menos, a dar a versão mais adequada ao interesse da parte pode ser frustrada, legalmente, pelo juiz. Basta indeferir a questão.

A outra eventual primazia do exame cruzado seria a promoção de indagações para verificar a credibilidade do depoente e de qualquer outra testemunha. Esta conduta também poderia ser vedada pelo magistrado, alegando que não têm relação com a causa, como está expresso no art. 212, *caput,* do CPP.

Um ponto do exame direto e cruzado, que não nos parece positivo para a situação brasileira atual, é a indispensabilidade de preparo das partes para fazer perguntas diretas às testemunhas, demandando conhecimentos de psicologia e de argumentação. Criar-se-ia um sistema de inquirição, que, para dar certo, exigiria décadas de formação de operadores do Direito, hoje não preparados para isso.

O último argumento é, em verdade, um desafio, pois a lei é clara ao mencionar que o juiz finaliza a inquirição, *complementando* os pontos não esclarecidos pelas partes. Logo, não

---

[134] MARIA THEREZA MOURA (coord.), *As reformas no processo penal,* p. 286-288, com grifos nossos.

haveria base legal para a continuidade das reperguntas pelas partes. Seria criado um impasse interpretativo, em relação a quem encerraria a inquirição. E, seguindo-se, literalmente, a lei, quem a termina é o magistrado.

Porém, mesmo considerando a ordem de inquirição tendo o juiz como último a inquirir, caso ela seja invertida, geraria apenas uma nulidade relativa, que, para o seu reconhecimento, exige a comprovação de prejuízo a qualquer das partes. A mera inversão da ordem de inquirição, sem trazer dano à acusação ou à defesa, não compromete a lisura do trâmite processual.

O STF e o STJ têm-se posicionado pela nulidade relativa, dependente da prova do pretenso prejuízo sofrido pela parte, quando houver a "inversão" da ordem de perguntas e reperguntas. Ademais, até mesmo a nulidade absoluta – em tendência atual dos tribunais – somente pode gerar a anulação do processo se demonstrado o prejuízo concreto.

Vale registrar que o ponto fulcral da colheita da prova testemunhal (incluindo-se, nesse contexto, as vítimas e os informantes ou declarantes) é garantir a *imparcialidade do magistrado*. É disso que se trata, no fundo, o sistema acusatório e todas as garantias constitucionais em processo penal. Afinal, quebrando-se a *imparcialidade*, pouco importa se é o juiz que pergunta no início ou se é quem pergunta no final. Imagine-se o magistrado que permite às partes inquirir a testemunha, em primeiro lugar, mas, depois, faça inúmeras reperguntas, de forma intensa e abusiva, atuando como autêntico inquisidor. De nada adiantaria respeitar a tal ordem (primeiro, as partes; ao final, o juiz). O cerne da *qualidade* da inquirição concentra-se no modo de atuar do juiz presidente da audiência, seja para deferir ou indeferir perguntas abusivas das partes, seja para ele mesmo perguntar algo à pessoa ouvida.

No mesmo ano (2008) em que o Parlamento modificou a redação do art. 212 do CPP, não fez o mesmo ao alterar o procedimento de inquirição do júri, o que seria contraditório. Verifique-se o disposto pelo art. 473, *caput*, do CPP: "Prestado o compromisso pelos jurados, será iniciada a instrução plenária quando o juiz presidente, o Ministério Público, o assistente, o querelante e o defensor do acusado tomarão, sucessiva e diretamente, as declarações do ofendido, se possível, e inquirirão as testemunhas arroladas pela acusação". Primeiro, cabe ao juiz perguntar e, depois, às partes.

Registre-se, em suma, que o mais importante é a *imparcialidade* do magistrado, pouco valendo quem inicia e quem finaliza a inquirição.

10.19.2 Análise dos julgados do STF proferidos em 2021

Houve a anulação de dois processos criminais, por conta da inversão da ordem de inquirição do art. 212 do CPP – um, pela 1.ª Turma; outro, pela 2.ª Turma. Em princípio, poder-se-ia sustentar que o STF alterou seu entendimento anterior e estabeleceu dois alicerces: a) a ordem de inquirição do art. 212 do CPP é cogente, devendo as partes dar início e o juiz, se quiser, complementar; b) se assim não for realizado, configura-se nulidade absoluta e o feito deve ser anulado.

Analisando ambos os julgados, observa-se divergência na 1.ª Turma e unanimidade na 2.ª Turma, apontando para a necessidade de se respeitar a ordem de inquirição do art. 212, no prisma de que as partes perguntam em primeiro lugar e, após, o magistrado pode complementar, esclarecendo suas dúvidas.

Entretanto, esses veredictos não invalidaram a jurisprudência consolidada de que somente se anula um processo caso fique demonstrado o prejuízo, seja a nulidade absoluta ou relativa. Os votos vencedores das duas Turmas avaliaram o *conteúdo* da inquirição conduzida pelo juiz e concluíram ter havido excesso e, portanto, abuso, *quebrando a imparcialidade*. Embora a nossa posição seja coincidente com o exposto pelos Ministros Alexandre de Moraes e Roberto Barroso, reconhecemos a preocupação dos demais ministros para *garantir* a prevalência do sistema *acusatório*, mas, acima de tudo, a *imparcialidade* do magistrado.

Pela relevância do tema, seguem os julgados: 1.ª *Turma do STF* (neste caso, observe-se a intervenção do defensor, ao longo da sessão, para explicitar que houve abuso na inquirição). Extrai-se do voto vencido do Ministro Alexandre de Moraes: (...) "O modo de conduzir os atos processuais, de indagar testemunha, bem como eventuais desentendimentos com os advogados e com o próprio Ministério Público, isso ocorre diversas vezes. Eu, como promotor, principalmente no interior, não poucas vezes, havia discussões ríspidas entre o juiz e o promotor, juiz e os advogados durante audiência e indeferimento. Às vezes, o clima esquentava um pouco. Isso, por si só, de forma alguma, a meu ver, comprova a quebra do dever de imparcialidade e eventual nulidade a colocar por terra toda uma ação penal ocorrida em crimes – repito – gravíssimos. A matéria discutida naquele *habeas corpus*, retornando aqui à discussão, diz respeito à alteração ocorrida por força da Lei n° 11.690 em relação ao art. 212, que teve por escopo facilitar a coleta de provas. O que foi substituído, no processo penal, foi o antigo modelo tradicional no Brasil – da *cross examination*, em que tudo passava pelo juiz, pela *direct examination*, isto é, a parte perguntando diretamente. Salientei, à época, e volto aqui a salientar, ser de um anacronismo – eu, promotor criminal no interior, tinha de perguntar ao juiz, o juiz à testemunha ou, no interrogatório, ao réu, devolvia a pergunta para o juiz, depois para o promotor, para o advogado. Ou seja, de uma inutilidade total. Essa foi a alteração do art. 212, que, em momento algum, impediu a participação do juiz na inquirição. Isso que nós estamos discutindo, não só o art. 212, como outros aspectos dentro do novo sistema processual penal brasileiro instituído pela Constituição de 1988, principalmente com base no art. 129, I, é o sistema acusatório brasileiro. Não é o sistema acusatório norte-americano que nós importamos. É um sistema acusatório com todas as características brasileiras. É um sistema acusatório híbrido, uma vez que existe inquérito policial. É um sistema acusatório que permite a participação do juiz, tanto que, no caso do júri, continua a participação direta do juiz. O que se pretendeu aqui foi evitar esse trança-trança de perguntas. O que se pretendeu com a alteração do art. 212 não foi vedar, em momento algum, que o magistrado pudesse fazer uma inquirição, inclusive prévia. Se essa inquirição quebrou a imparcialidade, isso tem que ser comprovado. Agora, o simples fato de ter feito a inquirição prévia, a meu ver, não configura nulidade a acarretar toda a nulidade do processo penal. A grande alteração do art. 212 do Código de Processo Penal foi exatamente afastar algo extremamente arcaico do nosso Direito, que era todas as perguntas, sejam da acusação, sejam da defesa, serem feitas pelo magistrado. (...) Nem a redação original do art. 212 proibia, nem a redação atual proíbe a inquirição prévia por parte do magistrado. O que se veda é a quebra de parcialidade, mas não impede que o juiz possa fazer a inquirição, até porque a inquirição pelo magistrado, seja posterior, que é expressamente prevista no parágrafo único 'sobre os pontos não esclarecidos, o juiz poderá complementar a inquirição' –, seja prévia, a inquirição tradicional no nosso direito, nenhuma das duas inquirições significa automaticamente quebra de imparcialidade. (...) Se o legislador quisesse retirar a participação do magistrado na inquirição, não teria complementado o art. 212 com o parágrafo único, que expressamente permite essa participação do magistrado. E em matérias análogas, como o art. 473 do Código de Processo Penal, não teria permitido que o magistrado continuasse a indagar. O que se busca, sabemos todos, no processo penal, é a verdade real. O magistrado, aquele que vai analisar o caso, tem o direito, o poder-dever de inquirir, para saber as circunstâncias e as condições nas quais o crime ocorreu, seja a testemunha de acusação, seja a de defesa, seja a do juízo. Volto a dizer: o que não se permitia antes da alteração e não se permite agora é a quebra de imparcialidade. Só que essa quebra de imparcialidade deve ser comprovada e comprovado o prejuízo. Assim, presidente, a despeito da alteração da redação do art. 212 ter objetivado a facilitação na coleta de provas, o Supremo Tribunal Federal, em diversos acórdãos, tanto da primeira turma quanto da segunda turma, firmou entendimento no sentido de que eventual violação à ordem de inquirição de testemunhas, ou mesmo formulação das perguntas pelo magistrado e não diretamente pelas partes, no máximo, acarretaria nulidade relativa, passível de comprovação. Não houve comprovação. Indaga-se: é muito difícil comprovar o prejuízo? Ora, não é difícil comprovar o prejuízo. O prejuízo deve ser comprovado. É muito difícil fazer a prova negativa, a chamada a prova diabólica, ou seja, partir de que, sempre que o magistrado faz a inquisição, há prejuízo. E ainda o magistrado tem de provar que não houve prejuízo. Basta a análise das provas, a análise da sentença. Basta a análise geral para se demonstrar que houve quebra da imparcialidade e, consequentemente, uma nulidade no caso em questão, nos termos do art. 563, ou seja, comprovando o prejuízo e caracterizando a nulidade relativa. Cito diversos acórdãos, diversos HCs julgados por ambas as turmas".

Extrai-se do voto vencido do Ministro Roberto Barroso: (...) "Tenho, Presidente, a compreensão de que, de fato, o art. 212 procurou, digamos, introduzir o modelo americano na inquirição de testemunhas, permitindo o *cross examination*, sem a desnecessária etapa da intermediação do juiz. Pessoalmente, não consigo imaginar por qual razão o juiz, que é quem verdadeiramente precisa estar esclarecido dos fatos, não possa fazer perguntas a qualquer tempo. Essa é a minha visão. Mesmo quem entende que possa haver eventual nulidade relativa entende que ela somente estará presente quando se tenha provado o prejuízo. Também penso, pedindo vênia ao ilustre advogado, que relativamente fácil e demonstrável a demonstração de prejuízo: saber se uma pergunta formulada pelo juiz foi distorcida ou levou a condenação que não teria acontecido. Evidentemente, o juiz induzir com perguntas ou atuar com parcialidade pode gerar nulidade, mas tenho dificuldade, inclusive, em aceitar a nulidade relativa pelo fato em si de ele perguntar, porque o juiz é que precisa se esclarecer. Se ele estiver em dúvida, não pode perguntar? Com todas as vênias! De modo que ressalvo a minha posição quanto ao cabimento, porque entendo que, na verdade, o *habeas corpus* não deveria ser conhecido e acompanho o eminente Ministro Alexandre de Moraes na denegação da ordem". Houve a intervenção do advogado Alberto Zacharias Toron: "Apenas endereçada ao eminente Ministro Luís Roberto Barroso, no sentido que eu não me limitei a dizer que 'só o problema da pergunta gerou isso'. Eu, ainda que brevemente, por conta do tempo, *mostrei que foram feitas perguntas, com a devida vênia, indutivas*. Então, não é só a quebra na ordem das perguntas" (grifamos).

Destaque-se do voto vencedor da Ministra Rosa Weber: (...) "Alega-se que a Juíza condutora da audiência de inquirição de testemunhas não atuou com a necessária equidistância, tendo na realidade exercido o papel da acusação, ao tomar a iniciativa de produzir toda a prova acusatória necessária para condenar os acusados e pior, induzindo as testemunhas de acusação a responderem de forma prejudicial ao Paciente e demais acusados. Afirma-se que o prejuízo ao paciente decorreu do fato de magistrada haver (i) formulado todas ou quase todas as perguntas de interesse da acusação, (ii) induzido as respostas das testemunhas, até mesmo indicando o nome do paciente para uma delas, (ii) violando, assim, os princípios do devido processo legal e da imparcialidade do juiz. (...) Reconheço que o sistema acusatório, tal como insculpido na Constituição, deve ser disciplinado pelo legislador infraconstitucional, pois ausentes no texto constitucional balizas rígidas e estáticas, outorgando-se, assim, ampla margem de conformação ao Poder Legislativo, a possibilitar fluidez condizente com o decurso do tempo e o advento de novas práticas sociais. (...) Assim, prender o juiz em uma função totalmente passiva e inerte, outorgando a atividade probatória exclusivamente às partes pode frustrar um dos objetivos mais relevantes da jurisdição que carece, por óbvio, do grau mais elevado de prova da ocorrência das alegações no mundo fenomênico. Acresço que o fato de ser o juiz o destinatário da prova produzida em juízo sob a égide do contraditório, possibilita, de forma residual, sua atuação na atividade probatória, para melhor desenvolvimento de sua função jurisdicional. Portanto, as razões que expus legitimam atividade instrutória do juiz sob o prisma constitucional e legal. Saliento, também, Senhor Presidente, com todas as vênias, que um sistema processual penal que relegue toda atividade probatória às partes acarreta severos prejuízos à prestação jurisdicional, à eficácia da persecução penal e até mesmo aos direitos fundamentais do acusado, pois, ao fazer do juiz refém das partes, potencializa o distanciamento do estado-juiz da verdade dos fatos, dificulta o controle externo da atividade exercida pelas parte, bem assim mantém o evidente desnivelamento entre o aparato estatal acusador e aquele sob investigação. Por essas razões, até mesmo nos Estados Unidos, país frequentemente lembrado e relembrado como modelo do sistema *adversarial* – em que vedada a iniciativa probatória do juiz -, tem mitigado tal regra, por exemplo, no *Federal Rule of Evidence*, conferindo poderes probatórios aos magistrados em alguns casos. Do mesmo modo, a atribuição de poderes amplos e ilimitados ao juiz para produção probatória compromete, inequivocamente, imparcialidade, *conditio sine qua non* da jurisdição, e se mostra em confronto com nosso sistema constitucional que repudia a busca pela verdade a todo custo, motivo pelo qual também deve ser rejeitada. (...) Assim, em nosso sistema processual, o protagonismo na produção probatória é conferido às partes, sem, no entanto, negligenciar que o estado-juiz não pode se satisfazer com a plena disponibilidade das provas às partes, não pode ser refém das partes. Isso não significa, contudo, deva o magistrado ter papel preponderante na produção probatória, com poderes absolutos ilimitados, a determinar, *sponte propria*, todas as diligências necessárias para elucidação dos fatos. A atividade instrutória do juiz, legitima e autorizada pela legislação em vigor – buscando conferir equilíbrio àquelas posições extremadas já explicitadas –, está vinculada à omissão das partes na produção probatória, ou seja, longe de agir como mero árbitro e/ou espectador do duelo judicial das partes, o magistrado pode, de forma subsidiária, suplementar, acessória, sem substituir a atividade das partes, para elucidação do *thema probandum*, determinar a produção de provas. Inadmissível, todavia, a atribuição de poderes investigatórios, o que transformaria o juiz em verdadeiro inquisidor. (...) Em suma: *compreendo constitucional a atribuição de poderes instrutórios ao juiz*. No entanto, tais poderes devem: (i) respeitar o direito das partes à prova, (ii) ser exercidos somente em casos nos quais verificada omissão das partes e haja dúvida quanto a ponto relevante, atuando sempre em caráter supletivo, subsidiário, secundário, sem protagonismo, (ii) respeitar o contraditório, ou seja, determinada produção probatória, de ofício, pelo juiz imprescindível possibilitar às partes manifestação e, por fim, (iv) impossibilidade dessa atuação oficiosa na fase pré-processual. (...) Não pode o magistrado, em substituição à atuação das partes, ser o protagonista do ato de inquirição e tomar para si o papel de primeiro questionador das testemunhas, mesmo porque compete às partes a comprovação do quanto alegado (art. 156, *caput*, CPP), assim, no momento de produção da prova testemunhal devem arcar com tal ônus, a significar que têm a iniciativa probatória. (...) *A jurisprudência de ambas as Turmas deste Supremo Tribunal Federal, em relação à inobservância do rito previsto no art. 212 do Código de Processo Penal, consolidou-se no sentido da nulidade relativa (HC 161.225/PR, Rel. Min. Marco Aurélio, Primeira Turma, DJe 15.9.2020; RHC 122.467/SP, Rel. Min. Ricardo Lewandowski, Segunda Turma, DJe 04.8.2014, u.g.). Portanto, compete à parte aguente a comprovação do prejuízo pelo descumprimento da norma processual* (grifamos). (...) A análise dos autos evidencia que a magistrada de primeiro grau, na condução da audiência de inquirição de testemunhas, atuou de forma absolutamente desconectada do ordenamento jurídico-positivo, agiu como protagonista e em substituição à produção probatória inerente às partes, violando o devido processo legal e o sistema acusatório, em nítido prejuízo ao ora paciente. Destaco, a título meramente exemplificativo, que a magistrada de primeiro grau, ao questionar a testemunha Rodrigo Ayres da Silva, delegado de Polícia condutor das investigações subjacentes, além de iniciar a inquirição, fez perguntas capazes de induzir as respostas (e-doc. 8), sugestionando, por exemplo, o nome do ora paciente e a forma de atuação dos investigados. Evidente, dessa forma, o gerado prejuízo ao paciente" (HC 187.035-SP, rel. Marco Aurélio, 06.04.2021, m. v.).

Na *2.ª Turma do STF*, vislumbra-se, do voto vencedor do relator Ministro Edson Fachin, o seguinte: (...) "A matéria controvertida também tangencia o princípio do devido processo legal, na medida em que a forma prevista em lei (especificamente no art. 212 do CPP), não teria sido observada pelo Juízo singular, apesar de expressos pedidos da defesa técnica do Paciente, devidamente registrados na ata da audiência de instrução e julgamento. Sigo, nesse passo, a examinar a tese pela defesa articulada. (...) Afastada a preliminar, deu o juiz seguimento à oitiva das testemunhas, de acusação e defesa, destacando-se que na oitiva de 2 (duas) das 3 (três) testemunhas de acusação o Juízo não só iniciou a produção probatória, como questionou os depoentes de forma exaustiva. *A inquirição pelo magistrado foi tão detalhada que, terminada sua intervenção, e passada a palavra à acusação, declinou o Ministério Público de outras perguntas. (...) Em contraste, outra foi a conduta do julgador na inquirição das testemunhas de defesa, a cuja iniciativa das perguntas o Juízo transferiu à defesa técnica de quem as arrolou. (...)* A redação do dispositivo é clara e não encerra uma opção ou recomendação ao magistrado. Trata-se de norma cogente, de aplicabilidade imediata, e, alterada pelo legislador ordinário, para conferir plena concretude ao princípio acusatório. (...) Assim, diversamente do que constou na decisão de 1° grau, o dispositivo não deixa dúvidas quanto a sua cogência e adequada forma de aplicação. No que tange à oitiva das testemunhas deve o magistrado, logo após a qualificação do depoente, passar a palavra às partes, a fim de que produzam a prova, somente cabendo-lhe intervir em duas hipóteses: se evidenciada ilegalidade ou irregularidade na condução do depoimento ou, ao final, para complementar a oitiva, se ainda existir dúvida - nessa última hipótese sempre atuando de forma supletiva e subsidiária (como se extrai da expressão '*poderá complementar*'). *No caso concreto não foi anotada nenhuma justificativa plausível para atuação ativa e de protagonismo exercida pelo magistrado* e, portanto, já sob a óptica da ausência de observância à legislação processual prevista, evidenciado o constrangimento ilegal. 2.3 Noutro lanço, importante ressaltar ainda que, no caso concreto, notadamente à luz das diretrizes que regem o princípio acusatório e o devido processo legal, o prejuízo ao acusado restou cabalmente demonstrado. Conquanto a jurisprudência desta Suprema Corte oriente-se no sentido de exigir a demonstração de efetivo prejuízo no campo das nulidades processuais penais, sejam elas de cunho relativo ou absoluto, a aferição do gravame é sempre prospectiva e nunca presumida. É dizer, não cabe ao magistrado já antecipar e prever que a inobservância gerará ou não prejuízo à parte, pois não conhece *quo ante* a estratégia defensiva. (...) O simples cotejo dos termos de depoimentos acostados aos autos denota o comprometimento do magistrado com a produção probatória, circunstância hábil a eivar de nulidade os atos instrutórios realizados e toda cadeia processual subsequente. Não bastasse, os depoimentos que ora reconheço como viciados integraram os fundamentos da sentença de 1º grau, constituindo base indispensável para o desfecho condenatório contra o acusado, o que novamente, sobreleva a convicção de que o procedimento desviado adotado em 1ª instância acarretou prejuízo ao acusado. Com efeito, como se nota da transcrição do termo de depoimento de testemunha de acusação, *o magistrado exerceu protagonismo na inquirição das testemunhas de acusação*. Questionou-lhe sobre detalhes dos fatos denunciados; formulou perguntas indutivas; perquiriu sobre antecedentes e supostos envolvimentos pretéritos do acusado com o tráfico; *leu trechos do inquérito policial, sugerindo a testemunha que os confirmasse*. Procedimento semelhante ocorreu também com outra testemunha arrolada pela acusação (...). Noutra ponta, como já dito, *diametralmente oposta foi sua atuação quando da oitiva das testemunhas de defesa*, na qual adotou papel contido, limitando-se a qualificar os depoentes, após o que transferiu aos advogados inquirição direta. Portanto, não houve mera inobservância à previsão legal; restou a nítida disparidade da conduta do Juízo quanto ao procedimento adotado para a oitiva das testemunhas de acusação e as testemunhas de defesa. Não se tratou, a conduta do magistrado, de mero *error in procedendo* sem reflexo no campo das nulidades (grifamos). (...) Dito isso, tenho que o procedimento adotado pelo Juízo singular e referendado pelo STJ violou a previsão normativa do art. 212 do CPP, o princípio acusatório e do devido processo legal, devendo-se reconhecer a nulidade da ação penal originária a partir da oitiva das testemunhas de acusação, reputando-se também nulos todos os atos processuais seguintes, inclusive a sentença condenatória proferida contra o acusado. Como consequência, eivado de nulidade o título prisional que mantém atualmente o acusado custodiado (sentença condenatória que ora também se reconhece nula), é o caso de restituir-lhe a liberdade, a fim de que responda solto à nova instrução da ação penal que deverá ser renovada" (HC 202.557-SP, rel. Edson Fachin, sessão virtual, 25 de junho a 2 de agosto de 2021, v. u., grifamos).

Em suma, embora as Turmas do STF tenham apontado deva o juiz passar a palavra às partes para perguntar e, se for o caso, complementar a inquirição ao final, permanece o teor de que qualquer nulidade somente será proclamada se ficar demonstrado o prejuízo. Eis que os Ministros analisaram o conteúdo das inquirições iniciadas pelos magistrados, captando parcialidade na condução da colheita da prova. Por isso houve a anulação.

10.20 Apreciação pessoal da testemunha

É vedada, como regra, a emissão de opinião pessoal acerca de um fato (art. 213, CPP). Entretanto, há situações que não prescindem da avaliação subjetiva do depoente e o juiz deverá dar o crédito merecido à opinião emitida.

Observe-se o alerta de CÂMARA LEAL nesse cenário: "o juiz é o único árbitro sobre a pertinência ou impertinência do depoimento, deixando de consignar no termo aquilo que lhe parecer estranho à narrativa. Há escritores que, dominados por uma obcecação escolástica, preconizam na inquirição das testemunhas o método dos predicamentos de Aristóteles, seguindo a mesma ordem no encaminhamento das perguntas. Esses predicamentos são dez, que a filosofia sintetizou nos seguintes versos: substância, quantidade, qualidade, relação, ação, paixão, lugar, tempo, situação, hábito. Não vemos utilidade alguma nesse processo inquisitorial.

Os fatos serão interrogados naturalmente pela sua sequência e coordenação, sem necessidade de sistemas artificiosos. A inteligência humana já se emancipou dos processos artificiais que nada representam, entravando as inquirições com perguntas muitas vezes supérfluas e até inconvenientes. O bom senso do juiz é o melhor guia na inquirição, articulando as perguntas pela ordem natural dos episódios, sem formalismos convencionais".[135]

Difícil saber se alguém está ou não nervoso ou emocionado, complexa é a prova da velocidade excessiva para o local onde ela se desenvolve, intrincada é a avaliação do estado de embriaguez de alguém, sem o exame médico ou de laboratório. Assim, em muitas situações, torna-se essencial ouvir a apreciação pessoal da testemunha. Se houvesse vedação total a esse tipo de depoimento, seria impossível ouvir as chamadas *testemunhas de antecedentes*, que prestam, em grande parte, a sua opinião a respeito do réu, de sua conduta social e de sua personalidade.

10.21 Contradita

É a impugnação ou objeção apresentada pela parte, geralmente, em relação à testemunha arrolada pelo adversário. Essa objeção refere-se "ao valor da testemunha, antes que preste o seu depoimento";[136] aponta-se ao juiz alguma razão de parcialidade da referida testemunha. Diz respeito, especificamente, às pessoas que não podem depor (art. 207, CPP) ou às que não devem ser compromissadas (art. 208, CPP).

Nada impede que, excepcionalmente, a parte que arrolou a testemunha apresente contradita ao juiz. Exemplo disso é a atuação do Promotor de Justiça, arrolando, na denúncia, para prestar depoimento, o médico que cuidou do réu, embora outro representante do Ministério Público compareça à audiência. Constatando a irregularidade do depoimento, que está em vias de se realizar, nada obstaculiza a apresentação da contradita ao magistrado para excluir a testemunha, dentro da independência funcional, regente da sua atuação e visando a não produção de prova ilícita, em face do sigilo imposto.

As partes, tendo acesso aos dados de qualificação da testemunha, previamente passados no rol, ou então pelo que colhem quando a pessoa os fornece ao magistrado, podem arguir qualquer impedimento, falsa identidade ou outro motivo, de forma a tornar a testemunha impedida de depor ou de fazê-lo sob compromisso.

Após a qualificação da testemunha, a parte interessada solicitará a palavra, pela ordem, ao juiz para manifestar a sua impugnação, que será devidamente reduzida a termo. Em seguida, o magistrado, em homenagem ao contraditório, ouve a parte contrária. Passa, então, a indagar da testemunha, a respeito dos fundamentos da contradita realizada. Se a pessoa confirmar os dados que impugnam seu depoimento, o juiz a afastará (art. 207, CPP) ou colherá seu depoimento sem o compromisso (art. 208, CPP). Não confirmando, é possível que a parte impugnante deseje provar o alegado. Para tanto, pode apresentar, no ato, documentos a respeito ou levar à presença do juiz testemunhas que possam, em breve depoimento, confirmar o conteúdo da contradita. Sanado o incidente, o depoimento será ou não colhido, com ou sem o compromisso.

A suspeição ou indignidade não deixam de configurar, também, uma contradita, isto é, uma impugnação à testemunha a ser ouvida. Entretanto, os elementos são diversos. Chamou o

---

[135] *Comentários ao Código de Processo Penal brasileiro*, v. II, p. 47.

[136] Câmara Leal, *Comentários ao Código de Processo Penal brasileiro*, v. II, p. 48.

art. 214 de *arguição de defeitos* a contestação à imparcialidade ou à confiabilidade da testemunha. Assim, circunstâncias (situações específicas ou particularidades) ou defeitos (deficiências ou vícios) podem cercar a testemunha, devendo ser esses aspectos devidamente ressaltados ao juiz. Não para que sejam impedidas de depor ou para que o façam sem o compromisso de dizer a verdade, mas para que o magistrado fique ciente do que cerca a pessoa a ser ouvida, dando ao seu depoimento valoração cuidadosa. Se a testemunha é amiga íntima do réu (circunstância que a envolve, comprometendo sua imparcialidade) ou já foi condenada por falso testemunho (defeito que a torna indigna de fé), é natural que a parte deseje que o julgador tome conhecimento de tais situações para não crer, integral e ingenuamente, na narrativa.

Embora pareça, à primeira vista, que a lei foi contraditória, exigindo o compromisso de dizer a verdade de quem pode ser parcial ou não confiável, é preciso destacar que, no processo penal, vigendo a verdade real, deve-se buscá-la a todo custo, razão pela qual até mesmo o amigo íntimo do acusado ou a pessoa já condenada por falso tem o *dever* de dizer a verdade, sujeitando-se às penas do crime previsto no art. 342 do Código Penal se não o fizer. Entretanto, ainda assim, nada impede que o magistrado saiba com quem está lidando para a posterior avaliação da prova.[137]

10.22 Redação do depoimento

O art. 215 do Código de Processo Penal é norma construída à época em que os depoimentos eram sempre reduzidos a termo através do ditado do magistrado, que servia de interlocutor entre a testemunha e o funcionário do Judiciário, encarregado de transcrevê-lo para o papel, por meio da datilografia. Era um método de registro demorado e que podia alterar o conteúdo do depoimento, dependendo de como o magistrado ditasse ao servidor para datilografar.

A Lei 9.099/1995 previu a viabilidade de se gravar os depoimentos em fitas magnéticas (somente o áudio), que seriam transcritas. O sistema de estenotipia foi incorporado em 2015 (CPC, arts. 210 e 460).

Após, as Leis 11.689/2008 e 11.719/2008 consagraram a possibilidade de registro dos depoimentos colhidos por variadas formas, as mais modernas possíveis (arts. 405, § 1.º, e 475, CPP). A partir disso, muitas Varas implantaram a gravação audiovisual dos depoimentos (imagem e som). O registro dos depoimentos passou a ser bem fiel e os Tribunais Superiores poderiam avaliar a completude do que foi narrado. A respeito da transcrição do que foi gravado em meio audiovisual, trata-se de providência desnecessária (art. 405, § 2.º, CPP). E, nesse sentido, o Conselho Nacional de Justiça deliberou ser, realmente, dispensável a transcrição, após reclamações formuladas por partes no tocante a juízes que se recusavam a fazê-lo.

Durante a pandemia da covid-19, as instruções em primeiro grau e os julgamentos colegiados nos tribunais avançaram rapidamente não somente para filmar o ato, mas para produzi-lo por videoconferência, ou seja, à distância, gravando-se digitalmente.

Findo o depoimento, deve a testemunha assinar o termo da audiência (se ocorrer de forma presencial). Se não puder, duas são as hipóteses aventadas pela lei: a) não sabe a tes-

---

[137] Nesse prisma, está a posição de CABRAL NETTO: "A contradita, em si, não dá causa à não audiência da testemunha. Ao Juiz cabe consignar a contradita e a resposta da testemunha, compromissando-a e inquirindo-a a seguir. O valor de seu testemunho será, então, verificado quando da sentença de mérito, em face da prova carreada para o processo e dos termos da contradita" (*Instituições de processo penal*, p. 128).

temunha assinar, por ser analfabeta; b) não tem condições físicas de fazê-lo, estando com a mão quebrada, por exemplo. Nesses casos, o juiz, a pedido da testemunha, determinará que alguém o faça por ela (art. 216, CPP).

Se por algum motivo a testemunha recusar-se a assinar, não vemos razão para que o juiz interfira, determinando que alguém o faça por ela. Não há tal previsão legal, de forma que basta ao magistrado a consignação, no termo, da recusa da testemunha em fazê-lo, dando as suas razões.

O esquecimento de assinar o termo é mera irregularidade, não constituindo nulidade.

10.23 Influência do acusado na colheita do depoimento

A testemunha deve ser o mais imparcial possível no seu relato, razão pela qual é natural e lógico que o distúrbio eventualmente causado pela presença do réu – com singelos gestos, olhares ameaçadores, constantes falas ao seu advogado, inquietude na cadeira – pode constranger o depoente a ponto de prejudicar sua narrativa.

Nesse caso, o juiz pode determinar a retirada do acusado da sala de audiências, permanecendo, somente, o seu defensor (art. 217, CPP).

A nova redação do referido artigo 217, *caput*, passa a ser a seguinte: "Se o juiz verificar que a presença do réu poderá causar humilhação, temor ou sério constrangimento à testemunha ou ao ofendido, de modo que prejudique a verdade do depoimento, fará a inquirição por videoconferência e, somente na impossibilidade dessa forma, determinará a retirada do réu, prosseguindo na inquirição, com a presença do seu defensor". No parágrafo único, estabelece-se que "a adoção de qualquer das medidas previstas no *caput* deste artigo deverá constar do termo, assim como os motivos que a determinaram".

Na maioria das Comarcas e fóruns, inexistia equipamento de videoconferência disponível. A pandemia da covid-19 praticamente obrigou à aquisição de sistemas apropriados para a realização da colheita das provas testemunhais à distância.

De qualquer forma, é mais simples e fácil retirar o réu da sala de audiências, permanecendo seu defensor. Além disso, se a testemunha estiver com medo, continuará receosa em depor, sabendo que está sendo assistida pelo acusado em outra dependência do fórum, por videoconferência.

Existem diversas razões para a retirada do réu da sala: causar humilhação (o que pode ser comum em crimes contra a dignidade sexual), temor (organização ou associação criminosa e delitos violentos) ou sério constrangimento (motivos variados existem para gerar tal situação).

Entretanto, não se pode, mais uma vez, usar de posições radicalizadas: nem deve o juiz retirar o réu da sala a seu bel-prazer ou porque imagina que a testemunha deporá melhor na sua ausência, nem tampouco se deve aguardar que o acusado aja, claramente, no sentido de conturbar o momento processual, pois isso raramente ocorre com tamanha evidência. A sensibilidade do magistrado, agindo de ofício, associada ao pedido formulado por qualquer das partes – e, também, diretamente pela testemunha –, pode determinar a saída do réu do recinto. É evidente que algumas ameaças podem ter sido proferidas muito antes da realização da audiência, razão pela qual a testemunha, somente por ver o acusado na sala, constrange-se e começa a titubear, vacilar, gaguejar e dar mostras de nítido incômodo.

Sem nada perguntar à testemunha – o que somente aumenta o seu constrangimento – o juiz pode determinar a retirada do acusado da sala. Por outro lado, é defeso ao juiz ou aos funcionários do Judiciário e às partes, antes mesmo do depoimento ter início, perguntar se a pessoa a ser ouvida prefere fazê-lo com ou sem a presença do réu na sala. Ora, nessa hipótese, longe de se afigurar uma proteção, torna-se uma agressão gratuita contra o direito de acompanhar a instrução, que todo réu possui. A testemunha pode optar pela ausência do réu do recinto por medida de cautela ou por pura ingenuidade, imaginando que, se a pergunta foi feita, é porque pode existir algum perigo. Não deve, pois, o magistrado imiscuir-se na atuação da testemunha, impingindo-lhe um temor inexistente, mas também não deve ignorar sua clara manifestação de inquietude diante da presença do acusado.

A anterior redação da lei mencionava apenas a testemunha, o que foi ampliado, corretamente, para envolver a vítima. Não é raro ser a palavra da pessoa ofendida fundamental para apurar a verdade real, como ocorre em muitos crimes contra a dignidade sexual e contra o patrimônio. Por isso, verificando o juiz o constrangimento da vítima, pode, também, determinar a retirada do acusado do recinto.

Se o réu estiver atuando em causa própria, por ser advogado, pode haver a sua retirada da sala do mesmo modo, desde que o juiz providencie a participação, no ato, de um defensor dativo.

10.24 Regularidade da intimação da testemunha e condução coercitiva

Deve ela ser intimada pessoalmente, como regra. Funcionários públicos serão também intimados pessoalmente, mas é providência fundamental que sejam, igualmente, requisitados a seus superiores (art. 221, § 3.º, CPP). Os militares devem ser requisitados diretamente à autoridade superior (art. 221, § 2.º, CPP), sendo vedado, como regra, o ingresso de oficial de justiça no quartel.

Assim, caso a testemunha não tenha sido intimada pessoalmente, torna-se *irregular*, configurando *abuso de autoridade*, o ato para o fim de ser determinada a sua condução coercitiva e demais consequências previstas nos arts. 218 e 219.[138] Por outro lado, o funcionário público, cujo superior não souber da audiência, não está obrigado a comparecer, ainda que tenha sido intimado pessoalmente. Trata-se de irregular intimação. Quanto ao militar, o não comparecimento pode até afigurar o crime de desobediência, mas não autoriza a condução coercitiva, visto não ter sido a testemunha intimada pessoalmente.

Ninguém se exime de colaborar com o Poder Judiciário, razão pela qual, se foi a testemunha intimada a tempo e pessoalmente, não pode deixar de comparecer ao fórum para ser ouvida. Ausente, *sem razão plausível* – o que pode ser verificado ulteriormente e, em casos excepcionais, no mesmo ato, quando a testemunha faz chegar ao juiz, antes da data da audiência, os motivos da sua ausência –, pode o magistrado requisitar a sua apresentação à autoridade policial ou determinar que o oficial de justiça a conduza coercitivamente à sua presença, ainda que necessite se valer de força policial.

Como regra, o juiz utiliza o oficial de justiça de plantão para buscar a testemunha em sua residência ou local de trabalho. Essa providência, no entanto, em cidades grandes, afeta a realização do ato, provocando o adiamento da audiência, pela inviabilidade de se aguardar a realização imediata da diligência. Na próxima vez, contudo, a testemunha será conduzida compulsoriamente à presença do magistrado.

---

[138] Previsão similar é feita no CPC: art. 455, § 5.º.

Além da condução coercitiva, que é uma restrição à liberdade e um nítido constrangimento,[139] pode o juiz, a seu critério e conforme o grau de resistência apresentado pela pessoa a ser ouvida, impor uma multa, hoje de valor inexpressivo, bem como determinar a extração de peças do processo, requisitando-se inquérito por crime de desobediência (art. 219, CPP). Além disso, pode determinar o pagamento das diligências do oficial de justiça, o que é lógico e justificado.[140]

Não existe *outra forma de condução coercitiva* prevista em lei. Exemplificando, não pode o juiz determinar a condução à força de pessoa à sua presença, para audiência ou outro esclarecimento, antes de ela ter sido intimada a comparecer voluntariamente. Nem se diga que, se o juiz pode prender uma pessoa (o mais), pode determinar a condução coercitiva (o menos). O argumento é inadmissível. Se há motivo para prender alguém, essa pessoa não é mais uma testemunha, mas um suspeito. Logo, se é suspeito tem direito ao silêncio; conduzi-lo coercitivamente para causar pavor e obrigá-lo a falar o que o incrimina também é abuso de autoridade.

Câmara Leal, há mais de 70 anos, comentando o atual código, explica: "se a testemunha deixa de comparecer sem uma causa justificada, fica sujeita a ser trazida coercitivamente perante o juiz, a fim de depor. O código estabelece dois modos para esse comparecimento forçado: a) ou o juiz solicita a intervenção da autoridade policial, para que esta faça com que a testemunha compareça, servindo-se da força pública; b) ou o juiz expede mandado para que o oficial de justiça conduza a testemunha à sua presença. De posse do mandado, o oficial se dirige ao local onde se encontra a testemunha e a notifica para acompanhá-lo até a presença do juiz para depor, por isso que notificada a primeira vez deixou de comparecer. Se a testemunha se prontifica a acompanhar o oficial, este a conduzirá à presença do juiz. Mas se a testemunha se recusa a acompanhá-lo, ou ameaça resistir à ordem, o oficial certificará no mandado e fará requisição escrita à autoridade policial, expondo a desobediência da testemunha, e pedindo o auxílio da força pública para cumprir o mandado".[141]

Registre-se a existência da Súmula Vinculante 11 do STF proibindo o uso de algemas, quando desnecessário, o que vale, por óbvio, à condução coercitiva de testemunha.[142] Atualmente, a Lei 13.869/2019 prevê, como abuso de autoridade, no art. 10, "decretar a condução coercitiva de testemunha ou investigado manifestamente descabida ou sem prévia intimação de comparecimento ao juízo: Pena – detenção, de 1 (um) a 4 (quatro) anos, e multa".

---

[139] Galdino Siqueira já expunha que "as testemunhas que não comparecerem sem motivo justificado, tendo sido notificadas com a cominação legal, serão conduzidas debaixo de vara e sofrerão a pena de desobediência" (*Curso de processo criminal*, p. 213).

[140] Na Inglaterra, considera-se como última hipótese a condução coercitiva para a testemunha prestar seu depoimento. Até atingir o denominado *arresto pessoal*, passa-se por várias outras regras. Como diz Bentham, uma medida tão vexatória não pode se justificar senão em hipóteses muito graves, como a vontade da testemunha de deixar o país. Há de se considerar, inclusive, se o vexame da condução coercitiva *compensará* a situação em face do conteúdo do depoimento. Se não valer tanto, melhor não usar a condução coercitiva (*Tratado de las pruebas judiciales*, p. 281-294).

[141] *Comentários ao Código de Processo Penal brasileiro*, v. II, p. 53.

[142] "Só é lícito o uso de algemas em casos de resistência e de fundado receio de fuga ou de perigo à integridade física própria ou alheia, por parte do preso ou de terceiros, justificada a excepcionalidade por escrito, sob pena de responsabilidade disciplinar, civil e penal do agente ou da autoridade e de nulidade da prisão ou do ato processual a que se refere, sem prejuízo da responsabilidade civil do Estado".

Quanto às testemunhas impossibilitadas de deslocamento, devem ser ouvidas pelo juiz, acompanhado das partes, no local onde se encontrarem. A enfermidade e a velhice podem contribuir para tornar uma pessoa incapaz de se locomover ao fórum, local onde se realizam os atos processuais formais. Dessa maneira, previu a lei a possibilidade de o magistrado deslocar-se até o lugar onde está a testemunha, ouvindo-a (art. 220, CPP).

É natural que deva intimar as partes da diligência, pois as presenças do órgão acusatório e da defesa são fundamentais para a validade do ato. Se, porventura, as partes recusarem-se a ir, tal será certificado pelo magistrado e o ato deve ser considerado válido, vez que inexistiu qualquer tipo de cerceamento. Essa regra se aplica à vítima, impossibilitada de se locomover.

10.25 Depoimento por carta precatória, de ordem ou rogatória

Quando a testemunha residir em Comarca diversa daquela onde deva ser ouvida, a fim de se evitar seu deslocamento, muitas vezes por longas distâncias e a elevados custos, determina a lei (art. 222, CPP) seja expedida carta precatória (solicitação feita a juiz de igual nível), carta de ordem (determinação feita por magistrado de instância superior a outro, de instância inferior, quando, na espécie, o ato poderia ser realizado diretamente pelo competente) e carta rogatória (pleito feito por um juiz nacional a magistrado estrangeiro, respeitadas as regras atinentes aos acordos internacionais firmados pelo Brasil). Registre-se o disposto na Lei de Informatização do Processo: "As cartas precatórias, rogatórias, de ordem e, de um modo geral, todas as comunicações oficiais que transitem entre órgãos do Poder Judiciário, bem como entre os destes e os dos demais Poderes, serão feitas preferentemente por meio eletrônico" (art. 7.º, Lei 11.419/2006).

Quanto às cartas rogatórias, a introdução do art. 222-A do CPP, pela Lei 11.900/2009, passa a exigir seja demonstrada *previamente* a *imprescindibilidade* de sua expedição. Além disso, a parte requerente arcará com os custos de envio. Logo, se o juiz reputar frágeis os argumentos expostos pela parte interessada, poderá indeferir a expedição da rogatória.

Quanto às cartas de ordem, deve-se ressaltar, entretanto, que o advento da Lei 12.019/2009, alterando o art. 3.º, III, da Lei 8.038/1990, permite que, nos processos de competência originária do Superior Tribunal de Justiça e do Supremo Tribunal Federal, seja possível ao relator delegar poderes instrutórios: "convocar desembargadores de Turmas Criminais dos Tribunais de Justiça ou dos Tribunais Regionais Federais, bem como juízes de varas criminais da Justiça dos Estados e da Justiça Federal, pelo prazo de 6 (seis) meses, prorrogável por igual período, até o máximo de 2 (dois) anos, para a realização do interrogatório e de outros atos de instrução, na sede do tribunal ou no local onde se deva produzir o ato". Assim sendo, não há mais necessidade de expedição de carta de ordem, mas de formalizar a convocação do desembargador ou juiz.

Tendo em vista que a instrução não é interrompida pela expedição da carta precatória, nem tampouco o julgamento será adiado, indefinidamente, pelo não retorno da deprecada, deve o juiz fixar-lhe um prazo para cumprimento. Dependendo da situação e conforme seu prudente critério, o magistrado estabelece algo em torno de 30 a 90 dias para o retorno da carta precatória.

Atualmente, fixar menos de 30 dias inviabiliza a produção da prova, enquanto um período superior a 90 dias pode obstaculizar o célere término da instrução, mormente quando se tratar de réu preso. Por outro lado, o juiz que receber a precatória para o cumprimento deve dar-lhe prioridade na pauta de audiências, pois está lidando com a produção de uma prova destinada a outro colega, razão pela qual o pronto atendimento faz parte da sua colaboração, exigida por lei. A parte interessada na oitiva da testemunha, também, deve contribuir para o cumprimento da carta precatória, solicitando, no juízo deprecado, o seu ligeiro processamento.

Lembremos que a Lei 11.719/2008, alterando o procedimento comum, bem como a Lei 11.689/2008, modificando o procedimento do júri, fixaram a realização de audiência única de instrução e julgamento para colher toda a prova oral. Portanto, assim que possível (logo após a defesa prévia do réu), deve o magistrado expedir precatória para ouvir testemunhas de fora da Comarca, fazendo inserir na carta a data da audiência única designada. Tal medida possibilitará ao juízo deprecado acelerar o cumprimento da carta precatória de modo que possa ser devolvida a tempo para o julgamento.

Quanto à intimação das partes, firmou-se a jurisprudência no sentido de que basta a intimação da expedição da carta precatória, cabendo ao interessado diligenciar no juízo deprecado a data da realização do ato, a fim de que, desejando, possa estar presente. Cremos acertada essa providência, a despeito de ferrenhas posições em sentido contrário.[143]

A complexidade dos serviços judiciários e a burocracia reinante recomendam que o juiz deprecante comunique formalmente às partes a remessa da precatória e nada mais. Incumbem-lhes, a partir daí, as diligências necessárias para obter os dados da audiência. Não nos parece providência insuperável, nem tampouco dificultosa. O Ministério Público, que possui o seu representante em cada Comarca, pode estabelecer contato com seu colega, passando-lhe dados específicos do caso, a fim de que as devidas reperguntas sejam feitas. O advogado tem ao seu dispor, também, os serviços prestados pela Ordem dos Advogados do Brasil, que poderia diligenciar no juízo deprecado, através da subseção respectiva ou de seção irmanada, a data da audiência, remetendo-a ao colega interessado. No mais, havendo a ausência do advogado interessado, sempre será nomeado um defensor *ad hoc* para acompanhar o ato e fazer as reperguntas cabíveis.

Essas providências são muito mais viáveis e rápidas do que exigir que o juízo deprecado designe uma audiência com celeridade e, ao mesmo tempo, providencie um ofício, comunicando ao deprecante a data da realização do ato. Este, por sua vez, recebendo o ofício semanas ou meses depois – o que vem ocorrendo diante das longas distâncias e lentos serviços cartorários no Brasil – para providenciar a intimação das partes, sai em busca da intimação almejada.

Lembremos que o representante do Ministério Público e o defensor público ou dativo precisam ser intimados pessoalmente. Logo, o caminho será tortuoso e demorado. Não basta uma simples publicação da imprensa, como alguns sustentam, pois nem sempre é eficaz e efetivamente chega ao advogado interessado. Se tal fosse a regra, inúmeros problemas seriam levantados: a) quem faria a publicação: o juiz deprecante ou o deprecado? b) valeria a intimação pela imprensa para o Promotor e para o Defensor público ou dativo? c) chegaria a tempo o ofício do juízo deprecado para que o deprecante fizesse a comunicação, se lhe competisse a providência? Enfim, segundo nos parece, está correto o entendimento majoritário atual. A precatória deve ser acompanhada por quem tenha interesse em fazê-lo, visto não ser obrigatória a presença da parte no juízo deprecado. Ademais, feita a intimação da expedição, o mais é burocracia, que necessita ser evitada. Na era do computador, do fax, do *e-mail*, é preciso exigir-se dos órgãos que, de uma forma ou de outra, participam da administração da justiça, como é o caso da OAB, um pronto serviço de atendimento aos interesses dos seus associados, que, aliás, pagam, por isso, uma anuidade.

---

[143] Por todos, TOURINHO FILHO, *Código de Processo Penal comentado*, v. 1, p. 426-429.

A propósito, veja-se o conteúdo da Súmula 155 do Supremo Tribunal Federal: "É relativa a nulidade do processo criminal por falta de intimação da expedição de precatória para inquirição de testemunha". Portanto, se até mesmo a intimação da expedição constitui nulidade somente reconhecível após a demonstração de efetivo prejuízo, o que dizer da intimação da data designada para a realização do ato? Cremos ser, de fato, prescindível. A esse respeito, editou-se a Súmula 273 do Superior Tribunal de Justiça: "Intimada a defesa da expedição da carta precatória, torna-se desnecessária intimação da data da audiência no juízo deprecado".

É dispensável a presença do réu no juízo deprecado para a inquirição das testemunhas. Cuida-se hoje de entendimento majoritário, embora exista posição contrária, sustentando o direito de audiência do acusado em qualquer situação. Preferimos, nesse caso, sustentar posição intermediária. Nem sempre a presença do réu no juízo deprecado é indispensável. Devemos observar que o processo penal não pode ficar alheio à realidade do país continental que é o Brasil. Além disso, temos seriíssimas deficiências em nosso sistema judiciário. Atualmente, para haver a simples transferência de um réu, preso, por exemplo, na Região Norte para a Região Sul, demora-se um período impressionante, atingindo vários meses, quiçá anos. Logo, são muitos os casos de instruções paralisadas e acusados detidos provisoriamente sem julgamento, por longos períodos, porque não se realiza a sua transferência para o distrito da culpa.

Nada disso, por certo, justifica abolir o direito à audiência, nem tampouco o direito à ampla defesa e ao contraditório, embora tenhamos que buscar soluções razoáveis para atender à nossa realidade, deixando de sustentar o inatingível. Por isso, quando o réu está respondendo a um processo em determinada localidade, é de todo conveniente que se providencie a sua transferência para essa Comarca, a fim de que possa acompanhar a instrução. No mínimo, precisa ser apresentado para tal finalidade, mesmo que continue preso em outro lugar.

Entretanto, imagine-se o caso de alguém que esteja respondendo a processo em São Paulo e arrole testemunhas em todo o Brasil, certo de que o Estado jamais conseguirá, a tempo, remeter precatórias para esses lugares, *garantindo* a sua presença para acompanhar a audiência. Plantará, propositadamente, uma nulidade no processo, com o que não se pode aquiescer. Para que estar presente durante o depoimento de testemunhas de antecedentes, por exemplo? Que grande auxílio poderá prestar, no local, ao seu advogado, que não possa ser feito com antecedência?

Cremos que, na maior parte dos casos, é dispensável ser o réu apresentado, no juízo deprecado, para ouvir uma ou outra pessoa, mormente quando não se refira diretamente a um depoimento essencial para o deslinde da causa. Fazemos, no entanto, ressalva a tal postura, quando estivermos diante de um depoimento a envolver o reconhecimento do réu. Se alguém for ouvido em outra Comarca e necessitar-se do reconhecimento, para que a autoria seja provada, parece-nos que o Estado deve garantir a presença do réu para tal finalidade, pois o reconhecimento por fotografia é extremamente claudicante e nem mesmo é previsto em lei.

Em suma, entendemos deva, nesses casos, prevalecer o bom senso, evitando-se que o impossível seja atingido, ou seja, *garantir* a presença do réu em todas as audiências deprecadas, em qualquer ponto do Brasil, bem como não se pode extrair do acusado o direito inexorável de estar face a face com a pessoa que pretende reconhecê-lo como autor de crime grave. A ausência do réu na audiência do juízo deprecado, pois, para nós, pode constituir-se nulidade relativa, que depende da demonstração efetiva do prejuízo e da provocação da parte interessada.

Não é demais ressaltar que a edição da Lei 11.900/2009 passa a autorizar a realização de inquirição de testemunhas residentes fora da Comarca do juiz do feito por meio de videoconferência (art. 222, § 3.º, CPP). Portanto, em tese, quando se encaixar nas hipóteses do art. 185, § 2.º, do CPP, o réu também poderá acompanhar o depoimento do presídio em que se encontra, igualmente por meio da videoconferência, sem necessidade de se deslocar à sala do juiz da causa.

Tratando-se de reconhecimento de pessoa, com razoável dúvida sobre a identidade do autor do crime, parece-nos, em função da ampla defesa, deva o Estado providenciar a apresentação do acusado no juízo deprecado para estar face a face com a testemunha. Não sendo este o caso, realizando-se o ato por meio da videoconferência, a apresentação do réu deve ser feita no juízo deprecante e não mais no juízo deprecado (quando não houver hipótese para ele acompanhar diretamente do presídio em que se encontra).

É preciso destacar que, após o advento da pandemia da covid-19, quando todos os atos processuais passaram a ser realizados por meio de videoconferência, em diversos graus de jurisdição, observou-se a viabilidade de novos métodos para um processo digital, que dispensa o uso de meio material, como o papel. O futuro irá ditar o caminho a percorrer, vale dizer, se a colheita da prova à distância substituirá a precatória ou a rogatória, além de outros atos processuais presenciais.

10.26   Obrigatoriedade de participação do intérprete

A testemunha, quando não falar o idioma nacional, necessita expressar-se por meio de um intérprete juramentado, que traduzirá, no ato, as perguntas e respostas (art. 223, CPP). Não basta que o juiz e as partes conheçam o idioma estrangeiro, pois sempre haverá chance para complicações e desvios de interpretação. Evitando-se, pois, que haja dissídio na maneira ou quanto ao sentido da expressão utilizada pela testemunha, o melhor é que um intérprete seja encarregado de fazê-lo, sem nenhum envolvimento com o caso.

10.27   Ausência, enfermidade e velhice da testemunha

Se for considerada peça-chave para a instrução do processo penal, está vinculada ao processo até o seu término. Caso mude de endereço é obrigada a comunicar, sob pena de responder pela sua omissão (art. 224, CPP).

Entretanto, podem ocorrer ausências necessárias para viagens longas ao exterior, por exemplo, razão pela qual de nada adianta comunicar ao juiz, sendo cabível a sua inquirição prévia (lembremos que há países que não cumprem carta rogatória do Brasil). De outra parte, pode estar a testemunha acometida de um mal incurável (câncer em estágio avançado, por exemplo) ou possuir idade muito avançada, levando a crer que não sobreviverá por longo período, aguardando o momento adequado para ser ouvida.

Antecipa-se, assim, a sua inquirição, intimando-se as partes e realizando-se a audiência a qualquer tempo, sem que se possa, com isso, alegar qualquer sublevação à ordem de instrução estabelecida em lei (primeiramente, ouvem-se as testemunhas de acusação, depois as de defesa e, finalmente, as do juízo), pois se trata de exceção (art. 225, CPP). É a produção antecipada de provas em juízo.

Sob outro aspecto, a Lei 11.690/2008, alterando a redação do art. 156 do CPP, passou a reconhecer, também, a possibilidade de o magistrado ordenar, antes mesmo de iniciada a ação penal, a produção antecipada de provas, desde que consideradas urgentes e relevantes. Para tanto, basta atentar para os critérios de necessidade, adequação e proporcionalidade da medida.

10.28 Síntese para a prova testemunhal

Em resumo, valendo-nos da lição de EDMOND LOCARD, "a prova testemunhal aparece-nos como falível em todos os seus elementos: percepções incompletas, imagens introduzidas ou substituídas, recordações que se apagam, palavras que atraiçoam as ideias que pretendem traduzir. E, no entanto, é impossível renunciar definitivamente a uma modalidade de prova tão habitual, tão enraizada nos costumes judiciais. É preciso, ao menos, que um estudo prévio e cuidadoso deste capítulo especial da psicologia permita ao investigador a utilização dos resultados dos estudos experimentais. Há uma técnica do interrogatório, tanto para receber a declaração da testemunha como para interrogar o arguido: essa técnica permite interpretar a narração, a defesa ou a confissão, extraindo dela talvez, por vezes, uma parte da verdade. Mas, sobretudo o progresso consiste em controlar a prova testemunhal pelos indícios ou em substituir o depoimento pelo indício".[144]

Podemos asseverar que a prova testemunhal é dramática e infiel, pois envolve as captações do ser humano por meio de seus sentidos – todos passíveis de falhas graves. Ver uma pessoa não significa observá-la, de modo que, no instante do reconhecimento, torna-se uma aventura. Se disser que reconhece a pessoa, pode levar um inocente ao cárcere; se disser que não o reconhece, pode levar o culpado à soltura. Muitas testemunhas preferem, então, situar-se no meio-termo: "acho que é o sujeito que vi assaltando naquele dia...". Raros são os depoimentos taxativos, invocando certeza no que fala e demonstrando segurança ao juízo.

Diante disso, é preciso associar a prova testemunhal às demais provas produzidas – e precisam ser realizadas – para formar um conjunto probatório seguro. Embora cada prova colhida de per si não sirva para a condenação, a união delas pode, por indução, provocar o raciocínio lógico da certeza.

Países pobres em matéria de investigação criminal, típica situação do Brasil, são os que mais se valem de testemunhas para quase tudo na esfera penal. O ideal seria a produção de provas técnicas de todos os tipos, em primeiro plano; a testemunha viria como segunda etapa, sempre secundária. No entanto, pela carência de recursos, a justiça criminal torna-se refém da prova testemunhal.

11. RECONHECIMENTO DE PESSOAS E COISAS

11.1 Conceito de reconhecimento

É o ato pelo qual uma pessoa admite e afirma como certa a identidade de outra ou a qualidade de uma coisa. No ensinamento de ALTAVILLA, o "reconhecimento é o resultado de um juízo de identidade entre uma percepção presente e uma passada. Reconhece-se uma pessoa ou uma coisa quando, vendo-a, se recorda havê-la visto anteriormente".[145]

Para ESPÍNOLA FILHO, "o reconhecimento de pessoas e de objetos é um ato, que se impõe, devendo ser feito com a maior seriedade e rigor técnicos, observadas as recomendações estabelecidas pelo Código de Processo Penal, nos arts. 226 a 228".[146]

---

[144] *A investigação criminal*, p. 114.
[145] *Psicologia judiciária*, v. 1, p. 386.
[146] *Código de Processo Penal brasileiro anotado*, v. 1, p. 283.

11.2   Natureza jurídica

Trata-se de meio de prova. Através do processo de reconhecimento, que é formal, como se verá a seguir, a vítima ou a testemunha tem condições de *identificar* (tornar individualizado) uma pessoa ou uma coisa, sendo de valorosa importância para compor o conjunto probatório.

11.3   Reconhecimento fotográfico

Tem sido admitido como prova, embora deva ser analisado com muito critério e cautela, pois a identificação de uma pessoa ou o reconhecimento de uma coisa por intermédio da visualização de uma fotografia pode não espelhar a realidade, dando margem a muitos equívocos e erros.

Entretanto, se for essencial que assim se proceda, é preciso que a autoridade policial ou judicial busque seguir o disposto nos incisos I, II e IV do art. 226 do Código de Processo Penal. Torna-se mais confiável, sem nunca ser absoluta essa forma de reconhecimento.

Em nossa avaliação, o reconhecimento fotográfico não pode ser considerado uma prova direta, mas sim indireta, ou seja, um mero indício. Com a cautela que lhe é natural, diz Frederico Marques, nesse contexto, que "tudo depende, em cada caso, das circunstâncias que rodearam o reconhecimento e dos dados que forem fornecidos pela vítima ou testemunha para fundamentar suas afirmativas".[147]

11.4   Formalidades para o reconhecimento

O art. 226 do Código de Processo Penal prevê as regras para a realização formal do reconhecimento de pessoa ou coisa. Logo, não se trata de um procedimento qualquer, a realizar-se conforme a arbitrária vontade do juiz ou da autoridade policial.

Inicialmente, a pessoa que tiver de fazer o reconhecimento será convidada a descrever a pessoa que deva ser reconhecida (art. 226, I, CPP). Essa providência é importante para que o processo fragmentário da memória se torne conhecido, vale dizer, para que o juiz perceba se o reconhecedor tem a mínima fixidez (guarda o núcleo central da imagem da pessoa que pretende identificar) para proceder ao ato. Se descrever uma pessoa de dois metros de altura, não pode, em seguida, reconhecer como autor do crime um anão. É a lei da lógica aplicada ao processo de reconhecimento, sempre envolto pelas naturais falhas de percepção de todo ser humano.

Em seguida, a pessoa, cujo reconhecimento se pretender, deve ser colocada ao lado de outras que com ela tiverem qualquer semelhança, se tal for possível, convidando-se quem tiver de fazer o reconhecimento a apontá-la (art. 226, II, CPP). O reconhecedor precisa se valer do processo de comparação para buscar no fundo da consciência a imagem efetiva daquele que viu cometer algo relevante para o processo. Seja ele testemunha, seja vítima, precisa estabelecer um padrão de confronto para extrair a identificação certa ou, então, colocar-se em profunda dúvida, sendo incapaz de proceder ao reconhecimento. O ideal, pois, é colocar pessoas semelhantes para serem apresentadas em conjunto ao reconhecedor.

Aquiescemos, nesse prisma, à lição de Tourinho Filho, quando menciona que a expressão "se possível", constante do art. 226, II, refere-se "à exigência de serem colocadas pessoas

---

[147] *Elementos de direito processual penal*, v. 2, p. 308. Em posição contrária ao reconhecimento fotográfico, consultar Aury Lopes Jr. e Alexandre Moraes da Rosa (*Processo penal no limite*, p. 47-49).

que *guardem certa semelhança* com a que deve ser reconhecida"[148] e não com a obrigatoriedade de colocação de várias pessoas lado a lado.[149] Realmente, o abrandamento da regra deve ser visto com relação ao aspecto visual de colaboradores do processo de reconhecimento, visto ser possível inexistir, no local, quem tenha parecença com o reconhecendo, razão pela qual outros serão eleitos para o ato. Não se deve proceder ao reconhecimento individualizado, ou seja, somente entre reconhecedor e reconhecendo. Se assim for feito, como já mencionado, não se trata de reconhecimento, mas de mero testemunho.

Se a pessoa que tiver de fazer o reconhecimento recear, de algum modo, sofrer algum tipo de intimidação ou influência, deve-se providenciar o isolamento entre quem vai reconhecer e a pessoa a ser reconhecida (art. 226, III, CPP). O crescimento do crime organizado e o fortalecimento do delinquente diante da vítima e da testemunha fazem com que o Estado garanta a fiel aplicação da lei penal, protegendo aqueles que colaboram com a descoberta da verdade real. Assim, havendo fundamento plausível, é preciso que a autoridade policial – trata-se do reconhecimento na fase extrajudicial neste caso – providencie o isolamento do reconhecedor. Cumpre mencionar que tal regra já se tornou habitual nos processos de reconhecimento, o que deflui natural, em nosso entender, pelo aumento da criminalidade e da violência com que agem os delinquentes.

A não aplicabilidade da preservação do reconhecedor frente ao reconhecido na fase judicial, como menciona o art. 226, parágrafo único, do CPP, é inviável.

Vale registrar ser totalmente incompreensível a vedação estabelecida para a preservação da imagem do reconhecedor frente ao reconhecido em juízo. Como leciona, com pertinência, TORNAGHI, a medida foi injustificável, demonstrando que a lei brasileira preferiu seguir "servilmente" a italiana.[150] Em sentido oposto, estando de acordo com a vedação e alegando "razões óbvias", sem as enumerar, no entanto, está a posição de TOURINHO FILHO.[151] Justifica sua existência, de modo ingênuo para a época atual, ESPÍNOLA FILHO: "E, apenas, quando o reconhecimento dever efetivar-se perante o julgador, quer na fase da instrução criminal, quer na do plenário de julgamento, não haverá motivo de providenciar desse modo, pois o ambiente em que se realiza o ato e a presença do juiz constituirão elementos de garantia suficientes, para nada temer o reconhecedor".[152]

Somos levados a sustentar a evidente incompatibilidade do disposto neste parágrafo único com a realidade e, sobretudo, com os princípios processuais, entre os quais o da busca da verdade real. E frise-se: sem qualquer arrepio à ampla defesa e ao contraditório, pois não vislumbramos qual pode ser o interesse do réu em constranger a vítima ou a testemunha, ficando frente a frente com ela na fase do reconhecimento.

---

[148] *Comentários ao Código de Processo Penal*, v. 1, p. 432. Assim, também, MARIÂNGELA TOMÉ LOPES ("Algumas questões controversas acerca do reconhecimento", in: RASCOVSKI, *Temas relevantes de direito penal e processo penal*, p. 205 e 207); CÂMARA LEAL (*Comentários ao Código de Processo Penal brasileiro*, v. II, p. 66).

[149] No mesmo sentido, ARY DE AZEVEDO FRANCO, detalhando todo o procedimento para evitar, a todo custo, um reconhecimento dirigido ou forçado. Como bem diz, o legislador cercou-o, no art. 226 do CPP, de "cuidados elogiáveis" (*Código de Processo Penal*, v. 1, p. 312). Porém, na prática, nada disso é feito, na maioria das vezes. O reconhecimento indireto, por meio do qual se aponta para o réu, admitindo ser ele o autor, é o predominante.

[150] *Compêndio de processo penal*, t. III, p. 921.

[151] *Comentários ao Código de Processo Penal*, v. 1, p. 432.

[152] *Código de Processo Penal brasileiro anotado*, v. 3, p. 142.

Há muito se utiliza desse método de proteção, isolando reconhecedor e reconhecendo, nos fóruns brasileiros, até com a construção de salas especiais de reconhecimento nas novas unidades, à semelhança das existentes na polícia. Não há como se exigir de uma testemunha ou vítima ameaçada que fique frente a frente com o algoz, apontando-lhe o dedo a descoberto e procedendo ao reconhecimento como se fosse algo muito natural.

Portanto, cremos que o referido art. 226, parágrafo único, do CPP, deve ser interpretado em sintonia com as demais normas existentes, no processo penal brasileiro, inclusive sob o espírito de proteção trazido pela Lei 9.807/1999, permitindo até mesmo a troca de identidade de pessoa ameaçada, para que seu depoimento seja isento e idôneo. Defendemos que a leitura deste dispositivo deve ser no sentido da possibilidade de o reconhecimento em juízo ser feito, com ou sem o isolamento do reconhecedor, conforme as condições locais, enquanto, na polícia, o isolamento é obrigatório.

Na fase extrajudicial, não havendo possibilidade de garantia de que o reconhecendo não verá o reconhecedor não se produz a prova. Aguarda-se que o processo chegue a juízo. Assim, estaria incorporado o *"pode* não ter aplicação" – em lugar de "não terá aplicação" – no parágrafo único. Quem dessa forma não entender, ou seja, pretenda aplicar com rigorismo o disposto neste parágrafo, sem qualquer flexibilidade, jamais conseguirá de testemunha ou vítima ameaçada um reconhecimento válido. Portanto, se for para deixar o reconhecedor temeroso frente ao reconhecendo, é melhor não fazer o reconhecimento, isto é, não seguir a formalidade legal.

Opinamos, então, como segunda opção, pelo abandono da forma prevista no parágrafo único para o *reconhecimento de pessoa ou coisa*, mantendo-se o *reconhecimento informal*, mas devidamente cercado das cautelas de proteção. Portanto, se alguém se mostrar constrangido por realizar o reconhecimento face a face, em juízo, deve o magistrado garantir a sua proteção, ocultando-o do reconhecendo e dando a essa prova o valor que ela possa merecer, como se fosse um testemunho. Exigir outra postura é contrariar a realidade e nunca andou bem a lei que o fez, nem o intérprete que com isso compactuou.

Na derradeira etapa, lavra-se auto pormenorizado, que é o registro, por escrito, de tudo quanto ocorrer no processo de reconhecimento (art. 226, IV, CPP). Devem ser anotadas as reações do reconhecedor e todas as suas manifestações, de modo a se poder analisar qual o processo mental utilizado para chegar à conclusão de que o reconhecendo é – ou não – a pessoa procurada.

Há necessidade de duas testemunhas presenciais do reconhecimento, além da autoridade policial e do reconhecedor. Essas pessoas podem ser chamadas a depor em juízo para confirmar e narrar o constatado no momento do reconhecimento, ratificando-o como prova válida ou infirmando-o pela precariedade de elementos com que foi produzido. É fundamental que a autoridade policial não se utilize de subordinados seus para validar tão importante prova.

11.5 Valor do reconhecimento como meio de prova

Quando produzido na polícia, torna-se uma prova longe do crivo do contraditório, embora possa ser confirmada em juízo não só por outro reconhecimento, mas também pela inquirição das testemunhas, que assinaram o auto pormenorizado na fase extrajudicial. Tem, como as demais provas colhidas no inquérito, valor relativo, necessitando de confirmação.

Quanto ao reconhecimento feito em juízo, é prova direta, mas sempre subjetiva e merecedora de análise cautelosa. Se testemunhas podem mentir em seus depoimentos, é natural que reconhecedores também podem fazê-lo, durante o reconhecimento de alguém. Além disso, é preciso contar com o fator de deturpação da memória, favorecendo o esquecimento e proporcionando identificações casuísticas e falsas. O juiz jamais deve condenar uma pessoa única e tão somente com base no reconhecimento feito pela vítima, por exemplo, salvo se essa identificação vier acompanhada de um depoimento seguro e convincente, prestado pelo próprio ofendido, não demovido por outras evidências.

Nunca é demais mencionar como se visualiza este meio de prova em outros países. Somente para ilustrar, em Portugal, "quando houver necessidade de proceder ao reconhecimento de qualquer pessoa, *solicita-se à pessoa que deva fazer a identificação que a descreva*, com indicação de todos os pormenores de que se recorda. Em seguida, é-lhe perguntado se já a tinha visto antes e em que condições. Por último, *é interrogada sobre outras circunstâncias que possam influir na credibilidade da identificação*. Se a identificação não for cabal, afasta-se quem deve proceder a ela e chamam-se pelo menos duas pessoas que apresentem as maiores semelhanças possíveis, inclusive de vestuário, com a pessoa a identificar. Esta última é colocada ao lado delas, devendo, se possível, apresentar-se nas mesmas condições em que poderia ter sido vista pela pessoa que procede ao reconhecimento. Esta é então chamada e perguntada sobre se reconhece algum dos presentes e, em caso afirmativo, qual. Se houver razão para crer que a pessoa chamada a fazer a identificação pode ser intimidada ou perturbada pela efetivação do reconhecimento e este não tiver lugar em audiência, deve o mesmo efetuar-se, se possível, sem que aquela pessoa seja vista pelo identificando. O reconhecimento que não obedecer ao disposto neste artigo *não tem valor como meio de prova*".[153]

11.6   Reconhecimento informal

A lei impõe, como se observa nos incisos do art. 226, uma forma específica para a prova produzir-se, não se podendo afastar desse contexto. Assim, para que se possa invocar ter havido o reconhecimento de alguém ou de algo, é fundamental a preservação da forma legal.

Não tendo sido possível, o ato não foi perdido por completo, nem deve ser desprezado. Apenas não receberá o cunho de *reconhecimento de pessoa ou coisa*, podendo constituir-se numa prova meramente testemunhal, de avaliação subjetiva, que contribuirá ou não para a formação do convencimento do magistrado. Logicamente, perde sua força, embora não seja desprezível. Ensina TORNAGHI que "a forma se exige para a existência do *reconhecimento*; a inobservância da forma acarreta a inexistência *deste ato*, mas não a inexistência de todo e qualquer ato. E se o outro ato praticado convence o juiz, não é possível dizer que ele não está convencido. A lei prevê determinados meios de prova, mas não impede outros".[154]

11.6.1   Reconhecimento por meio de videoconferência

A Lei 11.900/2009 passa a autorizar essa forma de reconhecimento (art. 185, § 8.º, CPP), justamente para viabilizar a realização da audiência de instrução e julgamento e o interrogatório do réu por igual meio tecnológico. Parece-nos, entretanto, medida inadequada, por ferir a ampla defesa. Se já não bastasse admitir-se o reconhecimento informal, que, pelo menos, era realizado face a face (testemunha e réu), não se pode passar a um reconhecimento totalmente

---

[153] MANUEL LOPES MAIA GONÇALVES, *Código de Processo Penal anotado*, p. 305-306, grifamos.

[154] *Compêndio de processo penal*, t. III, p. 929. Em igual posição está o magistério de CAMARGO ARANHA, *Da prova no processo penal*, p. 170.

informal, vale dizer, reconhecer o agente do crime por uma tela de computador ou aparelho de TV. Se os erros judiciários avolumam-se com reconhecimentos informais, pode-se ingressar em campo ainda mais tormentoso com reconhecimentos por videoconferência.

É possível que, futuramente, com o aperfeiçoamento tecnológico, o campo de visão de quem vai reconhecer e o foco do reconhecimento sejam bem precisos e claros, o que não existe atualmente. Visualiza-se as pessoas por meio de uma pequena tela de computador por câmeras transmissoras de imagens nem sempre claras e nítidas.

Caso inexistam dúvidas quanto à autoria ou se existirem outras provas acerca da autoria, torna-se viável admitir o reconhecimento por vídeo, mas, mesmo assim, é prova *indireta*, constituindo mero indício.

Observou-se, a partir de 2020, que a realidade imposta pela pandemia da covid-19 terminou compelindo o Judiciário a praticar atos processuais por meio de videoconferência, pois as audiências foram realizadas à distância. Por óbvio, os reconhecimentos ingressaram no mesmo modelo, embora houvesse dificuldade para se ter certeza a respeito da autoria. Enfim, é preciso buscar um sistema híbrido, que possa harmonizar o avanço tecnológico com a segurança jurídica. Por ora, um reconhecimento realizado à distância deve ser avaliado com cautela, conjugando-se com outras provas captadas no processo, para se chegar à certeza da autoria.

11.7   Reconhecimento de coisa

Leva-se em conta as regras fixadas pelo art. 226, no que for aplicável (art. 227, CPP). São objetos passíveis de reconhecimento, segundo ESPÍNOLA FILHO: a) coisas que, sob variada forma, relacionem-se com o fato delituoso; b) coisas sobre as quais recaiu a ação do criminoso; c) coisas com as quais se levou a efeito a infração penal, tais como ocorre com os instrumentos do delito; d) coisas que, acidentalmente, foram alteradas, modificadas ou deslocadas pela ação criminosa, direta ou indiretamente; e) coisas que se constituíram no cenário da ocorrência do fato punível.[155]

11.8   Reconhecimento coletivo ou em grupo

É inadmissível, pois não se pode aceitar que várias pessoas, ao mesmo tempo, umas influenciando as outras, o que seria natural diante da situação gerada, possam reconhecer pessoas ou coisas.

O processo é individualizado, cada qual tendo a sua oportunidade de se manifestar livremente a respeito da pessoa ou da coisa a ser reconhecida. Torna-se importante, ainda, que a autoridade providencie a incomunicabilidade daquele que já participou da diligência com o que ainda vai empreendê-la, de modo a livrar a prova de qualquer mácula. A infringência ao disposto neste artigo torna inviável a aceitação da prova como *reconhecimento*, podendo-se dar a ela, no entanto, o valor que o juiz achar conveniente.

11.9   Reconhecimento de imagens e vozes

Não ingressa no contexto do art. 226 do CPP, pois inexiste a previsão de quais seriam as formalidades a observar. Por isso, havendo necessidade de ser realizado o reconhecimento de alguma imagem ou de voz, existirão duas possibilidades: a) prova pericial (o exame será feito

---

[155] *Código de Processo Penal brasileiro anotado*, v. 3, p. 146.

por especialista e transformar-se-á em laudo); b) prova testemunhal (a testemunha fornece a sua impressão à autoridade competente).

12. ACAREAÇÃO

12.1 Conceito de acareação

É o ato processual, presidido pelo juiz, que coloca frente a frente os depoentes, confrontando e comparando declarações contraditórias ou divergentes, no processo, visando à busca da verdade real. Registremos que a acareação, tal como prevista no Capítulo VIII do Título VII, pode ser realizada igualmente na fase policial (art. 6.º, VI, CPP).

Esclarece ARY DE AZEVEDO FRANCO que "Joaquim Bernardes da Cunha e Galdino Siqueira preferiam *careação*, e Joaquim Bernardes da Cunha, em nota, explica: 'careação, segundo Ferrières, deriva-se da palavra *cara* ou *rosto do homem*. Designa a ação de confrontar uma testemunha com outra, pondo-as face a face uma da outra, e dando-se-lhes a conhecer as divergências de seus depoimentos para que as expliquem. A confrontação nenhuma diferença faz da careação, senão em que aquela tem lugar entre alguma testemunha e o réu, ou entre este e outros corréus. Na careação e confrontação deve-se atender ao estado de ânimo das pessoas careadas ou confrontadas, e descrever-se tudo exatamente no respectivo termo".[156]

Segundo ROMEU PIRES DE CAMPOS BARROS, "a acareação sempre foi uma forma, através da qual o processo penal procura dirimir as divergências entre duas ou mais declarações sobre um mesmo fato. (...) Daí entender-se por acareação o ato processual consistente na confrontação de duas ou mais pessoas já examinadas como sujeitos da prática de provas, encaminhada a obter o convencimento do titular do órgão jurisdicional sobre a verdade de algum fato no qual suas declarações, como imputado, ofendido ou testemunha estiverem em discordância. A acareação se concebe, em nosso direito positivo, como um meio de prova, já que tem como objetivo convencer o julgador da existência de um delito ou da culpabilidade de algum dos acusados. Na realidade, é um meio de prova mediato e subsidiário, já que seu verdadeiro fim consiste na obtenção de elementos para uma reta avaliação dos resultados da prática de outros meios de prova, consistentes nas declarações do acusado, ofendido ou das testemunhas".[157]

12.2 Natureza jurídica

Trata-se de meio de prova, porque, por seu intermédio, o magistrado conseguiria eliminar do processo declarações e depoimentos divergentes, que constituem autênticos obstáculos à descoberta da verdade material.

12.3 Valor da acareação

Teoricamente, é um meio de prova dos mais promissores, uma vez que serviria para contornar as mais intrincadas contradições entre testemunhas, entre estas e a vítima, entre réus, entre estes e o ofendido ou testemunhas, entre vítimas, enfim, possibilitaria o reequilíbrio das provas colhidas em autêntica desarmonia, permitindo o correto deslinde da causa. Na

---

[156] *Código de Processo Penal*, v. 1, p. 315. No mesmo prisma, ESPÍNOLA FILHO (*Comentários ao Código de Processo Penal brasileiro anotado*, v. 3, p. 147).

[157] *Sistemas de processo penal brasileiro*, p. 508-509.

prática, no entanto, é inócua e sem utilidade, uma vez que, raramente, as pessoas confrontadas voltam atrás e narram, de fato, a verdade do que sabem.

12.4   Admissibilidade da acareação

Pode dar-se, como prevê o art. 229 do Código de Processo Penal, entre todos os sujeitos envolvidos no processo, a saber:

a)   *entre réus* – respeitado, naturalmente o direito ao silêncio e a possibilidade que têm de não se autoacusar;

b)   *entre réu e testemunha* – respeitado, também nesse caso, o direito ao silêncio e o privilégio contra a autoacusação;

c)   *entre testemunhas* – nesta hipótese, é de se destacar dois pontos fundamentais: a possibilidade de retratação de uma delas, que estiver mentindo, eliminando a tipicidade do delito anteriormente cometido (art. 342, § 2.º, CP), bem como o privilégio contra autoacusação. Assim, as testemunhas podem evitar a retificação do que já disseram, antes, para não se envolverem em hipótese de autoincriminação. Por outro lado, na prática, terminam mantendo exatamente o declarado, para que, na sua visão, não piorem o já realizado. Seria extremamente conveniente que, feita a acareação entre testemunhas, o magistrado explicasse, com detalhes, as duas alternativas referidas (retratação e proteção contra autoincriminação), além de, como é óbvio, tratando-se de testemunhas, repetir o dever de falar somente a verdade;

d)   *entre vítima e acusado* – hipótese de remoto sucesso, pois são partes antagônicas no processo e com relação ao fato delituoso, ambos prestando esclarecimentos sem o compromisso de dizer a verdade;

e)   *entre vítima e testemunha* – trata-se de alternativa envolvendo a ausência do dever de dizer a verdade, do lado do ofendido, com a possibilidade da testemunha se retratar ou proteger-se contra a autoincriminação;

f)   *entre vítimas* – situação que envolve duas partes sem o compromisso de narrar a verdade, logo, de difícil proveito.

12.5   Objeto da acareação

São os fatos e circunstâncias relevantes do crime. Há de ser fato (qualquer acontecimento) ou circunstância (particularidades ou peculiaridades, que acompanham o acontecimento) relevante (importante ou valoroso) para o deslinde da causa.

Logo, não deve o juiz deferir acareação sobre fatos periféricos, irrelevantes para a apuração do crime e de suas circunstâncias, nem tampouco sobre fatos importantes, mas que não revelem contradições fundamentais, visto que pequenas divergências são naturais às narrativas das pessoas. Mereceria, isto sim, uma acareação as testemunhas que oferecessem depoimentos extremamente precisos e detalhados, sem qualquer falha, indicadores de fraude ou inverdades programadas. Nessa linha, anote-se o ensinamento de ALTAVILLA, que considera o testemunho absolutamente exato uma exceção, razão pela qual pode gerar a natural suspeita do juiz.[158]

---

[158]   *Psicologia judiciária*, v. 2, p. 325.

12.6   Requerimento das partes ou procedimento de ofício

Pode a acareação ser requerida por qualquer das partes e, também, determinada de ofício pelo magistrado. A sua realização fica ao prudente critério do julgador, visto ser a ele que o conjunto probatório se destina. Portanto, nem sempre o indeferimento da produção da prova configura algum tipo de cerceamento.

12.7   Procedimento do magistrado na condução da acareação

Após a colocação frente a frente, na presença das partes (acusação e defesa), das pessoas que devem aclarar as divergências apresentadas em suas declarações, deve o juiz destacar, ponto por ponto, as contradições existentes.

Paulatinamente, obtém de ambos os esclarecimentos necessários, fazendo *reperguntas* – como diz a lei –, ou seja, reinquirindo exatamente a questão controversa. Conforme as reperguntas forem sendo respondidas pelos envolvidos, o juiz vai ditando as explicações, compondo o termo. Alerta, com pertinência, BENTO DE FARIA que as testemunhas não "devem se limitar a manter o quanto já disseram, mas hão de dar as razões que justifiquem suficientemente os seus ditos, podendo prestar novos esclarecimentos ou retificar os anteriores".[159]

12.8   Acareação à distância

Trata-se de uma providência criada, inovadoramente, pelo Código de Processo Penal de 1941, como bem demonstra a Exposição de Motivos. Torna-se possível promover a acareação entre pessoas que não estão face a face, fazendo com que os pontos divergentes sejam esclarecidos diretamente pela pessoa presente, através das reperguntas feitas pelo juiz.

Segundo cremos, se algum valor pode haver na acareação é justamente a colocação de duas pessoas, cujos depoimentos são contraditórios, frente a frente, para que o magistrado tenha a oportunidade de perceber, inclusive através de pequenos gestos corporais e faciais, frases e estado de espírito, quem está mentindo e quem fala a verdade.

Realizado o ato por precatória, a prova é esvaziada em grande parte, restando pouca chance de ter sucesso. Assim, inicialmente, o magistrado colhe as respostas acerca das contradições da pessoa presente, para, depois, expedir precatória à autoridade judiciária de onde se encontra a pessoa ausente, que poderá esclarecer, na sua visão, as divergências existentes. É possível ocorrer duas situações: a) a pessoa presente está na Comarca do juiz do feito e a ausente em outra. Convoca o magistrado a residente na sua esfera de jurisdição, ouvindo-a sobre as contradições existentes. Se tudo ficar esclarecido devidamente, nenhuma outra providência é tomada; b) ouve o juiz a pessoa presente; persistindo as contradições, expede-se precatória para outro magistrado ouvir a pessoa ausente, porque reside em Comarca diversa.

Quanto à testemunha ausente, entende ESPÍNOLA FILHO que a pessoa ausente não necessariamente precisa residir em outra Comarca, mas pode ter falecido ou ter ficado insana. Dessa forma, os pontos de divergência serão confrontados pelo que a ausente tiver declarado com o que a presente puder esclarecer.[160]

Atualmente, a edição da Lei 11.900/2009 viabilizou a realização de acareação por meio da videoconferência, de modo que se torna desnecessária a utilização da precatória (art. 185,

---

[159]   *Código de Processo Penal*, v. 1, p. 327.
[160]   *Código de Processo Penal brasileiro anotado*, v. 3, p. 154.

§ 8.º, CPP). É lógico que as Comarcas envolvidas (onde se encontram os acareados) devem possuir o equipamento para tanto. Enquanto esse material inexistir, permanece o envio da precatória como única forma para a acareação à distância.

13. PROVA DOCUMENTAL

13.1 Conceito de documento

É toda base materialmente disposta a concentrar e expressar um pensamento, uma ideia ou qualquer manifestação de vontade do ser humano, que sirva para demonstrar e provar um fato ou acontecimento juridicamente relevante. São documentos, portanto: escritos, fotos, fitas de vídeo e som, desenhos, esquemas, gravuras, disquetes, CDs, entre outros.[161] Em visão ultrapassada, TORNAGHI diz que documento "é qualquer objeto que contém a expressão de um fato, e em sentido estrito, para designar os escritos, isto é, aquilo que abriga a expressão gráfica de um fato".[162]

Narra TARUFFO que, "desde a Idade Média, as provas escritas têm sido usadas como o principal meio para se conferir certeza às transações jurídicas. (...) A prática criou diversos tipos de documentos de acordo com essas necessidades, observando as características institucionais e a evolução de cada sistema. (...) Assim, esse conceito inclui documentos escritos, documentos não escritos (tais como os registros de computador) e qualquer outra coisa que tenha a capacidade de representar um fato, como fotos, vídeos, fitas-cassete, entre outras".[163]

O CPC (Lei 13.105/2015), do mesmo modo que o CPP, não definiu *documento*, cabendo à doutrina fazê-lo. Porém, ao menos, deixou clara a viabilidade de aceitação dos documentos eletrônicos: "Art. 439. A utilização de documentos eletrônicos no processo convencional dependerá de sua conversão à forma impressa e da verificação de sua autenticidade, na forma da lei. Art. 440. O juiz apreciará o valor probante do documento eletrônico não convertido, assegurado às partes o acesso ao seu teor. Art. 441. Serão admitidos documentos eletrônicos produzidos e conservados com a observância da legislação específica".

Trata-se de uma visão amplificada do tradicional conceito de documento – simples escrito em papel – tendo em vista a evolução da tecnologia e, aos poucos, a substituição da estrutura material tradicional por outras inovadoras e que, igualmente, permitem a fixação de uma base de conhecimento. À sua época, já fixava ESPÍNOLA FILHO de maneira ampla o conceito de documento, mencionando o seguinte: "Pouco importa a forma, por que se objetive a manifestação da vontade ou do pensamento; pode tratar-se de uma declaração manuscrita, datilografada, impressa, desenhada, esculpida, gravada, por meio de letras, de cifras, de figu-

---

[161] "Documento, sob o ponto de vista jurídico, é o objeto material no qual, por escritura ou graficamente, consta ou se representa um fato. Assim, pois, não somente será documento jurídico o objeto material no qual se insere a escrita representando um fato como também os que contiverem figuras ou outra forma de impressão" (RIVERA SILVA, *El procedimiento penal*, p. 227, traduzi). Em conceito amplo, NESTOR TÁVORA e ROSMAR RODRIGUES ALENCAR definem documento como "qualquer objeto representativo de um fato ou ato relevante, e aí poderíamos incluir, v.g., fotos, desenhos, esquemas, planilhas, *e-mails*, figuras digitalizadas" (*Curso de direito processual penal*, p. 595).

[162] *Instituições de processo penal*, v. V, p. 39. Na mesma ótica antiquada, BELING define documento como o escrito no qual alguém, valendo-se da escrita, insere um conteúdo intelectual determinado (*Derecho procesal penal*, p. 233, tradução livre).

[163] *A prova*, p. 73.

ras, de notas musicais, de hieróglifos, de sinais telegráficos, estenográficos etc. (...) Em suma, não é possível estabelecer limitações, devendo aceitar-se qualquer elemento material apto a receber e conservar uma declaração de vontade ou de pensamento, expresso por qualquer modo capaz de ser compreendido, traduzido, interpretado".[164]

O *e-mail* deve ser considerado documento, baseado no critério ampliativo do conceito de documento, abrangendo outras bases suficientes para registrar pensamentos ou outras manifestações de vontade, pois está armazenado dentro de um computador, no disco rígido.

Além disso, atualmente, lembremos da informatização do processo: "Os documentos produzidos eletronicamente e juntados aos processos eletrônicos com garantia da origem e de seu signatário, na forma estabelecida nesta Lei, serão considerados originais para todos os efeitos legais" (art. 11, *caput*, Lei 11.419/2006).

Cada vez mais caminha-se para a digitalização de todos os documentos, de modo que o meio material de registro de atos ou fatos – como o papel – vai deixando de existir. Deve-se acompanhar esse avanço tecnológico, permitindo-se verificar qual mecanismo será utilizado para a produção documental, com a garantia de autenticidade.

13.1.1 Prova informática

MICHELE TARUFFO lembra, com pertinência, que "os avanços da informática e da telemática, bem como o uso cotidiano dos computadores em um número crescente de domínios, têm extensos efeitos na experiência jurídica e na sua prática. (...) Ademais, mesmo quando a prova eletrônica é impressa, os documentos resultantes não são 'escritos' na sua tradicional acepção, e, na maioria dos casos, esses não são assinados pelo seu autor. Portanto, o perigo de falsificação, erros e uso indevido ou abuso são especialmente frequentes e relevantes e, em certa medida, ainda desconhecidos. Os vários sistemas jurídicos empenham-se em reagir a essa situação na tentativa de oferecer uma regulação adequada do novo domínio das 'provas informáticas'". Mais adiante, TARUFFO continua, tratando do valor probatório da prova informática: "em geral, esse é determinado discricionariamente pelo julgador e, cumpre ressaltar, um registro informático nunca terá a força vinculante de alguns documentos especiais regulados pela lei".[165]

É preciso considerar que a prova informática representa uma espécie de prova documental, em muitos casos, mas também pode submeter-se à prova pericial, para comprovar a sua veracidade.[166]

Quando um *e-mail* é apresentado no processo (impresso em papel), ele pode ser questionado ou aceito pela parte contrária. Aceito, está validado como prova. Se refutado, pode-se utilizar outros meios de prova, como a pericial, somente para ilustrar.

---

[164] *Código de Processo Penal brasileiro anotado*, v. 3, p. 160.

[165] *A prova*, p. 85-86.

[166] Para HENRY EYNER ISAZA, a prova eletrônica "é definida como toda a informação ou dado contido ou transmitido num meio eletrônico e que tem valor probatório dentro do processo penal" (*Medios electronicos e informaticos...*, p. 47, tradução livre). Para ser admitida como prova, no processo penal, há de percorrer alguns pontos. Considera-se documento eletrônico os que contêm em suporte diverso do papel alguma ideia ou pensamento. Deve ser assimilável pela intelectualidade humana. Ademais, qualquer prova eletrônica pode ser submetida a inspeção judicial e a perícia judicial (ob. cit., p. 51-54).

A prova informática não pode ser desprezada, nem ignorada, mas incorporada ao sistema probatório, pois inexorável. Resta saber o seu grau de confiabilidade, que, somente o tempo, demonstrará.

13.2 Regra para apresentação de documentos no processo

Em qualquer fase, admite-se a juntada de documentos, desde que providenciada a ciência das partes envolvidas, exceto quando a lei dispuser em sentido diverso. No procedimento do júri, por exemplo, não se admite que a parte apresente, no plenário, um documento não juntado aos autos, com ciência do adversário, pelo menos três dias antes do julgamento (art. 479, CPP).

13.3 Documentos nominativo e anônimo

O documento pode ser, segundo cremos, nominativo – que possui o nome de quem o produziu – ou anônimo – que não possui a indicação de quem o materializou. Há doutrina sustentando que o documento anônimo não pode ser assim considerado, como ocorre com os escritos anônimos, embora não seja essa a melhor opinião.[167] Uma fotografia, por exemplo, retratando determinada situação importante para o desfecho de um processo pode ser juntada aos autos, mesmo que não se saiba quem a produziu. Ainda assim é um documento.

Logicamente, um escrito anônimo terá de ser cuidadosamente avaliado pelo magistrado, visto não ter o mesmo valor do documento nominativo. Entretanto, o fato de não se saber quem o escreveu não o torna inútil, nem lhe retira o aspecto documental de uma ideia reduzida em base material. Imagine-se alguém que tenha presenciado um homicídio e, não desejando ser reconhecido, envia carta anônima à polícia; graças a isso, localiza-se o autor, que ampla e espontaneamente confessa seu ato. Torna-se importante fator de prova aquela carta, pois justifica o fato de o Estado-investigação ter chegado a desvendar a autoria da infração penal, legitimando-a de alguma forma. Não se quer absolutamente dar a esse documento anônimo o mesmo valor que possui o nominativo, passível de confirmação, mas não deixa de ser, no contexto probatório, um elemento a mais para a avaliação judicial. Somente não se deve excluí-lo do conjunto das provas, visto que ilícito não é.

Conforme a lição de PAOLO TONINI, no tocante ao documento anônimo, pode-se atingir as seguintes conclusões: "a identificação do autor da representação não constitui elemento essencial para que haja um 'documento'; na verdade, o anônimo também é considerado um 'documento'. No máximo, a identificação do autor da 'declaração' anônima constitui uma condição de utilizabilidade da mesma. Por derradeiro, somente a ausência de conhecimento do autor da representação de tipo declaração anônima a torna inutilizável como prova do fato narrado. O documento que contém a declaração anônima resta, todavia, utilizável para outros fins; por exemplo, o *videotape* contendo declarações anônimas pode servir como prova do lugar em que se encontravam as pessoas em uma determinada data".[168]

O art. 232, do Código de Processo Penal, menciona constituírem documentos quaisquer escritos (papel ou de outra base material contendo a representação de palavras ou ideias através de sinais), instrumentos (documento pré-constituído para a formação de prova, como recibos, procurações, termos etc.) e papéis (de aplicação residual, vale dizer, excluídos os elementos anteriores – escritos e instrumentos – cuida-se da base constituída de matéria fibrosa, de

[167] BENTO DE FARIA, *Código de Processo Penal*, v. 1, p. 329.

[168] *A prova no processo penal italiano*, p. 201.

origem vegetal, tratada e destinada à formação de folhas aptas a receber gráficos, desenhos, ilustrações, entre outros). Podem ser públicos ou particulares, conforme a origem. É público o documento produzido por funcionário público, no exercício das suas funções, possuindo maior credibilidade (certidões, atestados etc.) e privado, quando realizado por particular, sem nenhuma intervenção do Estado.

13.4   Fotografia do documento

É a fotocópia ("xerox"), amplamente utilizada por todos para reproduzir um documento original. Almeja o Código de Processo Penal que ela seja autenticada, isto é, reconhecida como verdadeira por agentes do serviço público, conforme fórmula legalmente estabelecida (art. 232, parágrafo único). Não se veda, no entanto, a consideração de uma fotocópia como documento, embora preceitue a lei que ela não terá o mesmo valor probatório do original. Ao juiz cabe a avaliação da prova, tornando-se a fotocópia livre de controvérsias se, juntada por uma parte, não tiver sido impugnada pela outra.

O documento original é o produzido em formato inicial ou inédito. Um desenho pode ser feito por uma pessoa sobre o papel pela primeira vez, constituindo um documento original. A partir daí, pode-se reproduzi-lo por fotocópias ou outros mecanismos tecnologicamente viáveis (como o *scanner* dos computadores).

13.5   Valoração e licitude do documento

Para que seja considerado efetivo meio de prova, ensina a doutrina dever ser o documento apresentado, no processo, por inteiro – sem fragmentações que possam comprometer o seu sentido –, livre de defeitos ou vícios – sem rasuras, borrões ou emendas, tornando-o insuspeito e inteligível – compreensível por quem o visualiza. Se for obscuro ou apresentado em linguagem codificada, depende do parecer de um técnico, tornando-se prova pericial e não documental. Se porventura for contestada a autenticidade do documento, é viável submetê-lo a prova pericial (art. 235, CPP).

Por outro lado, o art. 233 do Código de Processo Penal, consagrando o princípio da vedação das provas ilícitas, estabelece que cartas particulares, interceptadas ou obtidas por meios criminosos, não serão admitidas em juízo. Mas, abrindo justificável exceção, permite que as referidas cartas poderão ser exibidas no processo pelo destinatário, desde que para a defesa de seu direito, ainda que não haja consentimento do signatário ou do remetente (art. 233, parágrafo único, CPP).

A primeira parte do art. 233 (*caput*) volta-se à produção de prova ilícita, pois a interceptação de carta é crime. A proteção advém tanto da Constituição Federal (art. 5.º, XII), quanto do Código Penal (art. 151) e da Lei 6.538/1978, que regula os serviços postais (art. 40). A segunda parte do referido art. 233 (parágrafo único) está voltada à carta guarnecida pelo sigilo, razão pela qual, mesmo que aberta pelo destinatário, por envolver um segredo confidenciado pelo remetente, não poderia ser usada (cf. art. 153, CP, e art. 5.º, X, CF). Ocorre que, para a defesa de um direito, vale a exibição (exercício regular de direito assegurado pela lei processual penal).

Refere-se a lei somente às cartas particulares, pois as *cartas públicas*, normalmente denominadas ofícios, comunicações formais estabelecidas entre funcionários públicos, não são resguardadas pela privacidade.

Estabelecendo nítida diferença entre a violação de correspondência e a divulgação de conteúdo de carta já recebida, está a lição de BENTO DE FARIA: "Durante essa condução, essa transmissão, essa comunicação, ou se efetue postal, ou particularmente, não pode a Justiça (como diz Milton) *interceptar* a correspondência, embora dirigida a pessoas indiciadas em delitos, ou deles suspeitas. Concluindo esse trajeto e consumado esse destino com a chegada e a abertura das cartas pelos seus legítimos donos, ultimada se acha a função peculiar à *correspondência*, a função que lhe dá o caráter, a que lhe constitui a missão, a que lhe resume a utilidade: pôr em contato, em relação, em conversa recíproca, indivíduos distantes um do outro. Feito isso as cartas decaíram da sua expressão, e ultimaram o seu papel de *correspondência*. São agora – *documentos* –, mais ou menos como os demais, registro de impressões, memórias escritas de fatos, títulos de compromissos, elementos de prova em direito, obrigações e contratos. A inviolabilidade constitucional já não as protege do mesmo modo contra a interferência averiguada ou repressiva da Justiça. Esta maneira de entender a nossa lei constitucional não diversifica da que se tem adotado em outros países, onde a linguagem das Constituições escritas se assemelha ou iguale a da nossa Constituição atual".[169]

13.6   Diligência de ofício

O juiz, em busca da verdade real, pode e deve coligir provas indispensáveis ao deslinde do feito (art. 234, CPP). Sendo ele o destinatário da prova, nada mais justo do que colhê-la, diretamente, quando disso tomar conhecimento. Aliás, muitos documentos somente poderão ser conseguidos por intermédio de requisição judicial, como ocorre com a quebra do sigilo fiscal ou bancário, razão pela qual é plausível que o próprio magistrado os busque para a juntada nos autos.

13.7   Documentos em língua estrangeira e a pública-forma

Devem ser traduzidos, quando necessário. É natural que um documento produzido na Espanha seja considerado em língua estrangeira, mas pode ser considerado de entendimento amplo pelas partes, razão pela qual independe de tradução. A decisão ficará a critério do juiz que, entretanto, deve providenciá-la, sempre que qualquer dos envolvidos no processo assim deseje.

Quando for necessária a tradução, deve o magistrado nomear tradutor público, isto é, a pessoa profissionalizada e reconhecida pelo próprio Poder Público, especialmente pelo Judiciário, como perito apto a fazer traduções. Lembremos que o tradutor e o intérprete devem ser equiparados aos experts (art. 281, CPP). Na sua falta, o magistrado nomeará pessoa de confiança e idônea para proceder à tradução, mediante compromisso.

Há outros documentos passíveis de tradução, como nos indica Espínola Filho, por estarem em linguagem cifrada ou estenografada.[170] O juiz indicará pessoa habilitada a realizar a conversão em linguagem conhecida, sob pena de desentranhamento dos autos. Há, ainda, a hipótese dos documentos escritos em péssima letra, tornados ininteligíveis. Nesse caso, o melhor a fazer é convocar a juízo o autor do escrito, para que possa esclarecer o seu conteúdo. Poderá, ainda, o magistrado, tratando-se de funcionário público, determinar a produção de outra cópia do mesmo documento. Finalmente, quando a pessoa que o produziu estiver ausente, por qualquer razão (ex.: falecimento), pode o juiz empregar os conhecimentos de perito para "traduzir" o documento.

---

[169]   *Código de Processo Penal*, v. 1, p. 338.

[170]   *Código de Processo Penal brasileiro anotado*, v. 3, p. 173.

Menciona o art. 237 do CPP que a pública-forma somente terá valor quando for conferida com o original, em presença da autoridade. Trata-se da cópia autenticada por oficial público de papel avulso, servindo para substituir-se a este, na grande maioria das vezes. Estaria o artigo em comento referindo-se à certidão e ao traslado também? Cremos que não. Valemo-nos das definições expostas pelo magistrado Francisco Eduardo Loureiro, em parecer aprovado pela Corregedoria-Geral da Justiça de São Paulo (*DOE*, Poder Judiciário, Caderno 1, 14.02.1997, p. 34), definindo *pública-forma* como a cópia autenticada de documento, que difere da certidão (cópia extraída de livro de notas, em formato integral, parcial ou de breve relato, feita por oficial público, dentro das formalidades legais) e do traslado (cópia do original, constituindo a *2.ª via* ou a duplicata, extraída no momento de produção do documento nos livros do notário). Vê-se o mesmo das linhas escritas por Câmara Leal.[171]

Assim, as certidões e os traslados, para os fins deste artigo, não são considerados *públicas-formas*, e sim documentos originais (art. 232, *caput*, CPP). Por outro lado, já que o Código de Processo Penal admite, com o mesmo valor do original, a fotografia do documento, devidamente autenticada (pública-forma), conforme se observa no art. 232, parágrafo único, é desta fotocópia que se trata neste texto. Assim, quando a autoridade judiciária tiver alguma dúvida, quanto à autenticidade da fotocópia autenticada, poderá exigir a apresentação do original para sua conferência. Exemplificando: para a decretação da extinção da punibilidade por morte do agente, exige o art. 62 do Código de Processo Penal a apresentação da certidão de óbito. Juntando-se aos autos uma cópia autenticada, que teria o mesmo valor do original, pode o magistrado, considerando útil para sua apreciação, determinar a exibição da certidão original para conferência.

13.8   Finalização do processo e destino dos documentos

Os documentos originais, nos autos do processo findo (com trânsito em julgado da decisão proferida), não havendo motivo relevante para retê-los, podem ser entregues à parte que os produziu, ficando cópia em seu lugar (art. 238, CPP).

Há algumas situações, no entanto, demonstrativas da inconveniência de se proceder a tal devolução, como por exemplo: a) o documento falsificado, que foi objeto de consideração pelo juiz para fundamentar a sentença condenatória, visto constituir a materialidade do delito. Nesse prisma, Bento de Faria, que defende a não liberação de todo documento que compuser o corpo de delito;[172] b) qualquer documento, que tenha sido essencial para a sentença condenatória, desde que pendente o trâmite de uma revisão criminal; c) o documento, cujo porte ou divulgação seja vedado por lei, como aquele que contém segredo interessante à administração pública; d) a certidão de óbito, que deu causa à decisão de extinção da punibilidade do réu, entre outros. O importante é verificar, concretamente, se a devolução pode prejudicar o interesse público de mantê-lo nos autos.

Por outro lado, como lembra Tornaghi, se houver controvérsia acerca da propriedade do documento, reclamada por várias pessoas, o melhor é mantê-lo entranhado nos autos do processo criminal, aguardando-se que se decida, na esfera cível, a questão.[173]

---

[171]   *Comentários ao Código de Processo Penal brasileiro*, p. 85-86.

[172]   *Código de Processo Penal*, v. 1, p. 346.

[173]   *Compêndio de processo penal*, t. III, p. 939.

Não se admite que o juiz, de ofício, delibere devolver qualquer documento a quem quer que seja. É preciso existir requerimento da parte interessada, ouvindo-se o representante do Ministério Público a respeito. Por outro lado, o requerente deve demonstrar o seu interesse na devolução do documento. Caso seja deferido pelo juiz, traslado (cópia) deve ficar nos autos. Havendo indeferimento do pedido, não há recurso previsto em lei, sendo cabível, portanto, mandado de segurança.

13.9   Documento e "documentação"

Considerando-se o documento uma prova constituída fora do processo, sem contraditório, mas que se junta aos autos e se submete à avaliação e valoração das partes, interessante observar a possibilidade de utilização do termo *documentação,* conforme bem exposto por Paolo Tonini.[174] Destina-se à redução a termo (por escrito) dos atos procedimentais verbais, produzidos em audiência, como os depoimentos das testemunhas, a declaração da vítima, o interrogatório do réu, a acareação, o reconhecimento de pessoa ou coisa etc.

Portanto, trata-se de documento a prova formada em base material, disposta a expressar um pensamento, uma ideia ou uma manifestação de vontade, produzida extra-autos. Cuida-se de documentação todos os termos inseridos nos autos em virtude da redução por escrito da prova colhida oralmente.

14.   PROVA INDICIÁRIA

14.1   Conceito de indício

É um fato secundário, conhecido e provado, que, tendo relação com o fato principal, autorize, por raciocínio indutivo-dedutivo, a conclusão da existência de outro fato secundário ou outra circunstância. O conceito fornecido pela lei encontra-se no art. 239 do CPP, embora esteja incompleto.[175]

"O vocábulo – *indício* – procede da expressão – *index* –, aquilo que serve para apontar, indicar, indigitar. O indício e o fato conhecido que serve para revelar outro fato desconhecido, dada sua relação com este. Tanto mais veemente será o indício quanto maior for a relação existente entre ele e o fato cuja existência revela. Assim, por exemplo, a gravidez é um indício seguro da cópula carnal, tal a relação necessária existente entre aquela e esta".[176] Para João Mendes Júnior, "*indício* é a circunstância que tem relação com o fato criminoso; e, por isso, a prova resultante de indícios denomina-se *prova relativa* ou *prova circunstancial*".[177]

É prova indireta, embora não tenha, por causa disso, menor valia. O único fator – e principal – a ser observado é que o indício, solitário nos autos, não tem força suficiente para levar a uma condenação, visto que esta não prescinde de segurança. Assim, valemo-nos, no

---

[174]   *A prova no processo penal italiano,* p. 193.

[175]   "A prova pode fazer-se por meio de indícios, quer dizer, pela própria constatação dos fatos. Essas provas, a que os ingleses chamam circunstanciais, distinguem-se das precedentes pelo seu caráter de objetividade. Os antigos criminalistas distinguiam, com toda a razão, os indícios em três classes: manifestos, próximos e distantes" (Edmond Locard, *A investigação criminal,* p. 19).

[176]   Câmara Leal (*Comentários ao Código de Processo Penal brasileiro,* v. II, p. 88). O exemplo fornecido pelo autor, há mais de 70 anos, era primoroso. Hoje, no entanto, consolidada a hipótese de fertilização *in vitro,* já não se pode acolher a ilustração sem restrições.

[177]   *O processo criminal brasileiro,* v. 2, p. 239.

contexto dos indícios, de um raciocínio indutivo, que é o conhecimento amplificado pela utilização da lógica para justificar a procedência da ação penal. A indução nos permite aumentar o campo do conhecimento, razão pela qual a existência de vários indícios torna possível formar um quadro de segurança compatível com o almejado pela verdade real, fundamentando uma condenação ou mesmo uma absolvição.

14.2 Indução

É o "raciocínio no qual de dados singulares ou parciais suficientemente enumerados se infere uma verdade universal", nas palavras de JACQUES MARITAIN.[178]

Somos da opinião de que o legislador empregou o termo exato neste artigo, vale dizer, o raciocínio utilizado pelo magistrado, utilizando os indícios para chegar a uma conclusão qualquer no processo, é realmente indutivo. Ressalvamos que há parte da doutrina sustentando ter havido um erro de redação, usando-se a palavra *indução* em lugar do que seria o correto, ou seja, *dedução*.[179]

A objeção é incorreta, pois a dedução é um raciocínio mais simples, que não permite a ampliação do conhecimento, mas estabelece a conjunção do que já é conhecido, *afirmando*, pois, a noção que se tem de algo. A indução, por sua vez, faz crescer o conhecimento do ser humano, unindo-se dados parciais para formar um quadro mais amplo. Ainda assim, é preciso ressaltar não produzir a indução *verdades absolutas*, mas nenhuma decisão judicial pode chamar a si tal qualidade. O juiz decide, ainda que fundamentado em provas diretas, como a confissão judicial ou a pericial, com uma grande probabilidade de acerto, mas jamais em caráter absoluto, visto que confissões podem ser falsas, assim como o perito pode ter-se equivocado.

Anote-se o alerta de FÁBIO ULHOA COELHO: "A comprovação processual de um acontecimento não significa a sua efetiva verificação. É claro que o homem desenvolveu várias técnicas de reprodução de fatos (perícias, depoimento de testemunhas oculares, documentação fotográfica, cinematográfica etc.), mas o julgador imparcial, obrigatoriamente ausente no momento da ocorrência, tem da realidade apenas a versão processualmente construída. E, para o direito, interessa apenas esta versão. Se uma parte não conseguir provar um determinado acontecimento, a decisão jurídica deve considerá-lo inocorrente. Portanto, para a aplicação de uma norma jurídica a um caso concreto, leva-se em conta simplesmente a versão processual desse caso".[180]

Dessa forma, ao pronunciar uma sentença, o julgador leva em conta tanto a indução, quanto a dedução, a intuição e o silogismo. Quanto ao processo indutivo, ele seleciona os dados singulares interessantes ao seu conceito de justo, conforme sua experiência de vida e seus valores, determinando a formação de um raciocínio próprio. Para condenar ou absolver o réu, julgando procedente ou improcedente uma causa, o magistrado pode trabalhar com a indução generalizadora de dois modos diversos, fazendo a conclusão caminhar para um lado (condenação ou procedência) ou para outro (absolvição ou improcedência). Ele pode usar, ainda, inicialmente a intuição (sentindo se o réu é ou não culpado), caminhar para a indução e findar com a dedução.

Exemplo: no caso de furto, raciocinando o juiz: a) o réu confessou, na polícia, a prática do crime; b) ostenta antecedentes criminais; c) a apreensão da *res furtiva* foi feita em seu

---

[178] *A ordem dos conceitos – lógica menor*, p. 283.

[179] Por todos nessa crítica, veja-se TORNAGHI, *Compêndio de processo penal*, t. III, p. 945.

[180] *Lógica jurídica – uma introdução*, p. 70.

poder; d) instrumentos normalmente usados para a prática de furto foram encontrados no seu domicílio; e) o réu tem um nível de vida elevado, incompatível com sua renda declarada; f) foi visto nas imediações do local onde o furto foi cometido no dia do fato. Ninguém o viu furtando, nem ele, em juízo, admitiu essa prática. Mas esses indícios (prova indireta) fazem com que o juiz conclua, em processo indutivo, ter sido ele o autor do furto. Finaliza, então, com a dedução: o tipo penal do art. 155 prevê constituir furto a subtração de coisa alheia móvel para si; o réu foi o autor da subtração; logo, deve ser condenado (dedução).

Ensina MIGUEL REALE que a indução envolve, concomitantemente, elementos obtidos *dedutivamente*, além de trabalhar nesse contexto a intuição, restando, pois, claro que "todo raciocínio até certo ponto implica em uma sucessão de 'evidências'".[181] E mais: "O certo é que, na indução amplificadora, realizamos sempre uma conquista, a conquista de algo novo, que se refere a objetos reais e a relações entre objetos reais, tendo como ponto de partida a observação dos fatos. Na base da indução está, portanto, a experiência, a observação dos fatos que deve obedecer a determinados requisitos, cercada de rigorosas precauções críticas, tal como o exige o conhecimento indutivo de tipo científico, inconfundível com as meras generalizações empíricas".[182]

Na mesma esteira, diz PAOLO TONINI que "a indução é a operação lógica por meio da qual se extrai uma regra a partir da observação constante de fenômenos ou casos similares; parte-se do particular e chega-se ao geral. A experiência pode permitir a formulação de um juízo de relações entre fatos; existe uma relação quando se conclui que uma categoria de fatos alia-se a uma outra determinada categoria de fatos. Raciocina-se com base no seguinte princípio: 'em casos similares, existe um idêntico comportamento'. Este raciocínio permite a extração de máximas de experiências dotadas de um grau de probabilidade relativamente amplo. Assim, por meio da indução, podem ser extraídas regras de comportamento que são utilizadas pelo juiz para construir as etapas do seu raciocínio".[183]

Por isso, a utilização de indícios, no processo penal, é autorizada não só pelo art. 239 do CPP, mas também pelo processo de raciocínio lógico, que é a indução.[184]

Acrescente-se o disposto no art. 382 do Código de Processo Penal Militar: "Indício é a circunstância ou fato conhecido e provado, *de que se induz* a existência de outra circunstância ou fato, de que não se tem prova" (grifamos). E continua o art. 383 do mesmo Código: "Para que o indício constitua prova, é necessário: *a)* que a circunstância ou *fato indicante* tenha relação de causalidade, próxima ou remota, com a circunstância ou fato indicado; *b)* que a circunstância ou fato coincida com a prova resultante de outro ou outros indícios, ou com as provas diretas colhidas no processo" (grifo nosso). São elementos que comprovam o acerto do legislador ao colocar o raciocínio indutivo como fundamento do uso dos indícios.

14.3   Integração entre indução e dedução

Não são compartimentos estanques do raciocínio lógico. Assim, devemos visualizar o fenômeno descrito no art. 239 do Código de Processo Penal como forma de integração entre os dois métodos de conhecimento e do pensamento científico.

---

[181] *Filosofia do direito*, p. 145.

[182] Ob. cit., p. 145.

[183] *A prova no processo penal italiano*, p. 73.

[184] A respeito, ver o nosso artigo A indução generalizadora nos trabalhos jurídicos, *RePro* 84, p. 314-323.

Nas palavras de Tonini, "com frequência, o juiz vale-se de um tipo de raciocínio que reúne em si a indução e a dedução, e que é denominado *abdutivo*. Nesse caso, a operação lógica parte de um fato particular para concluir um outro fato particular, passando por uma regra geral. Pode-se citar o seguinte exemplo: no local do crime, existia uma parede recentemente pintada de vermelho e o casaco do acusado estava manchado de tinta vermelha; a experiência confirma que uma roupa suja de tinta esteve em contato com uma superfície recentemente pintada; conclui-se que provavelmente, o acusado esteve no local do crime. Se se pensa neste exemplo, notam-se as duas componentes do raciocínio abdutivo. Em um primeiro momento, a partir da observação de um fato particular (notório), extrai-se a máxima de experiência que melhor se ajusta ao caso concreto (indução). Em um segundo momento, a partir da regra geral, extraída por indução, conclui-se o fato particular (ignorado) ao qual se quer chegar (dedução). (...) Em linhas gerais, é possível afirmar que a prova indiciária é nada mais do que a combinação dos raciocínios indutivo e dedutivo. Essa operação lógica é normalmente denominada 'inferência', que é incontroversa somente quando a regra a ser aplicada é de tipo científico".[185]

Dizemos que alguém, encontrado, por regra de experiência, com o objeto furtado, logo após a subtração, é o autor do crime (premissa maior). Depois, diz-se que o réu foi encontrado com a *res furtiva* em seu poder (premissa menor). Deduz-se, então, que ele é provavelmente o autor do delito. Em verdade, esse processo é uma dedução, mas é insuficiente para a condenação. Usamos, então, a indução, que significa estabelecer várias deduções como esta até chegar a uma conclusão mais ampla, isto é, que o réu é, realmente, o autor da infração penal. O termo *indução*, insistimos, é o cerne do processo, na utilização dos indícios, razão pela qual não se deve substituí-lo por *dedução*.

14.4 Valor probatório dos indícios

Os indícios são perfeitos tanto para sustentar a condenação, quanto para a absolvição. Há autorização legal para a sua utilização e não se pode descurar que há muito preconceito contra essa espécie de prova, embora seja absolutamente imprescindível ao juiz utilizá-la.

Nem tudo se prova diretamente, pois há crimes camuflados – a grande maioria – que exigem a captação de indícios para a busca da verdade real. Lucchini, mencionado por Espínola Filho, explica que a "eficácia do indício não é menor que a da prova direta, tal como não é inferior a certeza racional à histórica e física. O indício é somente subordinado à prova, porque não pode subsistir sem uma premissa, que é a circunstância indiciante, ou seja, uma circunstância provada; e o valor crítico do indício está em relação direta com o valor intrínseco da circunstância indiciante. Quando esteja esta bem estabelecida, pode o indício adquirir uma importância predominante e decisiva no juízo".[186]

Realmente, o indício *apoia-se* e *sustenta-se* numa outra prova. No exemplo citado no tópico anterior, quando se afirma que a coisa objeto do furto foi encontrada em poder do réu não se está provando o fato principal, que consiste na subtração, mas tem-se efetiva demonstração de que a circunstância ocorreu, através do auto de apreensão e de testemunhas.

---

[185] *A prova no processo penal italiano*, p. 74.

[186] *Elementi di procedura penale*, n. 131, apud *Código de Processo Penal brasileiro anotado*, v. 3, p. 175. Assim também Bento de Faria, apoiado em Malatesta (*Código de Processo Penal*, v. 1, p. 347).

O ponto central da colheita de provas indiciárias é garantir um número confiável de dados circunstanciais para se atingir a certeza da culpa. Confira-se exemplo concreto fornecido por EDMOND LOCARD: "uma velhota foi degolada na casa onde vive sozinha. Tudo foi revolvido. No jardim, mesmo em frente da porta, veem-se pegadas muito nítidas. Esses sinais levam a uma vedação que é, por eles, transposta e, para além dela, a uma casa vizinha. Nela, vive um homem que acolhe mal os visitantes, parece desconfiado e inquieto. Enquanto o interrogam, o perito policial examina um par de botas que secam a um canto. Não há a menor dúvida: as impressões de passos descobertas até a entrada da casa do crime provêm dessas solas. Está apanhado o assassino. Ele aterra-se, geme, parece prestes a confessar. Mas, no mármore poeirento duma cômoda, tinham sido descobertos os sinais dum cotovelo, vestido de veludo às riscas. Esta indicação, dada à *gendarmerie*, fez prender um vagabundo, que protesta violentamente. Sobre os objetos tocados e abandonados durante o roubo, descobriram-se impressões digitais. São os dedos do vagabundo. O verdadeiro criminoso é ele: ainda tem sangue nas unhas. O outro, o homem das pegadas, estivera ali de noite para roubar a velhota que, notoriamente, tinha ouro escondido. À entrada da porta hesitara, como provava o número de pegadas; e, entravado pelo medo, cheio do desejo de possuir, torturado, talvez, por o que uma alma frustre pode conceber de imperativo categórico, passara horas sentado no bocal do poço (onde, na poeira, se encontrou a marca da sua trepidante presença), roendo as unhas, não se atrevendo a agir, enquanto a vinte metros dele, o vagabundo, por mero acaso, encontrava a velha sem defesa e, tendo-a derrubado, roubava tudo, num saque furioso. Ao amanhecer, sem ter suspeitado que um outro, com menos escrúpulos ou menos medo, agira enquanto ele se angustiava, voltou para casa com as mãos a abanar. Depois, ao ver chegar os homens da justiça, espantado por se ouvir acusar dum crime que tão demoradamente deliberara, sem se atrever a passar à ação, ignorando se não seria culpado por ter chegado às fronteiras do mal, esmagado pela descoberta dos vestígios inconfessáveis que o perdiam, um interrogador ardente tê-lo-ia feito confessar. E de que lhe valeriam as ulteriores negativas?".[187]

Outra ilustração bem-vinda é formulada por BENTHAM. Encontra-se no dormitório de um homem, que está morto, com um ferimento no peito, um bilhete assim redigido: "estou morrendo... Tito me feriu...". Imediatamente, a polícia investigativa levantará uma suspeita contra Tito, que, por sinal, era inimigo da vítima. Fechando-se a questão da autoria em torno de Tito e concentrando-se nele como único suspeito, o Estado-investigação pode perder muitas provas, que escapam à sua análise, pois vão desaparecendo com o tempo. Caso Tito não consiga demonstrar, satisfatoriamente, seu álibi, pode vir a ser condenado. No entanto, imagine-se que naquele bilhete havia uma continuação: "Tito feriu-me, mas levemente e sem querer; foi Mévio que me assassinou com um tiro fatal...".[188] Um indício, mesmo forte, não pode levar à condenação de alguém.

Em síntese, o indício é um fato provado e secundário (circunstância) que somente se torna útil para a construção do conjunto probatório ao ser usado o processo lógico da indução.

14.5   Diferença entre indício e presunção

A presunção não é um meio de prova válido, pois constitui uma mera opinião baseada em suposição ou suspeita. É um simples processo dedutivo. Pode-se utilizar a presunção

---

[187] *A investigação criminal*, p. 284-285.
[188] *Tratado de las pruebas judiciales*, p. 37.

para fundamentar uma condenação unicamente *quando a lei autorizar*, como ocorre com a presunção de violência de quem mantém relação sexual com menor de 14 anos.

Como afirma, com razão, BENTO DE FARIA, os indícios possibilitam atingir o estado de certeza no espírito do julgador, mas as presunções apenas impregnam-no de singelas probabilidades e não podem dar margem à condenação.[189]

É interessante anotar as palavras de RIVERA SILVA (México): "nossa legislação não põe nenhuma limitação ao objeto da prova e, portanto, pode-se afirmar que todas as presunções estabelecidas são *juris tantum*, ou seja, presunções que admitem prova contrária (tudo se pode provar). Esta postura da nossa lei obedece a ideia de que o Direito Penal deve ser realista e, por isso, buscador da verdade histórica [real], a qual nunca se pode presumir previamente em forma absoluta. A vida é um reservatório infinito de possibilidades; presumir com regras fixas é desconhecer a essência mesma da vida. Por isso, tudo está sujeito à prova".[190]

Essa posição de RIVERA SILVA é correta. Não há como, em matéria penal, fixar-se uma presunção absoluta, não permitindo prova em contrário, a não ser que seja em favor do réu. Exemplo: a) em favor do acusado: menor de 18 é inimputável; b) contra o réu: ter contato sexual com menor de 14 anos é estupro de vulnerável. Deveria, neste último caso, ser admitida prova em contrário, vale dizer, que não houve violência, elemento caracterizador do estupro.

14.6 Contraindícios

São as circunstâncias provadas, que servem para justificar ou fundamentar a invalidade dos indícios colhidos contra alguém. Assim, se a coisa furtada foi encontrada em poder do réu, este pode produzir a prova de um fato secundário, demonstrativo de que a adquiriu, através da emissão de nota fiscal e recibo, de uma loja. O indício é derrubado pelo contraindício. O álibi – justificativa apresentada pelo acusado para negar a autoria – é um contraindício ou indício negativo.

Nas palavras de ESPÍNOLA FILHO, "como qualquer outro elemento de prova, a indiciária pode, naturalmente, ser invalidada pela superioridade, verificada, concretamente, no caso em apreço, de outro elemento".[191]

14.6.1 A formação do corpo de delito por indícios

Entendemos não haver a possibilidade legal de se comprovar a materialidade de um crime, que deixa vestígios, por meros indícios. A lei foi clara ao estipular a necessidade de se formar o corpo de delito – prova da existência do crime – através de exame (art. 158), direto (perito examinando o rastro) ou indireto (peritos examinando outras provas, que compõem o rastro deixado; nesta hipótese, até mesmo o exame de DNA, comprovando ser o sangue da vítima o material encontrado nas vestes do réu ou em seu carro ou casa, pode auxiliar a formação da materialidade).

Na falta do exame de corpo de delito – feito por perito oficial ou peritos nomeados pelo juiz – porque os vestígios desapareceram, a única saída viável é a produção de prova testemunhal a respeito, como consta no art. 167 do CPP. Ocorre que a interpretação a ser dada à

---

[189] *Código de Processo Penal*, v. 1, p. 349-350.
[190] *El procedimiento penal*, p. 208-209 (traduzi).
[191] *Código de Processo Penal brasileiro anotado*, v. 3, p. 192.

colheita de testemunhos não pode ser larga o suficiente, de modo a esvaziar a garantia de que a existência de um delito fique realmente demonstrada no processo penal. Assim, quando a lei autoriza que o exame seja suprido por prova testemunhal está a sinalizar que o crime tenha sido assistido, integralmente ou parte dele, por pessoas idôneas. Estas, substituindo a atividade pericial, poderão narrar o evento. Exemplificando, se pessoas presenciam um aparente homicídio, observando que o réu atirou várias vezes contra a vítima e depois lançou seu corpo de uma enorme ribanceira, caindo num caudaloso rio e desaparecendo, poderão narrar tal fato ao magistrado. A prova do corpo de delito se constitui indiretamente, isto é, através de testemunhas idôneas que tenham visto a ação de matar e, em seguida, a de sumir com o corpo do ofendido, embora não possam, certamente, atestar a morte, com a mesma precisão pericial. As probabilidades, nesse caso, estão em favor da constituição da materialidade, pois a vítima não somente levou tiros, como caiu de um despenhadeiro, com pouquíssimas chances de sobrevivência. Não nos parece cabível, no entanto, que testemunhas possam suprir o exame de corpo de delito, declarando apenas que a vítima desapareceu, sem deixar notícia, bem como que determinada pessoa tinha motivos para matá-la. Essa foi a situação gerada pelo célebre caso dos irmãos Naves, já comentado: o ofendido sumiu, sem deixar rastro, ninguém viu o crime e os referidos irmãos, porque haviam discutido com a vítima, foram acusados do delito. Anos depois, reapareceu o pretenso ofendido.

A despeito de nosso pensamento, tomamos conhecimento de intrigante caso ocorrido na Comarca de Uberlândia, que se tornou um livro intitulado *Homicídio sem cadáver – O caso Denise Lafetá*, de lavra do Promotor de Justiça Tibúrcio Délbis. Narra o autor que Maria Denise Lafetá Saraiva passou a conviver maritalmente com um economista casado, relação essa que perdurou por cerca de dois anos. A partir de outubro de 1988, a moça desapareceu, deixando para trás uma filha pequena, com seis meses de vida, todas as suas roupas, sem qualquer notícia ou aviso aos seus familiares. O companheiro, ouvido a respeito, negou a prática do crime de homicídio e disse que ambos romperam, quando então deixou a moça na rodoviária da cidade, tomando ela rumo ignorado.

No inquérito, colheram-se somente indícios: o desaparecimento da mulher sem qualquer aviso aos familiares; a existência de criança em tenra idade deixada para trás; a falta de comunicação do companheiro à polícia ou à família da moça de sua ausência; os objetos e vestes pessoais da mulher apreendidos, porque não foram por ela carregados; as mentiras que o companheiro contava, dizendo a todos, na cidade, que a mulher estava visitando parentes; quando era procurado pela família ou por amigos da moça, procurava ser evasivo, evitando contato; o economista voltou a viver com a ex-esposa, de quem se separara de fato. Enfim, ninguém viu o crime, ninguém presenciou agressão do réu contra a pretensa vítima, ninguém o viu carregando seu corpo ou levando-a para qualquer lugar, ninguém pôde informar o que, verdadeiramente, ocorreu com a mulher. Ainda assim, foi o economista denunciado por homicídio, qualificado por motivo fútil, além de ocultação de cadáver. O corpo nunca foi encontrado, apesar de ter a polícia vasculhado a área.

No final de 1993, o juiz da Comarca de Uberlândia impronunciou o réu, alegando inexistir prova da materialidade do crime. Recorrendo, o Ministério Público obteve a pronúncia do acusado pelo Tribunal de Justiça de Minas Gerais (RSE 26.111-5, Uberlândia, 1.ª C., rel. Rubens Lacerda, 26.09.1995, v.u.). Mencionou-se no corpo do acórdão que as evidências estavam a demonstrar que o réu teria matado a vítima e escondido o corpo e, havendo sérias dúvidas quanto à morte da ofendida, melhor seria deixar que o júri decidisse, em homenagem ao princípio *in dubio pro societate*.

Impetrou-se *habeas corpus* no Supremo Tribunal Federal, que, entretanto, manteve a pronúncia, fundamentando-se no entendimento de que, para a admissibilidade de acusação, não é necessária a prova incontroversa do delito, bastando o convencimento do juiz a respeito de sua existência (HC 73.522-MG, 2.ª T., rel. Carlos Velloso, 19.03.1996, v.u.). O acusado foi levado a julgamento pelo Tribunal Popular e condenado por 5 votos contra 2, à pena de 13 anos de reclusão (homicídio qualificado e ocultação de cadáver).

Recorreu e o Tribunal de Justiça de Minas Gerais manteve a decisão do júri, mencionando: "No seu aspecto fático, a questão é realmente complexa. Isso ocorre sempre que o corpo da vítima desaparece sem deixar vestígios. Fica sempre a dúvida: será que a vítima realmente morreu? Será que ela foi assassinada e o cadáver destruído ou oculto? Será que a vítima apenas escafedeu-se sem deixar e sem dar notícias? E se algum dia ela aparecer viva?! (...) Como é de costume, nesses casos a defesa sempre se aferra ao famoso caso dos irmãos Naves, de Araguari, o mais famoso erro judiciário do país. É um risco que todos nós, que lidamos com a área do direito, somos obrigados a correr. Toda atividade humana é falível como o próprio homem. Na aplicação da lei não é diferente, mesmo porque não há nunca Justiça humana absoluta, em face da notória e incontornável falibilidade do homem – *quia humanum errare est*. No caso concreto, entretanto, a única maneira possível de se constatar um possível erro judiciário seria o aparecimento da vítima, viva. Afora tal caso, há de prevalecer a decisão do Tribunal Popular. Se, entretanto, os ventos do destino soprarem para o rumo diverso, isto é, se algum dia Maria Denise reaparecer viva (talvez por pessimismo, creio que isto jamais acontecerá), duas situações novas surgirão, uma a compensar a outra. O erro judiciário ficará patenteado, mas, em compensação, uma vida humana (no caso de Maria Denise) ressurgirá das cinzas. Deus queira que isso aconteça... para o bem de todos. Do réu, porque se livrará de vez da pena imposta pelo Júri de Uberlândia e terá direito a indenização por parte do Estado. Dos familiares de Maria Denise, porque voltarão a vê-la entre eles. Dos jurados, porque o destino terá evitado persistir o erro coletivo por eles praticado. Dos juízes togados, porque o direito imperou, ainda que tardiamente. De qualquer sorte, no caso concreto, não há como cassar a decisão do júri. Ela não é manifestamente contrária à prova dos autos, pois se alicerça na maioria lógica do conjunto probatório" (TJMG, Ap. 116.258-5, Uberlândia, 1.ª C., rel. Gudesteu Biber, 26.05.1998, v.u., citação feita em *Homicídio sem cadáver*, p. 109-112).

Acrescente-se, ainda, que o condenado, em 2000, ingressou com revisão criminal, pleiteando a sua absolvição, por inexistir prova concreta da materialidade do delito, mas o Tribunal de Justiça de Minas Gerais indeferiu o pedido, fundamentando-se nas mesmas teses, isto é, de que é possível formar a *prova da existência do crime* por intermédio de indícios (mentiras contadas pelo réu, ausência de motivo para a vítima desaparecer deixando filha pequena e falta de comunicação às autoridades quanto ao sumiço da amásia) (TJMG, Rev. 168.765-6, Uberlândia, Grupo de Câmaras Criminais, rel. Odilon Ferreira, 11.09.2000, v.u.).

Segundo nos parece, jamais a materialidade do crime de homicídio poderia ter sido formada com a união de vários indícios, todos frágeis, sem qualquer formação indutiva da existência de tão grave delito. Para a substituição do exame de corpo de delito, imposto por lei, necessitar-se-ia da prova testemunhal, que é meio de prova direto, como determina a lei. Não nos parece tenham sido obtidos, no caso narrado pelo autor, depoimentos consistentes comprovando a ocorrência da morte da vítima.

Por isso, cremos (sem a pretensão de analisar o caso concreto da Comarca de Uberlândia, utilizado apenas como referência ilustrativa) que a prova indiciária (meio de prova indireto) é, de todas, a mais frágil para a composição da materialidade do delito. A lei estipulou que a prova testemunhal pode suprir o exame de corpo de delito, querendo com isso dizer que o crime – ou fato relevante a ele relacionado, como alguém arrastando o corpo, no caso de homicídio – precisa ter sido visto por alguém, que, então, possa reproduzi-lo em juízo. Afora essa possibilidade, outras provas carecem de consistência para a formação da materialidade, gerando dúvida intransponível, merecedora de gerar a absolvição de qualquer acusado, em homenagem ao mais forte dos princípios processuais penais: *in dubio pro reo*.

Anote-se, por fim, a lição de Rogério Lauria Tucci: "Embora igualmente utilizáveis em processo penal, não se prestam, também, à comprovação do *corpo de delito*, os *indícios*, que *lato sensu* considerados, representam a probabilidade de convicção judicial, mesmo à falta de qualquer prova direta, inclusive a testemunhal".[192]

15. BUSCA E APREENSÃO

15.1 Conceito de busca e apreensão

Apesar de situados juntos na titulação do Capítulo XI do Título VII (Da Prova) do Livro I, bem como serem utilizados, como regra, dessa maneira no processo, são termos diferenciados.

Busca significa o movimento desencadeado pelos agentes do Estado para a investigação, descoberta e pesquisa de algo interessante para o processo penal, realizando-se em pessoas ou lugares.[193] Nos termos expostos por Câmara Leal, "é a procura de alguma coisa que se acha em poder de outrem, ou de alguma pessoa que se oculta, quando haja interesse em sua apreensão. A busca é o meio empregado e a apreensão é o objetivo da diligência. A busca pode ser domiciliar ou pessoal, segundo a procura se faz em algum domicílio ou na própria pessoa. A busca a pessoa também se denomina *revista*".[194]

Em monografia sobre o tema, Cleunice A. Valentim Bastos Pitombo conceitua *busca* como sendo o "ato do procedimento persecutivo penal, restritivo de direito individual (inviolabilidade da intimidade, vida privada, domicílio e da integridade física ou moral), consistente em procura, que pode ostentar-se na *revista* ou no *varejamento*, conforme a hipótese: de *pessoa* (vítima de crime, suspeito, indiciado, acusado, condenado, testemunha e perito), *semoventes, coisas* (objetos, papéis e documentos), bem como de *vestígios* (rastros, sinais e pistas) da infração".[195] Galdino Siqueira define a busca como "a pesquisa, procura ou varejo feito por ordem da autoridade competente para os fins declarados na lei".[196]

Apreensão é medida assecuratória que toma algo de alguém ou de algum lugar, com a finalidade de produzir prova ou preservar direitos. Mencionamos, ainda, a definição de Cleunice A. Valentim Bastos Pitombo, no sentido de ser o "ato processual penal, subjetivamente complexo, de apossamento, remoção e guarda de coisas – objetos, papéis ou documentos –, de semoventes e de pessoas, 'do poder de quem as retém ou detém'; tornando-as indisponíveis, ou as colocando sob custódia, enquanto importarem à instrução criminal ou ao processo".[197]

---

[192] *Do corpo de delito no direito processual penal brasileiro*, p. 190.

[193] Tornaghi bem aponta: busca é uma procura, a cata de alguma coisa. Não significa mero exame ou investigação (*Instituições de processo penal*, v. V, p. 194).

[194] Câmara Leal (*Comentários ao Código de Processo Penal brasileiro*, p. 91-92).

[195] *Da busca e apreensão no processo penal*, p. 96.

[196] *Curso de processo criminal*, p. 173.

[197] Ob. cit., p. 192.

Para TORNAGHI, no entanto, são medidas que sempre caminham juntas, vale dizer, a finalidade da busca é sempre a apreensão[198] com o que não aquiescemos, tendo em vista a possibilidade de se determinar uma busca, implicando em colheita (algo diverso de apreensão) ou mesmo de simples libertação da vítima (não significando, também, apreensão, mas recolhê-la do local para a liberdade). Um mandado de busca pode significar, ainda, a mera tomada de fotografias do lugar, havendo utilidade para a prova, o que não quer dizer ter havido apreensão.

O rol de situações que autorizam a busca e a apreensão do art. 240 do Código de Processo Penal é exemplificativo, nada impedindo que outras hipóteses semelhantes às apresentadas sejam vislumbradas, podendo o juiz expedir mandado de busca (e apreensão, se for o caso) para tanto.

Deve-se ter em vista a natureza da busca, que serve para a obtenção de provas, inclusive formação do corpo de delito, bem como para, cautelarmente, apreender coisas. BENTO DE FARIA, cuja lição é aceita por ESPÍNOLA FILHO, também admite que o rol não é taxativo, embora estipule que a sua ampliação deva ser feita por outros preceitos legais e não por analogia.[199] Defendemos, no entanto, a utilização da analogia, se for preciso, para ampliar o rol mencionado, o que é expressamente autorizado pelo art. 3.º do CPP, salientando, no entanto, que a relação já é extensa o suficiente para prescindir do processo analógico.

15.2 Natureza jurídica

São medidas de natureza mista. Conforme o caso, a busca pode significar um ato preliminar à apreensão de produto de crime, razão pela qual se destina à devolução à vítima. Pode significar, ainda, um meio de prova, quando a autorização é dada pelo juiz para se proceder a uma perícia em determinado domicílio. A apreensão tem os mesmos ângulos. Pode representar a tomada de um bem para acautelar o direito de indenização da parte ofendida, como pode representar a apreensão da arma do delito para fazer prova.

Assim, tanto a busca, quanto a apreensão, podem ser vistos, individualmente, como meios assecuratórios ou como meios de prova, ou ambos.

15.3 Momentos para a sua realização

Podem ocorrer, tanto a busca, quanto a apreensão, em fase preparatória a um procedimento policial ou judicial (como ocorre quando, por fundada suspeita, um policial aborda alguém, encontra uma arma proibida, detendo a pessoa e apreendendo o objeto), durante a investigação policial, com ou sem inquérito (por vezes, após o registro de uma ocorrência e, antes mesmo da instauração do inquérito, a autoridade policial realiza uma busca e apreensão), durante a instrução do processo judicial e ao longo da execução penal (estando o sentenciado em liberdade, nada impede que o juiz determine uma busca em seu domicílio, para constatar se ele se encontra lá recolhido no período estabelecido como condição para o livramento condicional ou para a prisão albergue domiciliar).

15.3.1 A busca e apreensão determinada por Comissão Parlamentar de Inquérito

A tendência atual dos tribunais é impedir a CPI de determinar busca e apreensão, baseado no princípio da reserva da jurisdição, vale dizer, quando a Constituição Federal mencionar

---

[198] *Compêndio de processo penal*, t. III, p. 1.006.
[199] *Código de Processo Penal*, v. 1, p. 355.

que somente a autoridade judicial pode determinar algo, nenhum outro órgão ou autoridade pode substituí-la.

Confrontam-se o art. 58, § 3.º da CF ("As comissões parlamentares de inquérito, que terão poderes de investigação próprios das autoridades judiciais (...) para a apuração de fato determinado e por prazo certo, sendo suas conclusões, se for o caso, encaminhadas ao Ministério Público, para que promova a responsabilidade civil ou criminal dos infratores") e o art. 5.º, XI da CF ("a casa é asilo inviolável do indivíduo, ninguém nela podendo penetrar sem consentimento do morador, salvo em caso de flagrante delito ou desastre, ou para prestar socorro, ou, durante o dia, por determinação judicial").

A primeira impressão que se aufere é no sentido de possuírem as Comissões Parlamentares de Inquérito o poder de determinar a expedição de mandado de busca e, se for o caso, de apreensão, para concretizar investigações criminais, já que a Constituição Federal lhe conferiu poderes de investigação *próprios das autoridades judiciais*. Entretanto, a maioria da doutrina tem interpretado diferentemente, levando em consideração que há, no art. 5.º da Constituição Federal, determinados direitos e garantias fundamentais, só passíveis de violação por *ordem judicial*, configurando atividade típica do Poder Judiciário (*reserva de jurisdição*).

Em um primeiro momento, pareceu-nos que a CPI poderia determinar, exatamente, as mesmas medidas investigatórias que o juiz de direito teria competência para fazer. Ocorre que a reserva de jurisdição é, de fato, um preceito fundamental para o controle das garantias e direitos fundamentais do indivíduo, não sendo cabível, por exemplo, que a CPI determine a prisão de alguém, para facilitar a investigação de um crime. Não fosse assim e haveria uma ampliação indevida da finalidade do previsto no art. 58, § 3.º, da Constituição. À CPI outorgou o constituinte a possibilidade de investigar livremente, sem as amarras de um poder limitado, dependente do delegado, do promotor ou do magistrado a todo instante. Assim, pode determinar a intimação de pessoas para ouvir, bem como pode requisitar documentos e até mesmo a quebra do sigilo bancário ou fiscal, pois todas essas atividades não são mencionadas como sendo *tipicamente* da autoridade judicial, no art. 5.º.

Nesse sentido tem sido, por ora, a orientação do Supremo Tribunal Federal: "A Constituição da República, ao outorgar às Comissões Parlamentares de Inquérito 'poderes de investigação próprios das autoridades judiciais' (art. 58, § 3.º), claramente delimitou a natureza de suas atribuições institucionais, restringindo-as, unicamente, ao campo da indagação probatória, com absoluta exclusão de quaisquer outras prerrogativas que se incluem, ordinariamente, na esfera de competência dos magistrados e tribunais, inclusive aquelas que decorrem do poder geral de cautela conferido aos juízes como o poder de decretar a indisponibilidade dos bens pertencentes a pessoas sujeitas à investigação parlamentar. (...) Não há, no sistema constitucional brasileiro, direitos ou garantias que se revistam de caráter absoluto, mesmo porque razões de relevante interesse público ou exigências derivadas do princípio da convivência das liberdades legitimam, ainda que excepcionalmente a adoção, por parte dos órgãos estatais, de medidas restritivas das prerrogativas individuais ou coletivas, desde que respeitados os termos estabelecidos pela própria Constituição. (...) As Comissões Parlamentares de Inquérito, no entanto, para decretarem, legitimamente, por autoridade própria, a quebra do sigilo bancário, do sigilo fiscal e/ou do sigilo telefônico, relativamente a pessoas por elas investigadas, devem demonstrar, a partir de meros indícios, a existência concreta de causa provável que legitime a medida excepcional (...). As deliberações de qualquer Comissão Parlamentar de Inquérito, à semelhança do que também ocorre com as decisões judiciais (*RTJ* 140/514), quando destituídas de motivação, mostram-se írritas e despojadas de eficácia jurídica (...). O postulado da reserva constitucional de jurisdição importa em submeter, à esfera única de decisão dos magistrados, a prática de determinados atos cuja realização, por efeito de explícita determinação constante do próprio texto da Carta Política, somente pode emanar do juiz, e não de terceiros, inclusive daqueles a quem se haja eventualmente atribuído o exercício de 'poderes de investigação próprios das autoridades judiciais'. A cláusula constitucional da reserva da jurisdição – que incide sobre determinadas matérias, como a busca domiciliar (CF, art. 5.º, XI), a interceptação telefônica (CF, art. 5.º, XII) e a decretação da prisão de qualquer pessoa, ressalvada a hipótese de flagrância (CF, art. 5.º, LXI) – traduz a noção de que, nesses temas específicos, assiste ao Poder Judiciário, não apenas o direito de proferir a última palavra, mas, sobretudo, a prerrogativa de dizer, desde logo, a primeira palavra, excluindo-se, desse modo, por força e autoridade do que dispõe a própria Constituição, a possibilidade do exercício de iguais atribuições, por parte de quaisquer outros órgãos ou autoridades do Estado. O princípio constitucional da reserva da jurisdição, embora reconhecido por cinco Juízes do Supremo Tribunal Federal – Min. Celso de Mello (relator), Min. Marco Aurélio, Min. Sepúlveda Pertence, Min. Néri da Silveira e Min. Carlos Velloso (presidente) – não foi objeto de consideração por parte dos eminentes Ministros do Supremo Tribunal Federal, que entenderam suficiente, para efeito de concessão do *writ* mandamental, a falta de motivação do ato impugnado".[200]

Na doutrina, a maioria das posições tem sustentado a inviabilidade da determinação de busca e apreensão feita por CPI, justamente porque há reserva de jurisdição no tocante às medidas que possam violar direitos e garantias fundamentais. CLEUNICE A. VALENTIM BASTOS PITOMBO defende que a Comissão Parlamentar de Inquérito não pode determinar a restrição de direito individual (decretação de prisão, expedição de mandado de busca e de apreensão, interceptação de conversa telefônica ou quebra do sigilo bancário), tarefa que somente o Judiciário pode empreender.[201] Menciona, ainda, as opiniões concordantes de Rogério Lauria Tucci, Ada Pellegrini Grinover e Anna Cândida da Cunha Ferraz.

Diz Luís ROBERTO BARROSO: "A doutrina, nacional e estrangeira, é praticamente unânime em chancelar o descabimento de busca e apreensão realizada diretamente por comissão parlamentar de inquérito, sem a intermediação do Judiciário. Além das referências já feitas ao direito italiano, espanhol e português, também na Alemanha se firmou essa linha de entendimento".[202]

Concordamos com a reserva de jurisdição e, por isso, fazemos uma ressalva: o que a Constituição Federal, expressamente, atribui ao Poder Judiciário deve ser por ele decidido (decretação de prisão, interceptação telefônica, busca e apreensão, entre outros), mas outras atividades investigatórias, que cabem ao juiz ordenar, como a quebra do sigilo bancário ou fiscal, não possuindo a referida reserva, podem ser determinadas pela CPI. No sentido que defendemos, reconhece BARROSO ser a tendência atual do Supremo Tribunal Federal, desde que a decisão da CPI, para a quebra de sigilo, seja fundamentada.[203]

---

[200] MS 23.452-RJ, Pleno, rel. CELSO DE MELLO, v.u., *DJ* 12-5-2000, p. 20.

[201] *Comissão Parlamentar de Inquérito e os institutos da busca e da apreensão*, p. 296.

[202] *Comissões Parlamentares de Inquérito* – Limite de sua competência – Sentido da expressão constitucional "poderes de investigação próprios das autoridades judiciais" – Inadmissibilidade de busca e apreensão sem mandado judicial, p. 170.

[203] *Comissões Parlamentares de Inquérito e suas competências*: política, direito e devido processo legal, p. 103-104. E também: GUSTAVO HENRIQUE RIGHI IVAHY BADARÓ, *Limites aos poderes investigatórios das Comissões Parlamentares de Inquérito*, p. 11.

15.4   Regras especiais de busca e apreensão

Além do previsto neste Capítulo XI do Título VII do Livro I do Código de Processo Penal, impondo normas gerais para a busca e para a apreensão, há possibilidade de leis especiais fixarem disciplina diferenciada para tais medidas assecuratórias.

Exemplo disso pode ser encontrado na Lei 9.279/1996, que cuida de marcas e patentes e dos crimes contra a propriedade imaterial, como se vê no art. 198: "Poderão ser apreendidos, de ofício ou a requerimento do interessado, pelas autoridades alfandegárias, no ato de conferência, os produtos assinalados com marcas falsificadas, alteradas ou imitadas ou que apresentem falsa indicação de procedência". É um permissivo legal, que dispensa a ordem judicial, até porque não há a invasão a domicílio. E o art. 200 menciona que as diligências preliminares de busca e apreensão, nos crimes contra a propriedade imaterial, são reguladas pelo Código de Processo Penal – neste Capítulo – embora com as modificações feitas pela Lei Especial. São as seguintes especificações: "Na diligência de busca e apreensão, em crime contra patente que tenha por objeto a invenção de processo, o oficial do juízo será acompanhado por perito, que verificará, preliminarmente, a existência do ilícito, podendo o juiz ordenar a apreensão de produtos obtidos pelo contrafator com o emprego do processo patenteado" (art. 201); "Além das diligências preliminares de busca e apreensão, o interessado poderá requerer: I – apreensão de marca falsificada, alterada ou imitada onde for preparada ou onde quer que seja encontrada, antes de utilizada para fins criminosos; ou II – destruição de marca falsificada nos volumes ou produtos que a contiverem, antes de serem distribuídos, ainda que fiquem destruídos os envoltórios ou os próprios produtos" (art. 202); "Tratando-se de estabelecimentos industriais ou comerciais legalmente organizados e que estejam funcionando publicamente, as diligências preliminares limitar-se-ão à vistoria e apreensão dos produtos, quando ordenadas pelo juiz, não podendo ser paralisada a sua atividade licitamente exercida" (art. 203).

15.5   Fundamento e proteção constitucional da busca em domicílio

Preceitua o art. 5.º, XI, da Constituição Federal que "a casa é asilo inviolável do indivíduo, ninguém nela podendo penetrar sem consentimento do morador, salvo em caso de flagrante delito ou desastre, ou para prestar socorro, ou, durante o dia, por determinação judicial", razão pela qual buscas domiciliares, em se tratando de processo penal, somente poderão ser feitas nas seguintes situações: a) durante o dia, com autorização do morador, havendo ou não mandado judicial; b) durante o dia, sem autorização do morador, mas com mandado judicial; c) durante a noite, com ou sem mandado judicial, mas com autorização do morador; d) durante o dia ou a noite, por ocasião de flagrante delito, com ou sem autorização do morador. As outras hipóteses constitucionais não se destinam ao processo penal (desastre e prestação de socorro).

Domicílio deve ser interpretado com a maior amplitude possível e não como se faz, restritivamente, no Código Civil (art. 70, referindo-se à residência com ânimo definitivo). Equipara-se, pois, domicílio à casa ou à habitação, isto é, ao local onde a pessoa vive, ocupando-se de assuntos particulares ou profissionais. Serve, ainda, para os cômodos de um prédio, abrangendo o quintal, bem como envolve o quarto de hotel, regularmente ocupado, o escritório do advogado ou de outro profissional, o consultório do médico, o quarto de pensão, entre outros lugares fechados destinados à morada de alguém.

"A busca domiciliar deve ser feita, evitando-se, tanto quanto possível, sejam molestados os moradores da casa. Evitar-se-á, pois, toda violência contra as pessoas e só se praticará violência contra as coisas, quando indispensável, dada a resistência passiva dos moradores (art. 248, CPP)".[204] É direito do morador acompanhar a diligência. Ele não pode ser retirado à força do local, sob pena de configurar abuso de autoridade.[205]

Eventual busca ilegal no domicílio é punida com base no art. 150 do Código Penal (violação de domicílio) ou com fundamento na Lei 13.869/2019 (abuso de autoridade), conforme o caso concreto.

15.6   Fundamento e proteção constitucional da busca pessoal

A busca pessoal tem como escudo protetor o art. 5.º, X, da Constituição Federal, ao preceituar que "são invioláveis a intimidade, a vida privada, a honra e a imagem das pessoas, assegurado o direito à indenização pelo dano material ou moral decorrente de sua violação". Entretanto, não se vislumbra específica proteção no Código Penal, salvo, genericamente, tratando-se dos crimes de constrangimento ilegal ou de sequestro ou cárcere privado, conforme a situação concreta.

Pessoal é o que se refere ou pertence à pessoa humana. Pode-se falar em busca com contato direto ao corpo humano ou a pertences íntimos ou exclusivos do indivíduo, como a bolsa ou o carro. Aliás, a busca realizada em veículo (automóvel, motocicleta, navio, avião etc.), que é coisa pertencente à pessoa, deve ser equiparada à busca pessoal, sem necessitar de mandado judicial. A única exceção fica por conta do veículo destinado à habitação do indivíduo, como ocorre com os trailers, cabines de caminhão, barcos, entre outros.

A busca pessoal dispensa mandado judicial (art. 244, CPP), *em determinadas situações* diante da urgência que a situação requer.[206] Se uma, pessoa suspeita de trazer consigo a arma utilizada para a prática de um crime, está passando diante de um policial, seria impossível que ele conseguisse, a tempo, um mandado para efetivar a diligência e a revista. Logo, dispensa-se o mandado, embora deva o agente da autoridade ter a máxima cautela para não realizar atos invasivos e impróprios, escolhendo aleatoriamente pessoas para a busca, que é sempre ato humilhante e constrangedor.

Esse tipo de busca envolve as roupas, o veículo (como já sustentado acima), os pertences móveis que esteja carregando (bolsas, mochilas, carteiras etc.), bem como o próprio corpo. Esta última hipótese deve ser tratada com especial zelo e cuidado, pois significa ato extremamente invasivo. Pode, no entanto, ser necessária a diligência, como tem ocorrido nos casos de tráfico de entorpecentes, quando os suspeitos carregam, entre as nádegas ou os seios, pequenos pacotes contendo drogas.

Outro ponto fundamental para legitimar a busca pessoal é haver *fundada suspeita*. *Suspeita* é uma desconfiança ou suposição, algo intuitivo e frágil, por natureza, razão pela qual a norma exige que seja *fundada a suspeita*, o que é mais concreto e seguro. Assim, quando um policial desconfiar de alguém, não poderá valer-se, unicamente, de sua experiência ou pressentimento, necessitando, ainda, de algo mais palpável, como a denúncia feita por terceiro de que a pessoa porta o instrumento usado para o cometimento do delito, bem como

---

204   CÂMARA LEAL (*Comentários ao Código de Processo Penal brasileiro*, v. II, p. 114).

205   Sobre o direito de acompanhar a diligência: ESPÍNOLA FILHO (*Código de Processo Penal brasileiro anotado*, v. III, p. 220).

206   Fora desse contexto, o mandado judicial é indispensável. No mesmo sentido, FLORÊNCIO DE ABREU (*Comentários ao Código de Processo Penal*, v. III, p. 212).

pode ele mesmo visualizar uma saliência sob a blusa do sujeito, dando nítida impressão de se tratar de um revólver.

Enfim, torna-se impossível e impróprio enumerar todas as possibilidades autorizadoras de uma busca, mas continua sendo curial destacar que a autoridade encarregada da investigação ou seus agentes podem – e devem – revistar pessoas em busca de armas, instrumentos do crime, objetos necessários à prova do fato delituoso, elementos de convicção, entre outros, agindo escrupulosa e fundamentadamente.

Não agindo como determina a norma processual penal e procedendo à busca pessoal de alguém sem qualquer razão, pode o policial incidir em duas infrações: funcional, quando não houver elemento subjetivo específico (dolo específico, na doutrina tradicional), merecendo punição administrativa, ou penal, quando manifestar, nitidamente, seu intuito de abusar de sua condição de autoridade, merecendo ser processado e condenado por isso.

Os agentes autorizados a realizar busca pessoal são os que possuem a função constitucional de garantir a segurança pública, preservando a ordem e a incolumidade das pessoas e do patrimônio, bem como investigar ou impedir a prática de crimes: polícia federal, polícia rodoviária federal, polícia ferroviária federal, polícias civis, polícias militares e corpos de bombeiros militares, polícias penais federal, estaduais e distrital (art. 144, CF).

Possuem tal função os agentes das guardas municipais, nos limites territoriais do Município e sem prejudicar o trabalho dos agentes de segurança federais e estaduais (Lei 13.022/2014). No entanto, não podem substituir os agentes policiais civis ou militares na órbita da investigação ou repressão criminal.

Em relação à busca pessoal realizada em mulher (art. 249, CPP), deve ser realizada preferencialmente por outra mulher. Espelha-se, nesse caso, o preconceito existente de que a mulher é sempre objeto de molestamento sexual por parte do homem, até porque não se previu o contrário, isto é, que a busca em homem seja sempre feita por homem. Seria dispensável tal dispositivo, caso o agente da autoridade atuasse sempre com extremo profissionalismo e mantendo-se no absoluto respeito à intimidade alheia.

Entretanto, a referida norma destaca que, se houver impossibilidade de achar uma mulher para revistar a suspeita ou acusada, a diligência pode ser feita por homem, a fim de não haver retardamento ou prejuízo.[207] Daí por que cremos dispensável este artigo, cuidando-se de preservar sempre o abuso, de que parte for: do homem contra o homem, da mulher contra mulher ou de pessoas de sexos diferentes.

15.7   Mandado judicial certo e determinado

Tratando-se de decorrência natural dos princípios constitucionais que protegem tanto o domicílio, quanto a vida privada e a intimidade do indivíduo, torna-se indispensável que o magistrado expeça mandados de busca e apreensão com objetivo certo e contra pessoa determinada (art. 243, CPP).

Não é possível admitir-se ordem judicial genérica, conferindo ao agente da autoridade liberdade de escolha e de opções a respeito dos locais a serem invadidos e vasculhados. Trata-se de abuso de autoridade de quem assim concede a ordem e de quem a executa, indiscri-

---

[207]   À falta de uma mulher, ARY DE AZEVEDO FRANCO sugere que a revista seja feita por médico, o que não deixa de ser interessante, pois é profissional da saúde, acostumado a mexer com o corpo humano, sem gerar constrangimento (*Código de Processo Penal*, v. 1, p. 338).

minadamente. Note-se que a lei exige *fundadas* razões para que o domicílio de alguém seja violado e para que a revista pessoal seja feita, não se podendo acolher o mandado genérico, franqueando amplo acesso a qualquer lugar. No sentido de se expedir mandado específico, já decidiu o STF, justamente para garantir o direito à inviolabilidade de domicílio das pessoas mais pobres, muitas das quais habitam favelas.

Acesse e assista ao vídeo sobre **Mandado de busca e apreensão genérico.**

> http://uqr.to/1z8oo

Excepcionalmente, pode-se expedir um mandado de busca indeterminado, mas cujo objeto ou local é determinável. Exemplo disso seria a denúncia, baseada em elementos previamente colhidos, de que provas do crime estão guardadas em uma casa situada na Rua "X", número "Y", desconhecendo-se o morador. A polícia poderia seguir ao lugar, sem conhecer os habitantes, embora tendo por determinado o local. E vice-versa: conhece-se a pessoa, mas não exatamente onde fica o seu domicílio. Voltaremos ao tema no item 15.9 *infra*.

As hipóteses para a ocorrência de busca e/ou apreensão estão enumeradas no art. 240 do CPP. Em síntese, são as seguintes:

a) *propiciar a prisão de criminosos*: expede-se mandado de busca para que a polícia possa ingressar em determinado domicílio, onde há a suspeita de estar escondida pessoa procurada pela Justiça. Não é o mandado de busca e apreensão o instrumento para a realização da prisão, pois esta não prescinde do mandado específico de prisão. Não se "apreende" criminoso. Assim, a ordem de busca domiciliar autoriza a polícia a invadir recinto sem que responda, em caso de nada encontrar, por abuso de autoridade;

b) *apreender coisas achadas ou obtidas por meios criminosos*: as primeiras dizem respeito ao material que tenha algum interesse para a produção de prova no processo; as segundas referem-se não somente ao material que evidencie a prática da infração penal como também às coisas que serão reservadas para restituição à vítima ou para confisco do Estado (art. 91, II, *b*, CP);

c) *apreender instrumentos de falsificação ou contrafação e objetos falsificados ou contrafeitos*: a apreensão dos instrumentos usados para a falsificação (construção de algo novo) ou para a contrafação (imitação de algo verdadeiro), bem como dos objetos falsificados ou contrafeitos é consequência natural do disposto no art. 91, II, *a*, do Código Penal, que prevê a perda, em favor da União, ressalvado o direito do lesado ou do terceiro de boa-fé, dos instrumentos ilícitos utilizados para a prática do delito;

d) *apreender armas, munições e instrumentos utilizados para a prática de crime ou destinados a fim delituoso*: *armas* são os engenhos especialmente feitos para ataque ou defesa (armas próprias), não abrangendo, naturalmente, os objetos eventualmente usados para o cometimento de uma infração penal, como ocorre com um machado ou com um martelo (armas impróprias). Ocorre que a alínea *d* do § 1.º do art. 240 do CPP permite que se apreenda, também, o instrumento usado para a prática do crime, ao menos para que se proceda à perícia (meio de prova), razão pela qual poder-se-ia recolher o machado ou o martelo, com o qual o agente matou a vítima, por exemplo. Futuramente, ele pode ser restituído a quem de direito. *Munição é o material* destinado a abastecer armas, como projéteis, pólvoras e outros artefatos explosivos. Logicamente, deve ser apreendida para servir de prova ou como medida assecuratória (imagine-se o furto de grande quantidade de projéteis de uma loja especializada em venda de munição), para futura devolução ao lesado ou ainda para confisco (art. 91, II, *a*, CP). Não sendo arma ou munição, como já mencionado, pode tratar-se de qualquer outro instrumento usado para a prática de infrações penais (como o martelo, para a prática de homicídio);

e) *descobrir objetos necessários à prova da infração ou à defesa do réu*: trata-se de item genérico, somente vindo a comprovar a natureza mista da busca e da apreensão (meio de prova e assecuratório). Qualquer material que possa fornecer ao julgador uma avaliação correta do fato delituoso, abrangendo materialidade e autoria, pode ser apreendido (como roupas com sangue ou esperma, material pornográfico, diários e anotações, com conteúdo vinculado ao fato, entre outros). Observe-se que a busca e apreensão deve voltar-se à descoberta da *verdade real*, podendo ser de interesse tanto da acusação, quanto da defesa;

f) *apreensão de cartas, abertas ou não, destinadas ao acusado ou em seu poder, quando haja a suspeita de que o conhecimento do seu conteúdo possa ser útil à elucidação do fato*: cartas em geral podem ser encontradas em determinado domicílio. Se estiverem abertas, naturalmente, cabe a apreensão e exame da utilidade para a prova de fatos do processo. Entretanto, caso estejam fechadas, dirigidas ao acusado ou a outra pessoa, mas em seu poder, poderiam ser abertas? Essa é uma questão para debate, que analisaremos destacadamente;

g) *apreender pessoas vítimas de crimes*: é medida que não visa, obviamente, à prisão ou ao recolhimento da pessoa ofendida pela prática criminosa, mas trata-se de uma medida de libertação ou salvamento de pessoa vítima de maus-tratos (crianças ou idosos), privada da liberdade (sequestro ou extorsão mediante sequestro), entre outras situações análogas. Narra PONTES DE MIRANDA que será utilizada a busca e apreensão para retirar da ilegal detenção o paciente beneficiado por ordem de *habeas corpus* não cumprida de pronto pelo detentor ou carcereiro, estando ele em casa particular qualquer;[208]

h) *colher qualquer elemento de convicção*: trata-se de autorização genérica e residual, isto é, não se encaixando a hipótese às alíneas anteriores, mas voltando-se à produção de provas, é permitida a colheita de material ou instrumento, que sirva para formar a convicção do juiz. Exemplo disso é a colheita de sangue ou pelos para submissão a exame pericial.

15.7.1 A licitude da abertura das cartas fechadas, encontradas no domicílio do acusado, verificando-se a utilidade do seu conteúdo para a formação da prova

A matéria, após a edição da Constituição Federal de 1988, tornou-se polêmica e confusa. Analisando-se a letra da lei, o Código de Processo Penal reconhece, na alínea *f* do § 1.º do art. 240, o direito de se apreender cartas destinadas ao acusado ou em seu poder, quando

---

[208] *História e prática do* habeas corpus, p. 389-390.

houver suspeita de que seu conteúdo possa favorecer o conhecimento útil de fato criminoso. As cartas podem já estar abertas ou não.

De outra parte, analisando-se, literalmente, o art. 5.º, XII, da Constituição, tem-se que "é inviolável o sigilo da correspondência e das comunicações telegráficas, de dados e das comunicações telefônicas, *salvo, no último caso*, por ordem judicial, nas hipóteses e na forma que a lei estabelecer para fins de investigação criminal ou instrução processual penal" (grifamos).

Assim, parte da doutrina encaminhou-se no sentido de ter por revogado, tacitamente, o art. 240, § 1.º, *f*, do Código de Processo Penal, alegando que a Constituição tornou inviolável, sem exceções, qualquer correspondência, destinada ou não a pessoas acusadas da prática de crimes. Aliás, a única possibilidade de violação estaria relacionada às comunicações telefônicas, como expressamente prevê o texto constitucional.

Outra parte, no entanto, sustenta que o texto constitucional não deve ser analisado de modo irrestrito, havendo até a postura dos que sustentam a inconstitucionalidade formal – por problemas concernentes ao processo legislativo de elaboração desta norma (ADA PELLEGRINI GRINOVER) –, além do que direitos e garantias individuais não são absolutos, nem foram idealizados ou estabelecidos para proteger criminosos. Seu sentido é a proteção contra os abusos *indevidos* do Estado e não criar um escudo para dignificar o delito e seus praticantes. Daí por que a inviolabilidade de correspondência cederia espaço ao interesse maior, que é a garantia à segurança pública (art. 5.º, *caput*, CF) e ao acerto das decisões do Poder Judiciário, evitando-se, a qualquer custo, o erro (art. 5.º, LXXV, CF).

São partidários da corrente da absoluta inviolabilidade da correspondência: MIRABETE,[209] CLEUNICE A. VALENTIM BASTOS PITOMBO,[210] ROGÉRIO LAURIA TUCCI,[211] TOURINHO FILHO,[212] PAULO HEBER DE MORAIS e JOÃO BATISTA LOPES,[213] ANTONIO MAGALHÃES GOMES FILHO,[214] CELSO RIBEIRO BASTOS e IVES GANDRA MARTINS.[215] Em posição diversa, defendem a possibilidade de violação da correspondência, caso tenha por finalidade evitar ou apurar o cometimento de crimes: ALEXANDRE DE MORAES,[216] SCARANCE FERNANDES;[217] CÉSAR DARIO MARIANO DA SILVA.[218]

Ensina ALEXANDRE DE MORAES, em relação à inviolabilidade de correspondência, prevista na Constituição Federal: "A interpretação do presente inciso deve ser feita de modo a entender que a lei ou a decisão judicial poderão, excepcionalmente, estabelecer hipóteses de quebra das inviolabilidades da correspondência, das comunicações telegráficas e de dados, sempre visando salvaguardar o interesse público e impedir que a consagração de certas

---

[209] *Processo penal*, p. 319-320.

[210] *Da busca e da apreensão no processo penal*, p. 218.

[211] Citado por CLEUNICE A. VALENTIM BASTOS PITOMBO, ob. cit., p. 216.

[212] *Comentários ao Código de Processo Penal*, v. 1, p. 445.

[213] *Da prova penal*, p. 141-143.

[214] *Direito à prova no processo penal*, p. 123.

[215] *Comentários à Constituição do Brasil*, v. 2, p. 72.

[216] *Direito constitucional*, p. 77.

[217] *Processo penal constitucional*, p. 82, alegando que, para tanto, deve ser usado o princípio da proporcionalidade e cita o exemplo da violação da correspondência dos presos para impedir fuga de presídio ou evitar o sequestro de um juiz.

[218] *Das provas obtidas por meios ilícitos e seus reflexos no âmbito do direito processual penal*, p. 69-71.

liberdades públicas possa servir de incentivo à prática de atividades ilícitas".[219] E ainda que "os direitos humanos fundamentais não podem ser utilizados como um *verdadeiro escudo protetivo* da prática de atividades ilícitas, nem tampouco como argumento para afastamento ou diminuição da responsabilidade civil ou penal por atos criminosos, sob pena de total consagração do desrespeito a um verdadeiro Estado de Direito. (...) Desta forma, quando houver conflito entre dois ou mais direitos ou garantias fundamentais, o intérprete deve utilizar-se do *princípio da concordância prática ou da harmonização* de forma a coordenar e combinar os bens jurídicos em conflito, evitando o sacrifício total de uns em relação aos outros, realizando uma redução proporcional do âmbito de alcance de cada qual (*contradição de princípios*), sempre em busca do verdadeiro significado da norma e da harmonia do texto constitucional com sua finalidade precípua".[220]

Convém citar, também, MARCO ANTONIO DE BARROS: "não concordo com a mantença da inviolabilidade quando se trate de apurar a ocorrência de um crime, notadamente se a revelação do conteúdo da correspondência ou da comunicação telegráfica for imprescindível para a revelação da verdade. Negar a realização de diligências investigatórias nesse sentido, com apoio no que afirma o dispositivo constitucional, por certo não traduz nenhum absurdo jurídico. Tal decisão certamente seria a mais cômoda, mas nem sempre a mais justa. Parece cristalino que a norma em comento tem por objetivo proteger a pessoa de bem, o cidadão comum, ou a intimidade deste retratada na correspondência ou na comunicação telegráfica. Por outra versão, não pode ser destinatário de tão acentuado direito quem tenha cometido ou seja suspeito de haver cometido um crime. Nenhuma lógica seria capaz de explicar o argumento de que inviolabilidade impede a legítima repressão estatal. A tanto ela não chega".[221]

Segundo pensamos, nenhum direito ou garantia fundamental é absoluto. Fosse assim e haveríamos de impedir, terminantemente, que o diretor de um presídio violasse a correspondência dirigida a um preso, ainda que se tratasse de ardiloso plano de fuga, pois a "inviolabilidade de correspondência" seria taxativa e não comportaria exceção alguma na Constituição Federal. Nem mesmo poderia devassar a correspondência para saber se, no seu interior, há drogas, o que se configura um despropósito.

Há quem defenda que a violação da correspondência é o conhecimento da carta escrita em seu interior, mas não é essa a melhor exegese. O simples fato de alguém abrir um envelope fechado, dirigido a outrem, tomando conhecimento do que há em seu interior faz incidir na figura do art. 151 do Código Penal, ou art. 40 da Lei 6.538/78, conforme o caso. Conhece-se a intimidade de uma pessoa lendo-se uma carta ou vendo-se uma foto enviada ao destinatário, por exemplo. Por isso, para saber se a correspondência contém algo ilícito, é preciso abri-la, devassá-la. E mais: mesmo que se tivesse seriíssimas suspeitas de que determinada carta, recebida por pessoa acusada de crime, contivesse a solução para a apuração da autoria do delito, podendo até inocentar terceiros, não se poderia, ainda que com mandado judicial, devassar o seu conteúdo. Cremos injustificável tal postura, pois até o direito à vida – principal bem jurídico protegido do ser humano – comporta violação, garantida em lei ordinária (como o aborto, fruto de gestação produzida por estupro ou a morte do agressor na legítima defesa, entre outros exemplos).

[219]   *Direitos humanos fundamentais*, p. 145.
[220]   *Provas ilícitas e proteção aos direitos humanos fundamentais*, p. 13.
[221]   *A busca da verdade no processo penal*, p. 226.

O Supremo Tribunal Federal já teve oportunidade de decidir que cartas de presidiários podem ser violadas pela administração penitenciária, respeitando-se o disposto no art. 41, parágrafo único, da Lei 7.210/84 (lei ordinária), visto que o sigilo epistolar não pode servir de instrumento para a salvaguarda de práticas ilícitas (HC 70.814-SP, 1.ª T., rel. Celso de Mello, 01.03.1994, v.u., *DJ* 24.06.1994, *RT* 709/418, embora antiga, não se tem notícia de alteração de posicionamento nessa questão; ao contrário, tem-se ratificado essa decisão em julgados mais recentes).

Há, também, decisão do STF nessa ótica: "I. Busca e apreensão de cartas amorosas enviadas pela recorrente a um dos corréus com quem mantinha relacionamento extraconjugal. Art. 240, § 1.º, *f*, do CPP. Violação do direito à inviolabilidade de correspondência. Não ocorrência. Garantia que não é absoluta. (...) A jurisprudência desta Corte consagrou o entendimento de que o princípio constitucional da inviolabilidade das comunicações (art. 5.º, XII, da CF) não é absoluto, podendo o interesse público, em situações excepcionais, sobrepor-se aos direitos individuais para evitar que os direitos e garantias fundamentais sejam utilizados para acobertar condutas criminosas. II. A busca e apreensão das cartas amorosas foi realizada em procedimento autorizado por decisão judicial, nos termos do art. 240, § 1.º, *f*, do Código de Processo Penal. III. A condenação baseou-se em outros elementos de prova, em especial nos depoimentos de testemunhas, reproduzidos em plenário, sob o crivo do contraditório" (RHC 115.983/RJ, 2.ª T., rel. Ricardo Lewandowski, *DJ* 16.04.2013).

De fato, se alguém é acusado ou indiciado, qualquer prova que o juiz mande apreender é lícita, pois o sentido maior da norma é apurar o verdadeiro culpado, garantindo-se tanto a segurança pública, quanto o acerto judiciário, que não permitirá leve-se ao cárcere um inocente. Deixar de abrir a correspondência de um suspeito de crime, somente porque se está seguindo, cegamente, o disposto na Constituição Federal, seria privilegiar uma norma constitucional em detrimento a outras. Descobrir o verdadeiro culpado de um crime elimina a possibilidade de se punir um inocente, algo que, muitas vezes, ocorre no sistema penal brasileiro, situação com a qual devemos demonstrar séria preocupação. Pode-se aplicar a teoria da proporcionalidade, como sustentam alguns, mas cremos que nem é preciso que dela se lance mão. Não se trata de ponderar qual bem jurídico é mais importante – se a intimidade, a inviolabilidade da correspondência e da vida privada ou a segurança pública e o interesse em punir criminosos – mas sim de garantir a perfeita *harmonia* entre os princípios, direitos e garantias constitucionais. Um direito não deve sobrepujar outro em hipótese alguma, pois inexiste hierarquia entre eles, mormente quando todos estão previstos na Constituição Federal. Deve o aplicador da lei ajustar um ao outro, compreendendo o exato espírito da norma e seu alcance.

Se dentre os direitos e garantias individuais aparentemente houver uma antinomia, deve o intérprete, necessariamente, buscar a conciliação, conforme o caso concreto, pois não há qualquer prevalência de um sobre outro. Se algo for permitido por um princípio e vedado por outro, um dos princípios deve recuar, o que não significa ter sido considerado nulo ou revogado". Assim, quando a proteção constitucional da inviolabilidade de correspondência foi construída, jamais teve por fim proteger a pessoa que comete crimes, mas sim o cidadão honesto, que não merece ter sua intimidade violada pelo Estado, gratuitamente. Nem mesmo a presunção de inocência pode aqui ser aplicada, pois esta garante, primordialmente, que o ônus da prova é da acusação e não do acusado, não impedindo nem mesmo a prisão cautelar, como, cotidianamente, decidem os tribunais pátrios.

Portanto, investigar um crime, com fundadas suspeitas e baseando-se a prova sobretudo na correspondência legalmente apreendida, parece-nos lógico deva o juiz autorizar a sua abertura e juntada aos autos para a descoberta da verdade real, imprimindo-se um autêntico conteúdo de razoabilidade ao devido processo legal. É evidente que, nada encontrando de relevante ou pertinente na carta aberta, deve a autoridade resguardar a intimidade do réu ou investigado, devolvendo-a ao destinatário. Diante disso, sustentamos a constitucionalidade do disposto nessa alínea do § 1.º do art. 240 do Código de Processo Penal.

Para que haja a quebra do sigilo é preciso o respeito a determinados requisitos indispensáveis: *suspeita* de que o conhecimento do conteúdo da correspondência possa ser *útil* à elucidação do fato. Assim, somente pode autorizar o juiz a apreensão da carta, com sua consequente abertura (caso esteja fechada, pois aberta não haveria violação alguma), caso exista a fundada suposição de que contribuirá de modo vantajoso à apuração da infração penal.

Pode o magistrado, por exemplo, determinar a apreensão e abertura de carta enviada por um banco estrangeiro ao acusado da prática de remessa ilegal de moeda ao exterior, pois é componente indispensável à apuração do fato. Aliás, se pode o juiz determinar a quebra do sigilo fiscal e do sigilo bancário, não teria o menor sentido lógico ser impedido de tomar conhecimento de um mero extrato, contido dentro de um envelope. Se for para se manter inviolável a intimidade, as duas outras atitudes (violações dos sigilos fiscal e bancário) são muito mais graves do que a simples abertura da correspondência bancária.

Isso não significa, no entanto, autorizar a abertura de cartas pessoais, contendo assuntos estritamente familiares, juntando-as no processo ou no inquérito. Por vezes, poderá haver necessidade de apreender e abrir a correspondência para saber se o seu conteúdo interessa à apuração do crime. Entretanto, cientificando-se de que o conteúdo é irrelevante ao feito, deve-se devolver a missiva ao destinatário.

15.8   Exigência do mandado judicial para a polícia

Não mais vige a possibilidade da autoridade policial, pessoalmente e sem mandado, invadir um domicílio, visto que a Constituição Federal garantiu a necessidade de determinação judicial. Logo, não está em vigor parte do disposto no art. 241 do CPP. O juiz, obviamente, quando acompanha a diligência, faz prescindir o mandado, pois não teria cabimento ele autorizar a si mesmo ao procedimento da busca.

É indiscutível que a ocorrência de um delito no interior do domicílio autoriza a sua invasão, a qualquer hora do dia ou da noite, mesmo sem o mandado, o que, aliás, não teria mesmo sentido exigir fosse expedido. Assim, a polícia pode ingressar em casa alheia para intervir num flagrante delito, prendendo o agente e buscando salvar, quando for o caso, a vítima. Em caso de crimes permanentes (aqueles cuja consumação se prolonga no tempo), como é o caso do tráfico de drogas, na modalidade "ter em depósito" ou "trazer consigo" (art. 33, *caput*, Lei 11.343/2006), pode o policial penetrar no domicílio efetuando a prisão cabível.

15.8.1   *A validade da prisão em flagrante, após a constatação de crime permanente, quando do ingresso abusivo em domicílio*

Questão controversa, tanto na doutrina quanto na jurisprudência, é saber se a invasão injustificada, a princípio, pois sem mandado e sem qualquer denúncia de flagrante, poderia legitimar a descoberta da prática de um crime no seu interior, como é o caso, justamente, da guarda de substância entorpecente, por exemplo.

Cremos que o caso concreto é o melhor fator de discernimento para a solução do aparente impasse. Se a polícia tem algum tipo de denúncia concreta, suspeita fundada ou razão para ingressar no domicílio, preferindo fazê-lo por sua conta e risco, sem mandado – porque às vezes a situação requer urgência – pode ingressar no domicílio, mas a legitimidade de sua ação depende da efetiva descoberta do crime. Do contrário, pode-se caracterizar o crime de abuso de autoridade ou mesmo infração funcional.

Se o agente policial, no entanto, agir em gritante desrespeito à inviolabilidade de domicílio de pessoa, que nem sequer provoca suspeita, está cometendo, logo de início, um crime, razão pela qual deve ser punido. A prova colhida no interior da casa, no entanto, caso fosse encontrada a droga, segundo nos parecia, deveria ser admitida. Porém, se assim for feito, não haverá como corrigir a ação estatal abusiva. Têm-se encontrado julgados do STF e do STJ no prisma de não se aceitar a prova apreendida no interior do domicílio, quando a entrada for considerada abusiva. É o caminho mais adequado para disciplinar a ação policial: somente cabe invasão, sem mandado judicial, quando se têm evidências concretas de que há crime permanente em andamento.

Portanto, em síntese, havendo invasão abusiva de domicílio, descobrindo-se um crime permanente em desenvolvimento, por mero acaso, deve ser punido o policial, por abuso de autoridade, e a prova colhida não pode ser admitida, porque ilícita.

15.9 Requisitos do mandado de busca e provocação para a sua expedição

Pode o juiz determinar a busca e a apreensão de ofício ou a requerimento da parte interessada (art. 242, CPP). Tal providência faz parte da busca da verdade real, princípio que rege a atuação do magistrado no processo penal, bem como ao impulso oficial, que incentiva o procedimento. Não deve, no entanto, o juiz exceder-se na avaliação da prova, antecipando julgamentos e buscando culpados a qualquer custo. Somente se a diligência se mostrar imprescindível à formação do seu convencimento, não tendo havido requerimento das partes, pode o julgador intervir, determinando seja feita a busca, fazendo-o de modo fundamentado.

O mandado de busca deve conter os seguintes requisitos (art. 243, CPP): a) indicar, o mais precisamente possível, a casa em que será realizada a diligência e o nome do respectivo proprietário ou morador; ou, no caso de busca pessoal, o nome da pessoa que terá de sofrê-la ou os sinais que a identifiquem; b) mencionar o motivo e os fins da diligência; c) ser subscrito pelo escrivão e assinado pela autoridade que o fizer expedir. Esse conteúdo é a maior prova de que não há mandado de busca genérico, ou seja, sem especificação do que exatamente deverá a polícia procurar e, eventualmente, apreender.[222]

A Lei 11.767/2008, em relação à inviolabilidade dos escritórios de advocacia, alterando a redação do § 6.º do art. 7.º da Lei 8.906/1994 (Estatuto da Advocacia), terminou por introduzir algumas obviedades, muitas das quais já previstas pelo art. 243 do CPP: "Presentes indícios de autoria e materialidade da prática de crime por parte de advogado, a autoridade judiciária competente poderá decretar a quebra da inviolabilidade de que trata o inciso II do *caput* deste artigo, em decisão motivada, expedindo mandado de busca e apreensão, específico e pormenorizado, a ser cumprido na presença de representante da OAB, sendo, em qualquer hipótese, vedada a utilização dos documentos, das mídias e dos objetos pertencentes a clientes

---

[222] CÂMARA LEAL esclarece que "o mandado indicará claramente o motivo e os fins da diligência. Esse motivo e os fins da busca devem ser os mesmos que constarem do despacho da autoridade, quando a busca for decretada de ofício, ou do requerimento da parte, quando solicitada" (*Comentários ao Código de Processo Penal brasileiro*, v. II, p. 102).

do advogado averiguado, bem como dos demais instrumentos de trabalho que contenham informações sobre clientes".[223]

Foram destacados importantes pontos para o exercício livre da advocacia. Em primeiro lugar, para ocorrer a invasão, por agentes do Estado, em escritórios de advocacia ou locais de trabalho do advogado (pode ser em sua própria casa ou em uma empresa), torna-se imprescindível que o causídico esteja envolvido na prática de infração penal. Para tanto, é preciso provas mínimas de autoria e materialidade. Se tal ocorrer, somente a autoridade judiciária poderá expedir o mandado de busca e apreensão, em decisão *fundamentada*, bem como devendo ser o mandado *específico* e *pormenorizado*. Na realidade, nesse ponto, editou-se uma lei para fazer valer o conteúdo de leis anteriores, que não vêm sendo aplicadas na prática. Qualquer decisão judicial precisa ser fundamentada (art. 93, IX, CF), em particular, a gravosa expedição de mandado de busca e apreensão, que irá romper a inviolabilidade de algum lugar.

Por outro lado, o art. 243 do CPP já estipula dever o mandado ser específico e detalhado, embora não o faça com tais palavras. Afinal, mencionar o motivo e a finalidade da diligência é torná-lo determinado e pormenorizado. Não se vem cumprindo tal preceito, na prática, e o Judiciário, muitas vezes, silencia a respeito. Por isso, ingressa a Lei 11.767/2008 para reiterar, no âmbito das prerrogativas do advogado, o que deveria valer para todos os cidadãos. Especificando-se e detalhando-se o motivo e a finalidade da diligência, não se fará uma busca genérica, causando dissabor ao profissional que tiver o seu local de trabalho invadido. A polícia deverá dirigir-se exatamente à fonte da sua diligência, permanecendo o menor tempo possível no lugar, sob pena de se configurar abuso de autoridade.

A parte final do § 6.º também é importante. Não se pode utilizar documentos, mídias, objetos e instrumentos variados pertencentes a clientes do advogado averiguado, o que é correto. Está-se buscando prova contra o causídico e não contra seus clientes. Seria, aliás, absurda a ideia de se colher provas contra um réu, procurando-a justamente no escritório do seu defensor. Ninguém é obrigado a produzir prova contra si mesmo, razão pela qual a confiança estabelecida entre réu e advogado faz com que o acusado confie determinados valores seus a quem vai defendê-lo. Por isso, não cabe ao Estado diligenciar nesse sentido em escritórios de advocacia. Se os clientes também forem averiguados, abre-se a possibilidade de busca e apreensão de material, nos termos do § 7.º do art. 7.º.

Finalmente, convém mencionar que todas as coisas guardadas pelos clientes nos escritórios de seus advogados devem ser de posse e uso lícito, ou seja, ilustrando, não teria o menor cabimento o traficante depositar a droga no escritório de seu defensor, o mesmo podendo fazer o receptador, no tocante aos objetos adquiridos criminosamente e, muito menos, por absurdo que possa parecer, ocultar um cadáver nesses lugares. Todo material capaz de formar o corpo de delito da infração penal não pode ser considerado inviolável, sob pena de se impedir o Estado de punir a prática de crime, vez que este nem mesmo seria descoberto. As coisas que não devem ser buscadas e apreendidas são as que digam respeito a clientes, passíveis de evidenciar a autoria de delitos variados. Esta atividade persecutória deve ser realizada pelos agentes estatais em outras fontes e não no escritório do advogado, que cuida da causa.

Não mais se inclui no mandado de busca o texto pertinente ao mandado de prisão, como preceitua o art. 243, § 1.º, do CPP. Em razão de inúmeras formalidades para se recolher alguém ao cárcere, justamente para dar segurança ao ato, exige-se a expedição de documento à parte.

---

[223] A Lei 14.365/2022 acrescentou os §§ 6º-A a 6º-I ao art. 7º do Estatuto da Advocacia, tornando mais detalhado o ingresso em escritório de advocacia.

15.10 Dispensa do mandado de busca pessoal

Há três situações que autorizam a dispensa do mandado de busca pessoal (art. 244, CPP):

a) *havendo prisão do revistado*. É natural que a detenção do acusado ou indiciado faça cessar a sua inviolabilidade pessoal, independente de ordem judicial, pois será recolhido ao cárcere e necessita estar livre de armas ou objetos perigosos à segurança do presídio. Além disso, os objetos ou instrumentos, que possua consigo, servirão para a formação do conjunto probatório. Se o bem maior – liberdade – está sendo violado legalmente, não teria sentido exigir-se mandado de busca pessoal, que protege a intimidade;

b) *fundada suspeita de estar carregando arma proibida, objetos ou papéis que formem a materialidade do delito*. Essa hipótese advém da urgência que já cuidamos em item anterior. Não teria sentido o agente policial, percebendo que alguém carrega consigo uma arma de fogo, por exemplo, deixá-lo livre, sem revista, até que conseguisse um mandado judicial. Ou mesmo se essa pessoa trouxesse documento de identidade falsificado;

c) *existência de mandado de busca domiciliar*. Se a medida mais grave, que é a violação do domicílio, conta com a ordem judicial, seria ilógico não poder o exequente revistar as pessoas encontradas no local, mormente porque as provas buscadas poderiam ser colocadas nos bolsos ou pertences pessoais, inviabilizando o sucesso da diligência.

Na prática, a parte mais difícil de ser apurada diz respeito à fundada suspeita, situação recorrente nas prisões em flagrante decorrentes de tráfico ilícito de drogas. Tem-se alegado encontrar alguém, carregando entorpecente, tendo sido abordado porque demonstrou nervosismo com a aproximação da polícia; pelo fato de ter fugido do local; por conta de entrar rapidamente em casa ao se deparar com a passagem da viatura, dentre outros motivos similares.

Há, ainda, afirmações referentes ao instinto policial ou à experiência na busca por traficantes, além de se procurar por suspeitos em áreas de comércio habitual de drogas ilícitas. Nesse cenário, não há fórmula objetiva e consensual, muito menos um único critério a ser utilizado. Busca-se, todavia, evitar avaliações preconceituosas, abordando pessoas pobres, em áreas comunitárias e, pior, enfocadas pela cor da pele ou pelas roupas que veste.

Parece-nos que a união de elementos pode levar a um quadro mais sólido, por exemplo, tratar-se de área dedicada ao comércio ilícito de entorpecentes, com a visualização de duas pessoas trocando objetos, que fogem ao avistar a polícia.

Figurando a fundada suspeita, pode o agente policial efetuar a abordagem e empreender a revista pessoal, sem mandado judicial. Encontrando objeto ligado à materialidade de um crime (como drogas ou armas), há voz de prisão em flagrante.

15.10.1 Atuação da guarda municipal

A guarda municipal, conforme decisão do STF, integra o sistema nacional de segurança pública, embora não tenha as mesmas funções que a polícia civil (investigação de crimes) e que a polícia militar (atividade de vigilância ostensiva). No mesmo sentido, o STJ tem vedado a atuação investigatória e ostensiva da guarda municipal e, caso o faça, como, por exemplo, realizando revistas pessoais ou invasões de domicílio, produzirá uma prova ilícita, que não poderá ser aproveitada para condenar alguém.

Diante disso, o guarda municipal não pode sair pela cidade investigando crimes, abordando e revistando pessoas, com o objetivo de efetuar prisões em flagrante. Mas é preciso deixar claro que, nos termos do art. 301 do CPP, qualquer pessoa pode dar voz de prisão em flagrante a quem esteja cometendo um delito, razão pela qual o mesmo raciocínio se aplica ao guarda municipal.

Em suma, se o agente policial do Município tiver certeza de haver à sua frente o desenvolvimento de uma infração penal, pode – e deve – efetuar a prisão dos autores. Todavia, não lhe cabe invocar a fundada suspeita para abordar alguém na via pública e submeter a pessoa à revista, procurando droga ou arma, por exemplo. Assim agindo, usurpará função da polícia civil ou militar, gerando prova ilícita, caso encontre as referidas droga ou arma.

15.11 Formalidades para a realização de busca domiciliar

A regra, estabelecida não somente pelo Código de Processo Penal (art. 245, *caput*), mas pela Constituição Federal (art. 5.º, XI), é que as buscas se realizem durante o dia. Entretanto, pode o morador admitir que a polícia ingresse em seu domicílio, durante a noite, para realizar qualquer tipo de busca, embora o consentimento deva ser expresso e efetivo. Configura o abuso de autoridade caso a concordância seja extraída mediante ameaça ou qualquer tipo de logro, como, por exemplo, ocorreria se houvesse a promessa de retornar no dia seguinte com um mandado de busca e outro de prisão por desobediência.

Ensinam BENTO DE FARIA e ESPÍNOLA FILHO que se considera *dia* o período que decorre entre as seis horas da manhã às seis horas da tarde,[224] por significar mais garantia ao padecente da diligência. Em igual sentido, TOURINHO FILHO.[225] MIRABETE e alguns outros processualistas afirmam adotar o mesmo período, dizendo estar fazendo analogia ao disposto no art. 172 do Código de Processo Civil de 1973 (vide art. 212 do CPC/2015), o que, entretanto, não está correto, visto que a lei processual civil menciona o período das 6 às 20 horas e não das 6 às 18 horas.[226]

A questão está superada pela edição da Lei 13.869/2019, considerando abuso de autoridade o cumprimento de mandado de busca e apreensão domiciliar após as 21 horas e antes das 5 horas (art. 22, § 1.º, III). Portanto, está estipulado que o período lícito se dá após as 5 da manhã e antes das 21 horas.

Há quem sustente, somente porque a lei fez uso da palavra no plural – executores – dever haver mais de um agente para cumprir o mandado de busca.[227] Assim não entendemos. Trata-se de um modo particular de expressar uma situação. Tendo em vista que a regra é o cumprimento do mandado de busca por mais de um agente da autoridade, inclusive para resguardar a sua incolumidade física e proporcionar as medidas de força descritas nos parágrafos, utilizou a lei o vocábulo no plural. Nada impede, no entanto, sendo ilógico considerar *ilícita* a busca, quando a atuação for desenvolvida por um só *executor*. Apegar-se desse modo à *letra* da lei poderia levar a crer que a casa somente poderia ter um morador, pois não se fala em *moradores*, no *caput* do art. 245, embora mude o termo para *moradores* no § 4.º, estando a demonstrar que a forma singular/plural é indiferente. Além disso, imagine-se a hipótese

---

[224] *Código de Processo Penal*, v. 1, p. 358; *Código de Processo Penal brasileiro anotado*, v. 3, p. 223-224, respectivamente.

[225] *Comentários ao Código de Processo Penal*, v. 1, p. 449.

[226] *Processo penal*, p. 321; e *Código de Processo Penal interpretado*, p. 321.

[227] TOURINHO FILHO, *Código de Processo Penal comentado*, v. 1, p. 450.

de somente haver um oficial de justiça disponível para a realização de diligência urgente. Parece-nos óbvio que ele seja designado a cumpri-la, ainda que sozinho.

15.11.1 O cumprimento do mandado de busca e apreensão pela Polícia Militar

A doutrina diverge nesse aspecto. Para alguns, a diligência, durante a fase investigatória, é exclusiva da Polícia Civil, baseado no fato de que a esta, conforme preceitua a Constituição Federal, cabe o exercício das funções pertinentes à polícia judiciária (art. 144, § 4.º, CF), muito embora se admita em caráter excepcional a participação da Polícia Militar.[228]

Parece-nos que a função investigatória precípua, de acordo com a Constituição, de fato, cabe à Polícia Civil, embora não descartemos a possibilidade excepcional, no interesse da justiça e da busca da verdade real, dos policiais militares atuarem nesse sentido. Lógica não haveria em cercear a colheita da prova somente porque, em determinado momento, não há agentes da Polícia Civil disponíveis para a realização da busca, enquanto os militares estão presentes, propiciando a sua efetivação. Não deve, naturalmente, ser a regra, mas trata-se de uma exceção viável e legal. Do mesmo modo que à Polícia Militar cabe o policiamento ostensivo (art. 144, § 5.º, CF), não se desconhece que policiais civis e delegados de polícia também o fazem, quando necessário.

Enfim, a separação das polícias é o principal ponto enfrentado, mas tal situação, que é sobretudo um problema político, não pode resvalar no direito da população de obter efetiva segurança, nem tampouco nas atividades judiciárias de fiel e escorreita colheita da prova. Do mesmo modo, embora seja função do oficial de justiça proceder às buscas determinadas pelo juiz, ao longo da instrução, nada impede que a polícia realize a diligência, especialmente se for em lugar particularmente perigoso, exigindo experiência policial para a consumação do ato.

A exibição e leitura do mandado é outra providência de vital importância no cumprimento do mandado de busca e/ou apreensão e, justamente por isso, ele precisa ser detalhado, com finalidade específica e objeto definido. O morador não fica entregue à própria sorte, nem ao inteiro arbítrio do agente da autoridade, tendo como evitar determinadas invasões abusivas, ou, pelo menos, acautelar-se, produzindo prova de que elas existiram. Se o mandado for expedido de forma genérica, não há ato da autoridade que consiga ser legitimamente barrado.

De posse do mandado, a polícia ordena que a porta seja aberta para a realização da diligência, sob pena de desobediência (art. 330, CP). Autoriza-se o arrombamento da porta e a entrada forçada no interior do domicílio, em caso de recalcitrância do morador. Não se trata de sanção civil ou administrativa, que afasta o crime de desobediência, em nosso entender, razão pela qual, conforme o caso concreto, pode haver a prisão em flagrante daquele que desobedece.

Poder-se-ia argumentar que o morador, quando for o próprio suspeito, indiciado ou acusado, estaria no seu direito de não se autoacusar, como faria ao recusar-se a fornecer material para a realização de exame de sangue ou grafotécnico, ou mesmo calando-se. Ocorre que a situação é diferenciada: justamente porque o Estado não pode obrigar o indiciado/acusado a produzir prova contra si mesmo, tem a obrigação – e o poder para isso – de buscar os elementos de formação da culpa por sua conta. Dessa forma, ainda que o sujeito investigado não queira colaborar, não tem o direito de impedir a entrada no seu domicílio, quando a ordem foi regularmente expedida por juiz de direito. Além disso, a entrada forçada não é sanção ao recalcitrante, mas somente a consequência natural da sua resistência. Por isso, parece-nos possível

---

[228] CLEUNICE A. VALENTIM BASTOS PITOMBO, *Da busca e da apreensão no processo penal*, p. 177-178.

a prisão por desobediência. Aliás, havendo resistência violenta ou ameaçadora do morador contra os policiais, pode configurar-se ainda o crime previsto no art. 329 do Código Penal.

Na análise da recalcitrância do morador em permitir a diligência, é preciso estabelecer a diferença existente entre a resistência ativa e a passiva. A primeira dá margem à utilização de força por parte dos executores, que cumprem o mandado, mesmo porque, não o fazendo, será impossível cumprir, com sucesso, o determinado pelo juiz. Entretanto, passiva é a rebelião natural da pessoa que se sente invadida em seu domicílio, tendo sua intimidade devassada, o que termina sendo um mal necessário, podendo gritar, esbravejar, mostrar sua contrariedade e ter reações nervosas de toda ordem. Esta atitude não autoriza o emprego de força, nem tampouco a prisão do morador por desobediência, resistência ou desacato. Observa, com argúcia, BENTO DE FARIA que "os executores da busca devem ser pacientes, para relevar qualquer exaltação, de momento, por parte do morador, levando em conta as excitações nervosas que quase sempre produzem tais situações, e se manifestam sem intenção ofensiva, mas como manifestação natural de independência e de liberdade".[229]

A lei autoriza o emprego de força contra coisas, como o arrombamento de armários, cofres ou mesmo portas no interior do domicílio, quando outra opção não houver. Mas, é natural que a violência contra o morador possa também ser indispensável. Nessa hipótese, no entanto, é preciso que o padecente esteja incontrolável, investindo contra os executores e perturbando a diligência. Dá-se voz de prisão pelo crime cabível e termina-se a busca, já tendo o morador sob domínio.

Se o morador está ausente, autoriza-se o arrombamento de portas e outros tipos de violência contra coisas. Por precaução, determina o Código de Processo Penal que um vizinho qualquer, se possível, seja intimado (trata-se de uma ordem legal) a acompanhar a diligência, justamente para atestar a sua idoneidade e lisura (art. 245, § 4.º). Ressalte-se que, não havendo vizinho por perto, os executores podem agir sozinhos.

Se no domicílio somente estiverem menores ou pessoas incapazes de entender ou consentir, utiliza-se o mesmo critério da ausência de morador, isto é, convoca-se um vizinho e testemunhas idôneas para acompanhar o ato.

A regra é que o mandado deve conter, como já mencionado anteriormente, o que se procura e qual a motivação. Evita-se, com isso, abusos porventura praticados pela polícia ou outros agentes. Logo, é ilícita a atitude dos executores do mandado vasculhando, tomando conhecimento, fazendo troça ou divulgando objetos e pertences do morador, totalmente incompatíveis com a finalidade da diligência. Quem busca documentos falsificados não deve devassar o guarda-roupa do padecente, expondo ou apreendendo peças íntimas, por exemplo.

Ensina CLEUNICE A. VALENTIM BASTOS PITOMBO que "as autoridades e seus agentes limitam-se a procurar o objetivo, o alvo da medida, nada mais. Devem evitar o varejamento inútil. Devem molestar e importunar o morador o mínimo possível, ao bom sucesso da procura. Necessitam respeitar o recato das pessoas e segredo; e, também, tudo que desinteresse à persecução penal".[230] Na mesma ótica, diz ROGÉRIO LAURIA TUCCI ser imprescindível que a autoridade aja "criteriosamente e com a necessária discrição, de sorte que a medida, realmente violenta, não se degenere, transfundindo-se o ato constritivo num insuportável constrangimento à liberdade de quem deva sofrer os respectivos efeitos".[231]

---

[229] *Código de Processo Penal*, v. 1, p. 360.

[230] *Da busca e da apreensão no processo penal*, p. 182.

[231] Habeas corpus, *ação e processo penal*, p. 223.

15.11.2 A legitimidade da diligência de localização de outros objetos ilícitos, completamente fora do objetivo estipulado no mandado de busca, permitindo a descoberta de delito ignorado

Não é de fácil análise essa questão, uma vez que a polícia, cumprindo mandado de busca para a apreensão de determinado objeto, ligado ao crime "X", pode encontrar provas relativas a um outro delito. Apreende o material ou necessita de ordem específica do juiz para tanto? Segundo nos parece, deve-se buscar o meio-termo. Caso a polícia esteja procurando, por exemplo, por documentos falsificados e localizar uma arma que faz crer, por suas peculiares características (um punhal manchado de sangue e devidamente escondido), ser o instrumento usado para o cometimento de outro delito ou, então, localiza várias fotos do morador na companhia de menores de idade, em atividade sexual, não deve simplesmente ignorar o que está vendo, mas deve preservar o local e as coisas encontradas, solicitando, de imediato, ao juiz de plantão uma autorização legal para proceder à apreensão.

Assim fazendo, não se despreza a nova prova, mas também não se apreende algo que não é objeto do mandado de busca e apreensão. Em se tratando de pertences lícitos de terceiros, não indiciados ou acusados, não deve a polícia efetuar qualquer tipo de apreensão. Encontrando algo ilícito, conforme a sua natureza, pode haver a apreensão (ex.: droga ou arma, que são objetos de crimes permanentes) ou não (ex.: documentos indicativos de cometimento de ilícito tributário, normalmente objetos de delitos instantâneos). Para esta última situação, cabe ao agente do Estado solicitar ao magistrado competente, mesmo que em regime de plantão, a apreensão cautelar. Na sequência, instaurado o procedimento próprio (inquérito policial, por exemplo), torna-se a apreensão definitiva, ao menos enquanto houver necessidade à instrução.

Todavia, os tribunais têm sido mais flexíveis nessa hipótese (denomina-se *serendipidade*), permitindo a apreensão de coisa encontrada – e não constante do mandado judicial de busca – porque o ingresso e a revista geral têm lastro lícito.

Finda a diligência, os executores devem lavrar auto circunstanciado, assinando-o com duas testemunhas presenciais (art. 245, § 7.º, CPP). *Auto* é o registro escrito e solene de uma ocorrência. No caso da busca, haverá um registro detalhado de tudo o que se passou ao longo da diligência, bem como de tudo o que foi efetivamente apreendido, para assegurar a sua licitude e idoneidade, evitando-se futura alegação de abuso de autoridade ou questionamentos sobre a origem da prova. É uma garantia tanto para o executor, quanto para o morador.

Exige-se a presença de duas testemunhas que tenham acompanhado a diligência como regra. Entretanto, se o domicílio estiver em lugar ermo e não puderem ser localizadas pessoas para testemunhar o ato, deve-se dispensar a sua participação. Aliás, é o que ressalva a parte final do § 7.º, referindo-se ao anterior § 4.º ("se houver e estiver presente") do art. 245 do CPP. Nessa hipótese, assinam o auto apenas os executores, que tomaram parte na busca, não tendo cabimento que os agentes da autoridade assinem como testemunhas.

15.12 Locais equiparados a domicílio

Segue-se o parâmetro já estabelecido pelo Código Penal (art. 150, § 4.º) que considera *casa* o compartimento habitado (lugar sujeito à ocupação do ser humano, normalmente sujeito à divisão, como, *v.g.*, o barraco da favela), o aposento ocupado de habitação coletiva (são os compartimentos públicos, tais como quartos de hotéis, motéis, pensões, entre outros) e compartimento fechado ao público, onde se exerce profissão ou atividade (é o lugar onde uma pessoa exerce suas atividades profissionais, como o escritório de advocacia, o consultório médico, entre outros).

Quanto à repartição pública, o mais indicado é requisitar à autoridade que a controla a entrega do objeto procurado. Essa é a posição partilhada igualmente, segundo menção feita por CLEUNICE A. VALENTIM BASTOS PITOMBO, por ESPÍNOLA FILHO, TOURINHO FILHO e ROGÉRIO LAURIA TUCCI, embora, para a autora, deva-se dividir o lugar público aberto a todos, daqueles resguardados.

A procura em local aberto ao público, de uso comum (ruas, praças, estradas, entre outros), dispensa autorização do juiz. Em locais públicos resguardados ou restritos ao público exige-se a autorização judicial. Preferimos crer que a requisição continua necessária. Caso não seja cumprida, procede-se, então, à busca. Deve-se, inclusive, respeitar as relações existentes entre os vários órgãos do Estado. Pode o juiz requisitar do delegado que lhe entregue determinado bem; não o fazendo, justifica-se a busca e apreensão na delegacia. Entretanto, se o juiz precisar autorizar uma busca em uma Vara ou ofício judicial, cujo controle é de outro magistrado, deve a este solicitar que se busque e entregue o necessário. Havendo recusa, cremos que o mandado de busca deve ser expedido por órgão superior, como a Corregedoria-Geral da Justiça.

15.13 Busca em território alheio

Nenhum impedimento vemos para que a norma processual penal, editada pela União, preveja e estabeleça autorização para que a autoridade judiciária ou os agentes por ela designados, de uma unidade federativa ou de determinada Comarca, possa penetrar no território de outra para proceder à apreensão de pessoa ou coisa (art. 250, CPP). A cautela, no entanto, é exigir que os executores do mandado se apresentem à autoridade local, antes ou depois da diligência, dando ciência do que houve. Se houver urgência no ato, a apresentação se faz posteriormente. Não havendo, devem os executores apresentar-se antes. Respeita-se, ainda, o disposto no § 1.º do art. 250, que estabelece um rol de situações autorizadoras desse avanço.

Lembremos que a autorização de *invasão territorial* é exclusiva para a apreensão de coisas e pessoas, mas não para a busca.

Outro ponto para legitimar a invasão do território é o seguimento de pessoa ou coisa. Os critérios são fixados em lei (art. 250, § 1.º, CPP): a) há o conhecimento direto de sua remoção ou transporte (coisa ou pessoa), a seguirem sem interrupção, ainda que depois a percam de vista; b) se não a avistaram, mas com informações confiáveis ou indícios razoáveis que está sendo removida ou transportada em determinada direção, forem ao seu encalço.

RESUMO DO CAPÍTULO

▸ **Prova:** é a verificação de algo, com a finalidade de demonstrar a exatidão ou a verdade da alegação feita pela parte ao juiz. Pode ser um termo utilizado com três sentidos: a) ação de provar; b) meio ou instrumento para a demonstração da verdade; c) resultado da ação.

▸ **Meios de prova:** todos os instrumentos lícitos previstos em lei.

▸ **Objeto da prova:** são os fatos, mas excepcionalmente o direito, desde que se trate de normas internacionais, estaduais e municipais, quando não sejam do conhecimento do juiz.

▸ **Finalidade da prova:** convencer o magistrado a respeito da verdade de um fato alegado e litigioso.

▸ **Ônus da prova:** é o encargo de demonstrar ao juiz que o alegado corresponde à realidade.

▸ **Avaliação da prova:** rege-se pelo princípio da persuasão racional, isto é, pelo livre convencimento do juiz, desde que fundamentado. Qualquer prova lícita pode ser avaliada livremente pelo magistrado ao decidir a demanda.

▸ **Corpo de delito:** é a prova da existência do crime, também denominada *materialidade*.

▸ **Exame de corpo de delito:** é prova pericial, cuja finalidade principal é a demonstração da materialidade do crime.

▸ **Interrogatório:** é o ato procedimental, em juízo ou perante a autoridade policial, cuja finalidade é permitir ao réu ou indiciado apresentar a sua versão da imputação que lhe é feita. Pode permanecer em silêncio e nada dizer, mas, resolvendo falar, constitui prova.

▸ **Confissão:** é a admissão de culpa da prática de um crime, feita por quem é acusado formalmente, diante da autoridade competente para ouvi-lo, fazendo-o de maneira voluntária, expressa e pessoal, em ato solene e público, reduzido a termo.

▸ **Testemunha:** é a pessoa compromissada a dizer a verdade, que tem conhecimento de um fato juridicamente relevante, devendo declarar o que sabe à autoridade competente para ouvi-la.

▸ **Informante:** é a pessoa que, ciente de algo juridicamente relevante, presta declarações à autoridade competente, sem o dever de dizer a verdade.

▸ **Acareação:** é o ato procedimental, conduzido pela autoridade competente, por meio do qual se confronta, face a face, duas pessoas cujo conteúdo de sua declaração é contraditório, objetivando aclarar a verdade.

▸ **Documento:** é a base material apta a registrar uma manifestação de vontade, servindo para constituir prova de fato juridicamente relevante.

▸ **Indício:** constitui um fato secundário, conhecido e provado, que se relaciona com o fato principal, autorizando, por raciocínio indutivo-dedutivo, o conhecimento de outro fato secundário relevante.

▸ **Busca:** é o movimento desenvolvido por agentes estatais para investigar, descobrir e pesquisar algo útil à investigação ou ao processo criminal.

▸ **Apreensão:** é a medida assecuratória cuja finalidade é tomar algo de alguém ou de algum lugar, visando à produção de prova ou preservação do bem ou de alguém.

PROVAS

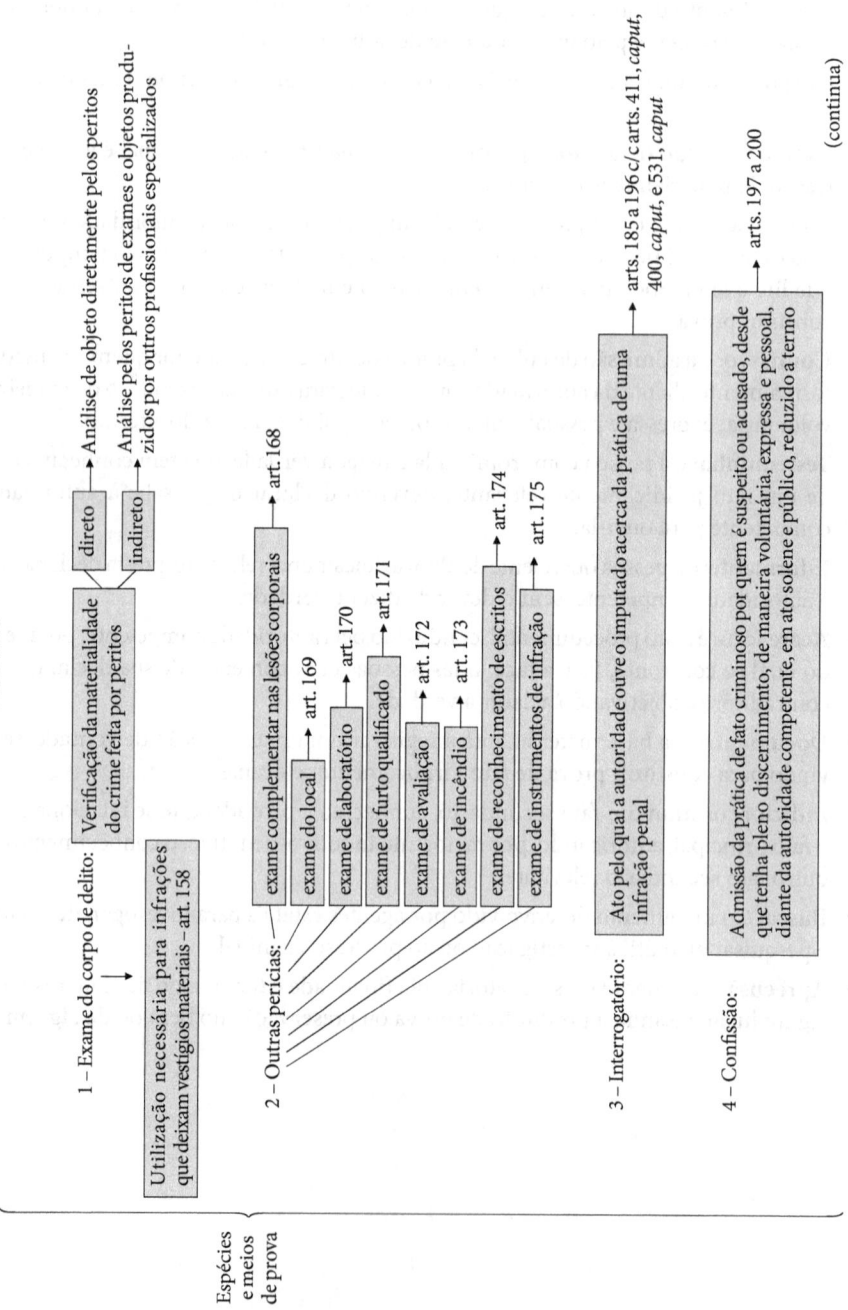

Espécies e meios de prova

1 – Exame do corpo de delito:

Verificação da materialidade do crime feita por peritos
- direto → Análise de objeto diretamente pelos peritos
- indireto → Análise pelos peritos de exames e objetos produzidos por outros profissionais especializados

Utilização necessária para infrações que deixam vestígios materiais – art. 158

2 – Outras perícias:
- exame complementar nas lesões corporais → art. 168
- exame do local → art. 169
- exame de laboratório → art. 170
- exame de furto qualificado → art. 171
- exame de avaliação → art. 172
- exame de incêndio → art. 173
- exame de reconhecimento de escritos → art. 174
- exame de instrumentos de infração → art. 175

3 – Interrogatório:
Ato pelo qual a autoridade ouve o imputado acerca da prática de uma infração penal → arts. 185 a 196 c/c arts. 411, *caput*, 400, *caput*, e 531, *caput*

4 – Confissão:
Admissão da prática de fato criminoso por quem é suspeito ou acusado, desde que tenha pleno discernimento, de maneira voluntária, expressa e pessoal, diante da autoridade competente, em ato solene e público, reduzido a termo → arts. 197 a 200

(continua)

Continuação:

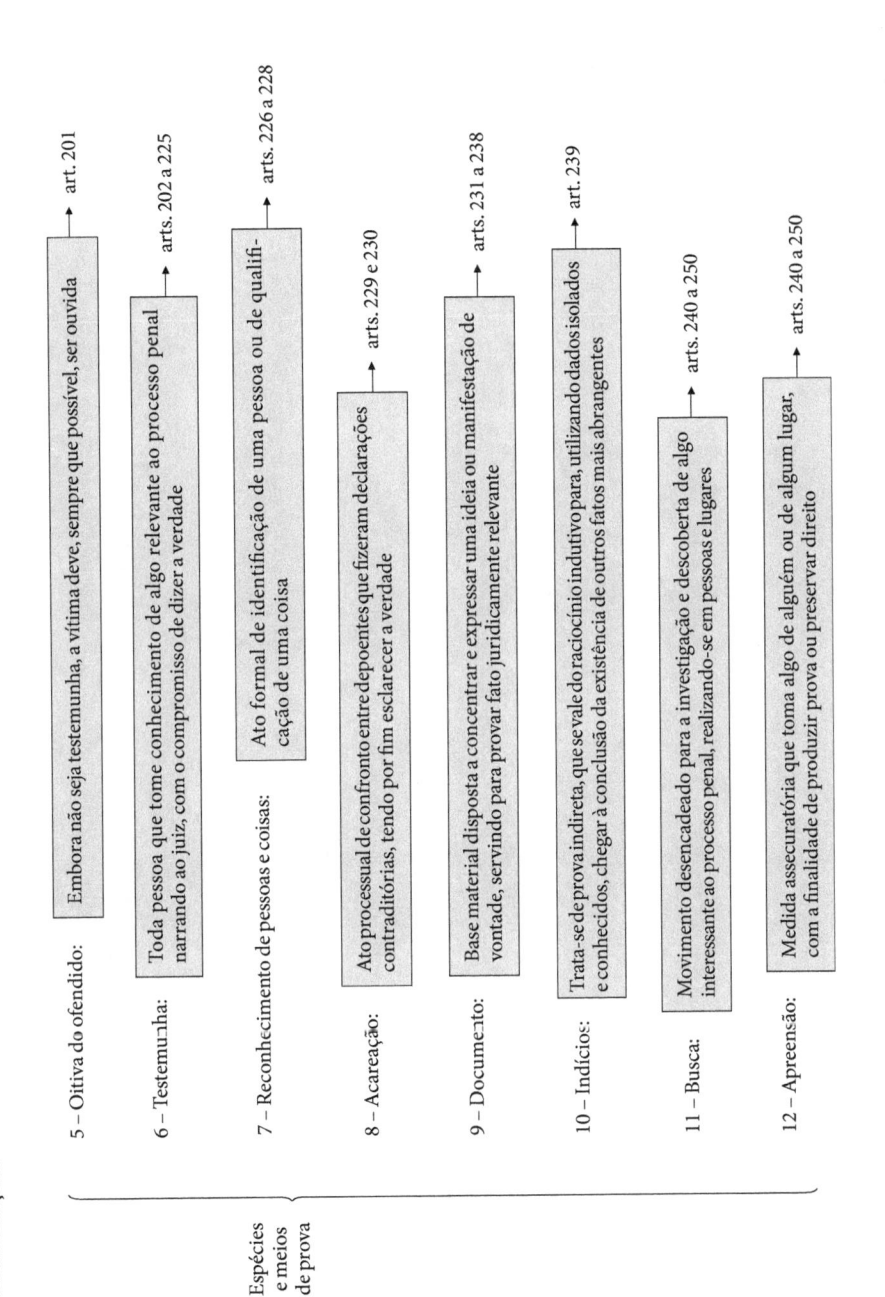

Espécies e meios de prova

5 – Oitiva do ofendido: Embora não seja testemunha, a vítima deve, sempre que possível, ser ouvida — art. 201

6 – Testemunha: Toda pessoa que tome conhecimento de algo relevante ao processo penal narrando ao juiz, com o compromisso de dizer a verdade — arts. 202 a 225

7 – Reconhecimento de pessoas e coisas: Ato formal de identificação de uma pessoa ou de qualificação de uma coisa — arts. 226 a 228

8 – Acareação: Ato processual de confronto entre depoentes que fizeram declarações contraditórias, tendo por fim esclarecer a verdade — arts. 229 e 230

9 – Documento: Base material disposta a concentrar e expressar uma ideia ou manifestação de vontade, servindo para provar fato juridicamente relevante — arts. 231 a 238

10 – Indícios: Trata-se de prova indireta, que se vale do raciocínio indutivo para, utilizando dados isolados e conhecidos, chegar à conclusão da existência de outros fatos mais abrangentes — art. 239

11 – Busca: Movimento desencadeado para a investigação e descoberta de algo interessante ao processo penal, realizando-se em pessoas e lugares — arts. 240 a 250

12 – Apreensão: Medida assecuratória que toma algo de alguém ou de algum lugar, com a finalidade de produzir prova ou preservar direito — arts. 240 a 250

CAPÍTULO XIII

As Partes no Processo Penal

1. JUIZ

1.1 O juiz como sujeito da relação processual

Desempenha o magistrado a função de aplicar o direito ao caso concreto, provido que é do poder jurisdicional, razão pela qual, na relação processual, é sujeito, mas não parte.

Para ser considerado sujeito processual há de se preencher condições objetivas e subjetivas. Objetivamente, ele precisa estar investido do poder jurisdicional e ser competente para resolver determinado caso. Subjetivamente, ele não pode ser suspeito nem deve estar impedido para atuar. Faltando-se qualquer dessas condições, o magistrado torna-se sujeito processual incapaz para determinado caso.[1]

"O juiz presidirá os processos submetidos à sua competência, dirigindo a regularidade dos atos e termos na conformidade das normas estabelecidas pelas leis, e exercerá a polícia das sessões e audiências, mantendo a ordem no curso dos respectivos atos, e requisitando a força pública, quando necessária, a qual ficará à sua inteira disposição".[2]

Atua como órgão imparcial, acima das partes, fazendo atuar a lei e compondo os interesses do acusador e do acusado, os outros dois sujeitos da tríplice – e principal – relação processual,

---

[1] Frederico Marques, *Estudos e pareceres*, p. 190.

[2] Câmara Leal, *Comentários ao Código de Processo Penal*, v. II, p. 119.

até decisão final. É esta a visão predominante atualmente na doutrina: FREDERICO MARQUES,[3] TOURINHO FILHO,[4] MIRABETE,[5] PAULO LÚCIO NOGUEIRA,[6] MAGALHÃES NORONHA.[7]

1.1.1 Atuação do magistrado no processo

Sem pestanejar, necessita-se, acima de tudo, de um magistrado *justo*. Entretanto, o conceito de justiça é deveras complexo, comportando inúmeras visões; por isso, é mais adequado dizer que se espera um magistrado *imparcial*, algo mais saliente e perceptível por meio de suas decisões, sentenças e votos.

A sociedade merece um magistrado adepto de um dos mais importantes princípios regentes do universo do Direito: a dignidade da pessoa humana. Eis que quem preza tal preceito faz o possível para atuar com *imparcialidade*.

Na área criminal, em que está em jogo o direito mais relevante do ser humano, que lhe pode ser retirado – o direito à liberdade –, espera-se o ápice da imparcialidade judicial.

Isso não significa retirar do magistrado qualquer espécie de poder instrutório, pois, como bem esclarece MARCOS ZILLI, é preciso "formatar o processo penal em razão de suas próprias especificidades e exigências. É expressão do compromisso com a dimensão pública dada pela natureza dos interesses envolvidos. Tal iniciativa instrutória não implica supremacia do julgador e aniquilamento das partes, algo mais próximo de um autoritarismo do que de um processo estruturado em bases democráticas. Em realidade, uma marcha processual em que cada um dos atores desempenha o seu papel original é perfeitamente compatível com tais iniciativas, desde que complementares à atuação das partes e imprescindíveis para o esclarecimento de dúvidas relevantes para o deslinde da causa".[8]

No entanto, esse é um ponto para debate, porque, lamentavelmente, não é pacífico e tranquilo tal entendimento. Quando em contato com alunos ou em palestras, temos salientado a existência negativa de juízes-delegados, juízes-promotores e juízes-defensores.

O juiz-delegado aprecia andar armado (a Lei Orgânica da Magistratura permite), mas também participar de diligências policiais típicas. Sente satisfação em ir à cata do *bandido*; dá-se muito bem com delegados e policiais, enfim, pensa ser um autêntico justiceiro. É lamentável, pois há o concurso para delegado de polícia ou delegado federal para abrigar os operadores do Direito assim vocacionados. O Estado-investigação é muito importante para a persecução penal, mas não é tarefa do juiz (de qualquer grau de jurisdição).

Há o juiz-promotor, que visualiza na figura do defensor o inimigo, aquele que agirá para enrolar o processo e só narrará inverdades, enquanto elege o promotor/procurador da república como seu aliado, aquele que somente fala a verdade, luta para combater a impunidade e merece sua máxima consideração. Busca deferir todos os pleitos do Ministério Público e indeferir os da defesa. Esse magistrado é nitidamente *parcial*. Alguns nem enxergam tal postura inadequada, pois a autocrítica mexe com a sua autoestima, também traduzida por

---

[3] *Elementos de direito processual penal*, v. 1, p. 358.

[4] *Código de Processo Penal comentado*, v. 1, p. 455.

[5] *Código de Processo Penal interpretado*, p. 323.

[6] *Curso completo de processo penal*, p. 232.

[7] *Curso de direito processual penal*, p. 130.

[8] "O poder instrutório do juiz no processo penal", in: LUIZ RASCOVSKI, *Temas relevantes de direito penal e processual penal*, p. 154.

vaidade. Há, igualmente, concurso público para a gloriosa instituição do Ministério Público; aos juízes-promotores seria o caminho indicado.

Sob outro aspecto, há também o juiz-defensor, que se proclama liberal, justo e preocupado com os problemas sociais da nação; por isso, é paternalista diante do acusado, vendo-o como um eterno injustiçado. Solta mais do que prende. Absolve mais do que condena. A voz da defesa, no processo, lhe soa como a voz do justo. Visualiza o órgão acusatório como o inimigo da vez; tudo o que pleiteia o Ministério Público (ou quase tudo) deve ser visto com desconfiança e, de preferência, indeferido. Não percebe, também, ser ele um magistrado, cuja imparcialidade é sua principal virtude.

A Constituição Federal delineia o juiz natural e imparcial; obriga o magistrado a fundamentar suas decisões; veda o tribunal de exceção (ver o capítulo relativo aos princípios). Porém, na prática, vê-se, com nitidez, a atuação dos juízes parciais, cada qual a seu jeito, deixando as partes, no processo, contrariadas e desesperançosas no verdadeiro grau da Justiça.

É preciso que todos os operadores do Direito, sem temor de desagradar o magistrado, atuem contra essas posturas radicais, que eliminam a imparcialidade. Afinal, sem essa qualidade, a chance de ocorrer a malfadada injustiça aumenta muito.

Mesmo aqueles que defendem esses juízes parciais, por razões ideológicas, um dia, podem ser vítimas de um deles – e não vão apreciar nem um pouco. Se não se envolverem em um delito, algum parente ou amigo pode fazê-lo. Se o mau vezo da parcialidade não for combatido na doutrina, na atuação das partes, na fiscalização das Corregedorias e dos Conselhos Nacionais, o réu passará a participar de uma simples loteria. Sua sorte ou seu azar determinará o seu destino.

Conforme o juiz para o qual for distribuído aleatoriamente o seu caso, seu destino estará selado. Em nosso entendimento, sorte ou azar jamais condizem com Justiça. Os julgamentos, em geral, quando se igualam os fatos, precisam guardar mais proximidade, seja em primeiro grau, seja em colegiados nos tribunais. Essa tarefa cabe à própria sociedade exigir, pelos meios processualmente cabíveis.

Embora não se consiga um conceito unânime de *justiça*, cabe ao magistrado cumprir a sua missão de atingi-la em todos os casos julgados. Por isso, pode-se visualizar a *justiça* como a fiel observância e aplicação do *direito positivo*. Seria o apego do juiz à legalidade estrita, formando um cenário de segurança, mas nem sempre de equilíbrio para o conflito a ser julgado. Pode-se visualizar a *justiça* como o objeto final do Direito. Neste ponto, o termo *justiça* representa a ideia de que a vontade do juiz precisa voltar-se a um *pensamento unitário universal*, algo como o sentimento de justiça do homem médio. Assim sendo, nem sempre seguir rigidamente o disposto em lei realiza esta modalidade de *justiça*.[9]

1.2 Sujeitos e partes secundárias na relação processual e terceiros

Acentua FREDERICO MARQUES com propriedade, que, na relação processual, atuam outros sujeitos e partes secundárias ou acessórias, que podem intervir no feito e deduzir pretensões.[10] São os seguintes casos:

a) *do ofendido*, quando ingressa como assistente da acusação (art. 268, CPP);

---

9   Consultar RUDOLF STAMMLER, *El juez*, p. 43.

10 *Elementos de direito processual penal*, v. 1, p. 361.

b) do *terceiro prejudicado*, que pode ingressar com pedido de restituição de coisas apreendidas (art. 120, § 2.º, CPP), bem como embargar o sequestro (art. 130, II, CPP);

c) do *fiador do réu*, nos incidentes relativos à fiança (arts. 329, parágrafo único, 335, 347, CPP).

Terceiros, no processo penal, por sua vez, "são todas as pessoas que nele intervêm e cooperam para o desenvolvimento da relação jurídico-processual sem se converterem em sujeitos ou partes, ou em órgãos auxiliares deles. Não lhes interessa a relação processual, que se desenvolve independentemente de seu concurso, tanto principal como acessório. De algum modo podem estar interessados na relação de direito material ou não serem estranhos a ela. Como regra trazem ao processo elementos probatórios".[11] São terceiros os órgãos auxiliares dos sujeitos do processo, como peritos, tradutores, intérpretes, funcionários da justiça, bem como o ofendido, quando não ingressa como assistente, seus parentes, a pessoa que efetuou a notícia da ocorrência do crime, dentre outras.

Os advogados ocupam posição especial, tanto quando representam o querelante, como quando atuam em nome do réu, visto serem representantes de interesse de outrem, por deterem capacidade postulatória exclusiva perante o Poder Judiciário (art. 133, CF). Não são, pessoalmente, sujeitos da relação processual, nem tampouco parte.

1.3   Regularidade do processo e princípio do impulso oficial

Deve o magistrado, uma vez iniciada a ação penal, conduzir o desenvolvimento dos atos processuais, conforme o procedimento previsto em lei, até o final da instrução, quando, então, será proferida sentença. Não se admite, no processo penal, a extinção do feito, sem julgamento de mérito, por inépcia de qualquer das partes, cabendo ao juiz prover a regularidade do processo. Até mesmo nos crimes de ação privada, quando há desídia na condução da causa, o juiz julga perempta a ação penal, extinguindo a punibilidade do querelado, o que não deixa de ser um julgamento final e de mérito, em sentido amplo (art. 60, CPP).

Possui o magistrado *poder de polícia* na condução do processo, mantendo a ordem e a regularidade dos atos processuais, utilizando, quando for o caso, do emprego de força pública, que, nas dependências do Poder Judiciário, lhe é subordinada. Não se concebe, durante o transcurso de uma audiência, por exemplo, existam mais pessoas a quem a polícia ou a segurança local deva prestar obediência, uma vez que a lei atribuiu ao juiz a presidência dos trabalhos. Se exagerar, abusando da sua autoridade, responderá pelo mal causado.

1.4   Jurisdição como atributo fundamental da função do juiz e impedimentos

A possibilidade constitucional e legal de compor conflitos, aplicando a lei ao caso concreto, é denominada jurisdição. Adquiri-la significa a presença de investidura, capacidade e imparcialidade. Como ensina Greco Filho, essas são as qualidades exigidas pela lei para o magistrado atuar: um procedimento prévio, através de concurso público, que atribui a alguém o cargo de juiz, seguido de capacidade técnica, física e mental, para julgar, o que é presumido

---

[11]   Frederico Marques, ob. cit., p. 362.

pela investidura, além de agir com imparcialidade, sem chamar a si o interesse de qualquer das partes.[12]

Considera-se *impedido* de atuar o juiz que é parcial, situação presumida pela lei, em casos específicos. Logo, as hipóteses previstas no art. 252 do CPP, de caráter objetivo, indicam a impossibilidade de exercício jurisdicional em determinado processo. A sua infração implica inexistência dos atos praticados.

O rol do referido art. 252 é, como regra, taxativo, não podendo ser ampliado. Outras situações, no entanto, a nosso ver, demonstrativas da parcialidade do juiz na apreciação da causa, devem ser incluídas no contexto da suspeição.

São situações que acarretam o impedimento:

a) *participação, na causa, de cônjuge ou parente*: faz nascer a vinculação e a indevida relação de interesse entre o juiz e o objeto do litígio, tornando-o parcial, o que ofende o princípio constitucional do juiz imparcial, razão pela qual lhe falece jurisdição para atuar. Atualmente, diante da consistência constitucional da união estável (art. 226, § 3.º, CF), parece-nos aplicável esta hipótese de impedimento, quando tomar parte no processo a companheira do juiz (ou companheiro da juíza), atuando como defensor, promotor, autoridade policial, auxiliar da justiça ou perito;

b) *juiz atuante em função diversa da jurisdicional*: se o magistrado, por alguma razão, tiver atuado, anteriormente à investidura, como advogado, promotor, delegado, auxiliar da justiça ou perito, bem como tiver servido como testemunha, no processo, deve dar-se por impedido. Aliás, essa é uma das hipóteses mais flagrantes de parcialidade, pois é ilógico exigir-se de alguém que atue diferentemente de posição anterior assumida. Estas situações não servem para ofender apenas o princípio do juiz natural e imparcial, mas também os do contraditório e da ampla defesa. Afinal, se o juiz foi testemunha, como contraditá-la, questioná-la e impugná-la, já que se transformou em órgão julgador? Se foi perito e deu seu parecer, como tornar controversas suas conclusões, se o experto será também órgão decisório? Enfim, não se pode admitir tal situação, em respeito ao devido processo legal;

c) *atuação como juiz de instância diversa*: qualquer participação do magistrado em instância diversa, no processo ao qual é chamado a julgar, faz nascer o impedimento. Assim, se tiver decidido qualquer tipo de questão – excetuando-se despachos de mero expediente, pois a lei fala em matéria de *fato* ou *direito* – em primeiro grau, não poderá integrar colegiado de grau superior, para julgar recurso contra decisão proferida no feito. Caso tenha sido convocado a integrar colegiado, sendo ainda juiz de primeira instância, tornando à Vara, deve abster-se de decidir questão envolvendo o processo do qual participou, enquanto estava em segundo grau. Ressalte-se que a lei processual penal veda o exercício da jurisdição quando o magistrado tenha atuado, *no mesmo processo*, contra o réu, devendo julgar novamente o caso (ex.: era juiz de primeiro grau quando julgou o caso; promovido ao tribunal, tornou a receber, como relator, o mesmo processo: há impedimento). Entretanto, o fato de já ter o juiz conhecido e julgado feito contra um determinado réu, tornando a deparar-se com ele em outro processo não é causa de impedimento;

---

[12] *Manual de processo penal*, p. 214-215.

d) *juiz, cônjuge ou parente como parte:* é mais do que natural não possa o magistrado atuar no processo em que é parte ou pessoa interessada no deslinde da causa (ex.: julgar um roubo, cuja vítima é ele mesmo), abrangendo, ainda, o interesse de seu cônjuge (companheiro/a) ou parente próximo, nos termos deste dispositivo;

e) *nos juízos coletivos (tribunais), os parentes, consanguíneos ou afins, em linha reta ou colateral até o terceiro grau:* o exercício jurisdicional, em instância superior, dá-se regularmente por colegiados, compostos por turmas, câmaras ou grupos (art. 253, CPP). Havendo parentes na magistratura, há presunção absoluta de parcialidade, caso integrem o mesmo órgão encarregado de julgar um processo. Por interpretação analógica, usando como base o disposto no artigo anterior, deve-se incluir também o cônjuge (companheiro/a).

1.5   Suspeição do juiz

A suspeição é causa de parcialidade do juiz, viciando o processo, caso haja sua atuação. Ofende, primordialmente, o princípio constitucional do juiz natural e imparcial. Pode dar-se a suspeição pelo vínculo estabelecido entre o juiz e a parte ou entre o juiz e a questão discutida no feito. Note-se que não se trata de vínculo entre o magistrado e o objeto do litígio – o que é causa de impedimento – mas de mero interesse entre o julgador e a matéria em debate.[13]

O rol estabelecido no art. 254 do Código de Processo Penal, embora muitos sustentem ser taxativo, é, em verdade, exemplificativo. Afinal, este rol não cuida dos motivos de impedimento, que vedam o exercício jurisdicional, como ocorre com o disposto no art. 252, mas, sim, da enumeração de hipóteses que tornam o juiz não isento.

Note-se a abertura da situação de suspeição, conforme disposto pelo CPC: "Art. 145. Há suspeição do juiz: (...) IV – interessado no julgamento do processo em favor de qualquer das partes". Essa cláusula aberta pode envolver qualquer situação fática importante e é desejável, pois a Constituição Federal exige o juiz natural e imparcial.

Várias situações não previstas expressamente em lei podem surgir que retirem do julgador o que ele tem de mais caro às partes: sua imparcialidade. Assim, é de se admitir que possa haver outra razão qualquer, não expressamente enumerada neste artigo, fundamentando causa de suspeição. Imagine-se o juiz que tenha sido vítima recente de um crime de extorsão mediante sequestro. Pode não se apresentar em condições psicológicas adequadas para o julgamento naquela fase de recuperação, motivo pelo qual é caso de se afastar do feito onde tenha que julgar algum caso similar. Se não o fizer, cabe à parte ingressar com exceção de suspeição. Note-se que o afirmado nesta nota não significa agir o magistrado com preconceito, mas, ao contrário, quer dizer estar ele enfrentando uma fase específica de sua vida, quando não consegue manter sua imparcialidade. Não olvidemos, ainda, o fato de que a garantia do juiz imparcial, expressamente afirmada pelo art. 8.º, 1, da Convenção Americana sobre Direitos Humanos, está em pleno vigor no Brasil.

São situações geradoras de suspeição:

---

[13] A situação é muito grave, pois "a imparcialidade é a primeira condição para a boa administração da justiça. É necessário que o juiz ofereça todas as garantias de isenção de ânimo para que julgue serenamente, procurando averiguar com verdade os fatos e aplicar-lhe o direito instituído pelo legislador" (CÂMARA LEAL, *Comentários ao Código de Processo Penal brasileiro*, v. II, p. 128).

a) *amizade íntima ou inimizade capital:* a amizade íntima é o forte e seguro vínculo de fidelidade e afeição nascido entre pessoas, implicando convívio amiúde. Logo, não se consideram laços superficiais, coleguismo profissional ou escolar, contatos sociais em clubes, associações ou outros lugares típicos de convívio, cordialidade no trato, nem tampouco pura afeição, simpatia ou ternura. Fosse assim e os motivos de suspeição cresceriam em medidas desproporcionais à intenção da lei, que é a de evitar a atuação de magistrados efetivamente parciais na apreciação do caso. Inimizade capital é a aversão contundente e inequívoca entre duas pessoas, implicando conhecimento geral ou, ao menos, notoriedade parcial, que transcenda a terceiros.

Não se concebe que dois indivíduos sejam inimigos capitais sem que ninguém saiba disso. Por outro prisma, não se incluem nessas situações meras rusgas, discussões calorosas, desentendimentos no ambiente profissional ou escolar, disputas ou competições esportivas ou em outros setores, nem tampouco antipatia gratuita. É fundamental a existência de uma base solidificada de atritos e mútuas agressões, físicas ou verbais, para que a aversão seja considerada profunda, logo, capital. As decisões jurisdicionais que o magistrado tome contra o interesse das partes – decretando a prisão cautelar do réu ou indeferindo pedido nesse sentido feito pelo promotor, por exemplo, ainda que com fundamentação entusiasmada – não dá margem à inimizade, mormente capital. Relata Espínola Filho a decisão do Min. Mário Guimarães sobre o tema: "O procedimento acaso enérgico do juiz não justifica seja averbado de suspeito".[14]

E mais: a amizade íntima e a inimizade capital são sentimentos recíprocos, ou seja, é ilógico supor que alguém se torne *amigo íntimo* de outra pessoa, que não a considera como tal, nem sequer *inimigo capital* pode ser unilateral e platônico. Costuma-se sustentar que esses especiais vínculos devem ser mantidos com a parte e não com seu representante. Não abrangeria, pois, o representante do Ministério Público, nem o advogado, mas unicamente o réu e a vítima. Discordamos, com a devida vênia. Em primeiro lugar, porque, no processo penal, a parte que ocupa o polo ativo é, como regra, o Ministério Público, agindo em nome da sociedade. Contra esta é que o juiz não nutrirá particular vínculo de afeição ou ódio – e se o fizer, é caso patológico. Voltar-se-á, se for o caso, contra o seu representante. Por outro lado, o ofendido, quando não integra a relação processual, através do assistente de acusação, não pode ser considerado parte. Restaria apenas o réu, sabendo-se, ainda, que inúmeros casos de perda da parcialidade decorrem da aversão existente, ou extrema afeição, entre juiz e defensor.

Por isso, se o objetivo maior é garantir a imparcialidade do magistrado, conforme preceito constitucional, é de ser aceita a possibilidade de arguição de exceção de suspeição, em caso de amizade íntima ou inimizade capital, entre juiz e promotor, bem como entre juiz e advogado. É o que resta sobejamente concretizado nas relações processuais existentes, não sendo possível ignorar o fato de o magistrado ser falível como todos não conseguindo manter a sua neutralidade caso, *v.g.*, estimar por demasia o promotor ou o odiar com todas as forças. Diga-se o mesmo do defensor. Dessa forma, se o juiz iniciou sua atuação em primeiro lugar, não cabe a alegação de que o réu contratou para sua defesa um inimigo capital do magistrado para que este seja afastado. Se o fez, sendo alertado para o fato, assume o risco da perda da parcialidade do julgador, até porque a exceção de suspeição não é obrigatória. Entretanto, se o advogado já atuava no feito, trocando-se o juiz, é preciso que este se afaste ou poderá ser interposta a devida exceção.

---

[14] *Código de Processo Penal brasileiro anotado*, v. 2, p. 259.

Sobre o assunto, mencionou Espínola Filho a lição de Herotides da Silva Lima, na linha que assumimos: "É preciso atentar para a realidade da vida. O magistrado pode ter motivos para ser agradável ao advogado e, favorecendo-o, favorecer diretamente a parte; e é sabido mesmo que certos indivíduos por esperteza ou por má-fé contratam determinados advogados por saberem de suas ligações com os julgadores. Tem havido, infelizmente, casos que ferem a sensibilidade da opinião pública; advogados que deixam certos cargos públicos são logo constituídos procuradores em questões de vulto e retumbantes, porque exerceram influência sobre juízes, nomeando-os e promovendo-os, despertando-lhes sentimentos de gratidão. Às vezes, subitamente, certos escritórios se movimentam com a notícia de novos rumos na vida política. E depois é preciso assinalar que o advogado tem *interesse* direto no êxito da questão submetida ao seu patrocínio, e pela vitória faz todo o esforço. Pode não recorrer aos fatores desonestos, mas não os repele, quando se apresentam em favor de sua pretensão. Para cortar toda a dúvida, é preferível a suspeição porque, perdida a causa, o adversário da parte favorecida com o advogado influente terá sempre argumentos para atacar a isenção dos juízes. O advogado põe em certas causas todo o seu desvelo, arrisca seu crédito profissional, o seu nome, o seu futuro e de sua família, o seu bem-estar, o êxito financeiro de sua vida, a tranquilidade nos dias futuros. Há causas que significam a fama, a glória para o advogado. Como afirmar-se que ele não tem interesse em que a decisão seja neste ou naquele sentido, e interesse fundamental? As leis antigas foram sábias e vedavam a advocacia aos poderosos, justamente pela influência que podiam exercer no ânimo dos juízes timoratos, covardes, interesseiros, acomodatícios, com parentes para empregar e promover, dependendo da boa vontade dos poderosos. Essa suspeição é um dever de moralidade".[15] Com essa posição, muito embora, Espínola Filho, a despeito de considerá-la psicologicamente relevante, não concorda. Prefere acreditar na elevação de caráter, que se exige de todo julgador, e, quando for o caso, certamente, o próprio juiz iria invocar razões de ordem íntima para não continuar no feito.[16] Tudo o que foi mencionado no tocante ao advogado, certamente vale para o promotor.

Insistimos, no entanto, em nossa posição, afirmando que não se pode deixar a credibilidade da Justiça nas mãos da "elevação de caráter" do julgador, que, realmente, segundo cremos, a maioria possui, mas não todos. Não é correto permitir-se que uma das partes assista, inerte e vencida de antemão, o juiz amicíssimo do representante da parte contrária conduzir a causa ou, em caso de inimizade capital, veja-se obrigada a lançar mão de toda a sorte de recursos para combater os atos decisórios do magistrado, eivados, no seu entender, de parcialidade. Garantir um juiz isento é dever do Estado e, nessa linha, a exceção de suspeição é o mecanismo mais abalizado a ser utilizado. A interpretação extensiva do conceito de parte, pois, é o remédio mais palatável, envolvendo a de seu representante. Isso não significa, como já dissemos, estar o juiz entregue ao inescrupuloso réu, que contrata o inimigo capital do magistrado somente para afastá-lo. Arca com sua má-fé, mantendo-se o julgador no feito. O bom senso e o caso concreto devem ditar a melhor solução à situação;

b) *interesse na matéria em debate*: como já afirmado, quando o juiz tem interesse direto no objeto do litígio (é vítima do crime a ser julgado, por exemplo), está impedido de exercer jurisdição no processo. Esta hipótese, no entanto, contempla a ligação do magistrado com a matéria em discussão, na medida em que possui interesse em

---

[15] Ob. cit., p. 261.

[16] Idem, p. 261-262.

outro feito, onde ele mesmo, seu cônjuge (companheiro/a), ascendente ou descendente esteja respondendo por fato semelhante. É possível que, ao julgar um caso de sonegação fiscal, por exemplo, sendo seu filho réu em processo análogo, resolva decidir pelo reconhecimento do princípio da insignificância, considerando atípica a conduta do acusado, visando à formação de jurisprudência positiva ao seu interesse, influenciando o feito de seu descendente;

c) *parentesco consanguíneo e por afinidade:* estabelece o Código Civil serem parentes, em linha reta, "as pessoas que estão umas para com as outras na relação de ascendentes e descendentes" (pai e filho, mãe e filho, avô e neta, bisavó e bisneta etc.), conforme art. 1.591. "São parentes em linha colateral ou transversal, até o quarto grau, as pessoas provenientes de um só tronco, sem descenderem uma da outra" (primos, tio e sobrinho etc.), conforme art. 1.592. Consideram-se afins os parentes de um cônjuge em relação ao outro, em linha reta (sogro e nora, sogra e genro etc.) ou colateral (cunhados, marido da tia etc.), conforme art. 1.595, *caput*. O Código de Processo Penal fixa o grau de parentesco, para efeito de suspeição, até o terceiro grau. Por outro lado, deixa de mencionar o parentesco civil, decorrente de adoção, embora, para o fim preconizado neste dispositivo, seja correto incluí-lo, através de interpretação extensiva. Ressalte-se o disposto no art. 41, *caput*, da Lei 8.069/1990 – Estatuto da Criança e do Adolescente: "A adoção atribui a condição de filho ao adotado, com os mesmos direitos e deveres, inclusive sucessórios, desligando-o de qualquer vínculo com pais e parentes, salvo os impedimentos matrimoniais";

d) *interesse em causa diversa:* o juiz não deve ser considerado imparcial, caso possua ele mesmo, seu cônjuge (companheiro/a) ou parente demanda, na condição de autor ou réu, que será julgada por outro juiz, também interessado em causa diversa, esta a ser decidida por aquele magistrado. Imagine-se que a vítima de um estelionato, igualmente magistrado, seja o juiz do processo de separação judicial do filho do julgador do caso criminal. Não haverá isenção suficiente para absolver, se for preciso, o réu, sabendo que, posteriormente, seu descendente terá importante questão da vida decidida por aquele que ficou inconformado com a sentença proferida;

e) *aconselhamento:* caso o juiz tenha, anteriormente, dado conselhos referentes a determinado caso criminal a réu ou vítima, tão logo tomasse conhecimento do ocorrido, é considerado suspeito para decidir o feito, quando lhe chegue às mãos. Ex.: após uma prisão em flagrante, o indiciado, conhecido de certo magistrado, aconselha-se com ele, buscando livrar-se, de algum modo, da imputação. Posteriormente, o processo é distribuído justamente ao conselheiro, que forneceu importantes subsídios para o acusado. Não deve permanecer no caso;

f) *interesse movido pelos laços existentes:* embora não conectados aos aspectos sentimentais, como amizade íntima ou inimizade capital, é natural que o magistrado, credor ou devedor de uma das partes, não está isento na apreciação do caso. Sua decisão pode influenciar seu próprio futuro, o que lhe retira a isenção de ânimo aguardada. O mesmo ocorre se agir como tutor ou curador dos envolvidos no feito criminal;

g) *interesse financeiro:* o vínculo de associação mantido entre o magistrado e qualquer sociedade interessada no processo é motivo bastante para fazer nascer a suspeição. Ex.: o juiz é sócio da empresa acusada da prática de crime ambiental. Torna-se bastante provável a hipótese de buscar absolvê-la, até para não onerar seus próprios ganhos, caso seja a pessoa jurídica condenada criminalmente, envolvendo o pagamento de multa ou outra prestação alternativa.

1.6   Cessação e manutenção do impedimento ou suspeição

A hipótese de impedimento ou suspeição cessa entre afins, quando o casamento é dissolvido (nas situações de divórcio, anulação ou morte, não se incluindo a separação judicial, pois, neste caso, o vínculo não se extingue, continuando a haver os laços de parentesco), salvo se da relação houver descendentes (ex.: o marido e o sobrinho da sua esposa – seu sobrinho por afinidade – se o casal tiver filhos).

Não havendo descendência, permanece, com a dissolução do casamento, somente o obstáculo do impedimento ou da suspeição nas hipóteses expressamente indicadas na lei processual penal, ou seja, sogro/sogra em relação ao genro/nora e vice-versa, padrasto/madrasta em relação ao enteado/enteada e vice-versa e cunhados entre si. Exemplo dessa última situação: o juiz é cunhado da parte, em relação de afinidade, mantendo-se o vínculo para efeito de impedimento ou suspeição, ainda que o seu casamento com a irmã da parte dissolva-se.

1.7   Criação proposital de animosidade por má-fé

Não dá margem à posterior arguição de suspeição do juiz. É absolutamente correto o dispositivo (art. 256, CPP), pois não se pode privilegiar a malícia ou a má-fé, como causas de afastamento do juiz natural. Se a parte ofende o magistrado, nos autos ou fora dele, somente para, em seguida, acoimá-lo de inimigo capital, deve arcar com sua viperina atitude. Não fosse assim e seria muito fácil afastar de determinado processo, ainda que sofra consequências – como um processo-crime por injúria –, um juiz considerado extremamente rigoroso, na visão do réu, ou muito liberal, na ótica do ofendido.

2.   MINISTÉRIO PÚBLICO

2.1   O Ministério Público como sujeito e parte na relação processual

Preceitua a Constituição Federal, no Capítulo IV (Das Funções Essenciais à Justiça), do Título IV (Da Organização dos Poderes), ser o Ministério Público uma "instituição permanente, essencial à função jurisdicional do Estado, incumbindo-lhe a defesa da ordem jurídica, do regime democrático e dos interesses sociais e individuais indisponíveis" (art. 127, *caput*), regendo-se pelos princípios da unidade (podem os seus representantes substituir-se uns aos outros na prática de determinado ato), da indivisibilidade (atuam seus representantes em nome da instituição) e da independência funcional (cada um dos seus representantes possui convicção própria, que deve ser respeitada).[17]

No art. 129, I, está prevista, como função institucional, a promoção, em caráter privativo, da ação penal pública, na forma legal. Por isso, ocupa, no processo penal, o Ministério Público

---

[17] "Antes do século XIV, o direito de acusação era privado e pertencia aos particulares. É a partir daquele século que semelhante direito se tornou predicado de um corpo de funcionários que, segundo uma expressão consagrada e característica, exercem um *ministério público*" (GALDINO SIQUEIRA, *Curso de processo criminal*, p. 44).

a posição de sujeito da relação processual, ao lado do juiz e do acusado, além de ser também parte, pois defende interesse do Estado, que é a efetivação de seu direito de punir o criminoso.[18]

Embora, atualmente, ainda seja possível atribuir-lhe o caráter de parte *imparcial*, visto não estar obrigado a pleitear a condenação de quem julga inocente, nem mesmo de propor ação penal contra quem não existam provas suficientes, não deixa de estar vinculado ao polo ativo da demanda, possuindo pretensões contrapostas, na maior parte das vezes, ao interesse da parte contrária, que é o réu, figurando no polo passivo. Como ensina ROMEU PIRES DE CAMPOS BARROS, o "Ministério Público é o titular do direito de ação nos processos em que a *res in judicio deducta* versa sobre crimes de ação pública. Cumpre-lhe assim provocar a atividade jurisdicional para que seja apreciada e decidida uma pretensão punitiva devidamente deduzida na acusação que é objeto da denúncia. (...) Fala-se que o Ministério Público deve ser imparcial, órgão do Estado que é, e por isso inconcebível se torna conceituá-lo como parte. Em primeiro lugar, não há que falar em imparcialidade do Ministério Público, porque então não existiria necessidade de um juízo para decidir sobre a acusação: haveria um *bis in idem* de todo prescindível e inútil. No procedimento acusatório, deve o promotor atuar como parte, pois, se assim não for, debilitada estará a função repressiva do Estado. O seu papel no processo não é o de defensor do réu, nem do juiz, e sim o de órgão de interesse punitivo do Estado. Em segundo lugar, o que caracteriza o conceito de parte não é a parcialidade ou imparcialidade, e sim a titularidade de direitos próprios em relação ao conteúdo do processo, e a contraposição à função de dirimir o conflito de interesses e julgar".[19]

No entanto, admitindo-se a viabilidade de o Ministério Público, instituição una e indivisível, promover, sozinho, a investigação criminal, não se pode crer na sua imparcialidade. Do mesmo modo em que se questionava a imparcialidade do juiz no procedimento judicialiforme (quando o magistrado baixava portaria para iniciar a ação penal e ele mesmo julgava), atualmente, cabe questionar a imparcialidade do membro do Ministério Público. Quem investiga o crime não tem condições de ingressar com a ação penal, chamando a si a condição de *imparcial*. Pessoas humanas compõem as instituições e não são semideuses.

Negando, igualmente, a denominação de *parte imparcial* ao representante do Ministério Público, GUSTAVO BADARÓ esclarece que, não tivesse o Ministério Público um interesse pessoal e antagônico ao do acusado, não teria sentido afirmar que ele tem o ônus da prova, pois este é decorrência do próprio interesse. Parte desinteressada não deveria ter ônus algum. Assim, ontologicamente, é o Ministério Público parte parcial. Sua caracterização como *imparcial* não tem outra finalidade senão "agregar uma maior credibilidade à tese acusatória – porque a acusação, de forma imparcial e desinteressada, concluiu pela culpa do acusado – em relação à posição defensiva – que postula a absolvição, porque sempre deverá defender o acusado, bradando por sua inocência, ainda que ele seja culpado".[20]

De fato, está cada vez mais difícil sustentar a imparcialidade do Ministério Público no processo penal.

---

[18] "Não se suponha, porém, que o Ministério Público tenha a função de fiscalizar os atos dos juízes. Estes são autoridades superiores que ficam sujeitas à fiscalização de seus superiores hierárquicos, membros da magistratura. A atividade do Ministério Público, em relação aos atos dos juízes, é igual à atividade das partes, pleiteando a reforma dos atos injustos, por meio dos recursos" (CÂMARA LEAL, *Comentários ao Código de Processo Penal*, v. II, p. 136).

[19] *Direito processual penal*, v. 1, p. 230.

[20] *Ônus da prova no processo penal*, p. 207-221.

Ainda que em muitas situações haja a utilização desse discurso no processo, especialmente no Tribunal do Júri, quando as partes se dirigem a juízes leigos, não é irrazoável destacar que, pelas regras processuais penais, o Ministério Público pode, na realidade, pedir não somente a absolvição do réu como outros benefícios que julgue cabíveis.

Por tal motivo, não se torna, por ora, totalmente inadequada a denominação feita ao membro do Ministério Público como parte *imparcial*. Nas ações penais privadas, o Ministério Público atua como fiscal da lei, sendo considerado, de qualquer modo, parte, pois continua a encarnar a pretensão punitiva do Estado – lembremos que o monopólio de aplicação da lei penal é sempre estatal e nunca é transferido ao particular. Tanto isso é certo que, procedente a ação penal privada, o órgão principal encarregado de provocar a execução da sanção penal aplicada é o Ministério Público e não o particular. Assim, quando o ofendido promove a ação penal, porque a lei lhe conferiu essa iniciativa, age como substituto processual do Estado, no sentido formal, mas, materialmente, quem acompanha a ação, para zelar pela pretensão punitiva, é o Ministério Público. Na excepcional situação de ação pública movida pelo ofendido – ação penal privada subsidiária da pública –, o querelante atua como substituto processual do Estado, havendo, do mesmo modo, a participação do Ministério Público, único órgão verdadeiramente legitimado a representar o Estado na sua função punitiva.

Dispõe o art. 128 da Constituição Federal que a instituição envolve o Ministério Público da União (Ministério Público Federal, Ministério Público do Trabalho, Ministério Público Militar, Ministério Público do Distrito Federal) e o Ministério Público dos Estados. O primeiro é chefiado pelo Procurador-Geral da República, nomeado pelo Presidente da República, dentre integrantes da carreira, maiores de trinta e cinco anos, após aprovação do nome pelo Senado Federal, por maioria absoluta, com mandato de dois anos, permitida a recondução (art. 128, § 1.º, CF). O segundo (incluído neste o Ministério Público do Distrito Federal) é chefiado pelo Procurador-Geral de Justiça, cujo nome emergirá de lista tríplice, dentre integrantes da carreira, escolhido pelo Governador, para mandato de dois anos, permitida uma recondução (art. 128, § 3.º, CF).

Por outro lado, compete ao Ministério Público Federal exercer as funções do Ministério Público junto à Justiça Eleitoral. O Procurador-Geral da República é o Procurador-Geral Eleitoral, oficiando junto ao Tribunal Superior Eleitoral. Cabe-lhe, ainda, designar o Procurador Regional Eleitoral em cada Estado e no Distrito Federal, que exercerá suas funções junto ao Tribunal Regional Eleitoral. Prevê, ainda, a Lei Complementar 75/1993 (Lei Orgânica do Ministério Público) que "as funções eleitorais do Ministério Público Federal perante os Juízes e Juntas Eleitorais serão exercidas pelo Promotor Eleitoral" (art. 78). Este, por sua vez, será o "membro do Ministério Público local que oficie junto ao Juízo incumbido do serviço eleitoral de cada Zona" (art. 79). Trata-se da aplicação do princípio da delegação, como ensina JOEL JOSÉ CÂNDIDO.[21]

Finalize-se, lembrando que cabe exceção de impedimento ou suspeição contra membro do Ministério Público, o que não é possível no tocante à defesa, esta, sim, pela sua própria natureza, parte *parcial*. Exige-se, portanto, uma acusação *imparcial*, ainda que, processualmente, possa o representante do Ministério Público atuar em nome dos interesses da sociedade. Se o mesmo promotor investigar e promover a ação penal, torna-se viável a alegação de suspeição ou até mesmo de impedimento, por ter interesse no feito (art. 252, IV, CPP).

---

[21]   *Direito eleitoral brasileiro*, p. 58.

2.2   Impedimento do representante do Ministério Público

É a hipótese semelhante ao disposto no art. 252, I, do CPP, que regula o impedimento do juiz. É verdade que naquele dispositivo já se impede a atuação do magistrado, quando o órgão do Ministério Público tiver funcionado, anteriormente, sendo ele seu cônjuge ou parente. Neste dispositivo, inverte-se: o promotor não deve atuar quando já tiver funcionado – ou esteja presidindo a instrução – juiz que seja seu cônjuge ou parente. Acrescenta-se, ainda: não atuará, quando seu cônjuge ou parente for parte (acusado ou ofendido).

Além disso, finaliza o art. 258 do CPP, as demais hipóteses previstas para o juiz, em relação às causas de impedimento e suspeição, também se aplicam ao representante do Ministério Público. Não se menciona a incompatibilidade, porque se trata unicamente da suspeição afirmada de ofício. É o que mais ressalta a sua posição de parte imparcial.

Lembremos que o promotor que participa da investigação policial não se torna impedido, nem suspeito para oferecer denúncia. Nesse sentido, ver Súmula 234 do Superior Tribunal de Justiça: "A participação de membro do Ministério Público na fase investigatória criminal não acarreta o seu impedimento ou suspeição para o oferecimento da denúncia". Essa Súmula foi editada quando o MP acompanhava o inquérito policial. Hoje, o órgão estatal pode investigar sozinho, de modo que, em nosso entendimento, a situação se altera.

2.3   Funções principais no processo penal

Preceitua o art. 257 do CPP, com a redação dada pela Lei 11.719/2008, caber ao Ministério Público o seguinte: a) promover, privativamente, a ação penal pública, na forma estabelecida no Código de Processo Penal; b) fiscalizar a execução da lei.

Como titular primeiro da ação penal pública, conforme previsão advinda do art. 129, I, da Constituição Federal, cabe-lhe a promoção privativa da demanda, na esfera criminal. Somente em casos de retardamento, pode o ofendido tomar a frente, propondo a ação privada subsidiária da pública (art. 29, CPP). Vale destacar que a parte final do inciso I do art. 257 recomenda a propositura da ação *na forma estabelecida neste Código*, ou seja, conforme o mecanismo fixado pelo Código de Processo Penal e não por outra lei ordinária qualquer.

Portanto, pode-se deduzir que o método específico para a investigação criminal se concentra no inquérito policial, presidido pela autoridade policial. Concluído o inquérito, remetem-se os autos ao Ministério Público, que poderá exigir outras diligências, requerer o arquivamento ou a extinção de punibilidade, bem como oferecer denúncia. Logo, não cabe, segundo o Código de Processo Penal, à instituição exercer a função de investigação criminal, pois é atribuição da polícia judiciária. Este é mais um argumento a ser somado ao debate acerca da possibilidade de realização de investigação criminal pelo Ministério Público (ver o item 4 do Capítulo VII).

3.   ACUSADO

3.1   O acusado como parte na relação processual

É o sujeito passivo da relação processual. Enquanto transcorre a investigação, deve-se denominá-lo de indiciado, se, formalmente, apontado como suspeito pelo Estado. No momento do oferecimento da denúncia, o correto é chamá-lo de denunciado ou imputado. Após o recebimento da denúncia, torna-se acusado ou réu. Tratando-se de queixa, denomina-se querelado. Pode ser tanto a pessoa física, desde que maior de dezoito anos, quanto a pessoa jurídica. Neste último caso, atualmente, há a previsão expressa no art. 3.º da Lei 9.605/1998, permitindo que figure como autora de crimes contra o meio ambiente a pessoa jurídica, o que é expressamente autorizado pela Constituição Federal (art. 225, § 3.º).

Em face do princípio da intranscendência, a acusação não deve voltar-se senão contra o imputado – aquele a quem se atribui a prática da infração penal –, deixando de abranger qualquer outra pessoa, por mais próxima que lhe seja, como o cônjuge ou parente. Jamais figuram, no polo passivo da ação penal, os animais e as coisas – algo que, no direito penal antigo, já foi permitido.

Vale salientar que a ação penal somente pode ser promovida contra pessoa individualizada e devidamente identificada, conforme preceituado no art. 41 do Código de Processo Penal. Entretanto, o que se permite é o ajuizamento de ação penal contra determinado sujeito, cujos dados qualificativos são desconhecidos, mas sua identidade, como pessoa, é inequívoca. É o que ocorre com o indiciado, que não possui documentos, nem fornece elementos à autoridade policial para obter seu verdadeiro nome, filiação, profissão, entre outros (o que acontece com mendigos, sem endereço ou família, por exemplo), mas é suficiente que a identificação seja feita pelo método dactiloscópico. Não haverá, pois, equívoco no tocante ao autor da infração penal, ainda que se tenha dúvida quanto à sua qualificação.

Se a ação penal é sempre movida contra pessoa certa, ainda que duvidosos os seus dados de qualificação (nome, filiação, profissão, endereço etc.), pode-se retificar ou incluir tais elementos, em qualquer momento processual, inclusive se já tiver havido condenação e estiver o feito em plena execução da pena (art. 259, CPP). Por outro lado, é possível que o réu apresente documentos de outra pessoa, passando-se por quem efetivamente não é. Tal conduta não é suficiente para anular a instrução ou a condenação, bastando que o juiz, descoberta a verdadeira qualificação, determine a correção nos autos e no distribuidor, comunicando-se ao Instituto de Identificação.

3.2   Indisponibilidade do direito de defesa

A indisponibilidade do direito de defesa é uma decorrência da indisponibilidade do direito à liberdade, razão pela qual o réu, ainda que não queira, terá nomeado um defensor, habilitado para a função, para o patrocínio de sua defesa (art. 261, CPP). E tal medida ainda não é o bastante. Torna-se fundamental que o magistrado zele pela qualidade da defesa técnica, declarando, se for preciso, indefeso o acusado e nomeando outro advogado para desempenhar a função. Note-se que nem mesmo o defensor constituído pelo réu escapa a esse controle de eficiência. Não correspondendo ao mínimo aguardado para uma efetiva ampla defesa, pode o juiz desconstituí-lo, nomeando um substituto dativo, embora deva dar prazo ao acusado para a indicação de outro profissional de sua confiança.

Anota a doutrina, por fim, que a ausência de profissional habilitado ao patrocínio da causa, na Comarca – o que é situação rara nos dias de hoje –, não é empecilho para que o juiz nomeie um leigo, com mínima capacitação (como, por exemplo, tendo curso superior) a fim de ser garantida a ampla defesa.

3.3   Inviabilidade de se exigir a colaboração do réu na produção de prova

O art. 260 do Código de Processo Penal, se interpretado literalmente, fornece a impressão de que o acusado *deve* contribuir para a produção de prova contra si mesmo, o que não é realidade ("Art. 260. Se o acusado não atender à intimação para o interrogatório, reconhecimento ou qualquer outro ato que, sem ele, não possa ser realizado, a autoridade poderá mandar conduzi-lo à sua presença"). Todo indiciado ou réu tem o nítido direito a não se autoincriminar, podendo resguardar-se utilizando o direito ao silêncio, que não pode ser interpretado em seu desfavor. Aliás, vale ressaltar ter o STF julgado como não recepcionada pela CF de 1988 a expressão "para interrogatório" (ADPF 395 e 444, Pleno, rel. Gilmar Mendes, 14.06.2018, m.v.).

Esclarece JOÃO CLAUDIO COUCEIRO que "o direito a não colaborar na produção de prova abrange não só o direito ao silêncio, como também o direito a não comparecer à audiência, ou o direito a não fornecer documentos, ou material biológico para análise (ainda que tal obrigação venha prevista em lei ordinária, como a do art. 260 do CPP, ou do art. 195 do CTN)".[22] O mesmo caminho trilha EUGÊNIO PACELLI ao mencionar que "também a condução coercitiva prevista na primeira parte do art. 260 do CPP, quando determinada para simples interrogatório – meio de defesa, no qual o acusado não é obrigado e prestar qualquer informação, nem tem qualquer compromisso com a verdade –, é de se ter por *revogada*, igualmente por manifesta incompatibilidade com a garantia do silêncio".[23]

Não chegamos ao ponto de defender a *revogação* desse artigo por um motivo: o juiz pode ter dúvida quanto à identidade correta do réu; para não processar uma pessoa em lugar de outra, pode ter necessidade de ver e ouvir o acusado pessoalmente sobre seus dados de qualificação. Seria a única hipótese em que é cabível a condução coercitiva, caso não atendida a intimação.

4. DEFENSOR

4.1 Critérios para nomeação, situação no processo e autodefesa

Deve ser sempre advogado o defensor do réu, já que, segundo o disposto no art. 133 da Constituição Federal, o advogado é "indispensável à administração da justiça" e, conforme estabelecido na Lei 8.906/1994 (Estatuto da Advocacia), é atividade privativa da advocacia "a postulação a qualquer órgão do Poder Judiciário e aos juizados especiais" (art. 1.º, I – neste último caso, pendia de julgamento a ADIn 1.127-8 no STF, a respeito da constitucionalidade da inclusão dos "juizados especiais". Havia liminar deferida para não os incluir na atividade privativa da advocacia, além de dispor que "no seu ministério privado, o advogado presta serviço público e exerce função social" (art. 2.º, § 1.º). Chegou o Plenário à conclusão seguinte: por unanimidade, em relação ao inciso I do art. 1.º da Lei 8.906/1994, julgou prejudicada a alegação de inconstitucionalidade relativamente à expressão "juizados especiais", e, por maioria, quanto à expressão "qualquer", julgou procedente a ação direta, vencidos os Ministros Relator e Carlos Britto. Assim, é possível postular em alguns juízos, sem a participação do advogado, como ocorre nos Juizados Especiais Cíveis).

Deve, sempre, como representante que é do acusado – este sim, parte passiva na relação processual –, buscar decisão favorável ao seu constituinte (Lei 8.906/1994, art. 2.º, § 2.º). Note-se que o defensor não é parte, nem consorte necessário com o réu.[24] Para o fiel exercício

---

22 *A garantia constitucional do direito ao silêncio*, p. 331.

23 *Curso de processo penal*, p. 41-42.

24 ROGÉRIO LAURIA TUCCI, Habeas corpus, *ação e processo penal*, p. 180.

de seu mandato, fazendo-o com liberdade, "é inviolável por seus atos e manifestações, nos limites desta lei" (art. 2.º, § 3.º).

Excepcionalmente, mas em homenagem à ampla defesa, o réu pode produzir, em seu interrogatório, a autodefesa – que precisa ser levada em conta pelo juiz – bem como pode recorrer de decisões contrárias ao seu interesse, além de impetrar *habeas corpus*, sem auxílio do advogado.

O defensor não deve agir com a mesma imparcialidade exigida do representante do Ministério Público, pois está vinculado ao interesse do acusado, que não é órgão público e tem legítimo interesse em manter o seu direito indisponível à liberdade. Deve pleitear, invariavelmente, em seu benefício, embora possa até pedir a condenação, quando alternativa viável e técnica não lhe restar (em caso de réu confesso, por exemplo), mas visando à atenuação de sua pena ou algum benefício legal para o cumprimento da sanção penal (como penas alternativas ou *sursis*). Isso não significa que deva requerer ou agir contra a lei, burlando normas e agindo sem ética, durante o processo penal. Seus desvios, na atuação defensiva, podem tornar-se infrações penais ou funcionais.

Preocupou-se o legislador, ao editar a Lei 10.792/2003, acrescentando o parágrafo único ao art. 261 do CPP, com a efetividade da defesa, especialmente no que concerne ao defensor público ou dativo. E agiu corretamente. Passou-se a exigir a manifestação fundamentada do defensor público ou dativo, mas não envolveu o constituído pela simples razão de ser esse profissional da confiança do acusado, motivo pelo qual o juiz deve exercitar controle menos rígido sobre sua atuação.

Embora existente a fiscalização, com possibilidade de considerar o réu indefeso, em casos teratológicos de defesas contraditórias e absolutamente ineficientes, no geral, deve ser respeitada a vontade do réu ao eleger seu defensor e, com isso, cabe a este profissional optar pelos melhores caminhos e estratégias a seguir. Dessa maneira, manifestações suas, consideradas sintéticas, ainda que possam parecer desmotivadas, como ocorre, por exemplo – e não raro –, nas alegações finais do procedimento do júri pedindo a pronúncia, mas destacando que a efetiva defesa será desenvolvida em plenário, diante dos jurados, necessita ser respeitada. Afinal, faz parte de uma estratégia de defesa, buscando evitar, por exemplo, que o magistrado, na decisão de pronúncia, buscando refutar as teses defensivas, termine por ingressar no exame aprofundado das provas, influenciando, no futuro, a decisão dos jurados.

Trata-se de estratégia de duplo efeito: em primeiro lugar, quando assim agem, os defensores constituídos experimentados não desejam que o magistrado, ao pronunciar o réu – o que sabem ser inexorável pela prova produzida e uma vez que se cuida de mero juízo de admissibilidade da acusação –, ingresse em considerações mais aprofundadas sobre a prova, o que poderia enfraquecer a tese defensiva em plenário. Em segundo lugar, muitos deles não pretendem adiantar ao órgão acusatório – e não precisam, de fato, fazê-lo – qual será a linha defensiva, reservada para o momento crucial e decisivo do julgamento, diante do juiz natural da causa, que é o Conselho de Sentença. Assim, com essa ilustração, verifica-se que o defensor constituído está fora da exigência feita pelo parágrafo único do art. 261, não significando que toda e qualquer de suas manifestações possa ser desmotivada e sem fundamentação, dependendo, pois, do caso concreto.

Por outro lado, o defensor público e o dativo são profissionais patrocinados pelo Estado para a defesa do acusado hipossuficiente. Não podendo pagar advogado, vale-se o réu do disposto no art. 5.º, LXXIV, da Constituição Federal: "O Estado prestará assistência jurídica integral e gratuita aos que comprovarem insuficiência de recursos". Ora, para tanto, o mínimo que se espera é um desempenho positivo e confiável, já que não foi o profissional eleito pelo réu. Para que sua eficiência possa ser mais bem analisada e fiscalizada nada mais indicado do que exigir que todas as suas manifestações nos autos sejam fundamentadas.

Logo, o defensor público e o dativo não podem, pretendendo desenvolver "estratégias", ter a mesma liberdade do constituído, devendo expor suas ideias, concordando com pedidos ou rejeitando requerimentos da parte contrária, ou ainda respondendo a despachos do juiz, através de esclarecimentos motivados. Nada mais justo, por se tratar de profissional nomeado pelo magistrado para atuar em defesa de pessoa que não o escolheu diretamente. A manifestação de defensor público ou dativo sem a devida fundamentação, como passa a exigir este artigo, é causa de nulidade relativa, isto é, depende da prova de haver prejuízo para o réu. Lembre-se que a falta de defesa gera nulidade absoluta, enquanto que a deficiência, nulidade relativa.

Quando necessária, pois o réu pode não possuir defensor constituído, a nomeação de defensor dativo é ato exclusivo do magistrado. O processo penal é regido pelo princípio da prevalência do interesse do réu, bem como pelo devido processo legal, que envolve a ampla defesa como seu corolário obrigatório (art. 263, CPP).

Por isso, o juiz deve zelar pelo fiel exercício da ampla e eficaz defesa, cuidando de garantir ao acusado todos os meios possíveis e legítimos para tanto. Não tem o menor cabimento que outros órgãos interfiram na nomeação, obrigando o juiz a acolher um defensor qualquer ao réu. A submissão a tal proposta poderia levar à anulação do feito, a partir do instante em que o magistrado detectasse ser o advogado indicado pela OAB, pela Procuradoria do Estado ou pela Defensoria Pública inábil para a função, declarando o réu indefeso e nomeando-lhe outro defensor, o que é incompatível com a economia processual.

Assim, caso confie nos critérios de indicação de profissional habilitado à defesa dos réus de sua Vara, pode o juiz oficiar ao órgão de classe pertinente solicitando a indicação de um advogado, que será, então, nomeado. Mas, verificando que as indicações não têm atendido ao interesse público, que é garantir uma defesa eficiente, pode escolher qualquer profissional da lista que possuir em mãos. A única consequência que pode haver, caso não cumpra a ordem da listagem remetida pela OAB, pela Procuradoria do Estado ou pela Defensoria Pública é a não percepção imediata de remuneração pelo profissional, por ter havido infringência aos critérios do convênio de prestação de assistência judiciária. Pode, então, o defensor nomeado acionar o Estado para receber o que lhe é devido.

A despeito da nomeação feita pelo magistrado, a qualquer tempo pode o acusado, o que é consequência lógica da sua situação e dos direitos constitucionais que possui, nomear outro profissional de sua confiança, ou mesmo defender-se sozinho, caso seja advogado (art. 263, CPP). Entretanto, nem mesmo o réu interfere diretamente na nomeação do dativo pelo magistrado. Confira-se a lição de ROGÉRIO LAURIA TUCCI: "O fato de poder o acusado, a quem tenha sido dado defensor *ex officio*, nomear outro de sua confiança, 'a todo tempo', não significa tenha ele direito à substituição do anteriormente designado, por novo defensor também nomeado pelo órgão jurisdicional: restringe-se, obviamente, o seu direito, à constituição de outro de sua confiança, em prol do aperfeiçoamento de sua defesa".[25]

Quanto à possibilidade de se autodefender, caso possua habilitação técnica, não julgamos recomendável que tal se dê no plenário do Tribunal do Júri. Diante dos jurados, onde impera a *plenitude de defesa*, princípio mais forte do que a ampla defesa – feita perante o juiz togado –,

---

[25] Habeas corpus, *ação e processo penal*, p. 179.

é preciso que haja uma dissociação entre a figura do acusado e a de seu defensor. Afinal, no Tribunal Popular, os mínimos gestos de um e de outro são observados atentamente pelos jurados, além de se privilegiar o princípio da oralidade, com seus corolários – imediatidade, identidade física do juiz e concentração – exigindo que todo o julgamento se dê sem interrupção, a não ser para descanso dos envolvidos na sessão. Imagine-se a situação vexatória e impossível de ser conciliada com a plenitude de defesa, caso o réu, preso, sendo advogado, deseje defender-se e falar aos jurados, mormente quando o juiz presidente não autorize, por absoluta necessidade, a retirada das algemas.

E não somente isso, mas o momento dos debates entre acusação e defesa não prescinde do lado emocional e vibrante, algo que se tornaria inviável, não gerando credibilidade, caso o defensor faça referência a si mesmo, ressaltando suas qualidades aos jurados, enquanto o promotor, promovendo a acusação, critica o acusado com veemência, na verdade também o defensor. Enfim, deve ser coibida essa hipótese, em seguimento à plenitude de defesa e para a proteção do próprio réu. O juiz togado pode até dissociar, em seu julgamento, a figura do réu dos argumentos tecidos pela sua defesa, no caso de o acusado atuar em sua causa própria, mas os juízes leigos, no Tribunal do Júri, dificilmente conseguirão evitar a identificação entre um e outro, o que poderá ferir, seriamente, a plenitude de defesa.

No tocante ao custeio da defesa, dispõe a Constituição Federal que "o Estado prestará assistência jurídica integral e gratuita aos que comprovarem insuficiência de recursos" (art. 5.º, LXXIV), significando que o encargo não é geral, mas específico. Réus pobres têm o direito fundamental de obter defesa técnica gratuita nos processos criminais, mas aqueles que, favorecidos economicamente, não desejando contratar advogado, por razões variadas, obrigarem o juiz a nomear um defensor dativo ou mesmo um membro da defensoria pública, devem ser responsabilizados pelos honorários do profissional. Pode o Estado antecipar o pagamento do dativo, mas o ressarcimento há de ser exigido diretamente do acusado, em ação à parte. Quanto aos defensores públicos, do mesmo modo, estão eles obrigados a atuar em defesa daquele que não quer ser defendido, pois o direito é indisponível, mas o Estado cobrará os honorários devidos, igualmente (art. 263, parágrafo único, CPP).

Dispõe o Estatuto da Advocacia (Lei 8.906/1994, art. 34) que constitui infração disciplinar: "XII – recusar-se a prestar, sem justo motivo, assistência jurídica, quando nomeado em virtude de impossibilidade da Defensoria Pública". E preceitua, ainda, que "o advogado, quando indicado para patrocinar causa de juridicamente necessitado, no caso de impossibilidade da Defensoria Pública no local da prestação de serviço, tem direito aos honorários fixados pelo juiz, segundo tabela organizada pelo Conselho Seccional da OAB, e pagos pelo Estado" (art. 22, § 1.º).

Logo, em primeiro lugar, deve-se observar que a nomeação do defensor, para o patrocínio de qualquer causa, somente ocorrerá quando, na Comarca, não houver órgão da Defensoria Pública (ou Procuradoria do Estado, com serviço de assistência judiciária). Nesse caso, deve o advogado aceitar a incumbência, a menos que demonstre a total impossibilidade, aduzindo motivos plausíveis (art. 264, CPP). E, se atuar, deve ser remunerado pelos seus serviços, seja pelo próprio réu – quando tiver condições econômicas – seja pelo Estado, conforme tabela organizada pela OAB. Na prática, os juízes evitam nomear advogados conceituados, que possuem grande clientela, pois isso iria sobrecarregá-los ainda mais, dando preferência para os que estão disponíveis, por livre iniciativa, a atender aos réus carentes. Por outro lado, em alguns lugares, há um convênio entre a OAB e a Procuradoria de Assistência Judiciária, estabelecendo uma lista de profissionais dispostos a aceitar a nomeação, conforme a área de atuação, bem como existe uma tabela que serve de baliza para a fixação dos honorários a ser feita pelo magistrado.

Ressalte-se ser inviável a nomeação de estagiários para patrocinar causas criminais, pois tal providência é vedada pelo Estatuto da Advocacia, mormente se estiver desacompanhado de advogado (art. 3.º, § 2.º).

4.2 Desligamento da causa, ausência momentânea e defesa *ad hoc*

Eventual desligamento do defensor da causa somente pode dar-se por motivo justo, havendo comunicação prévia ao juiz (art. 265, *caput*, do CPP). Se o motivo não for considerado relevante ou não se fizer a comunicação exigida, poderá ser comunicada a Ordem dos Advogados do Brasil, para providências de ordem administrativa, com eventual punição ao advogado.

Na realidade, trata-se de direito do profissional deixar de patrocinar a defesa do réu, por motivos variados, inclusive de foro íntimo, desde que cumpra, também, o disposto na Lei 8.906/1994 (Estatuto da Advocacia): "O advogado que renunciar ao mandato continuará, durante os dez dias seguintes à notificação da renúncia, a representar o mandante, salvo se for substituído antes do término desse prazo" (art. 5.º, § 3.º). Embora a menção seja feita à renúncia ao mandato, é natural que possa também o dativo se recusar a continuar na causa, desde que comunique tal fato ao juiz e aguarde a nomeação de outro defensor.

A nomeação de defensor substituto ou *ad hoc* (para o ato) ocorrerá quando houver ausência injustificada do defensor, constituído ou dativo, regularmente intimado para determinado ato processual, especialmente audiências de instrução, de forma a não impedir a sua realização (art. 265, § 2.º, CPP).

O § 1.º do art. 265 preceitua: "a audiência poderá ser adiada se, por motivo justificado, o defensor não puder comparecer". A disposição é correta e deve ser implementada, desde que o defensor prove o seu impedimento até a abertura da audiência (art. 265, § 2.º, CPP). Se não o fizer, o ato será realizado com a presença do defensor substituto.

Por outro lado, quando se tratar de atos fundamentais do processo, como audiência de debates e julgamento ou plenário do júri, não há possibilidade de se nomear defensor *ad hoc*, pois haveria evidente prejuízo para a defesa do réu. Deve-se adiar a audiência, comunicando-se a falta injustificada à OAB ou à Defensoria Pública, para as medidas disciplinares cabíveis. Persistindo a falta em julgamento posterior, pode o magistrado declarar o acusado indefeso, nomeando-lhe substituto, após dar-lhe prazo para escolher outro profissional para defendê-lo (art. 265, § 3.º). Acrescente-se, ainda, que, se a falta imotivada for de defensor dativo, pode o magistrado substituí-lo definitivamente.

Atualmente, foram instituídas as denominadas *audiências únicas* para o procedimento comum e, também, para a fase de formação da culpa, no procedimento especial do júri. Significa, portanto, que toda a prova será colhida num único dia e, na sequência, dar-se-ão os debates e julgamento. A ausência do defensor do réu nessa data, especialmente se for constituído, mesmo que *imotivada*, deve provocar apenas a colheita da prova. Não se deve admitir a realização dos debates e julgamento, uma vez que o defensor substituto (ou *ad hoc*) pode não ter preparo suficiente, nem contato razoável com o acusado, para conduzir os debates e invocar teses defensivas seguras em nome do réu. Acrescente-se, ainda, que, conforme o grau de complexidade da causa, nem mesmo a coleta da prova deverá ser feita, pois a ampla defesa pode ser seriamente prejudicada. Nessa hipótese, declara-se indefeso o réu, nomeando-se outro defensor ou indicando-lhe um defensor público, porém, deve-se adiar a audiência para outra data.

4.3   Nomeação no termo e impedimento

É possível que o réu indique seu defensor por meio do instrumento de mandato ou prefira fazê-lo no termo da audiência. A nomeação diretamente no termo chama-se *apud acta*.

Na esteira do que já se viu, quanto ao parentesco entre juiz e defensor (art. 252, I, CPP), não pode funcionar no processo, como advogado do réu, o familiar do magistrado (art. 267, CPP). A diferença daquele artigo (252, I) para este (267), é que, naquela hipótese, o juiz torna-se impedido, pois o seu parente já atuou ou está atuando como defensor. Neste caso, é o advogado que não pode ingressar, uma vez que o magistrado já se encontra, anteriormente, atuando no processo.

5.   CURADOR

Dispõe o art. 262 do Código de Processo Penal que "ao acusado menor dar-se-á curador". Essa norma não tem mais aplicação, não somente pelo preceituado no art. 5.º do Código Civil (Lei 10.406/2002), que considera maior, para todos os fins, a pessoa que atinja 18 anos, mas sobretudo pela modificação introduzida pela Lei 10.792/2003, que revogou expressamente o art. 194 do CPP, justamente a norma que previa a mesma situação por ocasião do interrogatório. Ora, se o juiz não está mais obrigado a nomear curador para a realização do interrogatório, é natural que o art. 262 tenha perdido a eficácia.

Ademais, o acusado, maior de 18 anos, é plenamente capaz para todos os atos da vida civil, não possuindo mais representante legal, nem sendo, obviamente, necessária a nomeação de curador para acompanhá-lo em qualquer ato do processo.

6.   ASSISTÊNCIA

6.1   Assistente de acusação

É a posição ocupada pelo ofendido, quando ingressa no feito, atuando, ao lado do Ministério Público, no polo ativo. Trata-se de sujeito e parte secundária na relação processual. Não intervém obrigatoriamente, mas, fazendo-o, exerce nitidamente o direito de agir, manifestando pretensão contraposta à do acusado.

A posição da vítima, no processo penal, atuando como assistente de acusação, não mais pode ser analisada como o mero intuito de conseguir a sentença condenatória, para que sirva de título executivo judicial a ser deduzido no cível, em ação civil *ex delicto*, tendo por objetivo a reparação do dano.

Como explica BENTO DE FARIA, "não é, portanto, mero auxiliar da acusação, pois atua com o direito de agir, desde que lhe é assegurado o de recorrer (...) até então deferido unicamente ao Promotor Público. A circunstância de não haver se antecipado no oferecimento da queixa não importa na desistência do direito de também *pedir a pena no interesse público*. Cooperar assim na repressão do crime, não transforma a posição do assistente em oponente, nem expressa a consagração do direito de vingança. O *interesse social* que orienta a sua atividade havia de repelir semelhante conceituação, tanto mais quando esse direito não é assegurado a *qualquer*, mas tão somente deferido à *vítima da ofensa*".[26]

---

[26]   *Código de Processo Penal*, v. 2, p. 21.

E, na mesma ótica, confira-se a lição de Ada Pellegrini Grinover, Antonio Maga-lhães Gomes Filho e Antonio Scarance Fernandes: "Pensamos, porém, que o assistente também intervém no processo com a finalidade de cooperar com a justiça, figurando como assistente do MP *ad coadjuvandum*. Assim, com relação à condenação, o ofendido tem o mesmo interesse-utilidade da parte principal na justa aplicação da pena. Já com relação à revogação de benefícios penais, como o *sursis*, a atividade de colaboração do ofendido com a justiça esgota-se, no nosso sistema processual, com a condenação (art. 598, CPP), não se podendo vislumbrar seu interesse na modificação de benefícios inerentes à execução da pena".[27]

6.2   Intervenção do ofendido

É ele o principal interessado a pleitear sua inclusão como assistente de acusação, embora o art. 268 do Código de Processo Penal preveja, ainda, como legitimados, os seus sucessores, em caso de morte: cônjuge (incluindo-se companheiro/a), ascendente, descendente e irmão.

Assim, embora o direito de punir seja unicamente do Estado e legitimado, para a ação penal, seja o Ministério Público, como seu representante, nos casos de ação pública, é cabível a formação de litisconsórcio ativo, integrando o polo ativo a vítima do crime. A omissão do Código de Processo Penal em relação à definição de litisconsórcio bem espelha a sua defasa-gem, podendo-se utilizar o conceito esposado pelo CPC a respeito: "Art. 113. Duas ou mais pessoas podem litigar, no mesmo processo, em conjunto, ativa ou passivamente, quando: (...) III – ocorrer afinidade de questões por ponto comum de fato ou de direito". É exatamente a posição assumida pelo assistente de acusação (vítima do crime) em relação ao Ministério Público, nas ações públicas.

Quando se trata de ação penal privada exclusiva ou subsidiária da pública, estando o ofendido no polo ativo, exercendo o direito de ação, o Ministério Público ingressa, obrigato-riamente, no feito como fiscal da lei, atuando, também, como parte, embora não seja assistente do querelante.

Na ação penal privada exclusiva, é incabível a intervenção de assistente, pois o ofendido já ocupa a posição de *dominus litis*, ou seja, é a parte legitimada a ajuizar a ação penal, não tendo cabimento ser assistido por si mesmo.

Anote-se a desnecessidade de se mencionar a figura do representante legal do ofendido, pois este somente ingressa, nos autos, como assistente, em nome da vítima incapacitada de defender seu direito sozinha. Logo, não agindo em nome próprio, basta a menção à pessoa do ofendido.

Quando houver interesse na assistência por parte de mais de um sucessor habilitado, ingressam todos, desde que respeitada a ordem prevista no art. 31 do Código de Processo Penal. Imagine-se um casal separado, cujo filho tenha sido assassinado. Não acordando a respeito de quem ingressará no polo ativo, como assistente de acusação, nada impede que o juiz admita tanto o pai, quanto a mãe, cada qual representado por um advogado diferente.

6.3   Intervenção de outras pessoas como assistente de acusação

Cremos admissível o ingresso de pessoas jurídicas, de direito público ou privado, como assistentes de acusação, diante do interesse público presente. Afinal, utiliza-se a aplicação analógica ao disposto no art. 2.º, § 1.º, do Decreto-lei 201/1967, que prevê: "Os órgãos federais,

---

[27]   *Recursos no processo penal*, p. 88.

estaduais ou municipais, interessados na apuração da responsabilidade do Prefeito, podem requerer a abertura do inquérito policial ou a instauração da ação penal pelo Ministério Público, bem como intervir, em qualquer fase do processo, como assistente da acusação".

Logo, outras hipóteses podem surgir, dando ensejo a que algum órgão federal, estadual ou municipal tenha interesse em acompanhar o feito, contra determinado réu, como assistente de acusação. Pouco importa seja o Ministério Público também um órgão do Estado, já que é considerado uma instituição permanente essencial à Justiça, mas que não integra os quadros de nenhum dos Poderes de Estado.

Ademais, dispõe o art. 81, *caput*, do Código de Proteção e Defesa do Consumidor (Lei 8.078/1990), que "a defesa dos interesses e direitos dos consumidores e das vítimas poderá ser exercida em juízo individualmente, ou a título coletivo". E, no art. 82, que "para os fins do art. 81, parágrafo único, são legitimados concorrentemente: I – o Ministério Público; II – a União, os Estados, os Municípios e o Distrito Federal; III – as entidades e órgãos da administração pública, direta ou indireta, ainda que sem personalidade jurídica, especificamente destinados à defesa dos interesses e direitos protegidos por este Código; IV – as associações legalmente constituídas há pelo menos um ano e que incluam entre seus fins institucionais a defesa dos interesses e direitos protegidos por este Código, dispensada a autorização assemblear". Estão legitimados outros entes, que não o Ministério Público, para a proteção do consumidor em juízo, inclusive na esfera criminal.

É a menção feita, nos termos do art. 119, do CPC, que se pode usar por analogia: "pendendo causa entre 2 (duas) ou mais pessoas, o terceiro juridicamente interessado em que a sentença seja favorável a uma delas poderá intervir no processo para assisti-la".

Ainda ilustrando, pode-se mencionar o disposto no art. 26, parágrafo único, da Lei 7.492/1986: "Sem prejuízo do disposto no art. 268 do Código de Processo Penal, aprovado pelo Decreto-lei 3.689, de 3 de outubro de 1941, *será admitida a assistência da Comissão de Valores Mobiliários – CVM*, quando o crime tiver sido praticado no âmbito de atividade sujeita à disciplina e à fiscalização dessa Autarquia, *e do Banco Central do Brasil* quando, fora daquela hipótese, houver sido cometido na órbita de atividade sujeita à sua disciplina e fiscalização" (grifamos).

Outras situações podem surgir, como já mencionamos, ainda que por aplicação da analogia.[28]

6.4   Intervenção da Ordem dos Advogados do Brasil em processos criminais nos polos ativo e passivo

Trata-se de hipótese atualmente prevista no Estatuto da Advocacia (Lei 8.906/1994), no art. 49: "Os Presidentes dos Conselhos e das Subseções da OAB têm legitimidade para agir, judicial e extrajudicialmente, contra qualquer pessoa que infringir as disposições ou os fins desta Lei. Parágrafo único. As autoridades mencionadas no *caput* deste artigo têm, ainda, legitimidade para intervir, inclusive como assistentes, nos inquéritos e processos em que sejam indiciados, acusados ou ofendidos os inscritos na OAB".

---

[28]   Contrariamente à intervenção de órgãos do Poder Público como assistentes de acusação: Tourinho Filho (*Código de Processo Penal comentado*, v. 1, p. 486); Mirabete (*Código de Processo Penal interpretado*, p. 352). Adotando a possibilidade do ingresso: Paulo Lúcio Nogueira (*Curso completo de processo penal*, p. 261-262), Vicente Greco Filho (*Manual de processo penal*, p. 223).

O dispositivo deve ser adaptado ao contexto do processo penal, tornando possível que a OAB deseje atuar como assistente de acusação em caso envolvendo advogado como réu, cuja demanda desperte o interesse de toda a classe dos advogados. Entretanto, é preciso salientar que a Lei 8.906/1994 autoriza, expressamente, a assistência, também, do advogado que seja réu ou querelado, pois refere-se à intervenção em inquéritos e processos em que sejam indiciados (nítida hipótese criminal), acusados ou ofendidos (em igual prisma) os inscritos na Ordem dos Advogados do Brasil.

Dessa forma, nos moldes propostos pelo Código de Processo Civil de 2015, aplicado por analogia neste caso de lacuna do processo penal, a OAB pode atuar como assistente da defesa, quando possui interesse de que a sentença seja favorável ao réu-advogado (vide art. 119 do CPC/2015).

6.4.1 A figura do amicus curiae no processo penal

É perfeitamente viável em certos e específicos casos, tratando de questão de interesse geral, embora na área penal. Trata-se do ingresso em determinada causa, geralmente em Tribunal Superior, como o STF, de terceiro interessado, para fornecer informações e dados, tomando o lado do autor ou do réu.

Ilustrando, houve o caso do julgamento, no STF, a respeito do feto anencéfalo; se constitui vida ou não, a ponto de permitir ou vedar o aborto. Admite-se, nessa situação, o *amicus curiae* ("amigo da Corte"), como a Confederação Nacional dos Bispos do Brasil para defender a vedação da interrupção da gravidez, assim como a Associação Nacional pela Legalidade do Aborto para sustentar o contrário.

Note-se o disposto pelo art. 138 do CPC: "o juiz ou o relator, considerando a relevância da matéria, a especificidade do tema objeto da demanda ou a repercussão social da controvérsia, poderá, por decisão irrecorrível, de ofício ou a requerimento das partes ou de quem pretenda manifestar-se, solicitar ou admitir a participação de pessoa natural ou jurídica, órgão ou entidade especializada, com representatividade adequada, no prazo de 15 (quinze) dias de sua intimação".

6.5 Recebimento da causa no estado em que estiver

É a regra do ingresso do assistente de acusação, evitando-se tumultos indevidos e a propositura de novas provas ou outras diligências, que somente fariam o procedimento inverter o seu curso, o que é inadmissível. Assim, a partir do recebimento da denúncia, até o trânsito em julgado da decisão, pode haver o ingresso do assistente, mas sem qualquer tipo de regressão no desenvolvimento regular da instrução (art. 269, CPP).

Durante o curso do inquérito policial, não se admite o ingresso de assistente de acusação, pois não há interesse algum do ofendido em participar das investigações preliminares ao eventual processo. Afinal, o inquérito é inquisitivo e dele nem mesmo toma parte ativa o indiciado, como regra, devendo aguardar o início da ação penal para manifestar o seu interesse em dela participar.

6.6 Corréu como assistente

Trata-se de hipótese inviável e, por isso, vetada pela lei (art. 270, CPP). Não tem o menor cabimento o corréu pretender a condenação de quem agiu juntamente com ele para a prática da infração penal. O espírito poderia ser de pura emulação ou vingança. Imagine-se, no caso de separação dos processos, que um corréu já tenha sido julgado e condenado. Para buscar a condenação de comparsa seu, que inclusive delatou, pleiteia a intervenção como assistente de acusação. Nota-se, pois, flagrante abuso, visto que seu interesse não é justificado, como ocorre com o ofendido pela prática da infração penal.

Vale o mesmo para a situação em que os corréus ocupam as posições de autores e vítimas da infração penal, como ocorre no caso de lesões recíprocas. Andou bem o legislador ao vedar-lhe tal possibilidade.

Entretanto, é admissível a interposição de recurso de corréu contra a absolvição de outro, desde que o Ministério Público não tenha recorrido. Pensemos na hipótese de um corréu ser condenado e o outro absolvido. Se tiver o promotor apresentado apelação contra a absolvição, nada tem o corréu condenado a fazer (nem mesmo vai arrazoar o recurso, pois isso seria o equivalente a admiti-lo como assistente, o que é legalmente vedado), mas nada o impede de interpor recurso, pleiteando a condenação do outro, que foi absolvido, se o representante do Ministério Público deixou de fazê-lo. Concordamos com a lição de TOURINHO FILHO, que menciona, ainda, as posições de FREDERICO MARQUES e ESPÍNOLA FILHO: "Uma vez que o Juiz proferiu sentença e o Promotor com ela concordou, qual a razão que poderá impedir o corréu condenado de se insurgir contra a absolvição do outro? Nenhuma. (...) E vamos mais longe: se ambos forem absolvidos sem recurso do Ministério Público, nada impede possam interpor apelo, porquanto já não subsistem as razões que os impediam de intervir como assistentes de acusação".[29]

6.7   Atribuições do assistente

Segundo o disposto no art. 271 do Código de Processo Penal, são atribuições do assistente: a) propor meios de prova; b) requerer perguntas às testemunhas; c) aditar o libelo-crime acusatório e os articulados; d) participar do debate oral; e) arrazoar os recursos interpostos pelo Ministério Público, ou por ele próprio, conforme o caso. Lembremos que o libelo foi suprimido pela Lei 11.689/2008.

Quanto ao direito de reperguntar, tem o assistente o direito de propor perguntas não somente às testemunhas, mas também às pessoas que forem ouvidas como simples declarantes.

No caso de *aditamento ao libelo*, peça não mais existente, pouco lhe resta a fazer, a não ser, por exemplo, apresentar outras testemunhas para serem ouvidas em plenário, caso o Ministério Público não tenha esgotado o número legal, que é de cinco (art. 422, CPP). O chamado aditamento de *articulado* não tem aplicação, pois esta forma processual, na realidade, é a peça denominada *alegações finais*, que o assistente de acusação apresenta individualmente e não em complementação à do Ministério Público.

O direito de debater oralmente ocorre nos procedimentos ordinário, sumário e sumaríssimo. No Tribunal do Júri, deve dividir o tempo com o promotor. Caso haja divergência quanto a isso, quem deve decidir é o juiz presidente, mas sem retirar a possibilidade de o assistente manifestar-se.

Além do direito de arrazoar os recursos interpostos pelo Ministério Público, pode o assistente de acusação apresentar os seus diretamente, nas seguintes hipóteses: a) decisão de impronúncia (art. 584, § 1.º, atualmente, impugnada por apelação); b) julgamento de extinção

---

[29]   *Código de Processo Penal comentado*, v. 1, p. 490.

da punibilidade (art. 584, § 1.º); c) sentença absolutória (art. 598); d) sentença condenatória visando ao aumento de pena (esta última situação é controversa e será mais bem analisada no capítulo referente aos recursos). Como decorrência lógica da possibilidade de interpor alguns recursos, é possível, ainda, conferir-se ao assistente legitimidade para ingressar com carta testemunhável, embargos de declaração e recursos especial e extraordinário.

Sobre o tema, confira-se o disposto nas seguintes Súmulas do Supremo Tribunal Federal: 208 – "O assistente do Ministério Público não pode recorrer, extraordinariamente, de decisão concessiva de *habeas corpus*"; 210 – "O assistente do Ministério Público pode recorrer, inclusive extraordinariamente, na ação penal, nos casos dos arts. 584, § 1.º, e 598 do Código de Processo Penal".

O direito de propor meios de provas decorre da sua ativa participação no polo ativo da demanda. Não se pode verdadeiramente assistir alguém, sem que haja instrumentos a tanto. Ouve-se o Ministério Público, antes da decisão, a fim de se evitar tumulto causado pelo assistente, ao propor provas, por exemplo, indevidas ou prejudiciais à posição acusatória (art. 271, § 1.º, CPP).

Uma vez admitido no processo, deve o assistente, através do seu advogado, ser intimado para todos os atos que devam se realizar no feito, como é o caso das audiências de instrução. Entretanto, se deixar de comparecer a qualquer deles, para os quais tenha sido regularmente cientificado, sem fornecer a devida justificativa, não mais será intimado. Sua função de auxiliar da acusação não é indispensável, sendo razoável que ele zele pela sua participação, não abandonando a causa sem justa razão. Se o fizer, não é desabilitado, mas não será mais intimado (art. 271, § 2.º, CPP).

6.7.1 *Sobre a possibilidade de o assistente de acusação arrolar testemunhas*

Em nosso entender, tratando-se de um meio de prova (Capítulo VI, do Título VII, do Código de Processo Penal), logicamente, pode o assistente de acusação arrolar testemunhas.

O único obstáculo que encontra é o número legal, fixado de modo equânime, tanto para a acusação, quanto para a defesa, bem como a tempestividade. Logo, somente quando o Ministério Público não esgota o número legal, que lhe é reservado, pode o assistente suprir o rol, acrescentando outras testemunhas. E deve fazê-lo até que ocorra o interrogatório do réu, uma vez que, após esse ato processual, nasce o direito da defesa de arrolar testemunhas e não mais da acusação. É o que defende Espínola Filho.[30] Com a reforma penal de 2008, em lugar do interrogatório, que passa para o final da instrução, surge a defesa prévia, por escrito. Portanto, para essa posição, o assistente somente pode arrolar testemunhas até o oferecimento da defesa do réu.

Eventual intempestividade ou esgotamento do número legal não afasta a possibilidade de o assistente de acusação pleitear ao juiz que ouça alguém como testemunha do juízo, expediente que tanto o Ministério Público, quanto a defesa, utilizam. Contrariamente estão as posições de Vicente Greco Filho, para quem "não pode, portanto, arrolar testemunhas, nem para completar o número legal, não só porque a oportunidade da acusação já está ultrapassada

---

[30] *Código de Processo Penal brasileiro anotado*, v. 3, p. 274.

(foi na denúncia), mas também porque propor prova é diferente da faculdade das partes de arrolar testemunhas, que gera a presunção da pertinência da prova",[31] e TOURINHO FILHO.[32]

6.8 Oposição do Ministério Público à admissão do assistente

Somente deve dar-se em caso de falta de legitimação. Assim, quando o promotor se insurgir contra a intervenção do assistente, por outras causas, deve o juiz admiti-lo. Não nos parece correto o entendimento daqueles que sustentam ser um juízo discricionário do representante do Ministério Público o ingresso, no feito, do assistente de acusação, baseado na conveniência e oportunidade do acompanhamento.

Narra MAGALHÃES NORONHA o seguinte: "o Ministério Público será sempre ouvido sobre o pedido de assistência, o que é natural, pois trata-se de auxílio à acusação, de reforço ao *dominus litis*, não podendo este deixar de opinar sobre a conveniência dele. Pessoalmente, quando Promotor Público, tivemos ocasião de impugnar o pedido de assistência do marido de meretriz assassinada, não se compreendendo tal presença no processo, em face da absoluta falta de idoneidade moral. Sua participação nos debates do plenário seria, realmente, magnífico reforço (...) à defesa".[33]

Ficamos com a posição de ESPÍNOLA FILHO, mais consentânea, em nosso sentir, com a finalidade da previsão legal feita pelo Código de Processo Penal, admitindo o ingresso do ofendido no feito. Defende que a avaliação do promotor deve fundar-se, exclusivamente, no aspecto da legitimidade: "parece-nos que é o único motivo, pelo qual pode ser recusado o assistente, e, se o órgão do Ministério Público se manifestar contrário, invocando a desnecessidade de auxílio, ou outro motivo desta ordem, o juiz, a quem cabe solucionar em caráter definitivo (sem possibilidade de qualquer recurso), o incidente, não deixará de apoiar a pretensão da parte privada, que se apresenta com qualidade legal para tomar tal posição".[34]

Note-se que foi conferida legitimidade para o ofendido ingressar com a ação penal, ainda que seja ela pública, quando o Ministério Público não o faz no prazo legal (art. 29, CPP), pouco interessando a idoneidade moral da vítima ou qualquer outro fator que não seja o seu interesse em ser aplicada justiça ao criminoso, razão pela qual, se foi o promotor o autor da ação, é justo que possa o ofendido auxiliá-lo nesse objetivo, aprecie ou não o *dominus litis*. No mesmo sentido defende MIRABETE, afirmando, ainda, que, se no curso do processo o assistente trair o "sentido teleológico da assistência, que é o de reforçar a acusação", pode o Ministério Público solicitar a sua exclusão.[35]

O indeferimento do ingresso do assistente não comporta recurso específico (art. 273, CPP), mas tem a jurisprudência, com acerto, acolhido o uso do mandado de segurança. Afinal, é direito líquido e certo do ofendido, quando demonstre a sua condição documentalmente – ou de seus sucessores – ingressar no polo ativo, auxiliando a acusação. Não se compreende seja o juiz o árbitro único e último do exercício desse direito, podendo dar margem a abusos

---

[31] *Manual de processo penal*, p. 225.
[32] *Código de Processo Penal comentado*, v. 1, p. 491.
[33] *Curso de direito processual penal*, p. 137.
[34] *Código de Processo Penal brasileiro anotado*, v. 3, p. 272.
[35] *Código de Processo Penal interpretado*, p. 361.

de toda ordem. Logo, o caminho possível a contornar esse dispositivo, que, aliás, é remédio constitucional, é o mandado de segurança.[36]

7. FUNCIONÁRIOS DA JUSTIÇA

7.1 Denominação

Serventuários e funcionários da justiça são termos correlatos, que designam os funcionários públicos, ocupando cargos criados por lei, percebendo vencimentos pagos pelo Estado, a serviço do Poder Judiciário. São os escrivães-diretores, escreventes, oficiais de justiça, auxiliares judiciários, dentre outros.

7.2 Suspeição

Segundo entendemos, não há sentido no disposto pelo art. 274 do Código de Processo Penal (regras de suspeição do juiz estendem-se aos funcionários), tendo em vista que os funcionários da justiça não exercem qualquer ato decisório, de repercussão para a parte, no processo.

Limitam-se a cumprir as ordens do juiz, sem qualquer poder de deliberação próprio. Embora possam lançar, nos autos, certidões que gozam de fé pública, é preciso ressaltar que estão sujeitos à corregedoria permanente do magistrado titular da Vara, razão pela qual qualquer desvio nessa função representará a instauração de processo administrativo. Logo, inexiste razão para o escrevente, que trabalha na sala de audiências, por exemplo, não poder atuar somente porque é amigo ou inimigo do réu. O ditado dos depoimentos será feito pelo magistrado, não havendo nada mais a fazer a não ser reduzir a termo.

Atualmente, a fiscalização que as partes exercem sobre o juiz e seus auxiliares é tão intensa que nem mesmo as afirmações feitas pelo magistrado, nos autos, escapa de uma impugnação ou de um questionamento. Não há presunção absoluta para os atos e certidões insertos no processo, todos passíveis de prova em contrário. Aliás, se o funcionário pode responder por corrupção ou prevaricação, quando colocar seus interesses particulares acima dos interesses públicos, no exercício da sua atividade, além de poder ser demitido por isso, não vemos razão para sujeitá-los às mesmas proibições feitas para o magistrado, pessoa encarregada de decidir a lide, que goza de vitaliciedade e, realmente, necessita atuar com imparcialidade absoluta.

8. PERITOS E INTÉRPRETES

8.1 Perito

É o especialista em determinada matéria, encarregado de servir como auxiliar da justiça, esclarecendo pontos específicos distantes do conhecimento jurídico do magistrado.[37] O perito pode ser oficial – quando funcionário do Estado –, sendo-lhe dispensado o compromisso, pois investido na função por lei, ou nomeado pelo juiz, quando deverá ser compromissado a bem desempenhar a sua função.

---

[36] VICENTE GRECO FILHO, *Manual de processo penal*, p. 224.

[37] É o "técnico chamado a pronunciar-se sobre algum fato relativo à sua arte ou profissão, cujo esclarecimento interessa à decisão da causa" (CÂMARA LEAL, *Comentários ao Código de Processo Penal brasileiro*, v. II, p. 167).

8.2   Intérprete

É a pessoa conhecedora de determinados idiomas estrangeiros ou linguagens específicas, que serve de intermediário entre pessoa a ser ouvida em juízo e o magistrado e as partes. Atua como perito, devidamente compromissado a bem desempenhar a sua função.

8.3   Juiz atuando como perito ou intérprete

Não há possibilidade legal de tal situação ocorrer. O magistrado não pode perder a sua imparcialidade, participando ativamente da produção da prova, razão pela qual, ainda que conheça o idioma estrangeiro, deve nomear intérprete; mesmo que conheça determinado assunto profundamente, jamais poderá emitir sua opinião como técnico.

8.4   Disciplina judiciária do perito

Refere-se o art. 275 do Código de Processo Penal à obrigação que possui o perito, seja ele oficial (funcionário público) ou não oficial (de livre escolha do magistrado, porém nos termos disciplinados no art. 159, §§ 1.º e 2.º, do CPP), de cumprir fielmente seu encargo, servindo de auxiliar do juiz na verificação e análise de fatos para os quais se exige conhecimento específico.

A disciplina judiciária o coloca em pé de igualdade com os demais funcionários públicos, ainda que se trate de perito não oficial, podendo responder pelos crimes previstos no Capítulo I do Título XI da Parte Especial do Código Penal (ver a nota 210 ao art. 327 do nosso *Código Penal comentado*).

Note-se, ainda, porque pertinente, o disposto no art. 158 do Código de Processo Civil de 2015: "O perito que, por dolo ou culpa, prestar informações inverídicas responderá pelos prejuízos que causar à parte e ficará inabilitado para atuar em outras perícias no prazo de 2 (dois) a 5 (cinco) anos, independentemente das demais sanções previstas em lei, devendo o juiz comunicar o fato ao respectivo órgão de classe para adoção das medidas que entender cabíveis". Aliás, quanto ao perito não oficial, o que é praticamente regra no processo civil, o art. 466, *caput* e § 1.º, do Código de Processo Civil de 2015 permite que o perito nomeado pelo magistrado exerça seu encargo independentemente do termo de compromisso, lavrado em cartório. Isso não quer dizer que não é compromissado a bem desempenhar sua função, mas sim que é dispensável o termo, uma vez que o compromisso advém da lei. Assim, o despacho de nomeação é suficiente para gerá-lo. No processo penal, entretanto, permanece a exigência do termo de compromisso, em face do disposto no art. 159, § 2.º, do CPP.

8.5   Não intervenção das partes na nomeação do perito e sua atuação obrigatória

Trata-se do princípio regente em processo penal, desvestindo as partes do direito de sugerir nomes para a função de perito, até mesmo porque, atualmente, a grande maioria dos experts é oficial, independendo de qualquer tipo de nomeação ou compromisso. São funcionários do Estado, embora considerados auxiliares da justiça, quando atuam no processo.

Passou a existir a possibilidade de indicação de assistentes técnicos, bem como o oferecimento de quesitos pelas partes (art. 159, § 3.º, CPP).

Deve-se utilizar o preceituado no art. 277 do CPP (obrigatoriedade do perito de aceitar a nomeação feita pelo juiz) com a máxima prudência, pois o juiz não deve exigir de determinados profissionais encargos, que lhes poderão retirar tempo útil, sem a devida remuneração, o que raramente acontece no processo criminal – diversamente do cível, quando as partes podem suportar os salários periciais.

Por outro lado, a multa prevista no mencionado art. 277, por não ter sido atualizado, é inaplicável. E mais uma vez, frise-se: a maioria das perícias feitas, nos dias de hoje, é oficial, de modo que seria impossível a recusa do funcionário público de cumprir com o seu dever, sob pena de responsabilização funcional.

A lei prevê a possibilidade de condução coercitiva de peritos para a realização de seu trabalho (art. 278, CPP). Ora, tal situação somente teria, em tese, aplicabilidade se falarmos dos peritos não oficiais, uma vez que os oficiais devem cumprir com zelo os seus deveres, sob pena de responderem funcionalmente, sujeitos que estão às mais diversas penalidades administrativas.

Aliás, parece-nos um dispositivo de pouca valia, pois de que adianta obrigar um profissional qualquer a realizar um laudo a contragosto, se é ele justamente o encarregado de auxiliar o juiz no seu esclarecimento sobre matéria que lhe é desconhecida? Mais eficaz é nomear outro profissional, menos renitente, para o desempenho da função, em nome do interesse da justiça e das partes.

8.6 Impedimento dos peritos

Não podem exercer a função de perito aqueles que estiverem cumprindo pena restritiva de direitos (art. 47, I e II, CP), impeditiva do exercício de cargo, função ou atividade pública, bem como de profissão, atividade ou ofício que dependa de habilitação especial, de licença ou autorização do poder público.

Dá-se o mesmo caso o perito já tenha participado do processo como testemunha ou tenha dado sua opinião sobre o caso em oportunidade anterior (art. 112 c/c art. 252, II e III, e art. 254, IV, CPP).

São inviabilizados para atuar como peritos os analfabetos e os menores de 21 anos (art. 279, III, CPP). A disposição, atualmente, é praticamente vazia de conteúdo e aplicabilidade. Os peritos oficiais são concursados e, como regra, preenchem os requisitos legais para o exercício de sua função. Os não oficiais devem, no mínimo, possuir curso superior (art. 159, § 1.º, CPP), condição que analfabetos não preenchem e, raramente, os menores de 21 anos. Aliás, com a edição do novo Código Civil, considerando o maior de 18 anos plenamente capaz para todos os atos da vida civil, não teria sentido proibir alguém de exercer a função de perito somente porque contaria, por exemplo, com 20 anos de idade.

8.7 Suspeição dos peritos

Estão os técnicos habilitados a auxiliar o juiz na compreensão e conhecimento de determinadas matérias específicas e sujeitos às mesmas regras de suspeição dos juízes (art. 254, CPP), o que é razoável. Eles detêm enorme influência no poder decisório do magistrado, na esfera criminal, influindo consideravelmente na solução da causa, razão pela qual devem agir com total imparcialidade, o que poderia não ocorrer, estando presente alguma das causas de suspeição previstas em lei.

E toda a disciplina dos peritos é aplicável aos intérpretes, também auxiliares do juiz, na compreensão de idiomas e linguagens estranhas, merecendo, pois, atuar com imparcialidade e ter conhecimento suficiente a tanto.

RESUMO DO CAPÍTULO

▸ **Juiz:** é sujeito na relação processual, mas não parte. Atua suprapartes, com visão totalmente imparcial, fazendo valer a lei ao caso concreto.

▸ **Ministério Público:** é parte, figurando ora no polo ativo, conduzindo a demanda, ora como fiscal da lei, nas ações penais privadas. Pode-se denominá-lo de parte imparcial, uma vez que não está vinculado necessariamente à defesa de propostas prejudiciais ao réu.

▸ **Acusado:** é parte na relação processual, figurando no polo passivo.

▸ **Defensor:** não é parte, mas representante do acusado. Excepcionalmente, quando o réu for advogado e quiser promover a sua própria defesa, torna-se parte. Está sempre vinculado à defesa dos interesses do réu, constituindo parte parcial.

▸ **Curador:** não há mais no processo penal para o acusado menor de 21 anos. Pode existir apenas para o réu considerado incapaz por outras causas, como enfermidade mental.

▸ **Assistente de acusação:** é a posição ocupada pelo ofendido, que atua no polo ativo, ao lado do Ministério Público. Pode ser atuação desenvolvida pelos sucessores do ofendido (cônjuge, companheiro ou companheira, ascendente, descendente ou irmão). Excepcionalmente, a posição pode ser ocupada por pessoas jurídicas de direito público ou privado interessadas na defesa de determinados interesses, como órgãos de defesa do consumidor.

▸ **Funcionário da justiça:** são os funcionários públicos que ocupam cargos criados por lei, percebendo vencimentos do Estado, a serviço do Poder Judiciário.

▸ **Perito:** é o especialista em determinada matéria, encarregado de servir como auxiliar da justiça, esclarecendo temas de interesse ao processo penal, sempre da confiança do juiz.

▸ **Intérprete:** é o especialista em idiomas estrangeiros ou determinada forma de linguagem, que serve de intermediário entre pessoa a ser ouvida e o magistrado e as partes, devendo igualmente ser da confiança do magistrado.

CAPÍTULO XIV
Prisão e
Liberdade Provisória

1. CONCEITO DE PRISÃO CAUTELAR

É a privação da liberdade, tolhendo-se o direito de ir e vir, através do recolhimento da pessoa humana ao cárcere, por absoluta necessidade da instrução processual. Por outro lado, o Código Penal regula a prisão proveniente de condenação, estabelecendo as suas espécies, formas de cumprimento e regimes de abrigo do condenado e o Código de Processo Penal cuida da prisão cautelar e provisória, destinada unicamente a vigorar, quando necessário, até o trânsito em julgado da decisão condenatória.

A prisão no processo penal equivale à tutela de urgência do processo civil. Ilustrando, o art. 300 do CPC: "a tutela de urgência será concedida quando houver elementos que evidenciem a probabilidade do direito e o perigo de dano ou o risco ao resultado útil do processo".

Cuidando do tema, no processo penal, BASILEU GARCIA recomenda: "a necessidade da prisão preventiva, segundo o entendimento comum, está sujeita a duplo ajuizamento. Deve o legislador limitar-lhe os casos ao estritamente indispensável e deve o magistrado proceder, em cada hipótese, a prudente verificação, para impor a medida só quando efetivamente o exijam os superiores interesses da justiça".[1]

O desatino da prisão provisória é secular no Brasil. O descuido com o preso cautelar é tamanho que provocou o seguinte comentário de JOÃO MENDES JÚNIOR: "a prisão, antes do julgamento, não é ainda a pena do delito; ainda não está legalmente verificado que o preso seja um delinquente, ou que, sendo delinquente, seja um culpado. Entretanto, nos postos policiais,

---

[1]   *Comentários ao Código de Processo Penal*, v. III, p. 145.

nas estações da guarda policial, nas cadeias das localidades, os indiciados são recolhidos a prisões escuras e infectas, a lugares de desolação e angústia, como se fossem facínoras julgados".[2]

Não se respeita o princípio constitucional da humanidade há muito tempo, e é preciso que se contorne essa situação, assegurando condições salubres e decentes para quem está detido, em especial, em relação à prisão cautelar.

Convém mencionar a decisão tomada pelo Supremo Tribunal Federal, nesse contexto, fixando a seguinte tese: "1. Há um estado de coisas inconstitucional no sistema carcerário brasileiro, responsável pela violação massiva de direitos fundamentais dos presos. Tal estado de coisas demanda a atuação cooperativa das diversas autoridades, instituições e comunidade para a construção de uma solução satisfatória. 2. Diante disso, União, Estados e Distrito Federal, em conjunto com o Departamento de Monitoramento e Fiscalização do Conselho Nacional de Justiça (DMF/CNJ), deverão elaborar planos a serem submetidos à homologação do Supremo Tribunal Federal, nos prazos e observadas as diretrizes e finalidades expostas no presente voto, especialmente voltados para o controle da superlotação carcerária, da má qualidade das vagas existentes e da entrada e saída dos presos. 3. O CNJ realizará estudo e regulará a criação de número de varas de execução penal proporcional ao número de varas criminais e ao quantitativo de presos".[3] Resta saber se, em decorrência dessa relevante decisão, o poder público, em particular o Poder Executivo, agirá para sanar a situação apontada pelo STF.

2.   FUNDAMENTO CONSTITUCIONAL DA PRISÃO

Preceitua o art. 5.º, LXI, que "ninguém será preso senão em flagrante delito ou por ordem escrita e fundamentada de autoridade judiciária competente, salvo nos casos de transgressão militar ou crime propriamente militar, definidos em lei". A regra, pois, é que a prisão, no Brasil, deve basear-se em decisão de magistrado competente, devidamente motivada e reduzida a escrito, ou necessita decorrer de flagrante delito, neste caso cabendo a qualquer do povo a sua concretização. Os incisos LXII, LXIII, LXIV e LXV, do mesmo artigo, regulam a maneira pela qual a prisão deve ser formalizada.

3.   ESPÉCIES DE PRISÃO PROCESSUAL CAUTELAR

São seis, a saber: a) prisão temporária; b) prisão em flagrante; c) prisão preventiva; d) prisão em decorrência de pronúncia; e) prisão em decorrência de sentença condenatória recorrível; f) condução coercitiva de réu, vítima, testemunha, perito ou de outra pessoa que se recuse, injustificadamente, a comparecer em juízo ou na polícia.

Neste último caso, por se tratar de modalidade de prisão (quem é conduzido *coercitivamente* pode ser algemado e colocado em cela até que seja ouvido pela autoridade competente), defendemos que somente o juiz pode decretá-la.[4]

---

[2]   *Processo criminal brasileiro*, v. 1, p. 309.

[3]   ADPF 347, Plenário, rel. Marco Aurélio, redator para o acórdão Luís Roberto Barroso, 04.10.2023, v. u.

[4]   A melhor evidência de que a condução coercitiva é uma espécie de prisão cautelar, embora de curta duração e para um fim específico, foi fornecida em inúmeras oportunidades pelas atuações da denominada *Operação Lava Jato*, que apurou, por meio de *força tarefa* do MPF, com uma autoridade judiciária federal de Curitiba, os desvios de verbas da Petrobras. Determinava-se a condução coercitiva de pessoas

Aliás, nessa ótica, cumpre ressaltar o disposto no art. 3.º da Lei 1.579/1952 (modificada pela Lei 13.367/2016): "Indiciados e testemunhas serão intimados de acordo com as prescrições estabelecidas na legislação penal. § 1.º Em caso de não comparecimento da testemunha sem motivo justificado, a sua intimação será solicitada ao juiz criminal da localidade em que resida ou se encontre, nos termos dos arts. 218 e 219 do Decreto-lei n. 3.689, de 3 de outubro de 1941 – Código de Processo Penal". Demonstra-se, pois, que as Comissões Parlamentares de Inquérito, cujo poder investigatório, segundo a Constituição Federal (art. 58, § 3.º), é próprio das autoridades judiciais, não devem ter outro procedimento senão o de requerer ao magistrado a intimação e condução coercitiva da testemunha para prestar depoimento. Logo, nenhuma outra autoridade pode *prender* a testemunha para conduzi-la à sua presença sem expressa, escrita e fundamentada ordem da autoridade judiciária competente (art. 5.º, LXI, CF).

No cenário da prisão cautelar, deve-se computar a prisão para extradição. O STF não se reúne para decidir a sorte do extraditando, caso este não esteja preventivamente detido. Por outro lado, é possível que o Estado requerente, antes mesmo de ingressar oficialmente com o pedido de extradição, pleiteie a prisão cautelar do extraditando.

Sobre o pedido de extradição, a Lei 13.445/2017 prevê a possibilidade de decretação da prisão preventiva do extraditando para que o Plenário do STF se reúna e decida sobre a questão.

4. CONTROLE DA LEGALIDADE DA PRISÃO

Acesse e escute o podcast sobre Controle da legalidade da prisão.

> http://uqr.to/1z8op

É impositivo constitucional que toda prisão seja fielmente fiscalizada por juiz de direito. Estipula o art. 5.º, LXV, que "a prisão ilegal será imediatamente relaxada pela autoridade judiciária". No mesmo sentido, dispõe o art. 310, I, do CPP. Além disso, não se pode olvidar que, mesmo a prisão decretada por magistrado, fica sob o crivo de autoridade judiciária superior, através da utilização dos instrumentos cabíveis, entre eles o *habeas corpus*: "conceder-se-á "*habeas-corpus*" sempre que alguém sofrer ou se achar ameaçado de sofrer violência ou coação em sua liberdade de locomoção, por ilegalidade ou abuso de poder" (art. 5.º, LXVIII, CF).

Constitui abuso de autoridade efetuar prisão ilegal, deixar de relaxar – nesse caso válido apenas para o juiz – prisão ilegalmente realizada, bem como deixar de comunicar ao magistrado a prisão efetivada, ainda que legal. Quando a prisão for indevidamente concretizada,

---

para o fim de depor, obrigatoriamente, na polícia, sem prévia intimação e designação de audiência. Contudo, esse formato de detenção de pessoa sempre dependeu de uma série de requisitos que não foram cumpridos (como a designação de data na polícia ou audiência em juízo, intimação para depor, não comparecimento e, depois disso, condução coercitiva). Outro equívoco foi utilizar a condução coercitiva, sem prévio aviso, inclusive a suspeitos, infirmando o direito à não autoincriminação. Tanto era equivocada essa condução coercitiva da Operação Lava Jato que a Lei 13.869/2019 tipificou a figura como abuso de autoridade (art. 10). Além disso, o STF proclamou a sua inviabilidade da maneira como vinha sendo executada.

por pessoa não considerada autoridade, trata-se de crime comum (constrangimento ilegal e/ou sequestro ou cárcere privado).

5. CONCEITO DE LIBERDADE PROVISÓRIA

É a liberdade concedida, em caráter provisório, ao indiciado ou réu, preso em decorrência prisão em flagrante, que, por não necessitar ficar segregado, em homenagem ao princípio da presunção de inocência, deve ser liberado, sob determinadas condições.

A liberdade provisória, com ou sem fiança, é um instituto compatível com a prisão em flagrante, mas não com a prisão preventiva ou temporária. Nessas duas últimas hipóteses, vislumbrando não mais estarem presentes os requisitos que as determinaram, o melhor a fazer é revogar a custódia cautelar, mas não colocar o réu em liberdade provisória, que implica sempre o respeito a determinadas condições.

Desenvolveremos melhor o tema após tratarmos das formalidades e das espécies de prisão cautelar.

6. FUNDAMENTO CONSTITUCIONAL DA LIBERDADE PROVISÓRIA

Estabelece o art. 5.º, LXVI, que "ninguém será levado à prisão ou nela mantido, quando a lei admitir a liberdade provisória, com ou sem fiança". Quer o preceito indicar que a prisão, no Brasil, é a exceção e a liberdade, enquanto o processo não atinge o seu ápice com a condenação com trânsito em julgado, a regra.

Essa ideia foi reforçada após a edição da Lei 12.403/2011, que criou novas medidas cautelares, mais brandas, alternativas à prisão provisória, bem como deixando claro ser a prisão preventiva a *ultima ratio* (última opção). Confira-se: "a prisão preventiva somente será determinada quando não for cabível a sua substituição por outra medida cautelar observado o art. 319 deste Código, e o não cabimento da substituição por outra medida cautelar deverá ser justificado de forma fundamentada nos elementos presentes do caso concreto, de forma individualizada" (art. 282, § 6.º, CPP).

7. FORMALIDADES DA PRISÃO

Existem regras gerais para a realização da prisão de alguém. A primeira e mais importante, como já frisado, é a indispensabilidade de mandado de prisão, expedido por autoridade judiciária, que proferiu decisão escrita e fundamentada nos autos do inquérito ou do processo (art. 283, *caput*, CPP). Excepcionalmente, admite-se a formalização da prisão por ato administrativo, como ocorre no caso do flagrante e será visto no tópico próprio, embora sempre submetida a constrição à avaliação judicial.

Inexiste fixação de dia e hora para prender alguém, quando há ordem judicial para tanto. Se a prisão é cautelar e indispensável, não teria cabimento determinar momentos especiais para a sua realização. Assim, onde quer que seja encontrado o procurado, deve ser regularmente preso. A exceção fica por conta de preceito constitucional cuidando da inviolabilidade de domicílio (art. 283, § 2.º, CPP).

Estabelece o art. 5.º, XI, da Constituição Federal, que "a casa é asilo inviolável do indivíduo, ninguém nela podendo penetrar sem consentimento do morador, salvo em caso de flagrante delito ou desastre, ou para prestar socorro, ou, durante o dia, por determinação judicial". Assim, havendo a situação de flagrância, pode qualquer um invadir o domicílio, de dia ou de noite, para efetuar uma prisão.[5] O termo *delito*, utilizado no referido artigo da Constituição Federal, comporta interpretação extensiva, para abranger, igualmente, contravenção penal. A posição está em harmonia com o mesmo sentido empregado quanto ao princípio da legalidade ou da reserva legal, onde se preceitua não existir *crime* (e, também, contravenção penal), sem prévia definição legal (art. 5.º, XXXIX).

Cuida-se, no entanto, da hipótese do denominado flagrante próprio (art. 302, I e II, CPP) e não do chamado flagrante impróprio (inciso III) ou presumido (inciso IV). No tópico próprio, faremos a diferença entre essas modalidades de flagrante.

Desde logo, vale registrar que a proteção ao domicílio, sendo garantia constitucional, não merece ser alargada indevidamente. Muito fácil seria a invasão de um domicílio pela polícia, a pretexto de que iria verificar se o procurado, que lá se encontraria, não estaria com a arma do crime, situação que faria presumir ser ele o autor do delito (inciso IV do art. 302). Aliás, ressalve-se que o flagrante verdadeiro (próprio), uma vez ocorrendo, possibilita, ainda, que a vítima seja socorrida, o que se adapta, com perfeição à autorização constitucional para ingressar no domicílio, durante a noite ("para prestar socorro").[6]

No mais, ainda que a polícia possua mandado de prisão, expedido por autoridade judiciária, deve invadir o domicílio do morador recalcitrante apenas durante o dia. Entretanto, caso alguém, procurado, esconda-se na residência de pessoa que permita a entrada da autoridade policial, durante a noite, a prisão pode ser regularmente efetivada.

Caso contrário, mesmo que a casa seja do próprio procurado, se este não concordar em permitir a entrada dos policiais para a efetivação da prisão, resta cercar o local, impedindo a fuga, para, quando houver o alvorecer, cumprir-se a ordem.

Quanto ao conceito de *dia*, tem prevalecido o entendimento de ser do alvorecer ao anoitecer, sem a especificação de um horário, devendo variar conforme a situação natural. Entretanto, é preciso destacar que a Lei 13.869/2019 prevê como abuso de autoridade o cumprimento de mandado de busca e apreensão, em domicílio, após 21 horas e antes das 5 horas (art. 22, § 1º, III). Basta introduzir o raciocínio contrário para se deduzir que a referida lei busca impedir a invasão domiciliar durante o período noturno – como tutela a Constituição Federal –, indicando ser esse espaço de tempo entre 21 e 5 horas.

O impedimento à entrada da polícia à noite, em domicílio, não é crime de favorecimento pessoal (art. 348, CP), nem de desobediência (art. 330, CP). O fato de alguém não permitir o ingresso, durante a noite, em seu domicílio, para cumprir um mandado de prisão, ainda que o procurado esteja no seu interior, é exercício regular de direito, logo, fato lícito, porque garantido pela Constituição Federal. O estipulado no art. 293, parágrafo único, do CPP ("O morador que se recusar a entregar o réu oculto em sua casa será levado à presença da autoridade, para que se proceda contra ele como for de direito") tem aplicação para o dono da casa que impedir

---

[5] No entanto, se o procurado estiver em um domicílio diverso, é preciso, também, o mandado de busca. Segundo CÂMARA LEAL, "quando a prisão deva ser efetuada com entrada em casa ou habitação particular, não basta o simples mandado de prisão, fazendo-se mister o mandado de busca e apreensão" (*Comentários ao Código de Processo Penal brasileiro*, v. II, p. 183).

[6] Na ótica que sustentamos: TALES CASTELO BRANCO (*Da prisão em flagrante*, p. 148), DEMERCIAN e MALULY (*Curso de processo penal*, p. 155). Em posição contrária, aceitando qualquer hipótese de flagrante, está TOURINHO FILHO (*Código de Processo Penal comentado*, v. 1, p. 506).

a entrada da polícia durante o dia ou logo que amanhecer. Nesse caso, ele pode ser detido e autuado por favorecimento pessoal ou por desobediência, conforme a situação concreta.

Nesse contexto, ainda vale destacar o disposto no art. 293, *caput*, do Código de Processo Penal: "se o executor do mandado verificar, com segurança, que o réu entrou ou se encontra em alguma casa, o morador será intimado a entregá-lo, à vista da ordem de prisão. Se não for obedecido imediatamente, o executor convocará duas testemunhas e, sendo dia, entrará à força na casa, arrombando as portas, se preciso; sendo noite, o executor, depois da intimação ao morador, se não for atendido, fará guardar todas as saídas, tornando a casa incomunicável, e, logo que amanheça, arrombará as portas e efetuará a prisão".

A intimação do morador que acolhe o procurado é fundamental, em virtude da inviolabilidade de domicílio, que é regra constitucional. Logo, não deve o executor, assim que constate o ingresso da pessoa buscada em morada alheia, invadi-la, sem qualquer vacilo. Necessita intimar o morador a entregar o procurado, mostrando-lhe o mandado de prisão. Não havendo obediência, poderá ocorrer a invasão, desde que seja à luz do dia e acompanhado o ato por duas testemunhas. Se inexistirem testemunhas, o ingresso forçado poderá ocorrer do mesmo modo, embora, nesse caso, possa haver maior problema para o executor da ordem, em caso de acusação de abuso, por parte do morador.

Não há necessidade de autorização judicial específica para o arrombamento das portas e ingresso forçado no ambiente, que guarda o procurado, pois o mandado de prisão e a própria lei dão legitimidade a tal atitude.

O emprego de força, para a realização da prisão, é exceção e jamais regra (art. 284, CPP).[7] Utiliza-se a violência indispensável para conter eventual resistência ou tentativa de fuga. Note-se que se trata de causa garantidora de um dever legal, com reflexos no contexto penal, significando a possibilidade de, havendo lesões ou outro tipo de dano ao preso, alegue a autoridade policial o estrito cumprimento do dever legal. Não se autoriza, em hipótese alguma, a violência extrema, consistente na morte do procurado. Logo, se esta ocorrer, não há viabilidade em alegar o estrito cumprimento do dever legal. Eventualmente, resistindo ativamente o preso e investindo contra os policiais, podem estes alegar legítima defesa e, nessa hipótese, se houver necessidade, até matar o agressor.[8]

Quanto ao emprego de algemas, tratando-se de instrumento de implementação da violência indispensável para conter a fuga ou a resistência, deve ser utilizado em situações excepcionais – e não como padrão. O art. 199 da Lei 7.210/84 menciona que o emprego de algemas será disciplinado por decreto federal. Tal norma, hoje, é o Decreto 8.858/2016: "Art. 1.º O emprego de algemas observará o disposto neste Decreto e terá como diretrizes: I – o inciso III do *caput* do art. 1.º e o inciso III do *caput* do art. 5.º da Constituição, que dispõem sobre a proteção e a promoção da dignidade da pessoa humana e sobre a proibição de submissão ao

---

[7] "Em regra, diz o artigo [284], não poderá ser empregada força, no auto de prender. Mas às vezes não é possível efetuar a prisão senão *manu militari*. A lei não poderia proibi-lo de maneira absoluta" (BASILEU GARCIA, *Comentários ao Código de Processo Penal*, v. III, p. 19).

[8] "O executor do mandado de prisão, os que efetuarem a prisão em flagrante, não poderão empregar a força ou meios violentos contra o preso, cuja pessoa é inviolável. Todavia, se o preso não quiser obedecer à intimação ou tentar evadir-se, e se fizer mister o emprego de violência para submetê-lo, deverá o executor lançar mão da mesma, porém, na justa proporção indispensável, segundo o grau da resistência oposta. Qualquer excesso no emprego da força constituirá crime de abuso de poder" (CÂMARA LEAL, *Comentários ao Código de Processo Penal brasileiro*, v. II, p. 187).

tratamento desumano e degradante; II – a Resolução n.º 2010/16, de 22 de julho de 2010, das Nações Unidas sobre o tratamento de mulheres presas e medidas não privativas de liberdade para mulheres infratoras (Regras de Bangkok); e III – o Pacto de San José da Costa Rica, que determina o tratamento humanitário dos presos e, em especial, das mulheres em condição de vulnerabilidade. Art. 2.º É permitido o emprego de algemas apenas em casos de resistência e de fundado receio de fuga ou de perigo à integridade física própria ou alheia, causado pelo preso ou por terceiros, justificada a sua excepcionalidade por escrito. Art. 3.º É vedado emprego de algemas em mulheres presas em qualquer unidade do sistema penitenciário nacional durante o trabalho de parto, no trajeto da parturiente entre a unidade prisional e a unidade hospitalar e após o parto, durante o período em que se encontrar hospitalizada".

Por outro lado, terminou o STF intervindo na questão e, para tanto, aprovou a edição de Súmula Vinculante, nos seguintes termos: "Súmula 11: Só é lícito o uso de algemas em casos de resistência e de fundado receio de fuga ou de perigo à integridade física própria ou alheia, por parte do preso ou de terceiros, justificada a excepcionalidade por escrito, sob pena de responsabilidade disciplinar, civil e penal do agente ou da autoridade e de nulidade da prisão ou do ato processual a que se refere, sem prejuízo da responsabilidade civil do Estado."[9]

Lembre-se que a efetivação da prisão é um ato eminentemente policial, não cabendo a juízes e membros do Ministério Público realizá-la. Logo, cabe aos agentes de polícia avaliar, no caso concreto, a necessidade de fazer uso das algemas. E, se utilizarem, devem lavrar um auto, por escrito, justificando a medida. Em salas de audiência ou no recinto do fórum, pode o juiz controlar o emprego de algemas, porém, sempre, valendo-se dos informes prestados pela escolta policial. Esta é que deve assumir a responsabilidade de garantir – ou não – a segurança de todos no recinto. Portanto, somente os agentes da escolta poderão avaliar se é indispensável o emprego de algemas.

É preciso bom senso. A polícia deve desempenhar o seu papel dentro de parâmetros democráticos, pois é a sua função básica garantir a ordem, sob o manto dos direitos individuais.

O mandado de prisão será formalizado da seguinte maneira (art. 285, CPP): a) lavratura por escrivão ou escrevente, com assinatura do juiz, cuja autenticidade é certificada pelo escrivão-diretor; b) designação da pessoa a ser presa, com seus dados qualificadores (RG, nomes do pai e da mãe, alcunha, sexo, cor da pele, data do nascimento, naturalidade, endereço residencial e endereço comercial); c) menção da infração penal por ele praticada; d) declaração do valor da fiança, se tiver sido arbitrada, quando possível; e) emissão à autoridade policial, seus agentes ou oficial de justiça, competentes para cumpri-lo. Outros dados a estes se acrescentam, como praxe e seguindo as normas administrativas, que são: f) colocação da Comarca, Vara e Ofício de onde é originário; g) número do processo e/ou do inquérito, onde foi proferida a decisão decretando a prisão; h) nome da vítima do crime; i) teor da decisão que deu origem à ordem de prisão (preventiva, temporária, pronúncia, sentença condenatória etc.); j) data da decisão; k) data do trânsito em julgado (quando for o caso); l) pena aplicada (quando for o caso); m) prazo de validade do mandado, que equivale ao lapso prescricional.

Será expedido em duas vias, ambas assinadas pelo juiz, pois uma delas ficará com o preso, contendo dia, hora e lugar do cumprimento. O preso deve passar recibo no outro exemplar; recusando-se ou quando não souber assinar ou estiver impossibilitado a fazê-lo, tal situação será mencionada à parte, contendo a assinatura de duas testemunhas (art. 286, CPP).

---

[9] Sobre o uso de algemas, consultar MARIA ELIZABETH QUEIJO (*Estudos em processo penal*, p. 19-36).

Excepcionalmente, autoriza-se a prisão de alguém sem a exibição imediata do mandado de prisão. É o caso de infração inafiançável – considerada mais grave –, mas o preso deve ser imediatamente apresentado ao juiz que tiver expedido o mandado (art. 287, CPP). Pode-se igualmente fazê-lo ao juiz plantonista, pois nem sempre aquele que decretou a prisão está no fórum, em horário de expediente.[10]

Importante cautela consta do art. 288 do Código de Processo Penal: "Ninguém será recolhido à prisão, sem que seja exibido o mandado ao respectivo diretor ou carcereiro, a quem será entregue cópia assinada pelo executor ou apresentada a guia expedida pela autoridade competente, devendo ser passado recibo da entrega do preso, com declaração de dia e hora". Evita-se, com isso, o encarceramento sem causa e, o que seria ainda pior, o *desaparecimento* do preso, restando à família ou aos amigos procurar seu paradeiro por inúmeros locais, até para poder tomar as medidas cabíveis para viabilizar sua soltura.[11]

A prisão por precatória é alternativa expressamente prevista em lei (art. 289, *caput*, CPP), pois o procurado pode estar em Comarca estranha à competência do juiz expedidor da ordem de captura. Recebida a precatória (expedida no original e fazendo constar o inteiro teor do mandado de prisão, com todos os seus requisitos, inclusive com duas cópias, para possibilitar o cumprimento do disposto no art. 286 do CPP), o juiz do local coloca o "cumpra-se", tornando legal a prisão.

A urgência pode impor a remessa da ordem de prisão por qualquer meio de comunicação, do qual deverá constar o motivo da prisão e o valor da fiança, se arbitrada (art. 289, § 1.º, CPP). A modernidade impele ao uso de instrumentos ágeis, tais como *e-mail* ou fax, bastando que a autoridade a quem se fizer a requisição tome as precauções necessárias para checar a autenticidade da comunicação (art. 289, § 2.º, CPP). Ao recebê-lo (*e-mail* ou fax), o magistrado do local deve providenciar a reprodução do mesmo em duas vias, para que uma seja entregue ao detido, colocando o seu "cumpra-se". Aliás, acrescente-se que pode a autoridade policial telefonar a outra, de diferente circunscrição, solicitando a prisão de alguém, desde que tenha em mãos o mandado de prisão emitido por juiz de direito. A autoridade que se incumbir de cumprir a ordem deve certificar-se da sua origem (art. 299, CPP).

Dispõe o art. 289-A que o "juiz competente providenciará o imediato registro do mandado de prisão em banco de dados mantido pelo Conselho Nacional de Justiça para essa finalidade". Com isso, viabiliza-se a prisão do procurado, em todo o Brasil, por qualquer policial.

A perseguição é outro fator que impõe determinadas cautelas à polícia, uma vez que o fugitivo pode passar ao território de outra Comarca, onde não mais teria atribuição para atuar o agente policial. Assim ocorrendo, faz-se a prisão no lugar onde for alcançado o procurado, mas ele será imediatamente apresentado à autoridade local para que esta possa certificar-se da regularidade do mandado de prisão ou mesmo para que lavre o auto de prisão em flagrante,

---

[10]   Criticando essa posição, CâMARA LEAL argumenta que "nunca se deveria permitir a prisão sem a exibição do mandado, pois o preso tem o direito de conhecer da legalidade da prisão, para a ela submeter-se ou não. Não obstante, é dispositivo legal, que temos o direito de censurar, por uma crítica imparcial, mas contra o qual não podemos rebelar-nos, pois é dever de todo cidadão submeter-se aos imperativos do legislador" (*Comentários ao Código de Processo Penal brasileiro*, v. II, p. 198).

[11]   "Essa cautela da lei, porém, não é observada com rigor, não sendo raros os casos de prisões ilegais, sem qualquer ordem escrita da autoridade, mas por simples determinação verbal das autoridades policiais" (CâMARA LEAL, *Comentários ao Código de Processo Penal brasileiro*, v. II, p. 200).

conforme o caso (art. 290, CPP). Nesta última hipótese, a regularidade da prisão será avaliada pelo juiz local. Posteriormente, seguem os autos ao lugar onde se situa o juízo competente para a instauração do processo.

Legitima-se a perseguição em duas hipóteses: a) quando a autoridade policial avista o procurado e vai ao seu encalço sem interrupção, ainda que possa perdê-lo de vista; b) quando fica sabendo, por indícios ou informações confiáveis que o procurado passou, há pouco tempo, em determinada direção (art. 290, § 1.º, CPP). "Para que se possa considerar em perseguição do réu, é preciso que o executor tenha iniciado o seguimento do mesmo, quando este ainda se achava no território da jurisdição da autoridade que expediu o mandado de prisão."[12]

Eventual dúvida quanto à identidade do executor da prisão ou quanto à legalidade do mandado deve ser imediatamente resolvida pela autoridade do lugar onde a detenção se realizou. Somente após é que se libera o preso para a transferência (art. 290, § 2.º, CPP). Registre-se que a lei, nessa situação, vale-se do termo *custódia*, ou seja, até que se verifique a regularidade da prisão, a pessoa detida fica *sob custódia*, querendo dizer sob proteção.

Outra formalidade da prisão, advinda da Constituição Federal, é que o preso tem direito a conhecer a identidade de quem é responsável pela sua captura, como se vê do art. 5.º, LXIV ("o preso tem direito à identificação dos responsáveis por sua prisão ou por seu interrogatório policial"). Naturalmente, tal medida é salutar para que, havendo abuso, a vítima saiba contra quem deve agir.

Mencionamos que a prisão deve ser realizada, se possível, sem o emprego de força. Mas, pode ocorrer resistência do procurado ou de terceiros, implicando em danos à pessoa ou a coisas. Assim ocorrendo, a autoridade policial deve providenciar a lavratura de um auto circunstanciado, assinado por duas testemunhas, narrando tudo o que houve (art. 292, CPP).

A resistência à prisão pode dar-se de forma ativa ou passiva. No primeiro caso, o preso investe contra o executor da ordem de prisão, autorizando que este, não somente use a força necessária para vencer a resistência, como também reaja. Há, nessa situação, autêntica legítima defesa. Se a agressão do sujeito a ser detido ameaçar a vida do executor, pode este, se indispensável, tirar a vida do primeiro. Por outro lado, a resistência pode ser passiva, com o preso debatendo-se, para não colocar algemas, não ingressar na viatura ou não ir ao distrito policial. Nessa hipótese, a violência necessária para dobrar sua resistência caracteriza, por parte do executor, o estrito cumprimento do dever legal. Qualquer abuso no emprego da legítima defesa ou do estrito cumprimento do dever legal caracteriza o excesso, pelo qual é responsável o executor da prisão. Note-se, por derradeiro, que o delito previsto no art. 329 do Código Penal (resistência) somente se perfaz na modalidade de resistência ativa.

7.1   A controversa prisão especial

Dispõe o art. 295 do Código de Processo Penal que "serão recolhidos a quartéis ou a prisão especial", antes da condenação transitar em julgado as seguintes pessoas: a) ministros de Estado; b) governadores, prefeitos, secretários de Estado, vereadores, chefes de Polícia; c) membros dos Parlamentos Federal e Estadual; d) cidadãos inscritos no 'Livro do Mérito'; e) oficiais das Forças Armadas e militares dos Estados e do Distrito Federal; f) magistrados; g) diplomados por qualquer faculdade superior; h) ministros religiosos; i) ministros do Tribunal de Contas; j) cidadãos que já tiverem exercido a função de jurado; l) delegados de polícia e

---

12   Câmara Leal, *Comentários ao Código de Processo Penal brasileiro*, v. II, p. 207.

agentes policiais. Além disso, existem várias outras categorias que, por leis especiais, conseguiram o mesmo benefício (ex.: sindicalistas – Lei 2.860/56).

A denominada prisão especial é, em nosso sentir, afrontosa ao princípio da igualdade previsto na Constituição Federal. Criou-se uma categoria diferenciada de brasileiros, aqueles que, presos, devem dispor de um tratamento especial, ao menos até o trânsito em julgado da sentença condenatória. Nas palavras de Eugênio Pacelli, "a distinção e a desigualdade revelam, de modo subliminar, uma confissão estatal expressa no sentido de que os nossos estabelecimentos prisionais (delegacias, cadeias públicas etc.) devem mesmo ser reservados para as classes sociais menos favorecidas (econômica, financeira etc.), o que, aliás, iria exatamente na direção de outra realidade, ainda mais sombria, qual seja, a da seletividade do sistema penal".[13]

Menciona parte da doutrina, para justificar essa distinção, que a lei leva em consideração não a pessoa, mas o cargo ou a função que ela exerce. Não vemos sentido nisso. Quem vai preso é o indivíduo e não seu cargo ou sua função. Quem sofre os males do cárcere antecipado e cautelar é o ser humano e não o seu título. Em matéria de liberdade individual, devemos voltar os olhos à pessoa e não aos seus padrões sociais ou econômicos, que a transformem em alguém diferenciado.

O correto seria garantir prisão especial – leia-se, um lugar separado dos condenados – a todo e qualquer brasileiro que, sem ter experimentado a condenação definitiva, não deve misturar-se aos criminosos, mormente os perigosos. Entretanto, faz a lei uma discriminação injusta e elitista. Por mais que se argumente que determinadas pessoas, por deterem diploma de curso superior ou qualquer outra titulação, muitas vezes não acessíveis ao brasileiro médio, merecem um tratamento condigno destacado, porque a detenção lhes é particularmente dolorosa, é fato que qualquer pessoa primária, sem antecedentes, encontra na prisão provisória igual trauma e idêntico sofrimento.

Bastaria bom senso e boa vontade ao legislador e ao administrador dos estabelecimentos penitenciários para executar uma política humanizada de detenção, reservando-se celas e até mesmo pavilhões para os presos provisórios, separando-se, dentre esses, aqueles que são primários, sem qualquer antecedente, dos que já possuem condenações e, consequentemente, maior vivência no cárcere.

E mais, assegurando-se a todos, indiscriminadamente, condições decentes de vida, sem equiparar seres humanos a animais, como se vivessem em jaulas, sem qualquer salubridade. Nenhum mal – além daquele que a prisão em si causa – pode haver para um engenheiro (com diploma universitário) dividir o espaço com um marceneiro (sem diploma universitário), por exemplo, se ambos são pessoas acusadas da prática de um delito pela primeira vez. Por que haveria o portador de diploma de curso superior merecer melhor tratamento do que o outro? Somos da opinião que toda e qualquer forma de discriminação deveria ser abolida, inclusive a prisão especial.

A Lei 10.258/2001 buscou amenizar o problema, acrescentando os §§ 1.º a 5.º ao art. 295, mas não solucionou definitivamente a questão. O foco primordial deveria ser outro: a prisão é uma exceção e não a regra, razão pela qual, se for decretada, o tratamento dado aos detidos deveria pautar-se pela pessoa, seu caráter, sua personalidade, sua periculosidade e jamais por títulos que detenha. Não se vai construir uma sociedade justa separando-se brasileiros por

---

[13]   *Curso de processo penal*, p. 584.

castas, ainda que em presídios. O homem letrado e culto pode ser tão delinquente quanto o ignorante e analfabeto, por vezes até pior, diante do conhecimento que detém. Aos poucos, talvez, amenizando as regalias da prisão especial, possamos atingir o estado de igualdade exigido por um País que se pretende verdadeiramente democrático.

Criticando, igualmente, a prisão especial e os argumentos demagógicos na sua manutenção, MAURÍCIO ZANOIDE DE MORAES faz apenas uma ressalva importante, com a qual somos levados a concordar. Deve-se garantir a prisão especial unicamente às pessoas que, em virtude da função exercida, antes de serem levadas ao cárcere, possam ter sua integridade física ameaçada em convívio com outros presos. É o caso dos policiais, promotores, juízes, defensores, entre outros, que atuaram na justiça criminal. Fora daí, é manifesta confissão de inépcia do Estado de fornecer a todos os presos a mesma qualidade de vida dentro da prisão.[14]

Estabelece a Lei 5.256/1967 que "nas localidades em que não houver estabelecimento adequado ao recolhimento dos que tenham direito a prisão especial, o juiz, considerando a gravidade das circunstâncias do crime, ouvido o representante do Ministério Público, poderá autorizar a prisão do réu ou indiciado na própria residência, de onde o mesmo não poderá afastar-se sem prévio consentimento judicial" (art. 1.º).

Como regra, não é necessária a utilização da prisão domiciliar, pois, na maioria das cidades e regiões, há possibilidade de se garantir a existência da prisão especial, mormente, agora, após a edição da Lei 10.258/2001, que permitiu a inserção desse tipo de preso em cela separada dos demais, embora em presídio comum. Excepcionalmente, defere-se o benefício. Violando-se a condição de permanecer recolhido em seu domicílio e comparecer ao fórum ou à polícia, quando chamado a fazê-lo, perde o réu ou indiciado o direito e pode ser colocado em estabelecimento penal comum, desde que separado dos demais presos – o que, atualmente, como já mencionado, foi previsto pela referida Lei 10.258/2001.

Na realidade, a prisão especial deve ser garantida até o trânsito em julgado da sentença condenatória, após o que será o condenado encaminhado para presídio comum, em convívio com outros sentenciados. Há exceções, estabelecidas em leis especiais, como é o caso dos policiais, que jamais serão misturados aos demais presos, mesmo após o trânsito em julgado da sentença condenatória, para que não sejam vítimas de vinganças (cf. art. 84, § 2.º, da Lei de Execução Penal – Lei 7.210/84).

Lembre-se, ainda, que há possibilidade de progressão de regime durante o período de prisão especial, conforme estabelecido pela Súmula 717 do STF: "Não impede a progressão de regime de execução da pena, fixada em sentença não transitada em julgado, o fato de o réu se encontrar em prisão especial".

O Supremo Tribunal Federal proferiu importante decisão, dando o primeiro passo relevante para promover a igualdade de todos perante a lei, ao julgar inconstitucional a prisão especial no tocante aos que possuem diploma de nível superior: "1. Todos os cidadãos têm o direito a tratamento idêntico pela lei, exceto quando presente uma correlação lógica entre a distinção que a norma opera e o fator de discrímen, em consonância com os critérios albergados pela Constituição Federal. 2. O princípio constitucional da igualdade opera em dois planos distintos. De uma parte, frente ao legislador ou ao Executivo, na edição de leis e atos normativos, impedindo que possam criar tratamentos abusivamente diferenciados a pessoas que se encontram em situações idênticas. Em outro plano, na obrigação direcionada

---

[14] *Leis penais especiais e sua interpretação jurisprudencial*, 7. ed., p. 2.826.

ao intérprete de aplicar a lei e atos normativos de maneira igualitária, sem estabelecimento de diferenciações em razão de sexo, religião, convicções filosóficas ou políticas, de raça ou classe social. 3. A prisão especial constitui o recolhimento provisório em local distinto, cuja concessão se admite, à luz da Constituição, quando a segregação do ambiente prisional comum visa a atender a determinadas circunstâncias pessoais que colocam seus beneficiários em situação de maior e mais gravosa exposição ao convívio geral no cárcere. Expô-los ao contato com a população carcerária frustraria a tutela desses interesses constitucionalmente protegidos. 4. Não há amparo constitucional, contudo, para a segregação de presos provisórios com apoio no grau de instrução acadêmica, tratando-se de mera qualificação de ordem estritamente pessoal que contribui para a perpetuação de uma inaceitável seletividade socioeconômica do sistema de justiça criminal, incompatível com o princípio da igualdade e com o Estado democrático de Direito. 5. Ausente qualquer justificativa que empregue sentido válido ao fator de discrímen indicado na norma impugnada, a conclusão é a de que a prisão especial, em relação aos portadores de diploma de nível superior, é inconciliável com o preceito fundamental da isonomia (art. 3.º, IV, e art. 5.º, *caput*, da CF). 6. Arguição de descumprimento de preceito fundamental conhecida e julgada procedente".[15] Restam, ainda, outras hipóteses de prisão especial no art. 295 do CPP e em leis especiais, algumas justificáveis (ex.: inserir um promotor ou um delegado em presídio comum pode ser uma situação a determinar lesão ou morte) e outras não. O relevante é atender questões peculiares para a segurança pessoal do preso e não baseadas em critérios elitistas.

8.   ANÁLISE DAS MODALIDADES DE PRISÃO CAUTELAR

Acesse e assista ao vídeo sobre Prisão temporária e prisão preventiva.

> http://uqr.to/1z8oq

8.1   Prisão temporária

É uma modalidade de prisão cautelar, cuja finalidade é assegurar uma eficaz investigação policial, quando se tratar de apuração de infração penal de natureza grave. Está prevista na Lei 7.960/1989 e foi idealizada para substituir, legalmente, a antiga prisão para averiguação (ver destaque abaixo), que a polícia judiciária estava habituada a realizar, justamente para auxiliar nas suas investigações. A partir da edição da Constituição de 1988, quando se mencionou, expressamente, que somente a autoridade judiciária, por ordem escrita e fundamentada, está autorizada a expedir decreto de prisão contra alguém, não mais se viu livre para fazê-lo a autoridade policial, devendo solicitar a segregação de um suspeito ao juiz.

Tendo por fim não banalizar a decretação da prisão temporária, torna-se necessário interpretar, em conjunto, o disposto no art. 1.º, I e II com o III, da Lei 7.960/1989. Assim, o correto é associar os incisos I e II ao inciso III, viabilizando as hipóteses razoáveis para a

---

[15]   ADPF 334, Pleno, rel. Alexandre de Moraes, 03.04.2023, v.u.

custódia cautelar de alguém.[16] Para Eugênio Pacelli, o inciso II é redundante e já estaria previsto, implicitamente, no inciso I. De todo modo, "devem estar presentes, necessariamente, tanto a situação do inciso I, imprescindibilidade para a investigação policial, quanto aquela do inciso III".[17]

De outra parte, Geraldo Prado informa que "o emprego cada vez mais frequente de técnicas especiais de investigação tem refletido na base empírica que sustenta as acusações penais. O poder de convencimento desses elementos é incrementado quando se trata do juízo de admissibilidade das acusações, pois em geral o material reunido pelo Ministério Público ainda não foi submetido ao contraditório".[18]

Há duas situações que autorizam a temporária:

1.ª) "quando imprescindível para as investigações do inquérito policial" (inciso I), asso-ciando-se ao fato de haver "fundadas razões, de acordo com qualquer prova admitida na legislação penal, de autoria ou participação do indiciado nos seguintes crimes: *a)* homicídio doloso (art. 121, *caput*, e seu § 2.º); *b)* sequestro ou cárcere privado (art. 148, *caput*, e seus §§ 1.º e 2.º); *c)* roubo (art. 157, *caput*, e seus §§ 1.º, 2.º, 2.º-A, 2.º-B[19] e 3.º); *d)* extorsão (art. 158, *caput*, e seus §§ 1.º, 2.º e 3.º);[20] *e)* extorsão mediante sequestro (art. 159, *caput*, e seus §§ 1.º, 2.º, e 3.º); *f)* estupro (art. 213, *caput*, e §§ 1.º e 2.º);[21] *g)* estupro de vulnerável (art. 217-A, *caput* e §§ 1.º, 2.º, 3.º e 4.º);[22] *h)* rapto violento (art. 219, e sua combinação com o art. 223, *caput*, e parágrafo único) [esse

---

[16]   É relevante mencionar a decisão do STF a respeito: "o Tribunal, por maioria, conheceu da ação direta e, no mérito, julgou parcialmente procedente o pedido para dar interpretação conforme a Constituição Federal ao art. 1º da Lei 7.960/1989 e fixar o entendimento de que a decretação de prisão temporária autoriza-se quando, cumulativamente: 1) for imprescindível para as investigações do inquérito policial (art. 1º, I, Lei 7.960/1989) (*periculum libertatis*), constatada a partir de elementos concretos, e não meras conjecturas, vedada a sua utilização como prisão para averiguações, em violação ao direito à não autoincriminação, ou quando fundada no mero fato de o representado não possuir residência fixa (inciso II); 2) houver fundadas razões de autoria ou participação do indiciado nos crimes previstos no art. 1º, III, Lei 7.960/1989 (*fumus comissi delicti*), vedada a analogia ou a interpretação extensiva do rol previsto no dispositivo; 3) for justificada em fatos novos ou contemporâneos que fundamentem a medida (art. 312, § 2º, CPP); 4) a medida for adequada à gravidade concreta do crime, às circunstân-cias do fato e às condições pessoais do indiciado (art. 282, II, CPP); 5) não for suficiente a imposição de medidas cautelares diversas, previstas nos arts. 319 e 320 do CPP (art. 282, § 6º, CPP), nos termos do voto do Ministro Edson Fachin, Redator para o acórdão, vencidos os Ministros Cármen Lúcia (Re-latora), Roberto Barroso, Luiz Fux (Presidente), Nunes Marques e Alexandre de Moraes, nos termos dos respectivos votos. Nesta assentada o Ministro Gilmar Mendes reajustou seu voto. Plenário, Sessão Virtual de 4.2.2022 a 11.2.2022".

[17]   *Curso de processo penal*, p. 553.

[18]   *Prova penal e sistema de controles epistêmicos*, p. 83-84.

[19]   Tratando-se de norma processual, que admite interpretação extensiva, é possível incluir os §§ 2.º-A e 2.º-B, introduzidos na figura do roubo, depois da edição da Lei 7.960/1989.

[20]   Acrescentou-se o § 3.º ao art. 158, cuidando do sequestro relâmpago, mas não houve alteração na Lei 7.960/1989; parece-nos possível, entretanto, decretar a temporária nessa situação, por se tratar de lei processual, que admite interpretação extensiva e analogia.

[21]   Os mencionados arts. 214 e 223 foram revogados pela Lei 12.015/2009 e substituídos pelos §§ 1.º e 2.º.

[22]   Esse crime já era previsto na anterior redação do art. 213, quando combinado com o art. 223, logo, pode-se transferir o seu conteúdo para o art. 217-A.

tipo penal foi revogado pela Lei 11.106/2005. Logo, atualmente, se o agente sequestrar pessoa, com fins libidinosos, incide na figura do art. 148, § 1.º, V, do Código Penal, continuando a autorizar a prisão temporária]; *i)* epidemia com resultado morte (art. 267, § 1.º); *j)* envenenamento de água potável ou substância alimentícia ou medicinal qualificado pela morte (art. 270, *caput*, combinado com o art. 285); *l)* quadrilha ou bando [associação criminosa] (art. 288), todos do Código Penal; *m)* genocídio (arts. 1.º, 2.º e 3.º da Lei 2.889, de 01.10.1956), em qualquer de suas formas típicas; *n)* tráfico de drogas (art. 12 da Lei 6.368, de 21.10.1976 [substituído pelo art. 33 da Lei 11.343/2006]); *o)* crimes contra o sistema financeiro (Lei 7.492, de 16.06.1986); *p)* crimes previstos na Lei de Terrorismo (Lei 13.260/2016)" (inciso III);

2.ª) "quando o indiciado não tiver residência fixa ou não fornecer elementos necessários ao esclarecimento de sua identidade" (inciso II) em combinação com os crimes descritos no referido inciso III.

Acrescente-se, ainda, que o art. 2.º, § 4.º, da Lei 8.072/1990, possibilitou a decretação da temporária a todos os delitos hediondos e equiparados, logo, os previstos nos arts. 1.º e 2.º da referida lei. Por isso, aos já mencionados acima, adicione-se a tortura e o terrorismo.

Enfim, não se pode decretar a temporária somente porque o inciso I foi preenchido, pois isso implicaria viabilizar a prisão para qualquer delito, inclusive os de menor potencial ofensivo, desde que fosse imprescindível para a investigação policial, o que soa despropositado. Não parece lógico, ainda, decretar a temporária unicamente porque o agente não tem residência fixa ou não é corretamente identificado, em qualquer delito. Logo, o mais acertado é combinar essas duas situações com os crimes enumerados no inciso III, e outras leis especiais, de natureza grave, o que justifica a segregação cautelar do indiciado.[23]

O prazo da prisão temporária será, como regra, de cinco dias, podendo ser prorrogado por outros cinco, em caso de *extrema e comprovada necessidade* (art. 2.º, *caput*, da Lei 7.960/1989). Quando se tratar de crimes hediondos e equiparados, o prazo sobe para 30 dias, prorrogáveis por outros 30 (art. 2.º, § 4.º, da Lei 8.072/1990). Não há decretação de ofício pela autoridade judiciária, ao contrário do que pode ocorrer com a preventiva, devendo haver requerimento do Ministério Público ou representação da autoridade policial.

O mandado de prisão temporária deverá conter, sempre, o período de duração da prisão, bem como o dia em que o preso deverá ser solto.

Terminando o prazo estipulado pelo juiz (com ou sem prorrogação), deve o indiciado ser imediatamente libertado, pela própria autoridade policial, independentemente da expedição de alvará de soltura pelo juiz. Note-se que a lei concede autorização para a libertação do indiciado, sendo dispensável a ordem judicial. Deixar de soltar o sujeito implica abuso de autoridade.

A única ressalva para manter a prisão fica por conta da decretação de prisão preventiva, que passaria a viger após o término da temporária. Admite-se que, durante o prazo de prisão temporária, a autoridade policial, constatando que prendeu a pessoa errada ou não havendo mais necessidade da custódia cautelar, liberte o suspeito ou indiciado, sem autorização judicial. Nesse ponto, cremos equivocada tal atuação, pois somente quem prende é que pode determinar a soltura, no caso o juiz, salvo se a própria lei contiver a autorização. Não é o caso. Preceitua

---

23   No mesmo sentido, Maurício Zanoide de Moraes, *Leis penais especiais e sua interpretação jurisprudencial*, 7. ed., p. 2.869; Antonio Magalhães Gomes Filho, *A motivação das decisões penais*, p. 230.

o art. 2.º, § 7.º, da Lei 7.960/1989, que "*decorrido o prazo contido no mandado de prisão, a autoridade responsável pela custódia deverá independentemente de nova ordem judicial, pôr imediatamente o preso em liberdade, salvo se já tiver sido comunicada da prorrogação da prisão temporária ou da decretação da prisão preventiva*".

8.1.1 A prisão para averiguação

Trata-se de um procedimento policial desgastado pelo tempo, pelo incremento dos direitos e garantias individuais e, sobretudo, pela Constituição Federal de 1988, que, em seu art. 5.º, LXI, preceitua dever ocorrer a prisão somente em decorrência de flagrante e por ordem escrita e fundamentada da autoridade judiciária.

Assim, não mais tem cabimento admitir-se que a polícia civil ou militar detenha pessoas na via pública, para "averiguá-las", levando-as presas ao distrito policial, onde, como regra, verifica-se se são procuradas ou não. Trata-se de instrumento de arbítrio, que, uma vez fosse admitido, ampliaria os poderes da polícia em demasia, a ponto de cidadão algum ter a garantia de evitar a humilhação do recolhimento ao cárcere.

É lógico que o Estado mantém o seu poder de polícia, investigando e cuidando de obter dados de pessoas suspeitas, em atitudes estranhas à normalidade, sob pena de se tornar inviável prender qualquer sujeito procurado, pois nem mesmo os documentos um policial poderia exigir de alguém. O que se deve evitar é a privação da liberdade de uma pessoa, a pretexto de investigar sua vida pregressa.

A prisão somente pode ser realizada diante de flagrante delito ou porque um juiz expediu ordem nesse sentido. No mais, deve a polícia cumprir seu mister, abordando, se preciso for, pessoas na via pública, solicitando identificação e procedendo à verificação necessária no mesmo lugar onde houve a abordagem, sem delongas e exageros, que possam configurar atentado à liberdade de locomoção. Constitui crime de abuso de autoridade decretar medida de privação de liberdade em manifesta desconformidade com as hipóteses legais (art. 9º da Lei 13.869/2019).

A única possibilidade de existência da prisão para averiguação ocorre nas transgressões militares e quando houver suspensão momentânea das garantias constitucionais, por força do estado de defesa ou de sítio. Esta é a posição de Celso de Mello e de Celso Bastos, citada por este último.[24]

8.2 Prisão em flagrante

Acesse e escute o podcast sobre Prisão em flagrante – partes 1 e 2.

> http://uqr.to/1z8or

---

[24] *Comentários à Constituição do Brasil*, v. 2, p. 292.

Flagrante significa tanto o que é manifesto ou evidente, quanto o ato que se pode observar no exato momento em que ocorre.[25] Neste sentido, pois, prisão em flagrante é uma modalidade de medida cautelar de segregação provisória do autor de fato criminoso, de natureza constitucional, podendo ser realizada por qualquer pessoa do povo ou por agentes policiais.[26]

Autoriza-se essa modalidade de prisão na Constituição Federal (art. 5.º, LXI), sem a expedição de mandado de prisão pela autoridade judiciária, daí por que o seu caráter administrativo, já que seria incompreensível e ilógico que qualquer pessoa – autoridade policial ou não – visse um crime desenvolvendo-se à sua frente e não pudesse deter o autor de imediato.

O fundamento da prisão em flagrante é justamente poder ser constatada a ocorrência do delito de maneira manifesta e evidente, sendo desnecessária, para a finalidade cautelar e provisória da prisão, a análise de um juiz de direito.[27] Como ensina BASILEU GARCIA, permite-se que o "cidadão detenha o criminoso no momento em que delinque ou acaba de fazê-lo, o direito sanciona e legitima um impulso natural e necessário de defesa da coletividade, determinado pelo sentimento de repulsa ao procedimento violador das normas de coexistência social. Justifica-o a conveniência de obstar o comportamento delituoso ou, quando já consumado, de assegurar a plena eficácia das providências com que se visa a tutela indireta exercida pela pena".[28]

Por outro lado, assegura-se, prontamente, a colheita de provas da materialidade e da autoria, o que também é salutar para a busca da verdade real, almejada pelo processo penal. Certamente, o realizador da prisão fica por ela responsável, podendo responder pelo abuso em que houver incidido. De outra parte, essa prisão, realizada sem mandado, está sujeita à avaliação imediata do magistrado, que poderá relaxá-la, quando vislumbrar ilegalidade (art. 5.º, LXV, CF). Ressalte-se, no entanto, que, analisada e mantida pelo juiz, passa a ter conteúdo jurisdicional, tanto que a autoridade coatora é o magistrado que a sustentou, tão logo dela teve conhecimento.

---

[25] Nas palavras de BASILEU GARCIA, "*flagrans*, ardente, provém do grego *flegein*, queimar. É essencialmente o delito que se vê praticar e que assim suscita, no próprio instante, a necessariedade de conservar ou restabelecer a ordem jurídica, ameaçada de violação ou violada pelo acontecimento. Para que a prova não se esvaneça e o abalo causado pela conduta delituosa encontre a mais rápida reparação possível, é o inculpado conduzido à presença da autoridade, a fim de proceder-se contra ele" (*Comentários ao Código de Processo Penal*, v. III, p. 87). REÁTEGUI LOZANO menciona que "etimologicamente a origem da palavra flagrante vem do vocábulo latino *flagrans flagrantis*, particípio presente, do verbo *flagrare*, que significa arder ou queimar, referindo-se àquilo que está ardendo ou resplandecendo como fogo; o qual permite definir a expressão 'delito flagrante' como *aquele fato antijurídico e doloso que está sendo cometido de maneira singularmente ostensiva ou escandalosa*" (Delito de flagrancia y criminalización de la protesta, in: *El proceso penal inmediato en casos de flagrancia delictiva*, p. 39-40, traduzi).

[26] JOÃO MENDES JÚNIOR demonstra que "as leis romanas referiram-se ao flagrante delito em muitos textos. A Lei das Doze Tábuas permitia matar o ladrão em flagrante delito durante a noite, e mesmo durante o dia, se ele quisesse persistir no crime, defendendo-se com uma arma qualquer. Havia o flagrante delito quando os criminosos eram achados e apreendidos, compreendidos ou depreendidos no fato do crime" (*Processo criminal brasileiro*, p. 321).

[27] Para PAULO RANGEL, "trata-se de um mal necessário, que tem como escopo atender ao interesse público de manutenção da paz e da ordem. Sacrifica-se um bem menor (a liberdade de locomoção) em detrimento de um bem maior (a paz social)" (*Direito processual penal*, p. 778).

[28] *Comentários ao Código de Processo Penal*, p. 87.

A natureza jurídica da prisão em flagrante é de medida cautelar de segregação provisória do autor da infração penal.[29] Assim, exige-se apenas a aparência da tipicidade, não se exigindo nenhuma valoração sobre a ilicitude e a culpabilidade, outros dois requisitos para a configuração do crime. É a tipicidade o *fumus boni juris* (fumaça do bom direito).

Tem essa modalidade de prisão, inicialmente, o caráter administrativo, pois o auto de prisão em flagrante, formalizador da detenção, é realizado pela Polícia Judiciária, mas torna-se jurisdicional, quando o juiz, tomando conhecimento dela, ao invés de relaxá-la, prefere mantê-la, pois considerada legal. Tanto assim que, havendo a prisão em flagrante, sem a formalização do auto pela polícia, que recebe o preso em suas dependências, cabe a impetração de *habeas corpus* contra a autoridade policial, perante o juiz de direito. Entretanto, se o magistrado a confirmar, sendo ela ilegal, torna-se coatora a autoridade judiciária e o *habeas corpus* deve ser impetrado no tribunal.

Quanto ao *periculum in mora* (perigo na demora), típico das medidas cautelares, é ele presumido quando se tratar de infração penal em pleno desenvolvimento, pois lesadas estão sendo a ordem pública e as leis. Cabe ao juiz, no entanto, após a consolidação do auto de prisão em flagrante, decidir, efetivamente, se o *periculum* existe, permitindo, ou não, que o indiciado fique em liberdade.

A reforma implementada pela Lei 12.403/2011 tornou obrigatório, para o magistrado, ao receber o auto de prisão em flagrante, as seguintes medidas (art. 310, CPP): a) relaxar a prisão ilegal; b) converter a prisão em flagrante em preventiva, desde que presentes os requisitos do art. 312 do CPP e se forem inadequadas ou insuficientes as medidas cautelares previstas no art. 319 do CPP; c) conceder liberdade provisória, com ou sem fiança. Tudo isso deverá ser realizado na audiência de custódia, agora constando expressamente no art. 310, *caput*, do CPP, após a reforma implementada pela Lei 13.964/2019. Por conta desse novo procedimento, deve o magistrado colher os requerimentos das partes presentes (acusado e seu defensor constituído ou Defensor Público – ou defensor *ad hoc* ou dativo e membro do Ministério Público); havendo pleito do MP para a conversão do flagrante em preventiva, o juiz pode acolher ou conceder liberdade provisória; se o MP requerer a liberdade provisória, por óbvio, não há sentido em se converter o flagrante em preventiva. Portanto, não há mais espaço para que o juiz simplesmente mantenha a prisão em flagrante, considerando-a "em ordem". Ele deve convertê-la em preventiva ou determinar a soltura do indiciado, por meio da liberdade provisória.

Registre-se o conteúdo da Súmula 676 do STJ: "Em razão da Lei n. 13.964/2019, não é mais possível ao juiz, de ofício, decretar ou converter prisão em flagrante em prisão preventiva."

Destaque-se a viabilidade de ter o Ministério Público requerido medidas cautelares alternativas à prisão, previstas no art. 319 do CPP, mas, em vez disso, o juiz decretar a prisão preventiva. Afinal, não teria atuado de ofício, pois o órgão acusatório pleiteou medidas restritivas à liberdade, embora não tenha sido a mais drástica. Cabe ao magistrado decidir qual é a medida cautelar mais adequada à situação, podendo optar pela preventiva, fazendo-o de modo fundamentado.

---

[29] A prisão em flagrante tem conteúdo nitidamente *cautelar* (preservação, proteção), sendo despiciendo buscar um outro sentido, como ser essa prisão uma *pré-cautela*, somente para diferenciá-la da medida constritiva decretada pelo Judiciário. A Constituição Federal a autoriza como instrumento de proteção e salvaguarda de bens e direitos, logo, tem conteúdo *cautelar*.

A única hipótese de se manter alguém no cárcere, com base na prisão em flagrante, decorre da revogação da liberdade provisória, pelo não cumprimento de suas condições. Mesmo assim, parece-nos ideal que o magistrado, quando revogar o benefício, promova a conversão da prisão em flagrante em preventiva; afinal, motivos existem, tendo em vista o desprezo do indiciado/réu em relação aos requisitos estabelecidos para a liberdade provisória.

Há casos em que, apesar de a prisão ser realizada, o auto não precisa ser formalizado, como ocorre nas infrações de menor potencial ofensivo, desde que o detido se comprometa a comparecer ao Juizado Especial Criminal, conforme preceitua a Lei 9.099/1995 (art. 69, parágrafo único). Embora a referida lei mencione que não se imporá "prisão em flagrante", deve-se entender que esta não será apenas *formalizada* através do auto, pois qualquer do povo pode prender e encaminhar à delegacia o autor de uma infração de menor potencial ofensivo, até pelo fato de que tipicidade existe e o leigo não é obrigado a conhecer qual infração é sujeita às medidas despenalizadoras da Lei 9.099/1995, e qual não é. Por outro lado, convém mencionar a inviabilidade total de se prender em flagrante o usuário de drogas, conforme prevê o art. 48, § 2.º, da Lei 11.343/2006 (Lei de Drogas).[30]

8.2.1   Flagrante facultativo e flagrante obrigatório

Conferiu a lei a possibilidade de qualquer pessoa do povo – inclusive a vítima do crime – prender aquele que for encontrado em flagrante delito, num autêntico exercício de cidadania, em nome do cumprimento das leis do país (art. 301, CPP).[31] É o flagrante facultativo.

Quanto às autoridades policiais e seus agentes (Polícia Militar ou Civil), impôs o dever de efetivá-la, sob pena de responder criminal e funcionalmente pelo seu descaso. E deve fazê-lo durante as 24 horas do dia, quando possível. Cuida-se do flagrante obrigatório.

Quando qualquer pessoa do povo prende alguém em flagrante, está agindo sob a excludente de ilicitude denominada *exercício regular de direito* (art. 23, III, CP); quando a prisão for realizada por policial, trata-se de *estrito cumprimento de dever legal* (art. 23, III, CP).

Existem algumas exceções constitucionais ou legais à realização da prisão em flagrante, pois há pessoas que, em razão do cargo ou da função exercida, não podem ser presas dessa forma ou somente dentro de limitadas opções.

É o que ocorre nos seguintes casos: a) diplomatas, que não são submetidos à prisão em flagrante, por força de convenção internacional, assegurando-lhes imunidade; b) parlamentares federais e estaduais, que somente podem ser detidos em flagrante de crime inafiançável e, ainda assim, devem, logo após a lavratura do auto, ser imediatamente encaminhados à sua respectiva Casa Legislativa; c) magistrados e membros do Ministério Público, que somente podem ser presos em flagrante de crime inafiançável, sendo que, após a lavratura do auto, devem ser apresentados, respectivamente, ao Presidente do Tribunal ou ao Procurador-Geral de Justiça ou da República, conforme o caso; d) Presidente da República, cumprindo-se

---

[30]   Atualmente, o STF descriminalizou o porte de maconha, para consumo pessoal, impossibilitando que se prenda o usuário em flagrante e nem mesmo seja lavrado termo circunstanciado. Todavia, não houve aprovação ou regularização do consumo de maconha, razão pela qual a polícia pode apreender a droga e encaminhar o usuário para ser advertido.

[31]   "Todo cidadão tem o direito de, à falta do agente da autoridade, representar a força que o Estado encarna. E às vezes se torna necessário colaborar o particular com o agente da autoridade, porque este, sozinho, não consegue realizar a prisão" (BASILEU GARCIA, *Comentários ao Código de Processo Penal*, v. III, p. 89-90).

o estabelecido no art. 86, § 3.º, da Constituição Federal ("enquanto não sobrevier sentença condenatória, nas infrações comuns, o Presidente da República não estará sujeito a prisão").

8.2.1.1 A prisão em flagrante nos crimes de ação privada ou pública condicionada

Na realidade, pode haver a prisão em flagrante, para depois, no ato de formalização do auto, a vítima esteja presente e a autorize. Não há cabimento, no entanto, na realização da medida constritiva, se o ofendido, presente e ciente, não confere legitimidade à concretização da prisão, até porque não será possível, em seguida, lavrar o auto.

Mas, a solução, nesse caso, não deve ser rígida. Caso a vítima não esteja presente – ou seja incapaz de dar o seu consentimento – lavra-se a prisão e busca-se colher a manifestação do ofendido para efeito de lavratura do auto de prisão em flagrante.

Ensina TALES CASTELO BRANCO que a solução oferecida por BASILEU GARCIA é a mais adequada, ou seja, realiza-se a prisão do autor do delito, tomando-se o cuidado de provocar a manifestação da vítima ou de seu representante legal, antes da lavratura do auto. Não havendo concordância o preso será restituído à liberdade.[32]

Não se exige que o ofendido, em crime de ação privada, manifeste seu intento de maneira expressa e sacramentada para que a prisão em flagrante seja devidamente realizada. Basta a sua aquiescência, ainda que informal.

8.2.2 Flagrante próprio ou perfeito

Acesse e assista ao vídeo sobre Espécies de flagrante.
> http://uqr.to/1z8os

É constituído das hipóteses descritas nos incisos I e II do art. 302 do Código de Processo Penal. Ocorre, pois, quando o agente está em pleno desenvolvimento dos atos executórios da infração penal (inciso I). Nessa situação, havendo a intervenção de alguém, impede-se o prosseguimento da execução, redundando, muitas vezes, em tentativa. Mas, não é raro que, no caso de crime permanente, cuja consumação se prolonga no tempo, a efetivação da prisão ocorra para impedir, apenas, o prosseguimento do delito já consumado.

Pode ainda dar-se quando o agente terminou de concluir a prática da infração penal, ficando evidente a materialidade do crime e da autoria (inciso II). Embora consumado o delito, não se desligou o agente da cena, podendo, por isso, ser preso. A esta hipótese não se subsume o autor que consegue afastar-se da vítima e do lugar do delito, sem que tenha sido detido.

8.2.3 Flagrante impróprio ou imperfeito

Ocorre quando o agente conclui a infração penal – ou é interrompido pela chegada de terceiros – mas sem ser preso no local do delito, pois consegue fugir, fazendo com que haja perseguição por parte da polícia, da vítima ou de qualquer pessoa do povo.

---

[32] *Da prisão em flagrante*, p. 64-65.

Note-se que a lei faz uso da expressão "em situação que faça presumir ser autor da infração" (inciso III do art. 302), demonstrando, com isso, a impropriedade do flagrante, já que não foi surpreendido em plena cena do crime. Mas, é razoável a autorização legal para a realização da prisão, pois a evidência da autoria e da materialidade mantém-se, fazendo com que não se tenha dúvida a seu respeito. Exemplo disso é o do agente que, dando vários tiros na vítima, sai da casa desta com a arma na mão, sendo perseguido por vizinhos do ofendido.[33] Não foi detido no exato instante em que terminou de dar os disparos, mas é situação é tão clara, que autoriza a perseguição e prisão do autor. A hipótese é denominada pela doutrina de *quase flagrante*.

Evitando-se conferir larga extensão à situação imprópria de flagrante, para que não se autorize a perseguição de pessoas simplesmente suspeitas, mas contra as quais não há certeza alguma da autoria, utilizou a lei a expressão *logo após*, querendo demonstrar que a perseguição deve iniciar-se em ato contínuo à execução do delito, sem intervalos longos, demonstrativos da falta de pistas.[34] Nas palavras de ROBERTO DELMANTO JUNIOR, "a perseguição há que ser *imediata* e *ininterrupta*, não restando ao indigitado autor do delito qualquer momento de tranquilidade".[35] Acrescentam SAMPAIO JÚNIOR e CALDAS NETO: "a situação de perseguição deve, pois, ser compreendida como a tomada de todas as diligências que sejam necessárias para traçar um roteiro da fuga do suposto autor do ilícito e o encampar material das diligên-cias para efetuar sua prisão, se o caso estiver fora dos limites circunscricionais da esfera da atuação da autoridade policial do local do fato".[36]

Eis por que é ilegal a prisão de alguém que consegue ficar escondido, sem que sua iden-tidade seja conhecida, por horas seguidas, até que a polícia, investigando, consiga chegar a ele. Utiliza-se, como norma de apoio, para a interpretação desta, o disposto no art. 290, § 1.º, *a* e *b*, do Código de Processo Penal (ser o agente avistado e perseguido em seguida à prática do delito, sem interrupção, ainda que se possa perdê-lo de vista por momentos, bem como se ficar sabendo, por indícios ou informações confiáveis, que o autor passou, há pouco tempo, em determinado local, dirigindo-se a outro, sendo, então, perseguido). No mais, cabe ao bom senso de cada magistrado, ao tomar conhecimento da prisão em flagrante impróprio, no caso concreto, avaliar se realmente seguiu-se o contido na expressão "logo após".

A perseguição, por sua vez, pode demorar horas ou dias, desde que tenha tido início *logo após* a prática do crime.

---

[33] Trata-se de caso retratando a força do *clamor público*, demonstrativo dos "*gritos do povo* que em alta voz o indica como autor do crime" (GALDINO SIQUEIRA, *Curso de processo penal*, p. 126).

[34] Como anota BASILEU GARCIA, "façamos votos por que a jurisprudência não legitime extensões desmedidas no significado de tais palavras" (*Comentários ao Código de Processo Penal*, v. III, p. 100).

[35] *As modalidades de prisão provisória e seu prazo de duração*, p. 101. No mesmo prisma, PAULO RANGEL (*Direito processual penal*, p. 784).

[36] *Manual de prisão e soltura sob a ótica constitucional*, p. 120. Diz BASILEU GARCIA: "é certo que a per-seguição material, realizada pelo ofendido, por si só, não exprimiria, com segurança, a efetividade do flagrante. Mas conquanto a lei aluda a tal circunstância na caracterização do flagrante delito, nunca privaria a autoridade do poder, que lhe pertencesse necessariamente, de examinar o fato em seu conjun-to. Sem se convencer da realidade do crime, nenhuma autoridade conservaria preso – salvo manifesto abuso, que não está na intenção ou no amparo da lei – aquele que apresentado lhe fosse pelo pretenso ofendido" (*Comentários ao Código de Processo Penal*, v. III, p. 99).

8.2.4   Flagrante presumido

Não deixa essa hipótese de ser igualmente uma modalidade de flagrante impróprio ou imperfeito.[37] Constitui-se na situação do agente que, logo depois da prática do crime, embora não tenha sido perseguido, é encontrado portando instrumentos, armas, objetos ou papéis que demonstrem, por presunção, ser ele o autor da infração penal (inciso IV do art. 302 do CPP). É o que comumente ocorre nos crimes patrimoniais, quando a vítima comunica à polícia a ocorrência de um roubo e a viatura sai pelas ruas do bairro à procura do carro subtraído, por exemplo. Visualiza o autor do crime algumas horas depois, em poder do veículo, dando-lhe voz de prisão. A hipótese também é denominada pela doutrina de *quase flagrante*.

Permanecendo neste contexto, não se pode conferir à expressão "logo depois" uma larga extensão, sob pena de se frustrar o conteúdo da prisão *em flagrante*. Trata-se de uma situação de imediatidade, que não comporta mais do que algumas horas para findar-se. O bom senso da autoridade – policial e judiciária –, em suma, terminará por determinar se é caso de prisão em flagrante. Convém registrar a posição de ROBERTO DELMANTO JUNIOR, conferindo a este caso uma interpretação ainda mais restrita que a do inciso anterior: "É que, devido à maior fragilidade probatória, a expressão 'logo depois' do inciso IV deve ser interpretada, ao contrário do que foi acima afirmado, de forma ainda mais restritiva do que a expressão 'logo após' do inciso III. Em outras palavras, se o indigitado autor está sendo ininterruptamente perseguido, desde o momento da suposta prática do delito, aí sim admitir-se-ia elastério temporal maior".[38]

As diligências eventuais e casuais feitas pela polícia não podem ser consideradas para efeito de consolidar a prisão em flagrante. Muitas vezes, sem ter havido perseguição alguma, após a ocorrência de um delito, a polícia começa uma investigação e, por acaso, chega à residência de alguém que, de fato, tomou parte no crime. Não cabe, nessa hipótese, a prisão em flagrante, ainda que se argumente ser o caso do flagrante presumido, pois encontrada a pessoa com instrumentos ou armas usadas no cometimento da infração penal.

Convém citar a lembrança trazida por TALES CASTELO BRANCO, a respeito de voto consagrado do Desembargador Costa Manso: "Não se pode encampar, sob o nome de flagrante, diligências policiais mais ou menos felizes, que venham, porventura, a descobrir e prender, com alguma presteza, indigitados autores de crimes. É preciso não confundir os efeitos probatórios que possam resultar de tais diligências, quanto ao mérito da ação, e as consequências processuais, rigorosíssimas, decorrentes da flagrância, em si mesma considerada. Pois que esta, nos crimes inafiançáveis, sujeita o acusado à prisão, contemporaneamente ao delito. (...) A flagrância, em qualquer de suas formas, por isso mesmo que se apoia na imediata sucessão dos fatos, não comporta, dentro da relatividade dos juízos humanos, dúvidas sérias quanto à autoria. Daí a grande prudência com que se deve haver a justiça, em não a confundir com diligências policiais, *post delictum*, cujo valor probante, por mais forte que pareça não se encadeie em elos objetivos, que entrelacem, indissoluvelmente, no tempo e no espaço, a prisão e a 'atualidade ainda palpitante do crime'".[39]

Por outro lado, o bloqueio feito em via pública ou estrada por policiais em atuação fiscalizatória (poder de polícia do Estado) pode validar uma hipótese de flagrante presumido, caso seja encontrado alguém em procedimento de fuga ou trazendo consigo objeto ou

---

[37] No mesmo sentido, EUGÊNIO PACELLI (*Curso de processo penal*, p. 535).

[38] *As modalidades de prisão provisória e seu prazo de duração*, p. 105.

[39] *Da prisão em flagrante*, p. 54.

instrumento do crime, recém-praticado, cabendo, então, a prisão em flagrante. Confira-se exemplo dado por Maurício Henrique Guimarães Pereira sobre bloqueio feito em estrada, onde se encontra pessoa autora recente de crime: "A situação de quem é bloqueado em estrada não é de perseguido em relação a quem executa o bloqueio, mas em relação a quem o vem efetivamente perseguindo e o alcança pelo atraso provocado pelo bloqueio, o que não impede que possa estar em estado de flagrante delito ficto – hipótese do inc. IV – para quem executa o bloqueio".[40] Logo, poderá ser preso em flagrante tanto na hipótese do inciso III como na do inciso IV do art. 302, respeitada a relação de imediatidade entre a ocorrência da infração e a prisão efetivada.

8.2.5   Flagrante preparado ou provocado

Trata-se de um arremedo de flagrante, ocorrendo quando um agente provocador induz ou instiga alguém a cometer uma infração penal, somente para assim poder prendê-lo. É um crime impossível (art. 17, CP), pois inviável a sua consumação. Ao mesmo tempo em que o provocador leva o provocado ao cometimento do delito, age em sentido oposto para evitar o resultado. Estando totalmente na mão do provocador, não há viabilidade para a constituição do crime.

Disciplina o tema a Súmula 145 do Supremo Tribunal Federal: "Não há crime quando a preparação do flagrante pela polícia torna impossível sua consumação". É certo que esse preceito menciona apenas a polícia, mas nada impede que o particular também provoque a ocorrência de um flagrante somente para prender alguém. A armadilha é a mesma, de modo que o delito não tem possibilidade de se consumar. Ex.: policial disfarçado, com inúmeros outros igualmente camuflados, exibe relógio de alto valor na via pública, aguardando que alguém tente assaltá-lo. Apontada a arma para a pessoa que serve de isca, os demais policiais prendem o agente. Inexiste crime, pois impossível sua consumação.

Há certos casos em que a polícia se vale do agente provocador, induzindo ou instigando o autor a praticar determinada ação, mas somente para descobrir a real autoria e materialidade de um crime. Assim sendo, não se dá voz de prisão por conta do eventual delito preparado; o correto é conseguir a decretação da prisão temporária ou preventiva, conforme o caso, pelo outro delito, descoberto em razão deste, que foi armado.

Nos casos de tráfico ilícito de entorpecentes, já que o art. 33, *caput*, da Lei 11.343/2006, possui dezoito formas alternativas de conduta, quando o policial se passava por viciado, com o fim de comprar drogas, o traficante ao ser detido, no ato da venda, não era autuado por *vender*, mas porque trazia consigo ou tinha em depósito substância entorpecente. Afinal, as condutas anteriores configuravam crime permanente. Atualmente, inseriu-se o inciso IV ao § 1.º do art. 33, constituindo crime quem "vende ou entrega drogas ou matéria-prima, insumo ou produto químico destinado à preparação de drogas, sem autorização ou em desacordo com a determinação legal ou regulamentar, a agente policial disfarçado, quando presentes elementos probatórios razoáveis de conduta criminal preexistente". Legalizou-se a hipótese de *armadilha* para prender o traficante pela venda ou entrega do entorpecente, afastando a situação de crime impossível.

Todavia, destaque-se a ocorrência de flagrante provocado, logo, crime impossível, quando um agente policial se apresenta ao mero usuário, solicitando que este lhe venda entorpecente;

---

[40]   Habeas corpus *e polícia judiciária*, p. 228.

como o consumidor não possui a droga no momento, procura o produto junto ao traficante para repassá-lo ao policial; ao entregar o objeto pleiteado, recebe voz de prisão em flagrante. Cuida-se de flagrante preparado, tendo em vista que a polícia levou o usuário a se tornar traficante, o que torna o delito impossível de lesar o bem jurídico tutelado.

Acrescente-se interessante colocação de Maurício Henrique Guimarães Pereira: "Na gíria policial, a conduta do policial que se faz passar por viciado, perante traficante, para seduzi-lo a exibir o entorpecente que guarda, é conhecida por 'descolar entorpecente', o que deixa certo que a substância preexiste à ação policial, mas em lugar incerto, pelo que o estado flagrancial revelado por essa conduta, para extremá-lo do flagrante provocado, pode ser nominado de 'flagrante comprovado'".[41]

8.2.6   Flagrante forjado

Trata-se de um flagrante totalmente artificial, pois integralmente composto por terceiros. É fato atípico, tendo em vista que a pessoa presa jamais pensou ou agiu para compor qualquer trecho da infração penal. Imagine-se a hipótese de alguém colocar no veículo de outrem certa porção de entorpecente, para, abordando-o depois, conseguir dar voz de prisão em flagrante por transportar ou trazer consigo a droga. A mantença do entorpecente no automóvel decorreu de ato involuntário do motorista, motivo pelo qual não pode ser considerada conduta penalmente relevante.

8.2.7   Flagrante esperado

Essa é uma hipótese viável para autorizar a prisão em flagrante e a constituição válida do crime. Não há agente provocador, mas simplesmente chega à polícia a notícia de que um crime será, em breve, cometido. Deslocando agentes para o local, aguarda-se a sua ocorrência, que pode ou não se dar da forma como a notícia foi transmitida. Logo, é viável a sua consumação, pois a polícia não detém certeza absoluta quanto ao local, nem tampouco controla a ação do agente criminoso. Poderá haver delito consumado ou tentado, conforme o caso, sendo válida a prisão em flagrante, se efetivamente o fato ocorrer.

Eventualmente, é possível que uma hipótese de flagrante esperado se transforme em crime impossível. Ilustrando: caso a polícia obtenha a notícia de que um delito vai ser cometido em algum lugar e consiga armar um esquema tático infalível de proteção ao bem jurídico, de modo a não permitir a consumação da infração de modo nenhum, trata-se de tentativa inútil e não punível, tal como prevista no art. 17 do Código Penal.

8.2.8   Flagrante diferido ou retardado

É a possibilidade que a polícia possui de retardar a realização da prisão em flagrante, para obter maiores dados e informações a respeito do funcionamento, dos componentes e da atuação de uma organização criminosa. Veja-se o disposto nos arts. 3.º e 8.º da Lei 12.850/2013: "Art. 3.º Em qualquer fase da persecução penal, serão permitidos, sem prejuízo de outros já previstos em lei, os seguintes meios de obtenção da prova: (...) III – ação controlada (...). Art. 8.º Consiste a ação controlada em retardar a intervenção policial ou administrativa relativa à ação praticada por organização criminosa ou a ela vinculada, desde que mantida sob obser-

---

[41]   Habeas corpus e *polícia judiciária*, p. 230.

vação e acompanhamento para que a medida legal se concretize no momento mais eficaz à formação de provas e obtenção de informações. (...)".

Outro exemplo encontra-se no art. 53, II, da Lei 11.343/2006: "a não atuação policial sobre os portadores de drogas, seus precursores químicos ou outros produtos utilizados em sua produção, que se encontrem no território brasileiro, com a finalidade de identificar e responsabilizar maior número de integrantes de operações de tráfico e distribuição, sem prejuízo da ação penal cabível".

8.2.9   Flagrante nos crimes permanentes e habituais

Crimes permanentes são aqueles que se consumam com uma única ação, mas o resultado tem a potencialidade de se arrastar por largo período, continuando o processo de consumação da infração penal. Portanto, aquele que sequestra determinada pessoa, enquanto a deter em seu poder, cerceando sua liberdade, está em franca execução do crime. O delito consumou-se no momento da privação da liberdade, arrastando esse estado na linha do tempo, pois continua a ferir o bem jurídico protegido. Logicamente, por uma questão de bom senso, cabe prisão em flagrante a qualquer momento (art. 303, CPP).

Crimes habituais são aqueles cuja consumação se dá através da prática de várias condutas, em sequência, de modo a evidenciar um comportamento, um estilo de vida do agente, que é indesejável pela sociedade, motivo pelo qual foi objeto de previsão legal. Uma única ação é irrelevante para o Direito Penal e somente o conjunto se torna figura típica, o que é fruto da avaliação subjetiva do juiz, dependente das provas colhidas, para haver condenação.

Logo, inexiste precisão para determinar ou justificar o momento do flagrante, tornando inviável a prisão. Diversamente, o crime permanente, com o qual é frequentemente confundido – a ponto de alguns sustentarem que existe crime habitual permanente –, consuma-se em uma única conduta, capaz de determinar o resultado, sendo que este se arrasta sozinho, sem a interferência do agente, que se omite.

Note-se o que ocorre com a pessoa que possui em depósito substância entorpecente: primeiramente, o agente coloca a droga em sua casa (ação). A partir daí, o resultado (ter em depósito) arrasta-se por si mesmo, sem novas ações do autor (omissão). Essa situação fática é completamente distinta daquela configuradora do delito habitual. Este, diferentemente do permanente, não é capaz de gerar estado de flagrância, até porque a reiteração de atos é justamente a construtora da sua tipicidade, não se tratando de prolongamento da consumação.

Tratamos do tema, minuciosamente, em nosso *Código Penal comentado*, no contexto da classificação dos crimes (nota 5, *i*, ao Título II da Parte Geral) e cuidando, especificamente, do delito previsto no art. 229 (nota 37). Embora seja matéria controvertida na doutrina e na jurisprudência, preferimos acompanhar os magistérios de FREDERICO MARQUES,[42] TOURINHO FILHO[43] e TALES CASTELO BRANCO,[44] não admitindo a hipótese de prisão em flagrante, sob pena de aceitarmos a ocorrência de detenções injustificadas e indevidas.

Para findar, registre-se a lição de PAULO RANGEL, no prisma de não caber flagrante de crime habitual: "sendo o ato isolado um indiferente penal, não há que se falar em prisão em flagrante. Imagine o 'vadio' (cf. art. 59 da Lei das Contravenções Penais) que se encontra sen-

---

[42]   *Elementos de direito processual penal*, v. 4, p. 89.
[43]   *Código de Processo Penal comentado*, v. 1, p. 530.
[44]   *Da prisão em flagrante*, p. 71.

tado em uma praça, de pernas para o ar, sem nada fazer e com boa saúde. Qual o delito que está sendo praticado neste momento? Nenhum. O hábito desta conduta, este estilo de vida é que é punido pelo legislador. No exemplo dado, desde que não faça prova lícita de subsistência (claro que em se tratando de contravenção de vadiagem é só um exemplo, pois tal tipo penal, para nós, não foi recepcionado pela CR. No Brasil, país de desempregados, seria um caos e um despautério prender quem não tem emprego)".[45]

8.2.10 Formalidades para a lavratura do auto de prisão em flagrante

Preceitua o art. 304 do Código de Processo Penal que, apresentado o preso à autoridade competente (como regra, é a autoridade policial) ouvirá esta o condutor e as testemunhas que o acompanharem, bem como interrogará o indiciado a respeito da imputação, lavrando-se auto por todos assinado. Há possibilidade legal de ser o auto lavrado pela autoridade judiciária ou mesmo por um parlamentar, como demonstra a Súmula 397 do Supremo Tribunal Federal ("O poder de polícia da Câmara dos Deputados e do Senado Federal, em caso de crime cometido nas suas dependências, compreende, consoante o regimento, a prisão em flagrante do acusado e a realização do inquérito").

A Lei 11.113/2005 introduziu uma modificação na redação do *caput* e do § 3.º do art. 304 do CPP, permitindo que o condutor, após ser ouvido e ter assinado o auto, recebendo cópia do recibo de entrega do preso, possa deixar o local. Na sequência, serão ouvidos as testemunhas e o indiciado, dispensando-se cada um que já tiver prestado seu depoimento. O objetivo da lei é prático: voltou-se à liberação dos policiais que tiverem dado voz de prisão ao autor do crime (o que é comum), na medida em que finalizarem suas declarações. Antes, os policiais e outras testemunhas precisavam assinar o auto de prisão em flagrante somente ao final da sua lavratura, que pode levar muitas horas; atualmente, conforme forem ouvidos, podem deixar o recinto, não necessitando aguardar o término de todas as inquirições para seguir nos seus afazeres.

A Lei 13.257/2016 inseriu o § 4.º no art. 304, nos seguintes termos: "da lavratura do auto de prisão em flagrante deverá constar a informação sobre a existência de filhos, respectivas idades e se possuem alguma deficiência e o nome e o contato de eventual responsável pelos cuidados dos filhos, indicado pela pessoa presa". A mesma providência deve tomar a autoridade policial, durante o inquérito, mesmo não havendo prisão; idêntico procedimento precisa o juiz tomar ao ouvir o acusado em interrogatório. O objetivo é garantir que os filhos menores e/ou deficientes sejam amparados pelo cônjuge ou companheiro(a), que esteja em liberdade, bem como, alternativamente, por parente ou outro responsável indicado pelo(s) genitor(es). Além disso, impede-se a ruptura abrupta entre pais e filhos no tocante aos laços afetivos, permitindo-se a mantença da família natural. Finalmente, verifica-se, no caso concreto, se as crianças ou adolescentes, quando o pai ou a mãe for preso em flagrante, precisam ser encaminhadas ao acolhimento institucional, à falta de responsável maior de 18 anos.

O condutor é a pessoa (autoridade ou não) que deu voz de prisão ao agente do fato criminoso. Quanto às testemunhas, utiliza a lei o termo no plural, dando indicação de ser preciso mais que uma para a formalização do flagrante. Entretanto, atualmente, admite-se que o condutor – tendo ele também acompanhado o fato – possa ser admitido no contexto

---

[45] *Direito processual penal*, p. 792. Deixamos claro que também concordamos com a não recepção do art. 59 da LCP pela CF de 1988.

como testemunha. Assim, é preciso haver, pelo menos, o condutor e mais uma testemunha. Por outro lado, convém frisar ser o ideal que as testemunhas se refiram ao fato criminoso relacionado à prisão, porém é possível a admissão de pessoas que tenham apenas presenciado o momento da detenção. Um crime ocorrido no interior de uma residência, por exemplo, onde estavam somente agente e vítima, sem testemunhas, pode comportar flagrante. Nessa hipótese, as testemunhas a ouvir referem-se somente ao momento da prisão.

O interrogatório do indiciado não é obrigatório, uma vez que a Constituição Federal assegura o direito ao silêncio (art. 5.º, LXIII). Entretanto, querendo prestar declarações, elas serão colhidas nos termos preceituados pelos arts. 185 a 196 do Código de Processo Penal, com as adaptações necessárias (por exemplo: tratando-se de flagrante, fase do inquérito policial, que é inquisitivo, não há sentido em seguir o disposto no art. 188 do CPP, que permite perguntas às partes – promotor e defensor).

8.2.10.1 A efetividade do direito ao silêncio em face da prisão em flagrante

O texto constitucional preceitua que "o preso será informado de seus direitos, entre os quais o de permanecer calado (...)" (art. 5.º, LXIII, CF). Indiscutivelmente, no momento da formalização da prisão, na delegacia de polícia, lavrando-se o auto, deve a autoridade policial informar o indiciado de seu direito ao silêncio. Ocorre que, antes disso, realizou-se a captura e a real detenção do sujeito, quando agentes policiais (ou quaisquer do povo) deram voz de prisão, cerceando a liberdade individual. Neste momento, ao contrário do que se dá em outros países, a polícia brasileira não está habituada a recitar ao preso os seus direitos constitucionais, dentre os quais o de que pode permanecer calado, afinal, tudo o que disser pode ser usado contra os interesses da defesa. Lembremos que as declarações do preso, ouvidas pelos policiais, no exato instante em que há o cerceamento à liberdade, podem transformar-se em prova testemunhal, quando aqueles policiais serão inquiridos em juízo, narrando, então, que o réu teria "confessado" a autoria do delito.

Ora, confissão alguma houve, pois policiais não estão autorizados a colher essa modalidade de declaração. Por isso, se não for garantido ao preso, no momento da efetivação da prisão, o direito ao silêncio, a garantia constitucional ficará esvaziada, dando ensejo a prejuízos irreversíveis ao acusado.

Nesse prisma, Marta Saad ensina que "a prisão em flagrante, enquanto captura, é diversa da formalização que se segue, por meio do auto de prisão em flagrante delito. E, por isso, deve-se entender que o preso deve ser assim considerado desde o momento da captura, e não apenas da formalização do auto de prisão, sendo-lhe assegurados, desde logo, todos os direitos constitucionalmente assegurados, entre eles o direito ao silêncio".[46]

A prisão de qualquer pessoa e o local onde se encontre serão comunicados imediatamente ao juiz competente, ao Ministério Público e à família do preso ou a pessoa por ele indicada. Nas 24 horas seguintes à prisão, o auto de prisão em flagrante será encaminhado ao juiz competente acompanhado de todas as oitivas colhidas e, caso o autuado não informe o nome de seu advogado, será encaminhada cópia integral para a Defensoria Pública. O preso receberá, no mesmo prazo, mediante recibo, a nota de culpa, assinada pela autoridade, com o motivo da prisão, o nome do condutor e o das testemunhas. No mesmo prazo, prevê-se a realização

---

[46] Direito ao silêncio na prisão em flagrante, in: Geraldo Prado (coord.), *Processo penal e democracia*, p. 435.

da audiência de custódia; por isso, o auto de prisão em flagrante segue ao magistrado que o analisa, após a manifestação das partes (acusação e defesa) nessa mesma audiência.

Por vezes, não é só a invocação do direito ao silêncio que obstaculiza a realização do interrogatório, uma vez que outras situações impeditivas podem ocorrer. Ilustrando: o indiciado pode estar hospitalizado, porque trocou tiros com a polícia e não está em condições de depor.

O indiciado menor de 21 anos não mais precisa ser ouvido com a presença de um curador. O Código Civil estipula que o maior de 18 anos é plenamente capaz para todos os atos da vida civil, razão pela qual pode ser considerado apto a prestar depoimento sem a assistência de qualquer pessoa. Ademais, a Lei 10.792/2003 revogou expressamente o art. 194 do CPP, que exigia a presença de curador para o interrogatório judicial de réu menor de 21 anos.

Registre-se ser a prisão em flagrante uma exceção à regra da necessidade de existência de ordem escrita e fundamentada de autoridade judiciária para a detenção de alguém. Por isso, é preciso respeitar, fielmente, os requisitos formais para a lavratura do auto, que está substituindo o mandado de prisão expedido pelo juiz. Assim, a ordem de inquirição deve ser exatamente a exposta no art. 304 do CPP: o condutor, em primeiro lugar; as testemunhas, em seguida, e, por último, o indiciado. A inversão dessa ordem deve acarretar o relaxamento da prisão, apurando-se a responsabilidade da autoridade.

8.2.10.2 O relaxamento da prisão em flagrante promovido pela autoridade policial

A norma processual penal (art. 304, § 1.º, CPP) não está bem redigida, a nosso ver. Não é crível que a autoridade policial comece, formalmente, a lavratura do auto de prisão em flagrante, sem certificar-se, antes, pela narrativa oral do condutor, das testemunhas presentes e até mesmo do preso, de que houve, realmente, flagrante por um fato típico.

Assim, quando se inteira do que houve e acreditando haver hipótese de flagrância, inicia a lavratura do auto. Excepcionalmente, no entanto, pode ocorrer a situação descrita no § 1.º do art. 304, isto é, conforme o auto de prisão em flagrante desenvolve-se, com a colheita formal dos depoimentos, observa a autoridade policial que a pessoa presa não é, aparentemente, culpada.

Afastada a autoria, tendo sido constatado o erro, não recolhe o sujeito, determinando sua soltura. É a excepcional hipótese de se admitir que a autoridade policial relaxe a prisão. Ao proceder desse modo, pode deixar de dar voz de prisão ao condutor, porque este também pode ter-se equivocado, sem a intenção de realizar prisão ilegal.[47]

Instaura-se, apenas, inquérito para apurar, com maiores minúcias, todas as circunstâncias da prisão. Note-se que isso se dá no tocante à avaliação da autoria, mas não quando a autoridade policial percebe ter havido alguma excludente de ilicitude ou de culpabilidade, pois cabe ao juiz proceder a essa análise. MAURÍCIO HENRIQUE GUIMARÃES PEREIRA explica que "o Delegado de Polícia pode e deve relaxar a prisão em flagrante, com fulcro no art. 304, § 1.º, interpretado *a contrario sensu*, correspondente ao primeiro contraste de legalidade obrigatório" quando não estiverem presentes algumas condições somente passíveis de verificação ao final da formalização do auto, como, por exemplo, o convencimento, pela prova testemunhal colhida, de que o preso não é o autor do delito; ou, ainda, quando

---

[47] Nas palavras de CAMPOS BARROS, "nem sempre da lavratura do auto resulta o recolhimento do conduzido à prisão..." (*Processo penal cautelar*, p. 151). Continua o autor: "só quem pode saber se há suspeita ou não é a autoridade que preside ao ato e à qual a lei deixou a valoração das provas nesse primeiro momento" (ob. cit., p. 153).

chega à conclusão de que o fato é atípico.[48] No mesmo prisma, ROBERTO DELMANTO JUNIOR, citando CÂMARA LEAL, menciona que "se as provas forem falhas, não justificando fundada suspeita de culpabilidade, a autoridade, depois da lavratura do auto de prisão em flagrante, fará pôr o preso em liberdade".[49]

Acrescentamos, ainda, o importante aspecto relativo à constatação da tipicidade, que inspira a autoridade policial a lavrar o auto de prisão em flagrante. Prevalece, hoje, o entendimento doutrinário e jurisprudencial de ser admissível o uso do princípio da insignificância, como meio para afastar a tipicidade. Ora, se o delegado é o primeiro *juiz* do fato típico, sendo bacharel em Direito, concursado, tem perfeita autonomia para deixar de lavrar a prisão em flagrante se constatar a insignificância do fato. Ou, se já deu início à lavratura do auto, pode deixar de recolher ao cárcere o detido. Lavra a ocorrência, enviando ao juiz e ao Ministério Público para a avaliação final, acerca da existência – ou não – da tipicidade.

Evidencia-se, pela menção feita no art. 304, § 1.º, do CPP ("e prosseguirá nos atos do inquérito ou processo"), de que o auto de prisão em flagrante é peça hábil a dar início ao inquérito policial, substituindo a portaria do delegado. Destarte, terminada a sua lavratura, continuam as investigações. Se o indiciado for mantido preso pelo juiz, ao tomar conhecimento do auto, deve ser o inquérito concluído em 10 dias; do contrário, sendo colocado em liberdade, o prazo aumenta para 30 dias, podendo ser prorrogado (art. 10, CPP). A referência feita a *processo* não está mais em vigor, pois representava a época em que a autoridade policial – nas contravenções penais, por exemplo – podia iniciar o processo diretamente na delegacia.

A referência à remessa dos autos à autoridade competente (art. 304, § 1.º, CPP), quando for o caso, é a mostra de que o auto de prisão em flagrante pode ser lavrado por autoridade distante do lugar onde o crime foi praticado. É ato administrativo, não se submetendo, rigidamente, aos princípios que regem a competência. Pode, por exemplo, ter havido longa perseguição e o indiciado ter sido preso em Estado diverso de onde se originou o crime. A autoridade do lugar da prisão lavrará o auto, remetendo-o para a outra, competente para a investigação e apuração do fato.

8.2.10.3 A apresentação espontânea do autor do delito à autoridade policial e a prisão em flagrante

Cremos que pode evitar a consolidação da prisão em flagrante, por ausência dos requisitos do art. 302 do CPP, bem como pelo fato do agente ter manifestado a nítida intenção de colaborar com a apuração do fato e sua autoria, o que afastaria o *periculum in mora*.

Por outro lado, não se pode utilizar o artifício da apresentação espontânea unicamente para afastar o dever da autoridade policial de dar voz de prisão em flagrante, com a lavratura do auto, a quem efetivamente merece.

Pensemos no indivíduo que mata, cruelmente, várias pessoas e, logo em seguida, com a roupa manchada de sangue e o revólver na mão, adentra uma delegacia, apresentando-se. Por que não poderia a autoridade dar voz de prisão em flagrante, se o crime acaba de ocorrer e o agente está com a arma utilizada em plena evidência de ser o autor? Além disso, há o clamor popular e o *periculum in mora* instala-se.

---

[48] Habeas corpus *e polícia judiciária*, p. 233-234.
[49] *As modalidades de prisão provisória e seu prazo de duração*, p. 121.

Certamente que, depois, poderá o juiz conceder-lhe liberdade provisória, se entender cabível, levando até em consideração o fato de ter havido apresentação espontânea.

Em posição contrária, sustentando que a apresentação espontânea sempre impede a prisão em flagrante, está o magistério de TALES CASTELO BRANCO: "Não perduram mais dúvidas de que o autor do crime, que acaba de ser cometido, não pode ser preso em flagrante quando de sua *apresentação espontânea* à autoridade. A conclusão decorre da análise do art. 317 do Código de Processo Penal, que trata da *apresentação espontânea do acusado*, capitulando-a, separadamente, como modalidade distinta da prisão em flagrante. Tudo indica que o legislador não quis autorizar que a prisão em flagrante tomasse o lugar da prisão preventiva. É como se tivesse escrito: A *apresentação espontânea* do acusado à autoridade impedirá a decretação da prisão em flagrante. O ponto principal a ser considerado, portanto, não é o estado de flagrância, mas, sim, a *espontaneidade da apresentação*". Embora haja a defesa da proibição da prisão, o próprio autor flexibiliza o seu entendimento ao dizer que "não há regras matemáticas para o aferimento dessa *espontaneidade*, tudo dependendo das variações concretas de cada caso".[50] Vale acrescentar que a opinião do referido autor foi proferida quando ainda vigente o art. 317 do CPP ("a apresentação espontânea do acusado à autoridade não impedirá a decretação da prisão preventiva nos casos em que a lei autoriza"), hoje revogado pela Lei 12.403/2011.

Concordamos, pois, com a impossibilidade de estabelecer regras rígidas para essa situação, razão pela qual preferimos sustentar que a prisão em flagrante de quem se apresenta espontaneamente *pode* ser possível, conforme o caso.

8.2.11 Controle jurisdicional da prisão em flagrante

Dentro de 24 horas, a contar da efetivação da prisão, deve-se dar nota de culpa ao preso e enviar os autos da prisão em flagrante ao juiz competente (arts. 306 e 307, CPP).

Mais que isso, deve haver a audiência de custódia, apresentando-se ao juiz o preso, juntamente com o seu advogado ou defensor público e membro do Ministério Público (arts. 287 e 310, CPP).

Esse prazo é improrrogável, pois a prisão, ato constritivo de cerceamento da liberdade, configura um natural constrangimento, motivo pelo qual não se devem admitir concessões. Cremos ser medida mais lógica que as 24 horas sejam contadas a partir da lavratura do auto de prisão em flagrante, sob pena de se tornar inviável cumprir esse curto período. No caso da prisão de vários coautores de delito grave, a autoridade policial pode levar muitas horas somente para formalizar o auto de prisão em flagrante. Assim sendo, contar as 24 horas desde o instante da prisão pelos policiais, fora da delegacia, pode inviabilizar a lavratura do auto no prazo devido.

A nota de culpa é o documento informativo oficial, dirigido ao indiciado, comunicando--lhe o motivo de sua prisão, bem como o nome da autoridade que lavrou o auto, da pessoa que o prendeu (condutor) e o das testemunhas do fato. Como lembra BASILEU GARCIA, trata-se de "relevante garantia de defesa (...) indicando ao acusado, sob a responsabilidade da autoridade que a assina, o motivo da prisão, bem como os nomes do acusador e das testemunhas (...). E a simples necessidade da sua entrega ao preso constitui um anteparo contra os abusos das

---

[50] *Da prisão em flagrante*, p. 76.

detenções ilegítimas".[51] Aliás, é direito constitucional tomar conhecimento dos responsáveis por sua prisão e por seu interrogatório (art. 5.º, LXIV, CF).[52]

Se a nota de culpa não for expedida (ou for expedida fora do prazo), entendemos configurar-se ato abusivo do Estado, proporcionando o relaxamento da prisão em flagrante. Há quem sustente que a não expedição da nota de culpa pode implicar responsabilidade da autoridade, mas não afetaria a prisão em flagrante realizada. Essa questão parece ter perdido a importância, visto que, 24 horas depois da prisão formalizada, o preso deverá estar diante do juiz em audiência de custódia. Ali, na presença de seu defensor e do membro do Ministério Público, certamente terá integral ciência do conteúdo da imputação que lhe foi feita.

Formalmente, é preciso juntar o comprovante de entrega da nota de culpa ao indiciado aos autos do inquérito.

Quando o crime é cometido na presença da autoridade competente para a lavratura do auto de prisão em flagrante – ou mesmo contra esta –, estando ela no exercício das suas funções, não há cabimento em se falar em *condutor*, ou seja, aquele que leva o preso até a autoridade encarregada da formalização da prisão. Por isso, dada a voz de prisão, o auto se faz com menção a essa circunstância, ouvindo-se as testemunhas e o indiciado (é preciso manter essa ordem, ainda que, da leitura do art. 307 do CPP, possa-se crer deva o indiciado falar antes das testemunhas). Em seguida, segue-se o procedimento normal, enviando-se o auto ao juiz. Se quem lavrou o auto foi o próprio magistrado – o que não é aconselhável fazer – logicamente ele mesmo já conferiu legalidade à prisão. Se houver algum questionamento, deve ser feito por *habeas corpus*, diretamente ao tribunal.

Registre-se constituir a remessa a remessa dos autos da prisão em flagrante à autoridade judiciária competente, antes de tudo, uma imposição constitucional, pois somente o juiz pode averiguar a legalidade da prisão, tendo o dever de relaxá-la, se for considerada ilegal (art. 5.º, LXV, CF).

Ao avaliar a prisão em flagrante, é preciso que o magistrado fundamente a decisão de sua manutenção e, igualmente, o faça se resolver colocar o indiciado em liberdade provisória, com ou sem fiança. Nessa ótica, está a lição de Antonio Magalhães Gomes Filho: "Daí a indispensável exigência de que essa decisão seja integralmente justificada: quanto à *legalidade*, devem ser explicitadas as razões pelas quais se entende válido o flagrante; quanto à *necessidade*, nos mesmos moldes em que tal dever é imposto em relação ao provimento em que se decreta uma prisão preventiva".[53]

Se não houver autoridade policial no lugar onde a prisão efetivou-se, o preso deve ser apresentado à do local mais próximo (art. 308, CPP).

---

[51] *Comentários ao Código de Processo Penal*, v. III, p. 124.

[52] "A nota de culpa, além de servir de documentação da prisão, levando ao preso o conhecimento dos motivos de sua prisão e os nomes do condutor e das testemunhas, para que alegue oportunamente as razões que tiver contra a prisão ou contra seus acusadores e testemunhas, constituirá também elemento de prova da data da prisão, para o efeito da computação do tempo desta no cumprimento da pena, no caso de condenação" (Câmara Leal, *Comentários ao Código de Processo Penal brasileiro*, v. II, p. 249).

[53] *A motivação das decisões penais*, p. 227.

8.2.11.1 Audiência de custódia

Quer-se crer tenha havido a denominada *interpretação evolutiva* acerca de determinada norma, porque, no ano de 2015, emergiu um "direito fundamental" que estava hibernando há décadas – o que não é pouco tempo. Esse é o tempo em que vigora, desde 1992, no País, a Convenção Americana dos Direitos Humanos (Pacto de San Jose da Costa Rica). Nem vem ao caso de onde, exatamente, partiu tal ideia, mas ela foi aplaudida por vários juristas. O ponto crucial é a interpretação dada ao art. 7.º (direito à liberdade pessoal), item 5: "(...) toda pessoa presa, detida ou retida deve ser conduzida, sem demora, à presença de um juiz ou outra autoridade autorizada por lei a exercer funções judiciais e tem o direito de ser julgada em prazo razoável (...)".

Muito bem esclarece RAPHAEL MELO: "não se trata de algo totalmente inédito em nosso ordenamento jurídico. A apresentação obrigatória do preso ao juiz já era estipulada para a prisão realizada em período eleitoral (art. 236, do Código Eleitoral, Lei 4.737/65), nos casos de prisão executada sem a apresentação do mandado judicial nos crimes inafiançáveis (art. 287 do CPP), na hipótese de pedido de prorrogação do prazo para a conclusão do inquérito policial de indiciado preso, no âmbito da Justiça Federal (art. 66, parágrafo único, da Lei 5.010/66) e na apreensão de adolescente infrator por determinação judicial (art. 171 da Lei 8.069/90 – Estatuto da Criança e do Adolescente – ECA). Também já era prevista a apresentação do preso, mas como mera possibilidade, na prisão em flagrante pela prática de infrações de menor potencial ofensivo (art. 69 e parágrafo único da Lei 9.099/95) e pela prática do crime de porte para uso de drogas (art. 48, § 2.º da Lei 11.343/2006). Além destas hipóteses, o preso sempre deve ser apresentado em virtude de determinação judicial, sobretudo para verificar a legalidade da prisão e o respeito à sua integridade física, como previsto, inclusive, no procedimento do *habeas corpus* (art. 656 do CPP) e em caso de prisão temporária (art. 2.º, § 3.º da Lei 7.960/89). Contudo, tais dispositivos legais tratam apenas da apresentação do preso ao juiz, não estabelecendo, propriamente, a realização de uma audiência de custódia, com seu procedimento, suas finalidades e com a presença do defensor e do promotor".[54]

No Brasil, a prisão em flagrante é feita, como regra, por policiais militares (polícia ostensiva, segundo a CF), que encaminham o preso à autoridade policial para a lavratura do auto de prisão em flagrante, se entender cabível. Sempre se considerou que o delegado, bacharel em Direito, concursado, tinha condições de analisar a legalidade da prisão, em primeira avaliação – situação não encontrada em outros países. A autoridade policial pode não somente relaxar a prisão, soltando o detido, como pode estabelecer fiança, sob determinados parâmetros. Eis a autoridade com funções similares à da autoridade judiciária.

Em suma, a primeira classificação do caso (tipificação) é feita pelo Delegado: se furto ou roubo, por exemplo. Ele analisa se cabe ou não o flagrante (art. 302, CPP); caso entenda não ser cabível recolher o preso, pode relaxar o flagrante e não o levar ao cárcere, soltando-o (art. 304, CPP). Formando a sua convicção no sentido de caber a prisão em flagrante, o Delegado ainda pode arbitrar fiança, que, uma vez paga pelo preso, o liberta de pronto (art. 322, CPP). Em nosso modesto entendimento, trata-se de uma autoridade com funções típicas do juiz (pode prender; pode soltar).

---

[54] *Audiência de custódia no processo penal*, p. 141-142.

Mesmo assim, segundo o disposto no art. 306, § 1.º, do CPP, o juiz teria, em suas mãos, o auto de prisão em flagrante, em 24 horas, analisando-o para manter a prisão, relaxá-la ou conceder liberdade provisória ao investigado.

Nunca se ocultou o preso; não se decretava a prisão fora das hipóteses constitucionais (flagrante ou ordem judicial); não se pretendeu evitar que o juiz tomasse conhecimento do caso. Porém, a partir de 2015, passou-se a sustentar que o preceituado pelo art. 7.º, item 5, da Convenção Americana dos Direitos Humanos, não vinha sendo cumprido. Eis o nascimento da audiência de custódia, que foi regulamentada pelo Conselho Nacional de Justiça, com o aval do Supremo Tribunal Federal e, após a Lei 13.964/2019, ingressou no Código de Processo Penal.

Com o passar do tempo, verificar-se-á que a audiência de custódia não vai solucionar o problema da superpopulação dos presídios (algo que depende de investimento do Poder Executivo), pois não será a presença do preso diante do juiz que incentivará esta autoridade a soltá-lo. Cada magistrado deve basear-se nas provas constantes do auto de prisão em flagrante para saber se cabe preventiva ou liberdade provisória (ou relaxamento da prisão). Sob outro aspecto, não será a apresentação do preso ao juiz que fará cessar eventual tortura policial, ocorrida no momento da prisão. Isto somente diminuiria com a punição efetiva de maus policiais e depende de provas, que não são conseguidas na audiência de custódia. Aliás, para argumentar, sem a audiência de custódia, o preso sempre teve direito a advogado, que poderia representar contra policiais abusivos e exigir a apuração de crime de tortura ou de abuso de autoridade.

Sob a ótica da soltura de presos, Mauro Fonseca Andrade e Pablo Rodrigo Alflen bem resumem a questão: "se abusos no decreto de prisões cautelares há em nosso país, não será com a audiência de custódia que eles irão diminuir. Basta lembrar que os requisitos permanecem os mesmos para as prisões provisórias, o que nos remete à convicção que cada magistrado possui quanto à necessidade, ou não, de seu decreto. Logo, a audiência de custódia não se presta a abrandar a forma como cada juiz interpreta os requisitos legais para aqueles tipos de prisão cautelar, muito menos, diminuir o contingente de presos provisórios que temos no país".[55]

Segundo Raphael Melo, um dos principais objetivos da audiência de custódia é "a prevenção e apuração de eventuais maus-tratos e tortura contra os presos. A simples leitura da Resolução 213 do CNJ é suficiente para constatar a importância conferida ao tema. O art. 8.º atribui ao juiz a obrigação de perquirir sobre a ocorrência de tais ilegalidades e o art. 11 detalha o caminho a ser adotado caso sejam verificadas. (...) Logo, uma das principais finalidades da audiência de custódia é, sem dúvida, prevenir e apurar eventual prática de tortura ou maus-tratos".[56] O tópico encerra uma outra preocupação, caso seja efetivamente considerado: há outras modalidades de prisão, como a preventiva, que não preveem nenhum procedimento para o juiz constatar se não houve maus-tratos ao preso. Se há o temor de ser o preso torturado, tal medida pode ocorrer em qualquer espécie de prisão, mas somente para o flagrante prevê-se a audiência de custódia, o que parece um contrassenso.

No entanto, é um instituto incorporado em lei e deve ser respeitado, como uma formalidade essencial, a ser realizada após a prisão em flagrante. A sua ausência, sem motivo justo, pode gerar constrangimento ilegal ao preso.

---

[55] *Audiência de custódia no processo penal brasileiro*, p. 57.
[56] Ob. cit., p. 161.

Sob outro aspecto, questiona-se a viabilidade de realização da audiência de custódia por videoconferência. Não há expressa previsão legal, nem pelo sim nem pelo não. O Conselho Nacional de Justiça já se pronunciou pela vedação da audiência de custódia por videoconferência, chegou a recomendar a não realização da audiência de custódia durante a pandemia do novo coronavírus, assim como possibilitou a efetivação da referida audiência de custódia por videoconferência durante a pandemia. Enfim, à falta de lei, o CNJ tem emitido normas de caráter administrativo, cada qual num sentido.

Seja como for, parece-nos mais efetivo realizar o ato por videoconferência, pois até julgamentos relevantes em vários tribunais estão sendo feitos por esse meio, do que não o realizar. Ademais, por analogia, pode-se utilizar o disposto pelo art. 185, § 2.º, do CPP para a realização do interrogatório por videoconferência, no cenário da audiência de custódia.[57] Há de se pensar, inclusive, na realização da audiência de custódia por videoconferência em caráter duradouro e genérico, mas o ideal é que seja previsto em lei.

Decorridas 24 horas da prisão em flagrante, sem a realização da audiência de custódia, considera-se ilegal a prisão, devendo ser relaxada (art. 310, § 4.º, CPP). O STF atribuiu *interpretação conforme* (visão do STF acerca da constitucionalidade de determinada norma, com fixação do seu alcance) ao art. 310, § 4.º, para assentar que o magistrado das garantias, havendo urgência, caso o meio se revele idôneo, poderá realizar a audiência por videoconferência. Além disso, se o prazo de 24 horas for ultrapassado, cabe à autoridade judiciária verificar as condições fáticas para a prorrogação excepcional. De todo modo, mesmo que seja necessário relaxar a prisão, por excesso injustificável do prazo, é possível decretar a prisão preventiva, o que consta expressamente no mencionado § 4.º do art. 310.

8.3   Prisão preventiva

Trata-se de uma medida cautelar de constrição à liberdade do indiciado ou réu, por razões de necessidade, respeitados os requisitos estabelecidos em lei. No ensinamento de FREDERICO MARQUES, possui quatro pressupostos: a) natureza da infração (alguns delitos não a admitem, como ocorre com os delitos culposos); b) probabilidade de condenação (*fumus boni juris*, ou seja, "fumaça do bom direito"); c) perigo na demora (*periculum in mora*); e d) controle jurisdicional prévio.[58]

GALDINO SIQUEIRA apresenta ponderáveis argumentos: "não é uma pena, se bem que de fato assuma esse caráter, porquanto a pena só pode ser imposta com a *certeza* do crime e de seu

---

[57] ANDRADE e ALFLEN também colocam não verem "motivo algum para que a audiência de custódia não possa ser realizada mediante videoconferência. Ao contrário, a manutenção da própria lógica e coerência no processo penal brasileiro passa pela necessidade de criar uma hipótese de exceção à incidência absoluta do princípio da imediação naquele ato processual. Para que seja mantida a coerência com a legislação já existente, tal exceção poderia ocorrer sempre que incidentes os mesmos requisitos hoje presentes para a realização do interrogatório do acusado no processo de conhecimento já instaurado" (ob. cit., p. 65-66). Enfim, dos males o menor, pois o ideal é que a videoconferência, em todos os atos processuais, seja usada como absoluta exceção, nos termos do art. 185 do CPP.

[58] *Elementos de direito processual penal*, v. 4, p. 58. Segundo JOÃO MENDES JÚNIOR, "a prisão preventiva não é uma pena, porque a pena não pode ser imposta sem a *certeza* do delito e de quem seja o delinquente, isto é, sem uma decisão final, que produza a firmeza do juízo. Por isso, no processo criminal, há atos decisórios de *prevenção*, de *acusação* e de *julgamento*. A prisão preventiva é uma cautela que consiste na detenção do indiciado, antes do julgamento e logo que se manifesta contra ele a *suspeita* da criminalidade" (*Processo criminal brasileiro*, v. 1, p. 376-377).

agente, e mediante julgamento; a prisão preventiva é uma medida, imposta pela necessidade, para acautelar ou assegurar a administração da justiça; e logo que se manifeste contra o indiciado a *suspeita de criminalidade*".[59] Segue a mesma trilha Basileu Garcia, afirmando não se contestar "que a medida implica sério risco de dano irremediável ao direito do inocente à liberdade. Essa constituiu sempre a objeção capital que lhe tem sido oposta. Enredado nas malhas das investigações criminais, por indícios falazes, o cidadão, apontado injustamente como infrator da lei penal, é submetido aos efeitos deploráveis de um decreto judicial que o afasta do convívio da família, proscrevendo-o da sociedade como se fora um criminoso, prejudicando-o gravemente no teor normal da sua vida, em sua atividade, em seus negócios, em seu patrimônio, material e moral, fazendo-o em suma sofrer, sem que haja a plena certeza da sua culpabilidade. Quando, afinal, se patenteia a sua inocência, nada há que possa reparar tão profundas lesões".[60]

Magalhães Noronha, por sua vez, avalia que a "custódia preventiva apresenta aspectos negativos. Por muitos é até chamada *mal necessário*. No regime das liberdades individuais, seria de rejeitar-se a privação da liberdade de quem ainda não foi julgado. Todavia, ainda que medida excepcional, não pode ser menosprezada. Com efeito, ela se justifica por sua finalidade que é tríplice: é providência de segurança, é garantia de execução da pena e asseguradora da boa prova processual".[61]

Não se pretende sustentar a inviabilidade da prisão preventiva, como medida cautelar de urgência, pois ela pode ser necessária para a tranquilidade social ou para a efetividade do processo-crime. No entanto, a vulgarização da prisão cautelar tem sido notada, cada vez mais, no Brasil. Parcela considerável da sociedade, especialmente os leigos em Direito, acredita que a prisão preventiva é indispensável para *acabar com a impunidade* e para *fazer justiça*. Enganam-se e, pior, são enganados por operadores do Direito que trabalham bem com o radicalismo, estabelecido em cultura prisional.

O que vem acontecendo, em todo o país, é a superlotação de presídios destinados a presos cautelares – sem condenação definitiva –, muitos dos quais respondem por crimes de mínima periculosidade e cometidos sem violência contra a pessoa.

Não pode o Judiciário vergar-se à opinião pública, nem ao brilho dos holofotes dos órgãos de comunicação, cuja finalidade é elevar a audiência ou o número de leitores. Juízes não devem emitir comentários em relação aos seus atos jurisdicionais; o que é preciso dizer, deve constar apenas dos autos. Magistrados não devem participar da vida política, mesmo que indiretamente, opinando sobre questões fora da sua alçada.

Igualmente, o Ministério Público deve zelar pela sua independência funcional, promovendo a real justiça, respeitando os direitos e as garantias individuais. Lutar contra o crime é sua missão maior, mas não aprisionar inocentes ou propor ações penais desprovidas de fundamento e de provas sólidas.

Segundo cremos, o delegado diligente buscará investigar *todas* as fontes de suspeição e não deve eleger um único indivíduo, fazendo recair sobre ele toda a força policial. O crime pode ser eivado de dúvidas, compondo materialidade e autoria, motivo pelo qual o autêntico delegado jamais desprezará as inúmeras hipóteses para solucionar o caso.

Prisões preventivas são necessárias, mas não podem ser generalizadas e vulgarizadas.

---

[59] *Curso de processo criminal*, p. 129.
[60] *Comentários ao Código de Processo Penal*, v. III, p. 142-143.
[61] *Curso de direito processual penal*, p. 163.

8.3.1 Momento da decretação e período de duração

Conforme dispõe o art. 311 do Código de Processo Penal, ela pode ser decretada em qualquer fase da investigação policial ou do processo penal, em razão de requerimento do Ministério Público, do querelante ou do assistente, ou mediante representação da autoridade policial. O juiz não pode mais decretá-la, de ofício, em nenhuma fase, conforme previu a Lei 13.964/2019, em nova redação ao referido art. 311.

A Lei 12.403/2011 trouxe relevante novidade para a legitimidade ativa do requerimento da prisão preventiva, permitindo que a vítima do crime, por meio do assistente de acusação, o faça. Cuida-se da ampliação da participação do ofendido no processo penal, não somente para assegurar eventual indenização civil, mas também para promover o andamento e o deslinde da causa, conforme seus anseios de justiça.

É rara a decretação da prisão preventiva durante a fase da investigação policial, sendo por vezes incompreensível que o juiz o faça, pois atualmente existe, como medida cautelar mais adequada, a prisão temporária, indicada justamente para os crimes mais graves, que estariam a demandar a segregação cautelar do investigado.

Se não cabe, por exemplo, prisão temporária para o caso de crime de incêndio, porque a Lei 7.960/1989 não o arrola dentre os delitos que comportam a medida (art. 1.º, III), não teria sentido decretar a prisão preventiva; somente em caráter excepcional, como poderia ocorrer se houvesse um indiciado com inúmeros antecedentes e imputação da prática de vários crimes contra a incolumidade pública, não merecedor da liberdade, pois coloca em risco a ordem pública. Mas, essa situação, repita-se, é incomum, de modo que a preventiva se tornou escassa durante a fase do inquérito.

A instrução criminal, período que, como regra, comporta a decretação da prisão preventiva, segue do ajuizamento da ação penal, com o recebimento da denúncia ou da queixa, até o término da coleta das provas (arts. 402, 411, § 2.º, e 533, CPP), no procedimento comum e no procedimento do júri. Em qualquer fase posterior, a hipótese é excepcional (ex.: enquanto se aguarda o julgamento a ser realizado em plenário do Tribunal do Júri).

Inexiste, em lei, um prazo determinado para sua duração, como ocorre, ao contrário, com a prisão temporária. A regra é que perdure, até quando seja necessário, durante a instrução, não podendo, é lógico, ultrapassar eventual decisão absolutória – que faz cessar os motivos determinantes de sua decretação – bem como o trânsito em julgado de decisão condenatória, pois, a partir desse ponto, está-se diante de prisão-pena.

Torna-se muito importante, entretanto, respeitar a razoabilidade de sua duração, não podendo transpor os limites do bom senso e da necessidade efetiva para a instrução do feito. Passamos a defender a existência do princípio constitucional implícito, inerente à atuação do Estado, consistente na *duração razoável da prisão cautelar* (consultar o subitem 3.3.4 do Capítulo II).

A prisão preventiva tem a finalidade de assegurar o bom andamento da instrução criminal, não podendo esta se prolongar indefinidamente, por culpa do juiz ou por atos procrastinatórios do órgão acusatório. Se assim acontecer, configura constrangimento ilegal. Por outro lado, dentro da razoabilidade, havendo necessidade, não se deve estipular um prazo fixo para o término da instrução, como ocorria no passado, mencionando-se como parâmetro o cômputo de 81 dias, que era a simples somatória dos prazos previstos no Código de Processo Penal para que a colheita da prova se encerrasse. Atualmente, outros prazos passaram a ser estabelecidos pelas Leis 11.689/2008 e 11.719/2008, consistentes em 90 dias, para a conclusão da formação da culpa no júri (art. 412, CPP) ou 60 dias, para a designação da audiência de instrução e julgamento no procedimento ordinário (art. 400, *caput*, CPP), ou ainda de 30 dias, para a designação de audiência de instrução e julgamento no procedimento sumário (art. 531, CPP).

A Lei 12.850/2013, em seu art. 22, parágrafo único, mencionou que "a instrução criminal deverá ser encerrada em prazo razoável, o qual não poderá exceder a 120 (cento e vinte) dias quando o réu estiver preso, prorrogáveis em até igual período, por decisão fundamentada, devidamente motivada pela complexidade da causa ou por fato procrastinatório atribuível ao réu".

A despeito de todos esses prazos para a conclusão da instrução, defendemos uma interpretação lógico-sistemática. Por isso, deve-se seguir o princípio geral da razoabilidade, hoje adotado pela maioria dos tribunais brasileiros, vale dizer, sem prazo fixo para o término da instrução, avaliando-se a indispensabilidade da prisão cautelar no caso concreto – e não em teoria. Ilustrando, cabe ao magistrado analisar os fatores ligados ao trâmite processual em confronto com o volume de processos da Vara Criminal onde transcorre, bem como quais (e quantas) diligências foram requeridas pelas partes, a ponto de atrasar o término da instrução.

Associe-se, também, o princípio da proporcionalidade, demonstrativo de que a prisão cautelar não pode ultrapassar períodos longos a ponto de atingir o cumprimento da pena quase por completo. Um exemplo da desproporcionalidade liga-se à imposição de prisão preventiva para o crime de ameaça, em contexto de violência doméstica. A pena em abstrato para esse delito é de detenção, de um mês a seis meses, razão pela qual o juiz deve ficar atento, pois facilmente é possível que a instrução ultrapasse a pena máxima em abstrato prevista.

Na realidade, os prazos estabelecidos para a conclusão dos atos de instrução são impróprios, vale dizer, não há sanção alguma se forem descumpridos. Porém, isso não significa que ultrapassá-los, sem motivo razoável, possa manter o acusado preso indefinidamente.

Em outros termos, deve-se terminar, em nível ideal, a instrução nos prazos fixados em lei. Porém, havendo fundamento para que tal não se dê, admite-se a prorrogação e, existindo prisão cautelar, adota-se o princípio da razoabilidade. Além disso, deve-se respeitar a proporcionalidade, critério correlato, para que o tempo de segregação provisória não se torne o indevido cumprimento antecipado da pena.

Cada caso concreto deve ser, isoladamente, analisado. Não se pode ter uma padronização.

8.3.1.1   A justa medida da razoabilidade e da proporcionalidade na prisão cautelar

Razoável é a prisão cautelar cujo tempo de duração é o menor possível em face dos concretos elementos extraídos do processo, a saber: a) complexidade da causa (delito único, porém intrincado e repleto de ramificações; vários crimes com concurso material ou formal); b) número de réus (quanto maior o número, mais defensores estão presentes e atuantes, impedindo o célere andamento do feito); c) número de processos em andamento na Vara ou no Tribunal (Varas cumulativas, com feitos criminais e civis, apresentam pauta esgotada para audiências; Varas criminais com número excessivo de processos; Tribunais com longa espera para inserção de processos em pauta de julgamento); d) atuação do juiz (como presidente da instrução, é fundamental ser dinâmico, firme e real condutor dos trabalhos); e) atuação das partes (órgão acusatório e defesa, que atuam nos prazos legais ou procrastinam seus misteres).

A razoabilidade é o extrato desses fatores, devendo ser apurada no caso concreto. Ilustrando, um processo de crime e réu únicos, em Vara sem excesso de processos, deve ter um trâmite célere, seguindo-se os prazos legais, sob pena de gerar constrangimento ilegal no tocante à razoável duração da prisão cautelar. Por outro lado, vários delitos, com inúmeros corréus, em Vara sobrecarregada de feitos, pode provocar extensa duração da prisão provisória, embora nos limites da razoabilidade.

Proporcional é a prisão cautelar cujo período de duração não excede os limites da pena mínima prevista para o delito – e muito menos o máximo – nem tampouco chega a superar prazos relativos à concessão de benefícios de execução penal, a saber: a) avaliação do mínimo e do máximo cominados em abstrato para o crime em apuração no processo; b) análise das condições pessoais do réu (primário ou reincidente; bons ou maus antecedentes etc.); c) potencial aplicação da pena mínima (ou superior ao mínimo); d) verificação dos benefícios relativos à progressão (16% a 70%, conforme a natureza do delito); e) checagem da potencial concessão de penas alternativas (aplicação de pena privativa de liberdade até 4 anos); f) registro de potencial concessão de *sursis* (pena privativa de liberdade até 2 anos, como regra); g) exame do eventual regime inicial de cumprimento de pena privativa de liberdade (fechado, semiaberto ou aberto).

A proporcionalidade é o conjunto desses elementos, merecendo consideração no caso concreto. Exemplificando, réu primário, respondendo por roubo simples, sujeito a uma pena mínima potencial de quatro anos, com possível regime aberto ou semiaberto, não deve ser recolhido cautelarmente, como regra, pois desproporcional. Por outro lado, acusado reincidente, em processo por latrocínio, sujeito a uma pena mínima de 20 anos de reclusão, por delito hediondo, pode remanescer preso provisoriamente por um lapso equivalente a seis meses (somente para exemplificar), sem sentença condenatória, pois proporcional.

Unindo-se os critérios da razoabilidade e da proporcionalidade tem-se o quadro ideal para controlar a duração da prisão cautelar.

8.3.1.2   Prisão preventiva para forçar delação premiada

Por vezes, a prisão cautelar é decretada com o único propósito de pressionar o preso a se tornar um delator. Somos levados a contrariar essa medida, pois o uso da custódia provisória como instrumento de pressão é completamente avesso aos seus requisitos, claramente expostos no art. 312 do CPP.

Se determinado indiciado, com provas evidentes, precisa ser cautelarmente detido, decrete-se a prisão preventiva, mas jamais condicionando-a à colaboração premiada. Isso é barganha vexatória para o processo penal democrático. Noutros termos, para ilustrar:: se Fulano precisa ser preso, pois conturba a ordem pública ou econômica (ou preenche outro fator previsto no art. 312 do CPP), assim é decretado; porém, no dia seguinte, Fulano concorda em delatar cúmplices; subitamente, é solto porque não haveria mais perigo à ordem pública ou econômica. Ora, esse raciocínio é pura tergiversação no campo lógico. Existente o perigo de mantê-lo solto, Fulano há de ficar preso até o final de instrução, colaborando ou não. Entretanto, não existente o perigo à ordem pública ou econômica, Fulano não deve ser preso cautelarmente.

A decretação da prisão permite ao indiciado ou réu a impetração de *habeas corpus*. A negativa em decretá-la, quando requerida pelo Ministério Público ou pelo querelante autoriza o ingresso de recurso em sentido estrito (art. 581, V, CPP).

Se houver representação da autoridade policial, negada a preventiva, nada há a fazer, exceto se o Ministério Público concordou com o pleito e, portanto, passou a uma posição de interessado. Se tal se der, cabe-lhe interpor recurso em sentido estrito, como já mencionamos.

8.3.2   Requisitos para a decretação da prisão preventiva

8.3.2.1   Requisitos genéricos

São sempre, no mínimo três: prova da existência do crime (materialidade) + indício suficiente de autoria + uma das situações descritas no art. 312 do CPP, a saber: a) garantia da ordem pública; b) garantia da ordem econômica; c) conveniência da instrução criminal; d) garantia de aplicação da lei penal.

Acrescentou-se, na parte final do art. 312, pela Lei 13.964/2019, o seguinte: "perigo gerado pelo estado de liberdade do imputado". Cremos indevida essa criação, porque, se há perigo quanto à liberdade, significa perturbação da ordem pública. Não vislumbramos uma hipótese desse novo requisito sem a associação aos demais já existentes.

A *prova da existência do crime* é a certeza de que ocorreu uma infração penal, não se podendo determinar o recolhimento cautelar de uma pessoa, presumidamente inocente, quando há séria dúvida quanto à própria existência de evento típico. Nas palavras de Romeu Pires de Campos Barros, "a existência do crime exige prova plena".[62]

Essa prova, no entanto, não precisa ser feita, mormente na fase probatória, de modo definitivo e fundada em laudos periciais. Admite-se que haja a certeza da morte de alguém (no caso do homicídio, por exemplo), porque as testemunhas ouvidas no inquérito assim afirmaram, bem como houve a juntada da certidão de óbito nos autos. O laudo necroscópico posteriormente pode ser apresentado, por exemplo.

O *indício suficiente de autoria* é a suspeita fundada de que o indiciado ou réu é o autor da infração penal. Não é exigida prova plena da culpa, pois isso é inviável num juízo meramente cautelar, feito, como regra, muito antes do julgamento de mérito.

Cuida-se de assegurar que a pessoa mandada ao cárcere, prematuramente, sem a condenação definitiva, apresente boas razões para ser considerada como agente do delito. Lembremos ser o *indício* uma prova indireta, como se pode ver do disposto no art. 239 do CPP, permitindo que, através do conhecimento de um fato, o juiz atinja, por indução, o conhecimento de outro de maior amplitude. Portanto, quando surge uma prova de que o suspeito foi encontrado com a arma do crime, sem apresentar versão razoável para isso, trata-se de um indício – não de uma prova plena – de ser o autor da infração penal. A lei utiliza a qualificação *suficiente* para demonstrar não ser qualquer indício o demonstrador da autoria, mas aquele que se apresente convincente, sólido. Sobre o tema, pronuncia-se Antonio Magalhães Gomes Filho, afirmando que o indício *suficiente* é aquele que autoriza "um *prognóstico* de um julgamento positivo sobre a autoria ou a participação".[63]

---

[62]   *Processo penal cautelar*, p. 191.
[63]   *A motivação das decisões penais*, p. 223.

8.3.2.2 Requisitos específicos

8.3.2.2.1 Garantia da ordem pública

 Acesse e escute o podcast sobre Garantia da ordem pública.
> http://uqr.to/1z8ot

 Acesse e assista ao vídeo sobre Prisão preventiva e a garantia da ordem pública.
> http://uqr.to/1z8ou

A *garantia da ordem pública* é a hipótese de interpretação mais ampla e flexível na avaliação da necessidade da prisão preventiva.[64] Entende-se pela expressão a indispensabilidade de se manter a ordem na sociedade, que, como regra, é abalada pela prática de um delito. Se este for grave, de particular repercussão, com reflexos negativos e traumáticos na vida de muitos, propiciando àqueles que tomam conhecimento da sua realização um forte sentimento de impunidade e de insegurança, cabe ao Judiciário determinar o recolhimento do agente. Nas palavras de Norberto Avena, "questão importante concerne à possibilidade de a repercussão social intensa provocada pela gravidade da infração penal, por si, autorizar a privação cautelar da liberdade sob o manto da *garantia da ordem pública*".[65]

A garantia da ordem pública pode ser visualizada por vários fatores, dentre os quais: *gravidade concreta da infração + repercussão social + periculosidade do agente.*[66] Um simples estelionato, por exemplo, cometido por pessoa primária, sem antecedentes, não justifica histeria, nem abalo à ordem, mas um latrocínio repercute negativamente no seio social, demonstrando que as pessoas honestas podem ser atingidas, a qualquer tempo, pela perda da vida, diante de um agente interessado no seu patrimônio, elementos geradores, por certo, de intranquilidade.

Segundo lição de Basileu Garcia, "para a garantia da ordem pública, visará o magistrado, ao decretar a prisão preventiva, evitar que o delinquente volte a cometer delitos, ou porque é acentuadamente propenso a práticas delituosas ou porque, em liberdade, encontraria os mesmos estímulos relacionados com a infração cometida. Trata-se, por vezes, de criminosos habituais, indivíduos cuja vida é uma sucessão interminável de ofensas à lei penal: contumazes assaltantes da propriedade, por exemplo. Quando outros motivos não ocorressem, o intuito de impedir novas violações da lei determinaria a providência".[67]

---

[64] Assim também a ótica de Pacelli: "a expressão *garantia da ordem pública*, todavia, é de dificílima definição. Pode prestar-se a justificar um perigoso controle da vida social, no ponto em que se arrima na noção de ordem, e pública, sem qualquer referência ao que seja efetivamente a desordem" (*Curso de processo penal*, p. 562). Seguindo a mesma linha, Guilherme Madeira Dezem (*Curso de processo penal*, p. 757).

[65] *Processo penal esquematizado*, p. 1.022.

[66] Para Campos Barros, estaria caracterizada a *garantia de ordem pública*, quando o réu, solto, possa concluir o crime interrompido ou praticar outros (*Processo penal cautelar*, p. 197).

[67] *Comentários ao Código de Processo Penal*, v. III, p. 169-170.

Para Nestor Távora e Rosmar Rodrigues Alencar, "a ordem pública é expressão de tranquilidade e paz no seio social. Em havendo risco demonstrado de que o infrator, se solto permanecer, continuará delinquindo, é sinal de que a prisão cautelar se faz necessária, pois não se pode esperar o trânsito em julgado da sentença condenatória".[68]

Note-se, ainda, que a afetação da ordem pública constitui importante ponto para a própria credibilidade do Judiciário, como vêm decidindo os tribunais pátrios. Apura-se o abalo à ordem pública também, mas não somente, pela divulgação que o delito alcança nos meios de comunicação – escrito ou falado. Não se trata de dar crédito único ao sensacionalismo de certos órgãos da imprensa, interessados em vender jornais, revistas ou chamar audiência para seus programas, mas não é menos correto afirmar que o juiz, como outra pessoa qualquer, toma conhecimento dos fatos do dia a dia acompanhando as notícias veiculadas pelos órgãos de comunicação. Por isso, é preciso apenas bom senso para distinguir quando há estardalhaço indevido sobre um determinado crime, inexistindo abalo real à ordem pública, da situação de divulgação real da intranquilidade da população, após o cometimento de grave infração penal.

Outro fator responsável pela repercussão social que a prática de um crime adquire é a periculosidade (probabilidade de tornar a cometer delitos) demonstrada pelo indiciado ou réu e apurada pela análise de seus antecedentes e pela maneira de execução do crime. Assim, é indiscutível que pode ser decretada a prisão preventiva daquele que ostenta, por exemplo, péssimos antecedentes, associando a isso a crueldade particular com que executou o crime.

Em suma, um delito grave – normalmente são todos os que envolvem violência ou grave ameaça à pessoa – associado à repercussão causada em sociedade, gerando intranquilidade, além de se estar diante de pessoa reincidente ou com péssimos antecedentes, provoca um quadro legitimador da prisão preventiva.

Mas não se pode pensar nessa medida exclusivamente com a união necessária do trinômio aventado. Por vezes, pessoa primária, sem qualquer antecedente, pode ter sua preventiva decretada porque cometeu delito muito grave, chocando a opinião pública (ex.: planejar meticulosamente e executar o assassinato dos pais). Logo, a despeito de não apresentar periculosidade aparente (nunca cometeu crime e, com grande probabilidade, não tornará a praticar outras infrações penais), gerou enorme sentimento de repulsa por ferir as regras éticas mínimas de convivência, atentando contra os próprios genitores. A não decretação da prisão pode representar a malfadada sensação de impunidade, incentivadora da violência e da prática de crimes em geral, razão pela qual a medida cautelar pode tornar-se indispensável.

Fator que desautoriza a decretação da preventiva é o argumento de que o agente estará melhor sob a custódia do Estado do que solto nas ruas, onde pode ser objeto da vingança de terceiros, inclusive de parentes da vítima. Cabe ao indiciado ou réu procurar a melhor maneira de se proteger, se for o caso, mas não se pode utilizar a custódia cautelar para esse mister.

Os crimes hediondos e equiparados não devem provocar a automática decretação de prisão preventiva, uma vez que, embora graves, podem ser cometidos por agentes sem periculosidade e não gerar repercussão social.

---

[68] *Curso de direito processual penal*, p. 733.

Outros dois elementos, que vêm sendo considerados pela jurisprudência, atualmente, dizem respeito à particular execução do crime (ex.: premeditados meticulosamente, com percurso criminoso complexo; utilização de extrema crueldade etc.) e ao envolvimento com organização criminosa.

Portanto, cabe ao juiz verificar todos os pontos de afetação da ordem pública, buscando encontrar, pelo menos, um binômio para a sua decretação (ex.: gravidade concreta do crime + péssimos antecedentes do réu; envolvimento com organização criminosa + repercussão social; particular execução do delito + gravidade concreta da infração penal etc.).

8.3.2.2.2 Garantia da ordem econômica

A *garantia de ordem econômica* é uma espécie do gênero anterior (garantia da ordem pública). Nesse caso, visa-se, com a decretação da prisão preventiva, impedir que o agente, causador de seríssimo abalo à situação econômico-financeira de uma instituição financeira ou mesmo de órgão do Estado, permaneça em liberdade, demonstrando à sociedade a impunidade reinante nessa área.

Equipara-se o criminoso do colarinho branco aos demais delinquentes comuns, na medida em que o desfalque em uma instituição financeira pode gerar maior repercussão na vida das pessoas, do que um simples roubo contra um indivíduo qualquer. Assim, continua-se contando com os elementos já descritos: *gravidade do delito; repercussão social; periculosidade do agente; particular modo de execução; envolvimento com organização criminosa*, de maneira a garantir que a sociedade fique tranquila pela atuação do Judiciário no combate à criminalidade invisível de muitos empresários e administradores de valores, especialmente os do setor público.

Não é possível permitir a liberdade de quem retirou e desviou enorme quantia dos cofres públicos, para a satisfação de suas necessidades pessoais, em detrimento de muitos, pois o abalo à credibilidade da Justiça é evidente. Se a sociedade teme o assaltante ou o estuprador, igualmente tem apresentado temor em relação ao criminoso do colarinho branco. Note-se o disposto no art. 30 da Lei 7.492/1986: "Sem prejuízo do disposto no art. 312 do Código de Processo Penal, aprovado pelo Decreto-lei 3.689, de 3 de outubro de 1941, a prisão preventiva do acusado da prática de crime previsto nesta Lei poderá ser decretada em razão da *magnitude da lesão causada* (...)" (grifamos), o que demonstra que, em delitos contra a ordem econômico-financeira, torna-se relevante o dano provocado pelo criminoso, que, efetivamente, causa repugnância ao resto da população.

8.3.2.2.3 Conveniência da instrução criminal

A *conveniência da instrução criminal* é o motivo resultante da garantia de existência do devido processo legal, no seu aspecto procedimental. A conveniência de todo processo é que a instrução criminal seja realizada de maneira escorreita, equilibrada e imparcial, na busca da verdade real, interesse maior não somente da acusação, mas, sobretudo, do réu.

Diante disso, abalos provocados pela atuação do acusado, visando à perturbação do desenvolvimento da instrução criminal, que compreende a colheita de provas de um modo geral, é motivo a ensejar a prisão preventiva. Configuram condutas inaceitáveis a ameaça a testemunhas ou à vítima, a investida contra as provas, buscando desaparecer com evidências, ameaças dirigidas ao órgão acusatório, à vítima ou ao juiz do feito, dentre outras. EUGÊNIO

PACELLI exclui desse quadro a atuação do acusado e de seu defensor, "cujo objetivo seja a procrastinação da instrução, o que pode ser feito nos limites da própria lei".[69] De fato, algumas atitudes defensivas podem não ser éticas ou moralmente elevadas, embora sejam previstas em lei. O erro, então, é legislativo e não pode ser "consertado" pelo Judiciário mediante a aplicação da severa medida da prisão preventiva.

Com a edição da Lei 12.403/2011, criaram-se novas medidas cautelares, alternativas à prisão preventiva, prevendo-se, como um dos requisitos para a decretação dessas cautelares, a necessidade da investigação ou da instrução criminal. Pode-se pretender a equiparação desse elemento com a *conveniência da instrução criminal*, própria da preventiva; entretanto, o ideal é considerá-los em diferentes gradações. Conforme o grau e a intensidade da perturbação gerada para a instrução criminal, pode-se escolher entre a medida cautelar (situações mais leves) e a prisão preventiva (casos mais graves). No tocante à investigação criminal, conforme o grau da necessidade, fica o magistrado entre a medida cautelar e prisão temporária, como regra. Se não for cabível a temporária, pode-se decretar a preventiva.

8.3.2.2.4 Garantia de aplicação da lei penal

A *garantia de aplicação da lei penal* significa assegurar a finalidade útil do processo penal, que é proporcionar ao Estado o exercício do seu direito de punir, aplicando a sanção devida a quem é considerado autor de infração penal. Não tem sentido o ajuizamento da ação penal, respeitando-se o devido processo legal para a aplicação da lei penal ao caso concreto, se o réu age contra esse propósito, tendo, nitidamente, a intenção de frustrar o respeito ao ordenamento jurídico.[70]

Não bastasse já ter ele cometido o delito, que abala a sociedade, volta-se, agora, contra o processo, tendo por finalidade evitar que o direito de punir se consolide. Exemplo maior disso é a *fuga deliberada* da cidade ou do País, demonstrando que não está nem um pouco interessado em colaborar com a justa aplicação da lei. Para BASILEU GARCIA, esta é a principal causa para a decretação da preventiva. "O processo visa a punição do culpado. Esforços devem ser envidados para que não se evada à ação da justiça, para que receba a pena que ao seu crime corresponde. A fuga tornaria inane o procedimento criminal, frustraria o seu escopo, representando isso grave dano à segurança da ordem jurídica, que a lei penal protege. O fim mais saliente da prisão preventiva é evitar-se que o indiciado fuja. Antes essa eventualidade, assentada plausivelmente, é impossível deixar de reconhecer-se legítima e justa a providência".[71]

No mesmo prisma, já exposto, deve-se captar o grau e a intensidade do caso concreto, voltado à garantia da aplicação da lei penal, para optar entre a decretação de medida cautelar alternativa ou da prisão preventiva. Afinal, consta como requisito para a medida cautelar a *necessidade para aplicação da lei penal* (art. 282, I, CPP), do mesmo modo que está presente no art. 312 do CPP.

---

[69]   *Curso de processo penal*, p. 561.

[70]   "O perigo da fuga revela-se, quando o indiciado prepara-se para deixar o seu domicílio, desfazendo-se dos bens imóveis, demonstrando o seu desejo de empreender viagem ou revela a outrem esse seu propósito" (ROMEU PIRES DE CAMPOS BARROS, *Processo penal cautelar*, p. 201).

[71]   *Comentários ao Código de Processo Penal*, v. III, p. 162-163.

8.3.2.3 Fatos novos ou contemporâneos

A reforma da Lei 13.964/2019 introduziu duas condições alternativas, vinculadas ao tempo da decisão de decretação da prisão preventiva. Ela precisa alicerçar-se em fatos *novos* ou *contemporâneos*.

O fato novo é o que surge depois da prática do crime e emerge como surpresa, tal como ocorre quando uma testemunha importante para a apuração da infração penal é ameaçada caso preste depoimento; torna-se motivo relevante para a decretação da prisão preventiva. Espera-se que, tão logo o fato novo surja, a medida restritiva seja imposta.

O fato contemporâneo é o existente ao tempo da prisão, que pode originar-se em época anterior, por ocasião do cometimento do delito e se mantém até o momento no qual o juiz impõe a prisão preventiva, como, por exemplo, a gravidade concreta do fato, associada aos antecedentes criminais do réu.

O ponto a ser evitado é alicerçar a prisão cautelar em fato pretérito muito antigo, mesmo que se trate da prática de delito grave. Se uma infração penal é concretamente séria, o que se espera é a decretação da segregação cautelar de pronto; não há cabimento em se esperar vários meses, investigando o delito, com o suspeito solto, para, depois, somente quando a denúncia for recebida, a prisão ser deferida.

Aliás, é imperioso destacar o trecho inserido igualmente pela Lei 13.964/2019: "não será admitida a decretação da prisão preventiva com a finalidade de *antecipação de cumprimento de pena* ou como *decorrência imediata de investigação* criminal ou da *apresentação ou recebimento* de denúncia" (art. 313, § 2.º, CPP). Seriam formas de prisão preventiva deferida de modo automático, sem se fundar nos requisitos estritos do art. 312 do CPP.

8.3.3 Fundamentação da prisão preventiva

Exige a Constituição Federal que toda decisão judicial seja fundamentada (art. 93, IX), razão por que, para a decretação da prisão preventiva, é indispensável que o magistrado apresente as suas razões para privar alguém de sua liberdade. É o previsto igualmente no art. 315 do Código de Processo Penal. Essa fundamentação pode ser concisa, sem implicar nulidade ou constrangimento ilegal.

A reforma trazida pela Lei 13.964/2019 passou a exigir *justificação* e *fundamentação*. Pode-se sustentar ter sido apenas uma *falha* legislativa ao prever termos sinônimos. Entretanto, há algo concreto: a preocupação de que a motivação seja realmente efetivada. E pode-se disso extrair o processo racional do magistrado para tanto. A primeira fase é a demonstração do raciocínio lógico do juiz para chegar à prisão preventiva. A segunda etapa é a relação estabelecida entre a necessidade da prisão e as provas concretas extraídas dos autos (art. 312, § 2.º, CPP).

A fundamentação do magistrado concentrando-se no parecer do Ministério Público pode ser admitida em certos casos. Se o referido parecer do membro do Ministério Público estiver bem estruturado, apontando e esgotando toda a análise das provas, que estão a demonstrar a necessidade da prisão preventiva, nada impede que o juiz o acolha. Mesmo assim, o magistrado precisa colocar, com suas palavras, o que extraiu de útil do referido parecer, acrescentando o seu próprio raciocínio, não bastando escrever: "acolho o parecer retro e decreto a prisão preventiva". Confira-se a lição de Antonio Magalhães Gomes Filho: "nessa situação, incumbe ao juiz efetivamente *decidir* sobre esse ponto, até porque sua função é indelegável, não cabendo remissão ao que entenderam a autoridade policial ou o órgão da acusação, sendo imprescindível, portanto, a fundamentação expressa".[72]

Havendo coautoria ou participação, deve o magistrado analisar, individualmente, os requisitos para a decretação da prisão preventiva. Pode ocorrer de um corréu ameaçar uma testemunha sem a ciência dos demais, sendo injusta a decretação da custódia cautelar de todos, como regra. Por vezes, cuidando-se de organização criminosa, a ameaça feita por um de seus integrantes a todos beneficia e, por certo, conta com a aprovação dos demais, justamente por isso é que são organizados. Diga-se o mesmo quanto à revogação. Se o motivo deixou de existir quanto a um corréu, deve ele – e somente ele – ser beneficiado pela liberdade.[73] É relevante evitar a *decisão por atacado*, envolvendo todos os corréus, sem especificar o motivo concernente a cada um deles. Se houver necessidade de repetição de fundamento, é dever do magistrado assim proceder, mas o acusado sempre saberá exatamente o que o envolveu para ter sido decretada a sua segregação provisória.

O art. 315 do CPP, após a reforma introduzida pela Lei 13.964/2019, forneceu dados suficientes para a consideração de duplo alicerce para a prisão preventiva: justificativa e fundamentação, como supramencionado. A sua parte mais importante concentra-se no seguinte aspecto: *"não se considera fundamentada* qualquer decisão judicial, seja ela *interlocutória, sentença ou acórdão* que: I – limitar-se à indicação, à reprodução ou à paráfrase de ato normativo, sem explicar sua relação com a causa ou a questão decidida; II – empregar conceitos jurídicos indeterminados, sem explicar o motivo concreto de sua incidência ao caso; III – invocar motivos que se prestariam a justificar qualquer outra decisão; IV – não enfrentar todos os argumentos deduzidos no processo capazes de, em tese, infirmar a conclusão adotada pelo julgador; V – limitar-se a invocar precedente ou enunciado de súmula, sem identificar seus fundamentos determinantes nem demonstrar que o caso sob julgamento se ajusta àqueles fundamentos; VI – deixar de seguir enunciado de súmula, jurisprudência ou precedente invocado pela parte, sem demonstrar a existência de distinção no caso em julgamento ou a superação do entendimento" (grifamos).

Quanto à limitação à indicação, reprodução ou paráfrase de ato normativo, sem justificativa, deve-se anotar que a decisão não se considera fundamentada quando o magistrado: a) indicar o ato normativo, sem maiores detalhes com a causa em análise (ex.: "decreto a preventiva, com fundamento no art. 312 do CPP"); b) reproduzir o ato normativo, sem maior ligação com a questão dos autos ("decreto a preventiva, para garantia da ordem pública"); c) parafrasear ato normativo, sem maior esclarecimento ("decreto a preventiva, porque a sociedade carece de segurança e ordem"). Observa-se que, nessas situações, o magistrado nada mais faz do que reproduzir texto legal ou interpretá-lo, com o emprego de outras palavras, mas atingindo o mesmo significado, sem apontar qual a relação existente entre o conteúdo da norma e o caso concreto, além de deixar de indicar o alicerce da decisão na prova colhida nos autos. Essas situações podem ocorrer em qualquer decisão judicial: interlocutória, sentença ou acórdão (voto do relator ou de outros componentes do colegiado).

Quanto ao emprego de conceitos jurídicos indeterminados, sem justificativa, deve-se, primeiramente, salientar que o conceito jurídico indeterminado constitui uma teoria, que pode até mesmo ser correta, mas não se aplica necessariamente ao caso concreto, em julgamento.

---

[72] *A motivação das decisões penais*, p. 221.

[73] Assim também a lição de FERNANDO DE ALMEIDA PEDROSO (*Processo penal – o direito de defesa: repercussão, amplitude e limites*, p. 114).

Demanda-se, então, que o magistrado saiba trabalhar com os conceitos jurídicos, especificando-os para a sua aplicação à questão decidida. Ilustrando, ainda no campo da decretação da prisão preventiva, a decisão é inadequada se o juiz disser que impõe a preventiva porque o réu cometeu roubo e este é um crime grave, gerando insegurança pública. Sabe-se que o roubo é grave, teoricamente, bastando checar a pena cominada no art. 157 do Código Penal; entretanto, seria *aquele* roubo em análise *grave o suficiente*, no campo concreto, para demandar a segregação cautelar? É essa avaliação que se aguarda do juiz de qualquer instância.

Sobre a colocação de motivos genéricos, por vezes, estrutura-se uma fundamentação padronizada (grava-se como modelo), podendo ser utilizada para vários casos similares. Não se deve aceitar referências genéricas, muitas delas construídas em termos abstratos, aptos a justificar outras decisões de igual modo, acarretando a *automatização* argumentativa. Exemplificando com hipóteses diversas: a) um motivo que se presta a justificar decisões semelhantes seria aquele a indicar a desnecessidade de apreensão da arma de fogo, submetendo-a a perícia, para servir de causa de aumento ao crime de roubo. Podem-se utilizar os mesmos argumentos para todas as situações concretas similares; b) deve-se evitar a justificativa *genérica*, válida para qualquer decisão, independentemente de se encontrar a indispensável similitude fática. Ilustrando, a decisão menciona que "cabe ao Poder Judiciário zelar pelo devido processo legal, garantindo a ampla defesa e o contraditório a todo acusado" (apenas um curto trecho para servir de exemplo), podendo conter muito mais argumentos genéricos como esses, que podem ocupar longos trechos da uma decisão, sentença ou acórdão, embora possam ser aplicados a qualquer caso criminal, pois pode não ter nenhuma especificidade com a hipótese concreta. Por óbvio, citações genéricas podem servir ao juiz para *compor* a sua decisão, como forma de expor um pensamento seu, uma posição particular ou mesmo um argumento de autoridade, com base em citação de doutrina ou jurisprudência, mas quando a decisão se serve desse tipo de justificativa para sustentar um veredicto, tem-se por esvaziada a motivação exigida para a situação em julgamento.

No tocante à ausência de enfrentamento acerca dos argumentos levantados no processo, sabe-se que a verdade é uma noção ideológica da realidade e o que prevalece, na decisão de uma causa (ou de uma questão interlocutória), refere-se ao convencimento do julgador acerca do que ele captou e entende por verdadeiro: se a imputação feita pela acusação ou se a argumentação defensiva. Portanto, o processo é um instrumento por meio do qual as partes procuram *convencer* o magistrado de que a *verdade* dos fatos se espelha conforme as suas afirmações. Cabe às partes levantar as teses jurídicas capazes de confirmar ou infirmar a imputação acusatória.

Em suma, os argumentos deduzidos no processo pelas partes *precisam* ser avaliados e acolhidos ou refutados pelo magistrado, de maneira explícita e fundamentada, pois, somente assim, ter-se-á segurança de que o juiz conheceu tudo o que lhe cabia captar em matéria de argumentos e provas colhidas ao longo da instrução. O não enfrentamento a *todos* os argumentos ou a todas as teses jurídicas expostas pelas partes não significa, necessariamente, a ausência ou carência de motivação. A meta é enfrentar os argumentos pertinentes e indispensáveis para conferir lógica à decisão. Inúmeras argumentações são lançadas num processo e o juiz não necessita comentar uma por uma, visto que algumas são totalmente inúteis para a solução da causa, enquanto outras podem ser afastadas por logicidade, ou seja, o acolhimento de uma tese implica o afastamento de outra por natural consequência. Se a defesa invoca uma preliminar de cerceamento de defesa, é crucial obter do julgador o afastamento dessa argumentação, *antes* de ingressar no mérito da causa, por exemplo. Mas, sob outro aspecto, a defesa invoca a legítima defesa e o juiz a afasta, não interessa debater se houve excesso nesse excludente. Enfim, somente os argumentos capazes de mudar o rumo do julgamento são imperiosos e devem ser enfrentados.

A invocação de jurisprudência genérica, seja um precedente jurisprudencial, seja uma súmula de Tribunal Superior, como argumento de autoridade, pode não representar nada em matéria de fundamentação idônea para uma decisão judicial. Aliás, com a facilidade trazida pela tecnologia, pode-se aumentar o número de páginas de qualquer sentença ou acórdão com várias citações (reproduções automáticas), sem que, na realidade, haja autêntico liame entre o precedente mencionado e o caso decidido. Para servir de real motivação para uma decisão, torna-se essencial que o precedente citado ou o enunciado da súmula se ligue diretamente à questão em análise. Por vezes, a citação da jurisprudência tem vínculo evidente com a decisão tomada; porém, se o julgado tem vários pontos e somente um deles é o fator relevante, cabe ao magistrado indicar qual é o argumento válido. Quer-se evitar a decisão judicial de volumosas páginas vazias de conteúdo, verificando-se que todo o mencionado não se liga ao caso concreto. Não é o montante de folhas de uma decisão o que a torna legitimamente fundamentada; por vezes, poucas páginas são aptas a decidir, com precisão, um caso complexo, desde que todos os argumentos sejam direcionados à causa posta em discussão no processo. Aliás, petições volumosas, repletas de citações jurisprudenciais ou doutrinárias, assim como decisões desse nível, não representam necessariamente sabedoria ou erudição. Quem realmente sabe o que está alegando e quem tem exata noção do que decide pode fazê-lo em linhas mais enxutas, sem tergiversar ou exagerar em argumentos, por vezes repetitivos e inócuos.

Deixar de seguir súmula ou jurisprudência alegada pela parte sem a demonstração de distinção no caso em julgamento ou a superação do entendimento é a norma mais polêmica das constantes do art. 315 do CPP. Afinal, deve-se destacar, desde logo, que somente as súmulas vinculantes do STF devem ser seguidas, com força de lei. Fora disso, outras súmulas e precedentes jurisprudenciais *não vinculam* outros órgãos do Poder Judiciário. São linhas de posicionamento dos Tribunais Superiores ou mesmo dos Tribunais estaduais e regionais. O juiz não é obrigado a seguir jurisprudência, mas o que se pretende demonstrar, nesse inciso VI, em verdade, é que o magistrado deve ter uma boa razão para evitar a aplicação de precedentes majoritários ou súmulas de tranquila aplicação, sob pena de evidenciar uma forma de tergiversar na fundamentação ou mesmo demonstrar parcialidade no seu julgamento. Pode-se argumentar que o posicionamento jurisprudencial citado pela parte está superado ou, no mínimo, deveria ser superado, indicando, claramente, as razões para tanto.

Segundo cremos, as posições adotadas pelo Plenário do STF, em matéria criminal, especialmente quando favoráveis ao réu, *devem* ser seguidas por instâncias inferiores, pois o órgão judiciário competente para analisar o confronto de uma norma em face da Constituição é o Pretório Excelso. Sob outro prisma, cabe ao Superior Tribunal de Justiça dar a mais adequada interpretação à lei federal. Se houver decisão das duas Turmas, por meio de julgamento da Terceira Seção, mormente quando favorável ao réu, também *deve* ser seguida a postura. É preciso lembrar que muitos acusados não têm como chegar aos Tribunais Superiores, mesmo pelo emprego do *habeas corpus*, por carência quanto à defesa técnica. Em suma, seguir jurisprudência dominante favorece a segurança jurídica; não é obrigatório, mas pode ser uma maneira sensata de decidir uma causa. No entanto, mesmo a jurisprudência dos tribunais, de qualquer instância, pode ser alterada e muito disso se deve a argumentos novos das partes e decisões inéditas de juízes de primeiro grau ou de tribunais estaduais ou regionais. Parece-nos que o mais importante é *fundamentar* o motivo de não cumprimento de súmula ou de jurisprudência aplicável ao caso concreto em julgamento.

8.3.4 *Circunstâncias legitimadoras e circunstâncias impeditivas da prisão preventiva*

Acesse e assista ao vídeo sobre Prisão cautelar e violência doméstica.

> http://uqr.to/1z8ov

O art. 313 do Código de Processo Penal especifica que a prisão preventiva será admissível nos casos de crimes dolosos, punidos com pena privativa de liberdade máxima superior a quatro anos (inciso I), se o acusado tiver sido condenado por outro delito doloso, em sentença transitada em julgado, ressalvado o prazo depurador do art. 64, I, do Código Penal (inciso II), bem como se o crime envolver violência doméstica e familiar contra a mulher, criança, adolescente, idoso, enfermo ou pessoa com deficiência, para garantir a execução das medidas protetivas de urgência (inciso III).

Pode-se, ainda, decretar a preventiva quando houver dúvida quanto à identidade civil da pessoa suspeita ou quando esta não fornecer elementos suficientes para esclarecê-la. Nessa hipótese, o preso deve ser colocado imediatamente em liberdade após a identificação, salvo se outra causa justificar a manutenção da prisão cautelar (art. 313, § 1.º). No § 2.º desse artigo, a lei é clara: "não será admitida a decretação da prisão preventiva com a finalidade de antecipação de cumprimento de pena ou como decorrência imediata de investigação criminal ou da apresentação ou recebimento da denúncia".

A primeira delas – admissão somente para crimes dolosos – descarta a preventiva para crimes culposos ou contravenções penais. A previsão é correta, pois não tem cabimento recolher, cautelarmente, o agente de delito não intencional, cuja periculosidade é mínima para a sociedade e cujas sanções penais são também de menor proporção, a grande maioria comportando a aplicação de penas alternativas à privativa de liberdade. Além disso, estabelece-se outro patamar: os crimes dolosos, que comportam preventiva, devem ter pena máxima abstrata superior a quatro anos. Portanto, ilustrando, crimes como o furto simples já não comportam prisão cautelar, diretamente decretada, como regra.

A segunda especifica caber a prisão preventiva aos réus reincidentes em crimes dolosos, com sentença transitada em julgado. Noutros termos, é preciso que o crime anterior seja doloso e já exista condenação definitiva; sob outro aspecto, o novo crime também precisa ser doloso. Dentre a anterior condenação e a atual não pode ter decorrido o período de cinco anos, conforme previsto no art. 64, I, do Código Penal. Se assim ocorrer, a possibilidade de gerar reincidência esvai-se. Deixa-se de lado o reincidente em crime culposo ou aquele que já foi condenado por delito doloso, mas torna a praticar crime culposo – ou vice-versa –, pois, apesar de reincidente, não se leva em consideração para fins de custódia cautelar.

Essa menção à reincidência em crime doloso, em nosso entendimento, é inócua. Não se deve decretar a prisão preventiva somente por conta da reincidência, mas, sim, porque os fatores do art. 312 do CPP estão presentes. E, caso estejam, ainda que primário o agente, decreta-se a preventiva.

A terceira hipótese autoriza a prisão preventiva em casos de violência doméstica e familiar contra vítimas consideradas frágeis (mulher, criança, adolescente, idoso, enfermo e deficiente). O objetivo da preventiva é assegurar a execução das medidas protetivas de urgência, não se destinando a vigorar por toda a instrução criminal. Exemplo: decreta-se a prisão cautelar do marido, que agrediu a esposa, para que esta possa sair em paz do lar, consolidando-se a separação do casal. Não mais que isso. Afinal, o delito de lesão corporal, com violência doméstica prevê pena mínima de três meses de detenção (art. 129, § 9.º, CP), razão pela qual, em função da existência da detração, se o réu ficar detido durante toda a instrução, é possível que cumpra mais tempo detido em cautela do que todo o período de pena, que lhe foi fixado.

Por outro lado, cuidando-se de delito de ameaça, cuja pena de detenção varia entre três e seis meses (ou multa), com maior justificativa, deve-se controlar a decretação da prisão preventiva, pois o período de pena definitiva é muito curto. Qualquer exagero na duração da medida cautelar restritiva da liberdade pode gerar nítida teratologia.[74] No dizer de GUSTAVO BADARÓ, "a prisão preventiva jamais poderá ser imposta quando, com base em cognição sumária, se antever que a pena a ser imposta ao final, provavelmente, não será uma pena privativa de liberdade, ou esta terá sua execução suspensa. Não cabe a prisão preventiva se, ao final do processo, o acusado não terá que cumprir uma pena privativa de liberdade".[75]

Quanto às circunstâncias que limitam a preventiva, enumera o art. 314 do CPP as hipóteses de exclusão da ilicitude do art. 23 do Código Penal (estado de necessidade, legítima defesa, exercício regular de direito e estrito cumprimento do dever legal). Logo, se o juiz verificar pelas provas constantes dos autos ter o agente praticado o fato por conta de uma delas, não decretará em caso algum a prisão cautelar.

Logicamente, não se exige, nesse caso, a perfeita constatação de que a excludente estava presente, mas indícios fortes da sua existência. A decisão final somente será proferida ao término da instrução, devendo o réu ser mantido fora do cárcere nesse período. Logo, ainda que ele conturbe a instrução, tendo em vista a taxatividade da norma processual penal, fica livre da prisão preventiva.

Cremos, ainda, que podem ser incluídas as excludentes de culpabilidade, por analogia, uma vez que também são causas de exclusão do crime, não se justificando a decretação da prisão preventiva contra quem agiu, por exemplo, sob coação moral irresistível ou em erro de proibição.

8.3.5   Modificações fáticas da situação determinante da prisão ou da soltura do réu

É possível que o juiz tenha indeferido o pedido do Ministério Público de decretação da prisão preventiva do réu, por não ter constatado causa válida para isso, espelhando-se nas provas que dispunha no processo, naquele momento. Entretanto, surgindo nova prova, é natural que a situação fática tenha apresentado alteração, justificando outro pedido e, consequentemente, a decretação da medida cautelar.

---

[74] É o alerta de PAULO RANGEL: "a prisão preventiva deve ser decretada para que o processo tenha seu curso regular assegurado e não para que as medidas protetivas sejam cumpridas" (*Direito processual penal*, p. 829).

[75] "A prisão preventiva e o princípio da proporcionalidade", in: *Estudos criminais em homenagem a Weber Martins Batista*, p. 181.

O mesmo raciocínio deve ser aplicado em via inversa. Se o acusado foi preso, logo no início, porque se dizia que ele ameaçava testemunhas, é possível que, em seguida aos depoimentos dados, negando ao juiz as pretensas ameaças, caiba a revisão da medida, colocando-se o acusado em liberdade (art. 316, CPP).

Por outro lado, a Lei 13.964/2019 introduziu o parágrafo único no art. 316, nos seguintes termos: "decretada a prisão preventiva, deverá o órgão emissor da decisão revisar a necessidade de sua manutenção a cada 90 (noventa) dias, mediante decisão fundamentada, de ofício, sob pena de tornar a prisão ilegal". Cuida-se de correta providência legislativa, evitando-se a perpetuação indeterminada e, por vezes, desnecessária da prisão preventiva, que não possui prazo legal para terminar. Então, cabe ao magistrado justificar a cada 90 dias as razões que o levam a manter a custódia cautelar, sob pena de, não o fazendo, gerar constrangimento ilegal. Entretanto, não nos soa tratar-se de um prazo inflexível que, ultrapassado, produz a imediata soltura de quem está preso. É preciso verificar, junto ao juízo, a razão pela qual ele deixou de reavaliar o caso depois de 90 dias; havendo um justo motivo, além de existir razão suficiente para a continuidade da segregação cautelar, não há coação ilegal a ser sanada.

Há de se considerar não possuir a preventiva um prazo fixado em lei. Os tribunais têm entendido deva-se respeitar os critérios da razoabilidade e da proporcionalidade. Por isso, cuida-se de um prazo flexível no seu conjunto, a merecer avaliação individualizada e não genérica e muito menos automática.

Assim sendo, quando o tribunal receber um pedido de *habeas corpus*, lastreado na ausência de avaliação do juiz em relação à manutenção da prisão preventiva em 90 dias, deve preocupar-se tanto quanto à carência dessa revisão quanto no tocante à prisão em si e sua razão de ser. O direito não é mera *formalidade*; por certo, faz parte da garantia dos direitos individuais o respeito às formas do processo, mas elas não podem ser fins em si mesmas.

O ideal é que o juiz, prolator da decisão de segregação, seja imediatamente cobrado, quando o *habeas corpus* chegar ao tribunal. Se não houver motivo plausível nem para a falta de revisão nem mesmo para a continuidade da prisão, torna-se essencial que o tribunal conceda a ordem de HC para soltar o preso. Por outro lado, o objetivo principal desse parágrafo único do art. 316 do CPP se liga ao juízo de primeiro grau, buscando-se garantir que o processo, com réu preso, tenha uma rápida instrução, para um término breve. Sob outro ângulo, esse dever de rever a prisão a cada 90 dias, tratando-se de segregação cautelar decretada em tribunal, nos casos de competência originária, cabe ao relator do processo.

Entretanto, quando a prisão preventiva é decretada em primeiro grau, ocorre a sentença condenatória e há recurso dirigido ao tribunal estadual ou regional, o magistrado prolator da decisão cessou a sua atividade jurisdicional. Não lhe cabe mais emitir juízos no processo, que nem mais acompanha. Exigir que ele faça a tal revisão da prisão cautelar a cada 90 dias, quando não está mais com o processo na Vara, mas no Tribunal, cuida-se de pura formalidade. Ele poderá repetir automaticamente a decisão, sem ter novos elementos em suas mãos. Caberia ao relator do processo em grau de recurso rever essa prisão a cada 90 dias? É uma hipótese, mas ele também não terá elementos novos, pois o processo está aguardando apenas a revisão do julgamento de primeiro grau, não se voltando diretamente à prisão cautelar, como regra. De qualquer forma, mais adequado seria o relator rever a prisão do que o juiz de primeiro grau. Se o feito se transferir a Tribunais Superiores, por força dos recursos especial e extraordinário, caberia, então, ao relator desses feitos proceder a essa revisão.

Afinal, a previsão feita no parágrafo único do art. 316 do CPP destina-se apenas ao *órgão emissor* da decisão de prisão cautelar, enquanto o feito estiver sob sua competência. Sendo o juiz de primeiro grau, deve fazer isso até a sentença condenatória. Sendo o feito de competência originária, ao relator. Fora desse cenário, não tem nenhuma aplicação o disposto nessa norma, pois seria exigir uma formalidade inócua do magistrado de primeira instância, que impôs a preventiva. Ele a ratificaria a cada 90 dias de modo puramente formal, *depois* que o processo saiu de sua jurisdição, já estando em grau recursal. Note-se o seguinte: se o tribunal estadual demorar muito tempo para resolver um caso de réu preso, a defesa, como regra, impetra HC em tribunal superior, alegando excesso de prazo e falta de razoabilidade. Aliás, até mesmo quando o STJ demora para julgar um caso de réu preso, a defesa impetra HC junto ao STF. Logo, o que se acompanha, na prática, é o correto: quando o feito está em grau recursal, o responsável pela demora (em qualquer prazo) é o *juiz do feito*, seja ele o colegiado de segundo grau, seja o Superior Tribunal de Justiça, seja o próprio Supremo Tribunal Federal. Quem tem o processo em sua competência é o responsável por justificar a prisão processual a cada 90 dias, *se o entendimento se conduzir à sua indispensabilidade* em qualquer estágio do processo.

Em nosso entendimento, o objetivo da norma é destinado à primeira instância: a cada 90 dias, o juiz que decretou a prisão preventiva deve justificá-la, até o final da instrução e a prolação da decisão condenatória. A partir daí, não há mais aplicação ao disposto no parágrafo único ao art. 316 do CPP. E, se houver, não cabe ao juiz de primeira instância, que não mais tem o processo sob sua competência.

Pela relevância do tema, confira-se a posição do Superior Tribunal de Justiça: "Por fim, no que diz respeito ao reexame da 'necessidade da segregação cautelar, tendo em vista o tempo decorrido e o disposto na Lei n. 13.964/2019', relevante esclarecer que a jurisprudência do Superior Tribunal de Justiça evoluiu no sentido de que o dever de reavaliar periodicamente, a cada 90 dias, a necessidade da prisão preventiva, cessa com a formação de um juízo de certeza da culpabilidade do réu, declarado na sentença, e ingresso do processo na fase recursal. Isso porque, com prolação da sentença, o § 1º do art. 387 Código de Processo Penal determina que 'O juiz decidirá, fundamentadamente, sobre a manutenção ou, se for o caso, a imposição de prisão preventiva ou de outra medida cautelar, sem prejuízo do conhecimento de apelação que vier a ser interposta'. Trata-se de uma imposição legal para uma última atuação do Magistrado, a qual representa o marco final para a revisão, de ofício, da prisão preventiva do condenado. Nesse sentido: agravo regimental no *habeas corpus*. Processo penal. Organização criminosa. Pedido de sustentação oral. Inadmissibilidade. Suposta ofensa ao art. 316, parágrafo único, do Código de Processo Penal. Não ocorrência. Sentença proferida. Manutenção da prisão cautelar. Autos recebidos pelo tribunal de origem para a apreciação do recurso de apelação. Agravo regimental desprovido. (...) 2. A obrigação de revisar, a cada 90 (noventa) dias, a necessidade de se manter a custódia cautelar (art. 316, parágrafo único, do Código de Processo Penal) é imposta apenas ao juiz ou tribunal que decretar a prisão preventiva. Com efeito, a Lei nova atribui ao 'órgão emissor da decisão' – em referência expressa à decisão que decreta a prisão preventiva – o dever de reavaliá-la. 3. Encerrada a instrução criminal, e prolatada a sentença ou acordão condenatórios, a impugnação à custódia cautelar – decorrente, a partir daí, de novo título judicial a justificá-la – continua sendo feita pelas vias ordinárias recursais, sem prejuízo do manejo da ação constitucional de *habeas corpus* a qualquer tempo" (HC 670.887-MS, 5.ª T., rel. Reynaldo Soares da Fonseca, 24.08.2021, v. u.).

8.3.6   *A apresentação espontânea do acusado*

Do mesmo modo que anteriormente sustentamos, no tocante à possibilidade de ser efetivada a prisão em flagrante de quem, logo após o crime, apresenta-se à autoridade policial, espontaneamente, pois neste ato pode estar camuflado o nítido desejo de burlar a aplicação da lei, fazemos o mesmo neste contexto.

Ao autor de infração penal grave, que provocou sério abalo à ordem pública, por exemplo, cabe a decretação de prisão preventiva e o simples comparecimento espontâneo do acusado diante da autoridade policial ou judiciária não pode servir de impedimento a tal medida. Se assim ocorresse, seria muito fácil aos sujeitos realmente perigosos subtraírem-se à aplicação da lei penal, continuando, inclusive, a conturbar a tranquilidade social.

Portanto, se a apresentação espontânea for capaz de elidir a causa da prisão preventiva – como a demonstração de que não pretende fugir – pode o magistrado deixar de decretá-la, sem dúvida. Mas, se for apenas um subterfúgio para escapar da indispensável custódia cautelar, deve o juiz decretá-la sem titubear.

A Lei 12.403/2011 revogou o art. 317, que dispunha: "A apresentação espontânea do acusado à autoridade não impedirá a decretação da prisão preventiva nos casos em que a lei a autoriza". Essa norma, em nossa visão, terminava por aclarar o óbvio: se os requisitos da preventiva estivessem presentes, com ou sem apresentação espontânea, podia-se decretar a prisão cautelar. Por isso, revogado o referido artigo, permanecemos fiéis à nossa posição supraexposta.

8.4 Prisão decorrente de pronúncia

Ao decidir a respeito da admissibilidade da acusação, optando por remeter o caso a julgamento pelo Tribunal do Júri, deve o magistrado manifestar-se acerca da possibilidade de o réu aguardar solto o seu julgamento. Observa-se, pela nova redação do § 3.º do art. 413 ("O juiz decidirá, motivadamente, no caso de manutenção, revogação ou substituição da prisão ou medida restritiva de liberdade anteriormente decretada e, tratando-se de acusado solto, sobre a necessidade da decretação da prisão ou imposição de quaisquer das medidas previstas no Título IX do Livro I deste Código"), que a lei passa a considerar a prisão por pronúncia uma exceção, lastreada, quando decretada, nos requisitos da prisão preventiva.

Por isso, o juiz deve, sempre, decidir a respeito da prisão, mantendo-a e recomendando o réu no presídio em que se encontra, ou determinando a sua captura, caso a prisão seja decretada e ele esteja solto. Naturalmente, para elaborar essa análise, o juiz deve agir com prudência e bom senso, do mesmo modo que atua quando decide a respeito da possibilidade de o acusado aguardar solto o processamento de seu recurso, em caso de condenação. Ressalte-se que, com a reforma da Lei 13.964/2019, o magistrado não pode mais decretar a prisão preventiva de ofício, durante a instrução. Parece lógico, então, que, na pronúncia, se o acusado estiver solto, o juiz somente decrete a sua prisão se houver pedido expresso do órgão acusatório.

Na verdade, não mais interessam, como pontos isolados, a reincidência e os antecedentes criminais do réu. Somente quando estiver presente o requisito da garantia da ordem pública (art. 312, CPP), que pode abranger, também, a avaliação da reincidência e dos maus antecedentes, terá o juiz condições de decretar a prisão cautelar. Por outro lado, caso ocorra a pronúncia por delito apenado com detenção (como ocorre com o infanticídio ou com o autoaborto), cujo início do cumprimento se dará nos regimes semiaberto ou aberto (conforme art. 33, *caput*, do Código Penal) ou mesmo quando se tratar de crime apenado com reclusão, mas na forma tentada e cuja pena a ser aplicada seja, possivelmente, suscetível de receber algum benefício, que mantenha o sentenciado fora do cárcere, deve o magistrado manter a sua liberdade, deixando de decretar a prisão.

Convém registrar que, após a pronúncia, estando o réu preso, torna-se ultrapassada qualquer alegação de excesso de prazo na formação da culpa, conforme dispõe a Súmula 21 do STJ: "Pronunciado o réu, fica superada a alegação do constrangimento ilegal da prisão por excesso de prazo na instrução".

Outra das razões que podia levar o magistrado a não permitir a permanência do acusado em liberdade, aguardando o julgamento pelo Tribunal Popular, era a sua situação de ausente. Com a edição da Lei 11.689/2008, não mais se admite a decretação da prisão cautelar porque o réu não foi intimado pessoalmente da pronúncia ou não compareceu para o julgamento em plenário.

Outro ponto pacífico na jurisprudência é que, se o acusado teve a prisão preventiva decretada, permanecendo recolhido ao longo da instrução, não há, como regra, motivo para ser solto justamente quando a pronúncia é proferida. Eventualmente, havendo motivo para revogar a preventiva, pode o juiz reavaliar o caso, colocando o acusado em liberdade. E mais, se o réu foi preso cautelarmente, assim aguardando até a pronúncia, nesta decisão basta que o magistrado mencione que continuará preso pelos mesmos motivos já expostos anteriormente, sendo desnecessário fundamentar mais uma vez. Ademais, se estiver preso, a mantença da segregação cautelar pode ser imposta pelo julgador, sem provocação do órgão acusatório, pois esta já foi realizada anteriormente.

Pode, ainda, o julgador decretar – ou manter – outra medida cautelar alternativa (art. 319, CPP), se presentes os seus requisitos (art. 282, I e II, CPP). É viável que o magistrado converta uma medida cautelar alternativa em preventiva, se encontrar os requisitos do art. 312 do CPP, ou faça o oposto, convertendo a preventiva em cautelar alternativa, constatando não mais ser necessária a privação da liberdade.

8.5 Prisão decorrente de sentença condenatória recorrível

Dispunha o art. 594 do Código de Processo Penal: "o réu não poderá apelar sem recolher-se à prisão, ou prestar fiança, salvo se for primário e de bons antecedentes, assim reconhecido na sentença condenatória, ou condenado por crime de que se livre solto". Esse dispositivo foi revogado pela Lei 11.719/2008.

Passa-se a considerar, para a decretação da prisão cautelar, em razão de sentença condenatória, o disposto pelo art. 387, § 1.º, do CPP: "O juiz decidirá, fundamentadamente, sobre a manutenção ou, se for o caso, a imposição de prisão preventiva ou de outra medida cautelar, sem prejuízo do conhecimento de apelação que vier a ser interposta".

O réu que aguardou preso o decorrer da instrução deve continuar detido, como regra, após a prolação da sentença condenatória, mormente se foi aplicado o regime fechado. Se antes do julgamento de mérito, que o considerou culpado, estava cautelarmente recolhido, com mais lógica assim deve permanecer após a condenação. Excepcionam-se desse raciocínio os casos em que os motivos que levaram à prisão cautelar, durante a instrução, findaram. Nesta situação, se estiver preso, a mantença da segregação cautelar pode ser imposta pelo julgador, sem provocação do órgão acusatório, pois esta já foi realizada anteriormente.

Ressalte-se que, com a reforma da Lei 13.964/2019, o magistrado não pode mais decretar a prisão preventiva de ofício, durante a instrução. Parece lógico, então, que, na sentença condenatória, se o acusado estiver solto, o juiz somente decrete a sua prisão se houver pedido expresso do órgão acusatório.

Sob outro aspecto, caso o juiz imponha ao acusado o regime aberto, não importando em que situação ele se encontra, não há cabimento em mantê-lo no cárcere, pois, se confirmada a decisão, o cumprimento de sua pena se dará, praticamente, em liberdade. Por outro lado, caso a pena fixada pelo magistrado seja branda, levando-se em conta o tempo de prisão cautelar (sobre o qual incidirá a detração, conforme dispõe o art. 42 do Código Penal) e, também, o período que deverá aguardar para que seu recurso seja julgado, pode ser de flagrante injustiça mantê-lo preso. Afinal, a pena total aplicada pode ser inferior ao tempo de detenção cautelar, o que não é razoável.

Em suma, torna-se imperiosa a utilização da proibição de recorrer em liberdade com cautela e prudência, conforme o caso concreto que cada réu apresente. Essa medida deve ser usada não somente para o âmbito do Código de Processo Penal, mas para toda a legislação especial.

8.5.1   A prisão para recorrer, o tempo de espera para o julgamento da apelação e os princípios da razoabilidade e da proporcionalidade

A Justiça brasileira, de um modo geral, ainda padece de lentidão e burocracia, embora já exista preceito constitucional expresso, homenageando a economia processual: "A todos, no âmbito judicial e administrativo, são assegurados a razoável duração do processo e os meios que garantam a celeridade de sua tramitação" (art. 5.º, LXXVIII, CF).

A jurisprudência vale-se, atualmente, dos princípios da razoabilidade e da proporcionalidade para determinar a soltura do acusado, por excesso de prazo, bem como para mantê-lo preso, quando não se perceber outra alternativa, por se tratar de crime grave, agente perigoso e, muitas vezes, vislumbrar-se atitudes procrastinatórias da própria defesa. Não se pode olvidar o contexto dos recursos, afinal, os tribunais também têm o dever de defender o princípio da celeridade e lutar pela razoável duração do processo. Logo, uma apelação, quando não se permitiu a permanência do condenado em liberdade, precisa, identicamente, ser julgada em prazo justo. Assim não ocorrendo, há de se contar com a sensibilidade de desembargadores e ministros para conceder, se for o caso, *habeas corpus* de ofício, colocando o sentenciado em liberdade. Das duas uma: ou a apelação entra em pauta com brevidade ou se solta o recorrente.

Esse quadro justifica, ainda, a avaliação do princípio da proporcionalidade. É preciso ponderar há quanto tempo o réu está provisoriamente preso, qual o montante possível da pena e se há motivo plausível para mantê-lo detido.

Um equívoco jurisprudencial relativamente comum é a verificação exclusiva da demora no andamento do processo, sob o ponto de vista da condução do magistrado, afirmando-se que este nada fez para retardar o desencadeamento normal do feito. Entretanto, na prática, cabe ao juiz conduzir o andamento processual de maneira célere; a sua simples omissão em garantir um trâmite rápido já é motivo para configurar constrangimento ilegal. Compete-lhe determinar ao cartório o cumprimento eficaz dos atos determinados e a designação de audiência para curto espaço de tempo. Não o fazendo, a procrastinação é resultado de suas atitudes, ainda que omissivas.

Atualmente, passamos a sustentar a existência do princípio constitucional processual implícito, inerente à atuação do Estado, consistente na *duração razoável da prisão cautelar*.

8.5.2   Prisão após decisão em 2.º grau

O Supremo Tribunal Federal, em decisão proferida pelo Plenário, em 2016, limitou o âmbito da presunção de inocência, permitindo o cumprimento da pena após o julgamento de 2.º grau. Vários argumentos foram utilizados, dentre os quais que essa solução poderia acelerar o cumprimento da pena, evitando-se a prescrição e combatendo-se a impunidade.

Em outra decisão, tomada igualmente pelo Pleno, em final de 2019, o STF adotou outra posição, consagrando o princípio da presunção de inocência e vedando a prisão para cumprimento de pena após o 2.º grau.

Continua sendo viável a prisão preventiva, vedando o recurso em liberdade.

Parece-nos que a decisão de 2019 do STF é a mais harmoniosa em face do princípio da presunção de inocência (art. 5.º, LVII – ninguém será considerado culpado até o trânsito em julgado de sentença penal condenatória). Quanto à situação relativa a evitar a ocorrência da prescrição, caso o processo demore a terminar, a reforma da Lei 13.964/2019 introduziu, como causa de suspensão da prescrição, a pendência de embargos de declaração ou de recursos aos Tribunais Superiores, quando forem considerados inadmissíveis (art. 116, III, CP), o que ameniza bastante a possibilidade de se verificar a prescrição, mesmo quando o réu recorra a instâncias superiores.

De toda forma, parece-nos que a solução para o cumprimento da pena, após a decisão condenatória proferida em 2.º grau, seria a edição de uma Emenda à Constituição, especificando quando ocorre o trânsito em julgado. Normatizando-se, na esfera constitucional, que o julgamento definitivo se dá em segunda instância, a partir daí, os recursos interpostos ao Supremo Tribunal Federal ou Superior Tribunal de Justiça teriam o perfil de autênticas ações rescisórias.

8.6   Medidas cautelares alternativas à prisão

8.6.1   Espécies de medidas cautelares

A Lei 12.403/2011 inseriu no cenário processual penal medidas cautelares, restritivas da liberdade, porém diversas da prisão. São previstas no art. 319 do CPP: a) comparecimento periódico em juízo, conforme as condições e prazo estabelecidos pelo magistrado, para justificar e esclarecer suas atividades; b) proibição de acesso e frequência a certos lugares quando, por relação com o fato, deva o indiciado ou acusado permanecer distante deles para evitar o risco de novos crimes; c) vedação de manter contato com certa pessoa, quando, por circunstâncias relacionadas ao fato, deva o indiciado ou réu dela permanecer distante; d) vedação de se ausentar da Comarca, quando a permanência seja necessária ou conveniente ao processo ou à investigação; e) recolhimento domiciliar, no período noturno e nos dias de folga, quando o investigado ou réu tenha residência e trabalho fixos; f) suspensão da função pública ou de atividade de natureza econômica ou financeira se houver justo receio de sua utilização para a prática de infrações penais; g) internação provisória do réu, em hipóteses de crimes cometidos com violência ou grave ameaça, se os peritos concluírem ser inimputável ou semi-imputável, havendo o risco de reiteração; h) fiança, quando a infração admitir, para garantir o comparecimento a atos do processo, evitar a obstrução do seu andamento e em caso de resistência injustificada à ordem judicial; i) monitoração eletrônica.

Acesse e assista ao vídeo sobre Objetivo da fiança.

> http://uqr.to/1z8ow

As novas medidas em matéria processual já são conhecidas em outros institutos, seja como condição para o cumprimento da pena no regime aberto, gozo de suspensão condicional do processo ou livramento condicional, seja como pena alternativa ao cárcere. De toda forma, pretende-se aplicar, agora, as mesmas medidas restritivas à liberdade como forma de contornar a decretação da prisão preventiva. Assim, em lugar da prisão cautelar, pode-se determinar o recolhimento domiciliar do acusado, desde que compatível com o caso concreto.

A fiança pode ser cumulada com outras medidas cautelares (art. 319, § 4.º, CPP), bem como pode o magistrado fixar medidas isoladas ou cumulativas (art. 282, § 1.º, CPP). Tais medidas podem ser requeridas pelas partes (Ministério Público, querelante e assistente de acusação – este pode solicitar a prisão preventiva, logo, pode também pleitear qualquer outra cautelar) ou decretadas de ofício pelo juiz, durante a instrução; na fase investigatória, dependem de representação da autoridade policial ou requerimento do Ministério Público.

A nova redação do art. 282, § 2.º, do CPP demonstra que "as medidas cautelares serão decretadas pelo juiz a requerimento das partes ou, quando no curso da investigação criminal, por representação da autoridade policial ou mediante requerimento do Ministério Público". Não há mais medida cautelar decretada de ofício.

Segundo preceitua o § 3.º do art. 282, o juiz deve intimar a parte contrária para se manifestar no prazo de 5 dias, antes de decretar qualquer medida, exceto em casos de urgência ou de perigo de ineficácia da medida.

Aplica-se o mesmo ao descumprimento de medida cautelar. Não pode o juiz decidir de ofício. Depende de requerimento do MP, do assistente de acusação ou do querelante. A partir disso, ele decidirá se impõe outra medida ou decreta a preventiva (art. 282, § 4.º, CPP).

A prisão preventiva é a última medida, realmente quando não couber uma alternativa (art. 282, § 6.º, CPP).

Em compatibilidade com a medida de proibição de se ausentar da Comarca (art. 319, IV), pode-se vedar o indiciado ou réu de sair do País. Para tanto, serão comunicadas as autoridades encarregadas da fiscalização das fronteiras, intimando-se o indiciado ou acusado a entregar o passaporte, em 24 horas (art. 320, CPP). Se houver recusa ou omissão dolosa, pode o intimado responder pelo crime de desobediência.

Havendo prisão em flagrante, se não for caso de conversão em prisão preventiva, desde que presentes os requisitos do art. 312 do CPP, deve o juiz conceder liberdade provisória, com ou sem fiança. Nesse ato, pode impor medidas cautelares compatíveis com a situação do indiciado ou réu (art. 321, CPP).

8.6.2 Requisitos para a decretação das medidas cautelares

As medidas cautelares alternativas à prisão não podem ser impostas pelo juiz sem necessidade e adequação. Não são medidas automáticas, bastando que haja investigação ou processo. Elas restringem a liberdade individual, motivo pelo qual precisam ser fundamentadas.

Há dois requisitos genéricos: a) necessariedade; b) adequabilidade. Estes são cumulativos, ou seja, ambos precisam estar presentes para autorizar a imposição de medidas cautelares (art. 319, CPP).

O primeiro requisito genérico divide-se em três: a.1) para aplicação da lei penal; a.2) para a investigação ou instrução criminal; a.3) para evitar a prática de infrações penais, nos casos previstos em lei. Esses três são alternativos, ou seja, basta a presença de um deles para configurar a necessariedade.

A aplicação da lei penal associa-se, em menor grau, ao requisito da prisão preventiva – para assegurar a aplicação da lei penal – previsto, também, no art. 312 do CPP. Esse elemento é ligado, como regra, à possibilidade de fuga do agente do crime. Para comportar diversos graus, deve-se avaliar a hipótese concreta. Ilustrando: se o indiciado ou réu não tem residência e emprego fixos, pode-se pressupor a possibilidade de fuga; inexiste razão para a preventiva, mas é viável a decretação de medida cautelar alternativa, como o comparecimento em juízo, mensalmente, para informar e justificar atividades. Caso a hipótese de fuga seja evidente, pois o indiciado ou acusado está vendendo tudo o que tem e se desligou do emprego, pode-se partir para a preventiva.

A investigação ou instrução criminal vincula-se, em menor grau, ao elemento da preventiva – por conveniência da instrução criminal – conforme art. 312 do CPP. Normalmente, visualiza-se esse requisito quando o indiciado ou réu perturba a colheita da prova de alguma forma (destruindo documentos, ameaçando testemunhas etc.). Havendo a suspeita de que poderá ameaçar qualquer testemunha, ou mesmo a vítima, pode-se decretar a medida cautelar de distanciamento dessa pessoa. Quando houver maior concretude em relação à ameaça, por exemplo, decreta-se a preventiva.

Tudo depende, ainda, do crime, pois há infrações que não comportam preventiva, diretamente decretada, mas somente medidas alternativas (vide art. 313, I, CPP).

A questão ligada a evitar a prática de infrações penais espelha a hipótese do inimputável ou semi-imputável, autor de fato grave (violento ou com ameaça à pessoa), que deve ter a internação provisória decretada (art. 319, VII, CPP).

O segundo requisito genérico divide-se em três: b.1) gravidade do crime; b.2) circunstâncias do fato; b.3) condições pessoais do indiciado ou acusado.

A gravidade do crime deve ser visualizada de modo concreto. Não importa o conceito abstrato de gravidade, mas exatamente o que o fato representa. Ilustrando, o homicídio é crime grave por natureza, bastando checar a elevada pena a ele cominada. No entanto, concretamente, há que se perquirir qual homicídio realmente foi praticado com singularidade, de forma a despertar particular atenção da comunidade. Eis a gravidade concreta. Não fosse assim, todo autor de homicídio deveria ser preso cautelarmente, de maneira padronizada, o que não ocorre, nem deve dar-se.

Aliás, há súmulas do STF (718) e do STJ (440) especificando que a gravidade abstrata do crime não serve de baliza para a fixação do regime inicial de cumprimento da pena. É um bom sinal de que a gravidade abstrata não serve de orientação ao magistrado para a tomada de decisões concretas no processo.

As circunstâncias do fato ligam-se à tipicidade derivada (qualificadoras/privilégios e causas de aumento/diminuição), basicamente. Um crime, na figura simples, como o roubo (art. 157, *caput*, CP), é menos grave do que um roubo com causa de aumento (art. 157, § 2.º, CP). Por isso, deve o magistrado levar em conta a concretude do fato delituoso para optar entre aplicar ou não medidas cautelares.

As condições pessoais do indiciado ou acusado são muito importantes para vários institutos penais, inclusive para a individualização da pena (art. 59, CP). Não menos relevantes devem ser para o contexto da cautelaridade processual penal. Há diferença entre o primário e o reincidente, entre o agente que possui antecedentes criminais e o que não os possui, entre outros fatores pessoais. Lembremos, inclusive, ser importante analisar tais condições até mesmo para a decretação da preventiva, no cenário da garantia da ordem pública.

Passa-se a demandar do juiz, para fins processuais, a individualização da medida cautelar. Em perfeita harmonia com os fins do princípio constitucional da individualização da pena, que abomina a padronização da sanção penal, quer-se individualizar a restrição à liberdade na fase processual.

Qualquer medida cautelar (prisão ou alternativa) deve ser fixada de acordo com o caso concreto, levando em consideração a pessoa do indiciado ou réu, sem nenhum padrão estabelecido de antemão.

8.6.3   Aplicação do contraditório e da ampla defesa

Como regra, antes de decretar qualquer medida cautelar alternativa à prisão (art. 319, CPP), deve o juiz ouvir a parte contrária, que, no caso, é o indiciado ou réu, como prevê o art. 282, § 3.º, do Código de Processo Penal.

Cuida-se de consagração dos princípios constitucionais do contraditório e da ampla defesa. Por vezes, o pedido formulado pelo interessado (Ministério Público, querelante ou assistente) não apresenta consistência, algo que poderá ser apontado pelo maior interessado no indeferimento.

Em casos de urgência ou de perigo de ineficácia da medida, não se ouve o indiciado ou réu antes da decretação, nada impedindo que se promova a sua oitiva depois. Seria um autêntico contraditório diferido.

8.6.4   Descumprimento da medida cautelar alternativa

Em caso de descumprimento injustificado das obrigações impostas, ouvido antes o indiciado ou réu, em homenagem à ampla defesa, pode o juiz, a requerimento do Ministério Público, seu assistente ou do querelante, substituir a medida por outra, impor mais uma em cumulação ou, em último caso, decretar a preventiva (art. 282, § 4.º, CPP).

A qualquer tempo, o magistrado pode, de ofício ou a pedido das partes, rever a medida decretada, entendendo não ser o caso de mantê-la, bem como voltar a decretá-la, se novas razões advierem (art. 282, § 5.º, CPP).

A prisão preventiva passa a ser considerada, expressamente, como última opção (art. 282, § 6.º, CPP).

8.6.4.1   A decretação da prisão preventiva, para qualquer crime, em caso de descumprimento de medida cautelar alternativa

A Lei 12.403/2011 foi editada contendo um aparente conflito de normas. Em primeiro lugar, deve-se salientar que o surgimento das medidas cautelares (art. 319, CPP) constituem uma efetiva alternativa à prisão cautelar. Há diversos casos concretos em que a restrição à liberdade, quando necessária e adequada, pode dar-se em esfera diferenciada do cárcere.

Porém, o processo penal não pode prescindir do rigor do Estado para controlar quem abusa do direito à liberdade, colocando em risco a investigação ou a instrução, bem como a sociedade como um todo. Do mesmo modo que se cultua a presunção de inocência, louva-se a segurança pública, como direitos de todo indivíduo.

A prisão preventiva é a *ultima ratio* (última opção); não se deve decretá-la, salvo quando outra medida restritiva, de menor alcance, for inviável. Por isso, surge a seguinte dúvida: impondo-se medida cautelar alternativa à prisão, mas não cumprida, pode o Judiciário decretar a preventiva? Cremos que sim. Essa é a lógica do sistema trazido pela Lei 12.403/2011.

Criam-se medidas alternativas ao cárcere, mas a garantia de que elas serão, realmente, cumpridas é a autoridade estatal de, no último caso, impor a prisão cautelar. Por isso, existe o preceito geral, previsto no art. 282, § 4.º, do CPP ("em último caso, decretar a prisão preventiva").

Ocorre que, feita uma interpretação literal dos arts. 312 e 313 do CPP, pode-se entender que a prisão preventiva somente seria cabível, em caso de descumprimento de medida cautelar alternativa, se a situação concreta indicar crime doloso com pena privativa máxima superior a quatro anos (art. 313, I). Noutros termos, se o autor de um furto simples perturbar a instrução, o juiz pode impor medida cautelar restritiva; descumprida esta, como a pena máxima para esse delito é de quatro anos, nada se poderia fazer. Gera-se o absurdo da impunidade, permitindo-se que uma faixa de autores de crime faça o que quiserem, pois estariam imunes à força coercitiva estatal.

Autores de delitos cuja pena máxima não for superior a quatro anos poderiam de tudo fazer, desde ameaçar qualquer pessoa, passando por fugir e até mesmo perpetuar na atividade criminosa, ao arrepio da autoridade judiciária.

Não vemos tal possibilidade. Por isso, qualquer que seja o crime, havendo o descumprimento de medida cautelar alternativa, cabe, em tese, dependendo do caso concreto, a decretação de prisão preventiva.

8.6.5   A detração no contexto das medidas cautelares alternativas

A detração é um benefício ao sentenciado, a ser implementado em execução penal, consistente no cômputo na pena privativa de liberdade e na medida de segurança do prazo de prisão provisória, no Brasil ou no estrangeiro (art. 42, CP). O sentido do mencionado benefício é provocar uma compensação, sob o ponto de vista prático, entre o período em que o réu permaneceu detido, considerado inocente, em situação de prisão cautelar, e a prisão-pena, a ser cumprida em virtude da condenação.

Tratando-se de benefício, torna-se fundamental estar previsto expressa e detalhadamente em lei. Surgem, com a Lei 12.403/2011, novas medidas cautelares, diversas da prisão, cuja finalidade é justamente impedir a decretação da segregação provisória. Entretanto, tais medidas não deixam de representar uma restrição à liberdade do acusado, motivo pelo qual se pode debater a viabilidade da detração no seu contexto.

A hipótese não se encontra expressamente prevista em lei, motivo pelo qual, em tese, não poderia ser aplicada. Assim sendo, decretada uma medida cautelar não se poderia compensar, posteriormente, diante da fixação de pena privativa de liberdade ou outra qualquer.

Entretanto, em direito penal, permite-se, quando possível, para evitar distorções e injustiças, o instituto da analogia *in bonam partem* (em benefício do acusado). São situações análogas as seguintes: a) prisão provisória antes da condenação, seguida de imposição de pena privativa de liberdade = desconta-se nesta o período daquela, pois de mesma natureza; b) medida cautelar de proibição de frequentar lugares, seguida do estabelecimento de pena restritiva de direitos de proibição de frequentar lugares = por analogia, desconta-se nesta o período daquela, visto serem de mesma natureza.

Não acarreta situações análogas outras hipóteses, tais como: a) medida cautelar de manter-se afastado da vítima, seguida de condenação ao cumprimento de pena em regime semiaberto = aquele período não afeta o tempo de prisão, pois ambos são de natureza diversa.

8.7   Prisão domiciliar

A Lei 12.403/2011 criou a prisão domiciliar, para a fase processual, prevendo hipóteses de cumprimento da prisão preventiva em residência, fora do cárcere fechado. A Lei 13.257/2016 ampliou as alternativas, modificando o inciso IV do art. 318, para prever somente gestante (sem estabelecer a idade gestacional ou ser de alto risco) e para acrescer os incisos V e VI.

Os casos são os seguintes, conforme prevê, atualmente, o art. 318 do CPP: a) maior de 80 anos (inciso I); b) pessoa extremamente debilitada por motivo de doença grave (inciso II); c) agente imprescindível aos cuidados especiais de pessoa menor de seis anos ou com deficiência (inciso III); d) gestante (inciso IV); e) mulher com filho de até 12 anos de idade incompletos (inciso V); f) homem, caso seja o único responsável pelos cuidados do filho de até 12 anos de idade incompletos (inciso VI).

Exige-se prova idônea de qualquer dessas situações (art. 318, parágrafo único, CPP).

Lembre-se que a prisão domiciliar não é uma nova medida cautelar restritiva da liberdade; cuida-se, apenas, do cumprimento da prisão preventiva em residência, de onde somente pode o sujeito sair com autorização judicial.

O juiz somente deve autorizar a transferência ou o recolhimento do agente em residência, quando decretada a prisão preventiva, nesses casos extremos. E, mesmo assim, depende do caso concreto, pois o chefe do crime organizado, nitidamente perigoso, embora com 80 anos, não pode ser recolhido em casa.

Outro ponto relevante: não se deve vulgarizar a prisão domiciliar como já se fez com a prisão albergue domiciliar (regime aberto). Esta somente seria possível às pessoas enumeradas no art. 117 da Lei de Execução Penal (situações similares ao art. 318 do CPP), mas foi estendida a todos os condenados ao regime aberto, onde não houvesse Casa do Albergado (inexiste esse local em grande parte das comarcas brasileiras). Sem a devida fiscalização, torna inócua a pena cumprida em casa.

Tratando-se de prisão cautelar, voltada a um réu presumidamente inocente, torna-se fundamental que seja ela essencial ao processo. Se o juiz resolver esticar o benefício a todo e qualquer réu, somente porque, na Comarca, há falta de vagas na cadeia, melhor será a revogação da preventiva. Mais adequado ter um réu solto do que um ficticiamente preso em casa.

Quanto às situações conectadas ao convívio com filho pequeno, parece-nos essencial que o acusado comprove esse vínculo e, igualmente, a necessidade dos cuidados da criança, a fim de não vulgarizar a prisão domiciliar.

A Lei 13.769/2018 inseriu os arts. 318-A e 318-B no Código de Processo Penal, disciplinando a substituição da prisão preventiva pela prisão domiciliar. Em primeiro lugar, há de se destacar não existir *prisão domiciliar* diversa da *prisão preventiva*. Após a reforma havida em 2011, toda prisão cautelar é fruto dos requisitos estampados no art. 312 do CPP, vale dizer, da prisão preventiva. Logo, havendo necessidade, o magistrado impõe a prisão provisória, com fulcro nos fundamentos do mencionado art. 312. A partir disso, nas hipóteses previstas no art. 318, pode o juiz determinar que a prisão preventiva seja cumprida em domicílio.

O art. 318-A estabelece os empecilhos para a prisão preventiva ser cumprida em domicílio. Mesmo sendo gestante ou mãe (ou responsável) de criança (pessoa com até 12 anos incompletos) ou pessoa deficiente (pode ser adulto, adolescente ou criança) não poderá sair do presídio para cumprir a segregação em domicílio se tiver tomado parte de qualquer crime com violência ou grave ameaça a pessoa. Note-se: não é preciso ser violência ou ameaça a filho, mas a qualquer um.

Sob outro aspecto, restringe-se, ainda, a prisão domiciliar da gestante ou mãe, quando o delito pelo qual responde tenha por vítima seu filho ou dependente (onde se pode incluir o deficiente).

É preciso considerar as vantagens e desvantagens do atual art. 318-A. Como *vantagem*, detecta-se o caráter impositivo da retirada da mulher do presídio para o domicílio: "a prisão preventiva *será substituída* por prisão domiciliar". Antes, com base no art. 318, havia a faculdade de substituição, conforme prudente critério do magistrado. Como *desvantagem*, nota-se a inclusão de obstáculos à substituição expressamente previstos em lei – o que antes não existia.

Inseriu-se, no CPP, também, o art. 318-B, permitindo que, juntamente com a prisão domiciliar, possam ser impostas as medidas previstas no art. 319 do mesmo Código. Registre-se que, quem está preso preventivamente, por consequência lógica, não está sujeito às medidas previstas no mencionado art. 319 do CPP. Afinal, essas medidas são *alternativas* ao cárcere. Em vez de prender, deixa-se o réu em situação diversa, sob outras formas de cautela. No entanto, fez bem o legislador ao incluir o art. 318-B deixando bem nítido que, cumprindo a prisão preventiva em domicílio, sem a fiscalização estatal adequada, torna-se imperiosa a fixação de medidas de vigilância, como monitoramento eletrônico, por exemplo, entre outras.

9. LIBERDADE PROVISÓRIA

A Constituição Federal estabelece que "ninguém será levado à prisão ou nela mantido, quando a lei admitir a liberdade provisória, com ou sem fiança" (art. 5.º, LXVI), significando, nitidamente, que a prisão é exceção e a liberdade, regra. Aliás, não poderia ser diferente em face do princípio constitucional da presunção de inocência (art. 5.º, LVII).

A ideia central da liberdade provisória é a seguinte: presa em flagrante – excepcionalmente em decorrência de outras situações, como será visto – a pessoa terá o direito de aguardar solta o seu julgamento, pagando fiança ou, sem que o faça, conforme o caso, afinal, é presumidamente inocente.

9.1 Liberdade provisória com fiança

Fiança é uma garantia real, consistente no pagamento em dinheiro ou na entrega de valores ao Estado, para assegurar o direito de permanecer em liberdade, no transcurso de um processo criminal.[76]

Considera-se a fiança uma espécie do gênero caução, que significa garantia ou segurança. Diz-se ser a caução fidejussória, quando a garantia dada é pessoal, isto é, assegurada pelo empenho da palavra de pessoa idônea de que o réu vai acompanhar a instrução e apresentar-se, em caso de condenação. Esta seria a autêntica fiança.

Com o passar dos anos, foi substituída pela denominada caução real, que implica o depósito ou a entrega de valores, desfigurando a fiança. Ainda assim, é a caução real a feição da atual fiança, conforme se vê no Código de Processo Penal.[77]

---

[76] Nos termos de BASILEU GARCIA, a fiança "exerce uma coação indireta sobre a pessoa do acusado, obrigando-o a comparecer a todos os termos do processo, sob pena de perda dos valores que a representam" (*Comentários ao Código de Processo Penal*, v. III, p. 246-247).

[77] LUIZ OTAVIO DE OLIVEIRA ROCHA e MARCO ANTONIO GARCIA BAZ, *Fiança criminal e liberdade provisória*, p. 109; ESPÍNOLA FILHO, *Código de Processo Penal brasileiro anotado*, v. 3, p. 487; TOURI-

A finalidade da fiança é assegurar a liberdade provisória do indiciado ou réu, enquanto decorre o inquérito policial ou o processo criminal, desde que preenchidas determinadas condições. Entregando valores seus ao Estado, estaria vinculado ao acompanhamento da instrução e interessado em apresentar-se, em caso de condenação, para obter, de volta, o que pagou.

Além disso, a fiança tem a finalidade de garantir o pagamento das custas (quando houver), da indenização do dano causado pelo crime (se existente), da prestação pecuniária (se couber) e, também, da multa (se for aplicada).

A Lei 12.403/2011 aperfeiçoou o instituto e autorizou-a para quase todos os delitos, exceto para os que a própria Constituição Federal veda. Desse modo, somente não cabe fiança, nos termos do art. 323, para os seguintes delitos: a) racismo; b) tortura, tráfico de drogas, terrorismo e hediondos; c) cometidos por grupos armados, civis ou militares, contra a ordem constitucional e o Estado Democrático.

Igualmente, veda-se a fiança, conforme art. 324: a) aos que tiverem quebrado fiança, no mesmo processo, anteriormente ou infringido, sem justo motivo, qualquer das obrigações constantes dos arts. 327 e 328 do CPP; b) em caso de prisão civil ou militar; c) quando presentes os motivos da preventiva.

Os delitos enumerados no art. 323 do CPP, embora não admitam fiança, permitem liberdade provisória sem fiança. Não deixa de representar uma contradição poder soltar um acusado de estupro, em liberdade provisória, sem fiança, mas estabelecer liberdade provisória, com fiança, para um furto simples.

Note-se, no entanto, não ser culpa do legislador ordinário. A Constituição Federal impediu a fiança para os delitos considerados graves, mas não vendou a liberdade provisória, sem a fixação de fiança.

A fiança é uma das mais eficientes medidas para segurar o réu no local onde é processado pelo crime, tendo em vista que, se ele fugir, perde os bens que deu em garantia, algo que muitos não querem que ocorra.

Lembre-se que a autoridade policial pode fixar fiança para os crimes cuja pena máxima não seja superior a quatro anos (art. 322, CPP). Nos demais casos, cabe ao juiz (art. 322, parágrafo único, CPP).

9.1.1 Hipóteses que vedam a concessão de fiança

Estão previstas nos arts. 323 e 324 do Código de Processo Penal, razão pela qual os crimes que não se encaixam nesses dispositivos são afiançáveis.

Segundo os mencionados artigos, não se concede fiança:

a) nos crimes de racismo;

b) nos crimes de tortura, tráfico ilícito de entorpecentes e drogas afins, terrorismo e nos definidos como crimes hediondos;

c) nos crimes cometidos por grupos armados, civis ou militares, contra a ordem constitucional e o Estado Democrático;

NHO FILHO, *Código de Processo Penal comentado*, v. 1, p. 557; MIRABETE, *Código de Processo Penal interpretado*, p. 431.

d) aos que, no mesmo processo, tiverem quebrado fiança anteriormente concedida ou infringido, sem motivo justo, qualquer das obrigações a que se referem os arts. 327 e 328 do CPP;

e) em caso de prisão civil ou militar;

f) quando presentes os motivos que autorizam a decretação da prisão preventiva.

Analisando as referidas hipóteses temos o seguinte:

a) o crime de racismo (figuras previstas na Lei 7.716/1989) é, constitucionalmente, considerado inafiançável (art. 5.º, XLII), embora assim não devesse ser. Afinal, as penas previstas para tais infrações são relativamente baixas, comportando variados benefícios, que implicam liberdade para o seu cumprimento (*sursis*, regime aberto, pena alternativa etc.). Por outro lado, no sistema processual penal, considerando-se o delito inafiançável, admite-se a concessão de liberdade provisória sem fiança;

b) os crimes de tortura, tráfico de drogas, terrorismo e hediondos também são considerados inafiançáveis em virtude de norma constitucional (art. 5.º, XLIII). Embora muitos deles comportem penas elevadas, cremos despropositado proibir a fiança. Pensamos ser mais adequado recolher uma quantia aos cofres públicos para auferir a liberdade, vinculando-se ao distrito da culpa, do que ser libertado sem fiança.

c) os crimes cometidos por grupos armados, civis ou militares, contra a ordem constitucional e o Estado Democrático são inafiançáveis por determinação constitucional (art. 5.º, XLIV). São os previstos nos artigos 359-I a 359-T do Código Penal.

d) os réus que tiverem infringido seus deveres, impostos pela anterior concessão de fiança por certo, no mesmo feito, não devem tornar a receber o benefício. Estabelecem os arts. 327 e 328 do CPP o seguinte: "A fiança tomada por termo obrigará o afiançado a comparecer perante a autoridade, todas as vezes que for intimado para atos do inquérito e da instrução criminal e para o julgamento. Quando o réu não comparecer, a fiança será havida como quebrada" (327); "O réu afiançado não poderá, sob pena de quebramento da fiança, mudar de residência, sem prévia permissão da autoridade processante, ou ausentar-se por mais de 8 (oito) dias de sua residência, sem comunicar àquela autoridade o lugar onde será encontrado" (328).

e) as prisões civil e militar não comportam fiança, pois têm natureza jurídica completamente diversa da prisão processual. A primeira destina-se ao devedor de alimentos, como forma de obrigá-lo a satisfazer sua dívida. A segunda volta-se à disciplina da caserna, não dizendo respeito à órbita civil.

f) a previsão de que não cabe fiança, quando presentes os requisitos da prisão preventiva, é óbvia. Nenhum tipo de liberdade é compatível com a prisão cautelar.

Atualmente, entretanto, deve-se destacar o disposto no art. 301 do Código de Trânsito Brasileiro (Lei 9.503/1997): "Ao condutor do veículo, nos casos de sinistros de trânsito de que resulte vítima, não se imporá a prisão em flagrante, nem se exigirá fiança, se prestar pronto e integral socorro àquela". A medida é correta e veio em boa hora, pois não teria o menor sentido exigir-se que o motorista socorra a vítima de um acidente automobilístico, somente para ser preso em flagrante, assim que chegar ao hospital.

Em determinadas leis especiais, encontramos também a proibição da fiança, como ocorre no caso do art. 31 da Lei 7.492/1986, que cuida dos crimes contra o sistema financeiro, desde que punidos com reclusão.

9.1.2   Valor da fiança

Os valores da fiança estão fixados no art. 325 do Código de Processo Penal, em valores atualizados.

São as seguintes faixas: a) de um a cem salários mínimos, quando se cuidar de infração cuja pena privativa de liberdade, no patamar máximo, não for superior a quatro anos; b) de dez a duzentos salários mínimos, quando o máximo da pena privativa de liberdade prevista for superior a quatro anos.

É viável, conforme a situação econômica do preso: a) dispensar a fiança, na forma do art. 350 ("nos casos em que couber fiança, o juiz, verificando a situação econômica do preso, poderá conceder-lhe liberdade provisória, sujeitando-o às obrigações constantes dos arts. 327 e 328 deste Código e a outras medidas cautelares, se for o caso. Parágrafo único. Se o beneficiado descumprir, sem motivo justo, qualquer das obrigações ou medidas impostas, aplicar-se-á o disposto no § 4.º do art. 282 deste Código"); b) reduzir o valor da fiança até o máximo de dois terços; c) aumentar a fiança em até mil vezes.

O principal critério para o estabelecimento do montante específico da fiança é a situação econômica do réu, dentre outros previstos no art. 326 do CPP.

Portanto, além de levar em consideração a gravidade da infração penal (as duas faixas estão expostas nos incisos I e II do art. 325, ou seja, máximo da pena privativa de liberdade, até quatro e superior a quatro), precisa-se ponderar se o acusado é incapaz de pagar aqueles valores, mesmo que fixados no mínimo. Assim sendo, pode-se reduzir ainda mais, atingindo o corte máximo de dois terços – atribuição tanto da autoridade policial, quanto do juiz.

Se persistir a impossibilidade de pagamento, pode-se considerar o réu pobre, concedendo-lhe a liberdade provisória, sem fiança, o que somente o magistrado poderá fazer. Por outro lado, acusados, financeiramente abonados, devem ter a fiança aumentada. Toma-se o valor máximo estabelecido para o crime, conforme os incisos I e II do art. 325, elevando-se até mil vezes mais. Tal medida deve ser tomada apenas pelo juiz.

Os outros cinco critérios para a determinação do valor da fiança, além das três faixas supramencionadas, são os seguintes (art. 326, CPP):

a)   *natureza da infração*: o art. 325 encarregou-se, nos incisos I e II, de prever faixas de fixação da fiança, conforme a gravidade da infração penal, razão pela qual é desnecessário voltar a esse critério. Deve-se levar em consideração, para a subsunção da infração penal ao valor da fiança cabível, todas as circunstâncias legais de aumento ou diminuição da pena. No caso das causas de diminuição, aplica-se o mínimo, sobre o máximo em abstrato previsto para o delito. No caso das causas de aumento, coloca-se o máximo, sobre o máximo em abstrato previsto para a infração penal;

b)   *condições pessoais de fortuna*: trata-se do principal elemento, sob pena de tornar a fiança inútil ou desproposital. Deve-se analisar a situação econômica do beneficiário, para, então, estabelecer o valor justo para ser pago ou entregue;

c) *vida pregressa do acusado:* são os seus antecedentes criminais. Destarte, aquele que for reincidente ou tiver maus antecedentes deve ter um valor mais elevado de fiança a pagar, diante da reiteração na vida criminosa;

d) *periculosidade:* trata-se de um elemento imponderável por si mesmo, constituindo a união da vida pregressa com a gravidade do crime, associado à personalidade do agente. Se for considerado perigoso, o valor da fiança deve ser mais elevado, dificultando-se a sua soltura;

e) *provável importância das custas:* como a lei mencionou somente custas, não se pode pensar na indenização pelo crime, nem na multa.

9.1.3 Condições da fiança

São as seguintes:

a) obrigação de comparecimento diante do juiz ou do delegado todas as vezes que for intimado para atos do inquérito ou da instrução criminal, bem como para o julgamento (art. 327, CPP);

b) obrigação de não mudar de residência sem prévia permissão da autoridade processante (art. 328, CPP);

c) obrigação de não se ausentar por mais de oito dias de sua residência, sem comunicar à autoridade o lugar onde pode ser encontrado (art. 328, CPP).

O afiançado deve manter-se em lugar de pronta e rápida localização pela autoridade. Assim, para que determinado ato processual ou procedimental se realize torna-se imperiosa a sua intimação, que contará com a necessidade de uma eficaz localização. Se ele alterar sua residência, sem comunicar onde será encontrado, não haverá condições de se proceder à intimação, podendo prejudicar o andamento processual ou do inquérito. A ausência prolongada pode sinalizar uma possibilidade de fuga, o que é incompatível com o benefício auferido. Entretanto, cremos exageradas as condições deste artigo. O importante é saber onde encontrá-lo, sem necessidade de que obtenha permissão *prévia* para mudar de endereço ou, então, não poder ausentar-se para uma viagem qualquer, por mais de 8 dias, se nem procurado foi nesse período;

d) obrigação de não tornar a cometer infração penal dolosa durante a vigência da fiança (art. 341, V, CPP);

e) obrigação de não obstruir ao andamento do processo (art. 341, II, CPP);

f) obrigação de cumprir medida cautelar imposta cumulativamente com a fiança (art. 341, III, CPP);

g) obrigação de cumprir ordem judicial (art. 341, IV, CPP).

9.1.4 Fiança definitiva

Significa que, quando prestada, para assegurar a liberdade provisória do indiciado ou do réu, não está mais sujeita ao procedimento verificatório, que se instaurava no passado (art. 330, CPP).

Houve época em que a fiança era provisória, isto é, para apressar o procedimento de soltura, depositava o interessado determinado valor, que poderia ser metal precioso, por exemplo, estando sujeito à verificação posterior sobre o seu real preço de mercado, além de se passar à análise das condições pessoais do beneficiário.

Atualmente, a fiança é considerada definitiva, porque tudo isso é checado antecipadamente, concedendo-se a liberdade provisória sem verificação posterior. Mas, em determinados casos, o legislador permitiu que houvesse um reforço de fiança, conforme se vê no art. 340 do CPP.

Uma das formas de prestar fiança é pelo depósito em dinheiro. Se for apresentada moeda estrangeira, faz-se a conversão, conforme o câmbio do dia, depositando-se o valor devido. Em contrário, sustentando que a lei quer referir-se à moeda nacional, razão pela qual, se for apresentada a estrangeira, deve ser equiparada a metal precioso, estão as posições de LUIZ OTAVIO DE OLIVEIRA ROCHA e MARCO ANTONIO GARCIA BAZ.[78]

Outra possibilidade é o depósito de pedras, objetos e metais preciosos, que dependem de um exame mais acurado, pois, diferentemente do dinheiro, cujo valor é nítido, podem apresentar distorções. Apresentar ouro, como garantia, pode significar ser um metal de 14 quilates, cujo valor de mercado é bem diferente daquele que possui 18 quilates, por exemplo. Essa é a razão de se impor, nesse caso, a avaliação do perito, que pode ser um único, nomeado pela autoridade policial ou judiciária, conforme a situação.

Existe, também, a possibilidade de apresentação de bens sujeitos à hipoteca, que, conforme dispõe o art. 1.473 do Código Civil, podem ser os seguintes: "I – os imóveis e os acessórios dos imóveis conjuntamente com eles; II – o domínio direto; III – o domínio útil; IV – as estradas de ferro; V – os recursos naturais a que se refere o art. 1.230, independentemente do solo onde se acham; VI – os navios; VII – as aeronaves; VIII – o direito de uso especial para fins de moradia; IX – o direito real de uso; X – a propriedade superficiária".

A execução da hipoteca, caso necessário, não se faz no juízo criminal. Se a fiança for perdida ou quebrada, caso tenha sido a garantia oferecida na forma de hipoteca, cabe ao Ministério Público requerer a venda, em hasta pública, do bem ofertado, para garantir o ressarcimento das custas, da indenização da vítima ou da multa, bem como dos valores que serão destinados ao Fundo Penitenciário Nacional (art. 348, CPP).

O valor correspondente à fiança deve ser recolhido ao fundo penitenciário, estadual, se houver, ou federal, computando-se correção monetária.

Os valores devem ser depositados em agência de banco estadual, existente no prédio do fórum, mas, em se tratando de crime da competência federal, normalmente segue para o Banco do Brasil S/A ou para a Caixa Econômica Federal. Se arbitrada pelo juiz, o cartório expede guia própria de recolhimento. Uma das vias será anexada aos autos, comprovando o pagamento, enquanto outra segue para a instituição financeira. Lança-se, imediatamente, o valor recolhido no Livro de Fiança, cuja existência no cartório e na delegacia é obrigatória (art. 329, CPP), anotando-se o número da conta judicial ao qual está vinculado, para efeito de futuro levantamento.

Se houver impossibilidade de pronto depósito, o que pode ocorrer nos finais de semana ou feriados, não se deve prolongar a prisão do beneficiário da fiança por conta disso. Entrega-se, então, o valor ao escrivão da polícia ou do fórum para que o depósito, em conta judicial, seja feito posteriormente.

No caso de prisão em flagrante, a autoridade que presidiu a lavratura do auto é a responsável pela concessão da fiança, desde que seja legalmente possível. A autoridade policial

---

[78] *Fiança criminal e liberdade provisória*, p. 110.

somente não pode fazê-lo, quando se tratar de crime apenado com pena máxima, em abstrato, superior a quatro anos. Entretanto, se quem presidir o auto for o juiz, certamente poderá ele cuidar disso, sempre que julgar apropriada a fixação de fiança.

Por outro lado, quando a prisão se der em função de mandado, competente para decidir sobre a fiança é a autoridade judiciária que a determinou ou aquela a quem foi requisitada (art. 332, CPP). Determina o art. 285, parágrafo único, d, do Código de Processo Penal, que a autoridade judiciária, ao expedir o mandado de prisão, deve fazer inserir o "valor da fiança arbitrada, quando afiançável a infração". Tal providência se deve para facilitar a soltura do indiciado ou réu. Assim, tão logo seja detido, pode providenciar o recolhimento da fiança, a fim de ser colocado em liberdade provisória. Entretanto, se houve omissão, sendo afiançável a infração, cabe estabelecer o seu valor o juiz ou a autoridade policial – esta, quando não se tratar de crimes apenados com pena máxima superior a quatro anos – que houver de cumprir a ordem.

Para a concessão da fiança, não há necessidade de ouvir previamente o Ministério Público (art. 333, CPP). Em seguida, abre-se vista para sua ciência, requerendo o membro da instituição o que julgar devido, como o reforço da garantia (art. 340), ou mesmo recorrendo contra a sua concessão (art. 581, V).[79]

Registremos, ainda, que a qualquer tempo, desde a prisão em flagrante até o trânsito em julgado de decisão condenatória, pode ser a fiança concedida (art. 334, CPP).

A recusa ou demora da autoridade policial para estabelecer o valor da fiança abre caminho para apresentar uma petição ao juiz, com o fim de requerê-la. O magistrado, ouvindo os motivos da autoridade que se recusou ou se omitiu em fixá-la, poderá conceder o benefício.

A redação do art. 335 do CPP, no sentido de que o preso "pode prestá-la, mediante simples petição", ou seja, independentemente da decisão judicial, não corresponde à realidade. Quer-se dizer que o preso não precisa aguardar, indefinidamente, a autoridade policial decidir a respeito, encaminhando seu desejo de prestar fiança e obter a liberdade provisória, diretamente ao juiz. Não é preciso impetrar *habeas corpus* contra o delegado, bastando singelo pedido ao magistrado. Se este negar, agora sim, cabe a impetração de *habeas corpus* junto ao tribunal. A autoridade judiciária competente é a prevista na organização judiciária local. Havendo mais de uma, o correto é efetuar-se a distribuição imediata do inquérito, fruto do flagrante, justificador do pedido de fiança, para selecionar o magistrado competente.

Os valores dados como fiança ficam sujeitos ao pagamento das custas, da indenização do dano, da prestação pecuniária e da multa, em caso de condenação (art. 336, CPP).

9.1.5 Consequências possíveis da fiança

São as seguintes:

a) *fiança sem efeito*: é o resultado da negativa ou omissão do indiciado ou réu em complementar o valor da fiança, reforçando-a, quando necessário. Torna-se a concessão sem efeito e o sujeito deve retornar ao cárcere. O valor que ele recolheu, no entanto,

---

[79] Aceitando que a vista seja posterior à concessão: MIRABETE (*Código de Processo Penal interpretado*, p. 443); FREDERICO MARQUES, citando BASILEU GARCIA (*Elementos de direito processual penal*, v. 4, p. 159); TOURINHO FILHO (*Comentários ao Código de Processo Penal*, v. 1, p. 575). Defendendo que o Ministério Público deve ser sempre ouvido antes: LUIZ OTAVIO DE OLIVEIRA ROCHA e MARCO ANTONIO GARCIA BAZ (*Fiança criminal e liberdade provisória*, p. 107-108).

será integralmente restituído (art. 337, CPP). A restituição igualmente ocorre se o acusado for absolvido ou tiver extinta a sua punibilidade. Caso se trate da extinção da punibilidade, envolvendo apenas a pretensão executória, as custas e a indenização podem ser retidas (art. 336, parágrafo único);

b) *fiança inidônea:* é a denominação da fiança que não poderia ter sido concedida, seja porque a lei proíbe, seja porque os requisitos legais não foram corretamente preenchidos (art. 338, CPP);

c) *cassação da fiança:* ocorre quando a autoridade judiciária percebe ter sido incabível a sua fixação, seja porque o crime não comporta, porque a lei expressamente veda (como ocorre nos crimes hediondos), porque o réu é reincidente em crime doloso (certidão comprobatória que chegou atrasada, por exemplo) ou qualquer outro motivo a demonstrar que a concessão foi indevida (art. 338, CPP). Pode haver a cassação de ofício ou a requerimento do Ministério Público, não podendo a autoridade policial fazê-lo sozinha. Nessa hipótese, devolve-se o valor recolhido a quem a prestou, expedindo-se a ordem de prisão. A cassação pode ser feita, inclusive, em segundo grau, quando houver recurso do Ministério Público contra a sua irregular concessão.

Dá-se o mesmo se houver inovação na classificação do delito (art. 339, CPP). Acreditava-se (na polícia ou em juízo) que a infração era afiançável, porém, depois de oferecida a denúncia ou mesmo de um aditamento, nota-se não ser o caso. Exemplo: a autoridade policial, crendo tratar-se do delito previsto no art. 38 da Lei 11.343/2006 (um médico ministra, culposamente, droga em excesso ao paciente) fixa fiança para quem foi preso em flagrante. Entretanto, o promotor o denuncia por tráfico ilícito de entorpecentes (art. 33 da mesma Lei), convencendo-se ter havido dolo na conduta. Cabe a cassação da fiança, que foi indevidamente concedida, mesmo porque é vedada para esse tipo de delito. O valor será restituído a quem o recolheu;

d) *reforço da fiança:* significa que o valor recolhido foi insuficiente, algo que somente se constatou em verificação posterior à obtenção, pelo preso, da liberdade provisória. São as seguintes situações, descritas no art. 340 do CPP:

d.1) quando o valor tomado for insuficiente, por ter havido engano da autoridade policial ou judiciária. Ex.: oferece-se um metal precioso, cujo valor de mercado está distante daquele apontado pela primeira avaliação. Outro exemplo: quando se enganar na faixa de fixação dos valores da fiança, cobrando a menos do que deveria (art. 325, I e II, CPP);

d.2) depreciação material ou perecimento dos bens. Essa situação pode ocorrer de diversas formas. Se o preso forneceu metal precioso, mas seu valor, no mercado, despencou, por conta da existência de uma mutação econômico-financeira qualquer, deve haver o reforço. Pode existir, ainda, o perecimento de uma aeronave, que fora dada em hipoteca, devendo o réu repor a garantia;

d.3) inovação da classificação do delito. É a situação em que, embora alterada a classificação do crime, continua a ser permitida a fiança, só que em valor mais elevado (art. 325, I e II, CPP). Deve, então, o réu cuidar de repor o seu valor.

Não o fazendo, será ela tornada sem efeito, restituindo-se o valor e expedindo--se o mandado de prisão;

e) *quebra da fiança*: considera-se quebrada a fiança, quando o beneficiário não cumpre as condições que lhe foram impostas para gozar da liberdade provisória (art. 341, CPP).

Assim ocorre se, intimado regularmente, deixar de comparecer a importante ato do processo ou do inquérito, sem motivo justo, comprovado de pronto. Outra situação advém quando o acusado cometer nova infração penal dolosa, sem necessidade de julgamento final, pois isto iria ferir o espírito da garantia, que é colocar na rua o sujeito comprometido a não tornar a perturbar a ordem. Logicamente, caberá ao bom senso do juiz verificar o tipo de infração cometida e sua repercussão, pois pode tratar-se de algo sem relevância. Somem-se a estas, as condições fixadas no art. 328 (mudança de endereço sem prévia autorização, ausência por mais de oito dias da residência, sem comunicação do paradeiro). Além disso, provoca a quebra da fiança qualquer ato deliberado de obstrução ao andamento processual e o descumprimento de medida cautelar imposta cumulativamente à fiança.

A prática de ato deliberado de obstrução ao andamento do feito pode gerar causa para a decretação da prisão preventiva, com base na conveniência da instrução (art. 312, CPP). Além disso, o descumprimento de medida cautelar também pode dar margem à preventiva, dependendo do critério judicial (art. 312, § 1.º, CPP).

O quebramento da fiança é, sempre, determinado pelo juiz, nunca pela autoridade policial.

A quebra da fiança provocará a perda de metade do valor apresentado como garantia, cabendo ao magistrado decidir se aplica outra medida cautelar ou decreta a prisão preventiva (art. 343, CPP);

f) *restauração da fiança*: uma vez cassada, autoriza-se o recurso em sentido estrito (art. 581, V, CPP), podendo, naturalmente, o tribunal dar-lhe provimento, restaurando--se, então, exatamente a fiança que fora suprimida.

Pode o magistrado, no juízo de retratação desse recurso, rever a decisão e restaurar a fiança. Lembre-se que não há efeito suspensivo ao recurso em sentido estrito, de modo que, tendo sido a cassação um nítido constrangimento ilegal, cabe a impetração de *habeas corpus*;

g) *perda da fiança*: ocorre a perda total do valor recolhido, a título de fiança, caso o réu seja condenado, definitivamente, e não se apresentar para cumprir a pena (art. 344, CPP). É a sanção por não ter respeitado o compromisso de se mostrar toda vez que for regularmente intimado. Ora, quando é condenado à pena privativa de liberdade, o oficial ou a autoridade encarregada de prendê-lo dirige-se ao local onde disse que estaria, não devendo haver frustração. Se lá não se encontrar é porque rompeu tal compromisso, sendo por isso sancionado com a perda total desse valor. O mesmo pode ocorrer se o sentenciado for intimado a cumprir pena restritiva de direitos e não o fizer.

Nessa situação, abate-se do valor da fiança as custas (se houver), a indenização do dano (quando existente), a prestação pecuniária (se estabelecida) e a multa (se foi fixada). O restante segue para o Fundo Penitenciário Nacional, em conta própria, hoje no Banco do Brasil S/A, ou ao Fundo Penitenciário Estadual, quando existente no Estado;

h) *restituição da fiança:* realiza-se quando o réu não infringir as condições – inexistindo quebra da fiança –, caso seja condenado e apresente-se para cumprimento da pena, podendo levantar o valor recolhido, com a única ressalva de serem pagas as custas, a indenização à vítima e a multa, da forma como já expusemos em notas anteriores (art. 347, CPP).

10. LIBERDADE PROVISÓRIA SEM FIANÇA

Há previsão legal para a concessão de liberdade provisória sem fiança, a saber:

a) quando o juiz verificar, lendo o auto de prisão em flagrante, que o agente praticou o fato escudado por qualquer das excludentes de ilicitude previstas no art. 23 do Código Penal (estado de necessidade, legítima defesa, exercício regular de direito e estrito cumprimento do dever legal), conforme dispõe o art. 310, § 1.º, do CPP. Falta, nesse caso, para a sustentação da medida cautelar, o *fumus boni juris.* A única possibilidade de segurar o indiciado preso é não acreditar na versão de qualquer excludente de ilicitude.

Entretanto, havendo fortes indícios de que alguma delas está presente, melhor colocar a pessoa em liberdade do que segurá-la detida. O ideal é que o magistrado faça isso o mais breve possível, justamente para impedir que pessoas, sob o manto protetor das excludentes – algo que pode ser ampliado também para as excludentes de culpabilidade –, permaneça encarcerada. Não tendo sido concedida de início, pode o juiz rever sua anterior decisão a qualquer tempo, inclusive durante o andamento da instrução processual;

b) quando o magistrado verificar, pelo auto de prisão em flagrante, a inocorrência de qualquer das hipóteses que autorizem a prisão preventiva (art. 310, III, CPP) e não for cabível a fiança. Não há, nesse caso, *periculum in mora.* A medida cautelar, que foi a lavratura do flagrante, não mais se justifica, uma vez que seu contraponto, a preventiva, não preenche seus requisitos;

c) quando o réu for pobre e não puder arcar com o valor da fiança (art. 350, CPP). Não seria mesmo justo que o rico fosse beneficiado pela liberdade provisória e o pobre ficasse preso, unicamente por não dispor de recursos para custear a fiança. Estarão, nesse caso, sempre presentes as condições fixadas nos arts. 327 (comparecimento a todos os atos e termos do processo ou inquérito) e 328 (mudança de residência, sem prévia autorização ou ausência da residência por mais de oito dias, sem fornecer o paradeiro).

10.1 Inviabilidade de concessão da liberdade provisória e contradição do sistema

De tempos em tempos, o Legislativo edita leis ordinárias, buscando combater a criminalidade organizada ou violenta. Nesses *pacotes improvisados,* costuma-se inserir norma destinada a vedar a liberdade provisória, como se isso fosse a chave para a segurança pública. Exemplos: a) Lei 9.034/1995 (antiga Lei do Crime Organizado), conforme art. 7.º; b) Lei 9.613/1998 (Lavagem de Dinheiro), conforme estipulado no art. 3.º (hoje, revogado pelo advento da Lei 12.683/2012).

Vale registrar que, com a edição da Lei 11.343/2006, cuidando das drogas ilícitas, buscou--se renovar a proibição de concessão de liberdade provisória, com ou sem fiança, às hipóteses de tráfico de entorpecentes (art. 44). No entanto, nem bem entrou em vigor, alguns meses após, surgiu a Lei 11.464/2007 retirando a proibição de concessão de liberdade provisória a todos os crimes hediondos e assemelhados, dentre estes o tráfico ilícito de drogas. Logo, por óbvio, cabe liberdade provisória a essas infrações penais.

Outra menção fundamental é a proclamação da inconstitucionalidade do art. 21 e dos parágrafos únicos dos arts. 14 e 15 da Lei 10.826/2003, que vedavam a liberdade provisória (art. 21) e a fiança (parágrafos únicos dos arts. 14 e 15), pelo Supremo Tribunal Federal, em maio de 2007.

Há determinadas incoerências legislativas que merecem reparo. É certo que o art. 5.º, LXVI, estipula que "ninguém será levado à prisão ou nela mantido, quando a lei admitir a liberdade provisória, com ou sem fiança" (grifo nosso), demonstrando que é o legislador o primeiro a decidir quais indiciados ou acusados merecem e quais não merecem o benefício da liberdade provisória, um instituto típico dos casos de prisão em flagrante.

Afinal, quando não houver flagrante, descabe falar em liberdade provisória. O juiz está autorizado a decretar a prisão temporária (durante a investigação policial) ou a preventiva (durante a instrução processual, como regra), que são medidas cautelares, cujos efeitos, quando cessam, não comportam liberdade provisória, mas simples revogação da medida constritiva. Por isso, resta certa ilogicidade no sistema.

Se o indivíduo é preso em flagrante, quando a lei veda a liberdade provisória, não poderá receber o benefício da liberdade provisória, mesmo sendo primário, de bons antecedentes e não oferecendo maiores riscos à sociedade. Mas se conseguir fugir do local do crime, apresentando-se depois à polícia, sem a lavratura do flagrante, poderá ficar em liberdade durante todo o processo, pelo mesmo crime, pois o juiz não está obrigado a decretar a prisão preventiva.

Parece-nos incompreensível essa desigualdade de tratamento. Assim, o correto é exigir uniformidade de raciocínio e de aplicação da lei processual penal a todos os indiciados e acusados, não sendo cabível vedar a liberdade provisória, única e tão somente porque o agente foi preso em flagrante, pela prática de determinados delitos.

As leis que proíbem a concessão de liberdade provisória não afastam a possibilidade de relaxamento da prisão ilegal. Assim, se o flagrante lavrado não preenche os requisitos legais ou se a prisão perdura por mais tempo do que o permitido em lei, é possível haver o relaxamento. Nesse sentido, confira-se a Súmula 697 do STF: "A proibição de liberdade provisória nos processos por crimes hediondos não veda o relaxamento da prisão processual por excesso de prazo". Anote-se que a referida Súmula foi editada antes do advento da Lei 11.464/2007, que passou a permitir liberdade provisória para os delitos hediondos e equiparados.

Por fim, deve-se ressaltar que, aos poucos, a jurisprudência vai rompendo com essas proibições lançadas em lei ordinária, buscando privilegiar a presunção de inocência e a necessariedade real da prisão cautelar. No mesmo sentido, o Legislativo tem revogado normas proibitivas da liberdade provisória, o que não deixa de ser um inconteste avanço.

10.2 Definição jurídica do fato e liberdade provisória

Embora o juiz, por ocasião do recebimento da denúncia ou queixa, não deva alterar a definição jurídica do fato – o que só está autorizado a fazer na fase do art. 383 do Código de Processo Penal –, pode e deve analisar o tema, sob o prisma exclusivo da possibilidade de concessão de liberdade provisória ao acusado.

Como vimos, somente para ilustrar, havia delitos, qualificados como hediondos pela lei, que não admitiam a concessão de liberdade provisória, com ou sem fiança. Assim, apresentando denúncia contra réu preso em flagrante por homicídio qualificado, impossibilitada estaria a concessão de liberdade provisória. Entretanto, era possível que o juiz vislumbrasse, desde logo, a possível desclassificação do delito para a forma simples ou até mesmo para a espécie culposa. Se tal ocorresse, não sendo o caso de rejeitar a denúncia, pois a qualificadora imputada encontrava respaldo nas provas do inquérito, sendo polêmica, no caso, a definição jurídica do fato, podia o magistrado, fundamentando, conceder a liberdade provisória.

Exemplo disso seria uma denúncia acoimando de fútil um homicídio praticado por ciúme. Sendo hipótese polêmica a aceitação dessa motivação do crime como fútil, embora o fato esteja constando no inquérito – o delito foi mesmo causado pelo ciúme do réu – a definição jurídica é que se poderia alterar. Não teria sentido manter o acusado preso durante toda a longa instrução do processo do júri para depois ser desclassificada a infração penal. Teria ele direito a aguardar em liberdade o seu julgamento definitivo. Era o que devia corrigir o juiz, na ocasião de deliberar sobre o direito à liberdade provisória, nas situações de hediondez. E deve continuar a desse modo agir o magistrado, em outras hipóteses similares, quando a liberdade provisória, por alguma razão, for vedada.

Assim já se manifestava FREDERICO MARQUES, ao comentar a extinta hipótese da prisão preventiva obrigatória: "A qualificação do fato delituoso, na denúncia, só por si não basta para autorizar a prisão obrigatória. Se o juiz entender que esse fato se enquadra em norma penal que não autoriza a prisão preventiva compulsória, só será decretada a custódia cautelar se presente também algum dos pressupostos do art. 312".[80]

RESUMO DO CAPÍTULO

▶ **Prisão:** é a privação da liberdade de ir e vir, recolhendo-se a pessoa humana ao cárcere.

▶ **Prisão temporária:** trata-se de uma modalidade de prisão cautelar, cuja finalidade é garantir a investigação policial, desde que voltada a crimes de particular gravidade, devidamente descritos em lei.

▶ **Prisão preventiva**: é uma espécie de prisão cautelar, com o objetivo de assegurar a aplicação da lei penal, a conveniência da instrução criminal ou garantir a ordem pública ou econômica, desde que provada a materialidade do crime e indícios suficientes de autoria.

▶ **Prisão em flagrante:** cuida-se de prisão iniciada administrativamente, por força de voz de prisão dada por qualquer pessoa, independentemente de mandado judicial, formalizada pela lavratura do auto pela autoridade policial, submetida à confirmação do juiz. A partir dessa decisão, torna-se prisão cautelar, submetida aos mesmos critérios da prisão preventiva.

▶ **Prisão para recorrer:** é uma espécie de prisão cautelar imposta a quem é condenado a pena privativa de liberdade, em regime fechado ou semiaberto, desde que estejam presentes os requisitos da prisão preventiva.

---

[80] *Elementos de direito processual penal*, v. 4, p. 64. Em igual sentido: TOURINHO FILHO (*Comentários ao Código de Processo Penal*, v. 1, p. 630).

▸ **Prisão em decorrência de pronúncia:** trata-se de prisão cautelar, aplicável a quem é pronunciado para ser submetido a julgamento pelo Tribunal do Júri, como incurso em crime sujeito a pena privativa de liberdade, em regime fechado ou semiaberto, desde que estejam presentes os requisitos da prisão preventiva.

▸ **Liberdade provisória:** é a concessão de liberdade sob condições a quem foi preso em flagrante (excepcionalmente, para o preso por condenação ou pronúncia), para que possa aguardar a finalização do processo criminal sem necessidade de ficar recolhido ao cárcere.

▸ **Fiança:** é a garantia real, consistente no pagamento de quantia em dinheiro ou na entrega de valores ao Estado, com o fim de assegurar o direito de permanecer em liberdade durante o transcurso de processo criminal.

▸ **Medida cautelar:** trata-se de providência acautelatória, cuja finalidade é evitar a causação de dano ou lesão a algum direito ou interesse. No âmbito processual penal, cuida-se de instrumento restritivo de direito individual em nome do interesse coletivo, com vistas à garantia da segurança pública. A medida cautelar, diversa da prisão, consiste em qualquer instrumentalização visando ao estreitamento da liberdade de ir, vir e ficar, sem a sua completa privação.

CAPÍTULO XV

Citação e Intimação

  Acesse e escute o podcast sobre Citação e intimação.

> http://uqr.to/1z8ox

  Acesse e assista ao vídeo sobre Citação e intimação.

> http://uqr.to/1z8oy

1. CONCEITO DE CITAÇÃO

É o chamamento do réu a juízo, dando-lhe ciência do ajuizamento da ação, imputando-lhe a prática de uma infração penal, bem como lhe oferecendo a oportunidade de se defender pessoalmente e através de defesa técnica.

Ausente neste Código, o art. 238 do CPC define a *citação*: "é o ato pelo qual são convocados o réu, o executado ou o interessado para integrar a relação processual". A diferença, no âmbito processual penal, é a desnecessidade de citação para o executado; havendo condenação, o interesse público somente se realiza quando é viabilizada a execução, pressuposto natural do processo de conhecimento. Sob outro aspecto, não há citação de nenhum interessado, além do próprio réu.

2. FORMAS DE CITAÇÃO

2.1 Citação por mandado

É a forma usual de citação, valendo-se o juiz do oficial de justiça, que busca o acusado, dando-lhe ciência, pessoalmente, do conteúdo da acusação, bem como colhendo o seu *ciente* (art. 351, CPP). Chama-se, ainda, citação pessoal.

Nos precisos termos de João Mendes de Almeida Júnior, "citação é o chamamento de alguém a Juízo para ver-se-lhe propor a ação e *para todos os atos e termos da ação até final sentença e sua execução.* A palavra exprime esta ideia, porque, sendo derivada do frequentativo *citum*, indica um ato cujo efeito continua até o fim do movimento da ação. E, assim, o chamamento a Juízo feito pela primeira citação na pessoa do réu, impõe-lhe a frequente presença a todos os atos e termos da ação".[1]

Não se admite a citação através de procurador, mas se aceita uma exceção quando o réu é inimputável, circunstância já conhecida, o que leva a citação à pessoa do seu curador.

Nem mesmo o advento da Lei de Informatização do processo permite a citação, no campo criminal, por meio eletrônico (art. 6.º, Lei 11.419/2006).

Quando o acusado estiver em território sujeito à competência de outro magistrado, é preciso expedir carta precatória (se estiver em outra Comarca ou Estado da Federação), como preceitua o art. 353 do CPP, ou carta rogatória (se estiver em outro país ou em sede de embaixada ou consulado), conforme dispõem os arts. 368 e 369 do CPP, viabilizando-se a citação. Nesta última hipótese, o juiz deve encaminhar ao Ministério da Justiça a rogatória, buscando a sua remessa, pelo Ministério das Relações Exteriores, à sede diplomática ou ao Estado estrangeiro. A remessa da precatória, carta de ordem ou rogatória pode ser feita por meio eletrônico (art. 7.º, Lei 11.419/2006). Lembre-se, ainda, o teor do art. 222-A, fixando duas condições para que se possa expedir a rogatória: a) demonstração prévia de sua imprescindibilidade; b) pagamento, pela parte interessada, dos custos de envio.

Após o recebimento da denúncia, no procedimento comum e, também, no procedimento especial do júri, providencia-se a citação do réu para que ofereça resposta, por escrito, em dez dias (arts. 396 e 406). O interrogatório será realizado ao final da instrução, em audiência. Logo, se houver a expedição de precatória, terá esta o objetivo de citar o acusado, cientificando-o da existência de ação penal e instando-o a responder no prazo supramencionado.

A carta precatória deve conter os seguintes requisitos: a) indicação dos juízes deprecante e deprecado; b) lugar onde cada um se situa; c) finalidade da citação, fazendo-se acompanhar de cópia da denúncia ou da queixa (atualmente, deve constar o prazo para apresentar defesa prévia por escrito em dez dias); d) dia, hora e lugar onde o réu deve comparecer (quando se tratar de intimação para a audiência de instrução e julgamento).

A carta de ordem, enviada de um tribunal superior a um inferior ou a um juízo de 1.º grau, conterá os mesmos requisitos formais supramencionados. Tem a finalidade de citar o acusado, intimar e ouvir alguma testemunha, produzir prova pericial, dentre outras diligências.

Deve-se ressaltar, entretanto, que o advento da Lei 12.019/2009, que incluiu o inc. III ao art. 3.º, da Lei 8.038/1990, permite que, nos processos de competência originária do Superior Tribunal de Justiça e do Supremo Tribunal Federal, seja possível ao relator delegar poderes instrutórios: "compete ao relator (...) convocar desembargadores de Turmas Criminais dos

---

[1]   *Direito judiciário brasileiro*, p. 307-308.

Tribunais de Justiça ou dos Tribunais Regionais Federais, bem como juízes de varas criminais da Justiça dos Estados e da Justiça Federal, pelo prazo de 6 (seis) meses, prorrogável por igual período, até o máximo de 2 (dois) anos, para a realização do interrogatório e de outros atos de instrução, na sede do tribunal ou no local onde se deva produzir o ato".

Ao receber a carta precatória, o juiz deprecado coloca o despacho "cumpra-se", a ordem para que a citação seja realizada na sua Comarca. Após a realização do ato processual, feita pelo oficial de justiça, lançada a certidão deste, retorna a precatória à origem, sem maior formalidade (art. 355, CPP).

Precatória itinerante é o nome que se dá à precatória enviada pelo juízo deprecado diretamente a outro juízo, onde provavelmente se encontra o réu (art. 355, § 1.º, CPP). Assim, quando o juiz deprecante, crendo estar o acusado na Comarca X, envia-lhe a precatória, para a citação, pode ocorrer do juiz desta última Comarca verificar estar o acusado, de fato, na Comarca Y, para onde enviará, diretamente, os autos da precatória, sem haver necessidade de esta voltar à origem para nova emissão.

Verificando-se que o réu se oculta no juízo deprecado, certificada tal circunstância pelo oficial de justiça, a precatória não deverá ser devolvida, embora assim esteja previsto no art. 355, § 2.º, do CPP. Afinal, em caso de ocultação, não mais se aplica a citação por edital e, sim, a citação por hora certa (art. 362, CPP). Deve-se compatibilizar o sistema de citação, não podendo existir duas formas aplicáveis à mesma situação. Esse foi outro equívoco do legislador: modificou o art. 362, esquecendo-se do conteúdo do art. 355, § 2.º, do CPP.

Se houver urgência na expedição da precatória, pode-se valer o juízo deprecante do meio telegráfico, embora, atualmente, seja mais fácil expedi-la por *e-mail* ou outro sistema informatizado, desde que o juízo deprecado se encarregue de certificar a sua origem, ou por qualquer outro meio idôneo, inclusive por telefone ou qualquer meio eletrônico (art. 7.º, Lei 11.419/2006). Estabelece o art. 265 do Código de Processo Civil de 2015 ser possível a transmissão da precatória por telefone, desde que, conforme prevê o § 1.º, "O escrivão ou o chefe de secretaria, no mesmo dia ou no dia útil imediato, telefonará ou enviará mensagem eletrônica ao secretário do tribunal, ao escrivão ou ao chefe de secretaria do juízo deprecante, lendo-lhe os termos da carta e solicitando-lhe que os confirme". Em caso de confirmação, "o escrivão ou o chefe de secretaria submeterá a carta a despacho" (§ 2.º). Nada impede se utilize, por analogia, o mesmo método no processo penal.

Anote-se, por derradeiro, ser possível o uso da videoconferência para ouvir testemunhas em outra Comarca, conforme autorizado pelo art. 222, § 3.º, do CPP. Logo, a precatória seria expedida para a intimação da pessoa a ser ouvida no fórum do local da sua residência. O juiz deprecante, dispondo da videoconferência, faria diretamente a inquirição, não sendo necessário que a testemunha seja ouvida pelo juízo deprecado. Diga-se o mesmo no tocante ao réu preso em outra localidade (art. 185, § 2.º, CPP).

2.1.1   Conteúdo do mandado de citação e demais formalidades

Deve conter todos os elementos descritos nos incisos do art. 352 do CPP, dentre os quais: a) o nome do juiz; b) o nome do querelante (quando se tratar de queixa); c) o nome do acusado (conforme o caso, seus sinais identificadores); d) a sua residência; e) a finalidade da citação (resumo da acusação, embora, normalmente, faça-se o mandado ser acompanhado da cópia da denúncia ou queixa); f) o prazo e a forma de apresentação da defesa prévia; g) as assinaturas do juiz e do escrivão. São os requisitos intrínsecos do mandado de citação.

Além desses requisitos, existem outros, voltados à concretização do ato, previstos no art. 357 do CPP: a) o oficial deve fazer a leitura do mandado ao citando, entregando-lhe a contrafé, onde será mencionado o dia e a hora da diligência; b) o oficial necessita lançar a certidão, onde consta a sua declaração de que o réu foi citado, bem como houve a entrega da contrafé, ou mesmo recusa de seu recebimento. São os requisitos extrínsecos do mandado de citação.

Qualquer dia e hora são admissíveis no processo penal para a citação. Obviamente, não se realiza durante a noite, se o réu estiver em seu domicílio, por conta, inclusive, da inacessibilidade garantida, constitucionalmente, ao local (art. 5.º, XI, CF). Fora daí, pouco importa ser noite ou dia. A nosso ver, a citação criminal é sempre urgente, motivo pelo qual não previu o Código de Processo Penal obstáculos à sua efetivação, tal como fez o Código de Processo Civil de 2015, no art. 244: "Não se fará a citação, salvo para evitar o perecimento do direito: I – de quem estiver participando de ato de culto religioso; II – de cônjuge, de companheiro ou de qualquer parente do morto, consanguíneo ou afim, em linha reta ou na linha colateral em segundo grau, no dia do falecimento e nos 7 (sete) dias seguintes; III – de noivos, nos 3 (três) primeiros dias seguintes ao casamento; IV – de doente, enquanto grave o seu estado".

Lembremos que a citação feita por oficial de justiça goza de presunção de regularidade, pois o funcionário que a realizou tem fé pública, especialmente naquilo que certifica.

2.2   Citação do militar

Trata-se de providência que tem em vista resguardar a intangibilidade do quartel, bem como a hierarquia e a disciplina, características inerentes à conduta militar. Assim, evitando-se que o oficial de justiça ingresse em dependências militares, à procura do réu, encaminha-se a requisição do juiz, por ofício, ao superior, que a fará chegar ao destinatário, no momento propício (art. 358, CPP).

O referido ofício deve estar instruído com os mesmos requisitos do mandado (art. 352), para que não haja prejuízo à defesa. O militar, como regra, oficia de volta ao juiz, comunicando-lhe que o subordinado ficou ciente. Quando a permanência do acusado for definitiva, em outra Comarca, faz-se a expedição do ofício por precatória.

2.3   Citação do funcionário público

Partia-se, nesse caso, do pressuposto de que a ausência do funcionário público de seu posto, ainda que para comparecer a interrogatório criminal, poderia trazer graves prejuízos ao serviço público e, portanto, ao interesse geral da sociedade.

Dessa forma, quando se fazia a sua citação, expedia-se, concomitantemente, um ofício de requisição ao seu superior, para que tivesse ciência da ausência e providenciasse substituto (art. 359, CPP). Excepcionalmente, não sendo possível a substituição, nem tampouco a vacância do cargo, poderia oficiar ao juiz, solicitando outra data para o interrogatório.

Após a reforma, alterando os procedimentos, prevê-se a citação para responder aos termos da demanda e o interrogatório será realizado somente ao final da instrução.

A partir de agora, ao menos para a citação, prescinde-se da requisição. Somente quando houver a intimação para a audiência deve-se expedir tanto o mandado como o ofício requisitório. Faltando um dos dois, não está o funcionário obrigado a comparecer, nem pode padecer das consequências de sua ausência.

Quando for necessário, vale-se o juiz da precatória, no caso de pessoa citada fora de sua Comarca.

2.4   Citação do réu preso

Nos moldes da citação do acusado solto, deve ser feita pessoalmente, por mandado, recebendo cópia da denúncia e podendo preparar-se, a tempo, para a defesa escrita, no prazo de dez dias.

O mínimo que se espera para a consagração da ampla defesa e do contraditório, garantias constitucionais, é que a citação seja feita com tempo antecedente suficiente para o preparo da defesa e, sem dúvida, pessoalmente.

2.5   Citação por edital e por hora certa

É a modalidade de citação denominada ficta, porque não é realizada pessoalmente, presumindo-se que o réu dela tomou conhecimento. Publica-se em jornal de grande circulação, na imprensa oficial ou afixa-se o edital no átrio do fórum, com o prazo de quinze dias, admitindo-se a possibilidade de que o acusado, ou pessoa a ele ligada, leia, permitindo a ciência da existência da ação penal (art. 361, CPP).

A nosso ver, é forma inócua de se proceder à citação de alguém. Merece ser abolida, pois trabalhar com esse tipo de ficção em nada contribui para o aprimoramento do processo. Se o acusado forneceu um endereço, quando foi investigado e ouvido pela polícia, deve ser cientificado de que eventual mudança precisa ser comunicada. Não o fazendo, deve arcar com o ônus da alteração sem aviso à Justiça. Por outro lado, não sendo encontrado na fase policial, logo, não tendo endereço nos autos, deve ser procurado por todos os meios possíveis. A não localização faz com que o juiz determine a paralisação do feito, até que seja encontrado.

O edital, enfim, é inútil. Evidenciando outra razão, ROBERTO DELMANTO JUNIOR diz que a citação por edital merece ser abolida "por ensejar a circunstância de o acusado, uma vez suspensa a persecução penal, nunca mais ser procurado por nenhum agente ou órgão estatal, a não ser que se envolva em outra persecução penal, comunicando-se o seu paradeiro ao juízo do processo suspenso, por exemplo".[2]

É providência indispensável para validar a fictícia citação por edital procurar o acusado em todos os endereços que houver nos autos, incluindo os constantes no inquérito. Caso exista alguma referência, feita por vizinho ou parente, de onde se encontra, também deve aí ser procurado. Se possível, ofícios de localização devem ser expedidos, quando pertinentes (ex.: o réu é médico, podendo-se obter seu endereço no Conselho Regional de Medicina ou em algum hospital onde tenha trabalhado). No mais, esgotadas as vias de procura, cabe a citação por edital.

Se o réu estiver preso no mesmo Estado, embora em Comarca diversa, não pode haver citação por edital. Cabe ao juiz procurar, ao menos no seu Estado, pelos meios de controle que possui, se o acusado está preso em algum estabelecimento penitenciário. Negativa a resposta, pode-se fazer a citação editalícia. O ideal seria possuir um cadastro nacional de prisões, evitando-se a procura desenfreada por réus, quando detidos em outra Unidade da Federação. É o teor da Súmula 351 do STF: "É nula a citação por edital de réu preso na mesma Unidade da Federação em que o juiz exerce a sua jurisdição".

Se o réu se ocultar para fugir à citação, determina o art. 362 do Código de Processo Penal, com nova redação, que se faça a citação por hora certa. "Quando, por 2 (duas) vezes,

---

2   *Inatividade no processo penal brasileiro*, p. 155.

o oficial de justiça houver procurado o citando em seu domicílio ou residência sem o encontrar, deverá, havendo suspeita de ocultação, intimar qualquer pessoa da família ou, em sua falta, qualquer vizinho de que, no dia útil imediato, voltará a fim de efetuar a citação, na hora que designar" (art. 252 do CPC/2015). "Art. 253. No dia e na hora designados, o oficial de justiça, independentemente de novo despacho, comparecerá ao domicílio ou à residência do citando a fim de realizar a diligência. § 1.º Se o citando não estiver presente, o oficial de justiça procurará informar-se das razões da ausência, dando por feita a citação, ainda que o citando se tenha ocultado em outra comarca, seção ou subseção judiciárias. § 2.º A citação com hora certa será efetivada mesmo que a pessoa da família ou o vizinho que houver sido intimado esteja ausente, ou se, embora presente, a pessoa da família ou o vizinho se recusar a receber o mandado. § 3.º Da certidão da ocorrência, o oficial de justiça deixará contrafé com qualquer pessoa da família ou vizinho, conforme o caso, declarando-lhe o nome. § 4.º O oficial de justiça fará constar do mandado a advertência de que será nomeado curador especial se houver revelia" (art. 253 do CPC/2015). "Feita a citação com hora certa, o escrivão ou chefe de secretaria enviará ao réu, executado ou interessado, no prazo de 10 (dez) dias, contado da data da juntada do mandado aos autos, carta, telegrama ou correspondência eletrônica, dando-lhe de tudo ciência" (art. 254 do CPC/2015).

Ainda assim, Roberto Delmanto Junior posiciona-se contrariamente a esse tipo de citação porque acaba "ressuscitando a possibilidade de haver processo sem o conhecimento da acusação, nomeando-se defensor dativo, com base em critérios subjetivos do oficial de justiça de que ele tem ciência da acusação".[3] Porém, o STF já se posicionou favorável à citação por hora certa no processo penal.

Frise-se que o STF, no julgamento do Recurso Extraordinário (RE) 635.145, com repercussão geral reconhecida, considerou constitucional a citação por hora certa, prevista no art. 362 do Código de Processo Penal, sob o argumento de que tal modalidade de citação não compromete o direito de ampla defesa, constitucionalmente assegurado a todos os acusados em processo criminal.

Providencia-se a citação por edital, no geral, quando o réu não for localizado, por qualquer razão (art. 363, § 1.º, CPP).

2.5.1   Conteúdo do edital

Segundo o disposto no art. 365 do CPP, o edital conterá o nome do juiz que a determinar, o nome do réu, ou, se não for conhecido, os seus sinais característicos, bem como sua residência e profissão, se constarem do processo, o fim para o qual é feita a citação, o juízo e o dia, a hora e o lugar em que o réu deverá comparecer (ou o prazo de dez dias para apresentar defesa prévia, dependendo do procedimento), o prazo, que será contado do dia da publicação do edital na imprensa, se houver, ou da sua fixação.

Afixa-se o edital no átrio do fórum, publicando-se pela imprensa oficial, onde houver. É o que basta, não sendo necessário, conforme orientação já firmada pelo Supremo Tribunal Federal, que seja publicado na imprensa comum. Aliás, nem verba para isso haveria.

Quanto à finalidade da citação, basta a menção do dispositivo da lei penal em que se encontra incurso o réu. Nesse sentido, conferir a Súmula 366 do Supremo Tribunal Federal:

---

[3]   *Inatividade no processo penal brasileiro*, p. 155.

"Não é nula a citação por edital que indica o dispositivo da lei penal, embora não transcreva a denúncia ou queixa, ou não resuma os fatos em que se baseia".

3. SUSPENSÃO DO PROCESSO E DA PRESCRIÇÃO

O réu, citado por edital, se não comparecer, nem constituir advogado, não será processado enquanto durar sua ausência. Suspende-se o curso do processo e igualmente da prescrição. Pode-se determinar a produção de provas urgentes e, conforme o caso, decretar-se a prisão preventiva (art. 366, CPP).

Trata-se de antiga reivindicação da doutrina – atendida pela Lei 9.271/1996, modificando o art. 366 – para que o réu não fosse processado até o final, quando citado ficticiamente, sendo julgado e condenado, possibilitando o trânsito em julgado da decisão.

Quando assim ocorria, muitos erros judiciários eram concretizados, pois não havia defesa efetiva, podendo uma pessoa ser processada em lugar de outra (no caso de ter havido furto de documentos, por exemplo). Nessa hipótese, a decisão já estaria consolidada, quando o sujeito inocente (vítima do furto de seus documentos pessoais, usados pelo verdadeiro agente) fosse localizado e preso. O caminho seria a revisão criminal, o que não deixava de ser processo demorado para quem tinha sua liberdade cerceada.

Além disso, não haveria possibilidade de se consagrar, com efetividade, a ampla defesa e o contraditório, já que um defensor, desconhecido do réu, seria incumbido da sua defesa. Por tudo isso, determina-se que o réu, citado por edital, não seja processado sem se ter a certeza de sua ciência da existência da ação penal. Suspende-se o curso do processo, até ser encontrado. A prescrição poderia dar-se, mas o próprio artigo prevê a suspensão do lapso prescricional. Em tese, pois, inexiste prejuízo. Para evitar que o processo fique paralisado indefinidamente, normas administrativas vêm sendo editadas, obrigando a busca do paradeiro do réu dentro de determinado período (seis meses ou a cada ano, por exemplo). Para isso, requisita-se a sua folha de antecedentes atualizada – que pode conter outro processo, em Comarca diversa –, além de se manter os autos do processo em lugar próprio, no ofício judicial, mas não arquivado.

Lembremos que, para a suspensão do processo, deve haver a citação por edital, associada ao fato do réu não apresentar defesa prévia, nem contratar advogado para isso. Não é só a citação ficta que acarreta a suspensão, sendo indispensável, portanto, a ausência do réu.

Se for citado pessoalmente, deixando de contratar advogado ou apresentar defesa, não se aplica a suspensão, nomeando-se defensor dativo e o processo segue normalmente o seu curso.

A prescrição não pode ser suspensa indefinidamente, pois isso equivaleria a tornar o delito imprescritível, o que somente ocorre, por força de preceito constitucional, com o racismo e o terrorismo ("ações de grupos armados, civis ou militares, contra a ordem constitucional e o Estado Democrático" – art. 5.º, XLIV). Assim, por ausência de previsão legal, tem prevalecido o entendimento de que a prescrição fica suspensa pelo prazo máximo em abstrato previsto para o delito. Depois, começa a correr normalmente. Ilustrando: no caso de furto simples, cuja pena máxima é de quatro anos, a prescrição em abstrato dá-se em oito anos. Por isso, o processo fica paralisado por oito anos sem correr prescrição. Depois, esta retoma seu curso, finalizando com outros oito anos, ocasião em que o juiz deve julgar extinta a punibilidade do réu. Esse é o teor da Súmula 415 do STJ: "O período de suspensão do prazo prescricional é regulado pelo máximo da pena cominada". Confirmando esse entendimento, o STF, no RE 600.851-DF (tema 438), em 18 de março de 2021, fixou a seguinte tese: "Em caso de inatividade processual decorrente de citação por edital, ressalvados os crimes previstos na Constituição Federal como imprescritíveis, é constitucional limitar o período de suspensão do prazo prescricional ao tempo de prescrição da pena máxima em abstrato cominada ao crime, a despeito de o processo permanecer suspenso".

A modificação ocorrida no art. 366 teve a finalidade de garantir a ampla defesa e o contraditório, de maneira efetiva, ao acusado no processo penal. Citado por edital, de maneira fictícia, a grande probabilidade é que não tenha a menor ciência de que é réu, razão pela qual não se defenderá. Suspende-se, então, o andamento do processo, não afetando seu direito de defesa.

3.1   A suspensão do processo em face de citação por hora certa

A Lei 11.719/2008 introduziu a possibilidade de haver citação por hora certa no processo penal, como uma das formas de citação ficta, sendo a outra a citação por edital. Entretanto, omitiu-se quanto à suspensão do feito no tocante à citação por hora certa.

Há quem se posicione contra a suspensão: "Na hipótese, diante da contumácia do acusado que, citado por hora certa, não comparecer nem constituir defensor, será designado defensor dativo para apresentar a resposta técnica, sem suspensão de qualquer ato processual. Indubitavelmente, a medida é dura, pois ensejará o prosseguimento da ação contra o acusado que fora citado com hora certa. Entretanto, ela deverá ser reservada, com se disse, às hipóteses em que o acusado se furta deliberadamente ao chamamento da justiça, dificultando o legítimo direito do Estado e da sociedade de ver a causa penal resolvida. Por óbvio que, se aplicada de maneira abusiva, fora da certeza de estar o acusado a se esquivar da citação pessoal, o processo estará eivado de nulidade por falta do ato citatório pessoal (art. 564, III, *e*)".[4]

Pensamos de maneira diversa. A citação por hora certa é exatamente idêntica à citação por edital, na essência, vale dizer, cuida-se de citação ficta. Tanto é verdade que o art. 72, II, do CPC/2015 prevê curador especial para o réu revel, citado por edital ou por hora certa. Ambas as formas de citação estão equiparadas para fim de proteção especial ao acusado.

Não se pode correr risco algum em matéria de citação. Por isso, parece-nos indicada a suspensão do processo tanto para a citação por edital quanto para a citação por hora certa. Não se tratando de citação pessoal, inexiste certeza de que o réu ficou ciente da ação penal. Aliás, até mesmo quem apoia a não suspensão do feito, admite a possibilidade de haver abuso na utilização da citação por hora certa, implicando nulidade do ato, como visto linhas acima.

Ora, se jamais se poderá saber, na citação por hora certa, com certeza, se o réu ficou ou não ciente da ação penal, a suspensão do processo é a melhor medida. Porém, não se pode, igualmente, suspender a prescrição, tendo em vista inexistir preceito expresso autorizando. Noutros termos, por garantia ao réu, pode-se estender a suspensão ao processo, prevista para a citação por edital para a citação por hora certa; entretanto, por vedação à analogia *in malam partem*, não se pode suspender a prescrição, prevista somente para a citação por edital.

Por outro lado, mesmo com a suspensão do processo, pode haver provas urgentes a produzir, cujo atraso implicaria a sua perda, fundamento pelo qual abriu-se a exceção de, sem a certeza de ter sido o acusado cientificado da existência do processo-crime, determinar o juiz a realização de provas consideradas imprescindíveis e imediatas.

---

4   Leandro Galluzzi dos Santos, in: Maria Thereza Moura (coord.), *As reformas no processo penal*, p. 304-305.

Não se deve banalizar a possibilidade de produção antecipada de provas, crendo ser regra o que vem a ser exceção. Somente as provas realmente perecíveis precisam ser efetivadas na ausência do réu, ainda que lhe seja nomeado defensor dativo. Dentre as que demandam maior controvérsia, está, inequivocamente, a prova testemunhal.

Alguns defendem que a testemunha deve ser ouvida, porque pode esquecer o que viu ou sabe com o passar do tempo – por isso, é sempre urgente. Outros, preservando a excepcionalidade estabelecida em lei, preferem crer que somente o prudente critério do juiz poderá decidir e discernir acerca da prova testemunhal urgente, de outra, que irrelevante se apresenta. Ouvir uma criança, que tenha visto um crime, é urgente, pois o próprio desenvolvimento físico e psicológico do informante pode alterar-se, comprometendo relevantes dados armazenados em sua memória. Entretanto, ouvir uma pessoa que, na fase policial, já declarou que apenas ouviu dizer a respeito de quem seria o autor do crime, sem fornecer nenhum outro dado relevante, é indevido. Assim, sustentamos que cabe ao prudente critério do magistrado decidir a respeito da urgência da prova, sem haver qualquer tipo de generalização. Hoje, vigora o disposto pelo Súmula 455 do STJ: "A decisão que determina a produção antecipada de provas com base no art. 366 do CPP deve ser concretamente fundamentada, não a justificando unicamente o mero decurso do tempo".

Anote-se a lição de ANTONIO MAGALHÃES GOMES FILHO: "Essa antecipação na colheita da prova não deverá ser, certamente, uma rotina nos casos em que houve a suspensão do processo diante da ausência do réu citado por edital, mas providência resultante da avaliação do risco concreto de impossibilidade na obtenção futura das informações necessárias ao êxito da persecução. Caso contrário, de nada valeriam as disposições da nova lei, seja no tocante à economia processual, seja relativamente à garantia de uma defesa efetiva".[5]

A prisão preventiva não deve ser decretada automaticamente, sem a constatação dos requisitos previstos no art. 312 do CPP. Mas, notando o magistrado que a citação por edital ocorreu justamente porque o acusado fugiu do distrito da culpa, é natural que possa ser decretada a prisão cautelar. Por outro lado, deveria a lei conter um dispositivo específico para a decretação de uma prisão para busca, isto é, um *mandado de procura*, que pudesse constar no cadastro nacional da polícia. Assim, se o réu estiver em outra Comarca e for tirar documentos, será localizado, cientificando-se que está sendo procurado para citação. A polícia, na realidade, é o órgão estatal mais apto e adequado para localizar o acusado.

É cabível a aplicação da suspensão do processo, em face da citação por edital do réu e consequente ausência, a todos os procedimentos previstos em legislação especial, tal como ocorre, por exemplo, com os delitos previstos na Lei de Drogas, salvo quando houver expressa disposição em contrário, como acontece com o art. 2.º, § 2.º, da Lei de Lavagem de Dinheiro (Lei 9.613/1998). Registre-se que parte da doutrina considera inconstitucional o referido art. 2.º, § 2.º, da Lei 9.613/1998, preferindo manter a aplicação do disposto no art. 366 do CPP.

Se por alguma razão o juiz determinar a suspensão do feito ou deixar de fazê-lo, quando for o caso, cabe, em nosso entendimento, a interposição de correição parcial, pois haverá tumulto ao deslinde do processo. Em contrário, há quem sustente ser aplicável, por interpretação extensiva, o recurso em sentido estrito, conforme art. 581, XVI (suspensão do processo em virtude de questão prejudicial).

---

[5] *Bol. IBCCRIM* 42, p. 5.

Sobre o prosseguimento do processo sem a presença do acusado, estabelece o art. 367 que, citado ou intimado pessoalmente para qualquer ato, se deixar de comparecer sem motivo justificado, ou em caso de mudança de endereço sem comunicação, o processo segue normalmente seu curso.

São hipóteses mais que razoáveis para o curso do processo, ainda que o réu dele não participe ativamente. A primeira delas diz respeito à citação (dando-lhe conhecimento da ação e chamando-o para se defender) ou à intimação pessoal (comunicando-lhe e chamando-o para audiência ou outro ato), quando não houver comparecimento, sem apresentação de motivo justificado. Demonstra o seu desinteresse de acompanhar a instrução, não havendo razão para o juiz continuar insistindo para que compareça, afinal, é seu direito de audiência e não obrigação de estar presente – salvo motivo imperioso, como ocorre, por exemplo, quando há necessidade de reconhecimento ou para qualificação. Declara-se o seu estado de *ausente*.

3.2   A inexistência de revelia, a ausência e seus efeitos processuais

Pensamos que, no processo penal, inexiste a figura da *revelia*, tal como ocorre no processo civil. Neste, conforme prevê o art. 344 do Código de Processo Civil de 2015, caso o réu não conteste a ação, quando devidamente citado, será considerado revel e presumir-se-ão verdadeiros os fatos afirmados pelo autor na inicial. É o *efeito* da revelia, isto é, o estado de quem, cientificado da existência de ação contra si proposta, desinteressa-se de proporcionar defesa. Tanto assim que o art. 345 do Código de Processo Civil de 2015 menciona que a revelia *não induz* esse efeito, quando, havendo pluralidade de réus, algum deles contestar; quando o litígio versar sobre direitos indisponíveis; se a inicial não estiver acompanhada de instrumento público indispensável à prova do ato e quando as alegações de fato formuladas pelo autor forem inverossímeis ou estiverem em contradição com prova constante dos autos.

Contudo, totalmente diversa é a situação no processo penal. O réu, citado, que não comparece para ser interrogado, desinteressando-se por sua defesa, uma vez que os direitos são *sempre* indisponíveis nesse caso, terá defensor nomeado pelo juiz (art. 261, CPP), que deverá ter atuação eficiente, sob pena de ser afastado e substituído por outro pelo juiz. Ademais, não há a possibilidade de um réu "contestar" a ação pelo outro, como no cível, pois a ação penal é voltada individualmente a cada um dos autores da conduta criminosa.

Enfim, o que ocorre na esfera penal é a simples ausência do processo, consequência natural do direito de audiência. O réu *pode* acompanhar a instrução pessoalmente, mas não é obrigado a tal. Estando presente seu defensor, o que é absolutamente indispensável, ainda que *ad hoc*, não pode ser considerado *revel* (aquele que não compareceu nem se fez representar). É preciso, pois, terminar com o hábito judicial de se *decretar* a revelia do réu ausente à instrução, como se fosse um ato constitutivo de algo. A outra hipótese é a mudança de endereço, entendendo-se que já foi citado pessoalmente, sem comunicação. É natural que o juiz, determinando a sua intimação para qualquer ato processual, não mais vai encontrá-lo. Reconhece-se, pois, a sua ausência. O processo segue seu rumo e a decisão de mérito pode ser proferida, arcando o acusado com o ônus dessa ausência, caso prejudique a sua ampla defesa. Note-se que, estando ele sob gozo de fiança, tal situação não pode ocorrer, sob pena de quebra do benefício.

Vale destacar, ainda, os sentidos das palavras "revelia" e "contumácia". A primeira quer dizer "estado ou caráter de revel", isto é, aquele que "se revolta; insurgente, rebelde; teimoso, obstinado, contumaz" (Verbete do Dicionário Aurélio). A segunda significa "grande teimosia;

obstinação, aferro, afinco, pertinácia" (idem). Nada disso se aplica ao processo penal brasileiro, ao menos após a edição da Constituição Federal de 1988, que prevê e garante direitos fundamentais a toda pessoa acusada da prática de uma infração penal. Assim, presume-se a inocência do indivíduo, até que se obtenha uma sentença condenatória com trânsito em julgado (art. 5.º, LVII, CF), bem como a ele é assegurada tanto a ampla defesa, quanto o contraditório (art. 5.º, LV, CF), tudo a constituir o *devido processo legal* (art. 5.º, LIV, CF).

Outro ponto importante é ter ele o inafastável direito ao silêncio (art. 5.º, LXIII, CF), não sendo obrigado a produzir prova contra si mesmo (*nemo tenetur se detegere*). Em suma, dentre outros direitos que se poderia enumerar para ratificar os anteriores, o réu, no processo penal, ocupa posição diferenciada do que ocorre no processo civil. Se neste, ainda se fala em *revelia* e seus *efeitos*, naquele, o termo é escuso, devendo ser evitado. O acusado não é "teimoso", "rebelde" ou "pertinaz" porque deixa de comparecer em juízo para ser interrogado, afinal, pode calar-se diante do juiz (art. 186, CPP). Por outro lado, se *revelia* quer dizer recalcitrância em *impugnar* ou *contestar* o pedido do autor, na ótica civil, tanto que cabe o julgamento antecipado da lide (vide art. 355, II, CPC/2015), o que nunca se dá em processo penal, bem como ocorre a presunção de veracidade do alegado pelo autor (vide art. 344, CPC/2015), como já abordado anteriormente, não se pode assim visualizar no processo penal, pois *jamais* deverá haver processo sem defesa técnica e eficiente. Consequentemente, o réu está *sempre* participando, ainda que por seu defensor, dos atos processuais. Ausenta-se fisicamente, se quiser, mas não o faz tecnicamente.

Destaque-se nesse sentido a lição de Roberto Delmanto Junior: "Com efeito, tendo em vista que o instituto processual da 'contumácia' ou 'revelia' tem conotação *extremamente pejorativa*, significando ultraje, desdém, ilícito, rebeldia etc., a sua aplicação afigura-se, por si só, totalmente incompatível com a concepção de que não há como dissociar a inatividade do acusado, de um lado, do exercício dos direitos a ele constitucionalmente assegurados da ampla defesa e do silêncio, de outro. Desse modo, não comportam censura jurídica – embora moralmente possam por vezes ser reprovadas – as condutas do acusado, *v.g.*, de furtar-se à citação, não atender ao chamamento judicial uma vez citado, não colaborar com a realização de perícias fornecendo sangue etc. Ademais, o acusado estará sempre representado por defensor, uma vez que a Constituição e a legislação processual penal brasileiras, a exemplo de todas as legislações de países democráticos, distinguem a autodefesa da defesa técnica, estabelecendo ser esta última indeclinável, posto ser o contraditório, na persecução penal e, também, na execução penal, real e indisponível".[6] "Em outras palavras, se de um lado não há como deixar de associar o instituto da contumácia ou da revelia, em razão de sua gênese, a juízo valorativo de desdém, desprezo, menosprezo, pouco caso etc., entender a contumácia ou revelia como exercício de um direito é descaracterizá-la. Na verdade, ela, em nossa opinião, *não mais existe*".[7]

4.   CONCEITO DE INTIMAÇÃO

É o ato processual pelo qual se dá ciência à parte da prática de algum outro ato processual já realizado ou a realizar-se, importando ou não na obrigação de fazer ou não fazer alguma

---

[6]   *Inatividade no processo penal brasileiro*, p. 71 e conclusões, p. 372.

[7]   *Inatividade no processo penal brasileiro*, p. 194.

coisa. Nos termos do art. 269 do CPC, o conceito de intimação "é o ato pelo qual se dá ciência a alguém dos atos e dos termos do processo".

Não vemos diferença alguma entre os termos *intimação* e *notificação*, por vezes usado na lei processual penal. Aliás, se fôssemos adotar uma posição que os distinguisse, terminaríamos contrapondo normas do próprio Código de Processo Penal, que não respeitou um padrão único. Há quem aprecie dizer ser a intimação apenas a ciência de algo e a notificação a convocação a fazer algo, mas nota-se, em várias passagens, que o Código usa, indiscriminadamente, os termos. Logo, cremos correto unificá-los, considerando-os sinônimos.

No mesmo prisma, Basileu Garcia leciona que "no sistema do vigente estatuto processual são sinônimas as palavras *intimação* e *notificação*. A esses meios de dar ciência a interessados – sejam réus, acusadores, advogados, testemunhas, peritos, jurados – de despachos, sentenças, atos judiciais em geral, realizados ou a realizar, com ou sem a determinação de uma atitude a assumir em face do processo criminal em desenvolvimento (assim, num só conceito, exprimiremos as duas modalidades), se destinam todas as normas concernentes à citação que, por sua natureza não especial, sejam compatíveis a essas duas formas de comunicação".[8]

O anacrônico CPP não possui nenhuma previsão a respeito de atos processuais produzidos por meio eletrônico, razão pela qual se deve utilizar a analogia para chegar à modernidade. Nesse sentido, dispõe o art. 196 do CPC: "compete ao Conselho Nacional de Justiça e, supletivamente, aos tribunais, regulamentar a prática e a comunicação oficial de atos processuais por meio eletrônico e velar pela compatibilidade dos sistemas, disciplinando a incorporação progressiva de novos avanços tecnológicos e editando, para esse fim, os atos que forem necessários, respeitadas as normas fundamentais deste Código".

5. PROCEDIMENTO PARA AS INTIMAÇÕES

Segue-se o mesmo modelo usado para a citação, conforme dispõe o art. 370, *caput*, do CPP. A lei destaca, no entanto, que a incidência das normas da citação se fará "no que for aplicável", pois não teria mesmo cabimento intimar por edital uma testemunha ou um perito, para que compareça em juízo ou apresente o laudo.

Quando o advogado é contratado pela parte interessada, seja esta o acusado, o querelante ou a vítima, funcionando como assistente, é natural que tenha a estrutura necessária para acompanhar as intimações pelo *Diário Oficial*, como, aliás, ocorre em qualquer processo na área cível. Por isso, a lei autoriza a intimação por essa forma. Há a ressalva, no entanto, de que o nome do acusado deve *necessariamente* constar da publicação, sob pena de nulidade, o que se nos parece óbvio (art. 370, § 1.º, CPP).

Se não houver circulação de Diário Oficial na Comarca, é preciso valer-se o escrivão dos mecanismos tradicionais: o mandado ou a intimação pessoal no balcão do ofício judicial, quando o advogado lá comparece. Admite-se, ainda, a intimação por via postal, com aviso de recebimento, bem como por *outro meio idôneo* (art. 370, § 2.º, CPP). Esta última hipótese abre um amplo leque de possibilidades, como pode ocorrer no caso da utilização do telefone ou mesmo do *e-mail*.

Atualmente, existente em vários Estados da Federação, já se concretizou o *Diário da Justiça eletrônico*, vale dizer, não há mais *papel*. Disponibiliza-se a intimação da parte pela

---

[8]   *Comentários ao Código de Processo Penal*, v. III, p. 418.

Internet. "Considerar-se-á realizada a intimação no dia em que o intimando efetivar a consulta eletrônica ao teor da intimação, certificando-se nos autos a sua realização" (art. 5.º, § 1.º, Lei 11.419/2006). No Estado de São Paulo, ilustrando, a intimação feita por meio eletrônico ocorre da seguinte forma: a publicação sai no *Diário da Justiça* eletrônico no dia 10; considera-se de conhecimento da parte no dia 11; o prazo começa a correr no dia 12 (ou no primeiro dia útil seguinte).

A intimação das testemunhas por via postal é viável, desde que exista lei regendo o assunto. A intimação do representante do Ministério Público faz-se pessoalmente, como prevê a lei orgânica que rege a carreira e o art. 370, § 4.º, do CPP. Não se tem aceitado que a intimação se transfira para funcionário da instituição, pois isso seria contornar a clara disposição legal.

O defensor dativo é o nomeado para patrocinar os interesses do acusado. Equipara-se ao defensor público, que, também por lei, deve ser intimado pessoalmente dos atos processuais.

Há possibilidade de intimação diretamente na petição do advogado ou do promotor, se, ao despachar com o juiz, obtém desde logo a decisão – como, por exemplo, a designação ou adiamento para outra data de uma audiência –, razão pela qual se torna desnecessária a intimação formal (art. 371, CPP). Se ele mesmo tomou conhecimento da decisão, vale a sua petição como ciência do ato praticado. Por cautela, deve o magistrado ou o escrivão, como for mais conveniente, colher o "ciente" da parte, tão logo finde o despacho, ou seja, a petição apresentada ao cartório.

O adiamento de audiência é a hipótese retratada no art. 372 do CPP. Se os interessados comparecem para a realização de determinada audiência, caso deva o ato ser adiado, no termo aberto delibera o magistrado, anotando os requerimentos formulados pelas partes, bem como decidindo a seguir. Pode, pois, o promotor pedir a condução coercitiva daquelas que foram intimadas, deixando de atender à convocação, bem como a expedição de algum ofício para a localização das que não foram, decidindo o juiz no ato, saindo todos intimados da nova data marcada.

RESUMO DO CAPÍTULO

- **Citação:** é o ato processual de chamamento do réu a juízo, para defender-se pessoalmente e por intermédio de advogado, cientificando-o da imputação criminal que lhe é feita.

- **Citação por mandado ou pessoal:** é a forma usual de citação, realizada por oficial de justiça, que dá ciência diretamente à pessoa do acusado.

- **Citação por hora certa:** é a forma de citação utilizada aos réus que se ocultam, devendo haver certidão do oficial de justiça nesse sentido e a intimação de familiar ou vizinho dando ciência de que haverá retorno do meirinho para encontrar o acusado em dia e hora previamente designados. Se o réu não estiver presente, lavra-se certidão, deixa-se a contrafé e depois se envia uma correspondência ao interessado, dando-o por citado.

- **Citação por edital:** é a forma ficta de citação, voltada ao acusado não localizado, por qualquer razão, que se faz publicando na imprensa ou no átrio do fórum de peça contendo todos os dados da ação penal, presumindo-se que o réu leia, tomando ciência da acusação.

▶ **Citação por precatória:** é forma de citação pessoal, embora seja dirigida de um juiz a outro, justamente pelo fato de estar o réu em Comarca diversa daquela onde tramita o processo criminal. Portanto, o juiz do feito depreca a outro a realização do ato de chamamento.

▶ **Citação por rogatória:** é forma de citação pessoal, envolvendo pedido de juiz brasileiro a juiz estrangeiro, cujo trâmite se dá por intermédio dos Ministérios da Justiça e das Relações Exteriores, que encaminham o pedido ao outro país.

▶ **Intimação:** é o ato processual que dá ciência da realização de um outro ato processual, precedente ou a ocorrer, com a finalidade de materializar o direito ao contraditório ou buscando o comparecimento de alguém em juízo.

CAPÍTULO XVI
Sentença

1. CONCEITO DE SENTENÇA

É a decisão terminativa do processo e definitiva quanto ao mérito, abordando a questão relativa à pretensão punitiva do Estado, para julgar procedente ou improcedente a imputação. Esta é considerada a *autêntica* sentença, tal como consta do art. 381 do Código de Processo Penal, vale dizer, cuida-se do conceito estrito de sentença. Em termos mais amplos, VINCENZO CAVALLO a conceitua como a decisão do órgão jurisdicional que declara imperativamente, na forma estabelecida em lei, o direito substantivo ou processual, para resolver o conflito de direito subjetivo que se coloca na pretensão jurídica, deduzida no processo, e exaure, definitivamente, o fim da jurisdição em relação à fase processual onde se pronuncia.[1]

Pode ser condenatória, quando julga procedente a acusação, impondo pena, ou absolutória, quando a considera improcedente. Dentre as absolutórias, existem as denominadas impróprias, que, apesar de não considerarem o réu um criminoso, porque inimputável, impõem a ele medida de segurança, uma sanção penal constritiva à liberdade, mas no interesse da sua recuperação e cura.

No Código de Processo Penal, no entanto, usa-se o termo *sentença*, em sentido amplo, para abranger, também, as decisões interlocutórias mistas e as definitivas, que não avaliam a imputação propriamente dita.[2]

---

[1] *La sentenza penale*, p. 144, tradução livre.

[2] "Em sentido amplo, porém, a palavra *sentença* indica qualquer pronunciamento de autoridade judiciária, no curso de um processo, abrangendo, destarte, em seu significado, não só as sentenças definitivas, como, ainda, as de caráter interlocutório" (FREDERICO MARQUES, *Elementos de direito processual penal*, v. III, p. 25).

Na essência, como ensina Vincenzo Cavallo, a sentença é um ato de intuição do juiz, que forma livremente a sua convicção, embora deva apresentá-la sob o formato de *fundamentação*. Traduz-se a sua capacidade intuitiva de captação da verdade, conforme o conjunto probatório, por meio de um juízo lógico, expresso por um ato de vontade.[3] Para Câmara Leal, "sentença é a decisão proferida pelo juiz ou tribunal em processo judicial submetido à sua direção ou julgamento. Em sentido amplo, todo ato do juízo contendo qualquer determinação é uma sentença, compreendendo, assim, também os despachos; mas, em sentido estrito, só recebe a denominação de sentença a decisão pela qual fica decidida a questão principal, ou se resolve algum incidente pondo termo à instância. No primeiro caso, a sentença se diz – *definitiva*, e, no segundo, *interlocutória mista* ou com *força de definitiva*. Os despachos ordinatórios, que disciplinam a marcha do processo são, em acepção ampla, sentenças *interlocutórias simples* ou *meramente interlocutórias*".[4]

2.   OUTROS ATOS JURISDICIONAIS

Além da sentença, ápice da atividade jurisdicional, há outros atos que merecem destaque:

a) *despachos*: decisões do magistrado, sem abordar questão controvertida, com a finalidade de dar andamento ao processo (ex.: designação de audiência, determinação da intimação das partes, determinação da juntada de documentos, entre outras);

b) *decisões interlocutórias*: soluções dadas pelo juiz, acerca de qualquer questão controversa, envolvendo a contraposição de interesses das partes, podendo ou não colocar fim ao processo. São chamadas *interlocutórias simples* as decisões que dirimem uma controvérsia, sem colocar fim ao processo ou a um estágio do procedimento (ex.: decretação da preventiva, quebra do sigilo telefônico ou fiscal, determinação de busca e apreensão, recebimento de denúncia ou queixa, entre outras). São denominadas *interlocutórias mistas* (ou decisões com força de definitiva) as decisões que resolvem uma controvérsia, colocando fim ao processo ou a uma fase dele (ex.: pronúncia, impronúncia, acolhimento de exceção de coisa julgada etc.);

c) *decisões definitivas*: são as tomadas pelo juiz, colocando fim ao processo, julgando o mérito em sentido lato, ou seja, decidindo acerca da pretensão punitiva do Estado, mas sem avaliar a procedência ou improcedência da imputação. Nessas hipóteses, somente chegam a afastar a pretensão punitiva estatal, por reconhecerem presente alguma causa extintiva da punibilidade (ex.: decisão que reconhece a existência da prescrição). Diferem das interlocutórias mistas, pois estas, embora coloquem fim ao processo ou a uma fase dele, não avaliam a pretensão punitiva do Estado.

3.   NATUREZA JURÍDICA DA SENTENÇA

Pode ser *condenatória*, quando julga procedente a pretensão punitiva do Estado, fixando exatamente a sanção penal devida, até então abstratamente prevista, a ser exigida do acusado.

---

[3] *La sentenza penale*, p. 162-163.

[4] *Comentários ao Código de Processo Penal*, III, p. 8.

Pode, ainda, ser *declaratória*, quando absolver ou julgar extinta a punibilidade. No caso da absolvição, consagra o estado de inocência, inerente a todo ser humano, desde o nascimento. Portanto, nada constitui, nenhum direito gera ou cria, mas apenas declara o natural, ainda que fundamentado em diversas razões.

Há, também, as sentenças *constitutivas*, mais raras no processo penal, mas possíveis, como ocorre com a concessão de reabilitação, quando o Estado revê a situação do condenado, restituindo-lhe direitos perdidos, pela força da condenação definitiva.

Registremos, por fim, as sentenças *mandamentais*, que contêm uma ordem judicial, a ser imediatamente cumprida, sob pena de desobediência, encontradas no cenário do *habeas corpus* e do mandado de segurança. Julgamos possível haver sentenças de natureza mista, como ocorre com a concessiva de perdão judicial. Através de um raciocínio condenatório, considerando o réu culpado por determinado delito, chega o magistrado a proferir uma decisão declaratória da extinção da punibilidade. Isto significa que o direito de punir nasceu, porque crime existiu e o autor é conhecido, mas cessou, tendo em vista razões de política criminal, inspiradoras das causas de perdão judicial. Logo, declara que não há direito de punir e não confere ao Estado direito algum. Em contrário, considerando ser a sentença concessiva do perdão meramente declaratória, em qualquer hipótese, está a posição de Tourinho Filho.[5]

Além disso, analisando a sentença sob o prisma e efeito do recurso, seguimos orientação exposta por Ada Pellegrini Grinover, Antonio Magalhães Gomes Filho e Antonio Scarance Fernandes, no sentido de que "a sentença nasce com todos os requisitos necessários à sua existência, mas, de ordinário, privada de sua eficácia. A não superveniência de outro pronunciamento, na instância recursal, permite à decisão recorrida irradiar os efeitos próprios. Mas se o órgão *ad quem* emite nova decisão (confirmatória ou de reforma), a condição vem a faltar e a decisão da jurisdição superior substitui a de grau inferior".[6]

4. OUTRAS CLASSIFICAÇÕES

Encontramos na doutrina outros modos de visualizar a sentença, que, para o estudo, podem ser úteis: a) sentenças materiais, aquelas que decidem o mérito da causa (ex.: condenação ou absolvição); sentenças formais, aquelas que decidem questões meramente processuais, podendo colocar fim ao processo ou à instância (ex.: impronúncia); b) sentenças simples, as proferidas por juízo singular; sentenças subjetivamente complexas, as que são proferidas por órgãos colegiados, como o júri ou tribunais.

5. CONTEÚDO DA SENTENÇA

Conforme dispõe o art. 381 do Código de Processo Penal, a sentença deve conter os nomes das partes (quando não for possível, as indicações necessárias para identificá-las), a exposição sucinta da acusação e da defesa, a indicação dos motivos de fato e de direito em que se fundar a decisão, a indicação dos artigos de lei aplicados, o dispositivo e a data e assinatura do juiz.

São os requisitos intrínsecos da sentença, aplicando-se o mesmo aos acórdãos, que são decisões tomadas por órgãos colegiados de instância superior, sem os quais se pode considerar

---

5   *Código de Processo Penal comentado*, v. 1, p. 624.

6   *Recursos no processo penal*, p. 50.

o julgado viciado, passível de anulação. Aplica-se o disposto no art. 564, IV, do Código de Processo Penal (nulidade por falta de formalidade que constitua elemento essencial do ato).

Em suma, exige-se que conste na sentença três partes: relatório (descrição sucinta do alegado pela acusação, abrangendo desde a imputação inicial, até o exposto nas alegações finais, com identificação das partes envolvidas); fundamentação (motivação do juiz para aplicar o direito ao caso concreto da maneira como fez, acolhendo ou rejeitando a pretensão de punir do Estado; abrange os motivos de fato, advindos da prova colhida, e os motivos de direito, advindos da lei, interpretada pelo juiz); dispositivo (conclusão, onde consta a aplicação da pena, devidamente fundamentada, ou a absolvição).

É a consagração, no processo penal, do princípio da persuasão racional ou livre convicção motivada.

Lembre-se de que a fundamentação da sentença com base em argumentos de terceiros provoca a sua nulidade. Com propriedade, assinala BENTO DE FARIA que "a sentença deve expressar a opinião própria do Juiz e não a de outrem, ainda quando se trate de autoridade consagrada nas letras jurídicas. (...) Assim, não é tido por fundamentada a decisão que se reporte unicamente às razões das partes ou a pareceres ou opiniões doutrinárias".[7] Não se quer com isso dizer não poder o magistrado referir-se a tais opiniões e pareceres, mas, sim, fazer dos mesmos as suas palavras, evitando o raciocínio e a exposição de suas razões pessoais de convicção. Por outro lado, nada impede que se baseie em jurisprudência, desde que demonstre a sua aderência expressa ao entendimento adotado nos tribunais, além de demonstrar a subsunção do caso em exame a referidos julgados.

No Tribunal do Júri, não há necessidade de relatório ou fundamentação, pois se trata de ato jurisdicional vinculado ao veredicto dado pelos jurados. Estes, por sua vez, em exceção constitucionalmente assimilada pelo princípio do sigilo das votações, decidem por livre convicção plena, sem fornecer qualquer motivação. Assim, descabe ao magistrado tecer comentários sobre a culpa ou inocência do acusado, bastando-lhe fixar a pena, que é justamente o dispositivo. Neste, entretanto, deve dar a fundamentação para a sanção penal escolhida e concretizada. Aliás, o relatório é despiciendo, visto que já foi feito na pronúncia. Por outro lado, a ata do julgamento espelha fielmente todas as ocorrências e alegações das partes no plenário.

6.   MODIFICAÇÃO DA DEFINIÇÃO JURÍDICA DO FATO

Preceitua o art. 383 do Código de Processo Penal poder o juiz dar ao fato definição jurídica diversa da que constar da peça acusatória, ainda que, em consequência, tenha de aplicar pena mais grave, sem modificar a descrição do fato contida na denúncia ou queixa, com a redação dada pela Lei 11.719/2008. É a denominada *emendatio libelli*.

Dar a definição jurídica do fato é promover o juízo de tipicidade, isto é, adequar o fato ocorrido ao modelo legal de conduta. Exemplo: quando A agride B, visando a matá-lo, sem conseguir o seu intento, dá-se a definição jurídica de "tentativa de homicídio". A partir disso, surge a classificação do crime, que é o resultado desse processo mental. No exemplo apresentado, temos o réu como incurso no art. 121, *caput*, c/c o art. 14, II, do Código Penal.

O Código de Processo Penal, no entanto, utiliza os termos "definição jurídica do fato" e "classificação" como sinônimos, sem maior precisão. Aliás, na prática, o resultado é o mesmo.

---

[7]   *Código de Processo Penal*, v. 2, p. 111.

Portanto, neste artigo, o que o juiz pode fazer, na fase da sentença, é levar em consideração o fato narrado pela acusação na peça inicial (denúncia ou queixa), sem se preocupar com a definição jurídica dada, pois o réu se defendeu, ao longo da instrução, dos fatos a ele imputados e não da classificação feita.

O juiz pode alterá-la, sem qualquer cerceamento de defesa, pois o que está em jogo é a sua visão de tipicidade, que pode variar conforme o seu livre convencimento. Se o promotor descreveu, por exemplo, um furto com fraude (pena de dois a oito anos de reclusão), mas terminou classificando como estelionato (pena de um a cinco anos de reclusão), nada impede que o magistrado corrija essa classificação, condenando o réu por furto qualificado – convenientemente descrito na denúncia – embora tenha que aplicar pena mais grave.

Soa-nos inviável conceder a suspensão condicional do processo, por ocasião da sentença, porque houve desclassificação para infração que comportaria o benefício. Afinal, cuida-se de suspensão *do processo*. Se este já tramitou, alcançando-se a fase da sentença, parece-nos incabível tornar ao início, como se nada tivesse ocorrido. A suspensão condicional do processo é uma medida de política criminal para evitar o *curso* processual. Ora, não tendo sido possível, profere-se a decisão, e o julgador fixa os benefícios que forem cabíveis para o cumprimento da pena. Não vemos sentido em retornar à fase primeira, fazendo-se "desaparecer" tanto a sentença quanto a instrução. Entretanto, em posição contrária, encontra-se a Súmula 337 do Superior Tribunal de Justiça: "É cabível a suspensão condicional do processo na desclassificação do crime e na procedência parcial da pretensão punitiva".

Com o advento da Lei 11.719/2008, introduziu-se o § 1.º ao art. 383, consolidando essa possibilidade: "Se, em consequência de definição jurídica diversa, houver possibilidade de proposta de suspensão condicional do processo, o juiz procederá de acordo com o disposto na lei".

Por outro lado, a modificação da classificação do delito pode acarretar a alteração de competência. Se assim ocorrer, os autos serão encaminhados a outro juízo (art. 383, § 2.º, CPP).

7. CORRELAÇÃO ENTRE ACUSAÇÃO E SENTENÇA

É a regra segundo a qual o fato imputado ao réu, na peça inicial acusatória, deve guardar perfeita correspondência com o fato reconhecido pelo juiz, na sentença, sob pena de grave violação aos princípios do contraditório e da ampla defesa, consequentemente, ao devido processo legal.

O primeiro momento de análise circunscreve-se ao significado de *fato*. Em termos de realidade, cuida-se de um acontecimento ou uma ocorrência, implicando ação ou omissão humanas, geradoras de um resultado no mundo naturalístico. O segundo momento concerne à avaliação jurídico-penal desse fato, procurando-se o seu modelo abstrato, descrito no tipo penal incriminador. No terceiro momento, o acontecimento ganha o formato penal, em face do juízo de tipicidade (adequação do fato do mundo real ao modelo de conduta normativo). A partir disso, o órgão acusatório, obtido provas suficientes da ocorrência do fato extraído da realidade, nos termos do que é possível, insere-o na peça inicial (denúncia ou queixa), contendo todos os elementos do tipo penal. Surge a imputação.

O órgão acusatório capta uma ocorrência de furto. Significa, *v. g.*, ter colhido provas de que X subtraiu o celular de Y, retirando-o da sua esfera de vigilância e tomando-o, indevidamente, para si. Observando a perfeita correspondência com a descrição feita no art. 155, *caput*, do Código Penal, narra-o na denúncia e classifica-o no seu entendimento (indica o artigo da legislação penal), pedindo a condenação do autor do fato.

A parte relativa à imputação diz respeito à descrição do acontecimento da realidade, e é justamente da imputação que se defende o acusado. Por isso se diz que o réu se defende dos fatos alegados, e não capitulação feita. Essa afirmação representa que a classificação indicada pelo órgão acusatório (art. 155 do Código Penal) não é determinante. Pode-se alterá-la, na sentença, sem qualquer prejuízo ao acusado.

A correlação entre acusação e sentença se concentra na parte da moldura da realidade: é esse o fato relevante.[8]

Algumas modificações feitas pelo magistrado na sentença condenatória são permitidas, desde que se concentre na classificação ou tipificação do fato. Não pode o juiz alterar o fato real[9] atribuído ao acusado, pois isso geraria cerceamento de defesa. Afinal, o réu apresentou a sua defesa em função do fato real, e não do fato jurídico (tipificação realizada pelo órgão acusatório).

Existem alguns critérios para apontar ofensas à correlação entre acusação e sentença: a) a alteração do acontecimento, tal como posto na peça acusatória, para efeito de condenação, é incabível, pois surpreende a defesa. Ilustrando, se houve imputação de assédio sexual, indevida a condenação por violação sexual mediante fraude, pois são fatos reais diferentes, que levam a diversas classificações; b) modificar o elemento subjetivo pode gerar prejuízo, visto ser diferente indicar o acontecimento formado pelo dolo do agente de outra situação conduzida pela culpa. Nesta hipótese, entretanto, torna-se benéfico ao réu que o juiz, em vez de condenar pela forma dolosa, *desclassifique* o crime para o formato culposo, com pena menor. Por vezes, trata-se de pedido da própria defesa essa migração típica. Parece-nos que tudo depende do caso concreto. Havendo pleito específico do defensor para que isto ocorra, não se vislumbra prejuízo. No entanto, fora disso, o ideal seria o aditamento à denúncia (art. 384, CPP) para permitir que o réu possa se defender de elemento *não constante* da peça inicial; c) transformar crime consumado em tentado pode ser viável, porque a descrição de todo *iter criminis* (percurso criminoso) carrega fatos mais abrangentes que os da tentativa; o mais não prejudicaria o menos, desde que as circunstâncias possam ter sido bem abordadas durante a instrução. A mutação de tentativa para crime consumado é mais complexa, pois não teria havido interrupção da execução; ao contrário, o acusado teria atingido a consumação e isso pode implicar específica análise do nexo causal, que liga a conduta ao resultado. Parece-nos curial o aditamento para deixar bem clara essa ocorrência.

Todavia, pode o tribunal, ao julgar um recurso do réu, aplicar pena mais grave, desde que o fato esteja devidamente descrito na denúncia.

A violação da regra da correlação entre a acusação e a sentença é causa de nulidade absoluta, pois ofende os princípios do contraditório e da ampla defesa, consequentemente, o devido processo legal. Aliás, essa regra passou a ser expressa no *caput* do art. 383, vale dizer, o juiz não pode modificar a descrição do fato contida na peça acusatória.

---

[8] Alguns autores optam por denominar o fato real como um fato processual, que é o utilizado pelo réu para a sua defesa. Por todos, Gustavo Badaró (*Correlação entre acusação e defesa*, p. 162-163).

[9] Denominaremos *fato real* o acontecimento havido no mundo naturalístico que servirá de base ao órgão acusatório promover a tipificação.

7.1   O princípio da ampla defesa e a alteração da definição jurídica do fato, promovida pelo juiz, na sentença

Atualmente, não são poucos os processualistas que passaram a sustentar a obrigatoriedade de se dar vista às partes, quando houver a possibilidade de modificação da classificação do crime, pois a defesa também estaria pautando sua tese e sua atuação, conforme o tipo penal envolvido na peça inaugural. Essa posição não nos convence, novamente invocando a ideia de que o acusado – e obviamente o seu defensor técnico – se defende dos fatos alegados na peça acusatória, pouco importando a classificação feita (tipificação, indicando o artigo da legislação penal).

Se a defesa tem uma estratégia para se pautar em torno do tipo indicado na denúncia ou queixa, por se tratar de defesa *técnica*, está habilitada a ponderar todas as vertentes possíveis no cenário jurídico-penal. Nenhuma surpresa advém disso, e o fato, ao final, for tipificado pelo juiz de maneira diferente. Inexiste razão para abrir vista à defesa, dando indicativo de que apenas a classificação poderia ser alterada, sem nenhuma modificação fática.

Benedito Roberto Garcia Pozzer acrescenta que "tal concepção – de que o acusado se defende apenas dos fatos imputados – não é de todo correta. Situações existem em que o erro da classificação do delito, entranhado na denúncia ou queixa, pode provocar prejuízos à defesa e, consequentemente, a nulidade absoluta da sentença penal".[10] Menciona, como exemplo, a acusação de injúria (art. 140, CP), posteriormente alterada, na sentença, para calúnia (art. 138, CP). Poderia o réu, se fosse calúnia, desde o início, ter-se valido da exceção da verdade, e só não o fez porque se tratava de injúria, que não admite essa defesa. Essa ilustração não é convincente. Se o órgão acusatório *descreve* detalhadamente uma calúnia na peça inicial, mas classifica como injúria, o equívoco precisa ser apontado pelo advogado do acusado. É justamente para isso que existe a defesa técnica ao lado da autodefesa. Indicado o erro, o acusado propõe a exceção da verdade. Mas se não o fez, significa não se interessar por esta modalidade de defesa e, com isso, não pode insurgir-se, depois, quando da prolação de sentença, com base em calúnia – e não em injúria.

8.   DESCOBERTA DE ELEMENTAR QUE PROVOQUE A ALTERAÇÃO DA DEFINIÇÃO JURÍDICA DO FATO

O art. 384 do Código de Processo Penal acolhe a possibilidade de o juiz reconhecer nova definição jurídica ao fato, em consequência de prova existente nos autos de elemento ou circunstância da infração penal, não contida expressa ou implicitamente na denúncia ou queixa. Para tanto, deve abrir vista ao Ministério Público para que promova o aditamento da peça acusatória, no prazo de cinco dias, nos casos de ação pública. Uma alternativa, quando o aditamento for realizado oralmente, é a redução a termo. É a hipótese denominada de *mutatio libelli*.

Recusando-se o órgão do Ministério Público a fazer o aditamento, o juiz aplica o disposto no art. 28 do CPP, isto é, remete os autos ao Procurador-Geral de Justiça (no âmbito estadual), ou à Câmara Criminal (no âmbito federal), para que se delibere a respeito. O 2.º grau da Instituição pode insistir na mantença da peça acusatória, tal como se encontra, sem o aditamento, o que obriga o magistrado a acatar, julgando como bem lhe aprouver a causa.

---

[10]   *Correlação entre acusação e sentença no processo penal brasileiro*, p. 152-153.

Pode, ainda, a instância superior do MP indicar outro promotor para promover o aditamento, agindo em nome da Chefia da Instituição.

Por outro lado, se houver inércia do Ministério Público para promover o aditamento, nada impediria que, valendo-se do disposto no art. 29, pudesse o ofendido fazê-lo.

Após, oferecido o aditamento, ouve-se a defesa, no prazo de cinco dias. Admitindo-se o aditamento, o juiz, a requerimento de qualquer das partes, designará dia e hora para continuar a audiência, inquirindo-se testemunhas e promovendo-se novo interrogatório do acusado. Após, realizam-se os debates e julgamento (art. 384, § 2.º).

Lembre-se que, em face do aditamento proposto, as partes podem arrolar até três testemunhas, no prazo de cinco dias, para serem ouvidas (art. 384, § 4.º). Espera-se, por óbvio, que sejam testemunhas inéditas, pois ouvir exatamente o que já foi narrado por pessoas ouvidas não tem sentido. Excepcionalmente, pode-se arrolar quem já foi inquirido, para que forneça nova versão diante do aditamento da acusação.

Obviedades foram inseridas no art. 384, tais como *se houver aditamento, o juiz ficará adstrito, na sentença, aos termos do referido aditamento* ou *não recebido o aditamento, o processo prosseguirá* (art. 384, §§ 4.º e 5.º, CPP). Não havia necessidade de se expor a consequência natural dos atos processuais antecedentes.

No caso da *mutatio libelli* (art. 384), também é possível aplicar os benefícios da suspensão condicional do processo, nos termos do art. 383, § 1.º, do CPP. E se houver alteração de competência, os autos seguem ao juízo natural da causa (art. 383, § 2.º, CPP).

Elementares são os componentes objetivos e subjetivos do tipo básico ou fundamental. Ex.: "subtrair", "para si ou para outrem", "coisa", "alheia", "móvel" são elementares do crime de furto (art. 155, *caput*, CP).

Circunstâncias são os componentes objetivos e subjetivos do tipo derivado. Ex.: "com destruição ou rompimento de obstáculo à subtração da coisa" é uma circunstância qualificadora (art. 155, § 4.º, I, CP).

O que o art. 384 quer evidenciar é a possibilidade de nova definição jurídica do fato, porque a prova colhida ao longo da instrução demonstra estar presente alguma *elementar* (componente do tipo básico) ou circunstância do crime (componente do tipo derivado) não descrita, explícita ou implicitamente, na denúncia ou queixa. Assim, já que o réu não teve oportunidade de se defender do fato novo, emergente das provas, é preciso proporcionar-lhe essa opção.

Ao deparar-se com a possibilidade de aditamento da peça acusatória, o magistrado deve baixar o processo em despacho prolatado em termos sóbrios, sem qualquer tipo de prejulgamento ou frases taxativas, indicando que irá julgar de determinada forma. Ex.: ao vislumbrar a possibilidade de definir o fato narrado na denúncia não como roubo, mas como extorsão, segundo a prova produzida, abre vista ao MP para que analise a hipótese de aditamento. O ideal é que se valha de termos neutros, como os seguintes: "vislumbrando, em tese, a possibilidade de dar nova definição jurídica ao fato, consistente em..."; "caso, hipoteticamente, leve-se em consideração determinada circunstância para dar nova definição jurídica ao fato, abra-se vista ao Ministério Público para manifestar-se e, querendo, promova o aditamento da peça acusatória".

Aliás, como lembra Espínola Filho, "a referência a 'possibilidade' muito significativa é de não se exigir, para providenciar nesse sentido, a convicção do julgador, de que, na hipótese, o réu tem de ser condenado, e condenado por infração definida de modo diferente do que consta da denúncia; basta ao magistrado se apresente a possibilidade, naturalmente não muito remota e grandemente improvável, de operar-se a desclassificação. Daí, continuar o juiz com a maior liberdade de apreciação final da espécie, quando lhe forem os autos restituídos à conclusão, e, mesmo quando tenha sido feito o aditamento da denúncia, ou queixa, sem que a defesa haja aduzido novos argumentos ou produzido outra prova, poderá, não obstante, condenar o réu pela infração como definida na denúncia ou na queixa, e, até, absolvê-lo".[11]

Veda a lei que o juiz tome qualquer iniciativa para o aditamento de queixa, em ação exclusivamente privada, pois o interesse é sempre da parte ofendida, além de não viger, nesse caso, o princípio da obrigatoriedade da ação penal, cujo controle deve ser feito tanto pelo promotor, quanto pelo magistrado.

Ao contrário, regendo a ação privada exclusiva o princípio da oportunidade, não cabe qualquer iniciativa nesse sentido pelo órgão julgador. Aliás, se o querelante, por sua própria ação, desejar aditar a queixa, em ação privada exclusiva, deve levar em conta o prazo decadencial de seis meses. Haveria tal possibilidade, em nosso entender, caso surgisse prova nova, durante a instrução, desconhecida das partes e que apontasse para o querelado, demonstrando haver infração diversa daquela, objeto da ação penal. Nessa hipótese, os seis meses deveriam ser computados a partir dessa ciência.

Vale destacar que não se aplica a hipótese de *mutatio libelli* em segundo grau, conforme dispõe a Súmula 453 do Supremo Tribunal Federal: "não se aplicam à segunda instância o art. 384 e parágrafo único [atualmente, art. 384, §§ 1.º a 5.º] do Código de Processo Penal, que possibilitam dar nova definição jurídica ao fato delituoso, em virtude de circunstância elementar não contida explícita ou implicitamente, na denúncia ou queixa". A razão é não conturbar o feito, já encerrado com decisão de mérito, tendo em vista que as partes não requereram, nem o juiz manifestou-se no sentido de haver qualquer tipo de mudança na definição jurídica do fato, alterando-a por conta de prova surgida no decorrer da instrução. Logo, descabe ao tribunal tomar essa iniciativa, salvo se houver recurso da acusação, reclamando contra a decisão do juiz, que deixou de levar em conta a hipótese da *mutatio libelli*.

Do contrário, sem recurso do órgão acusatório ou havendo somente recurso da defesa, resta à instância superior decidir o caso de acordo com as provas existentes em consonância com a imputação feita. Se preciso for, o melhor caminho é a absolvição, em lugar de se alterar, em segundo grau, o teor da acusação. O disposto na Súmula referida não se aplica ao previsto no art. 383, que significa mera redefinição de fato já constante da imputação.

9.   INDEPENDÊNCIA DO JUIZ PARA JULGAR

Do mesmo modo que está o promotor livre para pedir a absolvição, demonstrando o seu convencimento, fruto da sua independência funcional, outra não poderia ser a postura do magistrado. Afinal, no processo penal, cuidamos da ação penal pública nos prismas da obrigatoriedade e da indisponibilidade, não podendo o órgão acusatório dela abrir mão, de modo que também não está fadado o juiz a absolver o réu, se as provas apontam em sentido diverso (art. 385, CPP).

Bem lembra CÂMARA LEAL que "sempre se entendeu que o juiz não ficava subordinado ao parecer do Ministério Público, em sua promoção, para proferir a sentença final. Sem qualquer preceito expresso a respeito do assunto, por um princípio inerente à função do juiz, cuja decisão deve representar sua íntima convicção sobre o mérito da causa, a prática já havia

---

[11]   *Código de Processo Penal brasileiro anotado*, v. 4, p. 118.

consagrado esse critério, não se subordinando os juízes, para decidirem, ao parecer do Ministério Público. Não obstante, o legislador quis ser explícito e formulou a norma do art. 385".[12]

Ademais, pelo princípio do impulso oficial, desde o recebimento da peça inicial acusatória, está o magistrado obrigado a conduzir o feito ao seu deslinde, proferindo-se decisão de mérito. E tudo isso a comprovar que o direito de punir do Estado não é regido pela oportunidade, mas pela necessidade de se produzir a acusação e, consequentemente, a condenação, desde que haja provas a sustentá-la. Noutro prisma, confira-se o disposto no art. 60, III, do CPP, cuidando da perempção, com consequente extinção da punibilidade do réu, caso o querelante não requeira, nas alegações finais, a sua condenação. Neste caso, regida que é a ação penal privada pelo princípio da oportunidade, outra não é a conclusão a ser extraída diante do desinteresse do ofendido na condenação do agressor.

Há possibilidade legal do reconhecimento de agravantes pelo juiz, ainda que atue de ofício, uma vez que elas são causas legais e genéricas de aumento da pena, não pertencentes ao tipo penal, razão pela qual não necessitam fazer parte da imputação. São de conhecimento das partes, que, desejando, podem, de antemão, sustentar a existência de alguma delas ou rechaçá-las todas. O fato é que o magistrado não está vinculado a um pedido da acusação para reconhecê-las.

Em posição contrária, conferir o magistério de ANTONIO SCARANCE FERNANDES: "Deve-se, assim, entender que o juiz não pode, sem pedido do promotor, aplicar as circunstâncias agravantes típicas, interpretando-se o art. 385, do Código de Processo Penal, de maneira condizente com as regras do devido processo legal. O juiz poderia, com base nesse dispositivo, aplicar as circunstâncias judiciais, não as legais, sem pedido do promotor. Com essa leitura do art. 385, seria necessário debate contraditório prévio sobre as circunstâncias agravantes para serem levadas em conta pelo juiz".[13]

Preferimos manter o nosso entendimento de que o magistrado não está atrelado ao pedido de reconhecimento das agravantes, feito pela acusação, para poder aplicar uma ou mais das existentes no rol dos arts. 61 e 62 do Código Penal (além de outras que, porventura, surjam em leis especiais). Se o juiz pode o mais, que é aplicar as circunstâncias judiciais, onde existe um poder criativo de larga extensão (exemplos: O que seria personalidade? O que poderia ser considerado – para o bem e para o mal – a respeito da conduta social do acusado? Qual comportamento da vítima interessaria à aplicação da pena? São todos elementos abertos constantes do art. 59 do Código Penal, dentre outros), é natural que possa o menos, isto é, aplicar expressas causas agravantes, bem descritas na lei penal. A determinação do disposto pelo art. 385 do CPP tem sido admitida pelos Tribunais Superiores.

Não há, muitas vezes, contraditório e ampla defesa acerca das agravantes e atenuantes, tanto quanto não se dá em relação às circunstâncias judiciais do art. 59 do Código Penal, em face da carência de provas produzidas pelas partes e pelo desinteresse destas e do próprio magistrado, no geral, pelo processo de aplicação da pena.

10. ABSOLVIÇÃO VINCULADA

Em processo penal, quando for caso de absolvição, é preciso que o juiz vincule a improcedência da ação a um dos motivos enumerados no art. 386 do Código de Processo

---

[12]   *Comentários ao Código de Processo Penal*, v. III, p. 15.

[13]   *Teoria geral do procedimento e o procedimento no processo penal*, p. 313.

Penal. As causas são as seguintes: a) está provada a inexistência do fato (inciso I); b) não há prova da existência do fato (inciso II); c) não constitui o fato infração penal (inciso III); d) está provado que o réu não concorreu para a infração penal (inciso IV); e) não existe prova de ter o réu concorrido para a infração penal (inciso V); f) há excludente de ilicitude ou de culpabilidade ou fundada dúvida sobre sua existência (inciso VI); g) não há provas suficientes para a condenação (inciso VII).

A inexistência do fato (inciso I) é uma das hipóteses mais seguras para a absolvição, pois a prova colhida está a demonstrar não ter ocorrido o fato sobre o qual se baseia a imputação feita pela acusação. Assim, desfaz-se o juízo de tipicidade, uma vez que o fato utilizado para a subsunção ao modelo legal de conduta proibida não existiu. Se a acusação é no sentido de ter havido, por exemplo, um constrangimento violento de mulher à conjunção carnal (estupro), provado não ter havido nem mesmo a relação sexual, está excluído o fato sobre o qual se construiu a tipicidade, promovendo-se a absolvição do réu. Exclui-se, nesse caso, igualmente, a responsabilidade civil.

A inexistência de prova da ocorrência do fato (inciso II) não tem a mesma intensidade e determinação do primeiro caso (provada a inexistência do fato), pois, neste caso, falecem provas suficientes e seguras de que o fato tenha, efetivamente, ocorrido. Segue o rumo do princípio da prevalência do interesse do réu – *in dubio pro reo*, permitindo o ajuizamento de ação civil para, com novas provas, demonstrar a ocorrência do ilícito.

A prova da inexistência de infração penal (inciso III) quer dizer que o fato efetivamente ocorreu, mas não é típico. Assim, o juiz profere decisão no sentido de que há impossibilidade de condenação por ausência de uma das elementares do crime. Permite-se o ajuizamento de ação civil para debater-se o ilícito em outra esfera do direito.

A firme prova de que o réu não concorreu para a infração penal (inciso IV), nem como autor, nem como partícipe, elimina qualquer possibilidade de demanda no cível, posteriormente, pleiteando indenização do acusado. É uma absolvição tão segura quando a prova da inexistência do fato, prevista no inciso I.

A inexistência de prova da concorrência do réu (inciso V) evidencia a existência de um fato criminoso, embora não se tenha conseguido demonstrar que o réu dele tomou parte ativa. Pode haver coautores responsabilizados ou não. A realidade das provas colhidas no processo demonstra merecer o acusado a absolvição, por não se ter construído um universo sólido de provas contra sua pessoa. Pode-se ajuizar ação civil, para, depois, provar a participação do réu no ilícito civil.

O reconhecimento de excludentes de ilicitude ou de culpabilidade (inciso VI) demonstra a inexistência de crime. Enquanto os incisos I, II e III do art. 386 dizem respeito à tipicidade, este cuida dos outros elementos do crime. Em algumas hipóteses é possível discutir a responsabilidade civil, na outra esfera, como ocorre com o estado de necessidade, mas com o reconhecimento da legítima defesa fecha-se a porta para o pleito de indenização cível.

A prova insuficiente para a condenação (inciso VII) é outra consagração do princípio da prevalência do interesse do réu – *in dubio pro reo*. Se o juiz não possui provas sólidas para a formação do seu convencimento, podendo indicá-las na fundamentação da sua sentença, o melhor caminho é a absolvição. Logicamente, neste caso, há possibilidade de se propor ação indenizatória na esfera cível, por parte da vítima.

Sempre que houver sentença absolutória, estando o réu preso, deve ser colocado em liberdade de imediato, em decorrência da presunção de inocência e da cessação dos motivos legitimadores da prisão cautelar. Não mais vige qualquer hipótese para se manter no cárcere o réu considerado inocente por sentença absolutória. Outras medidas cautelares (ex.: sequestro de bens, restrições descritas no art. 319 do CPP), igualmente, devem cessar (art. 386, parágrafo único, II, CPP).

Quando for cabível, aplica-se, na sentença absolutória, medida de segurança, destinada ao inimputável. É a chamada sentença absolutória *imprópria*, quando o juiz reconhece não ter havido crime, por ausência de culpabilidade, mas, por ter o acusado praticado um injusto penal (fato típico e antijurídico), no estado de inimputabilidade, merece ser sancionado, com a finalidade de não tornar a perturbar a sociedade. Daí por que se sustenta que a medida de segurança é uma espécie de sanção penal, cuja finalidade não é castigar ou simplesmente reeducar o acusado, mas o curar, pois se trata de um doente mental. Por ser medida constritiva da liberdade, não deve ser aplicada senão após o devido processo legal. Justamente em virtude disso considera-se a sentença que a aplica como absolutória imprópria.

11. ELEMENTOS DA SENTENÇA CONDENATÓRIA

Além do relatório, fundamentação e dispositivo, partes inerentes a toda e qualquer sentença, quando houver condenação, deve o juiz, nos termos do art. 387 do CPP, deixar claro as circunstâncias agravantes ou atenuantes, bem como todas as demais circunstâncias existentes para a aplicação da pena (circunstâncias judiciais dos arts. 59 e 60 do CP).

A aplicação da pena deverá decorrer da análise conjunta de todas as circunstâncias do delito. É possível inserir valor mínimo referente à indenização civil pelo dano causado pela infração penal (consultar o Capítulo IX, no qual mais detalhadamente tratamos da ação civil *ex delicto*).

11.1 A fixação do valor mínimo para a reparação civil do dano causado pela infração penal

Inquestionavelmente, a introdução do inciso IV do art. 387, do Código de Processo Penal ("fixará valor mínimo para reparação dos danos causados pela infração, considerando os prejuízos sofridos pelo ofendido"), pela Lei 11.719/2008, foi positiva e merece aplauso. Entretanto, o legislador deteve-se no meio do caminho, visto ter autorizado que o juiz criminal delibere a respeito da reparação civil causada pelo crime, facilitando-se a busca da indenização pela vítima, mas não proporcionou maiores detalhes acerca do procedimento. Ao contrário, deixou pendentes várias indagações relevantes: a) o magistrado pode fixar essa indenização de ofício? b) o valor mínimo abrange o dano moral? c) o Ministério Público tem legitimidade para pleitear a indenização em nome da vítima? d) como a vítima ficaria sabendo do seu direito à indenização, a ser pedida na demanda criminal?

Há quem defenda, singelamente, a fixação do valor mínimo, de ofício, sem qualquer discussão pelas partes, vedada a discussão do dano moral, pois "não é o juiz penal a melhor pessoa, mas sim o juiz cível, mais familiarizado com essas questões".[14]

Assim não nos parece. Em primeiro lugar, deve-se salientar a prevalência do princípio do devido processo legal, cujos corolários lógicos são o contraditório e a ampla defesa. Portanto, não pode o magistrado, de ofício, fixar o valor mínimo na sentença condenatória, sem

---

[14] LEANDRO GALLUZZI DOS SANTOS, in: MARIA THEREZA MOURA (coord.), *As reformas no processo penal*, p. 301.

que, previamente, se tenha discutido o montante eventualmente devido. O valor mínimo deve ser, em verdade, amplo, abrangendo tanto a reparação visível (dano material) quanto a psicológica (dano moral), pois ambas são passíveis de discussão e demonstração durante o trâmite da demanda criminal. Em tese, o Ministério Público não teria legitimidade para pleitear reparação civil em nome da vítima, pois defende os interesses globais da sociedade e não demandas individuais; nenhuma lei lhe confere essa legitimação. Caberia à vítima, por meio do assistente de acusação, pleitear a indenização civil decorrente da prática do delito. Com isso, o réu poderia se defender, fazendo valer tanto o contraditório quanto a ampla defesa.

Uma alternativa seria intimar a vítima a depor na audiência de instrução e julgamento, dando-lhe ciência de que pode ingressar com pedido de reparação de danos.[15]

Os Tribunais Superiores pacificaram o entendimento de que é preciso, pelo menos, que o Ministério Público, na denúncia, pleiteie a reparação de danos, em nome da vítima, para que o réu possa se defender ao longo da instrução. O julgador não pode reconhecer de ofício, sem ter havido debate entre as partes. A opção pela *legitimidade* do MP para requerer a indenização decorre da costumeira inércia da pessoa ofendida no processo criminal; sana-se essa omissão pela *autorização* de que o promotor faça o pedido em seu lugar.

11.2   Detração e regime inicial de cumprimento da pena

A Lei 12.736/2012 inseriu o § 2.º ao art. 387, nos seguintes termos: "o tempo de prisão provisória, de prisão administrativa ou de internação, no Brasil ou no estrangeiro, será computado para fins de determinação do regime inicial de pena privativa de liberdade".

A detração é instituto penal, a ser considerado na fase da execução penal, consistente no desconto na pena final do tempo de prisão cautelar (art. 42, CP), como forma de compensação pelo tempo de detenção provisória, enquanto o processo tem o seu curso.

Por isso, como regra, a detração não representa nenhum interesse para o juiz no momento da sentença condenatória. Eis por que, até o advento da lei supramencionada, devia o julgador estabelecer o *quantum* da pena e, após, escolher o regime inicial cabível. Exemplo: fixada a pena de 8 anos e seis meses de reclusão, obrigatoriamente, o regime inicial seria o fechado (art. 33, § 2.º, *a*, CP). A inserção do § 2.º ao art. 387 do CPP permite a consideração da detração para o fim de escolha do regime. Ilustrando: se o réu é condenado a 8 anos e seis meses de reclusão e já estiver preso cautelarmente há um ano, para a eleição do regime inicial, deve o magistrado descontar, de pronto, o período de um ano, o que resulta 7 anos e seis meses. Portanto, torna-se cabível o semiaberto (art. 33, § 2.º, *b*, CP).

Essa modificação tem por finalidade atender a expectativa de contornar os graves entraves ocorridos pelo lento trâmite processual, porém, não *obriga* o julgador a fixar, sempre, o regime mais favorável. Note-se que o juiz *deve* proceder o desconto da detração; após, escolher o regime compatível com a situação concreta do acusado. No exemplo supracitado, quando a pena cai para 7 anos e seis meses, torna-se *possível* escolher entre os regimes fechado e semiaberto, dependendo das condições concretas do art. 59 do Código Penal, conforme recomendação feita pelo art. 33, § 3.º, do mesmo Código.

---

[15]   Mais detalhes sobre o tema podem ser encontrados no nosso artigo "Ação civil *ex delicto*: problemática e procedimento após a Lei 11.719/2008" (*RT* 888/395).

Inexiste obrigatoriedade para o julgador, efetuada a detração, aplicar *sempre* o regime mais favorável ao réu; fosse assim, haveria nítida afronta ao princípio constitucional da individualização da pena. Afinal, o regime inicialmente fixado depende das circunstâncias judiciais.

12. PUBLICAÇÃO E INTIMAÇÃO DA SENTENÇA

A publicação da sentença em mão do escrivão (art. 389, CPP) é a transformação do ato individual do juiz, sem valor jurídico, em ato processual, pois passa a ser do conhecimento geral o veredicto dado. Nos autos, será lavrado um termo, bem como há, em todo ofício, um livro específico para seu registro. Normalmente, é composto pelas cópias das decisões proferidas pelos juízes em exercício na Vara, com termo de abertura e encerramento feito pelo magistrado encarregado da corregedoria do cartório.

É viável que o juiz profira a decisão em audiência, conforme o rito processual, bem como que o juiz presidente, ao término da sessão do júri, leia a decisão para conhecimento geral. Nesse caso, dispensa-se a certidão específica nos autos, pois ficará constando do termo da audiência ou na ata do plenário ter sido a sentença lida e publicada naquela data. Cópias delas, no entanto, serão colocadas no livro de registro do mesmo modo.

Somente há duas formas admissíveis para que a sentença, uma vez publicada, seja modificada pelo próprio juiz prolator: a) embargos de declaração acolhidos, nos termos do art. 382 do CPP; b) para a correção de erros materiais, sem qualquer alteração de mérito. Ex.: se o juiz errou o nome do réu ou o artigo no qual está incurso, pode corrigir a sentença, de ofício.

Existindo a determinação para a expedição de mandado de prisão, em decorrência da sentença condenatória ou mesmo de pronúncia, por não ter sido reconhecido o direito do réu de permanecer em liberdade, aguardando o trânsito em julgado, deve o escrivão, em primeiro lugar, ao invés de publicá-la, expedir o mandado, comunicando o fato à polícia, mesmo que por telefone. Após, certificará a expedição realizada, quando, então, ocorrerá a publicação da sentença. Não há autorização para que o escrivão dê conhecimento da sentença a terceiros ou mesmo às partes, antes da expedição da ordem de prisão.

O escrivão deve dar ciência da sentença ao Ministério Público em três dias (art. 390, CPP).

Quanto à intimação do querelante e do assistente de acusação, se o advogado é constituído, a sua intimação pode dar-se pela imprensa oficial (art. 370, § 1.º, CPP). Nada impede, ainda, que o próprio querelante ou o ofendido, consultando os autos, tome ciência e seja intimado pelo escrivão pessoalmente. O mesmo ocorre com seu advogado, quando comparecer em cartório. Logo, inexiste razão para a expedição de edital. Saliente-se que pode ocorrer a hipótese de ter o querelante hipossuficiente um advogado indicado pelo Estado, razão pela qual cabe a regra da intimação pessoal (art. 391, c.c. 370, § 4.º, CPP).

Se o réu estiver preso, deve ser pessoalmente intimado, bem como seu defensor, como consequência natural do direito à ampla defesa (autodefesa e defesa técnica). Embora o art. 392 do CPP fixe várias regras para a intimação do réu e seu defensor, podendo haver a intimação somente de um deles, em alguns casos, o ideal é que, sempre, ambos sejam intimados da decisão condenatória, em homenagem ao princípio constitucional da ampla defesa.

Quando o acusado tiver contra si mandado de prisão expedido e não tiver sido encontrado para o devido cumprimento, intima-se da sentença somente o seu defensor. Permite-se que tal ocorra, somente no caso de defensor constituído, portanto da confiança do réu e, provavelmente, em contato com ele. A intimação dá-se pela imprensa oficial. Quando se tratar de dativo, aplica-se o disposto no inciso VI do art. 392 (por edital).

13. EFEITOS DA SENTENÇA CONDENATÓRIA

A prisão do réu em caso de condenação não é necessária. Pode ser um dos efeitos da condenação sujeita a recurso, no caso de o juiz negar ao acusado o direito de permanecer em liberdade, para recorrer, como no caso de se vislumbrar presentes os requisitos da prisão preventiva, nos termos do art. 387, § 1.º, do CPP.

O lançamento do nome do réu no rol dos culpados nada mais é do que o registro no livro específico, existente nos ofícios criminais, denominado "Registro do Rol dos Culpados", que se constitui de uma das vias da guia de recolhimento – enviada para a Vara das Execuções Criminais – contendo todos os dados relativos à condenação e ao processo. Deve-se frisar que este dispositivo deveria ter sido alterado há muito tempo, pelo menos desde a entrada em vigor da Constituição Federal de 1988, que consagra, expressamente, o princípio da presunção de inocência. Assim, não se lança o nome do réu nesse rol antes do trânsito em julgado.

Quando a sentença condenatória transita em julgado produz os seguintes efeitos: a) penais (pode gerar reincidência, impedir ou revogar o *sursis*, impedir, ampliar o prazo ou revogar o livramento condicional, impedir a concessão de penas restritivas de direitos e multa ou causar a reconversão das restritivas de direito em privativa de liberdade, entre outros); b) extrapenais (torna certa a obrigação de reparar o dano, gerando título executivo judicial, provoca a perda dos instrumentos do crime, se ilícitos, do produto ou proveito do crime, além de poder gerar efeitos específicos para determinados crimes, como a perda do poder familiar, em crimes apenados com reclusão, cometidos por pais contra filhos).

RESUMO DO CAPÍTULO

▸ **Sentença:** é a decisão definitiva e terminativa do processo, acolhendo ou rejeitando a imputação formulada pela acusação. Cuida-se da sentença em sentido estrito. Entretanto, toda a decisão que afasta a pretensão punitiva do Estado é, igualmente, sentença, embora em sentido lato (como a que julga extinta a punibilidade do réu).

▸ **Despacho:** é a decisão do magistrado que dá andamento ao processo, sem decidir qualquer controvérsia.

▸ **Decisão interlocutória:** é a decisão do juiz solucionando controvérsia entre as partes, mas sem julgar o mérito (pretensão de punir do Estado). Divide-se em *interlocutória simples* (decide a controvérsia e o processo continua) e *interlocutória mista* (decidida a controvérsia, cessa o trâmite do processo ou encerra-se uma fase).

▸ *Emendatio libelli:* é a possibilidade de o juiz dar nova definição jurídica ao fato, devidamente descrito na denúncia ou queixa, ainda que importe em aplicação de pena mais grave (art. 383, CPP).

▸ *Mutatio libelli:* é a possibilidade de o magistrado dar nova definição jurídica ao fato, não descrito na denúncia ou queixa, devendo haver prévio aditamento da peça acusatória e, em qualquer situação, ouvindo-se a defesa (art. 384, CPP).

CAPÍTULO XVII

Procedimentos

1. PROCESSO E PROCEDIMENTO

Enquanto o processo é uma sequência de atos, vinculados entre si, tendentes a alcançar a finalidade de propiciar ao juiz a aplicação da lei ao caso concreto, o procedimento é o modo pelo qual se desenvolve o processo, no seu aspecto interno. Segundo GRECO FILHO, "não há processo sem procedimento e não há procedimento que não se refira a um processo. Mesmo nos casos de processo nulo ou procedimentos incidentais o procedimento não existe em si mesmo, mas para revelar um processo, ainda que falho".[1]

De acordo com a diferença estabelecida, o correto seria intitular esta parte do Código como "Dos procedimentos em espécie", além de se fazer referência ao "procedimento comum", no Título I, bem como, em outras seções, referir-se a "procedimentos incidentes" ou "procedimentos especiais".

2. PROCEDIMENTO E DEVIDO PROCESSO LEGAL

Quando a lei fixa um determinado procedimento para a instrução criminal, torna-se imprescindível que o magistrado o respeite, como regra, ainda que haja concordância das partes para sua inversão ou para sua supressão. Ensina SCARANCE FERNANDES haver duas garantias vinculadas ao devido processo legal, nele realizando-se plenamente: a garantia ao procedimento integral e a garantia ao procedimento tipificado. "Estabelecidos esses procedimentos, há para a parte a garantia de que o juiz irá observá-los integralmente e, ainda, de

---

[1] *Manual de processo penal*, p. 345.

que levará em conta a coordenação e vinculação estabelecidas entre os atos da cadeia proce-dimental. (...) Em virtude da garantia ao procedimento tipificado, não se admite a inversão da ordem processual ou a adoção de um procedimento por outro. Resultando prejuízo, deve ser declarada a nulidade".[2] O mesmo autor, complementando a importância do *procedimento* no processo penal, menciona que "o procedimento deixou de ser considerado instituto de menor relevância no direito processual e passou a ser visto como elemento essencial da noção de processo, sendo a expressão de sua unidade. Mais do que isso, o direito ao procedimento foi alçado a garantia fundamental, estabelecendo-se uma conexão entre direitos fundamentais, organização e procedimento, sendo estes apontados como meios essenciais para a eficácia das normas que asseguram os direitos fundamentais".[3]

Entretanto, outros princípios devem ser considerados nesse âmbito, em particular o da economia processual. Por vezes, a inversão de algum ato processual ou da ordem de inquirição de testemunhas, contando com a concordância das partes, pode ter efeito positivo, permitindo a rápida solução do processo, sem prejuízo a qualquer direito fundamental dos envolvidos. Afinal, o procedimento não tem *vida própria*, não vale por si mesmo e não tem um fim útil independente. Em verdade, ele serve ao correto e previsível desenvolvimento do processo, até que se possa aplicar o direito ao caso concreto, ultimando-se tal providência na sentença.

2.1   A regionalização do processo penal

Parece-nos chegado o momento de se discutir, com maior profundidade, a possibilidade real de os Estados-membros legislarem a respeito de procedimentos e seus reflexos no processo penal. Não nos parece que um país de padrão continental como o Brasil possa ficar vinculado a um único Código de Processo Penal, contendo, praticamente, todos os regramentos para a instauração, instrução e finalização da ação penal.

Não se pode alegar ignorância em relação às profundas divergências regionais, em es-pecial, no quadro relativo ao cumprimento de prazos. Uma citação ou intimação pode levar meses a ser realizada no imenso Estado do Amazonas, quando seria feita em alguns dias em outro Estado de dimensões menores ou com mais eficientes mecanismos de comunicação entre as Comarcas. Por isso, como se pode padronizar prazos e formatos para essa finalidade, por exemplo, válidos para o âmbito nacional?

Ainda ilustrando, se no Estado de São Paulo houver deficiência de peritos, mas, no Rio de Janeiro, ao contrário, existir um número suficiente, não se deve uniformizar a realização de laudos, como se busca fazer com o disposto no art. 159 do CPP.

A correição parcial é um recurso importante, mas que não encontra amparo no Código de Processo Penal. Serve-se a doutrina, que a aceita como válida e constitucional, de vários argumentos indiretos para chegar à conclusão de ser possível a sua utilização, desde que pre-vista em lei estadual. Entretanto, como exemplo, a Justiça Estadual de São Paulo a considera um recurso como outro qualquer, distribuindo-o para qualquer das Câmaras Criminais. A Justiça Federal da Terceira Região, sob outro prisma, insere a correição parcial no âmbito de competência do Conselho da Justiça Federal, atribuindo ao Corregedor-Geral a relatoria.

Ou se regionaliza o processo em vários aspectos ou continuaremos a ter opções diver-gentes entre órgãos do Judiciário, sem qualquer vantagem às partes.

---

[2]   *Processo penal constitucional*, p. 104-105.
[3]   *Teoria geral do procedimento e o procedimento no processo penal*, p. 303.

Inúmeros outros prismas poderiam ser levantados neste tópico, porém, basta-nos sugerir que o legislador repense o processo penal, estabelecendo uma reforma no Código de Processo Penal, transformando-o, em nível nacional, em um conjunto de normas básicas e gerais, espelhando os princípios constitucionais, válidas para todo o Brasil, mas eliminando uma série de outras, para que os Estados, finalmente, possam fazer valer o disposto no art. 24, XI, da Constituição Federal.

3. PROCEDIMENTO COMUM E PROCEDIMENTO ESPECIAL

Seleciona o Código de Processo Penal uma forma padrão de procedimento, à qual denominou de *comum* e outras, especiais, que fogem à regra. O procedimento comum encontra-se dividido em ordinário, sumário e sumaríssimo. O ordinário deve ter por objeto crime cuja sanção máxima cominada seja igual ou superior a quatro anos de pena privativa de liberdade. O sumário volta-se ao crime cuja sanção máxima cominada seja inferior a quatro anos de pena privativa de liberdade. O sumaríssimo destina-se às infrações de menor potencial ofensivo, na forma da lei (art. 394, III, CPP).

A alteração provocada pela Lei 11.719/2008 encontra-se em sintonia com as mais recentes sugestões dos penalistas: abolir a divisão, hoje inútil, entre reclusão, detenção e prisão simples, padronizando-se a pena como privativa de liberdade.

O procedimento do júri é especial, encontrando-se previsto nos arts. 406 a 497 do CPP.

O procedimento padrão é o comum, salvo exceções previstas em leis especiais ou no próprio Código de Processo Penal.

Depois, seguem-se os procedimentos especiais. São eles: procedimento dos crimes falimentares (arts. 503 a 512, ver o item 5.4 *infra*), procedimento dos crimes de responsabilidade dos funcionários públicos (arts. 513 a 518), procedimento dos crimes contra a honra (arts. 519 a 523), procedimento dos crimes contra a propriedade imaterial (arts. 524 a 530-I) e procedimento de restauração de autos (arts. 541 a 548). Com a aprovação da Lei de Falências (Lei 11.101/2005), estão revogados os arts. 503 a 512 do Código de Processo Penal, razão pela qual este procedimento especial deixa de subsistir. Passam os crimes falimentares a ser regulados pelo procedimento específico da referida Lei, portanto, transferem-se para o contexto da legislação especial.

Não mais, estão em vigor o procedimento para a aplicação provisória de medida de segurança (arts. 549 a 555) e os procedimentos referentes a instâncias superiores (arts. 556 a 562), substituídos por outras leis, já comentadas no capítulo referente aos recursos. Não se olvide haver outros procedimentos especiais, previstos em leis identicamente especiais, como é o caso da Lei de Drogas (11.343/2006), dentre outros.

A Lei 13.285/2016 introduziu o art. 394-A, nos seguintes termos: "os processos que apurem a prática de crime hediondo terão prioridade de tramitação em todas as instâncias". Cuida-se de norma inútil, na exata medida em que não se estabelece nenhuma sanção para o seu descumprimento. Pode-se falar em prazo impróprio, justamente o que não gera punição.

Quer-se, em tese, evitar a prescrição; porém, os delitos considerados hediondos possuem penas elevadas, raramente gerando prescrição. Pode-se imaginar, ainda, que se almeje um processo célere, por conta da gravidade da infração cometida. Mais uma vez, há de se ressaltar que os autores de crimes hediondos terminam em prisão cautelar, razão pela qual é difícil que o processo já não tramite com maior rapidez.

4.   PROCEDIMENTO COMUM

4.1   Procedimento ordinário

O ajuizamento da ação penal ocorre com o recebimento da denúncia ou da queixa, completando-se a formação do processo e inaugurando-se a instrução. Deve o magistrado, na mesma decisão de recebimento da peça acusatória, que conterá o rol de testemunhas, até o máximo de oito, ordenar a citação do acusado para responder à acusação, por escrito, no prazo de dez dias (art. 396, CPP). Se houver citação por edital, o prazo da defesa somente começará a correr a partir do comparecimento pessoal do acusado ou do defensor constituído (art. 396, parágrafo único, CPP).

A resposta equivale à defesa prévia e deve conter toda a matéria interessante à defesa, tais como preliminares (levantamento de falhas e vícios a serem sanados), justificações (alegações de excludentes de ilicitude, em particular), oferecimento de novos documentos, propositura de provas a serem realizadas e apresentação do rol de testemunhas, até o máximo de oito.

Eventuais exceções (ex.: exceção de incompetência, exceção de suspeição) devem ser apresentadas seguindo-se o disposto nos arts. 95 a 112 do CPP.

É imprescindível o oferecimento da defesa prévia, tanto que, uma vez citado, se deixar o réu de apresentá-la, deve o magistrado nomear defensor para tanto, concedendo-lhe vista dos autos por dez dias. Parece-nos, igualmente, imprescindível que o defensor constituído ofereça a defesa prévia. Se não o fizer, pode-se considerar o réu indefeso, nomeando-se defensor dativo ou indicando-se defensor público para oferecer a peça exigida.

Para ANTONIO SCARANCE FERNANDES, "a extensão da resposta da defesa antes de ser definitivamente a acusação a todos os procedimentos constitui importante inovação do direito brasileiro, porque aumenta a viabilidade de realização da ampla defesa. (...) Alguns cuidados são necessários. Não é conveniente a incursão antecipada no exame do fato e da autoria quando a probabilidade de afirmação de falta de justa causa ou de absolvição sumária é pequena. Força o juiz a exame antecipado dos elementos informativos do inquérito, antes de ser a causa instruída. Por outro lado, é necessário, se for o caso, arguir a incompetência relativa, sob pena de ser prorrogada a competência".[4]

Torna-se importante o oferecimento de alegações defensivas logo após a citação, tendo em vista a nova possibilidade que tem o juiz de promover a absolvição sumária, antes mesmo de dar início à instrução.

São hipóteses para a absolvição sumária: a) existência manifesta de causa excludente da ilicitude do fato; b) existência manifesta de causa excludente da culpabilidade do agente, salvo inimputabilidade; c) quando o fato narrado evidentemente não constituir crime; d) quando estiver extinta a punibilidade do agente (art. 397, CPP).

Essa situação equivale ao *julgamento antecipado da lide*, que ocorre na esfera cível.[5] Em verdade, está-se possibilitando que o juiz, já tendo recebido a denúncia ou queixa, mas

---

[4]   "A resposta à acusação", in: LUIZ RASCOVSKI, *Temas relevantes de direito penal e processual penal*, p. 77-78.

[5]   A ideia não é nova, pois o importante é que o inocente seja, desde logo, afastado do processo-crime. WEBER MARTINS BATISTA, em sua tese de livre-docência, dispunha: "o sofrimento do processo, quando infligido ao inocente, como não raro acontece, é injusto e deve – na impossibilidade de sua eliminação – ser reduzido ao mínimo possível" (*O saneamento no processo penal*, p. 81).

tomando conhecimento de alegações do réu, até então inéditas, com o oferecimento de documentos ou outras provas, possa terminar a demanda, absolvendo o acusado desde logo. Contra essa decisão, caberá apelação.

Não nos parece seja situação comum, pois o magistrado, antes de receber a denúncia ou queixa, tomou ciência das provas pré-constituídas, constantes do inquérito policial. Assim, dificilmente, conseguiria o réu demonstrar, em singela defesa prévia, o desacerto da continuidade da instrução. Porém, não é impossível.

Dentre as hipóteses de absolvição sumária, não nos parece adequada a inserção da *extinção de punibilidade*. Trata-se, na realidade, de decisão meramente declaratória, sem qualquer exame de mérito para redundar em absolvição.

Na sequência, não tendo ocorrido a absolvição sumária, e já tendo sido recebida a denúncia ou queixa, designará o juiz dia e hora para a audiência de instrução e julgamento, providenciando a intimação do acusado, de seu defensor, do Ministério Público e, se for o caso, do querelante e do assistente.

A redação do art. 399 do CPP é defeituosa e merece reparo. Onde se lê "recebida a denúncia ou queixa", leia-se "tendo sido recebida a denúncia ou queixa". Logo, não há *dois recebimentos da peça acusatória*, o que configuraria nítido e autêntico contrassenso. A denúncia ou queixa já foi recebida, tanto que se determinou a citação do réu para responder aos termos da demanda, oferecendo defesa prévia, por escrito, em dez dias. Após, não sendo o caso de absolvição sumária, inicia-se a instrução.

Inexiste, no processo penal, como regra, o recebimento provisório de denúncia ou queixa, a decretação provisória de prisão, a sentença provisória até que outra melhor sobrevenha etc. Atos decisórios tomados pelo magistrado repercutem imediatamente na esfera da liberdade do réu. O recebimento da denúncia ou queixa é anotado em sua folha de antecedentes, servindo para interromper a prescrição, a decretação de sua prisão implica em imediata privação da liberdade, a sentença prolatada acarreta a soltura (absolvição) ou pode redundar em prisão cautelar (condenação), conforme o caso concreto.

Se existirem testemunhas residindo fora da Comarca, o magistrado designa audiência para aquelas que residem na sua área de competência e determina a expedição de precatória, fixando um prazo razoável para o seu cumprimento, a fim de serem ouvidas as demais.

A audiência de instrução e julgamento deverá ser única. Nessa data, ouvem-se o ofendido, sempre que possível, as testemunhas de acusação e de defesa, nessa ordem (não se computando a referida ordem para as que forem ouvidas por precatória), os eventuais esclarecimentos dos peritos, realizam-se acareações, se necessário, e o reconhecimento de pessoas e coisas. Finalmente, interroga-se o acusado (art. 400, *caput*, CPP).

O acusado, por ser o último a ser ouvido, já terá advogado presente e com ele, como regra, conversou.

Encontra-se expresso em lei o interesse do legislador na realização de audiência única, como maneira de incentivar a celeridade processual: "as provas serão produzidas numa só audiência, podendo o juiz indeferir as consideradas irrelevantes, impertinentes ou protelatórias" (art. 400, § 1.º, CPP).

Se as partes desejarem ouvir esclarecimentos dos peritos, devem requerer com antecedência (art. 400, § 2.º, CPP).

A parte que arrolou a testemunha pode desistir do seu depoimento, dispensando-a, sem consulta à parte contrária. Entretanto, ressalva-se a possibilidade de o juiz pretender ouvi-la (art. 401, § 2.º, CPP).

Terminada a instrução, oralmente, as partes podem requerer diligências, cuja necessidade surja das circunstâncias ou fatos apurados até então (art. 402, CPP).

Determinada a realização das diligências, não haverá debates nem julgamento. Concluídas aquelas, as partes devem apresentar alegações finais, por memorial, em cinco dias. O juiz terá dez dias para sentenciar (art. 404, parágrafo único, CPP).

Inexistindo requerimento de realização de diligências, ou sendo indeferido qualquer pedido nesse sentido, haverá os debates orais. Cada parte terá 20 minutos, prorrogáveis por mais 10. Havendo mais de um acusado, cada qual terá o seu tempo individual para se manifestar. Se houver assistente de acusação, terá ele 10 minutos. Nessa hipótese, concede-se mais 10 minutos para a defesa (art. 403, CPP).

A busca pela celeridade deve contar com a firme direção do magistrado para que os debates se façam, realmente, na forma oral, evitando-se a apresentação de alegações por escrito e o ditado das alegações para constar do termo de audiência. Por isso, o método para registro da audiência deve ser, preferencialmente, o de gravação ou método similar (art. 405, § 1.º, CPP). Não sendo possível, tudo será reduzido a termo em forma resumida (art. 405, *caput*, CPP). Quanto às alegações finais, devem constar apenas os pedidos finais no termo de audiência.

Eventualmente, considerada a complexidade do caso ou o número de acusados, o juiz pode deferir a apresentação de alegações finais, por memorial, em cinco dias, sucessivamente, proferindo sentença, depois, em dez dias (art. 403, § 3.º, CPP).

De qualquer forma, a apresentação das alegações finais continua a ser obrigatória para as partes. Se o representante do Ministério Público não o fizer, caberá ao juiz oficiar ao Procurador-Geral solicitando a sua intervenção. Diga-se o mesmo em relação ao defensor público, oficiando-se ao Defensor-Geral. Quanto ao assistente de acusação, não se demanda obrigatoriedade. Tratando-se de querelante, em ação privada exclusiva, a falta de alegações finais implica em peremção (art. 60, III, CPP). Se a ação for privada subsidiária da pública, devolve-se a titularidade ao Ministério Público.

E, finalmente, em relação à defesa, segue-se a ampla defesa. É preciso o pronunciamento da defesa técnica sobre a prova produzida, algo que o réu não pode fazer. Há posição, na jurisprudência, no entanto, deixando de reconhecer a nulidade, quando há falta de alegações finais.[6] Em posição intermediária, diz MIRABETE que, para a acusação é indispensável o seu oferecimento, mas para a defesa cuida-se de faculdade, sendo que o importante é a abertura de oportunidade para tanto.[7] Pronunciando-se, especificamente, com relação à defesa e considerando fruto natural da ampla defesa constitucional a apresentação obrigatória das alegações finais está a posição de SCARANCE FERNANDES.[8]

A inversão da ordem de inquirição das testemunhas, como regra, não deve ocorrer, mas, eventualmente, em homenagem ao princípio da economia processual (hoje, constitucional-

---

[6]   Na doutrina, entendendo indispensável o seu oferecimento: TOURINHO FILHO (*Código de Processo Penal comentado*, v. 2, p. 136-137); TORNAGHI (*Curso de processo penal*, v. 2, p. 245); NORONHA (*Curso de direito processual penal*, p. 284-285).

[7]   *Processo penal*, p. 546-547.

[8]   *Processo penal constitucional*, p. 255.

mente previsto no art. 5.º, LXXVIII, CF) e não havendo insurgência das partes, é possível. Imagine-se terem sido ouvidas todas as testemunhas de acusação, exceto uma. A última faltante, intimada, não compareceu. Será conduzida coercitivamente. Pode, pois, o juiz, com a concordância das partes, marcar audiência para ouvir a prova final da acusação e já dar início à colheita da prova de defesa. E mais: caso a mencionada testemunha não seja encontrada para a condução coercitiva realizar-se, estando todas as testemunhas de defesa presentes, podem as partes aquiescer sejam ouvidas as que compareceram ao fórum, designando-se uma data para nova tentativa de condução da recalcitrante testemunha de acusação. É uma inversão da ordem excepcional e justificada pela economia processual, sem ferir direito de qualquer das partes.

Se o réu não comparecer à audiência de instrução e julgamento, onde também seria interrogado, deve-se entender ter optado pelo direito ao silêncio, abrindo mão, inclusive, do seu direito de audiência. Entretanto, se a sua presença for indispensável – para um reconhecimento, por exemplo –, pode ser conduzido coercitivamente a juízo, caso tenha sido intimado e não tenha comparecido.

A requisição de réu preso para acompanhar a instrução é indispensável, pois constitui parte de seu direito à autodefesa, acompanhando, pessoalmente, a formação da prova. Entretanto, não havendo a requisição ou, requisitado, não ocorrendo a apresentação, ainda que realizado o ato, não se trata de nulidade absoluta, mas, sim, relativa, dependente de prova do prejuízo sofrido. Inexiste sentido, por exemplo, em se determinar a nulidade de uma audiência, onde somente se ouviram pessoas que nada sabiam dos fatos, ainda que o réu preso estivesse ausente, porque não foi requisitado.

Por outro lado, pensamos ser aplicável o disposto no art. 457, § 2.º, parte final, do CPP, dispondo ser viável o pedido de dispensa da presença do réu em audiência, desde que a solicitação seja subscrita por ele e por seu defensor.

Após o momento propício para que sejam arroladas testemunhas – na denúncia ou queixa, para a acusação, e na defesa prévia, para a defesa – somente pode haver substituição de alguma delas, quando não for localizada para intimação, por razões variadas (morte, mudança sem deixar paradeiro, doença grave etc.).

Quanto ao número máximo de testemunhas, as partes têm o direito de arrolar até oito testemunhas, cada uma (art. 401, *caput*, CPP). Lembremos que o Ministério Público é uma das partes e cada réu, havendo mais de um, ainda que com o mesmo defensor, é individualmente parte, razão pela qual pode ser arrolado o número máximo mencionado para cada uma.

Excepcionalmente, caso haja necessidade, deve ser pleiteado ao juiz a oitiva de mais pessoas, além do número legalmente previsto. Serão, nessa hipótese, testemunhas do juízo e não da acusação ou da defesa, de forma que o magistrado pode dispensá-las, a qualquer momento, quando já estiver convencido de que o fato principal está provado, bem como quando alguma delas não for localizada.

As pessoas ouvidas sem o compromisso de dizer a verdade, que são consideradas declarantes ou informantes, não são computadas no número legal de oito (art. 401, § 1.º, CPP). Assim, quando o órgão acusatório souber tratar-se de informante, deve anotar, desde logo, na denúncia, para que o juiz saiba não estar o rol sendo ultrapassado. Quanto às testemunhas referidas, somente na audiência de instrução é que se poderá tomar conhecimento de ser a testemunha de referência. Portanto, nesse caso, não cabe a sua inserção no rol.

Embora existam prazos estabelecidos em lei, regendo o procedimento, não há sanção específica para o seu descumprimento. É natural que, cuidando-se de réu preso, pode gerar constrangimento ilegal o excesso de prazo na conclusão da instrução. Tem-se adotado, entretanto, o princípio da razoabilidade. Depende de cada Vara e de cada Comarca, conforme o volume de processos em andamento, o critério para verificar o abuso na lentidão do trâmite processual.

Dispõe o art. 399, § 2.º, do CPP: "o juiz que presidiu a instrução deverá proferir a sentença". Privilegiou-se o princípio da identidade física do magistrado; quem colhe a prova deve julgar o caso. A norma já existia no Código de Processo Civil de 1973, no art. 132. No entanto, o CPC atual suprimiu essa regra. Em processo penal, continua a haver, com certeza, a identidade física do juiz.

Se o magistrado não mais estiver em atividade na vara, por qualquer razão funcional (aposentadoria, férias, licenças etc.), por uma questão de lógica, não precisa julgar o caso. Assim sendo, a exclusão do princípio do CPC não impede a sua continuidade no ambiente processual penal.

4.1.1 Respeito à vítima e à testemunha

A Lei 14.245/2021 inseriu o art. 400-A no CPP, nos seguintes termos: "na audiência de instrução e julgamento, e, em especial, nas que apurem crimes contra a dignidade sexual, todas as partes e demais sujeitos processuais presentes no ato deverão zelar pela integridade física e psicológica da vítima, sob pena de responsabilização civil, penal e administrativa, cabendo ao juiz garantir o cumprimento do disposto neste artigo, vedadas: I – a manifestação sobre circunstâncias ou elementos alheios aos fatos objeto de apuração nos autos; II – a utilização de linguagem, de informações ou de material que ofendam a dignidade da vítima ou de testemunhas".

Esse novo artigo decorreu do caso da influenciadora Mariana Ferrer, que teria sido vítima de estupro de vulnerável, por ter sido dopada e violentada durante uma festa em Santa Catarina, em 2018. Durante o julgamento, realizado por videoconferência, em cenas divulgadas pela Internet, a vítima sofreu uma pressão intensa, por meio de perguntas realizadas pelo defensor do acusado, não vedadas pelo juiz. A inquirição invadiu a privacidade e a intimidade da pessoa ofendida, questionando aspectos relativos à sua vida pessoal, inclusive se valendo de fotografias íntimas. O advogado do réu a teria ofendido, afirmando que fez poses "ginecológicas" nas fotos e que jamais teria uma filha "do nível da blogueira".[9]

O magistrado, que presidia os trabalhos, não interveio em favor da vítima, impedindo o constrangimento ou as ofensivas perguntas. Ao final, o acusado foi absolvido e a sentença de primeiro grau, confirmada pelo Tribunal de Justiça de Santa Catarina. O ponto em questão não concerne à análise da inocência ou da culpa do réu e, portanto, se houve, realmente, um estupro. Em verdade, o que se debateu no Parlamento, ora transformado em lei, foi o respeito e o cuidado que se deve ter com toda e qualquer vítima de crimes sexuais, pois constituem delitos lesivos à dignidade da pessoa humana, de modo que a maneira pela qual a pessoa

---

[9]   Veja mais em: https://g1.globo.com/politica/noticia/2021/10/27/lei-mariana-ferrer-senado-aprova-projeto-que-pune-ofensa-a-vitima-durante-julgamento.ghtml, acesso em 28.10.2021; https://veja.abril.com.br/brasil/senado-aprova-lei-mariana-ferrer-para-proibir-humilhacoes-em-audiencias/. Acesso em: 28 out. 2021.

ofendida é tratada durante a investigação ou o processo criminal pode conduzi-la a uma segunda forma de vitimização, gerando maiores traumas. Pouco importa se o delito ocorreu ou não, se o acusado deve ser condenado ou absolvido, pois o tratamento dispensado à vítima do crime sexual precisa ser remodelado, no Brasil, como um método indispensável para evitar maior sofrimento.

Aliás, essa conduta respeitosa precisa ser utilizada para todas as pessoas ofendidas por qualquer infração penal. Diante disso, busca-se coibir as inquirições feitas na fase policial ou na judicial, de modo ríspido e humilhante, pois esse procedimento termina por afastar, ainda mais, a vítima dos órgãos estatais de repressão ao crime; afinal, ela já sofreu a intimidação e o trauma causados pela infração penal, sendo inconcebível que enfrente, justamente diante de um tribunal, outra maneira de experimentar vexame e aviltamento.

A introdução do mencionado art. 400-A busca proteger qualquer vítima de crime, embora se faça expressa referência à particularidade da pessoa ofendida de crime contra a dignidade sexual, que se refere à instrução comum, quando as provas são colhidas para o julgamento de juiz singular. Afinal, os crimes sexuais são processados perante o juízo comum. As novas regras impõem o dever, para as partes e outros sujeitos processuais, de zelar pela integridade física e psicológica da vítima – em particular, por óbvio, da parte psicológica, pois em juízo não se tem notícia de agressão física à pessoa ofendida. Para tanto, atribui-se ao juiz, que preside a audiência ou o julgamento em plenário, a atribuição de assegurar o cumprimento dessa proteção, impedindo qualquer manifestação acerca de fatos não constantes dos autos, significando a devida *imunidade* quanto à vida privada e seu comportamento na intimidade, como regra. No entanto, há um conflito de direitos, que haverá de ser superado na prática: a dignidade da vítima, resguardando-se a sua intimidade, mormente no campo sexual, em confronto com a ampla defesa (e plenitude de defesa), cabível a todo acusado.

Impõe-se em lei a responsabilidade civil, penal e administrativa para quem lesar a integridade física ou psicológica da vítima, naturalmente, em juízo, a parte psicológica. Quanto à responsabilidade civil, dependerá de ação proposta por quem se sentir ofendido, pleiteando, no juízo próprio, indenização por danos morais. No tocante à responsabilidade administrativa, cabe a cada entidade de classe apurar a conduta e punir o ofensor (advogado à OAB; MP à Corregedoria e ao Conselho Nacional do Ministério Público; magistrado à Corregedoria e ao Conselho Nacional de Justiça; defensor público à Corregedoria do órgão).

Em relação à parte penal, referindo-se à parte (acusado) ou seu representante em juízo (advogado), bem como ao órgão acusatório (promotor ou advogado assistente da acusação) deve-se buscar o tipo penal adequado que, como regra, estará no cenário dos crimes contra a honra (calúnia, difamação ou injúria). Dificilmente, se poderá valer do crime de coação no curso do processo (art. 344, CP), pois o tipo concerne a quem utiliza violência (coação física) ou grave ameaça (coação moral), algo que não ocorre, como regra, em juízo. Quando esse delito ocorre, concretiza-se antes ou depois da inquirição. Entretanto, há uma particularidade no tocante ao magistrado, que preside a instrução, pois se criou a ele um dever de impedir o resultado, nos termos do art. 13, § 2º, do Código Penal ("a omissão é penalmente relevante quando o omitente devia e podia agir para evitar o resultado. O dever de agir incumbe a quem: a) tenha por lei obrigação de cuidado, proteção ou vigilância").

Por lei, torna-se o juiz o garantidor da integridade física e psicológica da vítima (e, também, da testemunha, no caso do inciso II dos artigos 400-A e 474-A do CPP). Em consequência, não impedindo a atuação do acusador ou do defensor, quanto ao tratamento ofensivo destinado à vítima (ou testemunha), torna-se partícipe. Há um outro dispositivo legal a merecer análise, pois o art. 142, I, do Código Penal, considera uma hipótese de exclusão do crime (imunidade judiciária) a ofensa imputada em juízo, na discussão da causa, pela parte ou seu procurador (*in verbis*: "art. 142 – Não constituem injúria ou difamação punível: I – a ofensa irrogada em juízo, na discussão da causa, pela parte ou por seu procurador"). É fundamental destacar que essa imunidade envolve apenas a parte, não abrangendo a vítima ou a testemunha. Especificamente, quanto ao advogado, o art. 133 da Constituição Federal delineia a sua inviolabilidade por seus atos e manifestações no exercício da profissão, porém "nos limites da lei". A Constituição Federal estabelece uma condição para a sua inviolabilidade profissional: os limites impostos por lei. Portanto, o disposto pelos artigos 400-A e 474-A do CPP, bem como do artigo 81, § 1.º-A, da Lei 9.099/1995, vedando qualquer manifestação ofensiva do advogado, quando voltada à vítima e à testemunha, deve prevalecer. Logo, a injúria ou difamação proferida pelo advogado é punível. Ademais, entre dois relevantes valores – dignidade da pessoa humana e imunidade profissional do advogado – deve prevalecer o princípio regente, previsto no art. 1.º, III, da Constituição Federal. Sob outro ângulo, pode-se argumentar que poderia haver conflito entre valores muito importantes, tais como a dignidade da pessoa e o direito à ampla defesa, mas, mesmo assim, não é preciso, nem ético ou indispensável, ofender vítima ou testemunha para se atingir uma defesa tecnicamente adequada. Em suma, a lei aprovada pelo Congresso Nacional parece-nos adequada à situação hoje vivenciada pela prática forense no Brasil.

Quanto à manifestação sobre circunstâncias ou elementos alheios aos fatos, por vezes, avaliar o comportamento da pessoa ofendida pode interessar à linha defensiva do acusado, não somente em crimes sexuais, mas em diversos outros casos. Além disso, é possível *introduzir* nos autos alguns fatos referentes à vida privada da vítima, por meio de documentos ou mesmo de prova testemunhal. A partir daí, tanto o promotor quanto o defensor podem fazer perguntas à vítima, referentes a *fatos constantes dos autos*. Pode-se argumentar, então, que o foco da questão se vincula à *forma* como se faz a pergunta ou o *modo* como se produz a inquirição, evitando-se comentários pessoais dos envolvidos no processo, como, por exemplo, dizer o defensor à vítima que "jamais teria uma filha como você"; tal opinião é completamente desnecessária e termina sendo ofensiva, sem que se justifique por conta do direito de defesa.

No tocante à utilização de linguagem, informações ou material ofensivo, outro ponto vedado refere-se à utilização de linguagem, informação ou material ofensivo à dignidade da vítima ou de testemunhas (ampliou-se, nesta hipótese, a proteção à testemunha). É justamente o que expressamos no parágrafo anterior: muitas vezes, o que se torna ofensivo, invasivo e humilhante é a forma de se fazer uma pergunta e não o seu conteúdo. A par disso, outro aspecto ligado ao constrangimento de quem é ouvido em juízo concerne às inadequadas opiniões expostas pelas partes (acusação ou defesa) em relação à pessoa da vítima ou da testemunha. Pode-se agir de modo inconveniente e, portanto, ilegal, ao proferir ofensas, ao oferecer informes relativos ao indivíduo inquirido ou ao apresentar um material, que traga consigo, para confrontar quem é ouvido (ex.: apresentar uma revista, onde há fotos da vítima, em posições pornográficas).

Nesse cenário, o STF proferiu relevante decisão: "1. Ofende os princípios da igualdade e da dignidade da pessoa humana a perquirição da vítima, em processos apuratórios e julgamentos de crimes contra a dignidade sexual, quanto ao seu modo de vida e histórico de experiências sexuais. 2. A despeito da atuação dos Poderes da República, pela análise dos argumentos postos na presente arguição de descumprimento de preceito fundamental, é de se concluir necessário que este Supremo Tribunal, no exercício de sua competência constitucional, interprete os dispositivos impugnados pelo arguente conforme a Constituição da República, para conferir máxima efetividade aos direitos constitucionalmente postos e coibir a perpetuação de práticas que impliquem na revitimização de mulheres agredidas sexualmente. 3. Arguição julgada procedente para i) conferir interpretação conforme à Constituição à expressão 'elementos alheios aos fatos objeto de apuração' posta no art. 400-A do Código de Processo Penal, para excluir a possibilidade de invocação, pelas partes ou procuradores, de elementos referentes à vivência sexual pregressa da vítima ou ao seu modo de vida em audiência de instrução e julgamento de crimes contra a dignidade sexual e de violência contra a mulher, sob pena de nulidade do ato ou do julgamento, nos termos dos arts. 563 a 573 do Código de Processo Penal; ii) fica vedado o reconhecimento da nulidade referida no item anterior na hipótese de a defesa invocar o modo de vida da vítima ou a questionar quanto a vivência sexual pregressa com essa finalidade, considerando a impossibilidade do acusado se beneficiar da própria torpeza; iii) conferir interpretação conforme ao art. 59 do Código Penal, para assentar ser vedado ao magistrado, na fixação da pena em crimes sexuais, valorar a vida sexual pregressa da vítima ou seu modo de vida e iv) assentar ser dever do magistrado julgador atuar no sentido de impedir essa prática inconstitucional, sob pena de responsabilização civil, administrativa e penal" (ADPF 1107, Tribunal Pleno, rel. Cármen Lúcia, 23/05/2024, v.u.).

4.2   Procedimento sumário

Sumário é qualidade do que é resumido, feito de maneira simplificada, sem formalidades. O objetivo do procedimento sumário é simplificar a finalização do procedimento ordinário.

Atualmente, é aplicável aos casos de crimes cuja sanção máxima cominada seja inferior a quatro anos de pena privativa de liberdade.

Inicia-se da mesma forma que o procedimento ordinário, comentado no item anterior, para o qual remetemos o leitor.

Recebida a denúncia ou queixa, contendo rol de até cinco testemunhas (art. 532, CPP), ordena-se a citação do réu para responder à acusação, por escrito, no prazo de dez dias. Deve fazê-lo por intermédio de seu defensor (constituído, dativo ou público).

A defesa prévia deve conter toda a matéria de interesse do acusado, inclusive preliminares, justificações, oferecimento de documentos, especificação de provas e rol de testemunhas, até o máximo de cinco. Exceções serao processadas na forma prevista nos arts. 95 a 112 do CPP.

Apresentada a defesa prévia, pode o juiz absolver sumariamente o réu, com base no art. 397 do CPP. Caso não o faça, designa audiência de instrução e julgamento, que deverá ser única.

Nessa audiência, a ser realizada no prazo máximo de 30 dias, tomam-se as declarações do ofendido, se possível, os depoimentos das testemunhas de acusação e de defesa, nessa ordem, além dos eventuais esclarecimentos dos peritos. Podem ser realizadas acareações e o reconhecimento de pessoas e coisas. Ao final, interroga-se o réu (art. 531, CPP).

Se houver testemunhas a ouvir por precatória, deve o magistrado expedir a carta logo após a apresentação da defesa prévia e não há necessidade de se respeitar a ordem de inquirição (primeiramente, as de acusação, depois, as de defesa). Lembremos que, atualmente, há a possibilidade de se ouvir as testemunhas, residentes em outra Comarca, por meio da videoconferência (art. 222, § 3.º, CPP).

Outro lembrete diz respeito ao prazo *máximo* de trinta dias para realizar a audiência de instrução e julgamento. Cuida-se de prazo impróprio, logo, se não for cumprido, inexiste sanção para tanto. Eventualmente (o que é muito raro pela espécie de crime que envolve o procedimento sumário, com penas máximas inferiores a quatro anos), tratando-se de acusado preso, pode-se argumentar ter havido excesso de prazo. Porém, para se apurar o constrangimento ilegal, deve-se valer o juiz do princípio da razoabilidade. Nem todos os excessos são injustificáveis. Há Comarcas e Varas com excesso de processos, sem estrutura, fazendo-se o possível para atender, no menor prazo possível, o término da instrução.

Finda a colheita da prova, realizam-se os debates orais. As partes (acusação e defesa) têm 20 minutos cada uma para apresentar ao juiz as suas considerações derradeiras. Pode haver a prorrogação de 10 minutos para cada uma. Se houver assistente de acusação, terá 10 minutos para se manifestar, acrescendo-se igual período à defesa. A seguir, o juiz deve proferir a sentença no termo de audiência (art. 534, CPP).

É muito importante que os magistrados e as partes se acostumem à oralidade, a única maneira de se conferir ao processo uma real celeridade, eliminando-se o lento procedimento de reduzir tudo por escrito. Por isso, a autorizada gravação dos depoimentos e dos debates pode e deve ser realizada. E não se deve admitir a *substituição* do debate oral pela juntada de peças escritas. A *cultura* da petição e da palavra escrita precisa cessar. Aliás, no procedimento sumário, não se prevê a juntada de memoriais, logo, as alegações finais devem ser orais.

Merece registro o disposto no art. 185 da atual Lei de Falência (Lei 11.101/2005), que passa a disciplinar o procedimento especial de apuração prévia dos crimes falimentares, determinando que, após o recebimento da denúncia ou queixa, observar-se-á o rito sumário.

4.3   Procedimento sumaríssimo

A Lei 9.099/1995, inspirada pela celeridade e simplificação do procedimento, previu e regulou a possibilidade de transação para as infrações consideradas de menor potencial ofensivo, contexto no qual estão inseridas as contravenções penais e todos os crimes sancionados com pena máxima não superior a dois anos, cumulada ou não com multa (art. 61). Porém, não havendo possibilidade de ocorrer a referida transação, o procedimento segue rito especificado naquele diploma legal, deixando de ser aplicado o Código de Processo Penal.

A denúncia ou queixa pode ser oferecida oralmente, com rol de até cinco testemunhas. Reduz-se a termo a peça acusatória, entregando-se cópia ao acusado que, com isto, dá-se por citado e cientificado da audiência de instrução e julgamento. Nesta, poderá ser, novamente, buscada a conciliação e a transação. Não sendo viável, o defensor poderá responder à acusação. Na sequência, o magistrado recebe ou rejeita a denúncia ou queixa. Refutando-a, cabe apelação. Recebendo-a, serão ouvidas a vítima, as testemunhas de acusação e as de defesa. Ao final, interroga-se o réu.

Os debates serão orais. Por analogia ao critério do CPP, cada parte pode manifestar-se em 20 minutos, prorrogáveis por mais 10. A sentença será dada no termo, dispensado o relatório.

Cumpre destacar, por derradeiro, que a Lei 9.099/1995 não será aplicada, para contravenções penais ou crimes, cuja pena máxima não ultrapasse dois anos, reservando-se o procedimento sumário (art. 538, CPP), feitas as devidas adaptações, para os casos previstos no art. 66, parágrafo único (não se encontrar o acusado para ser citado), e no art. 77, §§ 2.º e 3.º (hipóteses de constatação de complexidade ou circunstância especial incompatível com o procedimento sumaríssimo, merecendo maior análise e instrução probatória) daquela Lei.

5. PROCEDIMENTOS ESPECIAIS

5.1 Aplicação da Lei 9.099/1995 aos procedimentos especiais

Após a edição da Lei 11.313/2006, que alterou a redação do art. 61 da Lei 9.099/1995, passou a ser aplicável a possibilidade de transação aos crimes de menor potencial ofensivo, descritos em leis que possuam procedimento especial. Salientamos, ainda, serem infrações de menor potencial ofensivo as contravenções penais e os crimes a que a lei comine pena máxima não superior a dois anos, cumulada ou não com multa.

Portanto, todos os procedimentos especiais do Código de Processo Penal devem adaptar-se à hipótese de concretização da transação e do rito da Lei 9.099/1995. Mas, se não houver possibilidade, segue-se, para cada situação, o procedimento especial previsto no Livro II, Título II, do CPP, conforme o caso concreto, para, depois, passar-se ao rito comum.

Registremos que a adaptação para a aplicação da Lei 9.099/1995 (possibilidade de transação) aos ritos especiais do CPP deve ser feita com cuidado, a fim de não se suprimir qualquer particularidade benéfica ao imputado. Assim, quando se cuidar de procedimento de falência, iniciada esta antes da vigência da Lei 11.101/2005, segundo nos parece, pela peculiaridade do caso, segue-se o disposto nos arts. 503 a 512 [revogados pela Lei 11.101/2005], para, então, antes do recebimento da denúncia ou queixa, havendo a possibilidade de transação, se o crime comportar (como ocorre com o art. 190, Dec.-lei 7.661/1945 [Dec.-lei revogado pela Lei 11.101/2005]), promover-se a sua aplicação. Não sendo viabilizada a transação, recebida a denúncia ou queixa, segue-se o rito da Lei 9.099/1995. Os demais crimes, que não são de menor potencial ofensivo (arts. 186 a 189 do mesmo decreto-lei [Dec.-lei revogado pela Lei 11.101/2005]) continuam com o procedimento especial inicial, seguido do ordinário.

No caso de crimes de responsabilidade de funcionário público, deve-se igualmente separar aqueles que são de menor potencial ofensivo (ex.: violação de sigilo funcional – art. 325, CP; abandono de função – art. 323, CP) dos demais, que são comuns (ex.: peculato – art. 312, CP; corrupção passiva – art. 317, CP). No caso dos delitos de menor potencial ofensivo, primeiramente colhe o juiz a defesa preliminar, pois, se esta proceder, nada se faz contra o funcionário. Mas, se for o caso de não aceitação, antes do recebimento da denúncia, busca-se a transação. Conseguida, encerra-se com a homologação e aguarda-se o cumprimento. Não atingida, segue-se o rito da Lei 9.099/1995, após o recebimento da denúncia ou queixa. No caso de outros delitos, continua-se, após o procedimento especial dos arts. 513 a 517, com o rito comum do Código de Processo Penal.

Tratando-se de delitos contra a honra (calúnia, difamação e injúria – arts. 138, 139 e 140, excetuando a injúria discriminatória do art. 140, § 3.º, CP), cabe a possibilidade de transação, mas depois de tentada a conciliação, prevista nos arts. 520 a 522 do CPP, pois esta é, sem dúvida, mais benéfica ao querelado. Não conseguido o acordo para encerrar o feito, busca-se a transação. Pode-se, então, findar o caso se houver a referida transação ou pode-se continuar, com o recebimento da queixa, seguindo-se o rito da Lei 9.099/1995, adaptado à possibilidade de oferecimento de exceção da verdade ou de notoriedade do fato (art. 523, CPP). Na hipótese de impossibilidade jurídica da oferta de transação, segue-se o rito comum do Código de Processo Penal após a fase da conciliação.

No caso de crimes contra a propriedade imaterial, alguns são de menor potencial ofensivo (ex.: art. 184, *caput*, CP), outros não (ex.: art. 184, §§ 1.º, 2.º e 3.º, CP). Dessa forma, quando de ação privada, para buscar-se a possibilidade de transação, é preciso, previamente, a formação da materialidade, seguindo-se o disposto nos arts. 525 a 529. Após, tenta-se a transação. Atingida, encerra-se com a homologação, aguardando-se o cumprimento. Não concretizada, com o recebimento da queixa, segue-se o rito da Lei 9.099/1995. Nos casos de ação pública, o procedimento preliminar de formação da materialidade vem previsto nos arts. 530-B a 530-E. Somente após, trabalha-se a hipótese da transação. Positivada, encerra-se. Caso não ocorra, segue-se o rito da Lei 9.099/1995. Quando o caso não for de crime de menor potencial ofensivo, seja de ação pública, seja de ação privada, naturalmente o procedimento é o previsto, conforme o caso no Capítulo IV do Título II do Livro II (arts. 524 a 530 para ação privada e 530-B a 530-H para ação pública).

5.2   Adoção do procedimento previsto na Lei 9.099/1995 para os crimes contra pessoas idosas

Preceitua o art. 94 da Lei 10.741/2003 (Estatuto da Pessoa Idosa) que "aos crimes previstos nesta Lei, cuja pena máxima privativa de liberdade não ultrapasse 4 (quatro) anos, aplica-se o procedimento previsto na Lei 9.099/1995, de 26 de setembro de 1995, e, subsidiariamente, no que couber, as disposições do Código Penal e do Código de Processo Penal".

Há duas interpretações possíveis para esse dispositivo:

a) aos crimes previstos no Estatuto da Pessoa Idosa pode-se aplicar, integralmente, o disposto na Lei 9.099/1995, ou seja, cabe transação penal e suspensão condicional do processo, bem como, na impossibilidade destes benefícios, o procedimento célere lá previsto;

b) aos crimes previstos no Estatuto da Pessoa Idosa aplica-se o procedimento célere da Lei 9.099/1995, mas não a transação ou a suspensão condicional do processo. Esses benefícios seriam válidos somente se as infrações não ultrapassassem os limites legais (dois anos de pena máxima para a transação; um ano de pena mínima para a suspensão condicional do processo).

Adotar a primeira interpretação seria exterminar a principal meta da Lei 10.741/2003, que é a consagração da maior proteção à pessoa idosa. Assim, ao invés disso, estar-se-ia permitindo transação a infrações cujas penas atingissem até quatro anos de reclusão. E, se assim fosse, logo surgiriam as interpretações tendentes a considerar, genericamente, por uma questão de isonomia, todas as infrações punidas com pena de até quatro anos como de menor potencial ofensivo, o que representaria absurdo maior.

Cremos, no entanto, que a intenção do legislador não foi essa. Pretendeu ele, para dar maior e mais efetiva proteção à pessoa idosa, que o procedimento célere da Lei 9.099/1995 fosse utilizado para toda infração cuja vítima fosse idosa, desde que a infração tenha pena máxima não superior a quatro anos. O importante é atingir o meio-termo, assegurando um procedimento breve, sem desguarnecer o réu do seu direito à ampla defesa.

5.3   Procedimento dos crimes falimentares

Para os delitos disciplinados nos arts. 186 a 199 do Decreto-lei 7.661/1945 (antiga Lei de Falências), aplica-se o procedimento previsto nos arts. 503 a 512 do Código de Processo Penal. A Lei 11.101/2005 revogou o disposto nos arts. 503 a 512, de modo que o procedimento para apurar crimes falimentares (arts. 168 a 178, Lei 11.101/2005) passa para o contexto da legislação especial, como já afirmamos. Ocorre que, em face do disposto no art. 192, *caput* ("Esta Lei não se aplica aos processos de falência ou de concordata ajuizados anteriormente ao início de sua vigência, que serão concluídos nos termos do Decreto-lei 7.661, de 21 de junho de 1945"), continua aplicável o procedimento do Código de Processo Penal aos delitos falimentares ocorridos antes da vigência da Lei 11.101/2005, até pelo fato de ser esta mais rigorosa, razão pela qual não pode prejudicar o réu (leis penais somente retroagem para beneficiar o acusado, conforme prevê o art. 5.º, XL, CF). Quando da ocorrência de infrações penais falimentares após a vigência da Lei, não mais se aplicará o disposto nos arts. 503 a 512 do CPP.

Seguindo-se o disposto na Lei 11.101/2005, o procedimento para apurar os crimes falimentares (arts. 168 a 178) será o sumário (arts. 531 a 536, CPP).

Não há mais a distinção entre crimes de falência fraudulenta e culposa, pois todos os delitos falimentares são dolosos. O Decreto-lei 7.661/1945 já trazia em seu bojo apenas os tipos em suas modalidades dolosas. Nessa ótica, conferir a lição de Luiz Carlos Betanho: "Não existe crime falimentar culposo. A antiga lei de falências (Lei 2.024, de 1908) é que dividia os crimes falimentares em dolosos e culposos (e a falência em fraudulenta, culposa ou casual). A lei atual [à época do comentário do autor citado] (Decreto-lei 7.661, de 1945) [hoje, revogado pela Lei 11.101/2005] só prevê modalidades dolosas. O sistema da legislação penal é de que todos os crimes são dolosos, salvo quando estiver expressa a forma culposa. Como a Lei de Falência não descreve nenhum crime culposo, segue-se que só há crimes falimentares dolosos. O mínimo exigível, para fins punitivos, é o dolo eventual".[10] Contra, admitindo a figura culposa, conforme o caso, a posição de Magalhães Noronha: "Verifica-se que, ao reverso da lei anterior, ele não separou os crimes dolosos e culposos, mas os definiu apenas, competindo, então, ao juiz, no caso concreto, averiguar se o fato foi praticado com vontade livre e consciente, havendo ciência da antijuridicidade (dolo) ou se o foi por negligência, imprudência ou imperícia (culpa em sentido estrito)".[11] Com a edição da Lei 11.101/2005, confirmou-se a linha já adotada de que todos os delitos falimentares existem apenas na forma dolosa.

É posição predominante na doutrina e na jurisprudência que não importa o número de figuras típicas incriminadoras preenchidas pelo falido, pois todas constituem a unicidade do crime falimentar, vale dizer, será o agente punido pelo crime mais grave cometido. Afinal, a ideia é que todos os fatos típicos praticados contribuíram para a quebra, logo, deve haver uma só punição.

A ação penal é pública incondicionada, razão pela qual o Ministério Público é o titular do direito de agir. Em seu lugar, somente podem atuar o síndico e o credor, quando houver inércia, invocando-se o art. 29 do Código de Processo Penal (ação penal privada subsidiária da pública).

O termo *liquidatário*, usado na lei processual penal, é o síndico. No seu caso, somente pode intentar ação penal, caso haja omissão do representante do Ministério Público, titular exclusivo da ação penal pública, agindo nos termos do disposto no art. 29 do Código de Processo Penal.

É inaplicável, atualmente, diante do texto da Constituição Federal de 1988, que atribuiu exclusividade ao Ministério Público para a propositura de ação penal pública, o art. 108, parágrafo único, da Lei de Falências de 1945: "Se o representante do Ministério Público não oferecer denúncia, os autos permanecerão em cartório pelo prazo de 3 (três) dias, durante os quais o síndico ou qualquer credor poderão oferecer queixa". Note-se que, no *caput* do art.

---

[10] *Crimes falimentares*, p. 1.128.

[11] *Curso de direito processual penal*, p. 279.

108, estão previstas duas possibilidades ao curador das massas falidas, quando finalizado o inquérito judicial: oferecer denúncia, caso existam provas suficientes, ou requerer o apensamento (leia-se, arquivamento), entendendo não haver justa causa para a ação penal. Por isso, seguindo orientação majoritária atual de que o arquivamento solicitado pelo promotor e deferido pelo juiz não autoriza o ingresso da ação penal pelo ofendido, tendo em vista que o Ministério Público atuou efetivamente, embora preferisse não denunciar, aplica-se o mesmo ao caso do apensamento.

Para exercer o direito de queixa (sempre subsidiário ao Ministério Público), não há necessidade de ser credor habilitado por sentença passada em julgado. Basta ser credor (art. 82 da Lei de Falências de 1945).

No contexto dos crimes falimentares, o inquérito judicial é uma exceção à regra, segundo a qual o inquérito é procedimento administrativo inquisitivo puro. Nesse caso, o Decreto-lei 7.661/45 previa o inquérito tramitando em juízo e com a *possibilidade* de haver contraditório, com a participação efetiva do falido, defendendo-se, caso queira.

Note-se que sua impugnação não é obrigatória. Não o fazendo, o juiz determina o prosseguimento do feito, sem qualquer nulidade. Aliás, o seu prazo para contestar corre em cartório, independentemente de intimação (art. 204 da Lei de Falências antiga). Preceitua o art. 103, *caput*, da referida Lei de Falências, que "nas 24 (vinte e quatro) horas seguintes ao vencimento do dobro do prazo marcado pelo juiz para os credores declararem os seus créditos (art. 14, parágrafo único, V), o síndico apresentará em cartório, em duas vias, exposição circunstanciada, na qual, considerando as causas da falência, o procedimento do devedor, antes e depois da sentença declaratória, e outros elementos ponderáveis, especificará, se houver, os atos que constituem crime falimentar, indicando os responsáveis e, em relação a cada um, os dispositivos penais aplicáveis".

Logo, o primeiro indicativo da prática de crimes falimentares surge no relatório elaborado pelo síndico, acompanhado do "laudo do perito encarregado do exame da escrituração do falido (art. 63, V), e quaisquer documentos", que "concluirá, se for o caso, pelo requerimento de inquérito, exames e diligências, destinados à apuração de fatos ou circunstâncias que possam servir de fundamento à ação penal (Código de Processo Penal, art. 509)" (art. 103, § 1.º). E segue o § 2.º: "As primeiras vias da exposição e do laudo e os documentos formarão os autos do inquérito judicial e as segundas vias serão juntas aos autos da falência".

Podem os credores, no prazo de cinco dias, após a exposição feita pelo síndico, requerer a instauração do inquérito, caso tal providência não tenha sido realizada, bem como solicitar outras diligências complementares (art. 104). Após, os autos seguem ao curador de massas falidas para que aprecie o relatado pelo síndico e por outros credores, bem como para se pronunciar a respeito dos pedidos formulados (art. 105). Pode, inclusive, requerer a abertura do inquérito, se já não tiver sido feito. Lembremos que o representante do Ministério Público não está atrelado ao relatório feito pelo síndico, nem tampouco às alegações dos credores, sendo livre para apreciar o contido nos autos. Ao falido, então, propicia-se a oportunidade de contestar as alegações contidas no inquérito judicial, requerendo diligências pertinentes (art. 106).

Os autos irão, em seguida, à conclusão, para que o juiz defira as provas solicitadas, designando audiência, quando for o caso (art. 107). Não havendo provas a realizar, ou já efetivadas, o inquérito segue ao Ministério Público para que ofereça denúncia ou requeira o apensamento (arquivamento), no prazo de cinco dias (art. 108). Por exceção, o prazo cai para três dias, quando ocorrer a hipótese do art. 200, ou seja, falência com passivo inferior a cem vezes o salário mínimo.

Quando o juiz discordar do pedido de apensamento, formulado pelo representante do Ministério Público, pode remeter os autos ao Procurador-Geral de Justiça para que decida a respeito. O chefe da instituição pode designar outro curador para oferecer a denúncia ou insistir no pedido de arquivamento, o que obrigará o magistrado a acolher.

Tratando-se de ação penal pública, não há que se falar em decadência. Assim, como estipula o art. 194 da Lei de Falências antiga, "a inobservância dos prazos estabelecidos no art. 108 e seu parágrafo único não acarreta decadência do direito de denúncia ou de queixa. O membro do Ministério Público, o síndico ou qualquer credor podem, após o despacho de que tratam o art. 109 e seu parágrafo 2.º, e na conformidade do que dispõem os arts. 24 e 62 do Código de Processo Penal, intentar ação penal por crime falimentar perante o juiz criminal da jurisdição onde tenha sido declarada a falência".

Registremos que todos os crimes vinculados aos delitos falimentares devem ser julgados no juízo da falência, quando houver concurso formal (continência). No caso de concurso material entre crime falimentar e delito comum, ligados pela conexão, o melhor é separar o processo, pois o rito do crime falimentar é especial e mais restrito.[12]

No Estado de São Paulo, está em vigor a Lei Estadual 3.947/1983, prevendo que a competência para processar e julgar o crime falimentar é do juízo cível, onde foi decretada a falência, diversamente do disposto no art. 504 do CPP [revogado pela Lei 11.101/2005]. Defendíamos a ideia de que, embora o Supremo Tribunal Federal tenha considerado constitucional a mencionada lei, não se trataria de simples matéria de organização judiciária, mas de autêntico foco de competência (matéria processual), cuja previsão haveria de ser de lei federal, conforme dispõe o art. 22, I, da Constituição Federal. Melhor meditando sobre o tema, podemos constatar que o art. 74, *caput*, do Código de Processo Penal, autoriza que a competência *pela natureza da infração* seja regulada pelas leis de organização judiciária. Por isso, é possível a previsão do julgamento dos crimes falimentares pela Vara Cível.

Mantemos, no entanto, nossa avaliação da inconveniência dessa opção, pois, com raras exceções, muitas são as decisões condenatórias proferidas no juízo cível, ao cuidar dos delitos falimentares, extremamente sucintas, sem apego ao devido processo legal e olvidando princípios fundamentais de direito penal. Logo, o mais indicado seria o processo falimentar transcorrer no juízo criminal, que é especializado.

Registremos que, no Estado de São Paulo, mantém o Tribunal de Justiça o entendimento de que cabe à Vara Cível (ou especializada em Falências e Recuperações Judiciais e Extrajudiciais) o julgamento dos crimes falimentares, a despeito da edição da Lei 11.101/2005.

No procedimento especial dos delitos falimentares, a denúncia ou queixa será sempre instruída com cópia do relatório do síndico e da ata da assembleia de credores, quando houver, segundo o disposto no art. 505 do CPP [revogado pela Lei 11.101/2005]. O número máximo de testemunhas para constar no rol é de oito.

---

[12] No mesmo prisma, está o ensinamento de JOSÉ FREDERICO MARQUES (*Elementos de direito processual penal*, v. 3, p. 303-304). Sem estabelecer qualquer diferença entre conexão e continência, nessa situação, acentua TOURINHO FILHO que "a ação penal somente poderá ser intentada no local onde for declarada a falência. Mesmo haja algumas infrações cometidas em outro, se interligadas por conexão ou continência, o *simultaneus processus* se dará no juízo universal da falência. Esta regra é pacífica" (*Código de Processo Penal comentado*, v. 2, p. 154).

Entretanto, acompanhando a denúncia ou queixa deve estar, na realidade, o inquérito judicial, peça que irá conferir justa causa à ação penal. Logo, não são a cópia do relatório do síndico, nem a ata da assembleia de credores, os documentos únicos a instruir a peça acusatória.

Segundo o art. 89 da Lei 9.099/1995, é cabível a proposta de suspensão condicional do processo, formulada pelo representante do Ministério Público, nos crimes cuja pena mínima não ultrapasse um ano, havendo ou não procedimento especial previsto para a apuração do delito, o que permite a aplicação aos crimes falimentares. Oferecida a denúncia, deve o curador de massas falidas fazer a proposta. Se for aceita pelo acusado, o juiz recebe a peça acusatória e suspende o processo, conforme o prazo e as condições aventadas.

Pode o síndico ou qualquer credor intervir no processo como assistente de acusação, seguindo-se o preceituado no art. 271 do Código de Processo Penal. Cabe a assistência mesmo que a ação seja intentada pelo credor (privada subsidiária da pública) e o assistente, por exemplo, seja o síndico (art. 506, CPP) [revogado pela Lei 11.101/2005].

A sentença de falência é, como regra, condição objetiva de punibilidade. Assim, ainda que preenchidos os tipos penais incriminadores da Lei de Falências, torna-se imprescindível, para que tenham relevância penal, o advento da condição objetiva de punibilidade, isto é, a sentença de quebra (art. 507, CPP) (revogado pela Lei 11.101/2005]. É a posição majoritária da doutrina.[13] A propósito, nada impede que consideremos a condição objetiva de punibilidade, no caso a sentença de quebra, também como condição de procedibilidade.

Em contrário, GRECO FILHO, salientando tratar-se de "elemento do tipo penal, ainda que implícito ou genérico", feito o reconhecimento de que, alheia à vontade do agente, pode ser considerada como um "resquício de responsabilidade objetiva".[14]

Prevê o art. 507 do CPP [revogado pela Lei 11.101/2005] que, uma vez reformada a sentença de falência, deve-se extinguir a punibilidade do réu, afetando a pretensão punitiva do Estado, o que está correto, já que a condição objetiva para punir desapareceu.

O prazo para o oferecimento de denúncia ou queixa é de cinco dias, exceto no caso de falências de pequena monta, cujo prazo cai para três dias, contados do recebimento do inquérito judicial (art. 508, CPP) [revogado pela Lei 11.101/2005].

Vale ressaltar, novamente, que a antiga Lei de Falências de 1945 utiliza o termo *apensamento* do inquérito em lugar de arquivamento, o que significa a mesma coisa. Cuida-se, pois, de apensamento do inquérito judicial, no caso de não oferecimento de denúncia, por ausência de elementos convincentes.

Consagrada a tese de que, em determinadas matérias, não há possibilidade de o juiz criminal analisar aspectos concernentes ao juízo cível (art. 511, CPP) [revogado pela Lei 11.101/2005], questionamentos referentes à sentença de falência devem ser feitos na esfera cível. Se o processo criminal estiver tramitando no cível, como ocorre no Estado de São Paulo, ainda assim a proibição persiste. No seu transcurso, atua com competência criminal

---

[13] Como exemplos: NORONHA (*Curso de direito processual penal*, p. 287), LUIZ CARLOS BETANHO (*Crimes falimentares*, p. 1.120-1.121), MANOEL PEDRO PIMENTEL, NÉLSON HUNGRIA e HELENO FRAGOSO, em citação feita por MIRABETE, que, por sua vez, considera a sentença de falência como condição objetiva de punibilidade, quando disser respeito a delitos antefalimentares, mas é pressuposto dos crimes pós-falimentares (*Processo penal*, p. 550). Nessa linha, concorda TOURINHO FILHO (*Código de Processo Penal comentado*, v. 2, p. 158).

[14] *Manual de processo penal*, p. 381. No mesmo sentido: FREDERICO MARQUES (*Elementos de direito processual penal*, v. 3, p. 300).

o magistrado que responde pela Vara Cível, não lhe sendo cabível questionar a sentença de quebra. Se for necessário, tal deve ser requerido em ação à parte.

Quanto ao recebimento da denúncia ou queixa, diferentemente da posição predominante para as demais ações penais, a decisão do juiz, nesse caso, necessita ser fundamentada, conforme art. 109, § 2.º, da Lei de Falências de 1945: "Se receber a denúncia ou queixa, o juiz, *em despacho fundamentado*, determinará a remessa imediata dos autos ao juízo criminal competente para prosseguimento da ação nos termos da lei processual penal" (grifamos). A respeito, ver, ainda, a Súmula 564, do STF: "A ausência de fundamentação do despacho de recebimento de denúncia por crime falimentar enseja nulidade processual, salvo se já houver sentença condenatória". A despeito disso, inúmeros magistrados continuam insistindo em receber a denúncia ou queixa com termos vagos e genéricos, valendo-se de expressões como "tendo em vista o constante no relatório do síndico e no parecer do Ministério Público, recebo a denúncia" ou "levando-se em consideração as provas constantes do inquérito judicial, recebo a denúncia", entre outras. Trata-se de decisão nula, pois infringe expressa disposição legal. Entretanto, conforme afirmado pelo próprio Supremo Tribunal Federal, cuida-se de nulidade relativa, dependendo de arguição até a sentença condenatória.

Após o recebimento da denúncia ou queixa, segue-se o rito comum.

5.4   Procedimento dos crimes de responsabilidade dos funcionários públicos

Crimes de responsabilidade é uma denominação inexata, não correspondente ao que o Código de Processo Penal tem por fim regular. Os crimes de responsabilidade de funcionários públicos, quando autênticos, são infrações político-administrativas, normalmente julgadas por órgãos políticos, como o Senado Federal, a Assembleia do Estado ou mesmo a Câmara Municipal, determinando, como penalidade, a perda do cargo ou função pública, inabilitando o réu ao seu exercício por certo período. Não é o caso aqui previsto. Cuida-se apenas dos delitos cometidos por funcionários públicos, no exercício da sua função, logo, são crimes funcionais. Estão previstos nos arts. 312 a 326 do Código Penal. Essa é a posição majoritária.

Há crimes funcionais próprios e impróprios. Próprios são os delitos que somente o funcionário público pode praticar e impróprios os que outras pessoas podem cometer, respondendo como incursas em outro tipo penal. Exemplos: Somente o funcionário pode cometer concussão (funcional próprio), mas, na segunda hipótese, um particular pode cometer peculato-furto, que passa a ser considerado simples furto (funcional impróprio). Obviamente, se há concurso de pessoas, aplica-se a regra prevista no art. 30 do Código Penal, estendendo-se a condição de funcionário público ao sujeito que não a detém, por se tratar de elementar. Assim, caso duas pessoas subtraiam bens de determinada repartição pública, uma delas sendo funcionário público, com o conhecimento da outra, responderão por peculato-furto.

Nesses casos, dispensando-se o inquérito policial, podendo a denúncia ser oferecida, fazendo-se acompanhar apenas por documentos ou qualquer outro elemento que torne justificável a ação penal, é preciso garantir que, antes do recebimento da denúncia, possa o funcionário oferecer sua impugnação (art. 514, CPP). Isso não significa, entretanto, que a prova pré-constituída, para dar justa causa à ação penal, seja afastada. Necessita-se interpretar com a devida cautela a dispensabilidade do inquérito policial nesse contexto. Aliás, o mais indicado é sempre promover a investigação policial antes de se ingressar com ação penal contra quem quer que seja, pois se consegue evitar grave situação de constrangimento ilegal, que seria a admissibilidade da ação sem prova preexistente.

O procedimento especial é voltado apenas aos crimes funcionais afiançáveis, isto é, os arts. 312 a 326 do Código Penal.

Na hipótese de, juntamente com o delito funcional, estar o funcionário respondendo por outras infrações penais comuns, afasta-se o seu direito à notificação para manifestação prévia ao recebimento da denúncia. Explica-se essa posição pelo fato de que o crime comum não prescinde do inquérito, de modo que, se todos estão unidos na mesma denúncia, é de se pressupor tenham sido investigados e apurados da mesma forma. Excepcionalmente, se instrui a denúncia o inquérito para o crime comum e documentos outros para o funcional, é preciso providenciar a defesa preliminar. Assim também a posição de GRECO FILHO (*Manual de processo penal*, p. 383).

A notificação do acusado para, previamente ao recebimento da denúncia, manifestar-se sobre o tema, apresentando sua defesa e evitando que seja a inicial recebida, é privativa do funcionário público, não se estendendo ao particular que seja coautor ou partícipe.

A justificativa para haver a defesa preliminar, adotando-se procedimento especial, é a ausência de inquérito policial, dando sustentação à denúncia, razão pela qual, quando o inquérito for feito, inexiste razão para seguir esse rito. Atualmente, pacificou-se o entendimento, editando-se a Súmula 330 do STJ: "É desnecessária a resposta preliminar de que trata o artigo 514 do Código de Processo Penal, na ação penal instruída por inquérito policial".[15]

A não concessão de prazo para o oferecimento de defesa preliminar gera nulidade relativa, dependente da prova do prejuízo e da alegação da parte interessada. Há quem sustente tratar-se de nulidade absoluta, pois não se respeitou o procedimento legal.

Dado o prazo para apresentação da defesa preliminar, não o fazendo o funcionário, é irrelevante. Afinal, ele não é obrigado a contestar o contido na denúncia, sendo apenas faculdade fazê-lo.

Se não se conhecer o paradeiro do réu, a fim de viabilizar a notificação para a defesa preliminar, nomeia-se um defensor dativo para tanto. Porém, se o acusado residir em outra Comarca, o ideal é a expedição de precatória para essa finalidade. Não tem sentido notificá-lo por edital ou nomear diretamente um dativo.[16] Ainda assim, há forte tendência dos tribunais em aceitar o disposto no parágrafo único do art. 514 do CPP (se morar fora da Comarca, nomeia-se um dativo), o mesmo ocorrendo na doutrina.[17]

Depois da fase da defesa preliminar, recebida a denúncia, por meio de decisão fundamentada do magistrado, se, eventualmente, for citado por edital e não contestar, o processo ficará suspenso (art. 366, CPP). Entretanto, é rara essa situação, pois o funcionário público deve ter posto certo de trabalho, com relativa facilidade para ser encontrado. Aliás, se for demitido, não mais se aplica o procedimento especial. Ainda que se invoque a proteção à imagem da Administração Pública, para que a defesa preliminar seja realizada, não vemos sentido nisso.[18]

---

[15] Em contrário, exigindo sempre a defesa preliminar: TOURINHO FILHO (*Código de Processo Penal comentado*, v. 2, p. 164).

[16] No mesmo prisma: TOURINHO FILHO (*Código de Processo Penal comentado*, v. 2, p. 165); GRECO FILHO (*Manual de processo penal*, p. 383).

[17] MIRABETE (*Processo penal*, p. 560); NORONHA (*Curso de direito processual penal*, p. 294).

[18] Nessa linha: GRECO FILHO (*Manual de processo penal*, p. 383). Em contrário, exigindo sempre a defesa, por conta da moralidade da Administração Pública: TOURINHO FILHO (*Código de Processo Penal comentado*, v. 2, p. 166); MIRABETE (*Processo penal*, p. 559).

Estipula o art. 516 do CPP que o magistrado deve fundamentar a decisão de rejeição da denúncia ou da queixa, o que é, na verdade, irrelevante dizer, uma vez que toda decisão de rejeição, em qualquer caso, deve ser convenientemente motivada. Assim, não se aplica a fundamentação unicamente neste procedimento.

A notificação feita, preliminarmente, não supre a obrigatoriedade da citação, pois a primeira ciência feita ao funcionário volta-se a fase anterior ao ajuizamento da ação penal. Dessa forma, caso seja recebida a denúncia ou queixa, a despeito da impugnação formulada pelo funcionário, é indispensável que ele tome ciência disso, podendo, agora, defender-se nos autos do processo-crime.

Após o ajuizamento da demanda, segue-se o rito comum.

5.5   Procedimento dos crimes contra a honra

Este procedimento especial abrange todos os delitos contra a honra, inclusive a difamação, não citada no art. 519 do CPP, porque, antes do Código Penal de 1940, não era considerada tipo penal autônomo. Excluem-se os crimes contra a honra previstos em leis especiais, como é o caso do Código Eleitoral.

Ultrapassada a fase especial preliminar, segue-se o rito comum. Por outro lado, o procedimento especial não se volta para as ações penais públicas, considerando-se que os interesses, nesses casos, são indisponíveis (quando funcionário público é vítima, havendo injúria real ou injúria discriminatória). Assim, a aplicação da audiência de conciliação volta-se aos delitos de ação exclusivamente privada.

Antes de receber a queixa, o juiz deve oferecer às partes a oportunidade para se reconciliarem, fazendo-as comparecer à sua presença, ouvindo-as separadamente, sem os advogados presentes, não se lavrando termo (art. 520, CPP).

A designação de audiência de conciliação é obrigatória, implicando nulidade caso não ocorra. Saliente-se, no entanto, que, uma vez marcada, mas não efetivada porque uma das partes faltou, parece-nos preenchido o requisito fixado pelo procedimento especial deste Capítulo, subentendendo-se que a parte faltante não deseja a conciliação.

Há posição que exige a presença do querelante, sob pena de perempção, com o que não aquiescemos. Inexiste razão para impor ao ofendido uma sanção tão severa, simplesmente porque deixou de comparecer a um ato conciliatório, anterior ao ajuizamento da ação penal. E mais: há quem sustente a possibilidade de condução coercitiva do querelado, a fim de que ouça os argumentos do juiz, com o que também não concordamos. Não há motivo em tomar medida tão drástica, quando o objetivo da lei processual penal é *conciliar* as partes e não acirrar os ânimos. É certo que, sem a imposição de sanção – ao querelante, a perempção; ao querelado, a condução coercitiva – a audiência de conciliação pode perder totalmente o seu sentido, embora creiamos que ela, de fato, é uma superfetação, buscando compor pessoas que não tiveram possibilidade ou bom senso de, anteriormente ao oferecimento de queixa, resolver amigavelmente suas rusgas. Ocorre que, segundo pensamos, não cabe ao juiz a tarefa de conciliador de infrações penais, razão pela qual é demasiada a preocupação nesse sentido.

Salientamos, no entanto, que tem prevalecido, na doutrina, a ideia de que a audiência é essencial, implicando perempção (querelante) ou condução coercitiva (querelado).[19]

---

[19]   Noronha (*Curso de direito processual penal*, p. 302); Tourinho Filho (*Código de Processo Penal comentado*, v. 2, p. 173-174); Frederico Marques (*Elementos de direito processual penal*, v. 3, p. 292); Mirabete (*Processo penal*, p. 564-565); Hildejalma Muccio (*Curso de processo penal*, v. 1, p. 654).

Caso o juiz sinta que há possibilidade efetiva de reconciliação, deve promovê-la na presença dos advogados, estando as partes envolvidas frente a frente (art. 521, CPP). É uma verdadeira hipótese de extinção da punibilidade não prevista no art. 107 do Código Penal. Aliás, como ressalta Frederico Marques, "a reconciliação situa-se entre a renúncia e o perdão e, desse modo, extingue a punibilidade. Certo que o Código Penal não a prevê no art. 107, nem lhe dá efeito de fato extintivo do *jus puniendi* o art. 522 do Código de Processo Penal. Mas se a renúncia faz desaparecer a punibilidade, *a fortiori* a desistência do direito de queixa. Desse modo, parece-nos que o arquivamento ordenado pelo art. 522 do Código de Processo Penal será consequência e efeito da decretação da extinção da punibilidade".[20]

Se a reconciliação for positiva, a queixa será arquivada (art. 522, CPP), julgando-se extinta a punibilidade do querelado.

Se for oferecida a exceção da verdade ou da notoriedade do fato imputado, o querelante pode contestar a exceção no prazo de dois dias, sendo viável inquirir testemunhas (art. 523, CPP).

A exceção é uma questão prejudicial homogênea, isto é, aquela que, referindo-se ao direito material posto em discussão, necessita ser decidida antes do mérito da ação principal, fazendo com que seja sustado o andamento do processo, a fim de ser decidido o incidente gerado.

A exceção da verdade diz respeito ao crime de calúnia (imputar a alguém, falsamente, fato definido como crime), enquanto a exceção da notoriedade do fato refere-se ao delito de difamação de funcionário público, no exercício das suas funções (imputar a alguém fato ofensivo à sua reputação). Logo, se há ação penal em andamento, versando sobre calúnia ou difamação, é possível que o querelado/réu apresente, logo de início, a chamada exceção, que é meio de defesa indireto, visando a provar que o querelante (no caso de ação privada) ou o ofendido (no caso de ação pública) realmente praticou o delito que lhe foi imputado (quando se tratar de calúnia) ou que o fato difundido (quando se referir a difamação) realmente ocorreu e é do conhecimento geral.

Provada a exceção, falece direito ao órgão acusatório de alcançar a condenação, pois não há sentido em se tratar de calúnia quando há verdade na prática do crime, nem tampouco falar em difamação de funcionário público, quando o fato é evidente e interessa à Administração Pública a punição de quem assim se conduziu.

Ressalte-se que, em ambas as hipóteses, a exceção tem finalidade prática e interesse social. Provando-se a prática do crime, deve o Estado agir para punir o agente; provando-se o fato desabonador cometido por funcionário público, no exercício da função, o mesmo será providenciado na esfera administrativa. Veda-se a exceção, nos casos previstos no art. 138, § 3.º, do Código Penal: "I – se, constituindo o fato imputado crime de ação privada, o ofendido não foi condenado por sentença irrecorrível", "II – se o fato é imputado a qualquer das pessoas indicadas no n. I do art. 141" (Presidente da República ou chefe de governo estrangeiro) e "III – se do crime imputado, embora de ação pública, o ofendido foi absolvido por sentença irrecorrível". Não se admite, ainda, a exceção da verdade ou da notoriedade no caso de injúria, uma vez que este delito atinge a honra subjetiva, que é o amor-próprio ou a autoestima do ofendido – e não a honra objetiva, que é sua imagem perante a sociedade – tornando incabível qualquer prova da verdade.

---

[20] *Elementos de direito processual penal*, v. 3, p. 292.

A exceção deve ser apresentada no prazo previsto para a defesa prévia, que é a primeira oportunidade de manifestação, através da defesa técnica, do querelado. Há quem sustente poder a exceção ser apresentada em qualquer momento processual, tendo em vista que a lei não o especifica.[21]

Se outro processo já tiver sido instaurado para verificar a ocorrência do crime objeto da exceção da verdade, concretiza-se a hipótese de conexão instrumental (art. 76, III, CPP), devendo haver a junção dos feitos para julgamento único, conforme lição de JOSÉ FREDERICO MARQUES.[22]

Embora o art. 523 do CPP tenha feito referência somente ao querelante (autor da ação penal privada), é possível que o titular da demanda seja o Ministério Público, quando se tratar de ação pública condicionada à representação da vítima – o que ocorre nos casos de funcionários públicos caluniados ou difamados (art. 145, parágrafo único, CP) – valendo também a oposição de exceção da verdade ou notoriedade.

Oferecida a exceção, o juiz, sendo ela admissível, nos termos da lei, suspende o curso do processo principal, intimando o querelante ou o Ministério Público a apresentar a contestação, no prazo de dois dias. Nessa oportunidade, o rol das testemunhas oferecido na queixa ou na denúncia pode ser mantido, para o momento da inquirição, ou alterado, respeitado o número máximo legal (oito), conforme as circunstâncias. Justifica-se a concessão de novo prazo para a modificação do rol das testemunhas, tendo em vista que, havendo exceção, o objeto das provas pode mudar, permitindo-se ao querelante ou ao Ministério Público melhor amplitude na defesa de seus argumentos.

Após a contestação à exceção, o juiz determina o prosseguimento do feito, pelo rito comum, ouvindo-se as testemunhas de acusação e, depois, as de defesa, abrangendo, na formação da prova, tanto os fatos constantes da queixa ou da denúncia quanto os alegados na exceção, tendo em vista que a apreciação será feita em conjunto, ao final.

A decisão acerca da exceção dar-se-á por ocasião da sentença final, após as alegações finais das partes. Se considerar que a exceção procede, o juiz absolverá o querelado, determinando providências para que o querelante (ação privada) ou o funcionário público (ação pública) seja processado penal ou administrativamente, conforme o caso.

Quando o querelante (ação privada) ou o funcionário público (ação pública) for beneficiário de foro privilegiado, a exceção contra ele oposta deve ser julgada pela instância superior competente. Exemplo: Se o querelante é juiz de direito, oposta a exceção, cabe ao Tribunal de Justiça deliberar a respeito. Note-se, no entanto, que é feito o juízo de admissibilidade da exceção em primeiro grau, para, em seguida ao oferecimento da contestação, ser o feito remetido ao tribunal.

Sorteado um relator, conforme o Regimento Interno, delibera-se sobre o processamento da exceção. Admitido, contra essa decisão cabe agravo regimental. Realiza-se a instrução, podendo o relator delegar competência a juiz local ou de outra Comarca para ouvir as testemunhas. Tornam os autos ao tribunal, já com alegações finais, para o fim exclusivo de julgar a exceção. Caso esta seja considerada improcedente, tornam os autos à Primeira Instância para a decisão sobre o crime contra a honra. Se julgada procedente, os autos permanecerão

---

21 MIRABETE, *Processo penal*, p. 566.
22 *Elementos de direito processual penal*, v. 3, p. 294.

no tribunal para a tomada de medidas cabíveis contra o querelante ou ofendido, possuidor do foro privilegiado, julgando-se improcedente a ação penal contra o querelado.

5.6   Procedimento dos crimes contra a propriedade imaterial

Crimes contra a propriedade imaterial são os crimes que protegem a atividade criadora das pessoas, fruto do seu intelecto, o que, indiscutivelmente, possui reflexo patrimonial. A proteção constitucional encontra-se prevista no art. 216. Na legislação ordinária, situam-se tanto no Código Penal (violação de direito autoral – arts. 184 e 186) quanto na Lei 9.279/1996 (crimes contra as patentes – arts. 183 a 186; crimes contra os desenhos industriais – arts. 187 e 188; crimes contra as marcas – arts. 189 e 190; crimes cometidos por meio de marca, título de estabelecimento e sinal de propaganda – art. 191; crimes contra indicações geográficas e demais indicações – arts. 192 a 194; crimes de concorrência desleal – art. 195).

A quase totalidade dos crimes contra a propriedade imaterial é de ação exclusivamente privada, devendo ser movida pela parte ofendida. Excetuam-se os delitos cometidos em prejuízo de entidades de direito público, autarquias, empresas públicas, sociedades de economia mista ou fundações instituídas pelo poder público e em alguns delitos de violação de direito autoral (art. 184, §§ 1.º, 2.º e 3.º, CP), conforme disposto no art. 186 do Código Penal. Na Lei 9.279/1996, há apenas o delito previsto no art. 191 (crime cometido por meio de marca, título de estabelecimento e sinal de propaganda).

Nesses casos, havendo o crime deixado vestígio material, isto é, rastro visível da sua prática, a denúncia ou queixa somente será recebida se for instruída com o exame pericial dos objetos que constituam o corpo de delito (art. 525, CPP). Trata-se da imposição de maior segurança para a constatação do cometimento do delito, uma vez que, se estivermos diante de situação atentatória à criatividade do autor, nada melhor que um exame pericial para atestar, por exemplo, se houve ou não a falsificação de um produto ou a cópia da uma invenção, algo que, para testemunhas, seria difícil constatar.

Antes do advento da Lei 10.695/2003, seguia-se o procedimento uniforme previsto nos arts. 524 a 530 do CPP para ações privadas (iniciadas por queixa) ou públicas (iniciadas por denúncia), passando-se a partir daí, no caso das ações públicas, incondicionadas ou condicionadas, ao procedimento previsto nos arts. 530-B a 530-H, com a ressalva de que o exame de corpo de delito continua a ser imperioso, ainda que realizado de maneira diversa (art. 530-D, CPP).

Vale ressaltar que o exame de corpo de delito (exame pericial constatando a existência do crime) é condição de procedibilidade para o exercício da ação penal. Sem ele, nem mesmo o recebimento da denúncia ou queixa ocorrerá. Se a infração deixou vestígios materiais que, no entanto, desapareceram, inclusive pela atuação do próprio agente do crime, é possível a realização do exame de corpo de delito indireto, que é efetivado por peritos, embora fundados em elementos fornecidos por outras fontes, que não o seu contato direto com o resquício deixado pela infração penal. Em nosso entender, não consideramos como *exame* de corpo de delito *indireto* a produção de prova testemunhal (art. 167, CPP). Esta compõe o *corpo de delito indireto*, que não é admissível neste caso, por se tratar de regra especial.

No caso de ação privada, a diligência será requerida pelo ofendido diretamente ao juiz, que determinará a sua realização por oficial de justiça, acompanhado de dois peritos (art. 527, CPP). O pedido deve ser fundamentado, acompanhado dos documentos que demonstrem sua legitimidade e interesse, contando com a participação do Ministério Público – salvo no caso de ação pública, quando o pedido será por ele formulado –, mas não implicará o acompanhamento prévio do apontado agente da infração penal.

Somente após a diligência de busca, havendo ou não apreensão, é que ele tomará ciência da investigação e poderá dela tomar parte. Note-se que, num primeiro momento, cabe aos experts deliberar a respeito da necessidade de se apreender o material encontrado. Se decidirem que não é preciso, o requerente pode impugnar o laudo – onde tal conclusão será apresentada – solicitando uma revisão por parte do juiz.

Acolhendo as razões do requerente, determinará o juiz a apreensão. Nesse caso, caberá a interposição de mandado de segurança por parte do lesado, se considerar abusiva a medida. Não acolhendo, mantém-se o material onde se encontra e contra tal decisão não cabe recurso.

Encerrada a diligência, apresentado o laudo pericial, cabe ao magistrado homologá-lo (art. 528, CPP). Não se trata de um julgamento definitivo sobre a materialidade do delito, podendo ser revisto em juízo, sob o crivo do contraditório, o conteúdo do laudo apresentado. Contra a homologação, no entanto, cabe apelação.

Estabelece o art. 529 do Código de Processo Penal um prazo suplementar de decadência, consistente em 30 dias, a contar da homologação do laudo, para que o ofendido ingresse com a queixa.

Os autos, com a homologação do laudo, ficam em cartório à sua disposição para tanto. O prazo não se interrompe de modo algum e, caso vença em feriado, fim de semana ou outra data sem expediente forense, não se prorroga. Cremos, no entanto, deva ser o ofendido intimado da homologação do laudo, ainda que através de seu defensor constituído, pela imprensa.

Salientemos, ainda, a existência de dois prazos decadenciais sucessivos. A ciência do ofendido da autoria de crime contra a propriedade imaterial faz desencadear o prazo decadencial de seis meses para a propositura da ação penal. Ocorre que, se tomar providências nesse prazo de seis meses, solicitando as diligências preliminares e o laudo for concluído, tem, a partir daí, 30 dias para agir.[23] É a adaptação da regra geral prevista no art. 38 com o disciplinado neste artigo.[24]

Antes da modificação introduzida pela Lei 10.695/2003, a ação penal era, na maioria dos casos, privada, razão pela qual o ofendido, quando desejasse, deveria solicitar a atuação do juiz para a formação da materialidade do crime (arts. 525 a 528, CPP). Aliás, o mesmo procedimento adotava o Ministério Público, nos casos de ação pública. Entretanto, atualmente, quando se trata de delito de ação pública basta seguir o disposto no art. 530-B e seguintes, vislumbrando-se que a autoridade policial ficou encarregada de proceder à apreensão, providenciando a feitura do laudo pericial. Por isso, quando o ofendido, cuidando-se de crime de ação pública, desejar a atuação do Estado, basta acionar a autoridade policial, que fica obrigada a agir.

Havendo prisão em flagrante, sem que seja o indiciado colocado em liberdade, deve a parte interessada – Ministério Público (ação pública) ou ofendido (ação privada) – propor a ação em oito dias. Se não o fizer, o detido será colocado em liberdade. Para o Ministério

---

[23]   Neste prisma: Greco Filho (*Manual de processo penal*, p. 389); Tourinho Filho (*Código de Processo Penal comentado*, v. 2, p. 186); Espínola Filho (*Código de Processo Penal brasileiro anotado*, v. 5, p. 218).

[24]   Em sentido contrário, está a posição de Mirabete, reproduzindo textos de outros autores, sustentando que o prazo de 30 dias é um "instituto inominado, de direito processual, em que, decorrido o prazo fixado na lei, deixa de existir uma condição para o exercício da queixa; a medida preparatória (busca e apreensão) perde sua eficácia quanto à propositura da ação penal" (*Processo penal*, p. 573).

Público continua o direito de propor a ação penal, pois não se sujeita a prazo decadencial, mas, para o ofendido, considera-se ocorrida a decadência. Note-se, portanto, que o prazo de 30 dias é *reduzido* a oito, quando houver prisão (art. 530, CPP).

Para os crimes de ação pública, passa a valer o disposto nos arts. 530-B a 530-H, como determina o art. 530-I do CPP.

O primeiro passo, portanto, é acionar a autoridade policial, que procederá à apreensão dos bens ilicitamente produzidos ou reproduzidos, na sua totalidade, juntamente com os equipamentos, suportes e materiais, que possibilitaram a sua existência, desde que, neste último caso, destinem-se à prática do ilícito em primeiro plano (art. 530-B, CPP).

Bens *produzidos* são os bens criados ou gerados a partir de um modelo protegido pelo direito autoral (ex.: fabricação de calças imitando modelo de grife); *reproduzidos* são os bens multiplicados ou copiados a partir de uma fonte original, sem autorização do autor (ex.: CDs e DVDs "pirateados", ou seja, tomando-se um original, busca-se multiplicá-lo em várias peças para a venda sem pagamento do direito autoral). Os equipamentos, suportes e materiais constituem o aparato necessário para a produção ou reprodução de peças ou objetos, violando a propriedade imaterial.

Realizada a apreensão, lavra-se termo, assinado por duas ou mais testemunhas, com a descrição de tudo o que foi apreendido e informações sobre a origem, o qual deverá integrar o inquérito ou o processo (art. 530-C, CPP).

A perícia será realizada por um perito oficial (normalmente, a lei exige que perícias sejam feitas por dois peritos, conforme dispõe o art. 159, § 1.º, do CPP). Na falta deste, será feita por pessoa tecnicamente habilitada (art. 530-D, CPP).

Tratando-se de ação pública, cujo titular é o Ministério Público, poderiam os bens ficar depositados, como ocorre em qualquer outro tipo de procedimento, em mãos do Estado. Entretanto, possivelmente pelo fato de que, nesta hipótese, a fim de garantir futura indenização do ofendido, os bens possam destinar-se ao lesado para reparação do dano, previu-se o depósito em mãos do titular do direito de autor e os conexos (art. 530-E, CPP). Registre-se o disposto no art. 91, II, do Código Penal: "São efeitos da condenação: a perda em favor da União, *ressalvado o direito do lesado ou de terceiro de boa-fé*" (grifamos) dos instrumentos do crime e dos produtos ou do proveito do delito.

Preservado o corpo de delito, isto é, a prova da existência do crime, devendo haver material suficiente em mãos do perito oficial para a produção do laudo, o restante dos bens apreendidos, já que a vítima tornar-se-á depositária, poderá não ser interessante para a reparação do dano, ao contrário, pode representar um estorvo. Assim, cabe ao ofendido pleitear ao juiz autorização para que seja destruído (é o que ocorre, a título de ilustração, com DVDs "piratas", inúteis à vítima, porque produzidos ou reproduzidos sem a qualidade desejada, logo, sem valor de mercado lícito).

A ressalva feita no art. 530-F do CPP, para evitar a destruição ("quando não houver impugnação quanto à sua ilicitude ou quando a ação penal não puder ser iniciada por falta de determinação de quem seja o autor do ilícito") tem por fim evitar que bens, cuja restituição seja pedida por alguém, podendo ser, inclusive, terceiro de boa-fé, sejam eliminados precocemente. Dessa forma, encaminha-se à eliminação o material não impugnado quanto à sua ilicitude ou quando houver arquivamento de inquérito por falta de prova da autoria.

Preceitua o art. 530-G do CPP que o juiz *poderá* determinar, ao prolatar a sentença, a destruição dos bens ilicitamente produzidos ou reproduzidos e o perdimento dos equipamentos apreendidos em favor da Fazenda Nacional, embora, nesta última hipótese (equipamentos), a União pode optar entre destruí-los ou doá-los aos Estados, Municípios e Distrito Federal ou instituições públicas de ensino e pesquisa ou assistência social, bem como incorporá-los ao seu patrimônio.

É lógico que não se pode pretender aplicar a mesma destinação dos bens ilicitamente produzidos ou reproduzidos ao que se faz com os equipamentos. Estes constituem, como regra, bens de natureza lícita, embora tenham sido confiscados porque foram usados precipuamente na prática de infração penal, ao passo que aqueles são de natureza ilícita. Logo, ou ficam com a vítima, para aproveitamento, se útil, garantindo a reparação do dano – e caso não esteja preenchido o disposto no art. 91, II, *a*, do Código Penal – ou *devem* ser destruídos. A facultatividade não tem sentido. Bens de origem ilícita *devem* ser destruídos, pois não podem ser doados a entidades públicas ou assistenciais, o que não teria sentido (ex.: seria, no mínimo, imoral que o Estado se apropriasse de milhares de CDs de música *piratas* para uso em entidades públicas de todo o país, o que afronta o direito de autor; pode, entretanto, usar licitamente o equipamento que permitiu a sua gravação, nada tendo a ver com o direito de autor).

Os equipamentos que os produziram podem ser úteis, com finalidades lícitas, a essas entidades. Por isso, o juiz deve determinar a destruição dos bens produzidos ou reproduzidos de maneira ilícita, salvo quando o depositário (vítima) pleiteie a sua manutenção como reparação. A separação das duas situações é clara: menciona-se que o magistrado poderá determinar a *destruição* dos bens ilicitamente produzidos ou reproduzidos e, em segunda opção, quando existente, poderá determinar o perdimento dos equipamentos, conferindo neste caso as alternativas "destruição", "doação" ou "incorporação ao patrimônio". Na primeira, a única possibilidade viável é a destruição, quando não puder ser aproveitado pela parte ofendida; na segunda, além da destruição (quando desinteressante para a União), podem ser doados ou incorporados ao patrimônio do Estado.

Fugindo à regra do art. 268 do CPP, que permite a assistência somente ao ofendido, seu representante legal ou seus sucessores, o art. 530-H amplia essa possibilidade às associações de defesa dos direitos de autor, certamente muito mais aparelhadas para exercer o controle sobre a *pirataria*. É norma positiva, que amplia ainda mais a participação da assistência de acusação, evidenciando, como vimos defendendo, o interesse em realização de justiça e não meramente patrimonial da vítima, cooperando com a repressão ao crime.

Após o recebimento da denúncia (ou da queixa, quando se tratar de ação privada subsidiária da pública – art. 29, CPP), segue-se o rito comum. As modificações introduzidas pelos arts. 530-B a 530-H não afetaram o rito ordinário para o desenvolvimento do processo, mas tão somente trouxeram algumas peculiaridades a observar. Com a vigência da atual Lei de Falência (Lei 11.101/2005), resta aplicável aos crimes falimentares cometidos a partir de então o procedimento previsto nos arts. 183 a 188 da referida Lei, passando-se a adotar, após o recebimento da denúncia, o procedimento sumário do Código de Processo Penal (arts. 531 a 536).

5.7 Procedimento de restauração de autos extraviados ou destruídos

Na realidade, o Livro II, do Código de Processo Penal, cuida dos procedimentos em espécie, tratando do procedimento comum no Título I e dos procedimentos especiais no Título II. São todas as situações de desenvolvimento regular do processo, tendo por finalidade a prolação de uma decisão de mérito, aplicando-se a lei penal ao caso concreto. Portanto, o procedimento de restauração dos autos extraviados ou destruídos, que não tem tal finalidade, está deslocado desse contexto. Deveria ter sido colocado nas Disposições Gerais (Livro VI) ou, como recomenda TOURINHO FILHO, no cenário dos procedimentos incidentes.[25]

Autos do processo são os documentos e demais escritos (petições) que formam o(s) volume(s) a ser compulsado pelo juiz e pelas partes. Registrados, nos autos, estão os atos processuais. Logo, o que se restaura são os autos e não o processo.

Extravio é a perda ou o desaparecimento, enquanto *destruição* é a ruína ou extinção. Portanto, para que sejam restaurados podem os autos simplesmente perder-se, sem que se saiba onde estão, embora ainda existam, como também podem extinguir-se de vez. Como bem salienta ESPÍNOLA FILHO, a restauração será determinada "quer provenha de má-fé, isto é, seja intencional, deliberada, quer de caso fortuito, sendo acidental, a perda dos autos originais, que se processam em juízo de primeira ou de segunda instância".[26] Independentemente da punição dos responsáveis pelo sumiço, é preciso que ocorra a restauração para o prosseguimento do processo, ou para que determinada sentença, solucionando a lide, tenha documentada a sua origem.

Lembremos que, após o oferecimento da denúncia ou da queixa, o inquérito passa a integrar os autos do processo, razão pela qual também passa pelo procedimento de restauração, caso haja perda do feito. Nas delegacias, no entanto, haverá sempre cópia dos autos do inquérito, devidamente registrada no Livro Registro de Inquéritos Policiais, de manutenção obrigatória. Mais fácil, pois, a sua recuperação.

Se houver cópias autenticadas ou certidões do processo, que têm a força do original, não há necessidade de procedimento complexo para a restauração (art. 541, § 1.º, CPP). A ausência de cópias autenticadas faz nascer um procedimento mais complexo, a ser determinado de ofício ou a pedido das partes, envolvendo a reprodução dos principais atos processuais, conforme a previsão feita no art. 541, § 2.º, do CPP.

Primeiramente, o escrivão deve certificar o estado do processo, segundo sua lembrança, reproduzindo o que houver a respeito dos seus protocolos e registros (art. 541, § 2.º, *a*). Trata-se, pois, de um procedimento cuja segurança não é absoluta, pois depende da memória do escrivão – nada impedindo seja feito pelo escrevente responsável pelo processo, tendo em vista que os ofícios dividem o serviço, conforme o final numérico do feito entre os vários servidores, além de se valer dos registros que possuir (ex.: termo de fiança, inserido em Livro próprio, bem como da sentença, também colocada no Livro de Registro de Sentença, de manutenção obrigatória).

Em seguida, devem ser requisitadas cópias do que constar a respeito nos órgãos públicos (Instituto Médico Legal e Instituto de Criminalística, dentre outros), bem como em cadeias e presídios (art. 541, § 2.º, *b*).

Embora o Código faça referência à citação das partes (art. 541, § 2.º, *c*), o ideal é falar em intimação, pois se trata de um chamamento para participar de um procedimento incidental e não para a formação de uma nova relação processual, visando à condenação de alguém. A intimação por edital é possível unicamente para o réu e para o ofendido, quando este for parte, pois o Ministério Público é sempre localizado pessoalmente.

A restauração é feita sempre no juízo de competência originária. Assim, caso desapareçam os autos, quando o processo está em grau de recurso, a restauração ocorrerá no juízo

---

[25]   *Código de Processo Penal comentado*, v. 2, p. 207.

[26]   *Código de Processo Penal Brasileiro anotado*, v. 5, p. 343.

de primeira instância (art. 541, § 3.º, CPP). Porém, em se tratando de crime de competência originária do tribunal, não tendo os autos tramitado em instância inferior, não teria sentido determinar-se que o juiz de primeiro grau conduzisse a restauração. Logo, faz-se o procedimento de recuperação em segundo grau.

Designa o juiz uma audiência para ouvir as partes, que, da mesma forma que fez o escrivão, poderão fornecer importantes elementos provenientes da lembrança dos atos processuais (art. 542, CPP). Nas partes em que houver concordância, dá-se como certo o evento, de tudo lavrando-se um termo, que passará a integrar os autos restaurados. Além disso, cabe aos interessados, consultando os escritos já fornecidos pelo escrivão e por outros órgãos públicos, manifestar sua concordância ou discordância deles. Os documentos em poder das partes serão apresentados nessa audiência (como as cópias do processo que possam ter).

Deve o magistrado providenciar, se ainda não houver sentença, a reinquirição das testemunhas, inclusive substituindo-se as que já faleceram ou não forem mais encontradas (art. 543, I, CPP). Além disso, com ou sem sentença proferida, determina-se a realização dos exames periciais novamente, preferencialmente pelos mesmos peritos (art. 543, II, CPP). Nesta hipótese, no entanto, é preciso considerar que, possuindo o Instituto Médico Legal ou o Instituto de Criminalística, cópia do que já foi feito, é dispensável refazer a perícia.

Podem ser ouvidos (art. 543, IV, CPP), ainda, todos os funcionários da justiça e de outros órgãos que lidaram com o processo (ex.: oficial de justiça que fez a citação e outras intimações, autoridade policial que efetuou alguma diligência complementar, não constante do inquérito, como busca e apreensão, entre outros).

Apesar de todas essas providências, é possível ter havido discordância das partes numa série de pontos, quando realizado o processo de lembrança, previsto no art. 542, sendo-lhes facultada a juntada de rol de testemunhas, especialmente para provar o que no processo constava (art. 543, V, CPP). Exemplo disso pode ser arrolar os estagiários, atuantes no processo, para que reproduzam o que lembram do caso. Note-se que a prova deve ser conduzida para reproduzir os autos perdidos e não para refazer a instrução sob outros enfoques.

O prazo para a restauração é de vinte dias, mas cuida-se de prazo impróprio, ou seja, pode ser prorrogado sem que haja qualquer sanção processual (art. 544, CPP). Se o atraso for injustificável, o magistrado, responsável pelo andamento, pode responder funcionalmente.

Depois de todo o processado, ainda permite a lei que, conclusos os autos para a sentença de restauração, possa o juiz requisitar maiores esclarecimentos, demonstrando a particular cautela que deve haver para recuperar aquilo que foi perdido (art. 544, parágrafo único, CPP). Aliás, tal providência poderia ser determinada pelo magistrado de qualquer modo, independentemente da previsão feita neste artigo, pois faz parte do poder geral de produção de provas, para a formação do seu convencimento.

Pode ocorrer que, durante o procedimento de restauração, fique demonstrada a responsabilidade pela perda dos autos. Nessa hipótese, tendo havido desleixo ou má-fé, responderá a parte causadora pelas custas em dobro, quando houver, além de ser providenciada a apuração da responsabilidade criminal e, também, funcional, no caso de advogados, promotores e outros funcionários (art. 546, CPP).

Proferida a decisão considerando restaurados os autos, passam os novos autos formados a valer como se fossem os originais perdidos (art. 547, CPP). Dessa decisão, cabe apelação.

Embora o art. 547, parágrafo único, do CPP diga que os autos originais, se encontrados, devem ser apensados aos autos da restauração, prosseguindo-se nestes, é preciso cautela para interpretar esse dispositivo. Se os originais surgirem no início da restauração, completamente íntegros, não há motivo para o prosseguimento do procedimento de restauração, pois há perda de objeto. Apresentando sinais de deterioração ou de falha de conteúdo, o procedimento prosseguirá.

Enquanto se faz a restauração dos autos extraviados ou destruídos, é possível que já exista condenação e o réu esteja por isso preso. Não se coloca o mesmo em liberdade, desde que haja prova da condenação e dos seus efeitos, o que, como regra, é facilmente conseguido, pois os presídios mantêm prontuários dos detentos, onde se encontram as principais peças do processo (art. 548, CPP).

Além disso, o cartório arquiva a chamada guia de recolhimento – que pode ser provisória ou definitiva – trazendo o conteúdo resumido de todo o processado. Portanto, havendo certeza de que houve uma condenação, embora se necessite restaurar os autos, é natural que o acusado não seja colocado em liberdade, hipótese reservada, por exceção, à situação de não haver condições de provar que houve uma sentença condenatória.

Devemos entender, para os fins do previsto no art. 548 do CPP, como *sentença condenatória em execução*, também a decisão condenatória não permitindo ao réu recorrer em liberdade, acarretando a sua prisão cautelar. Assim, se os autos sumirem no tribunal, antes do recurso de defesa ser julgado, embora não se possa dizer que o réu já está cumprindo sua pena, deve-se interpretar que há uma sentença condenatória, dando margem à sua prisão, motivo pelo qual ele deve continuar detido, até que haja a sentença de restauração.

RESUMO DO CAPÍTULO

▶ **Procedimento comum:** é a sucessão dos atos processuais, voltando-se à apuração de crimes apenados com penas privativas de liberdade, bem como às infrações de menor potencial ofensivo, impondo-se um procedimento padrão, como regra.

▶ **Procedimento especial:** é a sucessão dos atos processuais feita de maneira particularizada, atendendo a uma situação diferenciada do rito reservado a determinadas espécies de crimes.

▶ **Aplicação dos benefícios da Lei 9.099/1995 (transação e suspensão condicional do processo):** é viável a qualquer infração penal que preencha os requisitos legais, vale dizer, seja considerada de menor potencial ofensivo, com ou sem procedimento especial previsto no Código de Processo Penal.

▶ **Infrações de menor potencial ofensivo:** após a Lei 11.313/2006, que alterou a redação do art. 61 da Lei 9.099/1995, são as contravenções penais e os crimes cuja pena máxima em abstrato não ultrapasse dois anos, cumulada ou não com multa.

PROCEDIMENTOS

1. Procedimento especial do júri

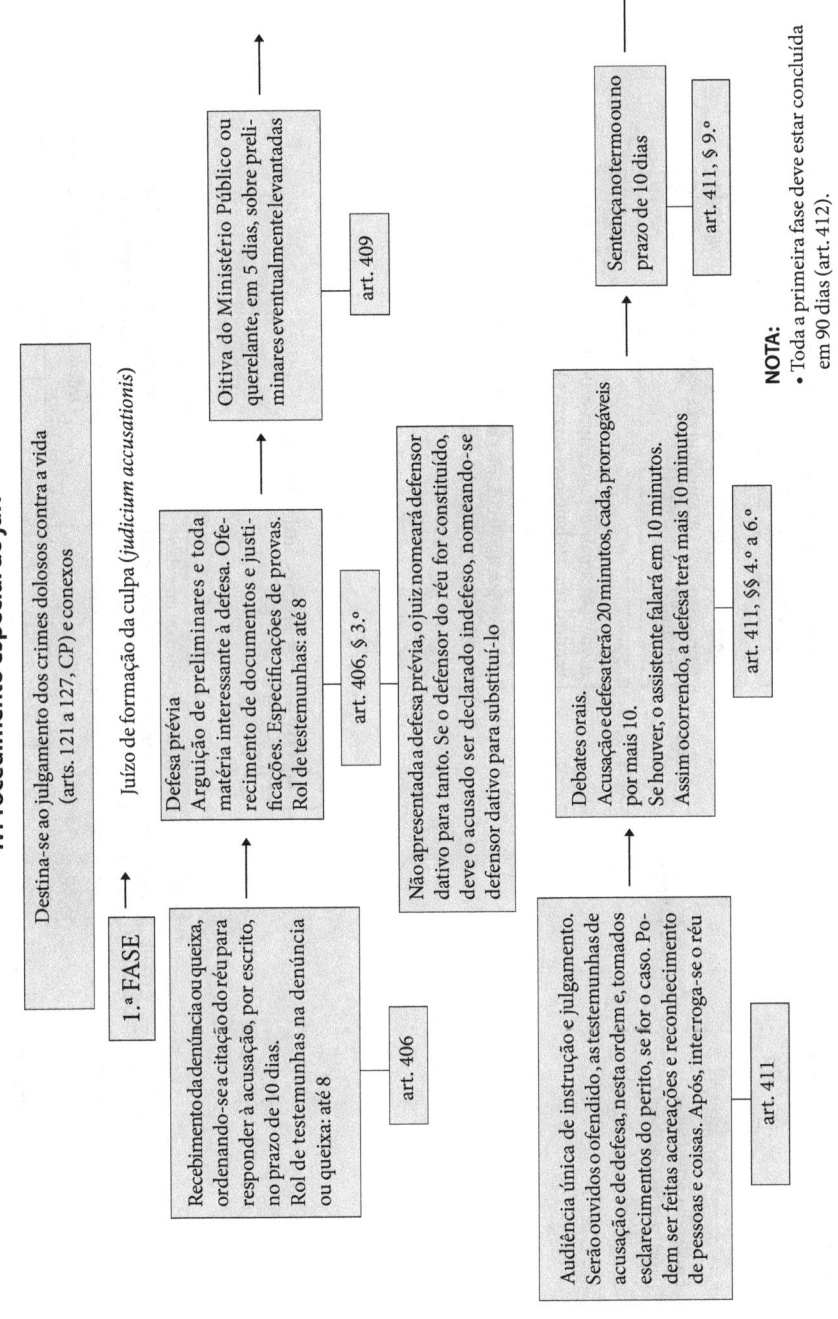

Destina-se ao julgamento dos crimes dolosos contra a vida (arts. 121 a 127, CP) e conexos

1.ª FASE → Juízo de formação da culpa (*judicium accusationis*)

art. 406

Recebimento da denúncia ou queixa, ordenando-se a citação do réu para responder à acusação, por escrito, no prazo de 10 dias.
Rol de testemunhas na denúncia ou queixa: até 8

art. 406, § 3.º

Defesa prévia
Arguição de preliminares e toda matéria interessante à defesa. Oferecimento de documentos e justificações. Especificações de provas.
Rol de testemunhas: até 8

Não apresentada a defesa prévia, o juiz nomeará defensor dativo para tanto. Se o defensor do réu for constituído, deve o acusado ser declarado indefeso, nomeando-se defensor dativo para substituí-lo

art. 409

Oitiva do Ministério Público ou querelante, em 5 dias, sobre preliminares eventualmente levantadas

art. 411

Audiência única de instrução e julgamento. Serão ouvidos o ofendido, as testemunhas de acusação e de defesa, nesta ordem e, tomados esclarecimentos do perito, se for o caso. Podem ser feitas acareações e reconhecimento de pessoas e coisas. Após, interroga-se o réu

art. 411, §§ 4.º a 6.º

Debates orais.
Acusação e defesa terão 20 minutos, cada, prorrogáveis por mais 10.
Se houver, o assistente falará em 10 minutos.
Assim ocorrendo, a defesa terá mais 10 minutos

art. 411, § 9.º

Sentença no termo ou no prazo de 10 dias

NOTA:
• Toda a primeira fase deve estar concluída em 90 dias (art. 412).

Continuação:

I.ª FASE

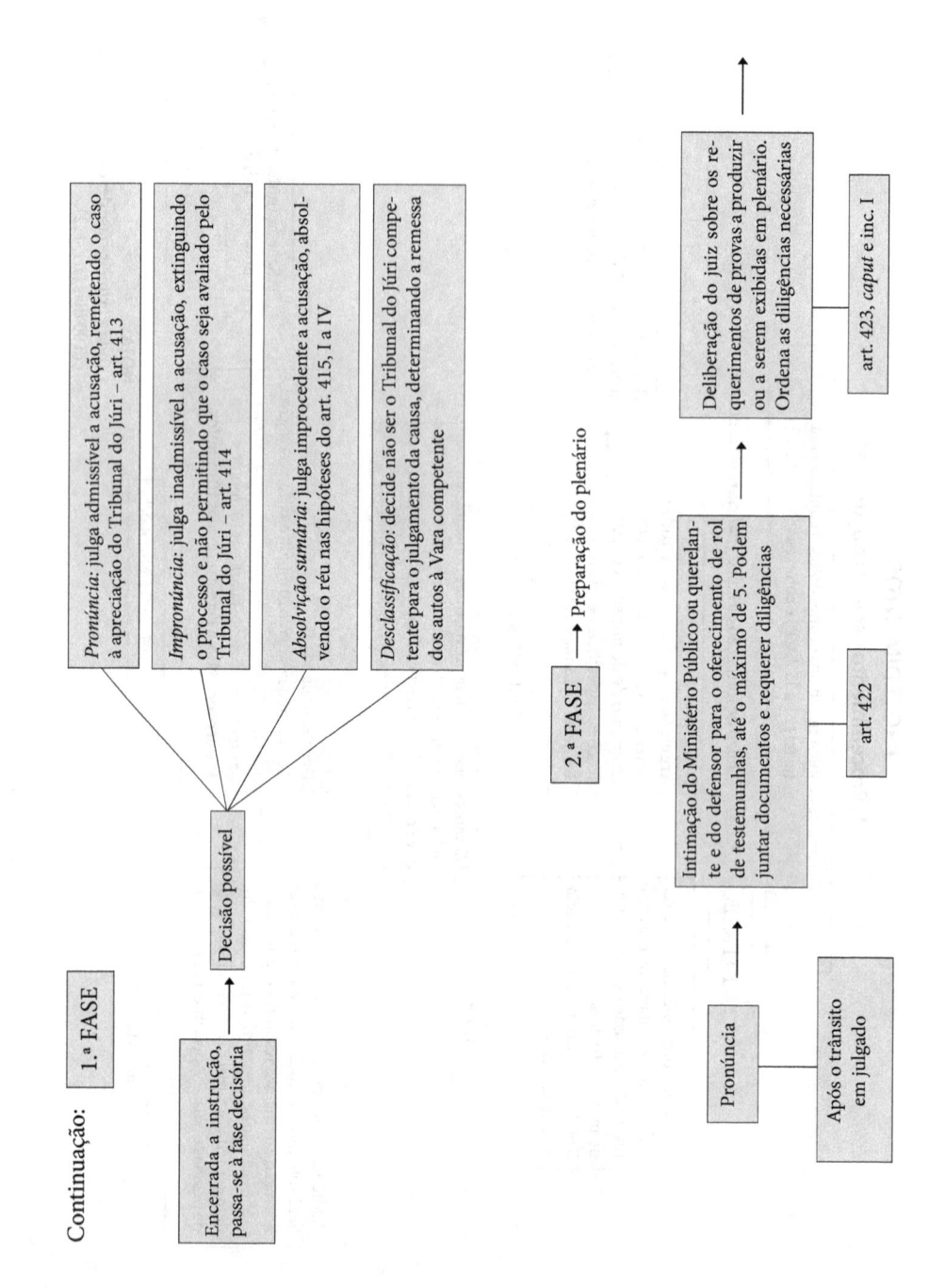

Encerrada a instrução, passa-se à fase decisória

Decisão possível

Pronúncia: julga admissível a acusação, remetendo o caso à apreciação do Tribunal do Júri – art. 413

Impronúncia: julga inadmissível a acusação, extinguindo o processo e não permitindo que o caso seja avaliado pelo Tribunal do Júri – art. 414

Absolvição sumária: julga improcedente a acusação, absolvendo o réu nas hipóteses do art. 415, I a IV

Desclassificação: decide não ser o Tribunal do Júri competente para o julgamento da causa, determinando a remessa dos autos à Vara competente

2.ª FASE → Preparação do plenário

Pronúncia

Após o trânsito em julgado

Intimação do Ministério Público ou querelante e do defensor para o oferecimento de rol de testemunhas, até o máximo de 5. Podem juntar documentos e requerer diligências

art. 422

Deliberação do juiz sobre os requerimentos de provas a produzir ou a serem exibidas em plenário. Ordena as diligências necessárias

art. 423, *caput* e inc. I

Continuação:

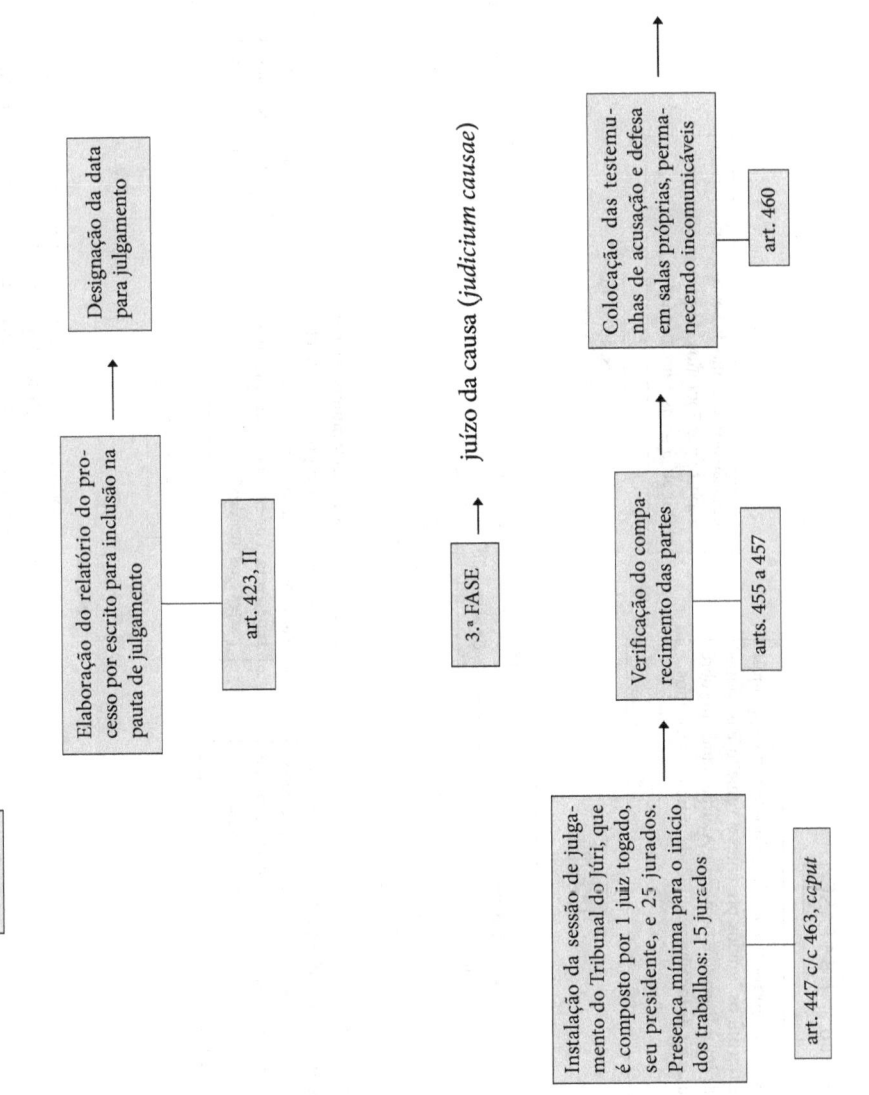

2.ª FASE

Elaboração do relatório do processo por escrito para inclusão na pauta de julgamento

art. 423, II

Designação da data para julgamento

3.ª FASE → juízo da causa (*judicium causae*)

Instalação da sessão de julgamento do Tribunal do Júri, que é composto por 1 juiz togado, seu presidente, e 25 jurados. Presença mínima para o início dos trabalhos: 15 jurados

art. 447 c/c 463, ccput

Verificação do comparecimento das partes

arts. 455 a 457

Colocação das testemunhas de acusação e defesa em salas próprias, permanecendo incomunicáveis

art. 460

Continuação: 3.ª FASE

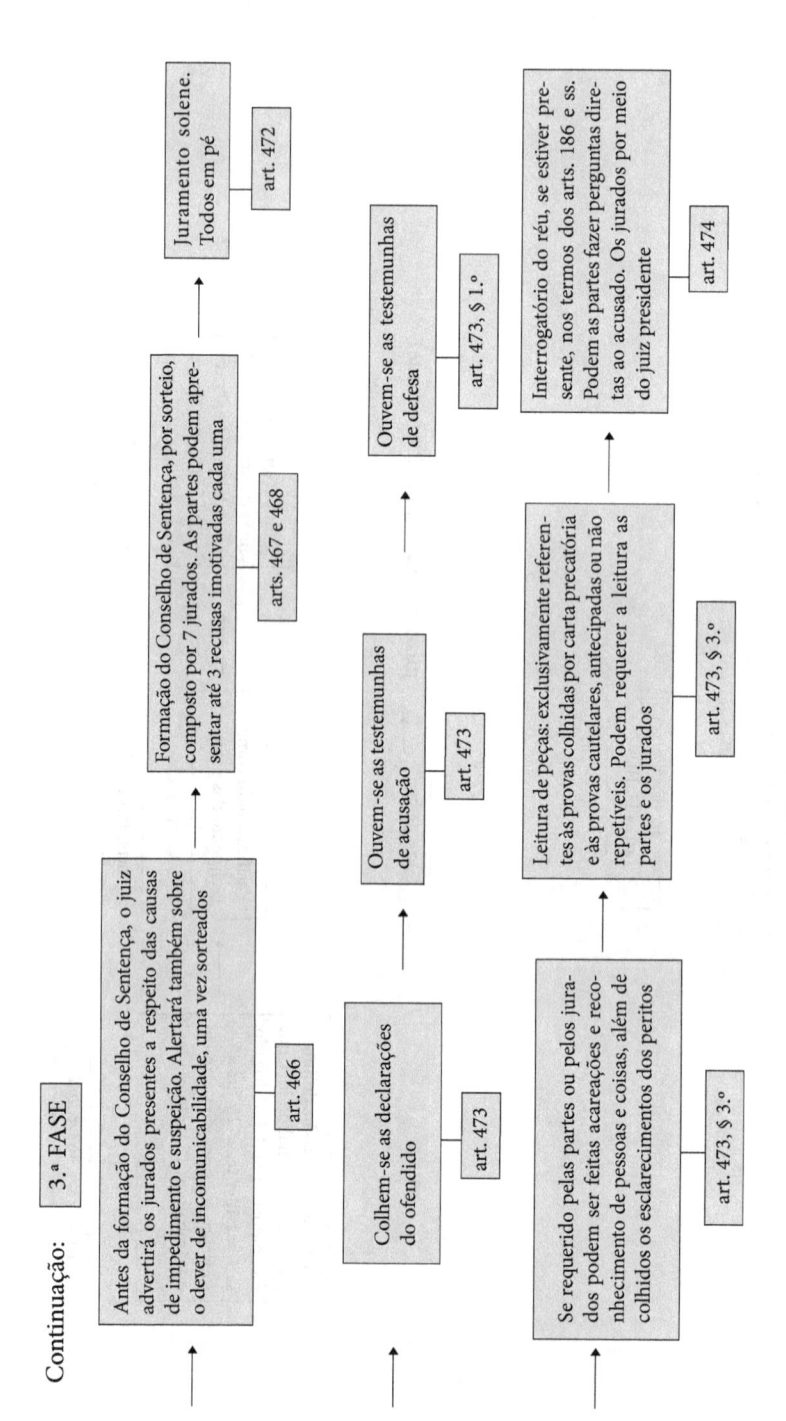

Antes da formação do Conselho de Sentença, o juiz advertirá os jurados presentes a respeito das causas de impedimento e suspeição. Alertará também sobre o dever de incomunicabilidade, uma vez sorteados
art. 466

Formação do Conselho de Sentença, por sorteio, composto por 7 jurados. As partes podem apresentar até 3 recusas imotivadas cada uma
arts. 467 e 468

Juramento solene. Todos em pé
art. 472

Colhem-se as declarações do ofendido
art. 473

Ouvem-se as testemunhas de acusação
art. 473

Ouvem-se as testemunhas de defesa
art. 473, § 1.º

Se requerido pelas partes ou pelos jurados podem ser feitas acareações e reconhecimento de pessoas e coisas, além de colhidos os esclarecimentos dos peritos
art. 473, § 3.º

Leitura de peças: exclusivamente referentes às provas colhidas por carta precatória e às provas cautelares, antecipadas ou não repetíveis. Podem requerer a leitura as partes e os jurados
art. 473, § 3.º

Interrogatório do réu, se estiver presente, nos termos dos arts. 186 e ss. Podem as partes fazer perguntas diretas ao acusado. Os jurados por meio do juiz presidente
art. 474

NOTAS:

• As partes podem inquirir diretamente a vítima e as testemunhas, conforme a ordem estabelecida pelo art. 473.

• Os jurados devem fazer suas reperguntas por intermédio do juiz.

• O relatório feito pelo juiz sobre o processo, por escrito, será distribuído aos jurados, que também terão cópia da pronúncia (ou acórdão, conforme o caso).

Continuação: | 3.ª FASE |

OBSERVAÇÕES ESPECIAIS

1) O réu não está mais obrigado a comparecer em plenário. Basta que seja intimado da sessão de julgamento. Se o acusado estiver preso, podem ele e seu defensor assinar pedido de dispensa de comparecimento – art. 457.

2) Empréstimo de jurados de um plenário a outro: questão controversa, nota 182, art. 463.

3) Jurados e testemunhas ausentes, sem justificativa razoável: podem ser multados (um a dez salários mínimos).

4) Separação de julgamento de corréus: procedimento dificultado e complexo, nota 198, art. 469.

5) Relatório do processo e cópia da pronúncia em mãos dos jurados – art. 472, parágrafo único.

6) Conteúdo do relatório feito pelo juiz: nota 79, art. 423, II.

7) Partes podem fazer perguntas diretamente ao ofendido e às testemunhas. Os jurados, por meio do juiz – art. 473, § 2.º.

8) O réu será interrogado ao final da instrução em plenário. As partes podem fazer perguntas diretas a ele, o que nos parece situação delicada, ver nota 209, art. 474. Os jurados, por meio do juiz, art. 474, § 2.º.

9) Não se permitirá, como regra, o uso de algemas no réu em plenário – art. 474, § 3.º.

10) É vedada, sob pena de nulidade, a referência à decisão de pronúncia (e outras posteriores) e ao uso de algemas, como argumento de autoridade, beneficiando ou prejudicando o acusado, nem ao silêncio do réu ou à ausência de interrogatório em seu prejuízo – art. 478.

11) Poder de polícia do juiz e regulamentação dos apartes: art. 497.

12) Regras para a elaboração dos quesitos – art. 483.

---

* As remissões às notas referem-se ao nosso *Código de Processo Penal Comentado*.

2. Procedimento comum ordinário

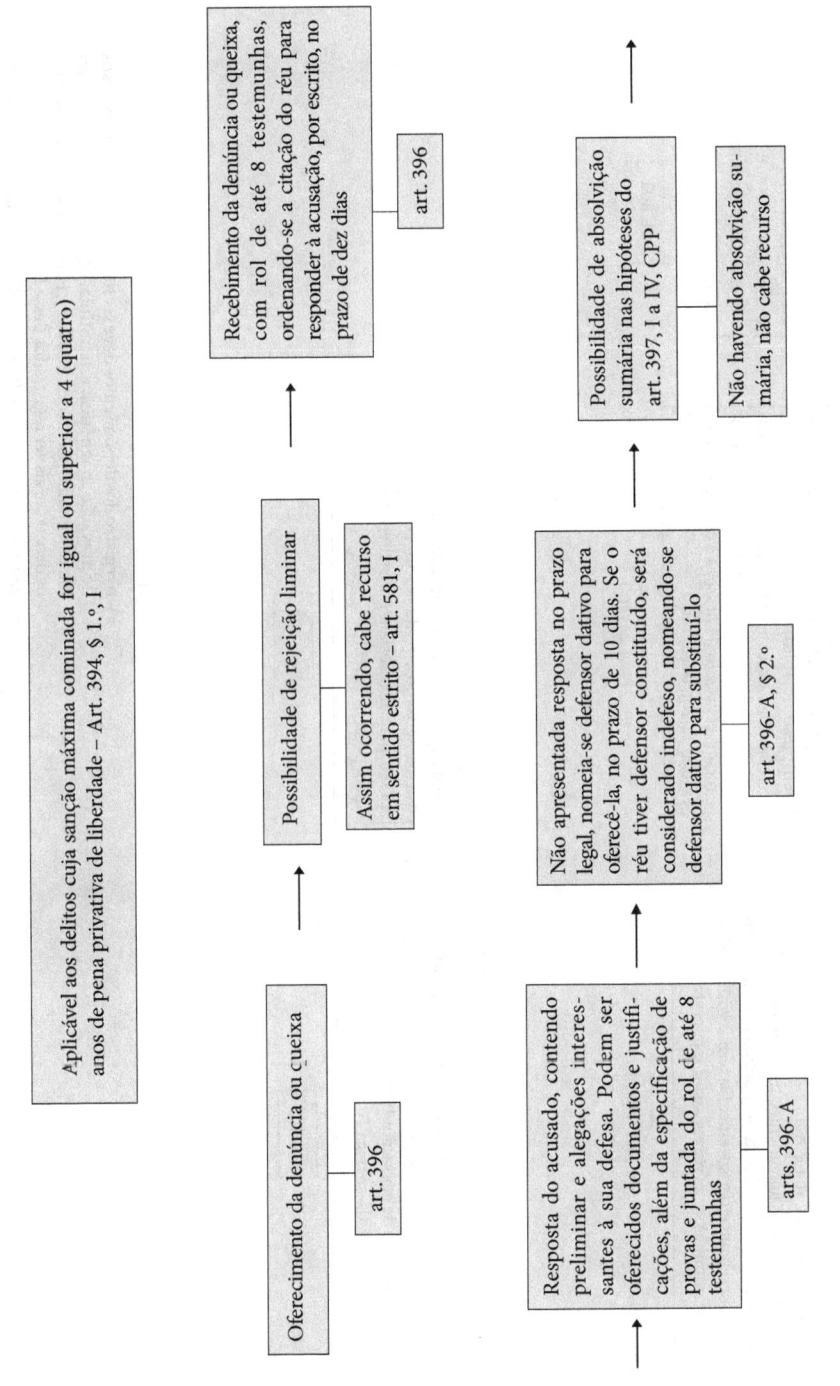

Aplicável aos delitos cuja sanção máxima cominada for igual ou superior a 4 (quatro) anos de pena privativa de liberdade – Art. 394, § 1.º, I

Oferecimento da denúncia ou queixa

art. 396

Possibilidade de rejeição liminar

Assim ocorrendo, cabe recurso em sentido estrito – art. 581, I

Recebimento da denúncia ou queixa, com rol de até 8 testemunhas, ordenando-se a citação do réu para responder à acusação, por escrito, no prazo de dez dias

art. 396

Resposta do acusado, contendo preliminar e alegações interessantes à sua defesa. Podem ser oferecidos documentos e justificações, além da especificação de provas e juntada do rol de até 8 testemunhas

arts. 396-A

Não apresentada resposta no prazo legal, nomeia-se defensor dativo para oferecê-la, no prazo de 10 dias. Se o réu tiver defensor constituído, será considerado indefeso, nomeando-se defensor dativo para substituí-lo

art. 396-A, § 2.º

Possibilidade de absolvição sumária nas hipóteses do art. 397, I a IV, CPP

Não havendo absolvição sumária, não cabe recurso

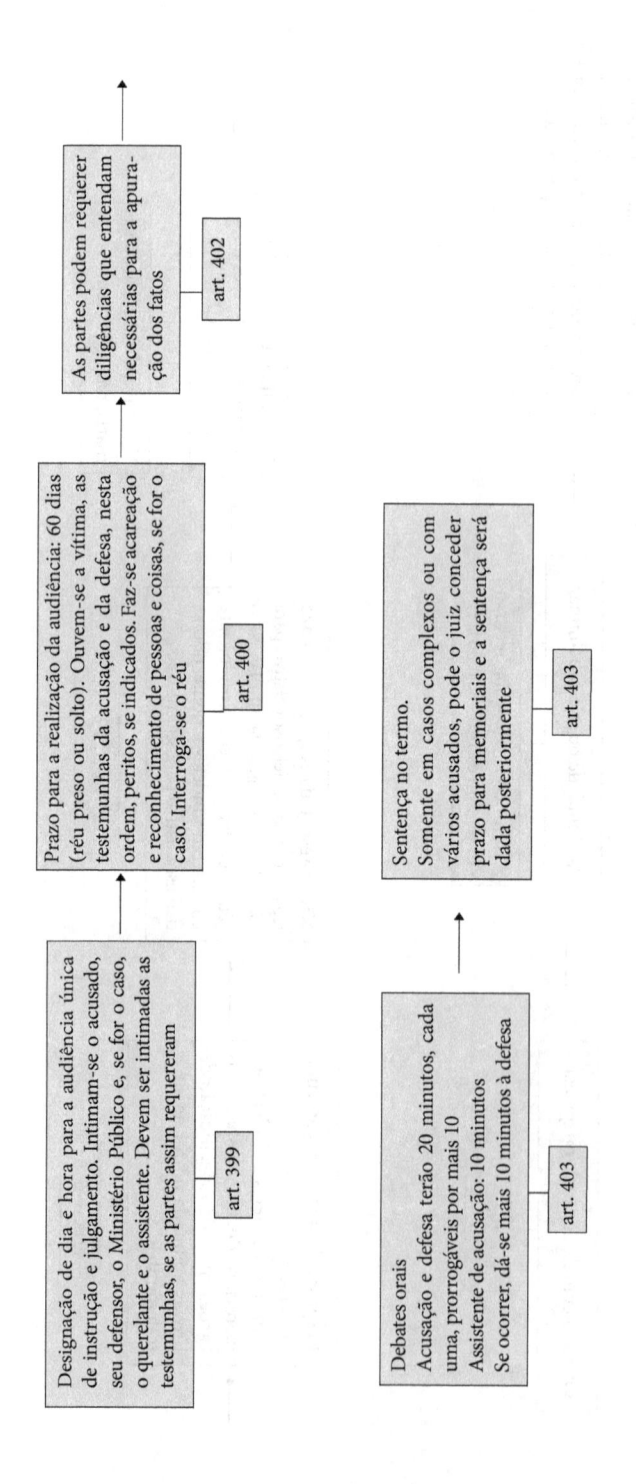

Designação de dia e hora para a audiência única de instrução e julgamento. Intimam-se o acusado, seu defensor, o Ministério Público e, se for o caso, o querelante e o assistente. Devem ser intimadas as testemunhas, se as partes assim requereram

art. 399

Prazo para a realização da audiência: 60 dias (réu preso ou solto). Ouvem-se a vítima, as testemunhas da acusação e da defesa, nesta ordem, peritos, se indicados. Faz-se acareação e reconhecimento de pessoas e coisas, se for o caso. Interroga-se o réu

art. 400

As partes podem requerer diligências que entendam necessárias para a apuração dos fatos

art. 402

Debates orais
Acusação e defesa terão 20 minutos, cada uma, prorrogáveis por mais 10
Assistente de acusação: 10 minutos
Se ocorrer, dá-se mais 10 minutos à defesa

art. 403

Sentença no termo.
Somente em casos complexos ou com vários acusados, pode o juiz conceder prazo para memoriais e a sentença será dada posteriormente

art. 403

NOTAS:

a) o registro dos depoimentos deve ser feito pelos meios ou recursos de gravação magnética, estenotipia, digital ou técnica similar, inclusive audiovisual (art. 405, § 1.º). Parece-nos, também, devam os debates orais ser registrados dessa forma.

b) se o juiz deferir qualquer diligência solicitada pela parte a audiência será finalizada sem os debates. Outra data será designada para tanto (art. 404).

3. Procedimentos especiais (Dec.-lei 7.661/45)

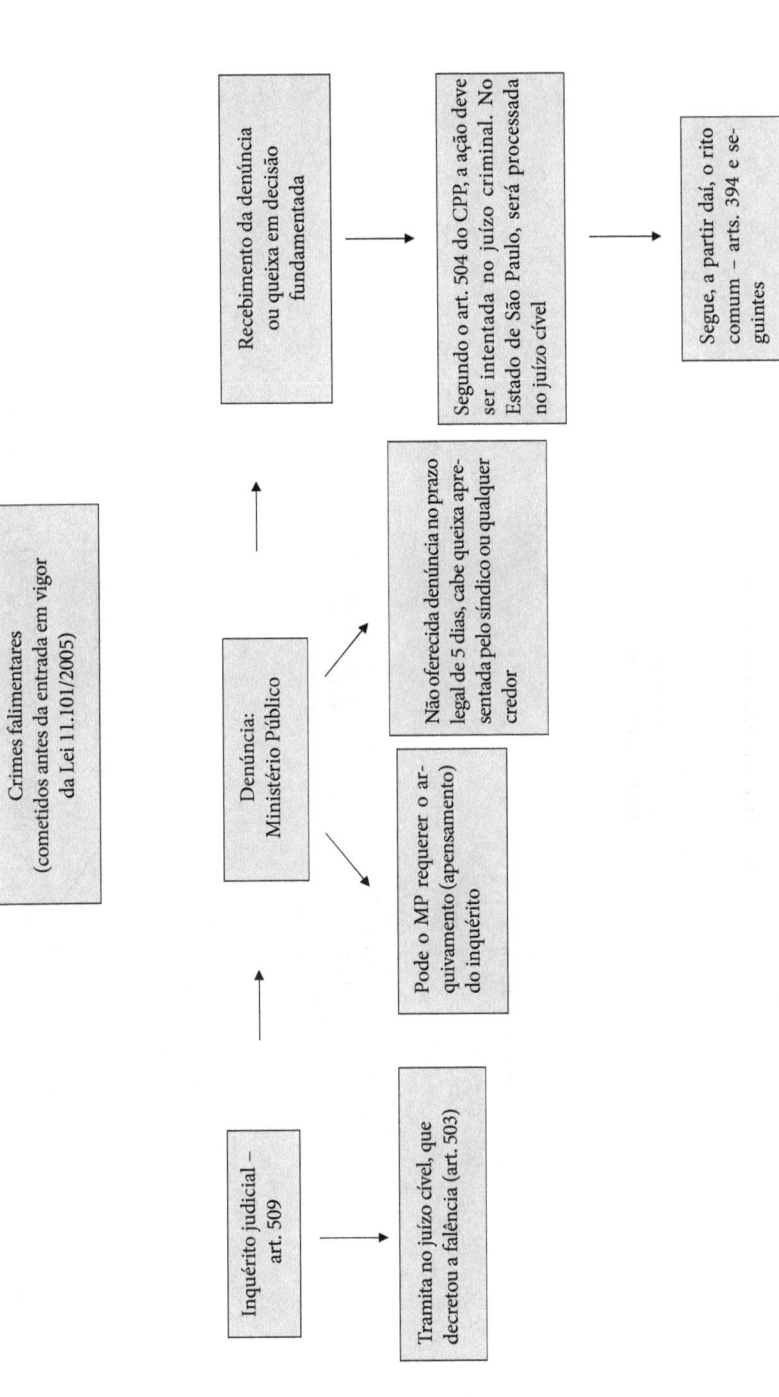

Crimes falimentares (cometidos antes da entrada em vigor da Lei 11.101/2005)

Inquérito judicial – art. 509

Tramita no juízo cível, que decretou a falência (art. 503)

Denúncia: Ministério Público

Pode o MP requerer o arquivamento (apensamento) do inquérito

Não oferecida denúncia no prazo legal de 5 dias, cabe queixa apresentada pelo síndico ou qualquer credor

Recebimento da denúncia ou queixa em decisão fundamentada

Segundo o art. 504 do CPP, a ação deve ser intentada no juízo criminal. No Estado de São Paulo, será processada no juízo cível

Segue, a partir daí, o rito comum – arts. 394 e seguintes

4. Procedimentos especiais

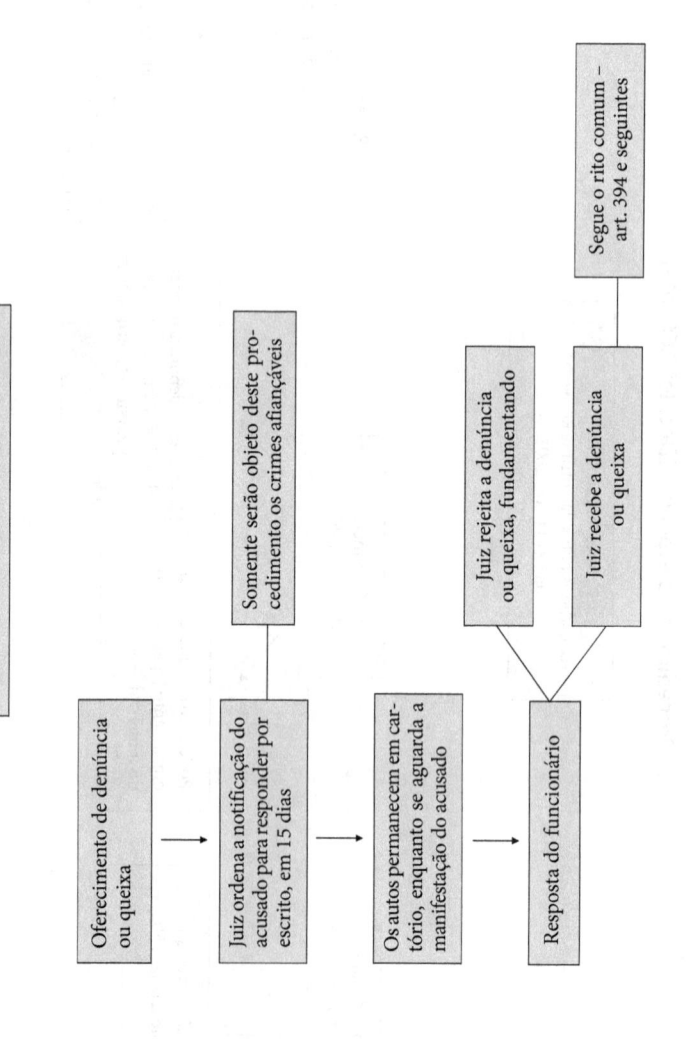

Crimes de responsabilidade
dos funcionários públicos

Oferecimento de denúncia
ou queixa

Juiz ordena a notificação do
acusado para responder por
escrito, em 15 dias

Somente serão objeto deste procedimento os crimes afiançáveis

Os autos permanecem em cartório, enquanto se aguarda a
manifestação do acusado

Resposta do funcionário

Juiz rejeita a denúncia
ou queixa, fundamentando

Juiz recebe a denúncia
ou queixa

Segue o rito comum –
art. 394 e seguintes

5. Procedimentos especiais

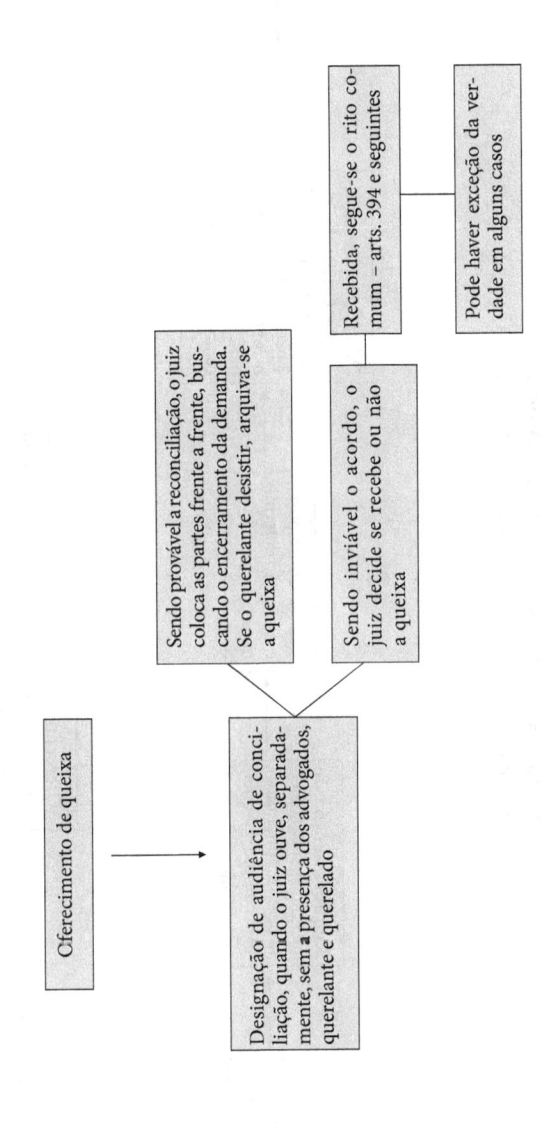

Crimes contra a honra (calúnia, difamação e injúria)

Oferecimento de queixa

Designação de audiência de conciliação, quando o juiz ouve, separadamente, sem a presença dos advogados, querelante e querelado

Sendo provável a reconciliação, o juiz coloca as partes frente a frente, buscando o encerramento da demanda. Se o querelante desistir, arquiva-se a queixa

Sendo inviável o acordo, o juiz decide se recebe ou não a queixa

Recebida, segue-se o rito comum – arts. 394 e seguintes

Pode haver exceção da verdade em alguns casos

6. Crimes contra a propriedade imaterial
(procedimento válido para os crimes de ação privada)

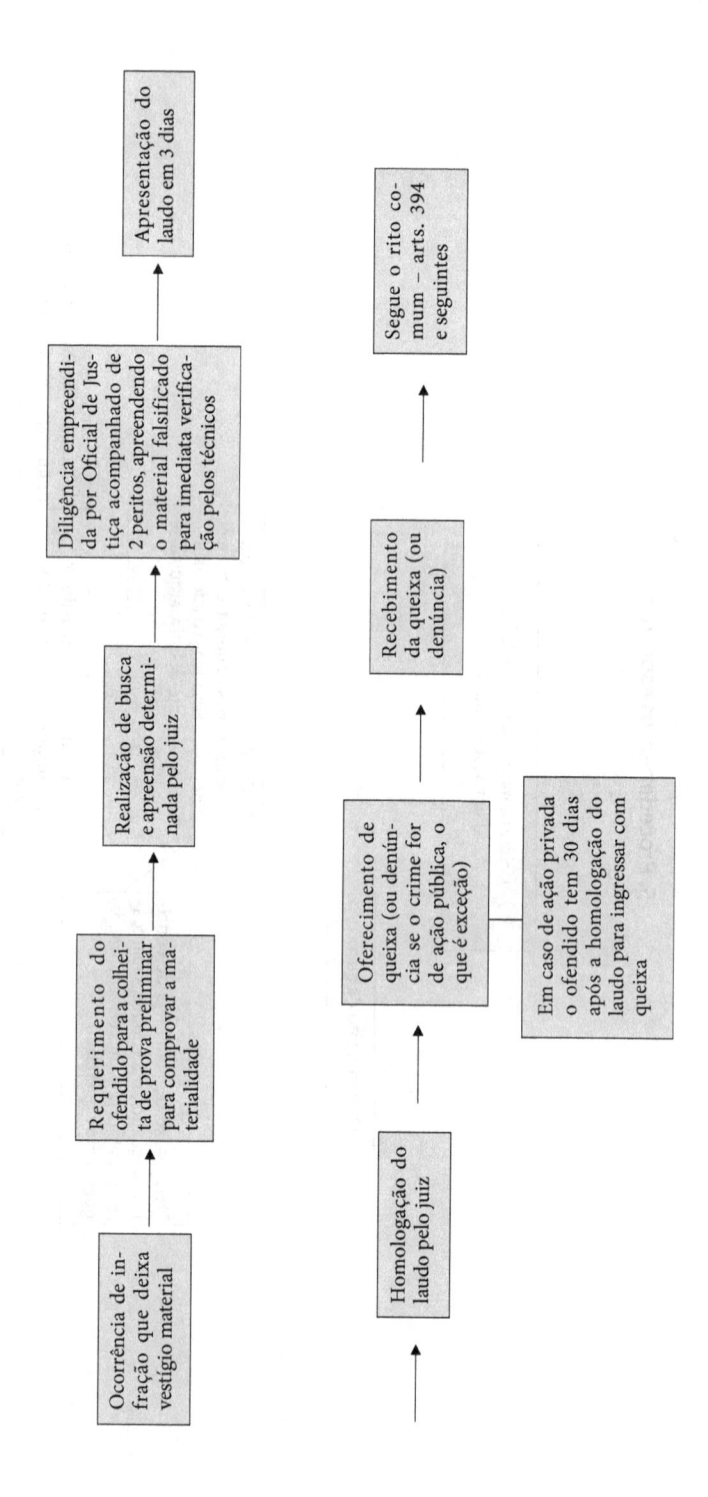

7. Crimes contra a propriedade imaterial
(procedimento válido para os crimes de ação pública)

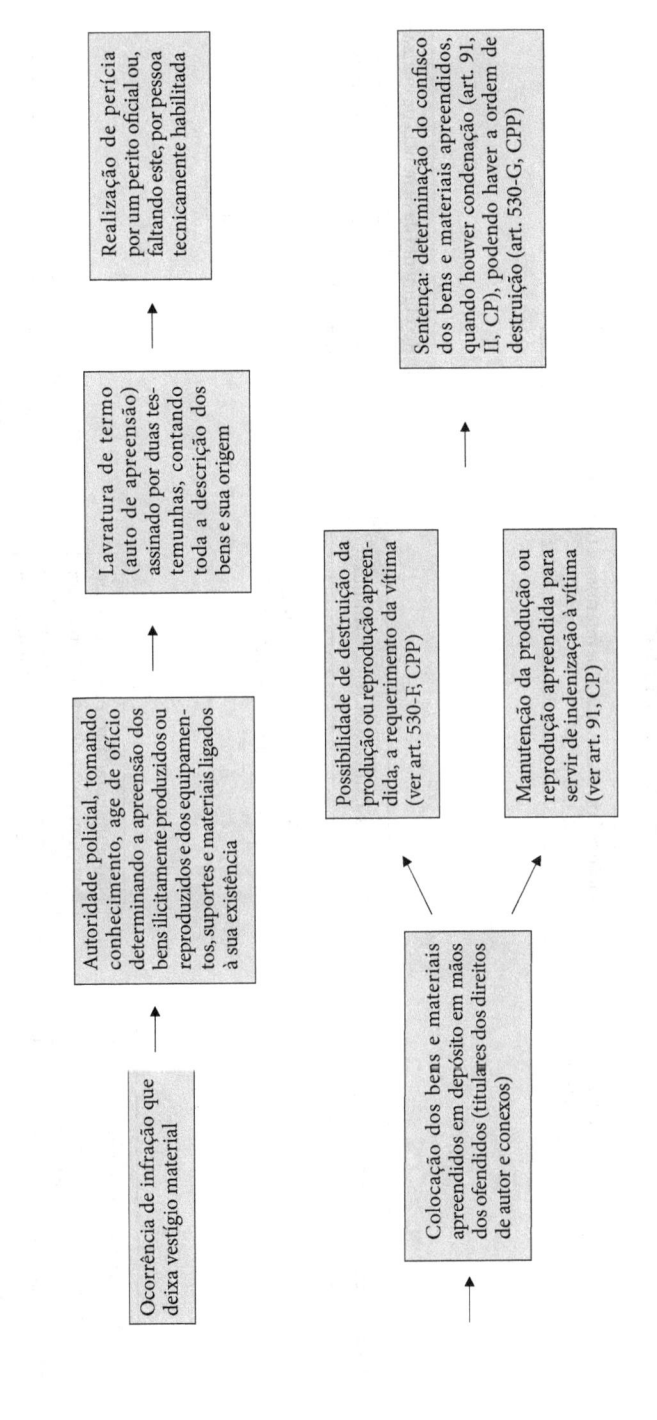

Ocorrência de infração que deixa vestígio material

↓

Autoridade policial, tomando conhecimento, age de ofício determinando a apreensão dos bens ilicitamente produzidos ou reproduzidos e dos equipamentos, suportes e materiais ligados à sua existência

↓

Lavratura de termo (auto de apreensão) assinado por duas testemunhas, contando toda a descrição dos bens e sua origem

↓

Realização de perícia por um perito oficial ou, faltando este, por pessoa tecnicamente habilitada

Colocação dos bens e materiais apreendidos em depósito em mãos dos ofendidos (titulares dos direitos de autor e conexos)

↓

Possibilidade de destruição da produção ou reprodução apreendida, a requerimento da vítima (ver art. 530-F, CPP)

Manutenção da produção ou reprodução apreendida para servir de indenização à vítima (ver art. 91, CP)

↓

Sentença: determinação do confisco dos bens e materiais apreendidos, quando houver condenação (art. 91, II, CP), podendo haver a ordem de destruição (art. 530-G, CPP)

8. Procedimento sumário

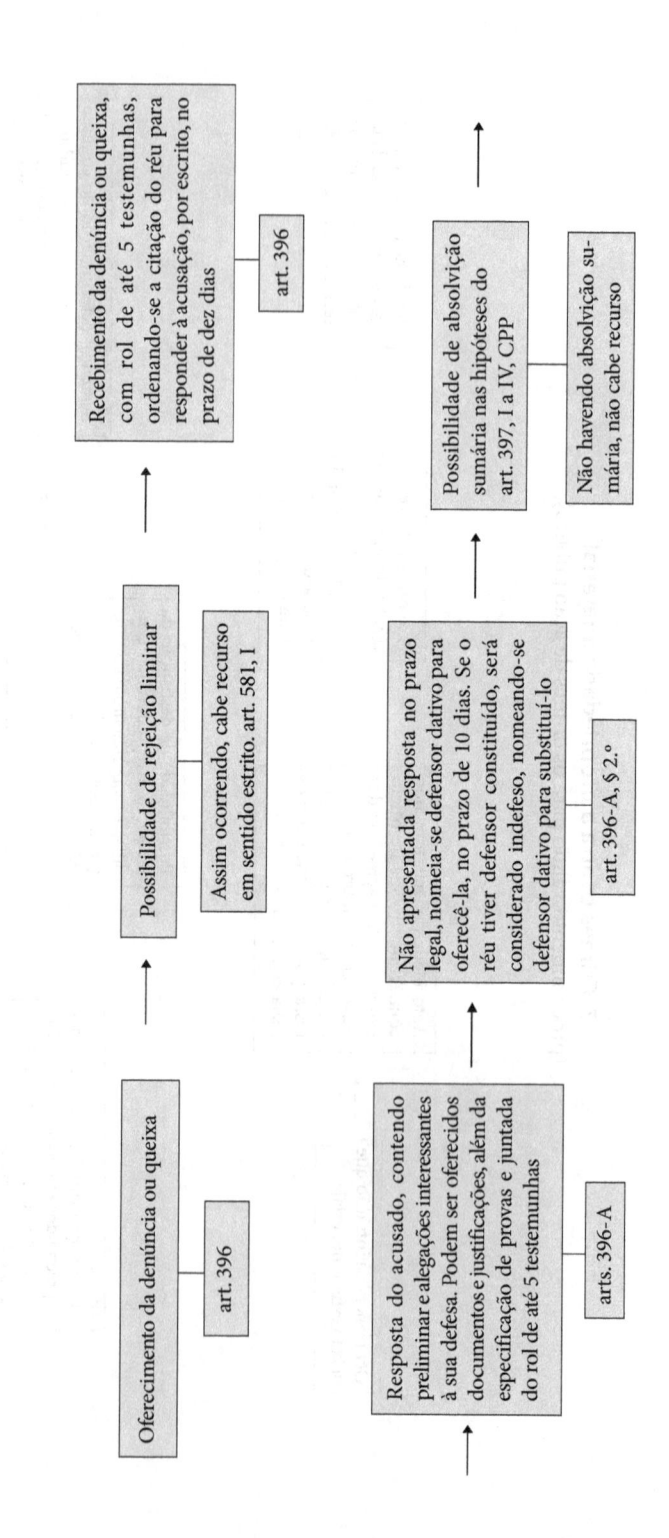

Aplicável aos delitos cuja sanção máxima cominada for inferior a 4 (quatro) anos de pena privativa de liberdade – art. 394, § 1.º, II

Oferecimento da denúncia ou queixa

art. 396

Possibilidade de rejeição liminar

Assim ocorrendo, cabe recurso em sentido estrito. art. 581, I

Recebimento da denúncia ou queixa, com rol de até 5 testemunhas, ordenando-se a citação do réu para responder à acusação, por escrito, no prazo de dez dias

art. 396

Resposta do acusado, contendo preliminar e alegações interessantes à sua defesa. Podem ser oferecidos documentos e justificações, além da especificação de provas e juntada do rol de até 5 testemunhas

arts. 396-A

Não apresentada resposta no prazo legal, nomeia-se defensor dativo para oferecê-la, no prazo de 10 dias. Se o réu tiver defensor constituído, será considerado indefeso, nomeando-se defensor dativo para substituí-lo

art. 396-A, § 2.º

Possibilidade de absolvição sumária nas hipóteses do art. 397, I a IV, CPP

Não havendo absolvição sumária, não cabe recurso

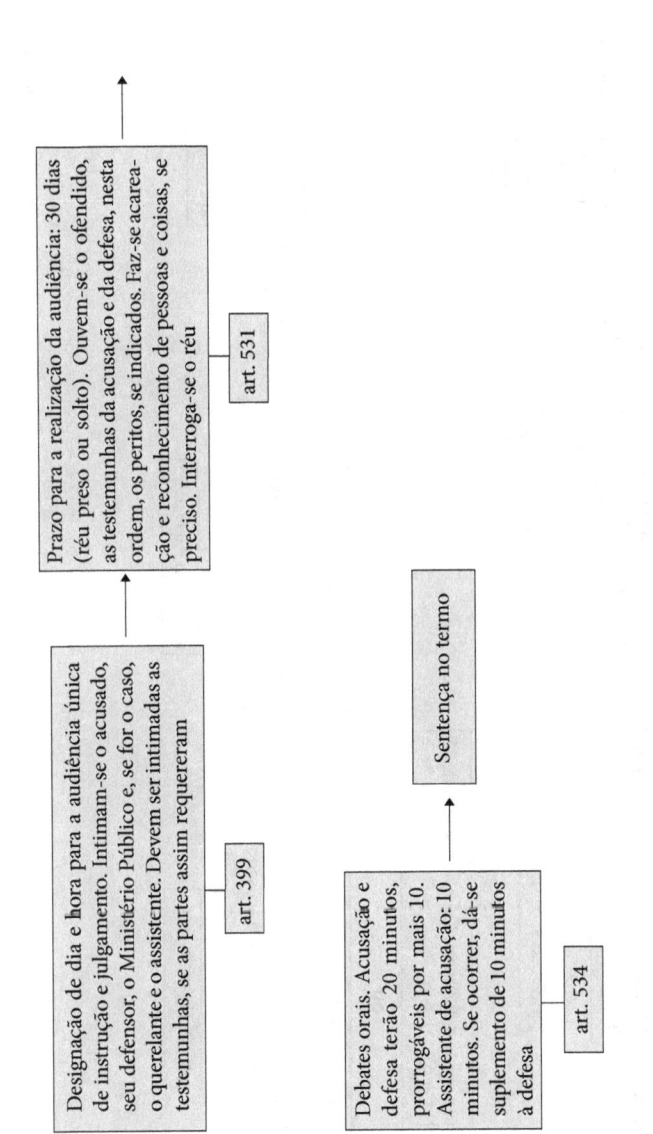

Designação de dia e hora para a audiência única de instrução e julgamento. Intimam-se o acusado, seu defensor, o Ministério Público e, se for o caso, o querelante e o assistente. Devem ser intimadas as testemunhas, se as partes assim requereram

art. 399

Prazo para a realização da audiência: 30 dias (réu preso ou solto). Ouvem-se o ofendido, as testemunhas da acusação e da defesa, nesta ordem, os peritos, se indicados. Faz-se acareação e reconhecimento de pessoas e coisas, se preciso. Interroga-se o réu

art. 531

Debates orais. Acusação e defesa terão 20 minutos, prorrogáveis por mais 10. Assistente de acusação: 10 minutos. Se ocorrer, dá-se suplemento de 10 minutos à defesa

art. 534

Sentença no termo

NOTAS:

a) embora não se faça a previsão de que o juiz pode chamar o processo à conclusão para sentenciar em outra ocasião, tal medida é viável. O magistrado pode necessitar de momentos de reflexão antes de dar a sua decisão. Porém, a regra é a sentença ser prolatada em audiência.

b) o registro dos depoimentos e dos debates deve ser feito nos moldes do art. 405, § 1.º.

9. Procedimento sumaríssimo

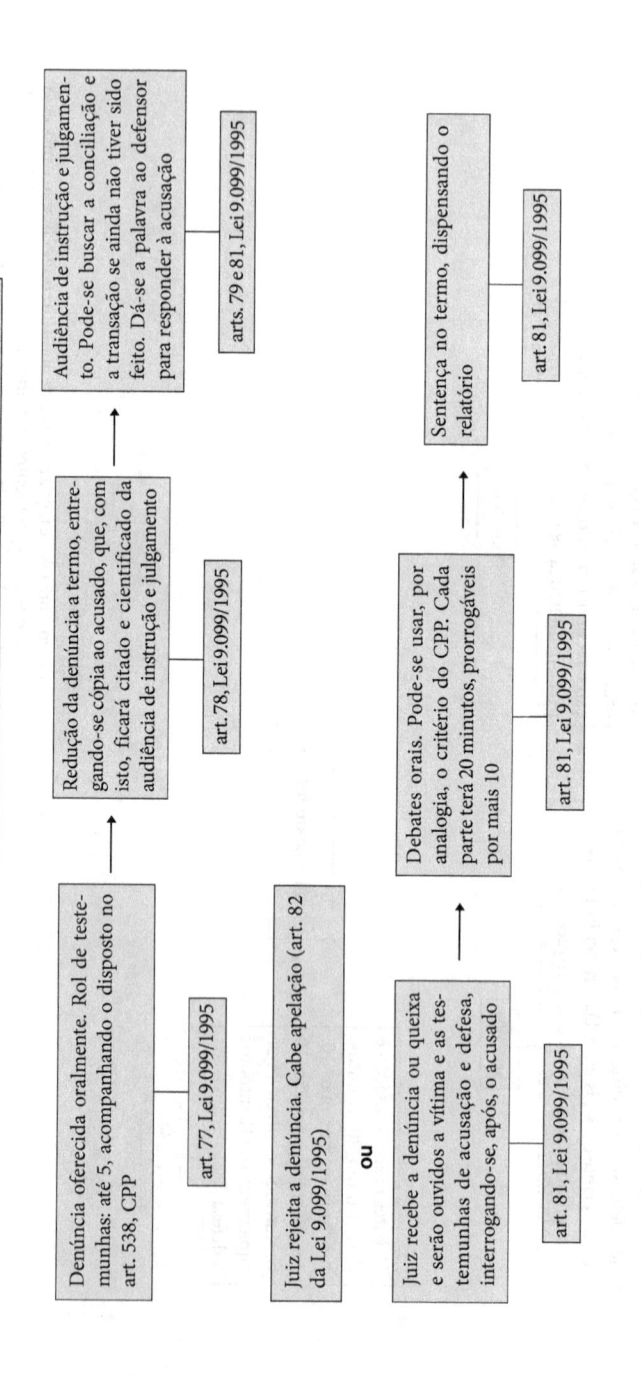

Aplicável a todas as infrações de menor potencial ofensivo, ou seja, os crimes cuja sanção máxima cominada não ultrapasse dois anos e as contravenções penais – art. 394, § 1.º, III

Denúncia oferecida oralmente. Rol de testemunhas: até 5, acompanhando o disposto no art. 538, CPP

art. 77, Lei 9.099/1995

Juiz rejeita a denúncia. Cabe apelação (art. 82 da Lei 9.099/1995)

ou

Juiz recebe a denúncia ou queixa e serão ouvidos a vítima e as testemunhas de acusação e defesa, interrogando-se, após, o acusado

art. 81, Lei 9.099/1995

Redução da denúncia a termo, entregando-se cópia ao acusado, que, com isto, ficará citado e cientificado da audiência de instrução e julgamento

art. 78, Lei 9.099/1995

Debates orais. Pode-se usar, por analogia, o critério do CPP. Cada parte terá 20 minutos, prorrogáveis por mais 10

art. 81, Lei 9.099/1995

Audiência de instrução e julgamento. Pode-se buscar a conciliação e a transação se ainda não tiver sido feito. Dá-se a palavra ao defensor para responder à acusação

arts. 79 e 81, Lei 9.099/1995

Sentença no termo, dispensando o relatório

art. 81, Lei 9.099/1995

NOTA:

• Se o réu não estiver presente será citado na forma dos arts. 66 e 68 da Lei 9.099/1995.

CAPÍTULO XVIII

Tribunal do Júri

1. ORIGEM HISTÓRICA DO TRIBUNAL DO JÚRI

A instituição, na sua visão moderna, encontra sua origem na Magna Carta, da Inglaterra, de 1215. Sabe-se, por certo, que o mundo já conhecia o júri antes disso, como ocorreu, especialmente, na Grécia e em Roma, e, nas palavras de CARLOS MAXIMILIANO, "as origens do instituto, vagas e indefinidas, perdem-se na noite dos tempos".[1] Entretanto, a propagação do Tribunal Popular pelo mundo ocidental teve início, perdurando até hoje, em 1215, com o seguinte preceito: "Ninguém poderá ser detido, preso ou despojado de seus bens, costumes e liberdades, senão em virtude de *julgamento de seus pares*, segundo as leis do país" (grifo nosso).

Após a Revolução Francesa, de 1789, tendo por finalidade o combate às ideias e métodos esposados pelos magistrados do regime monárquico, estabeleceu-se o júri na França, daí espraiando-se, como ideal de liberdade e democracia, para os demais países da Europa. Lembremos que o Poder Judiciário não era independente, motivo pelo qual o julgamento do júri impunha-se como justo e imparcial, porque produzido pelo povo, sem a participação de magistrados corruptos e vinculados aos interesses do soberano. O que teria feito o júri vir para o Brasil? SANTI ROMANO bem explica esse fenômeno de transmigração do direito,[2] que, do seu país de origem, segue para outros, especialmente por conta da colonização, que impõe ao colonizado ideias e leis, bem como pela própria e inata "contagiosidade do direito", nas palavras de EMERICO AMARI.

---

[1]   *Comentários à Constituição brasileira*, p. 156.

[2]   *Princípios de direito constitucional geral*, p. 47-48.

Assim, em 18 de junho de 1822, por decreto do Príncipe Regente, instalou-se o Tribunal do Júri no País, atendendo-se ao fenômeno de propagação da instituição corrente em toda a Europa. Era inicialmente um tribunal composto por 24 cidadãos "bons, honrados, inteligentes e patriotas", prontos a julgar os delitos de abuso da liberdade de imprensa, sendo suas decisões passíveis de revisão somente pelo Regente.

Em 1824, a Constituição do Império colocou-o no capítulo pertinente ao Poder Judiciário (art. 151, do Capítulo Único, do Título 6.º). Os jurados, à época, poderiam julgar causas cíveis e criminais, conforme determinassem as leis, que, aliás, incluíram e excluíram delitos e causas do júri, várias vezes.

Com a Proclamação da República, manteve-se o júri no Brasil, sendo criado, ainda, o júri federal, através do Decreto 848, de 1890. Sob influência da Constituição americana, por ocasião da inclusão do júri na Constituição Republicana, transferiu-se a instituição para o contexto dos direitos e garantias individuais (art. 72, § 31, da Seção II, do Título IV). Esse resultado foi obtido em face da intransigente defesa do Tribunal Popular feita por Rui Barbosa, seu admirador inconteste.

A Constituição de 1934 voltou a inserir o júri no capítulo referente ao Poder Judiciário (art. 72), para, depois, ser totalmente retirado do texto constitucional, em 1937. Por conta disso, iniciaram-se os debates acerca da manutenção ou não da instituição no Brasil, até que o Decreto-lei 167, de 1938, confirmou a existência do júri, embora sem soberania (art. 96).

A Constituição de 1946 ressuscitou o Tribunal Popular no seu texto, reinserindo-o no capítulo dos direitos e garantias individuais, como se fosse uma autêntica bandeira na luta contra o autoritarismo, embora as razões tenham sido outras, segundo narra VICTOR NUNES LEAL, ou seja, por conta do poder de pressão do coronelismo, interessado em garantir a subsistência de um órgão judiciário que pudesse absolver seus capangas.[3] Não se estudou com a merecida atenção a permanência ou a extinção do júri no Brasil, mas buscou-se somente reerguer as bases das Constituições anteriores (1890 e 1934), como ensina MARCELO CAETANO.[4]

A Constituição de 1967 manteve a instituição no capítulo dos direitos e garantias individuais (art. 150, § 18), fazendo o mesmo a Emenda Constitucional de 1969 (art. 153, § 18). Ocorre que, por esta última redação, mencionou-se somente que "é mantida a instituição do júri, que terá competência no julgamento dos crimes dolosos contra a vida". Não se falou em soberania, sigilo das votações ou plenitude de defesa, fixando-se, claramente, a sua competência somente para os crimes dolosos contra a vida.

Em 1988, visualizando-se o retorno da democracia ao cenário brasileiro, novamente previu-se o júri no capítulo dos direitos e garantias individuais, trazendo de volta os princípios da Carta de 1946: Soberania dos veredictos, sigilo das votações e plenitude de defesa. A competência tornou-se mínima para os crimes dolosos contra a vida.[5]

ARAMIS ASSIF e MÁRCIO ANDRÉ KEPPLER FRAGA lançam argumentos pró e contra o Tribunal do Júri: "quem, com alguma experiência no plenário do júri, já não saiu do mesmo com a nítida convicção de que, se o julgamento fosse técnico, o réu deveria ter sido condenado, mas que essa, talvez, não fosse a solução mais justa. Ou o contrário, que se o julgamento fosse

---

[3]   *Coronelismo, enxada e voto*, p. 231-236.

[4]   *Direito constitucional*, v. 1.

[5]   Maiores detalhes sobre a origem do júri no mundo e no Brasil, ver nossos *Júri – princípios constitucionais*, p. 30-47 e *Tribunal do Júri*, p. 39-45.

rigorosamente técnico, o melhor seria a absolvição, mas a condenação imposta pelo Conselho de Sentença lhe parece a mais adequada. Ou, ainda, que a condenação ou a absolvição efetuada pelo Júri se mostra divorciada de toda a prova e, portanto, injusta".[6]

2. O JÚRI NA CONSTITUIÇÃO FEDERAL

Dentre os princípios que regem a instituição estão os seguintes: a) plenitude de defesa, b) sigilo das votações, c) soberania dos veredictos, d) competência para o julgamento dos crimes dolosos contra a vida (art. 5.º, XXXVIII, *a* a *d*, CF).

Acesse e assista ao vídeo sobre Soberania dos vereditos no Tribunal do Júri.

> http://uqr.to/1z8oz

Situado no contexto dos direitos e garantias humanas fundamentais, convém explicitar qual seria realmente a posição constitucional do Tribunal Popular. Considerando-se direito individual aquele que declara situação inerente à personalidade humana (ex.: vida, liberdade, integridade física) e garantia individual aquela cuja finalidade é assegurar que o direito seja, com eficácia, fruído, observa-se, majoritariamente, na doutrina ser o júri uma garantia.[7]

Entendemos, também, ser o Tribunal do Júri, primordialmente, uma garantia individual. Mas, pergunta-se: garantia a quê? Muitos têm sustentado, a nosso ver equivocadamente, ser uma garantia ao direito de liberdade. Fosse assim, teríamos que admitir ser o júri um escudo protetor do criminoso, que atenta contra a vida humana, o que não pode ser admissível. Além disso, é preciso destacar ser o direito à vida igualmente protegido na Constituição – tanto quanto o direito à liberdade –, de forma que o júri não poderia proteger um, em prejuízo do outro. A vida da vítima foi eliminada pelo réu e o Tribunal Popular não tem por fim proteger ou garantir fique o acusado em liberdade.

Trata-se de uma garantia ao devido processo legal, este sim, uma garantia ao direito de liberdade. Assim, temos a instituição do júri, no Brasil, para constituir o meio adequado de, em sendo o caso, retirar a liberdade do homicida. Nada impede a existência de *garantia da garantia*, o que é perfeitamente admissível, bastando ver, a título de exemplo, que o contraditório é também garantia do devido processo legal. Insista-se: não é garantia direta da liberdade do indivíduo acusado de crime doloso contra a vida, mas sim do devido processo legal. Logo, se o júri condenar ou absolver está cumprindo, igualmente, sua função. E mesmo assim, cuida-se de garantia formal, mas não material. O júri não é considerado nos docu-

---

[6] Júri, in: BOSCHI, *Código de Processo Penal comentado*, p. 332-333.

[7] RUI BARBOSA, MARCELO CAETANO, PONTES DE MIRANDA, JOSÉ AFONSO DA SILVA, MANOEL GONÇALVES FERREIRA FILHO, HAMILTON MORAES E BARROS, JOÃO MENDES JÚNIOR, JULIO FABBRINI MIRABETE, ROGÉRIO LAURIA TUCCI, JOSÉ DUARTE, JAMES TUBENCHLAK, HÉLIO TORNAGHI, PINTO FERREIRA, ARISTIDES MILTON, RUI STOCO, HÉLIO COSTA, NÁDIA ARAÚJO e RICARDO DE ALMEIDA. No sentido de ser um direito individual, os magistérios de CELSO BASTOS e ADRIANO MARREY (ver, a respeito, o nosso *Júri – princípios constitucionais*, p. 54).

mentos internacionais de direitos humanos um *direito autenticamente fundamental*, como se fizesse parte dos chamados direitos *supraestatais*, na expressão de PONTES DE MIRANDA.[8]

As pessoas humanas têm direito a um julgamento justo feito por um tribunal imparcial, assegurada a ampla defesa, mas nada determina que esse julgamento seja realizado pelo povo. É o Tribunal Popular garantia fundamental formal, simplesmente por ter sido previsto na Constituição como tal, mas não o é no seu sentido.[9]

Por outro lado, não deixamos de visualizar no júri, em segundo plano, mas não menos importante, um direito individual, consistente na possibilidade que o cidadão de bem possui de participar, diretamente, dos julgamentos do Poder Judiciário. Em síntese: o júri é uma garantia individual, precipuamente, mas também um direito individual. Constitui cláusula pétrea na Constituição Federal (cf. art. 60, § 4.º, IV).

3. O TRIBUNAL DO JÚRI COMO ÓRGÃO DO PODER JUDICIÁRIO

Encontrando-se previsto dentre os direitos e garantias individuais (art. 5.º, XXXVIII, CF), gerou alguma controvérsia o fato de ser o Tribunal do Júri considerado órgão do Poder Judiciário. Alguns sustentam ser ele um órgão político, desligado do Judiciário, onde os jurados exercem o seu direito ao sufrágio, como cidadãos no exercício da cidadania.[10] Essa não é a melhor posição.

Majoritariamente, entende-se ser o júri órgão do Judiciário, embora lhe seja reconhecida a especialidade. Não consta do rol do art. 92 da Constituição Federal, embora o sistema judiciário o acolha em outros dispositivos, tornando-o parte integrante do Poder Judiciário. São fundamentos disso:

a) o Tribunal do Júri é composto de um Juiz Presidente (togado) e de vinte e cinco jurados, dos quais sete tomam assento no Conselho de Sentença. O magistrado togado não poderia tomar parte em um órgão meramente político, sem qualquer vínculo com o Judiciário, o que é vedado não somente pela Constituição, mas também pela Lei Orgânica da Magistratura Nacional;

b) o art. 78, I, do CPP determina que "no concurso entre a competência do júri e a de *outro* órgão da jurisdição comum, prevalecerá a competência do júri" (grifamos), vindo a demonstrar que se trata de órgão do Judiciário;

c) o art. 593, III, *d*, do CPP prevê a possibilidade de recurso contra as decisões proferidas pelo júri ao Tribunal de Justiça, não tendo qualquer cabimento considerar que um "órgão político" pudesse ter suas decisões revistas, em grau de apelação, por um órgão judiciário;

d) a inserção do júri no capítulo dos direitos e garantias individuais atende muito mais à vontade política do constituinte de considerá-lo cláusula pétrea do que a finalidade de o excluir do Poder Judiciário;

e) a Constituição Estadual de São Paulo, como a de outros Estados da Federação, prevê, taxativamente, ser ele órgão do Judiciário (art. 54, III).

---

[8] *Comentários à Constituição de 1946*, p. 9.

[9] A respeito, ver JORGE MIRANDA, *Manual de direito constitucional*, t. IV, p. 7.

[10] JAMES TUBENCHLAK, *Tribunal do Júri* – contradições e soluções, p. 9.

4. COMPETÊNCIA CONSTITUCIONAL PARA O JULGAMENTO DOS CRIMES DOLOSOS CONTRA A VIDA

Assegura o art. 5.º, XXXVIII, *d*, a competência do júri para o julgamento dos delitos dolosos contra a vida. É bem verdade que algumas posições existem sustentando ser essa competência fixa, não podendo ser ampliada, embora não haja nenhuma razão plausível para tal interpretação. Note-se que o texto constitucional menciona ser *assegurada* a competência para os delitos dolosos contra a vida e não *somente* para eles.

O intuito do constituinte foi bastante claro, visto que, sem a fixação da competência mínima e deixando-se à lei ordinária a tarefa de estabelecê-la, seria bem provável que a instituição, na prática, desaparecesse do Brasil. Foi o que houve em outros países ao não cuidarem de fixar, na Constituição, a competência do Tribunal Popular (cf. Portugal, art. 210.º, e Espanha, art. 125).

A cláusula pétrea no direito brasileiro, impossível de ser mudada pelo Poder Constituinte Reformador, não sofre nenhum abalo, caso a competência do júri seja ampliada, pois sua missão é impedir justamente o seu esvaziamento.

Vale analisar ainda qual é a amplitude da expressão *delitos dolosos contra a vida*. Houve época em que se debateu o alcance da competência do Tribunal do Júri, visando-se a incluir na sua pauta todos os crimes que envolvessem a vida humana, como, por exemplo, o latrocínio, onde há roubo (doloso) seguido de morte (que pode igualmente ser fruto do dolo). Não vingou tal entendimento, pois o conceito adotado pelo texto constitucional foi técnico, isto é, são os crimes previstos no Capítulo I (Crimes contra a vida), do Título I (Dos crimes contra a pessoa), da Parte Especial do Código Penal.

Incluem-se na competência do Tribunal Popular, originariamente, os seguintes delitos: homicídio simples (art. 121, *caput*); privilegiado (art. 121, § 1.º), qualificado (art. 121, § 2.º), induzimento, instigação ou auxílio a suicídio ou a automutilação (art. 122), infanticídio (art. 123) e as várias formas de aborto (arts. 124, 125, 126 e 127). E as formas tentadas. Além deles, naturalmente, vinculam-se os delitos conexos, aqueles que, por força da atração exercida pelo júri (arts. 76, 77 e 78, I, CPP), devem ser julgados, também, pelo Tribunal Popular.

Por fim, acresça-se o genocídio, cujas maneiras de execução equivalem a delitos dolosos contra a vida (art. 1.º, *a*, *c* e *d*, da Lei 2.889/1956). Entretanto, no caso denominado "massacre de Haximu", em que vários índios ianomâmis foram assassinados por garimpeiros, os agentes foram processados e julgados pelo juízo monocrático federal. O STF validou esse entendimento. Somente seria o caso encaminhado ao Tribunal do Júri se houvesse conexão com delitos dolosos contra a vida desconectados do genocídio (RE 351.487-RR, Pleno, rel. Cezar Peluso, 03.08.2006. m. v., *Informativo* 434). Mantemos, no entanto, a nossa posição de que, conforme a forma de execução do crime de genocídio, é um autêntico delito doloso contra a vida. Logo, deveria ser remetida a sua apreciação ao júri.

BASILEU GARCIA e ESTHER DE FIGUEIREDO FERRAZ defendem que outras infrações penais dolosas, envolvendo a vida, como, por exemplo, o latrocínio (art. 157, § 3.º, II, CP), mereceriam ser julgadas pelo júri, mas essa posição efetivamente não prevaleceu, nem na doutrina, nem na jurisprudência. Consulte-se o disposto na Súmula 603 do STF: "A competência para o processo e julgamento de latrocínio é do juiz singular e não do Tribunal do Júri".

5.   A FORMAÇÃO DA CULPA NO PROCEDIMENTO DO JÚRI

Como qualquer infração penal, os delitos dolosos contra a vida, quando ocorrem, são investigados pela polícia, no procedimento pré-processual, denominado *inquérito policial*. Encontradas provas suficientes da materialidade e da autoria, cabe ao Ministério Público oferecer denúncia (ou queixa, ao querelante, no caso de ação privada), inaugurando-se a fase da formação da culpa. Portanto, diante de um juiz togado, colhem-se provas sob o crivo do contraditório e da ampla defesa, garantias do devido processo legal (situação que inexistiu na fase do inquérito).

Finda essa instrução, que se assemelha ao procedimento comum, o juiz poderá avaliar a admissibilidade da acusação, ou seja, se é viável ou não enviar o caso à apreciação dos jurados, no Tribunal do Júri. A cautela é salutar, uma vez que o povo, quando chamado a julgar, não dará voto fundamentado, decidindo em sigilo o destino do réu, motivo pelo qual pode condenar, assim querendo, qualquer um. Por isso, antes que um processo seja oferecido à avaliação dos juízes leigos, há o crivo do magistrado togado. Este, por sua vez, tem a importante missão de filtrar os casos em que existem provas mínimas para que o Júri se reúna decidindo a sorte do acusado, separando os outros, em que fica evidente a carência de provas, devendo ser encerrada a instrução, até que novas provas surjam, se for o caso.

No procedimento do júri, a instrução criminal segue o rito estabelecido nos arts. 406 a 412 do Código de Processo Penal, até que atinge a fase peculiar prevista nos arts. 413 a 419. Depois disso, esgotados os recursos cabíveis, havendo pronúncia, inicia-se a fase de preparação do plenário, até que o magistrado designa julgamento no Tribunal do Júri, quando o mérito da imputação será avaliado.

6.   O PROCEDIMENTO ESPECIAL DO JÚRI E A FASE DE AVALIAÇÃO DA ADMISSIBILIDADE DA ACUSAÇÃO

O Código de Processo Penal, após a reforma introduzida pela Lei 11.689/2008, deixou claro ser especial o procedimento do júri. Anteriormente, havia o equívoco de quem o considerava um procedimento comum.

Recebida a denúncia ou queixa, que deve conter o rol de testemunhas, até o número de oito, o juiz determina a citação do réu para responder aos termos da acusação. A resposta, consubstanciada na denominada *defesa prévia*, deve ser oferecida por escrito, no prazo de dez dias (art. 406, *caput*). Computa-se esse prazo a partir da data da citação ou do comparecimento do acusado ou de seu defensor em juízo, neste último caso quando se tratar de citação inválida ou feita por edital (art. 406, § 1.º).

Na defesa prévia, pode o acusado alegar tudo o que interesse à sua defesa, incluindo a arguição de preliminares (levantamento de eventuais vícios ou falhas até então ocorridas), o oferecimento de documentos e justificações, bem como pode especificar provas e arrolar testemunhas, até o número de oito, qualificando-as e requerendo a sua intimação, se for preciso (art. 406, § 3.º).

Note-se que o termo *justificações* deve envolver apenas as eventuais *justificativas* (excludentes de ilicitude) para o cometimento da infração penal. Não se pode confundi-lo com o procedimento incidental denominado *justificação*, pois este se destina à produção de provas.

Ora, se a fase de colheita das provas inicia-se após a defesa prévia, é natural que não tenha qualquer sentido propor uma medida cautelar no mesmo prisma.

Se houver, o réu poderá arguir as exceções que entenda cabíveis (ex.: exceção de coisa julgada), nos termos dos artigos 95 a 112 do CPP.

Em função do princípio constitucional da ampla defesa, caso não seja apresentada a defesa prévia, no prazo legal de dez dias, o juiz deve nomear defensor para oferecê-la, reabrindo-se o prazo de dez dias e concedendo-lhe vista dos autos (art. 408). Cuidando-se de defensor constituído, que tenha deixado de apresentar a referida defesa, deve o magistrado considerar o réu indefeso, nomeando-lhe defensor dativo ou encaminhando o caso à Defensoria Pública, conforme a situação possível na Comarca. Tratando-se de defensor dativo, basta que considere o réu indefeso, nomeando outro dativo em seu lugar, oficiando-se à OAB para as eventuais medidas administrativas cabíveis. Se a defesa for patrocinada por defensor público, deve o juiz oficiar à Defensoria, para que a Instituição indique outro defensor e tome as providências administrativas contra aquele, que não cumpriu o seu dever.

Lembre-se, ainda, de que o acusado não pode ficar privado da defesa prévia, em hipótese alguma. Cuidando-se de pessoa economicamente abonada, o patrocínio da causa pode ser feito pela Defensoria Pública do mesmo modo, em razão da imposição legal de que ninguém será processado sem defesa técnica. No entanto, ao final do processo, poder-se-á cobrar, pela via própria, os honorários devidos ao Estado.

Apresentada a defesa prévia, ouve-se o Ministério Público ou o querelante, se houver preliminares ou a juntada de documentos, em cinco dias (art. 409).

Na sequência, o magistrado, em dez dias, analisa os requerimentos formulados e os documentos eventualmente juntados, designa audiência de instrução e julgamento e determina a realização das diligências cabíveis (art. 410).

Instituiu-se, com o advento da Lei 11.689/2008, a audiência única. Quer-se produzir toda a prova, ao menos a oral, em uma só data. Por isso, nessa audiência, serão ouvidos o ofendido, quando possível, as testemunhas arroladas pela acusação e pela defesa, nessa ordem, e os esclarecimentos eventualmente existentes dos peritos. Serão realizadas acareações e o reconhecimento de pessoas e coisas, bem como será interrogado o réu. Na sequência, dar-se-ão os debates e o juiz pode proferir a sua decisão (art. 411).

A meta do legislador, ao privilegiar o princípio da concentração e, consequentemente, da oralidade, foi encurtar o período de instrução, acelerando a produção de provas. Entretanto, pode ter exagerado na dose. Em especial, no procedimento do júri, onde normalmente há muitas testemunhas a ouvir, concentrar todos os depoimentos para uma única data pode representar uma perda de tempo. Imagine-se que tanto a acusação quanto a defesa arrolem o máximo permitido: são dezesseis testemunhas, no total. Além delas, serão ouvidos o ofendido (se houver) e o acusado. Eventualmente, os peritos. Mais de dezoito pessoas podem ser inquiridas num só dia. Para tanto, torna-se previsível que o magistrado reserve a pauta integral daquela data para a realização de uma só audiência. Porém, faltando uma testemunha de acusação e não concordando a defesa com a inversão da ordem de inquirição, será preciso designar outra audiência e, novamente, enfrentar a possibilidade de mais alguém se ausentar. Não se pode contar com a condução coercitiva das testemunhas, em particular nas cidades grandes, pois quase impossível que se dê no mesmo dia, a tempo.

Em suma, o juiz reserva o dia todo para uma audiência, que não se realiza por completo. Quando redesignar essa audiência para outra data, terminará provocando o choque com outra audiência única, também extensa, já marcada. O controle da pauta torna-se mais complicada. Por isso, o estabelecimento da audiência única não garante a economia processual almejada, podendo representar, ao contrário, um tormento para os juízes e para as partes. O que pode acontecer é o desdobramento dessa audiência em outras que se fizerem necessárias, com o objetivo de esgotar as provas propostas pelas partes.

Inseriu-se, no contexto da instrução, de maneira expressa, que o ofendido deve ser ouvido, sempre que possível, ou seja, se estiver vivo e for localizado. Cabe ao magistrado zelar para que tal ocorra, determinando, de ofício, a sua intimação para comparecimento em audiência.

Quanto à ordem de inquirição das testemunhas – primeiro as de acusação, depois, as de defesa – vale destacar tratar-se de uma regra geral, a comportar exceção, desde que as partes concordem. Portanto, acusação e defesa podem aquiescer com a inversão da ordem, por qualquer motivo relevante (ex.: a ausência de uma testemunha de acusação e a presença de todas as de defesa. A situação pode ensejar a inversão para que as pessoas não percam tempo de modo desnecessário. Em lugar de redesignar a audiência, o juiz ouve as testemunhas de defesa e marca uma data somente para a inquirição da testemunha de acusação faltante. Inexiste nulidade, pois não houve prejuízo.

Entretanto, se as partes não concordarem, deve-se seguir o rito proposto em lei, sob pena de nulidade do ato. Ainda assim, cuida-se de nulidade relativa, dependente da prova do prejuízo por parte de quem a alegar.

Encerrada a instrução, pode dar-se a hipótese prevista no art. 384 (*mutatio libelli*). Não sendo o caso, as partes devem debater oralmente (art. 411). Não há necessidade alguma de se reduzir por escrito o que expuserem ao juiz. Há um prazo de vinte minutos para cada parte, prorrogável por mais dez. Se houver mais de um acusado, cada um contará individualmente o tempo para debate. Existindo assistente de acusação, utilizará o tempo de dez minutos. Nesse caso, dar-se-á mais dez minutos à defesa.

Preceitua a lei que a formação da culpa deve ser concluída no prazo máximo de 90 dias (art. 412). Trata-se de prazo impróprio, ou seja, se for ultrapassado, inexiste qualquer sanção. Logo, em Varas ou Comarcas com excesso de serviço, tal período dificilmente será cumprido. Cuidando-se de réu preso, entretanto, haverá discussão sobre eventual constrangimento ilegal. Pensamos que, não havendo justificativa razoável para o retardamento, deve ser o acusado colocado em liberdade.

Após os debates, o juiz pode proferir a sua decisão no termo da audiência ou no prazo de dez dias, ordenando que os autos lhe sejam conclusos.

Após, cabe ao magistrado tomar uma de quatro providências: a) pronunciar o réu (art. 413, CPP); b) impronunciá-lo (art. 414, CPP); c) desclassificar a infração penal (art. 419, CPP); d) absolver sumariamente o acusado (art. 415, CPP).

7.   PRONÚNCIA

É a decisão interlocutória mista, que julga admissível a acusação, remetendo o caso à apreciação do Tribunal do Júri. Trata-se de decisão de natureza mista, pois encerra a fase de formação da culpa, inaugurando a fase de preparação do plenário, que levará ao julgamento de mérito.

Embora seja uma decisão interlocutória, mantém a estrutura formal de uma sentença na sua composição, ou seja, deve possuir relatório, fundamentação e dispositivo.

7.1   Requisitos para a pronúncia

Demanda-se a prova da existência do fato descrito como crime e indícios suficientes de autoria ou participação. A existência do fato criminoso é a materialidade, ou seja, a certeza de que ocorreu uma infração penal, em tese. Atinge-se essa certeza, no contexto dos delitos contra a vida, como regra, através do laudo pericial, demonstrando a ocorrência de morte (homicídio, aborto, infanticídio, participação em suicídio ou automutilação). Entretanto, é possível formar a materialidade também com o auxílio de outras provas, especialmente a testemunhal (art. 167, CPP).

Não se deve admitir, no cenário da pronúncia, que o juiz se limite a um convencimento íntimo a respeito da existência do fato criminoso, como, aparentemente, dá a entender a redação do art. 413: "O juiz (...) *se convencido* da materialidade do fato...". O mínimo que se espera é a prova certa de que o fato aconteceu, devendo o magistrado indicar a fonte de seu convencimento nos elementos colhidos na instrução e presentes nos autos.[11] Note-se o decidido pelo Supremo Tribunal Federal: "O aforismo *in dubio pro societate* – que, malgrado as críticas procedentes à sua consistência lógica, tem sido reputada adequada a exprimir a inexigibilidade de certeza da autoria do crime, para fundar a pronúncia –, jamais vigorou no tocante à existência do próprio crime, em relação a qual se reclama esteja o juiz convencido. O convencimento do juiz, exigido na lei, não é obviamente a convicção íntima do jurado, que os princípios repeliriam, mas convencimento fundado na prova: donde a exigência – que aí cobre tanto a da existência do crime, quanto da ocorrência de indícios de autoria, de que o juiz decline, na decisão 'os motivos do seu convencimento'" (HC 81.646-PE, rel. Sepúlveda Pertence, *Informativo* 271).

Quanto ao segundo requisito, é preciso relembrar que *indícios* são elementos indiretos que, através de um raciocínio lógico, auxiliam a formação do convencimento do juiz, constituindo *prova indireta*. A sua utilização como sustentação à pronúncia, bem como para outros fins (decretação de prisão preventiva; autorização para empreender uma busca e apreensão; base de uma condenação), é perfeitamente viável, desde que se tome a cautela de tê-los em número *suficiente*, para garantir a segurança mínima que o devido processo legal exige.

A atual redação do art. 413, substituindo o anterior art. 408, cuidou de reparar uma lacuna e mencionou, expressamente, a necessidade de que os indícios sejam *suficientes* para comprovar a autoria.

Portanto, fixado tal ponto, é preciso destacar que o controle judiciário sobre a admissibilidade da acusação necessita ser firme e *fundamentado* (o que também se tornou expresso na nova redação trazida pelo art. 413), tornando-se inadequado remeter a julgamento pelo Tribunal do Júri um processo sem qualquer viabilidade de produzir uma condenação legítima e justa do acusado. A dúvida razoável, que leva o caso ao júri, é aquela que permite tanto a absolvição quanto a condenação. Assim, não é trabalho do juiz togado "lavar as mãos" no momento de efetuar a pronúncia, declarando, sem qualquer base efetiva em provas, haver dúvida, devendo ela ser resolvida em favor da sociedade, remetendo o processo a julgamento pelo Tribunal Popular. Cabe-lhe, isto sim, filtrar o que pode e o que não pode ser avaliado pelos jurados, zelando pelo respeito ao devido processo legal e somente permitindo que siga a julgamento a questão realmente controversa e duvidosa. Esta, afinal, é a função do *judicium*

---

[11]   No mesmo sentido, ARY AZEVEDO FRANCO, *Código de Processo Penal*, p. 36.

accusationis – fase de instrução – pela qual passaram as partes, produzindo provas sob o crivo do contraditório e da ampla defesa.

Exemplo: não é cabível a pronúncia do réu, se houver única e tão somente nos autos, como prova a sustentá-la, a confissão extrajudicial. Se a confissão produzida na polícia, isoladamente, não presta para a condenação, também não pode servir para a pronúncia, uma vez que os jurados não poderão utilizá-la para a procedência da ação. Por que, então, remeter o caso a júri? Não somente é opção inadequada, como arriscada, pois a soberania do júri poderá comprometer, em caso de condenação, a plenitude de defesa. Se os jurados resolverem condenar o réu com base exclusiva nessa confissão, somente poderá o tribunal togado remeter o caso a novo julgamento, que, no entanto, pode ser novamente confirmado.

Por tais motivos, cabe ao magistrado togado impedir que o júri se reúna para julgar um caso nitidamente falho, de onde não poderia advir outra decisão senão a absolutória. A impronúncia, nessa hipótese, é o caminho adequado. Se posteriormente outras provas forem coletadas, ainda será possível produzir a pronúncia. Na mesma linha, encontra-se o magistério de VICENTE GRECO FILHO, dizendo que "o raciocínio do juiz da pronúncia, então, deve ser o seguinte: Segundo minha convicção, se este réu for condenado haverá uma injustiça? Se sim, a decisão deverá ser de impronúncia ou de absolvição sumária".[12]

Acrescente-se, finalmente, a lição de SÉRGIO MARCOS DE MORAES PITOMBO, tratando do alardeado *princípio*, muito utilizado nas decisões de pronúncia, *in dubio pro societate*: "é fácil, na sequência, perceber que a expressão *in dubio pro societate* não exibe o menor sentido técnico. Em tema de direito probatório, afirmar-se: 'na dúvida, em favor da sociedade' consiste em absurdo lógico-jurídico. Veja-se: Em face da contingente dúvida, sem remédio, no tocante à prova – ou melhor, imaginada incerteza – decide-se em prol da sociedade. Dizendo de outro modo: Se o acusador não conseguiu comprovar o fato, constitutivo do direito afirmado, posto que conflitante despontou a prova; então, se soluciona a seu favor, por absurdo. Ainda, porque não provou ele o alegado, em face do acusado, deve decidir-se contra o último. Ao talante, por mercê judicial o vencido vence, a pretexto de que se favorece a sociedade: *in dubio contra reum*".[13]

7.2   Conteúdo da decisão de pronúncia e sua influência sobre os jurados

Acesse e assista ao vídeo sobre Fundamentação da pronúncia.

> *http://uqr.to/1z8p0*

Como visto, a natureza jurídica da pronúncia é decisão interlocutória mista, que julga apenas a admissibilidade da acusação, sem qualquer avaliação de mérito. Assim, é indispensável que seja prolatada em termos sóbrios, sem colocações incisivas, evitando-se considerações pessoais no tocante ao réu e constituindo a síntese da racionalidade e do equilíbrio prudente do juiz.

---

[12]   Questões polêmicas sobre a pronúncia, p. 119.

[13]   Pronúncia e o *in dubio pro societate*, p. 6.

Caso contenha termos injuriosos ao acusado (ex.: marginal perigoso, facínora cruel, despudorado mentiroso, entre outros), frases de efeito contra a defesa ou acusação (ex.: "é evidente" que o réu matou; "parece-nos que é inocente", mas cabe ao júri decidir), ingressos inoportunos no contexto probatório (ex.: a prova indica "com clareza" ter havido um crime bárbaro) ou qualquer outro ponto que seja contundente na inserção do mérito, deve provocar, como consequência, a sua anulação.

Não se pode conceber que a decisão, nesses termos proferida, seja lida pelos jurados, de modo a influir na formação do seu convencimento. É preciso destacar que os membros do Conselho de Sentença levam em grande conta as palavras proferidas pelo juiz presidente, a pessoa que lhes parece mais imparcial no Tribunal do Júri, razão pela qual a moderação na pronúncia é inafastável, sob pena de se colocar em risco a própria *soberania dos veredictos*. Soberano não pode ser o jurado nitidamente influenciado pelo juiz togado.

O mesmo que se disse a respeito da decisão de pronúncia deve valer para o acórdão que, dando provimento a recurso da Justiça Pública, contra decisão de impronúncia ou de absolvição sumária, resolver pronunciar o acusado. Não é pelo fato de a decisão ser prolatada em 2.º grau de jurisdição que está autorizada a extravasar os limites da fundamentação, pois, igualmente, poderá exercer influência no Conselho de Sentença, que a terá em mãos, durante o julgamento (art. 472, parágrafo único, CPP). Qualquer exagero pode ser questionado através de *habeas corpus*, ajuizado em Tribunal Superior. Por outro lado, é preciso que, igualmente à decisão de pronúncia, fundamente o tribunal a decisão proferida, sem receio de invadir seara alheia – a dos jurados –, pois toda decisão do Poder Judiciário deve ser fundamentada.

7.2.1   A extensão da fundamentação da pronúncia

A Lei 11.690/2008, pretendendo inovar nesse campo, estabeleceu que "a fundamentação da pronúncia *limitar-se-á* à indicação da *materialidade* do fato e da existência de *indícios suficientes de autoria* ou de participação, devendo o juiz declarar o dispositivo legal em que julgar incurso o acusado e especificar as circunstâncias qualificadoras e as causas de aumento de pena" (art. 413, § 1.º, CPP, grifamos).

Aplicando-se, literalmente, esse dispositivo, estaria o juiz impedido de tecer comentários em relação a outra matéria que não fosse diretamente vinculada à materialidade do fato (prova de sua existência) e indícios suficientes de autoria. As teses porventura levantadas pela defesa, buscando a absolvição sumária, por exemplo, poderiam ser deixadas de lado. Imagine-se que o réu tenha alegado em seu interrogatório a prática do fato, porém em legítima defesa. O defensor assim pleiteia em suas alegações finais. Porém, se o magistrado se limitar a apontar a morte e a autoria, há carência de motivação e cerceamento de defesa, pois nem comentou eventual afastamento da legítima defesa.

Outro ponto relevante cinge-se ao debate das partes em torno da mantença ou não das qualificadoras. O art. 413, § 1.º, estabelece que o magistrado deve especificar as circunstâncias qualificadoras, devendo-se compreender o alcance da norma: precisa manter ou afastar a qualificadora de maneira fundamentada, sem a pretensão de esgotar o assunto. Deve analisar, igualmente, as causas de aumento.

Deixar de motivar a decisão de pronúncia foge ao determinado pela Constituição Federal (art. 93, IX). Omitir-se quanto às teses levantadas pela defesa, deixando de apresentar as suas razões para não as acolher, fere a plenitude de defesa (art. 5.º, XXXVIII, *a*). Em suma, se a decisão de pronúncia for sucinta e ligar-se, apenas, à materialidade e à autoria poderá gerar vício insanável, por inconstitucionalidade.

Pensamos que deva o magistrado permanecer fiel ao texto constitucional e motivar, efetivamente, a decisão de pronúncia, sempre em termos equilibrados e prudentes. Cuida-se de uma garantia do réu, ao conhecer as razões que o levaram a sofrer qualquer tipo de constrangimento, como ser levado a julgamento pelo Tribunal do Júri, e, também, constitui um direito da sociedade acompanhar, pela motivação, a imparcialidade dos órgãos judiciários em seus pronunciamentos.

Logo, é preciso que o juiz motive a sentença de pronúncia, tomando conhecimento das teses levantadas pela acusação e pela defesa, dentro da sua competência.

Nada impede o triunfo da prudência, demonstrando não ser caso de absolvição por enquanto, porque as provas são dúbias, comportando variadas interpretações, nem tampouco de impronúncia, porque há indícios suficientes a demonstrar ser o réu o autor do delito, num juízo de mera admissibilidade. Assim, a despeito de ser moderado nos seus termos, jamais deve o juiz deixar de fundamentar a pronúncia, avaliando e rejeitando, se for o caso, as teses levantadas pela defesa.

Quanto a outros fatores ligados à imputação, o juiz somente não deve ingressar nas matérias que concernem à aplicação da pena, como é o caso das agravantes (art. 61, CP), das atenuantes (arts. 65 e 66, CP) ou das circunstâncias judiciais (art. 59, CP), pois o momento é impróprio. No mais, precisa acolher ou rejeitar as qualificadoras, que fazem parte do tipo derivado e precisam constar da pronúncia. Logo, fundamentá-las também é indispensável. Entretanto, o magistrado só deve afastar qualificadoras nitidamente improcedentes, que não correspondem à prova colhida ao longo da instrução.

As circunstâncias componentes do tipo penal incriminador devem ser declaradas, na decisão de pronúncia: As elementares (tipo básico, que consta no *caput* do tipo penal incriminador, como a expressão matar alguém, prevista no art. 121 do Código Penal), as circunstâncias de aumento de pena específicas (constantes no tipo derivado, ou seja, nos parágrafos do tipo incriminador, como ocorre com a circunstância de ter sido o homicídio cometido contra menor de quatorze anos ou maior de sessenta, prevista no art. 121, § 4.º, final, ou o cometimento do homicídio por milícia privada, sob o pretexto de prestação de serviço de segurança, ou por grupo de extermínio, no art. 121, § 6.º, do Código Penal), bem como as circunstâncias qualificadoras (constantes no tipo derivado, vale dizer, nos parágrafos, como ocorre com o disposto nos incisos do § 2.º do art. 121 do Código Penal).

Não se incluem as circunstâncias genéricas de aumento ou diminuição da pena, isto é, as previstas na Parte Geral, que servem para auxiliar o juiz a fixar a pena e não a definir o tipo penal no qual está incurso o réu. Assim, evita-se na pronúncia qualquer menção ao concurso de crimes (arts. 69 a 71, CP). Usa-se, no entanto, a tentativa (art. 14, II, CP), a omissão penalmente relevante (art. 13, § 2.º, CP) ou o concurso de pessoas (art. 29, CP), quando for o caso, porque se trata de tipicidade por extensão, integrante do tipo fundamental.

Embora faça parte do tipo penal, não se insere na pronúncia qualquer causa de diminuição especial de pena, como ocorre com o disposto no art. 121, § 1.º, do Código Penal (relevante valor social ou moral e violenta emoção, em seguida a injusta provocação da vítima), pois há expressa vedação para a sua inclusão na decisão de pronúncia. Preceitua o art. 7.º da Lei de Introdução ao Código de Processo Penal (Decreto-lei 3.931/1941) que "o juiz da pronúncia, ao classificar o crime, consumado ou tentado, não poderá reconhecer a existência de causa especial de diminuição da pena".

Por derradeiro, na decisão de pronúncia, deve o magistrado esclarecer se o réu aguardará preso ou solto o julgamento, valendo-se do disposto nos §§ 2.º e 3.º do art. 413. Remetemos o leitor para o capítulo referente à prisão e liberdade, onde expusemos o tema.

7.3 Os crimes conexos na pronúncia

Não cabe ao magistrado, ao elaborar o juízo de admissibilidade da acusação, em relação aos crimes dolosos contra a vida, analisar se é procedente ou não a imputação feita pelo órgão acusatório no tocante aos delitos conexos.

Havendo infração penal conexa, incluída na denúncia ou queixa, devidamente recebida, pronunciando o réu pelo delito doloso contra a vida, deve o juiz remeter a julgamento pelo Tribunal Popular os conexos, sem proceder a qualquer análise de mérito ou de admissibilidade quanto a eles. Aliás, se eram grotescas, atípicas ou inadmissíveis as caracterizações dos delitos conexos, tão logo foi oferecida a denúncia ou queixa, cabia ao magistrado rejeitá-la. Se acolheu a acusação, deve repassar ao juiz natural da causa o seu julgamento. Caberá, assim, aos jurados checar a materialidade e a prova da autoria para haver condenação.

Não tem sentido o magistrado pronunciar pelo crime de sua competência e impronunciar pela infração penal conexa, cuja avaliação não lhe pertence. Exemplo: o réu responde por homicídio seguido de furto; havendo pronúncia pelo crime contra a vida, remete-se, automaticamente, o furto para análise dos jurados, exista ou não prova suficiente da materialidade, haja ou não provas suficientes acerca da autoria. É competente, na integralidade, o Conselho de Sentença para apreciar o crime patrimonial. Diga-se o mesmo quanto à vedação de absolver sumariamente o réu pelo crime conexo.[14]

Conferir, ainda, BADARÓ: "Havendo *crime conexo*, a pronúncia deverá incluir tanto o crime doloso contra a vida quanto o delito conexo. Mesmo que haja prova de eventuais excludentes de ilicitude ou culpabilidade quanto ao crime conexo, o acusado deverá ser pronunciado por ambos, não podendo ser absolvido sumariamente ou impronunciado apenas quanto ao delito conexo".[15]

7.4 Alteração da classificação do crime

Descreve o art. 418, do CPP, a hipótese prevista no art. 383, *caput*, do mesmo Código, ou seja, a *emendatio libelli*. Não está o magistrado, realmente, adstrito à classificação feita pelo órgão acusatório, até mesmo porque o réu se defende dos fatos e não da definição jurídica dada na denúncia ou queixa.

Assim, caso o promotor tenha descrito um homicídio, mas, ao classificar, tenha pedido a pronúncia por infanticídio, tal situação é irrelevante. O juiz simplesmente altera a classificação e pronuncia o acusado pelo crime correto, determinante de pena mais grave. Entretanto, é preciso considerar que, embora este artigo nada fale a respeito, o reconhecimento de nova definição jurídica do fato necessita estar ligado a circunstâncias devidamente descritas na denúncia. Caso haja elementares não contidas na peça acusatória, o prejuízo para o réu torna-se evidente, uma vez que não se defendeu correta e amplamente, como lhe assegura a Constituição Federal. Nessa hipótese, é curial que o juiz abra vista à acusação para aditar a

---

[14] Nesse prisma, ver ADRIANO MARREY, *Teoria e prática do júri*, p. 249.

[15] *Direito processual penal*, t. II, p. 29.

denúncia ou queixa e, em seguida, à defesa, para manifestar-se a respeito, aplicando o disposto no art. 384 do Código de Processo Penal.

Outra solução implicaria desprezo ao devido processo legal. Nem se diga que a decisão de pronúncia é de mera admissibilidade da acusação, podendo ser alterada no plenário pelos jurados, pois acarreta inúmeras consequências ao réu – inclusive a possibilidade de ser preso –, o que não pode ser ignorado.

7.5 Possibilidade de correção da pronúncia

O art. 421, § 1.º, do Código de Processo Penal, prevê a possibilidade de alteração da pronúncia, mesmo depois de ocorrer a preclusão, desde que seja verificada circunstância superveniente modificadora da classificação do delito.

Quando ocorre a pronúncia, o juiz indica o tipo penal no qual está incurso o réu (ex.: tentativa de homicídio, homicídio simples, homicídio qualificado). Há, no entanto, a possibilidade de correção da classificação original, diante de circunstância superveniente à pronúncia, capaz de impelir à modificação da tipicidade.

É o que acontece, muitas vezes, com a chegada, aos autos, de prova da morte da vítima, estando o réu pronunciado por tentativa de homicídio. Necessita-se fazer uma alteração na pronúncia, para transformar a acusação para homicídio consumado, na forma simples ou qualificada, conforme o caso. Outro exemplo é citado por JOSÉ FREDERICO MARQUES, no caso de haver a descoberta de causas conexas ou onde haja a continência, após a pronúncia: "Entendemos que, nessa hipótese, o presidente do júri deve avocar o processo, para a unificação ulterior, dando nova sentença de pronúncia, se se tratar de continência de causa ou indivisibilidade de infração".[16]

Quanto ao procedimento para a modificação da pronúncia, parece-nos essencial que, havendo a inserção de prova nova nos autos, justificando a correção, deve o juiz abrir vista ao Ministério Público para aditar a denúncia e, em seguida, à defesa para manifestar-se. A reforma trazida pela Lei 11.689/2008 inseriu apenas a oitiva do Ministério Público, mas, lamentavelmente, olvidou a defesa. É fundamental que esta seja, igualmente, ouvida, não somente pelo princípio do contraditório, mas também pela plenitude de defesa.

Querendo, pode o réu suscitar a produção de prova, demonstrado o interesse em contrariar o que foi introduzido nos autos. Assim, caso tenha sido juntada a certidão de óbito da vítima, adita o promotor a denúncia para fazer constar tratar-se de um homicídio consumado – se assim entender, uma vez que nem sempre a convicção do Ministério Público desenvolver-se-á nesse sentido. Lembremos, aliás, que o nexo causal é fundamental para ligar o resultado morte à conduta do réu. É justamente isso que pode a defesa pretender fazer, ou seja, demonstrar ter a vítima falecido em virtude de outras causas, não originárias da conduta lesiva do acusado.

Finda eventual produção de provas, o juiz poderá proferir nova pronúncia, fazendo incluir a imputação de homicídio consumado, ao invés de tentativa de homicídio.

---

[16] *Da competência em matéria penal*, p. 381.

8. IMPRONÚNCIA

Acesse e escute o podcast sobre Impronúncia.

> http://uqr.to/1z8p1

É a decisão interlocutória mista de conteúdo terminativo, visto encerrar a primeira fase do processo (*judicium accusationis*), deixando de inaugurar a segunda, sem haver juízo de mérito (art. 414, CPP). Assim, inexistindo prova da materialidade do crime ou não havendo indícios suficientes de autoria, deve o magistrado impronunciar o réu, significando julgar improcedente a denúncia ou queixa e não a pretensão punitiva do Estado. Desse modo, se, porventura, novas provas advierem, outro processo pode instalar-se.

Por vezes, valem-se a doutrina e a jurisprudência do termo *despronúncia*, significando a decisão proferida pelo tribunal ao reformular a anterior sentença de pronúncia, transformando-a em impronúncia. Pode-se, ainda, considerar *despronúncia* a retratação do magistrado, que, em face de recurso em sentido estrito interposto contra a decisão de pronúncia, reconsidera sua decisão, despronunciando o acusado. Discordando do uso do termo "despronúncia" está a posição de Tucci, que diz ser inconsistente a diferença entre despronúncia e impronúncia, sendo preferível referir-se sempre a este último.[17]

Havendo impronúncia, é possível a instauração de novo processo, desde que a punibilidade do réu não esteja extinta (se houver, por exemplo, prescrição) e surgindo provas substancialmente novas, isto é, provas não conhecidas anteriormente, nem passíveis de descobrimento pelo Estado-investigação, porque ocultas ou ainda inexistentes. Ex.: surge a arma do crime, até então desaparecida, contendo a impressão digital do acusado.

8.1 A inconveniência da impronúncia

Inexistindo prova da existência do fato (materialidade) ou indícios suficientes de autoria, o magistrado impronuncia o réu, ou seja, julga improcedente a denúncia ou queixa, provocando o término do processo. Entretanto, mantém-se aberta a oportunidade de, surgindo novas provas, propor-se, novamente, ação penal contra o acusado, desde que não esteja extinta a punibilidade.

Porém, parece-nos estranho que apenas no contexto dos crimes dolosos contra a vida atinja-se tal solução, quando o correto, em qualquer outro processo, seria a absolvição, ainda que por insuficiência de provas (art. 386, VII, CPP).

No Estado Democrático de Direito, soa-nos contraditória essa posição na qual é inserido o acusado, após a impronúncia. Não tem o direito de ir a Júri para ter o mérito da questão apreciado e conseguir, se for o caso, a absolvição definitiva, mas também não está absolvido desde logo. É lançado num limbo jurídico. Sua folha de antecedentes registra a impronúncia, significando que o réu está com sua situação pendente, bastando que o órgão acusatório encontre novas provas de sua pretensa culpa.

---

17 Habeas corpus, *ação e processo penal*, p. 203-204.

Se foi apresentada a denúncia ou queixa, instaurou-se o devido processo legal, com contraditório e ampla defesa, provas foram livremente produzidas e, ao final, nenhuma solução concreta se encontrou, o caminho correto deveria ser a absolvição.[18]

9.   DESCLASSIFICAÇÃO DA INFRAÇÃO PENAL

É a decisão interlocutória simples, modificadora da competência do juízo, não adentrando o mérito, nem tampouco fazendo cessar o processo. Ensina TORNAGHI que *desclassificar* a infração é "dar-lhe nova enquadração legal, se ocorrer mudança de fato, novos elementos de convicção ou melhor apreciação dos mesmos fatos e elementos de prova".[19]

O juiz somente desclassificará a infração penal, cuja denúncia ou queixa foi recebida como delito doloso contra a vida, em caso de cristalina certeza quanto à ocorrência de crime diverso daqueles previstos no art. 74, § 1.º, do Código de Processo Penal (homicídio doloso, simples ou qualificado; induzimento, instigação ou auxílio a suicídio ou a automutilação; infanticídio ou aborto).

Vale seguir o alerta formulado por ARY DE AZEVEDO FRANCO: "devemos salientar que é de boa técnica o juiz da pronúncia, quando desclassificar para lesões corporais, na hipótese de denúncia ou queixa por tentativa de homicídio, e não for o competente para a nova situação, limitar-se a desclassificar para lesões corporais, sem especificar se leve ou grave, porque a competência para tal lhe não pertence, e sim ao juízo para onde será remetido o processo".[20]

Outra solução não pode haver, sob pena de se ferir dois princípios constitucionais: a soberania dos veredictos e a competência do júri para apreciar os delitos dolosos contra a vida. A partir do momento em que o juiz togado invade seara alheia, ingressando no mérito do elemento subjetivo do agente, para afirmar ter ele agido com *animus necandi* (vontade de matar) ou não, necessitará ter lastro suficiente para não subtrair, indevidamente, do Tribunal Popular competência constitucional que lhe foi assegurada. É soberano, nessa matéria, o povo para julgar seu semelhante, razão pela qual o juízo de desclassificação merece sucumbir a qualquer sinal de dolo, direto ou eventual, voltado à extirpação da vida humana.

É preciso cautela ao aplicar o disposto no art. 419 do CPP, pois nem sempre a hipótese de desclassificação obrigará o juiz a remeter o processo a outra Vara. Ilustre-se com a acusação fundada em dois homicídios dolosos. Desclassificando um deles para a forma culposa, por exemplo, não cabe a separação dos processos, enviando-se o que foi desclassificado para o juízo competente e pronunciando o outro, que permaneceria na Vara do Júri. Afinal, tratando-se de infrações conexas e havendo entre elas um crime de homicídio doloso, é natural que o delito culposo deva também ser julgado pelo Tribunal Popular.

9.1   A possibilidade de haver conflito negativo de competência após a desclassificação

Quando o juiz desclassifica a infração penal, por entendê-la outra que não da competência do Tribunal do Júri, remetendo o processo ao juízo singular que considera apto

---

[18]   No mesmo sentido, encontra-se a posição de PAULO RANGEL (*Tribunal do Júri...*, p. 104-105). Igualmente, criticando a possibilidade de se apresentar outra denúncia após a impronúncia está a lição de EUGÊNIO PACELLI (*Curso de processo penal*, p. 734).

[19]   *Compêndio de processo penal*, t. I, p. 323.

[20]   *Código de Processo Penal*, p. 49.

a julgá-la, propicia a interposição, por qualquer das partes, de recurso em sentido estrito (art. 581, II, CPP). Caso seja esse recurso julgado e deferido, o processo continuará seu percurso na Vara do Júri. Entretanto, se não for dado provimento ao recurso, o processo segue, de fato, a outro juízo, onde se firma a competência, tendo em vista que não surge conflito entre juiz estadual de primeiro grau e câmara criminal do Tribunal de Justiça estadual. Prevalece a decisão tomada pela câmara do TJ. Mas, considerando que o juiz do júri se declarou incompetente e determinou o seguimento a juiz singular, não havendo recurso das partes, o juízo receptor do processo pode suscitar conflito negativo de competência e o Tribunal de Justiça deve julgar qual é o competente para o caso. Nesta situação, não nos parece que a decisão do primeiro juiz (júri) ao se proclamar incompetente, somente pelo fato de as partes não terem recorrido, haveria preclusão do tema. O que ocorre é a ausência de pronunciamento por instância superior. Por isso, nada impede que o juiz singular, ao receber o feito, declare-se incompetente também.

Para decidir conflitos de competência, respeita-se o Regimento Interno dos Tribunais para conferir como devem ser resolvidos os conflitos de competência entre juízes de primeiro grau. Quando se trata de conflito entre a magistratura federal e a estadual, cabe ao Superior Tribunal de Justiça decidir a respeito (art. 105, I, *d*, CF). Ilustrando, se um juiz estadual conclui ser incompetente para julgar um caso qualquer, remetendo o processo para a Justiça Federal; havendo recurso em sentido estrito (art. 581, II, CPP), o Tribunal de Justiça nega provimento e confirma a remessa à esfera federal. A partir daí, pode o juiz federal suscitar o conflito, caso entenda não ser ele competente para julgar a infração penal, visto que a decisão do Tribunal de Justiça do Estado não o vincula. Caberá, nessa hipótese, ao Superior Tribunal de Justiça a análise final.

Havendo desclassificação, com remessa dos autos ao juiz competente, deixa de haver previsão, como anteriormente existia no antigo art. 410, no sentido de ser aberta vista à defesa para, querendo, indicar novas testemunhas, prosseguindo-se, a partir daí, para a sentença final.

Segundo cremos, o caminho eleito não é o mais indicado para assegurar a ampla defesa. Afinal, se houver um caso de desclassificação, porque o juiz constata a existência de circunstância que possibilita a aplicação de pena mais grave, não contida na denúncia ou queixa, deve-se seguir o disposto no art. 384 do Código de Processo Penal. Sustentamos ser recomendável a abertura de vista ao representante da acusação para aditamento da denúncia ou queixa, abrindo-se vista à defesa para manifestação e, desejando, produção de provas.

O interrogatório seria indispensável, querendo a defesa. Ilustre-se com o seguinte caso: o juiz verifica que a acusação cuidava de um homicídio simples. No curso do processo, surgem provas de que, no fundo, a vítima foi morta pelo réu, porque, estando em cativeiro, não foi pago o resgate exigido. De homicídio simples passa-se a extorsão mediante sequestro com resultado morte, cuja pena mínima é de 24 anos. Deve o Ministério Público aditar a denúncia, pois nenhuma das circunstâncias que envolvem o crime previsto no art. 159 do Código Penal foi descrita.

Após, o réu se defende, pode produzir prova testemunhal e ser interrogado. Essa é a melhor forma de se atender ao princípio da ampla defesa, deixando de haver dois tipos de réus: aqueles que se submetem ao disposto no art. 384 (*mutatio libelli*), com as garantias daí decorrentes, e outros, que, a despeito de se alterar a classificação do crime, para algo mais grave, não constante da denúncia, ficam privados desse procedimento.

Como regra, baseado no princípio da economia processual, não se deve permitir a rein-quirição, nos mesmos termos, de quem já foi ouvido no processo. Entretanto, essa não pode ser uma norma imutável. Em determinados casos, surgindo, ao longo da instrução, elementos que demonstrem ter o réu cometido um crime muito mais grave, pode haver expresso interesse da defesa de ouvir novamente alguém, com dados fundamentais para esclarecer a nova figura típica emergente. Anteriormente, nada lhe fora indagado a respeito, por ignorância das partes e do próprio juiz. A partir da existência de nova acusação, é imperiosa a reinquirição de quem já foi ouvido, o que deve ser deferido pelo magistrado, pois a norma processual penal não tem o condão de afastar a aplicação do princípio constitucional da ampla defesa.

Por derradeiro, salientamos que, em caso de réu preso, a alteração de competência não tem força, por si só, de possibilitar a sua imediata soltura, possivelmente pela alegação de excesso de prazo para a conclusão da instrução. A consequência prevista em lei (art. 419, parágrafo único, CPP) indica que o melhor caminho é colocar o réu à disposição do juiz competente, que poderá rever ou não a prisão cautelar. Uma pessoa acusada de homicídio qualificado – presa preventivamente ou em flagrante – que passe a ser acusada de latrocínio, por exemplo, deve continuar presa, salvo se o magistrado competente decidir de modo diverso.

10. ABSOLVIÇÃO SUMÁRIA

Acesse e escute o podcast sobre Absolvição sumária.

> http://uqr.to/1z8p2

É a decisão de mérito, que coloca fim ao processo, julgando improcedente a pretensão punitiva do Estado. A Lei 11.689/2008 ampliou o rol das hipóteses em que se admite essa espécie de decisão. O art. 415 do CPP prevê as seguintes: a) estar provada a inexistência do fato; b) estar provado não ter sido o réu o autor ou partícipe do fato; c) estar demonstrado que o fato não constitui infração penal; d) estar demonstrada causa de isenção de pena (excludentes de culpabilidade) ou de exclusão do crime (excludentes de ilicitude).

Lembremos que a absolvição sumária exige certeza, diante da prova colhida. Havendo dúvida razoável, torna-se mais indicada a pronúncia, pois o júri é o juízo constitucionalmente competente para deliberar sobre o tema.

10.1   A absolvição sumária proferida por juiz togado e a competência constitucional do Tribunal do Júri para julgar os crimes dolosos contra a vida

É verdade que cabe ao Tribunal do Júri o julgamento dos crimes dolosos contra a vida (art. 5.º, XXXVIII, *d*, CF), embora tenha o legislador ordinário estabelecido um correto e eficaz filtro para as acusações não adequadas a esse perfil.

A possibilidade de o magistrado togado evitar que o processo seja remetido ao Tribunal Popular e por este julgado está de acordo com o espírito da Constituição, visto ser a função dos jurados a análise de *crimes* contra a *vida*, significando que a inexistência de delito ou de prova contra o pretenso autor, bem como a alteração da tipicidade (passando a infração penal à competência de juiz singular) faz cessar, incontinenti, a competência do júri.

Estando o juiz convencido, com segurança, desde logo, da inexistência do fato, de não ter sido o réu o autor ou partícipe, de não ser o fato infração penal, de estar evidente a licitude da conduta do réu ou a falta de culpabilidade, não há razão para determinar que o julgamento seja realizado pelo Tribunal Popular. Não fosse assim, a instrução realizada em juízo seria totalmente despicienda. Se existe, é para ser aproveitada, cabendo, pois, ao magistrado togado aplicar o filtro que falta ao juiz leigo, remetendo ao júri apenas o que for, em função de dúvida intransponível, um *crime doloso* contra a *vida*. Aliás, devemos ressaltar que até mesmo a rejeição da denúncia ou queixa pode ocorrer, desde que o juiz verifique não constituir crime o fato narrado, porque, durante o inquérito, ficou demonstrado, com nitidez, a existência de excludente de ilicitude ou de culpabilidade.

10.2   Semi-imputabilidade

A constatação de semi-imputabilidade não comporta absolvição sumária, nem tampouco impronúncia. Se o réu é considerado mentalmente perturbado (art. 26, parágrafo único, CP), deve ser pronunciado normalmente, havendo prova da materialidade e indícios suficientes de autoria. Tal se dá, uma vez que o acusado é culpável, em tese, merecendo, apenas, se for condenado, uma diminuição da pena.

Quanto à constatação de inimputabilidade, estabelece o art. 415, parágrafo único, do CPP, não dever o juiz absolver sumariamente o acusado, impondo medida de segurança, se a defesa aventou outras teses. Em outros termos, ilustrando, a defesa pode ter alegado a hipótese de legítima defesa. Mesmo que inimputável o réu, há viabilidade de ser absolvido com base na excludente de ilicitude. E, se tal ocorrer, porque sua conduta foi considerada lícita, não se pode impor medida de segurança. Em face disso, é possível que se queira demonstrar a ocorrência da legítima defesa aos jurados. O magistrado, então, embora constatada a inimputabilidade, deve pronunciar o réu para ser julgado pelo Tribunal do Júri (se não houver condições de absolvê-lo sumariamente, desde logo, com base no art. 415, IV).

Por outro lado, se a tese defensiva se lastrear, unicamente, na inimputabilidade do réu, o juiz pode absolvê-lo sumariamente, impondo a medida de segurança adequada.

Estabelecia o antigo art. 411 do CPP a obrigatoriedade de submissão da decisão de absolvição sumária ao duplo grau de jurisdição (o denominado *recurso de ofício*). Tal medida era fruto do cuidado que se buscava ter na preservação da competência constitucional do Tribunal do Júri para deliberar sobre os crimes dolosos contra a vida. Assim, quando o magistrado singular absolvia o réu, evitando que seu caso fosse analisado pelo Tribunal Popular, cabia ao Tribunal de Justiça reexaminar a decisão, certificando o seu acerto, bem como podendo reformá-la, determinando que o processo fosse apreciado pelo Júri.

A atual redação do art. 415 suprimiu por completo qualquer menção ao recurso de ofício. Restou, ainda, o conteúdo do art. 574, II, do CPP, fazendo referência a essa modalidade de recurso. Encontra-se implicitamente revogado. Em primeiro lugar, o art. 574, II, faz remissão expressa ao art. 411 ("nos termos do art. 411"), que deixou de existir com tal conteúdo. Em segundo lugar, prevê a possibilidade de recurso de ofício apenas em casos de excludentes de ilicitude ou culpabilidade. Não há o menor sentido em se utilizar do recurso de ofício unicamente quando a absolvição sumária tiver lastro no art. 415, IV. Nos demais casos (incisos I a

III), depender-se-ia da interposição de apelação pela parte interessada. Logo, cremos afastado o recurso de ofício do cenário da absolvição sumária.

11. INTIMAÇÃO DA PRONÚNCIA

A Lei 11.689/2008 alterou, para melhor, a forma de intimação da pronúncia, simplificando-a. Dispõe o art. 420 que será feita das seguintes formas: a) pessoalmente, ao réu, ao defensor nomeado (ou ao defensor público) e ao Ministério Público; b) ao defensor constituído, ao querelante e ao assistente do Ministério Público, na forma do disposto no art. 370, § 1.º, do CPP (publicação pela imprensa). O acusado solto, que não for encontrado, será intimado por edital.

Respeita-se a ampla defesa em relação ao réu (intimação pessoal), bem como se homenageia a tradição de intimação pessoal dos operadores do Direito que atuam por interesse público (defensor dativo, defensor público, MP).

Confere-se celeridade, intimando-se pela imprensa, quando o defensor é constituído, logo, tem melhor estrutura para tomar ciência das publicações que lhe interessam. É o mesmo caso do querelante e do assistente de acusação.

Se o réu solto não for localizado para intimação, será esta realizada por edital. Não mais se decretará a sua prisão cautelar, o que é correto, pois nem sempre a sua ausência significa fuga. Aliás, a partir da edição da Lei 11.689/2008, pode haver julgamento em plenário do Tribunal do Júri sem a presença do acusado.

12. LIBELO CRIME-ACUSATÓRIO

12.1 Conceito

Tratava-se da peça acusatória, cujo conteúdo era fixado pela decisão de pronúncia, expondo, na forma de artigos, a matéria que seria submetida a julgamento pelo Tribunal do Júri. No procedimento do júri, enquanto a denúncia tinha por fim expor o fato delituoso para provocar um juízo de admissibilidade da acusação (pronúncia), sem invasão do mérito da causa, o libelo crime-acusatório era justamente a peça formal da acusação, que visava à exposição do fato criminoso (filtrado pela pronúncia) ao Tribunal Popular, deduzindo a pretensão punitiva do Estado e pretendendo um julgamento de mérito. Foi suprimido pela Lei 11.689/2008.

12.2 Consequências da eliminação do libelo

Muito se dizia sobre a extinção desse articulado, considerado inútil por alguns e fonte de nulidades – porque, várias vezes, malfeito – por outros. Sabia-se que o questionário do juiz (quesitos) devia guardar correspondência com o libelo e este com a pronúncia. Por isso, havia posições doutrinárias sustentando a sua eliminação, baseando-se, então, o juiz presidente, ao elaborar os quesitos, diretamente na pronúncia e naquilo que foi alegado em plenário.

Pensamos que a extinção do libelo somente trará algum resultado útil caso o juiz passe a tornar a pronúncia específica o suficiente para não gerar à defesa qualquer surpresa no plenário. Exemplo disso pode ser a acusação genericamente feita na denúncia de que o réu participou do crime de homicídio, sem fornecer, exatamente, qual foi a sua conduta: se coautor ou simples partícipe. Se o juiz, na pronúncia, deixasse de especificar como o acusado devia ser considerado, o libelo tinha essa função: tornar clara a acusação para que a defesa pudesse refutar a imputação a contento. Nessa ótica, encontra-se o alerta de Gustavo Badaró: "não havendo mais o libelo, será necessário que a pronúncia delimite, precisamente, o fato pelo qual o acusado será submetido a julgamento, com a indicação concreta da conduta que lhe é imputada. Não bastará a mera utilização de fórmulas jurídicas abstratas e que tornam a defesa vulnerável, ante a indefinição dos fatos que terá que contrariar".[21]

Eliminando-se o libelo e sendo a pronúncia genérica, tanto quanto foi a denúncia, como fará a defesa para organizar seus argumentos em plenário? Deve preparar-se para ouvir do órgão acusatório qualquer das duas teses no dia do julgamento? Se assim for, não se estaria cerceando a atividade defensiva sem lhe fornecer, de antemão e com a exatidão aguardada, o conteúdo da imputação? Enfim, eliminado o libelo, torna-se indispensável que a pronúncia seja a mais específica possível nesse sentido, sob pena de se violar o princípio constitucional da plenitude de defesa. Sobre o tema, pronuncia-se ROGÉRIO LAURIA TUCCI, nos seguintes termos: "A supressão do libelo não importa na simplificação do procedimento, no qual haverá lugar, em sequência ao decurso do prazo para interposição de recurso contra a sentença de pronúncia, para o requerimento de provas, a serem produzidas no plenário do júri, e de outras diligências prévias, tidas como pertinentes e relevantes. (...) sem o libelo definha-se a contrariedade, enfraquece-se a atuação defensiva, desorienta-se a realização da prova oral em plenário e, com isso, desvigora-se a quesitação – tudo a negar (isso, sim!) a tradição conservadora da instituição do júri".[22] Seguindo a mesma trilha, PITOMBO considera "gravíssima" a eliminação do libelo-crime, pois terminaria com o controle efetivo do juiz sobre a acusação: "Irromperá muito dificultoso, no momento dos debates, o juiz-presidente verificar a fidelidade e a pontualidade da acusação oral", enfraquecendo a defesa.[23]

13. FASE DE PREPARAÇÃO DO PLENÁRIO

A Lei 11.689/2008 deixou clara a existência, posição que já defendíamos anteriormente, da segunda fase, denominada *preparação do processo para julgamento em plenário*.

Assim, preclusa (não cabe mais recurso) a decisão de pronúncia, os autos serão encaminhados ao juiz presidente do Tribunal do Júri (art. 421, *caput*, CPP).

Inicia-se, então, a segunda fase. O magistrado determina a intimação do Ministério Público ou do querelante, conforme o caso, bem como do defensor para que, em cinco dias, apresentem o rol das testemunhas que irão depor em plenário, até o máximo de cinco para cada parte. Poderão juntar documentos e requerer qualquer diligência pertinente (art. 422, CPP).

Na sequência, após as manifestações, o juiz delibera acerca de quais provas serão produzidas de imediato e quais ficarão para o plenário. Promoverá as diligências necessárias para sanar qualquer falha ou vício até então ocorrido. Buscará esclarecer fato interessante à busca da verdade real.

---

[21]   MARIA THEREZA MOURA (coord.), *As reformas no processo penal*, p. 104.

[22]   *Tribunal do júri – origem, evolução, características e perspectivas*, p. 87-88.

[23]   Supressão do libelo, p. 141-142.

Em inovação trazida pela reforma, deve o magistrado elaborar, por escrito, o relatório do processo, que será entregue, por cópia, a cada um dos jurados componentes do Conselho de Sentença (art. 423, II, CPP).

Sem manifestar qualquer opinião sobre o processo, o relatório deve conter, dentre outros pontos, conforme o prudente critério do juiz, o seguinte: a) resumo do conteúdo da denúncia ou queixa; b) resumo do conteúdo da defesa prévia do réu, com suas alegações preliminares e/ou exceções; c) elenco das provas (basta enumerar e não detalhar uma por uma) colhidas ao longo do inquérito, em especial as periciais, que não são refeitas; d) elenco das provas (basta enumerar e não detalhar uma por uma) colhidas na fase de formação da culpa; e) resumo do conteúdo do interrogatório do réu, em especial, se levantou e qual foi a sua tese de autodefesa (se preferiu valer-se do direito ao silêncio, basta mencionar o fato, sem valoração alguma); f) resumo do conteúdo das alegações finais das partes; g) resumo do conteúdo da pronúncia, acolhendo e/ou rejeitando as teses das partes (se houve impronúncia, desclassificação ou absolvição sumária, expor o resumo do seu conteúdo, fazendo menção à reforma pelo Tribunal); h) exposição de pontos excepcionais, como, por exemplo, se houve decretação da prisão preventiva ou prisão em flagrante, concessão ou negativa de liberdade provisória, recurso contra a pronúncia e resultado do acórdão; i) se houve aditamento à denúncia e alteração da pronúncia, após a preclusão; j) quais as provas requeridas e, eventualmente, realizadas na fase de preparação do plenário.

É possível que a lei de organização judiciária não atribua ao juiz presidente do Tribunal do Júri o preparo do processo para o plenário. Se tal ocorrer, o juiz competente remeterá ao presidente do júri os autos preparados até cinco dias antes do sorteio dos vinte e cinco jurados da sessão (art. 424, CPP).

13.1   Justificação

É uma medida de natureza cautelar, cuja finalidade é a prova de algum fato ou de qualquer relação jurídica, relevante para o julgamento em plenário no Tribunal do Júri. Não está disciplinada pelo Código de Processo Penal, embora este a mencione (art. 513). Segue-se, então, o previsto no Código de Processo Civil, no tocante à produção antecipada de provas (arts. 381 a 383 do CPC/2015).

Atualmente, constituída a fase de preparação do plenário (arts. 422 e 423, CPP), prevendo-se a possibilidade de produção de provas, a *justificação* quase perdeu o sentido. Entretanto, devemos lembrar que, finda a etapa probatória da segunda fase do procedimento do júri, o processo pode já estar aguardando a sessão plenária, quando surge o interesse para a busca ou a constituição de qualquer prova relevante.

Nesse caso, o correto é a parte ingressar com a cautelar incidental, denominada *justificação*, o que é situação rara, sem dúvida.

Quem desejar promovê-la apresenta a petição inicial (ex.: ouvir uma testemunha-chave ainda não inquirida), havendo a interferência do Ministério Público (caso não seja este o requerente). Procede-se à juntada de documentos e oitiva de testemunhas. Não se contesta o pedido, nem há recurso contra a simples homologação, proferida pelo juiz ao final, sem qualquer apreciação de mérito. Normalmente, desenvolve-se em apenso ao processo principal. Deve contar com a audiência da parte contrária, sendo dispensável a presença do réu, pois é procedimento meramente incidental e inexiste disposição legal a respeito.

Em algumas situações, se houver necessidade de reconhecimento, deve-se buscar ter o acusado presente. Nos feitos do júri, faz-se perante o juiz preparador do plenário. Quando for para efeito de revisão criminal, cabe ao juiz da condenação.

Indeferida a justificação, de plano, cabe apelação (art. 593, II, CPP). Mas o correto é que não seja indeferida, salvo quando o pedido envolver a produção de prova ilícita ou quando envolver questão inútil para a solução do feito, o que evidencia a ausência de interesse de agir.

Muito embora constitua hipótese invulgar nesta fase do processo, pode-se realizar prova pericial. É natural que fica ao prudente critério do juiz deferir ou não a sua realização e necessita o magistrado basear-se, justamente, no ineditismo da alegação formulada e na importância da prova para o julgamento. Se a parte requerente da nova perícia já teve oportunidade de fazê-lo antes e não a solicitou, bem como quer ressuscitar argumentos antigos, não há que se acolher o pleito.

13.2 Desaforamento

Trata-se da decisão jurisdicional que altera a competência inicialmente fixada pelos critérios constantes do art. 69 do Código de Processo Penal, com aplicação estrita no procedimento do Tribunal do Júri. A competência para avaliar a conveniência do desaforamento é sempre da instância superior e nunca do juiz que conduz o feito. Entretanto, a provocação pode originar-se tanto do magistrado de primeiro grau quanto das partes, como regra.

Não há ofensa ao princípio do juiz natural, porque é medida excepcional, prevista em lei, e válida, portanto, para todos os réus. Aliás, sendo o referido princípio uma garantia à existência do juiz imparcial, o desaforamento se presta justamente a sustentar essa imparcialidade, bem como a garantir outros importantes direitos constitucionais (integridade física do réu e celeridade no julgamento).

Dá-se o desaforamento, nos termos dos arts. 427 e 428 do CPP, em quatro situações: a) se o interesse da ordem pública o reclamar; b) se houver dúvida sobre a imparcialidade do júri; c) se houver dúvida quanto à segurança do réu; d) se o julgamento não se realizar no período de seis meses, contado do trânsito em julgado da decisão de pronúncia, desde que para a demora não tenha contribuído a defesa.

Quanto ao interesse da ordem pública, é preciso destacar que *ordem pública* é a segurança existente na Comarca onde o júri deverá realizar-se. Portanto, havendo motivos razoáveis e comprovados de que a ocorrência do julgamento provocará distúrbios, gerando intranquilidade no local, constituído está o fundamento para desaforar o caso.

Não basta, para essa apuração, o sensacionalismo da imprensa do lugar, muitas vezes artificial e que não reflete o exato sentimento das pessoas. O juiz pode apurar tal fato ouvindo as autoridades locais (polícia civil, polícia militar, Ministério Público, entre outros).

A dúvida quanto à imparcialidade do júri é questão delicada, pois nem sempre são fáceis ou nítidas as provas nesse sentido. Entretanto, dentre todos os motivos do art. 427, em nosso entender, é o principal, na medida em que compromete, diretamente, o princípio constitucional do juiz natural e imparcial.

Não há possibilidade de haver um julgamento justo com um corpo de jurados pendendo para um dos lados. Tal situação pode dar-se quando a cidade for muito pequena e o crime tenha sido gravíssimo, levando à comoção geral, de modo que o caso vem sendo discutido em todos os setores da sociedade muito antes do julgamento ocorrer. Dificilmente, nessa hipótese, haveria um Conselho de Sentença imparcial, seja para condenar, seja para absolver, visto que a tendência a uma postura ou outra já estará consolidada há muito tempo. Meras suposições de parcialidade não devem dar margem ao desaforamento.

A notoriedade da vítima ou do agressor não é, por si só, motivo suficiente para o desaforamento. Em muitos casos, homicídios ganham notoriedade porque a vítima ou o agressor – ou ambos – são pessoas conhecidas no local da infração, certamente provocando o debate prévio na comunidade a respeito do fato. Tal situação deve ser considerada normal, pois é impossível evitar que pessoas famosas ou muito conhecidas, quando sofrem ou praticam crimes, deixem de despertar a curiosidade geral em relação ao julgamento. Somente em casos excepcionais, conforme exposto no parágrafo anterior, cabe o deslocamento da competência.

A situação concernente à segurança pessoal do réu não nos parece ideal, uma vez que é dever do Estado zelar pela segurança de qualquer pessoa, especialmente do acusado. Havendo condenação e prisão, continuará ele à disposição do Estado e sob sua proteção. Caso seja colocado em liberdade, porque absolvido, cabe a ele detectar se convém a sua permanência no local do julgamento. Enfim, em casos anormais e excepcionais, geralmente em pequenas cidades, onde o efetivo da polícia é diminuto e não há possibilidade de reforço, por qualquer motivo, é razoável o desaforamento.

A demora para a realização do julgamento constitui igualmente razão para o desaforamento, caso o julgamento não se dê após seis meses, contado do trânsito em julgado da pronúncia e desde que o defensor não tenha contribuído para a lentidão, com pedidos de adiamento, diligências ou incidentes. Passou-se a exigir que o pedido de desaforamento com base nesse motivo demonstre o excesso de serviço na Vara (art. 428, *caput*, CPP).

O art. 428, § 1.º, especifica que ao atraso não pode ter dado causa a defesa, excluindo o órgão acusatório. Essa discriminação é injusta, uma vez que o promotor, em tese, também pode provocar o retardamento do feito, até mesmo para gerar, depois, o desaforamento. Merecia revisão o texto legal, porém, nada se fez a respeito.

Embora a lei não seja expressa, cremos indispensável que essa hipótese somente seja deferida nos casos de réus presos, pois os soltos podem perfeitamente aguardar a ocorrência do julgamento por mais tempo. Entretanto, em situações excepcionais, como em caso de prescrição avizinhando-se ou réu necessitando livrar-se logo da pendência do julgamento, é possível que o promotor ou a defesa requeira o desaforamento.

Outra questão a ser ponderada é o excesso de serviço e o número desmedido de processos em trâmite por várias Comarcas brasileiras. Há casos em que a designação de um julgamento com prazo superior a seis meses, após o trânsito em julgado da pronúncia, é a regra. Portanto, de nada adianta ocorrer o desaforamento, já que se estaria transmitindo o problema para a Comarca vizinha, onde também pode atrasar a decisão.

Apresentado o pedido ao presidente do Tribunal de Justiça (ou Regional Federal), a requerimento de qualquer das partes ou por representação do juiz (salvo, neste último caso, no caso de atraso por mais de seis meses), ouve-se o procurador-geral, distribuindo-se depois a uma das câmaras, mas não há efeito suspensivo. Em casos excepcionais, apresentados motivos relevantes, no entanto, pode o relator determinar a suspensão do julgamento pelo júri (art. 427, § 2.º, CPP). Não teria cabimento, surgido um fato novo e grave, às vésperas do julgamento, que este ocorresse somente porque o desaforamento ainda não teve chance de ser apreciado. Aliás, o ideal é que o juiz do feito interrompa o curso processual e adie a sessão, aguardando o deslinde do pedido formulado ao tribunal.

Lembremos que a decisão de desaforamento tem caráter jurisdicional e não administrativo, razão pela qual precisa ser proferida por uma das Câmaras ou Turmas Criminais do Tribunal de Justiça (ou Regional Federal) e não pelo Conselho Superior da Magistratura ou pela Presidência do Tribunal.

Não está prevista, no art. 271 do CPP, a possibilidade de o assistente requerer o desaforamento. Entretanto, a sua legitimação para tanto foi introduzida no art. 427, *caput*, do CPP, pela Lei 11.689/2008. Tal medida foi correta, pois a vítima, no processo penal, deve ser considerada autêntica litisconsorte do Ministério Público, não havendo cabimento algum em cercear a sua atuação. Ao contrário, para melhor atender aos seus anseios de realização de justiça, sem renunciar ao monopólio estatal para a aplicação da lei ao caso concreto e da iniciativa da ação penal pelo Ministério Público, na maioria dos delitos, torna-se necessário garantir ao ofendido a participação ativa na condução da causa.

Quando o desaforamento for sugerido pelo juiz ou proposto pelo promotor, deve-se ouvir a defesa, em cumprimento ao contraditório e à ampla defesa. Confira-se a edição da Súmula 712 do STF: "É nula a decisão que determina o desaforamento de processo da competência do Júri sem audiência da defesa". Essa nulidade, no entanto, deve ser considerada relativa, dependente, pois, da prova do prejuízo. Pode ser que, determinado o desaforamento sem a oitiva da defesa, esta concorde plenamente com o ocorrido. Não há motivo para a anulação, o que somente implicaria desatendimento ao princípio da economia processual.

Deferida a alteração de competência, o processo será encaminhado para a Comarca mais próxima. A eleição de foro distante é inconstitucional, por ferir o princípio do juiz natural (é a exigência do art. 427 do CPP). Porém, eleita uma Comarca vizinha, padecendo dos mesmos males da anterior, é lógico que se pode pleitear novo desaforamento.

A colheita de informação do magistrado que preside o feito é fundamental (não sendo ele o proponente), a fim de se saber da conveniência e da veracidade da proposta formulada (art. 427, § 3.º, CPP). Ninguém melhor que a autoridade judiciária encarregada de presidir o julgamento para informar a realidade da situação ao tribunal, pois tanto a ordem pública, como a segurança do réu e até mesmo a imparcialidade dos jurados são do seu conhecimento direto.

Se novos fatos surgirem, pode haver a reiteração do pedido de desaforamento, ainda que tenha sido indeferido o primeiro.

Vale ressaltar não ser admitido o *reaforamento*, hipótese em que, cessado o motivo legitimador do desaforamento, tornaria o processo à Comarca original, de onde foi removido pelo tribunal. Se o processo for encaminhado para julgamento em Comarca diversa, não mais retornará à origem, visto não ter sido essa situação prevista pelo Código de Processo Penal. Aliás, se ocorrer novamente algum dos requisitos dos arts. 427 e 428, na Comarca para onde foi enviado o feito, poderá haver novo desaforamento, mas para lugar diverso e não para a Comarca original.

Não se admitirá o pedido de desaforamento na pendência de recurso contra a decisão de pronúncia ou quando já efetivado o julgamento. Neste último caso, pode-se admiti-lo quanto a fato ocorrido durante ou após a realização do julgamento que tenha sido anulado (art. 427, § 4.º, CPP).

Se na Comarca ou Vara do Júri não houver excesso de serviço, nem processos aguardando julgamento em quantidade superior à capacidade de apreciação do Tribunal do Júri, o acusado poderá requerer ao Tribunal de Justiça (ou Regional Federal, conforme o caso) que determine a imediata realização do julgamento (art. 428, § 2.º, CPP). Cuida-se de norma introduzida pela Lei 11.689/2008. Não se compreende, entretanto, a razão de não ter sido legitimado o órgão acusatório para pleitear no mesmo sentido. Afinal, a ocorrência do julgamento célere é de interesse de todos.

13.3　Supressão de nulidade

Cabe ao juiz sanar qualquer nulidade antes da ocorrência do julgamento em plenário, justamente na fase de preparação da sessão do Tribunal do Júri (art. 423, I, CPP).

Evitando o prolongamento inútil do processo, que poderá chegar ao julgamento de mérito em plenário do júri, contendo falhas e vícios insanáveis, torna-se mais adequado eliminar o problema desde logo. Se preciso for, cuidando-se de nulidade absoluta, melhor será retornar à fase de formação da culpa, refazendo-se todos os atos processuais falhos.

13.4　Providências para o julgamento

Regularizado o feito, o juiz designa julgamento e determina a intimação do representante do Ministério Público, do querelante, se houver, do assistente da acusação, se existir, do réu e seu defensor. Lembrar, ainda, que a inquirição do ofendido, se viável, deve ser providenciada, assim como dos peritos, se solicitado (art. 431, CPP).

Todas as testemunhas arroladas pelas partes devem ser intimadas, desde que assim requerido, ainda que residam em outra Comarca, expedindo-se, para tanto, carta precatória. Deve ser consignado no texto da precatória não estar a testemunha obrigada a comparecer, para que não haja um constrangimento desautorizado em lei. Afinal, quem reside em Comarca diversa do foro onde o processo tramita deve ser ouvido por precatória, motivo pelo qual a intimação da testemunha para *comparecer* à sessão do Tribunal do Júri não pode ganhar o caráter de compulsória.

Por outro lado, impedir a expedição da precatória, visando à intimação de quem reside fora do local onde o júri vai realizar-se, pode constituir cerceamento de acusação ou de defesa, uma vez que a testemunha, ciente da data do julgamento, tem o direito de comparecer espontaneamente, aprimorando a produção da prova.

O funcionamento do Tribunal do Júri obedece à lei de organização judiciária de cada Estado (art. 453, CPP).

Da lista geral de jurados, serão sorteados 25, que deverão servir na sessão (art. 433, *caput*, CPP). Deve-se providenciar a intimação do Ministério Público, da Ordem dos Advogados do Brasil e da Defensoria Pública para acompanharem o sorteio, em dia e hora designados pelo magistrado (art. 432, *caput*, CPP).

Expede-se edital convocatório, onde constará a data em que o júri se reunirá, bem como o nome dos jurados sorteados, afixando-se à porta do fórum (art. 435, CPP). Após, serão os jurados devidamente intimados para o comparecimento à sessão de julgamento pelo correio ou por qualquer outro meio hábil (por exemplo, por telefone), conforme dispõe o art. 434.

A atividade do juiz leigo no Tribunal do Júri é considerada um serviço público relevante, razão pela qual nenhum desconto poderá ser feito em seus vencimentos ou salário, quando for obrigado a comparecer à sessão de julgamento (art. 441, CPP). Não há pagamento pelo exercício da função, embora devesse haver. É preciso que o Estado remunere a atividade exercida, uma vez que sempre há perda considerável de tempo, gastos com transporte (público ou particular), além de representar, para muitos autônomos e profissionais liberais, a perda do dia e dos rendimentos.

A preferência na ordem de julgamento dos processos do júri é fixada pelo art. 429 do Código de Processo Penal, a saber: 1.º) réus presos; 2.º) dentre os presos, os mais antigos na prisão; 3.º) em igualdade de condições, os que tiverem sido pronunciados há mais tempo.

Deve-se ressaltar, entretanto, que a regra do art. 429 não pode ser considerada absoluta, além do que o próprio *caput* excepciona o mandamento em caso de *motivo relevante*. Réus soltos também devem ser julgados rapidamente e ter a sua situação definida. Portanto, embora os magistrados devam reservar, em suas pautas, vagas suficientes para os réus presos, atendendo ao disposto neste artigo, não podem evitar marcar julgamentos de acusados soltos, sob pena de se levar muitos casos à prescrição e, além disso, gerar impunidade somente por conta da liberdade auferida.

De outra sorte, há réus que desejam livrar-se o mais cedo possível da acusação que lhes é feita, não sendo razoável que, estando com o julgamento designado, um réu preso, pronunciado recentemente, passe à sua frente. Há Varas do Júri sobrecarregadas de serviço, com pautas lotadas, de modo que, designando julgamentos somente de acusados presos, é possível que os soltos jamais consigam o veredicto do Tribunal Popular. Logicamente, tal situação ocorre, principalmente, nos grandes centros urbanos, onde a violência é intensa e a deficiência do Judiciário se mostra mais visível.

É motivo relevante, por exemplo, que não ocorra prescrição e que réus soltos, contra os quais pesa imputação tão grave quanto a que é dirigida aos presos, sejam julgados com igual celeridade. O controle da pauta pelo juiz é fundamental, para que balanceie os julgamentos de presos e soltos, assegurando vagas para os primeiros, mas sem perder de vista os demais.

14. ORGANIZAÇÃO E COMPOSIÇÃO DO TRIBUNAL DO JÚRI E FUNÇÃO DO JURADO

14.1 Organização do júri

O juiz deve determinar o alistamento anual de várias pessoas aptas a servir como jurados no Tribunal do Júri, o que se faz até outubro do ano anterior àquele onde se darão os julgamentos (art. 426, *caput*, CPP). Essa lista é publicada e está sujeita a receber reclamação de qualquer do povo até o dia 10 de novembro (art. 426, § 1.º, CPP). Após, resolvidas as eventuais pendências pelo magistrado, publica-se a lista definitiva, sujeita a recurso em sentido estrito dirigido ao Presidente do Tribunal de Justiça, sem efeito suspensivo (art. 581, XIV, CPP) contra a inclusão ou exclusão de algum jurado.

Menciona a lei que, anualmente, *serão* alistados vários jurados – variando o número conforme o porte da Comarca – para servirem durante o período de sessões do ano seguinte. Em tese, o corpo de jurados deveria ser renovado todo ano, pois, do contrário, não haveria sentido em existir o disposto no art. 425, *caput*, do CPP, bastando que o magistrado fizesse a seleção uma única vez, prorrogando-a indefinidamente.

Entretanto, na prática, muitos juízes preferem reeditar a lista dos jurados, ano após ano, terminando por estabelecer a figura do *jurado profissional*. Como já referido, não é o ideal manter alguém muito tempo atuando no júri, sem renovação, uma vez que os vícios e prejulgamentos podem terminar prejudicando a ideal imparcialidade exigida do jurado. Por outro lado, a constante renovação também pode apresentar-se prejudicial, na medida em que os jurados, leigos que são, demoram a se acostumar com as teses e o funcionamento do Tribunal Popular. Com o passar do tempo, melhor ajustados ao julgamento, são substituídos. Enfim, o ideal seria mesclar, sempre, o Tribunal do Júri, renovando parcialmente o corpo de jurados anualmente. Para sanar esse ponto, a Lei 11.689/2008 previu que o jurado, após ter integrado o Conselho de Sentença nos doze meses que antecederam à publicação da lista geral deve ser dela excluído (art. 426, § 4.º, CPP). Logo, anualmente, a lista será completada (art. 426, § 5.º, CPP). Pensamos, no entanto, que a exclusão deveria ser temporária e não definitiva, embora a lei indique não haver retorno.

A autoridade responsável pelo alistamento dos jurados é o juiz presidente. A acusação e a defesa podem acompanhar o processo e possuem meios de solicitar a exclusão de pessoas não recomendáveis a servir no Tribunal do Júri, mas não podem influir, decisivamente, na escolha. Incluindo-se pessoa inapta, cabe recurso em sentido estrito, interposto por qualquer pessoa, embora, como regra, seja ato do órgão de acusação ou defesa. Excluindo-se alguém da lista, pode o jurado afastado, igualmente, recorrer.

O juiz deveria pautar-se pela eleição de pessoas de seu conhecimento pessoal ou que pudessem ser indicadas por indivíduos da sua confiança, desde que preenchessem os requisitos legais. Ocorre que, atualmente, pelo crescimento das cidades, especialmente das Capitais, não há mais condições do magistrado alistar jurados por conhecimento pessoal ou informação de terceiros, mesmo que oficie, como sugerido pelo art. 425, § 2.º, a associações de classe e de bairro, entidades associativas e culturais, instituições de ensino em geral, universidades, sindicatos, repartições públicas e outros núcleos comunitários.

Faz-se, em verdade, uma seleção aleatória, conseguindo os nomes nos cartórios eleitorais da região do Tribunal do Júri, bem como se verificando os antecedentes de cada um deles. No mais – se o jurado tem condições e aptidão para sê-lo – somente se apura no caso concreto, isto é, quando inicia sua atividade.

Mesmo após a reforma introduzida pela Lei 11.689/2008, continua insuficiente o número de jurados alistados, aventado pelo Código de Processo Penal (800 a 1500 jurados nas grandes comarcas; 300 a 700 nas médias; 80 a 400 nas menores), razão pela qual o Poder Judiciário vem adaptando esse montante à realidade e à necessidade do serviço. Ao menos, atualmente, tal medida ficou expressamente autorizada (art. 425, § 1.º, CPP).

14.2   A composição do Tribunal do Júri e a garantia de ocorrência de um julgamento imparcial do réu pelos próprios pares

A formação do corpo de jurados do Tribunal do Júri poderia, de algum modo, afetar o princípio constitucional da plenitude de defesa? Poderia um corpo de jurados de elevado nível cultural agir imparcialmente para julgar um réu simplório e ignorante, autor de um crime violento? Resta-nos analisar o que seria considerado um *par*, pois o júri é a instituição destinada a promover o julgamento do réu pelos seus *pares*.

Par é a pessoa humana, aquele que é igual, semelhante, parceiro, lembrando-se que todos são iguais perante a lei, sem distinção de qualquer natureza (art. 5.º, *caput*, CF). Portanto, é natural que possa uma pessoa ignorante julgar o culto e vice-versa. A despeito disso, há opiniões em sentido contrário. JOSÉ FREDERICO MARQUES sustenta que pessoas abonadas, compondo o júri, podem compreender melhor o delinquente que mata por ciúmes, embora possa não ter a mesma condescendência com o operário que mata o patrão ou com o pobre que, impelido pela fome, tira a vida de um rico para roubar.[24] Por sua vez, PONTES DE MIRAN-

---

[24]   *A instituição do júri*, p. 96.

DA recomenda devessem os jurados ser retirados de todas as classes sociais e não somente de uma ou algumas.[25]

Embora ponderáveis os argumentos expendidos, somos da opinião de que o julgamento pelos *pares* significa apenas a garantia de um ser humano leigo julgando outro, além do que cultura e formação não são qualidades justificadoras da dispensa de um jurado. É preciso lembrar que o povo julgará o ser humano e, também, teses jurídicas, de modo que as partes precisam falar a quem possa entender o espírito da lei, a fim de que as decisões não se distanciem em demasia da legislação penal vigente.

Sob outro prisma, nota-se que pessoas vitimadas por marginais se tornam mais susceptíveis a proferir condenações açodadas, sem muita preocupação com a análise da prova, razão pela qual jurados colhidos de classes menos favorecidas, especialmente em grandes metrópoles, podem ser mais afeitos à condenação do que à absolvição. São cidadãos abalados pela violência à sua porta, o que lhes prejudica a análise límpida e imparcial dos fatos, de modo que o jurado extraído de classe economicamente mais favorecida, porque mais distanciado da criminalidade (ao menos do homicídio), costuma ter maior equilíbrio para ouvir os argumentos, sem se afetar emocionalmente, decidindo com maior zelo. O ideal seria um corpo de jurados formado de representantes de todas as classes sociais de uma sociedade, embora fosse igualmente indispensável tivesse a estrutura social menos desigualdade sociocultural.

Em suma, por ora, cremos ser preferível garantir um conjunto de jurados preparados do que, a pretexto de afirmar uma composição mista, escolher para a organização do júri indivíduos incultos e totalmente impossibilitados de compreender os assuntos debatidos em plenário.

A lista geral dos jurados, com as profissões dos jurados, é publicada pela imprensa, bem como afixada à porta do fórum, conferindo-se publicidade ao ato de escolha dos juízes leigos (art. 426, *caput*, CPP).

Há possibilidade de escolha de jurados suplentes (art. 464, CPP), mas somente no momento da sessão, constatando-se não estar presente o número mínimo de quinze para o início dos trabalhos. Sorteiam-se tantos suplentes quantos forem necessários para atingir o número máximo de 25, designando-se nova data para a sessão de julgamento.

14.3 Composição do júri

O Tribunal Popular é composto pelo juiz togado, que o preside, e por 25 jurados sorteados para a sessão, e não unicamente pelo magistrado e pelo Conselho de Sentença (7 jurados escolhidos dentre os 25). Há, na realidade, 26 pessoas envolvidas no julgamento (um juiz de direito e 25 juízes leigos), dos quais, em uma segunda etapa, atinge-se o número de oito (um juiz presidente e sete jurados). Por outro lado, para validamente começar seus trabalhos, devem reunir-se, pelo menos, 16 pessoas (um juiz togado e 15 jurados). Portanto, pode-se dizer que há o Tribunal do Júri pleno (26 pessoas), o Tribunal do Júri mínimo (16 pessoas) e o Tribunal do Júri constituído para o julgamento (8 pessoas).

14.4 Função do jurado

Considerado serviço público relevante (art. 439, CPP), além de essencial para a formação do devido processo legal daqueles que são acusados da prática de crimes dolosos contra a vida

---

[25] *Comentários à Constituição de 1946*, p. 335. Assim também o magistério de ROBERTO LYRA (Introdução à obra *O júri sob todos os aspectos*, de RUI BARBOSA, p. 24-25).

(art. 5.º, XXXVIII, *d*, CF), é natural que seja obrigatória a participação de qualquer brasileiro, respeitados alguns requisitos.

Podem ser jurados os cidadãos maiores de 18 anos e estão isentos, embora possam participar, os maiores de 70 (art. 437, IX, CPP).

A Lei 11.689/2008 reduziu a idade mínima para ser jurado de 21 para 18 anos, ingressando na contramão das mais recentes alterações constitucionais. Sabe-se que a pessoa pode ser considerada civil e penalmente capaz para vários atos aos dezoito anos, porém, é preciso maior maturidade para atingir a posição de magistrado. Após a edição da Emenda Constitucional 45/2004, passou-se a demandar dos candidatos à carreira da magistratura o mínimo de três anos de atividade jurídica, depois de se sagrar bacharel em direito (art. 93, I, CF). Significa, pois, que o juiz necessitaria ter, como regra, em torno de 25 anos para assumir o cargo. Da mesma forma, um Ministro do Supremo Tribunal Federal necessita ter, pelo menos, 35 anos de idade (art. 101, *caput*, CF).

Quer-se crer tenha tido o legislador bons propósitos, com o fim de buscar integrar os jovens, muitos deles iniciando sua atividade universitária, nos trabalhos do Tribunal do Júri. Olvidou-se, no entanto, que o julgamento, sem fundamentação e por meio de voto secreto, é uma responsabilidade ímpar, demandando preparo e razoável experiência de vida. Por certo, muitas pessoas, com 18 anos, já possuem a necessária experiência, mas outros tantos não têm a estrutura suficiente para compreender as teses expostas e o grau de responsabilidade que se lhes é apresentado. Tanto é realidade que ainda perdura a atenuante obrigatória para o agente que comete delitos com menos de 21 anos (art. 65, I, CP), devendo-se tal preceito ao grau de imaturidade ainda persistente na formação do jovem adulto.

Somente a prática, ao longo dos anos, poderá demonstrar como se sairão os jurados com mais de 18 anos. Entretanto, segundo o disposto no art. 436, § 1.º, do CPP, nenhum cidadão poderá ser excluído dos trabalhos em razão de vários fatores, mas não se mencionou o elemento *idade*. Por isso, o juiz presidente, captando, na sua Comarca, a inviabilidade de alistar pessoas com mais de 18, porém menores de 21 anos, poderá excluir o jurado que demonstre imaturidade. Não haverá a incidência da proibição do art. 436, § 1.º, do CPP.

Em contrário, acolhendo como positiva a alteração da idade mínima para ser jurado, confira-se a lição de Badaró: "a redução é adequada. Aos 18 anos o cidadão já pode votar, responde criminalmente pelos seus atos e, mais recentemente, tornou-se absolutamente capaz com o CC de 2002 (art. 5.º, *caput*)".[26]

A isenção, prevista no art. 437, IX, do Código de Processo Penal, elevando a idade para 70 anos, parece-nos incompreensível. A pessoa é considerada idosa *a partir dos 60 anos*, conforme dispõe a Lei 10.741/2003, motivo pelo qual deveria ter sido mantida essa idade-limite. Isso não significaria uma proibição para atuar no Tribunal do Júri, porém uma mera isenção. Se, porventura, o maior de 60 anos quisesse atuar como jurado poderia fazê-lo, o que, aliás, está de acordo com os princípios do Estado Democrático de Direito, norteando a proteção e a integração da pessoa idosa. Preceitua o art. 230 da Constituição Federal que a "família, a sociedade e o Estado têm o dever de amparar as pessoas idosas, assegurando sua *participação na comunidade*, defendendo sua *dignidade* e bem-estar e garantindo-lhes o direito à vida" (grifamos).

No mesmo prisma, o Estatuto da Pessoa Idosa (Lei 10.741/2003) preceitua ser "obrigação do Estado e da sociedade, assegurar à pessoa idosa a liberdade, o respeito e a dignidade,

---

[26]   Maria Thereza Moura (coord.), *As reformas no processo penal*, p. 128.

como pessoa humana e sujeito de direitos civis, políticos, individuais e sociais, garantidos na Constituição e nas leis" (art. 10). E, no § 1.º, VI, do mesmo artigo, estipula que a pessoa idosa tem direito à "participação na vida política, na forma da lei". Logo, permitir que o maior de 60 anos continue ligado aos interesses da sua comunidade, valendo-se da sua experiência de vida para julgar o semelhante, que não deixa de ser participação política na esfera do Poder Judiciário, é conduta positiva e desejável.

Entretanto, segundo o disposto pela atual redação do Código de Processo Penal, isentos do serviço do júri são somente as pessoas com mais de 70 anos.

Jurado virtual é a denominação que se confere a todo aquele que, preenchendo os requisitos legais, tem capacidade para o alistamento, servindo como jurado. Um menor de 18 anos, por exemplo, não é jurado virtual, pois não pode ser selecionado.

Além do fator *idade* já exposto, é fundamental que o jurado seja pessoa de notória idoneidade, alfabetizado, possuidor de saúde mental e física compatível com a função, bem como deve estar no gozo dos seus direitos políticos e ser brasileiro.

A notória idoneidade termina sendo apurada, na prática, pela ausência de antecedentes criminais, embora, em comunidades menores, o juiz tenha ciência de outros elementos, componentes da conduta social do indivíduo.

A alfabetização é elemento indispensável, para que o jurado possa ler os autos, sem quebrar a incomunicabilidade durante o julgamento. Gozar de saúde mental é parte natural do discernimento exigido do cidadão para julgar o semelhante, além de necessitar o jurado de saúde física compatível com a função, como audição, visão e voz, para ter liberdade de perceber, nos mínimos detalhes, o que se passa na sessão.

Lembremos que o Tribunal do Júri é regido, primordialmente, pelo princípio da oralidade, além de estar inserido num contexto de percepção subjetiva e pessoal particularizado. Logo, o jurado precisa ver o réu, as testemunhas e as partes, para melhor analisar suas expressões, captando veracidade ou mendacidade; necessita ouvir o que se diz, não havendo estrutura para que um intérprete acompanhe todo o julgamento traduzindo o ocorrido; necessita falar para fazer perguntas livremente, de modo célere e sem o auxílio compulsório da escrita.

Estar no gozo dos direitos políticos é fundamental, pois o jurado participa dos julgamentos do Poder Judiciário, exercendo função pública e relevante direito inerente à cidadania. Ser brasileiro é consequência natural da atividade jurisdicional, pois não se admite que estrangeiros tomem parte ativa no exercício de função pública e, especialmente, no Poder Judiciário.

A recusa a servir no Tribunal do Júri, se motivada por convicção religiosa, filosófica ou política, pode levar à perda dos direitos políticos (art. 438, CPP). Preceitua a atual Constituição, no art. 5.º, VIII, que "ninguém será privado de direitos por motivo de crença religiosa ou de convicção filosófica ou política, salvo se as invocar para eximir-se de obrigação legal a todos imposta e recusar-se a cumprir prestação alternativa, fixada em lei". Por outro lado, no art. 15, IV, também da Constituição, consta que "é vedada a cassação de direitos políticos, cuja perda ou suspensão só se dará nos casos de: (...) IV – recusa de cumprir obrigação a todos imposta ou prestação alternativa, nos termos do art. 5.º, VIII".

Dessa forma, quando alguém se recusar a exercer a função de jurado, invocando motivos de ordem religiosa (ex.: proibição imposta pela religião de julgar o semelhante), de ordem filosófica (ex.: considerar que a instituição do júri não é o melhor mecanismo de apurar a verdade dos fatos) ou de ordem política (ex.: não desejar colaborar com qualquer órgão do Estado), poderá perder seus direitos políticos.

A Constituição ressalva a possibilidade de se prestar serviço alternativo, *fixado em lei*. A reforma no Código de Processo Penal propiciou essa opção. "Entende-se por serviço alternativo o exercício de atividades de caráter administrativo, assistencial, filantrópico ou mesmo produtivo, no Poder Judiciário, na Defensoria Pública, no Ministério Público ou em entidade conveniada para esses fins" (art. 438, § 1.º, CPP). Porém, ingressando em cenário inadequado, o legislador não estabeleceu qual o tempo de prestação do serviço alternativo. Deixou ao critério do juiz, "atendendo aos princípios da proporcionalidade e da razoabilidade" (art. 438, § 2.º, CPP). Ora, ninguém pode ser obrigado a realizar qualquer espécie de serviço a órgãos estatais por período indeterminado e sem qualquer parâmetro concreto. Inviável se torna deixar a cada juiz fixar o que acha conveniente, de acordo com a "proporcionalidade" e a "razoabilidade". Aliás, proporcional ao quê? Não se tem parâmetro certo. Ademais, se o jurado foi convocado para servir em determinada sessão e se recusa, afirmando *objeção de consciência*, deve ficar em serviço alternativo por um dia, normalmente o tempo dedicado à sessão de julgamento. Seria inconcebível que uma pessoa prestasse serviços por trinta dias, outra, por um dia, outra, ainda, por seis meses. Não se respeitaria o princípio da legalidade e da igualdade.

Recusando-se a prestar o serviço alternativo, o juiz deve instaurar procedimento para ouvir o jurado e colher as razões referentes à recusa, enviando ao Presidente do Tribunal de Justiça, que o encaminhará ao Ministério da Justiça, para as providências cabíveis.

Por outro lado, criou-se outra forma de recusa ao serviço do júri, denominada de *injustificada*, que acarreta multa de um a dez salários mínimos, a critério do juiz, conforme a condição econômica do jurado (art. 436, § 2.º, CPP). É uma forma aberta, servindo para qualquer tipo de *desculpa* da pessoa convocada, desde que o motivo alegado seja despropositado.

Os casos de isenção do serviço do júri estão expostos no art. 437 do Código de Processo Penal: a) o Presidente de República e os Ministros de Estado; b) os Governadores de Estado e seus Secretários; c) os membros do Congresso Nacional, das Assembleias Legislativas e Distrital e das Câmaras Municipais; d) os Prefeitos Municipais; e) os Magistrados e membros do Ministério Público e da Defensoria Pública; f) os servidores do Poder Judiciário, do Ministério Público e da Defensoria Pública; g) as autoridades e servidores da polícia e da segurança pública; h) os militares em serviço ativo; i) os cidadãos maiores de 70 anos que requeiram sua dispensa; j) aqueles que o requererem, demonstrando justo impedimento.

O efetivo exercício (participar pelo menos uma vez do Conselho de Sentença) como jurado constitui serviço público relevante e assegurará prisão especial, em caso de crime comum, até o julgamento definitivo, bem como preferência em licitações públicas, em situação de igualdade. Acrescentou-se, com a reforma, a preferência no provimento, mediante concurso, de cargo ou função pública, além de servir para os casos de promoção funcional ou remoção voluntária (arts. 295, X, e 440, CPP). Para o cidadão comum, entretanto, nenhuma dessas *vantagens* realmente importa. Faltou criatividade para o legislador incentivar a participação no Tribunal do Júri.

Finalmente, cumpre ressaltar que os jurados responderão criminalmente, nos mesmos termos em que os juízes (art. 445, CPP).

15. JULGAMENTO EM PLENÁRIO

15.1 Formalidades iniciais

Ingressando no plenário, juntamente com o representante do Ministério Público, onde já se encontram o réu e seu defensor, o juiz deve, como primeira providência, recolher de dentro da urna as cédulas, contendo os nomes dos jurados que compareceram. Em tese, devem ser achadas vinte e cinco cédulas, embora o número mínimo, para o início dos trabalhos, seja quinze. Aliás, quando o escrivão, antes mesmo do ingresso do magistrado no plenário, nota que, dentre os jurados titulares, inexiste número suficiente, avisa o juiz presidente, que deverá proceder ao sorteio dos suplentes, redesignando a sessão.

Contadas as cédulas e feita a chamada para atestar, publicamente, estarem os jurados no local, torna-se a colocá-las na urna, que é fechada. O juiz, então, anuncia que está instalada a sessão, determinando ao oficial que faça o pregão – anúncio do processo a ser julgado, nome do réu e artigo em que está incurso. Embora o art. 463, *caput*, do CPP mencione ser o magistrado (presidente do Tribunal do Júri) quem anuncia o processo a ser julgado, ordenando ao oficial a realização do pregão das partes e das testemunhas, na prática tal não se dá. As testemunhas, a essa altura, já estão em sala especial, incomunicáveis. As partes, em seus respectivos lugares. Dessa forma, cabe ao juiz anunciar, ele mesmo, querendo, o processo que será submetido a julgamento ou pedir ao oficial de justiça que o faça.

15.1.1 A legitimidade do empréstimo de jurados de um plenário para outro, formando-se o quorum mínimo para o início da sessão de julgamento

O *empréstimo de jurados* é uma hipótese plausível, embora utilizada apenas em grandes metrópoles, onde um único Tribunal do Júri conta com vários plenários, todos funcionando ao mesmo tempo e possuindo a mesma hora para início das sessões.

Há, basicamente, dois entendimentos:

a) *não é possível o empréstimo*, sob o argumento de que qualquer das partes pode ser surpreendida pelo ingresso de um jurado, que não fazia parte da relação original. Isso representaria um cerceamento à acusação ou à defesa;

b) *é possível o empréstimo*, sob a fundamentação de que é preciso garantir a realização das sessões plenárias do júri, por questão de economia processual. Ademais, as partes, no Brasil, raramente, fazem uma pesquisa profunda sobre os jurados que foram convocados. A chamada recusa imotivada é inspirada pela intuição da parte, distante de fatos concretos.

Na atualidade, diante das enormes dificuldades do Judiciário para manter em funcionamento os plenários do júri, particularmente nas grandes Comarcas, garantindo uma justiça célere e eficiente, deve-se admitir o empréstimo de jurados de um plenário para outro, a fim de perfazer o número mínimo de quinze, previsto em lei para a instalação dos trabalhos.

Não é demais lembrar que todos os jurados são convocados para o mesmo dia, à mesma hora, variando, apenas, o plenário para o qual são designados, porém no mesmo tribunal. Assim, basta que as partes, querendo, consultem as relações dos jurados para determinado dia, abrangendo todos os plenários, para tomarem conhecimento de quais serão os prováveis juízes leigos a compor o Conselho de Sentença. Logo, segredo não é, nem se deixa de seguir o ritual da publicação do edital. A convocação é pública e seu resultado, também. Se a praxe forense consagrou essa prática, todos sabem, na realidade, que o jurado pode vir de qualquer dos plenários de determinado Tribunal do Júri, conforme o dia marcado para o julgamento. Enfim, sem haver surpresa, nem tampouco infringência à lei, cremos acertada a providência, até mesmo para buscar o que o jurisdicionado efetivamente deseja, a celeridade no trâmite processual.

15.1.2   O alcance da publicidade do julgamento pelo Tribunal do Júri: a transmissão ao vivo pelos meios de comunicação

Importantes princípios constitucionais entram em conflito aparente, quando se coloca em debate a viabilidade – ou mesmo necessidade – de se transmitir o julgamento em plenário, ao vivo, por meio das redes de comunicação (TV, rádio, internet). Seria uma garantia ao acusado de que o julgamento se dará de maneira justa? Em especial, nos casos de grande repercussão. Seria, ao contrário, uma ingrata exposição de sua imagem, lesando a dignidade da pessoa humana? Pode-se argumentar com o princípio da publicidade, sustentando ser ele o responsável pela democratização do Judiciário há séculos, pois, quanto mais evidente, claro e aberto, maiores seriam as chances de equilíbrio e imparcialidade. Sob outro aspecto, discutível e relativo, por certo, é o grau de alcance da publicidade.

Afinal, abrir as portas da sala de julgamento, permitindo o acesso de qualquer pessoa do povo já representa, nos tribunais em geral, a efetividade da publicidade. A transmissão do julgamento, em cadeia de rádio, televisão e internet poderia comprometer, seriamente, a reputação do acusado, além de expor a imagem das testemunhas e, sobretudo, se houver, da vítima.

Os princípios constitucionais não são absolutos; dependem de interpretação conciliatória, para que haja harmonização entre todos. Em face disso, a dignidade humana, confrontando com a publicidade, demanda um julgamento aberto, mas não televisionado ou espalhado, como se fosse um evento público de divertimento. O Tribunal do Júri, embora composto por juízes leigos, é órgão do Poder Judiciário, evidenciado ser uma corte séria, formal e imparcial por natureza.

A transmissão ao vivo termina por gerar um clima perturbador e um ambiente de *torcida*, como se fosse um jogo de interesses, cuja maior pressão fosse capaz de vencer. Em nada enaltece o princípio da publicidade, nem mesmo colabora para garantir a justa solução da causa.

Por isso, deve-se garantir o acesso das pessoas interessadas em acompanhar o julgamento, que se faz, como regra, a portas abertas, inclusive com o seguimento da imprensa, mas sem transformá-lo num evento de mídia.

Os jurados que não comparecem (ou deixarem o recinto antes da dispensa oficial), sem causa legítima, estando devidamente intimados, ficam sujeitos a uma multa, variável de um a dez salários mínimos, a critério do magistrado, conforme a situação econômica do jurado faltoso (art. 442, CPP).

Qualquer escusa, devidamente fundamentada, para o não comparecimento deve chegar ao conhecimento do juiz até o momento da chamada (art. 443, CPP).

O não comparecimento do membro do Ministério Público impossibilita a realização do julgamento. Entretanto, é preciso que o motivo da ausência seja justificado e não simplesmente porque o promotor deseja adiar a sessão, por interesses pessoais. Havendo falta sem razão plausível, o fato deve ser comunicado ao Procurador-Geral, nos termos do parágrafo único do art. 455 do CPP, para as providências disciplinares cabíveis.

Naturalmente, não havendo mais a figura do promotor *ad hoc*, tendo em vista não poder a função do Ministério Público ser exercida por pessoa estranha à carreira, a sessão, faltando o promotor, será adiada. Assim, o máximo que pode ocorrer é haver um substituto legal, ou seja, uma escala elaborada pelo próprio Ministério Público para o fim de indicar qual promotor pode substituir seu colega, em caso de impossibilidade de comparecimento. Não havendo substituto legal ou estando este igualmente impossibilitado, deve o juiz adiar o julgamento e, sendo o caso, como já frisado, comunicar o fato à Procuradoria-Geral de Justiça.

15.1.3 O uso de algemas pelo réu em plenário

Não se trata de tema de fácil solução, até porque envolve o princípio da plenitude de defesa. A imagem do réu algemado o tempo todo diante dos jurados é, sem dúvida, constrangedora. Por outro lado, existe a questão da segurança dos presentes e da própria sociedade, buscando-se evitar fuga e tumulto. Como equilibrar os direitos?

Manter o réu algemado o tempo todo, especialmente quando é interrogado, quase sem poder expressar-se através de gestos, não nos parece a melhor medida. Em primeiro plano, deve-se destacar que o juiz leigo não tem o mesmo preparo do magistrado togado para ignorar solenemente a apresentação do acusado com algemas. É possível destacar-se em sua mente que os grilhões representariam tanto um símbolo de perigo, quanto de culpa.

Outros sistemas processuais, como ocorre nos Estados Unidos e no Reino Unido, buscam preservar a imagem do réu, permitindo-lhe que se sente ao lado do seu defensor no plenário, sem o uso das algemas. Sabe-se, por certo, que a imagem da pessoa submetida a julgamento compõe o quadro idealizado pelos jurados acerca do caso, sendo impossível controlar o grau de emotividade gerado, quando o acusado ingressa no recinto algemado e assim permanece o tempo todo. Estando em disputa interesses cruciais da pessoa humana e havendo um julgamento a ser proferido sem fundamentação, através do voto secreto, torna-se mais lógico evitar, a qualquer custo, a má apresentação do acusado diante de seus julgadores.

Por isso, cabe ao Estado garantir a segurança de todos em plenário, não sendo crível supor que a utilização das algemas seja indispensável. A Lei 11.689/2008 introduziu expressa previsão a respeito da utilização das algemas em julgamentos do Tribunal do Júri, nos seguintes termos: "Não se permitirá o uso de algemas no acusado durante o período em que permanecer no plenário do júri, salvo se absolutamente necessário à ordem dos trabalhos, à segurança das testemunhas ou à garantia da integridade física dos presentes" (art. 474, § 3.º, CPP). Na doutrina, assevera Antonio Magalhães Gomes Filho que "o costume de manter-se o réu algemado durante audiências e sessões de julgamento, sem efetiva necessidade, constitui intolerável assimilação entre a pessoa a ser julgada e alguém cuja culpa já está definitivamente assentada, violando não só a presunção de inocência, mas igualmente o clima de isenção que deve permear as atividades judiciais".[27]

Entretanto, permanecerá a dúvida acerca do contexto que venha a ser considerado de "absoluta necessidade". Por isso, parece-nos que o juiz presidente, ao autorizar o uso de algemas em plenário, deve consignar suas razões em ata, para posterior avaliação do Tribunal, sendo o caso.

Atualmente, convém destacar a decisão do STF no HC 91.952, em relação ao uso de algemas para a realização de prisões, editando-se a Súmula Vinculante n. 11, publicada no dia 21 de agosto de 2008, com o seguinte conteúdo: "11. Só é lícito o uso de algemas em casos de resistência e de fundado receio de fuga ou de perigo à integridade física própria ou alheia, por parte do preso ou de terceiros, justificada a excepcionalidade por escrito, sob pena de responsabilidade disciplinar, civil e penal do agente ou da autoridade e de nulidade da prisão ou do ato processual a que se refere, sem prejuízo da responsabilidade civil do Estado."

Por derradeiro, vale lembrar a lição de Pontes de Miranda, tratando da origem do *habeas corpus*, explicando que, "nesse tempo, em caso de prisão preventiva, o acusado não

---

[27] Presunção de inocência: princípio e garantias, *Escritos em homenagem a Alberto Silva Franco*, p. 138.

devia ser tratado como os indivíduos já condenados, recusando-se à prisão o caráter de pena. Por isso mesmo, o paciente havia de comparecer à justiça *com as mãos e os pés livres*".[28]

O Decreto 8.858, de 26 de setembro de 2016, veio regulamentar o disposto no art. 199 da Lei 7.210, de 11 de julho de 1984 (Lei de Execução Penal), no que refere ao uso de algemas. Seu art. 2.º dispõe que: "É permitido o emprego de algemas apenas em casos de resistência e de fundado receio de fuga ou de perigo à integridade física própria ou alheia, causado pelo preso ou por terceiros, justificada a sua excepcionalidade por escrito".

A ausência imotivada do defensor do réu provoca o adiamento da sessão necessariamente, mas comunica-se à OAB, para as providências cabíveis, do mesmo modo que se oficia ao Procurador-Geral da Justiça quando a falta é do promotor.

Não comparecendo o defensor constituído, sem motivo fundamentado, o magistrado, sendo obrigado a adiar o julgamento, deve nomear outro profissional para patrocinar os interesses do réu, declarado indefeso. Logicamente, caso o advogado da confiança do réu, embora afastado do processo, compareça à sessão, assumirá o patrocínio da causa. Caso o defensor dativo se ausente, será afastado incontinenti do patrocínio, nomeando-se outro para a causa. Eventualmente, pode tratar-se de defensor público. Nessa hipótese, o juiz deve agir exatamente como faz com o promotor, oficiando à chefia da instituição e solicitando a indicação de outro profissional. Há, ainda, a possibilidade de se nomear um defensor dativo para o réu, pois a assistência judiciária não é privativa da Defensoria Pública.

Lembremos, ainda, que a falta imotivada do defensor constituído do réu permitirá um único adiamento da sessão. Para a próxima data, será intimada a Defensoria Pública para assumir a causa, observado o prazo mínimo de dez dias (art. 456, §§ 1.º e 2.º, CPP). Aliás, se o acusado tiver condições econômicas de satisfazer os honorários do advogado, mas tiver sido defendido pela Defensoria Pública, em função da ampla defesa obrigatória, é possível que, ao término do processo, o Estado lhe cobre os honorários em ação própria.

O não comparecimento do réu, justificado ou não, deixa de provocar o adiamento da sessão e a decretação da sua prisão cautelar. O réu solto pode estar presente ou não em seu julgamento em plenário (art. 457, CPP).

Naturalmente, se desejar acompanhar o julgamento e por motivo de força maior, devidamente demonstrado, não puder comparecer, deve o juiz adiar a sessão, para garantir a possibilidade de autodefesa.

Quanto ao réu preso, trata-se de obrigação do Estado conduzi-lo até o recinto do fórum. Se tal medida não for tomada, o julgamento deve ser adiado para o primeiro dia desimpedido da mesma reunião (art. 457, § 2.º, CPP). É viável que tanto o acusado quanto seu defensor faça requerimento expresso solicitando a dispensa de comparecimento em plenário, o que deve ser atendido.

Em caráter excepcional, mas possível, se o Estado não apresentar o réu preso, vislumbrando o juiz excesso de prazo quanto à prisão cautelar, pode revogá-la, colocando o acusado em liberdade. Depende, pois, de cada caso concreto.

Quando o acusador particular, cuidando-se de ação privada subsidiária da pública, deixa de comparecer por motivo justificável, adia-se a sessão para outra data. Se a ausência for imotivada, devolve-se a acusação ao Ministério Público.

---

[28] *História e prática do* habeas corpus, p. 23, grifamos.

A ausência da assistência da acusação é irrelevante e não permite o adiamento (art. 457, CPP). Deve-se, no entanto, permitir a demonstração de justo motivo, justificando o adiamento do julgamento, quando faltar o assistente de acusação, o que fortalece a posição da vítima no processo (art. 457, § 1.º, CPP).

O não comparecimento de testemunha sem justa causa acarreta a sua condução coercitiva (art. 461, § 1.º, CPP). Se não for possível, adia-se o julgamento para a primeira data desimpedida, ordenando-se a sua condução. Porém, certificado o oficial que a testemunha não pode ser encontrada, inexiste motivo para o adiamento (art. 461, § 2.º, CPP). Pode, ainda, levá-la a responder a processo por desobediência, bem como ao pagamento de multa variável de um a dez salários mínimos, a critério do juiz, conforme a condição econômica da pessoa (art. 458, CPP).

Lembremos da importância de manter, desde o início da sessão, a incomunicabilidade das testemunhas (art. 460, CPP). Assim, quando o julgamento tiver início, determina o juiz sejam as testemunhas colocadas em salas especiais, como de praxe, uma para as de acusação e outra para as de defesa – partindo-se do pressuposto que, estando em polos antagônicos, não devem permanecer juntas –, com o fito de evitar que ouçam os debates e a colheita da prova em plenário.

A garantia de isenção do depoimento é fundamental para a busca da verdade real. É lógico que a testemunha pode ser preparada por alguém a mentir, antes da sessão, como pode também tomar conhecimento do que outra falou durante a fase de formação da culpa, antes da pronúncia, e, com isso, alterar a sua versão dos fatos. O propósito da lei, no entanto, é não permitir que, no desenvolvimento dos trabalhos, exatamente quando as teses começam a despontar e, diante dos jurados, os depoimentos principiam, alguma testemunha se deixe levar pelo que está acompanhando, alterando o conteúdo do que tinha para narrar.

A imparcialidade das suas declarações pode ficar comprometida, caso ela note a mudança da narrativa anteriormente prestada, por qualquer outra testemunha. Enfim, uma não deve imiscuir-se no depoimento de outra, motivo pelo qual a separação é salutar. O ideal é que, desde o princípio do julgamento, permaneçam separadas.

A quebra da incomunicabilidade das testemunhas constitui nulidade relativa, que somente se reconhece caso fique provado o prejuízo para alguma das partes.

Como regra, faltando uma testemunha que não tenha sido arrolada pela parte com o caráter de imprescindibilidade, promove-se o julgamento do mesmo modo (art. 461, CPP). No caso de não ser encontrada a testemunha, é preciso que a parte interessada indique o seu paradeiro com antecedência para que se faça valer a intimação.

15.2 Formação do Conselho de Sentença

O Conselho de Sentença é o órgão deliberativo do Tribunal do Júri. Este, como já analisado, é composto por um juiz presidente e 25 jurados, mas, dentre os convocados para a sessão, extraem-se sete para julgar o caso.[29] Assim, ao deliberar, o júri é um colegiado formado por sete magistrados leigos e um togado.

---

[29]   É a denominada *urna pequena*, de onde saem os nomes que irão integrar o Conselho de Sentença. Essa *urna* é formada pelos jurados sorteados para aquela sessão (e não por todos os jurados componentes do Tribunal do Júri), conforme se vê na lição de ARY DE AZEVEDO FRANCO (*Código de Processo Penal*, p. 108).

Antes do sorteio, o juiz advertirá os jurados presentes dos impedimentos e das suspeições (art. 466, CPP), para que, se for o caso, quando chamado, o sorteado decline afirmando a sua situação de incompatibilidade. Note-se que a lei menciona, ainda, o termo *incompatibilidade*, sem necessidade. A incompatibilidade nada mais é que a suspeição ou impedimento afirmado de ofício pelo magistrado.

São jurados impedidos, não podendo servir no mesmo Conselho: a) marido e mulher – valendo incluir, nessa hipótese, companheiro ou companheira (art. 448, § 1.º); b) ascendentes e descendentes; c) sogro ou sogra com genro ou nora; d) irmãos; e) cunhados, durante o cunhadio; f) tio e sobrinho; g) padrasto ou madrasta e enteado (art. 448, CPP). Caso seja escolhido o marido, por exemplo, para compor o Conselho de Sentença, ao sortear-se a esposa, deve esta declinar. Não o fazendo, pode ser apontada e recusada por qualquer das partes. É hipótese de recusa motivada.

Além dessas hipóteses, acresceram-se os seguintes impedimentos: a) ter o jurado funcionado em julgamento anterior do mesmo processo, independentemente da causa determinante do julgamento posterior; b) no caso de concurso de pessoas, ter integrado o Conselho de Sentença que julgou o outro acusado; c) ter manifestado prévia disposição para condenar ou absolver o acusado (art. 449, CPP).

São jurados suspeitos, igualmente não podendo servir no mesmo Conselho: a) ascendente, descendente, sogro, genro, nora, irmão, cunhado, durante o cunhadio, sobrinho, primo do juiz, do promotor, do advogado de defesa, do assistente de acusação, da autoridade policial, de auxiliar da justiça, de perito, do réu ou da vítima (art. 252, I, CPP); b) pessoa que tiver desempenhado qualquer função ou servido como testemunha no processo (art. 252, II, CPP); c) quem tiver tomado parte, como jurado, em anterior julgamento do mesmo feito (art. 252, III, inclusive de corréu); d) quem tiver interesse no deslinde da causa ou possuir cônjuge ou parente, consanguíneo ou afim em linha reta ou colateral até o 3.º grau, que o tenha (art. 252, IV, CPP); e) quem for amigo íntimo ou inimigo capital do réu ou da vítima (art. 254, I, CPP); f) quem estiver respondendo a processo por fato análogo ou possua cônjuge, ascendente ou descendente que esteja (art. 254, II, CPP); g) quem, por si ou por seu cônjuge, ou parente consanguíneo, ou afim, até o 3.º grau, inclusive, sustentar demanda com o réu ou a vítima ou que responder a processo que será julgado por qualquer das partes (art. 254, III, CPP); h) quem tiver aconselhado réu ou vítima (art. 254, IV, CPP); i) quem for credor ou devedor, tutor ou curador, do réu ou da vítima (art. 254, V, CPP); j) quem for sócio, acionista ou administrador de sociedade interessada no processo (art. 254, VI, CPP).

É dever do juiz presidente alertar os jurados sorteados a respeito da incomunicabilidade, ou seja, que não podem conversar entre si, durante os trabalhos, nem nos intervalos, a respeito de qualquer aspecto da causa posta em julgamento, especialmente deixando transparecer a sua opinião (art. 466, § 1.º, CPP). Logicamente, sobre fatos desvinculados do feito podem os jurados conversar, desde que não seja durante a sessão – e sim nos intervalos –, pois não se quer a mudez dos juízes leigos e sim a preservação da sua íntima convicção. A troca de ideias sobre os fatos relacionados ao processo poderia influenciar o julgamento, fazendo com que o jurado pendesse para um ou outro lado.

Cabe ao juiz presidente, com muito tato e prudência, controlar o que o jurado expressa, durante a sessão de julgamento. Não deve coibir os integrantes do Conselho de Sentença de buscar esclarecimentos, através de perguntas feitas a testemunhas, pedidos de exibição de documentos ou leituras de peças, bem como acesso aos autos, ou indagações formuladas diretamente ao magistrado, a respeito de qualquer assunto ligado ao processo (valor e legalidade de prova, procedimento etc.), mas necessita estar atento para que eles não manifestem, por intermédio de suas dúvidas, a opinião em formação quanto ao deslinde do processo. Vale explicar aos jurados, logo no início dos trabalhos, que eles podem agir com ampla liberdade para formar o seu convencimento, devendo, no entanto, evitar a todo custo a exposição do seu pensamento.

Se a incomunicabilidade for rompida, a penalidade é a dissolução do Conselho e a exclusão do corpo de jurados do tribunal. Se houver má-fé, pode implicar na configuração do crime de prevaricação. Aplica-se, ainda, a multa de um a dez salários mínimos, a critério do juiz, conforme a condição econômica do jurado (art. 466, § 1.º, CPP).

Enquanto a sessão não terminar, ficam os jurados incomunicáveis, significando que não podem voltar para casa, nem falar ao telefone ou mesmo ler mensagens em *pagers*, celulares ou aparelhos semelhantes. Qualquer contato com o mundo exterior, estranho às partes, aos funcionários da Vara e aos outros jurados, serve para quebrar a incomunicabilidade, uma vez que ninguém poderá garantir não ter havido qualquer tipo de pressão ou sugestão para o voto. Recados urgentes podem ser transmitidos por intermédio do oficial de justiça, que os receberá, passando ao jurado, bem como deste será transmitido ao destinatário. Quando recolhidos à sala secreta, haverá, sempre, com eles um oficial de justiça para garantir a incomunicabilidade. Podem conversar entre si, com as partes (promotor e defensor), com funcionários e com o juiz, desde que a respeito de fatos alheios ao processo.

Sabe-se que o *quorum* mínimo para a instalação da sessão é de quinze jurados, podendo-se computar aqueles que forem considerados impedidos ou suspeitos. Mas, durante o sorteio, se as causas de impedimento ou suspeição, bem como as recusas imotivadas, forem em número tal que não permita a formação do Conselho de Sentença, composto por sete jurados, deve o juiz adiar a sessão para outra data. É o que se chama de "estouro de urna".

Para a formação do Conselho de Sentença, são duas as possibilidades de recusa do jurado, formuladas por qualquer das partes: motivada e imotivada (art. 468, CPP). A recusa motivada baseia-se em circunstâncias legais de impedimento ou suspeição (arts. 448, 449, 252 e 254, do CPP). Logo, não pode ser jurado, por exemplo, aquele que for filho do réu, nem tampouco o seu inimigo capital. A recusa imotivada – também chamada *peremptória* – fundamenta-se em sentimentos de ordem pessoal do réu, de seu defensor ou do órgão da acusação.

Na constituição do Conselho de Sentença, cada parte pode recusar até três jurados sem dar qualquer razão para o ato. Como regra, assim se procede por acreditar que determinado jurado pode julgar de forma equivocada, permitindo emergir seus preconceitos e sua visão pessoal a respeito dos fatos. Nada existe de científico ou concreto comprovando que este ou aquele jurado, por sua profissão, qualidade de vida ou formação intelectual ou moral, possa dar veredicto incorreto, em desacordo com a prova dos autos. Entretanto, sustentamos ser viável a manutenção da recusa imotivada, porque, no Brasil, ao contrário de outros países, onde há a instituição do júri, não pode a parte dirigir qualquer tipo de pergunta ao jurado, *antes* da formação do Conselho Julgador, justamente para tentar saber se há ou não preconceito ou inclinação ao prejulgamento no caso apresentado.

Poder-se-ia aperfeiçoar a instituição, permitindo que acusador e defensor fizessem algumas perguntas não relacionadas ao processo aos jurados presentes, antes do sorteio. Exemplo disso poderia ser, num julgamento de aborto, a pergunta dirigida a extrair do jurado a sua posição a respeito do assunto, em tese. Se ele for contundentemente contra o aborto, poderá ser levado a condenar a ré que o praticou, independentemente das provas apresentadas. Por outro lado, se for francamente a favor, terá a inclinação de votar pela absolvição. Haverá sempre aquele que ficará no meio-termo, dizendo que prefere cumprir a lei ou que não tem posição firme sobre o assunto. É o jurado mais indicado para esse julgamento.

Não existindo possibilidade de se questionar os membros do Tribunal do Júri antes do sorteio, melhor que se dê às partes a possibilidade da recusa imotivada, um mal menor, que permite o juízo de valor a respeito de pessoa leiga, sem as garantias e deveres do magistrado togado, por isso mesmo livre para tomar qualquer posição. Por vezes, a parte rejeita o jurado porque percebeu que, em outro julgamento, ele não teve comportamento adequado, *v.g.*, fazendo perguntas impertinentes ou deixando de prestar a devida atenção aos debates. Enfim, torna-se um instrumento de proteção dos interesses tanto da acusação, quanto da defesa.

Quanto ao momento para arguir a suspeição, deve-se levar em conta que, contra o juiz, promotor ou servidor da justiça, assim que instalados os trabalhos invoca-se os motivos para tanto. Aceita a suspeição, o julgamento será adiado para o primeiro dia desimpedido. Rejeitada, realiza-se o julgamento, embora todo o ocorrido – inclusive a eventual inquirição das testemunhas – deva constar da ata (art. 470, CPP). Futuramente, caberá ao tribunal analisar se houve ou não a suspeição. Caso seja arguida contra o jurado, deve ser levantada tão logo seja ele sorteado, procedendo-se da mesma forma, isto é, com a apresentação imediata das provas. Por vezes, quando a suspeição é arguida, o próprio juiz, promotor, funcionário ou jurado pode reconhecê-la de pronto.

Se houver mais de um réu a ser submetido a julgamento, tornou-se mais dificultosa a possibilidade de separação dos julgamentos. A partir da edição da Lei 11.689/2008, quando o jurado for recusado por qualquer das partes presentes, estará excluído do Conselho de Sentença. Logo, ainda que as partes esgotem as suas recusas (três para cada parte, imaginando-se o órgão acusatório e dois réus), acarretando a exclusão de nove jurados, torna-se viável haver, ainda, jurados disponíveis para compor a Turma Julgadora, sem haver a cisão do julgamento.

Por outro lado, se, em face das várias recusas, não for atingido o número mínimo de sete para formar o Conselho, pode-se separar os julgamentos. Assim ocorrendo, determina a lei dever ser julgado o autor, em primeiro lugar, depois o partícipe (art. 469, §§ 1.º e 2.º, CPP). Se houver somente autores, respeita-se a ordem fixada pelo art. 429 do CPP.

Convém destacar que a novel norma acerca da escolha do primeiro réu a ser julgado cuidou de termos extraídos do direito penal, sem qualquer especificação. Sabe-se que autor e partícipe são conceitos basicamente doutrinários, que não encontram definição no Código Penal. Por isso, adotar a teoria objetivo-formal ou a teoria objetivo-normativa pode implicar em grande alteração para a proposta da reforma processual penal. Exemplificando: pela teoria do domínio do fato, o mandante de um crime pode ser considerado autor, tanto quanto o executor. Assim sendo, quem será julgado em primeiro lugar? Se ambos são coautores, aplica-se a regra do art. 429. Entretanto, levando-se em consideração a teoria formal, o mandante é partícipe e o executor, autor. Seria este o primeiro a ser julgado. São soluções diversas, cada qual extraída em uma Vara diferente do júri, o que não nos parece adequado.

Quando houver mais de um réu, porém todos com um só defensor, não deve haver prejuízo para eles. É direito de cada acusado aceitar ou recusar, por si só, o jurado sorteado, ou, se preferir, incumbir que as recusas sejam feitas em conjunto com o outro. Desse modo, caso a defesa deseje manter o julgamento unido, sendo um só advogado, dirá ao juiz que fará as aceitações e recusas dos jurados por todos os réus de uma só vez.[30]

---

[30] Nessa ótica, a lição de ADRIANO MARREY (*Teoria e prática do júri*, p. 286).

Autoriza a lei que o mesmo conselho poderá julgar mais de um processo na mesma sessão, desde que as partes aceitem, prestando novo compromisso (art. 452, CPP).

Após o sorteio dos sete jurados componentes da Turma Julgadora, passa-se à fase do juramento solene. Todos em pé no Tribunal do Júri ouvirão a exortação feita pelo juiz: "Em nome da lei, concito-vos a examinar esta causa com imparcialidade e a proferir a vossa decisão, de acordo com a vossa consciência e os ditames da justiça". E cada jurado responderá: "Assim o prometo" (art. 472, CPP).[31]

Note-se que o jurado deve examinar *com imparcialidade* a causa e decidir de acordo com a *consciência* e os ditames da *justiça*. Não se fala em decidir de acordo com os ditames legais, justamente porque os jurados são leigos e não têm qualquer obrigação de conhecer o ordenamento jurídico. Assim, o objetivo do Tribunal Popular é promover uma forma particular de justiça, aquela que brota da sensibilidade e da razão do homem comum, não letrado em Direito, disposto a respeitar o que sua consciência lhe dita, com imparcialidade.

Por isso, mais uma vez deve-se ressaltar, não há cabimento para anular-se o julgamento, quando os jurados tomam decisões de bom senso, embora discordantes da jurisprudência predominante. Não tendo que basear seus veredictos na lei, descabe ingressar no mérito de seus julgados, mormente quando não coincidem com a posição dominante da magistratura togada.

15.3   Interrogatório do réu

Será realizado nos mesmos termos do interrogatório feito na instrução comum, conforme dispõem os arts. 185 a 196 do Código de Processo Penal, com as alterações constantes da Seção XI, trazidas pela Lei 11.689/2008.

A modificação mais importante consistiu na transferência do interrogatório para o final da instrução em plenário (art. 474, *caput*, CPP).

Se houver mais de um réu submetido a julgamento na mesma sessão, devem ser interrogados na sequência. O ideal é que o primeiro seja interrogado sozinho, sem a presença dos demais. Em seguida, interrogando-se o segundo, pode o que já foi ouvido permanecer em plenário e assim sucessivamente. Se tal procedimento não for respeitado, trata-se de nulidade relativa, dependente, pois, de prova de prejuízo para a parte.

Os jurados, juízes que são, têm direito de fazer perguntas ao réu. O art. 474, § 2.º, do CPP, expressamente autoriza, embora tenha fixado que as indagações serão realizadas por intermédio do juiz presidente. Possivelmente, o objetivo foi tentar evitar que os jurados, por inexperiência, formulassem perguntas impertinentes ou irrelevantes, algumas delas até demonstrativas do seu modo de agir ou pensar. Cremos, no entanto, que a pergunta deveria ser feita diretamente pelo jurado ao réu, alertado aquele, pelo juiz presidente, de que não deve manifestar o seu convencimento, nem deve contrariar ou comentar a resposta dada pelo acusado. O sistema presidencialista de inquirição mereceria ser abolido, por completo, do processo penal, em homenagem à oralidade e à economia processual, pois não se justifica que o juiz atue como se fosse um tradutor de perguntas feitas por jurados ao réu. Indagações impertinentes podem ser indeferidas pelo juiz, sem necessidade de que este as faça em lugar do interessado.

---

[31] Historicamente, quando havia legislação processual estadual, em Minas Gerais, por exemplo, os jurados eram obrigados a um juramento em nome de Deus. Por outro lado, quando o Decreto-lei 167/1938 uniformizou o referido juramento, obrigava que os jurados o fizessem com a mão direita levantada, o que causou espanto em parcela da doutrina, cuja crítica consistia em uma forma de saudação fascista. Hoje, nem em nome de Deus, nem com a mão direita levantada. Basta a promessa (ARY DE AZEVEDO FRANCO, *Código de Processo Penal*, p. 123).

Trata-se de ato processual inafastável. Além de formalidade legal expressa, há de se destacar que o interrogatório do réu, na presença dos jurados, enaltece o princípio da oralidade e, via de consequência, os princípios da imediatidade e da identidade física do juiz, vigentes nesta fase do julgamento pelo Tribunal do Júri. A sua ausência constitui nulidade absoluta.

Vale destacar, no entanto, que a reforma introduzida pela Lei 11.689/2008, em nosso entendimento, falhou no seguinte aspecto: autorizou o Ministério Público, o assistente, o querelante e o defensor, nessa ordem, a formular, *diretamente*, perguntas ao acusado (art. 474, § 1.º, CPP). A medida é inadequada e pode afrontar vários princípios e garantias constitucionais, dentre os quais o direito de não produzir prova contra si mesmo, o direito de permanecer em silêncio e, sobretudo, a plenitude de defesa. Não vemos sentido algum em permitir que o órgão acusatório se dirija diretamente ao réu, fazendo-lhe reperguntas. Certamente, não serão poucos os casos em que o objetivo constituirá na provocação da confissão ou, no mínimo, da exteriorização de contradições, em franco prejuízo à defesa. Qualquer hostilidade contra o réu, expressada pelo representante do Ministério Público, pelo querelante ou pelo assistente, também poderá contribuir para prejudicar a imagem do acusado diante dos jurados.

Pensamos, portanto, ter o réu o direito de invocar o silêncio em função das reperguntas que julgar inadequadas feitas pela acusação. Ou, ainda, recusar-se a responder qualquer indagação feita pelo Ministério Público, querelante ou assistente. É a plenitude do seu direito de defesa.

15.4 Relatório do processo e leitura de peças

O relatório passa a ser elaborado pelo juiz presidente na fase de preparação do plenário (art. 423, II, CPP), por escrito, com o fim de ser distribuído aos jurados, como já abordamos no item 13 *supra*.

Anteriormente, o relatório era feito na forma oral, em plenário, tornando mais difícil o processo de memorização do seu conteúdo pelos integrantes do Conselho de Sentença. Passa-se, entretanto, a distribuir cópia impressa do relatório do processo, que será mantida com os jurados durante todo o julgamento.

A leitura de peças constituía momento extremamente desgastante para os envolvidos no julgamento, pois a lei admitia que pudesse ser lida qualquer peça juntada aos autos.[32] Não eram incomuns os pedidos de leitura de quase todas as folhas existentes. A nova redação do art. 473, § 3.º, permite a leitura apenas das peças que se refiram, exclusivamente, às provas colhidas por carta precatória e às provas cautelares, antecipadas ou não repetíveis (estas, por exemplo, são os laudos periciais produzidos na fase policial).

A medida foi correta, de modo a privilegiar, cada vez mais, o sistema da oralidade em que as partes expõem argumentos, mas não ficam limitadas a peças escritas. A leitura de um escrito não deixa de ser algo moroso e nem sempre produtivo.

---

[32] Ary Azevedo Franco, muito antes da atual redação do CPP, já advertia que a leitura de peças do processo era enfadonha, à qual ninguém prestava atenção; além disso, o escrivão lia em voz baixa, pois já sabia que não lhe dariam ouvidos (*Código de Processo Penal*, v. 2, p. 125).

15.5   Produção da prova testemunhal

Serão inquiridas primeiramente as testemunhas da acusação; depois, as da defesa. Deve ser garantida às partes e aos jurados a oportunidade de realizarem as reperguntas desejadas diretamente à vítima, quando houver, e à testemunha.

O art. 473, *caput*, do CPP é claro ao dispor que as partes e os jurados *tomarão, sucessiva e diretamente*, as declarações do ofendido e *inquirirão* as testemunhas, dispensando-se, pois, a participação do juiz presidente. Este, por sua vez, fiscalizará as perguntas realizadas, indeferindo as que forem impertinentes, irrelevantes ou abusivas.

Se houver abuso da parte, em relação à inquirição direta, formulando reperguntas agressivas, invasoras da intimidade, impertinentes, enfim, agindo com hostilidade, evitando-se a nulidade do julgamento, caso o juiz presidente indeferisse todas as intervenções, pensamos ser viável possa o magistrado exigir que as perguntas sejam feitas por seu intermédio. Inexiste prejuízo algum. Ao contrário, para viabilizar o andamento dos trabalhos, é a forma encontrada para contornar o problema da inquirição direta. Se a parte não concordar, o juiz presidente deve indeferir, por falta de opção, sistematicamente todas as indagações consideradas inadequadas, dirigidas ao ofendido ou à testemunha.

É importante destacar que, antes da sessão ter início, pode a parte que arrolou a testemunha desistir livremente da sua inquirição. Depois de iniciados os trabalhos, a testemunha passa a ser do Tribunal do Júri, necessitando, pois, da concordância de todos para que seja dispensada, inclusive do juiz presidente – que pode ouvi-la como testemunha do juízo. Assim, caso o promotor queira desistir da inquirição de alguém, pouco antes de iniciar a fase de colheita dos depoimentos, deve o juiz consultar a defesa e os jurados. Somente após obter o aval de todos, acolherá a desistência, dispensando a testemunha.

O mesmo procedimento será adotado para a testemunha arrolada pela defesa e mesmo para aquela que foi convocada pelo juízo. Entretanto, a não adoção desse procedimento de consulta prévia à parte contrária e aos jurados constitui nulidade relativa, sujeitando-se à avaliação do prejuízo sofrido, e, no caso do júri, precisa contar, ainda, com o protesto na ata, da parte inconformada com a dispensa sem a sua consulta ou sem a sua concordância.

Quando ouvidas testemunhas de acusação, após as perguntas formuladas pelo juiz presidente, abre-se oportunidade para reperguntas do órgão acusatório, do assistente de acusação (se houver), da defesa e dos jurados. Tratando-se das testemunhas de defesa, após a inquirição do juiz, abrem-se reperguntas para a defesa, seguida da acusação, do assistente, se houver, e dos jurados.

Os depoimentos e o interrogatório serão registrados pelos meios ou recursos de gravação magnética, eletrônica, estenotipia ou técnica similar, com o objetivo de garantir fidelidade e celeridade (art. 475, CPP). Não há sentido algum em se fazer a degravação, colocando por escrito horas e horas de captação magnética (art. 475, parágrafo único, CPP). Se assim for feito, funcionários da justiça serão mobilizados e a celeridade deixa de existir. Somente no caso da estenotipia, que lida com códigos, é preciso decifrá-los no papel. Logo, a proposta de aumento da eficiência e da rapidez no trâmite processual, prevista no *caput* do art. 475 choca-se com o disposto no parágrafo único. Parece-nos deva prevalecer o princípio geral norteador da reforma, que é o incentivo à economia processual, vale dizer, as transcrições serão feitas em casos de absoluta necessidade.

Prevê o art. 473, § 3.º, do CPP a possibilidade de haver acareação entre as testemunhas ouvidas, quando divergirem sobre pontos essenciais da causa. No plenário do Tribunal do Júri, muitas vezes surte algum efeito esse confronto, pois os jurados podem observar as expressões e as reações das duas pessoas colocadas face a face, porque seus depoimentos são contraditórios.

Levando-se em conta que os jurados não decidem fundamentadamente, podem considerar o depoimento de uma, em detrimento do prestado por outra testemunha, justamente porque notaram que uma delas mentia.

15.5.1 Maior proteção à dignidade da vítima e da testemunha

A Lei 14.245/2021 incluiu o art. 474-A ao CPP, nos seguintes termos: "durante a instrução em plenário, todas as partes e demais sujeitos processuais presentes no ato deverão respeitar a dignidade da vítima, sob pena de responsabilização civil, penal e administrativa, cabendo ao juiz presidente garantir o cumprimento do disposto neste artigo, vedadas: I – a manifestação sobre circunstâncias ou elementos alheios aos fatos objeto de apuração nos autos; II – a utilização de linguagem, de informações ou de material que ofendam a dignidade da vítima ou de testemunhas".

A introdução dos arts. 400-A e 474-A busca proteger qualquer vítima de crime, embora se faça expressa referência à particularidade da pessoa ofendida de crime contra a dignidade sexual (no art. 400-A). Como regra, os delitos sexuais são processados em juízo singular comum, mas podem ser conexos a delitos dolosos contra a vida, razão pela qual, também, podem ser apurados pelo Tribunal do Júri. Ademais, o art. 474-A não especifica a tutela particular à vítima de delito sexual, valendo a tutela para todas as pessoas ofendidas e testemunhas (no caso do inciso II). Por isso, a consulta ao referido art. 400-A e seus comentários é fundamental (item 4.1.1 do Capítulo XVII).

15.6 Debates

Finda a inquirição das testemunhas, o juiz presidente passará a palavra ao órgão acusatório, que terá uma hora e meia para sustentar a acusação (arts. 476 c/c 477, CPP). Os limites da acusação eram determinados pelo libelo, peça que foi extinta. Passa a ser delimitada, então, pela decisão de pronúncia (ou decisões posteriores, como o acórdão confirmatório da pronúncia, por exemplo).

15.6.1 Os acordos feitos pelas partes antes de iniciar o julgamento em plenário e a soberania do Tribunal do Júri

É preciso destacar, em primeiro lugar, que o sistema processual penal brasileiro não acolhe a transação penal durante o processo criminal ordinário ou sumário. A única hipótese constitucionalmente aceita refere-se às infrações de menor potencial ofensivo, no contexto do Juizado Especial Criminal, o que está bem distante dos casos levados a julgamento pelo Tribunal do Júri. Dessa forma, quando promotor e defensor, antes de iniciarem os debates, fazem um "acordo", decidindo, de antemão, o que vão pedir, em conjunto, aos jurados, pode estar havendo uma nítida agressão ao princípio constitucional que inspira a instituição: a soberania dos veredictos.

Ninguém pode ser *soberano* (dono e senhor absoluto da última palavra) se não possuir elementos suficientes para dar a decisão. É falacioso supor que alguém é a voz final sobre qualquer assunto, quando não dispõe essa pessoa dos dados indispensáveis para formar seu convencimento. Dessa forma, quando os jurados são privados da exposição das provas, não podem decidir soberanamente. Ficam atados às alegações das partes, nem sempre verdadeiras, nem sempre vinculadas à prova, nem sempre razoáveis.

Cabe, pois, ao juiz presidente zelar pela aplicação fiel do princípio constitucional, não permitindo que "acordos" feitos pelas partes subtraiam dos jurados o pleno conhecimento do feito. Somente a noção ampla e completa do conteúdo do processo pode levar o Conselho de Sentença a proferir, com soberania, o veredicto considerado justo. Portanto, se promotor e defensor desejarem pleitear a mesma solução para o processo, o que pode até ocorrer diante a independência funcional e profissional que possuem, devem expor as provas aos jurados, cada qual na sua posição. O Promotor de Justiça demonstra o que existe nos autos contra o réu – embora possa opinar favoravelmente a ele –, enquanto o defensor expõe a prova existente em favor do acusado – opinando do mesmo modo. Fora disso, implica ofensa à soberania do Conselho de Sentença, devendo ser coibido pelo magistrado, ainda que precise dissolver o Conselho, por deficiência absoluta da acusação ou da defesa.

Respeitada a fiel exposição das provas, para preservar a soberania dos jurados, pode o representante do Ministério Público pedir a absolvição do réu, enquanto o defensor fica livre, também, em certos casos, para solicitar a condenação. Tais posturas, no entanto, não estão imunes a críticas. FREDERICO MARQUES e BORGES DA ROSA não admitem, por exemplo, que o promotor possa pedir a absolvição do réu no plenário, tendo em vista que a norma processual penal preceitua que o acusador *lerá o libelo* [hoje, peça extinta] e *produzirá a acusação*, implicando um comando legal, não passível de afastamento. De outra parte, se, após a instrução, pediu a acusação a pronúncia, não pode o promotor *desistir* da palavra, pedindo a absolvição.[33] Tal posição foi contraposta por ROBERTO LYRA, afirmando que seria pura má-fé, perseguição e arbítrio pretender a condenação de alguém contra a verdade e contra as provas. Ao defender a sociedade, busca o acusador realizar justiça.[34]

Por outro lado, quanto ao defensor, tendo em vista que se assegura, no júri, a plenitude de defesa, sustentam alguns ser impossível a efetivação de um pedido de condenação, prejudicando o réu. Entretanto, deve-se destacar que há pedidos de absolvição tão frágeis e dissociados da prova colhida, que terminam por levar os jurados a desacreditar, completamente, da argumentação defensiva.

Conforme o caso, pedir pura e simplesmente a absolvição pode favorecer a acusação, pois o Conselho de Sentença não mais dá crédito à palavra do defensor. Imagine-se o réu confesso em todas as fases, inclusive no plenário, diante dos jurados. De que adianta ao defensor negar a autoria? Faria um papel distanciado da realidade, salvo se tiver bons motivos para acreditar que se trata de uma confissão falsa. Não sendo assim, o melhor é partir para outras teses, visando à absolvição pelo reconhecimento de alguma excludente de ilicitude ou culpabilidade, ou mesmo tendo por finalidade o reconhecimento de algum privilégio ou, ainda, o afastamento de qualificadoras.

Não deixa de ser plena defesa aquela que busca o melhor para o réu, dentro do possível e do razoável. Diga-se o mesmo do promotor, que não é um órgão vinculado absolutamente à condenação do réu, podendo expressar sua posição pessoal em prol da absolvição. Frise-se, no entanto, que as partes devem respeitar os jurados, expondo-lhes, com lealdade, as provas existentes para, somente depois, manifestar o seu pensamento próprio a respeito. Caso o magistrado perceba estar a acusação deixando de sustentar o conteúdo fixado pela pronún-

---

[33]   JOSÉ FREDERICO MARQUES, *A instituição do júri*, p. 186.

[34]   *Teoria e prática da promotoria pública*, p. 97.

cia por motivos escusos, ferindo a soberania dos veredictos e tornando fraca a posição da sociedade, ou sinta que o defensor está almejando a condenação em processo impróprio a isso, deixando o acusado indefeso, deve dissolver o Conselho de Sentença, colocando na ata as razões que o levaram a tanto. Designando nova data para o julgamento, oficiará, conforme o caso, à Procuradoria-Geral da Justiça para que possa tomar as medidas cabíveis contra o representante do Ministério Público e, se entender adequado, designando outro promotor para o júri, bem como intimando o réu a constituir outro defensor, afastado que foi o primeiro, ou nomeando-lhe um, caso não consiga o acusado indicar um substituto.

A manifestação do assistente de acusação, se houver, deve ser garantida pelo juiz presidente, caso não haja acordo com o Ministério Público. Não se trata de mera concessão do promotor, mas de direito da vítima de, através de seu procurador, falar. Assim, o ideal é entrarem em acordo – promotor e assistente –, comunicando ao juiz como dividirão o tempo. Não sendo assim, o juiz presidente, conforme seu prudente critério, promove a divisão do tempo destinado a cada um, normalmente em iguais partes.[35]

Quando a ação for conduzida pela parte ofendida – seja ela *privada subsidiária da pública*, seja *exclusivamente privada* – cabe ao Estado-acusação, que detém o direito de punir com exclusividade, falar em seguida. Não está obrigado, naturalmente, a sustentar a acusação, como fez o acusador particular, podendo dele discordar, apresentando o seu ponto de vista, com inteira liberdade.

Terminada a acusação, terá a defesa o prazo regulamentar de uma hora e meia para sua manifestação (art. 477, *caput*, CPP).

15.6.2 O direito ao aparte

Pela singela leitura da lei, antes da edição da Lei 11.689/2008, a impressão primeira que se tinha era de que não haveria possibilidade de concessão de apartes, isto é, a intervenção da acusação durante a manifestação da defesa, ou a interferência desta durante a fala do promotor.

Primeiramente, falaria a acusação e, somente depois, manifestar-se-ia a defesa. Não havia norma expressa que se referisse aos apartes, embora, por força da tradição, fosse direito incorporado ao júri.

A questão foi solucionada pela introdução do inciso XII ao art. 497 do CPP. Constitui atribuição do juiz presidente "regulamentar, durante os debates, a intervenção de uma das partes, quando a outra estiver com a palavra, podendo conceder até 3 (três) minutos para cada aparte requerido, que serão acrescidos ao tempo desta última".

Deve a parte conceder apartes, quando solicitada pela contrária, sob pena de poder haver a intervenção do juiz presidente, concedendo o momento de interferência, para que se faça algum comentário importante, referente ao tema desenvolvido por aquele que está falando. O aparte é esclarecedor e ilustra o jurado, quando bem feito e sem abuso.

Quando a defesa termina sua manifestação, o juiz presidente consulta o órgão acusatório se deseja replicar. Se a resposta for positiva, passa-lhe a palavra por uma hora (art. 477, *caput*, CPP). Se não desejar, cessam os debates.

Após a réplica, cabe ao defensor manifestar-se em tréplica, por uma hora. Admite-se a reinquirição de qualquer das testemunhas já ouvidas em plenário (art. 476, § 4.º, CPP). Para

---

[35] Na mesma ótica, ver MARCELO FORTES BARBOSA (A acusação no plenário do júri, p. 148).

isso, no entanto, é fundamental que elas estejam aguardando e não tenham sido dispensadas. Aliás, é esse o motivo pelo qual, quando cada testemunha termina seu depoimento, o juiz consulta as partes e os jurados se dispensam a pessoa, para que possa ir embora do fórum.

Essa nova inquirição deve ser feita dentro do tempo da parte que assim deseje. Do contrário, o interessado poderia abusar, aumentando consideravelmente o seu tempo de manifestação. Além da uma hora para a réplica, poderia o promotor, por exemplo, ouvir de novo a principal testemunha de acusação, o que iria relembrar aos jurados fatos relevantes. Faria a defesa o mesmo, no tocante a testemunha sua, e o julgamento seria estendido indevidamente. Assim, se a parte desejar reinquirir alguém, deve fazê-lo dentro do seu tempo para a réplica ou tréplica.

Quanto ao limite de tempo estabelecido em lei, pode ser eventual e excepcionalmente prorrogado. Uma primeira hipótese a ser levantada é a ocorrência de vigorosos debates, com constantes invasões e discursos paralelos feitos por uma parte em relação à manifestação da outra. Assim, pode o juiz descontar o tempo perdido por quem tinha o direito de falar, concedendo-lhe maior prazo para finalizar suas alegações.

Outra hipótese é a referente ao respeito exigido pelo princípio da plenitude de defesa. Necessitando de maior tempo para terminar a exposição de suas ideias e teses, em processo complexo, pode o defensor solicitar uma dilação razoável, a ser concedida conforme o critério do juiz, mas que implica a consagração de uma defesa plena e inatacável, algo que necessita ser assegurado no Tribunal do Júri, formado por jurados leigos, que decidem sem fundamentação e em votação sigilosa.

15.6.3 A inovação da tese de defesa durante a tréplica

Cremos ser perfeitamente possível o defensor, julgando cabível e eficiente, agindo no interesse do acusado, inovar a sua tese, ainda que o faça na tréplica. Costuma-se arguir que, assim fazendo, haveria ofensa ao princípio do contraditório, pois não se possibilitaria ao órgão acusatório qualquer manifestação após a fala da defesa.

Por várias razões, não aquiescemos com tal ponto de vista: em primeiro lugar, cumpre ressaltar que uma das partes há de falar por último, pois seria infindável o julgamento quando se buscasse ouvir, sempre, a cada nova interpretação do mesmo fato, a parte contrária. Por ser mais lógico e adequado à plenitude de defesa, é natural que o defensor seja o último a se manifestar.

Em segundo lugar, o princípio do contraditório destina-se a garantir que a parte contrária se manifeste, fundamentalmente, acerca de alguma prova nova apresentada ou sobre alguma alegação, expondo fato inédito, passível de alterar o rumo da causa. Assim, se durante a instrução, junta-se um documento, ouve-se a respeito a parte contrária. Se alguém levanta um fato ainda não aventado, ouve-se o adversário. Mas, no tocante a teses jurídicas, isto é, na parte concernente à interpretação das provas e quanto ao direito a ser aplicado não há necessidade de se ouvir, sempre, a parte contrária.

Note-se que, no procedimento comum, ao término da instrução, manifesta-se a acusação em alegações finais, pedindo, por exemplo, a condenação do réu e sustentando a tese jurídica que lhe aprouver. Ouve-se, então, a defesa, que também se manifesta quanto às provas produzidas e levanta as teses pertinentes, requerendo a absolvição do réu. Não se devolve a palavra ao órgão acusatório para que se pronuncie a respeito do alegado pela defesa. Segue-se à fase decisória. O mesmo deve ocorrer no júri. As partes usam o tempo proporcionado pela lei para expor todas as teses possíveis, avaliando as provas existentes. Os jurados escolherão a que mais os convencer. Portanto, seria inconcebível que a defesa, despertando-lhe alguma tese interessante quando o órgão da acusação está falando, na réplica, seja obrigada a calar-se na tréplica, prejudicando seriamente o interesse do réu.

Em terceiro lugar, acrescente-se que, no Tribunal do Júri, como já vimos sustentando, elegeu o constituinte, como princípio regente, a plenitude de defesa, razão pela qual se algum interesse há de prevalecer sobre outro é o do réu que merece sobrepor-se ao da acusação. Assim, havendo possibilidade real de se levantar uma tese inovadora – não fatos novos, nem prova nova –, é de ser aceita a situação pelo juiz presidente, que providenciará a inclusão do quesito pertinente. Eventualmente, frise-se, a arguição de uma tese nova na tréplica, quando feita de má-fé, pode até prejudicar a defesa, pois demonstrará aos jurados a ausência de lógica e de nexo em sua atividade. Conforme a gravidade do que for feito pelo defensor, pode o juiz presidente considerar o réu indefeso (ex.: vem-se afirmando, desde o início, a legítima defesa; subitamente, na tréplica, o defensor, sem qualquer sustentação nas provas, passa a defender a negativa de autoria, tornando insustentável a possibilidade de êxito, merecendo a intervenção do magistrado).

Sob outro aspecto, nada impede, também, que o defensor, inovando na tréplica, permita ao órgão acusatório o aparte necessário às observações pertinentes sobre a nova tese. Garante-se, com isso, a manifestação da acusação – que não há de ser extensa, uma vez que o tempo da própria tréplica é exíguo –, sem que se perca de vista o principal: garantir a plenitude de defesa.

Em quarto lugar, cumpre mencionar que a atividade do órgão de acusação, mormente quando se trata do Promotor de Justiça, é empreender uma acusação imparcial, significando, pois, que não está atrelado o acusador a rebater cada argumento levantado pela defesa e, sim, a sustentar a acusação, nos termos da pronúncia. Se o fizer com eficácia, expondo as provas aos jurados e pedindo a condenação, nada do que a defesa fale poderá afetar a visão do Conselho de Sentença a respeito do caso. Dessa forma, inócua será a inovação na tréplica.

Posicionam-se contrários à inovação feita pela defesa, HERMÍNIO ALBERTO MARQUES PORTO, ADRIANO MARREY, TOURINHO FILHO e DANTE BUSANA, sendo favoráveis os magistrados DIRCEU DE MELLO, CELSO LIMONGI e JAMES TUBENCHLAK. Nas palavras de ANTONIO SCARANCE FERNANDES, "não se deu ainda devida aplicação à garantia da plenitude de defesa, pois dois aspectos essenciais, já ressaltados, que dela decorreriam não merecem aceitação nos tribunais e na prática diária dos julgamentos pelos júris do país. (...) Ainda, não se deveria impedir a defesa de, na réplica, trazer questão nova".[36]

Se houver mais de um acusado, o tempo para a acusação e para a defesa será, em relação a todos, acrescido de uma hora e elevado ao dobro o da réplica e da tréplica (art. 477, § 2.º, CPP).

Para não ocorrer inovação na produção de prova, surpreendendo qualquer das partes, preceitua o art. 479 do CPP que não será permitida a leitura de documento ou a exibição de objeto que não tiver sido juntado aos autos, com ciência à parte contrária, com antecedência de, no mínimo, três dias, incluída na proibição a leitura de jornais ou escritos, além de vídeos, gravações, fotografias, laudos, quadros, croqui ou outro meio, cujo conteúdo verse sobre matéria ligada ao fato constante do processo.

_____

[36] GERALDO PRADO (org.), Vinte anos de Constituição e o processo penal, *Processo penal e democracia*, p. 95.

É admissível que algum gráfico, croqui, desenho feito pela própria parte ou outras peças não reprodutoras de laudos constantes dos autos, nem relativas à cena do crime ou ao corpo da vítima, possam ser exibidas sem ciência prévia. Assim, desejando a defesa, por exemplo, demonstrar aos jurados que a casa do réu é distante da casa da vítima, pode apresentar um croqui do local, aliás, de fácil obtenção em qualquer mapa da cidade, para sustentar o argumento.

No prazo de três dias computa-se o dia do julgamento. Por isso, se este estiver designado para o dia 20, pode o documento ser apresentado, para ciência, à parte contrária até o dia 17. Logo, não são três dias inteiros (17, 18 e 19, devendo ser apresentado até o dia 16), mas sim a contagem normal de processo penal, partindo-se do dia do julgamento para trás, não se incluindo o primeiro, mas incluindo-se o último. Há posição reduzindo a contagem e determinando a inclusão do dia do julgamento como primeiro dia, ou seja, se o julgamento ocorrerá no dia 20, pode-se cientificar a parte contrária até o dia 18. Parece-nos, no entanto, indevido cerceamento.

Jornais, revistas e fitas gravadas contendo reportagens sobre o caso em julgamento podem ser exibidas em plenários, desde que respeitado o disposto no art. 479 do CPP (prazo e ciência da parte contrária). Em que pese haver emotividade e parcialidade nessas reportagens, não há como impedir a sua exibição aos jurados, merecendo, no entanto, que o juiz presidente advirta o Conselho de Sentença da sua característica peculiar.

15.6.4 A vedação a referências acerca de peças dos autos e situações processuais

Dispõe o art. 478, do CPP, o seguinte: "Durante os debates as partes não poderão, sob pena de nulidade, fazer referências: I – à decisão de pronúncia, às decisões posteriores que julgaram admissível a acusação ou à determinação do uso de algemas como argumento de autoridade que beneficiem ou prejudiquem o acusado; II – ao silêncio do acusado ou à ausência de interrogatório por falta de requerimento, em seu prejuízo".

Não nos parece acertada a inserção desse artigo pela Lei 11.689/2008. Em primeiro lugar, deve-se ressaltar que a decisão de pronúncia (ou outras posteriores) estará em mãos dos jurados (art. 472, parágrafo único, CPP). Logo, eles terão pleno conhecimento do seu conteúdo. Somente por isso, não vemos obstáculo algum em tecerem as partes os comentários que bem quiserem sobre ela. Entretanto, o ponto fulcral de geração de nulidade é a parte buscar a utilização da pronúncia como *argumento de autoridade*, procurando ludibriar os jurados no sentido de que o magistrado prolator da decisão *já teria apontado o caminho a seguir*.

Há de se levar em conta a plenitude de defesa, vez que o defensor falará sobre a pronúncia o que bem entenda, em especial, se for usada em benefício do réu. E, nesse ângulo, pouco importa a terminologia "argumento de autoridade", pois o princípio constitucional da plena defesa encontra-se acima da lei ordinária.

Sob outro aspecto, é importante coibir pronúncias construídas em termos exagerados, viciados, fora do contexto normal da linguagem forense. O magistrado deve ser comedido e sóbrio ao elaborar a pronúncia. Se assim não fizer, a peça deve ser anulada, obrigando-se o juiz a outra proferir. No entanto, se a decisão estiver constituída de maneira isenta, nenhum problema pode haver na sua leitura e utilização, como argumento, aos jurados.

O uso de algemas é, como regra, vedado (art. 474, § 3.º, CPP). Se, porventura, for autorizado pelo juiz, a decisão será fundamentada, constará em ata e os jurados verão o acusado em grilhões. Mas a parte (imagina-se ser a acusação) não pode fazer uso de argumento algum em relação às algemas. Porém, pode falar à vontade da prisão decretada e do grau de periculosidade do réu. Não há vedação para isso. Nem precisa, então, tocar no assunto *algemas*, pois elas são peças visíveis a qualquer um no plenário. Pode-se falar de outros aspectos negativos do acusado. Em outra visão, Gustavo Badaró argumenta que "se a leitura do decreto de prisão preventiva ou da folha de antecedentes for feita com o objetivo de extrair uma 'presunção de culpa', haverá indevida influência do julgamento dos jurados e eventual veredicto condenatório será nulo. O art. 478 não constitui uma hipótese de *numerus clausus*. Não será apenas, única e exclusivamente, nestes casos que os jurados serão influenciados. Qualquer outra linha argumentativa, com finalidade persuasiva, mas que possa induzir o jurado a erro, implicará nulidade de julgamento".[37]

Assim não nos parece. As partes são absolutamente livres em plenário, no tocante às argumentações construídas. Se o acusador se apega à periculosidade do réu para afirmar sua culpa ou se o defensor se restringe ao bom caráter do acusado para indicar sua absolvição, nada disso pode ser questionado – e muito menos gerar nulidade. Lembremos, acima de tudo, que, no Júri, há *soberania* e, mais, *sigilo das votações*. Ninguém pode saber, ao certo, qual foi o argumento eficaz a convencer o jurado da culpa ou da inocência do réu. Logo, anular o julgamento, por simples presunção, constitui falta de cautela e desatenção à soberania do povo. Tanto não é o rol do art. 478 meramente exemplificativo – mas taxativo – que o próprio autor, Badaró, fez questão de demonstrar o *esquecimento* do legislador quanto ao uso de acórdão, proferido por tribunal, submetendo o réu a novo julgamento, que pode significar *argumento de autoridade* mais grave que a pronúncia.[38] Em suma, o rol do art. 478 é taxativo.

Não se pode, também, falar do silêncio do acusado (ou da falta de interrogatório), em seu prejuízo. Em primeiro lugar, pouquíssimos réus arriscam a ficar em silêncio em plenário do Júri (e não devem mesmo fazê-lo). Se ficaram calados na fase policial, a justificativa a ser dada é simples: não há contraditório nem ampla defesa, por isso é medida de cautela. No mais, se o temor do legislador é evitar que prevaleça o antigo brocardo "quem cala, consente", não há necessidade alguma de se lembrar isso aos jurados. Basta que eles tomem ciência, pelo próprio relatório feito pelo juiz – ou pela recusa do réu em depor no plenário –, ter havido o uso do direito ao silêncio, para que pensem o que bem quiserem.

Espera-se que esse dispositivo seja utilizado com equilíbrio e os tribunais atuem com rigor, não permitindo que as nulidades sejam facilmente reconhecidas, como se qualquer menção, por mais tola que seja, aos fatores ali enumerados, possa condenar todo o procedimento exaustivo para chegar a um veredicto.

15.7   Procedimento para o julgamento

Encerrados os debates, o juiz presidente consulta os jurados se estão habilitados a julgar ou desejam mais algum esclarecimento (art. 480, § 1.º, CPP). Se algum jurado desejar obter informações sobre questão de fato, o juiz poderá dá-las à vista dos autos (ex.: algum jurado esqueceu-se do local do crime, que consta das provas dos autos, bastando uma leitura do trecho da denúncia ou de um depoimento qualquer). Dúvidas quanto às questões de direito poderão ocorrer, cabendo igualmente ao magistrado togado solucioná-las.

A intervenção das partes nos esclarecimentos pode ocorrer, desde que o juiz presidente mantenha a ordem dos trabalhos, não permitindo a reabertura dos debates. Nada impede

---

[37]   Maria Thereza Moura (coord.), *As reformas no processo penal*, p. 192.
[38]   Ob. cit., p. 191.

que o jurado deseje relembrar, por exemplo, qual foi a tese sustentada pela acusação ou pela defesa, bem como qual foi o sentido de determinada frase pronunciada pelo acusador ou pelo defensor. Nessa situação, o juiz convidará a parte a esclarecer, diretamente, ao jurado, o que pretendeu dizer ou sustentar. Sendo um informe breve, mormente quando feito com a expressa concordância da parte contrária, enriquece os dados coletados pelo Conselho de Sentença para formar o seu convencimento.

Porventura, havendo dúvida intransponível, o juiz deve dissolver o Conselho de Sentença, marcar outra data para o julgamento, providenciando a produção da prova almejada (art. 481, CPP). Exemplo: um jurado deseja ouvir, para formar seu convencimento, uma testemunha referida, ou seja, alguém que não foi inquirido em plenário, mas simplesmente mencionado em depoimento de outra pessoa.

Se os jurados estiverem habilitados a julgar, após a leitura e explicação dos quesitos em plenário, serão convidados a acompanhar o juiz e as partes (exceto o réu) à Sala Especial (denominada também de "Sala Secreta"), longe do público, para que, respeitado o sigilo do processo de votação, possam decidir tranquilamente sobre a imputação. Não havendo sala especial, o público deverá se retirar do plenário.

Na sala privativa, os jurados têm acesso aos autos e podem rever os instrumentos do crime, sempre se mantendo a incomunicabilidade. Embora o art. 480, § 3.º, do CPP, mencione que o acesso aos autos e aos instrumentos do crime se darão na fase de conclusão dos debates, é óbvio não se poder impedir o juiz natural da causa de ter acesso, a qualquer instante, aos elementos desejados, para auxiliar na formação do seu convencimento.

A leitura e explicação dos quesitos, segundo o art. 484 do CPP, devem ser feitos em plenário, na presença do público. Não gera nulidade (mas mera irregularidade), no entanto, o juiz presidente convidar os jurados e as partes para o recolhimento à sala secreta, onde serão os quesitos explicados com maiores detalhes. Inexiste qualquer tipo de prejuízo nesse procedimento.

Cremos, no entanto, que o magistrado deve fazer a leitura dos quesitos em plenário, à vista do público, que ficará esclarecido sobre o método de julgamento, bem como porque alguma das partes pode ter reclamações a fazer, resolvidas, então, de plano, de modo que tudo seria acompanhado pelos presentes, prestigiando-se o princípio da publicidade. A explicação, quanto à significação jurídica de cada um, pode ser feita na sala secreta, em virtude da maior liberdade dos jurados para fazer indagações. À vista do público, pode haver indevida inibição de algum juiz leigo, o que prejudica a formação de seu convencimento e da própria decisão a ser tomada, quando cada quesito for votado.

O momento para questionar a forma, a ordem, o modo e o conteúdo das indagações (quesitos) redigidas pelo juiz presidente é logo após a sua leitura e explicação em plenário (art. 484, *caput*, CPP). Do contrário, silenciando, haverá preclusão, não mais podendo alegar qualquer nulidade a parte que deixou transcorrer sem protesto esse instante. É evidente que a nulidade absoluta, uma vez instalada, poderá ser questionada a qualquer momento, mesmo sem ter havido protesto por ocasião da leitura. Saliente-se, no entanto, que a grande maioria dos problemas envolvendo a redação dos quesitos abrange nulidade relativa, dependente da prova do prejuízo. Logo, sujeita à preclusão, caso não alegada no momento correto.

Por isso, se a parte não concordar com alguma falha do magistrado deve insurgir-se tão logo seja indagada se concorda com o questionário. Esse também é o instante para aventar a não inclusão de alguma tese levantada durante os debates em plenário.

Não está o magistrado obrigado a atender ao requerimento formulado pela parte inconformada, pois pode considerá-lo, dentro do seu prudente arbítrio, incorreto ou impertinente. Ainda assim, deve fazer constar a ocorrência da ata do julgamento, para que, havendo recurso, possa o tribunal analisar a adequação do protesto tempestivamente realizado. Torna-se fundamental a promoção do requerimento pela parte de modo fundamentado e, dando as razões do seu convencimento, faça o magistrado constar a alteração ou o indeferimento do pedido.

15.7.1 O julgamento realizado em sala secreta e o princípio constitucional da publicidade

É verdade que este princípio está previsto expressamente na Constituição, ou seja, todos os julgamentos do Poder Judiciário devem ser públicos (art. 5.º, LX, e art. 93, IX). Ocorre que o próprio texto constitucional – em ambos os dispositivos – menciona ser possível limitar a publicidade dos atos processuais quando a *defesa da intimidade* ou o *interesse social ou público* assim exigirem.

Em primeiro lugar, deve-se salientar ser do mais alto interesse público que os jurados sejam livres e isentos para proferir seu veredicto. Não se pode imaginar um julgamento firme, longe de qualquer pressão, feito à vista do público, no plenário do júri. Note-se que as pessoas presentes costumam manifestar-se durante a sessão, ao menor sinal de um argumento mais incisivo feito pela acusação ou pela defesa. Ainda que o juiz exerça o poder de polícia na sala e possa determinar a retirada de alguém espalhafatoso de plenário, é certo que, durante a votação, essa interferência teria consequências desastrosas.

Imagine-se um julgamento perdurando por vários dias, com todos os jurados exaustos e a votação final sendo realizada à vista do público em plenário. Se uma pessoa, não contente com o rumo tomado pela votação, levantar-se e ameaçar o Conselho de Sentença, poderá influir seriamente na imparcialidade do júri, ainda que seja retirada – e até presa – por ordem do juiz presidente. Anular-se-ia um julgamento tão custoso para todos, por conta dessa invasão no convencimento dos juízes leigos? Justamente porque os jurados não detêm as mesmas garantias – nem o mesmo preparo – da magistratura togada, idealizou o legislador, com acerto, a sala especial. Não é secreto o julgamento, pois acompanhado pelo promotor, pelo assistente de acusação, pelo defensor e pelos funcionários do Judiciário, além de ser comandado pelo juiz de direito.

Argumentam alguns poucos que o julgamento na sala secreta poderia dar margem a acordos espúrios ou atos de corrupção, o que é ingênuo supor seja feito – se tiver que acontecer – justamente no final da sessão. Se alguém tiver que ser corrompido já o será bem antes de tudo principiar ou durante o julgamento, mas não ao final, dentro da sala secreta, faltando pouco para a sentença ser proferida. Por outro lado, haveria de ser uma corrupção histórica, envolvendo *todos* os presentes – e são muitos – para que ninguém possa denunciá-la. Enfim, as vantagens da sala secreta são evidentes, deixando os jurados à vontade para ouvir explicações do juiz, ler os autos do processo e votar sem qualquer tipo de pressão. O interesse público está inequivocamente ao seu lado.

Ademais, há na própria Constituição o disposto no art. 5.º, XXXVIII, *b*, assegurando o sigilo das votações. Não se fala em sigilo do *voto*, entendido como a cédula individual colocada pelo jurado, contendo "sim" ou "não", dentro da urna, mas em sigilo da *votação*, que é o ato de votar. Portanto, busca-se resguardar o momento de o jurado apor o voto na urna – que é *votar* –, razão pela qual a sala especial é o lugar ideal para tanto. Não se tem notícia de Tribunal do Júri no mundo que proporcione aos jurados a votação em sala aberta, à vista do público.

RUI BARBOSA sempre considerou o sigilo da votação algo essencial à instituição do júri,[39] o que é posição francamente majoritária atualmente. Por todos, veja-se HERMÍNIO ALBERTO MARQUES PORTO: "Tais cautelas da lei visam a assegurar aos jurados a livre formação de sua convicção e a livre manifestação de suas conclusões, afastando-se quaisquer circunstâncias que possam ser entendidas, pelos julgadores leigos, como fontes de constrangimento. Relevante é o interesse em resguardar a formação e a exteriorização da decisão".[40]

É preciso cautela do juiz presidente, no entanto, ao explicar aos jurados que eles têm o direito de consultar os autos a qualquer momento, ainda que seja durante a votação, bem como de pedir esclarecimento sobre alguma questão relevante, devendo, no entanto, fazê-lo com a maior atenção possível, para não deixar transparecer o seu convencimento sobre o caso em julgamento. Portanto, antes de votar, desejando, o jurado pode solicitar o esclarecimento ou pedir os autos para consulta, mas sem proferir qualquer juízo ou opinião.

Deve o juiz presidente exercer com firmeza, embora sem abusos, a condução do processo de votação. Nesse sentido, manifestações das partes, demonstrando aos jurados aquiescência ou discordância, conforme os votos forem proferidos, devem ser coibidas (art. 485, § 2.º, CPP). Se, exortados a não mais interferir, seja com palavras, seja com gestos, o comando não for obedecido, pode o magistrado determinar que a parte seja retirada da sala para o prosseguimento do julgamento. Tudo será devidamente registrado em ata.

Eventualmente, pode a parte pedir a palavra, pela ordem, para expressar algum protesto ou formular algum requerimento pertinente, o que não pode ser considerado, sempre, um ato de perturbação. O juiz deve ouvir e registrar o protesto, como, por exemplo, que o magistrado está dando explicações tendenciosas aos jurados, do mesmo modo que, havendo uma solicitação, deve apreciar e decidir de pronto.

15.8 Quesitos e questionário

Os quesitos são as perguntas ou indagações, que demandam, como resposta, a emissão de uma opinião ou um juízo.[41] O legislador brasileiro seguiu o modelo francês de júri, embora a origem moderna da instituição tenha ocorrido na Inglaterra, como já visto, razão pela qual não se indaga dos jurados simplesmente se o réu é *culpado* ou *inocente*. Ao contrário, atribui-se ao Conselho de Sentença a tarefa de apreciar fatos e não matéria pura de direito. Anote-se o disposto no art. 482, *caput*, do CPP: "O Conselho de Sentença será questionado sobre *matéria de fato* e se o acusado deve ser absolvido" (grifamos). Por isso, considera-se o jurado um *juiz do fato*, enquanto o presidente da sessão de julgamento é o *juiz do direito*.

É bem verdade que existem críticas razoáveis a essa posição, demonstrando JOSÉ FREDERICO MARQUES que todo juízo realizado pelos jurados não se desvincula jamais do direito, pois ao afirmar, por exemplo, ter o réu, em determinado dia, local e hora, desferido tiros na vítima, causando-lhe lesões corporais (normalmente o que consta no primeiro quesito dos

---

[39] *O júri sob todos os aspectos*, p. 103.

[40] *Júri*, p. 315.

[41] No dizer de GALDINO SIQUEIRA, "quesitos é a forma extrínseca e interrogativa das questões de fato, que tem de ser propostas pelo presidente do tribunal ao conselho de jurados" (*Curso de processo criminal*, p. 472).

questionários de homicídio), está o Conselho de Sentença, em última análise, procedendo a uma verificação de tipicidade.[42]

Embora seja aceitável esse entendimento, a realidade é que os jurados não são indagados sobre teses e sim sobre fatos, terminando por espelhar, de modo indireto, consequências jurídicas. Portanto, indagar se o réu matou a vítima, mediante disparos de arma de fogo, é diferente de perguntar se ele cometeu um homicídio. Essa conclusão será extraída pelo conjunto das respostas dadas aos quesitos, isto é, exige-se seja afirmado ter o acusado atirado na vítima, provocando-lhe a morte, além de não merecer ser absolvido.

Ambos os sistemas têm suas vantagens e desvantagens. Enquanto o sistema anglo-americano preceitua ser dever dos jurados, reunidos em sala secreta, deliberar se o réu é culpado ou inocente, deixando a aplicação da pena, quando for o caso, inteiramente ao critério do magistrado, o sistema brasileiro, originário do francês, torna o questionário, que é o conjunto dos quesitos, uma peregrinação em busca da solução jurídica para o caso oferecido a julgamento. O Conselho de Sentença pode chegar a votar inúmeros quesitos até chegar a uma solução.

A vantagem do sistema anglo-americano é facilitar – e muito – o trabalho dos jurados para a busca do veredicto, tendo em vista não terem eles que responder a um questionário extenso, contendo perguntas, muitas vezes, ininteligíveis. Se as decisões são tomadas em absoluto sigilo e sem qualquer fundamentação, desnecessário seria transformar a aceitação ou recusa das teses das partes em questões destacadas e minuciosas.

Por outro lado, a vantagem do sistema adotado no Brasil é permitir às partes envolvidas uma visão mais apurada do modo e das razões pelas quais o Conselho de Sentença resolveu condenar ou absolver o réu. Logicamente, torna-se mais fácil recorrer contra um veredicto que, em detalhes, demonstra qual foi exatamente o ponto não aceito pelo júri, do que contra uma decisão que se limita a dizer unicamente ser o réu culpado ou inocente.

A reforma introduzida pela Lei 11.689/2008 abrandou o sistema francês e aproximou-se do anglo-americano. Simplificou-se o questionário. Assim fazendo, permanecerá a segurança mínima para as partes buscarem qual foi o critério do Tribunal Popular para condenar ou absolver o réu, não se complicando em demasia o processo de votação, o que, por vezes, pode inviabilizar a solução adequada e justa ao caso.

Há perguntas voltadas à materialidade do fato, à autoria ou participação, às causas de diminuição e aumento da pena, às qualificadoras e privilégios, mas não se detalha mais as teses de defesa. Passa-se a indagar, em bloco, se o jurado absolve o acusado. Por qualquer razão, portanto, pode o Conselho de Sentença absolver ou condenar.

Lembremos, ainda, que deixar de inserir quesito obrigatório gera nulidade absoluta, conforme Súmula 156 do Supremo Tribunal Federal ("É absoluta a nulidade do julgamento, pelo júri, por falta de quesito obrigatório").

15.8.1 Regras para a redação do questionário

O art. 483 do Código de Processo Penal fixa as regras para a redação dos quesitos, que são, em linhas gerais, as seguintes:

1.º) O primeiro deve versar sobre a materialidade do fato principal. Trata-se do quesito pertinente à prova da existência de fato típico. Atualmente, tem-se optado pela

---

[42]   *A instituição do júri*, p. 11 e 33.

forma mais objetiva, indagando-se se a vítima sofreu lesões que a levaram à morte, em determinado dia, hora e local.

Exige-se a fiel correspondência entre a pronúncia e o questionário, razão pela qual não é somente o primeiro quesito que deve guardar correspondência com essa decisão judicial, mas todos eles, ao menos no que concerne à acusação (as teses de defesa podem ser expostas diretamente em plenário).

Dessa forma, o juiz, encarregado de fixar o conteúdo da acusação ao prolatar a decisão de pronúncia, necessita ser claro e detalhado o suficiente para determinar as fronteiras da imputação pretendida pelo órgão acusatório em plenário.

2.º) A partir do segundo ou do terceiro quesito, conforme o caso, ingressa a verificação da autoria ou participação. Exemplo: "o réu Fulano concorreu para o crime desferindo os tiros de arma de fogo contra a vítima Beltrana?" (autoria); "o réu Fulano concorreu para o crime emprestando a arma de fogo, usada pelo executor, ao desferir os tiros contra a vítima Beltrana?" (participação).

3.º) Surge, então, o quesito relativo à possibilidade de condenação ou absolvição do acusado, novidade introduzida pela Lei 11.689/2008: "o jurado absolve o acusado?". A resposta afirmativa conduz à absolvição; a negativa leva à condenação. O motivo do Conselho de Sentença para absolver ou para condenar não se torna explícito. Pode fundar-se em qualquer argumento exposto pelas partes em plenário, como pode centrar-se na convicção íntima de que o réu simplesmente *não merece* ser condenado ou *merece* a condenação. Essa proposição aproxima o júri brasileiro do anglo-americano.

Naturalmente, a tese principal da defesa pode ser a negativa de existência do fato (quesito 1), ou a negativa de autoria ou participação (quesito 2). Ainda assim, pode ter e expor aos jurados alguma tese subsidiária para oferecer em relação ao quesito aberto e obrigatório, previsto no art. 483, III, CPP ("o jurado absolve o acusado?").

A plenitude de defesa demanda deva a defesa técnica oferecer aos jurados algum substrato para que possam absolver o réu, quando indagados a respeito, mesmo que se trate de pura clemência.

Outro ponto relevante é a sustentação da autodefesa e da defesa técnica concomitantemente no questionário. Aliás, após a edição da Lei 11.689/2008, tal medida torna-se automática. Haverá sempre a possibilidade de o réu, por exemplo, negar a autoria ("o réu Fulano concorreu para o crime desferindo tiros de arma de fogo na vítima Beltrana?") e a defesa técnica invocar legítima defesa, abrangida pelo quesito genérico ("o jurado absolve o acusado?"). Os quesitos estarão sempre presentes para oferecimento aos jurados. É natural que assim seja, afinal, o réu tem direito – dentro da plenitude de defesa que a Constituição lhe assegura – tanto à autodefesa, quanto à defesa técnica. A primeira é a exposta no seu interrogatório, diante dos jurados, em grande parte das vezes fruto das anteriores narrativas feitas ao delegado (fase policial) e ao juiz (fase de instrução). A segunda diz respeito às teses levantadas por seu advogado, transformando em linguagem técnica aquilo que representa os fatos alegados pelo acusado. Ou indo além e levantando outras linhas de defesa não previstas, nem previsíveis pelo cliente, que é, como regra, leigo.

Não é demais observar poder haver discrepância entre o aventado pelo réu e por seu defensor técnico. Este não é obrigado a sustentar uma tese que julgue incoerente, somente porque o réu a levantou em seu interrogatório. Fazendo as necessárias retificações, explanará aos jurados o que entende cabível para proporcionar ao seu cliente a *plena* defesa. Entretanto, por outro lado, o alegado pelo acusado não pode ser deixado de lado, sem a menor atenção. Ele também tem direito de ser ouvido pelo juiz presidente e suas alegações precisam transformar-se em quesitos para os jurados apreciarem (ex.: se alegar ter agido sob o domínio de violenta emoção após injusta provocação da vítima). Não é pelo fato de, à primeira vista, a sua narrativa ser incoerente com a prova, que merece ser desprezada. O defensor, jamais desacreditando ou ofendendo seu próprio patrocinado, pode explicar aos jurados a diferença entre autodefesa e defesa técnica, permitindo diga o réu o que bem entender, na sua ótica, em sua defesa.

O magistrado, por seu turno, deverá elaborar quesitos tanto em relação ao aventado pelo defensor quanto pelo réu. Se não o fizer, constitui nulidade relativa, dependente de prova do eventual prejuízo causado. No momento do julgamento, na sala secreta, pode até orientar o Conselho de Sentença de que o quesito em votação é tese do réu e não do defensor, bem como que outro quesito qualquer é o alegado, especificamente, pela defesa técnica. Caso esta encampe, no entanto, a tese do réu, poderá oferecer outras alternativas, todas submetidas à idêntica apreciação dos jurados. Enfim, não se vê razão plausível para excluir a tese do réu do questionário, a pretexto de que somente o defensor tem condições de eleger a melhor linha defensiva. Lembre-se que os jurados são leigos e, também, o é, na maioria dos casos, o réu, motivo pelo qual o afirmado pelo acusado pode convencer o Conselho de Sentença que vai julgá-lo, independentemente da técnica do alegado.

Não se admite, no entanto, possa o juiz presidente, por sua conta, sem que as partes ou o réu requeiram, incluir tese de defesa no questionário. A plenitude de defesa não comporta a parcialidade do magistrado, pois o princípio do juiz natural envolve, com perfeição, a sua conduta imparcial.

4.º) Após, ingressam os quesitos relativos às circunstâncias do delito, que são as componentes do tipo derivado (causas de diminuição de pena, qualificadoras e causas de aumento de pena). As qualificadoras e causas de aumento de pena necessariamente devem ter sido incluídas na pronúncia (art. 483, V, CPP).

Por serem mais benéficas ao réu, primeiramente, inclui-se quesito pertinente à causa de diminuição afirmada pela defesa (art. 483, IV, CPP). Depois, seguem os relativos a eventuais qualificadoras e causas de aumento, conforme já exposto.

Relembremos que *elementares* são as componentes essenciais do tipo básico (ex.: no homicídio, as elementares são "matar" e "alguém"). *Circunstâncias* são especiais situações ou condições que volteiam o fato principal (elementares), permitindo aumentar ou diminuir a pena, compondo o tipo derivado (ex.: no homicídio, as circunstâncias qualificadoras podem ser "motivo fútil", "motivo torpe", "meio cruel" etc.). As circunstâncias devem ser divididas em tantos quesitos quantos forem o seu número.

Para a redação dos quesitos, vale destacar que há compatibilidade entre as qualificadoras objetivas (incisos III e IV, do § 2.º, do art. 121 do CP) e as causas de diminuição do § 1.º, do mesmo artigo (todas subjetivas). Nada impede, em tese, que alguém, por relevante valor moral, use meio cruel para matar outrem. O juiz, então, reconhecidas ambas as circunstâncias, deve utilizar a faixa de fixação da pena prevista para o homicídio qualificado (12 a 30 anos) e proceder à diminuição da pena (1/6 a 1/3).

Mas, tendo em vista serem as teses de defesa sempre votadas em primeiro lugar, havendo alegação de ter o réu cometido o delito movido por qualquer das circunstâncias previstas no art. 121, § 1.º, do Código Penal (relevante valor moral ou social e domínio de violenta emoção, em seguida à injusta provocação da vítima), uma vez votado e reconhecido o *privilégio*, torna-se prejudicada a votação de qualquer qualificadora subjetiva que venha a seguir, como, por exemplo, o motivo fútil.

Quanto ao homicídio simples hediondo, entendemos ser incabível essa situação, pois a hipótese prevista no art. 1.º, I, da Lei 8.072/1990 (matar em atividade típica de grupo de extermínio), na realidade, representa nítida motivação torpe (homicídio qualificado, portanto), como vem sendo reconhecido há anos pela jurisprudência pátria. Para quem assim não entenda, deve ser formulado quesito específico aos jurados, pois a hipótese não está prevista no art. 121 do Código Penal, e quem a criou foi a Lei dos Crimes Hediondos, isto é, o homicídio simples não tem motivação especial. Assim, a fonte idealizadora de tal finalidade foi o art. 1.º, I, da Lei 8.072/1990, devendo ser objeto de indagação aos jurados, sob pena de infringir o princípio da legalidade e a própria disposição deste artigo;

5.º) Uma falha precisa ser corrigida. O art. 483 do CPP não faz referência à inclusão de quesito sobre o excesso no contexto das excludentes de ilicitude. É verdade que elas estão todas abrangidas pelo quesito genérico "o jurado absolve o acusado?". No entanto, afirmada a ocorrência de legítima defesa, ilustrando, pode ser que o Conselho de Sentença entenda não deva o réu ser absolvido porque agiu sem moderação. Ora, o art. 23, parágrafo único, do Código Penal estabelece poder haver excesso doloso ou culposo nesse contexto. De tal forma, se, durante os debates, for alegada qualquer excludente, é preciso que o magistrado insira, após o genérico ("o jurado absolve o acusado?"), ao menos o quesito relativo ao excesso culposo ("o réu excedeu-se culposamente?").

Se o excesso for acidental ou exculpante, não há necessidade de quesitos próprios, devendo o Conselho de Sentença simplesmente responder afirmativamente o genérico ("o jurado absolve o acusado?"). Porém, se as partes debaterem sobre o excesso doloso ou culposo, cabe indagar dos jurados quanto ao excesso culposo, mais benéfico ao réu. Se afirmarem tal quesito, impõe-se o reconhecimento de crime culposo, logo, em nosso entendimento, opera-se a desclassificação. Cabe ao juiz julgar o caso. Se negarem o quesito, significa ser doloso o excesso, afastando-se a absolvição e continuando o Conselho a votar os eventuais quesitos restantes.

O excesso na legítima defesa concentra-se no uso de meios desnecessários ou na reação imoderada. Outros exemplos de excesso: no caso do estado de necessidade, concentra-se na possibilidade que o agente teria para contornar o perigo atual; quanto ao exercício regular de direito, centra-se no contexto da *regularidade* no exercício do direito; quanto ao estrito cumprimento do dever legal, ingressa quando não tiver sido o *dever legal* cumprido tal como previsto.

Por isso, alegada nos debates tais teses, o magistrado precisa inserir o quesito relativo ao excesso culposo, ao menos.

6.º) Quando houver mais de um réu em julgamento ou um único, porém acusado da prática de mais de um delito, o juiz não deve unificar os quesitos em um só corpo. Dessa maneira, se dois ou mais acusados forem julgados na mesma sessão, deve o juiz elaborar séries diversas, embora num mesmo questionário, para cada um deles. Dividindo os quesitos em séries, colocará o fato principal e todas as demais circunstâncias, para cada réu, em sua respectiva série. Ex.: Havendo três réus, o juiz fará três séries completas. Destaque-se que a absolvição de um corréu, por qualquer causa, não implica prejuízo para a votação do questionário, na parte referente aos demais. Aliás, tal consequência é decorrência natural da soberania dos veredictos. Os jurados podem perfeitamente absolver um corréu, reconhecendo uma excludente de ilicitude qualquer, por sentirem haver prova suficiente para tanto, condenando outros, embora a situação pareça idêntica.

Por outro lado, justifica-se, também, a elaboração de mais de uma série de quesitos, quando houver mais de um delito imputado ao réu. Assim, exemplificando, quando acusado da prática de um homicídio, um roubo e uma resistência, deverá o juiz elaborar uma série para cada um dos delitos. Note-se que será votada sempre, em primeiro lugar, a série concernente ao crime contra a vida, que atraiu a competência para julgar os demais para o Tribunal do Júri. Dessa forma, desclassificada a infração dolosa contra a vida, os demais delitos serão julgados pelo juiz presidente e não mais pelo Conselho de Sentença;

7.º) Deve haver a elaboração de quesitos claros e objetivos, em proposições simples e bem distintas, de modo que cada um deles possa ser respondido com suficiente clareza. Não há cabimento em fazer quesitos complexos, estendendo-se na narrativa e levando o jurado a não guardar, ao final da leitura, nem mesmo o início da pergunta. Deve-se, ainda, evitar qualquer tipo de indagação na forma negativa.

8.º) Não há regras para a elaboração dos quesitos referentes às agravantes (arts. 61 e 62, CP) e atenuantes (arts. 65 e 66, CP). A Lei 11.689/2008 eliminou os quesitos quanto a tais circunstâncias, transferindo a sua análise ao juiz presidente, desde que alguma delas seja alegada nos debates (art. 492, I, *b*, CPP).

9º) A desclassificação do crime envolvia uma separação entre *própria* e *imprópria*. Seria a primeira o fruto do corte de nexo causal entre as lesões causadas pela agressão e o resultado morte, deslocando a competência do julgamento para o juiz presidente, pois o Conselho de Sentença teria apontado haver apenas uma lesão corporal. Seria a imprópria o reconhecimento de ter ocorrido a morte causada pelo réu, mas o seu ânimo não seria doloso e sim movido por um comportamento culposo. Não há necessidade de se continuar diferenciando desclassificação própria e imprópria, na medida em que se passou a aceitar a união, em único quesito, da materialidade do homicídio, sem separar o nexo causal. Essa tem sido a tendência hoje e, por isso, devemos seguir a orientação majoritária adotada pelos magistrados que atuam no Tribunal do Júri. Assim sendo, pergunta-se aos jurados se a vítima sofreu lesões que a levaram à morte (um só quesito). Depois, ingressa a autoria (outro quesito).

Para haver o reconhecimento da desclassificação, haverá um terceiro quesito a respeito de o elemento subjetivo ser culposo (caso seja a tese da defesa). O reconhecimento da culpa transfere o julgamento para o juiz singular, que é o presidente do júri, pois não cabe ao júri decidir acerca de delitos culposos contra a vida. Se a questão disser respeito à tentativa, haverá um quesito específico sobre ela (se o réu agiu dando início a um crime de homicídio que não se consumou por circunstâncias alheias à sua vontade). Afirmado, há tentativa de homicídio doloso e o julgamento prossegue pelo Conselho de Sentença. Negado, inexiste crime contra a vida, mas simples lesão corporal, transferindo o julgamento ao juiz presidente.

Caso a tese da defesa diga respeito ao corte do nexo causal, apontando que o acusado causou lesões na vítima, mas não foram essas lesões a gerar a sua morte, o magistrado precisa elaborar quesito específico sobre isso. É a indagação específica sobre a desclassificação, tal como utilizado para qualquer tese de desclassificação.

Em síntese, toda alegada desclassificação será inserida após materialidade e autoria e antes do quesito genérico da absolvição. Logo, inexiste razão para diferenciar a tese entre *própria* e *imprópria*.

10º) Sobre a divergência em relação à tipificação do delito, equivale a uma desclassificação, entendida esta como a alteração do tipo penal inicialmente apontado pela acusação para outro, indicado pela defesa. É possível que a tese desclassificatória diga respeito a crime ainda da competência do júri. Há dois exemplos extraídos de casos concretos: a) a defesa afirma que o acusado gerou a morte da vítima, mas não aceita ter havido um homicídio e sim mero auxílio a suicídio; b) o defensor sustenta que a morte da criança foi causada pela ré, embora ela estivesse em estado puerperal, logo, teria havido um infanticídio. É preciso introduzir quesito específico após materialidade e autoria e antes do quesito genérico de absolvição.

Deve-se destacar que as teses defensivas acima exemplificadas somente ingressam diretamente em plenário, durante os debates, porque o órgão acusatório formou a sua convicção em torno de homicídio e assim foi o acusado pronunciado. Por isso, para contrariar, a defesa aventa crimes contra a vida, mas com pena inferior, indicando o auxílio a suicídio (art. 122, CP) ou o infanticídio (art. 123, CP). Se o promotor estivesse convencido desses delitos, desde o início, já teria denunciado por auxílio a suicídio ou infanticídio.

15.8.2 A elaboração de quesitos em relação às agravantes e atenuantes

O Tribunal do Júri é competente, por força da Constituição Federal, a decidir casos relativos aos crimes dolosos contra a vida. Portanto, cabe-lhe, como instância soberana, acolher ou rejeitar toda a matéria de fato que envolver a infração penal submetida à sua apreciação (art. 482, *caput*, CPP).

Não vemos sentido em extrair da apreciação dos jurados as agravantes e atenuantes, mas desse modo previu a reforma de 2008 para simplificar o questionário. Cabe a avaliação do juiz presidente, caso sejam alegadas em plenário por qualquer das partes.

Se nenhuma circunstância legal – agravante ou atenuante – for afirmada pela acusação ou defesa, durante os debates, o magistrado, ao sentenciar, impondo condenação, não pode incluí-las na decisão.

Observa-se duplo cerceamento, o que não acontece nem mesmo na instrução perante juiz singular, pois, no júri, os jurados não avaliam agravantes e atenuantes e o juiz presidente somente pode fazê-lo se alguma das partes assim requerer.

Excepcionalmente, em virtude do princípio constitucional da plenitude de defesa, caso o defensor entenda essencial o reconhecimento de alguma atenuante, não vemos óbice para ser incluída a indagação no questionário dirigido aos jurados. Se houver reconhecimento, o magistrado é obrigado a aplicá-la; porém, negando-a, isso também vincula o juiz, que não pode adotá-la na fixação da pena.

15.8.3 A viabilidade do quesito relativo à continuidade delitiva

O crime continuado é uma das causas genéricas de aumento de pena, previstas na Parte Geral do Código Penal (art. 71), implicando a consideração da existência de mais de uma ação ou omissão, determinando a prática de dois ou mais crimes da mesma espécie, cujas condições de tempo, lugar, maneira de execução e outras circunstâncias semelhantes, permitem concluir ser um delito a continuação do outro. Aplica-se somente uma pena, com um *aumento* variável de um sexto a dois terços – ou, na pior das hipóteses, utilizando-se do disposto no parágrafo único do mesmo artigo, o juiz pode elevar a pena até o triplo.

Essa causa de aumento, que, na realidade, atua em benefício do acusado, pois evita a soma das penas, como ocorreria se fosse aplicado o concurso material, pode ser tese de defesa, merecendo, pois, ser questionada pelo juiz presidente aos jurados.

Não se concebe a teoria de que é pura matéria de aplicação da pena, devendo ficar inteiramente ao critério do magistrado, uma vez que, no Tribunal do Júri, impera a soberania dos veredictos, bem como a plenitude de defesa, e todas as teses admissíveis em direito podem ser invocadas pelas partes.

Note-se que o crime continuado é um fato a merecer a avaliação dos jurados: houve ou não uma continuação na prática dos vários homicídios? Em respeito à soberania dos veredictos e à plenitude de defesa, somos da opinião de que o juiz deve incluir o quesito pertinente à continuidade delitiva quando expressamente requerido por qualquer das partes. Entretanto, se ninguém requerer, não havendo deliberação do Conselho de Sentença sobre o assunto, fica o magistrado livre para considerá-lo existente ou não. É o que também defende HERMÍNIO ALBERTO MARQUES PORTO.[43] Contrário a esse entendimento, ver ADRIANO MARREY,[44] dizendo ser apenas matéria de aplicação da pena, da esfera exclusiva de deliberação do juiz.

15.8.4 A iniciativa de propor a inserção do quesito de falso testemunho ou da falsa perícia no questionário

Há basicamente três posições: a) quem sustente poder o juiz fazê-lo de ofício, desde que note ter alguma testemunha mentido ao longo da instrução, pois é o presidente da sessão e aquele que melhor conhece as questões de direito; b) outras vozes sustentam que somente o jurado poderá requerer a inclusão, no questionário, do mencionado quesito, tendo em vista que, as provas, ao Conselho de Sentença são destinadas;[45] c) outros, ainda, defendem que somente as partes podem fazer tal requerimento ao juiz-presidente.[46] Pensamos ser esta última a mais adequada posição.

---

[43] HERMÍNIO ALBERTO MARQUES PORTO, *Júri*, p. 172.

[44] ADRIANO MARREY, *Teoria e prática do júri*, p. 359.

[45] HERMÍNIO ALBERTO MARQUES PORTO, *Júri*, 10. ed., p. 132-133.

[46] ADRIANO MARREY, *Teoria e prática do júri*, p. 313.

A primeira opção não nos parece adequada, pois o magistrado, ao presidir a sessão, deve agir com total imparcialidade, até porque os jurados a ele se voltam em caso de dúvida. Ora, se o juiz determinar a inclusão do quesito do falso testemunho, em relação a qualquer pessoa ouvida, sinalizará para a sua aceitação, demonstrando que, na sua visão, embora em tese, alguém faltou com a verdade, o que poderá prejudicar a imparcialidade do Conselho de Sentença.

Quanto à segunda opção, parece-nos extremamente delicada, pois o jurado que assim proceder não somente evidencia um pensamento seu, valorando o depoimento de alguém, como pode influenciar os demais, quebrando a incomunicabilidade, de maneira indireta.

Logo, cabe às partes essa atribuição. Entendendo que uma testemunha mentiu, deve o promotor, o assistente da acusação ou o defensor requerer a inclusão do quesito. A importância de se fazer tal indagação ao Conselho de Sentença constitui parte inerente à peculiaridade do Tribunal Popular. As provas destinam-se, para o julgamento de mérito, aos jurados e não a magistrado togado. Assim, não se pode deduzir, especialmente de um órgão que decide secretamente e sem qualquer fundamentação, ter o Conselho de Sentença considerado o depoimento de "A" ou "B" mentiroso.

Por vezes, justamente a pessoa que contrariou o depoimento de outras tantas, para os jurados falava a verdade. Isto quer dizer que, na visão de quem julgou, as outras testemunhas é que mentiram e não aquela que se contrapôs à maioria. O juiz togado, se tomar medida de ofício contra a testemunha, cujo depoimento está isolado nos autos, provocando a extração de peças para que seja processada por falso testemunho, poderá dar margem à injustiça, até porque falsidade de depoimento é questão extremamente subjetiva e complexa.

Pensamos, pois, deva sempre existir o quesito de falso, no questionário, *requerida a sua inclusão pelas partes*, autorizando o processo por falso testemunho contra quem o Conselho de Sentença, efetivamente, entender ter praticado crime, em tese. Sem essa cautela, impossível será discernir se o depoimento realmente influenciou os jurados e se estes, destinatários da prova, julgaram-no mentiroso.

15.8.5 A tese da legítima defesa da honra e a posição do STF

O Conselho de Sentença é soberano em seu veredicto, tornando-se viável, em tese, o acolhimento de que o homem, sentindo-se traído, pudesse matar a mulher e, após, alegar a legítima defesa da honra (argumento já acolhido em diversos julgamentos pelo Tribunal Popular em variadas partes do Brasil).

Por conta disso, o STF vedou a alegação dessa tese, considerando-se inconstitucional. A legislação penal prevê, como excludente de ilicitude, portanto, fator a afastar o caráter criminoso de uma conduta típica, a legítima defesa (art. 23, II), cujo conteúdo está detalhado no art. 25 do Código Penal. Em linhas gerais, pode-se arguir a legítima defesa para repelir uma injusta agressão, atual ou iminente, contra direito próprio ou de terceiro, fazendo-o com moderação e valendo-se dos meios necessários.

Ocorre que, no cenário do júri, muitas vezes, envolvendo o feminicídio, está-se debatendo a possibilidade jurídica de se matar alguém a pretexto de proteger a honra. Cuida-se de tema controverso, tendo em vista alguns aspectos: a) pode-se aceitar que a honra, bem jurídico constitucionalmente assegurado, seja defendido de injusta agressão; entretanto, não há a menor proporcionalidade entre honra e vida, de modo que não cabe a legítima defesa da honra à custa da vida de um ser humano; b) no contexto das relações amorosas, em que se pode destacar a *traição* conjugal, considerando-se estritamente esse lado, aquele que trai a pessoa com quem convive amorosamente é justamente o infrator ao dever de fidelidade; torna-se incompreensível, na perspectiva jurídica, que o traído se sinta conspurcado em sua honra; o traidor deveria ser o desonrado, e não a parte inocente, que foi traída; c) o cenário da violência contra a mulher traz o maior número de casos em que se alega esse tipo de legítima defesa, como forma de justificar agressões incabíveis.

Atualmente, o quesito genérico de absolvição pode envolver qualquer assunto, razão pela qual se a defesa invocasse a legítima defesa da honra, com o objetivo de absolver o agressor, cuja vítima invariavelmente é a mulher, poderia levar o conselho de sentença a acatar essa violência ilegítima.

Por isso, em nome do princípio da dignidade da pessoa humana, o STF interferiu nessa questão e vedou a temática da legítima defesa da honra, nesse cenário, proibindo que a defesa a alegue em plenário do júri. Conferir: "referendo de medida cautelar. Arguição de descumprimento de preceito fundamental. Interpretação conforme à Constituição. Artigos 23, inciso II, e 25, *caput* e parágrafo único, do Código Penal e art. 65 do Código de Processo Penal. 'Legitima defesa da honra'. Não incidência de causa excludente de ilicitude. Recurso argumentativo dissonante da dignidade da pessoa humana (art. 1º, III, da CF), da proteção à vida e da igualdade de gênero (art. 5.º, *caput*, da CF). Medida cautelar parcialmente deferida referendada. 1. 'Legitima defesa da honra' não é, tecnicamente, legítima defesa. A traição se encontra inserida no contexto das relações amorosas. Seu desvalor reside no âmbito ético e moral, não havendo direito subjetivo de contra ela agir com violência. Quem pratica feminicídio ou usa de violência com a justificativa de reprimir um adultério não está a se defender, mas a atacar uma mulher de forma desproporcional, covarde e criminosa. O adultério não configura uma agressão injusta apta a excluir a antijuridicidade de um fato típico, pelo que qualquer ato violento perpetrado nesse contexto deve estar sujeito à repressão do direito penal. 2. A 'legítima defesa da honra' é recurso argumentativo/retórico odioso, desumano e cruel utilizado pelas defesas de acusados de feminicídio ou agressões contra a mulher para imputar às vítimas a causa de suas próprias mortes ou lesões. Constitui-se em ranço, na retórica de alguns operadores do direito, de institucionalização da desigualdade entre homens e mulheres e de tolerância e naturalização da violência doméstica, as quais não têm guarida na Constituição de 1988. 3. Tese violadora da dignidade da pessoa humana, dos direitos à vida e à igualdade entre homens e mulheres (art. 1.º, inciso III, e art. 5º, *caput* e inciso I, da CF/88), pilares da ordem constitucional brasileira. A ofensa a esses direitos concretiza-se, sobretudo, no estímulo à perpetuação da violência contra a mulher e do feminicídio. O acolhimento da tese tem a potencialidade de estimular práticas violentas contra as mulheres ao exonerar seus perpetradores da devida sanção. 4. A 'legítima defesa da honra' não pode ser invocada como argumento inerente à plenitude de defesa própria do tribunal do júri, a qual não pode constituir instrumento de salvaguarda de práticas ilícitas. Assim, devem prevalecer a dignidade da pessoa humana, a vedação a todas as formas de discriminação, o direito à igualdade e o direito à vida, tendo em vista os riscos elevados e sistêmicos decorrentes da naturalização, da tolerância e do incentivo à cultura da violência doméstica e do feminicídio. 5. Na hipótese de a defesa lançar mão, direta ou indiretamente, da tese da 'legítima defesa da honra' (ou de qualquer argumento que a ela induza), seja na fase pré-processual, na fase processual ou no julgamento perante o tribunal do júri, caracterizada estará a nulidade da prova, do ato processual ou, caso não obstada pelo presidente do júri, dos debates por ocasião da sessão do júri, facultando-se ao titular da acusação recorrer de apelação na forma do art. 593, III, *a*, do Código de Processo Penal. 6. Medida cautelar parcialmente concedida para (i) firmar o entendimento de que a tese da legítima defesa da honra é inconstitucional, por contrariar os princípios constitucionais da dignidade da pessoa humana (art. 1º, III, da CF), da proteção à vida e da igualdade de gênero (art. 5.º, *caput*, da CF); (ii) conferir interpretação conforme à Constituição aos arts. 23, inciso II, e 25, *caput* e parágrafo único, do Código Penal e ao art. 65 do Código de Processo Penal, de modo a excluir a legítima defesa da honra do âmbito do instituto da legítima defesa; e (iii) obstar à defesa, à acusação, à autoridade policial e ao juízo que utilizem, direta ou indiretamente, a tese de legítima defesa da honra (ou qualquer argumento que induza à tese) nas fases pré-processual ou processual penais, bem como durante o julgamento perante o tribunal do júri, sob pena de nulidade do ato e do julgamento. 7. Medida cautelar referendada" (ADPF 779 MC-REF/DF, Plenário, rel. Dias Toffoli, 15.03.2021, v. u.; a decisão foi mantida pelo STF em julgamento definitivo, ocorrido em 2023).

É nítida a preocupação do Supremo Tribunal Federal com a indevida teoria da legítima defesa da honra, que não pode dar abrigo a feminicidas, sob pretextos ilegais e até mesmo imorais, pois calcados em orgulho ferido, machismo e pretensa superioridade masculina, impondo regras de convívio e de relacionamento amoroso às suas parceiras. Por isso, mesmo prestigiando, como sempre fez o Pretório Excelso, os princípios norteadores da instituição do júri, consistentes na plenitude de defesa e na soberania dos veredictos, bem se sabe que nenhum princípio constitucional é absoluto, visto que todos precisam conviver harmonicamente, sob a regência do princípio maior da dignidade da pessoa humana. Por certo, havendo quesito genérico de absolvição, sem especificar qual caminho seguiu o Conselho de Sentença, a solução apontada pelo STF foi considerar *inconstitucional* a tese da legítima defesa da honra, que, a bem da verdade, sempre foi ilegal, pois não se encaixa com a devida adequação ao art. 25 do Código Penal e somente era acolhida no âmbito do Tribunal Popular, cuja visão é diversa da magistratura togada em muitos aspectos.

Assim considerando, vedou-se a sua arguição em qualquer fase do processo, sob pena de nulidade do julgamento. Entretanto, há alguns pontos a destacar, pois certamente despertarão controvérsias e debates em torno do cenário do feminicídio em confronto com a plenitude de defesa do acusado, tudo isso contextualizado no Tribunal do Júri.

São os seguintes:

a) quando a decisão do STF indica seja vedado à defesa, à acusação, à autoridade policial e ao juízo que utilizem, *direta ou indiretamente*, a legítima defesa da honra (ou *qualquer argumento que induza à tese*), em qualquer fase da persecução penal, sob pena de nulidade do ato e do julgamento, pode-se apontar: a.1) na fase investigatória, em nenhuma hipótese, poderia a autoridade policial encaminhar a colheita da prova para o lado da legítima defesa da honra e, por via de consequência, não seria cabível um pedido de arquivamento do inquérito, por parte da acusação, reconhecendo uma excludente de ilicitude. Se o membro do Ministério Público assim agir, cabe ao juiz invocar o art. 28 do CPP, enviando os autos ao Procurador-Geral de Justiça, que certamente corrigiria tal situação, indicando outro promotor a oferecer denúncia; a.2) havendo denúncia e, após a fase de formação da culpa, torna-se incabível a absolvição sumária, por decisão judicial, com fundamento na legítima defesa da honra (excludente de ilicitude). Se ocorrer, cabe recurso do Ministério Público e o juiz, também, deve responder funcionalmente por acolher tese rejeitada e vedada pelo STF expressamente; a.3) em feminicídio, na fase de julgamento em plenário do Tribunal do Júri, caso seja invocada essa excludente pela defesa, nos debates, deve o juiz presidente interferir, com ou sem pedido do órgão acusatório, para solicitar ao defensor que cesse imediatamente aquela sustentação, orientando os jurados a desconsiderá-la, mencionando, inclusive, a decisão do Supremo Tribunal Federal; se houver insistência, deve-se dissolver o Conselho de Sentença, considerar o réu indefeso e intimá-lo a constituir outro defensor e, caso não o faça, será defendido por dativo ou por defensor público. Não há nenhum motivo para se prosseguir no julgamento, permitindo que os jurados decidam sobre algo manifestamente ilegal. Portanto, a única possibilidade de isso acontecer precisaria contar com a cobertura do juiz presidente, que não obstaria o prosseguimento e permitiria o julgamento. Cabe ao Ministério Público pleitear o registro em ata e, com certeza, o processo será anulado em superior instância;

b) em particular, quando em plenário, a defesa do acusado pode camuflar a tese e levantar aos jurados todos os fatores inerentes à "legítima defesa da honra", sem mencionar uma só vez essa designação. Para tanto, santifica o réu, demoniza a vítima, indica uma traição conjugal, menciona o amor do acusado pela ofendida e, com isso, cria todo o cenário para chegar à absolvição. Seria a forma indireta de levantar a vedada tese. Caberia o mesmo procedimento ao juiz presidente. Advertir o defensor para que não prossiga e, havendo insistência, dissolver o Conselho e marcar outro julgamento;

c) não invocando a tese da legítima defesa da honra, com vistas à absolvição, a defesa poderia alegar a causa de diminuição relativa a ter o agente atuado, sob o domínio de violenta emoção, logo após injusta provocação da vítima (art. 121, § 1º, CP). Essa minorante não é vedada e poderia ser utilizada. Todavia, a partir da edição da Lei 14.994/2024, foram eliminadas do feminicídio, que foi destacado como tipo penal autônomo (art. 121-A, CP), as causas de diminuição do referido § 1º do art. 121 (relevante valor moral ou social e a violenta emoção). Pode ser requerida ao juiz presidente a atenuante da influência de violenta emoção, embora sem a viabilidade de diminuição da pena, mas apenas abrandamento, mesmo assim, se o julgador aceitar.

d) no júri, há o princípio da plenitude de defesa, motivo pelo qual poder-se-ia afirmar ter ele sofrido lesão em face da vedação de uma tese defensiva pelo STF. Não nos parece que se deva chegar a essa conclusão. Inexiste princípio absoluto, que não possa compatibilizar-se com outros igualmente relevantes. Compondo-se a dignidade da pessoa humana com a plenitude de defesa, atinge-se o contexto da decisão do STF. A vasta oportunidade de se defender não deve resultar em impunidade, mormente no grave cenário da violência contra a mulher, contra a qual a política criminal do Estado se volta atualmente.

Em conclusão, a decisão do Supremo Tribunal Federal apontando a inconstitucionalidade da tese da legítima defesa da honra, em particular no contexto do feminicídio, deve ser elogiada, em nome do princípio maior da dignidade da pessoa humana.

15.9   Votação em sala secreta

Antes da votação ter início, recebem os jurados pequenas cédulas, feitas de papel opaco e facilmente dobráveis, contendo umas a palavra *sim* e outras a palavra *não*, para que, secretamente, sejam colhidos os votos (art. 486, CPP).

Deve o juiz verificar e pedir aos jurados que também o façam se a distribuição das cédulas foi feita corretamente, pois, por vezes, pode um jurado receber dois votos "sim" ou dois votos "não". Cabe, ainda, a recomendação feita pelo magistrado de que os jurados mantenham sempre as cédulas escondidas, deixando para fechá-las abaixo da mesa de julgamento, onde ao redor estarão sentados, pois se o fizerem à vista de todos, é bem possível que se possa devassar o voto. O jurado desavisado abre as cédulas, vislumbra o "sim" (normalmente inscrito em vermelho) e o "não" (normalmente inscrito em preto), fecha-as e aguarda para colocar uma delas na urna. Se o fizer acima da mesa, pode deixar que outras pessoas vejam o voto dado.

O juiz dá por iniciados os trabalhos, colocando em votação o primeiro quesito, cabendo-lhe sempre, com tranquilidade, aguardar que todos estejam prontos para depositar o voto. Assim, faz a leitura do quesito em voz alta e indaga se estão preparados a votar, concedendo tempo suficiente aos jurados para escolherem a cédula correta, correspondente ao voto desejado, a fim de colocar na urna.

A primeira urna que passa, no sentido anti-horário, conduzida pelo oficial de justiça, começa a recolher os votos válidos, a partir do primeiro jurado (levando-se em conta o que foi sorteado e aceito em primeiro lugar e assim sucessivamente), passando, após, ao segundo, terceiro, quarto, quinto, sexto e sétimo. Quando termina e entrega a urna de carga ao juiz, determina este que o outro oficial, no sentido horário, começando do sétimo jurado, até o primeiro, recolha os votos de descarga (art. 487, CPP).

A contagem dos votos é feita quesito por quesito, justamente para não haver confusão e dar correto encaminhamento ao julgamento. A partir da Lei 11.689/2008, preservando-se o sigilo da votação, outro princípio constitucional regente do júri, não mais se deve divulgar o resultado final. O juiz presidente prossegue na apuração até atingir o quarto voto (pelo "sim" ou pelo "não"), dando por encerrada a contagem. Toda a deliberação será extraída por maioria de votos e assim constará do termo. Desaparece, pois, a divulgação de resultado de unanimidade (7 x 0), que, naturalmente, revela como os jurados votaram, prejudicando o sigilo da votação.

Portanto, proclamado o resultado da votação do primeiro quesito (ex.: *sim*, por maioria), os jurados recebem de volta as mesmas cédulas que usaram para votar o quesito anterior.

É curial aguardar o juiz o recolhimento de todos os votos válidos e dos votos de descarga antes de começar a apuração, evitando-se, com isso, qualquer deslize. Se, porventura, um jurado se confunde e deposita o voto correto na segunda urna que passa, reclamando disso, caso o magistrado já esteja apurando os votos válidos, não há mais como recolhê-los. Entretanto, se ainda os tiver sob sigilo, pode fazer com que todos sejam misturados numa única urna, para serem redistribuídos aos jurados, renovando-se a votação.

Haverá um termo especial, onde serão incluídas somente as respostas dadas, não sendo necessário reproduzir os quesitos. Assim, coloca-se: quesito 1: sim, por maioria; quesito 2: não, por maioria (art. 483, §§ 1.º e 2.º, CPP).

Estipula o art. 490 do Código de Processo Penal que, se a resposta a qualquer dos quesitos estiver em contradição com outra já proferida, o juiz deve explicar aos jurados em que consiste a contradição, submetendo novamente à votação os quesitos a que se referiram tais respostas.

Somos da opinião, no entanto, que o preceito é de rara aplicação, uma vez que, se houver contradição nas respostas, a responsabilidade não é do corpo de jurados e sim do juiz presidente. Há duas razões para isso:

a) cabe ao juiz presidente controlar as incompatibilidades na ordem de votação dos quesitos, impedindo que o Conselho de Sentença vote teses ilógicas. Exemplo: se os jurados reconheceram ter o réu cometido o crime por relevante valor moral, não permitirá o magistrado seja votado o quesito referente à qualificadora da futilidade, porque são teses inconciliáveis. A afirmação de uma, exclui, naturalmente, a outra. Deve-se considerar prejudicado o quesito da futilidade e assim ficará constando no termo. Se o juiz presidente permitir a votação de quesitos inconciliáveis, a contradição terá sido por ele mesmo implantada, não sendo da responsabilidade do Conselho de Sentença;

b) em fiel seguimento ao princípio da soberania dos veredictos, considerando-se que os jurados são leigos e não estão vinculados a decisões legais, valendo-se do seu senso de justiça e da sua consciência para decidir o caso, não vemos como obrigá-los a votar, novamente, determinadas proposições, somente porque *aparentam* ser contraditórias. Ilustrando, se os jurados afirmam ter o réu matado a vítima (primeiros quesitos) e depois o absolve (quesito genérico da absolvição), mesmo que a defesa tenha levantado a tese de negativa de autoria, inexiste qualquer contradição, obrigando o conselho de sentença a votar de novo. Em princípio, nada impede que os jurados reconheçam ter o acusado matado o ofendido e, por alguma razão, entendam cabível a absolvição, a depender do caso concreto.

Cuida o art. 490, parágrafo único, do Código de Processo Penal das hipóteses de prejudicialidade, isto é, conforme a resposta dada a qualquer dos quesitos, pode o juiz verificar que ficam prejudicados os seguintes, o que será proclamado, dando por finda a votação.

Há duas espécies de prejudicialidade: absoluta e relativa. A primeira (absoluta) significa que, em face da resposta dada pelos jurados a um quesito ou ao final de uma série deles, fica impossível continuar a votação, dando-a o juiz por encerrada. É o caso de negativa ao primeiro quesito (materialidade) ou quando o Conselho reconhece deva o réu ser absolvido. A segunda (relativa) permite a continuidade da votação. É o que ocorre se o Conselho de Sentença reconhecer o relevante valor moral e, em seguida, o juiz der por prejudicado o quesito pertinente à qualificadora da futilidade. Continuará a votação para analisar outras qualificadoras, se porventura forem objetivas e existentes.

15.10 Sentença do Juiz Presidente

Encerrada a votação dos jurados, passará o magistrado a lavrar a sentença, observando o disposto no art. 492 do Código de Processo Penal, bem como as demais regras relativas à fundamentação da pena.

Primeiramente, deve-se atentar para o fato de que o juiz, no Tribunal do Júri, não deve fundamentar a decisão condenatória, pois isso coube aos jurados, que, votando em sigilo, estão desatrelados do dever de motivar o veredicto. Cabe-se, apenas, fixar a sanção. Para tanto, respeitará o sistema trifásico (art. 68 do CP): a) estabelece a pena-base (art. 59, CP); b) insere as agravantes e atenuantes; c) considera os aumentos e diminuições da pena.

Ocorrendo a absolvição, o réu será posto em liberdade imediatamente, salvo se por outro motivo estiver preso (art. 492, II, *a*, CPP).

Com a edição da Lei 13.964/2019, no art. 492, I, *e*, do CPP, incluiu-se que, havendo condenação a uma pena igual ou superior a 15 anos de reclusão, caberia ao juiz determinar a execução provisória da pena (provisória, porque ainda sujeita a recurso), expedindo-se mandado de prisão (pena nesse montante deve iniciar-se no regime fechado).

Questionou-se a constitucionalidade desse dispositivo no Supremo Tribunal Federal, em face do princípio da presunção de inocência. Em julgamento proferido no dia 12 de setembro de 2024, o STF proferiu decisão, não só afirmando a constitucionalidade dessa norma, mas ampliando o seu alcance, com a seguinte tese: "A soberania dos veredictos do Tribunal do Júri autoriza a imediata execução de condenação imposta pelo corpo de jurados, independentemente do total da pena aplicada" (RE 1.235.340, Plenário, rel. Roberto Barroso, 12.9.2024, m. v.).

Portanto, valorizou-se, sobremaneira, o princípio constitucional da soberania dos veredictos, pelo prisma da imediata execução da pena, seja ela qual for, independentemente do montante de pena estabelecido. Não apenas as sanções privativas de liberdade, com início no regime fechado, estão envolvidas nesse julgamento do Pretório Excelso; caso o juiz fixe uma pena de 5 anos de reclusão em regime inicial semiaberto deve determinar a expedição de mandado de prisão para início do cumprimento. Do mesmo modo se fará, caso se trate de pena a iniciar no regime aberto, bem como de outras resultantes do júri. Em nossas obras, defendemos a soberania dos veredictos, como princípio fundamental do Tribunal Popular, embora fosse viável a sua coexistência com outro princípio relevante, o duplo grau de jurisdição. Compondo-se os dois, seria possível aguardar o julgamento definitivo, com trânsito em julgado, para o início do cumprimento da pena.

Por óbvio, a prisão cautelar não estaria descartada, caso fosse necessária, nos termos do art. 312 do CPP. Além disso, a soberania restaria preservada, pois o tribunal, dando provimento à apelação do réu, não substituiria o veredicto popular; determinaria o retorno dos autos para que se fizesse outro júri. Contudo, o STF optou pela prevalência da soberania dos veredictos, baseando-se, inclusive, nas poucas decisões condenatórias, proferidas no tribunal popular, reformadas; ao contrário, a ampla maioria é mantida em grau de apelação ou em posterior julgamento pelo júri.

O juiz presidente deve, também, deliberar sobre os efeitos da condenação (arts. 91 e 92 do Código Penal). Na realidade, os efeitos do art. 91 são genéricos e automáticos, prescindindo de manifestação do magistrado na sentença condenatória. Cabe-lhe decidir acerca dos efeitos do art. 92, que são específicos, e não automáticos. No feminicídio, há efeitos do art. 92 que passam a ser automáticos, conforme disposto pelo § 2º do referido art. 92.

Se houver absolvição imprópria, ou seja, o reconhecimento da inimputabilidade, impõe-se, neste caso, medida de segurança, conforme dispõe o art. 26, *caput*, do Código Penal (art. 492, II, *c*, CPP). Pode ser internação ou tratamento ambulatorial, conforme apontado pelo laudo psiquiátrico.

Sobre a possibilidade de haver desclassificação do delito, há previsão nos §§ 1º e 2º do art. 492 do CPP. *Desclassificar* significa alterar a tipificação do crime e, no contexto do júri, modificar o tipo penal, passando de delito doloso contra a vida (competência do Tribunal Popular) para outra infração penal (competência de juiz singular). É uma diferença substancial. Em primeiro lugar, cessa a possibilidade de os jurados continuarem a analisar o caso, transferindo-se a atribuição ao juiz togado. Em segundo, em muitas situações, cuida-se de tese defensiva, pois um homicídio doloso, por exemplo, pode transmudar-se para a sua forma culposa – com pena abstrata muito menor, ou mesmo para lesão corporal. Diante disso, reconhecida a incompetência do Tribunal do Júri, cabe ao juiz presidente decidir a questão, proferindo o veredicto que considerar apropriado.

Caso os jurados provoquem a desclassificação de homicídio doloso para culposo, é natural que, em face da pena a este reservada (detenção, de 1 a 3 anos), tenha o réu o direito de obter os benefícios da suspensão condicional do processo (Lei 9.099/1995, art. 89). Essa situação somente não lhe era aplicável porque se cuidava de um homicídio doloso, cuja pena foge ao âmbito do benefício. Entretanto, valendo-se da soberania dos veredictos, o Tribunal Popular decidiu tratar-se de homicídio culposo, desclassificando a infração, logo, cabível a suspensão condicional do processo, dependendo de proposta a ser formulada pelo Ministério Público.

Pode ocorrer, também, a desclassificação do delito doloso contra a vida para infração considerada de menor potencial ofensivo, tal como sucede quando o júri reconhece a prática de lesão corporal simples (detenção, de 3 meses a 1 ano). Em nosso entendimento, deveria o caso ser remetido ao Juizado Especial Criminal para análise da sanção cabível, pois a competência do JECRIM advém de texto constitucional. Todavia, o art. 60 da Lei 9.099/1995 indica a viabilidade de prorrogação de competência em casos de conexão e continência de infrações de menor potencial ofensivo com outras, consideradas comuns. Atualmente, tem prevalecido a interpretação de caber ao juiz presidente aplicar os benefícios da transação e composição civil dos danos, quando cabíveis.

Surge a questão da colheita da representação da vítima no caso de desclassificação para lesão corporal leve. Deve-se colher a representação do ofendido, intimando-o a comparecer para expressar seu intento. Não há prazo decadencial de 6 meses, como sucede com a ocorrência de lesão corporal leve, pois se trata de uma situação anômala, não prevista pelo legislador nem na Lei 9.099/1995, nem tampouco no Código de Processo Penal.

Portanto, o caminho mais adequado não é afastar a possibilidade de a vítima desejar a punição do agente pela lesão corporal leve – ainda que por meio de transação –, alegando ter havido decadência, pois o crime teria sido cometido há mais de 6 meses. Afinal, à época da infração, o Estado classificou-a como tentativa de homicídio (de ação pública incondicionada) e não colheu a manifestação do ofendido, impedindo-o, pois, de exercer seu legítimo direito de representar, caso fosse possível.

Se meses depois o Tribunal do Júri conclui que houve lesão e não tentativa de homicídio, trata-se de fato superveniente, que altera, completamente, a classificação do delito, mas também insere uma condição de procedibilidade, antes inexistente. Esse fato superveniente deve ser considerado para efeito de não impedir que a vítima exerça seu direito de representação, mas não há necessidade de se permitir a abertura de um prazo de 6 meses para tanto. Basta que ela seja intimada a comparecer ao juízo, manifestando, por termo, seu intento. Caso não deseje a punição do agente, o juiz pode extinguir a sua punibilidade de imediato. Desejando, pode-se ingressar no contexto da transação ou aplicar-se a pena, conforme o caso.

Lavrada a sentença, com todos os presentes em pé, solenemente, o juiz presidente procede à sua leitura em plenário. Acompanharão o ato as partes e o réu. Este, no entanto, pode ser retirado de plenário caso se manifeste agressivamente ou resolva interromper o juiz para protestar. Por outro lado, se alguma das partes, chamada para o ato, não comparecer, lê o magistrado a sentença para os que estiverem em plenário, sem qualquer irregularidade. É direito da acusação ou da defesa estar presente, mas não uma obrigação.

Não há publicação formal da sentença, justamente porque o art. 493 do CPP determina que ela seja lida em plenário, à vista do público. Considera-se, pois, publicada neste momento.

15.11 Ata do julgamento

É o espelho fiel do desenvolvimento da sessão, contendo todas as principais ocorrências e protestos feitos pelas partes. Não deixa de ser motivo de grande polêmica a lavratura desse termo, uma vez que o art. 494 do CPP determina seja o escrivão o responsável pelo empreendimento, embora se saiba que quem controla a ata, na prática, é o juiz presidente.

Em uma Vara do Júri, contando com vários plenários e julgamentos ocorrendo ao mesmo tempo, um só escrivão não tem condições de acompanhar todos eles. Por outro lado, ainda que se diga que um escrevente ficaria responsável por isso, é possível que nem mesmo o funcionário tenha condições de entender as teses expostas, para reduzi-las a termo ou os protestos realizados.

Enfim, a lei deveria ter previsto expressamente que a confecção da ata é da responsabilidade do juiz presidente, como é a lavratura do termo de audiência e tudo o que nele consta.

Quanto à assinatura das partes, exige-se a participação do juiz e das partes (Ministério Público, assistente de acusação, se existente, querelante, se for o caso, defensor). Se houver recusa em assinar, a parte deve lançar o seu protesto por petição, apontando o que entende por equívoco na ata. Ela pode ser retificada se o magistrado assim determinar; do contrário, finda-se a lavratura com as assinaturas de quem se dispuser fazê-lo.

Segundo o disposto no art. 495 do Código de Processo Penal, a ata deve conter os seguintes elementos: a) a data e a hora da instalação dos trabalhos; b) o magistrado que presidiu a sessão e os jurados presentes; c) os jurados que deixaram de comparecer, com escusa ou sem ela, e as sanções aplicadas; d) o ofício ou requerimento de isenção ou dispensa; e) o sorteio dos suplentes; f) o adiamento da sessão, se houver ocorrido, com a indicação do motivo; g) a abertura da sessão e a presença do órgão do Ministério Público, do querelante e do assistente, se houver, bem como do defensor do acusado; h) o pregão e a sanção imposta, no caso de não comparecimento; i) as testemunhas dispensadas de depor; j) o recolhimento das testemunhas a lugar de onde umas não possam ouvir o depoimento das outras; l) a verificação das cédulas pelo juiz; m) a formação do conselho de sentença, com registro dos nomes dos jurados sorteados e das recusas; n) o compromisso dos jurados e o interrogatório, com simples referência ao termo; o) os debates e as alegações das partes com os respectivos fundamentos; p) os incidentes (todas as ocorrências que interessam para o julgamento, inclusive os protestos feitos pelas partes); q) o julgamento da causa; r) a publicidade dos atos da instrução plenária, das diligências e da sentença.

A falta da ata sujeitará o responsável (pela lei, o escrivão) a sanções administrativa e penal (art. 496, CPP).

15.12 Atribuições do Juiz Presidente do Tribunal do Júri

Dispõe o art. 497 do Código de Processo Penal sobre as atribuições do juiz togado, que preside o Tribunal do Júri, destacando, dentre outras, as seguintes: a) regular a polícia das sessões e prender os desobedientes; b) requisitar o auxílio da força policial, que ficará sob sua exclusiva autoridade; c) dirigir os debates, intervindo em caso de abuso, excesso de linguagem ou mediante requerimento de uma das partes (inclusive controlando os apartes e impedindo agressões verbais excessivas de uma parte contra a outra); d) resolver as questões incidentes, que não dependam de pronunciamento do júri (toda questão de direito deve ser sanada pelo juiz togado, não concernindo ao Conselho de Sentença. Ex.: a inclusão de tese levantada por qualquer das partes no questionário); e) nomear defensor ao réu, quando o considerar indefeso, podendo, nesta situação, dissolver o conselho, marcando novo dia para o julgamento, que se realizará com outro defensor (é a consequência natural do princípio constitucional da plenitude de defesa; não estando o réu bem defendido, não pode ser julgado pelos jurados); f) mandar retirar da sala o réu que dificultar a realização do julgamento, prosseguindo-se sem a sua presença; g) suspender a sessão pelo tempo indispensável para a execução das diligências requeridas ou entendidas necessárias, mantida a incomunicabilidade dos jurados; h) interromper a sessão por tempo razoável para proferir sentença e para repouso ou refeição dos jurados; i) decidir de ofício, ouvidos o Ministério Público e a defesa, ou a requerimento de qualquer destes, a arguição de extinção da punibilidade; j) resolver as questões de direito suscitadas no curso do julgamento (é o que já comentamos na alínea *d* *supra*); l) ordenar de ofício, a requerimento das partes ou de qualquer jurado, as diligências necessárias a sanar qualquer nulidade, ou a suprir falta que prejudique o esclarecimento da verdade; m) regulamentar, durante os debates, a intervenção de uma das partes, quando a outra estiver com a palavra, podendo conceder até 3 (três) minutos para cada aparte requerido, que serão acrescidos ao tempo desta última.

15.12.1 O controle da eficiência da acusação pelo juiz presidente, do mesmo modo que deve fazer no tocante à defesa

Cremos possível haver, também, o controle da eficiência da acusação, não se tratando de tutelar a atuação do órgão do Ministério Público, nem a qualidade do seu trabalho, mas garantir a efetiva aplicação e concretização do princípio constitucional da soberania dos veredictos.

Somente pode ser realmente soberano o Conselho de Sentença bem informado, possuindo ampla noção das provas dos autos e tendo recebido do órgão acusatório os elementos indispensáveis à formação do seu convencimento. Torna-se nitidamente irregular a conduta do Promotor de Justiça que deixa de sustentar a acusação, admitida pela pronúncia, pedindo a absolvição do acusado em pouquíssimos minutos, como se a sua opinião fosse a única legítima a contar no processo.

Não fornecendo aos jurados a explanação das provas, a visão que se encontra na pronúncia – afinal, houve admissibilidade da acusação –, enfim, deixando de apresentar o que os autos contêm, sonegará informações valiosas e impedindo os jurados de agir soberanamente.

Por outro lado, é possível ao Promotor, ainda que peça a condenação, fazê-lo de maneira inadequada, levantando teses conflitantes e incompatíveis e demonstrando nítida inabilidade na apresentação das provas. Pode, ainda, valer-se de pouquíssimos minutos para apresentar provas complexas, o que torna a sociedade indefesa e, consequentemente o Conselho de Sentença inapto e incapaz de julgar, deixando de ser efetivamente soberano.

Não seria crível que o respeito à atuação do Promotor fosse tão absoluto a ponto de se permitir que alguém, agindo de má-fé e mancomunado com o réu, por exemplo, pedisse a absolvição, sem oferecer prova alguma aos jurados e sem que o juiz possa interferir nesse procedimento ilegal e antiético. Caso o órgão da acusação apresente devidamente as provas, é natural poder externar a sua opinião pessoal, mesmo sendo pela absolvição do réu, cumprindo postulado que lhe garante independência funcional e uma acusação justa.

Em conclusão, cabe ao juiz exercer um efetivo controle, dentro de seu prudente arbítrio, sobre a acusação produzida em plenário, mormente porque dirigida a um Conselho formado por pessoas leigas, embora soberanas no seu decidir.

Acresça-se a isso a previsão formulada pelo art. 564, III, *l*, do Código de Processo Penal, demonstrando ser nulo o processo quando houver falta de acusação ou de defesa, na sessão de julgamento. Observe-se que a *extremada* deficiência da acusação, especialmente quando o Promotor deixa de realizá-la, a pretexto de estar pedindo a absolvição do réu, também configura nulidade que deve ser evitada pelo magistrado. É também a posição adotada por

ADRIANO MARREY[47] e JOSÉ FREDERICO MARQUES.[48] Por isso, caso essa situação ocorra, cabe ao juiz, declarando a sociedade *indefesa*, dissolver o Conselho de Sentença, redesignar o julgamento para outra data e oficiar ao Procurador-Geral de Justiça, comunicando-lhe o fato e solicitando a sua intervenção. Poderá o Chefe da Instituição designar outro promotor para atuar no caso ou o mesmo, embora sob outras bases.

RESUMO DO CAPÍTULO

- **Tribunal do Júri como direito e garantia humana fundamental:** inserido como tal no art. 5.º, XXXVIII, da Constituição Federal, deve ser compreendido como o direito do povo de participar diretamente das decisões do Poder Judiciário e a garantia ao devido processo legal para que os acusados da prática de crimes dolosos contra a vida sejam julgados pelo juízo natural, constitucionalmente estabelecido.

- **Tribunal do Júri como órgão do Poder Judiciário:** embora com caráter e constituição especiais, é parte integrante do Poder Judiciário, pois somente assim se explica a participação do juiz togado, bem como a aplicação das regras processuais penais no trâmite dos seus julgamentos.

- **Princípios constitucionais que regem, especificamente, o Júri:** plenitude de defesa, sigilo das votações, soberania dos veredictos e competência para o julgamento dos crimes dolosos contra a vida.

- **Sistema trifásico de julgamento:** após o recebimento da denúncia, inicia-se a fase de formação da culpa (*judicium accusationis*); finda esta, o juiz pode pronunciar o réu, julgando admissível a acusação; passa-se à fase de preparação do plenário, onde as partes ainda podem propor diligências e arrolar testemunhas para serem ouvidas em plenário, bem como o juiz tem possibilidade de determinar a produção de provas de imediato; finaliza-se com a fase de julgamento do mérito (*judicium causae*), quando os jurados dirão se o réu é culpado ou inocente da imputação que lhe é feita.

- **Pronúncia:** é a decisão interlocutória mista, que julga admissível a acusação, determinando que o réu seja submetido a julgamento pelo Tribunal do Júri, se reconhecida a materialidade do crime e indícios suficientes de autoria.

- **Impronúncia:** é a decisão interlocutória mista, de caráter terminativo, que põe fim ao processo, rejeitando a denúncia, por não haver prova da materialidade ou de indícios suficientes de autoria. É possível o oferecimento de outra denúncia, desde que acompanhada de provas substancialmente novas.

- **Desclassificação:** é a decisão interlocutória simples, que altera a definição jurídica do crime (tipicidade), provocando como consequência a modificação da competência com a remessa do processo ao juiz singular competente.

- **Absolvição sumária:** é a decisão terminativa de mérito, que acolhe a tese da inexistência do fato, de não ter sido o réu o autor ou partícipe do fato, de o fato não ser considerado infração penal ou de ter sido demonstrada excludente de ilicitude ou de culpabilidade, desde que claramente demonstrada na fase da formação da culpa. Evita-se o julgamento pelo Tribunal do Júri e não pode mais ser revista a

---

[47] *Teoria e prática do júri*, p. 333-334.
[48] *A instituição do júri*, p. 193-194.

decisão. Passa a ser impugnada por apelação e não mais fica sujeita ao duplo grau de jurisdição obrigatório (recurso de ofício).

▶ **Composição do Tribunal do Júri:** um juiz togado, que é o seu presidente, e vinte e cinco jurados sorteados previamente para a sessão.

▶ **Conselho de Sentença:** é a turma julgadora do Tribunal do Júri, composta por sete jurados, extraídos, por sorteio, dos vinte e cinco convocados para a sessão.

▶ **Jurado virtual:** é a pessoa apta a servir como jurado no Tribunal do Júri, devendo ser brasileiro, no gozo dos direitos políticos, idôneo, alfabetizado, mental e fisicamente capaz para o ato, bem como maior de 18 anos.

▶ **Quesito:** é a pergunta formulada pelo juiz presidente, de acordo com as teses sustentadas pelas partes em plenário, ao Conselho de Sentença, exigindo, como resposta, *sim* ou *não*.

▶ **Questionário:** é o conjunto dos quesitos, que serve para configurar o veredicto do Conselho de Sentença, sempre tomado por maioria de votos.

CAPÍTULO XIX

Nulidades

1. CONCEITO

São os vícios que contaminam determinados atos processuais, praticados sem a observância da forma prevista em lei, podendo levar à sua inutilidade e consequente renovação. PAULO SÉRGIO LEITE FERNANDES adverte que se cuida do tema das nulidades de maneira insuficiente, nas obras doutrinárias. "O processo é caminho, é viagem compreendendo início, meio e fim. Devem as partes trilhá-lo superando normalmente os obstáculos, sem falhas ou irregularidades. É estranho, mas quando se pensa no processo, ou seja, no movimento, racionaliza-se-o exatamente como um viajar das partes através de estrutura bem demarcada. Constroem-na os homens à imagem ou semelhança do relacionamento na coletividade. A partir do momento em que se começou a dar forma ao processo, a regulamentá-lo enfim, surgiram, fortalecendo-se na tradição, regras de conduta processual. As formalidades, certamente, são regras de procedimento. Na vida comum existem também tais normas, acompanhadas de sanções – morais ou legais".[1]

Os sistemas de nulidades, na história do processo penal, variaram de rígidos a genéricos. Porém, atualmente, nem rígido, nem genérico, mas instrumental e útil. Não se declara uma nulidade por conta de uma falha processual concretizada; é preciso que essa falha seja grave o suficiente para conturbar a relação processual ou prejudicar um princípio processual penal elementar.

---

[1] *Nulidades no processo penal*, p. 1. Nas palavras de GALDINO SIQUEIRA, "há *nulidade* quando se verifica inobservância de *formalidade solene substancial*, isto é, de formalidade destinada a exprimir a intenção dos agentes, bem como a garantir interesses de ordem pública; há *irregularidade de forma* quando a formalidade preterida é acidental ou não solene, isto é, quando apenas se destinava a exprimir melhor a intenção dos agentes ou a maior regularidade na confecção do ato" (*Curso de processo criminal*, p. 417).

Dividem-se em:

a) *nulidades absolutas*, aquelas que devem ser proclamadas pelo magistrado, de ofício ou a requerimento de qualquer das partes, porque produtoras de nítidas infrações ao interesse público na produção do devido processo legal. Ex.: não conceder o juiz ao réu a ampla defesa, cerceando a atividade do seu advogado;

b) *nulidades relativas*, aquelas que somente serão reconhecidas caso arguidas pela parte interessada, demonstrando o prejuízo sofrido pela inobservância da formalidade legal prevista para o ato realizado. Ex.: o defensor não foi intimado da expedição de carta precatória para a inquirição de testemunha de defesa, cujos esclarecimentos referiam-se apenas a alguns parcos aspectos da conduta social do réu, tendo havido a nomeação de defensor *ad hoc* para acompanhar o ato. Nessa hipótese, inexistindo demonstração de prejuízo, mantém-se a validade do ato, incapaz de gerar a sua renovação, vale dizer, embora irregular a colheita do depoimento, sem a presença do defensor constituído, nenhum mal resultou ao acusado, até pelo fato da testemunha quase nada ter esclarecido.

Vale ressaltar, desde logo, que o contexto das nulidades não apresenta integral harmonia entre o preceituado em lei e o pensamento doutrinário e jurisprudencial. Por vezes, nulidade que o CPP considera absoluta (qualquer forma de incompetência, por exemplo), ressalva a doutrina, com o aval dos tribunais, ser relativa (como a incompetência territorial). Noutros casos, o CPP estipula ser nulidade relativa (a falta de intervenção do MP em ação pública por ele intentada, como exemplo), enquanto a doutrina afirma ser nulidade absoluta. É preciso que nos acostumemos a analisar o capítulo das nulidades de acordo com o pensamento predominante tanto da doutrina quanto da jurisprudência.

Os magistrados não precisam proclamar nulidades, pois, detectando uma falha, basta refazer o ato. Lembra Paulo Sérgio Leite Fernandes que "alguns intérpretes, temerosos de abusos, firmam como princípio que toda nulidade é sanável. Esta opinião agrupa, certamente, muitos hermeneutas, preocupados com os obstáculos representados pelas nulidades à efetiva distribuição da justiça. Tal preocupação é boa, mas deve ser colocada dentro dos limites do bom senso. Não se deve endeusar a formalidade, mas é preciso bem equilibrar a balança, pois se de um lado os abusos devem ser coibidos, de outro a severidade excessiva prejudica a plenitude do contraditório. Frequentemente, juízes se irritam à análise de uma causa de nulidade localizada em processos submetidos à sua jurisdição. Impedidos de examinar o mérito da pretensão punitiva, derramam-se em irresignação com decisões não muito correlatas, censurando o advogado que lhes criou empecilhos à decisão de mérito. Esquecem-se das muitas vezes em que a preterição da forma gera, na prova defeituosamente colhida, condições para injusta condenação".[2]

2.   ATOS INEXISTENTES E IRREGULARES

À margem das nulidades, existem atos processuais que, por violarem tão grotescamente a lei, são considerados inexistentes. Nem mesmo de nulidade se trata, uma vez que estão

---

[2]   *Nulidades no processo penal*, p. 24.

distantes do mínimo aceitável para o preenchimento das formalidades legais. Não podem ser convalidados, nem necessitam de decisão judicial para invalidá-los. Ex.: audiência presidida por promotor de justiça ou por advogado. Como partes que são no processo, não possuindo poder jurisdicional, é ato considerado inexistente. Deve, logicamente, ser integralmente renovado. Parece-nos que a causa geradora da inexistência dos atos processuais tem origem na infração a norma constitucional.

Nas palavras de GRINOVER, GOMES FILHO e SCARANCE FERNANDES, "são atos processuais *inexistentes* aqueles aos quais falta, de forma absoluta, algum dos elementos exigidos pela lei; neles, o vício é de tal gravidade que sequer seria possível considerá-los atos processuais; são, na verdade, *não atos*, em relação aos quais não se cogita de invalidação, pois a inexistência constitui um problema que antecede a qualquer consideração sobre a validade".[3]

Nem todos pensam assim. PAULO SÉRGIO LEITE FERNANDES afirma que a lei não contempla os atos inexistentes. "Assim, resta apenas ao intérprete aplicar à lei as indicações da doutrina, encaixando nos dispositivos descritivos dos atos nulos as possíveis hipóteses de inexistência".[4] Há um vetor racional nessa observação: atos inexistentes precisam, de um modo ou outro, ser declarados como tais. Então, no fundo, podem ser assemelhados aos atos absolutamente nulos. Sob o ponto de vista doutrinário, parece-nos adequada a consideração científica de existir o *ato inexistente*, em particular os que ofendem diretamente a Constituição Federal.

Atos irregulares, por sua vez, são *infrações superficiais*, não chegando a contaminar a forma legal, a ponto de merecer renovação. São convalidados pelo simples prosseguimento do processo, embora devam ser evitados. Ex.: ausência de entrega de cópia da pronúncia aos jurados. Embora seja ato imposto pelo art. 472, parágrafo único, do CPP, é natural que se trate de uma situação não comprometedora da regular instrução, uma vez que os jurados podem ser cientificados da acusação durante a manifestação do promotor e ter noção do alcance da pronúncia durante o julgamento. Enfim, atinge-se o objetivo previsto na norma por outros meios.

3.   PRINCÍPIOS QUE REGEM AS NULIDADES

3.1   Não há nulidade sem prejuízo

Por várias razões, dentre as quais o princípio da economia processual, não se proclama a existência de uma nulidade, buscando-se refazer o ato – com perda de tempo e gastos materiais para as partes – caso não advenha qualquer prejuízo concreto. É o conteúdo do art. 563 do Código de Processo Penal.

Há que se ter cautela para a decretação de nulidades, pois, de tanto assim agir o Judiciário, calcado em meras formalidades, surgiu a conhecida expressão "mais vale um mau acordo do que uma boa demanda". E ensina BORGES DA ROSA: "quando ditos litigantes conseguiam, afinal, ver vitoriosas as suas pretensões e reconhecidos os seus direitos, a vitória lhes tinha custado tão cara que as despesas, as delongas e os incômodos do processo anulavam as vantagens do ganho da causa. Em geral, tais despesas excessivas, delongas e incômodos provinham, principalmente, de frequentes decretações de nulidade de parte ou de todo o processo. Estas, mais do que outras causas de origem diversa, deram nascença ao conselho

---

[3]   *As nulidades no processo penal*, p. 22.

[4]   *Nulidades no processo penal*, p. 18-19.

da sabedoria prática: 'mais vale um mau acordo do que uma boa demanda'. As frequentes decretações de nulidade, em consequência de não terem sido seguidas, ao pé da letra da lei, as formalidades, quer substanciais, quer secundárias, por elas prescritas, para a regularidade dos atos forenses, tornavam os processos morosos, complicados e caros. Compreendendo a extensão destes malefícios, surgiu já em 1667, com a ordenação de Tolosa, um primeiro protesto contra a decretação de nulidades (...) expresso na máxima: *'pas de nulitté sans grief'*, não há nulidade quando não há *prejuízo"*.[5]

Registremos que a forma prevista em lei para a concretização de um ato processual não é um fim em si mesmo, motivo pelo qual se a finalidade para a qual se pratica o ato foi atingida, inexiste razão para anular o que foi produzido. Logicamente, tal princípio deve ser aplicado com maior eficiência e amplitude no tocante às nulidades relativas, uma vez que o prejuízo, para o caso das nulidades absolutas, é presumido pela lei, não se admitindo prova em contrário.

Assim, quando houver uma nulidade absoluta, deve ela ser reconhecida tão logo seja cabível, pois atenta diretamente contra o devido processo legal. Entretanto, havendo uma nulidade relativa, somente será ela proclamada, caso requerida pela parte prejudicada, tendo esta o ônus de evidenciar o mal sofrido pelo não atendimento à formalidade legal.

Contrário ao entendimento de que, nas nulidades absolutas, há um prejuízo *presumido*, mas tão somente *evidente*, porque a presunção inverte o ônus da prova, o que não ocorre nessas situações, está o magistério de ADA, SCARANCE e MAGALHÃES.[6]

Na verdade, o que se vem alterando com o passar do tempo é a consideração de determinadas falhas processuais como sendo absolutas ou relativas. A tendência, hoje, é estreitar o campo das absolutas e alargar o das relativas. Embora na situação geradora de uma nulidade absoluta continue a ser presumido o prejuízo, sem admitir prova em contrário, o que se vem fazendo é transferir determinadas situações processuais, antes tidas como de prejuízo nítido, para o campo dos atos processuais, cujo prejuízo fica sujeito à comprovação. Dessa forma, o conceito de nulidade absoluta fica inalterado. Muda-se, no entanto, a classificação do ato processual, transformando-o de absolutamente viciado em relativamente falho.

A versão processual civil do princípio é visível na disposição do art. 277 do CPC: "quando a lei prescrever determinada forma, o juiz considerará válido o ato se, realizado de outro modo, lhe alcançar a finalidade". A ótica processual penal preceitua: "nenhum ato será declarado nulo, se da nulidade não resultar prejuízo para a acusação ou para a defesa" (art. 563, CPP).

Essa tem sido a majoritária posição dos tribunais brasileiros, inclusive do STF e do STJ, mesmo no tocante às denominadas nulidades absolutas.

3.2   Não há nulidade provocada pela parte

Preceitua o art. 565 do Código de Processo Penal que a parte não poderá arguir nulidade a que haja dado causa ou para que tenha concorrido, demonstrando, com razão, dever prevalecer a ética na produção da prova, afastando-se a má-fé.

Aliás, do mesmo modo que é exigido interesse para a prática de vários atos processuais, inclusive para o início da ação penal e para a interposição de recurso, exige-se tenha a parte prejudicada pela nulidade interesse no seu reconhecimento. Logo, não pode ser ela a geradora do defeito, plantado unicamente para servir a objetivos escusos.

---

[5]   *Nulidades do processo*, p. 128-129.

[6]   *As nulidades no processo penal*, p. 24.

Espera-se que tal regra seja fielmente observada na avaliação do disposto no art. 478 do CPP, introduzido pela Lei 11.689/2008: "Durante os debates, as partes não poderão, sob pena de nulidade, fazer referências: I – à decisão de pronúncia, às decisões posteriores que julgaram admissível a acusação ou à determinação do uso de algemas como argumento de autoridade que beneficiem ou prejudiquem o acusado; II – ao silêncio do acusado ou à ausência de interrogatório por falta de requerimento em seu prejuízo".

Nesse cenário, é possível que qualquer das partes, por razões variadas, deseje *plantar* uma nulidade, durante os debates em plenário do Tribunal do Júri. Para tanto, bastaria fazer menção a qualquer dos assuntos proibidos. Ora, detectada a má-fé ou a estratégia antiética, parece-nos natural que o feito não seja anulado, permanecendo na íntegra o julgamento realizado.

Como registra CÂMARA LEAL, "é a regra jurídica que ninguém pode aproveitar-se de ato próprio em detrimento alheio, e, por isso, aquele que deu causa à nulidade processual, ou para ela concorreu, não poderá alegá-la em seu proveito. Se assim não fora, a lei daria margem à cavilação ou alicantina, permitindo que a parte, maliciosamente, preparasse a nulidade, para dela tirar proveito, caso a sentença não lhe fosse favorável. Não poderá, pois, arguir a nulidade aquele que a tiver provocado, dando-lhe causa ou concorrendo para ela".[7]

3.3   Não há nulidade por omissão de formalidade que só interesse à parte contrária

Por outro lado, ainda que não seja a causadora do vício processual, não cabe a uma parte invocar nulidade, que somente beneficiaria a outra, mormente quando esta não se interessa em sua decretação (ex.: argui nulidade o promotor por não ter sido a defesa intimada da expedição de carta precatória para ouvir testemunhas em outra Comarca, embora afirme o defensor que nenhum prejuízo sofreu a defesa do réu. Ainda que possa representar um ponto de cerceamento de defesa, somente a esta interessa requerer o seu reconhecimento). Nas palavras de BORGES DA ROSA: "as nulidades, por terem um caráter odioso, por constituírem uma sanção ou pena, devem ser alegadas e aplicadas *restritivamente*, só quando se destinem a reparar um *prejuízo* decorrente da violação da lei. Só pode, portanto, alegar nulidade quem sofreu esse *prejuízo*".[8]

Está correta a previsão legal, uma vez que dar causa à nulidade, pretendendo o seu reconhecimento, ou pedir que o juiz considere nulo determinado ato, quando não há interesse algum, seria a utilização dos mecanismos legais para conturbar o processo e não para garantir o devido processo legal. Logicamente, esse é o contexto das nulidades relativas, pois as absolutas devem ser reconhecidas a qualquer tempo, inclusive de ofício.

3.4   Não há nulidade de ato irrelevante para o deslinde da causa

De acordo com o art. 566 do Código de Processo Penal, não se proclama nulidade de ato processual que não houver influído na apuração da verdade real ou na decisão da causa.

Baseado no princípio geral de que, sem prejuízo, não há que se falar em nulidade, é possível haver um ato processual praticado sem as formalidades legais, que, no entanto, foi irrelevante para chegar-se à verdade real no caso julgado.

---

[7]   *Comentários ao Código de Processo Penal*, v. IV, p. 17.

[8]   *Nulidades do processo*, p. 176.

Assim, preserva-se o praticado e mantém-se a regularidade do processo. Exemplo: A testemunha que se pronunciar em idioma estrangeiro deve ter intérprete (art. 223). É a formalidade do ato. Se ela for ouvida sem o intérprete, mas seu depoimento foi considerado irrelevante pelo juiz e pelas partes, não se proclama a nulidade.

3.5   A nulidade de ato processual relevante pode desencadear a dos consequentes

O princípio da causalidade significa que a nulidade de um ato pode ocasionar a nulidade de outros que dele decorram, constituindo mostra da natural conexão dos atos realizados no processo, objetivando a sentença. É o que se denomina, também, de *nulidade originária* e *nulidade derivada*.

O art. 573, § 1.º, do CPP, utiliza o termo "causará", demonstrando que a nulidade de um ato *deve* provocar a de outros, quando estes dele *dependam* diretamente ou sejam *consequência* natural do anulado. Assim, é preciso verificar, na cadeia de realização dos vários atos processuais, se o eivado de nulidade trouxe, como decorrência, outros, ou não.

O interrogatório do réu é feito com base na denúncia. Se esta é anulada, naturalmente o interrogatório também precisa ser refeito. Entretanto, se uma testemunha é ouvida sem a presença do réu, não intimado, provocando a impossibilidade do reconhecimento, por exemplo, anula-se o ato, o que não prejudica outra audiência que se tenha seguido àquela, cujas partes compareceram regularmente. Ada, Scarance e Magalhães afirmam, com razão, que a nulidade de atos postulatórios (como a denúncia) propaga-se para os atos subsequentes, enquanto a nulidade dos atos instrutórios (como a produção de provas) nem sempre infecta os demais.[9]

Cabe ao magistrado ou tribunal que reconhecer a nulidade ocorrida mencionar, expressamente, todos os atos que serão renovados ou retificados, ou seja, cabe-lhe proclamar a extensão da nulidade.

4.   DESATENDIMENTO DE NORMAS CONSTITUCIONAIS

Provoca, como regra, nulidade absoluta, justamente porque o sistema processual ordinário não tem possibilidade de convalidar uma infração à Constituição Federal. Entretanto, em algumas hipóteses, outros princípios igualmente constitucionais podem ser utilizados para contrapor a inobservância de regra estabelecida na Constituição, havendo a harmonização das normas e dos princípios, sem que um seja considerado superior ao outro. Ex.: um tratamento privilegiado dado ao réu, no plenário do Tribunal do Júri, em cumprimento ao princípio da plenitude de defesa, pode contrapor-se ao princípio geral da igualdade das partes no processo. Trata-se da harmonização dos princípios, razão pela qual não se pode considerar nulo o ato processual.

Na lição de Ada Pellegrini Grinover, Antonio Scarance Fernandes e Antonio Magalhães Gomes Filho, a inobservância do tipo imposto pela Constituição chama-se "atipicidade constitucional" e sua invalidade deve ser buscada na própria Constituição ou no ordenamento infraconstitucional, constituindo sempre nulidade absoluta ou até mesmo demonstrando a inexistência do ato.

---

[9]   *As nulidades no processo penal*, p. 26.

5. NULIDADE EM INQUÉRITO POLICIAL

Tratando-se de mero procedimento administrativo, destinado, primordialmente, a formar a opinião do Ministério Público, a fim de saber se haverá ou não acusação contra alguém, não apresenta cenário para a proclamação de nulidade de ato produzido durante o seu desenvolvimento.

Se algum elemento de prova for produzido em desacordo com o preceituado em lei, cabe ao magistrado, durante a instrução – e mesmo antes, se for preciso –, determinar que seja refeito (ex.: um laudo juntado aos autos do inquérito foi produzido por um só perito. Deve ser novamente realizado, embora permaneça válido o inquérito).

6. DIVISÃO LEGAL ENTRE NULIDADES ABSOLUTAS E RELATIVAS

O art. 564 em combinação com o art. 572, ambos do Código de Processo Penal, considera nulidades *absolutas* as seguintes: a) por incompetência, suspeição ou suborno do juiz (art. 564, I); b) por ilegitimidade de parte (art. 564, II); c) por falta de denúncia ou queixa e representação (art. 564, III, *a*); d) por ausência do exame de corpo de delito nos crimes que deixam vestígios (art. 564, III, *b*); e) por falta de nomeação de defensor ao réu presente, quando não o tiver, ou ao ausente (art. 564, III, *c*). Ressalve-se que a parte referente ao curador foi eliminada, pois não há mais necessidade de sua presença, já que o maior de 18 anos é plenamente capaz, conforme preceituado pelo Código Civil; f) por ausência de citação do réu para ver-se processar, o seu interrogatório, quando presente (art. 564, III, *e*); g) falta da sentença de pronúncia, o libelo [hoje não mais existe essa peça] e a entrega da respectiva cópia, com o rol de testemunhas [não há mais tal procedimento], nos processos do Júri (art. 564, III, *f*); h) ausência de pelo menos quinze jurados para a instalação da sessão de julgamento no Tribunal do Júri (art. 564, III, *i*); i) falta do número legal de jurados do conselho de sentença e sua incomunicabilidade (art. 564, III, *j*); j) ausência dos quesitos e as respectivas respostas (art. 564, III, *k*); l) falta de acusação ou defesa na sessão de julgamento do Júri (art. 564, III, *l*); m) ausência da sentença (art. 564, III, *m*); n) falta de recurso de ofício, nos casos estabelecidos em lei (art. 564, III, *n*); o) ausência de intimação para ciência de sentenças e decisões de que caiba recurso, na forma da lei (art. 564, III, *o*); p) falta de *quorum* para a instalação da sessão nos tribunais (art. 564, III, *p*); q) deficiência dos quesitos ou suas respostas, e contradição entre estas (art. 564, parágrafo único); r) em decorrência de decisão judicial carente de fundamentação (art. 564, V).

Relativas são as seguintes: a) falta de intervenção do Ministério Público em todos os termos da ação por ele intentada e nos da intentada pela parte ofendida, quando se tratar de crime de ação pública (inciso III, *d*, deste artigo); b) não concessão dos prazos legais à acusação e à defesa, para manifestação ou produção de algum ato (inciso III, *e*, 2.ª parte, deste artigo); c) falta de intimação do réu para a sessão de julgamento, pelo Tribunal do Júri, quando a lei não permitir o julgamento à revelia [a falta de intimação do réu pode gerar nulidade, porém a lei não mais exige o comparecimento pessoal] (inciso III, *g*, deste artigo); d) ausência de intimação das testemunhas arroladas no libelo e na contrariedade, conforme estabelecido em lei [atualmente, passa-se a considerar a ausência de intimação das testemunhas arroladas pelas partes na fase do art. 422 do CPP, pois foram suprimidos o libelo e a contrariedade] (inciso III, *h*, deste artigo); e) omissão de formalidade que constitua elemento essencial do ato (inciso IV, deste artigo).

Outras nulidades podem ser reconhecidas, advindas de princípios constitucionais e processuais, embora não expressamente constantes no rol do art. 564.

Entretanto, o Supremo Tribunal Federal tem decidido que, mesmo no caso de nulidade absoluta, é preciso demonstrar, pela parte, ao tribunal, o prejuízo efetivo para que essa falha seja reconhecida. Diante disso, tem-se equiparado a nulidade absoluta à relativa: somente se anula o ato processual se houver prejuízo real.

7. ESPÉCIES DE NULIDADE ABSOLUTA

7.1 Incompetência

Em cumprimento ao princípio do juiz natural, garantido constitucionalmente, ninguém será processado ou julgado senão pelo juiz indicado previamente pela lei ou pela própria Constituição. Por isso, é fundamental que as regras de competência sejam observadas, sob pena de nulidade.

Ocorre que a doutrina vem sustentando o seguinte: tratando-se de competência constitucional, a sua violação importa na inexistência do ato e não simplesmente na anulação (ex.: processar criminalmente um promotor de justiça em uma Vara comum de primeira instância, ao invés de fazê-lo no Tribunal de Justiça).

No mais, não sendo competência prevista diretamente na Constituição, deve-se dividir a competência em absoluta (em razão da matéria e de foro privilegiado), que não admite prorrogação, logo, se infringida é de ser reconhecido o vício como nulidade absoluta, e relativa, aquela que admite prorrogação, pois referente apenas ao território. Não aventada pelas partes, nem proclamada pelo juiz, é incabível a anulação dos atos praticados, uma vez que se considera prorrogada.

A justificativa para essa postura é dada por JOSÉ FREDERICO MARQUES, ao mencionar que "na distribuição dos poderes jurisdicionais, *ratione loci*, as atribuições judiciárias se diversificam em virtude de fatores acidentais e de valor relativo. Tanto o juiz da comarca 'B', como o da comarca 'A' estão investidos de poderes jurisdicionais para conhecer e julgar o delito, sendo iguais as esferas de atribuições de ambos. Circunstâncias decorrentes de melhor divisão do trabalho, e de natureza toda relativa, é que lhes discriminam a capacidade para conhecer dos casos concretos submetidos a processo e julgamento". Mas, faz uma advertência, ainda com relação à incompetência territorial, tida como relativa: "É claro que, em se tratando de erro grosseiro, a incompetência é insanável. Suponha-se, por exemplo, que o crime tenha ocorrido na comarca 'A' e que, sem nenhum motivo, por mínimo que fosse, o processo corresse na comarca 'B', muito distante daquela. Nessa hipótese, nem o silêncio e a aquiescência do réu sanariam a nulidade".[10] E assim deve mesmo ser, sob pena de se ferir, irreparavelmente, o princípio constitucional do juiz natural, que envolve, com certeza, além da competência

---

[10] *Da competência em matéria penal*, p. 218-219. Assim também argumentam GRINOVER, GOMES FILHO e SCARANCE FERNANDES: "mesmo assim, por não se tratar de competência constitucional, não se aplica à competência territorial a regra do art. 5.º, LIII, da CF. Encontra plena aplicação, à espécie, o art. 108, § 1.º, do CPP, que permite ao juiz competente, aceita a declinatória, ratificar os atos anteriores e prosseguir no processo" (*As nulidades no processo penal*, p. 61). Cuida-se de uma posição particular dos autores. Em momento algum, o CPP faz diferença entre causas de nulidades cujo espelho é o próprio Código e aquelas que se inspiram na Constituição. Porém, é o que prevalece atualmente.

em razão da matéria e da prerrogativa de foro, a competência territorial. Afinal, como regra, estabeleceu o legislador o foro do lugar da infração não por acaso, mas para que o criminoso seja julgado no local onde seu ato atingiu a maior repercussão, servindo, inclusive, em caso de condenação, a efetivar o caráter preventivo geral da pena.

7.1.1 Coisa julgada e incompetência

Normalmente, a coisa julgada convalida as eventuais nulidades do processo. E somente o réu, através da revisão criminal e do *habeas corpus,* pode rever o julgado, sob a alegação de ter havido nulidade absoluta (não ocorre o mesmo, quando se trata de nulidade relativa, pois, não alegada no prazo, consolida-se). Entretanto, a incompetência constitucional, que considera o praticado pelo juiz como atos inexistentes, em tese, não poderia ser sanada pela coisa julgada, justamente porque a sentença que colocou fim ao processo não existiu juridicamente. Assim ocorrendo, quando em favor do acusado, não há dúvida de que o processo deve ser renovado.

Mas, e se a incompetência constitucional, se reconhecida, prejudicar o réu? Respondem ADA PELLEGRINI GRINOVER, ANTONIO SCARANCE FERNANDES e ANTONIO MAGALHÃES GOMES FILHO que, nessa hipótese, há de se convalidar a sentença absolutória, sem haver a renovação dos atos processuais, embora inexistentes, em nome dos princípios maiores do *favor rei* e do *favor libertatis.*[11] De fato, como os princípios constitucionais devem harmonizar-se, o fato de haver, na Constituição, a garantia do juiz natural, não significa que seja um princípio absoluto e imperativo. Em sintonia com os demais, não pode o réu ser prejudicado porque foi processado em Vara incompetente, o que não foi alegado a tempo pela acusação. A coisa julgada, que confere segurança às relações jurídicas, especialmente quando houver absolvição, deve ser respeitada.

7.1.2 Anulação dos atos decisórios em caso de incompetência territorial

Se a incompetência territorial gera nulidade relativa, sendo possível haver prorrogação, caso não alegada pelas partes, é natural que os atos instrutórios, proferidos por magistrado incompetente, possam ser aproveitados no juízo competente, por economia processual. Os decisórios, no entanto, precisam ser necessariamente refeitos (art. 567, CPP).

Ensinam GRINOVER, MAGALHÃES e SCARANCE que "agora, em face do texto expresso da Constituição de 1988, que erige em garantia do juiz natural a competência para *processar e julgar* (art. 5.º, LIII, CF), não há como aplicar-se a regra do art. 567 do Código de Processo Penal aos casos de incompetência constitucional: não poderá haver aproveitamento dos atos não decisórios, quando se tratar de competência de jurisdição, como também de competência funcional (hierárquica e recursal), ou de qualquer outra, estabelecida pela Lei Maior".[12] E, por conta disso, defende SCARANCE que "se um processo correu pela Justiça Militar castrense, sendo os autos remetidos à Justiça Comum, perante esta o processo deve ser reiniciado, não sendo possível o aproveitamento dos atos instrutórios".[13]

Parece-nos correta a visão adotada. Assim, somente em casos de competência relativa (territorial), pode-se aproveitar os atos instrutórios, anulando-se os decisórios. Noutras si-

---

[11]   *As nulidades no processo penal,* p. 46.
[12]   *As nulidades no processo penal,* p. 45-46.
[13]   *Processo penal constitucional,* p. 118.

tuações, tratando-se de incompetência absoluta, em razão da matéria ou da prerrogativa de foro, é fundamental renovar toda a instrução.

7.2   Suspeição e impedimento

Quando houver impedimento, por estar o magistrado proibido de exercer, no processo, a sua jurisdição (art. 252, CPP), trata-se de ato inexistente qualquer ato ou decisão sua. Em sentido contrário, crendo ser causa de nulidade absoluta, está a posição de Vicente Greco Filho: "É costume repetir-se que o impedimento retira do juiz a jurisdição. Essa assertiva, contudo, não é verdadeira. Jurisdição ele continua tendo, porque não está desinvestido. Ele somente está proibido de exercê-la naquele processo com o qual tem um dos vínculos relacionados no art. 252. A distinção é importante porque se o juiz não tivesse jurisdição (aliás, então, ele não seria juiz) seus atos seriam inexistentes, ao passo que, na realidade, o que ocorre é que seus atos são nulos, absolutamente nulos".[14] Entendemos, no entanto, que a lei veda o exercício jurisdicional ao magistrado em determinado processo, o que torna inexistente o ato por ele praticado justamente nesse feito. Não se trata de um mero vício, mas de uma grave infração à lei, equivalente ao magistrado de Vara Cível resolver despachar processos na Vara Criminal. Seus atos não são nulos, mas inexistentes naquele processo. Ainda que produza algum efeito, será fruto do erro de outras pessoas, envolvidas no processo, em cumpri-los.[15]

Entretanto, tratando-se de suspeição, é motivo de nulidade, desde que a parte interessada assim reclame, através da exceção cabível. Se o juiz suspeito for aceito, deixa de existir razão para anulação dos atos por ele praticados.

7.3   Suborno do juiz

Subornar é dar dinheiro ou alguma vantagem para obter favores indevidos. Insere-se, pois, no contexto da corrupção, razão pela qual não deixa de ser um motivo especial de suspeição. Assim, conhecido pela parte, a qualquer momento, pode ser invocado para anular o que foi praticado pelo magistrado subornado. Se o réu, no entanto, foi absolvido, com trânsito em julgado, inexistindo revisão em favor da sociedade, nada se pode fazer para reabrir o processo. Responde, apenas, o juiz nos âmbitos criminal e administrativo.[16]

7.4   Ilegitimidade de parte

Não distingue a lei se a ilegitimidade é para a causa (*ad causam*) ou para o processo (*ad processum*), razão pela qual ambas podem gerar nulidade. Entretanto, quando a ilegitimidade se referir à ação penal – como dar início à ação penal pública incondicionada não sendo membro do Ministério Público, nem a vítima, em caráter subsidiário, por exemplo –, não há como convalidar, motivo pelo qual é nulidade absoluta. Quando se cuidar de ilegitimidade

---

[14]   *Manual de processo penal*, p. 215.

[15]   No sentido de serem inexistentes, como sustentamos: Mirabete (*Código de Processo Penal interpretado*, p. 699).

[16]   Florêncio de Abreu registra que o juiz *peitado* (corrupto) provoca a nulidade dos atos por ele praticados em vista da imparcialidade que se espera do magistrado. Essa previsão é formulada desde as Ordenações do Reino e incorporada nos Códigos de Processo Penal brasileiros (*Comentários ao Código de Processo Penal*, v. V, p. 57-58).

para a relação processual – como uma representação irregular, por exemplo –, é possível corrigi-la, tratando-se de nulidade relativa.

Aliás, quanto a esta última situação, preceitua o art. 568 do Código de Processo Penal que a nulidade por ilegitimidade do representante da parte poderá ser corrigida a todo tempo, mediante ratificação dos atos processuais. Exemplo: Se a procuração outorgada ao advogado contiver defeitos ou falhas, é viável a sua regularização e, na sequência, colhe-se a ratificação.

7.5   Ausência de denúncia ou queixa e representação

A falta de denúncia ou queixa impossibilita o início da ação penal, razão pela qual o art. 564, III, *a*, na realidade, refere-se à ausência das fórmulas legais previstas para essas peças processuais. Uma denúncia ou queixa formulada sem os requisitos indispensáveis (art. 41, CPP), certamente é nula. Entretanto, a nulidade pode ser absoluta – quando a peça é insuficiente para garantir a defesa do réu – devendo ser refeita, ou relativa – quando a peça proporciona a defesa, embora precise de ajustes – podendo ser convalidada. Neste último caso, todas as correções devem ser feitas antes da sentença (art. 569, CPP).

A ausência de representação pode gerar nulidade, pois termina provocando impossibilidade jurídica para o órgão acusatório agir. Entretanto, é possível convalidá-la, se dentro do prazo decadencial. Quanto às fórmulas para sua elaboração, tem-se entendido que não se exige formalidades especiais, bastando ficar clara a vontade de agir da vítima.

A menção a portarias e flagrantes, no art. 564, III, *a*, do CPP, não mais tem relevo, pois a portaria, em relação às contravenções penais, que dava início ao processo, não mais é admitida, uma vez que a titularidade da ação penal é exclusiva do Ministério Público, atualmente. O auto de prisão em flagrante já não proporciona início à ação penal e, se falha houver nesse instrumento, a única consequência que pode provocar é o relaxamento da prisão, mas não a decretação da nulidade. Por isso, não se precisa corrigir eventuais omissões neles constantes.

7.5.1   Falta de assinatura na denúncia ou queixa

A falta de assinatura na denúncia constitui mera irregularidade, pois o membro do Ministério Público, em constante contato com a Vara, pode perfeitamente bem assinar a peça acusatória, assim que se constante do erro. Ademais, essa situação somente representaria um problema se entre o oferecimento da denúncia *sem assinatura* e a aposição da referida assinatura decorresse prazo prescricional. Nesta hipótese, não se poderá negar a extinção da punibilidade.

No mais, se faltar assinatura na denúncia, sem envolver prazo prescricional, basta que o promotor a assine.[17] Nessa rota, GRINOVER, GOMES e SCARANCE salientam que "a denúncia ou queixa não assinada também pode significar inexistência. Não, contudo, se facilmente identificável quem a elaborou; assim se o promotor, apesar de não ter subscrito a peça acusatória, lançou cota nos autos, assinando-a e nela fazendo constar que está oferecendo denúncia, não há razão plausível para, em excessivo apego ao formalismo, anular o processo. Diferente seria

---

17   PAULO SÉRGIO LEITE FERNANDES discorda, alegando que uma denúncia *sem assinatura* é um "nada jurídico; não existe" (*Nulidades no processo penal,* p. 65). Pode-se até considerar que uma denúncia não assinada deixa de ter validade; porém, assinada, volta a ter integral validade. O *inexistente* torna-se *existente e válido.*

se o promotor, além de não assinar a denúncia, também não subscrevesse a cota ou sequer exarasse qualquer manifestação nos autos".[18]

Quanto à queixa, há um empecilho a mais, que é a decadência. O prazo é mais exíguo (6 meses) e, se consolidado antes de a assinatura ser inserida na peça vestibular, dar-se-á a decadência e, por via de consequência, a extinção da punibilidade. No entanto, não envolvendo decadência ou prescrição, pode a queixa ser assinada posteriormente ao seu ingresso em juízo.

7.6   Ausência do exame de corpo de delito

Quando o crime deixa vestígios, é indispensável a realização do exame de corpo de delito, direto ou indireto, conforme preceitua o art. 158 do CPP. Assim, havendo um caso de homicídio, por exemplo, sem laudo necroscópico, nem outra forma válida de produzir a prova de existência da infração penal, deve ser decretada a nulidade do processo, que é absoluta.

O inciso III, b, do art. 564, entretanto, ajustado ao disposto nos arts. 158 e 167 do Código de Processo Penal, estabelece a possibilidade de se formar o corpo de delito de modo indireto, ou seja, através de testemunhas. De um modo ou de outro, não pode faltar o corpo de delito. Outra possibilidade é a realização do exame sem o respeito às fórmulas legais, como a participação de dois peritos não oficiais.

7.7   Ausência de defesa ao réu e de nomeação de curador

Preceitua a Constituição Federal que "aos litigantes, em processo judicial ou administrativo, e aos acusados em geral são assegurados o contraditório e ampla defesa, com os meios e recursos a ela inerentes" (art. 5.º, LV). Nessa esteira, o Código de Processo Penal prevê que "nenhum acusado, ainda que ausente ou foragido, será processado ou julgado sem defensor" (art. 261, caput). Assim, a falta de defesa é motivo de nulidade absoluta.

Há natural distinção entre ausência e deficiência de defesa. No primeiro caso, não tendo sido nomeado defensor ao réu, caso este não possua advogado constituído, gera-se nulidade absoluta, mesmo porque presumido é o prejuízo (vide art. 263, CPP, além do princípio constitucional da ampla defesa). Na segunda situação, a deficiência de defesa não é causa obrigatória de nulidade, relativa neste caso, devendo ser evidenciado o prejuízo sofrido pelo acusado. É o conteúdo da Súmula 523 do STF: "No processo penal, a falta da defesa constitui nulidade absoluta, mas a sua deficiência só o anulará se houver prova de prejuízo para o réu".

Deve-se salientar, no entanto, que há casos de deficiência tão grosseira que podem equivaler à ausência de defesa, razão por que deve o juiz zelar pela amplitude de defesa, no processo penal, considerando o réu indefeso e nomeando-lhe outro defensor. Caso não o faça, constituída está uma nulidade absoluta, inclusive pelo fato de ter infringido preceito constitucional, natural consequência do devido processo legal (no aspecto da ampla defesa).

A ausência do acusado durante a instrução é, como regra, um direito seu. Não se trata de uma obrigação ou dever, até mesmo pelo fato de ter ele o direito ao silêncio, logo, de se manter calado e distante da colheita probatória (ao menos pessoalmente).

Entretanto, deve o acusado ser intimado para as audiências. Caso, entretanto, deixe de ser intimado, mas seu defensor compareça normalmente, cuida-se de nulidade relativa,

---

[18]   As nulidades no processo penal, p. 113.

dependente de alegação e demonstração de prejuízo, passível de preclusão caso nada se fale até as alegações finais.

Por outro lado, não é viável que dois ou mais acusados possuam o mesmo defensor, se as linhas de defesa de cada um forem antagônicas, pois o prejuízo à ampla defesa torna-se evidente. Deve o juiz zelar por isso, impedindo que a escolha se mantenha e dando prazo para que os réus constituam defensores diversos. Não o fazendo, a deficiência provoca a nulidade do feito.

Quanto à hipótese de nomeação de curador ao réu menor de 21 anos, cumpre destacar que não há mais sentido nessa nomeação, diante da edição da Lei 10.406/2002 (atual Código Civil), que passou a considerar plenamente capaz, para todos os atos da vida civil, o maior de 18 anos. Logo, a proteção almejada a quem era considerado relativamente incapaz e imaturo desapareceu.[19]

7.8   Falta de citação, ampla defesa e contraditório

Essa causa de nulidade – ausência de citação – é corolário natural dos princípios constitucionais da ampla defesa e do contraditório. Naturalmente, sem ser citado ou se a citação for feita em desacordo com as normas processuais, prejudicando ou cerceando o réu, é motivo para anulação do feito a partir da ocorrência do vício. Trata-se de nulidade absoluta.

A falta de oportunidade para interrogatório é causa de nulidade relativa (embora o CPP a insira como absoluta) se o magistrado, estando o réu presente, deixar de lhe propiciar a oportunidade para ser interrogado, o que não significa que ele deva comparecer ou mesmo responder às perguntas formuladas. Tem o acusado o direito ao silêncio, razão pela qual pode não querer ser interrogado. Apesar disso, deixar de lhe conceder a oportunidade para o interrogatório é causa de nulidade. Entretanto, segundo cremos e já afirmamos, uma nulidade relativa.

Lembremos que a falta ou nulidade da citação ou da intimação pode ser sanada, desde que o interessado compareça em juízo com o fim de argui-la, antes de o ato consumar-se (art. 570, CPP). Se necessário for, o juiz determinará a suspensão ou adiamento do ato para não prejudicar a parte. Exemplo: o réu deixa de ser devidamente citado. Entretanto, comparece ao fórum para dizer ao juiz justamente que não teve tempo de constituir advogado para sua defesa, pois somente ficou sabendo da existência da ação penal naquele dia, por intermédio de terceiros. Supre-se a falta de citação, dá-se o réu por ciente, devendo o magistrado conceder-lhe dez dias para apresentar a defesa escrita (art. 396, CPP).

Se a parte não foi intimada da sentença condenatória, em outro exemplo, mas, ainda na fluência do prazo recursal, apresenta o apelo, está sanada a falha. Caso o prazo já tenha decorrido, o juiz deve reabri-lo, anulando o que foi praticado depois disso.

É interessante observar que uma das modalidades de citação é por edital. Temos defendido, há tempos, a extinção dessa espécie de citação ficta, pois nenhum réu vai ao fórum ler, no saguão, os editais ali publicados. Não há, também, quem leia o *Diário Oficial* para achar uma citação. PAULO SÉRGIO LEITE FERNANDES, cuidando do edital publicado no átrio do fórum, diz: "às vezes se veem comarcas que ostentam, à porta do juízo e protegidos por estantes envidraçadas, dezenas de editais de citação manchados de pó ou comidos por traças

---

[19]   No mesmo sentido, conferir a lição de BADARÓ (*Direito processual penal*, t. 1, p. 158).

e outros insetos. Feliz o réu que, através desse meio ineficaz, é cientificado e pode comparecer a tempo de ser interrogado e defender-se regularmente".[20]

A citação deve concentrar-se nas formas *pessoal* ou por *hora certa*. Nada mais. Enquanto o acusado não for achado, pode-se suspender o processo (como se faz depois da citação por edital) até que o réu fosse encontrado.

7.9   Falta da sentença de pronúncia, do libelo e da entrega da sua cópia

A pronúncia é o juízo de admissibilidade da acusação, que remete o caso para a apreciação do Tribunal do Júri. Sua existência no processo é fundamental, assim como é essencial que respeite a forma legal. Trata-se de nulidade absoluta o encaminhamento de um réu ao júri sem que tenha havido sentença de pronúncia ou quando esta estiver incompleta.

O libelo era a exposição da acusação em formato articulado, baseado na pronúncia. O órgão acusatório valia-se do libelo para enumerar os pontos nos quais se basearia, em plenário, para acusar o réu, pedindo sua condenação. Para a defesa era a peça que delimitava a acusação e da qual extrairia seus argumentos em favor do acusado. Foi eliminado pela Lei 11.689/2008. Com isso, renova-se a importância da pronúncia, como peça processual delimitadora da atividade acusatória em plenário.

A entrega da cópia do libelo ao réu era cogente, como dispunha o art. 421 do Código de Processo Penal. Não há mais previsão para essa entrega, uma vez que o libelo foi suprimido.

7.10   Ausência do réu e realização da sessão

Essa causa de nulidade perdeu a razão de ser, pois os julgamentos, em plenário do júri, passam a admitir a ausência do acusado. Deve-se, no entanto, intimá-lo da data da sessão. Mas, se o acusado, ainda que não intimado, comparecer ao julgamento, supera-se a falta de intimação, pois a finalidade da norma processual foi atingida, que é garantir sua presença diante do júri. Por isso, o CPP considerou a falta de intimação como nulidade relativa (art. 564, III, *g*), como veremos em item próprio.

7.11   *Quorum* para a instalação da sessão do júri

Trata-se de norma cogente, implicando nulidade absoluta a instalação dos trabalhos, no Tribunal do Júri, com menos de quinze jurados. Não se trata de mera formalidade, mas de uma margem de segurança para que possa haver as recusas imotivadas das partes – três para cada uma – permitindo, ainda, restar um número mínimo de jurados para configurar um sorteio.

Imagine-se instalar a sessão com treze jurados e as partes recusarem seis. Não haverá sorteio e o Conselho de Sentença seria formado com todos os restantes, maculando a ideia de existir um processo aleatório para sua constituição. Poder-se-ia argumentar que, não havendo recusas, teria havido sorteio, dentre os treze que compareceram, porém o precedente permitiria a instalação em desrespeito à lei e deixaria ao acaso a nulidade ou não do julgamento, o que é incompatível com as formalidades exigidas em lei para o regular e seguro funcionamento do Tribunal Popular.

---

[20]   *Nulidades no processo penal*, p. 100-101.

7.12 Sorteio do Conselho de Sentença em número legal e incomunicabilidade dos jurados

Mais uma vez, demonstra o Código a preocupação com as formalidades existentes no Tribunal do Júri, para não haver qualquer tipo de burla ao espírito que norteia a instituição. Logo, não pode haver, em hipótese alguma, pois o prejuízo é presumido, um Conselho de Sentença formado com menos de sete jurados. Se houver, é nulidade absoluta.

É causa de nulidade absoluta a comunicação dos jurados, entre si, sobre os fatos relacionados ao processo, ou com o mundo exterior – pessoas estranhas ao julgamento –, sobre qualquer assunto. O jurado pode, é certo, conversar com os outros sobre temas variados, quando recolhido na sala secreta ou outro local qualquer, mas jamais sobre fatos envolvendo o processo. Aliás, esse é o motivo fundamental para a proibição de atuação do jurado no Conselho de Sentença caso já tenha funcionado em julgamento anterior: não haveria incomunicabilidade, pois as provas foram apresentadas e ele pôde comentá-las com outras pessoas. É o teor da Súmula 206 do STF: "É nulo o julgamento ulterior pelo júri com a participação de jurado que funcionou em julgamento anterior do mesmo processo".

7.13 Inexistência dos quesitos e suas respostas

Caso o juiz presidente não elabore os quesitos obrigatórios para conduzir o julgamento na sala secreta, uma vez que os jurados decidem fatos e não matéria de direito, haverá nulidade absoluta. Conferir: Súmula 156 do STF: "É absoluta a nulidade do julgamento, pelo júri, por falta de quesito obrigatório". As formalidades para chegar-se ao veredicto do Conselho de Sentença devem ser fielmente observadas, a fim de não se desvirtuar o funcionamento do Tribunal do Júri, imposto por lei.

Entretanto, a realização do questionário e a obtenção das respostas, embora não sejam juntados nos autos, cremos ser motivo de nulidade relativa – ao contrário do que diz o Código –, isto é, se houver prejuízo para alguma das partes, na apresentação de razões de apelo ou de outro recurso qualquer. Porém, se a não juntada do termo não tiver representado prejuízo, visto que as partes aceitam o veredicto proferido e não o questionam, é superável a ocorrência.

7.14 Ausência de acusação e defesa no julgamento pelo Tribunal do Júri

É fundamental que acusação e defesa estejam presentes e participando ativamente da sessão de julgamento, visto que os jurados são leigos e necessitam de todos os esclarecimentos possíveis para bem julgar. Lembremos, ainda, que são soberanos nas suas decisões e somente se assegura soberania, quando há informação. Logo, se faltar acusação ou for esta deficiente o suficiente para prejudicar seriamente o entendimento das provas pelos jurados, é motivo de dissolução do Conselho, antes que a nulidade se instaure de modo irreparável. Diga-se o mesmo com relação à ausência ou grave deficiência da defesa. Havendo, no entanto, ausência ou deficiência grave, é nulidade absoluta. Outras deficiências configuram nulidade relativa.

7.15 Ausência da sentença

Não se concebe exista um processo findo, sem sentença. Logo, é um feito nulo. E mais: se a sentença não contiver os termos legais – relatório, fundamentação e dispositivo – também pode ser considerada nula. Trata-se de nulidade absoluta.[21]

---

[21]   Nesse sentido, Paulo Sérgio Leite Fernandes (*Nulidades no processo penal*, p. 132).

Porém, GRINOVER, GOMES e SCARANCE destacam um aspecto peculiar: "a absoluta falta do relatório conduz a nulidade insanável; já a sua deficiência, por não se referir às teses de defesa ou acusação, pode não gerar nulidade da sentença, desde que, pelo exame da motivação, seja possível constatar que o juiz delas tomou conhecimento e as apreciou devidamente. Não se deve privilegiar o excessivo formalismo. Se o julgador examinou e valorou a prova, conheceu as teses das partes, aceitando-as ou repelindo-as, fica satisfeito o objetivo da lei. Não decorre da falha qualquer prejuízo às partes ou à formalidade do provimento".[22]

A falta das fórmulas legais que devem estar presentes na sentença é causa de nulidade absoluta (arts. 381 e 387, CPP). Assim sendo, não há dúvida de que a insuficiente fundamentação, especialmente da decisão condenatória, bem como a incorreta individualização da pena, inclusive quando se vale de termos genéricos e vagos, sem apego à prova e demonstração concreta dos elementos previstos no art. 68 do Código Penal, ou a não utilização do sistema trifásico, servem para provocar esse efeito.

A não apreciação das teses apresentadas pela defesa constitui causa de nulidade absoluta, por prejuízo presumido. A motivação das decisões judiciais é preceito constitucional (art. 93, IX, CF), além do que analisar, ainda que seja para refutar, as teses defensivas, caracteriza corolário natural do princípio da ampla defesa.

Infelizmente, o que se percebe, na prática, é uma certa condescendência dos tribunais com as sentenças de primeiro grau; noutros termos, há decisões condenatórias carentes de fundamentos, que terminam mantidas e o acórdão, que a confirma, acaba motivando em 2.º grau o que já devia ter sido feito em 1.º.

7.15.1 Decisão carente de fundamentação

Esta é outra situação de nulidade absoluta, introduzida pela reforma da Lei 13.964/2019. Enquanto no CPP menciona-se apenas a "ausência de sentença", agora se amplia a abrangência para atingir toda e qualquer decisão judicial. Nem precisaria existir o dispositivo introduzido no inciso V do art. 564 do CPP, caso fosse cumprido à risca o art. 93, IX, da Constituição Federal, que preceitua o mesmo. Enfim, deve o magistrado emitir decisão justificada (demonstrando o seu raciocínio lógico para chegar àquela conclusão, seja qual for) e fundamentada (baseada em elementos concretos existentes nos autos). Não o fazendo, espera-se que o tribunal a anule, pois absolutamente falha.

7.16 Ausência de processamento ao recurso de ofício

Na verdade, cuida-se do duplo grau de jurisdição necessário. Em determinadas hipóteses, impôs a lei que a questão, julgada em primeiro grau, seja obrigatoriamente revista por órgão de segundo grau. A importância do tema faz com que haja dupla decisão a respeito. Exemplo: a concessão de *habeas corpus* pelo juiz de primeiro grau (art. 574, I, CPP).

O desrespeito a esse dispositivo faz com que a sentença não transite em julgado, implicando nulidade absoluta dos atos que vierem a ser praticados após a decisão ter sido proferida. Caso a parte interessada apresente recurso voluntário, supre-se a falta do recurso de ofício. A respeito, ver Súmula 423 do STF: "Não transita em julgado a sentença por haver omitido o recurso *ex officio*, que se considera interposto *ex lege*".

---

[22] *As nulidades no processo penal*, p. 253.

7.17 Ausência de intimação para recurso

As partes têm o direito a recorrer de sentenças e despachos, quando a lei prevê a possibilidade, motivo pelo qual devem ter ciência do que foi decidido. Omitindo-se a intimação, o que ocorrer, a partir daí, é nulo, por evidente cerceamento de acusação ou de defesa, conforme o caso. Cuida-se de nulidade relativa, dependente da mostra de prejuízo, embora o CPP a catalogue como absoluta.

7.18 Falta do *quorum* legal para a decisão

Conforme o Regimento Interno de cada tribunal, há sempre um número mínimo de Ministros, Desembargadores ou Juízes para que a sessão de julgamento possa instalar-se validamente. Como na organização do Tribunal do Júri, onde se exige o mínimo de quinze jurados para ter início a sessão, bem como sete para a formação do Conselho de Sentença, nos Tribunais dá-se o mesmo. Infringir o *quorum* é nulidade absoluta.

7.19 Quesitos ou respostas deficientes e contradição entre elas

Se o magistrado elabora quesitos de difícil compreensão ou que não contêm a tese exata esposada pela parte interessada, poderá gerar respostas absurdas dos jurados, possivelmente fruto da incompreensão do que lhes foi indagado. Há nulidade absoluta nesse caso.

Não vemos, no entanto, como um quesito eficientemente redigido possa provocar respostas deficientes, como o parágrafo único do art. 564 do CPP dá a entender que ocorra. Seria invadir o mérito das decisões dos jurados checar a eficiência ou deficiência das respostas, o que não é plausível. Diga-se o mesmo em relação às contradições. Se o juiz está conduzindo bem o julgamento e elaborou quesitos completos e claros, não há razão para haver contradição entre respostas. Havendo, a responsabilidade é do próprio juiz presidente e o que gera nulidade não é a contradição entre respostas, mas a indevida condução da votação.

8. ESPÉCIES DE NULIDADE RELATIVA

8.1 Infringência à regra da prevenção

Trata-se de nulidade relativa, pois a prevenção é vinculada à competência territorial que, como expusemos anteriormente, provoca, quando violada, vício sanável. Nesses termos, conferir a Súmula 706 do STF: "É relativa a nulidade decorrente da inobservância da competência penal por prevenção".

É natural que assim seja, pois a prevenção é somente o conhecimento antecipado de determinada questão jurisdicional por juiz que poderia apreciar o feito caso houvesse regular distribuição. Exemplo: em uma Comarca, há três Varas Criminais com igual competência para os diversos feitos da área penal. Para a eleição do juiz natural, o caminho natural é a distribuição (art. 69, IV, CPP), embora possa ocorrer uma situação de urgência, como a necessidade de se obter uma prisão preventiva em plena investigação policial. Dessa forma, estando presente na Comarca no final de semana o juiz da 1.ª Vara, a autoridade policial com ele despacha o pedido de prisão cautelar e obtém a medida constritiva. Está a 1.ª Vara preventa para o conhecimento de eventual ação penal a ser ajuizada. Pode ocorrer, no entanto, que não se obedeça a esse critério, distribuindo-se livremente o feito, quando o inquérito for concluído, razão pela qual cai nas mãos do juiz da 2.ª Vara. Caso ninguém questione, nem provoque a exceção de incompetência, não é motivo de anulação do processo futuramente, a pretexto de ter havido nulidade absoluta. Repita-se: nesse caso, tratando-se de competência relativa, a violação causa, igualmente, nulidade relativa.

8.2 Falta de intervenção do Ministério Público

Menciona o art. 564, III, *d*, c.c. art. 572, do CPP, ser causa de nulidade relativa se o representante do Ministério Público não interferir nos feitos por ele intentados (ação pública), bem como naqueles que foram propostos pela vítima, em atividade substitutiva do Estado-acusação (ação privada subsidiária da pública).

Entendemos, no entanto, que a intervenção do Ministério Público também é obrigatória, nos casos de ação exclusivamente privada, uma vez que a pretensão punitiva é somente do Estado (sujeito passivo formal de todas as infrações penais). Por isso, nas hipóteses em que é o titular da ação penal, a sua não intervenção causa nulidade absoluta (embora o CPP preceitue ser nulidade relativa, conforme art. 572), mas, naqueles feitos conduzidos pelo ofendido, trata-se de relativa, necessitando-se da prova do prejuízo. Sustentando que a não intervenção do Ministério Público em todos os termos da ação por ele intentada é nulidade absoluta, estão as posições de TOURINHO FILHO[23] e MIRABETE.[24]

Em suma, a norma processual penal estabelece que a não intervenção do Ministério Público em ação pública por ele intentada ou em ação privada subsidiária da pública é nulidade relativa, que pode ser sanada, com o que não se pode aquiescer, uma vez que o interesse público e o princípio da obrigatoriedade da propositura e acompanhamento da ação penal determinam de modo diverso. Um processo sem participação do órgão acusatório é nulo, sem que se possa sanar essa falha. Por outro lado, o Código de Processo Penal nada fala sobre a não intervenção do Ministério Público na ação penal privada exclusiva, embora saibamos dever ele atuar como fiscal da lei. Pode-se, pois, concluir que a não interferência gera vício. Nessa situação, no entanto, sanável.

8.3 Falta de concessão de prazos à acusação e à defesa

Ao longo da instrução, vários prazos para manifestações e produção de provas são concedidos às partes. Deixar de fazê-lo pode implicar um cerceamento de acusação ou de defesa, resultando em nulidade relativa, ou seja, reconhece-se o vício, refazendo o ato somente se houver prejuízo demonstrado.

Como decorrência natural da aplicação da garantia constitucional da ampla defesa, sempre que o defensor constituído do acusado renunciar é obrigatória a sua intimação para eleger outro de sua confiança, antes que o juiz possa nomear-lhe um dativo. Portanto, o mesmo deve ocorrer em grau de recurso, ou seja, caso a renúncia ocorra quando o processo está no tribunal, aguardando julgamento de apelação ou outro recurso, é fundamental que o relator providencie a intimação do acusado para constituir outro defensor assim que tomar conhecimento da renúncia do anterior.

Não o fazendo – e havendo prejuízo – é nulo o julgamento da apelação. É o teor da Súmula 708 do STF: "É nulo o julgamento da apelação se, após a manifestação nos autos da renúncia do único defensor, o réu não foi previamente intimado para constituir outro". Parece-nos que

---

[23]   *Código de Processo Penal comentado*, v. 2, p. 237.

[24]   *Código de Processo Penal interpretado*, p. 702.

a nulidade deve ser considerada relativa, até porque, embora a apelação seja julgada, pode levar a uma decisão de interesse do acusado, não merecendo, pois, ser desconsiderada.

8.4 Falta de intimação do réu para a sessão de julgamento do júri, quando a lei não permitir que se faça com sua ausência

Após a edição da Lei 11.689/2008, não mais se exige a presença do réu em julgamentos realizados pelo júri. Ele tem direito ao comparecimento, mas não a obrigação. Portanto, nulidade absoluta haveria se a sessão transcorresse, sem que tivesse havido a intimação do réu, comunicando-o da data e hora do julgamento.

Ainda assim, não tendo havido intimação, porém, se ele comparecer, sana-se a falha.

8.5 A não intimação das testemunhas arroladas no libelo e na contrariedade

Não mais se arrolam testemunhas no libelo e na contrariedade, peças suprimidas pela Lei 11.689/2008. Porém, continua havendo a possibilidade de se indicar testemunhas para serem ouvidas em plenário (art. 422, CPP).

Não tendo havido a intimação solicitada pelas partes, o julgamento pelo júri está prejudicado. Nova sessão deve ser agendada, caso alguma das testemunhas falte. Entretanto, se todas comparecerem, mesmo que não intimadas, o julgamento pode realizar-se. Por outro lado, se, a despeito de não intimadas e sem terem comparecido, a sessão ocorrer, configura-se nulidade relativa, ou seja, anula-se desde que as partes reclamem, demonstrando prejuízo.

Lembremos que testemunhas residentes fora da Comarca onde se dará o julgamento pelo Tribunal do Júri devem ser intimadas, para não configurar qualquer tipo de cerceamento – à acusação ou à defesa –, mas não estão obrigadas a comparecer. Aliás, por serem leigas, na maior parte das vezes, deve o juiz colocar esse alerta – não obrigatoriedade do comparecimento – na precatória que expedir para que sejam intimadas na outra Comarca.

8.6 Ausência da forma legal dos atos processuais

Os atos processuais são realizados conforme a forma prevista em lei. Se algum ato for praticado, desrespeitada a forma legal, desde que se trate de formalidade essencial à sua existência e validade, a nulidade deve ser reconhecida. Entretanto, trata-se de nulidade relativa, que somente se reconhece havendo prejuízo para alguma das partes.

Exemplo: o mandado de citação deve ser expedido contendo o nome do juiz, o nome do querelante, nas ações iniciadas por queixa, o nome do réu, a sua residência, o fim da citação, o prazo para a apresentação da defesa escrita, a subscrição do escrivão e a rubrica do juiz (art. 352, CPP, com a adaptação provocada pelas Leis 11.689/2008 e 11.719/2008). Faltando no mandado o prazo da apresentação da defesa (dez dias), pode provocar a ausência da peça defensiva, gerando nulidade. Entretanto, caso o réu ofereça a defesa no prazo legal, porque se informou com outras pessoas ou com seu defensor a respeito, sana-se o defeito.

9. MOMENTO PARA ARGUIÇÃO DAS NULIDADES RELATIVAS

As nulidades absolutas podem ser apontadas a qualquer tempo e em qualquer instância, mesmo depois do trânsito em julgado. Não há prazo em lei.

As relativas, no entanto, porque podem ser sanadas, inclusive pela preclusão, têm prazo para sua arguição. Fixa o art. 571 do CPP as seguintes regras: a) as da instrução criminal dos processos da competência do júri, até as alegações finais (art. 411, § 4.º, CPP); b) as da instrução criminal dos procedimentos comuns, até as alegações finais (arts. 403 e 534, CPP); c) as ocorridas após a pronúncia, logo depois de anunciado o julgamento em plenário e apregoadas as partes (art. 463, CPP); d) as da instrução criminal de processo de competência originária dos tribunais, até as alegações finais; e) as verificadas após a decisão de primeira instância, nas razões de recurso (usa-se a preliminar para isso) ou logo após de anunciado o julgamento do recurso e apregoadas as partes (faz-se oralmente à câmara ou turma julgadora); f) as do julgamento em plenário do Júri, em audiência ou em sessão do tribunal, logo depois de ocorrerem (cuida-se de preclusão instantânea, caso não alegada de pronto).

Não há mais o prazo previsto no art. 571, IV, pois não mais se utiliza o disposto no capítulo das medidas de segurança, inaplicáveis aos imputáveis atualmente.

Ressalte-se que, ao fazer o questionamento das nulidades em memoriais, deve a parte valer-se da preliminar, isto é, um destaque na petição, anterior à discussão do mérito da causa. Dessa forma, se o juiz a acolher, nem avalia o mérito, determinando o refazimento dos atos falhos.

Outro ponto fundamental diz respeito à necessidade de haver recurso do Ministério Público para que o tribunal reconheça nulidade contra interesse do réu, ainda que absoluta. Do contrário, em favor do acusado, pode-se invocar a Súmula 160 do Supremo Tribunal Federal: "É nula a decisão do Tribunal que acolhe, contra o réu, nulidade não arguida no recurso da acusação, ressalvados os casos de recurso de ofício".

10. CONVALIDAÇÃO E CONTAMINAÇÃO DAS NULIDADES

Convalidar significa restabelecer a validade. Assim, quando houver algum vício – nulidade relativa – que possa ser sanado ou superado pela falta de pedido da parte interessada para o seu reconhecimento, dá-se por convalidada a nulidade.

A preclusão – que é a falta de alegação no tempo oportuno – é motivo de validação do defeito contido em determinado ato processual. Estabelece o art. 571 do CPP, como já analisamos, os momentos para a alegação das nulidades, após os quais, quando relativas, serão consideradas sanadas.

O trânsito em julgado da sentença pode levar, ainda, à impossibilidade de reconhecimento das nulidades. Quando condenatória a decisão, não havendo revisão em favor da sociedade, o princípio é absoluto. Entretanto, no caso da defesa, há a possibilidade de ajuizamento de revisão criminal ou de *habeas corpus*, desde que se trate de nulidade absoluta. Além da preclusão, há possibilidade de se convalidar a nulidade, quando o ato processual viciado atingir a sua finalidade, como se pode ver no art. 570 do CPP.

As regras básicas para sanar os defeitos das nulidades relativas são as seguintes: a) se não forem levantadas em tempo oportuno, conforme prazos estipulados no art. 571 do CPP; b) se o ato processual for praticado de outra forma e, ainda assim, atingir o seu fim; c) se a parte, ainda que tacitamente, aceitar seus efeitos (art. 572, CPP).

A renovação ou retificação do ato anulado, caso não possa ser corrigido ou superada a sua falha, é consequência natural da decretação da nulidade. Se o vício não foi consertado na forma prevista no Código de Processo Penal, é preciso que o juiz considere nulo o realizado e determine a sua renovação (quando se pratica novamente o ato) ou a sua retificação (quando se conserta o que estava errado), nos termos do art. 573.

É fundamental anotar que um ato processual contaminado (como o recebimento da denúncia) *pode* levar à infecção de outros atos dele decorrentes, como a resposta do réu e a produção de alguma prova. Como bem registra FLORÊNCIO DE ABREU, "a nulidade de um ato contamina os atos que dele dependam ou que com ele tenham conexão necessária, pois nesses casos lhes faltaria a condição e o pressuposto de sua validade ou eficácia. Não seria possível *a priori* determinar em que casos, como regra, se verifica o nexo causal dos atos processuais. A tarefa dessa verificação incumbe ao juiz, no exercício do seu poder discricionário, examinando-os em cada caso concreto".[25] E continua o autor: "a nulidade só poderá estender-se aos atos precedentes, quando ligados pelo nexo *específico*, isto é, por um nexo íntimo, que vincule um ou mais atos anteriores ao ato declarado nulo, de modo que não possam alcançar o seu escopo, ou então que sobre este se reflitam como complemento ou integração necessária". Se há o reconhecimento da nulidade de determinado ato sem nexo direto e causal com atos processuais subsequentes, não há que se reconhecer a contaminação de toda a instrução. Exemplo: nulidade da oitiva de certa testemunha por precatória; mantém-se intacta a instrução feita no juízo da causa, pois aquele ato anulado não tem ligação direta com o restante da produção da prova.

RESUMO DO CAPÍTULO

- **Nulidade:** é um vício que contamina o ato processual, provocando a sua retificação ou ratificação, conforme o caso, com o objetivo de respeitar a forma expressamente prevista em lei.

- **Nulidade absoluta:** trata-se de vício grave, que não pode ser sanado, suprido ou olvidado, devendo o ato ser renovado necessariamente. Presume-se o prejuízo para a parte interessada.

- **Nulidade relativa:** cuida-se de vício médio, que pode ser reparado, ratificado ou simplesmente esquecido pelas partes, não implicando a necessária renovação do ato. Deve ser provado o prejuízo para a parte interessada.

- **Inexistência:** significa que o vício atinge determinado ato de forma tão grave, a ponto de não se poder considerá-lo ato processual. Deve ser necessariamente refeito, independentemente de alegação das partes e do reconhecimento do juiz.

- **Irregularidade:** quer dizer que o vício é leve, podendo ser esquecido, continuando-se a instrução regularmente, sem necessidade de refazimento.

- **Regras gerais:** não se reconhece nulidade sem prejuízo; não se admite nulidade gerada por má-fé ou que somente interesse à parte que não a alegou; não se acolhe nulidade de ato irrelevante para a causa; a nulidade de um ato pode levar à de outro que dele dependa.

---

[25] *Comentários ao Código de Processo Penal*, v. V, p. 157.

NULIDADES

Falhas e vícios nos atos processuais	1 – Atos inexistentes:	são violações gravíssimas à lei, que não podem nem mesmo ser considerados processualmente existentes. Ex.: ofensas às normas constitucionais que fixam prerrogativa de foro, como processar criminalmente um deputado federal em juízo de 1.º grau
	2 – Atos absolutamente nulos:	são vícios graves que podem ser reconhecidos de ofício pelo juiz, a qualquer tempo, sem possibilidade de validação, devendo haver renovação. Ex.: ausência de defesa técnica ao réu
	3 – Atos relativamente nulos:	são os que possuem falhas evidentes, mas que admitem validação, somente podendo ser apontados pelas partes interessadas, no prazo legal, sob pena de preclusão, mediante demonstração de prejuízo. Ex.: ausência de concessão de prazo para a parte manifestar-se nos autos
	4 – Atos irregulares:	são vícios superficiais que não chegam a invalidar o ato. Ex.: o juramento do Conselho de Sentença, no Tribunal do Júri, é colhido informalmente, ou seja, sem que todos os presentes e o juiz presidente se levantem

Nulidades absolutas (art. 564)

1 – incompetência, suspeição ou suborno do juiz (inciso I)

2 – ilegitimidade de parte (inciso II)

3 – ausência de denúncia ou queixa e representação nos crimes de ação pública condicionada (inciso III, *a*)

4 – ausência de exame de corpo de delito nos crimes que deixam vestígios materiais (inciso III, *b*)

5 – falta de nomeação de defensor ao réu presente, que não o possuir, ou ao ausente, bem como de curador ao menor de 21 anos (inciso III, *c*)

6 – falta de citação do réu para ver-se processar, do seu interrogatório, quando presente (inciso III, *e*, 1.ª parte)

7 – falta de decisão de pronúncia, no processo do Tribunal do Júri (inciso III, *f*)

8 – instalação da sessão do Júri sem a presença de pelo menos 15 jurados (inciso III, *i*)

9 – não realização do sorteio dos jurados do Conselho de Sentença em número legal e sua incomunicabilidade (inciso III , *j*)

10 – ausência dos quesitos e das respectivas respostas (inciso III, *k*)

11 – ausência da acusação e da defesa na sessão de julgamento (inciso III, *l*)

12 – falta da sentença (inciso III, *m*)

13 – não processamento do recurso de ofício, quando a lei o tenha estabelecido (inciso III, *n*)

14 – falta de intimação, nas condições legais, para ciência de sentenças e despachos de que caiba recurso (inciso III, *o*)

15 – falta de *quorum* legal para julgamentos nos tribunais (inciso III, *p*)

16 – em decorrência de decisão judicial carente de fundamentação (inciso V)

Continuação:

Nulidades relativas (art. 564)

1 – falta de intervenção do Ministério Público em todos os termos da ação por ele intentada e nos da intentada pela parte ofendida, quando se tratar de crime de ação pública (inciso III, *d*)

2 – não concessão dos prazos legais à acusação e defesa para manifestação ou produção de algum ato (inciso III, *e*, 2.ª parte)

3 – falta de intimação do réu para a sessão de julgamento, pelo Tribunal do Júri (inciso III, *g*)

4 – ausência de intimação das testemunhas arroladas pelas partes na fase de preparação do plenário (inciso III, *h*)

5 – omissão de formalidade que constitua elemento essencial do ato (inciso IV)

CAPÍTULO XX

Recursos

1. FUNDAMENTO CONSTITUCIONAL DO RECURSO

Trata-se de garantia individual do duplo grau de jurisdição, prevista implicitamente na Constituição Federal, voltada a assegurar que as decisões proferidas pelos órgãos de primeiro grau do Poder Judiciário não sejam únicas, mas submetidas a um juízo de reavaliação por instância superior.[1]

Estipula o art. 5.º, § 2.º, que "os direitos e garantias expressos nesta Constituição não excluem outros decorrentes do regime e dos princípios por ela adotados, ou dos tratados internacionais em que a República Federativa do Brasil seja parte". A partir desse dispositivo, deve-se fazer a sua conjugação com o previsto no Capítulo III, do Título IV, da Constituição, que cuida da estrutura do Poder Judiciário, dividindo-o em órgãos hierarquizados e atribuindo a cada um deles a possibilidade de rever as decisões uns dos outros.

Assim, estabelece o art. 102, II, competir ao Supremo Tribunal Federal "julgar, em recurso ordinário: a) o *habeas corpus*, o mandado de segurança, o *habeas data* e o mandado de injunção decididos em única instância pelos Tribunais Superiores, se denegatória a decisão; b) o crime político". Significa, pois, que, havendo o julgamento de *habeas corpus*, denegada a ordem, no Superior Tribunal de Justiça, pode o interessado recorrer, ordinariamente – sem se submeter a pré-requisitos específicos –, ao Supremo Tribunal Federal. Diga-se o mesmo da decisão do juiz federal de primeiro grau, decidindo crime

---

[1] Trata-se da irresistível tendência do ser humano de pretender uma *segunda opinião*. Nas palavras de FLORÊNCIO DE ABREU, "a falibilidade humana tem imposto às diversas legislações, através dos tempos, o reexame, por um juiz superior, das questões submetidas ao primeiro juízo, inferior" (*Comentários ao Código de Processo Penal*, v. V, p. 161-162).

político, contra a qual cabe recurso ordinário diretamente ao Pretório Excelso. Enfim, são esses alguns exemplos a demonstrar a previsão constitucional do duplo grau de jurisdição, embora implícito.

Não é demais lembrar, ainda, o disposto no art. 5.º, LV, da Constituição, no sentido de que "aos litigantes, em processo judicial ou administrativo, e aos acusados em geral são assegurados o contraditório e ampla defesa, *com os meios e recursos a ela inerentes*" (grifamos). Tal dispositivo evidencia a importância da existência de recursos para o livre e pleno exercício da defesa de réus em processos em geral, especialmente na órbita criminal. Acrescente-se a esses argumentos a lição de ADA PELLEGRINI GRINOVER, ANTONIO MAGALHÃES GOMES FILHO e ANTONIO SCARANCE FERNANDES, com a qual concordamos, defendendo o *status* constitucional do duplo grau de jurisdição, através da ratificação, pelo Brasil, da Convenção Americana dos Direitos Humanos (Pacto de São José da Costa Rica), em 1992 (Decreto 678/1992), conforme previsão do art. 8.º, 2-h.[2]

Destaquemos, no entanto, que, como qualquer outro princípio ou garantia constitucional, pode comportar exceções. É exatamente o que acontece com os processos julgados em competência originária dos Tribunais Superiores. Assim, por exemplo, se um deputado federal for condenado criminalmente pelo Supremo Tribunal Federal, não há como recorrer dessa decisão, não se aplicando, assim, o duplo grau.

2.   CONCEITO DE RECURSO

É o direito que possui a parte, na relação processual, de se insurgir contra as decisões judiciais, requerendo a sua revisão, total ou parcial, em instância superior. Segundo BORGES DA ROSA, o "recurso tem seu fundamento na contingência humana, na falibilidade da cultura, da inteligência, da razão e da memória do homem, por mais culto, perspicaz e experiente que seja". Destina-se, pois, a sanar "os defeitos graves ou substanciais da decisão", "a injustiça da decisão", "a má apreciação da prova", "a errônea interpretação e aplicação da Lei, ou da norma jurídica", "a errônea interpretação das pretensões das partes" e "a errônea apreciação dos fatos e das suas circunstâncias".[3]

Não nos parece adequado, pois, classificar como recurso o instrumento processual voltado ao mesmo órgão prolator da decisão, para que a reveja ou emende. Excepcionalmente, no entanto, surgem instrumentos com essa conformação, considerados por alguns processualistas como recursos, mas que, em verdade, são autênticos pedidos de reconsideração ou revisão dirigidos ao mesmo órgão prolator, como ocorre com os embargos de declaração. Entende-se que ganhem a denominação de recurso uma vez que possibilitam ao magistrado rever a decisão proferida, mesmo que seja somente para sanar algum erro (obscuridade, omissão, entre outros), podendo, ao fazê-lo, alterar o rumo do que havia sido decidido. Dessa maneira, se o juiz, reconhecendo que deixou de apreciar uma alegação ou um pedido feito por uma das partes, fazendo-o então nos embargos de declaração, pode alterar o decidido, transmudando o dispositivo condenatório para absolutório ou o contrário.

---

[2]   *Recursos no processo penal*, p. 24. Em idêntico sentido, a lição de MAURÍCIO ZANOIDE DE MORAES (*Interesse e legitimação para recorrer no processo penal brasileiro*, p. 30).

[3]   *Comentários ao Código de Processo Penal*, p. 693.

3. NATUREZA JURÍDICA DO RECURSO

O direito de peticionar ao Poder Judiciário para a obtenção de uma decisão aplicando a norma ao caso concreto, disciplinando conflitos de interesses e fazendo valer o poder punitivo do Estado, denomina-se *direito de ação*. Nessa medida, é preciso considerar o recurso como um mero desdobramento desse direito primário. Seria o segundo estágio para que o interessado obtenha o provimento jurisdicional almejado. Para ADA, MAGALHÃES e SCARANCE, trata-se de "aspecto, elemento ou modalidade do próprio direito de ação e de defesa",[4] acrescentando FREDERICO MARQUES que não se trata de uma espécie autônoma de ação, mas apenas o poder de rever decisões proferidas dentro do mesmo processo.[5]

4. CARACTERÍSTICAS FUNDAMENTAIS DOS RECURSOS

Se recurso é manifestação natural de inconformismo da parte com a decisão proferida pelo juiz, consequência disso é que os recursos em geral devem ser:

a) *voluntários*, ou seja, a sua interposição depende, exclusivamente, do desejo da parte de contrariar a decisão proferida (art. 574, CPP). Exceções existem, no contexto do processo penal, diante dos chamados *recursos de ofício*, como veremos adiante, e da possibilidade de extensão dos efeitos do recurso de um apelante ao corréu, desde que o beneficie, como prevê o art. 580, CPP. Adotada, no Brasil, a teoria unitária ou monística, em relação ao concurso de pessoas, cabe observar que não importa o número de agentes colaborando para a prática da infração penal, pois haverá o reconhecimento de somente um delito. Assim, "quem, de qualquer modo, concorre para o crime incide nas penas a este cominadas, na medida de sua culpabilidade" (art. 29, CP).

Logicamente, se assim é, caso um dos coautores recorra e o tribunal reconheça a atipicidade da conduta, por exemplo, não tem sentido manter a condenação dos demais – ou mesmo a prisão – somente porque eles não teriam interposto apelo. Nesse caso, está-se alterando elemento constitutivo e essencial da configuração do crime, relativo ao fato e não ao autor, razão pela qual deve aproveitar a todos o julgamento proferido. Trata-se da extensão subjetiva do efeito devolutivo do recurso. Por outro lado, excepciona o art. 580 do CPP a hipótese de benefícios de caráter pessoal. Assim, como exemplo, se um dos coautores é menor de 21 anos, a prescrição lhe será computada pela metade. Pode ocorrer, portanto, que sua punibilidade seja julgada extinta, enquanto a dos demais coautores permaneça íntegra;

b) *tempestivos* (também constitui um pressuposto de admissibilidade), vale dizer, não é viável a existência de um período indefinido para que o interessado demonstre formalmente seu inconformismo. Por isso, a lei fixa prazos para que tal se dê. Aliás, essa é uma das principais razões pelas quais não se deve considerar recursos as ações autônomas – como o *habeas corpus*, o mandado de segurança e a revisão criminal

---

[4] *Recursos no processo penal*, p. 32.

[5] *Elementos de direito processual penal*, v. 4, p. 181.

–, que têm por finalidade apresentar inconformismo contra certas decisões e, como tal, de regra, sem sujeição a prazos exíguos. Acrescente-se que as ações impugnativas podem voltar-se tanto contra decisões com trânsito em julgado – ou simplesmente precluídas a outro recurso –, como em relação a decisões em face das quais ainda é possível interpor recurso específico;

c) *taxativos*, significando que o recurso deve estar expressamente previsto em lei, para que a parte interessada dele lance mão. Não fosse assim e inexistiria segurança jurídica, visto que toda e qualquer decisão, sob qualquer circunstância, desagradando uma das partes, permitiria ser questionada em instância superior. A ampla possibilidade recursal certamente terminaria por fomentar atitudes protelatórias, impedindo o equilibrado andamento do processo.

5. EFEITOS DOS RECURSOS

O efeito *devolutivo* é regra geral, permitindo que o tribunal superior reveja integralmente a matéria controversa, sobre a qual houve o inconformismo. Naturalmente, cabe à instância superior avaliar, ainda, matéria que lhe permite conhecimento de ofício, sem a impugnação expressa de qualquer das partes (ex.: nulidade absoluta, mormente quando há prejuízo para o réu).

O efeito *suspensivo* é excepcional, impedindo que a decisão produza consequências desde logo. Há situação a comportar imediata eficácia, como a sentença absolutória, provocando a imediata soltura do réu; outras, no entanto, submetem-se à eficácia contida, como a sentença condenatória, impondo pena privativa de liberdade, que não se executa, senão após o trânsito em julgado (existem hipóteses, também, excepcionais de recolhimento provisório ao cárcere, embora sejam frutos de medidas cautelares e não da sentença propriamente dita).

Aliás, como bem lembram ADA, MAGALHÃES e SCARANCE, não é o recurso que possui efeito suspensivo, pois a decisão sujeita a recurso não tem eficácia, até que a instância superior se manifeste. Ele é o instrumento para prorrogar a condição de ineficácia da decisão.[6]

Pode-se mencionar, ainda, o efeito *regressivo*, que significa devolver ao mesmo órgão prolator da decisão a possibilidade de seu reexame, o que acontece com os embargos declaratórios e outros recursos, como o recurso em sentido estrito e o agravo em execução.

6. RECURSO DE OFÍCIO

Trata-se de terminologia equivocada do Código de Processo Penal, uma vez que recurso é demonstração de inconformismo, visando à reforma do julgado, motivo pelo qual não tem cabimento sustentar que o juiz, ao decidir qualquer questão, "recorre" de ofício de seu próprio julgado. Dessa forma, o correto é visualizar na hipótese do art. 574, I, do Código de Processo Penal o *duplo grau de jurisdição obrigatório* ou *reexame necessário*.

Diante da relevância da matéria, impõe a lei que a decisão seja submetida à dupla análise. Havendo somente uma decisão, não se produz a coisa julgada, como preceitua a Súmula 423 do STF: "Não transita em julgado a sentença por haver omitido o recurso *ex officio*, que se considera interposto *ex lege*".

---

[6]   *Recursos no processo penal*, p. 51.

Há posição minoritária na doutrina, considerando que o *recurso de ofício* está revogado pela Constituição Federal de 1988, particularmente pelo disposto no art. 129, I, que atribui, exclusivamente, ao Ministério Público a titularidade da ação penal. Assim, caso o juiz considerasse interposto um recurso, sem haver qualquer requerimento das partes, estaria agindo de ofício e movimentando a ação penal, valendo-se de ilegítima iniciativa. Não nos parece seja assim, pois o que o magistrado faz, ao determinar o processamento de um recurso de ofício, nada mais é do que submeter a questão, cuidada de modo particular pelo legislador, ao duplo grau de jurisdição obrigatório. Não está questionando sua própria decisão, mas apenas cumprindo a lei. Esta, em última análise, considera interposto o recurso. O juiz nada mais faz do que providenciar que os autos subam à instância superior.

Exige-se, ainda, o duplo grau de jurisdição obrigatório, quando houver absolvição de acusados em processo por crime contra a economia popular ou contra a saúde pública – exceto envolvendo entorpecentes, que é caso regido por lei específica, como a Lei de Drogas –, bem como quando houver o arquivamento dos autos do inquérito policial (Lei 1.521/51, art. 7.º).

No Código de Processo Penal, antes do advento da Lei 11.689/2008, eram hipóteses de duplo grau de jurisdição obrigatório, conforme o art. 574: sentença concessiva de *habeas corpus* e decisão de absolvição sumária pelo juiz togado no procedimento do júri.

A primeira é justificada pelo fato de que, à época de edição do Código de Processo Penal, entendia-se não caber recurso do Ministério Público, caso houvesse concessão de *habeas corpus* pelo magistrado de primeiro grau. Assim, visando ao controle dessas decisões, em nome do interesse social, determinou a lei que houvesse o duplo grau de jurisdição obrigatório.[7] Atualmente, há recurso possível para o Ministério Público (art. 581, X, CPP), razão pela qual desnecessário seria o recurso de ofício. Exemplifica Florêncio de Abreu o porquê do recurso de ofício em concessões de *habeas corpus*: "é facilmente imaginável o desconchavo que daí poderia resultar. Sabe-se que um dos casos taxativos de concessão de *habeas corpus* é o de não constituir infração penal o fato que motiva o constrangimento à liberdade de ir e vir. E não se poderia conjurar na prática a seguinte situação aberrante: o juiz inferior, errada ou injustamente, reconhece penalmente lícito o fato imputado ao paciente e, em consequência, não somente será este posto em liberdade, como também impedido o prosseguimento da ação penal, sem o pronunciamento da segunda instância".[8]

Quanto à segunda situação, buscando resguardar a soberania dos veredictos e a competência do Tribunal Popular, impunha a lei que a decisão do juiz, absolvendo sumariamente o réu, nos processos do júri, fosse revista pelo órgão jurisdicional superior.

Entretanto, a Lei 11.689/2008 provocou a eliminação do recurso de ofício nos casos de absolvição sumária. Há duas razões principais para essa conclusão: a) o art. 574, II, do CPP, mencionava a hipótese de recurso de ofício no caso de absolvição sumária, nos termos do art. 411. Ora esse artigo transferiu seu conteúdo para o atual art. 415, que deixa de fazer qualquer referência ao duplo grau de jurisdição obrigatório; b) o contexto do art. 574, II, do CPP, faz referência somente às absolvições com base em excludentes de ilicitude ou de culpabilidade. Olvidou as demais hipóteses incluídas pelo atual art. 415, o que tornaria ilógica a sua aplicação. Algumas decisões de absolvição sumária ficariam, em tese, sujeitas ao recurso de ofício;

---

[7]   Ada, Magalhães e Scarance, *Recursos no processo penal*, p. 381; Bento de Faria, *Código de Processo Penal*, v. 2, p. 313.

[8]   *Comentários ao Código de Processo Penal*, v. V, p. 195.

outras, no mesmo contexto do júri, não. Por isso, reputamos eliminado o recurso de ofício nos casos de absolvição sumária no procedimento do júri.

Registre-se, ainda, a existência de recurso de ofício quando o relator indefere liminarmente a revisão criminal e quando o presidente do tribunal indefere liminarmente *habeas corpus*. Mais adiante, tornaremos ao tema nesses dois casos.

7.   PARTICULARIDADES GERAIS E ASPECTOS FORMAIS DOS RECURSOS

7.1   Desvio da administração pública no processamento do recurso

Se, porventura, deixar algum recurso de ser apresentado ou processado no prazo legal, em decorrência de ato faltoso de servidor público – não apenas do Judiciário –, é preciso garantir o seu seguimento à instância superior (art. 575, CPP). Exemplo disso pode ser extraído da conduta do funcionário do protocolo, que deixa de enviar ao cartório, a tempo, recurso regularmente apresentado pela parte. Descoberta a falha, é natural que o recurso deva ser recebido e processado, verificando-se, administrativamente, a responsabilidade do servidor. Conferir a Súmula 320 do STF: "A apelação despachada pelo juiz no prazo legal não fica prejudicada pela demora da juntada, por culpa do cartório".

7.2   Impossibilidade de desistência do recurso do Ministério Público

Sabemos que há obrigatoriedade para o ajuizamento da ação penal, mormente nos casos de crimes de ação pública incondicionada, motivo pelo qual, uma vez interposto o recurso, que é um desdobramento do direito de ação, não pode o representante do Ministério Público dele desistir (art. 576, CPP).[9]

Logicamente, não é obrigatório o oferecimento do recurso, porque depende do convencimento pessoal do representante do Ministério Público acerca do acerto ou erro da decisão judicial, análise que se situa na órbita da sua independência funcional. Entretanto, feita a opção, desistência não pode ocorrer.

É possível, no entanto, que um promotor apresente a petição de interposição do apelo, abrindo-se, depois, vista a outro representante do Ministério Público para oferecer as razões. Este último, não concordando com o recurso em andamento, dele não pode desistir, mas suas razões podem espelhar entendimento diverso do que seria compatível com o desejo de recorrer. Trata-se, como já se disse, da independência funcional do membro do Ministério Público. Ilustrando: o réu foi absolvido porque o magistrado reconheceu que atuou em situação de inexigibilidade de conduta diversa (excludente supralegal de culpabilidade).

---

[9]   Ary de Azevedo Franco manifesta-se contrário a esse dispositivo, argumentando que "desde que, e louvavelmente, não acolheu dito sistema [sistema do recurso compulsório], não deveria ter disposto sobre a não possibilidade de desistência do recurso interposto pelo Ministério Público, tanto mais quanto os que vivem no foro sabem que, atenta a exiguidade do tempo para a interposição do recurso, em prazo fatal, aliada à grande soma de serviço, pelo menos nas grandes comarcas, e, às vezes, sendo designado intempestivamente para o exercício do cargo em Juízo diferente daquele em que vinha funcionando, desde que assim entenda o chefe do Ministério Público, interpõe o recurso, logo que ciente da decisão, visando sobretudo não perder o prazo, podendo depois, após demorado exame do processo, convencer-se da justiça da referida decisão" (*Código de Processo Penal*, v. 2, p. 273).

O promotor, tomando ciência da sentença, apresenta apelação, sem as razões, uma vez que não aceita a existência das excludentes supralegais em direito penal. Posteriormente, quando outro representante do Ministério Público recebe os autos para oferecer os fundamentos do apelo, acolhe os argumentos do magistrado, crendo viável a tese; não podendo desistir, apresenta razões concordantes com os fundamentos da sentença.

7.3   Múltipla legitimidade recursal

Admite o processo penal que o recurso seja interposto pelo Ministério Público, pelo querelante, pelo réu pessoalmente, por seu procurador ou por seu defensor (art. 577, *caput*, CPP).

Como hipótese de legitimação excepcional, há, ainda, a possibilidade do ofendido e das pessoas que o sucederem na ação penal (cônjuge, ascendente, descendente ou irmão) oferecerem recurso, ainda que não estejam habilitados nos autos como assistentes de acusação, quando o juiz julgar extinta a punibilidade do réu, impronunciá-lo ou absolvê-lo, respeitadas as regras estabelecidas nos arts. 584, § 1.º, e 598 do Código de Processo Penal.

Outras pessoas ou entes, previamente admitidos como assistentes de acusação, também podem apresentar recurso. Não se olvide, também, a excepcional participação do terceiro de boa-fé, cujo bem foi apreendido ou sequestrado, e que, apesar de apresentados os embargos, teve sua pretensão rejeitada pelo juiz (art. 130, II, CPP). Pode ele apresentar apelação.

7.3.1   *A divergência entre o réu e seu defensor quanto a recorrer*

No caso de divergência – o réu deseja recorrer, mas o defensor, não, por exemplo – deve prevalecer a vontade de quem quer sujeitar a decisão ao duplo grau de jurisdição, como regra. Nessa linha, mas também invocando o princípio da ampla defesa, está a Súmula 705 do STF: "A renúncia do réu ao direito de apelação, manifestada sem a assistência do defensor, não impede o conhecimento da apelação por este interposta".

É preciso destacar, no entanto, que a renúncia do acusado, contando com a assistência do defensor, *a contrario sensu*, produz o efeito de renúncia ao direito ao duplo grau de jurisdição, constituindo autêntico obstáculo ao processamento ou conhecimento do recurso.

Em casos excepcionais, quando a interposição do recurso mais prejudicar do que auxiliar o acusado – razão pela qual a defesa não quis recorrer –, pode o magistrado alertar o recorrente dos argumentos de seu defensor, enviando-lhe cópia da manifestação, mormente quando se trata de dativo, que possui contato dificultado com o patrocinado, renovando a possibilidade de que renuncie à interposição ou mantenha seu intento. Não vemos fundamento na simples rejeição do recurso do acusado, somente pelo fato de que a vontade da defesa técnica, pelo conhecimento que detém, deva prevalecer.

Por outro lado, se o defensor quer recorrer, mas o réu não deseja, renunciando ao direito quando receber a intimação da sentença, deve-se dar prosseguimento ao recurso, salvo se houver prejuízo evidente para o acusado. Nessa hipótese, é possível que o juiz dê ciência ao interessado, que poderá, querendo, constituir outro defensor, a fim de desistir do recurso interposto, ou mesmo, sendo o caso de dativo, requerer ao magistrado a nomeação de outro.

Sobre o tema, manifestam-se ADA, MAGALHÃES e SCARANCE pela análise do binômio *interesse-utilidade*, sustentando que, no caso concreto, "seria a pedra de toque para dirimir o conflito entre a vontade de recorrer do acusado e a renúncia do defensor, ou vice-versa. Se houver, nas circunstâncias concretas, vantagem prática que se possa alcançar pelo recurso, prevalecerá a vontade de recorrer, tenha sido ela manifestada no exercício da autodefesa ou da defesa técnica, e seja esta desempenhada por advogado constituído ou nomeado. Mas se a vantagem concreta for duvidosa, ou houver valores contrastantes em jogo, prevalecerá a vontade do defensor técnico, salvo manifestação de renúncia do réu tomada por termo, na presença de seu defensor, que deverá esclarecê-lo sobre as consequências da renúncia e os benefícios do recurso".[10]

O ideal, portanto, é a conciliação dos interesses contrapostos, visualizando que a regra geral é de que a vontade de quem quer recorrer é mais adequada à garantia do duplo grau de jurisdição, bem como à ampla defesa. Destarte, quando for inviável a referida conciliação, o magistrado deve ponderar, no caso concreto, se o recurso trará mais benefícios ao réu do que prejuízos. Assim concluindo, determinará o processamento. Do contrário, indefere o seguimento.

Outro destaque, no contexto da múltipla legitimidade recursal, é a possibilidade de trâmite concomitante de dois recursos interpostos pela defesa, por meio dos defensores dativo e constituído. Trata-se, naturalmente, de hipótese excepcional, mas, em homenagem ao princípio constitucional da ampla defesa, possível.

7.4 Interesse recursal

Trata-se de um dos pressupostos subjetivos (voltaremos ao tema mais adiante) para a admissibilidade dos recursos. É natural que a parte somente poderá provocar o reexame da matéria já decidida por determinado órgão, remetendo o feito à instância superior, quando eventual modificação da decisão lhe trouxer algum tipo de benefício. Recorrer por recorrer é algo inútil, constitutivo de obstáculo à economia processual, além do que o Judiciário é voltado à solução de conflitos e não simplesmente a proferir consultas ou esclarecer questões puramente acadêmicas.

Vale recordar o disposto no art. 577, parágrafo único, do Código de Processo Penal: "Não se admitirá, entretanto, recurso da parte que não tiver interesse na reforma ou modificação da decisão". Como regra, não se reconhece interesse para a parte que deseje, apenas, alterar os fundamentos tomados pelo julgador para proferir determinada decisão. Nesse caso, seria completamente inútil reavaliar-se a questão, se o dispositivo da sentença permanecer inalterado. Entretanto, caso a fundamentação produza efeito consequencial concreto no direito da parte, é possível o recurso. É o que ocorre com a sentença absolutória por reconhecimento de legítima defesa, bem diversa de outra, também absolutória, que se sustenta na insuficiência de provas. Esta última não encerra a discussão, que pode estender-se à esfera cível, em ação autônoma de indenização. A outra, por sua vez, não permite mais que se debata a responsabilidade do réu. Além disso, se houver consulta, no futuro, da folha de antecedentes do acusado, é bem melhor conter um registro de absolvição por não ter cometido crime algum (legítima defesa) do que uma absolvição por falta de provas, isto é, calcada no princípio do *in dubio pro reo*.

Portanto, é viável a interposição de recurso pelo réu, ainda que tenha sido absolvido, apenas para modificar o fundamento utilizado pelo juiz, desde que influa no dispositivo da sentença, alterando, para melhor, a hipótese do art. 386 do CPP. Algumas dessas situações previstas nos incisos do referido art. 386 fecham a questão completamente, inclusive na órbita cível; outras, não.

---

[10] *Recursos no processo penal*, p. 80.

Quanto ao Ministério Público, deve ser garantido, tanto no caso de parte acusatória, interessada na condenação, quanto na situação de *custos legis*, interessada no fiel cumprimento da lei, a possibilidade de recorrer de sentença absolutória ou condenatória.

Assim, o promotor, ainda que tenha pedido a condenação e funcione no processo como órgão acusatório, pode apresentar recurso contra a decisão condenatória, caso entenda ter sido, por exemplo, exagerada a pena imposta ao acusado. Existindo recurso da defesa, tem ele prioridade, naturalmente.

Note-se, entretanto, que, no caso de ação privada, havendo absolvição e não tendo recorrido o querelante, não cabe recurso do Ministério Público para buscar a condenação, da qual abriu mão o maior interessado. Seria subverter o princípio da oportunidade, que rege a ação penal privada. Pode recorrer, como *custos legis*, tendo havido condenação, havendo ou não recurso do querelante, para contrariar a pena aplicada, por exemplo.

7.5   Pressupostos de admissibilidade dos recursos

Conforme disposto no art. 578, *caput*, do Código de Processo Penal, o recurso deve ser interposto por petição ou por termo nos autos (o que implica forma escrita), assinado pelo recorrente ou por seu representante legal. Caso o réu o faça por termo e não puder assiná-lo por qualquer motivo, será subscrito por alguém a seu pedido, na presença de duas testemunhas (art. 578, § 1.º, CPP). A petição de interposição de recurso, despachada pelo juiz, será entregue ao escrivão até o dia seguinte ao último do prazo, certificando-se a data da entrega (art. 578, § 2.º, CPP).

Embora existam tais formalidades, não se pode dar apego desmesurado a elas. É possível que um réu manifeste seu desejo de recorrer, verbalmente, assim que toma conhecimento, na audiência ou no plenário do júri, da sentença condenatória, merecendo seu apelo ser devidamente processado, corrigindo-se, a seu tempo, a não formalização desse intento pela redução a termo.

Outra situação comum é tomar ciência da decisão – seja o acusado, seu defensor e até mesmo o promotor – colocando a expressão "recorro", o que possibilita considerar interposto o apelo, aguardando-se a formalização.

Admite-se a interposição do recurso por meio eletrônico.

A petição de interposição do recurso pode estar ou não acompanhada das razões, isto é, da fundamentação. Depende do caso. Por outro lado, como lembram ADA, MAGALHÃES e SCARANCE, existem os recursos de "fundamentação livre e de fundamentação vinculada". Os primeiros comportam qualquer tipo de alegação, demonstrando o inconformismo da parte com a decisão proferida, tal como ocorre com a apelação, na maioria dos casos. Os segundos devem ser apresentados contendo a descrição dos erros ou equívocos previamente descritos em lei, como ocorre com o recurso extraordinário.[11]

Lembre-se de que a verificação dos requisitos processuais de interposição do recurso, para que ele tenha seguimento e seja encaminhado à instância superior, deve ser feita, de regra, pelo órgão que proferiu a decisão. Excepcionalmente, a avaliação da recorribilidade é feita pelo mesmo órgão ao qual será destinado o recurso. Tal ocorre, basicamente, em duas situações: a) quando o órgão *a quo* deixa, indevidamente, de dar seguimento ao recurso e a parte reclama, pelos instrumentos próprios (também recursos) diretamente ao tribunal superior; b) por ocasião do julgamento de mérito do recurso.

---

[11]   *Recursos no processo penal*, p. 33.

Diante do exposto, da mesma forma que o magistrado de primeiro grau pode *negar seguimento* ao recurso, o tribunal *ad quem* pode *não conhecer* do recurso interposto. Ambas as decisões são juízos de admissibilidade, cuidando de questões processuais. Anote-se que, determinado o processamento do recurso, não mais cabe ao juízo *a quo* obstar-lhe o seguimento, salvo quando expressamente autorizado em lei.

Para melhor compreender os pressupostos de admissibilidade dos recursos, convém dividi-los em dois contextos, os objetivos e os subjetivos.

São objetivos:

a) *cabimento*, ou seja, deve haver previsão legal para a sua interposição; afinal, há decisões do juiz que não estão sujeitas a recurso no processo penal (ex.: o indeferimento da produção de uma prova testemunhal – cabendo, certamente, por ocasião da apelação a apresentação de inconformismo ao tribunal, alegando-se cerceamento);

b) *adequação*, significando que a parte necessita respeitar o recurso exato indicado na lei para cada tipo de decisão impugnada, não lhe sendo cabível eleger o recurso que bem entenda;

c) *tempestividade*, que, conforme já abordamos, é o respeito ao prazo estabelecido em lei para que o inconformismo da parte contrariada seja formalmente apresentado e dirigido ao tribunal para reexame. Vale registrar que qualquer dúvida em relação à tempestividade deve ser resolvida em prol do processamento do recurso. Não há sentido em cercear o desenvolvimento do duplo grau de jurisdição, ao contrário, deve-se buscar sempre que possível respeitá-lo.

São pressupostos subjetivos:

a) *interesse da parte*. Abordamos no item 7.4 *supra* a necessidade de existência de interesse da parte para apresentação do recurso, pois, caso seja vencedora em todos os pontos sustentados, não havendo qualquer tipo de sucumbência, inexiste motivo para provocar outra instância a reavaliar a matéria;

b) *legitimidade*, vale dizer, o recurso precisa ser oferecido por quem é parte na relação processual, estando capacitado a fazê-lo, ou quando a lei expressamente autorize a interposição por terceiros, conforme preceituado no art. 598, *caput*, do CPP, que menciona as pessoas enumeradas no art. 31.

Não incluímos a *competência* para julgar o recurso como pressuposto de admissibilidade, na esteira da lição de ADA, MAGALHÃES e SCARANCE, que sustentam ser a competência "mero requisito de conhecimento por parte de determinado juiz ou tribunal".[12]

Ultrapassada a admissibilidade, o órgão competente para reavaliar a matéria julgada e impugnada pela via recursal deve analisar o mérito do recurso. Significa dar-lhe ou não provimento, isto é, considerar equivocada a decisão impugnada, reformando-a (ou anulando-a), ou crer acertada a decisão recorrida, negando provimento ao recurso.

Sustenta a doutrina que o acórdão, dando ou negando provimento ao recurso, sempre substitui a decisão recorrida, passando a ser a decisão a ser cumprida, motivo pelo qual se vê,

---

12 *Recursos no processo penal*, p. 91.

nos processos, após a prolação da decisão do tribunal, a expressão "Cumpra-se o Venerando Acórdão". Embora seja correto esse entendimento, não vemos óbice na utilização da expressão "manutenção da decisão recorrida" pelo órgão *ad quem*, uma vez que se trata, unicamente, do aspecto de fundo do recurso. Quer-se dizer que a decisão está correta. A negativa de provimento, embora provoque o efeito substitutivo da decisão recorrida, na esfera processual, demonstra que, na parte atinente ao direito material, o acórdão nada alterou quanto à matéria submetida a julgamento.

7.6 Impedimentos ao processamento ou conhecimento dos recursos

Podem ocorrer fatos alheios aos pressupostos de admissibilidade, que terminam impedindo o processamento ou conhecimento dos recursos. São eles:

a) *desistência*: quando o réu, acompanhado de seu defensor, não mais deseja persistir no inconformismo, solicitando que o recurso cesse seu trâmite. Tal situação não é autorizada ao representante do Ministério Público;

b) *renúncia*: antes mesmo de ser apresentado, pode a parte sucumbida manifestar seu desejo de não recorrer da decisão. Também nesse caso não se ajusta a hipótese ao Ministério Público;

c) *deserção*: quando o réu deixa de pagar as custas devidas (art. 806, § 2.º, parte final, CPP) ou de promover o traslado de peças dos autos (art. 601, § 1.º, CPP, embora não expressamente prevista a deserção neste dispositivo legal). Não mais se acolhe a ideia de que a fuga do réu implica deserção, pois o art. 595 do CPP foi revogado pela Lei 12.403/2011.

7.7 Princípio da fungibilidade dos recursos

Significa que a interposição de um recurso por outro, inexistindo má-fé ou erro grosseiro, não impedirá que seja ele processado e conhecido. Assim, caso a parte esteja em dúvida, por exemplo, se é caso de interposição de recurso em sentido estrito ou apelação, mesmo porque a matéria é inédita ou controversa na doutrina ou na jurisprudência, é plausível que a opção feita seja devidamente encaminhada para a instância superior, merecendo ser devidamente avaliada.

Erro grosseiro é aquele que evidencia completa e injustificável ignorância da parte, isto é, havendo nítida indicação na lei quanto ao recurso cabível e nenhuma divergência doutrinária e jurisprudencial, torna-se absurdo o equívoco, justificando-se a sua rejeição. A má-fé surge em variados aspectos, embora o mais saliente seja a utilização de um determinado recurso unicamente para contornar a perda do prazo do realmente cabível. Exemplo de aceitação da fungibilidade: pode-se conhecer a carta testemunhável como recurso em sentido estrito, quando for denegado seguimento à apelação. Outro exemplo pode-se encontrar no conhecimento do agravo em execução como correição parcial, no caso da parte que se insurge contra a expedição de guia de recolhimento provisória.

7.7.1 *O parecer do Ministério Público em grau de recurso e os princípios do contraditório, da ampla defesa e da igualdade processual*

A atuação do Ministério Público, em grau recursal, consiste, basicamente, em *custos legis* (fiscal da lei). Por isso, o parecer emitido pelo Procurador de Justiça (ou Procurador da República, conforme o caso) é considerado uma manifestação imparcial, no sentido de fiscalizar a correta aplicação da lei. Nega-se, assim, à defesa o direito de refutar as alegações contidas em referido parecer, ainda que lhe sejam totalmente desfavoráveis, o que, na sua grande maioria, ocorre.

Entretanto, segundo nos parece, merece reavaliação tal posição, pois é sabido que o fiscal da lei (*custos legis*) merece lugar onde litigam partes estranhas aos quadros do Ministério Público, instituição una e indivisível, atuante em defesa da sociedade. Tal situação ocorre na ação penal privada, quando querelante e querelado entram em conflito, tendo por base a aplicação da lei penal. Nada mais justo do que contar com o parecer do Ministério Público, fiscalizando a instrução. Entretanto, quando o Ministério Público atua como proponente da ação, em primeiro grau, já considerado parte imparcial, por ter condições de se manifestar, a qualquer tempo, em favor do réu, não se compreende a atuação dúplice da instituição, por meio de diversos integrantes. Se o promotor apresentou recurso ou ofereceu contrarrazões ao apelo da defesa, a manifestação do Ministério Público, em sua face indivisível, já foi colhida. Aliás, convém frisar que o órgão ministerial pode concordar com as razões do apelo defensivo, ao oferecer a sua manifestação em contrarrazões. Assim sendo, já existe a parcela imbuída da correta aplicação da lei, atuando não somente como proponente da demanda penal, mas, concomitantemente, como fiscal da lei. O parecer do Ministério Público, em instância superior, como regra, acompanha a manifestação do representante da instituição de primeiro grau. Por vezes, fornece novos argumentos para proporcionar a mantença de sentença condenatória (ou outra decisão negativa ao réu), depondo contra os interesses do acusado.

É certo que defendemos não haver necessidade de contraditório sobre a avaliação de fatos, vale dizer, sobre a mera interpretação de provas, porém, parece-nos demasiado o órgão acusatório duplamente representado frente ao Judiciário. Decerto, o foco não está concentrado no contraditório, mas na desigualdade das partes no processo e, com especial zelo, no tocante à ampla defesa. A dúplice exposição das ideias do Ministério Público, em particular, quando coincidem em argumentos contra a defesa, expõe o desequilíbrio processual existente no Brasil. Deveria haver a oportunidade de contra-argumentação do defensor, quando lhe fosse conveniente, aos pontos defendidos pelo Ministério Público em seu parecer de 2.º grau (ou de instância superior). Somente assim estaria assegurada a defesa ampla e o real equilíbrio das partes no processo penal.

Registremos, ainda, somente para argumentar, que, sendo o parecer favorável ao réu, pode a defesa simplesmente abster-se de manifestação. Entretanto, a posição benéfica ao acusado, pelo princípio da prevalência do interesse do réu, não macula o processo; o problema se encontra na dupla manifestação negativa em relação ao acusado. O mesmo procedimento se dá em sustentação oral. Soa-nos incompreensível que se manifeste, em primeiro lugar, a defesa; somente depois, o Procurador de Justiça (ou da República). Afinal, já houve apelo ou contrarrazões do Ministério Público de primeiro grau, seguindo-se o parecer da instituição em segundo grau. Sustentando oralmente a defesa, antes da Procuradoria de Justiça, será a terceira vez que o órgão acusatório – ainda que sob as vestes de *custos legis* – terá a oportunidade real e eficiente de expor argumentos contrários aos interesses da defesa. Em suma, quem fecha o ciclo do raciocínio é a acusação e não a defesa, numa estranha situação em que se sustenta a primazia da amplitude defensiva em relação ao âmbito acusatório. Pensamos ser momento de se analisar tal paradoxo. Considerando-se de importância o parecer do Ministério Público em instância superior, dever-se-ia garantir à defesa a faculdade de intervir, oferecendo contra-argumentação, quando a manifestação lhe for desfavorável. E deveria a defesa ser a última a falar, oralmente, diante a Corte Superior, antes de proferido o veredicto do colegiado.

Na doutrina, confira-se o entendimento de ALBERTO ZACHARIAS TORON: "parece insofismável que sendo a sustentação oral ato de defesa, ainda que facultativo, a regra do contraditório deve ser observada como em qualquer outro ato. Assim, se o acusado figura como recorrido o representante do órgão recorrente de segunda instância falará em primeiro lugar, ainda que se queira chamá-lo de fiscal da lei. No mais, é imperioso reafirmar que podendo ser a manifestação do fiscal da lei carga contra o apelado, deve ele se manifestar por último. Admitir o contrário não só viola o devido processo legal pela subversão do contraditório, como representa, no plano dos fatos, uma brutal agressão à realidade das coisas".[13]

8. RECURSO EM SENTIDO ESTRITO

8.1 Conceito

É o recurso cabível para impugnar as decisões interlocutórias do magistrado, expressamente previstas em lei. Embora essa seja a regra, o Código de Processo Penal terminou por criar exceções. Exemplos: a) decisão que concede ou nega *habeas corpus*, considerando-se este uma autêntica ação constitucional; b) decisão que julga extinta a punibilidade do agente, pertinente ao mérito, uma vez que afasta o direito de punir do Estado e faz terminar o processo.

O ideal seria considerar o recurso em sentido estrito como agravo, valendo para todas as decisões interlocutórias, na forma da lei, aplicando-se, ainda, a apelação para as decisões definitivas, especialmente as que envolverem o mérito.

8.2 Cabimento

O Código de Processo Penal enumera expressamente as hipóteses para o cabimento de recurso em sentido estrito, não se admitindo ampliação por analogia, mas unicamente interpretação extensiva. Nas palavras de GRECO FILHO, "o rol legal é taxativo, não comportando ampliação por analogia, porque é exceptivo da regra da irrecorribilidade das interlocutórias. Todavia, como qualquer norma jurídica, podem as hipóteses receber a chamada interpretação extensiva. Esta não amplia o rol legal; apenas admite que determinada situação se enquadra no dispositivo interpretado, a despeito de sua linguagem mais restrita. A interpretação extensiva não amplia o conteúdo da norma; somente reconhece que determinada hipótese é por ela regida, ainda que a sua expressão verbal não seja perfeita".[14] Exemplo disso pode observar-se na rejeição do aditamento à denúncia, que equivale à decisão de não recebimento da denúncia, prevista no art. 581, I. Dá-se à rejeição do aditamento uma interpretação extensiva, pois não deixa de ser um afastamento do direito de agir do Estado-acusação, manifestado pela ação penal. Cabe, então, recurso em sentido estrito. Há, no entanto, corrente jurisprudencial que não admite qualquer modalidade de ampliação do rol previsto no art. 581.

Justamente porque não se admite a ampliação do rol previsto no referido art. 581, é inadmissível a interposição de recurso em sentido estrito durante a fase de investigação criminal,

---

[13] O contraditório nos tribunais e o Ministério Público, *Escritos em homenagem a Alberto Silva Franco*, p. 101.

[14] *Manual de processo penal*, p. 320. No mesmo sentido, FLORÊNCIO DE ABREU (*Comentários ao Código de Processo Penal*, v. V, p. 249).

como ocorre no inquérito policial. Eventuais decisões equivocadas, tomadas pelo juiz que fiscaliza o andamento da investigação, devem ser impugnadas por meio de correição parcial. Dependendo do caso, cuidando-se de direito líquido e certo, por meio de ação de impugnação: mandado de segurança (pelo MP ou pelo indiciado, conforme o caso) ou *habeas corpus* (pelo indiciado, tratando-se da liberdade de locomoção).

Outro registro que merece ser feito diz respeito à inoperância de determinados incisos do art. 581 do CPP, tendo em vista que, pelo advento da Lei de Execução Penal, passam a comportar a interposição de agravo em execução. Assim, continua sendo viável o recurso em sentido estrito para os seguintes casos:

a) *decisão que não receber a denúncia ou a queixa* (inciso I). Essa hipótese deveria comportar apelação, uma vez que é típica decisão terminativa do processo. Nesse sentido, previa o § 2.º do art. 44 da Lei 5.250/1967 (Lei de Imprensa) que "contra a decisão que rejeitar a denúncia ou queixa cabe recurso de apelação e, contra a que recebê-la, recurso em sentido estrito sem suspensão do curso do processo" (hoje, considerada não recepcionada pelo STF). Entretanto, o Código de Processo Penal usa fórmula diversa, prevendo recurso em sentido estrito, quando o magistrado rejeita a denúncia ou queixa, e deixando de prever recurso para o recebimento.

Por outro lado, contra a decisão que recebe a denúncia ou queixa não há, como regra, recurso algum. Pode-se usar, como alternativa, o *habeas corpus* para fazer cessar o constrangimento ilegal gerado pelo recebimento de denúncia ou queixa, sem haver a correspondente justa causa para a ação penal.

Lembre-se de que a razão de ser do inquérito, além de formar a *opinio delicti* do promotor, é também instruir a denúncia, possibilitando que o magistrado faça uma avaliação preliminar da admissibilidade da acusação. Não existindo motivo suficiente para o Estado-acusação ingressar com a ação penal, pode o Judiciário trancá-la, caso tenha havido o recebimento da peça acusatória.

Havendo a rejeição da denúncia ou queixa e interposição de recurso em sentido estrito, pelo Ministério Público ou pelo querelante, conforme o caso, é preciso intimar o denunciado para que apresente contrarrazões. É certo que ainda não existe ação penal *ajuizada* (houve somente o início da ação penal com o oferecimento da denúncia ou queixa), motivo pelo qual o eventual acusado não foi chamado a integrar a relação processual. Não deveria, em tese, portanto, responder ao recurso, pois nem faz parte do processo. Ocorre que, em homenagem à ampla defesa – aliás, o recebimento ou a rejeição da peça acusatória é de seu legítimo interesse –, sempre se possibilitou que tal situação fosse viabilizada.

Antes da modificação havida no processo civil, por meio da Lei 8.952/1994, alterando a redação do art. 296 do CPC/1973 (vide art. 331, CPC/2015), que previa a intimação do réu para apresentar contrarrazões ao recurso da parte contra o indeferimento da inicial (atualmente, não há mais necessidade de se intimar a parte contrária para contra-arrazoar), usava-se o referido art. 296 como referência e, por analogia, para fazer o mesmo em processo penal. Ocorre que, posteriormente, surgiu o mesmo efeito na Lei 9.099/1995 (art. 82, § 2.º), mantendo-se intacta a posição de intimar o eventual acusado para manifestar-se quanto ao recurso em sentido estrito oposto contra a decisão de rejeição da denúncia ou queixa.

Aliás, ainda que não houvesse o disposto no mencionado art. 82, § 2.º, da Lei 9.099/1995, para servir de referência, outra não poderia ser a solução, a fim de dar cumprimento fiel à garantia constitucional da ampla defesa.[15] Recentemente, editou o Supremo Tribunal Federal a Súmula 707, nos seguintes termos: "Constitui nulidade a falta de intimação do denunciado para oferecer contrarrazões ao recurso interposto da rejeição da denúncia, não a suprindo a nomeação de defensor dativo". Vale ressaltar que a mesma regra ocorre no tocante à queixa--crime. Quanto à nulidade, segundo nos parece, é relativa, dependente, pois, da mostra de prejuízo. Pode ocorrer, por exemplo, de, não havendo a intimação, o tribunal confirmar a rejeição. Logo, não se fala em nulidade, pois nenhum mal adveio ao denunciado.

Quando houver o recebimento parcial da denúncia ou da queixa, o que sustentamos ser viável e já expusemos no capítulo referente à ação penal, cabe recurso em sentido estrito da parte acusatória.

Se o recurso for provido, o acórdão do tribunal implica o recebimento da denúncia ou queixa, sendo desnecessário que o juiz de primeiro grau o faça, bastando a este que designe data para interrogatório, determinando a citação do acusado. Atualmente, está em vigor a Súmula 709 do STF: "Salvo quando nula a decisão de primeiro grau, o acórdão que provê o recurso contra a rejeição da denúncia vale, desde logo, pelo recebimento dela";

b) *decisão que concluir pela incompetência do juízo* (inciso II), configurando autêntica decisão interlocutória, pois apenas altera o juízo competente para julgar a causa, sem colocar fim ao processo. O reconhecimento da incompetência, neste caso, é feito de ofício pelo magistrado. Quando houver a interposição de exceção de incompetência aplica-se a hipótese prevista no inciso III do art. 581 (decisão que julgar procedente a exceção). No caso de o juiz concluir pela competência do juízo, não há recurso, salvo se a decisão for de flagrante ilegalidade, podendo-se ingressar com *habeas corpus*, pois o réu não deve ser processado senão pelo juiz natural.

Lembremos que uma das hipóteses do juiz da Vara do Júri, quando termina a fase da formação da culpa, é a desclassificação da infração penal para outra, de competência de outro juízo que não o Tribunal do Júri (art. 419, CPP). Exemplo: verificando que não se tratou de homicídio seguido de furto, mas de autêntico latrocínio. Cuida-se de alteração de competência, impugnável por recurso em sentido estrito, com base também no inciso II do art. 581;

c) *decisão que julgar procedentes as exceções, salvo a de suspeição* (inciso III), que deveria comportar, na realidade, para algumas situações, apelação, pois é terminativa do procedimento incidente autuado em apartado, como ocorre nos casos de exceção de coisa julgada, litispendência e ilegitimidade de parte. Rejeitando a exceção relativa a qualquer dessas matérias, não há recurso cabível, podendo a parte prejudicada valer-se de *habeas corpus*, em caso de flagrante ilegalidade, ou aguardar futura e eventual apelação, para reiterar a impugnação.

Por outro lado, a procedência da exceção de incompetência não é terminativa, logo, é autenticamente interlocutória, cabendo recurso em sentido estrito. Entretanto, se o magistrado rejeita a exceção, não cabe recurso, exceto em casos de situações teratológicas, evidenciando juízo nitidamente incompetente (ofensivo ao princípio do juiz natural), cabendo *habeas corpus* por parte do réu.

---

[15] Nessa ótica, conferir a lição de TOURINHO FILHO, *Código de Processo Penal comentado*, v. 2, p. 287.

Quanto à ressalva feita no tocante à exceção de suspeição, não há necessidade de interposição de recurso em sentido estrito, pois, se for aceita a causa de suspeição levantada, segundo dispõe o art. 99 do CPP, deverá o magistrado suspender o curso do processo e enviar os autos ao substituto. Há controle do Tribunal de Justiça, pois a designação de magistrado para substituir o suspeito é feita pela Presidência. Logo, o juiz não deve acolher exceção quando a suspeição não for autêntica, sob pena de responsabilidade funcional. Por outro lado, caso não reconheça a suspeição aventada, segue-se o disposto no art. 100, *caput*, do CPP, determinando-se a remessa dos autos apartados, necessariamente, à Instância Superior;

d) *decisão que pronunciar o réu* (inciso IV), nítida decisão interlocutória. A decisão de pronúncia é interlocutória mista, mesmo porque julga apenas a admissibilidade da acusação, encaminhando o feito à apreciação do Tribunal do Júri. Não ingressa no mérito, embora profira um julgamento mais apurado do que ocorre com o simples recebimento da denúncia ou queixa.

No caso da impronúncia, entretanto, ocorre típica decisão terminativa, colocando fim ao processo. Logo, com a edição da Lei 11.689/2008, passa a ser impugnada, corretamente, por apelação (art. 416, CPP);

e) *decisão que conceder, negar, arbitrar, cassar ou julgar inidônea a fiança, indeferir requerimento de prisão preventiva ou revogá-la, conceder liberdade provisória ou relaxar a prisão em flagrante* (inciso V), constituindo, todas elas, decisões interlocutórias.

Pode o juiz decidir acerca da fiança, concedendo-a, negando-a, arbitrando valor muito baixo ou excessivo, cassando-a ou mesmo julgando-a não idônea. Nessa parte, a lei prevê situação tanto favorável ao réu quanto desfavorável. Assim, concedida a fiança ou fixado um valor muito baixo, pode o Ministério Público recorrer. Negada, cassada ou considerada inidônea, cabe ao acusado apresentar seu inconformismo. Embora quando a decisão seja desfavorável ao réu possa este impetrar *habeas corpus*, pois se está diante de norma que envolve a liberdade de locomoção, previu o legislador a possibilidade de utilização do recurso em sentido estrito, o que não aconteceu nas hipóteses que se seguem. Em se tratando de prisão preventiva, pode o juiz indeferir o pedido formulado pelo promotor, não acolher a representação feita pelo delegado ou revogá-la, propiciando recurso por parte do Ministério Público. Não se tratou das situações envolvendo a decretação da preventiva ou indeferimento de sua revogação, o que provoca, como alternativa única para o interessado, a impetração de *habeas corpus*.

Aliás, no caso de negativa de fiança, cassação ou consideração de sua inidoneidade, via de regra, o réu vale-se da ação constitucional, que é muito mais célere. Por outro lado, quando o juiz conceder liberdade provisória, pode o Ministério Público recorrer, mas não cabe recurso em sentido estrito para o réu, se tiver o seu pedido de liberdade provisória negado, valendo-se ele do *habeas corpus*.

Finalmente, quando a prisão, por ser ilegal, merecer ser relaxada, caso o juiz o faça, proporciona ao Ministério Público a interposição de recurso em sentido estrito. Quando houver negativa ao relaxamento, somente por *habeas corpus* o interessado pode questionar a decisão.

Vale destacar que alguns julgados têm permitido a interposição, pelo Ministério Público, de mandado de segurança para dar "efeito suspensivo ao recurso em sentido estrito", que, como regra, não o tem, evitando-se a libertação de pessoa considerada perigosa. Era o que se dava, por exemplo, quando o juiz, em afronta à Lei 8.072/1990 (Crimes Hediondos), concedia liberdade provisória a quem havia sido preso em flagrante pela prática de crime hediondo ou equiparado. Atualmente, em face da edição da Lei 11.464/2007, permite-se a liberdade provisória, sem fiança, aos acusados por tais delitos. O exemplo permanece válido para ilustrar o ponto em debate. Por isso, não nos parece deva o tribunal conceder a ordem para dar efeito suspensivo ao recurso em sentido estrito, pois este não o possui; logo, não se trata de garantir direito líquido e certo. O correto seria conceder a segurança para evitar a soltura, uma vez que a decisão do magistrado teria afrontado diretamente disposição legal, sendo justificável considerar direito líquido e certo da sociedade, representada pelo Ministério Público, a manutenção da prisão (isso antes do novo tratamento dado à liberdade provisória para delitos hediondos e equiparados – Lei 11.464/2007). O mandado de segurança, ao contrário do *habeas corpus*, pode ser usado tanto pelo indivíduo, quanto pelo Ministério Público, uma vez que se destina à proteção de direito líquido e certo (qualquer um) e não exclusivamente ao direito de ir e vir, que é o caso do *habeas corpus*. Lembremos que a Lei 12.016/2009 consolida o entendimento de que cabe mandado de segurança, quando interposto contra decisão judicial da qual não caiba recurso com efeito suspensivo (art. 5.º, II).

Tem-se entendido, ainda, que o assistente de acusação é parte ilegítima para interpor recurso em sentido estrito nas hipóteses em que o juiz concede liberdade ao acusado. Trata-se de interesse da sociedade – e não do ofendido – manter o acusado no cárcere, provisoriamente, ou permitir que aguarde seu julgamento definitivo em liberdade.

Pensamos, no entanto, em sentido contrário, ou seja, o ideal seria suprimir as várias delimitações que o processo penal ainda coloca para a atuação do ofendido, como assistente de acusação, sob o fundamento de que a vítima que persiga o réu pode transformar o feito num campo propício para o exercício da vindita, o que seria indevido. A participação da vítima seria vista, pois, somente como uma alternativa viável a garantir a condenação, a fim de ser conseguido um título executivo judicial, para dar início, na esfera cível, à ação civil *ex delicto*. Ocorre que o ofendido por um crime pode ter nítido interesse em buscar justiça e a correta aplicação da lei penal e processual penal, não se cingindo a sua atuação à procura de um título executivo, que o habilite à indenização civil. Embora o interesse primordial, em crimes de ação pública, seja da sociedade, representada pelo Ministério Público, deve-se garantir que o ofendido, querendo, tenha papel relevante na instrução, podendo recorrer de todas as decisões contrárias ao que considera legítimo e justo.

Ademais, com a edição da Lei 11.690/2008, passa-se a dar ciência à vítima toda vez que o réu ingressar ou sair da prisão (art. 201, § 2.º, CPP). Qual o sentido disso se não se abriu a oportunidade de oferecer o ofendido recurso contra a soltura do acusado? Por isso, a alteração nesse prisma precisa ocorrer, sob pena de ficar sem sentido prático o crescimento da figura da vítima no processo penal.

Quando a ação penal for privada (exclusiva ou subsidiária da pública), é natural que o querelante possa recorrer das decisões concernentes à liberdade do réu, pois é a parte principal no polo ativo;

f) *decisão que absolver sumariamente o réu* (inciso VI): o dispositivo foi revogado, uma vez que a absolvição sumária, sentença terminativa de mérito que é, passa a ser impugnada, corretamente, por apelação (art. 416, CPP);

g) *decisão que julgar quebrada a fiança ou perdido o seu valor* (inciso VII), constituindo decisão interlocutória, sendo ambas as hipóteses desfavoráveis ao acusado. Quando houver o quebramento, implicando a obrigação de se recolher à prisão, pode dar ensejo à impetração de *habeas corpus*. Caso o juiz negue o quebramento ou a perda, o Ministério Público somente pode insurgir-se contra a decisão em preliminar de futura apelação, se houver;

h) *decisão que decretar a prescrição ou julgar, por outro modo, extinta a punibilidade* (inciso VIII), que mereceria ser impugnada por apelação, uma vez que afasta a pretensão punitiva do Estado, não deixando, pois, de ser uma decisão terminativa de mérito. Pode-se até discutir que não é verdadeiramente o mérito da imputação (fato típico, antijurídico e culpável), mas, ainda assim, o ideal seria a apelação. Além do mais, é incompreensível, como vem apontando a doutrina, a redação do inciso em questão. Fala-se da decisão que decretar a prescrição *ou* julgar extinta a punibilidade, por outra causa, sendo certo que a prescrição não deixa de ser uma das causas de extinção da punibilidade. Logo, há nítida redundância.

Ao julgar extinta a punibilidade, o magistrado não apreciou o mérito da imputação, razão pela qual, se provido o recurso da acusação, o processo retornará à origem para a continuidade da instrução ou para que seja proferida sentença condenatória ou absolutória.

Nessa hipótese, o assistente de acusação, habilitado ou não, pode apresentar recurso em sentido estrito (art. 584, § 1.º, CPP);

i) *decisão que indeferir o pedido de reconhecimento da prescrição ou de outra causa extintiva da punibilidade* (inciso IX), esta, sim, autêntica decisão interlocutória, uma vez que o processo continua normalmente. Aliás, é a contraposição do inciso anterior, que autoriza o recurso em sentido estrito contra a decisão que julga extinta a punibilidade. Bastaria, no entanto, ter feito menção ao indeferimento de causa extintiva da punibilidade, deixando de lado a prescrição, que já está inserida no contexto dos motivos de extinção da punibilidade do réu;

j) *decisão que concede ou nega a ordem de* habeas corpus (inciso X), que, em nosso entendimento, é decisão de mérito da ação de impugnação, logo, deveria ser impugnada por apelação. Lembremos, ainda, que, na hipótese de decisão concessiva do *habeas corpus*, ainda que haja recurso voluntário, cabe o denominado recurso de ofício, obrigando o reexame da decisão por instância superior, conforme o art. 574, I, do CPP;

l) *decisão que anular o processo da instrução criminal, no todo ou em parte* (inciso XIII), pois típica decisão interlocutória. É preciso ressaltar, no entanto, que dificilmente o recurso será julgado antes da reprodução dos atos processuais, perdendo o sentido prático a sua interposição. Negando o magistrado a anulação do processo, requerida por qualquer das partes, não cabe recurso, salvo, em casos teratológicos, a impugnação por *habeas corpus* – por parte do réu, como regra – ou mesmo a reiteração da questão em preliminar de futura apelação, pela parte prejudicada;

m) *decisão que incluir jurado na lista geral ou desta o excluir* (inciso XIV), outra autêntica decisão interlocutória. Tendo em vista a imparcial formação da lista de jurados, o procedimento deve ser de conhecimento geral, publicando-se o resultado final na imprensa e afixando-se no fórum. Logo, é possível que qualquer pessoa questione a idoneidade de um jurado, incluído na lista (ver art. 426, § 1.º, CPP). Nesse caso, pode o juiz, acolhendo petição da parte interessada, excluí-lo da lista, o que dá margem ao inconformismo daquele que foi extirpado. Por outro lado, a inclusão de alguém, impugnada e mantida pelo magistrado, dá lugar, também, à interposição de recurso em sentido estrito. Nesse caso, em caráter excepcional, segue o recurso ao Presidente do Tribunal de Justiça. O prazo para sua interposição é, excepcionalmente, de vinte dias, contado da data da publicação da lista definitiva dos jurados (art. 586, parágrafo único);

n) *decisão que denegar a apelação ou a julgar deserta* (inciso XV), também decisão interlocutória, justificando-se o recurso em sentido estrito. Caso o juiz receba, indevidamente, apelação (apresentada fora do prazo, por exemplo), cabe à parte contrária levantar em preliminar das contrarrazões a impossibilidade de conhecimento, mas não se interpõe recurso à parte.

Esta situação propicia recurso ao assistente de acusação, embora não haja expressa menção no art. 584, § 1.º, nem no art. 598. É consequência natural do seu direito de apelar. Sendo denegado, é preciso que a lei lhe garanta o socorro devido;

o) *decisão que ordenar a suspensão do processo, em virtude de questão prejudicial* (inciso XVI), cuidando-se de autêntica decisão interlocutória. Sobre a incidência de questão prejudicial, ver os arts. 92 e 93 do CPP. Decidindo o juiz que a questão a ser apreciada no juízo cível constitui matéria importante para o deslinde da causa criminal, devendo ser decidida previamente, determinará a suspensão do trâmite do processo criminal. Sem dúvida, essa decisão implica quase sempre prejuízo, direto ou indireto, para alguma das partes, interessada no rápido desfecho do processo, por variadas razões (testemunhas que se esquecem do que viram ou ouviram, provas periciais que podem ficar prejudicadas etc.). Assim, a decisão pode ser impugnada pela via do recurso em sentido estrito.

Se o magistrado negar a suspensão do processo não cabe recurso, afinal, é faculdade sua apreciar o seu cabimento, em razão de questão prejudicial, porque deve buscar certificar-se, antecipadamente, da relevância da decisão do juiz civil. Evita-se com isso o sobrestamento inconsistente da ação penal;

p) *decisão que decidir o incidente de falsidade* (inciso XVIII), que é, de fato, decisão interlocutória, pela qual o juiz verifica ser ou não falso determinado documento – material ou ideologicamente –, produzindo, como efeito, a manutenção do referido documento nos autos, caso o incidente seja improcedente, ou o seu desentranhamento, não mais sendo utilizado como prova, quando o incidente for procedente. Logicamente, a despeito da impugnação da decisão ser feita por recurso em sentido estrito, a qualquer momento, pode a questão ser reapreciada, dando-se ao documento o seu devido valor, caso ele ainda esteja entranhado nos autos. Assim sendo, somente na sentença é que o magistrado irá, realmente, verificar a validade do documento para a apuração da verdade real, sendo natural que torne a tratar do tema.

q) *decisão que recusar homologação à proposta de acordo de não persecução penal, previsto no art. 28-A do CPP* (inciso XXV). O novo instituto, introduzido pela Lei 13.964/2019, permite ao Ministério Público que proponha o acordo de não persecução penal para determinadas situações. Ocorre que cabe ao juiz das garantias analisar o acordo e verificar a sua legalidade; encontrando algum erro ou abuso, determina a volta dos autos do MP para a devida retificação; se nada for feito, o magistrado indefere a homologação. Evitando-se debates acerca de eventual recurso contra essa decisão, fica claro o cabimento de recurso em sentido estrito.

Embora constando do rol do art. 581 do CPP, não mais comportam recurso em sentido estrito as seguintes situações:

a) *decisão que conceder, negar ou revogar a suspensão condicional da pena* (inciso XI), pois outros dois recursos estão disponíveis para tanto (agravo em execução e apelação).

A regra para a concessão da suspensão condicional da pena é que seja feita na sentença condenatória, conforme expressamente prevê o art. 157 da Lei de Execução Penal. Logo, é caso de apelação, caso seja indevidamente concedida ou mesmo se for negada. Excepcionalmente, quando o juiz da execução criminal alterar as condições do *sursis* (art. 158, § 2.º, LEP), considerá-lo sem efeito (art. 161, LEP), revogá-lo ou prorrogá-lo (art. 162, LEP), provocará a possibilidade de interposição de agravo (art. 197, LEP) e não de recurso em sentido estrito.

Aparentemente, poderia haver uma hipótese remanescente para a utilização do recurso em sentido estrito: se o réu não comparecer à audiência admonitória e o *sursis* ficar sem efeito, devendo ser a pena imediatamente executada (art. 161, LEP). Mas não é realidade. Destarte, caso, injustificadamente, tenha sido a suspensão condicional da pena tornada sem efeito (por exemplo, se o réu não foi devidamente intimado para a referida audiência), não cabe recurso algum contra a decisão do juiz da condenação, que expedirá guia de recolhimento. O caminho correto para o condenado é reiterar ao juiz da execução a restauração do benefício, demonstrando-lhe a falha ocorrida. Assim sendo, se o juiz negar, caberá agravo. Caso acolha o pedido, restaurará o *sursis*. E mais, se a decisão do juiz da condenação implicar a prisão indevida do sentenciado, melhor resolver pela via do *habeas corpus*, mais rápida e eficaz;

b) *decisão que conceder, negar ou revogar livramento condicional* (inciso XII), cuidando-se de decisão interlocutória, mas da alçada da Lei de Execução Penal, impugnada pelo agravo (art. 197, Lei 7.210/84);

c) *decisão a respeito da unificação de penas* (inciso XVII), que é decisão interlocutória proferida durante a execução das penas, logo, impugnável pelo agravo. A unificação é um autêntico incidente na execução da pena, valendo para transformar vários títulos (sentenças condenatórias diversas) em um único, seja para produzir a soma de penas (quando há várias condenações em concurso material, conforme o art. 69, CP), seja para transformar várias penas em uma só, com uma causa de aumento (quando não foi anteriormente reconhecido o crime continuado – art. 71, CP – ou o concurso formal – art. 70, CP) ou, ainda, para fixar o teto de cumprimento da pena (quando a pena ultrapassar o montante de 40 anos, seguindo-se o disposto no art. 75, CP);

d) *decisão que decretar medida de segurança, depois de transitar a sentença em julgado* (inciso XIX), cuidando-se de decisão interlocutória do processo de execução da pena, impugnável pelo agravo. Dispõe o art. 183 da Lei de Execução Penal (Lei 7.210/84) o seguinte: "Quando, no curso da execução da pena privativa de liberdade, sobrevier doença mental ou perturbação da saúde mental, o juiz, de ofício, a requerimento do Ministério Público, da Defensoria Pública ou da autoridade administrativa, poderá determinar a substituição da pena por medida de segurança". Significa, portanto, que o acusado foi condenado no processo de conhecimento e encontra-se cumprindo pena privativa de liberdade. Porém, adoece mentalmente, não mais podendo ficar em presídio comum, razão pela qual o magistrado converte sua pena em medida de segurança, transferindo-o para hospital de custódia e tratamento;

e) *decisão que impuser medida de segurança por transgressão de outra* (inciso XX), outra decisão interlocutória do processo de execução, passível de impugnação pelo agravo. Decorre do art. 184, *caput*, da Lei de Execução Penal (Lei 7.210/84): "O tratamento ambulatorial poderá ser convertido em internação se o agente revelar incompatibilidade com a medida". Há duas medidas de segurança: internação (para casos mais graves) e tratamento ambulatorial (para outras situações). Esta última é cumprida em liberdade, com a obrigação de comparecer ao médico regularmente para acompanhamento. Portanto, se não forem cumpridas suas condições, pode o juiz determinar a sua conversão em internação;

f) *decisão que mantiver ou substituir a medida de segurança, nos casos do art. 774* (inciso XXI), que não mais subsiste, pois foi revogado, tacitamente, pela Lei 7.210/84, o mencionado art. 774 do CPP;

g) *decisão que revogar a medida de segurança* (inciso XXII), que é decisão interlocutória, provocando a libertação do agente ou sua liberação do tratamento ambulatorial (art. 179, LEP), sujeita à impugnação pela via do agravo. É a única hipótese de agravo em execução com efeito suspensivo;

h) *decisão que deixar de revogar a medida de segurança, nos casos em que a lei admita a revogação* (inciso XXIII), outra decisão interlocutória, impugnável pelo agravo em execução. Trata-se do previsto nos arts. 175 a 179 da Lei de Execução Penal (Lei 7.210/84), referindo-se à cessação da periculosidade como causa para a libertação ou desoneração do agente. Se, preenchidos os requisitos legais, o juiz não determinar a cessação do cumprimento da medida de segurança, cabe agravo;

i) *decisão que converter a multa em detenção ou em prisão simples* (inciso XXIV), que não mais encontra aplicação, tendo em vista a modificação do art. 51 do Código Penal, vedando a possibilidade de conversão de multa em prisão.

8.3 Processamento do recurso em sentido estrito

O prazo para interposição é de cinco dias, exceto na hipótese de inclusão ou exclusão de jurado da lista geral, cujo prazo é de vinte dias, contados da data da publicação definitiva da referida lista (art. 586, *caput* e parágrafo único, CPP, respectivamente).

Pode haver a formação de instrumento à parte, que será remetido ao tribunal, a fim de não prejudicar o andamento da instrução, como também se prevê a possibilidade de subida do recurso nos próprios autos do processo (art. 583, CPP).

São hipóteses em que o recurso sobe com os autos:

a) recursos de ofício, como ocorre na concessão de *habeas corpus*;

b) não recebimento da denúncia ou queixa;

c) procedência das exceções (salvo a de suspeição);

d) pronúncia. Neste caso, é incompreensível que o recurso contra a pronúncia suba nos próprios autos, o que prejudica o prosseguimento da instrução, ao mesmo tempo em que o art. 584, § 2.º, do CPP, preceitua que "o recurso da pronúncia suspenderá tão somente o julgamento". Não se pode instruir o feito, deixando-o pronto para o plenário, sem os autos principais. Ademais, o dispositivo entra em conflito com a exigência de preclusão da pronúncia para que se possa inaugurar a segunda fase do procedimento do júri (fase de preparação do plenário), conforme preveem os arts. 421 e 422 do CPP. Em suma, o correto é que o recurso contra a pronúncia suba nos próprios autos e que se aguarde o seu retorno para dar continuidade às demais fases do processo;

e) decretação da extinção da punibilidade;

f) julgamento de *habeas corpus*;

g) toda vez que não houver prejuízo para o prosseguimento da instrução.

A maioria das situações descritas provoca a paralisação do andamento do processo principal, motivo pelo qual não há empecilho para o recurso em sentido estrito ser processado nos autos, sem a formação do instrumento. Exemplos de recursos que não prejudicam o andamento do processo: a) contra decisão que indefere o seguimento da apelação, já que o recurso em sentido estrito tem efeito suspensivo nesta hipótese (art. 584), não existindo razão para formar-se um instrumento à parte; b) contra decisão que ordena a suspensão do processo, em virtude de questão prejudicial, pois o trâmite processual cessa de toda maneira.

São hipóteses em que se forma o instrumento para subida à parte:

a) decisão que conclui pela incompetência do juízo;

b) toda decisão concernente à liberdade do réu;

c) indeferimento do reconhecimento da extinção da punibilidade;

d) anulação da instrução no todo ou em parte;

e) inclusão ou exclusão do jurado da lista geral;

f) julgamento do incidente de falsidade.

Para a subida por instrumento, incumbe à parte interessada indicar as peças que pretende ver encartadas nos autos do recurso em sentido estrito (art. 587, *caput*, CPP). O mesmo procedimento pode ser adotado pelo recorrido que, ao se manifestar (art. 588, CPP), também pode indicar peças para compor o instrumento.

São peças obrigatórias para que o tribunal possa averiguar os requisitos de admissibilidade do recurso, tais como a tempestividade, o interesse, a adequação e a legitimidade: a) decisão recorrida; b) certidão de sua intimação; c) termo de interposição do recurso.

Todas as hipóteses mencionadas no tópico anterior, referentes ao agravo em execução, comportam a formação do instrumento para não prejudicar o andamento da execução da pena. Por vezes, sobem os autos do incidente gerado na execução, pois já está destacado do principal. Exemplo: quando o condenado pleiteia livramento condicional, forma-se uma autuação em apenso aos autos da execução principal. Se o juiz conceder ou negar o livramento, havendo agravo, sobem os autos desse incidente, apenas.

Outra situação destacada pelo art. 583, parágrafo único, do CPP, recomendando a formação de instrumento à parte, é a pluralidade de réus em caso de pronúncia. Logo, havendo mais de um pronunciado, é possível que alguns não recorram, transitando em julgado a decisão, valendo, para eles, o encaminhamento do caso à apreciação do Tribunal Popular. Para aquele que recorrer, impõe-se a formação de um traslado, isto é, autos apartados, a fim de que suba o recurso, sem prejuízo do andamento do processo principal. Por outro lado, estipula o artigo em comento que a falta de intimação de um deles faz com que o recurso interposto por outro provoque a formação do mencionado traslado.

O recurso em sentido estrito tem, como regra, o efeito meramente devolutivo, isto é, devolve ao tribunal o conhecimento da matéria nele aventada, mas não provoca a suspensão do andamento do feito. Excepcionalmente, têm efeito suspensivo os seguintes casos (art. 584, CPP):

a) contra decisão que considera perdida a fiança (art. 581, VII, segunda parte);

b) contra decisão que denega seguimento à apelação ou a considera deserta (art. 581, XV);

c) contra decisão que considera quebrada a fiança, somente na parte referente à perda de metade de seu valor (art. 581, VII, primeira parte). Lembremos que a declaração de quebra da fiança provoca dois efeitos: perda de metade de seu valor (o que a interposição do recurso permite não seja aplicado de imediato) e recolhimento ao cárcere (para tanto, não há efeito suspensivo, mas pode comportar *habeas corpus* para evitar a prisão).

Não mais tem aplicação o disposto no art. 584 quanto à concessão do livramento condicional, unificação de penas e conversão de multa em prisão. Os dois primeiros passaram a ser disciplinados pela Lei de Execução Penal, passíveis de impugnação pela via do agravo, sem efeito suspensivo. O último caso foi extirpado pela modificação do art. 51 do Código Penal, inexistindo conversão de multa em prisão.

Após a interposição do recurso, dentro de 2 (dois) dias, contados da sua apresentação ou do dia em que o escrivão, providenciado o traslado (quando for o caso), o fizer com vista ao recorrente, deverá este oferecer as razões. Em seguida, por igual prazo, abre-se vista ao recorrido. Quando este for o acusado, será intimado na pessoa de seu defensor (art. 588, CPP). A redação do referido art. 588 dá a entender que o prazo de dois dias corre da data da interposição do recurso, sem qualquer intimação, o que não corresponde à realidade, aplicando-se a regra geral do art. 798, § 5.º, *a*, do Código de Processo Penal. Justifica-se esse entendimento, pois o recorrente, ao apresentar seu recurso, deve aguardar o recebimento pelo juiz e seu regular processamento, para, então, poder apresentar suas razões.

Na sequência, com a resposta do recorrido ou sem ela, o recurso é concluso ao juiz, que terá dois dias para reformar ou manter sua decisão, mandando instruir o recurso com os traslados que julgar necessários (art. 589, *caput*). É o denominado *juízo de retratação*, propiciando ao magistrado, tomando conhecimento das razões do recorrente, convencer-se de que se equivocou na decisão, reformando-a. Nesta hipótese, a parte contrária, por simples petição, poderá recorrer da nova decisão, se comportar recurso, não sendo mais lícito ao magistrado modificá-la. Independentemente de novos arrazoados, pois as partes já se manifestaram sobre a questão em debate, determinará a subida do recurso ao tribunal (art. 589, parágrafo único, CPP).

Vale exemplificar que, por vezes, quando o magistrado, no juízo de retratação, reformar a decisão, pode não caber recurso da parte contrária, que foi prejudicada pelo novo entendimento adotado. Assim, quando o juiz reconhece uma exceção (de ilegitimidade de parte, por exemplo), cabe recurso. Se houver retratação, voltando atrás o magistrado, não cabe recurso, de modo que a outra parte deve conformar-se ou reiterar a questão em preliminar de apelação.

O indeferimento do seguimento do recurso em sentido estrito comporta a interposição de carta testemunhável.

9. CORREIÇÃO PARCIAL

9.1 Conceito

Trata-se de recurso, à disposição das partes, voltado à correção dos erros de procedimento adotados pelo juiz de primeira instância, na condução do processo, quando provocam inversão tumultuária dos atos e fórmulas legais. É um recurso de natureza residual, somente sendo cabível utilizá-lo se não houver outro recurso especificamente previsto em lei (art. 6.º, I, Lei 5.010/1966). Nas palavras de Rogério Lauria Tucci, "o vocábulo *correição*, tecnicamente considerado, pode ser entendido em dois sentidos, a saber: no lato, corresponde ao 'poder de julgar e castigar, inerente ao supremo império'; e, no restrito, ao poder de realizarem os corregedores das comarcas determinados atos, em lei definidos, ou até mesmo, assumirem o exercício da respectiva jurisdição".[16]

9.2 Natureza jurídica da correição

Entendemos tratar-se de autêntico recurso, embora muitos sustentem seu caráter administrativo ou disciplinar. Fosse assim e não seria julgado pelas câmaras criminais, como ocorre regularmente, ao menos no Estado de São Paulo, mas pelo Conselho Superior da Magistratura (na esfera estadual) ou outro órgão disciplinar similar. E poderia, inclusive, ser apresentado diretamente na Corregedoria-Geral da Justiça, para que fosse devidamente instruído (como se faz com qualquer representação contra magistrado), apresentando o Corregedor-Geral o seu relatório e voto no Conselho Superior, do qual é membro. Não deve ser o caso, pois a Corregedoria tem função eminentemente administrativa fiscalizatória, não lhe competindo proferir decisões jurisdicionais, que possuam reflexos no processo.

Entretanto, ressalvamos que, na Justiça Federal, há entendimento diverso. O Regimento Interno do Conselho da Justiça Federal da 3.ª Região, no art. 1.º, explicita que "O Conselho da Justiça Federal da 3.ª Região é o órgão do Tribunal Regional Federal incumbido de presidir, nos territórios dos Estados de São Paulo e Mato Grosso do Sul, a *administração* da Justiça Federal de Primeira Instância" (grifamos). No art. 4.º, I, prevê ser da sua competência "decidir correição parcial, requerida pela parte ou pela Procuradoria da República, no prazo de cinco dias, contra ato ou despacho de juiz de que não caiba recurso, ou omissão que importe erro de ofício ou abuso de poder (Lei 5.010/1966, art. 6.º, *caput*, I). Mais adiante (art. 8.º, *caput*, III), o Regimento estipula ser da competência do Corregedor-Geral da Justiça Federal "relatar os processos de correição parcial (RI, art. 23, I), bem como os de representação e justificação da conduta de Magistrados".

Parece-nos, no entanto, que a função administrativa do Conselho não poderia ampliar-se para abranger atos e decisões proferidas pelo magistrado no processo, de caráter nitidamente jurisdicional. Uma coisa é investigar e punir o juiz que comete abusos; outra, diversa, é con-

---

[16]   *Curso de direito processual*, p. 341.

sertar equívocos cometidos no trâmite processual. Esta última deveria sempre ser analisada por câmaras ou turmas comuns do tribunal, mas não por órgão disciplinar.

9.2.1   Fundamento constitucional e aplicação prática

A correição parcial encontra sustentação em duas leis, conforme aponta a doutrina: na Lei 1.533/1951 (art. 5.º, II), que cuidava do mandado de segurança (hoje, substituída pela Lei 12.016/2009), bem como na Lei 5.010/1966 (art. 6.º, I), que regula a Justiça Federal de primeira instância. É, portanto, de acordo com posições já sustentadas nesse prisma, a única maneira de considerá-lo um recurso com respaldo constitucional. Lembremos que, com a edição da Lei 12.016/2009, tratando do mandado de segurança, não mais se prevê a correição parcial. Porém, a consolidação do recurso (correição parcial) deu-se sob a égide da Lei 1.533/1951.

Há previsão para a sua existência, feita no Código Judiciário de São Paulo (Decreto-lei complementar 3/1969), nos arts. 93 a 96, mas é preciso ressaltar que somente a União pode legislar em matéria processual, que é de âmbito nacional e não estadual (art. 22, I, CF). Por outro lado, não é possível aplicar o disposto no art. 24, XI, da Constituição, prevendo a possibilidade do Estado legislar concorrentemente à União sobre "procedimentos em matéria processual", pois a criação de um recurso não pode ser singelamente considerada um *procedimento*. Dessa forma, pode-se acolher a existência da correição parcial, em face da previsão feita nas duas leis federais mencionadas.

Em suma, a correição parcial foi criada por lei federal, mas o procedimento para sua interposição é dado pela legislação estadual. Nessa ótica, não nos parece seja inconstitucional a sua utilização.

Há outras posições em contrário: a) uma delas, defendendo ser a correição parcial uma medida administrativa ou disciplinar; b) outra visão sustenta ser a correição parcial inconstitucional, não sendo cabível a sua utilização. O principal argumento é de que as leis mencionadas (Lei 1.533/1951 [atualmente revogada pela Lei 12.016/2009] e Lei 5.010/1966) não criaram o recurso de correição parcial, limitando-se a mencionar a sua existência. Assim, como compete à União legislar sobre processo, não poderiam ser levadas em conta as leis estaduais, nem os regimentos de tribunais, para essa finalidade.

Diz Maria Lúcia Medeiros: "filiamo-nos à corrente que combate a medida por sua inconstitucionalidade e inadequação ao sistema processual atual, que prevê outros meios processuais legítimos e aptos a corrigir os vícios de procedimento que servem de objeto à reclamação. Trata-se de medida inconstitucional porque funciona, nas legislações estaduais em que é prevista, como verdadeiro sucedâneo recursal, não se limitando a punir ou instruir o magistrado *a quo* mas a cassar, reformar decisões de juízes de 1.ª instância que importem em erro de atividade, e os Estados, mesmo sob a égide da atual Constituição Federal, continuam sem competência normativa para legislar acerca de recursos, matéria eminentemente processual. É inconstitucional, ainda, no âmbito da Justiça Federal, quando se confere ao Conselho da Justiça Federal competência para julgar da reclamação: se esta se limitasse à instrução ou punição dos magistrados, a inconstitucionalidade não se daria; porém, não há que se admitir que um órgão eminentemente administrativo controle a atividade judicante dos juízes de 1.ª instância, reformando-lhe decisões".[17]

---

[17]   Anotações sobre a correição parcial, *Revista de Processo* 68, p. 132, out.-dez. 1992. Assim também pensa Arruda Alvim (Correição parcial, *RT* 452/11-20).

9.3   Processamento

O entendimento majoritário é de que o agravo siga o processamento do recurso em sentido estrito. A justificativa baseia-se no fato de a previsão feita para a existência da correição parcial contar com singelas menções na Lei 1.533/1951 (hoje, substituída pela Lei 12.016/2009) e na Lei 5.010/1966, sem qualquer especificação de rito a seguir. Dessa maneira, cabe ao Estado, autorizado pela Constituição Federal (art. 24, XI), legislar concorrentemente sobre procedimento em matéria processual. Ora, criado o recurso por lei federal, mas não disciplinado o seu processamento, coube à lei estadual fazê-lo.

No Estado de São Paulo, o art. 94 do Decreto-lei complementar 3/1969 é explícito: "Observar-se-á, no processo de correição parcial, o rito do agravo de instrumento, ouvido o Ministério Público". Saliente-se que, a essa época, já existia o Código de Processo Penal, com a previsão do recurso em sentido estrito, razão pela qual a intenção da lei foi estabelecer o rito do agravo cível, sem qualquer ligação com o recurso similar do processo penal.

Atualmente, deveria a correição parcial obedecer ao mesmo trâmite, nos termos do agravo de instrumento do CPC de 2015, dirigindo-se a petição diretamente ao tribunal competente e podendo ser pedido ao relator o efeito suspensivo ativo à correição. Requisitar-se-ia informação ao juiz da causa, intimando-se a parte contrária para responder ao recurso, ouvindo-se o Ministério Público. Seria possível haver a retratação do magistrado e o relator também estaria autorizado a indeferir a correição liminarmente. Não é porque o rito do agravo foi alterado que, por conveniência, o rito da correição deveria transfigurar-se para o do recurso em sentido estrito.

Reconhecemos, no entanto, que tem prevalecido o entendimento de dever a correição parcial seguir o rito do recurso em sentido estrito. Dentre os vários argumentos utilizados, estão os seguintes: a) há maior facilidade para o réu fazer valer a autodefesa, ingressando com a correição parcial diretamente ao juiz, que, naturalmente, o acusado já conhece, pois foi citado e interrogado. Haveria maior dificuldade de acesso ao tribunal; b) essa mesma facilidade seria estendida à defesa técnica, mormente do interior dos Estados, que ingressaria com o recurso na própria Comarca, sem necessidade de se dirigir à Capital, onde se encontra o tribunal; c) poderia haver uma sobrecarga de recursos no tribunal, na área criminal, já assoberbado pelo número expressivo de *habeas corpus*; d) o recurso em sentido estrito, na essência, é a figura correlata, em processo penal, ao agravo de instrumento, em processo civil. Logo, é natural que a correição parcial siga o rito do recurso em sentido estrito.

10.   RECLAMAÇÃO

10.1   Conceito de reclamação

Trata-se de ação de impugnação, com caráter instrumental, sem perder a utilidade de recurso, à disposição das partes, interposto contra decisões que deixem de cumprir os julgados dos tribunais, ofendendo a sua autoridade ou usurpando-lhes competência. Encontra-se previsto, expressamente, no CPC, art. 988, I.

Além disso, destaca o art. 103-A, § 3.º, da CF (Emenda Constitucional 45/2004) que "do ato administrativo ou decisão judicial que contrariar a súmula aplicável ou que indevidamente a aplicar, caberá reclamação ao Supremo Tribunal Federal que, julgando-a procedente, anulará o ato administrativo ou cassará a decisão judicial reclamada, e determinará que outra seja proferida com ou sem a aplicação da súmula, conforme o caso". É o resultado da adoção da súmula vinculante (art. 103-A, *caput*, CF), que passa a ter a mesma força de um julgado do STF em relação a caso particular.

Os Regimentos Internos dos Tribunais também a preveem e disciplinam a sua utilização. Embora tenha forte conotação disciplinar, assim como a correição, pois medidas administrativas podem ser tomadas contra o magistrado, após o seu julgamento, é um autêntico recurso. Afinal, nem sempre está a Corte obrigada a oficiar ao órgão competente para solicitar a punição do magistrado. Por vezes, o equívoco não representa intenção de desatender o julgado superior, sendo inútil tomar providências disciplinares. Além disso, representações contra juízes não comportam pareceres das partes interessadas, vez que sigiloso e de interesse da Administração, e não da parte no processo.

10.2 Fundamento constitucional

Encontra-se prevista no art. 102, I, *l*, e 103-A, § 3.º, no tocante ao Supremo Tribunal Federal, e no art. 105, I, *f*, no que se refere ao Superior Tribunal de Justiça. Destaquemos o conteúdo da Súmula 734 do STF: "Não cabe reclamação quando já houver transitado em julgado o ato judicial que se alega tenha desrespeitado decisão do Supremo Tribunal Federal".

10.3 Processamento da reclamação

Como regra, apresentado o pedido ao Presidente do Tribunal, será encaminhado, preferencialmente, ao relator da causa principal, que requisitará informações do juiz a quem foi imputada a prática do ato. Poderá o relator, caso necessário, suspender o curso do processo ou do ato. As informações devem seguir em dez dias. O Ministério Público, quando não for o autor do pedido, será sempre ouvido.

Se julgada procedente, a decisão do magistrado será cassada, determinando-se que se tome a medida correta para preservar a autoridade do julgado do tribunal. Competente para apreciá-la é o Órgão Especial (se houver) ou o Tribunal Pleno sendo o relator, se já não o integrar, aquele que participou do julgamento principal. Embora julgada pelo Plenário, trata-se, como se disse, de um recurso, ainda que tenha forte conotação disciplinar, mas o fato é que diz respeito à autoridade do tribunal, como um todo, motivando o interesse do Colegiado em apreciá-la.

Vale, também, o disposto no CPC: "Art. 988. Caberá reclamação da parte interessada ou do Ministério Público para: I – preservar a competência do tribunal; II – garantir a autoridade das decisões do tribunal; III –garantir a observância de enunciado de súmula vinculante e de decisão do Supremo Tribunal Federal em controle concentrado de constitucionalidade; IV – garantir a observância de acórdão proferido em julgamento de incidente de resolução de demandas repetitivas ou de incidente de assunção de competência. § 1.º A reclamação pode ser proposta perante qualquer tribunal, e seu julgamento compete ao órgão jurisdicional cuja competência se busca preservar ou cuja autoridade se pretenda garantir. § 2.º A reclamação deverá ser instruída com prova documental e dirigida ao presidente do tribunal. § 3.º Assim que recebida, a reclamação será autuada e distribuída ao relator do processo principal, sempre que possível. § 4.º As hipóteses dos incisos III e IV compreendem a aplicação indevida da tese jurídica e sua não aplicação aos casos que a ela correspondam. § 5.º É inadmissível a reclamação: I – proposta após o trânsito em julgado da decisão reclamada; II – proposta para garantir a observância de acórdão de recurso extraordinário com repercussão geral reconhecida ou de acórdão proferido em julgamento de recursos extraordinário ou especial repetitivos, quando não esgotadas as instâncias ordinárias. § 6.º A inadmissibilidade ou o julgamento do recurso interposto contra a decisão proferida pelo órgão reclamado não prejudica a reclamação".

11. AGRAVO EM EXECUÇÃO CRIMINAL

11.1 Conceito de agravo em execução criminal

É o recurso utilizado para impugnar toda decisão proferida pelo juiz da execução criminal, que prejudique direito das partes principais envolvidas no processo. Encontra previsão legal no art. 197 da Lei 7.210/1984 (Lei de Execução Penal): "Das decisões proferidas pelo juiz caberá recurso de agravo, sem efeito suspensivo".

11.2 Rito do agravo

Explicam Ada, Magalhães e Scarance a origem da denominação *agravo* para esse recurso: "É que, à época em que estava sendo objeto de exame o projeto da Lei de Execução Penal, estava também sendo discutido projeto de Código de Processo Penal, no qual estava previsto o agravo de instrumento. A exigência de uniformidade entre os futuros diplomas, que deveriam passar a vigorar juntos ou em datas próximas, fez com que o legislador incluísse o agravo no projeto da Lei de Execução Penal, não o recurso em sentido estrito do vigente Código. Corresponderia ao agravo de instrumento previsto no projeto do CPP. Não houve qualquer preocupação quanto ao rito, pois seria seguido o do agravo do Código em discussão".[18]

Ocorre que o Código de Processo Penal não foi modificado e, logo que a Lei de Execução Penal foi editada, iniciou-se a discussão a respeito de qual rito seria seguido para o agravo em execução criminal. Muitos, àquela época, posicionaram-se pela adoção do rito do agravo de instrumento, do Código de Processo Civil de 1973, somente porque a denominação do recurso era similar. Outros, por parecença com o recurso em sentido estrito, ficaram com o rito para este previsto, até porque se trata de matéria criminal, bem como inúmeros pontos do art. 581 – antes da esfera de impugnação do recurso em sentido estrito – passaram a ser objeto de contestação por intermédio do agravo.

A questão não era tão relevante, pois ambos – agravo de instrumento e recurso em sentido estrito – tinham ritos praticamente idênticos. Utilizou-se, é verdade, no passado, majoritariamente, o rito do agravo de instrumento do Código de Processo Civil de 1973. Entretanto, com as alterações produzidas pela Lei 9.139/1995, atingindo o agravo no processo civil, a jurisprudência imediatamente recuou no seu entendimento anterior, passando a adotar – o que predomina hoje – o rito do recurso em sentido estrito para regular o agravo em execução criminal.

Não há dúvida de que foi a decisão acertada. Ressalte-se, em primeiro lugar, que a intenção do agravo era acompanhar o rito do recurso que iria substituir, no processo penal, o recurso em sentido estrito, ou seja, o agravo de instrumento. Não tendo ocorrido a mudança esperada, mais certo que o agravo fique circunscrito ao procedimento do recurso em sentido estrito. A matéria é criminal e, realmente, o agravo substituiu o que antes era decidido no âmbito do recurso previsto no art. 581.

---

[18]   *Recursos no processo penal*, p. 196.

Além disso, para o réu e para o membro do Ministério Público, é mais simplificado o procedimento do recurso em sentido estrito. Tanto é realidade que ADA, MAGALHÃES e SCA-RANCE, embora sustentem que o rito deve ser o do novo agravo do processo civil, sugerem várias adaptações para facilitar o seu emprego.[19] A nós, parece mais adequado utilizar o rito do recurso em sentido estrito, sem necessidade de se fazer qualquer adaptação. Acrescente-se, ainda, que a lei federal, instituidora do agravo em execução, não deu a menor pista sobre o rito, apenas chamando de agravo o recurso. Logo, nada impede que se adote o processo da analogia com o recurso em sentido estrito para o seu trâmite. Deve-se utilizar, ainda, para sustentar essa posição, o constante no art. 2.º, *caput*, da Lei de Execução Penal: "A jurisdição penal dos Juízes ou Tribunais da Justiça ordinária, em todo o Território Nacional, será exercida, no processo de execução, na conformidade desta Lei *e do Código de Processo Penal*" (grifamos). Assim é a posição maciça dos tribunais pátrios.

O prazo para a interposição do agravo em execução é de 5 (cinco) dias, a contar da ciência da decisão, conforme Súmula 700 do STF: "É de cinco dias o prazo para interposição de agravo contra decisão do juiz da execução penal".

Admite-se que o réu o faça diretamente, por termo, desde que, em seguida, o juiz determine a abertura de vista ao advogado, para a apresentação de razões, garantindo-se a ampla defesa. A legitimidade estende-se ao defensor e ao Ministério Público, primordialmente.

Não é demais acrescer o representante legal do condenado, seu cônjuge, parente ou descendente, conforme legitimidade conferida, para dar início aos procedimentos da Lei de Execução Penal, a essas pessoas, pelo art. 195. Além disso, não se pode subtrair o interesse que tenham, ao atuar em defesa do condenado. Mas, deve haver bom senso na aplicação do dispositivo (art. 195). Não se incluem como legitimados a recorrer nem o Conselho Penitenciário, nem a autoridade administrativa (embora possam dar início ao procedimento, o que lhes foi outorgado apenas para agilizar a instauração dos incidentes e concessão de benefícios). Aliás, até mesmo o cônjuge, parente ou descendente do sentenciado só pode fazê-lo se for em seu favor. Imagine-se o cônjuge que, não desejando o retorno do condenado para casa, interpõe agravo contra decisão que lhe concedeu regime mais favorável ou livramento condicional. Naturalmente, não tendo sido esse o espírito da norma ao legitimar tais pessoas, deve o juiz recusar o processamento do recurso. Aceitá-lo seria ofender a ampla defesa e, mais, o princípio de que o interesse para recorrer é, primordialmente, da parte principal, que, na execução penal, são duas: o Ministério Público e o condenado. Terceiros somente poderiam ingressar se atuarem em benefício deles, o que se dá no caso dos parentes do sentenciado.

O efeito do recurso é meramente devolutivo. Inexiste o efeito suspensivo, salvo em um caso: quando o juiz expedir ordem para desinternar ou liberar o indivíduo sujeito a medida de segurança (art. 179, LEP). No mais, em casos de soltura equivocada, pode o Ministério Público valer-se do mandado de segurança – como já sustentamos em outras situações semelhantes. Para o condenado, a via de solução mais rápida é a utilização do *habeas corpus*.

---

[19] Ob. cit., p. 200-203.

12. APELAÇÃO

Acesse e escute o podcast sobre Apelação.

> http://uqr.to/1z8p3

12.1 Conceito de apelação

Cuida-se de recurso contra decisões definitivas, que julgam extinto o processo, apreciando ou não o mérito, devolvendo ao tribunal amplo conhecimento da matéria.[20] Essa seria, a nosso ver, a melhor maneira de conceituar a apelação, embora o Código de Processo Penal tenha preferido considerá-la como o recurso contra as sentenças definitivas, de condenação ou absolvição, *e contra as decisões definitivas ou com força de definitivas, não abrangidas pelo recurso em sentido estrito*.

Trata-se de um recurso de aplicação ambígua, justamente porque, conforme o caso, dá margem à confusão com o recurso em sentido estrito, permitindo-se a interposição de apelação até mesmo contra decisões interlocutórias. O ideal seria reservar o agravo para as decisões interlocutórias, não terminativas, e a apelação para as decisões terminativas, com ou sem julgamento de mérito. O disposto nos arts. 581 e 593 do CPP demonstra a falta de uniformidade na previsão de uso dos dois recursos. Tanto o recurso em sentido estrito é usado para contrariar decisões extintivas do processo (ex.: extinção da punibilidade), como a apelação acaba sendo utilizada para impugnar decisões interlocutórias (ex.: homologatórias de laudo de insanidade mental ou que autorizam o levantamento do sequestro).

12.2 Hipóteses de cabimento da apelação

O art. 593 do Código de Processo Penal fornece o rol das situações que admitem a interposição de apelação, sempre no prazo de cinco dias, a saber:

a) *das sentenças definitivas de condenação ou absolvição proferidas por juiz singular* (inciso I), que constituem as típicas decisões terminativas de mérito, acolhendo a imputação feita na denúncia ou queixa (condenação) ou rejeitando a imputação (absolvição). Pode-se falar, é verdade, em sentido lato, que a decisão de extinção da punibilidade do réu também decide o mérito, pois nega a pretensão punitiva do Estado, embora, nesse caso, não se refira diretamente à correção ou incorreção da imputação. Em sentido estrito, portanto, somente as sentenças que condenam ou absolvem o réu são decisões de mérito.

---

[20] "O termo *apelação* deriva do vocábulo latino *appellationem*, no sentido de recurso de juiz inferior para superior, oriundo do verbo *appellare*, recorrer a tribunal superior. A apelação sempre teve como característica a natureza definitiva da sentença de que se recorre para instância superior e nisso se distingue do recurso em sentido estrito, que é interposto, em regra, das decisões interlocutórias" (CÂMARA LEAL, *Comentários ao Código de Processo Penal*, v. IV, p. 78). Na mesma ótica, FLORÊNCIO DE ABREU (*Comentários ao Código de Processo Penal*, v. V, p. 280).

Nesse contexto, é válido salientar que o réu pode apresentar apelação contra decisão absolutória, desde que busque a alteração do dispositivo da sentença. Ilustrando, se o juiz absolve o acusado, por insuficiência de provas, nada impede que a vítima ingresse com ação civil, pleiteando indenização pelo cometimento do pretenso crime e reinaugurando a fase probatória. Entretanto, se o juiz absolve o acusado por ter agido em legítima defesa, a vítima nada mais pode requerer na esfera civil. Ou seja, a troca de inciso do art. 386, relacionada à absolvição, tem repercussão direta na ação civil para reparar o dano causado pela conduta penal.

Por outro lado, para constar da sua folha de antecedentes – e lembremos que muitos juízes consideram como antecedentes decisões absolutórias, por falta de provas, ainda que não seja o ideal –, é efetivamente mais favorável que figure uma absolvição por exclusão da ilicitude do que uma absolvição por insuficiência probatória. A primeira afirma ser o réu autor de conduta lícita e correta, enquanto a segunda deixa em aberto a questão, não considerando o acusado culpado, mas também não aprovando, expressamente, o que fez. O reflexo social da decisão é diverso, o que torna justificável a pretensão daquele que deseja alterar o seu fundamento;

b) *das decisões definitivas, ou com força de definitivas, proferidas por juiz singular nos casos não abrangidos pelo recurso em sentido estrito* (inciso II), hipóteses que não julgam o mérito (pretensão punitiva do Estado), mas terminam colocando fim a uma controvérsia surgida no processo principal ou em processo incidental, podendo ou não o extinguir. São também chamadas de decisões interlocutórias mistas.

Exemplos:

b.1) decisão definitiva, que coloca fim ao processo: quando o juiz extingue, de ofício, o feito, por reconhecer a exceção da coisa julgada. Cabe apelação. Se reconhecer exceção interposta pela parte, o Código elegeu o recurso em sentido estrito;

b.2) decisão definitiva, que coloca fim ao procedimento incidente: procedência ou improcedência da restituição de coisa apreendida (art. 120, § 1.º, CPP). Cabe apelação;

b.3) decisão com força de definitiva, que põe fim a procedimento incidente: improcedência do sequestro (art. 127, CPP). Se ordenar o sequestro, cabem embargos por parte do interessado (art. 130, CPP);

b.4) decisão com força de definitiva, colocando fim a procedimento incidente: homologação do laudo, no incidente de insanidade mental (art. 153);

b.5) em procedimento advindo de legislação especial, a decisão que determina a inutilização do material coletado em interceptação telefônica, proferida no incidente próprio (art. 9.º, Lei 9.296/1996). Nesse caso, no entanto, em face da urgência, é possível que a parte prefira utilizar o mandado de segurança, para, em juízo liminar, vedar a destruição do material.

Outros exemplos que poderiam ser impugnados por apelação, mas a lei escolheu o recurso em sentido estrito:

a) decisão com força de definitiva pondo fim a uma controvérsia, extinguindo o processo: procedência da exceção de ilegitimidade de parte;

b) decisão que rejeita a denúncia, por algum vício de forma, provocando o fim do processo, o que lhe dá força de definitiva.

Registremos que os termos "definitiva" e "com força de definitiva" são correlatos para o fim de interposição de apelação e torna-se, na prática, inútil buscar diferenciá-los. Aliás, com particular concisão, expõe BORGES DA ROSA que a verdadeira decisão definitiva é a sentença condenatória ou absolutória, portanto, hipótese prevista no inciso I do art. 593 do CPP. É inadequada sua repetição no inciso II, com o que concordamos.[21]

Em suma, valeu-se o legislador da apelação como recurso residual, ou seja, quando não se tratar de despachos de mero expediente, que não admitem recurso algum, nem for o caso de interposição de recurso em sentido estrito, resta a aplicação da apelação, desde que importe em alguma decisão com força de definitiva, encerrando algum tipo de controvérsia;

c) *das decisões do Tribunal do Júri*, quando: c.1) ocorrer nulidade posterior à pronúncia; c.2) for a sentença do juiz presidente contrária à lei expressa ou à decisão dos jurados; c.3) houver erro ou injustiça no tocante à aplicação da pena ou da medida de segurança; c.4) for a decisão dos jurados manifestamente contrária à prova dos autos (inciso III).

As decisões proferidas no Tribunal do Júri, como regra, encaixam-se na hipótese prevista no inciso I do art. 593 (condenação ou absolvição), embora a norma processual penal tenha optado por excepcionar o caso do júri, justamente para fazer com que a apelação, nessa hipótese, ficasse vinculada a uma motivação. Não se ataca, pois, decisão do Tribunal do Júri por qualquer razão ou inconformismo, mas somente nos casos enumerados nas alíneas do inciso III do art. 593. Garante-se o duplo grau de jurisdição, ao mesmo tempo em que se busca preservar a soberania dos veredictos.

Quando a parte pretender recorrer de decisão proferida no Tribunal do Júri deve apresentar, logo na petição de interposição, qual o motivo que o leva a apelar, deixando expressa a alínea eleita do inciso III do art. 593 do Código de Processo Penal. Posteriormente, no momento de apresentação das razões, fica vinculado ao motivo declinado. A única possibilidade de alterar o fundamento da apelação ou ampliar o seu inconformismo, abrangendo outras hipóteses do inciso III, é fazê-lo ainda no prazo para apresentar a apelação, oferecendo outra petição nesse sentido. Assim sendo, o tribunal somente pode julgar nos limites da interposição. Conferir: Súmula 713 do STF: "O efeito devolutivo da apelação contra decisões do júri é adstrito aos fundamentos da sua interposição".

A primeira hipótese (alínea *a* do inciso III do art. 593) diz respeito à ocorrência de nulidade posterior à pronúncia (se surgir em momento anterior, é natural que seja conhecida por ocasião do julgamento da admissibilidade da acusação, isto é, na própria decisão de pronúncia), razão pela qual não há recurso cabível e específico para questioná-la diretamente ao tribunal, a não ser quando houver a interposição de apelação, por conta da decisão de mérito proferida pelo Tribunal Popular.

O ideal, no entanto, quando a nulidade é absoluta, é que seja reconhecida pelo juiz antes mesmo da instalação da sessão plenária, garantindo-se a formação do devido processo legal e evitando-se a realização do julgamento, que, no futuro, não irá subsistir em virtude do vício existente. Não o fazendo, permite que a parte alegue, na apelação, esse motivo. Esta hipótese faz com que o Tribunal de Justiça anule o feito, a partir da implantação do vício, determinando a sua renovação.

---

[21] *Comentários ao Código de Processo Penal*, p. 718.

A segunda hipótese (alínea *b* do inciso III do art. 593) refere-se à contrariedade da sentença do juiz presidente com texto expresso de lei ou em face da decisão dos jurados. Trata-se de um erro do juiz togado, que pode – e deve – ser corrigido diretamente pelo tribunal. Assim, equívocos na aplicação da pena são passíveis de reforma, sem necessidade de se proceder a novo julgamento. Ex.: o juiz deixa de aplicar a causa de diminuição de pena prevista no § 1.º do art. 121 do Código Penal, embora tenha o Conselho de Sentença reconhecido a ocorrência do domínio de violenta emoção, logo após injusta provocação da vítima. O tribunal, nesse caso, aplica diretamente a diminuição.

A terceira hipótese (alínea *c* do inciso III do art. 593) diz respeito à existência de erro ou injustiça no tocante à aplicação da pena ou da medida de segurança. Trata-se de outra hipótese que diz respeito, exclusivamente, à atuação do juiz presidente, não importando em ofensa à soberania do veredicto popular. Logo, o tribunal pode corrigir a distorção diretamente. Penas elevadas demais para réus primários ou excessivamente brandas para reincidentes, por exemplo, sem ter havido fundamento razoável, ou medidas de segurança incompatíveis com a doença mental apresentada pelo réu podem ser alteradas pela interposição do recurso.

Registremos, no entanto, que a exclusão ou a inclusão de qualificadoras, privilégios, causas de aumento ou de diminuição da pena não podem ser alteradas pelo tribunal, uma vez que fazem parte da tipicidade derivada, integrante do crime doloso contra a vida, cuja competência para julgar pertence, com exclusividade, ao Tribunal do Júri.

Se houver decisão equivocada do Conselho de Sentença, reconhecendo, por exemplo, qualificadora manifestamente improcedente e dissociada das provas, é preciso determinar a realização de novo julgamento, o que se faz com base na alínea *d* do inciso III do art. 593 e não com fundamento na alínea *c*, não cabendo ao tribunal *ad quem* simplesmente afastá-la, diminuindo a pena.

Quanto às agravantes e atenuantes, embora não pertençam à tipicidade derivada, constituindo meras circunstâncias genéricas, recomendando ao juiz o agravamento ou a atenuação da pena, cabe exclusivamente aos jurados o seu acolhimento ou afastamento. Elas preenchem o cenário da matéria de fato, à qual está vinculada o Conselho de Sentença. Porém, a reforma trazida pela Lei 11.689/2008 buscou retirar a sua análise dos jurados, transmitindo-a ao juiz presidente. Ver os comentários próprios no Capítulo do Júri.

A quarta hipótese (alínea *d* do inciso III do art. 593) é a mais problemática, pois busca questionar diretamente o mérito do veredicto dos jurados, desde que se considere seja ele *manifestamente contrário à prova dos autos*. Não se trata de análise fácil distinguir entre a decisão que valorou a prova e proferiu o veredicto de acordo com a convicção íntima do Conselho de Sentença e aquela que se dissociou da prova, provocando o surgimento de veredicto totalmente estranho ao evidenciado nos autos. Por vezes, o tribunal termina invadindo o âmbito exclusivo da apreciação do Tribunal Popular, reformando decisão que está em consonância com a prova, mas não com a orientação da corte togada. Cuida-se, nesse caso, de grave erro, que atenta contra o preceito constitucional da soberania dos veredictos. Exemplificando: se o Conselho de Sentença, valorando a prova, entende que houve recurso que dificultou a defesa da vítima, não pode o tribunal togado desacolher essa interpretação, a pretexto de que a Câmara tem posição firmada no sentido de que, naquela situação fática, não se deve acolher a qualificadora.

Por outro lado, a simples existência do recurso de apelação voltando ao questionamento da decisão dos jurados não constitui, por si só, ofensa ao princípio constitucional da soberania dos veredictos; ao contrário, harmonizam-se os princípios, consagrando-se na hipótese o duplo grau de jurisdição. Além do mais, a Constituição menciona haver soberania *dos* veredictos, não querendo dizer que exista um só. A isso, devemos acrescentar que os jurados, como seres humanos que são, podem errar e nada impede que o tribunal reveja a decisão, impondo a necessidade de se fazer um novo julgamento. Isto não significa que o juiz togado substituirá o jurado na tarefa de dar a última palavra quanto ao crime doloso contra a vida que lhe for apresentado para julgamento. Por isso, dando provimento ao recurso, por ter o júri decidido contra a prova dos autos, cabe ao Tribunal Popular proferir uma outra decisão. Esta, sim, torna-se soberana, porque essa hipótese de apelação só pode ser utilizada pela defesa uma única vez (art. 593, § 3.º *in fine*).

Lembre-se de que o princípio constitucional da soberania dos veredictos não se aplica à esfera da Justiça Militar. Esta é considerada Justiça Especial, enquanto o Tribunal do Júri é órgão da Justiça comum. Portanto, quando o Conselho Militar Federal de 1.º grau se reúne para julgar um homicídio, considerado crime militar (ex.: cometido por militar contra militar, no quartel), sua decisão está sujeita ao duplo grau de jurisdição, cabendo recurso ao Superior Tribunal Militar. Este, por sua vez, pode ingressar no mérito da decisão, reformando-a para condenar ou absolver o réu. A soberania dos veredictos está reservada ao Tribunal do Júri, isto é, o colegiado composto pelos jurados, pessoas leigas, em crimes comuns dolosos contra a vida.

Quando o tribunal dá provimento ao apelo contra decisão absolutória do Júri para que novo julgamento se realize, atendendo a pedido do Ministério Público, não pode restaurar os efeitos de eventual prisão preventiva que fora decretada pelo juiz de 1.º grau, sem que existam novos fundamentos. Na realidade, uma vez absolvido, o acusado foi colocado em liberdade, não tendo sentido o tribunal, revendo a decisão do Júri, determinar a sua prisão, somente porque aguardara preso o seu julgamento anterior pelo Tribunal Popular.

Utilizada a apelação com base na alínea *d* do inciso III do art. 593, não é admissível um segundo apelo pelo mesmo motivo, evitando-se a prorrogação infindável dos julgamentos (art. 593, § 3.º, CPP). Ademais, se na primeira apelação, considerou o tribunal que a decisão foi manifestamente contrária à prova dos autos, quando o júri condenou o réu sem prova suficiente, por exemplo, determinando novo julgamento, não tem o menor cabimento, quando o Conselho de Sentença, na segunda sessão, absolver o acusado, tornar a haver questionamento sobre o mérito. Afinal, se foi contrária à prova a condenação, não pode também ser contrária à prova a absolvição. Seria interminável a possibilidade de renovação dos veredictos. Por isso, o correto é permitir que uma única vez seja apresentada a apelação, com base nessa alínea, ainda que as teses se alterem nos dois julgamentos proferidos.

Por derradeiro, convém destacar a consagração do princípio da unirrecorribilidade das decisões, significando que, como regra, para cada decisão existe um único recurso cabível, não sendo viável combater um julgado por variados mecanismos. Além de se poder gerar decisões contraditórias, haveria insegurança e ausência de economia processual. Excepciona essa regra o fato de a decisão comportar mais de um fundamento, motivador de mais de um recurso. É possível que a parte interponha recursos extraordinário e especial, concomitantemente, contra acórdão, desde que a decisão contrarie, por um lado, a Constituição e, por outro, der à lei federal interpretação diversa da que lhe tenha dado outro tribunal.

Justamente em função da unirrecorribilidade das decisões, havendo previsão expressa para a interposição de apelação, não pode a parte optar pelo recurso em sentido estrito, a pretexto de também estar prevista a matéria no contexto do art. 581. É o que ocorre, por exemplo, com a não concessão do *sursis*. Prevê o art. 581, XI, do Código de Processo Penal, ser cabível recurso em sentido estrito contra decisão que nega o benefício (hoje, durante a execução, cabe agravo). Entretanto, se o juiz da condenação for o responsável pela negativa, cabe apelação, pois está sendo questionada parte da sentença de mérito.

O recurso de apelação, com base no art. 593, III, *d*, do CPP, continua vigendo, normalmente, mesmo após a edição da Lei 11.689/2008, que instituiu novo procedimento ao Tribunal do Júri. É realidade que passa a existir somente um quesito, envolvendo todas as teses absolutórias de defesa ("o jurado absolve o acusado?"). Entretanto, ainda que a defesa ofereça teses variadas, alternativas, elas ficarão consignadas em ata e, caso os jurados realmente absolvam o réu, pode haver o contraste de tais teses com as provas constantes dos autos. Logo, se nenhuma tese absolutória for compatível com o acervo probatório, o Tribunal pode dar provimento ao recurso da acusação para que o réu seja submetido a novo julgamento pelo Tribunal do Júri. Porém, se alguma delas guardar sintonia com a prova colhida, nega-se provimento à apelação do órgão acusatório.

12.3 Legitimidade recursal do Ministério Público e de terceiros

Pode o representante do Ministério Público interpor recurso em favor do réu, pois o promotor não está vinculado estreitamente à acusação, podendo, respeitada a sua independência funcional, acreditar na inocência do acusado ou mesmo que a pena aplicada foi exagerada. Imagine-se a hipótese do representante do Ministério Público ter pedido a absolvição em plenário, mas o júri, em face da sua soberania, ter condenado o réu. Pode o promotor recorrer da decisão.

O Ministério Público não é obrigado a fazê-lo, nem quando o juiz julga improcedente a ação, nem tampouco quando a julga procedente, mas distante da pena almejada pelo acusador. Trata-se de uma faculdade, vinculada ao convencimento do representante da sociedade. Entretanto, se apresentar recurso, não mais poderá desistir, como consequência razoável da obrigatoriedade da ação penal e indisponibilidade do processo.

Porém, não tem legitimidade para recorrer de sentença absolutória em ação penal privada, uma vez que é consequência lógica da titularidade da ação penal ter sido conferida ao particular e não ao Estado. Este detém o direito de punir, mas não a iniciativa da ação, por isso atua no processo apenas como *custos legis*. Havendo absolvição, o representante do Ministério Público, caso pudesse substituir o querelante, que não apelou, oferecendo recurso visando à condenação, estaria assumindo o polo ativo da demanda, o que seria injustificável. Naturalmente, pode apresentar recurso de apelação contra a decisão condenatória, que não aplicou corretamente a pena ou que, injustamente, sem provas suficientes, condenou o querelado.

No caso de ação penal privada subsidiária da pública, há legitimidade recursal do Ministério Público em qualquer situação, pois a titularidade da ação penal é do Estado e somente foi transferida ao ofendido, diante da inércia inicial do órgão acusatório. Assim, se o particular não desejar recorrer de decisão absolutória, nada impede que o promotor o faça, retomando o polo ativo, que, originariamente, é seu.

Dispõe o art. 598 do Código de Processo Penal que, nos crimes da competência do Júri ou do juiz singular, não interposta apelação pelo Ministério Público contra a sentença, podem fazê-lo o ofendido ou qualquer das pessoas enumeradas no art. 31 (cônjuge, ascendente, descendente ou irmão), ainda que não se tenha habilitado como assistente. O prazo para a interposição desse recurso é de 15 (quinze) dias, contados do dia em que terminar o do Ministério Público.

É viável, inclusive, haver apelação de corréu em lugar do Ministério Público, desde que o outro acusado já tenha sido julgado e absolvido definitivamente ou excluído da ação penal por qualquer razão. Se tal não ocorrer, continua como parte, motivo pelo qual não tem legitimidade para o recurso contra o corréu. Quanto ao interesse para apelar, parece-nos que, em certas situações, está presente. Exemplo: nas lesões corporais recíprocas – em que dois indivíduos figuram, ao mesmo tempo, na ação penal como réus e vítimas –, a absolvição de um pode fazer nascer o interesse no outro de recorrer contra a decisão.

A amplitude da apelação apresentada pelo ofendido deve ser a maior possível, não se circunscrevendo apenas à condenação ou à absolvição. Costuma-se dizer que a vítima somente ingressa no processo penal, como assistente do Ministério Público, para buscar a condenação, que lhe servirá de título executivo na esfera cível, pouco importando qual será o montante da condenação.

Não se deve mais enfocar a questão desse modo, pelo crescente desejo – e legítimo – da pessoa ofendida de buscar justiça. Assim, cabe o recurso contra a aplicação da pena, por exemplo, embora não tenha qualquer relação com a questão a ser decidida no cível, em relação à indenização. Convém citar os argumentos de MAURÍCIO ZANOIDE DE MORAES, em defesa dessa postura: a) inexiste dispositivo processual penal expresso vedando a atuação do ofendido para fins penais; b) se a intenção do legislador fosse restringir a participação da vítima no campo civil, deveria dar-lhe todos os instrumentos possíveis para provar tal direito, o que não fez; c) seria irracional conceder ao ofendido uma atuação marcante, quando propuser a ação privada subsidiária da pública, não permitindo o mesmo no caso da assistência; d) a restrita possibilidade de interpor recursos apenas demonstra que o assistente é auxiliar do Ministério Público e não órgão principal; e) se fosse unicamente por finalidades civis, caso já tivesse ele recebido a indenização, não poderia habilitar-se como assistente, o que não acontece.[22] Com tal raciocínio, concordamos plenamente. Reconhecemos, no entanto, que há duas correntes, uma admitindo a apelação por qualquer motivo, enquanto outra somente a aceita se for para questionar a absolvição, mas não a pena aplicada em caso de condenação. Tem havido predomínio da primeira posição. Adotando esta (interesse recursal amplo): MIRABETE;[23] ADA, MAGALHÃES e SCARANCE,[24] dentre outros. Firmando a segunda (interesse recursal somente para garantir a condenação): GRECO FILHO;[25] TOURINHO FILHO,[26] dentre outros.

Quanto ao prazo legal para o oferecimento do recurso de apelação pelo ofendido, caso esteja habilitado nos autos, como assistente da acusação, uma vez intimado, deve respeitar o prazo regular de cinco dias. Inexiste razão para o prazo de quinze dias (art. 598, parágrafo único, CPP), pois a vítima já é parte no processo, tomando ciência mais facilmente das decisões nele proferidas. Sobre o tema, há a Súmula 448 do Supremo Tribunal Federal: "O prazo para o assistente recorrer, supletivamente, começa a correr imediatamente após o transcurso do prazo do Ministério Público".

É preciso ressaltar, no entanto, que o entendimento atual do Pretório Excelso é no sentido de que o prazo corre, quando o assistente está habilitado nos autos, da data da intimação e tem ele o prazo de cinco dias para interpor o recurso. Vige a súmula na parte referente à conside-

---

[22]   *Interesse e legitimação para recorrer no processo penal brasileiro*, p. 335.
[23]   *Código de Processo Penal interpretado*, p. 765.
[24]   *Recursos no processo penal*, p. 88 e 132.
[25]   *Manual de processo penal*, p. 226.
[26]   *Código de Processo Penal comentado*, v. 2, p. 326.

ração de ser o recurso do assistente sempre supletivo em relação ao do Ministério Público.[27] Entretanto, caso não esteja habilitado, tem o ofendido o prazo de quinze dias para apelar.

Há posição em sentido contrário, sustentando que o prazo para o ofendido recorrer é sempre de quinze dias, estando habilitado ou não.[28]

A ressalva feita no art. 598, *caput*, parte final, de que não será admitido o recurso do ofendido ou de seus sucessores com efeito suspensivo, pressupõe tenha ele sido oferecido contra decisão absolutória. Ocorre que, atualmente, tem-se admitido apelação do ofendido ou seus sucessores para requerer, por exemplo, o aumento de pena. Se assim for, a vítima insurgir-se-á contra sentença condenatória, que pode ter, sim, efeito suspensivo, não sendo aplicável a parte final deste artigo, harmonizando-se com o disposto na primeira parte do art. 597.

12.4 Processamento da apelação

Deve ser interposta em 5 (cinco) dias a contar a intimação da decisão. Quanto à necessidade de recolhimento à prisão, ou prestação de fiança, para poder recorrer, conforme era previsto no revogado art. 594 do Código de Processo Penal, remetemos o leitor ao capítulo referente às modalidades de prisão cautelar, onde o assunto foi exposto.

Há possibilidade de deserção, quando não houver o pagamento das custas (ver art. 806, § 2.º) e as despesas de traslado (ver art. 601, § 2.º). Essas hipóteses continuam viáveis, após a revogação do art. 595 do CPP, pois não tem vinculação alguma com a prisão cautelar e a fuga do réu.

Ao contrário da absolutória, cujo efeito é meramente devolutivo, a sentença condenatória deve ter efeito devolutivo e suspensivo, não sendo executada, até que haja o trânsito em julgado, a fim de não se ofender o princípio da presunção de inocência (art. 597, CPP).

A segunda parte do art. 597 está revogada: não existe mais a aplicação provisória de interdições de direitos ou medida de segurança; também não se fala mais na aplicação imediata da suspensão condicional da pena, uma vez que a Lei de Execução Penal impõe a realização da audiência de advertência somente após o trânsito em julgado da sentença (art. 160).

Merece comentário especial o confronto entre o efeito suspensivo da sentença condenatória e a possibilidade de execução provisória da pena.

Embora a sentença condenatória tenha efeito suspensivo, justamente para não ferir o princípio da presunção de inocência, executando-se a pena prematuramente, antes da condenação tornar-se definitiva, é posição dominante – e correta – da jurisprudência pátria ter o sentenciado direito à execução provisória da pena. Esta medida é um benefício e uma necessidade, imposta pela excessiva lentidão no trâmite dos recursos, que podem levar anos para ser apreciados, razão pela qual o réu terminaria sua pena no regime fechado, sem qualquer vantagem. Dessa forma, admite-se possa ele pleitear ao juiz das execuções criminais a progressão de regime, embora ainda esteja recorrendo da decisão condenatória. Para esse fim, a sentença abrandaria o seu efeito suspensivo.

Os Tribunais Superiores têm admitido esse entendimento, sistematicamente, havendo apenas uma controvérsia: alguns julgados exigem o trânsito em julgado da decisão condenatória para o Ministério Público (ou pelo menos que este não tenha interposto recurso contra a

---

[27] Na linha que sustentamos, está a visão de Greco Filho (*Manual de processo penal*, p. 226); Mirabete (*Código de Processo penal interpretado*, p. 766-767).

[28] Nessa ótica: Ada, Magalhães e Scarance (*Recursos no processo penal*, p. 134).

pena, pleiteando o seu aumento), o que consideramos correto; outros, no entanto, permitem a execução provisória de qualquer modo, ainda que o Ministério Público tenha recorrido contra a pena. Tem sido majoritária a posição de somente permitir a execução provisória quando o Estado-acusação se conforma com a pena.

No Estado de São Paulo, o Conselho Superior da Magistratura editou o Provimento 653/1999, determinando que o juiz da condenação, em caso de réu preso e havendo recurso de qualquer das partes, expeça a guia de recolhimento provisória ao juiz das execuções criminais. Não se trata de decisão jurisdicional, obrigando o juiz a conceder a progressão ou outro benefício qualquer, mas somente de viabilizar o juízo competente para executar a pena provisoriamente, se for essa a sua convicção.

Cumpre, ainda, ressaltar a edição das Súmulas 716 e 717 do STF, cuidando do tema: 716: "Admite-se a progressão de regime de cumprimento da pena ou a aplicação imediata de regime menos severo nela determinada, antes do trânsito em julgado da sentença condenatória"; 717: "Não impede a progressão de regime de execução da pena, fixada em sentença não transitada em julgado, o fato de o réu se encontrar em prisão especial".

No mesmo prisma, o Conselho Nacional de Justiça editou a Resolução 113/2010, fixando normas para o aprimoramento da execução provisória da pena.

O art. 599 do Código de Processo Penal oferece a possibilidade de ser a apelação interposta quer em relação a todo o julgado, quer em relação a parte dele, o que é consequência natural da voluntariedade dos recursos, permitindo à parte a livre apreciação da decisão judicial.

O inconformismo pode ser total, discordando o réu, por exemplo, da condenação, da pena aplicada, do regime escolhido etc., como pode ser parcial, questionando somente a pena aplicada ou o regime eleito para o cumprimento. O mesmo se dá no tocante ao Ministério Público. Aliás, este artigo está em harmonia com o art. 593, § 4.º, que diz ser cabível apelação, ainda que somente de parte da decisão se recorra, evitando-se o recurso em sentido estrito.

Assinado o termo de apelação – quando o réu o faz diretamente, ao ser intimado da sentença –, ou apresentada petição pelo defensor, haverá um prazo de oito dias para cada parte oferecer as razões e contrarrazões respectivamente. Nos processos de contravenção, tal prazo reduz-se a três dias (art. 600, CPP). Cumpre salientar que o prazo de cinco dias para a interposição do recurso é fatal, mas o de oito dias, para as razões, não, podendo ser ultrapassado, até porque o recurso pode subir sem razões. A petição ou termo de apelação é dirigida ao juiz prolator da decisão impugnada, para que haja o recebimento do recurso. Em seguida, apresentam-se as razões, estas, sim, dirigidas ao tribunal.

O assistente de acusação apresentará seu arrazoado no prazo de três dias, contados do término do prazo do Ministério Público (art. 600, § 1.º, CPP). Caso este atue como fiscal da lei – em ação privada –, terá vista dos autos após o querelante, por três dias (art. 600, § 2.º, CPP).

Havendo dois ou mais apelantes ou apelados, os prazos serão comuns (art. 600, § 3.º, CPP). Embora seja um corolário do princípio da economia processual exigir que todos os apelantes e apelados manifestem-se no mesmo prazo, agilizando o trâmite do processo, poderia ser inviabilizada a ampla defesa ou mesmo restringido o duplo grau de jurisdição. Em processos complexos, as partes necessitam ter os autos em mãos para estudar o seu conteúdo, confrontar as provas e apresentar as razões, o que se torna impossível quando o prazo é comum e não se concede carga dos autos fora de cartório. Assim, torna-se viável o exercício do bom senso, permitindo o magistrado que os prazos sejam sucessivos, assim como o direito das partes de ter os autos em mãos, salvo se houver motivo de força maior.

Existe a possibilidade de apresentar as razões do apelo diretamente no tribunal, conforme dispõe o art. 600, § 4.º, do CPP. Trata-se de faculdade concedida somente à defesa, pois o promotor responsável pelo processo deve apresentar as razões em primeiro grau. Não haveria sentido que os autos do processo subissem ao tribunal para que, então, fosse aberta vista à acusação, saindo o representante do Ministério Público de sua Comarca e dirigindo-se à corte somente para protocolar as razões.

Por outro lado, não seria viável que um Procurador de Justiça o fizesse, em seu lugar, uma vez que sua função não é arrazoar recursos do Ministério Público, mas sim oferecer um parecer (imparcial) sobre o tema. E, por fim, se o promotor da Comarca de origem invocasse o dispositivo e não ficasse responsável pela apresentação das razões, haveria o Procurador-Geral de Justiça de designar um outro promotor para essa tarefa, o que somente conturbaria a carreira.

A defesa, por seu turno, pode pleitear nesse sentido, pois nada impede que se exerça a advocacia em qualquer Comarca, motivo pelo qual torna-se até mais fácil, caso o escritório do defensor seja na Capital, onde está situado o tribunal, que o oferecimento das razões seja feito na superior instância e não na Comarca do interior, onde foi prolatada a sentença.

Lembre-se de que, tendo havido interesse em oferecer as razões em segundo grau, é indispensável que esse direito seja assegurado, intimando-se as partes a fazê-lo, sob pena de nulidade.

A ausência de razões não acarreta nulidade, embora jamais possa deixar o juiz de intimar e assegurar às partes o direito de apresentá-las. A disposição do art. 601 do CPP possibilita esse entendimento, além do que nenhum prejuízo advém ao réu, uma vez que o tribunal retomará o conhecimento pleno da questão da mesma forma.

Ainda assim, deve o juiz buscar que o recurso seja convenientemente arrazoado pela defesa técnica, especialmente quando é interposto pelo acusado diretamente. Não pode, no entanto, obrigar que o advogado o faça, se ele declina da oportunidade concedida.

Quando um réu deseja apelar, havendo outros ainda não julgados ou que não tiverem recorrido, deve haver o desmembramento do feito, providenciando o apelante o traslado das cópias necessárias para a formação do volume que será remetido ao tribunal. Se não o fizer, importa em deserção, com a ressalva feita no § 2.º do art. 601, do CPP, isto é, no caso de réu pobre ou do Ministério Público.

12.5 Trâmite no tribunal

Estabelece o art. 610 do Código de Processo Penal que, nos recursos em sentido estrito (exceto no tocante a *habeas corpus*) e nas apelações contra sentenças em processo de contravenção ou crime a que a lei comine pena de detenção, os autos devem seguir imediatamente ao Ministério Público, pelo prazo de cinco dias, passando, por igual prazo, ao relator, que pedirá data para julgamento. Nesse dia, apregoadas as partes, com ou sem sua presença, o relator expõe o feito e concede, por dez minutos cada um, a palavra aos advogados que desejem fazer sustentação oral e ao membro do Ministério Público. Os recursos relativos a *habeas corpus* tem preferência de julgamento (art. 612, CPP).

Trata-se de um rito abreviado no processamento do apelo, em consonância ao procedimento mais célere adotado pelo magistrado de primeiro grau, quando conduziu o processo para apurar contravenção penal ou crime apenado com detenção. O ideal seria um só processamento, para qualquer situação, embora sempre célere.

Registre-se que os prazos para parecer do Ministério Público e para o voto do relator são impróprios, isto é, não são considerados fatais, podendo haver atraso, até por conta do excessivo volume de feitos em trâmite nos tribunais atualmente. Aliás, segundo o art. 614 do CPP, deve haver justificação nos autos, que, na maior parte das vezes, é genérica, referindo-se ao "excesso de serviço".

Em julgamento de recurso em sentido estrito e de apelação especial, não seguem os autos ao revisor, após terem passado pelo relator. Este encaminha, diretamente, à mesa para julgamento, tão logo tenha recebido o feito com parecer da Procuradoria-Geral da Justiça.

Nas apelações contra sentenças proferidas em processos por crime apenado com reclusão, devem ser processadas como acima exposto, acrescendo-se que, exarado o relatório nos autos pelo relator, passarão os autos ao revisor, que terá igual prazo para exame e, depois, pedirá data para julgamento (art. 613, CPP). Os prazos serão computados em dobro e a sustentação oral pode atingir quinze minutos para cada parte.

Os julgamentos do tribunal serão feitos por maioria de votos (art. 615, CPP). Se, porventura, houver empate, o presidente do tribunal, da câmara ou da turma, se não tiver tomado parte na votação, proferirá o voto de desempate; caso contrário, prevalecerá a decisão mais favorável ao réu (art. 615, § 1.º, CPP).

Preceitua o art. 616 do Código de Processo Penal que, no julgamento das apelações, o tribunal, câmara ou turma poderá proceder a novo interrogatório do acusado, reinquirir testemunhas ou determinar outras diligências.

A execução desses atos pode ser feita diretamente pelo tribunal, normalmente pelo relator, mas também pode ser expedida carta de ordem para que o juiz de primeiro grau, do local onde estão o réu e as testemunhas, proceda à inquirição desejada.

A natureza dessas diligências é meramente suplementar, voltadas que são ao esclarecimento de dúvidas dos julgadores de segunda instância, não podendo extrapolar o âmbito das provas já produzidas, alargando o campo da matéria em debate, pois isso configuraria nítida supressão de instância e causa de nulidade. É inadmissível o procedimento do tribunal de produzir novas provas, das quais não tem ciência – e não teve por ocasião da sentença – o juiz de primeiro grau, julgando o recurso com base nelas. Assim fazendo, não haverá duplo grau de jurisdição, mas uma única – e inédita – decisão, da qual não poderão as partes recorrer.

É viável a aplicação do art. 383 do CPP (*emendatio libelli*) em segundo grau, isto é, trata-se da hipótese de dar nova definição jurídica do fato, desde que a imputação formulada na denúncia comporte, bem como se encontre respaldo na prova dos autos (art. 617, CPP). Ilustrando: pode o tribunal considerar determinado motivo, explicitamente constante da peça inicial e sobre o qual pôde manifestar-se o réu convenientemente, torpe em lugar de fútil. Não pode, no entanto, o tribunal aplicar pena mais grave, se somente o réu recorreu, nem tampouco pode fazer uso do art. 384 do CPP (*mutatio libelli*), que seria o caminho viável para, aditando a denúncia, agravar a pena. Nessa linha, confira-se a Súmula 453 do STF: "Não se aplicam à segunda instância o art. 384 e parágrafo único do Código de Processo Penal, que possibilitam dar nova definição jurídica ao fato delituoso, em virtude de circunstância elementar não contida, explícita ou implicitamente, na denúncia ou queixa".

Deve, ainda, o tribunal, nos termos do art. 617 do CPP, valer-se do disposto no art. 386 do CPP, em caso de absolvição, explicitando no acórdão as razões da decisão: a) estar provada a inexistência do fato; b) não haver prova da existência do fato; c) não constituir o fato infração penal; d) estar provado que o réu não concorreu para a infração penal; e) não existir prova de ter o réu concorrido para a infração penal; f) existir circunstância excludente de ilicitude ou de culpabilidade; g) não existir prova suficiente para a condenação.

Em caso de condenação, deve o tribunal, se resolver condenar o réu, no caso de recurso apresentado pelo Ministério Público, fixar a pena de acordo com o preceituado no art. 387 do CPP, ou seja, com os mesmos parâmetros do juiz de primeiro grau. Necessita mencionar as circunstâncias agravantes e atenuantes existentes, as demais circunstâncias levadas em conta para a aplicação da pena, como estabelecido nos arts. 59 e 60 do Código Penal, bem como as causas de aumento e diminuição. Fixará os benefícios cabíveis – como a suspensão condicional da pena ou a substituição da pena privativa de liberdade por restritivas de direitos ou multa – bem como determinará a publicação (art. 617, CPP).

Não há possibilidade de a parte recorrer contra uma decisão e, em lugar de conseguir a modificação do julgado, segundo sua visão, terminar obtendo uma alteração ainda mais prejudicial do que se não tivesse recorrido. Veda o sistema recursal que a instância superior, não tendo a parte requerido, empreenda uma *reformatio in pejus*, ou seja, modifique o julgado piorando a situação de quem recorreu.

Quanto à possibilidade de *reformatio in pejus* para a acusação, ou seja, melhorar a situação do réu, quando houver recurso exclusivo da acusação, configurando autêntica *reformatio in mellius* para a defesa, deve-se sustentar, de fato, o princípio da prevalência do interesse do réu. Parecia-nos razoável privilegiar, no cenário dos recursos, o princípio da voluntariedade (cabe à parte contrariar a decisão proferida), nos termos do art. 574, *caput*, primeira parte, do CPP, além de, levando-se em consideração constituir o recurso um desdobramento do direito de ação, tornar-se-ia sempre relevante haver interesse para impugnar o decidido (art. 577, parágrafo único, CPP). Sustentávamos que, havendo recurso exclusivo do Ministério Público, para agravar a condenação imposta ao réu, sob qualquer aspecto, não poderia o tribunal acolher o recurso em amplo efeito devolutivo, podendo absolver ou atenuar a pena do acusado. Tal medida iria, em tese, contra a voluntariedade e o interesse recursal, visto que o réu não apelou da decisão condenatória, conformando-se com o seu conteúdo. Mas, as reflexões teóricas sobre o tema, associadas à prática de nosso exercício da judicatura no tribunal, fazem-nos perceber um argumento muito relevante, exposto por Tourinho Filho: "a maior e mais expressiva corrente da doutrina brasileira admite poder o Tribunal, ante apelo exclusivo do Ministério Público visando à exasperação da pena, agravá-la, abrandá-la, mantê-la ou, até mesmo, absolver o réu, *em face do papel que o Ministério Público representa nas instituições políticas*. (...) Assim, por que motivo estaria impossibilitado, ante exclusiva apelação do Ministério Público, de abrandar mais ainda a situação processual do réu, e até mesmo absolvê-lo? Se o Tribunal, em sede de revisão, pode fazê-lo, que razão o impediria de agir da mesma maneira ao julgar uma apelação ministerial visando ao agravamento da pena?".[29]

O ponto fulcral dessa linha de argumentação vincula-se ao papel exercido pelo Ministério Público no âmbito processual penal, admitindo-se, sem qualquer reticência, que a instituição recorra *em favor do acusado*, até pleiteando a absolvição, se assim entender; pode pedir a absolvição diante dos jurados no Tribunal do Júri e, igualmente, em alegações finais, ao juiz togado. Atua como fiscal da lei na ação penal privada e exerce o mesmo papel quando órgão opinante em segundo grau (ou em tribunal superior). Essa atividade, que faz muitos o considerarem como órgão imparcial, mesmo quando promove a acusação, faz-nos crer que o recurso ministerial deve *devolver* ao tribunal o amplo conhecimento da causa, podendo seguir

---

[29]   *Código de Processo Penal comentado*, v. 2, p. 364, grifamos.

o pleito do órgão acusatório para agravar a situação do acusado, mas, também, atenuar a pena ou absolver o réu, visto que a atuação do Ministério Público busca a justiça e esta é aplicada pelo Judiciário, na instância em que se encontrar o processo.

Esse é o principal motivo de nossa reflexão. Passamos a defender a viabilidade de reforma em qualquer sentido, quando o recurso for interposto pelo Ministério Público. Sob outro aspecto, por óbvio, baseado no princípio da ampla defesa, com os recursos a ela inerentes, além de ser pacífico o entendimento de que, na órbita criminal, aplica-se o princípio da prevalência do interesse do réu, não pode haver *reformatio in pejus* (reforma do julgado em prejuízo do acusado), quando houver recurso somente da defesa.

A parte final do art. 617 do CPP não é o argumento principal dessa situação jurídica recursal (veda-se a reforma em prejuízo do acusado, quando somente ele apelou da sentença), mas somente um elemento a mais. Assim sendo, quando o Ministério Público recorrer e o tribunal decidir favorecer o réu, considerando-se o amplo efeito devolutivo do recurso da acusação, não é preciso que o colegiado conceda *habeas corpus* de ofício para absolver ou atenuar a pena; igualmente, também não é cabível, em nossa visão, *negar provimento* ao recurso do MP e *dar provimento* de ofício para absolver o acusado (ou reduzir-lhe a pena). Basta acolher o recurso ministerial, que devolve amplamente o conhecimento da causa, para o fim de absolver o réu ou conceder-lhe qualquer outro benefício.

Merece registro o seguinte aspecto: ainda que haja nulidade absoluta, sem recurso da acusação e existindo somente recurso do réu, não se admite o seu reconhecimento. Nesse sentido, está em vigor a Súmula 160 do Supremo Tribunal Federal: "É nula a decisão do Tribunal que acolhe, contra o réu, nulidade não arguida no recurso da acusação, ressalvados os casos de recurso de ofício".

Outra hipótese que precisa ser analisada concerne à vedação da *reformatio in pejus* indireta, que é a anulação da sentença, por recurso exclusivo do réu, vindo outra a ser proferida, devendo respeitar os limites da primeira, sem poder agravar a situação do acusado. Exemplificando: caso o réu seja condenado a 5 anos de reclusão, mas obtenha a defesa a anulação dessa decisão, quando então o magistrado – ainda que seja outro –, ao proferir outra sentença, está adstrito a uma condenação máxima de 5 anos. Se pudesse elevar a pena, ao proferir nova decisão, estaria havendo uma autêntica reforma em prejuízo da parte que recorreu, embora de maneira indireta. Em tese, seria melhor ter mantido a sentença, ainda que padecendo de nulidade, pois a pena seria menor. Parece-nos justa, portanto, essa posição, que é dominante na jurisprudência atual.

12.5.1 A possibilidade de conciliar a vedação da reformatio in pejus e a soberania dos veredictos no Tribunal do Júri, quando houver nulidade do primeiro julgamento, reconhecida em apelação apresentada pelo réu

A anulação do primeiro julgamento realizado pelo Tribunal do Júri impediria que, no segundo julgamento, houvesse a *reformatio in pejus*, isto é, a fixação de uma pena maior ao acusado? Embora muitos sustentem que, em homenagem ao princípio constitucional da soberania dos veredictos, não exista essa vinculação, pensamos que o caminho a trilhar é outro. Se o recurso for exclusivo da defesa, determinando a instância superior a anulação do primeiro julgamento, cremos que a pena, havendo condenação, não poderá ser fixada em quantidade superior à decisão anulada. É certo que os jurados são soberanos, mas não é menos certo afirmar que os princípios constitucionais devem harmonizar-se. Embora defendamos com veemência o respeito à soberania dos veredictos, é preciso considerar que a ampla defesa, *com os recursos a ela inerentes*, também é princípio constitucional. Retirar do acusado a segurança para recorrer, invocando a nulidade que entender conveniente, sem o temor de que nova decisão poderá piorar sua situação, não é garantir efetiva ampla defesa. Por tal razão, cremos mais correta a posição daqueles que defendem a impossibilidade de *reformatio in pejus* também nesse caso.

Lembre-se, ainda, de que, no segundo julgamento, os jurados não estão impedidos de votar os quesitos da maneira como desejarem, mas o juiz presidente, no momento de fixação da pena, está atrelado ao princípio de que não poderá haver prejuízo ao réu. Ilustrando: no primeiro julgamento o Tribunal do Júri reconheceu a existência de um homicídio duplamente qualificado e a pena foi estabelecida em quinze anos de reclusão. No segundo, o Tribunal do Júri reconhece a existência de um homicídio triplamente qualificado (da primeira vez, uma das qualificadoras tinha sido afastada). Nesse caso, o juiz presidente, explicitando tal situação na decisão, deverá manter-se no patamar de quinze anos, no máximo. É a harmonização dos princípios da ampla defesa e da soberania dos veredictos, sem que um prevaleça totalmente sobre o outro.

Ainda no contexto da vedação da *reformatio in pejus*, deve-se analisar a possibilidade de fixação de medida de segurança ao réu, realizada pelo tribunal. Defendemos em nosso *Código Penal comentado* (nota 21 ao art. 98) que a Súmula 525 do STF ("A medida de segurança não será aplicada em segunda instância, quando só o réu tenha recorrido") não teria mais sentido, pois foi elaborada na época em que vigia o sistema do duplo binário, isto é, a possibilidade de aplicação de pena e medida de segurança, concomitantemente. Dessa forma, caso o juiz tivesse aplicado ao réu somente pena, não poderia o tribunal, em recurso exclusivo da defesa, acrescentar a medida de segurança. Seria autêntica *reformatio in pejus*.

Ocorre que, estando em vigor hoje o sistema vicariante – aplicação de pena *ou* medida de segurança –, bem como, entendendo-se que a medida de segurança é mais benéfica do que a pena, seria viável que o tribunal substituísse a pena pela aplicação da medida de segurança, que pretende ser curativa, ainda que somente o réu tenha recorrido.

Outro aspecto da *reformatio in pejus* diz respeito à alteração do regime de cumprimento da pena feito pelo tribunal. Não pode haver modificação, em prejuízo do acusado, caso inexista recurso expresso do Ministério Público a esse respeito, ainda que se refira a regime imposto por lei. Ilustrando: para uma pena de dez anos de reclusão, é obrigatório o regime inicial fechado (art. 33, § 2.º, *a*, CP). Entretanto, se o magistrado impuser o regime semiaberto, não pode o tribunal modificá-lo em recurso exclusivo do réu.

13. AGRAVO NOS TRIBUNAIS

13.1 Conceitos

O agravo é o recurso utilizado para impugnar decisão lesiva ao interesse da parte, tomada por membro de tribunal, quando proferida individualmente, dirigindo-se ao órgão colegiado. Encontra previsão na lei e, também, nos regimentos dos tribunais. Quando se trata da primeira hipótese, chama-se simplesmente *agravo*; no caso da segunda espécie, *agravo regimental*.

13.2 Processamento

A Lei 8.038/1990 (art. 39), cuidando dos processos de competência originária em trâmite no Supremo Tribunal Federal e no Superior Tribunal de Justiça, prevê a possibilidade de hostilizar a decisão do Presidente do Tribunal, de Seção, de Turma ou de Relator, quando prejudicar a parte. Conforme o caso, será o recurso encaminhado para o Plenário, para a Seção ou para a Turma.

O prazo de interposição é de cinco dias. E, a despeito das alterações havidas no Código de Processo Civil, continua a prevalecer o prazo de cinco dias previsto na lei especial, que é o art. 39 da Lei 8.038/1990. Assim está a Súmula 699 do STF: "O prazo para interposição de agravo, em processo penal, é de cinco dias, de acordo com a Lei 8.038/90, não se aplicando o disposto a respeito nas alterações da Lei 8.950/94 ao Código de Processo Civil".

Ampliando a aplicação da Lei 8.038/1990 para os processos de competência originária em trâmite nos tribunais estaduais e regionais, a Lei 8.658/1993 deixou de prever, no seu texto, a mesma possibilidade de uso do agravo. Aplica-se, assim, por analogia o disposto no art. 39 da Lei 8.038/1990, contra as decisões de Presidente do Tribunal, de Seção, de Turma ou Relator dos Tribunais Estaduais e Regionais.

Além disso, há previsão nos Regimentos Internos dessas Cortes do agravo regimental para todas as hipóteses já mencionadas. Em suma, quando a decisão for tomada pelo Presidente do Tribunal, de Seção, de Turma ou de Relator, a lei já regulou a matéria, denominando o recurso de agravo – embora nos tribunais continue sendo denominado de *agravo regimental*.

Por outro lado, quando a decisão for tomada por outro membro da Corte, como pode ocorrer com o Vice-Presidente (embora estes possam ser considerados, em alguns Estados, presidentes de Seção) ou do Corregedor-Geral da Justiça, na falta de previsão legal, cabe agravo regimental. O seu trâmite deve obedecer ao disposto no Regimento Interno de cada tribunal.

14. PROTESTO POR NOVO JÚRI

14.1 Conceito e razão histórica da sua existência

Tratava-se de um recurso especial contra decisões tomadas pelo Tribunal do Júri, que acarretavam ao réu sanção elevada, consistente em vinte anos ou mais de reclusão, permitindo, pois, uma nova oportunidade de julgamento, anulando-se o anterior. Era de uso privativo da defesa e, como explica Bento de Faria, tratava-se de um "favor dispensado à liberdade".[30] Ensina Rogério Lauria Tucci que este recurso foi "inspirado na legislação inglesa, em que, todavia, mais restritamente, dependia de um tribunal superior, instituiu-o em nosso País o Código de Processo Criminal de 1832, cujo art. 308 estava assim redigido: 'Se a pena imposta pelo Júri for de cinco anos de degredo, ou desterro, três de galés ou prisão, ou for de morte, o réu protestará pelo julgamento em novo Júri, que será o da Capital da Província: e sendo a sentença proferida nesta, para o de maior população d'entre os mais vizinhos, designado pelo Juiz de Direito'".[31]

14.2 Inconveniência da manutenção do recurso e sua revogação

Embora existissem alguns entusiastas da manutenção do protesto por novo júri, cremos ter sido acertada a decisão de suprimi-lo do cenário legislativo brasileiro, o que se deu em face da edição da Lei 11.689/2008.

---

[30]   *Código de Processo Penal*, v. 2, p. 328.

[31]   Tribunal do júri: origem, evolução, características e perspectivas, p. 69.

Afinal, não havia pena capital ou de caráter perpétuo, ou mesmo cruel, no Brasil, motivo pelo qual uma segunda chance de julgamento, somente para o contexto da condenação produzida no Tribunal do Júri, onde as penas aplicadas não eram e não são as mais elevadas do Código Penal, soava exagerada.

Por outro lado, deve-se ressaltar que, para a existência do protesto, não se levava em consideração uma possibilidade de erro do órgão colegiado que proferiu o veredicto, mas única e tão somente o *quantum* da pena, que devia ser igual ou superior a 20 anos. Note-se que a pena em si também não devia ser o fator exclusivo para justificar a existência do protesto por novo júri, até porque o latrocínio (roubo seguido de morte, julgado em Vara comum) tem, como pena mínima, igual montante (e nunca abriu a oportunidade de um novo julgamento somente por isso).

Levava-se em consideração, na realidade, a associação de dois pontos: *pena severa + decisão proferida por leigos*. A desconfiança estabelecida pelo legislador sobre o Tribunal do Júri era nítida e não devia mais prevalecer. Acrescentamos, ainda, pela análise das decisões concretas proferidas no Tribunal Popular, que inúmeros magistrados, para fugirem ao protesto por novo júri, terminavam por condenar determinados réus, merecedores de penas superiores a vinte anos, a um montante abaixo desse, evitando-se novo julgamento, que poderia até redundar em absolvição.

Assegurada constitucionalmente a soberania do júri, deve-se aceitar a existência da instituição e acreditar na justiça dos seus veredictos, afastando-se essa desconfiança automática, nascida somente por conta da fixação de uma pena elevada, em decorrência de decisão popular. Explica BORGES DA ROSA que o protesto por novo júri somente foi consagrado no Código "por não ter o legislador querido se libertar da tradição vinda do Império, do tempo das penas de morte e galés perpétuas, únicas que, por sua suma gravidade, pareciam justificar tão esquisita espécie de recurso, que atualmente representa uma complicação desnecessária".[32] Pela sua extinção, encontra-se, ainda, a posição de ROGÉRIO LAURIA TUCCI.[33]

Em boa hora, portanto, foi eliminado.

15. EMBARGOS DE DECLARAÇÃO

15.1 Conceito e extensão

É uma espécie peculiar de recurso posto à disposição de qualquer das partes, voltado ao esclarecimento de dúvidas surgidas no acórdão, quando configurada ambiguidade, obscuridade, contradição ou omissão, permitindo, então, o efetivo conhecimento do teor do julgado, facilitando a sua aplicação e proporcionando, quando for o caso, a interposição de recurso especial ou extraordinário.

O Código de Processo Penal somente prevê expressamente o recurso de embargos de declaração contra acórdão, mas é de se considerar existente o mesmo instrumento de esclarecimento de ambiguidade, contradição, obscuridade ou omissão voltado à sentença de primeiro grau. Afinal, é o que vem previsto no art. 382 do CPP. Segundo nos parece, trata-se de autêntico recurso de embargos de declaração, a despeito da lei não lhe ter dado denominação própria. Alguns doutrinadores apreciam designá-lo de *embarguinhos*.

---

[32] *Comentários ao Código de Processo Penal*, p. 725.

[33] Tribunal do júri: origem, evolução, características e perspectivas, p. 71.

Não se admite a extensão dos embargos de declaração a outras decisões, fora do âmbito da sentença ou do acórdão, pois inexiste expressa previsão legal. Decisões interlocutórias, de qualquer espécie, não comportam embargos. Se na sua aplicação houver dúvida, prejudicial ao réu, gerando algum tipo de constrangimento, o caminho é impugná-la por *habeas corpus*.

No mais, se a dúvida atingir a acusação, dependendo do caso concreto, pode caber correição parcial – se tumulto processual advier – ou mesmo recurso em sentido estrito – caso a decisão comporte. Não sendo assim, eventual prejuízo pode ser destacado em preliminar de eventual apelação. Em contrário, a posição de ADA, MAGALHÃES e SCARANCE: "Apesar de o Código referir-se apenas aos acórdãos proferidos pelos tribunais de apelação (art. 619, CPP) e às sentenças de primeiro grau (art. 382, CPP), o certo é que os embargos de declaração podem ser interpostos contra *qualquer* decisão judicial. É inconcebível que fique sem remédio a obscuridade, a ambiguidade, a contradição ou a omissão existente no pronunciamento, que podem chegar até a comprometer a possibilidade prática de cumpri-lo".[34]

15.2 Processamento dos embargos de declaração

Devem ser interpostos no prazo de dois dias, a contar da ciência da sentença ou do acórdão. Servem para esclarecer os seguintes aspectos: a) *ambiguidade* (estado daquilo que possui duplo sentido, gerando equivocidade e incerteza, capaz de comprometer a segurança do afirmado); b) *obscuridade* (estado daquilo que é difícil de entender, gerando confusão e ininteligência, no receptor da mensagem); c) *contradição* (trata-se de uma incoerência entre uma afirmação anterior e outra posterior, referentes ao mesmo tema e no mesmo contexto, gerando a impossibilidade de compreensão do julgado); d) *omissão* (é a lacuna ou o esquecimento, isto é, o juiz ou tribunal esquece-se de abordar algum tema levantado pela parte nas alegações finais ou no recurso).

Vale mencionar que não se caracteriza a omissão quando o juiz deixar de comentar argumento por argumento levantado pela parte, pois, no contexto geral do julgado, pode estar nítida a sua intenção de rechaçar todos eles.

Outro ponto importante é que os embargos de declaração não se prestam à reavaliação das provas e dos fatos. Trata-se de recurso exclusivo para situações excepcionais, quando há ambiguidade, obscuridade, contradição ou omissão. O inconformismo da parte que perdeu deve ser deduzido no recurso apropriado (apelação, recurso especial ou extraordinário e até mesmo por *habeas corpus*).

Para a simples correção de erros materiais, não há necessidade da interposição dos embargos. Pode o relator determinar a modificação de meros equívocos materiais que podem ter constado no acórdão, por engano de datilografia ou de redação, sem a necessidade de procedimento recursal. Faz o mesmo o juiz de primeiro grau, com relação à sentença.

Entretanto, tem-se admitido que a parte apresente embargos de declaração com a finalidade exclusiva de prequestionar alguma matéria, não abordada pelo julgado, embora tenha sido levantada pelo interessado durante a instrução ou na peça recursal, obrigando o tribunal a decidir expressamente sobre o assunto e, em consequência, possibilitar a interposição de recurso especial ou extraordinário. A respeito, confira-se a Súmula 356 do STF: "O ponto omisso da decisão, sobre o qual não foram opostos embargos declaratórios, não pode ser objeto de recurso extraordinário, por faltar o requisito do prequestionamento". Ver também a Súmula

---

[34] *Recursos no processo penal*, p. 229.

211 do STJ: "Inadmissível recurso especial quanto à questão que, a despeito da oposição de embargos declaratórios, não foi apreciada pelo tribunal *a quo*".

Qualquer das partes que possua legitimidade para recorrer está autorizada a ingressar com embargos de declaração, desde que o esclarecimento pleiteado do julgado possa trazer--lhe algum benefício. A manifestação da parte contrária é dispensável, já que o propósito dos embargos de declaração é aclarar a matéria decidida e não inovar, modificando o julgado. Ressalva a doutrina a possibilidade do relator, verificando a viabilidade de modificação do conteúdo do decidido, quando a questão obscura, ambígua, contraditória ou omissa for sanada, determinar a intimação da parte contrária. Nesse caso, diz-se terem os embargos o caráter infringente, ou seja, com capacidade para violar o anteriormente julgado.

Aliás, quanto ao mencionado *efeito infringente*, que é a modificação substancial do julgado, somente deve-se aceitá-lo quando se cuidar de omissão ou contradição, pois os magistrados haverão de decidir sobre ponto que ainda não tinham abordado ou deverão sanar uma incoerência, situações capazes de alterar o rumo do decidido. Entretanto, a ambiguidade e a obscuridade representam a simples possibilidade de aclarar o que está implícito.

Há viabilidade no indeferimento liminar dos embargos pelo próprio relator (art. 620, § 2.º, CPP), quando for manifesta a improcedência do alegado pela parte.

A interposição dos embargos interrompe o prazo para outros recursos, o que é decorrência natural, afinal, se a busca é pelo esclarecimento do que é confuso ou lacunoso, inexiste razão para apresentar outro recurso qualquer, antes de ser consertado o equívoco gerado. Se for oferecido outro recurso, deve ser sobrestado o seu prosseguimento. Note-se, por fim, que não se trata de mera suspensão do prazo que já vinha correndo para a interposição de outro recurso, mas da sua interrupção, possibilitando à parte interessada, após a prolação da decisão dos embargos, retomá-lo por inteiro.

Existe, ainda, a possibilidade de apresentação de *embargos dos embargos*, pois nada impede que o acórdão proferido no julgamento dos embargos de declaração propostos também padeça de algum vício autorizador de novo pedido de esclarecimento. A doutrina chega a admitir, ainda, que os segundos embargos possam questionar vícios decorrentes da decisão que originou os primeiros, desde que o assunto não tenha, ainda, sido ventilado.

16. CARTA TESTEMUNHÁVEL

16.1 Conceito e natureza jurídica

É o recurso destinado a provocar o conhecimento ou o processamento de outro para tribunal de instância superior, cujo trâmite foi indevidamente obstado pelo juiz. Utiliza-se a carta testemunhável quando não houver outro recurso para impugnar a decisão judicial, que impede o trâmite de algum recurso. Logo, como exemplo de desnecessidade de uso da carta testemunhável, pode-se citar o não recebimento de apelação, decisão contra a qual cabe recurso em sentido estrito (art. 581, XV, CPP).

Como já afirmamos, trata-se de autêntico recurso, pois é dirigido ao tribunal *ad quem* para contestar decisão do juiz *a quo*, que indeferiu o processamento de recurso legalmente previsto. Há um juízo de reavaliação de decisão tomada, conforme provocação da parte interessada, por órgão jurisdicional superior, o que é típica característica do recurso.

Como ensina NORONHA, "é inegável que ela tem o fim de reparar um dano ou gravame sofrido pela parte, com a denegação do recurso interposto. Há, por certo, lesão de caráter *especial,* consistente na denegação de um recurso que ela objetiva remediar e, consequentemente, é um *recurso.* O ter caráter subsidiário não lhe tira essa qualidade, pois é exato que tem lugar quando não é cabível outro recurso. Tal fato somente lhe dá natureza especial ou particular, se com isso infirmar que seja recurso".[35]

16.2 Cabimento e processamento da carta testemunhável

Duas são as hipóteses: a) contra decisão que denegar o recurso; b) contra decisão que, embora admita o recurso, obsta o seu seguimento (art. 639, CPP).

Será apresentada diretamente ao escrivão do cartório ou secretário do tribunal, nas 48 horas (tem-se admitido a interpretação extensiva de dois dias) seguintes à ciência do despacho que denegou o recurso, indicando as peças do processo que devem ser trasladadas para a formação do instrumento (art. 640, CPP). Embora a lei mencione a indicação das peças somente pela parte testemunhante, é natural que a testemunhada também possa fazê-lo, até porque o art. 644 do CPP prevê a possibilidade do tribunal *ad quem* julgar o mérito do recurso que foi obstado, diretamente, caso o instrumento esteja bem instruído.

Justifica-se a interposição ao servidor da justiça, pois é um recurso anômalo, visando ao combate da decisão que não permite o recebimento ou o seguimento de outro recurso de uma das partes. Seria, pois, inócuo apresentar a carta diretamente à autoridade que negou a interposição do primeiro recurso. Poderia fazê-lo de novo, denegando-lhe seguimento, o que iria provocar uma interposição após outra, sem solução. Encaminha-se, então, ao escrivão ou secretário do tribunal, conforme o caso, para que este envie a carta ao tribunal competente a analisá-la, sob pena de responsabilidade funcional.

O serventuário, ao receber a carta, dará recibo da petição à parte, e, no prazo de cinco dias, fará a sua entrega, devidamente conferida e concertada (art. 641, CPP). A menção feita no referido art. 641 quanto ao recurso extraordinário não mais se aplica, já que existe o agravo, dirigido diretamente ao Supremo Tribunal Federal, que tem a mesma finalidade. Diga-se o mesmo do recurso especial denegado, quando se pode dirigir agravo ao Superior Tribunal de Justiça.

Como já mencionamos, tendo em vista que a carta testemunhável é encaminhada, anomalamente, ao funcionário do cartório ou do tribunal, é natural que deva o escrivão ou secretário encaminhar o recurso ao tribunal de qualquer modo. Não o fazendo, será administrativamente apenado. Essa sanção, embora pela letra da lei (art. 642, CPP) possa parecer ser aplicável de plano, sem o devido processo legal, não é mais assim. Após a Constituição de 1988, é preciso considerar que toda sanção, mesmo de ordem administrativa, precisa respeitar o direito ao contraditório e à ampla defesa. Por isso, o escrivão ou secretário do tribunal deve ser processado administrativamente pelo seu superior hierárquico, sofrendo a sanção, caso não demonstre ter havido justo motivo para impedir a subida da carta ou a entrega do recibo.

Se todas as providências forem tomadas, mas, ainda assim, a carta não for encaminhada ao tribunal, cabe ao seu presidente avocar (chamar a si) os autos, para que a carta testemunhável possa ser julgada, apurando-se as responsabilidades funcionais em processos administrativos à parte, com relação a quem obstou o prosseguimento.

Após a formação do instrumento, intima-se o testemunhante a apresentar suas razões, em dois dias. Na sequência, por igual prazo, intima-se o testemunhado a oferecer as contrar-

---

[35]   *Curso de direito processual penal,* p. 402.

razões. Com as razões e contrarrazões, deve o escrivão abrir conclusão ao juiz, que poderá manter ou reformar a decisão que obstou o seguimento ou a admissão do recurso. Se houver retratação, não há recurso da parte contrária, pois o recurso inicialmente embaraçado terá seu prosseguimento normal, o que não significa que será conhecido e provido pela Superior Instância. Caso mantenha sua decisão anterior, os autos da carta testemunhável serão encaminhados ao tribunal *ad quem*.

O tribunal, ao julgar a carta testemunhável, tem as seguintes opções (art. 644, CPP):

a) não conhecer a carta testemunhável, por não ser cabível, em face da intempestividade na sua interposição ou por ilegitimidade de parte;

b) conhecê-la e dar-lhe provimento, determinando que o recurso obstado suba para seu conhecimento;

c) conhecê-la e, em lugar de simplesmente dar-lhe provimento, julgar, desde logo, o mérito do recurso obstado, caso existam peças e argumentos suficientes, no instrumento, para essa avaliação;

d) conhecer a carta testemunhável e negar-lhe provimento. Tal situação pode ocorrer caso o juiz tenha, corretamente, negado seguimento ao recurso contra o qual se interpôs a carta.

O trâmite da carta no tribunal é o mesmo do recurso cujo processamento foi obstado pelo juiz.

A carta testemunhável terá efeito meramente devolutivo, mas não impedirá o prosseguimento do processo principal (art. 646, CPP).

17. EMBARGOS INFRINGENTES E DE NULIDADE

17.1 Conceito

Trata-se de recurso privativo da defesa, voltado a garantir uma segunda análise da matéria decidida pela turma julgadora, por ter havido maioria de votos e não unanimidade, ampliando-se o *quorum* do julgamento.

Assim, o recurso obriga que a câmara seja chamada a decidir por completo e não apenas com os votos dos magistrados que compuseram a turma julgadora. No Tribunal de Justiça, por exemplo, a câmara é composta por cinco desembargadores, participando da turma julgadora apenas três deles. Dessa forma, caso a decisão proferida contra os interesses do réu constituir-se de maioria (dois a um) de votos, cabe a interposição de embargos infringentes, chamando-se o restante da câmara ao julgamento. Pode ocorrer a manutenção da decisão, embora seja possível inverter o *quorum*, passando de "dois a um" para "três a dois". A segunda chance conferida ao acusado é salutar, uma vez que se trata de interesse individual, ligado à ampla defesa, com todos os recursos a ela inerentes.

Embora exista a aparência de se tratar de dois recursos – embargos *infringentes* e *de nulidade* – trata-se somente de um. A matéria em discussão pode ligar-se ao mérito propriamente dito, isto é, questão de direito material (infringentes), como pode estar vinculada a tema exclusivamente processual (de nulidade).

17.2 Processamento

Para a apresentação desses embargos, não se exige a intimação pessoal do réu e de seu defensor, salvo, no caso deste último, quando se tratar de Defensoria Pública. A intimação do Ministério Público também é pessoal. Por ocasião da interposição, deve o recurso ser devidamente instruído com as razões, pois não será aberta vista para essa finalidade. Admitindo-se que o recurso é voltado, exclusivamente, ao interesse da defesa, pode ser interposto pelo réu, diretamente, pelo seu defensor e, também, pela Procuradoria da Justiça, desde que atuando em favor do acusado.

Lembremos estar a aplicabilidade dos embargos restrita ao contexto da apelação, do recurso em sentido estrito e do agravo em execução (este último, porque foi o recurso instituído pela Lei de Execução Penal em substituição ao recurso em sentido estrito, para as mesmas situações, sendo processado de idêntica maneira). Admite-se para impugnar acórdãos proferidos pelo tribunal e jamais por turma recursal (órgão de segundo grau do Juizado Especial Criminal).

Observe-se, no entanto, que é controversa a possibilidade de utilização dos embargos infringentes no agravo em execução, existindo posição que os limita ao contexto da apelação e do recurso em sentido estrito.

Outro registro importante é que, para o processamento dos embargos infringentes ou de nulidade, é preciso haver ao menos um voto favorável ao réu, sendo que a análise se cinge à sua conclusão e não à fundamentação. Por outro lado, ainda que exista condenação unânime, por parte da turma julgadora, mas um dos votos demonstra que, fosse ele acatado, a pena seria menor ou os benefícios penais mais extensos, cabe a interposição dos embargos. O voto vencido, inspirador da decisão não unânime, pode ter divergido frontal e integralmente dos demais, propiciando amplo conhecimento pela câmara ou turma ampliada a respeito da matéria julgada, bem como pode divergir somente em alguns aspectos, limitando, então, o recurso do réu ao tema objeto da controvérsia.

Segue-se o processamento previsto no art. 613 do CPP, já comentado no contexto da apelação, não estando prevista em lei a manifestação do embargado, embora certos Regimentos Internos de Tribunais contenham tal possibilidade, voltando-se particularmente ao assistente de acusação e ao querelante, pois o Ministério Público estaria representado pelo parecer da Procuradoria-Geral da Justiça.

Quando se tratar de ação penal de competência originária, em caso de recebimento de denúncia, por exemplo, ainda que por maioria de votos, não cabem embargos infringentes, pois é hipótese não prevista pelo Código de Processo Penal.

18. RECURSOS EXTRAORDINÁRIO E ESPECIAL

18.1 Conceito de recurso extraordinário

É o recurso excepcional, voltado a garantir a harmonia da aplicação da legislação infraconstitucional em face da Constituição Federal, evitando-se que as normas constitucionais sejam desautorizadas por decisões proferidas nos casos concretos pelos tribunais do País. Tem cabimento o recurso extraordinário nas seguintes hipóteses: a) decisão que contraria dispositivo constitucional; b) decisão que declara a inconstitucionalidade de tratado ou de lei federal; c) decisão que julga válida lei ou ato de governo local contestado em face da Constituição; d) decisão que julga válida lei local contestada em face de lei federal (art. 102, III, CF). Não é preciso que a decisão proferida por tribunal estadual ou regional seja relativa ao mérito, pois qualquer delas pode ferir a Constituição Federal.

Para que o STF possa admitir o processamento do recurso extraordinário, deve o recorrente demonstrar a relevância e a repercussão das questões constitucionais debatidas no caso concreto; do contrário, pelo voto de dois terços de seus membros, o recurso pode ser rejeitado (art. 102, § 3.º, CF).

Atualmente, há necessidade de se levantar, em preliminar, para a análise da admissibilidade do recurso extraordinário pelos tribunais de origem, a repercussão geral da questão constitucional discutida no caso, seja de natureza cível, criminal, trabalhista ou eleitoral. Sem tal requisito formal, não se admitirá o processamento.

Caberá ao Presidente ou Vice-Presidente da Corte de origem (estadual ou federal), em decisão fundamentada, avaliar a referida admissibilidade, com expressa manifestação de haver ou não repercussão geral da questão constitucional. Porém, o tribunal de segundo grau não invadirá o mérito da arguição de repercussão geral, pois é prerrogativa exclusiva do STF. Não admitido o processamento, por ausência de questão de repercussão geral, caberá agravo de instrumento dirigido ao Pretório Excelso.

Segundo o disposto no art. 322, parágrafo único, do Regimento Interno do STF, "Para efeito da repercussão geral, será considerada a existência, ou não, de questões que, relevantes do ponto de vista econômico, político, social ou jurídico, ultrapassem os interesses subjetivos das partes" (conforme alteração promovida pela Emenda Regimental 21, de 26 de março de 2007).

Parece-nos correta essa nova sistemática, pois não há sentido em se pretender que o Supremo Tribunal Federal conheça e julgue toda e qualquer matéria de direito, simplesmente pelo fato de arranhar algum preceito constitucional. Por vezes, cuida-se de tema de menor importância, já julgado em outras instâncias, de modo plenamente satisfatório. A reavaliação do caso pelo STF somente teria sentido se afetasse interesses de inúmeras pessoas, extravasando os limites daquele processo. Somente para ilustrar, um caso de questão de repercussão geral da questão constitucional ocorreu quando o Plenário do Supremo Tribunal Federal decidiu que a proibição de progressão de regime, para os condenados por delitos hediondos e equiparados, era inconstitucional. Tratava-se do caso de um condenado que, no entanto, afetou toda a ordem jurídico-penal nacional, levando, inclusive, o Poder Legislativo a rever a Lei 8.072/1990, permitindo a progressão.

Vale mencionar o disposto no CPC, a respeito do tema, para aplicação analógica: "Art. 1.035. O Supremo Tribunal Federal, em decisão irrecorrível, não conhecerá do recurso extraordinário quando a questão constitucional nele versada não tiver repercussão geral, nos termos deste artigo. § 1.º Para efeito de repercussão geral, será considerada a existência ou não de questões relevantes do ponto de vista econômico, político, social ou jurídico que ultrapassem os interesses subjetivos do processo. § 2.º O recorrente deverá demonstrar a existência de repercussão geral para apreciação exclusiva pelo Supremo Tribunal Federal. § 3.º Haverá repercussão geral sempre que o recurso impugnar acórdão que: I – contrarie súmula ou jurisprudência dominante do Supremo Tribunal Federal; II – Revogado; III – tenha reconhecido a inconstitucionalidade de tratado ou de lei federal, nos termos do art. 97 da Constituição Federal. § 4.º O relator poderá admitir, na análise da repercussão geral, a manifestação de terceiros, subscrita por procurador habilitado, nos termos do Regimento Interno do Supremo Tribunal Federal. § 5.º Reconhecida a repercussão geral, o relator no Supremo Tribunal Federal determinará a suspensão do processamento de todos os processos pendentes, individuais ou coletivos, que versem sobre a questão e tramitem no território nacional. § 6.º O interessado pode requerer, ao presidente ou ao vice-presidente do tribunal de origem, que exclua da decisão de sobrestamento e inadmita o recurso extraordinário que tenha sido interposto intempestivamente, tendo o recorrente o prazo de 5 (cinco) dias para manifestar-se sobre esse requerimento. § 7.º Da decisão que indeferir o requerimento referido no § 6.º ou que aplicar entendimento firmado em regime de repercussão geral ou em julgamento de recursos repetitivos caberá agravo interno. § 8.º Negada a repercussão geral, o presidente ou o vice-presidente do tribunal de origem negará seguimento aos recursos extraordinários sobrestados na origem que versem sobre matéria idêntica. § 9.º O recurso que tiver a repercussão geral reconhecida deverá ser julgado no prazo de 1 (um) ano e terá preferência sobre os demais feitos, ressalvados os que envolvam réu preso e os pedidos de *habeas corpus*. § 10. Revogado. § 11. A súmula da decisão sobre a repercussão geral constará de ata, que será publicada no *Diário Oficial* e valerá como acórdão".

Na visão de Luiz Guilherme Marinoni e Daniel Mitidiero, a repercussão geral é formada por um binômio, consistente em "relevância + transcendência". A questão debatida "tem que contribuir, em outras palavras, para persecução da unidade do Direito no Estado Constitucional brasileiro, compatibilizando e/ou desenvolvendo soluções de problemas de ordem constitucional. Presente o binômio, caracterizada está a repercussão geral da controvérsia". E mais, "o fato de estarmos diante de um conceito jurídico indeterminado, que carece de valoração objetiva no seu preenchimento, e não de um conceito que implique poder discricionário para aquele que se encontra encarregado de julgar, pode permitir, ademais, um controle social, pelas partes e demais interessados, da atividade do Supremo Tribunal Federal mediante um cotejo de casos já decididos pela própria Corte. Com efeito, a partir de uma paulatina e natural formação de catálogo de casos pelos julgamentos do Supremo Tribunal Federal permite-se o controle em face da própria atividade jurisdicional da Corte, objetivando-se cada vez mais o manejo dos conceitos de relevância e transcendência ínsitos à ideia de repercussão geral".[36]

A reforma da Lei 13.964/2019 inseriu modificação no art. 638 do CPP: "o recurso extraordinário e o recurso especial serão processados e julgados no Supremo Tribunal Federal e no Superior Tribunal de Justiça na forma estabelecida por leis especiais, pela lei processual civil e pelos respectivos regimentos internos". Cuida-se de norma que incluiu o STJ no âmbito do CPP, pois, quando este foi editado, aquele Tribunal não existia. Por outro lado, como o sistema recursal do CPP é ultrapassado, os recursos extraordinário e especial, no cenário criminal, acabam se valendo do CPC, de leis especiais e dos regimentos dos tribunais. O ideal seria uma reformulação do CPP para aprimorar o tema dos recursos.

18.2 Conceito de recurso especial

É o recurso excepcional, voltado a garantir a harmonia da aplicação da legislação infraconstitucional, tendo por foco comparativo o disposto em leis federais, evitando-se que estas sejam desautorizadas por decisões proferidas nos casos concretos pelos tribunais do País, além de se buscar evitar que interpretações divergentes, acerca de legislação federal, coloquem em risco a unidade e a credibilidade do sistema federativo.

Logo, é possível que atos estaduais ou municipais conflitem com normas federais, ou estas apresentem colisões entre si. Torna-se possível, ainda, que o juiz ou tribunal simplesmente contrarie lei federal. De toda sorte, quer-se garantir a uniformidade de interpretação da legislação federal, cujo âmbito de aplicação é nacional.

---

[36] *Repercussão geral no recurso extraordinário*, p. 33 e 35.

Tem cabimento o recurso especial nas seguintes situações: a) decisão que contrariar tratado ou lei federal, ou negar-lhes vigência; b) decisão que julgar válido ato de governo local contestado em face de lei federal; c) decisão que der a lei federal interpretação divergente da que lhe haja atribuído outro tribunal (art. 105, III, CF). Não é preciso que a decisão proferida por tribunal estadual ou regional seja relativa ao mérito, pois qualquer delas pode ferir lei federal ou dar interpretação diversa de outra Corte.

18.3 Distinção peculiar na aplicação do recurso especial e do extraordinário

Ressaltam ADA, MAGALHÃES e SCARANCE que o "constituinte estabeleceu uma distinção, nesse ponto, entre o recurso extraordinário e o especial: para o primeiro, não é necessário que tenha sido a decisão proferida por um *tribunal*, ao passo que para o acesso ao STJ isso é indispensável".[37] Essa é a razão pela qual das decisões do Juizado Especial Criminal cabe recurso extraordinário para o STF e também, quando se trata de *habeas corpus*, deve ele ser impetrado no Pretório Excelso e não no STJ, uma vez que este somente decide *habeas corpus* de tribunal estadual ou regional.

18.4 Reexame de matéria de fato

É inadmissível tanto no recurso extraordinário, quanto no recurso especial. Ambos devem cuidar de questões puramente de direito, a fim de não vulgarizar a sua utilização, tornando os tribunais superiores órgãos de reavaliação da prova, como já fazem os tribunais estaduais ou regionais. A propósito, confira-se o disposto nas seguintes Súmulas: a) Súmula 279, STF: "Para simples reexame de prova não cabe recurso extraordinário"; b) Súmula 7, STJ: "A pretensão de simples reexame de prova não enseja recurso especial".

18.5 Prazo e forma para a interposição dos recursos especial e extraordinário

É de quinze dias, contados da data da intimação do acórdão, devendo ser interpostos perante o Presidente do Tribunal Estadual ou Regional recorrido. Cada um deles deve estar em petição separada, contendo a exposição do fato e do direito, a demonstração do cabimento do recurso interposto e as razões do pedido de reforma da decisão recorrida. O mesmo prazo de quinze dias será concedido à parte contrária para contrarrazões. Conferir, ainda, os arts. 1.029 e seguintes do CPC (Lei 13.105/2015).

Exige-se que a matéria objeto do recurso especial ou extraordinário tenha sido apreciada, de algum modo, na decisão recorrida. É o denominado *prequestionamento*. Não fosse assim e estaria sendo transferido o conhecimento do tema diretamente ao Tribunal Superior, o que é incompatível com a natureza excepcional dos recursos. Afinal, não se olvide, cuida-se de recurso, isto é, inconformismo com o conteúdo da decisão recorrida. Ora, se esta nada decidiu a respeito de certa matéria, é natural que não possa a parte insurgir-se contra isso, apresentando "recurso" ao Supremo Tribunal Federal ou ao Superior Tribunal de Justiça, conforme o caso. Quanto à ação de *habeas corpus* e o prequestionamento, consultar o item 3.7.3.1 do Capítulo XXI.

É o conteúdo da Súmula 282 do STF: "É inadmissível o recurso extraordinário, quando não ventilada, na decisão recorrida, a questão federal suscitada". E, ainda, da Súmula 356,

---

[37] *Recursos no processo penal*, p. 274.

também do STF: "O ponto omisso da decisão, sobre o qual não foram opostos embargos declaratórios, não pode ser objeto de recurso extraordinário, por faltar o requisito do prequestionamento". Observe-se, pela leitura da última Súmula, que os embargos de declaração podem ser utilizados justamente para provocar o prequestionamento, caso a matéria não tenha sido expressamente analisada pelo acórdão recorrido. Faça-se, no entanto, uma ressalva: se a omissão da decisão recorrida foi, em verdade, fruto da omissão da parte em solicitar a análise do tema, torna-se incabível a interposição dos embargos de declaração, uma vez que o tribunal não pode decidir acerca do que não foi solicitado a fazer. Logo, não se omitiu, sendo incabíveis os embargos de declaração.

Acrescente-se, por derradeiro, que o prequestionamento deve ser sempre explícito, não nos parecendo ter cabimento argui-lo de modo implícito. Entretanto, há decisões dos tribunais superiores nos dois sentidos, ora admitindo o prequestionamento implícito, ora rejeitando-o.

Admitido o processamento de ambos, primeiramente o processo segue ao Superior Tribunal de Justiça, para julgamento do recurso especial, e, em seguida, persistindo as razões que levaram à interposição do extraordinário, será remetido ao Supremo Tribunal Federal para apreciação.

Negado o processamento de recurso especial ou extraordinário, cabe agravo de instrumento, nos termos do art. 1.042 do CPC, a ser interposto no prazo de quinze dias, contados da intimação da decisão denegatória da admissibilidade do recurso especial ou extraordinário, instruído com as peças indicadas pelas partes e com as peças obrigatórias.

Será dirigido ao STJ, quando se tratar de processamento indeferido de recurso especial, e para o STF, quando o indeferimento atingir recurso extraordinário. O relator sorteado deve decidir em primeiro plano. Dando provimento, havendo os elementos necessários para apreciar, desde logo, o mérito do recurso especial, pode determinar a sua inclusão em pauta. Não estando presentes os referidos elementos para julgamento imediato, deve determinar a subida do recurso especial. Se negar provimento ou seguimento, da sua decisão singular cabe agravo para o colegiado.

Quando o recurso fundar-se em dissídio entre tribunais a respeito de interpretação de lei federal, é preciso fazer prova da divergência "com a certidão, cópia ou citação do repositório de jurisprudência, oficial ou credenciado, inclusive em mídia eletrônica, em que houver sido publicado o acórdão divergente, ou ainda com a reprodução de julgado disponível na rede mundial de computadores, com indicação da respectiva fonte, devendo-se, em qualquer caso, mencionar as circunstâncias que identifiquem ou assemelhem os casos confrontados" (art. 1.029, § 1.º, CPC). Trata-se da hipótese de recurso especial, dirigido ao Superior Tribunal de Justiça, conforme previsto no art. 105, III, *c*, da Constituição.

Confrontando-se o recurso ordinário com o especial ou extraordinário, deve-se entender por *ordinário* o recurso que não está sujeito a regras especiais de admissibilidade, avaliando-se somente os requisitos gerais, como interesse, tempestividade, entre outros. Assim, o juiz deve, como regra, receber o recurso, determinando o seu encaminhamento à instância superior.

Entende-se por especial e por extraordinário os recursos que, além dos requisitos gerais, possuem alguns específicos, sujeitando a sua admissibilidade a um exame mais aprofundado, além de se dirigir ao Superior Tribunal de Justiça, o primeiro, e ao Supremo Tribunal Federal, o segundo.

Portanto, desejando o réu recorrer de uma sentença condenatória de primeiro grau, basta que apresente seu inconformismo no prazo legal e o juiz determinará a subida do feito para reavaliação. Entretanto, caso o tribunal, em 2.º grau, negue provimento ao recurso, somente poder-se-á interpor recurso especial – quando dirigido ao Superior Tribunal de Justiça – ou extraordinário – quando voltado ao Supremo Tribunal Federal. Nessas situações excepcionais, serão analisados requisitos específicos, constitucionalmente apontados (arts. 102, III, e 105, III, CF).

Em caso de denegação de *habeas corpus* por tribunal estadual ou regional, cabe a interposição de recurso *ordinário*, dirigido ao Superior Tribunal de Justiça, devendo ser apresentado no prazo de cinco dias, contendo as razões do pedido de reforma, contando-se a partir da intimação do acórdão (art. 30, Lei 8.038/1990).

Subindo o recurso especial ou extraordinário, o indeferimento de plano pode ocorrer, cabendo, primordialmente, ao relator, tanto no Supremo Tribunal Federal, quanto no Superior Tribunal de Justiça. Dessa decisão, cabe agravo, no prazo de cinco dias, dirigido ao órgão especial, Seção ou Turma, conforme o caso (art. 39, da mesma Lei).

O efeito desses recursos é meramente devolutivo, razão pela qual, se for o caso, pode acarretar a prisão do réu. Atualmente, está em vigor a Súmula 267 do Superior Tribunal de Justiça: "A interposição de recurso, sem efeito suspensivo, contra decisão condenatória não obsta a expedição de mandado de prisão". Nesse sentido, o STF, pelo seu Plenário, em votação apertada de 6 x 5 (ADC n. 43 e 44), considerou viável manter-se o anterior entendimento do Pretório Excelso, no sentido de não seguir o efeito suspensivo no caso dos recursos especial e extraordinário, sendo cabível a execução imediata da pena, após o julgamento de segundo grau. Excepcionalmente, como sempre ocorre, em casos teratológicos, pode-se impetrar *habeas corpus*, pleiteando se aguarde em liberdade o julgamento de qualquer deles (recursos especial e extraordinário), o que é raro de ser concedido.

Merece registro o fato de, após o advento da Lei 11.419/2006, cuidando da informatização do processo, o Supremo Tribunal Federal já ter recebido o primeiro recurso extraordinário (RE 564.821) inteiramente eletrônico. Todas as fases da sua tramitação deram-se em ambiente eletrônico, sem papel.

18.6 Súmulas do STF e do STJ regulando a matéria

Merecem conhecimento as seguintes:

STF: *210* – O assistente do Ministério Público pode recorrer, inclusive extraordinariamente, na ação penal, nos casos dos arts. 584, § 1.º, e 598 do CPP; *279* – Para simples reexame de prova não cabe recurso extraordinário; *280* – Por ofensa a direito local não cabe recurso extraordinário; *281* – É inadmissível o recurso extraordinário, quando couber, na Justiça de origem, recurso ordinário da decisão impugnada; *282* – É inadmissível o recurso extraordinário, quando não ventilada, na decisão recorrida, a questão federal suscitada; *283* – É inadmissível o recurso extraordinário, quando a decisão recorrida assenta em mais de um fundamento suficiente e o recurso não abrange todos eles; *284* – É inadmissível o recurso extraordinário, quando a deficiência na sua fundamentação não permitir a exata compreensão da controvérsia; *285* – Não sendo razoável a arguição de inconstitucionalidade, não se conhece do recurso extraordinário fundado na letra *c* do art. 101, III, da Constituição Federal [atual art. 102, III, *c*]; *286* – Não se conhece do recurso extraordinário fundado em divergência jurisprudencial, quando a orientação do Plenário do STF já se firmou no mesmo sentido da decisão recorrida; *287* – Nega-se provimento ao agravo, quando a deficiência na sua fundamentação, ou na do recurso extraordinário, não permitir a exata compreensão da controvérsia; *288* – Nega-se provimento a agravo para subida de recurso extraordinário, quando faltar no traslado o despacho agravado, a decisão recorrida, a petição de recurso extraordinário ou qualquer peça essencial à compreensão da controvérsia; *400* – Decisão que deu razoável interpretação à lei, ainda que não seja a melhor, não autoriza recurso extraordinário pela letra *a* do art. 101, III, da Constituição Federal [atual art. 102, III, *a*]; *456* – O Supremo Tribunal Federal, conhecendo do recurso extraordinário, julgará a causa, aplicando o direito à espécie; *528* – Se a decisão contiver partes autônomas, a admissão parcial, pelo Presidente do Tribunal *a quo*, de recurso extraordinário que, sobre qualquer delas se manifestar, não limitará a apreciação de todas pelo STF, independentemente de interposição de agravo de instrumento; *634* – Não compete ao Supremo Tribunal Federal conceder medida cautelar para dar efeito suspensivo a recurso extraordinário que ainda não foi objeto de juízo de admissibilidade na origem; *635* – Cabe ao Presidente do Tribunal de origem decidir o pedido de medida cautelar em recurso extraordinário ainda pendente do seu juízo de admissibilidade; *636* – Não cabe recurso extraordinário por contrariedade ao princípio constitucional da legalidade, quando a sua verificação pressuponha rever a interpretação dada a normas infraconstitucionais pela decisão recorrida; *639* – Aplica-se a Súmula 288 quando não constarem do traslado do agravo de instrumento as cópias das peças necessárias à verificação da tempestividade do recurso extraordinário não admitido pela decisão agravada; *640* – É cabível recurso extraordinário contra decisão proferida por juiz de primeiro grau nas causas de alçada, ou por turma recursal de Juizado Especial Cível e Criminal; *727* – Não pode o magistrado deixar de encaminhar ao Supremo Tribunal Federal o agravo de instrumento interposto da decisão que não admite recurso extraordinário, ainda que referente a causa instaurada no âmbito dos Juizados Especiais; *735* – Não cabe recurso extraordinário contra acórdão que defere medida liminar.

STJ: *7* – A pretensão de simples reexame de prova não enseja recurso especial; *13* – A divergência entre julgados do mesmo Tribunal não enseja recurso especial; *83* – Não se conhece do recurso especial pela divergência, quando a orientação do Tribunal se firmou no mesmo sentido da decisão recorrida; *123* – A decisão que admite, ou não, o recurso especial dever ser fundamentada, com o exame dos seus pressupostos gerais e constitucionais; *126* – É inadmissível recurso especial, quando o acórdão recorrido assenta em fundamentos constitucional e infraconstitucional, qualquer deles suficiente, por si só, para mantê-lo, e a parte vencida não manifesta recurso extraordinário; *203* – Não cabe recurso especial contra decisão proferida por órgão de segundo grau dos Juizados Especiais; *207* – É inadmissível recurso especial quando cabíveis embargos infringentes contra o acórdão proferido no tribunal de origem; *211* – Inadmissível recurso especial quanto à questão que, a despeito da oposição de embargos declaratórios, não foi apreciada pelo tribunal *a quo*.

19. RECURSO ORDINÁRIO CONSTITUCIONAL

Há hipóteses, constitucionalmente previstas, em que o processamento de recurso para o Superior Tribunal de Justiça e para o Supremo Tribunal Federal, contra determinadas decisões, dá-se automaticamente, isto é, sem o juízo específico de admissibilidade e conveniência, como ocorre nos casos de recursos especial e extraordinário. Funcionaria como se fosse uma "apelação". Manifestado o inconformismo no prazo legal, processa-se o recurso, encaminhando-o ao tribunal competente para julgá-lo.

Para o Supremo Tribunal Federal, cabe recurso ordinário constitucional, na esfera criminal, nas seguintes hipóteses (art. 102, II, CF): a) contra decisões denegatórias de *habeas corpus* decididas por Tribunais Superiores (Superior Tribunal de Justiça, Tribunal Superior Eleitoral e Superior Tribunal Militar); b) contra decisões denegatórias de mandado de segurança decididas por Tribunais Superiores (Superior Tribunal de Justiça, Tribunal Superior Eleitoral e Superior Tribunal Militar); c) contra decisão condenatória ou absolutória proferida por juiz federal de primeira instância em caso de crime político.

Para o Superior Tribunal de Justiça, cabe recurso ordinário constitucional, na esfera criminal, nas seguintes hipóteses (art. 105, II, CF): a) contra decisões denegatórias de *habeas corpus* decididas por Tribunais de Justiça e Tribunais Regionais Federais; b) contra decisões denegatórias de mandado de segurança decididas por Tribunais de Justiça e Tribunais Regionais Federais.

Publicada a decisão, tem a parte interessada o prazo de cinco dias para apresentar a petição de interposição do recurso ordinário constitucional, já acompanhado das razões, no caso de *habeas corpus* (art. 30, Lei 8.038/1990). Cuidando-se de mandado de segurança, o prazo é de quinze dias (art. 33, Lei 8.038/1990). Após o recebimento, abre-se vista ao Ministério Público, que, em dois dias, oferecerá contrarrazões (*habeas corpus*), ou cinco dias (mandado de segurança), conforme arts. 31 e 35 da Lei 8.038/1990, respectivamente. Na sequência, o recurso é encaminhado ao STF ou STJ, conforme o caso, para julgamento.

20. EMBARGOS DE DIVERGÊNCIA

Trata-se do recurso interposto contra a decisão de Turma do STF (em casos de recurso extraordinário ou agravo de instrumento) ou do STJ (em casos de recurso especial), que divergir do julgamento de outra, da seção ou do plenário, com a finalidade de uniformizar a jurisprudência. Exemplo: a 5.ª Turma do STJ concede determinado benefício ao réu; a 6.ª Turma o nega, cada qual adotando fundamento jurídico diverso. Cabem embargos de divergência, a serem dirimidos, neste caso, pela Seção.

Pode ocorrer, também, no STJ, divergência entre a Seção e o Pleno, cabendo a este dirimir a divergência, bem como entre Turma e Seção, cabendo ao Pleno o conhecimento do recurso. No STF, as divergências entre as Turmas serão sempre da competência do Plenário.

21. NORMAS DISCIPLINADORAS DA COMPETÊNCIA RECURSAL

Na realidade, apurar, com precisão, a competência dos tribunais demanda a análise da Constituição Federal, em primeiro plano, passando-se, em seguida, à Constituição Estadual, para, em terceiro plano, consultar-se a lei de organização judiciária estadual e os regimentos internos das cortes.

Em matéria criminal, a Constituição Federal estabelece, com maior minúcia, a competência dos tribunais superiores e dos tribunais estaduais ou regionais, quando cuida da prerrogativa de foro.

No mais, preceitua o art. 108, II, da CF, que cabe ao Tribunal Regional Federal julgar, em grau de recurso, as causas decididas pelos juízes federais. Cabe a estes (art. 109, CF) julgar os crimes políticos, as infrações penais praticadas em detrimento de bens, serviços ou interesse da União ou de suas entidades autárquicas ou empresas públicas – exceto contravenções penais e ressalvada a competência da Justiça Militar e da Justiça Eleitoral –, bem como os crimes previstos em tratados ou convenções internacionais, quando tiverem início no Brasil e resultado no exterior, ou reciprocamente, os crimes contra a organização do trabalho – havendo interesse coletivo do trabalho –, os crimes contra o sistema financeiro e a ordem econômico-financeira – quando em detrimento da União ou de suas entidades autárquicas ou empresas públicas –, os *habeas corpus* e mandados de segurança em matéria criminal de sua competência ou quando o ato provier de autoridade sujeita à sua jurisdição, os crimes cometidos a bordo de navios – entendidos esses como os de grande porte, apenas – e de aeronaves, os delitos de ingresso e permanência irregular de estrangeiro, as infrações penais contra comunidades indígenas e os crimes que atentem contra os direitos humanos. Neste último caso, se houver autorização do Superior Tribunal de Justiça, após requerimento do Procurador-Geral da República (art. 109, § 5.º, CF).

Logo, cabe ao Tribunal Regional Federal julgar os recursos referentes a todas essas situações, salvo no caso dos crimes políticos, cujo órgão de 2.º grau, por imposição da própria Constituição Federal, é o Supremo Tribunal Federal (art. 102, II, *b*, CF).

Quanto ao Tribunal Regional Eleitoral, cabe-lhe o julgamento de recursos contra decisões proferidas nos processos por crimes eleitorais.

Em relação aos Tribunais Estaduais, a sua competência será definida na Constituição Estadual e na Lei de Organização Judiciária Estadual (art. 125, § 1.º, CF).

No Código Judiciário do Estado de São Paulo (Decreto-lei Complementar 3/1969), trata-se da competência dos órgãos internos do Tribunal de Justiça nos arts. 57 a 63 (Câmaras, Seções e Grupos), 64 (Conselho Superior da Magistratura), 65 (Presidência), 66 (Vice-Presidente) e 68 (Corregedor-Geral da Justiça). O Regimento Interno do Tribunal de Justiça de São Paulo contém vários dispositivos dividindo a competência interna da Corte dentre seus órgãos (Presidência, Vice-Presidência, Corregedoria, Conselho Superior da Magistratura, Órgão Especial, Câmaras, Seções, Grupos).

Dispõe o CPC: "Art. 948. Arguida, em controle difuso, a inconstitucionalidade de lei ou de ato normativo do poder público, o relator, após ouvir o Ministério Público e as partes, submeterá a questão à Turma ou à Câmara à qual competir o conhecimento do processo. Art. 949. Se a arguição for: I – rejeitada, prosseguirá o julgamento; II – acolhida, a questão será submetida ao plenário do tribunal ou ao seu órgão especial, onde houver. Parágrafo único. Os órgãos fracionários dos tribunais não submeterão ao plenário ou ao órgão especial a arguição de inconstitucionalidade quando já houver pronunciamento destes ou do plenário do Supremo Tribunal Federal sobre a questão. Art. 950. Remetida cópia do acórdão a todos os juízes, o presidente do tribunal designará a sessão de julgamento. § 1.º As pessoas jurídicas de direito público responsáveis pela edição do ato questionado poderão manifestar-se no incidente de inconstitucionalidade se assim o requererem, observados os prazos e as condições previstos no regimento interno do tribunal. § 2.º A parte legitimada à propositura das ações previstas no art. 103 da Constituição Federal poderá manifestar-se, por escrito, sobre a questão constitucional objeto de apreciação, no prazo previsto pelo regimento interno, sendo-lhe assegurado o direito de apresentar memoriais ou de requerer a juntada de documentos. § 3.º Considerando a relevância da matéria e a representatividade dos postulantes, o relator poderá admitir, por despacho irrecorrível, a manifestação de outros órgãos ou entidades".

RESUMO DO CAPÍTULO

▶ **Recurso:** é o direito da parte de, na relação processual, questionar determinada decisão judicial proferida contra seu interesse, levando-a à apreciação de instância jurisdicional superior.

- **Fundamento do recurso:** é garantia humana fundamental, consistente no duplo grau de jurisdição, cuja finalidade é proporcionar que decisões consideradas lesivas ao interesse da parte possam ser reavaliadas por órgão jurisdicional superior.

- **Características dos recursos:** são voluntários (sua interposição depende do desejo da parte, salvo no tocante ao denominado *recurso de ofício*, cujo seguimento à instância superior é determinado pelo juiz em cumprimento à lei); tempestivos (dependentes de interposição no prazo legal); taxativos (expressamente previstos em lei).

- **Efeitos dos recursos:** possuem o efeito devolutivo (permite-se à esfera jurisdicional superior reavaliar a questão já decidida de forma ampla, emitindo novo juízo sobre mesmo assunto); por vezes, o efeito suspensivo (impede que a decisão recorrida produza consequências até que a instância superior a confirme); por vezes, o efeito regressivo (permite que o próprio juízo prolator da decisão a reveja, podendo mudar de ideia e decidir em sentido contrário).

- **Pressupostos de admissibilidade dos recursos:** a) *objetivos:* a.1) cabimento (deve--se verificar se está previsto em lei); a.2) adequação (deve-se checar se foi eleito o recurso próprio para contrariar a decisão); a.3) tempestividade (deve-se verificar se a interposição foi feita dentro do prazo legal); b) *subjetivos:* b.1) interesse (é preciso analisar se quem recorre poderá ter alguma vantagem, vale dizer, verifica-se se houve sucumbência); b.2) legitimidade (avalia-se se quem recorre é parte na relação processual e está apto legalmente a fazê-lo).

- **Recurso em sentido estrito:** é o recurso cabível para impugnar decisões interlocutórias, desde que expressamente previstas as hipóteses em lei. Excepcionalmente, serve para atacar decisões de mérito, mas igualmente previstas especificamente em lei.

- **Correição parcial:** é o recurso voltado a contrariar decisões do magistrado que configurem erros na condução do processo, provocando inversão tumultuária dos atos e fórmulas legais.

- **Reclamação:** é a ação de natureza constitucional, de caráter instrumental, com utilidade de recurso, interposta contra decisões que deixem de cumprir os julgados dos tribunais, ofendendo a sua autoridade ou usurpando-lhes competência.

- **Agravo em execução:** é o recurso utilizado para impugnar as decisões tomadas pelo juiz durante a execução da pena do condenado.

- **Agravo de instrumento:** é o recurso usado para impugnar as decisões interlocutórias tomadas pelo juiz, como regra, bem como por Presidente de Tribunal ao negar seguimento aos recursos especial ou extraordinário.

- **Apelação:** é o recurso voltado às decisões definitivas, que finalizam o processo, apreciando ou não o mérito, devolvendo ao tribunal amplo conhecimento da matéria. Excepcionalmente, no processo penal, servem para impugnar decisões com força de definitiva, que equivalem às decisões interlocutórias, muito embora não exista, para elas, a possibilidade de interposição de recurso em sentido estrito.

- **Agravo regimental:** é o recurso utilizado nos tribunais para atacar decisão tomada por um integrante da corte, devendo ser julgado pelo colegiado.

- **Protesto por novo júri:** era o recurso privativo da defesa com a finalidade de pleitear novo julgamento pelo Tribunal do Júri, desde que a sentença tenha fixado, por um só delito, pena igual ou superior a vinte anos de reclusão. Foi suprimido pela Lei 11.689/2008.

▸ **Embargos de declaração:** é o peculiar recurso voltado ao mesmo órgão prolator da decisão, para que a emende, esclareça ou retifique, de modo a torná-la clara o suficiente para que seja cumprida ou objeto de impugnação por outro recurso.

▸ **Carta testemunhável:** é o recurso destinado a permitir que outro recurso, cujo processamento foi indevidamente obstado, tenha seguimento no tribunal.

▸ **Embargos infringentes e de nulidade:** é recurso privativo da defesa, cuja finalidade é garantir uma reavaliação do caso por toda a turma julgadora no tribunal, permitindo, pois, que haja a inversão do *quorum* de julgamento.

▸ **Recurso extraordinário:** é o recurso excepcional, dirigido ao Supremo Tribunal Federal, com a finalidade de evitar que a legislação infraconstitucional, aplicada por instância inferior, possa contrariar a Constituição Federal.

▸ **Recurso especial:** é o recurso excepcional, dirigido ao Superior Tribunal de Justiça, com o objetivo de fazer valer o disposto em lei federal, descumprida por tribunal inferior ou ato de governo local, bem como para evitar interpretações divergentes de cortes estaduais ou regionais a respeito de legislação federal.

▸ **Recurso ordinário constitucional:** é o recurso dirigido ao Supremo Tribunal Federal ou ao Superior Tribunal de Justiça, conforme o caso, em hipóteses previstas expressamente na Constituição, cujo processamento se dá sem o juízo específico de admissibilidade e conveniência. Basta que a parte interessada manifeste o seu inconformismo, no prazo legal, para que haja o processamento do recurso.

▸ **Embargos de divergência:** é o recurso interposto contra a decisão de Turma do STF (em casos de recurso extraordinário ou agravo de instrumento) ou do STJ (em casos de recurso especial), que divergir do julgamento de outra Turma, da Seção ou do Plenário, com a finalidade de uniformizar a jurisprudência.

Recursos e ações de impugnação no processo penal

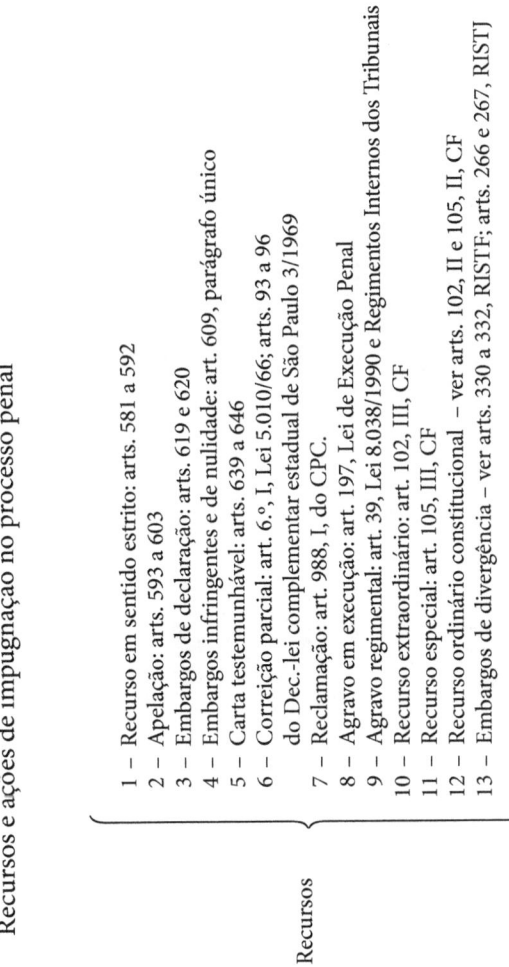

Recursos

1 – Recurso em sentido estrito: arts. 581 a 592
2 – Apelação: arts. 593 a 603
3 – Embargos de declaração: arts. 619 e 620
4 – Embargos infringentes e de nulidade: art. 609, parágrafo único
5 – Carta testemunhável: arts. 639 a 646
6 – Correição parcial: art. 6.º, I, Lei 5.010/66; arts. 93 a 96 do Dec.-lei complementar estadual de São Paulo 3/1969
7 – Reclamação: art. 988, I, do CPC.
8 – Agravo em execução: art. 197, Lei de Execução Penal
9 – Agravo regimental: art. 39, Lei 8.038/1990 e Regimentos Internos dos Tribunais
10 – Recurso extraordinário: art. 102, III, CF
11 – Recurso especial: art. 105, III, CF
12 – Recurso ordinário constitucional – ver arts. 102, II e 105, II, CF
13 – Embargos de divergência – ver arts. 330 a 332, RISTF; arts. 266 e 267, RISTJ

Ações de impugnação

1 – Revisão criminal: arts. 621 a 631
2 – *Habeas corpus*: arts. 647 a 667 e art. 5.º, LXVIII, CF
3 – Mandado de segurança: Lei 12.016/2009 e art. 5.º, LXIX, CF
4 – Unificação de penas: art. 66, III, a, Lei de Execução Penal

CAPÍTULO XXI

Ações de Impugnação

1. INTRODUÇÃO

O Código de Processo Penal cuidou, no Livro III, Título II, dos recursos em geral e destinou capítulos específicos para a revisão criminal (capítulo VII) e para o *habeas corpus* (capítulo X), ignorando o mandado de segurança. Ocorre que nem a revisão criminal, nem o *habeas corpus* são recursos propriamente ditos. Constituem ações autônomas de impugnação, com respaldo constitucional, verdadeiros instrumentos para assegurar direitos e garantias fundamentais, como a liberdade e a realização de justiça. Demonstraremos no capítulo pertinente a cada um desses temas a sua autonomia em relação aos recursos, embora, desde logo, possamos dizer que, muitas vezes, funcionam como recursos, pois permitem a reforma de decisões judiciais por órgãos de jurisdição superior.

Quanto ao mandado de segurança, regido por lei própria (Lei 12.016/2009), constitui igualmente ação de impugnação, verdadeiro instrumento autônomo para a proteção de direitos e garantias fundamentais, cabendo-lhe residualmente amparar todo direito líquido e certo que não diga respeito à liberdade de ir e vir, parcela atribuída ao campo do *habeas corpus*.

2. REVISÃO CRIMINAL

2.1 Conceito de revisão criminal e natureza jurídica

É uma ação penal de natureza constitutiva e *sui generis*, de competência originária dos tribunais, destinada a rever, como regra, decisão condenatória, com trânsito em julgado, quando ocorreu erro judiciário (sobre o conceito de erro judiciário, consultar o subitem 2.7 *infra*). Trata-se de autêntica ação rescisória na esfera criminal, indevidamente colocada como recurso no Código de Processo Penal.[1] É ação *sui generis*, pois não possui polo passivo, mas somente o autor, questionando um erro judiciário que o vitimou.[2]

Na lição de CÂMARA LEAL, "a revisão criminal, que *antigamente* era denominada 'revista', só é admissível dos processos findos, quando a sentença tenha sido condenatória. Antigamente, qualquer pessoa podia requerer a revisão, hoje esse direito é restrito ao sentenciado ou seu procurador legalmente habilitado, ou, em caso de morte do réu, ao seu cônjuge, ascendente, descendente ou irmão (...) Nem mesmo ao Ministério Público se atribui mais esse direito, que lhe era também outorgado na legislação anterior".[3]

Tem alcance maior do que o previsto na legislação ordinária, adquirindo, igualmente, o contorno de garantia fundamental do indivíduo, na forma de remédio constitucional contra injustas condenações. Extrai-se tal conclusão porque a Constituição Federal (art. 5.º, LXXV) preceitua que "o Estado indenizará o condenado por erro judiciário", além do que no § 2.º do mesmo art. 5.º, menciona-se que outros direitos e garantias podem ser admitidos, ainda que não estejam expressamente previstos no texto constitucional, desde que sejam compatíveis com os princípios nele adotados. Ora, é justamente essa a função da revisão criminal: sanar o erro judiciário, que é indesejado e expressamente repudiado pela Constituição Federal.

Esse entendimento, elevando a revisão à categoria de garantia fundamental, é prestigiado por FREDERICO MARQUES, que argumenta estar previsto expressamente o direito a essa ação na Constituição, no contexto da competência do Supremo Tribunal Federal (art. 102, I, *j*). Assim, se os condenados pela Suprema Corte têm direito constitucional à utilização desse instrumento, é natural que os demais, sentenciados por instâncias inferiores, também o possuam, o que lhes garante a isonomia contra o erro judiciário.[4] Contrário, sustentando tratar-se de um recurso, embora de caráter misto e *sui generis,* está a posição de MAGALHÃES NORONHA.[5] Entendendo cuidar-se de ação penal e não de mero recurso está a posição da maioria da doutrina e da jurisprudência.

SÉRGIO DE OLIVEIRA MÉDICI, no entanto, propõe outra conceituação, sem adotar o difundido caráter de ação, nem acolher ser a revisão criminal um mero recurso, merecendo registro: "em nosso entendimento, a revisão constitui meio de impugnação do julgado que se aparta tanto dos recursos como das ações, pois a coisa julgada exclui a possibilidade de interposição de recurso, e, ao requerer a revista da sentença, o condenado não está propriamente *agindo*, mas *reagindo* contra o julgamento, com o argumento da configuração de erro

---

[1]   "De fato, a revisão é, no fundo, verdadeira ação, ou tipo especial de ação rescisória em sede penal, obedecendo, contudo, à forma dos recursos. Como a ação rescisória, participa da natureza das ações e dos recursos. A diferença consiste em que nas ações rescisórias é prevalente o caráter de ação, com o juízo prévio rescindente e rescisório; nas revisões criminais é prevalente o caráter de recurso" (ARY DE AZEVEDO FRANCO, *Código de Processo Penal*, v. 2, p. 334). Para JORGE ALBERTO ROMEIRO, trata-se do "reexame jurisdicional de um processo penal já encerrado por decisão transitada em julgado, mirando à sua reforma, quando contenha erro cuja reparação pelo próprio Judiciário, possa valorizá-lo como órgão do Estado gerador da coisa julgada" (*Da revisão*, p. 67).

[2]   Como ensina MARIA ELISABETH QUEIJO, "o termo 'revisão' é oriundo da palavra 'rever' que significa 'ver novamente', 'examinar de novo'. Mais que um instituto de direito processual, a revisão é medida humanitária para correção dos erros judiciários" (QUEIJO, *Da revisão criminal*, p. 79).

[3]   *Comentários ao Código de Processo Penal*, v. IV, p. 134.

[4]   *Elementos de direito processual penal*, p. 308.

[5]   *Curso de direito processual penal*, p. 382.

judiciário. A ação penal anteriormente *vista* é então *revista* por meio da revisão que, entretanto, não implica inversão das partes (em sentido processual)".[6]

Vale mencionar que não há prazo para o ingresso da revisão criminal, podendo ser ajuizada até mesmo após o cumprimento da pena (art. 622, CPP).

Há quem defenda pudesse a revisão criminal ser ajuizada em favor da sociedade (*pro societate*), buscando, com isso, sanar eventual injustiça decorrente da absolvição indevida de réu.[7] Entretanto, embora ponderáveis os argumentos, tal medida confrontaria o princípio constitucional de vedação do duplo processo pelo mesmo fato. Incabível, pois, qualquer acolhimento nesse prisma pela legislação ordinária.

É interessante observar que "a sentença firmada (coisa julgada) não é irrevogável de modo absoluto. A exigência de que a sentença seja conforme à realidade o mais possível é tão forte que se levanta contra a sentença onde não se verifique isto, por mais perfeita que seja formalmente".[8]

2.1.1 Alguns dados históricos

Ensina João Martins de Oliveira que "nos primórdios da organização da justiça criminal, o socorro aos injustiçados em sentenças errôneas era simples providência administrativa. Levava-se o fato ao conhecimento do soberano, a quem se suplicava a mercê de corrigir a decisão injusta. Nestes afastados tempos, o provimento revisional era 'graça' do príncipe, que anulava a sentença injusta e ordenava outra fosse proferida, com atenção aos novos elementos apresentados pelo condenado. Além de precária, pela sujeição a influências dos cortesãos; de incerta, por depender muito mais da benevolência do príncipe; e de morsa, à vista do acúmulo de atribuições do soberano, a interferência deste nos serviços da justiça somente era justificada, pela absorção de poderes ainda não perfeitamente distribuídos entre órgãos diversos, como aconteceu, posteriormente, na evolução da estrutura do Estado".[9]

Sob outro aspecto, Jorge Alberto Romeiro afirma não ter dúvida de que havia revisão criminal em Roma imperial, tanto das decisões absolutórias quanto das condenatórias. Depois disso, a revisão é localizada no direito canônico na Idade Média.[10]

Maria Elisabeth Queijo demonstra que houve duas fases "na evolução da revisão: de providência administrativa, entendida como a graça do soberano, a revisão evoluiu até tornar-se um instrumento jurídico, com a feição de direito, e não de concessão".[11]

No Brasil, "pela Constituição Federal de 1891, a revisão dos processos criminais findos, com sentença condenatória passada em julgado, competiria privativamente ao Supremo Tribunal Federal (art. 81). A Constituição de 1934, conferindo à Corte Suprema o julgamento das revisões criminais, deu à lei ordinária competência para criar tribunais federais, podendo atribuir-lhes o julgamento final das revisões criminais (art. 78). A Constituição do Estado Novo não enumerou entre os processos da competência privativa do Supremo Tribunal Federal, as revisões criminais. Eis por que o Código de Processo Penal só conferiu ao Supremo Tribunal

---

6   *Revisão criminal*, p. 148.
7   Élcio Arruda, Revisão criminal *pro societate*, p. 328.
8   Florian, *Elementos de derecho procesal penal*, p. 459.
9   *Revisão criminal*, p. 65-66.
10 *Da revisão*, p. 10.
11 *Da revisão criminal*, p. 12.

a revisão das condenações por ele próprio proferidas, cometendo aos Tribunais de Apelação dos Estados as demais revisões (art. 624)".[12]

2.2 Polos ativo e passivo na revisão criminal

Como demonstra o art. 623 do Código de Processo Penal, trata-se de ação privativa do réu condenado, podendo ele ser substituído por seu representante legal ou seus sucessores, em rol taxativo – cônjuge, ascendente, descendente ou irmão. Atualmente, parece-nos viável também ser incluído no contexto do *cônjuge*, para a finalidade de ingresso de revisão criminal, o(a) companheiro(a), cuja união estável fique claramente demonstrada.

Não nos afigura razoável, como entendem alguns,[13] que o Ministério Público possa constituir parte ativa nessa modalidade de ação. A lei não o autoriza a agir, diferentemente do que ocorre no processo, quando atua como parte, podendo recorrer, inclusive, em favor do acusado.[14] Finda a relação processual, transitada em julgado a sentença, não há mais cabimento em se admitir ação proposta por representante do Ministério Público. Perdeu o interesse, visto inexistir *direito de punir* do Estado nessa ação. Pudesse ele "recorrer" (como sustentam alguns, somente porque a revisão está prevista no contexto dos recursos no Código de Processo Penal), então deveria também ser ouvido, quando a revisão criminal fosse proposta pelo condenado, o que não ocorre. Colhe-se o parecer da Procuradoria-Geral de Justiça, mas não se busca a contestação ao pedido, feita pelo promotor. Logo, inexiste razão para que este ingresse com ação desse porte. Aliás, para quem concebe que, no polo passivo está o Ministério Público, como admitir a mesma instituição ingressando com a ação? Estaria ela nos dois polos ao mesmo tempo, o que não nos afigura correto.

Em casos extremados, quando o condenado não quiser ingressar com a ação revisional, mas houver flagrante demonstração de erro judiciário, entendemos cabível a nomeação de defensor, pelo juiz, para tutelar os interesses do sentenciado, a quem caberá, então, a proposi-tura da ação. Afinal, do mesmo modo que, durante o processo, é inócua a recusa do réu em receber defensor técnico, quando houver erro judiciário, cabe ao Estado providenciar o patrocínio de seus interesses, ainda que a contragosto.

Levando-se em consideração que a revisão criminal é uma ação especial, a ser devida-mente instruída com documentos e provas pré-constituídas, sob pena de não ser acolhida, têm entendido os tribunais, com absoluta pertinência, merecer o condenado o patrocínio de um defensor habilitado – advogado dativo ou defensor público. Embora o art. 623 autorize o ingresso da ação revisional diretamente pelo réu, seu representante legal ou sucessor, é curial, para a garantia da ampla defesa, que o Estado, caso ele não tenha condições, nomeie defensor técnico para promover o pedido.

É desnecessário o recolhimento prévio ao cárcere para valer-se o condenado da revisão criminal, como já deixou claro o disposto na Súmula 393 do Supremo Tribunal Federal.

---

[12] CÂMARA LEAL (*Comentários ao Código de Processo Penal*, v. IV, p. 134).

[13] MÉDICI, *Revisão criminal*, p. 155; ADA, MAGALHÃES e SCARANCE, *Recursos no processo penal*, p. 311.

[14] "Retirou-se ao Ministério Público atribuição de promover a revisão. Uma vez que não lhe cabe, tam-bém, requerer a medida *pro societate*, pois a lei só admite a revisão nos casos de pronunciamentos condenatórios, nosso legislador entendeu que não há razão forte para se conferir ao Ministério Público a incumbência de promover revisórias criminais" (JOÃO MARTINS DE OLIVEIRA, *Revisão criminal*, p. 131). O mesmo argumenta CÂMARA LEAL (*Comentários ao Código de Processo Penal*, v. IV, p. 134).

Por derradeiro, é preciso ressaltar que, falecendo o autor da ação de revisão, durante o seu trâmite, o presidente do tribunal deve nomear curador para a defesa do seu interesse (art. 631, CPP). Havendo sucessores (cônjuge, ascendente, descendente ou irmão), no entanto, que assumam o polo ativo, torna-se desnecessária a nomeação de curador. Porém, se o condenado não deixar sucessores capazes de assumir a condução da ação, o curador se incumbirá de fazê-lo.[15]

Como já mencionamos, não há polo passivo na revisão criminal, o que lhe confere o caráter de ação *sui generis*. A revisão criminal tem por fim sanar um erro judiciário, razão pela qual, ao menos em tese, não teria o Ministério Público de 2.º grau interesse em contrariar o pedido, como se fosse autêntica parte passiva.

Há intensa divergência na análise da natureza jurídica da revisão criminal, motivo pelo qual as opiniões não coincidem. Defendem ADA, MAGALHÃES e SCARANCE que "legitimado passivo na ação é o Estado, representado pelo Ministério Público, sendo certo que, no sistema brasileiro, não se prevê, na revisão, a assistência do ofendido".[16] E criticam, inclusive, a exclusão da parte ofendida do polo passivo, pois a decisão na revisão pode afetar seus interesses. Preferimos, nesse campo, o entendimento sustentado por SÉRGIO DE OLIVEIRA MÉDICI: "O Ministério Público, chamado a opinar na revisão criminal, não representa o Estado ou a União. Manifesta-se livremente, a favor ou contra o pedido, não intervindo na revisão como *parte contrária* ao condenado. Conforme dispõe o art. 625, § 5.º, do Código de Processo Penal, se o requerimento não for indeferido *in limine*, abrir-se-á vista dos autos ao procurador-geral, que dará *parecer* no prazo de dez dias. Esta regra indica, claramente, que a função ministerial será de *custos legis*, propiciando ao oficiante opinar a respeito do cabimento do pedido e, no mérito, pronunciar-se favorável ou contrariamente à rescisão do julgado. O substantivo *parecer* tem significado de 'opinião acerca de algum problema, juízo, modo de apreciar jurídico'; 'opinião que o advogado, consultor jurídico, procurador de órgão da administração pública, ou qualquer funcionário competente, dá sobre determinada matéria, de acordo com os seus conhecimentos profissionais ou funcionais sobre ela. Modo de ver expresso por órgão do Ministério Público, ou de qualquer pessoa com função judicial, sobre questão a respeito da qual deve ser ouvida. Opinião técnica sobre determinado assunto'; 'a opinião escrita, ou mesmo verbal, dada por uma pessoa acerca de determinado negócio, mostrando as razões justas ou injustas, que possam determinar sua realização, ou não. E, nesta acepção, o parecer, na maioria dos casos, culmina em ser tomado como um voto dado a favor ou contra o mesmo negócio. Parecer, pois, é a manifestação de uma opinião, ou modo de pensar, acerca de um fato ou negócio. E, segundo as circunstâncias, pode ser favorável ou contrário a ele'. Quisesse a lei situar o Ministério Público como *parte*, na revisão criminal, teria empregado a palavra adequada para expressar tal posicionamento, como *resposta, contrarrazões, oposição*. Jamais *parecer*, que, como ficou claro, significa opinião ou manifestação favorável ou contrária ao

---

[15] "A reabilitação da memória dos que foram vítimas de condenações injustas, no passado, não é feita pelas cortes judiciárias, mas pelo tribunal da opinião pública, que restabelece reputações desastradamente ofendidas com decisões errôneas, ditadas pelas paixões dos julgadores. Os trabalhos dos historiadores funcionam como libelos de revisão. Os nomes de grandes injustiçados do passado estão aureolados de glória pelo martírio. Um Sócrates e um Galileu, pela grandeza do sacrifício, dispensam os julgamentos judiciários. E o manto do esquecimento cobre para sempre o nome de seus juízes" (JOÃO MARTINS DE OLIVEIRA, *Revisão criminal*, p. 128).

[16] *Recursos no processo penal*, p. 311.

requerimento do condenado. Em suma, o procurador de justiça não advoga, não representa a parte, não busca o triunfo. Fala pelo atendimento da lei, ao opinar em revisão criminal".[17]

Além disso, acrescentamos, se parte fosse, deveria ser chamado a integrar o polo passivo o representante do Ministério Público de primeiro grau, aquele que lutou e conseguiu a condenação com trânsito em julgado. Muitas vezes, enquanto o promotor se debate pela condenação, está o procurador de justiça oficiando no sentido de ser o réu absolvido. Logo, o real interessado na condenação é quem a sustentou desde o início da relação processual. Se este não é chamado a compor a nova demanda, não se tem que *adaptar* o procurador de justiça – que nunca, até então, atuou como tal – como parte passiva na ação penal.

2.3   Revisão criminal em confronto com outros princípios constitucionais

Há dois pontos que merecem destaque: como compatibilizar a revisão criminal com o respeito à coisa julgada (art. 5.º, XXXVI, CF) e com a soberania das decisões proferidas no Tribunal do Júri (art. 5.º, XXXVIII, *c*, CF)?

Quanto ao primeiro, é certo que o respeito à coisa julgada constitui garantia individual do ser humano, inserta, expressamente, no art. 5.º, XXXVI, da Constituição Federal. Mas a revisão criminal também é uma garantia humana fundamental, como já analisamos anteriormente. Logo, o ideal é buscar a harmonização entre ambas as situações, concluindo que, regra geral, deve-se respeitar a coisa julgada, embora, em casos excepcionais, como os que envolvem erro judiciário, seja indispensável que a coisa julgada ceda à reavaliação da decisão proferida. Compõem-se, assim, dois institutos, sem que haja o predomínio, puro e simples, de um sobre o outro.

2.3.1   A revisão criminal e a soberania dos veredictos no Tribunal do Júri

Salientamos, em primeiro lugar, que a revisão criminal, como já mencionado, é uma garantia constitucional, exatamente como o Tribunal do Júri, este uma garantia ao devido processo legal dos acusados da prática de crimes dolosos contra a vida. Entretanto, por inexistir, no contexto constitucional, hierarquia de normas, mormente quando se trata de duas garantias fundamentais, é preciso harmonizá-las, evitando que uma prevaleça integralmente sobre a outra.

Cabe, então, a questão: diante da *soberania dos veredictos* (art. 5.º, XXXVIII, *c*, CF), haveria possibilidade jurídica da revisão criminal absolver um réu condenado definitivamente pelo Tribunal do Júri? Reconhecemos que a posição majoritária, atualmente, na doutrina e na jurisprudência, responde afirmativamente à indagação, isto é, torna possível que, transitada em julgado a decisão condenatória, proferida pelo júri, possa o tribunal togado revê-la, absolvendo ou minorando a condenação, invocando-se, para tanto, o direito à liberdade, que prevaleceria sobre a soberania dos veredictos.

Os argumentos favoráveis à revisão criminal contra a decisão final do júri são os seguintes: a) a revisão é uma garantia individual mais importante, podendo superar outra, que é a soberania dos veredictos do Tribunal Popular, porque preserva o direito à liberdade; b) a soberania não pode afrontar os direitos de defesa do réu, devendo prevalecer sempre a ampla defesa; c) a soberania do júri não pode sustentar-se na condenação de um inocente, pois o

---

[17]   *Revisão criminal*, p. 236-237.

direito à liberdade, como se disse, é superior; d) a soberania dos veredictos cinge-se apenas ao processo, até que a relação jurídico-processual seja decidida em definitivo; e) a soberania dos veredictos e o júri constituem garantias do direito de liberdade do réu, razão pela qual a absolvição pela revisão criminal estaria de acordo com tais finalidades; f) já existem outras possibilidades legais de revisão da decisão do júri, como a apelação.

Todos esses fundamentos, no entanto, não se coadunam com os fins da instituição do Tribunal do Júri. Saliente-se que, da mesma forma que a revisão criminal é uma garantia individual, também o é o Tribunal do Júri, embora a primeira seja instrumento de proteção destinado aos condenados injustamente, enquanto o segundo é garantia do devido processo legal e não da liberdade do réu. Pode o júri condenar ou absolver, sem estar vinculado ao acusado. Assim sendo, embora a revisão criminal seja uma proteção aos condenados vítimas de erro judiciário, é preciso que se preserve, igualmente, a instituição do júri, lapidada constitucionalmente para a condenação *ou* absolvição dos acusados da prática de crimes dolosos contra a vida.

Caso, pois, entenda o réu ter sido indevidamente condenado, poderá ingressar com revisão criminal, mas apenas para que o tribunal togado proceda ao juízo rescindente, devolvendo ao júri o juízo rescisório. Cabe a este último a decisão de mérito, avaliando se houve ou não o mencionado erro judiciário. Levemos sempre em conta que a análise das provas do processo é relativa e ninguém pode garantir que o tribunal togado seja o único habilitado a procedê-la com sucesso. Diante disso, para compatibilizar a revisão criminal com a soberania dos veredictos, sem que uma garantia supere a outra, pois estabeleceria a indevida hierarquia entre normas constitucionais, é preciso encaminhar o julgamento ao Tribunal Popular.[18]

O argumento de que a soberania dos veredictos não pode afrontar a ampla defesa é frágil, pois o condenado terá direito a um novo julgamento, a ser feito por seus pares, como determina a Constituição. Logo, há ampla defesa (aliás, mais que isso, pois no Júri impera a *plenitude* de defesa).

Quanto ao fundamento de que a soberania do júri não pode assentar-se sobre a condenação de um inocente também se pode contrapor que, havendo erro judiciário, leva-se o caso a novo julgamento pelo tribunal competente, isto é, o júri. Dessa forma, decidir se o sentenciado é, realmente, inocente cabe aos jurados e não ao magistrado togado.

Dizer que a soberania acompanha o júri somente até o trânsito em julgado da sentença é negar vigência à Constituição Federal, pois nenhum preceito, em absoluto, assegura tal entendimento. Fosse assim e poder-se-ia dizer que também a ampla defesa acompanha o réu somente até a condenação com trânsito em julgado, afastando-se tal garantia durante a execução da pena, o que é ilógico.

Finalmente, quanto ao argumento de que há apelação para questionar as decisões do júri, deve-se salientar que tal recurso remete o caso a novo julgamento pelo *próprio* Tribunal Popular, razão pela qual não existe subtração de competência e a soberania é assegurada.

Enfim, a revisão criminal jamais poderia rever, quanto ao mérito, a decisão final do Tribunal do Júri, pois isso significa, em verdade, ofender o preceito constitucional da *soberania dos veredictos*. A harmonia dos dispositivos constitucionais é o melhor caminho e, como sustentamos, deve-se realizar o juízo rescindente, quando for o caso, pelo tribunal togado (revisão criminal) para, depois, encaminhar o feito ao juízo rescisório a ser feito pelo

---

[18] No mesmo prisma, a lição de JORGE ALBERTO ROMEIRO (*Da revisão*, p. 86).

Tribunal do Júri (soberania dos veredictos). Maiores detalhes, com jurisprudência e outros fundamentos, podem ser encontrados em nosso livro *Tribunal do Júri*.

Convém, ainda, mencionar o alerta feito por Antonio Scarance Fernandes no sentido de que, apesar de firme a orientação na doutrina e na jurisprudência de que o Tribunal de Justiça pode, em sede de revisão criminal, absolver o réu condenado pelo Tribunal do Júri, sob a argumentação de que se trata a revisão de uma garantia implícita da Constituição em favor do réu, é difícil "afastar a ofensa à soberania, sobrepondo o Tribunal de Justiça a sua vontade àquela manifestada pelos jurados. Por outro lado, é possível garantir a soberania dos veredictos e a revisão criminal. Se há prova nova, ainda não apreciada pelos jurados e que pode, através de um juízo prévio de probabilidade, alterar o quadro condenatório, o correto seria cassar a decisão e encaminhar o réu a novo julgamento. O mesmo aconteceria se ficasse demonstrado que uma prova dos autos era falsa. Estaria respeitada a soberania dos jurados e não ficaria o réu impossibilitado de reverter a situação formada. Mas, de qualquer forma, a orientação prevalente é a que, no sistema do Código, de forma mais rápida garante o acusado e faz prevalecer a proteção à liberdade".[19]

2.4   Hipóteses para o cabimento da revisão criminal

Enumera o art. 621 do Código de Processo Penal as seguintes: a) quando a sentença condenatória for contrária ao texto expresso da lei penal; b) quando a sentença condenatória for contrária à evidência dos autos (ambas no inciso I); c) quando a sentença condenatória se fundar em depoimentos, exames ou documentos comprovadamente falsos (inciso II); d) quando, após a sentença, forem descobertas provas de inocência do condenado; e) quando, após a sentença, for descoberta alguma circunstância que determine ou autorize diminuição especial da pena (ambas no inciso III).

Lembremos que a concretização do trânsito em julgado da sentença condenatória é requisito indispensável e fundamental para o ajuizamento de revisão criminal. Pendendo qualquer recurso contra a decisão condenatória, não cabe a admissão de revisão. Esse é o único sentido lógico que se deve dar à expressão "processo findo", constante do *caput* do art. 621 do CPP, não sendo possível considerar a decisão que julga extinto o processo, sem julgamento de mérito.

Embora seja pressuposto essencial para a revisão criminal a existência de uma sentença condenatória definitiva, deve-se incluir nesse contexto a sentença absolutória imprópria, isto é, aquela que impõe ao inimputável, autor de um injusto penal, uma medida de segurança (art. 386, parágrafo único, III, CPP). Fora disso, como bem explica Guilherme Madeira Dezem, "não se admite revisão criminal de sentença absolutória nem mesmo para que seja alterado o fundamento da absolvição (é importante lembrar, a apelação é cabível para mudar o fundamento da absolvição, mas não a revisão criminal). Há apenas uma hipótese em que se admite revisão criminal de sentença absolutória, que é o caso da sentença absolutória imprópria (aquela que impõe medida de segurança)".[20]

A primeira hipótese – sentença condenatória contrariando texto expresso da lei penal – precisa ser compreendida no seu alcance mais amplo, ou seja, não somente as referentes ao direito penal (incriminadoras, permissivas ou de qualquer outro tipo), mas também ao

---

[19]   *Processo penal constitucional*, p. 166-167.
[20]   *Curso de processo penal*, p. 1.098.

direito processual penal. Portanto, a sentença proferida com infringência grave e frontal a norma prevista no Código de Processo Penal também pode dar ensejo à revisão criminal.

Trata-se de situação facilmente detectável, pois basta comparar a decisão condenatória com o texto legal, vislumbrando-se se o magistrado utilizou ou não argumentos opostos ao preceituado em lei penal ou processual penal. Exemplo disso seria a aplicação de analogia *in malam partem*, criando-se figura típica, onde inexiste, ferindo frontalmente o disposto no art. 1.º do Código Penal (não há crime sem prévia definição legal). Outro exemplo seria a decisão do magistrado levando em conta a confissão do réu para formar a materialidade do crime que deixa vestígio, em oposição direta ao disposto no art. 158 do Código de Processo Penal.

Quando se tratar de interpretação controversa do texto de lei, não cabe revisão criminal, para se buscar outra análise do mesmo preceito. A hipótese do inciso I é clara: afronta ao texto expresso de lei – e não do sentido que esta possa ter para uns e outros. É certo que, havendo a jurisprudência firmado entendimento de que a lei deve ser interpretada num determinado prisma – até porque sua redação é confusa, o que não é raro – cabe revisão criminal, com base na afronta à lei, quando o magistrado adotar posicionamento oposto ao majoritário. Nesse contexto, pois, é preciso cautela para receber e processar a revisão criminal, sob pena de haver choque com a Súmula 343 do Supremo Tribunal Federal: "Não cabe ação rescisória por ofensa a literal disposição de lei, quando a decisão rescindenda se tiver baseado em texto legal de interpretação controvertida nos tribunais".

Como esclarece João Martins de Oliveira, "a contrariedade oposta ao texto da lei pode resultar daquilo que os alemães denominam errada subsunção dos fatos à lei, os franceses chamam enganosa qualificação jurídica do crime, e a doutrina pátria, seguindo a italiana, tem como desacertada definição jurídica do fato, de que possa surgir diminuição de pena. A errônea aplicação da lei ocorre, quando seja adotada uma nova em vez de outra, para o fato apenado, ou quando seja injustamente aplicada a norma à vista de inexata interpretação de seu texto".[21]

Quanto à segunda hipótese – sentença contrária à evidência dos autos[22] – deve ser entendida a expressão *evidência dos autos* como o conjunto das provas colhidas. Para ser admissível a revisão criminal, torna-se indispensável que a decisão condenatória proferida ofenda *frontalmente* as provas constantes dos autos. Como ensina Bento de Faria, a "evidência significa a clareza exclusiva de qualquer dúvida, por forma a demonstrar de modo incontestável a certeza do que emerge dos autos em favor do condenado".[23] Seria o equivalente a dizer que todas as testemunhas idôneas e imparciais ouvidas afirmaram não ter sido o réu o autor do crime, mas o juiz, somente porque o acusado confessou na fase policial, resolveu condená-lo. Não tendo havido recurso, transitou em julgado a decisão. É caso de revisão criminal. Mas, a hipótese é rara. Afinal, no mais das vezes, o réu não se contenta com a condenação proferida em primeiro grau, que, quando absurda, acaba sendo reformada em segunda instância. Torna-se muito difícil a hipótese de duas decisões, proferidas por magistrados diversos, afrontarem a evidência dos autos.

Por outro lado, convém salientar os abusos que muitas vezes ocorrem no contexto da revisão criminal, quando o pedido é fundado nesse elemento. Há julgados que aceitam a revisão criminal para o fim de "reavaliar" toda a prova, embora a decisão condenatória com trânsito em julgado tenha analisado a matéria dentro de razoável interpretação da prova. O objetivo

---

21   *Revisão criminal*, p. 156.

22   "Diz-se que há evidência nos autos, quando os elementos nele reunidos facilmente trazem ao observador a certeza" (João Martins de Oliveira, *Revisão criminal*, p. 157).

23   *Código de Processo Penal*, v. 2, p. 345.

da revisão não é permitir uma "terceira instância" de julgamento, garantindo ao acusado mais uma oportunidade de ser absolvido ou ter reduzida sua pena, mas, sim, assegurar-lhe a correção de um erro judiciário. Ora, este não ocorre quando um juiz dá a uma prova uma interpretação aceitável e ponderada. Pode não ser a melhor tese ou não estar de acordo com a turma julgadora da revisão, mas daí a aceitar a ação rescisória somente para que prevaleça peculiar interpretação é desvirtuar a natureza do instituto.

A terceira hipótese – sentença fundada em depoimentos, exames ou documentos falsos – deixa claro que essas peças constitutivas do processo necessitam ser *comprovadamente* não autênticas e tenham sido determinantes para a condenação. Portanto, não é qualquer suspeita de fraude, vício ou falsidade que levará à reavaliação da condenação com trânsito em julgado. É nítida a exigência de uma falsidade induvidosa.[24]

Embora o ideal fosse apurar o falso testemunho, a falsa perícia ou a falsidade documental em processo à parte, trazendo para os autos da revisão a decisão formal e final, nada impede que, na ação revisional, seja apurado o falso. Tal se dá porque a reavaliação do erro judiciário necessita ser célere, implicando, na maior parte dos casos, constrangimento à liberdade individual do sentenciado, motivo pelo qual é possível verificá-la nos autos da revisão.

Se assim desejar, pode determinar a produção de prova o relator, valendo-se, inclusive, de carta de ordem para que o juiz de 1.º grau colha os elementos necessários. Se procedente a revisão criminal, determina-se a apuração criminal da falsidade. Por outro lado, a própria parte interessada na revisão pode requerer ao juízo da condenação a realização de justificação (art. 381, § 5.º, do CPC/2015), como procedimento prévio e preparatório da ação revisional.

Lembra, com razão, João Martins de Oliveira que o "reconhecimento da falsidade na prova não constitui caso de nulidade do processo, a ser proclamado em revisão. Excepcionalmente, se a falsidade está em termo ou ato substancial do processo (auto de corpo de delito, por exemplo) considera-se que ocorre nulidade formal, pois o dito termo ou ato é imprestável. Nos demais casos, o que acontece é o desaparecimento do suporte para a sentença, tendo como causa a ineficácia de elemento formador do convencimento do juiz".[25]

A quarta hipótese – surgimento de novas provas de inocência do condenado – deve ser interpretada como provas *substancialmente* novas, ou seja, inéditas no processo, demonstrativas da inocência do réu, abrangendo tanto autoria, quanto materialidade do crime.[26]

Os tribunais vêm decidindo, com acerto, não ser motivo para a procedência da revisão criminal apresentada por um corréu a existência de absolvição de outro coacusado em processo diverso. Por vezes, é possível que tenha havido desmembramento do feito em que se apura delito cometido por mais de um agente – exemplo disso seria um réu estar preso e o outro, solto e revel, demandando celeridade no primeiro julgamento – fazendo com que ocorram decisões separadas.

---

[24] "As novas provas podem não ter sido alegadas no processo, embora não fosse possível produzi-las. Podem surgir depois da condenação, sem que antes o condenado a elas se haja referido, ou para mostrar a inocência do acusado, ou apenas para autorizar a diminuição especial da pena que lhe tenha sido imposta" (ob. cit., p. 336).

[25] *Revisão criminal*, p. 165.

[26] "A nova prova deve ser concludente e deixar evidenciada a inocência do réu. Se somente trouxer elementos que procuram abalar os elementos já existentes nos autos, ou melhor, se for apresentada com intuito de causar dúvida, será insuficiente para fazer vingar a revisão" (João Martins de Oliveira, *Revisão criminal*, p. 181).

Se um deles for condenado, não significa, necessariamente, que a absolvição do segundo seja motivo suficiente para a revisão criminal da primeira decisão. Sem dúvida, haverá decisão conflituosa ou contraditória, justamente o que se busca evitar através da utilização da junção dos processos pela ocorrência de conexão e continência, mas nem sempre é possível manter-se essa união. Diante disso, somente seria viável a procedência de uma revisão criminal, caso tenha sido introduzida uma prova nova no processo que resultou em absolvição de corréu. Nessa hipótese, o que justificaria a revisão criminal da condenação do primeiro seria a prova nova e não simplesmente a decisão absolutória.

A quinta hipótese – surgimento de circunstância que determine ou autorize diminuição de pena – leva em consideração, também no contexto das provas, o descobrimento de qualquer fato inédito a ensejar, não a absolvição, mas a modificação, para melhor, da pena. Exemplo: após a sentença condenatória, surgem evidências de que o réu ressarciu completamente a vítima, em crime de furto, antes da denúncia, configurando a hipótese do arrependimento posterior (art. 16, CP). Merece, então, a revisão da sua pena, que fora firmada com base em furto simples ou qualificado, mas sem qualquer diminuição.

Entendemos ser prática excepcional a utilização da revisão criminal para reavaliar o *quantum* da pena aplicada, somente sendo justificável quando o órgão prolator da decisão contrariou o texto expresso da lei penal (ex.: reconhece reincidência, aumentando a pena, para quem não se encaixa na figura prevista no art. 63 do Código Penal) ou a evidência dos autos (ex.: reconhece péssima conduta social, aumentando a pena-base, fundado em presunções, não comprovadas pela prova colhida).

Entretanto, simplesmente alterar o *quantum*, porque a turma julgadora a considerou exagerada, segundo entendimento particular e subjetivo, é irregular. A revisão a isso não se presta. Quando o juiz decidir, fazendo valer sua atividade discricionária, justamente o processo que envolve a escolha da pena concreta ao réu, transitando em julgado a sentença – ou o acórdão – não há que se autorizar alteração, pois é uma ofensa à coisa julgada.

2.4.1 Um exemplo histórico de erro judiciário: o caso Mota Coqueiro

Na leitura de JOÃO MARTINS DE OLIVEIRA, em sua obra *Revisão criminal*, narra-se o caso *Mota Coqueiro*, nos seguintes termos: "Manuel da Mota Coqueiro, senhor de terras, militante nas fileiras do Partido Conservador, residia em Campos, no Estado do Rio de Janeiro. Possuía propriedade agrícola em Macabu, para onde, às vezes se transferia, subindo em canoa pelo rio Macabu, em temporadas em suas terras, fiscalizando a atividade das lavouras e derrubada das matas, serviços executados pelos escravos. Certa feita, admitiu em Macabu, Francisco Benedito, com numerosa família, a título de agregado. Bondoso e comunicativo, Mota Coqueiro batizou a filha mais nova do parceiro agrícola a quem dera uma faixa de terras para lavourar e nela construir casa de moradia. Dado a bebidas, Francisco Benedito entrou logo a aceitar visitas e a amizade de vizinhos que não gostavam de Mota Coqueiro e deste divergiam em opiniões políticas. Com o tempo, apesar da tolerância do fazendeiro e da estima dedicada à família do parceiro, surgiram desinteligências entre os dois, e Mota Coqueiro resolveu pedir as terras ao agregado, prontificando-se a pagar-lhe as benfeitorias. Francisco Benedito, instigado por um genro, revoltou-se com a resolução do dono das terras e armou emboscada contra ele, atacando-o a pauladas. O fazendeiro moveu ação contra Benedito, no foro de Macaé, mas as autoridades locais, por motivos políticos, não deram andamento ao processo. Aborrecido com o procedimento do agregado, que chegara a destruir lavouras tratadas pelos escravos, o fazendeiro deu ordens ao feito Fidélis, escravo de sua confiança, para dizer ao parceiro agrícola que devia retirar-se de Macabu. Acompanhado de outros escravos, Fidélis foi à casa de Francisco Benedito e o ameaçou de violências, prometendo até queimar-lhe a casa que construíra nos terrenos de Coqueiro. Alguns dias depois, tendo vindo Mota Coqueiro a Macabu, foram encontrados mortos Francisco Benedito, sua esposa e seis filhos, dentro da casa incendiada. Logo as suspeitas recaíram sobre Mota Coqueiro e seus escravos. Os indícios apontavam o fazendeiro como mandante do horroroso crime. Na imprensa de Campos, passou a ser cognominado a 'fera de Macabu'. Seus adversários políticos, em Macaé, aproveitaram-se das circunstâncias e cuidaram de diligenciar no andamento do processo criminal. Mota Coqueiro e dois escravos, Fidélis e Domingos, e um empregado, Florentino (homem de maus antecedentes, admitido a serviço na fazenda, poucos dias antes da chacina) foram presos e, encerrado o processo, condenados pelo júri à pena de morte. A sentença foi confirmada em segundo julgamento. Os quatro condenados foram executados, na forca, em praça pública, na cidade de Macaé. O escravo Domingos foi o primeiro, enforcado a 23 de junho de 1855, e o último, Manuel da Mota Coqueiro, a 26 de agosto do mesmo ano. A opinião pública estava convencida de que se fizera justiça. As desavenças anteriores entre Coqueiro e o agregado, a surra que Francisco Benedito, de emboscada, dera no fazendeiro; as ameaças do feitor Fidélis, dias antes do crime; a autuação das autoridades já inclinadas a incriminar o fazendeiro, tudo formava um conjunto de fatos que davam credibilidade à culpa do fazendeiro. O excesso na execução do delito, tão aberrante do temperamento generoso de Coqueiro, corria por conta da maldade dos executores, mas estes eram escravos. No entanto, posteriormente, o autor do bárbaro crime, que era antigo e rancoroso desafeto de Francisco Benedito e o procurara por toda parte, confessou *in extremis*, com minúcias, como procedera na eliminação de Francisco Benedito e de sua família. O facínora soubera das ameaças de Fidélis e aproveitara-se desta circunstância, para cometer o delito e fazer recair as suspeitas sobre os escravos de Coqueiro. Não houve revisão do processo. O erro judiciário passou ao conhecimento do povo e chegou aos ouvidos do imperador Pedro II. O velho monarca ficou intensamente comovido. Desde essa época passou a conceder comutação de toda pena de morte que, por isso, ficou abolida no Brasil. Até hoje, os publicistas só se referem ao erro judiciário, mencionando o nome de Mota Coqueiro. Ficaram esquecidos os pobres escravos Domingos e Fidélis, e o colono Florentino Dias, os quais também pagaram com a vida crime que não cometeram".[27]

Cada erro judiciário dessa monta serve para promover reparos na legislação. O caso *Mota Coqueiro* foi a mola propulsora da eliminação da pena de morte no Brasil, o que foi consolidado anos mais tarde (art. 72, § 20, Constituição de 1891). O mesmo se deu no caso dos *Irmãos Naves*, que retratamos no capítulo das provas. Serviu de impulso a não mais considerar a confissão a *rainha das provas*, mormente quando conseguida na fase extrajudicial (art. 197, CPP); também inspirou o legislador de 1941 a exigir o exame pericial para a formação da materialidade do crime, nos casos (como o homicídio) em que há vestígio material (art. 158, CPP).

2.4.2   *Revisão criminal de homologação de sentença estrangeira*

É incabível, porque não há previsão legal para tanto. Cabe ao STJ, por seu Presidente, homologar a sentença penal condenatória estrangeira. Há um juízo de delibação para checar se a decisão é compatível com o nosso sistema legislativo.

---

[27]   João Martins de Oliveira, *Revisão criminal*, p. 49-51.

"Pelo sistema da delibação, inexiste apreciação do mérito da sentença e ela passa a ser admitida, se for concedido o *exequatur*, como título que dá força de execução de acessórios ou de medidas de segurança, dentro do território nacional. Assim, não haverá para o condenado possibilidade de pedir a revisão do julgado. A homologação nada tem com o que ocorreu na formação do juízo lógico e prescinde do convencimento com que atuou o julgador estrangeiro. Nem a sentença penal estrangeira passa a ser sentença da justiça brasileira, mas apenas vem a ser título em que, pela homologação (e esta, sim, é a disposição do tribunal pátrio), ganha executoriedade a punição acessória ou medida de segurança. Cabe ao interessado usar da medida revisional no foro onde foi ditada a sentença e não em nosso país, onde foi homologada, para certos e determinados efeitos. Se obtém a revisão, no país onde a sentença foi proferida, providenciará no desfazimento da decisão homologatória".[28]

2.5 Ônus da prova, oportunidade e reiteração do pedido

O encargo de demonstrar a sua inocência, buscando desconstituir decisão condenatória com trânsito em julgado é do sentenciado, pois já não vige o princípio geral do *in dubio pro reo*, devendo o autor da ação revisional apresentar novos fatos e provas substancialmente novas, para que seu pedido possa ser acolhido. É a consagração, para a hipótese, da regra do *in dubio pro societate*. Lembremos que a revisão criminal é uma exceção ao princípio do respeito à coisa julgada, não podendo ser banalizada, motivo pelo qual, tendo havido o devido processo legal para fundamentar a condenação do réu, cabe-lhe agora demonstrar a inexatidão do que foi realizado, apresentando as provas que possuir a respeito.

Secundando a posição de que o ônus da prova é do condenado, porque ele é o autor da ação, estão as vozes de ADA, MAGALHÃES e SCARANCE,[29] embora salientem que isso não significa dizer que vigora o princípio do *in dubio pro societate*, substituindo o *in dubio pro reo*. Em sentido diverso ao que sustentamos, amenizando a referência ao ônus da prova do condenado, confira-se a lição de SÉRGIO DE OLIVEIRA MÉDICI: "Outro importante reflexo de nosso entendimento recai sobre o chamado *ônus da prova*: como a revisão não consiste em nova ação, mas na reabertura da ação penal finda, inadequada a ampla exigência do encargo probatório por parte do condenado. Sem dúvida que, em alguns casos, o requerente deve juntar documentos ou atos de justificação (se a revisão fundar-se, *e. g.*, em falsidade ou descoberta de novas provas), para propiciar o processamento da revisão. Assim, incumbe ao revisionando a prova das alegações que lançar (art. 156 do Código de Processo Penal), mas sem acarretar inversão de todo o ônus probatório, como sustentado por doutrinadores e julgadores".[30]

Quando houver extinção da punibilidade no tocante à pretensão punitiva do Estado, ou seja, causas de extinção ocorrentes antes do trânsito em julgado da sentença condenatória, descabe o ajuizamento de revisão criminal. Isto se dá porque o Estado não tem o direito de punir, assim declarado em decisão judicial. Logo, não há motivo algum para o julgamento de uma revisão criminal, incidente sobre decisão que declara exatamente aquilo que o réu pretende obter: a ausência do *jus puniendi* estatal.

Entretanto, quando a extinção da punibilidade atinge somente a pretensão executória do Estado, porque a causa de extinção da punibilidade ocorre depois do trânsito em julgado

---

[28] JOÃO MARTINS DE OLIVEIRA, *Revisão criminal*, p. 148-149.

[29] *Recursos no processo penal*, p. 326-327.

[30] *Revisão criminal*, p. 242.

da sentença condenatória, cabe revisão criminal. Tal ocorre porque a decisão do juiz atinge somente os efeitos principais da decisão condenatória, afastando o cumprimento da pena, mas não elide a inscrição da condenação como mau antecedente, nem afeta a sua constituição como título executivo judicial, para a ação civil *ex delicto*, permitindo, ainda, a inscrição do nome do acusado no rol dos culpados. Há, assim, interesse para o ajuizamento da ação revisional.

A revisão criminal pode ser ajuizada após o cumprimento da pena (art. 622, CPP), pois há evidente interesse do condenado em obter um decreto absolutório, que pode livrá-lo de incômodo antecedente criminal. Ainda que tenha sido o sentenciado indultado ou beneficiário de graça, pode ingressar com ação revisional. Embora grande parte da doutrina afirme que cabe a revisão, a despeito de ter sido extinta a punibilidade pela anistia, somos levados a discordar. Tendo em vista que a anistia é a clemência ou o esquecimento do Estado de *fatos* delituosos e não se volta a pessoas, funciona como se fosse autêntica *abolitio criminis*, sem deixar qualquer rastro. Desse modo, apagando-se qualquer antecedente do condenado, não teria ele interesse para obter pronunciamento favorável em ação de revisão. Entendendo-se cabível a revisão no caso de anistia, deveríamos admiti-la, também, quando houvesse *abolitio criminis*, o que não nos parece lógico.

Quanto à possibilidade de revisão criminal contra sentença concessiva de perdão judicial, levando-se em conta a natureza condenatória dessa decisão, em nosso ponto de vista, é viável. Afinal, o raciocínio do magistrado é vislumbrar a culpa do réu para poder perdoá-lo. Não se concede clemência ao inocente, mas, sim, ao culpado, que não merece cumprir pena, por razões de política criminal. É o que nos parece mais óbvio. Porém, há outros que sustentam ser a decisão de natureza meramente declaratória da extinção da punibilidade, sem qualquer outro efeito. Nesse prisma, atualmente, encontra-se a jurisprudência majoritária, redundando na Súmula 18 do STJ. Adotando-se a primeira posição, é natural que caiba a revisão criminal, pois há efeitos secundários da decisão condenatória, merecedores de ser revistos (inclusão do nome do réu no rol dos culpados, antecedentes e obrigação de reparar o dano). Acolhendo-se a segunda, não há necessidade de haver a revisão, pois inexistem efeitos da decisão proferida.

Por outro lado, é juridicamente admissível a revisão criminal contra decisão condenatória proferida no âmbito do Juizado Especial Criminal, pois todo acusado tem direito à revisão do julgado que, erroneamente, considerou-o culpado. Sérgio de Oliveira Médici sustenta, ainda, o cabimento da revisão no caso de transação, pois afirma que não deixa de haver, nessa hipótese, a aplicação de uma sanção penal,[31] o que nos parece cabível.

No cenário da reiteração do pedido, é válido destacar que, quando uma ação é julgada, decidido o mérito e ocorrendo o trânsito em julgado, a regra é que o pedido não possa ser reiterado. Entretanto, como nesta hipótese cuida-se de ação revisional, fundada na ocorrência de erro judiciário, a qualquer tempo pode ser renovado o pleito, desde que baseado em *novas provas* (art. 622, parágrafo único, CPP).[32] Entendam-se como tais as *substancialmente* novas e não as *formalmente* novas. As primeiras são as provas inéditas, desconhecidas até então do condenado e do Estado (ex.: o surgimento de um documento ao qual ninguém teve acesso anteriormente). As segundas são aquelas que ganham nova roupagem, nova versão, mas já

---

[31]   *Revisão criminal*, p. 176.

[32]   No mesmo prisma, Ary de Azevedo Franco assevera que "a revisão poderá ser intentada por mais de uma vez, mas para isso se torna indispensável que se funde o pedido em novas provas" (*Código de Processo Penal*, v. 2, p. 337).

eram conhecidas das partes (ex.: uma testemunha que altera seu depoimento, dizendo ter-se lembrado de algo mais, que não havia relatado antes).

2.6 Órgão competente para o julgamento da revisão criminal e processamento

É da competência originária dos tribunais, jamais sendo apreciada por juiz de primeira instância. Se a decisão condenatória definitiva provier de magistrado de primeiro grau, julgará a revisão criminal o tribunal que seria competente para conhecer do recurso ordinário. Caso a decisão provenha de câmara ou turma de tribunal de segundo grau, cabe ao próprio tribunal o julgamento da revisão, embora, nessa hipótese, não pela mesma câmara, mas pelo grupo reunido de câmaras criminais. Tratando-se de decisão proferida pelo Órgão Especial ou Pleno do tribunal, cabe ao mesmo colegiado o julgamento da revisão. Quanto aos tribunais superiores, dá-se o mesmo. Ao Supremo Tribunal Federal compete o julgamento de revisão criminal de seus julgados e ao Superior Tribunal de Justiça, o julgamento dos seus.

Conforme dispõe o art. 625 do Código de Processo Penal, a revisão será distribuída a um relator e a um revisor, devendo funcionar como relator um desembargador (ou Ministro) que não tenha participado do processo.

O requerimento deve ser instruído com a certidão do trânsito em julgado da sentença condenatória e com as peças necessárias à comprovação do alegado (art. 625, § 1.º, CPP). Pode o relator determinar o apensamento dos autos originais, desde que não prejudique o andamento da execução (art. 625, § 2.º, CPP), o que atualmente não se dá, pois a execução corre em juízo específico, com as peças enviadas pelo juiz da condenação.

Se o pedido estiver insuficientemente instruído, pode o relator indeferi-lo de pronto, recorrendo *de ofício* para as câmaras reunidas ou para o plenário, conforme o caso (art. 625, § 3.º, CPP). Naturalmente, pode a parte interessada, por agravo regimental, apresentar recurso contra essa decisão, levando suas razões ao conhecimento do colegiado.

O artigo, nessa parte, não apresenta boa redação, dando a entender que o relator pode indeferir a revisão criminal liminarmente, tanto no caso de não estar o pedido suficientemente instruído, quanto no caso de não ser conveniente para o interesse da justiça que ocorra o apensamento. Na verdade, são duas situações distintas: a) pode o relator, certamente, indeferir em decisão liminar a revisão criminal, quando esta for apresentada sem qualquer prova do alegado, nem tiver sido pedida a realização de justificação. Se o condenado, no entanto, apresentar motivos verossímeis para ter o seu pedido conhecido, indicando onde buscar as provas, deve o relator determinar que isto se dê. Rejeitando, desde logo, o pedido ou a produção de provas indicadas pelo sentenciado, cabe agravo regimental ao grupo de câmaras (ou ao Órgão Especial, conforme o caso). Aliás, havendo indeferimento liminar, deve o relator recorrer de ofício para o órgão colegiado competente, ainda que a parte não apresente agravo regimental; b) pode o relator indeferir o pedido de apensamento dos autos originais, eventualmente feito pelo condenado, quando considerar inconveniente para o interesse da justiça, o que não significa indeferimento liminar da ação revisional. Dessa decisão, não cabe recurso.

Caso o relator determine o processamento do pedido, abre-se vista ao Ministério Público, dando parecer o Procurador de Justiça, no prazo de dez dias. Após, por igual prazo, examinam os autos o relator e o revisor, passando-se à sessão de julgamento (art. 625, § 5.º, CPP). O relator pode, ainda, nomear advogado ao condenado peticionário, se for necessário, solicitar informações ao juiz da execução e determinar a juntada de qualquer elemento probatório que entenda conveniente.

Registremos que pode haver a justificação prévia para fundamentar o pedido de revisão criminal, podendo-se inquirir testemunhas, realizar perícias, colher documentos, dentre outras diligências. O procedimento de justificação era o descrito no Código de Processo Civil de 1973 (arts. 861 a 866). Hoje, substituído pela produção antecipada de provas (arts. 381 e seguintes, do CPC). Aliás, nessa hipótese, cabe ao juiz da condenação nomear defensor para patrocinar os interesses do sentenciado que não possua defesa técnica.

Como preceitua o art. 626 do Código de Processo Penal, julgada procedente a revisão, o tribunal pode alterar a classificação da infração penal (significa dar nova definição jurídica ao fato, revisando, pois, a tipicidade), absolver o réu, modificar a pena ou mesmo anular o processo.

Veda-se, expressamente, a *reformatio in pejus*, ou seja, o agravamento da pena (art. 626, parágrafo único, CPP). Vale lembrar que é igualmente vedada a *reformatio in pejus* indireta, que ficaria configurada no caso de o tribunal anular a decisão condenatória com trânsito em julgado, permitindo ao juiz proferir outra, que seria, então, mais severa do que a primeira. Normalmente, tal situação ocorre (anulação), quando o tribunal percebe que a sentença condenatória padece de vícios processuais insanáveis. Mas, ainda que a decisão tenha sido anulada, chamando-se o juiz a proferir outra, não é cabível a fixação de pena mais grave ao condenado.

Acesse e escute o podcast sobre *Reformatio in pejus*.

> http://uqr.to/1z8p4

Há dois juízos envolvidos na revisão criminal: o rescindente e o rescisório. O primeiro é o juízo de desconstituição da decisão condenatória, enquanto o segundo cuida da sua substituição por outra decisão. Parece-nos que, quando o tribunal altera a classificação da infração ou absolve o réu está proferindo um juízo rescindente, sempre constitutivo, seguido de um juízo rescisório meramente declaratório.

Entretanto, quando modifica a pena, está proferindo um juízo rescindente e um juízo rescisório constitutivos. A importância da alteração da pena, no sistema de individualização previsto no Código Penal e legitimado pela Constituição Federal, faz crer que outra sanção, ao ser aplicada, leva o tribunal a proceder a uma minuciosa revisão do procedimento de aplicação da pena, o que não pode ser considerado simplesmente declaratório. Declara-se a inocência do réu (absolvição), bem como a mudança da classificação penal, mas, fixando-se nova pena, está-se alterando completamente a sanção cabível ao réu.

E, por fim, quando o tribunal anula a decisão, limita-se a proferir um juízo rescindente constitutivo, sem qualquer juízo rescisório.

2.6.1   *A possibilidade de libertação provisória do réu até o julgamento da revisão criminal*

Não se trata de situação prevista no Código de Processo Penal e, como regra, não deve ser admitida, até porque, como já sustentamos, há uma decisão condenatória com trânsito em julgado, cuja presunção de acerto é guarnecida pelo manto da coisa julgada. A revisão criminal é possível, mas em caráter excepcional.

Porém, também em caráter excepcional – e o Direito deve ser interpretado de forma dinâmica e jamais estática –, quando envolver casos teratológicos de erros judiciários, admitimos tal possibilidade, dentro do poder geral de cautela que todo magistrado possui. No caso, valeria ao relator tomar essa medida, determinando que o réu aguarde o julgamento da revisão criminal em liberdade. Ilustrando: acusado de homicídio, sem outro antecedente criminal, cumpre pena; surge viva a vítima, o que é amplamente noticiado e documentado nos autos desde a apresentação da petição inicial; parece lógico poder o relator conceder ao sentenciado liberdade provisória.

Por óbvio, o exemplo citado apresenta uma situação extremada, com lastro no famoso caso dos *Irmãos Naves*, no qual se vislumbrou que a vítima estava viva, após anos de prisão dos referidos irmãos. Não é preciso atingir-se tal contingência, bastando possa o relator ter sérias dúvidas acerca da *justiça* da condenação. Outra hipótese, além da concessão de *libertação provisória*, pode ser a expedição de contramandado de prisão, evitando-se o recolhimento ao cárcere, desde que esteja solto o sentenciado. Há posição doutrinária, sustentando a concessão de antecipação de tutela, nos moldes apregoados pelo processo civil.[33] Preferimos nos valer do poder geral de cautela do magistrado criminal, sempre pronto a corrigir injustiças, mormente quando ligadas à liberdade de locomoção, em qualquer fase do processo de conhecimento ou de execução.

Contra a decisão proferida na revisão criminal não há recurso ordinário, pois a ação é sempre de competência originária. Logo, cabe apenas embargos de declaração, recurso especial ou recurso extraordinário, conforme o caso. Quando se tratar de decisão isolada do relator, cabe o agravo regimental.

Quando procedente a revisão criminal, restabelecem-se os direitos perdidos em face da condenação (art. 627, CPP). Esta, além do efeito principal, que é a aplicação da pena, acarreta ao réu vários efeitos secundários: o registro de antecedente, a possibilidade de gerar reincidência, o lançamento do nome do sentenciado no rol dos culpados, a obrigação de indenizar o dano, gerando título executivo no cível, o confisco de instrumentos, produto ou proveito do crime, a perda de cargo, função ou mandato, conforme o caso, a incapacidade para o exercício do poder familiar, tutela ou curatela, em certas situações, a inabilitação para dirigir veículo e a suspensão dos direitos políticos, enquanto cumprir pena.

Enfim, havendo procedência à ação revisional, todas as consequências dos efeitos da condenação são recuperadas pelo condenado, desde que se tenham concretizado. Quanto à formação do título executivo, é de se entender que, procedente a revisão criminal, desconstitui-se o mesmo, impedindo o prosseguimento da ação no cível, salvo se for transformada em processo de conhecimento. Se a indenização já tiver sido paga, tem o interessado o direito de solicitar o ressarcimento pela via cabível.

A possibilidade de imposição de medida de segurança pelo tribunal, como mencionado no art. 627, parte final, somente tem pertinência se o juiz, por alguma razão, condenou a cumprir pena pessoa inimputável à época dos fatos, quando deveria tê-la absolvido. Corrigindo-se o equívoco, pode o tribunal julgar procedente a ação revisional, absolvendo o condenado, mas impondo-lhe, como determina a lei, a medida de segurança cabível – internação ou tratamento ambulatorial.

---

[33]   Cf. Fabiano Pimentel, *Tutela antecipada em revisão criminal.*

2.7   Indenização pelo erro judiciário

Acesse e escute o podcast sobre Erro judiciário.

> http://uqr.to/1z8p5

Inicialmente, cabe conceituar *erro judiciário*, podendo-se analisá-lo sob dois aspectos: o formal e o material. Formalmente, ocorre erro judiciário em todas as situações recursais, nas quais o Tribunal revê e corrige (retificando ou anulando) a decisão de grau inferior. Pode tratar-se de acórdão do Tribunal de Justiça em relação ao juiz de primeiro grau, bem como de acórdão do próprio Tribunal de Justiça ou Regional Federal, em turmas com maior número de magistrados, revisando seus próprios julgados. O mesmo se dá nos Tribunais Superiores, conforme disciplinam os seus Regimentos Internos no tocante ao processamento da revisão criminal.

Entretanto, no campo formal, o erro judiciário não dá ensejo a qualquer espécie de indenização, concebendo-se o equívoco como natural, decorrente da falibilidade humana ou mesmo em virtude de simples interpretação, que é variável de um juízo para outro. Aliás, justamente para isso, existe o princípio do duplo grau de jurisdição, dando oportunidade à parte perdedora de recorrer ao tribunal, pretendendo a modificação do julgado.

Materialmente, o erro judiciário consiste em falha evidente na análise das provas constantes dos autos ou na aplicação da lei, desde que gere coisa julgada e, como consequência, o cumprimento da decisão, impondo gravame concreto ao indivíduo.[34] Há duplo sentido para a percepção material do erro: a) a impossibilidade de haver recurso, pois esgotados os prazos legais; b) a nitidez com que exsurge a contrariedade entre a decisão e o cenário probatório-legal.

O autêntico erro judiciário, segundo HERNÁNDEZ MARTÍN, AZPEITIA GAMAZO, VILLAL-VILLA MUÑOZ e GONZALEZ LEON, é o erro decorrente de equívoco insanável, cujo remédio único é o ajuizamento de demanda específica para obter o seu reconhecimento e o estabelecimento de um valor indenizatório por parte do Estado.[35]

Se o interessado pleitear, pode o tribunal, julgando procedente a revisão criminal, reconhecer o direito a uma justa indenização pelos prejuízos sofridos (art. 630, *caput*, CPP).

A decisão impositiva de indenização tem natureza condenatória, não se tratando de mero efeito da procedência da ação revisional. Justamente por isso, precisa haver requerimento do autor para que seja reconhecido esse direito. Não existindo, o tribunal deixa de declarar o direito à justa indenização, mas não há impedimento para o ingresso, no juízo especial da Fazenda Pública, quando houver, ou outro juízo cível, de ação contra o Estado para a reparação do dano.[36] Neste caso, porém, deve haver processo de conhecimento para a demonstração do erro judiciário e para o estabelecimento do montante da indenização. Logicamente, juntan-

---

[34]   Nas palavras de JOÃO MARTINS DE OLIVEIRA, "toda falha processual, mesmo no ato decisório, constitui erro que praticam as partes, ou pessoas chamadas a compor os trabalhos da justiça" (*Revisão criminal*, p. 33).

[35]   *El error judicial*, p. 78.

[36]   No mesmo sentido, CÂMARA LEAL (*Comentários ao Código de Processo Penal*, v. IV, p. 149).

do o autor cópia do acórdão que deferiu a revisão criminal, mas sem reconhecer o direito à indenização, pois não pleiteado, a produção de provas fica facilitada.

Por outro lado, quando reconhecida a responsabilidade do Estado pela indenização, não havendo parte passiva na ação revisional – nem a Fazenda Pública, nem o Ministério Público –, é natural que tenha a lei estabelecido uma responsabilidade objetiva do Estado frente ao erro judiciário. Trata-se, a nosso ver, de algo lógico e consequência natural do erro cometido, após o desenvolvimento do devido processo legal. Discute-se, na órbita cível, apenas o valor da indenização material e/ou moral (art. 630, § 1.º, CPP).

Convém mencionar o disposto no art. 5.º, LXXV, da Constituição Federal, impondo ao Estado o dever de indenizar o dano causado por erro judiciário, bem como o prejuízo advindo de prisão excessiva, gerando tempo além do fixado na sentença. Merece especial atenção a norma constitucional, nítida garantia humana fundamental, pois abrange não apenas os erros judiciários reconhecidos em ações de revisão criminal, como se poderia, apressadamente, supor.

O conceito de erro judiciário deve transcender as barreiras limitativas da sentença condenatória impositiva de pena privativa de liberdade, para envolver toda e qualquer decisão judicial errônea, que tenha provocado evidente prejuízo à liberdade individual ou mesmo à imagem e à honra do acusado. Assim, prisões cautelares indevidas, com posterior absolvição, reconhecendo-se a negativa de ocorrência do fato ou proclamando-se a certeza de que o réu não foi o autor, ou mesmo admitindo excludente de ilicitude ou culpabilidade, podem dar ensejo à reparação.

Aliás, não se trata, nesse caso, somente de um *erro* judiciário, mas também de manter preso, por mais tempo que o devido (embora a Constituição refira-se somente a *sentença*) alguém que é considerado inocente, porém enfrentou longo período de custódia cautelar.

É certo que as prisões cautelares podem ter origem unicamente nas atitudes agressivas do réu, que se volta contra testemunhas ou busca destruir provas, por exemplo. Ora, nesse contexto, verifica-se que a prisão foi justa, pois o motivo que a originou não foi outro senão o comportamento indevido do acusado durante a instrução. Inexiste reparação do dano, uma vez que o Estado agiu com acerto. No entanto, outra causa determinativa da prisão cautelar, como, ilustrando, para garantia da ordem pública, uma vez que o juiz considerou o crime grave, havendo absolvição, faz nascer o direito à reparação, desde que se tenha reconhecido a plena inocência do réu.

Impôs o Código de Processo Penal algumas hipóteses em que a indenização não será devida: a) quando o erro ou a injustiça da condenação teve origem em ato ou falta imputável ao próprio condenado, citando como exemplos a confissão ou a ocultação de prova em seu poder (art. 630, § 2.º, *a*); b) quando a acusação tiver sido meramente privada (art. 630, § 2.º, *b*).

Quanto à primeira hipótese, deve-se lembrar que toda e qualquer falta atribuível ao condenado pode impedir-lhe o reconhecimento do direito à indenização. As citações feitas no texto legal (confissão e ocultação de provas) são apenas exemplos.

No tocante à confissão, não se admite que ela constitua, no processo penal, prova plena da culpa do réu. Fosse assim e, uma vez que admitisse, no interrogatório, serem verdadeiros os fatos alegados na denúncia, estaria encerrada a instrução, passando o juiz, diretamente, à fase da sentença. Não seria preciso nomear defensor ao acusado, nem se proceder à instrução. Logicamente, a confissão constitui uma prova direta, mas não se pode olvidar que não é absoluta. Foi-se o tempo em que era considerada a *rainha das provas*. Atualmente, deve-se provar, devidamente, o alegado na denúncia ou queixa. Portanto, se o erro judiciário se fundou em decisão que desprezou tais postulados e aceitou somente a confissão para a condenação, cremos que houve equívoco e o Estado é responsável. Caso a confissão judicial tenha sido *uma* das provas relevantes para a condenação, pode-se aceitar o argumento de que o réu contribuiu, sobremaneira, para o seu próprio prejuízo, de modo que não lhe cabe indenização.

No tocante à ocultação de prova em seu poder, a situação torna-se mais grave, pois terminou condenado em virtude de sua própria conduta. Não houve responsabilidade do Estado, nem mesmo objetiva, pois o juiz foi ludibriado, tendo prejudicado a própria pessoa que gerou o engano. Mas, se as provas poderiam ser conseguidas por inúmeras outras formas, tendo havido inépcia do Estado em buscá-las, certamente houve culpa concorrente e cabe a indenização.

A hipótese concernente à acusação ter sido meramente privada é inconstitucional e inaceitável. Embora o autor da ação tenha sido o ofendido, é preciso lembrar que o direito de punir é exclusivo do Estado, motivo pelo qual o Ministério Público atua nas ações penais privadas como fiscal da lei. Portanto, torna-se inadmissível excluir a responsabilidade do Estado pelo erro judiciário, como se este fosse então debitado ao querelante. Quem errou, inclusive na ação privada, foi o Estado-juiz, motivo pelo qual fica obrigado a reparar o dano.

Anote-se a correta visão de ADA, MAGALHÃES e SCARANCE: "Essa posição do Código, bastante esdrúxula – pois mesmo na queixa-crime é o Estado que a recebe e, condenando, comete o erro judiciário, pouco importando a titularidade da ação – não pode prevalecer perante as regras constitucionais sobre a responsabilidade objetiva do Estado, que é obrigado a indenizar por erro judiciário, independentemente da titularidade da ação penal".[37]

2.7.1 Estudos de erros judiciários

Enquanto outros países, por seus pesquisadores, estudam os casos de erros judiciários para que não mais ocorram, no Brasil, não se tem notícia de eventuais avaliações. Um erro judiciário parece não incomodar o operador do Direito, quando, como regra, deveria. Um inocente foi preso, passou anos no cárcere; de repente é posto em liberdade; pode virar notícia por um dia ou outro. O Estado dá o caso por encerrado.

Citando LA BRUYÈRE, JOÃO MARTINS DE OLIVEIRA expressa o brado de alarme: "um culpado punido é exemplo para a canalha; um inocente condenado é o processo de todos os homens honestos".[38] E continua explanando ser a França um dos países mais preocupados em estudar os erros judiciários. Alguns casos tornaram-se de permanente recordação. Um deles denomina-se *Caso Calas*: "o primogênito da família Calas enforcou-se e, ao ser visto o corpo pelos pais e irmãos, puseram-se a gritar de dor. Vizinhos insinuaram que os gritos podiam significar luta entre a vítima e os demais membros da família. Sobre este rumor inverossímil levantou-se acusação e instaurou-se processo criminal. Por desgraça, em Toulouse, os Calas eram a única família de huguenotes, em população inteira católica. Primeiro foi julgado o pai, submetido a tormento e condenado à morte, apesar de proclamar-se inocente. Depois de sua execução, melhores provas evidenciaram o suicídio e a fragilidade da acusação. O caso provocou emoção na França e na Europa. O governo procurou verificar as circunstâncias do fato e chamou o Presidente do Parlamento para explicações. Na época, o Parlamento funcionava

---

[37] *Recursos no processo penal*, p. 334.
[38] *Revisão criminal*, p. 39.

como tribunal de justiça. O Presidente declarou ao Ministro: – Não há cavalo, por melhor que seja, que não tropece. – Seja; mas desta vez tropeçou toda a récua [manada de cavalgaduras], respondeu o Ministro, que era o cardeal Richelieu (Giurati, *Livro citado*, p. 157 e 158)".[39]

Este caso demonstra a fragilidade da prova produzida apenas com base em indícios, sendo que estes eram em número nitidamente insuficientes para formar a indução generalizadora em torno de fatos. Sem dúvida, é possível condenar uma pessoa com fundamento somente em indícios (art. 239, CPP), mas é indispensável *suficiência* deles, sob pena de gerar a possibilidade de um erro judiciário.

Outro processo interessante, denominado *Caso Lesurques*, é o seguinte: "na noite de 24 de abril de 1796, ao atravessar um bosque, em direção a Paris, o carro do correio de Lião foi assaltado por quatro, ou talvez cinco, malfeitores. Os assaltantes mataram o postilhão e o encarregado postal, e roubaram a caixa, levando dinheiro e documentos de crédito. Foram detidos cinco homens. À audiência compareceu José Lesurques, levado por um dos indiciados. Mulheres que, na véspera do crime, numa taverna, haviam servido a quatro cavaleiros vindos de Paris, ouvidas como testemunhas, apontaram Lesurques, reconhecendo ser ele um dos indivíduos vistos naquela ocasião. Apesar de ter a seu favor a declaração de um dos réus, que negava a sua participação no delito, foi o suspeito processado, condenado e executado a 10 de março de 1797. Era louro e um dos assassinos (ao que se apurou mais tarde) pusera uma cabeleira postiça, para efetuar o crime. Descobriu-se depois a inocência de Lesurques, pois o seu sósia eventual confessara a participação no assalto. O juiz Dauberton, que fizera o processo, consagrou sua vida a reparar o erro. Casou-se com a viúva de Lesurques, para protegê-la e a seus filhos. Por defeito da lei, o processo de revisão era inadmissível, tanto que foi rejeitado pela Corte de Cassação".[40]

Este caso espelha duas importantes realidades do processo penal. Em primeiro lugar, a indispensabilidade do instrumento da revisão criminal em todo sistema legislativo, que se pretenda democrático. Em segundo, o cuidado que se deve ter no tocante ao *reconhecimento de pessoa*. Não foi à toa que o legislador de 1941 inseriu um método formal para o reconhecimento de pessoa ou coisa (art. 226, CPP), que, raramente, é respeitado.

3. HABEAS CORPUS

3.1 Conceito de *habeas corpus*

Trata-se de ação de natureza constitucional, destinada a coibir qualquer ilegalidade ou abuso de poder contra a liberdade de locomoção.[41] Encontra-se previsto no art. 5.º, LXVIII, da Constituição Federal. Não se trata de recurso, como faz crer a sua inserção na lei processual penal, mas, sim, de autêntico instrumento para assegurar direitos fundamentais, cuja utilização se dá através de ação autônoma, podendo, inclusive, ser proposto contra decisão que já transitou em julgado. A sua origem data da Magna Carta, de 1215, onde se inscreveu

---

[39] Ob. cit., p. 39-40

[40] *Revisão criminal*, p. 40-41.

[41] "O *habeas corpus* intervém quando a coação é ilegal, mas não no caso de ser fruto de uma injustiça, noutras palavras, fulmina ele a prisão ilegal, mas é inoperante contra a injusta" (Espínola Filho, *Código de Processo Penal brasileiro anotado*, v. 7, p. 92).

no item 29 que nenhum homem livre poderia ser preso ou detido sem condenação por seus pares ou pelas leis de seu país.[42]

O termo *habeas corpus*, etimologicamente, significa "toma o corpo", isto é, faz-se a apresentação de alguém, que esteja preso, em juízo, para que a ordem de constrição à liberdade seja justificada, podendo o magistrado mantê-la ou revogá-la. Embora atualmente não mais se tenha que fazer a apresentação do preso ao juiz, como regra, continua este analisando a legalidade do ato ameaçador ou constringente à liberdade de ir e vir do indivíduo. Acrescentemos a lição de ANTONIO MAGALHÃES GOMES FILHO, demonstrando que *habeas corpus* vem do latim (*habeo, habere* = ter, exibir, tomar, trazer; *corpus, corporis* = corpo), significando simplesmente um meio de se obter o comparecimento físico de alguém perante uma Corte. Dentre as espécies históricas, destacam-se os seguintes tipos: a) *habeas corpus ad respondendum*: destinava-se a assegurar a transferência do preso de um lugar a outro para responder a uma ação penal; b) *habeas corpus ad testificandum*: destinava-se a trazer uma pessoa sob custódia para prestar um testemunho; c) *habeas corpus ad satisfaciendum*: destinava-se à transferência de um preso já condenado a um tribunal superior, a fim de se executar a sentença; d) *habeas corpus ad subjiciendum*: voltado a assegurar plenamente a legalidade de qualquer restrição ao direito de liberdade, apresentando-se o preso à Corte e os motivos do encarceramento, para apreciação judicial.[43]

Prevê o art. 5.º, LXXVII, da Constituição Federal, que "são gratuitas as ações de *habeas corpus* e *habeas data*, e, na forma da lei, os atos necessários ao exercício da cidadania".

3.2 Origem no Brasil

A Constituição do Império não o consagrou. Somente em 1832, o *habeas corpus* foi previsto no Código de Processo Criminal. Entretanto, no texto constitucional do Império, consignou-se que "ninguém poderá ser preso sem culpa formada, exceto nos casos declarados na lei; e nestes dentro de 24 horas contadas da entrada na prisão, sendo em cidades, vilas ou outras povoações próximas aos lugares da residência do juiz; e nos lugares remotos dentro de um prazo razoável, que a lei marcará, atenta a extensão do território, o juiz por uma nota por ele assinada, fará constar ao réu o motivo da prisão, os nomes do seu acusador, e os das testemunhas, havendo-as" (art. 179, VIII). O direito de evitar a prisão ilegal já se encontrava previsto, mas o remédio foi instituído em 1832. Foi estendido aos estrangeiros pela Lei 2.033, de 1871.

Constou na Constituição Republicana de 1891 e em todas as demais a partir daí editadas. Está previsto, igualmente, em documentos internacionais de proteção aos direitos humanos, como, por exemplo, Declaração Universal dos Direitos Humanos (1948), art. 8.º; Convenção Europeia (1950), art. 5.º, inciso 4; Convenção Americana sobre Direitos Humanos, art. 7.º.[44]

---

[42] ARY DE AZEVEDO FRANCO, *Código de Processo Penal*, v. 2, p. 359; GALDINO SIQUEIRA, *Curso de processo criminal*, p. 374; ESPÍNOLA FILHO, *Código de Processo Penal brasileiro anotado*, v. 7, p. 11. Na atualidade, GUILHERME MADEIRA DEZEM (*Curso de processo penal*, p. 1.080).

[43] *O habeas corpus como instrumento de proteção do direito à liberdade de locomoção*, p. 60. Em igual prisma, PONTES DE MIRANDA, *História e prática do* habeas corpus, p. 43-44; GALDINO SIQUEIRA, *Curso de processo criminal*, p. 375.

[44] Cf. ANTONIO MAGALHÃES GOMES FILHO, *O* habeas corpus *como instrumento de proteção do direito à liberdade de locomoção*, p. 62; PONTES DE MIRANDA, *História e prática do* habeas corpus (*Direito constitucional e processual comparado*), p. 126-127; GALDINO SIQUEIRA, *Curso de processo criminal*, p. 381.

3.3 Ampliação do seu alcance

Se, originalmente, o *habeas corpus* era utilizado para fazer cessar a prisão considerada ilegal – e mesmo no Brasil essa concepção perdurou por um largo período – atualmente seu alcance tem sido estendido para abranger qualquer ato constritivo direta ou indiretamente à liberdade, ainda que se refira a decisões jurisdicionais não vinculadas à decretação da prisão.

Note-se o que ocorre com a utilização do *habeas corpus* para trancar o inquérito policial ou a ação penal, quando inexista justa causa para o seu trâmite, bem como quando se utiliza esse instrumento constitucional para impedir o indiciamento injustificado, entre outras medidas. Nada mais lógico, pois são atos ou medidas proferidas em processos (ou procedimentos) criminais, que possuem clara repercussão na liberdade do indivíduo, mesmo que de modo indireto. Afinal, o ajuizamento de ação penal contra alguém provoca constrangimento natural, havendo registro em sua folha de antecedentes, bem como servindo de base para, a qualquer momento, o juiz decretar medida restritiva da liberdade, em caráter cautelar.

Explica FLORÊNCIO DE ABREU que a ampliação do alcance do *habeas corpus* deveu-se à "ausência, no nosso mecanismo processual, de outros remédios igualmente enérgicos e expeditos para o amparo de outros direitos primários do indivíduo".[45] ESPÍNOLA FILHO narra que "o *habeas corpus* hoje não está circunscrito aos casos de constrangimento corporal: o *habeas corpus* hoje se estende a todos os casos em que um direito nosso, qualquer direito, estiver ameaçado, manietado, impossibilitado no seu exercício pela intervenção de um abuso de poder ou de uma ilegalidade".[46]

3.3.1 *O habeas corpus para anular o julgamento e a soberania dos veredictos do Tribunal do Júri*

Há duas hipóteses previstas no art. 648 (incisos I e VI) do Código de Processo Penal autorizando a concessão de *habeas corpus*, ainda que haja sentença condenatória com trânsito em julgado.

Se o tribunal, tomando conhecimento da impetração, verificar que inexistia *justa causa* para a ação penal – exemplo disso seria a nítida ausência de prova do corpo de delito – poderia conceder a ordem para, anulando todo o processo, determinar o trancamento da investigação. Excepcionalmente, surgindo novas provas nesse caso e não tendo ocorrido a prescrição, poderia o Ministério Público propor novamente a ação penal, a ser julgada no Tribunal do Júri. Não se trata de decisão de mérito propriamente dito (verificação da veracidade ou não da imputação fática realizada pelo órgão acusatório), subtraindo a competência constitucional dos jurados, implicando o acolhimento ou a rejeição do pedido, mas condição para que subsista a ação penal, possibilitando, então, o julgamento da eventual culpa do acusado.[47]

Por outro lado, pode o tribunal, em caso de impetração de *habeas corpus*, igualmente, constatar a manifesta nulidade do processo, porque inexistiu, por exemplo, o acompanhamento de defensor técnico, tendo o magistrado admitido apenas a presença de estagiário de Direito.

---

[45] *Comentários ao Código de Processo Penal*, v. 5, p. 558.

[46] *Código de Processo Penal brasileiro anotado*, v. 7, p. 29.

[47] É interessante observar que a doutrina sempre enfrentou problemas para definir o que vem a ser *justa causa*. Diz ARY DE AZEVEDO FRANCO, sobre *justa causa*, "que não pode ser definida de maneira absoluta, ficando à apreciação do Juiz os motivos que determinaram a prisão ou a sua iminência" (*Código de Processo Penal*, v. 2, p. 362).

Anula-se o feito, que já contava com decisão condenatória com trânsito em julgado, porém, oferecida nova denúncia, reparado o erro, haverá normal julgamento pelo Tribunal Popular.

Essas medidas são válidas, uma vez que o *habeas corpus*, de *status* constitucional, tem por finalidade justamente impedir coações ilegais, de onde quer que elas partam. Logicamente, as hipóteses aventadas são raras, pois, como regra, o réu teve oportunidade de recorrer da decisão condenatória e o tribunal já avaliou exatamente a justa causa e se houve ou não a nulidade absoluta. Entretanto, se o acusado teve defensor dativo, apenas para ilustrar, que não se preocupou em evidenciar a falta de prova da materialidade do crime, nem tampouco recorreu da condenação produzida pelo Tribunal do Júri, parece-nos viável a anulação do processo por *habeas corpus*.

Em suma, a utilização do *habeas corpus*, ainda que concedido contra decisão com trânsito em julgado do Tribunal do Júri, não analisa os termos da imputação, acolhendo-a ou rejeitando-a, mas ocupa-se, fundamentalmente, de reparar desvios processuais graves. Destarte, sendo o caso, outro julgamento poderá ser viabilizado no juiz natural da causa, que é o Tribunal Popular, resguardada a sua soberania.

3.4   Natureza jurídica

Trata-se de ação de conhecimento. Aliás, note-se o disposto no art. 5.º, LXXVII, da Constituição Federal, que a ela se refere expressamente como *ação* e não como recurso. Como bem esclarecem ADA, MAGALHÃES e SCARANCE, pode objetivar um provimento meramente declaratório (extinção de punibilidade), constitutivo (anulação de ato jurisdicional) ou condenatório (condenação nas custas da autoridade que agiu de má-fé). Para nós, entretanto, inexiste o *habeas corpus* com finalidade condenatória, pois o art. 5.º, LXXVII, da Constituição Federal, prevê a gratuidade desse tipo de ação. Logo, jamais há custas a pagar. Destacam os autores supramencionados, ainda, que possui o caráter mandamental, envolvendo a ordem dada pelo juiz para que a autoridade coatora cesse imediatamente a constrição, sob pena de responder por desobediência.[48]

Considerando-o como autêntica ação e não recurso, igualmente: PONTES DE MIRANDA,[49] ANTONIO MAGALHÃES GOMES FILHO,[50] ROGÉRIO LAURIA TUCCI,[51] MARCO ANTONIO DE BARROS,[52] DANTE BUSANA,[53] DANTE BUSANA e LAERTE SAMPAIO.[54] Em sentido contrário, sustentando tratar-se de um *recurso especial*: GALDINO SIQUEIRA.[55]

3.5   Espécies de *habeas corpus* e restrições à sua utilização

Pode ser *liberatório*, quando a ordem dada tem por finalidade a cessação de determinada ilegalidade já praticada, ou *preventivo*, quando a ordem concedida visa a assegurar que a ilegalidade ameaçada não chegue a se consumar.

---

[48]   *Recursos no processo penal*, p. 346.

[49]   *História e prática do* habeas corpus *(Direito constitucional e processual comparado)*, p. 126-127.

[50]   *O* habeas corpus *como instrumento de proteção do direito à liberdade de locomoção*, p. 68.

[51]   Habeas corpus, *ação e processo penal*, p. 4-6.

[52]   *Ministério Público e o* habeas corpus: *tendências atuais*, p. 119.

[53]   *Habeas corpus*, p. 106.

[54]   *O Ministério Público no processo de* habeas corpus, p. 316.

[55]   *Curso de processo criminal*, p. 384.

Expressamente, prevê o art. 142, § 2.º, da Constituição Federal, que "não caberá *habeas corpus* em relação a punições disciplinares militares" (Forças Armadas e Polícia Militar). Além disso, é preciso anotar que, durante o estado de defesa (art. 136, CF) e ao longo do estado de sítio (art. 137, CF), muitos direitos e garantias individuais são suspensos, razão pela qual várias ordens e medidas podem resultar em constrições à liberdade, que terminam por afastar, na prática, a utilização do *habeas corpus*, por serem consideradas, durante a vigência da época excepcional, legítimas.

Alguns aspectos merecem destaque quanto às punições na esfera militar:

a) a punição disciplinar militar que não envolve a liberdade de ir e vir não comporta jamais *habeas corpus*, devendo ser esgotada a instância administrativa. Caso o militar punido não esteja satisfeito com a finalização dos seus recursos, deve socorrer-se do Poder Judiciário na órbita comum (Justiça Federal – Forças Armadas; Justiça Estadual – Polícia Militar). Nessa ótica, editou-se a Súmula 694 do STF: "Não cabe *habeas corpus* contra a imposição da pena de exclusão de militar ou de perda de patente ou de função pública";

b) a punição que envolva prisão disciplinar contra militar é uma das modalidades de exclusão da esfera do *habeas corpus*.

3.6 Direito líquido e certo e hipóteses de cabimento

 Acesse e escute o podcast sobre Razoabilidade e proporcionalidade no *habeas corpus*.

> http://uqr.to/1z8p6

 Acesse e assista ao vídeo sobre *Habeas corpus* **e a amplitude de seu uso.**

> http://uqr.to/1z8p7

Embora nem a lei nem a Constituição Federal prevejam expressamente que a utilização do *habeas corpus* demande a existência de direito líquido e certo, tal postura restou consagrada pela doutrina e pela jurisprudência, não admitida, como regra, qualquer dilação probatória. Conferir em PONTES DE MIRANDA: "Direito líquido e certo é aquele que não desperta dúvidas, que está isento de obscuridades, que não precisa ser aclarado com o exame de provas em dilações, que é de si mesmo concludente e inconcusso".[56]

Estabelece o art. 648 do Código de Processo Penal as situações de coação ilegal que comportam a impetração de *habeas corpus*. Naturalmente, cuida-se de um rol exemplificativo, até porque não poderia a lei ordinária limitar a sua aplicação, já que a Constituição não o faz.

Considera-se ilegal a coação:

a) quando *não houver justa causa* (inciso I), desdobrando-se a questão em dois aspectos: a.1) justa causa para a ordem proferida, que resultou em coação contra alguém; a.2) justa causa para a existência de processo ou investigação contra alguém, sem que haja lastro probatório suficiente.

---

[56] *História e prática do* habeas corpus *(Direito constitucional e processual comparado)*, p. 327.

Na primeira situação, a falta de justa causa baseia-se na inexistência de provas ou de requisitos legais para que alguém seja detido ou submetido a constrangimento (ex.: decreta-se a preventiva sem que os motivos do art. 312 do CPP estejam nitidamente demonstrados nos autos). Na segunda hipótese, a ausência de justa causa concentra-se na carência de provas a sustentar a existência e manutenção da investigação policial ou do processo criminal. Se a falta de justa causa envolver apenas uma decisão, contra esta será concedida a ordem de *habeas corpus*. Caso diga respeito à ação ou investigação em si, concede-se a ordem para o trancamento do processo ou procedimento;

b) quando *alguém estiver preso por mais tempo do que determina a lei* (inciso II), significando que o procedimento deve ser acelerado, de modo que não fique o investigado ou réu detido por mais tempo do que o razoável, segundo a lei. Há de se verificar tais hipóteses no caso concreto. Ilustrando: na fase policial, se uma prisão temporária é decretada por cinco dias, é esse o prazo para a conclusão da detenção, haja ou não a colheita das provas suficientes. O máximo que se admite é a prorrogação da temporária por outros cinco dias, ao final dos quais deve cessar a constrição. Não ocorrendo, configura-se o constrangimento ilegal.

Quanto à instrução dos processos criminais, criou-se um período – obtido pela soma dos prazos antes previstos no Código de Processo Penal – que era de 81 dias, tempo considerado suficiente para o término da colheita das provas. Ocorre que, a jurisprudência já vinha amenizando essa disposição, alegando que somente o caso concreto ditaria se haveria ou não excesso de prazo para a conclusão da instrução. Logo, já não se falava em 81 dias, mas num prazo razoável, sem culpa do juiz, para a conclusão da instrução. Com a edição das Leis 11.689/2008 e 11.719/2008, novos prazos foram estabelecidos para o término da instrução. Isso não significa que se deva abandonar o critério da razoabilidade para analisar se houve ou não excesso de prazo, logo, constrangimento ilegal;

c) quando *quem ordenar a coação não tiver competência para fazê-lo* (inciso III), pois o mínimo que se espera daquele que constrange direito alheio é ter possibilidade legal para tanto. Exemplo: não pode magistrado em exercício em Vara Cível decretar a prisão preventiva de um réu, cujo processo tramita em Vara Criminal;

d) quando *houver cessado o motivo que autorizou a coação* (inciso IV), o que se justifica pelo fato de ser a prisão uma exceção e a liberdade, uma regra. Logo, findo o motivo legitimador da constrição, deve esta ser afastada. Exemplo disso seria a decretação da prisão preventiva por conveniência da instrução criminal, sob a alegação de estar o réu ameaçando determinada testemunha. Ouvida esta, pode não haver mais razão de manter a custódia cautelar. Tudo depende, naturalmente, do tipo de ameaça que foi feita e do réu que está em julgamento (ilustrando: se o acusado pertencente a associação criminosa, a ameaça feita a uma testemunha pode representar uma situação de permanente perigo, ainda que esta já tenha prestado depoimento, pois ele possui contatos externos e, uma vez solto, pode valer-se disso para perseguir a pessoa que depôs, sem necessidade de contato direto com a mesma);

e) quando *não for alguém admitido a prestar fiança, nos casos em que a lei a autoriza* (inciso V), pois a Constituição Federal estabelece que ninguém ficará preso, quando a lei admitir liberdade provisória, com ou sem fiança (art. 5.º, LXVI). Logo, se a lei possibilitar ao acusado obter a liberdade por esse mecanismo, representa constrangimento ilegal mantê-lo no cárcere;

f) quando *o processo for manifestamente nulo* (inciso VI), já que nesse estado não deve ser considerado apto a produzir qualquer efeito negativo ao réu ou condenado. Logicamente, somente se utiliza o *habeas corpus*, em lugar da revisão criminal, no caso de processo findo, quando houver prisão ou quando a situação for teratológica, passível de verificação nítida pelas provas apresentadas com a impetração. No caso do processo em andamento, somente se usa o *habeas corpus*, em lugar do recurso regularmente cabível, quando o prejuízo para o réu for irreparável. Tal pode dar-se pela lentidão no processamento do recurso interposto em se tratando de acusado preso;

g) quando *extinta a punibilidade* (inciso VII), porque não mais existe para o Estado o direito de punir, tornando incabível a manutenção do acusado detido. Aliás, quando a punibilidade é declarada extinta, como regra, inexiste possibilidade de haver constrangimento ilegal, já que a pena foi cumprida ou existiu causa de impedimento da pretensão punitiva ou executória do Estado. Assim está a Súmula 695 do STF: "Não cabe *habeas corpus* quando já extinta a pena privativa de liberdade".

Entretanto, é possível haver constrangimento ilegal, ainda que essa hipótese tenha ocorrido, como poderia acontecer com a anistia ou *abolitio criminis*, mantendo-se na folha de antecedentes o registro da condenação não excluída como seria de se esperar.

Assim, poderia o interessado impetrar *habeas corpus* para o fim de apagar o registro constante na folha de antecedentes, que não deixa de ser um constrangimento ilegal. Pode-se ainda imaginar a impetração de *habeas corpus* para liberar pessoa que, embora com a punibilidade extinta, não tenha sido efetivamente solta pelo Estado, continuando no cárcere. Enfim, a simples extinção da pena privativa de liberdade não afasta completamente a possibilidade de interposição de *habeas corpus*.

É preciso frisar que a concessão do *habeas corpus* não coloca fim à investigação ou ao processo, necessariamente. Depende do caso concreto (vide o disposto no art. 651 do CPP).

3.7   Competência para conhecer do *habeas corpus*

3.7.1   *Regras gerais*

O primeiro critério a ser verificado é o territorial, buscando-se o lugar onde se dá a coação. Em seguida, analisa-se a qualidade da autoridade coatora, checando-se se possui foro privilegiado.

Como exemplos: a) se alguém é detido para averiguação por delegado da Comarca X, deve ser impetrado *habeas corpus* ao magistrado da Vara Criminal competente da Comarca X. Havendo mais de um, distribui-se o pedido. Se já houver investigação ou processo em andamento, cabe a distribuição por prevenção ao juiz que fiscaliza o feito, competente para analisar o abuso ocorrido – até porque ele poderia conceder a ordem de ofício; b) se um indivíduo é detido por ordem de juiz da Comarca X, conforme o crime imputado ao paciente, elege-se o tribunal competente.

Quanto às cortes estaduais e regionais, suas decisões podem constituir, igualmente, constrangimento ilegal para o réu, impetrando-se a ordem de *habeas corpus* em Tribunal Superior. Vale destacar que o tribunal se transforma em órgão coator, desde que julgue recurso do réu, negando provimento, quando deveria ter acolhido a pretensão, bem como quando julga recurso da acusação, concedendo ou negando provimento, mas deixando de apreciar matéria fundamental, que comportaria a concessão de *habeas corpus* de ofício, em favor do acusado, nos termos do art. 654, § 2.º, do CPP. O não conhecimento de apelação ou outro recurso do réu ou da acusação não torna o tribunal autoridade coatora, salvo se a matéria comportasse a concessão, de ofício, de *habeas corpus*.

Lembremos, de toda forma, que somente é cabível mandado de segurança contra ato jurisdicional do qual não caiba recurso com efeito suspensivo. Se assim ocorrer, há nítida falta de interesse de agir para a propositura da ação de impugnação. Registre-se o conteúdo da Súmula 604 do STJ: "O mandado de segurança não se presta para atribuir efeito suspensivo a recurso criminal interposto pelo Ministério Público".

3.7.2 Competência constitucional do Supremo Tribunal Federal

Cabe ao STF julgar, originariamente, o *habeas corpus*, sendo paciente o Presidente da República, o Vice-Presidente, os membros do Congresso Nacional, seus próprios Ministros, o Procurador-Geral da República, os Ministros de Estado, os Comandantes da Marinha, do Exército e da Aeronáutica, os membros de Tribunais Superiores, os do Tribunal de Contas da União e os chefes de missão diplomática de caráter permanente (art. 102, I, *d*, CF), bem como o *habeas corpus*, quando o coator for Tribunal Superior ou quando o coator ou o paciente for autoridade ou funcionário cujos atos estejam sujeitos diretamente à jurisdição do Supremo Tribunal Federal (neste contexto, inserem-se os membros do Conselho Nacional da Justiça e do Conselho Nacional do Ministério Público), ou se tratando de crime sujeito à mesma jurisdição em uma única instância (art. 102, I, *i*, CF).

Incluía-se, ainda, por força de interpretação dada pelo próprio Supremo Tribunal Federal, o *habeas corpus*, quando o coator fosse Turma Recursal do Juizado Especial Criminal dos Estados, tendo em vista que não teria sido prevista tal hipótese no campo da competência do Superior Tribunal de Justiça. Logo, residualmente, restaria ao Supremo Tribunal Federal empreender o julgamento. A matéria foi registrada na Súmula 690 do STF: "Compete originariamente ao Supremo Tribunal Federal o julgamento de *habeas corpus* contra decisão de turma recursal de juizados especiais criminais". Entretanto, esse entendimento foi alterado, por ocasião de julgamento, proferido pelo Pleno, em 23.08.2006 (HC 86.834-SP, rel. Marco Aurélio, m. v., *DJ* 09.03.2007). A Súmula 690 não mais se aplica. Entendeu o Pretório Excelso caber ao Tribunal de Justiça (Justiça Estadual) ou ao Tribunal Regional Federal (Justiça Federal) apreciar os casos de *habeas corpus* impetrados contra Turma Recursal. O principal argumento utilizado consistiu em não haver previsão taxativa para isso no campo da competência do STF (art. 102, II, *a*, CF). Com a devida vênia, parece-nos que a decisão anterior, contida na Súmula 690, era a correta. A Turma Recursal é órgão colegiado de segundo grau, no âmbito dos Juizados Especiais Criminais. Não há sentido para o Tribunal de Justiça (ou Regional Federal), igualmente órgão de segundo grau, reavaliar as decisões proferidas pela Turma Recursal. O argumento de que não há tal competência para o STF apreciar o *habeas corpus* contra Turma Recursal, no art. 102 da Constituição Federal, não nos convence, pois também inexiste *expressa* previsão no mencionado artigo para o julgamento de conflitos de atribuições entre membros do Ministério Público Federal e Estadual e, no entanto, o STF chamou a si essa competência.

Cabe-lhe, ainda, julgar em recurso ordinário, o *habeas corpus* decidido em única instância pelos tribunais superiores, se denegatória a decisão. Cremos razoável incluir também o *habeas corpus* decidido em *última* instância pelos tribunais superiores, embora a Constituição não mencione expressamente esse termo. Afinal, se caberia interpor diretamente *habeas corpus* no STF, quando o coator fosse Tribunal Superior, logicamente, cabe a interpretação extensiva do termo "única" instância. E mais: tal possibilidade vem prevista na competência do STJ, ao falar em "única ou última instância" (art. 105, II, *a*, CF). Cabe-lhe julgar, em recurso ordinário, o *habeas corpus* decidido em única ou última instância pelos Tribunais Regionais Federais ou pelos Tribunais dos Estados, do Distrito Federal e Territórios, quando a decisão for denegatória.

A competência constitucional do STF destina-se ao julgamento de *habeas corpus* "quando o coator for Tribunal Superior" (art. 102, I, *i*, primeira parte), não incluindo, portanto, decisão monocrática de relator. Entretanto, é costume, quando o interessado impetra *habeas corpus* em Tribunal Superior (por exemplo, STJ), solicitar ao relator o deferimento de medida liminar. Negada esta, ao invés de aguardar o julgamento a ser feito pela Turma (órgão colegiado que representa o tribunal), impetra diretamente *habeas corpus* no STF, apontando como autoridade coatora o relator. Ora, este não figura no referido art. 102, I, *i*, da Constituição Federal, logo, há incompetência. É o teor da Súmula 691: "Não compete ao Supremo Tribunal Federal conhecer de *habeas corpus* impetrado contra decisão do relator que, em *habeas corpus* requerido a tribunal superior, indefere a liminar".

Deve-se salientar, entretanto, que o próprio Supremo Tribunal Federal, em julgamentos recentes, vem atenuando o conteúdo da referida Súmula 691.[57] Em situações consideradas graves, o STF tem deferido liminar em *habeas corpus* impetrado contra decisão de Ministro Relator do STJ (exemplo disso é o fato de, negada a liminar, o *habeas corpus* demorar muito tempo para entrar em pauta para apreciação da Turma).

A situação é tão indefinida, nesse campo, permitindo que ALBERTO ZACHARIAS TORON escrevesse o seguinte: "todos os dias algum ministro do STF tem invocado o verbete da Súmula em questão para negar seguimento a um *habeas corpus*. Em semelhante medida outro ministro tem ultrapassado o obstáculo da mesma Súmula para conceder alguma medida liminar em *habeas corpus* ou, quando não, a própria ordem. (...) Ora, as sábias palavras de Victor Nunes Leal cabem como uma luva para a pregação do cancelamento da Súmula 691, que tanta incerteza traz ao cenário a principal garantia dos cidadãos contra o arbítrio. São tantas as interpretações construídas para a sua mitigação, que ela mais se presta ao desserviço de gerar insegurança do que ao papel de estabilizar a jurisprudência. Pior é que

---

[57] Eis o motivo pelo qual, comentando a súmula, ALBERTO ZACHARIAS TORON a chama de "tormento diário", pois ingressamos em uma "loteria judiciária". Diz o autor: "são tantas as interpretações construídas para a sua mitigação, que ela mais se presta ao desserviço de gerar insegurança do que ao papel de estabilizar a jurisprudência. Pior é que por vezes passa a impressão de ser o meio mais rápido de se limpar a mesa de trabalho sem maior esforço, de forma sumária. Sim, cada um fazendo a sua parte" ("As súmulas do STF e a segurança jurídica: breve estudo das súmulas 394 e 691 do STF", in: LUIZ RASCOVSKI (coord.), *Temas relevantes de direito penal e processual penal*, p. 19 e 22).

por vezes passa a impressão de ser o meio mais rápido de se limpar a mesa de trabalho sem maior esforço, de forma sumária. Sim, cada um fazendo a sua parte".[58]

3.7.3   Competência constitucional do Superior Tribunal de Justiça

Cabe ao STJ julgar, originariamente, o *habeas corpus*, quando o coator ou paciente for o Governador de Estado ou do Distrito Federal, os desembargadores dos Tribunais de Justiça dos Estados e do Distrito Federal, os membros dos Tribunais de Contas dos Estados e do Distrito Federal, os dos Tribunais Regionais Federais, dos Tribunais Regionais Eleitorais e do Trabalho, os membros dos Conselhos ou Tribunais de Contas dos Municípios e os do Ministério Público da União, que oficiem perante tribunais, bem como quando o coator for tribunal sujeito à sua jurisdição, Ministro de Estado ou Comandante da Marinha, do Exército ou da Aeronáutica, ressalvada a competência da Justiça Eleitoral (art. 105, I, *c*, CF).

Não pode o Tribunal Superior tomar conhecimento de um *habeas corpus* impetrado por réu ou condenado, tratando de questão não ventilada, nem decidida no recurso julgado pelo Tribunal do Estado. Em consequência, o Superior Tribunal de Justiça não aprecia matéria não levantada pelo paciente anteriormente. Se o fizesse, estaria suprimindo uma instância. É o denominado *prequestionamento* (ver item 3.7.3.1 *infra*).

Pode, no entanto, em caso de urgência e relevância, conceder, de ofício, ordem de *habeas corpus* para fazer cessar o constrangimento ilegal, bem como determinando que o Tribunal Estadual analise o ponto suscitado.

3.7.3.1   Prequestionamento em *habeas corpus*

O prequestionamento pode ser dispensável no cenário do *habeas corpus*, pois se trata de autêntica ação de impugnação e não de um mero recurso. Por isso, se uma determinada questão não foi *expressamente* ventilada pelo réu, por exemplo, em *habeas corpus* impetrado ao Tribunal Estadual, o fato de se poder tornar a ela em recurso de *habeas corpus* interposto junto ao Superior Tribunal de Justiça, merecendo conhecimento por parte desta Corte, não faz com que haja supressão de instância. Em outras palavras, ainda que se ingresse com *recurso ordinário constitucional* em caso de *habeas corpus*, apontando uma ilegalidade patente, não apreciada de ofício pelo Tribunal Estadual, é preciso que o Superior Tribunal de Justiça conheça e analise o ocorrido, até porque pode conceder *habeas corpus* de ofício, ao tomar ciência de ilegalidade ou coação abusiva. Dá-se o mesmo no contexto do Supremo Tribunal Federal.

3.7.4   Competência constitucional do Tribunal Regional Federal e dos juízes federais

Cabe-lhe julgar, originariamente, o *habeas corpus* quando a autoridade coatora for juiz federal (art. 108, I, *d*, CF). Aos juízes federais compete julgar o *habeas corpus* em matéria criminal de sua competência ou quando o constrangimento tiver origem em ato de autoridade não sujeita diretamente a outra jurisdição (art. 109, VII, CF).

---

[58]   "As Súmulas do STF e a segurança jurídica: breve estudo das súmulas 394 e 691 do STF", in: RASCOVSKI (coord.), *Temas relevantes de direito penal e processual penal*, p. 21-22.

3.7.5   Competência constitucional do Tribunal do Estado

Estipula o art. 125, § 1.º, da Constituição Federal que "a competência dos tribunais será definida na Constituição do Estado, sendo a lei de organização judiciária de iniciativa do Tribunal de Justiça".

Por sua vez, fixa a Constituição Estadual de São Paulo que cabe ao Tribunal de Justiça julgar, originariamente, o *habeas corpus*, nos processos cujos recursos forem de sua competência ou quando o coator ou paciente for autoridade diretamente sujeita a sua jurisdição, ressalvada a competência da Justiça Militar (art. 74, IV). Assim, cabe-lhe julgar *habeas corpus* cujo coator ou paciente for o Vice-Governador, os Secretários de Estado, os Deputados Estaduais, o Procurador-Geral de Justiça, o Procurador-Geral do Estado, o Defensor Público Geral e os Prefeitos Municipais.

3.7.5.1   Promotor de Justiça como autoridade coatora

A competência é originária do Tribunal de Justiça. A matéria foi objeto de intensa polêmica, mas hoje esta é a posição dominante. E está correta.

Afinal, estabelece a Constituição Federal e a lei processual penal que determinados indivíduos, em função do cargo exercido, possuem prerrogativa de foro, devendo ser julgados em tribunais específicos. Note-se que o *habeas corpus* sempre envolve a alegação de uma coação ilegal, passível de punição, conforme o caso, na esfera criminal, em relação ao abuso de autoridade. É o que ocorre com o juiz, cujo foro originário é sempre o tribunal ao qual está vinculado. Ou com o desembargador, cujo foro competente é o Superior Tribunal de Justiça. O mesmo se dá com o membro do Ministério Público que atua em primeira instância, cujo foro competente para julgá-lo nas infrações penais comuns é o Tribunal de Justiça (promotor estadual) ou o Tribunal Regional Federal (procurador da República).

Lembremos, ainda, que, quando juiz ou promotor requisitar a instauração de inquérito policial, torna-se autoridade coatora, tendo em vista que a autoridade policial deve, como regra, acolher o pedido. O *habeas corpus* será impetrado no tribunal.

3.8   Legitimidade ativa e passiva

Qualquer pessoa, física ou jurídica, nacional ou estrangeira, pode impetrar *habeas corpus*, seja em seu próprio benefício, seja em favor de outrem, independentemente de possuir habilitação técnica para tanto (art. 654, CPP). Denomina-se *impetrante* aquele que ajuíza a ação de *habeas corpus* e *paciente*, a pessoa em favor de quem a ordem é solicitada, nada impedindo que ambos se concentrem no mesmo indivíduo.[59]

Para impetrar *habeas corpus* não é necessário o patrocínio da causa por advogado. Aliás, o próprio Estatuto da Advocacia (Lei 8.906/1994), reconhecendo a importância desse remédio constitucional, estabelece que "não se inclui na atividade privativa de advocacia a impetração de *habeas corpus* em qualquer instância ou Tribunal" (art. 1.º, § 1.º).

---

[59]   "Não só o coactado ou ameaçado tem interesse na concessão do *habeas corpus*, mas toda a sociedade ou coletividade, porque da segurança da liberdade individual dependem a ordem e a harmonia sociais. E, por isso, a lei deu ao Ministério Público, como órgão representante da sociedade, a atribuição de impetrar o *habeas corpus* a favor daqueles que sofrem ou estão ameaçados de violência ou coação" (CÂMARA LEAL, *Comentários ao Código de Processo Penal*, v. IV, p. 207).

Entretanto, sendo o *habeas corpus* um instrumento constitucional de defesa de direitos individuais fundamentais, em especial o direito à liberdade, indisponível por natureza, o ideal é que, como impetrante, atue sempre um advogado. Obviamente que a sua falta não prejudica o conhecimento do pedido, mas pode enfraquecê-lo, tornando mais débeis os argumentos. Justamente por isso é que os Regimentos Internos do Supremo Tribunal Federal (art. 191, I) e do Superior Tribunal de Justiça (art. 201, I) conferem ao relator a faculdade de nomear advogado para acompanhar e defender oralmente o *habeas corpus* impetrado por pessoa que não seja bacharel em Direito.

O membro do Ministério Público, atuando em primeiro grau e acompanhando o desenrolar da investigação criminal ou do processo, tem legitimidade para impetrar *habeas corpus* em favor do indiciado ou acusado. É preciso, no entanto, que ele demonstre efetivo interesse em *beneficiar* o réu e não simplesmente em prejudicá-lo por via indireta. Naturalmente, na qualidade de qualquer do povo, pode impetrar *habeas corpus* em favor de quem queira sem qualquer limitação territorial.[60]

Não pode o magistrado que fiscaliza o inquérito ou que preside a instrução impetrar *habeas corpus* em favor do indiciado ou réu. Seria esdrúxula tal opção, uma vez que ele tem poder para fazer cessar qualquer tipo de constrangimento ocorrido contra o indivíduo, processado ou investigado. Não agindo assim, torna-se a autoridade coatora. Certamente, o juiz, como cidadão, em procedimento alheio à sua jurisdição, pode impetrar *habeas corpus* em favor de terceiro.[61]

Não há, igualmente, sentido algum em se permitir ao delegado, quando estiver atuando como condutor de investigação criminal, impetrar *habeas corpus* em favor da pessoa que ele mesmo indiciou ou mesmo em favor do réu, cujo inquérito por ele presidido deu margem à instauração da ação penal. Mas, como cidadão, desvinculado do caso, é natural que possa exercer seu direito constitucional de impetrar *habeas corpus*. Nessa ótica: "A legitimidade ativa no *habeas corpus* vai além dos advogados, vai além da cidadania, vai além de qualquer do povo, porque é direito das gentes, pelo que não pode ser negado ao Delegado de Polícia, como gente".[62]

A pessoa jurídica não pode ser paciente, pois o *habeas corpus* protege, direta ou indiretamente, a liberdade de locomoção, o que não lhe diz respeito.[63] É bem verdade que, após a edição da Lei 9.605/1998, prevendo a possibilidade de ser a pessoa jurídica autora de crime ambiental no Brasil, pode surgir situação de constrangimento ilegal que a atinja, como ocorreria com o ajuizamento de ação penal sem justa causa. Pensamos, no entanto, que, à falta de recurso próprio contra o recebimento da denúncia nesse caso, pode a pessoa jurídica valer-se do mandado de segurança, que é instrumento constitucional para coibir ilegalidade ou abuso de poder não amparado por *habeas corpus* (art. 5.º, LXIX, CF). Assim, pode impetrar mandado

---

[60]   No mesmo sentido, CELSO DELMANTO, *Da impetração de* habeas corpus *por juízes, promotores e delegados*, p. 287.

[61]   No mesmo sentido, CELSO DELMANTO, *Da impetração de* habeas corpus *por juízes, promotores e delegados*, p. 287.

[62]   MAURÍCIO HENRIQUE GUIMARÃES PEREIRA, Habeas corpus *e polícia judiciária*, p. 242. No mesmo sentido, CELSO DELMANTO, *Da impetração de* habeas corpus *por juízes, promotores e delegados*, p. 287.

[63]   PONTES DE MIRANDA, *História e prática do* habeas corpus *(Direito constitucional e processual comparado)*, p. 371.

de segurança visando ao trancamento da ação penal, caso fique evidente o direito líquido e certo de não ser processada.

Quanto à impetração de *habeas corpus* em favor de pessoas incertas, BENTO DE FARIA esclarecia o seguinte: "não tem cabimento quando se tratar de pessoas indeterminadas, *v.g.*, os sócios de certa agremiação, os empregados de determinado estabelecimento, os moradores de alguma casa, os membros de indicada corporação, os componentes de uma classe etc., ainda quando referida uma das pessoas com o acréscimo de – *e outros*. Somente em relação a essa será conhecido o pedido".[64] Essa visão não mais encontra suporte nas demandas coletivas de pessoas necessitadas e vulneráveis, cujo acesso ao Judiciário é burocratizado e dificultoso. Por isso, tem-se tornado viável o ajuizamento de *habeas corpus* coletivo. Isto não significa haver viabilidade para a impetração favorecer paciente *totalmente* indeterminado. É preciso, pelo menos, que seja determinável, por meio de alguma indicação feita por órgão oficial ou mesmo em face das informações prestadas pela autoridade apontada como coatora (ver o item 3.8.2 *infra*).

No polo passivo da ação de *habeas corpus* está a pessoa – autoridade ou não – apontada como coatora, que deve defender a legalidade do seu ato, quando prestar as informações. Pode, ainda, ser o corpo estatal, como ocorre com tribunais, Comissões Parlamentares de Inquérito e outros colegiados. Por isso, no caso de *habeas corpus* coletivo pode ser indicada mais de uma autoridade e que possa ser determinada (uma ou mais) exatamente quando se buscar as informações.

Para FREDERICO MARQUES, no entanto, quando se tratar de autoridade, o verdadeiro sujeito passivo é o Estado.[65] Parece-nos, no entanto, que no polo passivo, está mesmo a pessoa, ainda que seja autoridade, pois esta será condenada em custas, segundo o espírito do Código de Processo Penal, e responderá por abuso, desde que evidente o excesso ou eivado de má-fé. Atualmente, ressalte-se, não há mais custas em *habeas corpus* (art. 5.º, LXXVII, CF), perdendo o efeito o disposto no art. 653 do CPP.

As informações gozam de presunção de veracidade, devendo ser acompanhadas das cópias pertinentes do processo ou inquérito, conforme o caso. Ressalte-se que, em muitos casos, tratando-se de autoridade, esta se limita a fazer um mero relatório do feito, deixando de sustentar a medida coercitiva empregada, o que nos soa irregular. Entretanto, se enviar cópia de decisão devidamente fundamentada, demonstrativa da legalidade da decisão tomada, supre-se a falha. Note-se que, deixando de evidenciar a correção do seu ato, pode ser condenada nas custas e processada por abuso de poder (art. 653, CPP), conforme o caso, tornando saliente o seu interesse de que seja considerada legal a medida determinada.[66]

Há de se registrar a quase inexistência de processos por abuso de poder contra autoridades que abusaram da possibilidade de decretar a prisão. Seria fruto do corporativismo? Possivelmente, pois existem situações nas quais a prisão é nitidamente abusiva, mas, apesar de ser concedida a ordem de *habeas corpus*, não se determinam providências contra a autoridade coatora. No Estado Democrático de Direito, é preciso alterar essa mentalidade e providenciar o esclarecimento e eventual punição de quem mereça.

---

[64] *Código de Processo Penal*, v. 2, p. 381. No mesmo prisma: ESPÍNOLA FILHO (*Código de Processo Penal brasileiro anotado*, v. 7, p. 216).

[65] *Elementos de direito processual penal*, v. 4, p. 376.

[66] "Presume a má-fé sempre que há violação flagrante da lei, sendo manifesta a ilegalidade da violência ou coação" (CÂMARA LEAL, *Comentários ao Código de Processo Penal*, v. IV, p. 203).

Cumpre destacar, a título de exemplo, que o Regimento Interno do Tribunal de Justiça de São Paulo, na hipótese de detectar insuficiência das informações ou ausência delas, prevê a comunicação do fato ao Conselho Superior da Magistratura, para as providências disciplinares cabíveis (art. 509). Sobre o tema, professa PONTES DE MIRANDA que "se a autoridade coatora se esquiva a prestar esclarecimentos que lhe foram reiteradamente exigidos, deve ser interpretada tal omissão como tácita confirmação das alegações do impetrante. (...) A informação oficial é crida, salvo prova em contrário; e a autoridade informante responde pela sua veracidade, sob pena de responsabilidade".[67] Comungando do mesmo entendimento, confira-se em DANTE BUSANA: "Infelizmente, alguns magistrados consideram tarefa menor prestar informações em *habeas corpus* e a confiam ao escrivão, limitando-se a assinar peça por aquele redigida. Esquecem-se de que a impetração lhes imputa ilegalidade ou abuso de poder e não tem sentido o juiz, cuja missão é cumprir e fazer cumprir a lei, transferir a terceiros a tarefa de dar contas dessa missão aos tribunais superiores".[68]

3.8.1 *O particular como polo passivo no* habeas corpus

Na realidade, a Constituição Federal não distingue, no polo passivo, entre a autoridade e o particular, de modo que é possível impetrar *habeas corpus* contra qualquer pessoa que constranja a liberdade de locomoção de outrem.

É o meio indiscutivelmente mais seguro e rápido de solucionar o impasse. Imagine-se a prostituta presa em algum lugar pelo rufião. Mais célere pode ser a impetração do *habeas corpus* do que ser a polícia acionada para agir, libertando a vítima. Diga-se o mesmo dos inúmeros casos de internação irregular em hospitais psiquiátricos ou mesmo da vedação de saída a determinados pacientes que não liquidam seus débitos no nosocômio.

E não é demais lembrar a lição de DANTE BUSANA nesse contexto: "A polícia pode não querer (ou não julgar prudente) intervir, como, por exemplo, nas hipóteses de internação indevida em manicômio ou outro estabelecimento destinado ao tratamento de moléstias mentais e razão não há para negar à pessoa internada sem motivo legal a proteção do remédio constitucional".[69]

Em contrário: HÉLIO TORNAGHI, sustentando que "a coação exercida por um particular configurará o crime de cárcere privado (CP, art. 148), ou de constrangimento ilegal (CP, art. 146), ou o de ameaça (CP, art. 147), e as providências contra o coator devem ser pedidas à Polícia".[70]

---

[67]   *História e prática do* habeas corpus, p. 390.

[68]   *Habeas corpus*, p. 119.

[69]   *Habeas corpus*, p. 110. Nessa ótica: ADA, MAGALHÃES e SCARANCE (*Recursos no processo penal*, p. 357); TOURINHO FILHO (*Código de Processo Penal comentado*, v. 2, p. 465-466); MIRABETE (*Código de Processo Penal interpretado*, p. 856-857); MAGALHÃES NORONHA (*Curso de processo penal*, p. 412); GRECO FILHO (*Manual de processo penal*, p. 392), questionando tecnicamente esse entendimento, mas acatando em nome da celeridade; FREDERICO MARQUES (*Elementos de direito processual penal*, v. 4, p. 376); MARCO ANTONIO DE BARROS (*Ministério Público e o* habeas corpus: *tendências atuais*, p. 119); DANTE BUSANA e LAERTE SAMPAIO (*O Ministério Público no processo de* habeas corpus, p. 320).

[70]   *Curso de processo penal*, v. 2, p. 408. E também: BENTO DE FARIA (*Código de Processo Penal*, v. 2, p. 381); PONTES DE MIRANDA (*História e prática do* habeas corpus, p. 444); FLORÊNCIO DE ABREU (*Comentários ao Código de Processo Penal*, v. 5, p. 561).

3.8.2   Habeas corpus *coletivo*

Sustentávamos o não cabimento dessa espécie de ação constitucional, prevista no art. 5º, LXVIII da Constituição Federal ("conceder-se-á *habeas corpus* sempre que alguém sofrer ou se achar ameaçado de sofrer violência ou coação em sua liberdade de locomoção, por ilegalidade ou abuso de poder"), pois o seu principal fundamento é evitar qualquer constrangimento à liberdade de locomoção de uma pessoa, com origem em ilegalidade praticada por autoridade; por isso, demandaria condições específicas, apontando-se exatamente qual seria o prejuízo sofrido e qual o autor da coação. Seria muito complexo avaliar *coletivamente* uma situação de constrangimento ilegal à liberdade de locomoção. Além disso, inexiste expressa disposição legal permitindo o ajuizamento de *habeas corpus* coletivo, tal como existe para o mandado de segurança, neste caso, inclusive, diretamente na Constituição Federal (art. 5º, LXIX e LXX, este último inciso cuida do mandado de segurança coletivo). Por derradeiro, cuidando-se de remédio para a correção de abusos, o seu caráter de celeridade exige a prova pré-constituída, a ser apresentada na inicial do pedido. Todos esses pontos dificultariam o entendimento de ser viável um *habeas corpus* coletivo.

Porém, o Supremo Tribunal Federal, em 20 de fevereiro de 2018, mesmo reconhecendo esses obstáculos, em decisão inédita, houve por bem conceder a ordem coletiva para determinar a substituição da prisão preventiva pela domiciliar – na realidade, fazer com que a segregação cautelar fosse cumprida em domicílio, em lugar de ocorrer em presídio – das mulheres presas, quando gestantes, puérperas ou mães de crianças e deficientes, abrangendo adolescentes sujeitas a medidas socioeducativas em idêntica situação. Foram excetuados os casos de crimes cometidos por elas mediante violência ou grave ameaça, bem como contra seus descendentes e, ainda, em *situações excepcionalíssimas*, sempre com a devida fundamentação feita pelos juízes ao negarem o benefício da prisão domiciliar. Possibilitou-se, também, a cumulação desta modalidade de prisão com as medidas cautelares previstas pelo art. 319 do CPP. Para cumprir a ordem coletiva, determinou-se a sua comunicação aos Presidentes dos Tribunais Estaduais e Federais, incluindo a Justiça Militar Estadual e Federal. Apontou-se que o objetivo da decisão era justamente alcançar todas as pessoas presas com dificuldade de acesso à Justiça, o que não impediria, por certo, a provocação por meio de advogado. Indicou-se que o descumprimento da ordem coletiva deveria ser impugnado por meio de recurso e não de reclamação. Vislumbra-se o interesse dos Tribunais Superiores em resguardar a liberdade de locomoção dos mais vulneráveis, visto que muitos deles, quando estão presos, embora formalmente possam ter acesso a advogado, ainda que dativo, ou mesmo à Defensoria Pública, carecem de acesso efetivo à justiça criminal. Por outro lado, observa-se, concretamente, o excessivo montante de processos em andamento diante de um número limitado de magistrados para apreciar, por via célere, todos os benefícios cabíveis aos presos (HC 143.641-SP, 2ª. T., rel. Ricardo Lewandowski, 20.02.2018, v.u.).

Portanto, guardar o *habeas corpus* para uso individual é desconhecer, hoje, a realidade brasileira, razão pela qual foi preciso inovar para permitir mais eficiência da Justiça como um todo, o que nos parece ser o caminho acertado. Após essa decisão da 2ª. Turma do Supremo Tribunal Federal, outras foram proferidas. A 6ª. Turma do Superior Tribunal de Justiça, em 8 de setembro de 2020, concedeu *habeas corpus* coletivo para o fim de fixar o regime aberto a todos os presos condenados por tráfico privilegiado à pena de 1 ano e 8 meses em regime fechado, no Estado de São Paulo. Além disso, foi determinado que a situação dos presos condenados por tráfico privilegiado a penas menores do que 4 anos sejam revistas pelos juízes das execuções penais, verificando a possibilidade de progressão ao regime aberto em face de eventual detração penal, advinda do período em que tiverem permanecido presos. Acrescentou-se medida preventiva aos que vierem a ser condenados por tráfico privilegiado, em situação idêntica – penas inferiores a 4 anos – que não recebam regime fechado (HC 596.603-SP, rel. Rogério Schietti Cruz, v.u.).

A 3ª Seção do Superior Tribunal de Justiça concedeu *habeas corpus* coletivo, em 14 de outubro de 2020, para o fim de determinar a soltura, independentemente do pagamento de fiança, em favor dos que estiverem presos porque não pagaram a fiança estabelecida, ao ser deferida liberdade provisória condicionada ao referido pagamento, no Estado do Espírito Santo, estendida a outros casos similares em todo território nacional (HC 568.693-ES, rel. Sebastião Reis Júnior, v.u.).

A 2ª Turma do Supremo Tribunal Federal, em 21 de outubro de 2020, concedeu ordem de *habeas corpus* coletivo para determinar a substituição da prisão preventiva de pais e responsáveis por crianças e pessoas deficientes por prisão domiciliar, quando ficar demonstrado que o preso é o único responsável pelos cuidados do menor de 12 anos ou pessoa com deficiência; pode-se conceder a outros presos, que não sejam a mãe ou o pai, desde que se demonstre ser imprescindível aos cuidados de pessoas menor de 6 anos ou com deficiência. Vedou-se a substituição nos casos de delitos praticados mediante violência ou grave ameaça ou contra os próprios filhos ou dependentes (HC 165.704-DF, 2ª. T., rel. Gilmar Mendes, v.u.). Diante desses quatro casos, tem início uma nova era na interpretação do *habeas corpus*, admitindo-se o coletivo.

Parece-nos correta a postura adotada pelos Tribunais Superiores, em decorrência da realidade apresentada pelo caótico sistema carcerário existente no Brasil, sendo impossível a vários presos, considerados vulneráveis ou em situação de vulnerabilidade, o acesso, de maneira célere, ao juízo da condenação ou da execução da pena. Sob outro prisma, certas decisões tomadas pelo STF ou pelo STJ, consolidando jurisprudência favorável ao acusado, não vêm sendo aplicadas por tribunais estaduais; desse modo, vários presos terminam não se beneficiando desse cenário porque não conseguem atingir os Tribunais Superiores, por carência de defensores aptos a isso. O quadro desses desvios somados terminou levando as cortes a adotar o instrumento do *habeas corpus* coletivo, valendo-se de analogia a outros institutos, tais como o mandado de segurança e o mandado de injunção coletivos.

3.9   Formalidades e condições da impetração

Como ação que é, para que seja conhecido e julgado quanto ao mérito do constrangimento alegado, deve o *habeas corpus* preencher os requisitos da possibilidade jurídica do pedido, do interesse de agir e da legitimidade de parte.

Extrai-se a possibilidade jurídica do pedido na referência à existência de um constrangimento qualquer à liberdade de locomoção, direta ou indiretamente, pois o pleito formulado há de ser a concessão de ordem para fazer cessar a coação ou a violência, ou para que ela não se consume.

Quando ao interesse de agir, deve o impetrante demonstrar o benefício que a impetração pode gerar ao paciente – que pode ser o próprio impetrante ou terceira pessoa. Portanto, caso um processo já tenha sido anulado pelo juiz, ao reconhecer a ocorrência de uma nulidade absoluta, estando em pleno refazimento da instrução, não cabe o julgamento de *habeas corpus* que tenha por finalidade justamente isso. Não há, na hipótese, interesse de agir.

Lembremos, ainda, que a existência de recurso legal para impugnar a decisão considerada abusiva não impede a utilização do *habeas corpus*, tendo em vista que este é, seguramente, meio mais ágil para fazer cessar qualquer constrição à liberdade de ir e vir. Não se admite, no entanto, o *habeas corpus*, quando envolver exame aprofundado das provas, como ocorre no caso de progressão de regime de réu condenado, por exigir a análise de laudos e colheita de vários pareceres. Nesta última hipótese, somente cabe a impetração e conhecimento do *writ*, quando a decisão de indeferimento do juiz é considerada teratológica, pois todos os exames foram feitos e todos os pareceres favoráveis já constam dos autos.

Pode haver a impetração de *habeas corpus* em favor de determinado paciente, por pessoa estranha, inspirado por variados interesses, até o de se fazer notar pela imprensa. Assim, no caso de réu famoso, cuja prisão seja decretada ou tenha contra si qualquer outro tipo de constrangimento – como o ajuizamento de ação penal – é possível que alguém resolva ingressar com *habeas corpus* para tornar-se conhecido.

Nesse caso, possuindo o paciente defensor constituído, é preciso que tenha conhecimento da impetração, manifestando-se a respeito, podendo optar pelo não conhecimento da ordem, porque o julgamento do *habeas corpus* lhe pode ser desinteressante. Pensemos na ação penal instaurada contra certa personalidade, contra a qual ingresse o *habeas corpus* visando ao seu trancamento. Se o paciente, que não deseja um pronunciamento precoce do tribunal, não puder ser consultado, é possível que seus interesses terminem sendo prejudicados por um terceiro estranho, que pode até não pretender o seu benefício, mas justamente provocar a decisão de órgão jurisdicional superior, determinando o prosseguimento da demanda. Os Regimentos Internos do Supremo Tribunal Federal (art. 192, § 3.º) e do Superior Tribunal de Justiça (art. 202, § 1.º) dispõem no sentido de não ser conhecido o pedido, quando houver oposição do paciente.

Caso não mais subsista a violência ou coação, é natural que uma das condições da ação tenha desaparecido, dando ensejo ao não conhecimento do *habeas corpus*. Ex.: reclama o impetrante contra a prisão ilegal de um paciente, por excesso de prazo na conclusão da instrução. Enviando as informações, o magistrado demonstra que não somente findou a colheita da prova, como também já foi proferida decisão condenatória, contra a qual o réu interpôs apelação. Logo, inexiste interesse para o julgamento do *writ* (art. 659, CPP). Deve o tribunal avaliar se, a despeito de cessada a coação, houve ilegalidade ou abuso de poder, determinando que sejam tomadas as providências cabíveis. Tal medida encontra-se prevista nos Regimentos Internos do Supremo Tribunal Federal (art. 199) e do Superior Tribunal de Justiça (art. 209).

O conteúdo mínimo da petição está previsto no art. 654, § 1.º, do CPP, a saber:

a) o nome da pessoa que sofre ou está ameaçada de sofrer violência ou coação e o de quem exerce a violência, coação ou ameaça;

b) a declaração da espécie de constrangimento ou, se houver simples ameaça de coação, as razões em que se funda o seu temor;

c) a assinatura do impetrante, ou de alguém a seu rogo, se não puder ou não souber assinar, bem como a designação das residências.

Além disso, outros dados mais minuciosos podem ser acrescentados, como a qualificação completa do impetrante, do paciente e da autoridade coatora, além de fundamentos detalhados, acompanhados de base doutrinária e jurisprudencial (nesse caso, quando a impetração se fizer por advogado). A peça deve ser feita em português, embora o *habeas corpus* possa ser impetrado por estrangeiro.

Lembremos que não se aceita impetração anônima, devendo ser indeferida *in limine*. Nada impede, no entanto, conforme a gravidade do relato que a petição contiver, que o magistrado ou tribunal verifique de ofício se o constrangimento, realmente, está ocorrendo. Afinal, não se pode olvidar que o órgão jurisdicional pode conceder *habeas corpus* de ofício (conforme estabelecido pelo § 2.º do art. 654 do CPP).

Aliás, sobre esta hipótese, é perfeitamente viável que, tomando conhecimento da existência de uma coação à liberdade de ir e vir de alguém, o juiz ou o tribunal determine a expedição de ordem de *habeas corpus* em favor do coato. Trata-se de providência harmoniosa com o princípio da indisponibilidade da liberdade, sendo dever do magistrado zelar pela sua manutenção. Ex.: pode chegar ao conhecimento do magistrado que uma testemunha de processo seu foi irregularmente detida pela autoridade policial, para complementar suas declarações a respeito do caso. Ele poderá expedir, de ofício, ordem de *habeas corpus* para liberar o sujeito. Dessa decisão, recorrerá de ofício (art. 574, I, CPP). Quanto ao tribunal, pode, também, conceder a ordem sem qualquer provocação, não havendo necessidade, por ausência de previsão legal, de recorrer a órgão jurisdicional superior.

3.9.1 A decisão do juiz, o pedido de reconsideração e a impetração do *habeas corpus no Tribunal*

Proferida qualquer decisão judicial, que implique prejuízo à liberdade de locomoção do indiciado ou acusado, direta ou indireta, torna-se perfeitamente admissível a impetração da ação de *habeas corpus* perante o tribunal competente.

Não se exige que a parte apresente ao magistrado, autor da ordem geradora do constrangimento ilegal, qualquer pedido de reconsideração. O juiz se transforma, automaticamente, em autoridade coatora ao proferir decisão ou encampar decisão alheia de prisão do acusado.

Exemplificando, ao receber o auto de prisão em flagrante, cabe ao magistrado quatro decisões viáveis: a) relaxar o flagrante, caso este seja considerado ilegal, soltando o indiciado sem a imposição de qualquer condição; b) converter a prisão em flagrante em preventiva, se estiverem presentes os requisitos do art. 312 do CPP; c) considerando legal o flagrante e não sendo o caso de preventiva, pode conceder liberdade provisória, arbitrando fiança; d) considerando legal o flagrante, mas se tratando de crime inafiançável (ou de preso pobre), pode conceder liberdade provisória sem fiança, impondo condições ou outras medidas cautelares.

Imagine-se que o juiz optou por converter a prisão em flagrante em preventiva. Emitida tal decisão, o indiciado teve sua liberdade cerceada por *ordem judicial*, podendo, de pronto, impetrar *habeas corpus* em instância superior. Nenhuma lei lhe impõe, como pré-requisito para tanto, pedir ao magistrado de primeiro grau a reconsideração de sua decisão, com a revogação da preventiva. Aliás, se o juiz converteu o flagrante em preventiva, torna-se integralmente incabível um pleito de *liberdade provisória* ao juízo de primeira instância. Note-se que a liberdade provisória somente é admissível aos casos de flagrante *não transformados em preventiva*.

Diante disso, a despeito de doutas opiniões em sentido contrário, inexiste supressão de instância, quando o indiciado ou acusado dirige-se diretamente ao Tribunal, ajuizando ação de *habeas corpus* contra decisão judicial de decretação da sua prisão cautelar, *mesmo que não peça a reconsideração* em primeiro grau.

Exigir que o preso se dirija ao magistrado coator para pleitear a revogação do ato que ele acabou de decretar significa provocar dilação indevida da prisão cautelar. Assim sendo, se o Tribunal *não conhecer* do *habeas corpus*, afirmando que o prejudicado pela prisão deixou de pedir ao juiz de primeiro grau a sua soltura, torna-se o colegiado a autoridade coatora, pois se recusa a analisar pedido legitimamente apresentado. Legitima-se, o acusado, a impetrar *habeas corpus* junto ao Superior Tribunal de Justiça.

Outro ponto polêmico seria: pode o STJ conhecer do pedido quanto ao mérito da prisão ou determinar que o tribunal de segundo grau conheça e decida o pedido? Parece-nos que, nesta hipótese, porque o Tribunal de Justiça (ou Regional Federal) deixou de se pronunciar, deve o STJ determinar que o faça. No entanto, se esse atraso no julgamento estiver prejudicando sobremaneira o acusado, pensamos ser cabível a concessão de liminar pelo relator do HC no STJ, a fim de que o impetrante aguarde solto o julgamento de sua demanda.

3.10 Concorrência do *habeas corpus* com outra ação ou investigação

A interposição do *habeas corpus* e a concessão da ordem para fazer cessar o constrangimento ilegal detectado não impede, naturalmente, o prosseguimento da ação penal. Pode-se conceder a ordem, por exemplo, para provocar a soltura de réu preso além do prazo razoável para a instrução findar, o que não afeta em nada o andamento processual.

Porém, se o *habeas corpus* volta-se diretamente à falta de justa causa para a ação penal, uma vez concedida a ordem, tranca-se o processo, justamente porque há conflito entre um e outro. Aliás, sobre o disposto no art. 651 do CPP, manifesta-se PONTES DE MIRANDA, tachando-o de tautológico, uma vez que toda sentença somente tem como eficácia a sua própria.[71]

É possível, caso concedida a ordem de *habeas corpus* para colocar fim a algum tipo de constrangimento, cometido durante a investigação policial, que esta possa prosseguir. Exemplo: *habeas corpus* concedido exclusivamente para evitar o indiciamento de alguém; nada impede o prosseguimento do inquérito.

Quando houver, por intermédio do *habeas corpus*, o reconhecimento de nulidade do processo (hipótese prevista no art. 648, VI, CPP), renova-se este (art. 652, CPP), o que é natural, salvo se houver algum obstáculo legal, como a ocorrência de prescrição ou decadência.

3.11 A medida liminar em *habeas corpus* e outras providências cautelares

É admissível que o juiz ou tribunal – no caso deste, incumbe a análise à autoridade indicada no Regimento Interno – conceda, se entender necessário, liminar para fazer cessar de imediato a coação.

Não se trata de hipótese expressamente prevista em lei, mas admitida com tranquilidade pela jurisprudência. A primeira liminar ocorreu no *Habeas Corpus* 27.200, impetrado no Superior Tribunal Militar por Arnoldo Wald em favor de Evandro Moniz Corrêa de Menezes, dada pelo Ministro Almirante de Esquadra José Espíndola, em 31 de agosto de 1964, logo em pleno regime militar. Seus termos foram os seguintes: "Como preliminar, determino que o Sr. Encarregado do Inquérito se abstenha de praticar qualquer ato contra o paciente, até definitivo pronunciamento deste E. Tribunal, telegrafando-se ao mesmo, com urgência, para o referido fim". Tratava-se de *habeas corpus* voltado a impedir que o paciente fosse investigado por fato ocorrido em repartição sem qualquer relação com a administração militar. Posteriormente, no

---

[71] *História e prática do* habeas corpus, p. 469.

Supremo Tribunal Federal, no HC 41.296, impetrado por Sobral Pinto em favor do Governador de Goiás Mauro Borges, foi concedida liminar pelo Ministro Gonçalves de Oliveira, em 14 de novembro de 1964, para que não fosse processado o paciente sem autorização prévia da Assembleia Legislativa do Estado. Argumentou o prolator da decisão: "O *habeas corpus*, do ponto de vista da sua eficácia, é irmão gêmeo do mandado de segurança. (...) Se o processo é o mesmo, e se no mandado de segurança *pode o relator conceder a liminar* até em casos de interesses patrimoniais, não se compreenderia que, em casos em que está em jogo a liberdade individual ou as liberdades públicas, a liminar, no *habeas corpus preventivo não pudesse ser concedida, principalmente, quando o fato ocorre* em dia de sábado, feriado forense, em que o Tribunal, nem no dia seguinte, abre as suas portas".[72]

E mais, acresce ALBERTO SILVA FRANCO poder o juiz ou tribunal conceder a tutela cautelar de ofício: "A tutela cautelar mostra-se, nesse caso, de cogente incidência, sendo aplicável, até mesmo de ofício. Não se argumente no sentido de que o exercício dessa tutela possa redundar num abuso judicial. As atitudes abusivas, se ocorrentes, serão sempre extraordinárias e não poderão, por isso, representar a contenção do uso normal e regular do poder de cautela".[73]

A apresentação imediata do paciente ao juiz, embora possível, é inviável e está em desuso. Quando a coação ilegal for evidente, basta ao magistrado, de qualquer grau de jurisdição, conceder medida liminar para a cessação do constrangimento. No caso de ser incabível a liminar, requisita-se as informações. Determinar a apresentação do preso acarreta enorme movimentação da máquina judiciária e traz pouquíssimos benefícios.

Mas, na hipótese de o magistrado determinar a sua apresentação, não o fazendo o encarregado dessa tarefa, desde que haja dolo, é possível a sua prisão em flagrante pelo delito de desobediência, providenciando-se outros meios de fazer o paciente chegar ao lugar designado pela autoridade judiciária. Vale ressaltar a impropriedade da expressão *mandado de prisão*, constante do art. 656, parágrafo único, do CPP. Na verdade, o juiz expedirá *mandado de apresentação* (ordem, portanto) em favor do paciente. Se o detentor desobedecer a esta ordem, deverá ser, como já exposto, preso em flagrante de desobediência e processado na forma da lei. Não tem o menor sentido expedir mandado de apresentação e, caso não cumprido, expedir mandado de prisão. Seria um anômalo "mandado de prisão em flagrante".[74]

Ademais, prevê o art. 655 do Código de Processo Penal que o carcereiro ou o diretor do presídio (pessoas diretamente vinculadas à prisão do paciente), o escrivão, o oficial de justiça ou a autoridade judiciária (pessoas vinculadas ao processo-crime em andamento) ou a autoridade policial (pessoa ligada, também, à prisão do paciente ou à investigação em desenvolvimento) devem cuidar do célere andamento do *habeas corpus*, cada qual fazendo a sua parte.

Assim, deixando de apresentar o paciente, quando requisitado ou de soltá-lo – no caso do carcereiro ou diretor da prisão, deixando de providenciar, imediatamente, as informações – em se tratando do juiz, omitindo-se ou retardando no encaminhamento dessas informações – nos casos do escrivão e do oficial de justiça, bem como agindo de uma dessas formas a autoridade policial, caberia a aplicação da multa prevista no art. 655 do CPP. Não sendo esta viável, pois seu valor não foi atualizado, somente as providências criminais pertinentes serão aplicáveis.

---

[72] ARNOLDO WALD, As origens da liminar em *habeas corpus* no direito brasileiro, p. 804.

[73] *Medida liminar em* habeas corpus, p. 72.

[74] Nessa ótica: PONTES DE MIRANDA (*História e prática do* habeas corpus, p. 457).

A escusa para a apresentação do paciente, quando assim determinada, pode fundar-se nas razões enumeradas no art. 657 do CPP: a) grave enfermidade do paciente; b) não estar ele sob guarda da pessoa a quem se atribui a detenção; c) se o comparecimento não tiver sido determinado pelo juiz ou pelo tribunal. Em caso de doença, o magistrado pode ir ao local onde se encontra o paciente (art. 657, parágrafo único, CPP).

Registremos que o detentor é a pessoa que mantiver preso, sob sua custódia, o paciente. Assim, o coator pode ser o juiz, que determinou a prisão, enquanto o detentor será o delegado que estiver com o preso no distrito, ou mesmo o diretor do presídio, onde está o paciente recolhido.

Eventualmente, o coator é também o detentor. Tal pode se dar quando o delegado, sem mandado judicial, prende alguém para averiguação, mantendo-o no distrito policial. Nas palavras de PONTES DE MIRANDA, "pode ser qualquer indivíduo, brasileiro ou estrangeiro, autoridade ou simples particular, recrutador ou comandante de fortaleza, agente de força pública, ou quem quer que seja, uma vez que detenha outrem em cárcere público ou privado; ou que esteja de vigia do paciente; ou lhe impeça o caminho; ou o proíba de andar, de mover-se, ou de qualquer modo contrarie a alguém, pessoa física, o direito de ir, ficar e vir. Algumas vezes acórdãos sugerem que só a autoridade possa ser detentor; mas esse não é o conceito histórico e vigente, a respeito de *habeas corpus*".[75]

3.12 Processamento do *habeas corpus*

Em primeiro grau, se porventura optou o juiz pela apresentação do paciente, e interrogado este, deverá decidir, fundamentadamente, no prazo de 24 horas. Se favorável a conclusão do magistrado, será posto em liberdade de imediato, salvo se por outra razão estiver detido, constituindo o alvará de soltura clausulado (art. 660, § 1.º, CPP).

Caso não haja a apresentação, o juiz pode decidir pela soltura do paciente – ou cessação do constrangimento – liminarmente. Não o fazendo, colherá informações da autoridade apontada como coatora. Em primeiro grau, não se ouve o Ministério Público. Caso o *habeas corpus* seja impetrado no tribunal, colhe-se o parecer do Procurador de Justiça (ou da República), conforme determina o Decreto-lei 552/69.

Na realidade, em grande parte dos casos, a prova constante do *habeas corpus* é exclusivamente documental, razão pela qual o procedimento é célere (cf. art. 660, § 2.º, CPP).

Eventualmente, se a ilegalidade advier do fato de não ter sido o paciente admitido a prestar fiança, nos casos em que esta é admissível, o juiz arbitrará o seu valor, podendo ser prestada perante ele. Remete-se, então, os autos do *habeas corpus* à autoridade policial para ser apensado ao inquérito (art. 660, § 3.º, CPP).

O paciente preso será libertado por força de alvará de soltura; o paciente ameaçado de prisão receberá a ordem de salvo-conduto assinada pelo magistrado (art. 660, § 4.º, CPP).

O assistente de acusação não toma parte no *habeas corpus*, pois nenhum interesse pode ter a vítima nessa ação constitucional, voltada a fustigar ato abusivo e constritivo à liberdade de outrem.

O querelante, quando se tratar de ação penal privada, não deve ser ouvido, como regra, no *habeas corpus* impetrado pelo querelado, mas é preciso dar-lhe ciência da decisão, concessiva ou denegatória. Conforme o pedido formulado, no entanto, deve ser chamado a intervir, antes

---

[75] *História e prática do* habeas corpus, p. 374.

do julgamento do *writ*, pois a decisão pode influir, diretamente, no seu direito de ação – como aconteceria no caso de pedido de trancamento da ação penal feito pelo querelado-paciente.

3.12.1 *A restrição à produção de prova no* habeas corpus

Não se produz prova, como regra, no procedimento do *habeas corpus*, devendo o impetrante apresentar, com a inicial, toda a documentação necessária para instruir o pedido. Pode, porventura, o magistrado ou o tribunal, conforme o caso, requisitar da autoridade coatora, além das informações, outros documentos imprescindíveis à formação do seu convencimento, cabendo, também, à autoridade coatora, de ofício, enviar as peças que entender pertinentes para sustentar sua decisão.

Entretanto, nada deve ultrapassar esse procedimento, sendo incabível qualquer colheita de prova testemunhal ou pericial, desde que a questão demande urgência, como ocorre no *habeas corpus* liberatório.

Ampliando esse entendimento, no entanto, estão as posições de ADA, MAGALHÃES e SCARANCE: "Também não está excluída, por completo, a possibilidade de produção de outras provas, a testemunhal por exemplo, especialmente quando se trata de pedido visando à expedição da ordem em caráter preventivo, pois nessa situação é preferível dilatar-se o procedimento, para melhor esclarecimento dos fatos, ao invés de não conhecer do *writ* por falta de prova cabal da ameaça".[76] Parece-nos razoável esse entendimento, desde que efetivamente se trate de *habeas corpus* preventivo. Se a pessoa já está presa, deve ser suficiente a documentação existente no procedimento ou no processo para fundamentar essa medida coercitiva, sem necessidade de outras colheitas.

Convém, ainda, mencionar o ensinamento de HERMÍNIO ALBERTO MARQUES PORTO, destacando que não se deve confundir falta de direito líquido e certo com questão complexa, merecedora de exame mais acurado: "O exame das provas, nos limites permissíveis para uma decisão sobre pedido em ordem de *habeas corpus*, certo que não pode ser aprofundado, com análises minudentes e valorativas de fontes informativas colocadas em analítico confronto. Mas, para o necessário exame de coação ilegal, tida na impetração como presente, indispensável sejam as provas – e todas elas – examinadas, ou então restaria a proteção, de fonte constitucional, restrita, com sérios gravames à liberdade individual, às hipóteses nas quais a violência ou a coação ilegal, por ilegitimidade ou abuso de poder, sejam prontamente, à primeira vista, em rápida apreciação superficial do articulado na impetração, identificáveis como ocorrendo ou com a suspeita de possível ocorrência. Não pode ser confundida a 'inexistência de direito líquido e certo com a complexidade do pleito', por isso não constituindo obstáculo a uma decisão jurisdicional de proteção reclamada, a necessidade de estudo de provas, ainda que mais profundo, para a verificação da notícia de direito denunciado como ameaçado ou violado".[77] Igualmente se encontram as posições de MARIA THEREZA ROCHA DE ASSIS MOURA e CLEUNICE A. VALENTIM BASTOS PITOMBO: "Impossível e inviável, de igual modo, no âmbito de cognição do *habeas corpus*, estabelecer-se o contraditório ou admitir-se dilação probatória. Esta deve vir pré-constituída e, sempre, documental. Mesmo porque, na maior parte das vezes, a coação ou o constrangimento ilegal está, intimamente, relacionado

---

[76]   *Recursos no processo penal*, p. 374.

[77]   *Procedimento do júri e* habeas corpus, p. 103.

com questões, exclusivamente, de direito. Tal não significa, contudo, que o Poder Judiciário esteja impedido de examinar prova em *habeas corpus*, em determinadas situações".[78]

3.12.2 O ônus da prova no habeas corpus

Tratando-se de ação de impugnação, com previsão constitucional, ajuizada sempre em favor do indivíduo, que sofre constrangimento ilegal na sua liberdade de ir, vir e ficar, possui, como autor, o impetrante, atuando em favor do paciente (que também pode ser o próprio impetrante), bem como, no polo passivo, a autoridade coatora. Não é demais indagar a quem cabe o ônus probatório da matéria alegada na inicial. E a questão, igualmente, não é de fácil conclusão. Em tese, cuidando-se de ação promovida pelo impetrante, a este caberia o ônus da prova, como, em geral, ocorre em qualquer modalidade de demanda (a quem alega o fato cabe produzir a prova de sua existência).

Porém, o *habeas corpus* é uma ação específica, que tutela a liberdade individual, direito humano fundamental, de modo que não pode submeter-se ao *lugar comum* das outras demandas. Em verdade, aponta-se ao Judiciário, quando se impetra o *habeas corpus*, a ocorrência de uma ilegalidade, cuja apuração é de interesse do Estado-juiz. Em razão disso, não se pode atribuir ao autor (impetrante) o ônus exclusivo da prova; divide-se tal ônus entre impetrante e autoridade coatora, valendo, ainda, o poder persecutório da autoridade judiciária competente para julgar o caso.

Assim, ajuizado o *habeas corpus*, deve a inicial conter toda a descrição fática necessária, bem como fazer-se acompanhar da documentação indispensável à compreensão da hipótese. Esse é o ideal, nem sempre alcançado pelo impetrante, que pode, inclusive, ser o próprio paciente, vítima do constrangimento ilegal e impossibilitado de coletar documentos para instruir a demanda. Por isso, colhe-se a informação da autoridade coatora, que poderá apresentar a prova documental suficiente para a apreciação do órgão julgador. Sopesa-se a prova oferecida tanto pelo impetrante quanto pelo impetrado. Em caso de dúvida, deve-se decidir em favor da liberdade individual, entendendo-se presente o constrangimento ilegal.

Nessa ótica, convém mencionar a posição de Gustavo Badaró: "tanto no *habeas corpus* liberatório, quanto no *habeas corpus* preventivo, no caso de ameaça iminente, por se tratarem de meios de defesa da liberdade de locomoção, a regra de ônus da prova deve ser *in dubio pro libertate*. Havendo dúvida razoável sobre os pressupostos fáticos da prisão, a ordem deve ser concedida, com a reafirmação do direito de liberdade, que somente pode ser restringido nas hipóteses estritas previstas em lei, e com a verificação judicial da ocorrência concreta de tal situação".[79]

Em suma, o órgão julgador do *habeas corpus* deve buscar as provas de eventual constrangimento ilegal tanto quanto o fazem as partes envolvidas (impetrante e impetrado). Na ausência de suficiência probatória, gera-se dúvida e esta merece ser avaliada em favor do direito individual à liberdade de locomoção, valor constitucional essencial.

No tribunal, uma das opções do relator (ou de outro membro do colegiado que tiver competência, conforme o Regimento Interno, para apreciar de pronto o *habeas corpus*) é indeferi-lo liminarmente. Ao fazê-lo, apresentará o caso à apreciação do colegiado (recurso de ofício), conforme preceitua o art. 663 do Código de Processo Penal.

---

[78] *Habeas corpus* e advocacia criminal: ordem liminar e âmbito de cognição, p. 157.

[79] O ônus da prova no *habeas corpus*: *in dubio pro libertate*, in: GERALDO PRADO, *Processo penal e democracia*, p. 248.

O indeferimento liminar é cabível, desde que não estejam preenchidas as condições da ação: possibilidade jurídica do pedido, interesse de agir ou legitimidade de parte. Pode haver, ainda, equívocos formais na petição inicial, tornando incompreensível o pedido.

Se for caso de processamento, colhidas as informações (ou dispensadas), ouvido o Ministério Público, deverá o *habeas corpus* ser incluído na primeira sessão possível (art. 664, *caput*, CPP). A decisão do colegiado será tomada por maioria de votos. Se houver empate, o presidente, caso não tenha participado, vota. Do contrário, prevalecerá a decisão favorável ao paciente (art. 664, parágrafo único, CPP). Imediatamente, se concedida a ordem, deve ser comunicada à autoridade impetrada para que tome as providências cabíveis à cessação do constrangimento (art. 665, CPP).

Outras normas para o processamento do *habeas corpus* nos tribunais serão estabelecidas pelos respectivos Regimentos Internos (art. 666, CPP).

No STF, os dispositivos que cuidam, especificamente, do *habeas corpus* são os seguintes: 6.º, I, *a*, 9.º, I, *a*, 21, XI, 52, VIII, 61, § 1.º, I, 68, 69, 77, parágrafo único, 83, § 1.º, III, 145, I, 146, parágrafo único, 149, I, 150, § 3.º, 188 a 199, 310 a 312. No STJ, são os seguintes: 11, II, 12, I, 13, I e II, *a*, 64, III, 71, 83, § 1.º, 91, I, 177, II, 180, II, 181, § 4.º, 201 a 210, 215, 244 a 246.

4. MANDADO DE SEGURANÇA

4.1 Conceito

Cuida-se de ação de impugnação, valendo como instrumento para coibir ilegalidade ou abuso de poder que atinja direito líquido e certo, não amparado por *habeas corpus* ou *habeas data*, desde que se trate de ato proveniente de autoridade pública ou agente de pessoa jurídica no exercício de atribuições do Poder Público (art. 5.º, LXIX, CF). É autêntica garantia humana fundamental, voltada a sustentar os direitos individuais contra abusos do Estado.

Não se encontra previsto no Código de Processo Penal, mas na Lei 12.016/2009, que regula sua impetração.

4.2 Admissibilidade do mandado de segurança em matéria criminal

Tem sido posição dominante nos tribunais pátrios admitir-se o emprego do mandado de segurança para assegurar direito líquido e certo da acusação ou da defesa, quando não é caso de impetração de *habeas corpus*.

Explica Tucci que "podem surgir, no transcorrer da persecução penal, além daquelas concernentes à liberdade, propriamente, de indiciado numa *informatio delicti* ou de acusado numa ação em curso, questões referentes a direito material de outra natureza que não o de liberdade pessoal ou, até mesmo, ao respectivo processo ou ao procedimento em que este se exterioriza: ali, problemas de caráter substancial, relacionados com os interesses materiais conflitantes; aqui, outros, de distinta essência, e atinentes, por certo, às formas processuais, aos esquemas formais diversos assumidos pela *persecutio criminis*".[80]

Exemplos de utilização de mandado de segurança pelo acusado ou seu defensor, em lugar do *habeas corpus*: a) para impedir a injustificada quebra do sigilo fiscal, bancário ou de outros dados (impetração contra o magistrado que deu a ordem); b) para permitir o acesso

---

[80] Habeas corpus, *ação e processo penal*, p. 33.

do advogado aos autos, ainda que o inquérito ou processo tramite em segredo de justiça (impetração contra o juiz, se este deu a ordem, ou contra o delegado, se partiu deste a medida de exclusão do advogado); c) para garantir a presença do advogado durante a produção de alguma prova na fase policial (não significando que o defensor possa manifestar-se, mas somente estar presente), pois se discute prerrogativa do advogado.

Quanto ao ofendido, pode este ingressar com mandado de segurança se o assistente de acusação for impedido de ingressar nos autos pelo juiz, sem qualquer motivo justificado.

Cuidando-se de direito do órgão acusatório, que se manifesta em nome da sociedade, se tiver a finalidade de obter algo contrário ao interesse do réu, não haveria mesmo como ingressar com *habeas corpus*, cuja missão é proteger o indivíduo contra violência ou coação ilegal na sua liberdade de ir e vir ou situação correlata. Assim, exemplificando, quando um juiz toma alguma atitude, ao longo da instrução, contrária a texto expresso de lei, cabe mandado de segurança, impetrado pela acusação. Ilustrando, o réu permaneceu preso preventivamente desde o início do processo e, na sentença condenatória, recebendo elevada pena, a ser cumprida em regime fechado, bem como permanecendo evidentes os motivos da prisão cautelar (art. 312, CPP), o magistrado determina a sua soltura, para recorrer, sem qualquer fundamentação.

Variam as decisões, no entanto, em dois aspectos: alguns admitem que o mandado de segurança seja diretamente concedido para segurar preso o réu que mereça, entendendo que a acusação possui direito líquido e certo de mantê-lo segregado; outros pretendem que o mandado de segurança seja utilizado unicamente para dar efeito suspensivo a recursos que não o possuam, logo, é preciso que a parte interponha o recurso cabível – quando existente, é lógico.

Parece-nos mais adequada a primeira posição, pois vislumbramos cabível falar em direito líquido e certo à manutenção da prisão cautelar, em certos casos, mas não visualizamos o direito líquido e certo em conseguir efeito suspensivo onde a lei expressamente o nega. Deve ser ressaltada, também, a posição adotada por ADA, MAGALHÃES e SCARANCE, em idêntica ótica: "Daí a conclusão de que não parece correta – embora amplamente majoritária, pelo menos em São Paulo – a corrente que subordina a impetração à tempestiva interposição do recurso cabível, nem a quem limita a concessão apenas no sentido de atribuir efeito suspensivo ao recurso interposto. Até o princípio da economia processual justifica a impetração direta da segurança, sem a interposição deste, possibilitando o julgamento da questão no próprio *writ*".[81]

Lembremos, de toda forma, que somente é cabível mandado de segurança contra ato jurisdicional do qual não caiba recurso com efeito suspensivo. Se assim ocorrer, há nítida falta de interesse de agir para a propositura da ação de impugnação.

4.2.1   *Competência constitucional do Supremo Tribunal Federal*

Cabe ao STF julgar, originariamente, o mandado de segurança contra ato do Presidente da República, das Mesas da Câmara dos Deputados e do Senado Federal, do Tribunal de Contas da União, do Procurador-Geral da República e do próprio Supremo Tribunal Federal (art. 102, I, *d*, CF). Embora não esteja expresso, entendemos caber ao STF, igualmente, julgar mandados de segurança quando o ato se originar do Conselho Nacional de Justiça e do Conselho Nacional do Ministério Público, órgãos subordinados à jurisdição do Pretório Excelso.

---

[81]   *Recursos no processo penal*, p. 397.

4.2.2   Competência constitucional do Superior Tribunal de Justiça

Cabe ao STJ julgar, originariamente, o mandado de segurança contra ato de Ministro de Estado, dos Comandantes da Marinha, do Exército e da Aeronáutica ou do próprio Tribunal (art. 105, I, *b*, CF).

4.2.3   Competência constitucional do Tribunal Regional Federal e dos juízes federais

Cabe ao TRF julgar, originariamente, o mandado de segurança contra ato do próprio Tribunal ou de juiz federal (art. 108, I, *c*, CF). Aos juízes federais compete julgar o mandado de segurança contra ato de autoridade federal, excetuados os casos de competência dos tribunais federais (art. 109, VIII, CF).

4.2.4   Competência constitucional do Tribunal do Estado

Preceitua o art. 125, § 1.º, da Constituição Federal que "a competência dos tribunais será definida na Constituição do Estado, sendo a lei de organização judiciária de iniciativa do Tribunal de Justiça".

4.3   Alguns aspectos do processamento

4.3.1   Medida liminar

Assim como no *habeas corpus*, também no mandado de segurança, como medida cautelar indispensável para certos casos, é cabível a concessão de liminar. Exige-se, para tanto, a constatação do *periculum in mora* (perigo na demora) e do *fumus boni juris* (fumaça do bom direito). Na realidade, para que o juiz ou tribunal conceda, liminarmente, uma ordem para coibir o ato impugnado pelo mandado de segurança, torna-se fundamental analisar se a espera pelo julgamento do mérito poderá ser fatal, isto é, não decidida a questão com a urgência merecida e vislumbrando-se, desde logo, a viabilidade jurídica do pedido, seria inútil o prosseguimento da demanda ou traria prejuízos irreparáveis (art. 7.º, III, Lei 12.016/2009). Se o Ministério Público ingressa com mandado de segurança, buscando evitar que perigoso traficante seja colocado em liberdade, requer, liminarmente, a suspensão da decisão judicial, afinal, se cumprida, poderá tornar inútil o propósito da ação.

4.3.2   Sujeitos ativo e passivo

O sujeito ativo é a pessoa, podendo ser física ou jurídica, que sofre o constrangimento ilegal, não referente à liberdade de locomoção. Deve estar representada por advogado, diversamente do que ocorre com o *habeas corpus*. Se o impetrante for o próprio advogado, em defesa de prerrogativa profissional, por exemplo, pode fazê-lo em causa própria.

O sujeito passivo é o Estado, representado pela autoridade pública, não se admitindo seja impetrado contra particulares em geral, salvo se este agir por delegação do Poder Público, diante do expresso texto constitucional: "Conceder-se-á mandado de segurança para proteger direito líquido e certo, não amparado por *habeas corpus* ou *habeas data*, quando o responsável pela ilegalidade ou abuso de poder for *autoridade pública* ou *agente de pessoa jurídica* no exercício de *atribuições do Poder Público*" (art. 5.º, LXIX, CF, grifamos).

Portanto, o polo passivo, no mandado de segurança, é ocupado, em regra, por uma pessoa jurídica de direito público. No caso, se o ato abusivo partir de um juiz, o sujeito passivo é, na realidade, o juízo.

4.3.3 Petição inicial

Recebida a inicial, acompanhada dos documentos necessários, sempre em duas vias (art. 6.º, *caput*, Lei 12.016/2009), decidido o pedido de concessão de liminar (se existente), determina-se a colheita de informações da autoridade apontada como coatora (para quem se destina uma das vias da inicial e dos documentos) (art. 7.º, I, Lei 12.016/2009). Esta, como representante da pessoa jurídica, prestará os informes necessários, justificando a medida que tomou. Ressalte-se que a notificação feita para a obtenção das informações vale como citação da pessoa jurídica de direito público. Em matéria penal, não há valor da causa preciso.

4.3.4 Litisconsórcio necessário

Deve haver, sempre, a citação da parte interessada, quando se trata de *writ* contra ato jurisdicional, para contrariar, querendo, o mandado de segurança impetrado, já que pode haver prejuízo a interesse seu, formando-se um litisconsórcio passivo entre o Estado e a parte. Nesse sentido, confira-se a Súmula 701 do STF: "No mandado de segurança impetrado pelo Ministério Público contra decisão proferida em processo penal, é obrigatória a citação do réu como litisconsorte passivo".

4.3.5 Direito líquido e certo

Impetra-se mandado de segurança para assegurar o respeito a direito líquido e certo, aquele que pode ser comprovado, de plano, pela apresentação de documentos, não comportando valoração subjetiva de provas. Aliás, é inadmissível a dilação probatória, ouvindo-se, por exemplo, testemunhas.

Nada impede, no entanto, a requisição de algum documento importante (art. 6.º, § 1.º, Lei 12.016/2009) ou a juntada, pelo próprio impetrante, após o oferecimento da inicial.

4.3.6 Prazo para ajuizamento

O prazo decadencial para a impetração, contado da data da ciência em que o ato abusivo é proferido, é de 120 dias (art. 23, Lei 12.016/2009). Em matéria penal, dada a urgência que o caso sempre requer, dificilmente a parte aguardaria tanto tempo para a propositura.

4.3.7 Custas, despesas e honorários

Prevalece, ainda, o entendimento de que não há condenação em honorários advocatícios (Súmula 512, STF; Súmula 105, STJ), como consagrado pela Lei 12.016/2009 (art. 25). Arcará com as custas e despesas processuais a parte perdedora.

4.3.8 Efeitos da sentença sobre a liminar

Ao final, concedida a ordem, se anteriormente foi deferida a liminar, fica esta absorvida pela decisão de mérito. Caso seja denegada, por óbvio, a liminar perde o efeito (Súmula 405, STF).

4.3.9   Participação do Ministério Público

Na esfera cível, o Ministério Público deve ser ouvido sempre, como *custos legis* (fiscal da lei), conforme dispõe o art. 9.º da Lei 12.016/2009. Na área criminal, depende.

Se o réu impetrar mandado de segurança contra ato do delegado, por exemplo, caberá o julgamento ao juiz e será ouvido, como litisconsorte necessário, o órgão acusatório. Sendo este o Ministério Público, não tem sentido ser ele ouvido, novamente, como *custos legis*. Se a acusação for promovida pelo ofendido, no entanto, ouve-se este, como litisconsorte necessário, e o representante do Ministério Público, como *custos legis*.

Quando o réu ajuizar mandado de segurança no Tribunal, contra ato do juiz, será ouvida a Procuradoria-Geral de Justiça (ou Procuradoria-Geral da República, se na área federal), que atuará como *custos legis*. Não há necessidade de ser litisconsorte o representante do Ministério Público de primeiro grau. Se o autor do mandado de segurança for o promotor ou procurador da República, contra ato do juiz, dá-se o mesmo: será ouvida a Procuradoria, como *custos legis*.

4.3.10   Recursos cabíveis

Denegado ou concedido o mandado de segurança pelo juiz (quando impetrado, por exemplo, contra delegado), cabe apelação da parte interessada (art. 14, *caput*, Lei 12.016/2009). Denegado o mandado de segurança pelo Tribunal de Justiça ou pelo Tribunal Regional Federal, cabe o recurso ordinário constitucional para o STJ (art. 105, II, *b*, CF). Se a denegação couber ao Superior Tribunal de Justiça, ingressa-se com recurso ordinário constitucional dirigido ao Supremo Tribunal Federal (art. 102, II, *a*, CF). Concedida a ordem pelo Tribunal, não cabe recurso, exceto as hipóteses excepcionais do recurso especial ou extraordinário.

RESUMO DO CAPÍTULO

▸ **Ações de impugnação:** são as que, com respaldo na Constituição Federal, têm por finalidade fazer valer direitos e garantias humanas fundamentais, por vezes funcionando como autênticos recursos, pois têm o condão de reformar as decisões judiciais, embora com eles não devam ser confundidas.

▸ **Revisão criminal:** é a ação rescisória no campo penal, de utilização exclusivamente voltada ao interesse do condenado, com a finalidade de reparar erro judiciário, como regra, revisando decisão condenatória com trânsito em julgado, seja para absolver ou para, de algum modo, beneficiar o sentenciado. Não tem a finalidade de revolver e reavaliar provas relativas a fatos, pois seu conteúdo liga-se à correção de erros judiciários e não a critérios de avaliação de provas.

▸ **Cabimento da revisão criminal:** nos termos do art. 621 do CPP, "a revisão dos processos findos será admitida: I – quando a sentença condenatória for contrária ao texto expresso da lei penal ou à evidência dos autos; II – quando a sentença condenatória se fundar em depoimentos, exames ou documentos comprovadamente falsos; III – quando, após a sentença, se descobrirem novas provas de inocência do condenado ou de circunstância que determine ou autorize diminuição especial da pena". Pode ser ajuizada a qualquer tempo, mesmo depois de falecido o condenado. O rol do art. 621 é *taxativo*, não comportando ampliação, pois se lida com a *coisa julgada*. Desse modo, não se pode rompê-la a não ser em casos excepcionais.

▶ *Habeas corpus*: é a ação de impugnação voltada a coibir ameaça, coação ou violência à liberdade de locomoção da pessoa humana, fruto de ilegalidade ou abuso de poder.

▶ **Cabimento do *habeas corpus*:** nos termos do art. 648 do CPP, haverá coação reputada ilegal: "I – quando não houver justa causa; II – quando alguém estiver preso por mais tempo do que determina a lei; III – quando quem ordenar a coação não tiver competência para fazê-lo; IV – quando houver cessado o motivo que autorizou a coação; V – quando não for alguém admitido a prestar fiança, nos casos em que a lei a autoriza; VI – quando o processo for manifestamente nulo; VII – quando extinta a punibilidade". Pode ser interposto a qualquer momento e, em certos casos, até mesmo depois do trânsito em julgado da decisão condenatória. O rol do art. 648 é exemplificativo, pois se está lidando com a liberdade individual, razão pela qual podem surgir situações não previstas expressamente em lei, mas que demandam a intervenção do Judiciário para fazer cessar um abuso ou coação considerada ilegal por extensão ou analogia.

▶ **Mandado de segurança:** é a ação de impugnação cuja finalidade é proteger direito líquido e certo não amparado por *habeas corpus*, desde que exista ilegalidade ou abuso de poder de autoridade pública ou de agente de pessoa jurídica no exercício de atividades do Poder Público.

CAPÍTULO XXII
Reabilitação

1. CONCEITO DE REABILITAÇÃO

É a declaração judicial de reinserção do sentenciado ao gozo de determinados direitos, que foram atingidos pela condenação. Cuidava-se, antes da Reforma Penal de 1984, de causa extintiva da punibilidade. Hoje, é instituto autônomo, regulado pelos arts. 93 a 95 do Código Penal.

A utilidade do instituto é mínima, pois o único efeito da condenação passível de recuperação, através da reabilitação, é o previsto no art. 92, III, do Código Penal (inabilitação para dirigir veículo, quando for utilizado como meio para a prática de crime doloso). Não há outro.

2. PROCEDIMENTO

O juiz competente para processar o pedido de reabilitação é o da condenação e não o da execução penal, tendo em vista que não se cuida de matéria de cumprimento de pena.

O prazo para requerê-la foi revisto pela Reforma Penal de 1984, prevalecendo, agora, o estipulado no Código Penal. Assim, para qualquer caso, o prazo é de dois anos, contados do dia em que for extinta, de qualquer modo, a pena ou findar a sua execução, computando-se, nesse prazo, o período de prova do *sursis* e do livramento condicional, não revogados (art. 94, CP).

Para instruir o seu pedido de reabilitação, deve o interessado indicar os locais de sua residência, quando mais de um. O art. 744 do CPP indica os documentos que devem acompanhar o requerimento: a) certidões comprobatórias de não ter o requerente respondido, nem estar respondendo a processo penal, em qualquer das comarcas em que houver residido durante o prazo a que se refere o artigo anterior; b) atestados de autoridades policiais ou outros documentos que comprovem ter residido nas comarcas indicadas e mantido, efetivamente, bom comportamento; c) atestados de bom comportamento fornecidos por pessoas a cujo serviço tenha estado; d) quaisquer outros documentos que sirvam como prova de sua regeneração; e) prova de haver ressarcido o dano causado pelo crime ou persistir a impossibilidade de fazê-lo.

Embora o art. 94 do Código Penal faça referências a outros requisitos (ter domicílio no País, durante os dois anos após a extinção da pena; ter dado, nesse prazo, mostra de bom comportamento público e privado; ter ressarcido o dano causado pelo crime ou demonstrado não ter condições de fazê-lo) aparentemente diferentes dos constantes no referido art. 744, continua em vigor o exigido pela lei processual penal, que confirmam o disposto no Código Penal.

Pode o magistrado colher todos os elementos indispensáveis para a formação do seu convencimento, no sentido de constatar o bom comportamento do interessado na reabilitação (art. 745, CPP). Fixa a lei dever fazê-lo de modo sigiloso, o que é lógico, pois a finalidade do condenado é justamente conseguir a reinserção social, após ter cumprido pena, o que recomenda seja o procedimento reservado. Se houver publicidade, ainda que concedida a reabilitação, de nada adiantaria, pois todo o círculo de relacionamento do condenado já terá tido conhecimento do fato que se procura ocultar.

Não tendo o Código Penal disciplinado prazo mínimo para reingressar com o pedido (art. 94, parágrafo único), estabelecendo somente dever o prazo de dois anos ser respeitado para a apresentação do pedido de reabilitação, segundo nos parece, está revogado, tacitamente, o art. 749 do CPP. O condenado pode reapresentar o seu pedido assim que entender conveniente.

3. RECURSO DE OFÍCIO

Não tendo sido tratado no Código Penal – até porque é matéria atinente ao processo penal – continua em vigor o art. 746, do CPP, que prevê o recurso de ofício. Assim, proferida a decisão concessiva da reabilitação, deve o magistrado submetê-la ao duplo grau de jurisdição obrigatório. Além do recurso oficial, pode a parte interessada interpor apelação (o Ministério Público, se for concedida, por exemplo; negada, cabe a irresignação por parte do requerente).

4. COMUNICAÇÃO AO INSTITUTO DE IDENTIFICAÇÃO

O órgão que congrega os dados referentes à vida pregressa criminal das pessoas deve ser cientificado das decisões tomadas pelo Poder Judiciário, justamente para inserir na folha de antecedentes (art. 747, CPP). Assim, toda vez que a pena é cumprida e julgada extinta, o cartório das execuções criminais faz a comunicação. Da mesma forma, se houver reabilitação, é preciso constar da folha de antecedentes, especialmente para que fique demonstrado, quando dela se tiver notícia, ter o condenado conseguido uma decisão jurisdicional, declarando-o reinserido à sociedade, por bom comportamento. Garante-se o sigilo ao público em geral e fornece-se aos juízes e outros órgãos que a requisitarem nova informação, positiva, a respeito do sujeito.

Não há razão para ingressar com pedido de reabilitação se a finalidade for garantir o sigilo da folha de antecedentes para fins civis, pois o art. 202 da Lei 7.210/1984 (Lei de Execução Penal) cuida disso: "cumprida ou extinta a pena, não constarão da folha corrida, atestados ou certidões fornecidas por autoridade policial ou por auxiliares da Justiça, qualquer notícia ou referência à condenação, salvo para instruir processo pela prática de nova infração penal ou outros casos expressos em lei".

Trata-se de medida automática assim que julgada extinta a pena, pelo cumprimento ou outra causa qualquer, prescindindo inclusive de requerimento do condenado.

5. REVOGAÇÃO DA REABILITAÇÃO

Pode ser feita de ofício pelo juiz, ouvindo certamente as partes, ou a requerimento do Ministério Público, ouvindo-se o condenado reabilitado. Dispõe o art. 95 do CP que somente ocorrerá a revogação, caso o reabilitado seja novamente condenado, como reincidente, por decisão definitiva, a pena que não seja de multa. A consequência, a nosso ver, somente pode ser a restauração da proibição de dirigir veículo, quando este tenha sido usado para a prática de crime doloso.

RESUMO DO CAPÍTULO

▸ **Reabilitação:** é a declaração judicial de reinserção social do condenado, considerando-o regenerado.

▸ **Efeitos da reabilitação:** praticamente não há consequência útil, pois o único efeito da condenação que pode ser recuperado é o direito de obter ou recuperar a habilitação para dirigir veículo, quando este foi utilizado para o cometimento de delito doloso. O efeito de omitir a divulgação de antecedentes criminais já é atendido automaticamente pelo art. 202 da Lei de Execução Penal, tão logo termine o cumprimento da pena.

CAPÍTULO XXIII

Relações Jurisdicionais com Autoridades Estrangeiras

1. FUNDAMENTO CONSTITUCIONAL

Estabelece a Constituição Federal, a partir da edição da Emenda Constitucional 45/2004, competir ao Superior Tribunal de Justiça processar e julgar originariamente "a homologação de sentenças estrangeiras e a concessão de *exequatur* às cartas rogatórias" (art. 105, I, *i*). Quando a competência pertencia ao Supremo Tribunal Federal, seu Regimento Interno estipulava que a homologação de sentença estrangeira (art. 215) e o *exequatur* para a carta rogatória (art. 225) eram da competência do Presidente do Pretório Excelso, cabendo sempre, da decisão que concedesse ou negasse a homologação ou o *exequatur*, agravo regimental (arts. 223 e 227, parágrafo único). A sistemática foi mantida no STJ, vale dizer, a homologação fica a cargo do Presidente.

Após a decisão do STJ, a competência para o cumprimento é da Justiça Federal de primeiro grau do lugar onde a diligência deva efetuar-se (arts. 784, § 1.º, e 789, § 7.º, CPP), conforme determina o art. 109, X, da Constituição.

2. REGRAS ESPECIAIS

Como regra, quando se aplica a lei brasileira a crimes ocorridos no exterior ou a infrações ocorridas no território nacional, mas que dependam da cooperação de autoridades estrangeiras (art. 1.º, I, CPP; art. 5.º, *caput*, CP), devem prevalecer as convenções e tratados assinados pelo Brasil. Eles são, nesse aspecto, considerados normas especiais em relação à lei penal ou processual penal.

Anteriormente, eventual mudança da lei federal, disciplinando exatamente a mesma matéria prevista no tratado ou na convenção, fazia cessar a sua eficácia no território nacional, isto é, a lei federal mais recente prevalecia sobre o tratado ou convenção, caso regulasse exatamente o mesmo assunto. Conforme entendimento atual do Supremo Tribunal Federal, tal situação alterou-se, devendo prevalecer o tratado ou convenção sobre a lei interna, porém, respeitado o disposto na Constituição Federal. Normalmente, o disposto nos tratados e convenções assinados pelo Brasil com outros países tem por fim apenas disciplinar lacunas e regular situações específicas não previstas pela lei penal ou processual penal, razão pela qual convivem, harmoniosamente, o tratado ou convenção com o determinado pela lei interna.

Outro aspecto importante a ressaltar é que a tradição do direito brasileiro conduz a evitar o cumprimento de atos jurisdicionais estrangeiros provocadores de alguma mácula à ordem pública ou aos bons costumes (art. 781, CPP).

Até mesmo na interpretação das leis internas deve o magistrado observar sempre o fiel respeito à ordem e aos bons costumes, devendo seguir o mesmo parâmetro o legislador ao elaborar o ordenamento jurídico. A Lei de Introdução às Normas do Direito Brasileiro (Decreto-lei 4.657/1942) é clara ao preceituar: "As leis, atos e sentenças de outro país, bem como quaisquer declarações de vontade, não terão eficácia no Brasil, quando ofenderem a soberania nacional, a ordem pública e os bons costumes" (art. 17).

O disposto no art. 782 do Código de Processo Penal, por outro lado, tem por fim eliminar entraves burocráticos inúteis, como a exigência de documentação autenticada por órgão diverso do diplomático. De nada adiantaria que um documento brasileiro fosse autenticado por notário no Brasil, uma vez ser esse efeito previsto, especificamente, pela lei interna.

Logo, a melhor forma de autenticação é a realizada pela via diplomática, através dos órgãos governamentais que podem constatar a fidelidade da documentação apresentada, inclusive a tradução ou versão realizada, sendo plausível que o país requerido confie nos diplomatas, representando reciprocamente as nações envolvidas.

Alguns Estados estrangeiros exigem que a documentação seja autenticada pelo seu consulado no País rogante, enquanto outros dispensam até mesmo esse procedimento, como é o caso dos Estados Unidos. O importante é que os documentos ofertados podem ser considerados autênticos pelos funcionários do corpo diplomático envolvidos na remessa e no recebimento.

Cabe ao Ministério da Justiça disciplinar a forma e o número de documentos a ser apresentado para a expedição de cartas rogatórias. Exige-se, por exemplo, que a autoridade rogante envie original e cópia, em português, da Carta Rogatória e dos documentos julgados indispensáveis pelo Juízo Rogante, bem como original e uma cópia da denúncia, em português, além do mesmo no vernáculo do País destinatário. Observa-se, pois, ficar a conferência do original e sua autenticidade a cargo do órgão diplomático brasileiro, que o remeterá ao país solicitado. O mesmo se dará quando o Brasil receber documentação vinda de fora.

3. HOMOLOGAÇÃO DE SENTENÇA ESTRANGEIRA PARA EFEITOS PENAIS

Admite-se a homologação de sentença estrangeira para os seguintes fins: a) obrigar o condenado a reparar o dano causado à vítima (art. 9.º, I, CP); b) sujeitar o inimputável a medida de segurança (art. 9.º, II, CP); c) propiciar a divisão dos bens sequestrados no território nacional entre o Brasil e o Estado requerente (art. 8.º, § 2.º, Lei 9.613/1998).

A razão da necessidade de homologação consiste no fato de que as sentenças estrangeiras são fundadas em leis criadas pelo povo alienígena, motivo pelo qual integra a soberania da nação. Se, eventualmente, cumprisse o juiz nacional a sentença estrangeira, estaria, em última análise, seguindo a legislação igualmente estrangeira, o que não se afigura razoável, nem compatível com a sua própria soberania. Entretanto, em caráter excepcional, nos casos expressamente indicados em lei, pode-se homologar a sentença estrangeira, o que equivale a dizer ser ela *nacionalizada*, a partir de decisão do Superior Tribunal de Justiça (art. 105, I, *i*, CF). Assim fazendo, quando o magistrado cumprir a sentença estrangeira, na realidade, estará seguindo a decisão homologatória de tribunal brasileiro, que a substituiu.

Não se homologa sentença estrangeira para a imposição de pena a ser cumprida no Brasil, pois atos executórios determinados por magistrado de outro país ofendem a soberania nacional se atendidos pelo Judiciário. Outras nações adotam idêntica posição. Tanto é delicada a questão que o Ministério da Justiça recomenda que a carta rogatória enviada ao Japão, por exemplo, somente pode conter termos como "citação" e "notificação", pois a palavra "intimação" será considerada medida executória, ferindo a soberania nacional.[1]

Quando a sentença penal condenatória não for executada no Brasil, inexiste necessidade de homologação pelo Superior Tribunal de Justiça. Há situações em que se considera a sentença estrangeira como fato jurídico, reconhecendo a sua existência, mas sem que juiz brasileiro seja levado a seguir os comandos nela inseridos. Assim ocorre para o reconhecimento da reincidência do réu (art. 63, CP) ou de maus antecedentes e, consequentemente, para negar o *sursis* ao condenado, bem como para o efeito de dilatar o prazo do livramento condicional.

3.1 Formalidades para a homologação

Deve a sentença penal estrangeira preencher os seguintes requisitos, expostos no art. 788 do Código de Processo Penal: a) estar revestida das formalidades extrínsecas necessárias, conforme o país de origem; b) ter sido proferida por juiz competente, mediante regular citação; c) ter transitado em julgado; d) estar autenticada por cônsul brasileiro; e) estar acompanhada de tradução, feita por tradutor público.

Quanto à legitimidade para requerer a homologação de sentença estrangeira, em caso de medida de segurança, cabe ao Procurador-Geral da República, desde que exista tratado de extradição vigente entre o Brasil e o país de onde emanou a sentença. Se não houver tratado, requer-se ao Ministro da Justiça que faça a requisição. Feita esta, o Ministério Público pode requerer a homologação, na conformidade com o disposto no art. 9.º, parágrafo único, *b*, do Código Penal.

Não existe mais a possibilidade de homologação de decisão estrangeira para a imposição de pena acessória, extirpada do direito brasileiro. Note-se que as "providências para a obtenção de elementos que o habilitem a requerer a homologação", previstas na parte final do *caput* deste artigo só diz respeito à requisição para o fim de suprir a falta de tratado. Saliente-se, ainda, que o Ministério Público não tem legitimidade de propor a homologação de sentença estrangeira, quando a finalidade disser respeito à reparação do dano. Para esta situação, somente a vítima é parte legítima (art. 9.º, parágrafo único, *a*, do Código Penal).

Segundo dispunha o Regimento Interno do Supremo Tribunal Federal, conduzia o procedimento de homologação de sentença estrangeira o Presidente da Corte, que, inclusive,

---

[1] *Cartas rogatórias:* manual de instruções para cumprimento, p. 208.

fazia o juízo de admissibilidade, checando se estavam devidamente preenchidos os requisitos da petição inicial, bem como os documentos que deviam acompanhá-la. Caso não estivessem presentes, o Presidente mandava que o requerente a emendasse ou completasse, no prazo de dez dias, sob pena de indeferimento liminar. O mesmo vigora, atualmente, no Superior Tribunal de Justiça.

O art. 789, § 2.º, do CPP estabelece o prazo de 10 (dez) dias, se residir no Distrito Federal, e 30 (trinta) dias, no caso contrário, para apresentação de embargos (na verdade, impugnação) por parte do interessado.

Quanto à nomeação de curador ao réu revel ou ao incapaz, o Regimento Interno do STF previa a sua nomeação e notificação pessoal. Após a apresentação da defesa, tinha o requerente o direito de replicar. De qualquer forma, será sempre ouvido o Ministério Público, quando não for ele o autor do pedido.

São estreitas as fronteiras para a impugnação, cingindo-se à autenticidade dos documentos apresentados, a inteligência da sentença e as demais formalidades já mencionadas (respeito ao devido processo legal).

Não se fala mais em contestação aos embargos, mas sim em réplica à contestação. E somente tem sentido falar em réplica feita pelo Procurador-Geral da República, quando o pedido for formulado pelo ofendido, interessado na reparação do dano.

4.   CARTA ROGATÓRIA

4.1   Conceito de carta rogatória

Trata-se de solicitação feita de um juízo nacional a um juízo estrangeiro, ou vice-versa, para que seja realizada alguma diligência imprescindível para a instrução do processo, podendo cuidar-se de citação, intimação, inquirição de alguma testemunha, entre outros atos, desde que seja compatível com a legislação do juízo rogado.

Esclareça-se que o Brasil é signatário da Convenção Interamericana sobre Cartas Rogatórias, assinada no Panamá, em 30 de janeiro de 1975, promulgada pelo Decreto 1.899, de 9 de maio de 1996. Portanto, os países membros da Organização dos Estados Americanos, subscritores da mencionada Convenção, devem cumprir cartas rogatórias uns dos outros da forma prevista no Tratado. É certo que o art. 2.º estipula que "esta convenção aplicar-se-á às cartas rogatórias expedidas em processos relativos a matéria civil ou comercial pelas autoridades judiciárias de um dos estados partes nesta convenção", mas há a previsão feita no art. 16 de que "os estados partes nesta convenção poderão declarar que estendem as normas da mesma à tramitação de cartas rogatórias que se refiram a matéria criminal, trabalhista, contencioso-administrativa, juízos arbitrais ou outras matérias objeto de jurisdição especial. Tais declarações serão comunicadas à Secretaria-Geral da Organização dos Estados Americanos". O Brasil não fez, oficialmente, referida comunicação, mas, na prática, tem remetido cartas rogatórias de natureza criminal e recebido outras de países membros da OEA para cumprimento.

O Ministério da Justiça é o órgão receptor dos pedidos de cartas rogatórias, embora seja o Ministério das Relações Exteriores o responsável pelo encaminhamento da carta rogatória ao exterior. Na maioria dos casos, o pedido deve ser encaminhado diretamente ao Ministério da Justiça, que fará uma triagem do que será efetivamente remetido ao órgão diplomático. O procedimento está previsto, inclusive, na Portaria 26, de 14 de agosto de 1990, do Ministério da Justiça. É possível que esse Ministério, através da sua Divisão de Justiça, encaminhe a carta rogatória, quando preencha os requisitos legais, diretamente à Autoridade Central do juízo rogado, desde que exista tratado internacional permitindo tal procedimento. Do contrário, inexistindo essa permissão, segue pela via diplomática. No retorno, a rogatória chega ao Brasil pelo Ministério das Relações Exteriores, que, então, encaminha-a ao Ministério da Justiça para remessa ao juízo rogante.

Tratando-se de inquirições de testemunhas e vítimas, deve ser especificado exatamente o alcance e a forma da inquirição, pois isso varia de um país para outro. Os Estados Unidos, por exemplo, somente aceitam cumprir rogatórias para a inquirição de pessoas, caso o juiz brasileiro especifique nitidamente a finalidade do depoimento, enviando todas as perguntas que desejar. Afinal, pelas normas americanas, é possível fazer a testemunha responder por escrito a perguntas escritas, é cabível tomar-se uma declaração informal (*non-verbatim*), assinada ou não, é plausível resumir o depoimento da testemunha, enfim, há várias formas de ouvi-la, de modo que a autoridade rogante deve especificar o que pretende.

4.2 Outras diligências

Além da citação e da inquirição, admite-se a existência de outras diligências a praticar no país rogado, tais como a intimação para o comparecimento em audiência designada no Brasil ou para a obtenção de algum documento.

É preciso ressaltar que muitas medidas coercitivas não são cumpridas, por haver o entendimento de que ferem a soberania nacional, *v.g.*, busca e apreensão, prisão cautelar, apreensão de documentos resguardados pelo sigilo, entre outros. A alternativa é sempre consultar as regras do tratado existente entre o Brasil e o País requerido. Do contrário, para fazer valer, no exterior, uma prisão – ou outra medida de coerção – decretada por juiz brasileiro, somente pela via da extradição ou então da homologação de sentença brasileira no estrangeiro, caso o direito do País solicitado assim permita.

4.3 Carta rogatória vinda do exterior

Segue para o Ministério das Relações Exteriores, que a encaminhará diretamente ao Presidente do Superior Tribunal de Justiça, a fim de obter a concessão do *exequatur*. Não passa, pois, pelo Ministério da Justiça.

A competência da autoridade estrangeira para solicitar diligências deve ser analisada segundo a lei do país rogante e não do país requerido. Valemo-nos, para tanto, da mesma interpretação utilizada pelo Supremo Tribunal Federal para autorizar a extradição de pessoa, cuja prisão foi decretada no exterior por outra autoridade que não a judiciária, desde que a lei estrangeira assim permita. Assim, embora no Brasil somente juízes possam decretar a prisão de alguém (art. 5.º, LXI, CF), deve-se respeitar o sistema judiciário de outros lugares. Há países, no entanto, que, respeitando a sua lei interna, somente cumprem rogatória brasileira se for expedida por órgão do Poder Judiciário. Exemplo disso é o que ocorre com os Estados Unidos.

A Constituição Federal veda a extradição fundada em crimes políticos e de opinião (art. 5.º, LII). Além disso, a Lei de Migração (Lei 13.445/2017) exclui a possibilidade de haver extradição com relação a contravenções penais e, também, por crimes cuja pena máxima não ultrapasse dois anos. Logo, para todas essas hipóteses, não se cumpre carta rogatória proveniente do estrangeiro.

Exequatur é palavra latina, significando uma ordem de execução ou cumprimento. Seria o equivalente ao "cumpra-se" aposto pelo magistrado em algum ato da sua competência.

O interessado, residente no país, será intimado e poderá impugnar o pedido feito na carta rogatória. Deve manifestar-se o Ministério Público. As razões para a contrariedade no seu cumprimento devem cingir-se a ofensa à soberania nacional ou à ordem pública, bem como quando lhe faltar autenticidade.

A competência para o cumprimento das cartas rogatórias, como já mencionado, é da Justiça Federal de primeiro grau, do lugar onde deva ser efetuada a diligência.

RESUMO DO CAPÍTULO

▶ **Homologação de sentença estrangeira:** trata-se do procedimento de "nacionalização" da sentença proferida no exterior realizado por decisão do Superior Tribunal de Justiça, fazendo com que a sentença estrangeira possa ser cumprida no Brasil, produzindo efeitos, sem afetar a nossa soberania.

▶ **Carta rogatória:** é o pedido de juiz brasileiro voltado a juiz estrangeiro para que empreenda determinada diligência, como a citação ou intimação, inquirição de testemunhas, dentre outros.

CAPÍTULO XXIV

Disposições Gerais do Processo Penal

1. AUDIÊNCIAS DOS JUÍZOS (OU VARAS) E SESSÕES DOS TRIBUNAIS

Não se fala mais em audiências ordinárias e extraordinárias, como previsto no art. 791 do CPP, porque todas elas, como momentos processuais componentes da instrução do processo, para a colheita de provas, basicamente, obedecem a uma ordem fixada pelo procedimento comum ou especial, que o caso demanda. Logo, todas as audiências marcadas pelo juiz, durante o trâmite processual, são previamente comunicadas às partes, não necessitando a nomenclatura de *ordinárias* ou *extraordinárias*.

Entretanto, podemos considerar *ordinárias* as audiências previstas no procedimento legal, bem como *extraordinárias* as que o juiz designar, fora da previsão normal, para a produção de alguma prova complementar (ex.: audiência especialmente designada para promover uma acareação ou para submeter o réu a novo interrogatório).

Quanto às sessões do tribunal, igualmente, são elas, como regra, previamente designadas – estas, sim, são as ordinárias. Excepcionalmente, havendo necessidade, a câmara, turma ou plenário pode designar sessão extraordinária, fora da periodicidade normal do tribunal.

2. PUBLICIDADE DOS ATOS PROCESSUAIS EM GERAL

Estabelece a Constituição Federal, como regra, o princípio da publicidade: "a lei só poderá restringir a publicidade dos atos processuais quando a defesa da intimidade ou o interesse social o exigirem" (art. 5.º, LX) e "todos os julgamentos dos órgãos do Poder Judiciário serão públicos (...), podendo a lei limitar a presença, em determinados atos, às próprias partes e a seus advogados, ou somente a estes, em casos nos quais a preservação do direito à intimidade do interessado no sigilo não prejudique o interesse público à informação" (art. 93, IX).

A publicidade geral – acompanhamento das audiências, sessões e atos processuais por qualquer do povo – pode ser limitada, caso haja interesse público – nele compreendidos a intimidade e o interesse social, o mesmo não ocorrendo com a denominada publicidade específica – acompanhamento das audiências, sessões e atos processuais pelo Ministério Público ou pelos advogados das partes. Assim, é plenamente legítimo o disposto no art. 792, § 1.º, do Código de Processo Penal.

Não somente as audiências e sessões dos tribunais – incluídas nesse contexto as sessões plenárias do Tribunal do Júri – podem realizar-se a portas fechadas, para evitar escândalo (preservação do direito à intimidade dos envolvidos), grave inconveniente (qualquer outra situação prejudicial à colheita da prova) ou perigo de perturbação da ordem (distúrbios que coloquem em risco o juiz, os funcionários ou as partes), mas também pode o juiz ou tribunal decretar o sigilo no processo, restringindo o seu acesso somente às partes. Aliás, não teria cabimento realizar a audiência a portas fechadas, para preservar, por exemplo, a intimidade da vítima de um crime, para, depois, liberar-se o acesso indiscriminado aos autos, onde constam todos os depoimentos produzidos. Nesse prisma, vale destacar a nova redação do art. 201, § 6.º, do CPP: "O juiz tomará as providências necessárias à preservação da intimidade, vida privada, honra e imagem do ofendido, podendo, inclusive, determinar o segredo de justiça em relação aos dados, depoimentos e outras informações constantes dos autos a seu respeito para evitar sua exposição aos meios de comunicação".

As audiências do juízo e as sessões do tribunal devem realizar-se nas dependências forenses, não somente para garantir o fácil acesso do público – que conhece a localização dos fóruns e tribunais –, podendo acompanhar os atos, mas também porque nesses lugares estão as autoridades envolvidas no processo.

Entretanto, o art. 792, § 2.º, do Código de Processo Penal, autoriza a realização das audiências, das sessões e dos diversos atos processuais em outros lugares – sendo fora de propósito imaginar-se a residência do juiz como local adequado, hoje em dia –, tornando-se particularmente importante a designação de lugares variados, como a casa da vítima – impossibilitada de sair, por qualquer motivo grave –, o presídio ou a cadeia – de onde não pode sair o preso, por qualquer motivo excepcional – o auditório de um teatro ou da Prefeitura, para a realização da sessão plenária do júri – quando o salão do fórum não esteja em condições de abrigar o evento, bem como outros pontos particularmente importantes.

3. COMPORTAMENTO EM AUDIÊNCIAS

O disposto no art. 793 do Código de Processo Penal perdeu, em grande parte, a sua finalidade útil, porque os costumes forenses foram alterados com o passar do tempo. Não há mais necessidade de se disciplinar, portanto, como ficam os espectadores nas audiências e sessões (se sentados ou em pé), nem tem sentido obrigar que todos se levantem quando fizerem algum requerimento ao juiz, ou quando este se levantar para qualquer finalidade.

No Tribunal do Júri, no entanto, permanecem as formalidades, até para manter a sobriedade do ambiente, onde o juiz e as partes ainda usam traje especial (toga e becas). Por isso, para o compromisso dos jurados, todos ficam em pé, inclusive o juiz presidente (art. 472, *caput*, CPP), fazendo-se o mesmo por ocasião da leitura da sentença, por tradição.

O poder de polícia nas audiências ou sessões do tribunal é atribuição exclusiva do juiz (audiência) ou do presidente da Câmara, Turma ou Plenário na sessão de julgamento do tribunal, visando à garantia da ordem e da regularidade das atividades. Sem tranquilidade, não há condições de se promover a concretização dos atos processuais devidamente. Assim, os policiais e demais agentes de segurança designados para guardar o local ficam à disposição exclusiva do magistrado, não devendo receber ordens de outras pessoas ou autoridades (art. 794, CPP).

O princípio da publicidade tem por escopo garantir a escorreita produção da prova ou a imparcial realização do ato processual, permitindo ao público em geral acompanhar o que se passa na sala de audiências ou no recinto do tribunal, mas não a sua manifestação durante o decorrer dos trabalhos (art. 795, CPP). Eventuais abusos não devem ser admitidos, podendo o juiz ou o presidente da sessão determinar a retirada da pessoa inconveniente que, se resistir, será presa por desobediência.

A retirada do réu da sala de audiência ou da sessão do tribunal (inclusive do plenário do Júri) é admissível, desde que se comporte de maneira inconveniente (ex.: manifeste-se em altos brados, apresente-se vestido de modo irreverente, promova ameaças, inclusive por gestos etc.). Aliás, também poderá não permanecer no local, caso sua atitude influencie no ânimo de alguma testemunha e a oitiva não possa ser feita por videoconferência (art. 217, CPP). Permanece seu representante legal (advogado), que jamais será retirado da sala, sob pena de nulidade do ato. Caso o defensor se conduza de modo inconveniente, o ato deve ser adiado e as medidas legais e administrativas contra ele tomadas.

4. REALIZAÇÃO DOS ATOS PROCESSUAIS

A regra é que ocorram nos dias úteis, não somente porque pode haver melhor acompanhamento do público, mas também porque os funcionários da justiça necessitam de repouso. Excepcionalmente, o juiz pode determinar uma audiência para o fim de semana ou para o feriado (ex.: uma testemunha à beira da morte pode ser ouvida no domingo, diretamente no hospital, intimando-se, certamente, as partes de antemão). Ocorre tal situação, ainda, nos julgamentos do Tribunal do Júri, que são contínuos e não se suspendem, salvo para repouso dos jurados e das partes (art. 797, CPP).

No mais, podemos entender como atos processuais as citações e intimações, passíveis de realização em qualquer dia da semana. Aliás, o interesse público é maior do que qualquer tipo de descanso gozado nos feriados e domingos.

5. CONCEITO DE PRAZO E CONTAGEM

Prazo é um espaço de tempo determinado, durante o qual deve realizar-se algum ato processual. São estabelecidos em lei para que o juiz, através do impulso oficial, conduza o processo ao seu termo, que é a prolação da sentença, decidindo o mérito.

Dividem-se em contínuos e peremptórios. Os primeiros correm sem qualquer interrupção; os segundos não possuem a possibilidade de dilatação. Atualmente, no entanto, somente alguns prazos mantêm-se fiéis a essa previsão (ex.: prazo para apresentar recurso; prazo para o oferecimento de queixa-crime). Muitos outros, embora expressamente fixados em lei, têm sido dilatados ou, se ultrapassados, não acarretam sanção a quem deixou de cumpri-los (ex.:

prazo para o juiz sentenciar; prazo para apresentar as alegações finais; prazo para o ofereci-mento da denúncia). Lembremos, ainda, que os prazos previstos para o defensor público ou dativo são computados em dobro (art. 5.º, § 5.º, da Lei 1.060/1950), devendo haver intimação pessoal para o início do seu transcurso.

Quanto à interrupção dos prazos nas férias forenses, tem-se que a questão foi superada pela edição da Emenda Constitucional 45/2004 (Reforma do Judiciário) que acrescentou o inciso XII ao art. 93 da Constituição: "a atividade jurisdicional será ininterrupta, sendo ve-dado férias coletivas nos juízos e tribunais de segundo grau, funcionando, nos dias em que não houver expediente forense normal, juízes em plantão permanente". O Judiciário deve funcionar normalmente nos doze meses do ano, embora se possa suspender a realização de alguns atos, justamente para proporcionar aos advogados um descanso.

A suspensão do prazo processual, no período de 20 de dezembro a 20 de janeiro, já vigorava por força de decisão dos tribunais e, agora, foi expressamente incluída no Código de Processo Penal (art. 798-A), inserindo, ainda, as devidas exceções relevantes, como nos casos envolvendo réus presos, violência doméstica ou familiar e outras medidas cautelares urgentes. Desse modo, afora as hipóteses mencionadas, não se realizará audiência ou sessão de julgamento.

Diversamente do prazo penal (art. 10, CP), o prazo processual é contado com maior elasticidade, pela sua própria natureza, que é garantir às partes possibilidade de manifesta-ção e exercício do contraditório e da ampla defesa, componentes indispensáveis do devido processo legal. Assim, não se inclui o dia do começo, computando-se, no entanto, o dia do vencimento (art. 798, § 1.º, CPP). Na prática, isto quer dizer que a parte, intimada no dia 10, uma segunda-feira, para a prática de algum ato processual, dentro de três dias, terá até o dia 13 para fazê-lo, acompanhando o final do expediente forense. O dia da intimação (10) não é considerado, começando-se a contagem no dia 11. Fosse um prazo penal e o primeiro dia (10), já seria computado, fenecendo o prazo no dia 12 e não no dia 13. Como o prazo é processual, a maior elasticidade possível é concedida.

Aliás, na mesma trilha, a Lei 11.419/2006 (Informatização do processo), no art. 4.º, § 3.º, estabelece outra forma de contagem: "Considera-se como data da publicação o primeiro dia útil seguinte ao da disponibilização da informação no *Diário da Justiça* eletrônico". Portanto, publicado um despacho no dia 20 (sexta-feira), considera-se como data da publicação o dia 23 (segunda). Assim, o prazo tem início no dia 24 (terça).

E, da mesma forma que o prazo não vence em um dia sem expediente forense (vide § 3.º do art. 798), também não se inicia nessa situação. Portanto, aquele que for intimado no dia 14, sexta-feira, para cumprir um ato processual em três dias, terá até o dia 19 (quarta-feira) para tanto. Não se inicia o prazo no sábado, quando não há expediente e sim na segunda-feira. É mais uma mostra da flexibilidade do prazo processual.

Denominam-se próprios os prazos sujeitos à preclusão, isto é, uma vez decorrido o tempo para a sua prática, não mais se autoriza a realização do ato processual; impróprios são os fixados, como regra, ao juiz, ao promotor e aos funcionários da justiça, e, uma vez não cumprido, fixam sanções de caráter administrativo, embora possa ser o ato processual realizado a destempo.

Outras denominações são as seguintes: a) prazos legais (estabelecidos em lei) e prazos judiciais (fixados pelo juiz, dentro do seu prudente critério); b) prazos comuns (correm, ao mesmo tempo, para as partes envolvidas no processo) e individuais ou particulares (correm para uma parte, especificamente). O prazo pode, ainda, ser individual e sucessivo, ou seja, corre para uma parte e, em seguida, para a outra.

O controle dos prazos cabe ao escrivão (art. 798, § 2.º, CPP), o que normalmente faz com o auxílio dos demais funcionários do cartório. Embora seja da sua atribuição certificar que o prazo findou, não é este ato o determinante para a verificação do seu devido cumprimento. Assim, o trânsito em julgado de uma sentença condenatória não depende dessa certidão para ocorrer, bastando que seja calculado o dia em que as partes foram intimadas para, computando-se o prazo para recorrer de cada uma, concluir-se pelo vencimento ou não dos prazos.

Quanto à prorrogação, o art. 798, § 3.º, do CPP, prevê a possibilidade de dilação do prazo vencido em domingo ou feriado, nada falando a respeito do sábado, nem tampouco do seu início. Utiliza-se, pois, a Lei 1.408/1951, para complementar o disposto neste artigo, ampliando a dilação do prazo, quando ele terminar ou começar no sábado (art. 3.º). À época, os fóruns podiam funcionar até o meio-dia, por isso não se previu, no Código de Processo Penal, a prorrogação do prazo que vencesse no sábado. Aliás, o referido art. 3.º também cuida do início da contagem, mencionando que, se houver de iniciar no sábado, o prazo será prorrogado para o primeiro dia útil seguinte. Ora, aplica-se, analogamente, ao prazo que se inicie nos feriados.

Dispõe a Lei 1.408/1951 (art. 1.º) que "sempre que, por motivo de ordem pública, se fizer necessário o fechamento do Foro, de edifícios anexos ou de quaisquer dependências do serviço judiciário ou o respectivo expediente tiver de ser encerrado antes da hora legal, observar-se-á o seguinte: a) os prazos serão restituídos aos interessados na medida em que houverem sido atingidos pela providência tomada; b) as audiências, que ficarem prejudicadas, serão realizadas em outro dia mediante designação da autoridade competente". Por isso, em caso de greve do funcionalismo, dedetização do prédio do fórum, acidentes de um modo geral, enfim, ocorrência de algum motivo de força maior, deve-se restituir às partes os prazos porventura perdidos ou quando prejudicada a sua contagem (art. 798, § 4.º, CPP).

Para início da contagem, a regra geral é que os prazos tenham início a partir da intimação feita à parte (art. 798, § 5.º, a, CPP). Nada impede que principiem a partir da audiência ou sessão do tribunal onde foi proferida a decisão, estando presente, no ato, a parte interessada (art. 798, § 5.º, b, CPP). Logo, quando o juiz prolata a sentença no termo da audiência ou no plenário do Tribunal do Júri, cientes as partes desde logo, seria uma indevida superfetação determinar a intimação delas para apresentar recurso. Por outro lado, é possível que o defensor, por exemplo, consulte os autos e tome ciência da sentença, antes mesmo de sair o mandado de intimação, tornando válido o início do prazo para recorrer de imediato (art. 798, § 5.º, c, CPP).

5.1 O início da contagem quando a intimação for feita por mandado ou precatória

Quanto à precatória, o correto seria que o prazo somente começasse a fluir da data da juntada da precatória aos autos principais. As dificuldades de conhecimento do ocorrido, justamente porque o ato processual foi realizado em outra Comarca, permitem esse posicionamento.

Quanto à intimação feita por mandado, embora não exista o mesmo argumento da carta precatória, há duas posições:

a) aplica-se estritamente o disposto no § 5.º, alínea a, do art. 798 do CPP, ou seja, computa-se o prazo a partir da intimação e não da juntada do mandado;

b) utiliza-se, por analogia, o disposto no Código de Processo Civil de 2015, contando-se o prazo a partir da data da juntada do mandado cumprido.

Para evitar posições contrapostas, parece-nos acertado equiparar os casos de intimação por mandado e por precatória, considerando-se o início do prazo a partir da juntada aos autos. Há maior segurança de ciência da parte, o que somente enaltece os princípios constitucionais da publicidade dos atos processuais, do contraditório e da ampla defesa.

A posição do Supremo Tribunal Federal é diversa do nosso entendimento, consolidada na edição da Súmula 710: "No processo penal, contam-se os prazos da data da intimação, e não da juntada aos autos do mandado ou da carta precatória ou de ordem".

As situações retratadas no art. 800 do CPP configuram hipóteses de prazos impróprios: têm os juízes os prazos de dez dias para proferir sentenças ou decisões interlocutórias mistas, de cinco dias para as interlocutórias simples, bem como de um dia para os despachos de mero expediente. São impróprios, porque, mesmo que forem ultrapassados, autorizam a prática do ato processual, embora possa o magistrado responder, funcionalmente, pelos seus atrasos injustificados. É dever do juiz cumprir rigorosamente os prazos, salvo motivo fundamentado (art. 35, II, da Lei Complementar 35/1979).

Menciona o art. 800, § 1.º, do CPP, ter o prazo para o juiz início a partir do termo de conclusão, aberto pelo cartório. Entretanto, deve-se harmonizar o disposto neste artigo à realidade do cotidiano forense. Pode ocorrer de o termo de conclusão ser aberto em determinado dia e, posteriormente, porque houve atraso, o juiz substituí-lo por outro, com data mais recente. Logo, para apurar se o magistrado, verdadeiramente, atrasou o seu expediente, deve-se conferir no livro carga, que é de uso obrigatório no cartório, sob pena de responsabilidade funcional do escrivão, em qual data ele recebeu o processo para a decisão ser proferida. O termo de conclusão não é determinante, mas sim o dia em que a carga foi feita ao juiz.

Quando o cartório abre vista ao representante do Ministério Público, como regra, está concedendo a ele a oportunidade de se manifestar em um prazo impróprio, ou seja, aquele que, ultrapassado, não acarreta a impossibilidade de realização do ato processual, mas pode resultar em sanções funcionais (art. 800, § 2.º, CPP). Quando o prazo é fatal – próprio –, como é o caso da interposição de recursos, não se fala em contar o prazo a partir do termo de vista e sim da data em que houve efetiva ciência da decisão, como estipula o art. 798, § 5.º, c, do CPP. Não fosse assim, estar-se-ia dando tratamento diverso às partes – maior prazo para o Ministério Público e menor, à defesa. Quando houver dúvida, no entanto, para a contagem do prazo aberto para o promotor, leva-se, também, em conta a data do livro carga, pois é mais precisa do que o termo de vista.

A sanção prevista para o descumprimento dos prazos, estipulada no art. 801 do CPP, é uma forma severa de sancionar o juiz e o representante do Ministério Público, quando atuarem de maneira relapsa na condução do processo e de seus deveres funcionais. Redundará na redução dos vencimentos ou no prejuízo para a promoção ou aposentadoria, consistente na perda, para a contagem do tempo, do dobro dos dias excedidos.

Entretanto, na prática, tal dispositivo não tem sido aplicado. Em primeiro lugar, porque a Constituição assegura ao magistrado e ao promotor irredutibilidade de vencimentos, o que tornou este artigo, sob esse prisma, inconstitucional. Por outro lado, quanto às regras de promoção e aposentadoria, as Leis Orgânicas regentes de ambas as carreiras preveem outros tipos de sanções para a desídia dos profissionais, de modo que também não se deve aplicar o art. 801 do CPP. E, finalmente, porque, na maioria dos casos, os prazos não são cumpridos pelo excesso de serviço, ao qual não deram causa.

Deve-se, entretanto, ressaltar que a Emenda Constitucional 45/2004 (Reforma do Judiciário) introduziu a alínea e ao art. 93, II, CF, preceituando que "não será promovido o juiz que, injustificadamente, retiver autos em seu poder além do prazo legal, não podendo devolvê-los ao cartório sem o devido despacho ou decisão". Tal medida fortalece a possibilidade de punição do magistrado desidioso, embora se mantenha imune aquele que, por excesso de serviço, a que não deu causa, tenha processos em seu poder além do prazo legal.

Além disso, é preciso considerar o disposto pelo art. 143 do CPC, aplicável por analogia: "o juiz responderá, civil e regressivamente, por perdas e danos quando: I – no exercício de suas funções, proceder com dolo ou fraude; II – recusar, omitir ou retardar, sem justo motivo, providência que deva ordenar de ofício ou a requerimento da parte. Parágrafo único. As hipóteses previstas no inciso II somente serão verificadas depois que a parte requerer ao juiz que determine a providência e o requerimento não for apreciado no prazo de 10 (dez) dias". Lembre-se do número expressivo de processos criminais, relativos a réus presos, que descansam nas prateleiras do cartório, sem providência judicial para acelerá-lo. Essa omissão, sem justo motivo, pode dar margem ao direito à indenização pelo prejudicado.

6. RETIRADA DOS AUTOS DE CARTÓRIO

A regra é que a retirada seja oportuna e controlada, valendo dizer, é preciso possuir a parte interessada em levar os autos vista aberta para manifestar-se ou estar correndo prazo para que tal se dê, bem como seja registrada a carga no livro próprio, para controle do cartório (art. 803, CPP).

Não há autorização legal para a retirada dos autos por mera confiança, deixando carteira funcional em garantia ou qualquer outro documento. E mais: durante o trâmite processual o direito de retirada dos autos deve obedecer sempre ao direito da parte contrária de ter acesso ao processo, além de dever ser feito por quem representa a parte na relação processual. A cautela é voltada ao interesse público de preservação dos autos, evitando-se o seu desaparecimento ou a supressão de documentos neles contidos. Entretanto, pode-se aplicar ao processo penal, por analogia, o disposto no art. 107 do CPC, denominada "carga rápida": "Art. 107. O advogado tem direito a: (...) § 2.º Sendo o prazo comum às partes, os procuradores poderão retirar os autos somente em conjunto ou mediante prévio ajuste, por petição nos autos. § 3.º Na hipótese do § 2.º, é lícito ao procurador retirar os autos para obtenção de cópias, pelo prazo de 2 (duas) a 6 (seis) horas, independentemente de ajuste e sem prejuízo da continuidade do prazo. § 4.º O procurador perderá no mesmo processo o direito a que se refere o § 3.º se não devolver os autos tempestivamente, salvo se o prazo for prorrogado pelo juiz. § 5.º O disposto no inciso I do *caput* deste artigo aplica-se integralmente a processos eletrônicos".

7. CUSTAS NOS PROCESSOS CRIMINAIS

Não existem em relação ao Ministério Público, ainda que seja ele vencido, pois a acusação é promovida por órgão do Estado e não teria sentido cobrar custas de quem tem o dever de prover à regularidade de formação e conclusão do processo, que é o próprio Estado.

Os peritos oficiais recebem a sua remuneração mensal, pelo cargo ou função ocupada, diretamente do Estado. Porém, quando o juiz nomeia dois peritos não oficiais, nos termos do art. 159 deste Código, é preciso que o Estado arque com seus honorários. De qualquer forma, também os assistentes técnicos, quando intervierem a pedido de uma ou das duas partes, devem ser remunerados. No processo penal, como a execução é da competência de juízo distinto do julgador, desloca-se para esta fase a cobrança das despesas, como os honorários periciais. Tratando-se do acusado, é o momento de se requerer os benefícios da justiça gratuita. Sobre a duração dos referidos benefícios, dispõe o art. 98, § 3.º, do CPC: "vencido o beneficiário, as obrigações decorrentes de sua sucumbência ficarão sob condição suspensiva de exigibilidade e somente poderão ser executadas se, nos 5 (cinco) anos subsequentes ao trânsito em julgado da decisão que as certificou, o credor demonstrar que deixou de existir a situação de insuficiência de recursos que justificou a concessão de gratuidade, extinguindo-se, passado esse prazo, tais obrigações do beneficiário".

Quando, no entanto, vencido for o réu, a regra é serem devidas custas. Não se incluem na taxa judiciária as despesas com peritos – salvo o oficial, remunerado pelo Estado –, indenização de testemunhas, despesas de oficiais de justiça – salvo quando expedidos por ordem do juiz ou a pedido do promotor ou de parte beneficiária da assistência judiciária, entre outros atos.

Nas ações penais privadas, o que não disser respeito à taxa judiciária, como despesas com oficiais de justiça, deve ser recolhido pelas partes – querelante ou querelado, conforme o caso, salvo se forem beneficiários da assistência judiciária.

7.1 A sucumbência e sua regulação no processo penal quanto à verba honorária

Há duas posições a respeito:

a) é cabível, na ação penal privada, utilizando-se a analogia com o CPC, conforme autorizado pelo art. 3.º do CPP;

b) não é cabível em hipótese alguma. Inexiste analogia a ser aplicada, pois o CPP fez uma clara opção pela não utilização da sucumbência.

Cremos mais acertada a segunda posição, não sendo o caso de analogia, uma vez que a ausência de previsão de pagamento de verba honorária, no Código de Processo Penal, é compatível com a finalidade e o interesse público do processo penal. Não se lida com questões privadas, de fundo patrimonial, razão pela qual nem mesmo existe um valor dado à causa. A parte deve arcar com os honorários de seu advogado e, quando não puder fazê-lo, o Estado assume o dever de prestar assistência a quem dela necessitar.[1]

O pagamento de custas na ação penal privada deve ser realizado (art. 806, CPP), excetuando-se com relação à parte que for pobre (havendo referência ao art. 32 do CPP), mas, como regra, as diligências empreendidas durante o processo-crime, dependentes do recolhimento de algum montante, somente se realizarão após feito o depósito pela parte responsável. Pode haver a obrigação da parte, na ação penal privada, de recolher despesas do oficial de justiça e do perito, quando nomeado pelo juiz para a solução de alguma controvérsia levantada pelos interessados.

Quanto à ação privada subsidiária da pública, já que está o particular atuando em lugar do Ministério Público, que foi desidioso, não está submetido ao pagamento de custas ou despesas processuais, uma vez que o interesse por ele defendido é público.[2]

Há entendimentos de que o disposto no art. 806 do CPP somente poderia ser aplicado ao querelante, pois o querelado seria beneficiário da regra constitucional da ampla defesa.

---

[1] No mesmo sentido: MIRABETE (*Processo penal*, p. 757).

[2] No mesmo prisma: TOURINHO FILHO (*Código de Processo Penal comentado*, v. 2, p. 540).

Nada lhe poderia obstar a realização de diligência para provar sua inocência ou mesmo para garantir o seu direito ao recurso. Entretanto, assim não pensamos. Se o querelado é pessoa bem aquinhoada financeiramente, não há sentido em poupá-lo das despesas processuais, até porque ele mesmo está custeando o seu defensor. Quando pobre, naturalmente deve o Estado patrocinar-lhe não somente a defesa, mas também isentá-lo do pagamento de qualquer tipo de despesa durante a instrução. Fora disso, a regra deve ser o recolhimento do devido, sob pena de privar-se da diligência almejada ou mesmo do recurso.

E como já deixamos consignado em inúmeras outras passagens, o magistrado, no processo penal, busca as provas, para a formação do seu convencimento e descoberta da verdade real, tanto quanto as partes interessadas. Logo, nos termos do art. 807 do CPP, não seria a fixação do dever da parte de recolher as custas ou despesas para a realização de determinada diligência que iria obstar esse seu poder-dever. Acima do recolhimento de despesas aos cofres públicos está a aplicação correta da lei e a distribuição de justiça, o que será mais adequadamente garantido se o magistrado formar, com a amplitude necessária, a sua convicção.

8. ESTATÍSTICAS CRIMINAIS

Dispõe o art. 809 do CPP que deverá ser realizada estatística judiciária criminal, tendo por base o boletim individual, a cargo do Instituto de Identificação e Estatística.

Para ilustrar o tema, no Estado de São Paulo, a concentração dos dados estatísticos criminais cabe à Fundação Sistema Estadual de Análise de Dados – SEADE, que descende da antiga Repartição de Estatística e Arquivo do Estado, criada em março de 1892. Originariamente, esse órgão era responsável por manter os originais da documentação administrativa e de interesse público do Estado de São Paulo, bem como pelos serviços de estatística e cartografia oficiais e recebidos de particulares.

Após, em 1938, a repartição converteu-se no Departamento de Estatística do Estado de São Paulo, absorvido, em 1976, pela Coordenadoria de Análise de Dados. Finalmente, surgiu a Fundação SEADE, concentrando todo o acervo de informações pertinentes aos boletins individuais.

O Decreto-lei 3.992/1941 criou o modelo de boletim individual, que deveria ser remetido pela polícia e pelos cartórios judiciais ao Instituto de Identificação e Estatística. Entretanto, referido instituto nunca foi oficialmente criado, de modo que o banco de dados contendo estatística criminal, em São Paulo, terminou dividindo-se em vários órgãos, que compõem o Sistema Integrado de Informações Criminais, gerenciado atualmente pela Prodesp – empresa de processamento de dados – envolvendo os dados alimentados pelo Instituto de Identificação Ricardo Gumbleton Daunt (IIRGD), Divisão de Capturas (DVC), Coordenadoria dos Estabelecimentos Penitenciários do Estado (Coespe) e Departamento de Apoio ao Serviço das Execuções Criminais (Decrim).

Ilustrando, a Corregedoria-Geral da Justiça do Estado de São Paulo, a pedido da Fundação SEADE, que contava, em seu acervo, com mais de 2.500.000 boletins individuais sem a devida organização, por falta de estrutura e pessoal, determinou a cessação da remessa dos boletins à mencionada Fundação, substituindo-os pelo acesso direto e informatizado ao banco de dados que compõe o Sistema Integrado de Informações Criminais (Provimento 35/2000, *DOE* de 16.11.2000, p. 3).

Dessa forma, atende-se à exigência legal de formação da estatística judiciária criminal, fazendo-o, no entanto, por intermédio da informatização, que é meio mais completo e seguro de composição de dados, contendo todas as informações pertinentes aos boletins individuais. Essa é a tendência observada igualmente em outros Estados da Federação, pois somente por meio do computador pode-se colher facilmente dados e transmiti-los a quem deles tire proveito.

RESUMO DO CAPÍTULO

▶ **Publicidade dos atos processuais:** é a regra imposta pelo art. 792 do Código de Processo Penal, de acordo com o princípio constitucional da publicidade (art. 5.º, LX, e art. 93, IX), mas comporta exceções ligadas ao interesse público (preservação da intimidade e interesse social). Se for decretado pelo juiz o sigilo, jamais se afastará dos atos processuais (audiências ou autos do processo) as partes, pois seria ofensivo ao contraditório e à ampla defesa.

▶ **Prazos:** são os períodos previstos em lei para que a parte realize algum ato. Podem ser próprios (há sanção para o descumprimento como a impossibilidade de realização do ato) ou impróprios (pode ser realizado o ato ainda que a destempo); legais (impostos por lei) ou judiciais (fixados pelo magistrado); comuns (correm igualmente para as partes) ou individuais (envolvem somente uma das partes).

Bibliografia

ABRAHAM, Henry J. *The judicial process*. 6. ed. New York: Oxford University Press, 1993.

ABREU, Florêncio de. *Comentários ao Código de Processo Penal*, v. V. Rio de Janeiro: Forense, 1945.

ACOSTA, Walter. *O processo penal*, 21a ed. Rio de Janeiro: Editora do Autor, 1989.

AGESTA, Luis Sanchez. *Curso de derecho constitucional comparado*. 2. ed. Madrid: Nacional, 1965.

ALCALA-ZAMORA Y CASTILLO, Niceto. LEVENE, Ricardo. *Derecho procesal penal*, t. II. Buenos Aires: Editorial Guillermo Kraft, 1945.

ALDERSON, John. Human rights and criminal procedure: a police view. In: ANDREWS, J. A. *Human rights in criminal procedure – A comparative study*. The Hague, Boston, London: Martinus Nijhoff Publishers, 1982.

ALENCAR, Rosmar Rodrigues; TÁVORA, Nestor. *Curso de direito processual penal*. 9. ed. Salvador: JusPodivm, 2014.

ALMEIDA, Dario Martins de. *O livro do jurado*. Coimbra: Almedina, 1977.

ALMEIDA, Joaquim Canuto Mendes de. *Princípios fundamentais do processo penal*. São Paulo: RT, 1973.

ALMEIDA, Joaquim Canuto Mendes de. *Processo penal, ação e jurisdição*. São Paulo: RT, 1975.

ALMEIDA, José Raul Gavião de; MORAES, Maurício Zanoide de; FERNANDES, Antonio Scarance (coord). *Sigilo no processo penal – eficiência e garantismo*. São Paulo: RT, 2008.

ALMEIDA JÚNIOR, A.; COSTA JÚNIOR, J. B. *Lições de medicina legal*. 9. ed. São Paulo: Companhia Editora Nacional, 1971.

ALMEIDA JÚNIOR, João Mendes. *Noções ontológicas de Estado, soberania, autonomia, federação, fundação*. São Paulo: Saraiva, 1960.

ALMEIDA JÚNIOR, João Mendes. *O processo criminal brasileiro*. 2. ed. Rio de Janeiro: Francisco Alves, 1911. v. 1.

ALONSO-CUEVILLAS SAYROL, Jaume. *El nuevo proceso penal tras las reformas de 2015*. Barcelona: Atelier, 2016.

ALTAVILLA, Enrico. *Psicologia judiciária*. 3. ed. Trad. Fernando de Miranda. Coimbra: Arménio Amado, 1981. v. 1 e 2.

ALVES, Roque de Brito. *Crimes contra a vida e o questionário do júri*. Recife: Luci Artes Gráficas, 2006.

AMBOS, Kai. *Ensaios de direito penal e processual penal*. Trad. Alexey Choi Caruncho et alli. São Paulo: Marcial Pons, 2016.

ANDRADE, Manuel da Costa. *Sobre as proibições de prova em processo penal*. Coimbra: Coimbra Editora, 1992.

ANDRADE, Mauro Fonseca. ALFLEN, Pablo Rodrigo. *Audiência de custódia no processo penal brasileiro*, 2a. ed. Porto Alegre: Livraria do Advogado, 2016.

ANDREWS, J. A. (Org.). *Human rights in criminal procedure – A comparative study*. The Hague, Boston, London: Martinus Nijhoff Publishers, 1982.

ANSELMO, Márcio Adriano. GOMES, Rodrigo Carneiro. BARBOSA, Ruchester Marreiros. HOFFMAN, Henrique. MACHADO, Leonardo Marcondes. *Investigação criminal pela polícia judiciária*. Rio de Janeiro: Editora Lumen Juris, 2016.

APPIO, Eduardo. *Mandado de segurança criminal*. Porto Alegre: Livraria do Advogado, 1995.

AQUINO, José Carlos G. Xavier de. *A prova testemunhal no processo penal*. 2. ed. São Paulo: Saraiva, 1994.

AQUINO, José Carlos G. Xavier de; NALINI, José Renato. *Manual de processo penal*. São Paulo: Saraiva, 1997.

ARANHA, Adalberto José Queiroz Teles de Camargo. *Da prova no processo penal*. 3. ed. São Paulo: Saraiva, 1994.

ARAUJO, Luiz Alberto David. *A proteção constitucional da própria imagem (pessoa física, pessoa jurídica e produto)*. Belo Horizonte: Del Rey, 1996.

ARAUJO, Luiz Alberto David; NUNES JÚNIOR, Vidal Serrano. *Curso de direito constitucional*. 3. ed. São Paulo: Saraiva, 1999.

ARAÚJO, Nádia de; ALMEIDA, Ricardo R. O Tribunal do Júri nos Estados Unidos – Sua evolução histórica e algumas reflexões sobre seu estado atual. *Revista Brasileira de Ciências Criminais*, v. 15, 1996.

ARRUDA, Geraldo Amaral. Da função correicional do juiz de direito como atividade independente do poder hierárquico ou disciplinar. *RJTJSP* 89/32, jul.-ago. 1984.

ARRUDA ALVIM. Correição parcial, *RT* 452/11-20.

AVENA, Norberto. *Processo penal esquematizado*, 8a ed. Rio de Janeiro: Método, 2016.

AVENA, Norberto. *Execução penal. Esquematizado*, 3a ed. Rio de Janeiro: Método, 2016.

AVOLIO, Luiz Francisco Torquato. *Provas ilícitas – Interceptações telefônicas, ambientais e gravações clandestinas*. 3. ed. São Paulo: RT, 2003.

AZAMBUJA, Darcy. *Teoria geral do Estado*. 4. ed. Porto Alegre: Globo, 1955.

AZEVEDO, David Teixeira de. *Atualidades no direito e processo penal*. São Paulo: Método, 2001.

AZEVEDO, David Teixeira de. O interrogatório do réu e o direito ao silêncio. *RT 682/285*.

AZEVEDO, Vicente de Paula Vicente de. *Curso de direito judiciário penal*. São Paulo: Saraiva, 1985. v. 1 e 2.

BADARÓ, Gustavo Henrique Righi Ivahy. *Processo penal*, 4a. ed. São Paulo: RT, 2016.

BADARÓ, Gustavo Henrique Righi Ivahy. *Manual dos recursos penais*. São Paulo: RT, 2016.

BADARÓ, Gustavo Henrique Righi Ivahy. *Correlação entre acusação e sentença*. São Paulo: RT, 2000 (Coleção de Estudos de Processo Penal Prof. Joaquim Canuto Mendes de Almeida, v. 3).

BADARÓ, Gustavo Henrique Righi Ivahy. Limites aos poderes investigatórios das Comissões Parlamentares de Inquérito. *Boletim do IBCCRIM*, n. 83, out. 1999.

BADARÓ, Gustavo Henrique Righi Ivahy. *Ônus da prova no processo penal*. São Paulo: RT, 2003.

BADARÓ, Gustavo Henrique Righi Ivahy; LOPES JR., Aury. *Direito ao processo penal no prazo razoável*. Rio de Janeiro: Lumen Juris, 2006.

BAEZA PÉREZ, Enrique Octavio. *El dolo y sua prueba en el proceso penal*. Mexico: Ubijus Editorial, 2015.

BARBOSA, Marcelo Fortes. A acusação no plenário do júri. *Tribunal do júri – Estudo sobre a mais democrática instituição jurídica brasileira*. São Paulo: RT, 1999.

BARBOSA, Ruchester Marreiros. HOFFMAN, Henrique. MACHADO, Leonardo Marcondes.

BARBOSA, Rui. *Comentários à Constituição Federal brasileira*. Org. Homero Pires. São Paulo: Saraiva, 1934. v. 6.

BARBOSA, Rui. *O júri sob todos os aspectos*. Org. Roberto Lyra Filho e Mário César da Silva. Rio de Janeiro: Editora Nacional de Direito, 1950.

BARROS, Hamilton Moraes. Notas sobre o júri. *Revista de Jurisprudência do Tribunal de Justiça do Estado da Guanabara*, n. 25, 1971.

BARROS, Marco Antonio de. *A busca da verdade no processo penal*. São Paulo: RT, 2002.

BARROS, Marco Antonio de. Ministério Público e o *habeas corpus*: tendências atuais. *Tortura, crime militar*, habeas corpus. *Justiça penal – Críticas e sugestões*, v. 5. Coord. Jaques de Camargo Penteado. São Paulo: RT, 1997.

BARROS, Romeu Pires de Campos. *Lineamentos do direito processual penal brasileiro*, v. I. Goiânia: Imprensa da Universidade Federal de Goiás, 1967.

BARROS, Romeu Pires de Campos. *Direito processual penal brasileiro*, v. I. São Paulo: Sugestões Literárias, 1969.

BARROS, Romeu Pires de Campos. *Processo penal cautelar*. Rio de Janeiro: Forense, 1982.

BARROS, Romeu Pires de Campos. *Sistema do processo penal brasileiro*. Rio de Janeiro: Forense, 1987.

BARROS, Romeu Pires de Campos. *Da prisão preventiva compulsória*. Tese de concurso à cátedra de Direito Judiciário penal da Faculdade de Direito de Goiás. Goiânia: 1957.

BARROSO, Luís Roberto. Comissões Parlamentares de Inquérito e suas competências: política, direito e devido processo legal. *Revista Forense*, v. 350, abr.-jun. 2000.

BARROSO, Luís Roberto. Comissões Parlamentares de Inquérito – Limite de sua competência – Sentido da expressão constitucional "poderes de investigação próprios das autoridades judiciais" – Inadmissibilidade de busca e apreensão sem mandado judicial. *Revista Forense*, v. 335, jul.-set. 1996.

BARROSO, Luís Roberto. *Interpretação e aplicação da Constituição*. São Paulo: Saraiva, 1996.

BASTOS, Celso Ribeiro. *Curso de direito constitucional*. 18. ed. São Paulo: Saraiva, 1997.

BASTOS, Celso Ribeiro; MARTINS, Ives Gandra. *Comentários à Constituição do Brasil*. São Paulo: Saraiva, 1989. v. 2.

BASTOS, José Tavares. *O júri na República*. Rio de Janeiro-Paris: Garnier Livreiro, 1909. t. I.

BASTOS, Márcio Thomaz. Júri e mídia. *Tribunal do júri – Estudo sobre a mais democrática instituição jurídica brasileira*. São Paulo: RT, 1999.

BATISTA, Weber Martins. *Direito penal e direito processual penal*, 2a ed. Rio de Janeiro: Forense, 1996.

BATISTA, Weber Martins. *O saneamento no processo penal*. Dissertação de livre-docência de Direito Judiciário Penal da Faculdade de Direito da Universidade do Estado da Guanabara. Rio de Janeiro, 1971.

BAZ, Marco Antonio Garcia; ROCHA, Luiz Otavio de Oliveira. *Fiança criminal e liberdade provisória*. São Paulo: RT, 1999.

BELING, Ernst. *Derecho procesal penal*. Trad. Miguel Fenech. Barcelona: Editorial Labor, 1943.

BELLAVISTA, Girolamo. *Studi sul processo penale*, v. III. Milão: Giuffrè, 1966.

BELLAVISTA, Girolamo. *Studi sul processo penale*, v. I. Milão: Giuffrè, 1952.

BENTHAM, Jeremías. *Tratado de las pruebas judiciales*, v. I e II. Trad. Manuel Ossorio Florit. Buenos Aires: Ediciones Jurídicas Europa-América, 1959.

BERISTAIN, Antonio. *Victimología – Nueve palabras clave*. Valencia: Tirant lo Blanch, 2000.

BERLINS, Marcel; DYER, Clare. *The law machine*. 4. ed. London: Penguin Books, 1994.

BERMÚDEZ. Víctor Hugo. La participación del damnificado (víctima) en el proceso penal uruguayo. *La víctima en el proceso penal – Su régimen legal en Argentina, Bolivia, Brasil, Chile, Paraguay, Uruguay*. Buenos Aires: Depalma, 1997.

BERTOLINO, Pedro J. La situación de la víctima del delito en el proceso penal de la Argentina. *La víctima en el proceso penal – Su régimen legal en Argentina, Bolivia, Brasil, Chile, Paraguay, Uruguay*. Buenos Aires: Depalma, 1997.

BETANHO, Luiz Carlos. Crimes falimentares. *Leis penais especiais e sua interpretação jurisprudencial*. 7. ed. Coord. Alberto Silva Franco e Rui Stoco. São Paulo: RT, 2001.

BETTIOL, Giuseppe; BETTIOL, Rodolfo. *Istituzioni di diritto e procedura penale*. 5. ed. Padova: Cedam, 1993.

BICA, António. O poder de julgar em Portugal, Estado de Direito Democrático. *Cadernos Vega Universidade, Direito e Ciência Jurídica.*

BITTENCOURT, Edgard de Moura. *A instituição do júri.* São Paulo: Saraiva, 1939.

BLACKBURN, Robert. *A written Constitution for the United Kingdom.* London: Mansell, 1995.

BONAVIDES, Paulo. *Ciência política.* 4. ed. Rio de Janeiro: Forense, 1978.

BONAVIDES, Paulo. *Curso de direito constitucional.* 7. ed. São Paulo: Malheiros, 1997.

BONÍCIO, Marcelo José Magalhães. LEONEL, Ricardo de Barros. PUOLI, José Carlos Baptista. *Direito processual constitucional.* Brasília: Gazeta Jurídica, 2016.

BOSCHI, José Antonio Paganella. *Ação penal – Denúncia, queixa e aditamento.* Rio de Janeiro: Aide, 1993.

BÓSON, Gerson de Britto Mello. Conceituação jurídica da soberania do Estado. *Revista de Direito Público,* v. 21, 1972.

BÓSON, Gerson de Britto Mello. *Direito internacional público – O Estado em direito das gentes.* Belo Horizonte: Del Rey, 1994.

BOYLE, Kevin. Human rights and the Northern Ireland emergency. In: ANDREWS, J. A. *Human rights in criminal procedure – A comparative study.* The Hague, Boston, London: Martinus Nijhoff Publishers, 1982.

BRANCO, Fernando Castelo. *A pessoa jurídica no processo penal.* São Paulo: Saraiva, 2001.

BRANCO, Tales Castelo. *Da prisão em flagrante.* 5. ed. São Paulo: Saraiva, 2001.

BREWER, Albert P. et al. *Alabama constitucional law.* Birmingham: Samford University, 1992.

BROWN, David; FARRIER, David; WEISBROT, David. *Criminal laws.* 2. ed. Sidney: The Federation Press, 1996. v. 1 e 2.

BUENO, José Antônio Pimenta. *Apontamentos sobre o processo criminal brasileiro* (com anotações de José Frederico Marques). São Paulo: Saraiva, 1959.

BUONO, Carlos Eduardo de Athayde et al. *A reforma processual penal italiana – Reflexos no Brasil.* São Paulo: RT, 1991.

BUSANA, Dante. *O habeas corpus no Brasil.* São Paulo: Atlas, 2009.

BUSANA, Dante; SAMPAIO, Laerte J. Castro. O Ministério Público no processo de *habeas corpus.* RT 438/315, abr. 1972.

BUZZELLI, Silvia. Il contributo dell'imputato alla ricostruzione del fatto. In: UBERTIS, Giulio (Org.). *La conoscenza del fatto nel processo penale.* Milão: Giuffrè, 1992.

CABRAL NETTO, Joaquim. *Instituições de processo penal.* Belo Horizonte: Del Rey, 1997.

CAETANO, Marcelo. *Direito constitucional.* Rio de Janeiro: Forense, 1977. v. 1.

CAETANO, Marcelo. *Direito constitucional.* Rio de Janeiro: Forense, 1978. v. 2.

CAETANO, Marcelo. *Manual de ciência política e direito constitucional.* 6. ed. rev. e ampl. por Miguel Galvão Teles. Coimbra: Almedina, 1996. t. I.

CALMON, Pedro. *Curso de direito constitucional brasileiro.* 4. ed. Rio de Janeiro-São Paulo: Freitas Bastos, 1956.

CÂNDIDO, Joel José. *Direito eleitoral brasileiro.* 4. ed. Bauru: Edipro, 1994.

CANOTILHO, José Joaquim Gomes. *Direito constitucional*. 6. ed. Coimbra: Almedina, 1995.

CAPEZ, Rodrigo. *Prisão e medidas cautelares diversas. A individualização da medida cautelar no processo penal*. São Paulo: Quartier Latin, 2017.

CARD, Richard. Human rights and substantive criminal law. In: ANDREWS, J. A. *Human rights in criminal procedure – A comparative study*. The Hague, Boston, London: Martinus Nijhoff Publishers, 1982.

CARNEIRO, Athos Gusmão. *Jurisdição e competência*. 2. ed. São Paulo: Saraiva, 1983.

CARNELUTTI, Francesco. *Lecciones sobre el proceso penal*. Trad. Santiago Sentís Melendo. Buenos Aires: Bosch Y Cía. Editores, 1950. v. 1 e 2.

CARR, A. P. *Criminal procedure in magistrates' courts*. London: Butterworths, 1983.

CARRARA, Francesco. *Programa del curso de derecho criminal dictado en la Real Universidad de Pisa*. Trad. Sebastian Soler. Buenos Aires: Depalma, 1944. v. 2.

CARVALHO, Jefferson Moreira de. *Curso básico de processo penal*. São Paulo: Juarez de Oliveira, 1999. v. 1.

CARVALHO, Luís Gustavo Grandinetti Castanho de. *O processo penal em face da Constituição*. Rio de Janeiro: Forense, 1992.

CARVALHO, Márcia Dometila Lima de. *Fundamentação constitucional do direito penal*. Porto Alegre: Fabris, 1992.

CARVALHO, Roldão Oliveira de; CARVALHO NETO, Algomiro. *Comentários à Lei 9.099, de 26 de setembro de 1995*. Leme: LED, 1997.

CARVALHO, Virgílio J. Miranda de. *Constituição da República portuguesa, direitos humanos, Estatuto do Tribunal Constitucional, 3.ª revisão constitucional*. 2. ed. Coimbra: Ediliber.

CARVALHO NETO, Algomiro; CARVALHO, Roldão Oliveira de. *Comentários à Lei 9.099, de 26 de setembro de 1995*. Leme: LED, 1997.

CASTILLO, Niceto Alcalá-Zamora Y et al. *Derecho procesal penal* (em conjunto com Ricardo Levene Hijo). Buenos Aires: Guillermo Kraft, 1945. t. I, II e III.

CASTRO, Araujo. *A nova Constituição brasileira*. 2. ed. Rio de Janeiro-São Paulo: Freitas Bastos, 1936.

CAVALCANTI, Themistocles Brandão. *A Constituição Federal comentada*. 3. ed. Rio de Janeiro: José Konfino, 1958. v. 3.

CAVALLO, Vincenzo. *La sentenza penale*. Napoli: Casa Editrice Dott. Eugenio Jovene, 1936.

CERVINI, Raúl; GOMES, Luiz Flávio. *Interceptação telefônica*. São Paulo: RT, 1997.

CESÁRIO, Ana Cleide Chiarotti. Hobbes e Rousseau: o problema da soberania. *Cadernos de Direito Constitucional e Ciência Política*, v. 6, São Paulo, RT, 1994.

CHÂTEL, Marc. Human rights and Belgian criminal procedure at pre-trial and trial level. In: ANDREWS, J. A. *Human rights in criminal procedure – A comparative study*. The Hague, Boston, London: Martinus Nijhoff Publishers, 1982.

CHIOVENDA, Giuseppe. *Instituições de direito processual civil*. 2. ed. Trad. J. Guimarães Menegale. São Paulo: Saraiva, 1965. t. I, II e III.

CHOUKR, Fauzi Hassan. *Código de Processo Penal. Comentários consolidados e crítica jurisprudencial*, 3a ed. Rio de Janeiro: Lumen Juris, 2009.

CINTRA, Antonio Carlos de Araújo; GRINOVER, Ada Pellegrini; DINAMARCO, Cândido Rangel. *Teoria geral do processo*. 25. ed. São Paulo: Malheiros, 2009.

COELHO, Fábio Ulhôa. *Lógica jurídica – Uma introdução*. São Paulo: Educ, 1995.

COLLIER, Christopher; COLLIER, James Lincoln. *Decision in Philadelphia – The constitutional convention of 1787*. 4. ed. New York: Ballantine Books, 1993.

COMPARATO, Fábio Konder. Por que não a soberania dos pobres? *Constituinte e democracia no Brasil hoje*. 4. ed. São Paulo: Brasiliense, 1986.

CONSO, Giovanni. *I fatti giuridici processuali penali - perfezione ed efficacia*. Milano: Giuffrè, 1955.

CORDERO, Franco. La confessione nel quadro decisório. In: NEUBURGER, Luisella de Cataldo (Org.). *La giustizia penale e la fluidità del sapere: ragionamento sul método*. Padova: Cedari, 1988.

CORWIN, Edward S. *A Constituição norte-americana e seu significado atual*. Trad. Lêda Boechat Rodrigues. Rio de Janeiro: Zahar, 1986.

COSSIO, Carlos. *Teoria de la verdad jurídica*. Buenos Aires: Losada, 1954.

COSTA, Álvaro Mayrink da. *Execução penal*. Rio de Janeiro: GZ Editora, 2016.

COSTA, Hélio. Júri – Controle da magistratura togada. *Revista Forense*, v. 208, 1964.

COSTELLO, Declan. Rights of accused persons and the Irish Constitution of 1937. In: ANDREWS, J. A. *Human rights in criminal procedure – A comparative study*. The Hague, Boston, London: Martinus Nijhoff Publishers, 1982.

COUCEIRO, João Claudio. *A garantia constitucional do direito ao silêncio*. São Paulo: RT, 2004.

COUTINHO, Jacinto Nelson de Miranda. *Direito e psicanálise*. Florianópolis: Empório do Direito, 2016.

COUTURE, Eduardo J. *Fundamentos do direito processual civil*. Trad. Rubens Gomes de Sousa. São Paulo: Saraiva, 1946.

CRACKNELL, D. G. *Evidence*. Kent: Old Bailey, 1994.

CRAWFORD, James. *Australian courts of law*. 3. ed. Melbourne: Oxford University Press.

CRISTIANI, Antonio. Aspetti problematici del contraddittorio nel riesame dei provvedimenti restrittivi della libertà personale. *Studi in memoria di Giacomo Delitala*. Milão: Giuffrè, 1984. v. 1.

CRUZ, Rogerio Schietti. *Prisão cautelar. Dramas, princípios e alternativas*. 3. ed. Salvador: Editora JusPodivm, 2017.

CURZON, L. B. *Dictionary of law*. 4. ed. London: Pitman, 1995.

DALLARI, Dalmo de Abreu. *Constituição e constituinte*. 3. ed. São Paulo: Saraiva, 1986.

DALLARI, Dalmo de Abreu. Constituição para o Brasil novo. *Constituinte e democracia no Brasil hoje*. 4. ed. São Paulo: Brasiliense, 1986.

DALLARI, Dalmo de Abreu. *Elementos de teoria geral do Estado*. 6. ed. São Paulo: Saraiva, 1979.

DALLARI, Pedro B. A. *Constituição e tratados internacionais*. São Paulo: Saraiva, 2003.

DARBYSHIRE, Penny. *Eddey on the English legal system*. 6. ed. London: Sweet & Maxwell, 1996.

DAVID, Marcel. Jury populaire et souveraineté. *Revue internationale de theorie du droit et de sociologie juridique*, v. 36/37, Paris, LGDJ, 1997.

DAVIES, Malcolm; CROALL, Hazel; TYRER, Jane. *Criminal Justice: an introduction to the criminal justice system in England and Wales*. London & New York: Longman, 1995.

DAVIS, Francis Selwyn. Contradição entre as respostas e soberania do júri. *Revista Brasileira de Ciências Criminais*, n. 10, abr.-jun. 1995.

DEL RE, Michele C. Modellamento psichico e diritto penale: la tutela penale dell'integrità psichica. *Studi in memoria di Giacomo Delitala*. Milão: Dott. A. Giuffrè, 1984. v. 1.

DEL VECCHIO, Giorgio. *Teoria do Estado*. Trad. portuguesa de António Pinto de Carvalho. São Paulo: Saraiva, 1957.

DÉLBIS, Tibúrcio. *Homicídio sem cadáver – O caso Denise Lafetá*. Belo Horizonte: Inédita, 1999.

DELMANTO JÚNIOR, Roberto. *Inatividade no processo penal brasileiro*. São Paulo: RT, 2004 (Coleção Estudos de Processo Penal Prof. Joaquim Canuto Mendes de Almeida, v. 7).

DELMANTO JÚNIOR, Roberto. *As modalidades de prisão provisória e seu prazo de duração*. 2. ed. Rio de Janeiro-São Paulo: Renovar, 2001.

DEMERCIAN, Pedro Henrique; MALULY, Jorge Assaf. *Curso de processo penal*, 9. ed. Rio de Janeiro: Forense, 2014.

DEMERCIAN, Pedro Henrique. *A oralidade no processo penal brasileiro*. São Paulo: Atlas, 1999.

DEMERCIAN, Pedro Henrique. *Regime jurídico do Ministério Público no processo penal*. São Paulo: Verbatim, 2009.

DESQUIRON, G. C. *Trattato della prova testimoniale in materia criminale*. Palermo: Eredi Abbate, 1824.

DEZEM, Guilherme Madeira. *Curso de processo penal*, 2a ed. São Paulo: RT, 2016.

DINAMARCO, Cândido Rangel; CINTRA, Antonio Carlos de Araújo; GRINOVER, Ada Pellegrini. *Teoria geral do processo*. 25. ed. São Paulo: Malheiros, 2009.

DINIZ, Maria Helena. *Norma constitucional e seus efeitos*. 3. ed. São Paulo: Saraiva, 1997.

DÓRIA, Sampaio. *Comentários à Constituição de 1946*. São Paulo: Max Limonad, 1960. v. 4.

DÓRIA, Sampaio. *Direito constitucional (curso e comentário à Constituição)*. 3. ed. São Paulo: Editora Nacional, 1953. t. I e II.

DOTTI, René Ariel. Anteprojeto do Júri. *Revista Forense*, v. 326.

DOTTI, René Ariel. *Bases e alternativas para o sistema de penas*. São Paulo: RT, 1998.

DOTTI, René Ariel. Esboço para a reforma do júri. *Revista Forense*, v. 322, 1993.

DOTTI, René Ariel. A publicidade dos julgamentos e a "sala secreta" do júri. *Revista Jurídica*, n. 186, 1993.

DOTTI, René Ariel. Reforma do procedimento do júri. *Revista Forense*, v. 334, 1995.

DRESSLER, Joshua. *Cases and materials on criminal law*. St. Paul: West Publishing Co., 1994.

DUARTE, José. *A Constituição brasileira de 1946*. Rio de Janeiro: Imprensa Nacional, 1947. v. 3.

DUTRA, Mário Hoeppner. A evolução do direito penal e o júri. *Revista Forense*, v. 249, 1975.

EDWARDS, Carlos Enrique. *Garantías constitucionales en materia penal*. Buenos Aires: Astrea, 1996.

ELLIOTT, Catherine; QUINN, Frances. *English legal system*. London-New York: Longman, 1996.

ELLIS, Elizabeth; GOLDRING, John; DIEKMAN, Chris. *Society, law and justice*. 2. ed. Melbourne: Oxford University Press, 1996. v. 1.

ENCINAR DEL POZO, Miguel Ángel. MARTÍNEZ ARRIETA, Andrés. *El recurso de casación y de revisión penal*, 3a. ed. Valencia: Tirant lo blanch, 2016.

ESCAMILLA, Margarita Martinez. *La suspensión e intervención de las comunicaciones del preso*. Madrid: Tecnos, 2000.

ESPÍNOLA FILHO, Eduardo. *Código de Processo Penal brasileiro anotado*. 3. ed. Rio de Janeiro: Borsoi, 1955. v. 1 a 8.

EYMERICH, Nicolau. *Manual dos inquisidores*. Brasília: Rosa dos Tempos, 1993.

FARBER. Daniel A.; ESKRIDGE JR., William N.; FRICKEY, Philip. *Cases and materials on Constitutional Law – Themes for the Constitution's Third Century*. St. Paul: West Publishing Co., 1993.

FARIA, Bento de. *Código de Processo Penal*. 2. ed. Rio de Janeiro: Record, 1960. v. 1 a 3.

FARIA, José Eduardo. Um poder à beira de um ataque de nervos. *O Estado de S. Paulo*, Caderno Espaço Aberto, 4 set. 1997.

FARIA, José Eduardo. *Poder e legitimidade*. São Paulo: Perspectiva, 1978.

FAWCETT, J. E. S. *Criminal procedure and the European Convention on Human Rights*. In: ANDREWS, J. A. *Human rights in criminal procedure – A comparative study*. The Hague, Boston, London: Martinus Nijhoff Publishers, 1982.

FEDELI, Mario. *Temperamento, caráter, personalidade – Ponto de vista médico e psicológico*. Trad. José Maria de Almeida. São Paulo: Paulus, 1997.

FEITOZA, Denilson. *Direito Processual Penal – teoria, critica e práxis*. 5. ed. Niterói: Impetus, 2008.

FENOCHIO, Jaime Del Arenal. *El derecho en Ocidente*. México: El Colegio de Mexico, 2016.

FERNANDES, António José. *Os sistemas político-constitucionais português e espanhol (análise comparativa)*. Lisboa: Europa Editora.

FERNANDES, Antonio Scarance. *Processo penal constitucional*, 5. ed. São Paulo: RT, 2007.

FERNANDES, Antonio Scarance. *Teoria geral do procedimento e o procedimento no processo penal*. São Paulo: RT, 2005.

FERNANDES, Antonio Scarance. A vítima no processo penal brasileiro. *La víctima en el proceso penal – Su régimen legal en Argentina, Bolivia, Brasil, Chile, Paraguay, Uruguay*. Buenos Aires: Depalma, 1997.

FERNANDES, Antonio Scarance; GRINOVER, Ada Pellegrini; GOMES FILHO, Antonio Magalhães. *Recursos no processo penal*. São Paulo: RT, 1996.

FERNANDES, Antonio Scarance; GRINOVER, Ada Pellegrini; GOMES FILHO, Antonio Magalhães. *As nulidades no processo penal*. 8. ed. São Paulo: Malheiros, 2004.

FERNANDES, Antonio Scarance; GRINOVER, Ada Pellegrini; GOMES FILHO, Antonio Magalhães. *Juizados Especiais Criminais – Comentários à Lei 9.099, de 26.09.1995*. 3. ed., 2. tir. São Paulo: RT, 1999; 5. ed., 2005.

FERNANDES, Antonio Scarance; ALMEIDA, José Raul Gavião de; MORAES, Maurício Zanoide de (coord.). *Sigilo no processo penal – eficiência e garantismo*. São Paulo: RT, 2008.

FERNANDES, Antonio Scarance; ALMEIDA, José Raul Gavião de; MORAES, Maurício Zanoide de (coord.). *Provas no processo penal. Estudo comparado*, 1. ed., 2. t. São Paulo: Saraiva, 2012.

FERNANDES, Antonio Scarance; ZILLI, Marcos Alexandre Coelho. *Direito processual internacinal*. São Paul: Atlas, 2013.

FERNANDES, Paulo Sérgio Leite. *Nulidades no processo penal*, 3. ed. São Paulo: RT, 1987.

FERRARI, Eduardo Reale. *Código de Processo Penal – Comentários aos projetos de reforma legislativa*. Campinas: Millenium, 2003.

FERRAZ, Esther de Figueiredo. *Os delitos qualificados pelo resultado no regime do Código Penal de 1940*. Dissertação de livre docência. São Paulo: USP, 1948.

FERREIRA, Manuel Cavaleiro de. *A pronúncia*. Lisboa: Cruz-Braga, 1984.

FERREIRA FILHO, Manoel Gonçalves. *Comentários à Constituição brasileira de 1988*. 2. ed. São Paulo: Saraiva, 1997.

FERREIRA FILHO, Manoel Gonçalves. *Curso de direito constitucional*. 11. ed. São Paulo: Saraiva, 1982.

FERREIRA FILHO, Manoel Gonçalves. *O poder constituinte*. 2. ed. São Paulo: Saraiva, 1985.

FIGUEIRA JÚNIOR, Joel Dias; TOURINHO NETO, Fernando da Costa. *Juizados especiais cíveis e criminais*. São Paulo: RT, 2002.

FIORAVANTI, Maurizio. *Los derechos fundamentales*. Madrid: Editorial Trotta, 1996.

FIUZA, Ricardo Arnaldo Malheiros. *Direito constitucional comparado*. 3. ed. Belo Horizonte: Del Rey, 1997.

FLORIAN, Eugenio. *Delle prove penali*. Milão: Dottor Francesco Vallardi, 1924. v. 1.

FLORIAN, Eugenio. *Elementos de derecho procesal penal*. Trad. L. Prieto Castro. Barcelona: Bosch, 1934.

FOUCAULT, Michel. *Vigiar e punir. Nascimento da prisão*. 25. ed. Trad. Raquel Ramalhete. Petrópolis: Vozes, 2002.

FRAGOSO, Heleno Cláudio. A questão do júri. *Revista Forense*, v. 193, 1961.

FRANCESCHINI, José Luiz Vicente de Azevedo. Da atuação dos juízes penais, de ambas as instâncias, na pesquisa da verdade real. *RT 409/23*.

FRANCO, Afonso Arinos de Melo. *Estudos de direito constitucional*. Rio de Janeiro: Forense, 1957.

FRANCO, Alberto Silva. Medida liminar em *habeas corpus*. *Revista Brasileira de Ciências Criminais*, número especial de lançamento, p. 70-74.

FRANCO, Alberto Silva; STOCO, Rui (Coord.). *Código de Processo Penal e sua interpretação jurisprudencial*. São Paulo: RT, 1999. v. 1 e 2.

FRANCO, Ary Azevedo. *O júri e a Constituição Federal de 1946*. 2. ed. Rio de Janeiro: Forense, 1956.

FRANCO, Ary Azevedo. *Código de Processo Penal*, v. I e II. Rio de Janeiro: Forense, 1956.

FREITAS, Gilberto Passos de; FREITAS, Vladimir Passos de. *Abuso de autoridade*. 5. ed. São Paulo: RT, 1993.

GALL, Gerald L. *The Canadian legal system*. 4. ed. Toronto: Carswell, 1995.

GARCIA, Basileu. *Comentários ao Código de Processo Penal*, v. III. Rio de Janeiro: Forense, 1945.

GARCIA, Maria. *Desobediência civil (direito fundamental)*. São Paulo: RT, 1994.

GEMIGNANI, Daniel; NUCCI, Guilherme de Souza; Marques, Ivan Luís; MONTEIRO, André Vinícius; SILVA, Raphael Zanon da. Ação civil *ex delicto*: problemática e procedimento após a Lei 11.719/2008. *RT*, v. 888, p. 395, out. 2009.

GENOFRE, Roberto Maurício. O papel do juiz criminal na investigação criminal. *Boletim da Associação dos Juízes para a Democracia*, n. 23, jan.-mar. 2001.

GERSÃO, Eliana. Jurados nos tribunais – Alguns dados da experiência portuguesa. *Cadernos da Revista do Ministério Público*, n. 5, Lisboa, 1991.

GERSÃO, Eliana.. Júri e participação dos cidadãos na justiça. *Cadernos da Revista do Ministério Público*, n. 41, Lisboa.

GIMENO BEVIÁ, Jordi. *Compliance y proceso penal. El proceso penal de las personas jurídicas*. Navarra: Civitas/Thomson Reuters, 2016.

GODOY, Jorge Henrique Franco. *Casos do Tribunal do Júri*. Várzea Grande: De Liz, 2012.

GOITÍA, Carlos Alberto. La situación de la víctima del delito en el proceso penal boliviano. *La víctima en el proceso penal – Su régimen legal en Argentina, Bolivia, Brasil, Chile, Paraguay, Uruguay*. Buenos Aires: Depalma, 1997.

GOMES, Luiz Flávio; CERVINI, Raúl. *Interceptação telefônica*. São Paulo: RT, 1997.

GOMES, Luiz Flávio; GRINOVER, Ada Pellegrini; GOMES FILHO, Antonio Magalhães Gomes; FERNANDES, Antonio Scarance. *Juizados Especiais Criminais – Comentários à Lei 9.099, de 26.09.1995*. 3. ed., 2. tir. São Paulo: RT, 1999; 5. ed., 2005.

GOMES, Rodrigo Carneiro. BARBOSA, Ruchester Marrciros. HOFFMAN, Henrique. MACHADO, Leonardo Marcondes. ANSELMO, Márcio Adriano. *Investigação criminal pela polícia judiciária*. Rio de Janeiro: Editora Lumen Juris, 2016.

GOMES FILHO, Antonio Magalhães. *Direito à prova no processo penal*. São Paulo: RT, 1997.

GOMES FILHO, Antonio Magalhães. O *habeas corpus* como instrumento de proteção do direito à liberdade de locomoção. *Tortura, crime militar,* habeas corpus. *Justiça penal – Críticas e sugestões*, v. 5. Coord. Jaques de Camargo Penteado. São Paulo: RT, 1997.

GOMES FILHO, Antonio Magalhães. *A motivação das decisões penais*. São Paulo: RT, 2001.

GOMES FILHO, Antonio Magalhães. *Presunção de inocência e prisão cautelar*. São Paulo: Saraiva, 1991.

GOMES FILHO, Antonio Magalhães; GRINOVER, Ada Pellegrini; FERNANDES, Antonio Scarance. *As nulidades no processo penal*. 8. ed. rev. amp. São Paulo: Malheiros, 2004.

GOMES FILHO, Antonio Magalhães; GRINOVER, Ada Pellegrini; FERNANDES, Antonio Scarance. *Recursos no processo penal*. São Paulo: RT, 1996.

GOMES FILHO, Antonio Magalhães; GRINOVER, Ada Pellegrini; FERNANDES, Antonio Scarance; GOMES, Luiz Flávio. *Juizados Especiais Criminais – Comentários à Lei 9.099, de 26.09.1995*. 3. ed., 2. tir. São Paulo: RT, 1999; 5. ed., 2005.

GONÇALVES, Manuel Lopes Maia. *Código de processo penal anotado*. 8. ed. rev. atual. Coimbra: Almedina, 1997.

GONÇALVES, Victor Eduardo Rios e REIS, Alexandre Cebrian Araújo. *Direito processual penal esquematizado*. São Paulo: Saraiva, 2012.

GONZALEZ, Fernando Gomez de Liaño. *El proceso penal*. Oviedo, 1987.

GORPHE, François. *LLappréciation des preuves en justice*. Paris: Recueil Sirey, 1947.

GRAVEN, Jean. Évolution, déclin et transformation du jury. *Le jury face au droit pénal moderne*. Journée d'études juridiques Jean Dabin. Bruxelles: Émile Bruylant, 1967.

GRECO FILHO, Vicente. *Interceptação telefônica (considerações sobre a Lei 9.296/96, de 24 de julho de 1996)*. São Paulo: Saraiva, 1996.

GRECO FILHO, Vicente. *Manual de processo penal*. São Paulo: Saraiva, 1991.

GRECO FILHO, Vicente. Questões polêmicas sobre a pronúncia. *Tribunal do júri – Estudo sobre a mais democrática instituição jurídica brasileira*. São Paulo: RT, 1999.

GRECO FILHO, Vicente. *Tutela constitucional das liberdades*. São Paulo: Saraiva, 1989.

GREEN, Eric C.; NESSON, Charles R. *Federal rules of evidence*. Boston-New York-Toronto--London: Little, Brown & Company, 1994.

GRINOVER, Ada Pellegrini. A democratização dos tribunais penais: participação popular. *Revista de Processo*, n. 52, 1988.

GRINOVER, Ada Pellegrini. *Liberdades públicas e processo penal*. 2. ed. São Paulo: RT, 1982.

GRINOVER, Ada Pellegrini. Mandado de segurança contra ato jurisdicional penal. *Mandado de segurança*. Coord. Aroldo Plínio Gonçalves. Belo Horizonte: Del Rey, 1996.

GRINOVER, Ada Pellegrini. *O processo em sua unidade* – II. Rio de Janeiro: Forense, 1984.

GRINOVER, Ada Pellegrini. O regime brasileiro das interceptações telefônicas. *Revista Brasileira de Ciências Criminais*, n. 17, jan.-mar. 1997.

GRINOVER, Ada Pellegrini; GOMES FILHO, Antonio Magalhães; FERNANDES, Antonio Scarance. *As nulidades no processo penal*. 8. ed. rev. amp. São Paulo: Malheiros, 2004.

GRINOVER, Ada Pellegrini; GOMES FILHO, Antonio Magalhães; FERNANDES, Antonio Scarance. *Recursos no processo penal*. São Paulo: RT, 1996.

GRINOVER, Ada Pellegrini; GOMES FILHO, Antonio Magalhães; FERNANDES, Antonio Scarance; GOMES, Luiz Flávio. *Juizados Especiais Criminais – Comentários à Lei 9.099, de 26.09.1995*. 3. ed., 2. tir. São Paulo: RT, 1999; 5. ed., 2005.

GRINOVER, Ada Pellegrini; DINAMARCO, Cândido Rangel; CINTRA, Antonio Carlos de Araújo. *Teoria geral do processo*. 25. ed. São Paulo: Malheiros, 2009.

HADDAD, Carlos Henrique Borlido. *O interrogatório no processo penal*. Belo Horizonte: Del Rey, 2000.

HOFFMAN, Henrique. MACHADO, Leonardo Marcondes. ANSELMO, Márcio Adriano. GOMES, Rodrigo Carneiro. BARBOSA, Ruchester Marreiros. *Investigação criminal pela polícia judiciária*. Rio de Janeiro: Editora Lumen Juris, 2016.

INGMAN, Terence. *The english legal process*. 6. ed. London: Blackstone, 1996.

ISAZA, Henry Eyner. *Medios electronicos e informaticos y su implementacion al sistema penal acusatorio*. Bogotá: Ediciones Nueva Jurídia, 2016.

JACKSON, John; DORAN, Sean. *Judge without jury*. Oxford: Clarendon Press, 1995.

JACQUES, Paulino. *Curso de direito constitucional*. 3. ed. Rio de Janeiro: Forense, 1962.

JARDIM, Afrânio Silva. *Ação penal pública – Princípio da obrigatoriedade*. 2. ed. Rio de Janeiro: Forense, 1994.

JARDIM, Afrânio Silva. *Direito processual penal*. 11. ed. Rio de Janeiro: Forense, 2003.

JARDIM, Afrânio Silva et alli. *Temas atuais de direito*. Rio de Janeiro: Editora Liber Juris, 1986.

JELLINEK, Georg. *Teoría general del Estado*. 2. ed. Trad. Fernando de Los Ríos Urruti. México: Compañía Editorial Continental, 1956.

JESUS, Damásio E. *Código de Processo Penal anotado*. 16. ed. São Paulo: Saraiva, 1999.

JIMÉNEZ, Hernando Londoño. *Derecho procesal penal*. Bogotá: Temis, 1982.

JOBSON, Keith B. *Human rights in criminal procedure in Canada*. In: ANDREWS, J. A. *Human rights in criminal procedure – A comparative study*. The Hague, Boston, London: Martinus Nijhoff Publishers, 1982.

JUÁREZ MUÑOZ, Carlos. REÁTEGUI SÁNCHEZ, James. REÁTEGUI LOZANO, Rolando. *El proceso penal inmediato en casos de flagrancia delictiva*. Lima: Editora Ediciones Legales, 2016.

JUNQUEIRA, Roberto de Rezende. Do livre convencimento do juiz e de seus poderes na instrução criminal e na aplicação das penas. *Justitia*, v. 88.

KARAM, Maria Lúcia. *Competência no processo penal*. 3. ed. São Paulo: RT, 2002.

KARAM, Maria Lúcia. *Juizados Especiais Criminais – A concretização antecipada do poder de punir*. São Paulo: RT, 2004.

KELSEN, Hans. *Teoria pura do direito*. 4. ed. Trad. João Baptista Machado. Coimbra: Arménio Amado, 1979.

KNITTEL, Eberhard; SEILER, Dietmar. The merits of trial by jury. *Cambridge Law Journal*, v. 30, 1972.

KRONAWETTER, Alfredo Enrique. La emergência de un "nuevo" sujeto: la víctima y el imperativo constitucional de su participación en el proceso penal paraguayo. *La víctima en el proceso penal – Su régimen legal en Argentina, Bolivia, Brasil, Chile, Paraguay, Uruguay*. Buenos Aires: Depalma, 1997.

LACERDA, Galeno. *Teoria geral do processo*. Rio de Janeiro: Forense, 2006.

LAFAVE, Wayne R.; ISRAEL, Jerold H. *Criminal procedure*. 2. ed. St. Paul: West Publishing Co., 1992.

LARSON, Arthur; JENKS, C. Wilfred. *Sovereignty within the law*. New York-London: Oceana, Stevens & Sons, 1965.

LEAL, Victor Nunes. *Coronelismo, enxada e voto*. 3. ed., 1. reimp. Rio de Janeiro: Nova Fronteira, 1997.

LEIGH, Leonard H. The protection of the rights of the accused in pre-trial procedure: England and Wales. In: ANDREWS, J. A. *Human rights in criminal procedure – A comparative study*. The Hague, Boston, London: Martinus Nijhoff Publishers, 1982.

LEONE, Giovanni. *Elementi di diritto e procedura penale*, 4. ed. Napoli: Editore Jovene, 1975.

LEONEL, Ricardo de Barros. PUOLI, José Carlos Baptista. BONÍCIO, Marcelo José Magalhães. *Direito processual constitucional*. Brasília: Gazeta Jurídica, 2016.

BOSCHI, José Antonio Paganella. *Ação penal – Denúncia, queixa e aditamento*. Rio de Janeiro: Aide, 1993.

LIGERTWOOD, Andrew. *Australian evidence*. 2. ed. Sidney: Butterworths, 1994.

LILLY, Graham C. *An introduction to the law of evidence*. 2. ed. St. Paul: West Publishing Co., 1992.

LIMA, Alcides de Mendonça. Júri – Instituição nociva e arcaica. *Revista Forense*, v. 196, 1961.

LIMA, Arnaldo Siqueira de; TAQUARY, Eneida Orbage de Britto. *Temas de direito penal e direito processual penal*. 3. ed. Brasília: Brasília Jurídica, 2005.

LIMA, Carolina Alves de Souza. *O princípio constitucional do duplo grau de jurisdição*. São Paulo: Manole, 2003.

LIMA, Marcellus Polastri. RIBEIRO, Bruno de Morais. *Estudos criminais em homenagem a Weber Martins Batista*. Rio de Janeiro: Lumen Juris, 2008.

LIMA, Renato Brasileiro de. *Código de Processo Penal comentado*. Salvador: Editora Jus Podivm, 2016.

LLOPIS-LLOMBART, Marco de Benito. WAUTERS, Bart. *Historia del derecho en Europa*. Navarra: Thomson Reuters, 2013.

LLOYD, Dennis. *A idéia de lei*. Trad. Álvaro Cabral. São Paulo: Martins Fontes, 1985.

LOEWENSTEIN, Karl. *Teoría de la Constitución*. Trad. Alfredo Gallego Anabitarte. Barcelona: Ariel, 1965.

LOPES, João Batista; Morais, Paulo Heber de. *Da prova penal*. 2. ed. São Paulo: Copola, 1994.

LOPES JR., Aury. *Direito processual penal*, 13a ed. São Paulo: Saraiva, 2016.

LOPES JR., Aury; BADARÓ, Gustavo Henrique. *Direito ao processo penal no prazo razoável*. Rio de Janeiro: Lumen Juris, 2006.

LUZ, Nelson Ferreira. Os critérios da soberania. *RT*, v. 315, 1962.

LYRA, Roberto. *Teoria e prática da promotoria pública*. 2. ed. Porto Alegre: Fabris e Escola Superior do Ministério Público do Rio Grande do Sul, 1989.

MACHADO, Leonardo Marcondes. ANSELMO, Márcio Adriano. GOMES, Rodrigo Carneiro. BARBOSA, Ruchester Marreiros. HOFFMAN, Henrique. *Investigação criminal pela polícia judiciária*. Rio de Janeiro: Editora Lumen Juris, 2016.

MACIEIRA, António. *Do júri criminal*. Lisboa: Imprensa Nacional, 1914.

MACIEL, Adhemar Ferreira. O devido processo legal e a Constituição brasileira de 1988 – Doutrina e jurisprudência. *Revista da Associação dos Magistrados Brasileiros*, v. 2, 1997.

MADLENER, Kurt. The protection of human rights in the criminal procedure of the Federal Republic of Germany. In: ANDREWS, J. A. *Human rights in criminal procedure – A comparative study*. The Hague, Boston, London: Martinus Nijhoff Publishers, 1982.

MALAN, Diogo; PRADO, Geraldo (coord.). *Processo penal e democracia – estudos em homenagem aos 20 anos da Constituição da República de 1988*. Rio de Janeiro: Lumen Juris, 2009.

MALATESTA, Nicola Framarino dei. *A lógica das provas em matéria criminal*. Trad. Alexandre Augusto Correia. São Paulo: Saraiva, 1960. v. I e II.

MALULY, Jorge Assaf. DEMERCIAN, Pedro Henrique. *Curso de processo penal*, 9. ed. Rio de Janeiro: Forense, 2014.

MANSCHRECK, C. L. *A history of christianity*: from persecution to uncertainty. New Jersey: Englewood Cliffs, 1974.

MANZINI, Vincenzo. *Istituzioni di diritto processuale penale*. 10. ed. Padova: Cedam, 1950.

MANZINI, Vincenzo. *Trattato di diritto processuale penale italiano*. 4. ed. Torino: Unione Tipografico-Editrice Torinese, 1952. v. 1, 2 e 3.

MARCÃO, Renato. *Curso de execução penal*. 12. ed. São Paulo: Saraiva, 2014.

MARCÃO, Renato. *Curso de processo penal*, 2a ed. São Paulo: Saraiva, 2016.

MARCATO, Antonio Carlos. *Procedimentos especiais*. 6. ed. São Paulo: Malheiros, 1994.

MARINONI, Luiz Guilherme; MITIDIERO, Daniel. *Repercussão geral no recurso extraordinário*. São Paulo: RT, 2007.

MARITAIN, Jacques. A ordem dos conceitos – Lógica menor. *Elementos de Filosofia 2*. 13. ed. Rio de Janeiro: Agir.

MARQUES, Ivan Luís; MONTEIRO, André Vinícius; GEMIGNANI, Daniel; NUCCI, Guilherme de Souza; Silva, Raphael Zanon da. Ação civil *ex delicto*: problemática e procedimento após a Lei 11.719/2008. *RT*, v. 888, p. 395, out. 2009.

MARQUES, Ivan Luís. *Reforma Processual Penal de 2008*. São Paulo: RT, 2008.

MARQUES, José Frederico. *Da competência em matéria penal*. Atual. José Renato Nalini e Ricardo Dip. Campinas: Millenium, 2000.

MARQUES, José Frederico. *Elementos de direito processual penal*. Atual. Victor Hugo Machado da Silveira. Campinas: Bookseller, 1997. v. 1-4.

MARQUES, José Frederico. Encerramento da formação da culpa no processo penal do júri. *Estudos de direito e processo penal em homenagem a Nélson Hungria*. Rio de Janeiro-São Paulo: Forense, 1962.

MARQUES, José Frederico. *A instituição do júri*. Atual. Hermínio Alberto Marques Porto et al. Campinas: Bookseller, 1997.

MARQUES, José Frederico. *O júri e sua nova regulamentação legal*. São Paulo: Saraiva, 1948.

MARQUES, José Frederico. *O júri no direito brasileiro*. 2. ed. São Paulo: Saraiva, 1955.

MARQUES, José Frederico. Notas e apontamentos sobre o júri. *RJTJSP*, v. IX, 1969.

MARQUES, José Frederico. *Tratado de direito processual penal*. São Paulo: Saraiva, 1980. v. 1 e 2.

MARQUES, José Frederico. *Estudos de direito processual penal*. Rio de Janeiro: Forense, 1960.

MARQUES, Paulo Edson. O promotor e a reforma da instituição do júri. *Justitia*, v. 43, 1981.

MARREY, Adriano. A publicidade dos julgamentos e a "sala secreta" no júri. *Revista Jurídica*, v. 188, jun. 1993.

MARREY, Adriano; FRANCO, Alberto Silva; STOCO, Rui. *Teoria e prática do júri*. 6. ed. São Paulo: RT, 1997; 7. ed., 2000.

MARTINAGE, Renée. L'évolution du jury en France et en Europe depuis la Révolution de 1789. *Revue internationale de droit penal – La phase décisoire du procès pénal en droit comparé*. Paris: Erès, 1986.

MARTÍNEZ ARRIETA, Andrés. ENCINAR DEL POZO, Miguel Ángel. *El recurso de casación y de revisión penal*, 3a. ed. Valencia: Tirant lo blanch, 2016.

MAUET, Thomas A. *Pretrial*. 3. ed. Boston: Little, Brown and Company, 1995.

MAXIMILIANO, Carlos. *Comentários à Constituição brasileira*. 5. ed. Rio de Janeiro-São Paulo: Freitas Bastos, 1954. v. 1-3.

MAXIMILIANO, Carlos. *Hermenêutica e aplicação do direito*. 19. ed. Rio de Janeiro: Forense, 2002.

MAZZILLI, Hugo Nigro. O foro por prerrogativa de função e a Lei 10.628/2002. São Paulo, Complexo Jurídico Damásio de Jesus, jan. 2003. Disponível em: <www.damasio.com.br/novo/html/frame_artigos.htm>.

MAZZILLI, Hugo Nigro. O Ministério Público e o *habeas corpus*. RT 618/412, abr. 1987.

MAZZILLI, Hugo Nigro. *Regime jurídico do Ministério Público*. 2. ed. São Paulo: Saraiva, 1995.

MCKENZIE, Susan; KUNALEN, S. *English legal system*. London: Blackstone, 1996.

MEDEIROS, Maria Lúcia. Anotações sobre a correição parcial. *Revista de Processo*, n. 68/132, out.-dez. 1992.

MÉDICI, Sérgio de Oliveira. *Revisão criminal*. São Paulo: RT, 1998 (Coleção de Estudos de Processo Penal Prof. Joaquim Canuto Mendes de Almeida, v. 1).

MELLO, Celso D. de Albuquerque. *Curso de direito internacional público*. 7. ed. Rio de Janeiro: Freitas Bastos, 1982. v. 1.

MELLO, Dirceu de. Ação penal privada subsidiária: origem, evolução e efeitos de sua extinção, em perspectiva, no campo da desídia funcional do Ministério Público no direito brasileiro. *Revista de Processo*, n. 2, p. 207-213.

MELLO, Dirceu de. Revisão criminal – Prova [parecer]. *Justitia*, v. 98, 1977.

MELLO, Marco Aurélio de. O *habeas corpus* e a competência originária do STF. *Revista Brasileira de Ciências Criminais*, n. 9, jan.-mar. 1995.

MELLO FILHO, José Celso. *Constituição Federal anotada*. 2. ed. amp. São Paulo: Saraiva, 1986.

MELO, Raphael. *Audiência de custódia no processo penal*. Belo Horizonte: D'Plácido Editora, 2016.

MENDES JÚNIOR, João. *O processo criminal brasileiro*, v. 1 e 2, 3a. ed. Rio de Janeiro: Typ. Baptista de Souza, 1920.

MÉNDEZ, Francisco Ramos. *El processo penal – Tercera lectura constitucional*. Barcelona: Bosch, 1993.

MILTON, Aristides A. *A Constituição do Brazil – Notícia historica, texto e commentario*. 2. ed. Rio de Janeiro: Imprensa Nacional, 1898.

MIRABETE, Julio Fabbrini. *Código de Processo Penal interpretado*. 5. ed. São Paulo: Atlas, 1997.

MIRABETE, Julio Fabbrini. A competência dos Juizados Especiais Criminais. *RJ* 222/144, abr. 1996.

MIRABETE, Julio Fabbrini. *Processo penal*. 8. ed. rev. e atual. São Paulo: Atlas, 1998.

MIRANDA, Gilson Delgado. *Procedimento sumário*. São Paulo: RT, 2000.

MIRANDA, Jorge. *Constituições de diversos países*. 3. ed. Lisboa: Imprensa Nacional Casa da Moeda, 1986. v. 1.

MIRANDA, Jorge. *Constituições de diversos países*. 3. ed. Lisboa: Imprensa Nacional Casa da Moeda, 1987. v. 2.

MIRANDA, Jorge. *Manual de direito constitucional*. 3. ed. Coimbra: Coimbra Editora, 1987. t. I.

MIRANDA, Jorge. *Manual de direito constitucional*. 2. ed. Coimbra: Coimbra Editora, 1988. t. II.

MIRANDA, Jorge. *Manual de direito constitucional*. 2. ed. Coimbra: Coimbra Editora, 1987. t. III.

MIRANDA, Jorge. *Manual de direito constitucional*. Coimbra: Coimbra Editora, 1988. t. IV.

MITIDIERO, Daniel; MARINONI, Luiz Guilherme. *Repercussão geral no recurso extraordinário*. São Paulo: RT, 2007.

MITTERMAIER, C. J. A. *Tratado da prova em matéria criminal*. 2. ed. Rio de Janeiro: Eduardo & Henrique Laemmert, 1879.

MOMMSEN, Teodoro. *Derecho penal romano*. Bogotá: Temis, 1991.

MONTEIRO, André Vinícius; GEMIGNANI, Daniel; NUCCI, Guilherme de Souza; MARQUES, Ivan Luís; SILVA, Raphael Zanon da. Ação civil *ex delicto*: problemática e procedimento após a Lei 11.719/2008. *RT*, v. 888, p. 395, out. 2009.

MONTESQUIEU. *O espírito das leis*. Trad. Pedro Vieira Mota. 4. ed. São Paulo: Saraiva, 1996.

MORAES, Alexandre de. *Direito constitucional*. 7. ed. São Paulo: Atlas, 2000.

MORAES, Alexandre de. *Direitos humanos fundamentais – Teoria geral, comentários aos arts. 1.º a 5.º da Constituição da República Federativa do Brasil – Doutrina e jurisprudência*. 2. ed. São Paulo: Atlas, 1998 (Coleção Temas Jurídicos, v. 3).

MORAES, Alexandre de. Provas ilícitas e proteção aos direitos humanos fundamentais. *Boletim IBCCRIM*, n. 63, fev. 1998.

MORAES, Alexandre de; PAZZAGLINI FILHO, Marino; SMANIO, Gianpaolo Poggio; VAGGIONE, Luiz Fernando. *Juizado Especial Criminal – Aspectos práticos da Lei 9.099/95, com jurisprudência atualizada*. 2. ed. São Paulo: Atlas, 1997.

MORAES, Maurício Zanoide. *Interesse e legitimação para recorrer no processo penal brasileiro*. São Paulo: RT, 2000 (Coleção de Estudos de Processo Penal Prof. Joaquim Canuto Mendes de Almeida, v. 4).

MORAES, Maurício Zanoide. *Leis penais especiais e sua interpretação jurisprudencial*. 7. ed. Coord. Alberto Silva Franco e Rui Stoco. São Paulo: RT, 2001.

MORAES, Maurício Zanoide; ALMEIDA, José Raul Gavião de; FERNANDES, Antonio Scarance (coord). *Sigilo no processo penal – eficiência e garantismo*. São Paulo: RT, 2008.

MORAIS, Paulo Heber de; LOPES, João Batista. *Da prova penal*. 2. ed. São Paulo: Copola, 1994.

MORGAN, David et al. *Suspicion & Silence – The right to silence in criminal investigations*. Londres: Blackstone Press Limited, 1994.

MOURA, Maria Thereza Rocha de Assis; PITOMBO, Cleunice A. Valentim Bastos. *Habeas corpus* e advocacia criminal: ordem liminar e âmbito de cognição. *Tortura, crime militar, habeas corpus. Justiça penal – Críticas e sugestões*, v. 5. Coord. Jaques de Camargo Penteado. São Paulo: RT, 1997.

MOURA, Maria Thereza Rocha de Assis. *Justa causa para a ação penal – Doutrina e jurisprudência*. São Paulo: RT, 2001 (Coleção de Estudos de Processo Penal Prof. Joaquim Canuto Mendes de Almeida, v. 5).

MOURA, Mario de Assis. *Reforma da Instituição do Jury (no Estado de São Paulo)*. São Paulo: Saraiva, 1930.

MUCCIO, Hidejalma. *Curso de processo penal*. São Paulo: Edipro, 2000. v. 1.

MUÑOZ CUESTA, Francisco Javier. "Valor probatorio de las declaraciones de investigados ante policía: declaraciones espontáneas del detenido". In: *La prueba en el proceso penal*. Navarra: Thomson Reuters, Aranzadi: 2016.

MURPHY, Peter. *Evidence & advocacy*. 4. ed. Londres: Blackstone Press Limited, 1990.

NASSIF, Aramis. *Júri – Instrumento da soberania popular*. Porto Alegre: Livraria do Advogado, 1996.

NASSIF, Aramis. *Sentença penal – o desvendar de Themis*. Rio: Lumen Juris, 2005.

NAVARRO MASSIP, Jorge. "El 'maquiavelismo probatorio' de la prueba ilicitamente obtenida en el proceso penal español". In: *La prueba en el proceso penal*. Navarra: Thomson Reuters, Arazandi, 2016.

NERY JR., Nelson. *Princípios do processo civil na Constituição Federal*. São Paulo: RT, 1992.

NICOLITT, André. *Manual de processo penal*, 6a. ed. São Paulo: RT, 2016.

NIEVA-FENOLL, Jordi. *Coisa julgada*. Trad. Antonio do Passo Cabral. WAMBIER, Teresa Arruda Alvim; TALAMINI, Eduardo (coord.). São Paulo: RT, 2016.

NOGUEIRA, Carlos Frederico Coelho. *Comentários ao Código de Processo Penal*. São Paulo: Edipro, 2002. v. 1.

NOGUEIRA, Carlos Frederico Coelho. Efeitos da condenação, reabilitação e medidas de segurança. *Curso sobre a reforma penal*. Coord. Damásio E. de Jesus. São Paulo: Saraiva, 1985.

NOGUEIRA, Carlos Frederico Coelho. Mandado de segurança contra decisão judicial que assegura à testemunha a ser ouvida em inquérito policial fazer-se acompanhar de advogado (parecer). *Justitia*, v. 134, p. 147, 1986.

NOGUEIRA, Carlos Frederico Coelho; ELUF, Luiza Nagib. *Quem tem medo da investigação do Ministério Público?* O Estado de S. Paulo, Espaço Aberto, A2, 25.08.2004.

NOGUEIRA, Paulo Lúcio. *Curso completo de processo penal*. 10. ed. São Paulo: Saraiva, 1996.

NONAKA, Gilberto. *Habeas corpus* e Justiça Militar Estadual. *Tortura, crime militar, habeas corpus. Justiça Penal – Críticas e sugestões*, v. 5. Coord. Jaques de Camargo Penteado. São Paulo: RT, 1997.

NORONHA, E. Magalhães. *Curso de direito processual penal*. 6. ed. São Paulo: Saraiva, 2020.

NUCCI, Guilherme de Souza. *Código Penal Comentado*. 24. ed. Rio de Janeiro: Forense, 2024.

NUCCI, Guilherme de Souza. *Código de Processo Penal Comentado*. 23. ed. Rio de Janeiro: Forense, 2024.

NUCCI, Guilherme de Souza. *Curso de Direito Penal*. Parte geral. 8. ed. Rio de Janeiro: Forense, 2024. vol. 1.

NUCCI, Guilherme de Souza. *Curso de Direito Penal*. Parte especial. 8. ed. Rio de Janeiro: Forense, 2024. vol. 2.

NUCCI, Guilherme de Souza. *Curso de Direito Penal*. Parte especial. 8. ed. Rio de Janeiro: Forense, 2024. vol. 3.

NUCCI, Guilherme de Souza. *Habeas Corpus*. 4. ed. Rio de Janeiro: Forense, 2022.

NUCCI, Guilherme de Souza. *Individualização da Pena*. 8. ed. Rio de Janeiro: Forense, 2022.

NUCCI, Guilherme de Souza. *Leis Penais e Processuais Penais Comentadas*. 15. ed. Rio de Janeiro: Forense, 2023. vol. 1 e 2.

NUCCI, Guilherme de Souza. *Manual de Direito Penal*. 20. ed. Rio de Janeiro: Forense, 2024.

NUCCI, Guilherme de Souza. *Manual de Processo Penal*. 5. ed. Rio de Janeiro: Forense, 2024.

NUCCI, Guilherme de Souza. *Prática Forense Penal*. 15. ed. Rio de Janeiro: Forense, 2024.

NUCCI, Guilherme de Souza. *Princípios Constitucionais Penais e Processuais Penais*. 4. ed. Rio de janeiro: Forense, 2015.

NUCCI, Guilherme de Souza. *Provas no Processo Penal*. 5. ed. Rio de janeiro: Forense, 2022.

NUCCI, Guilherme de Souza. *Tratado de Crimes Sexuais*. Rio de Janeiro: Forense, 2022.

NUCCI, Guilherme de Souza. *Tribunal do Júri*. 10. ed. Rio de Janeiro: Forense, 2024.

NUNES, Adeildo. *Comentários à lei de execução penal*. Rio de Janeiro: Forense, 2016.

O'CONNELL, Michael. *Truth, the first casualty*. Eire: Riverstone, 1993.

OLIVEIRA, Eugênio Pacelli de. *Processo e hermenêutica na tutela penal dos direitos fundamentais*. Belo Horizonte: Del Rey, 2004.

OLIVEIRA, Eugênio Pacelli de. *Regimes constitucionais da liberdade provisória*. Rio de Janeiro: Lumen Juris, 2007.

OLIVEIRA, Eugênio Pacelli de. *Curso de processo penal*, 20a ed. Rio de Janeiro: Atlas, 2016.

OLIVEIRA, João Martins de. *Revisão criminal*. São Paulo: Sugestões Literárias, 1967.

OLIVEROS, Raúl Tavolari. La situación de la víctima del delito en el proceso penal chileno. *La víctima en el proceso penal – Su régimen legal en Argentina, Bolivia, Brasil, Chile, Paraguay, Uruguay*. Buenos Aires: Depalma, 1997.

OLMEDO, Jorge A. Clariá. *Tratado de derecho procesal penal*. Buenos Aires: Ediar, 1960. v. 1 e 2.

OSAKWE, Christopher. The Bill of Rights for the criminal defendant in american law. In: ANDREWS, J. A. *Human rights in criminal procedure – A comparative study*. The Hague, Boston, London: Martinus Nijhoff Publishers, 1982.

PARADA NETO, José. A defesa no plenário do júri. *Tribunal do júri – Estudo sobre a mais democrática instituição jurídica brasileira*. São Paulo: RT, 1999.

PALAZZO, Francesco. *Valores constitucionais e direito penal.* Trad. Gérson Pereira dos Santos. Porto Alegre: Fabris Editor, 1989.

PALMIERI, Germano. *Dizionario dei termini giuridici.* Milão: Biblioteca Universale Rizzoli, 1993.

PAUPÉRIO, Artur Machado. *O conceito polêmico de soberania.* 2. ed. Rio de Janeiro: Forense, 1958.

PAUPÉRIO, Artur Machado. *Teoria geral do Estado (direito político).* 8. ed. Rio de Janeiro: Forense, 1983.

PAZZAGLINI FILHO, Marino; MORAES, Alexandre; SMANIO, Gianpaolo Poggio; VAGGIONE, Luiz Fernando. *Juizado Especial Criminal – Aspectos práticos da Lei 9.099/95, com jurisprudência atualizada.* 2. ed. São Paulo: Atlas, 1997.

PEDROSO, Fernando de Almeida. *Processo penal, o direito de defesa: repercussão, amplitude e limites.* 2. ed. São Paulo: RT, 1994.

PEÑA, Manuel S. *Practical criminal investigation.* 3. ed. Placerville: Copperhouse Publishing, 1993.

PENALVA, Ernesto Pedraz. *Derecho procesal penal – Princípios de derecho procesal penal.* Madrid: Colex, 2000. t. I.

PENTEADO, Jacques de Camargo. *Acusação, defesa e julgamento.* Campinas: Millennium, 2001.

PENTEADO, Jacques de Camargo. *Duplo grau de jurisdição no processo penal – Garantismo e efetividade.* São Paulo: RT, 2006.

PENTEADO, Jacques de Camargo. Revisão criminal. *RT,* v. 720, 1995.

PEREIRA, Maurício Henrique Guimarães. *Habeas corpus* e polícia judiciária. *Tortura, crime militar,* habeas corpus. *Justiça penal – Críticas e sugestões,* v. 5. Coord. Jaques de Camargo Penteado. São Paulo: RT, 1997.

PIERANGELI, José Henrique. *Códigos penais do Brasil (evolução histórica).* Bauru: Jalovi, 1980.

PIERANGELI, José Henrique. *Processo penal (evolução histórica e fontes legislativas).* Bauru: Jalovi, 1983.

PIMENTEL, Manoel Pedro. A oratória perante o júri. *RT,* v. 628, 1988.

PIMENTEL, Manoel Pedro. Vida e morte do Tribunal do Júri de economia popular. *RT,* v. 434, 1971.

PINTO FERREIRA. *Comentários à Constituição brasileira.* São Paulo: Saraiva, 1989. v. 1.

PINTO FERREIRA. *Princípios gerais do direito constitucional moderno.* 6. ed. São Paulo: Saraiva, 1983. v. 1 e 2.

PINTO FERREIRA. *Teoria geral do Estado.* 3. ed. São Paulo: Saraiva, 1975. v. 1 e 2.

PIOVESAN, Flávia. *Direitos humanos e direito constitucional internacional.* São Paulo: Max Limonad, 1996.

PISANI, Mario. *La tutela penale delle prove formate nel processo.* Milão: Dott. A. Giuffrè, 1959.

PITOMBO, Cleunice A. Valentim Bastos. *Da busca e da apreensão no processo penal.* São Paulo: RT, 1999 (Coleção de Estudos de Processo Penal Prof. Joaquim Canuto Mendes de Almeida, v. 2).

PITOMBO, Cleunice A. Valentim Bastos. Comissão Parlamentar de Inquérito e os institutos da busca e da apreensão. *Justiça penal – Críticas e sugestões*, v. 7. Coord. Jaques de Camargo Penteado. São Paulo: RT, 2000.

PITOMBO, Cleunice A. Valentim Bastos; MOURA, Maria Thereza Rocha de Assis. *Habeas corpus* e advocacia criminal: ordem liminar e âmbito de cognição. *Tortura, crime militar, habeas corpus. Justiça penal – Críticas e sugestões*, v. 5. Coord. Jaques de Camargo Penteado. São Paulo: RT, 1997.

PITOMBO, Sérgio Marcos de Moraes. A identificação processual penal e a Constituição de 1988. *RT*, v. 635, 1988.

PITOMBO, Sérgio Marcos de Moraes. O juiz penal e a pesquisa da verdade material. *Processo penal e Constituição Federal*. Org. Hermínio Alberto Marques Porto. São Paulo: Acadêmica, 1993.

PITOMBO, Sérgio Marcos de Moraes Procedimento administrativo criminal, realizado pelo Ministério Público. *Boletim do Instituto Manoel Pedro Pimentel*, n. 22, jun.-ago. 2003.

PITOMBO, Sérgio Marcos de Moraes. Pronúncia e o *in dubio pro societate. Boletim do Instituto Manoel Pedro Pimentel*, n. 17, jul.-set. 2001.

PITOMBO, Sérgio Marcos de Moraes. *Do sequestro no processo penal brasileiro*. São Paulo: Bushatsky, 1978.

PITOMBO, Sérgio Marcos de Moraes. Supressão do libelo. *Tribunal do júri – Estudo sobre a mais democrática instituição jurídica brasileira*. São Paulo: RT, 1999.

PITOMBO, Sérgio Marcos de Moraes; TUCCI, Rogério Lauria. *Princípios e regras orientadoras do novo processo penal brasileiro*. Rio de Janeiro: Forense, 1986.

POLASTRI, Marcellus. *Curso de processo penal*, 9a ed. Brasília: Gazeta Jurídica, 2016.

POLI, Camilin Marcie de. *Sistemas processuais penais*. Florianópolis: Empório do Direito, 2016.

PONTE, Antonio Carlos da. *Inimputabilidade e processo penal*. São Paulo: Atlas, 2002.

PONTES DE MIRANDA, Francisco Cavalcanti. *Comentários à Constituição de 1946*. 3. ed. rev. e aum. Rio de Janeiro: Borsoi, 1960. t. V e VI.

PONTES DE MIRANDA, Francisco Cavalcanti. *Comentários à Constituição de 1967*. São Paulo: RT. t. V.

PONTES DE MIRANDA, Francisco Cavalcanti. *História e prática do* habeas corpus *(Direito constitucional e processual comparado)*. 3. ed. Rio de Janeiro: José Konfino, 1955.

PORTAL MANRUBIA et alli. *La prueba en el proceso penal*. Navarra: Thomson Reuters, 2016.

PORTO, Hermínio Alberto Marques. Julgamento pelo Tribunal do Júri: questionário. *Tribunal do júri – Estudo sobre a mais democrática instituição jurídica brasileira*. São Paulo: RT, 1999.

PORTO, Hermínio Alberto Marques. Júri – Excepcionalidade da reforma da decisão dos jurados. *Justitia*, v. 96, 1977.

PORTO, Hermínio Alberto Marques. *Júri (Procedimento e aspectos do julgamento – Questionários)*. 7. ed. São Paulo: Malheiros, 1993.

PORTO, Hermínio Alberto Marques. *Júri (Procedimento e aspectos do julgamento – Questionários)*. 10. ed. São Paulo: Saraiva, 2001.

PORTO, Hermínio Alberto Marques. Júri – Segunda apelação pelo mérito. *Justitia*, v. 90, 1975.

PORTO, Hermínio Alberto Marques. Procedimento do júri e *habeas corpus. Tortura, crime militar,* habeas corpus. *Justiça penal – Críticas e sugestões,* v. 5. Coord. Jaques de Camargo Penteado. São Paulo: RT, 1997.

POZZER, Benedito Roberto Garcia. *Correlação entre acusação e sentença no processo penal brasileiro.* São Paulo: IBCCRIM, 2001.

PRADO, Geraldo. *Sistema acusatório. A conformidade constitucional das leis processuais penais.* 3. ed. Rio de Janeiro: Lumen Juris, 2005.

PRADO, Geraldo; MALAN, Diogo (coord.). *Processo penal e democracia – estudos em homenagem aos 20 anos da Constituição da República de 1988.* Rio de Janeiro: Lumen Juris, 2009.

PRADO, Geraldo. *Prova penal e sistema de controles epistêmicos. A quebra da cadeia de custódia das provas obtidas por métodos ocultos.* São Paulo: Marcial Pons, 2014.

PUOLI, José Carlos Baptista; BONÍCIO, Marcelo José Magalhães; LEONEL, Ricardo de Barros. *Direito processual constitucional.* Brasília: Gazeta Jurídica, 2016.

PUOLI, José Carlos Baptista. *Da revisão criminal. Condições da ação.* São Paulo: Malheiros, 1998.

PUOLI, José Carlos Baptista. *O direito de não produzir prova contra si mesmo – o princípio nemo tenetur se detegere e suas decorrências no processo penal.* São Paulo: Saraiva, 2012.

QUEIJO, Maria Elizabeth. *Estudos em processo penal.* São Paulo: Siciliano Jurídico, 2004.

RAMOS, João Gualberto Garcez. O júri como instrumento de efetividade da reforma penal. *RT,* v. 699, 1994.

RAMOS, Saulo. Inquérito policial sem polícia. *Folha de S. Paulo,* Tendências e Debates, p. A3, 09.07.2004.

RANGEL, Paulo. *Direito processual penal,* 24a ed. Rio de Janeiro: Atlas, 2016.

RASCOVISKI, Luiz (cood). *Temas relevanes de direito penal e processual penal.* São Paulo: Saraiva, 2012.

REALE, Miguel. *Filosofia do direito.* São Paulo: Saraiva, 1983.

REALE, Miguel. *Liberdade e democracia.* São Paulo: Saraiva, 1987.

REÁTEGUI LOZANO, Rolando. JUÁREZ MUÑOZ, Carlos. REÁTEGUI SÁNCHEZ, James. *El proceso penal inmediato en casos de flagrancia delictiva.* Lima: Editora Ediciones Legales, 2016.

REÁTEGUI SÁNCHEZ, James. REÁTEGUI LOZANO, Rolando. JUÁREZ MUÑOZ, Carlos. *El proceso penal inmediato en casos de flagrancia delictiva.* Lima: Editora Ediciones Legales, 2016.

REIS, Alexandre Cebrian Araújo e GONÇALVES, Victor Eduardo Rios. *Direito processual penal esquematizado.* São Paulo: Saraiva, 2012.

REZEK, J. F. *Direito internacional público – Curso elementar.* 6. ed. São Paulo: Saraiva, 1996.

RIBEIRO, Antônio de Pádua. Salvem o Judiciário. *Folha de S. Paulo,* Caderno Tendências e Debates, 05.10.1997.

RIBEIRO, Bruno de Morais. LIMA, Marcellus Polastri. *Estudos criminais em homenagem a Weber Martins Batista.* Rio de Janeiro: Lumen Juris, 2008.

RIBEIRO JUNIOR, Euripedes Clementino. *Direitos humanos e o enfrentamento da tortura no Brasil*. Goiânia: Kelps, 2015.

ROBERTSHAW, Paul. *Jury and judge – The Crown Court in action*. Aldershot, Brookfield, Singapore & Sidney: Dartmouth, 1995.

ROCHA, Francisco de Assis do Rêgo Monteiro. *Curso de direito processual penal*. Rio de Janeiro: Forense, 1999.

ROCHA, Luiz Otavio de Oliveira; BAZ, Marco Antonio Garcia. *Fiança criminal e liberdade provisória*. São Paulo: RT, 1999.

RODRÍGUEZ PANIAGUA, José M. *Historia del pensamiento jurídico*. Madrid: Editorial Biblioteca Nueva, 2013.

ROGEIRO, Nuno. *Constituição dos EUA – Estudo sobre o sistema constitucional dos Estados Unidos*. Lisboa: Gradiva, 1993.

ROGEIRO, Nuno. *A lei fundamental da República Federal da Alemanha*. Coimbra: Coimbra Editora, 1996.

ROMANO, Santi. *Princípios de direito constitucional geral*. Trad. Maria Helena Diniz. São Paulo: RT, 1977.

ROMEIRO, Jorge Alberto. *Elementos de direito penal e processo penal*. São Paulo: Saraiva, 1978.

ROMEIRO, Jorge Alberto. *Da ação penal*, 2a ed. Rio de Janeiro: Forense, 1978.

ROMEIRO, Jorge Alberto. *Da revisão*. Rio de Janeiro: Forense, 1964.

ROSA, Inocêncio Borges da. *Comentários ao Código de Processo Penal*. 3. ed. Atual. Angelito A. Aiquel. São Paulo: RT, 1982.

ROSA, Inocêncio Borges da. *Nulidades do processo*. Porto Alegre: Globo, 1935.

ROXIN, Claus. *La evolución de la política criminal, el derecho penal y el proceso penal*. Valencia: Tirant lo Blanch, 2000.

SAAD, Marta. *O direito de defesa no inquérito policial*. São Paulo: RT, 2004.

SABATINI, Guglielmo. *Istituzioni di diritto processuale penale*. Nápoles: Alberto Morano, 1933.

SALES, José Luis. O júri na Constituição Federal. *Revista Forense*, v. 114, 1947.

SAMPAIO, Laerte J. Castro; BUSANA, Dante. O Ministério Público no processo de *habeas corpus*. RT 438/315, abr. 1972.

SAMPAIO, Rogério Marrone de Castro. *Responsabilidade civil*. São Paulo: Atlas, 2000.

SAMUELS, Alec. The argument for a Bill of Rights in the United Kingdom. In: ANDREWS, J. A. *Human rights in criminal procedure – A comparative study*. The Hague, Boston, London: Martinus Nijhoff Publishers, 1982.

SANTORO FILHO, Antonio Carlos. Os poderes investigatórios do juiz corregedor da polícia judiciária. *Cadernos jurídicos*, São Paulo, Escola Paulista da Magistratura, n. 27, maio--ago. 2006.

SANTOS, Cleopas Isaías; ZANOTTI, Bruno Taufner. *Delegados de polícia em ação. Teoria e prática no Estado Democrático de Direito*. 2. ed. Salvador: Juspodivm, 2014.

SANTOS, José Carlos Daumas. *Princípio da legalidade na execução penal*. São Paulo: Manole--EPM, 2005.

SANTOS, Marcus Renan Palácio de M. C. dos. *Da denúncia à sentença no procedimento ordinário – Doutrina e jurisprudência*. 3. ed. Rio de Janeiro: Freitas Bastos, 2005.

SANTOS, Moacyr Amaral. *Primeiras linhas de direito processual civil*. 17. ed. São Paulo: Saraiva, 1995. v. 2.

SANTOS, Moacyr Amaral. *Prova judiciária no cível e comercial*. 5. ed. São Paulo: Saraiva, 1983. v. 1 e 2.

SANTOS JÚNIOR, Carlos Rafael dos. A extinção da sala secreta nos tribunais do júri. *Revista da Associação dos Juízes do Rio Grande do Sul*, v. 58, 1993.

SCHMIDT, Eberhard. *Los fundamentos teoricos y constitucionales del derecho procesal penal*. Trad. Jose Manuel Núñez. Buenos Aires: Editorial Bibliográfica Argentina, 1957.

SEABROOKE, Stephen et al. *Criminal evidence and procedure*: the statutory framework. Londres: Blackstone Press Limited, 1996.

SEDLEY, Stephen; Rt Hon Lord Nolan of Brasted. *The making and remaking of the British Constitution*. London: Blackstone, 1997.

SEMER, Marcelo. A síndrome dos desiguais. *Boletim da Associação dos Juízes para a Democracia*, ano 6, n. 29, jul.-set. 2002.

SÉRGIO SOBRINHO, Mário. *A identificação criminal*. São Paulo: RT, 2003.

SIEYÈS, Emmanuel Joseph. *Qu'est-ce que le Tiers État? (A Constituinte Burguesa)*. Org. Aurélio Wander Bastos. Rio de Janeiro: Liber Juris, 1986.

SILVA, Aluísio J. T. Gavazzoni. *Revisão criminal – Teoria e prática*. Rio de Janeiro-São Paulo: Freitas Bastos.

SILVA, César Dario Mariano da. *Das provas obtidas por meios ilícitos e seus reflexos no âmbito do direito processual penal*. São Paulo: Leud, 1999.

SILVA, José Afonso da. *Curso de direito constitucional positivo*. 9. ed. São Paulo: Malheiros, 1992.

SILVA, Oliveira e. *Curso de processo penal*, 2ª ed. Rio-São Paulo: Livraria Freitas Bastos, 1952.

SILVA, Raphael Zanon da; MONTEIRO, André Vinícius; GEMIGNANI, Daniel; NUCCI, Guilherme de Souza; MARQUES, Ivan Luís ; Ação civil *ex delicto*: problemática e procedimento após a Lei 11.719/2008. *RT*, v. 888, p. 395, out. 2009.

SILVA JÚNIOR, Euclides Ferreira da. *Curso de direito processual penal em linguagem prática*. São Paulo: Juarez de Oliveira, 1997.

SILVÉRIO JÚNIOR, João Porto. *Opinio delicti* (o direito de acusar no direito comparado, princípios constitucionais, controle processual, inovações nas Leis 9.099/95 e 10.409/2002). Curitiba: Juruá, 2005.

SIQUEIRA, Galdino. *Curso de processo criminal*. 2. ed. São Paulo: Livraria e Officinas Magalhães, 1930.

SIRINO, Sérgio Inácio; TAGGESELL, Hildegard. *Inquérito policial federal*. Curitiba: Juruá, 2001.

SMANIO, Gianpaolo Poggio; MORAES, Alexandre; PAZZAGLINI FILHO, Marino; VAGGIONE, Luiz Fernando. *Juizado Especial Criminal – Aspectos práticos da Lei 9.099/95, com jurisprudência atualizada*. 2. ed. São Paulo: Atlas, 1997.

SMITH, John. *Criminal evidence*. Londres: Sweet & Maxwell, 1995.

SOLON, Ari Marcelo. *Teoria da soberania como problema da norma jurídica e da decisão*. Porto Alegre: Fabris, 1997.

SOTELO, Jose Luis Vazquez. *Presuncion de inocencia del imputado e intima conviccion del tribunal*. Barcelona: Bosch.

SPIELMANN, Alphonse. De l'abolition du jury a la suppression de la Cour d'Assises (au Grand--Duché de Luxembourg). *Revue de droit penal et de criminologie*, n. 8, 9 e 10. Bruxelles: Ministère de la Justice, 1987.

SPRACK, John. *Criminal procedure*. 5. ed. London: Blackstone, 1992.

STEINER, Sylvia Helena de Figueiredo. *A convenção americana sobre direitos humanos e sua integração ao processo penal brasileiro*. São Paulo: RT, 2000.

STAMMLER, Rudolf. *El juez*. Mexico: Ediciones Coyacán, 2013.

STOCO, Rui. Crise existencial do júri no direito brasileiro. *RT*, v. 664, 1991.

STOCO, Rui. *Procedimento administrativo disciplinar no Poder Judiciário*. São Paulo: RT, 1995.

STODDART, Charles N. Human rights in criminal procedure: the Scottish experience. In: ANDREWS, J. A. *Human rights in criminal procedure – A comparative study*. The Hague, Boston, London: Martinus Nijhoff Publishers, 1982.

STRECK, Lenio Luiz. *Tribunal do júri – Símbolos & rituais*. 2. ed. Porto Alegre: Livraria do Advogado, 1994.

STRONG, John W. (Org.). *McCormick on evidence*. 4. ed. St. Paul: West Publishing Co., 1992.

SUANNES, Adauto et al. *Escritos em homenagem a Alberto Silva Franco*. São Paulo: RT, 2003.

TAGGESELL, Hildegard; SIRINO, Sérgio Inácio. *Inquérito policial federal*. Curitiba: Juruá, 2001.

TAPPER, Colin. *Cross and tapper on evidence*. 8. ed. Londres: Butterworths, 1995.

TAQUARY, Eneida Orbage de Britto; LIMA, Arnaldo Siqueira de. *Temas de direito penal e direito processual penal*. 3. ed. Brasília: Brasília Jurídica, 2005.

TAFUFFO, Michele. *A prova*. Trad. João Gabriel Couto. São Paulo: Marcial Pons, 2014.

TAFUFFO, Michele. *Uma simples verdade. O juiz e a construção dos fatos*. Trad. Vitor de Paula Ramos. São Paulo: Marcial Pons, 2012.

TASSE, Adel El. *Tribunal do Júri. Fundamentos – Procedimento – Interpretação em acordo aos princípios constitucionais – Propostas para sua modernização*. 1. ed., 3. tir. Curitiba: Juruá, 2006.

TÁVORA, Nestor; ALENCAR, Rosmar Rodrigues. *Curso de direito processual penal*. 9. ed. Salvador: Juspodivm, 2014.

TEIXEIRA, Meirelles. *Curso de direito constitucional*. Org. Maria Garcia. Rio de Janeiro: Forense Universitária, 1991.

TELLES Júnior, Goffredo. Preleção sobre o justo. *Justitia*, v. 50.

THORNTON, Peter et al. Justice on trial. *Report of the Independent Civil Liberty Panel on Criminal Justice*. Londres: Edward Bear Associates & Crowes of Norwich, 1993.

TJADER, Ricardo Luiz da Costa. O júri segundo as normas da Constituição Federal de 1988. *Revista da Associação dos Juízes do Rio Grande do Sul*, v. 58, 1993.

TOCQUEVILLE, Alexis de. *Democracy in America*. Edited by Richard D. Heffner. New York: Penguin Books, 1984.

TORNAGHI, Hélio. *Compêndio de processo penal*. Rio de Janeiro: José Konfino, 1967. t. I, II, III e IV.

TORNAGHI, Hélio. *Curso de processo penal*. 4. ed. São Paulo: Saraiva, 1987. v. 1 e 2.

TORNAGHI, Hélio. *Instituições de processo penal*. Rio de Janeiro: Forense, 1959. v. 1 a 5.

TORNAGHI, Hélio. *A relação processual penal*. 2. ed. São Paulo: Saraiva, 1987.

TORON, Alberto Zacharias. *Habeas corpus. Controle do devido processo penal: questões controvertidas e de processamento do* writ. São Paulo: RT, 2017.

TORRES, José Henrique Rodrigues. Quesitação: a importância da narrativa do fato na imputação inicial, na pronúncia, no libelo e nos quesitos. *Tribunal do júri – Estudo sobre a mais democrática instituição jurídica brasileira*. São Paulo: RT, 1999.

TORRES AGUILAR, Manuel (coord.). *Manual de historia del derecho*. Madrid: Editorial Tecnos, 2016.

TOURINHO FILHO, Fernando da Costa. *Código de Processo Penal comentado*. 4. ed. São Paulo: Saraiva, 1999. v. 1 e 2.

TOURINHO FILHO, Fernando da Costa. *Processo penal*, 33a ed, volumes 1, 2, 3 e 4. São Paulo: Saraiva, 2011.

TSOURELI, Lefki. Human rights in pretrial and trial procedures in Greece. In: ANDREWS, J. A. *Human rights in criminal procedure – A comparative study*. The Hague, Boston, London: Martinus Nijhoff Publishers, 1982.

TUBENCHLAK, James. *Tribunal do júri – Contradições e soluções*. 4. ed. São Paulo: Saraiva, 1994.

TUCCI, Rogério Lauria. *Do corpo de delito no direito processual penal brasileiro*. São Paulo: Saraiva, 1978.

TUCCI, Rogério Lauria. *Direitos e garantias individuais no processo penal brasileiro*. São Paulo: Saraiva, 1993.

TUCCI, Rogério Lauria. Habeas corpus, *ação e processo penal*. São Paulo: Saraiva, 1978.

TUCCI, Rogério Lauria. *Ministério Público e investigação criminal*. São Paulo: RT, 2004.

TUCCI, Rogério Lauria. *Teoria do direito processual penal*. São Paulo: RT, 2002.

TUCCI, Rogério Lauria. Tribunal do Júri: origem, evolução, características e perspectivas. *Tribunal do júri – Estudo sobre a mais democrática instituição jurídica brasileira* (Coord.). São Paulo: RT, 1999.

TUCCI, Rogério Lauria; PITOMBO, Sérgio Marcos de Moraes. *Princípios e regras orientadoras do novo processo penal brasileiro*. Rio de Janeiro: Forense, 1986.

TUCCI, Rogério Lauria. *Curso de direito processual*. São Paulo: José Bushatsky, 1976.

VAGGIONE, Luiz Fernando; MORAES, Alexandre; PAZZAGLINI FILHO, Marino; SMANIO, Gianpaolo Poggio. *Juizado Especial Criminal – Aspectos práticos da Lei 9.099/95, com jurisprudência atualizada*. 2. ed. São Paulo: Atlas, 1997.

VAINSENCHER, Semira Adler; FARIAS, Ângela Simões. *Condenar ou absolver*: a tendência do júri popular. Rio de Janeiro: Forense, 1997.

VANNINI, Ottorino. *Manuale di diritto processuale penale italiano*. 5. ed. Milão: Giuffrè, 1965.

VASCONCELOS, José Barros. O júri em face da nova Constituição Federal. *Revista Forense*, v. 113, 1947.

VIDAL, Hélvio Simões. *Curso avançado de processo penal*. Belo Horizonte: Arraes, 2011.

VISCONTI, Antônio. Júri – Defesa deficiente. *Justitia*, v. 154, 1991.

VOLK, Klaus. *Curso fundamental de derecho procesal penal*. Trad. Alberto Nanzer, Noelia T. Núñez, Daniel R. Pastor, Eugenio Sarrabayrouse. Buenos Aires: Editorial Hammurabi, 2016.

WALD, Arnoldo. As origens da liminar em *habeas corpus* no direito brasileiro. *RT* 747/803-807, jan. 1998.

WAUTERS, Bart. Llopis-Llombart, Marco de Benito. *Historia del derecho en Europa*. Navarra: Thomson Reuters, 2013.

WHITAKER, Firmino. *Jury (Estado de S. Paulo)*. 6. ed. São Paulo: Saraiva, 1930.

WILSON, Stephen R. *English legal system*. 3. ed. London: Blackstone, 1996.

WOHLERS, Geraldo Luís. Revisão criminal e soberania. *Revista do I Congresso Nacional dos Promotores do Júri*. São Paulo: APMP, 1997.

YANT, Martin. *Presumed guilty – When innocent people are wrongly convicted*. New York: Prometheus Books, 1991.

YARSHELL, Flávio Luiz. ZUFELATO, Camilo. (org.). *40 anos da Teoria Geral do Processo no Brasil. Passado, presente e futuro*. São Paulo: Malheiros, 2013.

ZAFFARONI, Eugenio Raúl. *Poder Judiciário – Crise, acertos e desacertos*. Trad. Juarez Tavares. São Paulo: RT, 1995.

ZANDER, Michael. *A Bill of Rights?* 4. ed. London: Sweet & Maxwell, 1997.

ZANOTTI, Bruno Taufner; SANTOS, Cleopas Isaías. *Delegados de polícia em ação. Teoria e prática no Estado Democrático de Direito*. 2. ed. Salvador: Juspodivm, 2014.

ZELLICK, Graham. Human rights and the treatment of offenders. In: ANDREWS, J. A. *Human rights in criminal procedure – A comparative study*. The Hague, Boston, London: Martinus Nijhoff Publishers, 1982.

ZILLI, Marcos Alexandre Coelho. *A iniciativa instrutória do juiz no processo penal*. São Paulo: RT, 2003.

ZILLI, Marcos Alexandre Coelho; Fernandes, Antonio Scarance. *Direito processual internacinal*. São Paul: Atlas, 2013.

ZUFELATO, Camilo; YARSHELL, Flávio Luiz (org.). *40 anos da Teoria Geral do Processo no Brasil. Passado, presente e futuro*. São Paulo: Malheiros, 2013.

Casos Práticos

1. ESPECIALIZAÇÃO DE HIPOTECA LEGAL

Caso: os apelantes, herdeiros da vítima, ingressaram com apelação contra a decisão do juízo de primeiro grau, que indeferiu o pedido de especialização de hipoteca legal sobre fração ideal de imóveis de propriedade do apelado. Este último está sendo processado porque, no dia 13 de março de 2021, por volta de 19h30, na Av. Dr. GDV, n. 3333, cidade de São Paulo, influenciado pelo álcool, sem permissão para dirigir, teria cometido homicídio culposo contra a vítima RVH, na direção de veículo automotor. Por isso, os herdeiros da vítima pleitearam a especialização de hipoteca legal, como forma de garantir futura indenização.

Avaliação preliminar: os herdeiros da vítima requereram a especialização de hipoteca legal em relação a bem imóvel do acusado. Avaliar se o pleito é cabível apenas indicando o intuito de auferir reparação do dano posteriormente.

Fonte legal principal: CPP. Art. 134. A hipoteca legal sobre os imóveis do indiciado poderá ser requerida pelo ofendido em qualquer fase do processo, desde que haja certeza da infração e indícios suficientes da autoria. Art. 135. Pedida a especialização mediante requerimento, em que a parte estimará o valor da responsabilidade civil, e designará e estimará o imóvel ou imóveis que terão de ficar especialmente hipotecados, o juiz mandará logo proceder ao arbitramento do valor da responsabilidade e à avaliação do imóvel ou imóveis.

Decisão de 1ª. instância: o juízo de primeira instância, com fundamento na falta de *periculum in mora*, indeferiu o pedido formulado. O requerimento foi formulado nos termos do art. 134 do CPP: "poderá ser requerida pelo ofendido em qualquer fase do processo, desde que haja certeza da infração e indícios suficientes da autoria". No entanto, cuidando-se de medida cautelar, há de se apurar o perigo na demora.

Situação jurídica: analisar se basta a materialidade e indícios de autoria para a medida cautelar de especialização de hipoteca legal ser deferida ou deve haver demonstração de que a demora na indisponibilidade dos bens do acusado pode comprometer a reparação do dano futura.

Decisão do Tribunal: negou provimento à apelação, tendo em vista que a medida cautelar de especialização de hipoteca legal restringe o direito fundamental à propriedade do acusado (art. 5º, XXII, CF), devendo haver prova suficiente da urgência que o caso requer, sem aguardar o término da ação penal. Não houve evidência demonstrando a insolvência do recorrido ou o fato de ele estar dilapidando o seu patrimônio. Assim sendo, não é cabível a constrição pleiteada.

Fundamento do acórdão: a especialização de hipoteca legal é uma medida cautelar, cuja finalidade é impedir que o acusado venda seus bens ou os transfira a terceiros, com o objetivo de evitar a reparação do dano por ele causado em decorrência do cometimento do delito. Se deferida, torna os bens do réu indisponíveis. Ocorre que, cuida-se de restrição ao direito de propriedade, razão pela qual é preciso, além da materialidade e de indícios suficientes de autoria, a prova do *periculum in mora*. Não se verificou que tenha havido dilapidação patrimonial, além de que não se apontou, em bases concretas, qual o valor pretendido de indenização. Além disso, os herdeiros da vítima podem ingressar com o pedido de reparação de dano no mesmo processo penal que apura a culpa do acusado (TJSP, Apelação n. 0007914-62.2023.8.26.0050, 16ª. C., rel. Guilherme de Souza Nucci, 29.7.2023, v. u.).

Trecho relevante do acórdão (do voto do relator): "Nesse prisma, insta observar as seguintes Justiça, perfeitamente amoldáveis ao caso *sub judice*: 'Medida Cautelar requerida pela assistente da acusação. Atribuição de efeito ativo ao recurso de apelação interposto contra decisão denegatória de arresto prévio de bens Inexistência de indícios de que o réu esteja dilapidando seu patrimônio. Ação penal de origem em fase de alegações finais. Eventual dano moral que sequer foi fixado Perigo da demora não demonstrado. Medida Cautelar Inominada indeferida.' (Apelação nº. 2043251-34.2023.8.26.0000, rel. Cesar Augusto Andrade de Castro, 9ª Câmara de Direito Criminal, j. 27/04/2023). '(...) Apelação. Arresto prévio. Especialização de hipoteca legal e arresto subsidiário. Presença dos requisitos legais. Ré condenada em primeiro grau por apropriação indébita qualificada (advogada), com prescrição decretada quanto ao corréu. Presença do *fumus boni iuris* e do *periculum in mora* em razão da avançada idade da vítima e profissão da apelada - Recurso provido, com determinação' (Apelação nº. 0034247-22.2021.8.26.0050, rel. Edison Brandão, 4ª Câmara de Direito Criminal, j. 19/04/2022). De outro turno, os herdeiros do ofendido, ora recorrente, em sua exordial, estimam que o pleito indenizatório correspondente à prática delitiva residiria no montante de R$ 500.000,00, razão pela qual indicaram como objeto de hipoteca legal os imóveis acima mencionadas. Contudo, afigura-se notadamente genérica e imprecisa a mensuração de tal valor, na medida em que não foi embasada por quaisquer dados concretos indicando os prejuízos patrimoniais decorrentes do crime, em tese, perpetrado pelo recorrido. Vale destacar que, conquanto rejeitada a proposta da referida medida assecuratória, os recorrentes ainda poderão obter a pretendida indenização por outras vias, caso efetivamente demonstrada a responsabilidade criminal do recorrido, inclusive através da respectiva ação penal, nos termos do art. 387, inciso IV, do Código de Processo Penal".

Acesse e veja Sugestões de Análise e Debate.
> https://uqr.to/1og8p

Acesse e veja as Respostas.
> https://uqr.to/1og8q

2. FALSA IDENTIDADE E DIREITO DE NÃO SE AUTOINCRIMINAR

Caso: o réu foi condenado porque, em 15 de novembro de 2018, por volta das 09h25, na Rua L, esquina com a Rua M, na cidade de Campinas, subtraiu, para si, um telefone celular, marca Meizu, avaliado em R$ 700,00, pertencente a A. Além disso, foi condenado porque, nas mesmas circunstâncias de tempo e local, por ocasião de sua prisão em flagrante, atribuiu-se falsa identidade para obter vantagem, em proveito próprio, consistente em evitar responsabilidade criminal.

Avaliação preliminar: o recurso da defesa pediu o reconhecimento da atipicidade da conduta, levando-se em consideração o princípio da não autoincriminação.

Fonte legal principal: Falsa identidade. CP: Art. 307 - Atribuir-se ou atribuir a terceiro falsa identidade para obter vantagem, em proveito próprio ou alheio, ou para causar dano a outrem: Pena - detenção, de três meses a um ano, ou multa, se o fato não constitui elemento de crime mais grave.

Decisão de 1ª. instância: condenou o réu à pena de 01 ano, 03 meses e 16 dias de reclusão, em regime inicial fechado, 03 meses e 26 dias de detenção, em regime inicial semiaberto, e pagamento de 11 dias-multa, no valor mínimo legal, pela prática dos crimes previstos no artigo 155, *caput*, e artigo 307, na forma do artigo 69, todos do Código Penal.

Situação jurídica: avaliar se a decisão (1º e 2º graus) não são conflitantes com o princípio maior da Constituição Federal de que ninguém é obrigado a produzir prova contra si mesmo ou se autoacusar. Analisar qual seria a diferença entre dar à autoridade policial uma identidade falsa, para escapar à prisão, e manter-se em silêncio para não produzir prova contra si mesmo.

Decisão do Tribunal: manteve a condenação de 1º grau, não aceitando o argumento de que o delito de falsa identidade seria incompatível com a ampla defesa.

Fundamento do acórdão: considerou-se não ser aplicável o princípio da autodefesa, que não alcança o delito de falsa identidade para ocultar maus antecedentes ou a condição de foragido, nos termos da Súmula 522 do Superior Tribunal de Justiça ("A conduta de atribuir-se falsa identidade perante autoridade policial é típica, ainda que em situação de alegada autodefesa"). Manteve-se a condenação imposta pelo juízo de primeiro grau (Apelação Criminal n. 1501636-05.2018.8.26.0548, 16ª C., rel. Leme Garcia, 18.09.2023, v. u.).

Trecho relevante do acórdão (do voto do relator): "Diante da inequívoca autoria delitiva, sustenta a Defesa, em relação ao crime de falsa identidade, a atipicidade da conduta do acusado, em razão do princípio da não autoincriminação. Sem razão, contudo. A propósito, o Plenário do Supremo Tribunal Federal, no julgamento do RE 640.139, Rel. Min. Dias Toffoli, decidiu que o princípio constitucional da autodefesa não resguarda quem se atribui falsa identidade perante autoridade policial com o fito de ocultar maus antecedentes: 'Ementa constitucional. Penal. Crime de falsa identidade. Artigo 307 do Código Penal. Atribuição de falsa identidade perante autoridade policial. Alegação de autodefesa. Artigo 5º, inciso LXIII, da Constituição. Matéria com repercussão geral. Confirmação da jurisprudência da Corte no sentido da impossibilidade. Tipicidade da conduta configurada. O princípio constitucional da autodefesa (art. 5º, inciso LXIII, da CF/88) não alcança aquele que atribui falsa identidade perante autoridade policial com o intento de ocultar maus antecedentes, sendo, portanto, típica a conduta praticada pelo agente (art. 307 do CP). O tema possui densidade constitucional e extrapola os limites subjetivos das partes'".

Acesse e veja Sugestões de Análise e Debate.
> https://uqr.to/1og8r

Acesse e veja as Respostas.
> https://uqr.to/1og8s

3.   FLAGRANTE PREPARADO

Caso: a apelante foi condenada porque, no dia 29 de junho de 2016, por volta das 16h00, na Avenida Pereira Barreto, nº 1650, Centro, em São Bernardo do Campo, mediante meio fraudulento, tentou obter, para si, vantagem ilícita no importe de R$ 4.000,00, em prejuízo de Dorilda Souza Soares, induzindo-a e mantendo-a em erro, somente não se consumando o delito por circunstâncias alheias à sua vontade. A acusada foi indicada à ofendida, porque queria trabalhar com transporte escolar na época. A ré surgiu como representante de uma empresa de transportes e buscava vans escolares para transporte de crianças portadoras de deficiência física. Durante a negociação, a acusava afirmou que conhecia pessoa interessada em vender a sua vaga no sistema de transporte pelo valor de R$ 4.000,00, o que proporcionou o encontro de ambas. A vítima desconfiou da proposta e levou o fato ao conhecimento da autoridade policial, ensejando a prisão em flagrante da ré.

Avaliação preliminar: o recurso da defesa pediu o reconhecimento do crime impossível com absolvição da acusada, nos termos do art. 386, III ou VII. Se não aceita a tese principal, requereu a redução da pena e aplicação da diminuição da tentativa em grau máximo.

Fonte legal principal: Crime impossível. CP: Art. 17 - Não se pune a tentativa quando, por ineficácia absoluta do meio ou por absoluta impropriedade do objeto, é impossível consumar-se o crime.

Decisão de 1ª. instância: o juízo condenou a acusada, como incursa no art. 171, *caput*, c. c. art. 14, inciso II, do Código Penal, impondo a pena de 9 meses e 10 dias de reclusão, em regime inicial aberto, e pagamento de 7 dias-multa, no valor unitário legal, substituída por uma restritiva de direitos, consistente em prestação pecuniária, no valor de 2 salários mínimos.

Situação jurídica: avaliar se a absolvição pedida de modo alternativo pelo art. 386, III ou VII, está correta e se, de fato, há a figura do art. 17 do Código Penal, levando à absolvição. Verificar a conveniência de se arguir tese subsidiária para o caso de não ser atendida a principal (diminuição de pena ou aplicação do redutor máximo da tentativa).

Decisão do Tribunal: foi absolvida com base no art. 386, III, do CP, porque houve crime impossível (art. 17, CP) em decorrência do flagrante preparado. Logo, o fato é atípico.

Fundamento do acórdão: considerou-se que a acusada foi atraída ao local da prisão, pois quem iniciou a negociação não tinha o objetivo de encontrá-la pessoalmente, pois estava desconfiada do negócio e não tinha recurso para aquisição da vaga. Instigada pela autoridade policial, marcou o encontro com a ré, por mensagem enviada quando estava na delegacia de polícia, afirmando ter R$ 4.000,00 em espécie. Seguiu o local combinado, acompanhada de um policial. Chegando, foi presa em flagrante. Por isso, houve flagrante preparado, aplicando-se a Súmula 145 do STF, constituindo hipótese de crime impossível. (Apelação criminal n, 0000799-28.2016.8.26.0537, 16ª C., rel. Leme Garcia, 08.5.2023, v. u.).

Trecho relevante do acórdão (do voto do relator): "no presente caso, embora o policial C. tenha relatado de modo genérico a diligência que culminou na prisão da ré, ficou claro, especialmente pelo relato da ofendida, que, após ela ter, supostamente, sido instigada pela autoridade policial a marcar o encontro com a ré, sob o pretexto de confirmar a versão por ela apresentada, ele foi designado para acompanhá-la na reunião e presenciou toda a negociação, aguardando o momento em que a acusada entregou um recibo à vítima para, só então, identificar-se e prendê-la em flagrante por tentativa de estelionato. Logo, fica demonstrado que a vítima - mesmo após seu marido e sua irmã terem, supostamente, caído em golpe similar ao que aqui se atribui à acusada, com expressivos prejuízos, nos montantes de R$ 15.000,00 e R$ 80.000,00, respectivamente - entrou em contato com a ré, por meio de mensagens de texto, para tratar da compra de uma vaga e, ao que tudo indica, não se deixou induzir nem permaneceu em erro em razão do negócio entabulado com a ré, tanto assim ela procurou a autoridade policial antes de contatar pessoalmente a acusada ou desembolsar qualquer quantia. (...) Em suma, diante da prática de crime putativo por obra do agente provocador, de rigor o reconhecimento, a teor do que dispõe o artigo 17, do Código Penal, de que o fato narrado na denúncia é penalmente atípico. Destarte, revela-se necessária a absolvição da apelante por atipicidade de sua conduta, com fundamento no artigo 386, inciso III, do Código de Processo Penal".

Acesse e veja Sugestões de Análise e Debate.

> https://uqr.to/1og8t

Acesse e veja as Respostas.

> https://uqr.to/1og8u

4.   ILICITUDE DE PROVA E BUSCA PESSOAL – DROGAS

Caso: no dia 27 de setembro de 2021, por volta de 21h30, na Rua L, altura do número 89, cidade de S. Paulo, o réu trazia consigo e mantinha sob guarda e depósito, para fins de entrega a consumo de terceiros, três tabletes de maconha, com peso líquido de 1.455,3 g, sem autorização legal. Policiais militares, em patrulhamento, viram o acusado caminhando pela via pública e, percebendo que ficou nervoso, resolveram persegui-lo e detê-lo quando estava prestes a ingressar em sua casa. Foi submetido a revista pessoal, encontrando-se um tablete de maconha em seu poder. Na residência, cujo ingresso teria sido autorizado pela avó do réu, foram localizados mais dois tabletes de maconha, máquinas de cartão de crédito e nove aparelhos celulares.

Avaliação preliminar: o recurso da defesa sustenta, em preliminar, a ilicitude da prova, pois obtida por meio de busca pessoal abusiva e violação de domicílio, além de não observar a cadeia de custódia. No mérito, requer a absolvição por insuficiência de provas. Subsidiariamente, a aplicação da causa de diminuição de pena prevista no art. 33, § 4º, da Lei 11.343/2006.

Fontes legais principais: CPP, Art. 157. São inadmissíveis, devendo ser desentranhadas do processo, as provas ilícitas, assim entendidas as obtidas em violação a normas constitucionais ou legais. Art. 244. A busca pessoal independerá de mandado, no caso de prisão ou quando houver fundada suspeita de que a pessoa esteja na posse de arma proibida ou de objetos ou papéis que constituam corpo de delito, ou quando a medida for determinada no curso de busca domiciliar.

Decisão de 1ª. instância: o juízo julgou procedente a ação para condenar o réu ao cumprimento de 4 anos de reclusão, em regime inicial aberto, substituindo a pena privativa de liberdade por duas restritivas de direitos (prestação de serviços à comunidade e prestação pecuniária de 1 salário mínimo) e pagamento de 400 dias-multa, como incurso no art. 33, *caput*, da Lei 11.343/2006.

Situação jurídica: avaliar se a prova produzida é lícita ou ilícita. Caso ilícita, invalida o conjunto probatório e a solução deve ser a absolvição.

Decisão do Tribunal: deu-se provimento ao apelo da defesa, acolhendo a preliminar e, em face disso, julgar improcedente a ação para absolver o réu, com base no art. 386, VII, do CPP.

Fundamento do acórdão: a abordagem policial baseou-se em parâmetros subjetivos dos policiais militares, porque o acusado teria ficado nervoso ao avistar a polícia, buscando entrar em casa. Esse fato não serve de alicerce para a busca pessoal e, também, para a invasão domiciliar, sem mandado judicial. Não se viu atos de mercancia, ocultação de drogas e similares. Inexistia hipótese clara de flagrante. Por isso, a busca foi ilícita e as provas são insuficientes para a condenação (Apelação Criminal n. 1523548-43.2021.8.26.0228, 16ª. C., rel. Camargo Aranha Filho, 06.6.2023, v. u.).

Trecho relevante do acórdão (do voto do relator): "no caso em exame, como visto, a busca pessoal não se sustentou em fundada suspeita, conforme exigido pelo artigo 244, do Código de Processo Penal, o que invalida o ato de apreensão e os dele decorrentes. De se concluir, portanto, que a descoberta e apreensão dos entorpecentes decorreu de atuação ilegítima dos policiais militares, caracterizando prova ilícita, inadmissível nos termos do artigo 157, do Código de Processo Penal. Destaque-se que a hipótese não é de anulação do julgado, já que a ilicitude se restringiu aos elementos de convicção colhidos, inexistindo outros que fundamentem a acusação, razão pela qual não resta alternativa que não a absolvição do apelado por insuficiência de provas".

  Acesse e veja Sugestões de Análise e Debate.
> *https://uqr.to/1og8v*

 Acesse e veja as Respostas.
> *https://uqr.to/1og8w*

5. NULIDADE DA SENTENÇA POR CARÊNCIA DE FUNDAMENTAÇÃO

Caso: no dia 26 de junho de 2022, por volta de 14h30, na Rodovia Raposo Tavares, entre os quilômetros 19 e 20, na cidade de São Paulo, os réus, agindo em concurso, subtraíram, em proveito comum, mediante grave ameaça exercida com o emprego de arma de fogo, uma motocicleta BMW, placa EWB1J34, uma carteira contendo documentos e cartões bancários, um capacete e um aparelho celular, pertencentes à vítima C.A.I.S. Consta, ainda, que, no dia seguinte, 27 de junho de 2022, os réus, agindo em concurso entre si, subtraíram, em proveito comum e em continuidade delitiva por 27 vezes, o montante total de R$ 7.000,00 da conta bancária do Banco Santander, de titularidade da vítima C.A.I.S.

Avaliação preliminar: a defesa dos réus requereu a absolvição por insuficiência de provas. Subsidiariamente, pleiteou a aplicação da atenuante da menoridade relativa, para um dos acusados, além de abrandamento da pena.

Fonte legal principal: CPP. Art. 564. A nulidade ocorrerá nos seguintes casos: (...) V – em decorrência de decisão carente de fundamentação.

Decisão de 1ª. instância: o juízo de primeira instância condenou o acusado às penas de 8 anos, 10 meses e 20 dias de reclusão, além de 21 dias-multa, em regime inicial fechado, por infração ao artigo 157, § 2º inciso II, e § 2º-A, inciso I, do Código Penal.

Situação jurídica: analisar se a falta de abordagem judicial a uma das questões constantes da imputação invalida a sentença. Verificar o que se exige, em matéria de fundamentação, para validar a decisão condenatória. A defesa não pleiteou a nulidade, razão pela qual avaliar se o tribunal pode reconhecê-la assim mesmo.

Decisão do Tribunal: reconhece-se, de ofício, a nulidade da sentença, determinando a remessa ao juízo de primeiro grau para que outra seja proferida, apreciando, expressamente, todas as imputações constantes da denúncia.

Fundamento do acórdão: quanto à segunda conduta delitiva imputada pelo Ministério Público, que se amoldaria, em tese, à previsão contida no art. 155, § 4º, inciso IV, por 27 vezes, na forma do art. 71, ambos do Código Penal, o magistrado, sem motivo aparente, não se manifestou quanto à referida prática. A autoridade sentenciante, por sua vez, limitou-se a mencionar a referida imputação de furto no relatório da sentença, quando faz referência aos termos da denúncia ministerial e, em uma segunda e última vez, quando discorre sobre os fatos criminosos praticados pelos réus. No entanto, o julgador absteve-se de dar enquadramento legal à suposta conduta criminosa dos réus de utilizarem cartões roubados em seu proveito, tampouco de declará-los absolvidos, limitando-se a dosimetria de pena à fixação da reprimenda concernente ao crime de roubo. Não houve a interposição de embargos de declaração. Desse modo, em face da omissão, inviabiliza-se o duplo grau de jurisdição no tocante à totalidade da imputação. A falta de fundamentação, na sentença impugnada, no tocante a uma das condutas delitivas imputadas aos réus na denúncia, torna a decisão nula, nos moldes delineados pelo art. 564, inciso V, do Código de Processo Penal. (Apelação Criminal n. 1522034-70.2022.8.26.0050, 16ª, C, rel. Guilherme de Souza Nucci, 15.9.2023, v.u.).

Trecho relevante do acórdão (do voto do relator): "O ordenamento jurídico pátrio consagra o direito dos acusados ao duplo grau de jurisdição, ficando a cargo dos tribunais hierarquicamente superiores a revisão de decisões prolatadas pelos magistrados de primeiro grau, observando-se, ainda, o efeito devolutivo amplo dos recursos defensivos na seara penal. (...) Ora, partindo-se da premissa de que o duplo grau de jurisdição garante o reexame da matéria decidida em primeira instância, resta notadamente incabível, a este E. Tribunal, pronunciar-se acerca do eventual delito de furto, seja para condenar ou para absolver. Decerto que a consequência da referida prática seria evidente afronta ao princípio do duplo grau de jurisdição corolário natural da ampla defesa , evidenciada pela supressão de instância, impedindo que os acusados submetessem a matéria fático-probatória a um tribunal superior a este, em grau revisional, haja vista a impossibilidade de revolvimento de provas perante os Tribunais Superiores, em observância à Súmula 7 do Superior Tribunal de Justiça, in litteris: "A pretensão de simples reexame de prova não enseja recurso especial". Se não bastasse, é possível conceituar a sentença em discussão como carente de fundamentação e, portanto, nula, na medida em que trouxe, em seu relatório, duas condutas criminosas (roubo e furto), pronunciando-se, entretanto, apenas no tocante ao suposto roubo, omissa em relação ao outro delito patrimonial trazido na inicial acusatória e objeto de instrução probatória ao longo da persecução penal, restando ausente qualquer fundamentação seja para condenar os réus, seja para absolvê-los".

Acesse e veja Sugestões de Análise e Debate.
> https://uqr.to/1og8x

Acesse e veja as Respostas.
> https://uqr.to/1og8y

6.   PRAZO PARA JULGAR *HABEAS CORPUS* E TEMPO DE PRISÃO PREVENTIVA

Caso: o acusado ACM impetrou *habeas corpus* contra ato omissivo do Tribunal de Justiça do Estado do Paraná, em função da demora em julgar o seu caso. Ele teve a sua prisão preventiva decretada em 11 de julho de 2023, por ter cometido estupro de vulnerável, na condição de tio-avô da vítima, aproveitando-se de momento em que estavam sozinhos para expor o seu pênis ereto e pedindo que o ofendido o tocasse, quando foi flagrado pela mãe do menor. A defesa interpôs HC em 30 de agosto de 2023, o magistrado prestou informações em 4 de setembro de 2023 e o Ministério Público deu parecer favorável em 12 de setembro de 2023. A desembargadora relatora estava com os autos, mas os devolveu à câmara criminal por despacho de 9 de outubro de 2023. Em decorrência disso, a defesa alegou excesso de prazo.

Avaliação preliminar: o acusado, preso preventivamente, em julho de 2023, não teve o seu *habeas corpus* julgado até 9 de outubro de 2023. Por isso, afirmou excesso de prazo para a decisão ser proferida, indicando constrangimento ilegal.

Fonte legal principal: CPP. Art. 648. A coação considerar-se-á ilegal: (...) II - quando alguém estiver preso por mais tempo do que determina a lei.

Decisão de 2ª. instância: ato omissivo do Tribunal de Justiça, consistente em permanecer com os autos por tempo excessivo sem proferir a decisão no *habeas corpus* impetrado.

Situação jurídica: analisar se há prazo para julgar o HC e, a partir disso, se existe prazo para a prisão preventiva.

Decisão do Tribunal: concedeu a ordem de *habeas corpus* para relaxar a prisão preventiva, facultando ao juízo de primeiro grau fixar medidas cautelares alternativas.

Fundamento da decisão: embora o Superior Tribunal de Justiça reconheça a indispensabilidade do esgotamento da jurisdição ordinária (julgamento pelo tribunal de 2º. Grau), para que se possa avaliar o caso, há situações excepcionais que precisam ser analisados de pronto. O caso apresentado é uma dessas situações porque há flagrante ilegalidade. Desde a decretação da prisão preventiva (julho de 2023) até a devolução dos autos de *habeas corpus* pela relatora, sem decisão, passaram três meses. Considerou-se que o crime não foi tão grave, porque nem mesmo contato físico houve, além de que o próprio Ministério Público opinou pela revogação da prisão cautelar. Invocou-se os princípios da razoabilidade e proporcionalidade para fundamentar a decisão. Por isso, concedeu a ordem para revogar a prisão preventiva (STJ, HC, n. 863.973-PR, rel. Reynaldo Soares da Fonseca, 24.10.2023, decisão monocrática).

Trecho relevante do acórdão (do voto do relator): "Convém ponderar que a sua apontada não localização não mais prevalece, na medida em se trata de réu preso há 103 dias, conforme anotação do andamento processual dos autos n. 0001386 79.2023.8.16.0053, disponível no site do TJPR. Efetivamente, a descrita conduta, identificada pelo magistrado processante como tentativa de estupro de vulnerável, não envolveu qualquer espécie de contato físico entre agressor e ofendido, o que impede reconhecer que a gravidade concreta do delito tenha sido excepcional, senão que estivessem demonstrados os indícios mínimos do tipo. Ademais, e apesar da imensa gravidade em tese do crime de estupro de vulnerável (majorado pela autoridade sobre a vitima), mesmo na sua forma tentada, o aparente cometimento do delito, por si só, não evidencia 'periculosidade' exacerbada do agente ou 'abalo da ordem pública', a demandar a sua segregação antes de qualquer condenação definitiva, especialmente em se tratando de réu primário, sem maus antecedentes. (...) Não se perca de vista, outrossim, que o parecer ministerial oferecido à instância de origem opinava pela concessão da ordem, salientando a inidoneidade da motivação empregada quanto ao risco à ordem pública, o fato de se tratar de crime tentado e a suficiência de medidas cautelares menos gravosas, em se tratando de réu sem predicados negativos e com possível distúrbio mental, conforme relatado pela própria mãe da vitima (e-STJ fls. 23/24). Ante o exposto, concedo a ordem de habeas corpus para relaxar a prisão preventiva do ora paciente, ressalvando-se a possibilidade de o Juízo processante aplicar as medidas cautelares diversas da prisão que considerar imprescindíveis".

Acesse e veja Sugestões de Análise e Debate.
> https://uqr.to/1og90

Acesse e veja as Respostas.
> https://uqr.to/1og91

7.   PRAZO RECURSAL E CARTA TESTEMUNHÁVEL

Caso: o sentenciado interpôs agravo em execução porque o juiz converteu a pena restritiva de direitos em privativa de liberdade, pois aquela não estava sendo cumprida. Alegou o recorrente não ter sido intimado para cumprir a pena e, por isso, a decisão tomada pelo magistrado é nula. Requereu por três vezes a reconsideração e o magistrado as indeferiu. Após, ingressou com agravo em execução, mas o juiz indeferiu o processamento porque o considerou intempestivo. Por conta desta última decisão, o sentenciado apresentou carta testemunhável, que subiu ao Tribunal.

Avaliação preliminar: o sentenciado ficou inconformado e pretendia manter a pena restritiva de direitos, embora a privativa de liberdade fosse cumprida em regime aberto, situação até mesmo mais favorável.

Fonte legal principal: CPP. Art. 639. Dar-se-á carta testemunhável: I - da decisão que denegar o recurso; II - da que, admitindo embora o recurso, obstar à sua expedição e seguimento para o juízo *ad quem*.

Decisão de 1ª. instância: o juízo de primeira instância indeferiu o processamento do agravo em execução, que questionava a conversão da pena restritiva de direitos em privativa de liberdade, porque considerou a sua interposição fora o prazo legal.

Situação jurídica: analisar se o sentenciado apresentou seu agravo no prazo e, portanto, o indeferimento do processamento foi injustificado. Desse modo, verificar se a carta testemunhável deveria ter sido provida.

Decisão do Tribunal: não dá provimento à carta testemunhável porque o agravo foi ofertado intempestivamente, na medida em que qualquer pedido de reconsideração de decisão judicial não suspende o curso do prazo fixado em lei para interpor o recurso cabível.

Fundamento do acórdão: o julgado se baseou em jurisprudência consolidada nos Tribunais Superiores, em especial a tese fixada pelo STF: "Os pedidos de reconsideração carecem de qualquer respaldo no regramento processual vigente. Eles não constituem recursos, em sentido estrito, nem mesmo meios de impugnação atípicos. Por isso, não suspendem prazos e tampouco impedem a preclusão" (STF. 2a Turma. Rcl nº 43007 AgR/DF, Rel. Min. Ricardo Lewandowski, julgado em 09/02/2021) (TJSP, Carta Testemunhável n. 0005646-48.2022.8.26.0348, 16a C., rel. Camargo Aranha Filho, 15.03.2023, v.u.).

Trecho relevante do acórdão (do voto do relator): "Em 10 de junho de 2022 o MM. Juízo das Execuções converteu a pena restritivas de direitos em privativa de liberdade do testemunhante, o que contou com anuência da defesa, por ser menos gravosa do que a pena alternativa (fls. 36). Em 15/07/2022 o testemunhante tomou ciência das condições. Em 8 de agosto de 2022 o testemunhante postulou, em causa própria, o restabelecimento das medidas restritivas de direitos. Na ocasião, alegou laborar 01- (escritório advocacia das 10 horas ate 14 horas), 02 (comércio em loja nesta cidade 14 horas às 18 horas), 03 (escritório advocacia das 18 horas às 20 horas), 04 (atividade hoteleira das 20 horas ate 02 horas) e, 05 (descanço das 03 horas ate as 09 horas), ainda no sei 06 (tempo livre e finais de semana se dedique a elaboração de peças e, cumprimentos processuais) (sic). Em 10 de agosto de 2022 o MM. Juízo manteve a conversão da pena restritiva de direitos em privativa de liberdade em regime aberto, mais uma vez consignando ser mais vantajoso ao apenado (fls. 50). Em 30 de agosto formulou pedido de reconsideração, saliantando que a tentativa de intimação se deu em endereços errôneos. Na mesma data, o MM. Juiz indeferiu o pedido de reconsideração (fls. 66/67). Em 12 de setembro de 2022 o testemunhante formulou novo pedido de reconsideração (fls. 68/73); que foi indeferido em 15 de setembro de 2022 (fls. 75). Em 19 de setembro de 2022 foi interposto recurso de agravo em execução (fls. 76/84). Em 20 de setembro o MM. Juízo a quo não conheceu do recurso, pois intempestivo. Na decisão, o Magistrado mencionou que a decisão objeto da insurgência foi prolatada em 30 de agosto de 2022 e publicada em 2 de setembro de 2022. O agravo foi interposto apenas em 19 de setembro, mais de quinze dias depois de efetivada a intimação. A decisão não merece reforma. Com efeito, o testemunhante, que atua em causa própria, tinha ciência da decisão e tempo hábil para interposição do recurso, mas optou por requerer reconsideração ao Juízo *a quo*".

Acesse e veja Sugestões de Análise e Debate.

> https://uqr.to/1og92

Acesse e veja as Respostas.

> https://uqr.to/1og93

8. PRONÚNCIA E LEGÍTIMA DEFESA

Caso: no dia 25/04/2017, por volta de meia-noite, o acusado matou a vítima, com golpes de faca. Ambos eram guardadores de carros e desentenderam-se, entrando em luta corporal; ambos saíram feridos. Nessa madrugada, a vítima pulou o muro da residência do réu, com a intenção de agredi-lo. Novamente, os dois entraram em luta corporal, quando o acusado tentou dar facadas no ofendido e não o atingiu. Na quarta tentativa, acertou uma facada no tórax na vítima, causando-lhe lesões corporais. Mesmo socorrido, o ofendido faleceu.

Avaliação preliminar: o recurso da defesa questiona a decisão de pronúncia, em preliminar, afirmando nulidade porque houve fundamentação excessiva, em razão as afirmações categóricas feitas pelo juiz, como, por exemplo, o réu agiu com "manifesto 'animus necandi'" (vontade de matar). No mérito, sustenta que a prova coletada na fase de instrução demonstraria a legítima defesa, o que demandaria a absolvição sumária. Em tese subsidiária, alegou não estar provado o intuito de matar o ofendido. Além disso, afirma a desclassificação para homicídio culposo.

Fonte legal principal: art. 413, CPP: "O juiz, fundamentadamente, pronunciará o acusado, se convencido da materialidade do fato e da existência de indícios suficientes de autoria ou de participação. § 1º A fundamentação da pronúncia limitar-se-á à indicação da materialidade do fato e da existência de indícios suficientes de autoria ou de participação, devendo o juiz declarar o dispositivo legal em que julgar incurso o acusado e especificar as circunstâncias qualificadoras e as causas de aumento de pena".

Decisão de 1ª. instância: houve a pronúncia do acusado para ser submetido a julgamento pelo Tribunal do Júri, como incurso no art. 121, "caput", do Código Penal, por entender provadas a materialidade do delito e os indícios suficientes de autoria, sem que se pudesse reconhecer, desde logo, a excludente da legítima defesa.

Situação jurídica: checar se é viável acolher a alegação de legítima defesa e garantir a absolvição sumária ou se é situação jurídica para enviar o caso a julgamento pelo Tribunal Popular.

Decisão do Tribunal: afastou a preliminar, acerca do excesso de fundamentação, apontando que o juiz afirmou ter o réu agido com "manifesto 'animus necandi'" apenas para ressaltar o relato da acusação, mas não como sua motivação para a pronúncia. No mérito, confirmou a pronúncia, por entender provada a materialidade e indícios suficientes de autoria. Indicou-se que a alegação de legítima defesa não estava claramente comprovada.

Fundamento do acórdão: sustenta que a pronúncia, tratando-se de decisão interlocutória mista, julga somente a admissibilidade da acusação, sem analisar questões de mérito, transferindo o caso para apreciação do Tribunal do Júri. Há prova da materialidade e do nexo causal, ou seja, os golpes de faca causaram ferimentos, que levaram à morte da vítima. O acusado sustentou que agiu em legítima defesa, pois o ofendido invadiu a sua casa, com o propósito de agredi-lo. A companheira do réu disse que o viu, sangrando, em luta com a vítima, que empunhava uma faca. Por isso, o acusado pegou outra faca e agrediu o ofendido. Não há outras testemunhas. O quadro é nebuloso e, por isso, a dúvida, nesta fase, impulsiona o caso para ser julgado pelo Tribunal do Júri. Afirma que a presunção de inocência não tem aplicação nesta fase, mas somente quando os jurados apreciarem o mérito. Seria a aplicação do "in dubio pro societate" (Recurso em Sentido Estrito n. 0000442-37.2017.8.26.0594, 16ª. C., rel. Newton Neves, 04.9.2023, v. u.).

Trecho relevante do acórdão (do voto do relator): "Extrai-se dos julgados do Supremo Tribunal Federal que incompatível é com a ordem constitucional vigente a aplicação geral, irrestrita e infundada do 'in dubio pro societate'. Além disso, nota-se ter o STF ressaltado que a pronúncia demanda embasamento em prova suficiente da materialidade e de indícios suficientes de autoria, o que deve ser extraído a partir de valoração racional feita pelo magistrado que presidiu o sumário da culpa, afastando-se, portanto, a ideia de que toda e qualquer dúvida quanto à autoria, inclusive aquelas que porventura componham o juízo quanto à admissibilidade, ou não, da pronúncia, conduzam à decisão de pronúncia. Portanto, e nos termos firmados pelo Tribunal Guardião da Constituição, a decisão de pronúncia exige a prova da materialidade e da autoria do delito imputado, o que se dá a partir do livre convencimento motivado da prova pelo juiz togado, inadmitida a submissão de réu a julgamento pelo Tribunal do Júri em hipótese de dúvida quanto à autoria. No caso dos autos, como já apontado, há indícios de que o recorrente perpetrou o delito doloso contra a vida e, também, indícios de que agiu acobertado pela legítima defesa (laudos de fls. 78/79, 76 e 126/136), impondo-se, neste panorama, que se relegue a apreciação dos fatos, da acusação feita e das teses defensivas, pelos senhores jurados. Vale dizer, e sob a ótica do art. 413, do CPP, que o acervo probatório colhido durante o sumário da culpa apresenta indícios de que tivesse o recorrente agido com vontade de matar a vítima e desacobertado da referida excludente, devendo ser o réu submetido a julgamento perante os Senhores Jurados, constitucionalmente competentes para o julgamento dos crimes dolosos contra a vida, para que decidam a respeito da pluralidade de versões sobre os fatos constantes dos autos. Finalmente, presentes a materialidade e indícios de autoria da prática de delito doloso contra a vida, por consequência lógica inviável é a acolhida do pedido subsidiário de desclassificação. Diante deste panorama, impõe-se a manutenção da r. decisão de pronúncia".

  Acesse e veja Sugestões de Análise e Debate.

> https://uqr.to/1og94

 Acesse e veja as Respostas.

> https://uqr.to/1og95

9. PROVA DO CRIME DE EMBRIAGUEZ AO VOLANTE

Caso: o réu foi denunciado porque, no dia 30 de novembro de 2021, por volta da 23h08min, na Avenida SP, 917, Centro, na cidade de M, conduziu veículo automotor, em via pública, com capacidade psicomotora alterada em razão da influência de álcool. Em semelhantes circunstâncias de tempo e local, o acusado desacatou funcionários públicos, quais sejam, os policiais militares que o detiveram no exercício de suas funções.

Avaliação preliminar: o recurso da defesa pediu a absolvição por falta de provas e, subsidiariamente, a redução da pena.

Fonte legal principal: Lei 9.503/1997: Art. 306. Conduzir veículo automotor com capacidade psicomotora alterada em razão da influência de álcool ou de outra substância psicoativa que determine dependência: Penas - detenção, de seis meses a três anos, multa e suspensão ou proibição de se obter a permissão ou a habilitação para dirigir veículo automotor. § 1º As condutas previstas no *caput* serão constatadas por: I - concentração igual ou superior a 6 decigramas de álcool por litro de sangue ou igual ou superior a 0,3 miligrama de álcool por litro de ar alveolar; ou II - sinais que indiquem, na forma disciplinada pelo Contran, alteração da capacidade psicomotora. § 2º A verificação do disposto neste artigo poderá ser obtida mediante teste de alcoolemia ou toxicológico, exame clínico, perícia, vídeo, prova testemunhal ou outros meios de prova em direito admitidos, observado o direito à contraprova. § 3º O Contran disporá sobre a equivalência entre os distintos testes de alcoolemia ou toxicológicos para efeito de caracterização do crime tipificado neste artigo. § 4º Poderá ser empregado qualquer aparelho homologado pelo Instituto Nacional de Metrologia, Qualidade e Tecnologia - INMETRO - para se determinar o previsto no *caput*.

Decisão de 1ª. instância: foi condenado por embriaguez ao volante (art. 306, Lei 9.503/1997) e desacato (art. 331, CP), na forma do art. 69 do Código Penal, à pena de 1 ano, 10 meses e 5 dias de detenção, em regime inicial aberto, e 12 dias-multa, além da suspensão de dirigir veículo automotor pelo mesmo período da detentiva.

Situação jurídica: avaliar por quais meios se pode comprovar a embriaguez para a condenação com base no art. 306 do Código de Trânsito Brasileiro. Analisar se a embriaguez afastaria a punição pelo delito de desacato.

Decisão do Tribunal: confirmou a condenação de primeira instância, mas reduziu a pena referente ao crime de embriaguez ao volante para 10 meses e 15 dias de detenção, e 17 dias-multa, e do desacato para 6 meses de detenção, bem como para reduzir a suspensão do direito de dirigir para 3 meses e 15 dias.

Fundamento do acórdão: considerou-se provada a embriaguez pelo exame clínico e depoimentos dos policiais, além de aceitar a configuração do crime de desacato pelos xingamentos relatados e confessado pelo agente (Apelação criminal n. 1500388-38.2021.8.26.0341, 16ª. C., rel. Otávio de Almeida Toledo, 10.08.2023, v. u.)

Trecho relevante do acórdão (do voto do relator): "Os policiais militares R.C. e R.S., nas duas oportunidades em que foram ouvidos, declararam que, ao chegarem ao bar, o recorrente adentrou em seu veículo estando embriagado e, ao arrancar na contramão de direção, quase o colidiu contra a viatura. Seguiram o apelante e notaram que ele passou a conduzir o veículo em alta velocidade e com risco aos demais condutores e pedestres. Após ser acompanhado pela viatura com sinais sonoros e luminosos, o recorrente desceu do veículo nervoso. Nesta ocasião, verificaram que ele apresentava forte odor etílico, fala pastosa e olhos avermelhados. Durante a abordagem ele reagiu com violência e os xingou de "filhos da puta", "seus policiais de merda", "porcos", e "cornos" (fls. 03, 04 e e--saj). Além de a médica que atendeu o sentenciado ter apontado a embriaguez (fl. 18), os depoimentos dos policiais militares corroboraram que o réu apresentava visíveis sinais de que se encontrava alcoolizado. Diante desse quadro, considero comprovados os crimes de embriaguez ao volante e desacato".

Acesse e veja Sugestões de Análise e Debate.
> https://uqr.to/1og96

Acesse e veja as Respostas.
> https://uqr.to/1og97

Obras do Autor

Código de Processo Penal comentado. 24. ed. Rio de Janeiro: Forense, 2025.

Código Penal comentado. 25. ed. Rio de Janeiro: Forense, 2025.

Curso de Direito Penal. Parte geral. 9. ed. Rio de Janeiro: Forense, 2025. vol. 1.

Curso de Direito Penal. Parte especial. 9. ed. Rio de Janeiro: Forense, 2025. vol. 2.

Curso de Direito Penal. Parte especial. 9. ed. Rio de Janeiro: Forense, 2025. vol. 3.

Curso de Direito Processual Penal. 22. ed. Rio de Janeiro: Forense, 2025.

Curso de Execução Penal. 8. ed. Rio de Janeiro: Forense, 2025.

Drogas – De acordo com a Lei 11.343/2006. Rio de Janeiro: Forense, 2025.

Estatuto da Criança e do Adolescente comentado. 6. ed. Rio de Janeiro: Forense, 2025.

Manual de Direito Penal. Volume único. 21. ed. Rio de Janeiro: Forense, 2025.

Manual de Processo Penal. Volume único. 6. ed. Rio de Janeiro: Forense, 2025.

Código Penal Militar Comentado. 5. ed. Rio de Janeiro: Forense, 2024.

Direito Penal. Partes geral e especial. 9. ed. São Paulo: Método, 2024. Esquemas & Sistemas.

Prática Forense Penal. 15. ed. Rio de Janeiro: Forense, 2024.

Processo Penal e Execução Penal. 8. ed. São Paulo: Método, 2024. Esquemas & Sistemas.

Tribunal do Júri. 10. ed. Rio de Janeiro: Forense, 2024.

Leis Penais e Processuais Penais Comentadas. 15. ed. Rio de Janeiro: Forense, 2023. vol. 1 e 2.

Habeas Corpus. 4. ed. Rio de Janeiro: Forense, 2022.

Individualização da pena. 8. ed. Rio de Janeiro: Forense, 2022.

Provas no Processo Penal. 5. ed. Rio de Janeiro: Forense, 2022.

Prisão, medidas cautelares e liberdade. 7. ed. Rio de Janeiro: Forense, 2022.

Tratado de Crimes Sexuais. Rio de Janeiro: Forense, 2022.

Código de Processo Penal Militar comentado. 4. ed. Rio de Janeiro: Forense, 2021.

Criminologia. Rio de Janeiro: Forense, 2021.

Organização Criminosa. 5. ed. Rio de Janeiro: Forense, 2021.

Pacote Anticrime Comentado. 2. ed. Rio de Janeiro: Forense, 2021.

Execução Penal no Brasil – Estudos e Reflexões. Rio de Janeiro: Forense, 2019 (coordenação e autoria).

Instituições de Direito Público e Privado. Rio de Janeiro: Forense, 2019.

Manual de Processo Penal e Execução Penal. 14. ed. Rio de Janeiro: Forense, 2017.

Direitos Humanos versus *Segurança Pública.* Rio de Janeiro: Forense, 2016.

Corrupção e Anticorrupção. Rio de Janeiro: Forense, 2015.

Prostituição, Lenocínio e Tráfico de Pessoas. 2. ed. Rio de Janeiro: Forense, 2015.

Princípios Constitucionais Penais e Processuais Penais. 4. ed. Rio de Janeiro: Forense, 2015.

Crimes contra a Dignidade Sexual. 5. ed. Rio de Janeiro: Forense, 2015.

Dicionário Jurídico. São Paulo: Ed. RT, 2013.

Código Penal Comentado – versão compacta. 2. ed. São Paulo: Ed. RT, 2013.

Tratado Jurisprudencial e Doutrinário. Direito Penal. 2. ed. São Paulo: Ed. RT, 2012. vol. I e II.

Tratado Jurisprudencial e Doutrinário. Direito Processual Penal. São Paulo: Ed. RT, 2012. vol. I e II.

Doutrinas Essenciais. Direito Processual Penal. Organizador, em conjunto com Maria Thereza Rocha de Assis Moura. São Paulo: Ed. RT, 2012. vol. I a VI.

Doutrinas Essenciais. Direito Penal. Organizador, em conjunto com Alberto Silva Franco. São Paulo: Ed. RT, 2011. vol. I a IX.

Crimes de Trânsito. São Paulo: Juarez de Oliveira, 1999.

Júri – Princípios Constitucionais. São Paulo: Juarez de Oliveira, 1999.

O Valor da Confissão como Meio de Prova no Processo Penal. Com comentários à Lei da Tortura. 2. ed. São Paulo: Ed. RT, 1999.

Tratado de Direito Penal. Frederico Marques. Atualizador, em conjunto com outros autores. Campinas: Millenium, 1999. vol. 3.

Tratado de Direito Penal. Frederico Marques. Atualizador, em conjunto com outros autores. Campinas: Millenium, 1999. vol. 4.

Tratado de Direito Penal. Frederico Marques. Atualizador, em conjunto com outros autores. Campinas: Bookseller, 1997. vol. 1.

Tratado de Direito Penal. Frederico Marques. Atualizador, em conjunto com outros autores. Campinas: Bookseller, 1997. vol. 2.

Roteiro Prático do Júri. São Paulo: Oliveira Mendes e Del Rey, 1997.